DEUTSCHES
FLUSSWANDERBUCH

Hauptredakteur: Günter Eck

26. Auflage

2011

DKV Wirtschafts- und Verlags GmbH
Postfach 10 03 15 • 47003 Duisburg

Redaktion
Günter Eck, 37213 Witzenhausen
e-Mail: gewaesserfuehrer@dkvgmbh.de

ISBN 978-3-937743-27-1

Titelfoto: Am Anhauser Weiher, Bayern

Fotograf: Jens Klatt

Flusskarten: Jübermann-Kartographie-Verlag

Druck: Werbedruck Schreckhase, Spangenberg

Vorwort

Ich freue mich und bin auch etwas stolz, Ihnen hier die mittlerweile 26. Auflage des Deutschen Flusswanderbuches zu präsentieren. Bereits seit 1927 wurden Wanderbücher des Deutschen Kanu-Verbandes herausgegeben. 1932 erschien dann als 6. Auflage das erste Buch unter dem Titel „Das Deutsche Flußwanderbuch", bearbeitet von dem unvergessenen Verkehrswart des Deutschen Kanu-Verbandes, Paul Walther.

Da die 25. Auflage aus dem Jahre 2004 wieder einmal restlos vergriffen ist, war es notwendig, eine Neuauflage herauszugeben. Günter Eck hat sich erfreulicherweise wieder bereit erklärt, diese Neubearbeitung vorzunehmen, wofür ich ihm außerordentlich dankbar bin. Ich danke aber auch allen, die mit ihren Hinweisen Neubeschreibungen und Aktualisierungen zur Verbesserung dieses Gesamtwerkes beigetragen haben.

Erneut konnten wir Erhard Jübermann gewinnen, sein umfangreiches Kartenwerk mit 31 Detailkarten in diesen Flussführer zu integrieren. Damit ist das Deutsche Flusswanderbuch nach meiner festen Überzeugung das wichtigste Hilfsmittel für den bundesweit interessierten Vielfahrer. Das Buch eignet sich aber ebenso für alle, die den Kanusport als ihr neues Hobby entdeckt haben, da es den Gewässerbeschreibungen eine kurze, prägnante Allgemeininformation voranstellt.

Es sei an dieser Stelle auch darauf hingewiesen, dass unser Verband zudem Regionalführer, die in ihrem jeweiligen Einzugsbereich auch die kleinen, nicht ganzjährig befahrbaren Gewässer beschreiben, und europaweit Auslandsführer anbietet.

Sollten Sie beim Gebrauch dieses Flussführers Unrichtigkeiten feststellen bzw. ergänzende Angaben machen können, so würden wir uns freuen, von Ihnen zu hören. Die Anschrift des Redakteurs bzw. des Verlags entnehmen Sie den vorherigen Seiten.

Ich wünsche Ihnen allen viel Spaß bei der kommenden Fahrtenplanung, aber insbesondere viel Freude bei der Ausübung unseres wunderschönen Kanusports.

DEUTSCHER KANU-VERBAND E.V.

Thomas Konietzko
Präsident

Inhaltsverzeichnis

Zeichen und Abkürzungen

	Deutsch	Englisch	Französisch
DKV	Deutscher Kanu-Verband	German Canoe Federation	Fédération Allemande de Canoë-Kayak
≋	befahrbar	navigable	navigable
X	unbefahrbar	impassable	infranchissable
NW	Niedrigwasser	low water	eaux basses
MW	Mittelwasser	average water level	eaux moyennes
HW	Hochwasser	high water flood	crue
■	Wehr, Querverbauung	weir, dam	barrage
□	Schleuse	sluice, lock	écluse
⌒	umtragen	portage	portage
↱	anlanden rechts	landing right	aborder droit
↰	anlanden links	landing left	aborder gauche
S 1	leicht	easy	facile
S 2	schwer	difficult	difficile
S 3	sehr schwer	very difficult	très difficile
!	Achtung (allgem. Gefahr)	caution (danger in general)	attention (danger en général)
⚖	Verpflegung	provisions	ravitaillement
✕	Gasthaus	restaurant	restaurant
☎	Telefon	telephone	téléphone
← →	Abzweig, Einfahrt	deviation, branch	embranchement
⌶	Brücke	Bridge	pont
↓	Mündung	Flow	embouchure
WW	Wildwasser	rough water, withe water	courant rapide, eaux vives
⬇	Einsetzstelle, einsetzen	starting point	embarquement
⬆	Aussetzstelle, aussetzen	pull-out point	débarquement
▲	Zeltplatz	camping	terrain de camping
🚂, EB	Bahnhof, Eisenbahn	Station, railway	gare, station chemin de fer
★	Sehenswürdigkeit	Sights	curiosité
⌂	Bootshaus	boathouse	garage à bateau
ϟ	Kraftwerk	power plant	usine électrique
li	links	Left	à gauche
re	rechts	Right	à droite
s.	siehe	see	voir
DJH	Jugendherberge	youth-hostel	auberge de jeunesse
SWD	Südwest-Deutschland		
NRW	Nordrhein-Westfalen		
NWD	Nordwest-Deutschland		
OST	Ost-Deutschland		
NSG	Naturschutzgebiet		

Kanu
SPORT
. . . die aktuelle Fachzeitschrift
Jeden Monat neu:
• Tourentipps
• Fahrtenbeschreibungen
• Aktuelle Fluss-Infos
• Termine und Änderungen
• Infos aus DKV und Vereinen
• Neues vom Ausrüstermarkt
Jahresabo 30,– € (incl. Versand)
Einzelheft 3,– € (zzgl. Versand)
Infos und kostenloses Probeheft bei der
DKV Wirtschafts- und Verlags- GmbH
Bertaallee 8 • 47055 Duisburg
Tel. (02 03) 9 97 59-53 • Fax (02 03) 9 97 59-61
verlag@kanu.de • http://www.kanu-sport.com
Die Fachzeitschrift des
DKV
Deutscher Verband

Einführung

Die 26. Auflage des Deutschen Flusswanderbuches ist fällig. Nichts leichter als das, da kann sich ja nicht viel geändert haben. Aber das erwies sich wieder als Trugschluss. Eine Vielzahl von Zuschriften wurde eingearbeitet. Viele Beschreibungen wurden mit aktuellem Kartenmaterial überarbeitet. Die Anschriften wurden aktualisiert und an die bestehenden Datenschutzregelungen angepasst. Der Bezug zum Internet wurde hergestellt.

Am Auswahlprinzip der beschriebenen Gewässer hat sich gegenüber der vorherigen Auflage nichts geändert. Es werden nur Flüsse bzw. Flussabschnitte beschrieben, die ganzjährig auf mindestens 15 km befahrbar sind. So bedeutet dies, dass nahezu sämtliche Kleinflüsse und auch die Oberläufe der größeren Gewässer nicht in diesem Buch enthalten sind. Diese werden in den verschiedenen Regionalführern erläutert. Das Deutsche Flusswanderbuch ist eben kein Buch für Kanuspezialisten, sondern es will die breite Masse der Kanufreunde ansprechen; sie finden in diesem Buch ein breites Betätigungsfeld.

Das Deutsche Flusswanderbuch beruht auf Informationen zahlreicher ehrenamtlicher Mitarbeiter. Der Herausgeber und die Redaktion haben die zugesandten Unterlagen nach bestem Wissen zusammengestellt. Eine Gewähr für die Vollständigkeit kann aber nicht übernommen werden. Dies gilt insbesondere für die Situation an den Gewässern, da sich durch Baumaßnahmen laufend neue Veränderungen ergeben können. Daher zunächst die grundsätzliche Bitte: Verlassen Sie sich nicht ausschließlich auf die im Text gemachten Angaben, sondern rechnen Sie stets damit, dass sich Änderungen ergeben haben können.

Der Herausgeber und die Redaktion haften daher nicht für Schäden, die aufgrund der im Deutschen Flusswanderbuch enthaltenen Informationen entstehen können. Daraus folgt aber auch eine zweite Bitte: Notieren Sie sich bitte alles, was Ihnen an Unstimmigkeiten auffällt, und melden Sie es an die Bundesgeschäftsstelle des DKV (Anschrift s. Seite 19). Dazu steht Ihnen außer dem Postweg auch auf der Internetseite des DKV eine Eingabemaske zur Verfügung (www.kanu.de > Schnellsuche > Flussführer > Korrekturmeldung). Nur so kann sichergestellt werden, dass Fehler in den Beschreibungen bei der nächsten Auflage berichtigt werden können.

Witzenhausen, im Oktober 2010

Günter Eck

Gebrauch des Deutschen Flusswanderbuches

Zum **Auffinden eines Gewässers** werden mehrere Möglichkeiten angeboten. Ist der Name des Gewässers bekannt, genügt ein Blick auf das „Alphabetische Verzeichnis der Gewässer", das man ab Seite 606 findet. Eine weitere Möglichkeit bieten die am Ende des Buches eingefügten Karten des Jübermann-Verlages. Hier ist für jedes beschriebene Gewässer die Seitenzahl angegeben, sodass man alle Flüsse einer Region auf einen Blick findet. Die Flussbeschreibungen sind nach Stromgebieten geordnet. Innerhalb eines Stromgebietes werden die Flüsse nach ihrer geografischen Reihenfolge von der Mündung aufwärts beschrieben.

In der einzelnen Flussbeschreibung wird als Überschrift der **Flussname** genannt. Wenn der Name mehrfach existiert, wird er mit einer in Klammern gesetzten Ergänzung genauer definiert. Darunter folgen Angaben zur Charakteristik des Flusses und in welches Gewässer er mündet.

Beim **Wanderfluss** handelt es sich um ein Gewässer, das ohne besondere Schwierigkeiten zu befahren ist, auch mit Zweiern, vielfach auch über mehrere Tage als Gepäckfahrt. Oft müssen wir hierbei auf den Schiffsverkehr achten. Hierzu sollte das Kapitel „Fahrten auf Binnen- und Seeschifffahrtsstraßen" beachtet werden.

Beim **Kleinfluss** ist mit Schwierigkeiten zu rechnen, wie engen Kurven, Baum- und Strauchhindernissen, niedrigen Brücken, Stacheldrähten und zahlreichen Wehren. Es ist sinnvoll, diese Gewässer mit dazu geeigneten Einern zu befahren.

Das Befahren eines **Wildwassers** erfordert besondere Kenntnisse, s. dazu das Kapitel „Fahrten auf Wildwasser".

Es folgt nun eine textliche Beschreibung des Flusses. Hier gibt es auch einen Hinweis zu den **Befahrungsregeln**. Diese sind meistens in die tabellarische Flussbeschreibung aufgenommen und dort kursiv hervorgehoben. Sie entsprechen dem Stand des DKV-Sportprogramms 2010. Da die Befahrungsregeln stetigen Veränderungen unterliegen, sollte der Benutzer des Deutschen Flusswanderbuches sich im aktuellen DKV-Sportprogramm informieren oder noch aktueller im Internet über www.kanu.de . Es soll hier auch darauf hingewiesen werden, dass im Berichtigungsdienst für das Deutsche Flusswanderbuch auf der Internetseite des DKV-Verlags Änderungen der Befahrungsregeln nicht geführt werden.

Sofern vorhanden, werden für die Befahrbarkeit Hinweise auf **Pegel** gegeben. Einige Pegel sind telefonisch abzufragen. Inzwischen wird von den meisten Betreibern jedoch die Pegelabfrage per Internet favorisiert. Auf www.kanu.de findet man in der Pegelliste dazu die erforderlichen Links.

Angaben zur **Begleitung** mit dem PKW und zum Versetzen der Fahrzeuge runden die textliche Beschreibung ab.

Die **tabellarische Flussbeschreibung** besteht aus zwei Spalten. Die linke Spalte beinhaltet die **Kilometerangabe**. Wenn bekannt, wurde auf amtliche Kilometerangaben zurückgegriffen. Diese findet man häufig als Schilder oder Merksteine am Fluss. Sie sind jedoch nicht immer vom Boot aus lesbar. Ansonsten wurden für die Kilometerangaben Karten zu Rate gezogen, wobei sich je nach Messmethode Abweichungen ergeben, die jedoch kaum die Freude am Kanusport mindern. Eine kursiv

angegebene Kilometerzahl weist darauf hin, dass auf diesem Abschnitt Befahrungsregeln zu beachten sind.
Die rechte Spalte gibt Erläuterungen zur jeweiligen Kilometerangabe. Angaben zur **Orientierung** sind die **Ortsbezeichnungen**, die zum schnelleren Auffinden einmal pro Ort/Ortsteil fett hervorgehoben wurden. Ebenfalls der Orientierung dienen **Brücken**, die am Symbol ⌶ zu erkennen sind. Mit Zusätzen wie EB-(Eisenbahn-), Fußgänger-⌶ werden der Verwendungszweck oder auch der Name der Brücke gekennzeichnet.
Flussverbauungen als Querbauten in den Fließgewässern sind im Allgemeinen ein Hindernis für die Befahrung. Sie gibt es als **Wehre** vom kleinen Abfall bis zur großen Staumauer. Die Bauformen sind vielfältig (z.B. Steil-, Stufen- Schräg-, Klappen-, Schützenwehre) und werden oftmals in den Flussbeschreibungen angegeben. Ebenso werden die verschiedenen Verwendungszecke (Kraftwerk (ϟ), Mühlenwehr, Bewässerungswehr usw.) erwähnt. Die Wehre werden in den Flussbeschreibungen mit dem Symbol ▬ angezeigt. Auch andere Querverbauungen, wie **Sohlabstürze**, **Sohlschwellen**, **Sohlgleiten** oder **Raue Rampen** (Aufschüttungen von Steinen, Pfahlreihen, Betonschwellen), werden mit diesem Symbol ▬ gekennzeichnet. An unbefahrbaren Hindernissen ist unbedingt rechtzeitig auszusetzen. Die Unbefahrbarkeit ist am Symbol **X** zu erkennen. Das Boot und die Ausrüstung ist um das Hindernis ⌓ umzutragen. In einigen Fällen ist ein Befahren des Hindernisses möglich, erkennbar am Symbol ≋. Dabei sind etwaige Hinweise im Flussführer, die jeweiligen örtlichen Gegebenheiten (evtl. Hindernisse, wechselnde Wasserstände), das Bootsmaterial und das eigene Können zu beachten. Die bequemste Art, ein Wehr zu überwinden, ist das Schleusen. Die **Schleuse** wird durch das Symbol ▭ dargestellt. Sofern Betriebszeiten der Schleusen angegeben wurden, ist zu beachten, dass hier oftmals Änderungen erfolgen. Deshalb ist es empfehlenswert, sich aktuell zu informieren (www.elwis.de). **Besondere Gefahren** werden extra beschrieben und mit **!** gekennzeichnet, z.B. durch das Tosbecken entstehende Walzen mit „gefährlicher Rücklauf !"
Weitere Angaben ergänzen die Beschreibung. Zum Zelten gibt es Hinweise auf **Campingplätze ⛺**. Die **Bootshäuser** der Kanu-Vereine ⌂ bieten viele Möglichkeiten, besonders wenn sie als *DKV-Kanustation* bewertet sind. Ergänzend gibt es Verkehrshinweise (Bahnhöfe 🚆, Parkmöglichkeiten) und Hinweise touristischer Art ★, die man jedoch aus speziellen Reiseführern ergänzen sollte.
Bei allem unbedingt bitte beachten: Es gibt ständig Veränderungen und die eigene Verantwortung steht über den Angaben im Flussführer.

Der Deutsche Kanu-Verband als Interessenvertreter des Kanusports

Der Deutsche Kanu-Verband ist mit seinen 19 Landes-Kanu-Verbänden, den dort organisierten über 1.300 Kanu-Vereinen und ca. 115.000 Mitgliedern der mitgliederstärkste Kanu-Verband der Welt. Er und die Landes-Kanu-Verbände vertreten als Spitzenfachverband im Deutschen Olympischen Sportbund bzw. gegenüber den Landessportbünden alle Belange des Kanusports. Der Deutsche Kanu-Verband kümmert sich in erster Linie ehrenamtlich um den Erhalt der naturnahen Gewässer, ohne die Kanufahren nicht möglich ist. Der DKV bemüht sich um Verhinderung oder Entschärfung gefährlicher und ökologisch bedenklicher Wasserbaumaßnahmen. Er setzt sich ein für den Bau von Wehrüberwindungsanlagen für Kanufahrer und die Wahrung ökologischer Belange.

DKV und Leistungssport

Der DKV ist im Bereich des Leistungssports der erfolgreichste deutsche Sportverband. Die Flotte des Deutschen Kanu-Verbandes ist seit 1992 regelmäßig der erfolgreichste Teil der deutschen Mannschaft bei Olympischen Sommerspielen und erzielte von 1992 bis 2008 22 Olympiasiege im Kanu-Rennsport und Kanu-Slalom. Auch im Vergleich mit den anderen Kanuverbänden steht der DKV weltweit vorne.

Neben den beiden olympischen Disziplinen vereint der DKV Kanu-Wildwasserrennsport, Kanu-Marathonrennsport, Kanu-Drachenboot, Kanu-Polo, Kanu-Segeln, Kanu-Freestyle, Rafting und Ocean Canoe als Wettkampfdisziplinen, in denen der DKV zumeist Deutsche Meisterschaften austrägt und in denen unter dem Dach des Internationalen Kanu-Verbandes (ICF) Weltmeisterschaften durchgeführt werden.

Der DKV organisiert das Wettkampfwesen in den einzelnen Disziplinen und entsendet Nationalmannschaften zu internationalen Wettkämpfen. Zu den Aktivitäten des DKV gehören neben der Berufung und Betreuung der Kaderathleten in Lehrgängen durch verbandseigene Bundestrainer auch die Aus- und Fortbildung von Trainern und Kampfrichtern und die Festlegung von Wettkampfbestimmungen. Zudem setzt er sich aktiv für Dopingprävention ein.

Als deutscher Spitzensportverband stellt der DKV auch die Finanzierung des Leistungssports sicher. Er koordiniert Bundestrainer, Bundesleistungsstützpunkte und bildet qualifizierte Übungsleiter aus.

DKV und Kanu-Freizeitsport

Die überwiegende Mehrzahl der Mitglieder des DKV betreibt Kanu-Freizeitsport. Es ist daher fast zwangsläufig, dass der DKV auf diesem Gebiet besonders viele Aktivitäten entfaltet. So bietet der DKV ein umfangreiches Veranstaltungsprogramm im gesamten Bundesgebiet. Im jährlich neu erscheinenden DKV-Sportprogramm sind mittlerweile weit über 800 Veranstaltungen aus dem Bereich des Kanu-Freizeitsports aufgeführt.

Der DKV gibt Tipps und Hinweise für ungewöhnliche Touren, Kontaktadressen zu Ausrüstern und Fachhändlern. Diese und die vielen weiteren Angebote des Deutschen Kanu-Verbandes, seiner Landesverbände und Vereine, stehen für Freude am Kanusport.

Im Rahmen des Kanu-Freizeitsports sind die folgenden Leistungen des DKV nicht nur für seine Mitglieder, sondern auch für den breiten Kreis der nicht organisierten Kanuten von besonderem Interesse.

DKV und seine Flussführer

Der DKV verfügt über ein weltweit einmaliges Flussführersystem. So können wir mit Stolz darauf hinweisen, dass nahezu alle kanusportlich nutzbaren Gewässer in Deutschland und im europäischen Ausland ausführlich beschrieben werden. Alle Flussführer sind wie das vorliegende Buch aufgebaut und enthalten alle wesentlichen sicherheits-, umwelt- und fahrtentechnischen Hinweise für den Kanusportler. Neben dem vorliegenden Führer für Gesamtdeutschland sind bisher sind folgende Flussführer erschienen: Sechs Deutschlands (Südwestdeutschland, Württemberg, Ostdeutschland, Bayern, Nordrhein-Westfalen, Nordwestdeutschland). Außerdem sind acht Auslandsführer erschienen für die Bereiche Österreich, Schweiz (Band 1), Italien, Spanien, Portugal (Band 2), Südfrankreich und Korsika (Band 3), Skandinavien (Band 4), Südosteuropa (Band 5), Nordfrankreich, Benelux (Band 6), Nordosteuropa (Band 7), Großbritannien, Irland (Band 8) sowie Donau und Nebenflüsse (Band 9).

DKV und seine Zeitschrift KANU-SPORT

Kein aktiver Kanusportler kommt um die Zeitschrift KANU-SPORT herum. Diese Zeitschrift wird monatlich vom Deutschen Kanu-Verband herausgegeben und kann von jedermann – also auch Nichtmitgliedern – abonniert werden. Die Zeitschrift deckt die ganze Vielfalt des Kanusports ab. Den Schwerpunkt bilden illustrierte Fahrtenberichte und Tourenvorschläge für Kanufahrten in Deutschland, Europa und der ganzen Welt mit hilfreichen Informationen. Außerdem bringt der KANU-SPORT Marktneuheiten, Veranstaltungshinweise sowie Artikel zu Themen wie Sicherheit, Umwelt und Gewässer oder Leistungssport. In seinem Service-Teil gibt es regelmäßig Informationen über neue Befahrungsregelungen oder etwa kurzfristig verhängte Sperrungen aus technischen Gründen. Die Zeitschrift KANU-SPORT ist über die DKV-Geschäftsstelle zu beziehen. Interessenten können dort auch ein kostenloses Probeheft anfordern. Weitere Informationen und die Möglichkeit der Online-Bestellung gibt es unter www.kanu-sport.com.

DKV und seine Leistungsabzeichen

Ähnlich dem Deutschen Sportabzeichen, werden auch im DKV Abzeichen für besonders aktive Kanufahrer verliehen. So gibt es das Wanderfahrerabzeichen für erwachsene Mitglieder, das in den Stufen Bronze, Silber und Gold vergeben wird. Für Vielfahrer, die 40 000 Fahrtenkilometer zurückgelegt haben, wurde das Globusabzeichen geschaffen. Auch im Bereich der Schüler und Jugendlichen gibt es ein Wanderfahrerabzeichen in den Stufen Bronze, Silber und Gold. Viele Landesverbände bieten darüber hinaus weitere zusätzliche Möglichkeiten der Auszeichnungen an. Ausführliche Informationen sind in der DKV-Wandersportordnung aufgeführt, die unter www.kanu.de erhältlich ist.

DKV im Internet

Unter der einprägsamen Adresse „www.kanu.de" ist der DKV im Internet vertreten. Der DKV bietet auf dieser Seite umfassende Informationen rund um den Kanusport. Von der Startseite aus gelangt der Nutzer zu den weiteren Menüpunkten „News", „Der DKV", „Freizeitsport", „Leistungssport", „Service" und „Marketing" und Auskünfte aus seinem Interessensgebiet recherchieren.
Unter News besteht beispielsweise die Möglichkeit, ältere Nachrichten zu lesen, sich beim beliebten DKV-Newsletter anzumelden oder in der Downloadbank, die genau wie die Top-Navigation aufgebaut ist, zu stöbern.

Im Bereich „Der DKV" gibt es allgemeine Informationen über die Tätigkeitsfelder des DKV und der Landes-Kanu-Verbände, darüber hinaus zahlreiche Adressen und Ansprechpartner und eine leistungsstarke Vereinssuche, die dem Besucher der

Seite ermöglicht, einen passenden Verein in seiner Nähe zu finden. Unter Kartenansicht findet der Besucher eine Darstellung aller deutschen Kanu-Vereine.

Unter „Freizeitsport" gibt es zahlreiche aktuelle und grundlegende Informationen über Kanuwandern, Wildwasser, Küstenpaddeln, Sicherheit, Umwelt und Gewässer. Dabei gehören unter anderem die Pegelstände und Befahrungsregeln (in Gewässer) zur Pflichtlektüre unserer Kanuten, die sorgfältig ihre Fahrtenplanung vornehmen.

Im Leistungssportbereich findet sich eine Darstellung aller Sportarten, die im DKV wettkampfmäßig betrieben werden. Zwischen den olympischen Disziplinen Kanu-Rennsport und Kanu-Slalom sind zudem unsere Sportarten Kanu-Wildwasserrennsport, Kanu-Polo, Kanu-Drachenboot, Kanu-Segeln, Kanu-Freestyle, Kanu-Rafting, Kanu-Mehrkampf, Kanu-Outrigger/Va´a und Kanu-Marathon näher erläutert.

Besonders umfangreich ist der Bereich „Service". Unter „Termine" befindet sich bspw. eines der Highlights der Seite: Über die Termindatenbank lassen sich alle rund 1500 Freizeit-, Leistungssport- und Bildungsveranstaltungen anhand von selbst gewählten Suchkriterien abfragen. Darüber hinaus beantwortet der DKV im Bereich Service Fragen rund um Mitgliedschaften, Ausbildung und Service für Kanu-Vereine. Weiterführende Links helfen dem Kanuten Ergebnisse zu recherchieren oder im Kanu-Forum mitzudiskutieren.

Unter „Marketing" gelangt man unter anderem in den Shop der DKV-GmbH oder erhält einen Einblick in die Händlerdatenbank, um einen adäquaten Kanu-Händler in 7der Nähe des Besuchers zu finden.

DKV und seine Pegeldienste

Immer eine Handbreit Wasser unter dem Kiel ist für einen Kanusportler eine wichtige Größenordnung. Wer will schon feuchte Waldwege fahren oder Hunderte von Autokilometern umsonst unterwegs sein? Pegelinformationsdienste sind deshalb ein wichtiges Informations- und Steuerungssystem im Kanusport. Besonders hilfreich ist die Koppelung der aktuellen Pegelhöhe mit einer Richtgröße, im günstigsten Fall ein Mindestpegel und eine Flussstrecke, auf die sich die Pegelhöhe und damit die Befahrbarkeit bezieht.. Mindestpegelmarken sind in der Regel nach sportlich-fahrtechnischen Gesichtspunkten ausgelegt, so dienen die Pegelinformationen nicht nur der Natur sondern auch dem eigenen Fahrspaß. Informationen zu den Pegeldiensten finden Sie im jährlich neu erscheinenden DKV-Sportprogramm und im Internet unter www.kanu.de .

DKV und sein Verlag

Über die DKV-Wirtschafts- und Verlags GmbH erhalten Sie eine Fülle interessanter Fachliteratur, Gewässerkarten, die jährlich herausgegebenen Kanu-Kalender sowie natürlich die Flussführer. Die Flussführer und viele andere Verlagsartikel können DKV-Mitglieder zu ermäßigten Preisen bei der DKV-Wirtschafts- und Verlags GmbH bestellen. Fordern Sie den Verlagsprospekt an:

DKV-Wirtschafts- und Verlags GmbH
Postfach 10 03 15, 47003 Duisburg
☎ 0203/99759-0/-53, Fax: 0203/99759-61
E-Mail: verlag@kanu.de

Bestellungen sind auch im Internet über den Online-Shop unter www.kanu-verlag.de möglich.

DKV-Kanu-Stationen, -Zeltplätze und -Ferienheime

Viele Vereine, die dem DKV angeschlossen sind, besitzen an ihren Bootshäusern Zeltmöglichkeiten. Soweit es die Platzverhältnisse zulassen sind DKV-Mitglieder dort als Gäste willkommen. Darüber hinaus wurden zahlreiche Vereine als „DKV-Kanu-Station“ anerkannt, was an einem speziellen Schild zu erkennen ist. Sie erfüllen Kriterien wie etwa gute Anlandemöglichkeiten, ausreichend Platz für Kleinzelte, erreichbare sanitäre Einrichtungen wie Toiletten, Waschmöglichkeiten, Dusche und Trinkwasser sowie weitere Serviceleistungen.

DKV-Mitgliedern werden hier besonders günstige Übernachtungspreise angeboten. Es empfiehlt sich, bei den Fahrtenplanungen vorher rechtzeitig mit den Kanu-Stationen Kontakt aufzunehmen. Ein vollständiges Verzeichnis der DKV-Kanu-Stationen ist über die Geschäftsstelle des Deutschen Kanu-Verbandes oder unter www.kanu.de erhältlich. Im laufenden Text der Flussbeschreibungen sind die Kanu-Stationen durch das Zeichen *DKV-Kanu-Station* kenntlich gemacht.

Der DKV und die Landes-Kanu-Verbände betreiben an verschiedenen Orten des Bundesgebietes Heime und Zeltplätze speziell für Kanusportler. Auf allen DKV-Campingplätzen besteht mittlerweile die Möglichkeit, Kajaks und Canadier zu leihen. Interessenten an Dauerstellplätzen empfehlen wir, Kontakt mit den jeweiligen Obleuten aufzunehmen. DKV-Mitglieder erhalten bei Dauerstellplätzen einen Rabatt von bis zu 25 Prozent.

Der **DKV-Zeltplatz und Ferienheim Edersee** ist in schöner Lage an der Edertalsperre gelegen. Die Einrichtung existiert seit den 1930er Jahren und ist ständig ausgebaut und modernisiert worden. Neben den Dauerplätzen sind stets ausreichend Stellplätze für Zelte und Wohnwagen sowie Übernachtungsplätze im Heim vorhanden. Zur Versorgung des Platzes dient die „Fürstental-Klause“, die alle notwendigen Lebensmittel und Getränke sowie Verpflegung einschließlich Mittagstisch anbietet.

Diese (größte) DKV-Einrichtung ist erreichbar über die A 44, Abfahrt Diemelstadt, danach über die B 252 – Diemelstadt Meringershausen – Höringshausen – Sachsenhausen – Oberwerbe – Basdorf. Aus Richtung Marburg B 254 über Frankenberg – Westhausen – Vöhl – Basdorf.

Verwalter ist Reiner Weilepp, DKV-Campingplatz Edersee, 34516 Vöhl-Basdorf. ☎ und Fax: 05635/202, Internet: http://www.dkv-campingplatz-edersee.de.

Der **DKV-Campingplatz am Bodensee** wurde 1995 in Betrieb genommen. Da er in der Hauptsaison immer sehr gut belegt ist, ist eine rechtzeitige Anmeldung ratsam. sollte unter Umständen das Angebot der Kanu-Vereine im näheren Einzugsbereich geprüft werden. In der Vor- und Nachsaison ist sein Besuch allen Kanuten sehr zu empfehlen.

Der Platz ist geöffnet von Mai bis September (s. Bodensee, km 140,5; Seite 117). Bewirtschaftung durch Karina Droste. Platzanschrift: Fohrenbühl 45, 78462 Konstanz, ☎ 07531/33057, Internet www.dkv-camping.de.

Nahe bei Hamburg liegt das **Wander- und Ferienheim Barum** des Hamburger Kanu-Verbandes. Das Heim bietet ca. 12 Schlafplätze mit Tagesraum und kleiner Küche, auf dem Gelände können zahlreiche Zelte aufgestellt werden. Der Platz ist mit Pkw erreichbar über die Strecke Hamburg - Winsen - Lüneburg (B 4) bis zum Abzweig bei Wittorf. Weiter über St. Dionys bis Barum. Oder über Bergedorf - Geesthacht - Elbbrücke - Tespe - Bütlingen. Die örtliche Aufsicht über das Heim sowie den Schlüssel hat Herr Hans Beug in 21357 Barum, Heimweg 11.

Bei mehr als dreitägigem Aufenthalt und Unterkunftswünschen im Heim ist rechtzeitige Voranmeldung bei Inge Soltau, Am See 12 21357 Barum ☎ 04133/ 81 08, Mobil 0162/9 03 86 78 erforderlich. Postanschrift: Kanu-Wanderheim Barum, Heimweg 13, 21357 Barum, Seestraße 2.

Die **Landeslehrstätte Mardorf** des Landes-Kanu-Verbandes Niedersachsen liegt in Mardorf am Steinhuder Meer. Es ist eine Ferienanlage, eine Landeslehrstätte und Kanusegel-Stützpunkt. Das „Walter-Künne-Heim“ verfügt über 25 Betten in Zimmern mit oder ohne Dusche und WC. Das Haus ist ganzjährig geöffnet und bewirtschaftet. Für Tagungen und Lehrgänge sind alle notwendigen technischen Geräte vorhanden. Das Gelände bietet außerdem Platz für Wohnwagen und Zelte. Für Jugendgruppen bietet sich das „rustikale Holzhaus“ mit Schlafkojen, Matratzenlager auf dem Dachboden und Selbstverpflegungsmöglichkeiten an.

Die LKV-Anlage Mardorf ist zu erreichen über die A 2 Dortmund-Berlin, Abfahrt (Hannover)-Neustadt, weiter über die B 6 nach Neustadt, dann über die Moorstraße-Meerstraße nach Mardorf, nach ca. 10 km Hinweisschild Landes-Kanu-Verband Niedersachsen. Mit der Bundesbahn erreichbar bis Neustadt-Rbg., von dort mit dem

Bus nach Mardorf, Haltestelle „Lüttgen Mardorf". Die Postanschrift lautet: Landes-Kanu-Verband, Sport und Jugendheim, DKV-Weg 17-19, 31535 Neustadt, OT Mardorf, ☎ 05036/474, Fax: 05036-925654, www.LKV-Nds.de.

Der Kanu-Verband Nordrhein-Westfalen unterhält bei Wesel seine Sportschule, das **Otto-Vorberg-Haus**. Das Haus ist nach dem langjährigen Vorsitzenden und Ehrenvorsitzenden des Kanu-Verbandes Nordrhein-Westfalen, Otto Vorberg, benannt, der nach 1945 die Wiedergründung des DKV einleitete und ihn anschließend viele Jahre als Präsident führte.

Im Haus stehen 26 Betten in 4 Zwei- und 6 Dreibettzimmern zur Verfügung. Auf dem Zeltplatz können 75 Zelte untergebracht werden. Eine große Terrasse mit offenem Kamin ergänzt den Aufenthaltsbereich im Haus.

Die Sportschule liegt direkt an der Lippe. Unmittelbar benachbart befindet sich ein schönes Waldgebiet von ca. 15 km Ausdehnung, ein Mischwald mit Moor und Heide, in dem die letzten Wacholderbäume am Niederrhein zu sehen sind. Mitten durch das Gebiet führt die am Haus beginnende Wanderstrecke 1. Das Stadtzentrum von Wesel liegt etwa 1,5 km vom Heim entfernt. Trotz der Nähe der Stadt liegen Sportschule und Zeltplatz fernab jeden Verkehrslärms.

Zu erreichen ist die Sportschule über die Autobahn A 3 Oberhausen-Arnheim, Abfahrt Wesel/Schermbeck (Nr. 6). Von hier aus auf der B 58 in Richtung Wesel fahren bis zum Krankenhaus (2. Ampel). Hier links abbiegen in den Aaper Weg, 1. Straße rechts Kick in den Busch, 2. Straße links In der Luft, am Ende rechts in die Brunnenstraße, dann 1. Straße links Am Lippehafen. Eine ausführliche Anreisebeschreibung und weitere Infos bekommt man auf der Homepage des Kanu-Verbandes NRW unter www.kanu-nrw.de .

Postanschrift: Sportschule, Am Lippehafen 16, 46485 Wesel, ☎ 0281/5981. Fax: 0281/2067936 Hausverwaltung: Frau André.

Anmeldungen können über die Geschäftsstelle des Kanu-Verbandes Nordrhein-Westfalen, Duisburg, ☎ 0203/7381-653, Fax: 0203/7381-650 oder per E-Mail an info@kanusportschule-wesel.de erfolgen.

Der **Zeltplatz des LKV Berlin**, nur mit Boot und Zeltgepäck zu erreichen, befindet sich auf der Insel Seddinwall im Seddinsee, im Südosten Berlins. Volle Selbstversorgung ist erforderlich, Trinkwasserpumpe und Toiletten (Plums-Klo) vorhanden.

Der Zeltplatz ist erreichbar über Köpenick-Müggelheim, Gosener Landstraße, Abfahrt Winterweg bis zum Jagen 147. Ab dort zur Insel paddeln.

Zeltplatzleiter: Edelgard Reichenbach, Kietz 15, 12557 Berlin, ☎ 0162/7208011. Gruppen ab 6 Personen bitte 2 Wochen vorher anmelden bzw. generelle Anmeldung erwünscht.

Ein Urlaubsparadies besonderer Art bietet der **Naturzeltplatz Große Birke** des Bayerischen Kanu-Verbandes im Staffelsee bei Murnau in Oberbayern. Ausschließlich für Kanuverbands-Mitglieder steht eine Insel als Natur belassener Zeltplatz zur Verfügung. Im Landschaftsschutzgebiet des Alpenvorlandes gelegen, wurde vom BKV eine Gras bewachsene Teilfläche der Privatinsel „Große Birke" gepachtet und kann in der Sommersaison von allen Verbandsmitgliedern für Kurzbesuche ebenso wie für große Urlaube genutzt werden.

Anreise nur mit eigenem Kanu / Kajak oder Leihkahn ab Seehausen oder Murnau. Der absolut einsam-ruhige Staffelsee liegt direkt am Alpenrand und gilt als einer der wärmsten bayerischen Seen. Gute Erreichbarkeit über die Autobahn A 95 bzw. per Bahn bis Murnau. Landschaft und Kultur laden zu Ausflügen ein: Wandern, Radeln sowie Bootstouren auf Kleinflüssen, da kann man Ferienzeit sehr idyllisch und preiswert genießen.

Infos mit Flyer zu Lageplan, Anreise, Anmeldung und Preisen unter www.kanu.de > Freizeitsport und www.kanu-bayern.de/freizeitsport/Große Birke.

Ansprechpartner: Raimund Rasch, Schultheiß-Schneiderstr. 23, 73312 Geislingen/ Steige, Tel.: 07331 41103 E-Mail: grosse.birke@kanu-bayern.de

Mitgliedschaft im DKV

Eine wirkungsvolle Interessenvertretung für den Kanusport setzt voraus, dass möglichst viele Kanusportler Mitglied im DKV werden. Hierzu gibt es mittlerweile eine Vielzahl von Möglichkeiten. Die nach wie vor einfachste Art der Mitgliedschaft ist die, einem Kanu-Verein beizutreten. Bei 1.300 Kanuvereinen in Deutschland ist auch in Ihrer Nähe ein für Sie geeigneter Verein. Insbesondere Vereine mit der Auszeichnung „Aktiver Kanu-Verein" bieten regelmäßige Angebote für ihre Mitglieder, sind aktiv im Bereich der Kinder- und Jugendarbeit und haben ein attraktives Veranstaltungswesen. Bei diesen Vereinen sind Neumitglieder besonders willkommen. Über die Bundesgeschäftsstelle des Deutschen Kanu-Verbandes vermitteln wir Ihnen gerne Adressen von für Sie geeigneten Kanuvereinen.

In den Vereinen treffen Sie am ehesten gleichgesinnte Kanusportler, mit denen Sie gemeinsame Fahrten planen und durchführen können. Oftmals verfügen Kanu-Vereine über ein reichhaltiges Sortiment vereinseigener Boote, so dass Sie unterschiedliche Bootstypen für unterschiedliche Gewässer ausprobieren können, ohne sich sofort ein neues Boot anschaffen zu müssen. Mit den Vereinsfahrtenprogrammen können Sie am schnellsten unter fachkundiger Anleitung die Gewässer in Ihrer näheren Umgebung oder ganz Deutschland kennen lernen. Gerade in den Vereinen wird das logistische Problem (Hin- und Rücktransport von Booten) gemeinsam am leichtesten und schnellsten gelöst. Darüber hinaus bieten die meisten Vereine die Möglichkeit, private Boote in den Bootshäusern zu lagern. Hervorzuheben ist auch, dass neben der Ausübung des Kanusports vielfach

Ausgleichssportarten angeboten werden. Aber auch das gesellige Beisammensein wird nicht zu kurz geschrieben.

Eine Alternative zur Vereinsmitgliedschaft bietet die von jedem Landes-Kanu-Verband angebotene **Einzelmitgliedschaft**. Hier besteht die Möglichkeit, ohne Vereinsanbindung die Vorteile einer Mitgliedschaft in Anspruch zu nehmen.

Als Mitglied im Deutschen Kanu-Verband erhalten Sie Flussführer, Karten und Lehrbücher des Deutschen Kanu-Verbandes beim verbandseignen Verlag zu besonders günstigen Mitgliedspreisen. Mit ca. 800 Bootshäusern, davon ca. 300 DKV-Kanustationen, besteht die Möglichkeit, bei Kanufahrten zu günstigen Mitgliedspreisen zu übernachten. Der Deutsche Kanu-Verband bietet seinen Mitgliedern ein umfangreiches Veranstaltungsprogramm im gesamten Bundesgebiet. Zudem hat er für seine Mitglieder die Voraussetzungen für besonders günstige Bootsversicherungen oder Zusatzunfallversicherungen geschaffen.

Diese individuellen Vorzüge sind Grund genug, für einen relativ geringen Beitrag im Kanu-Verein oder als Einzelmitglied den Deutschen Kanu-Verband zu unterstützen. Wenn Sie Interesse haben, wenden Sie sich doch einfach an die Bundesgeschäftsstelle des Deutschen Kanu-Verbandes, bei der Sie entsprechendes Informationsmaterial erhalten.

Anschrift des Deutschen Kanu-Verbandes

Deutscher Kanu-Verband
– Bundesgeschäftsstelle –
Bertaallee 8, 47055 Duisburg
☎ 0203/99759-0, Fax: 0203/99759-60
Internet: www.kanu.de , e-Mail service@kanu.de

Ein aktuelles Verzeichnis aller Landes-Kanu-Verbände finden Sie im Internet unter www.kanu.de . Sie können die Adressen auch über die DKV-Geschäftsstelle erfragen.

Tipps und Hinweise für Einsteiger

Kanufahren ist leicht zu erlernen. Um sein Boot richtig zu beherrschen, braucht es aber einige Übung. Natürlich kann man versuchen, sich das Paddeln selbst beizubringen; dies ist aber die mühseligste Variante. Am besten ist das Kanufahren in der Gruppe im Verein zu erlernen. Viele Vereine bieten Kanu-Kurse für Anfänger an, die auch von Nichtmitgliedern besucht werden können. Termine und Adressen sind der Internetseite des Deutschen Kanu-Verbandes (DKV) unter www.kanu.de und dem DKV-Bildungsprogramm zu entnehmen, das gegen eine geringe Schutzgebühr bei der DKV-Geschäftsstelle (Anschrift s. Seite 19) erhältlich ist Daneben gibt es auch gewerbliche Kanuschulen oder Kanuanbieter mit entsprechenden Kursangeboten.

Welches Boot brauche ich?

Die Entscheidung für den Bootstyp richtet sich danach, für welchen Zweck das Boot eingesetzt werden soll. Grundsätzlich gibt es Kajaks und Canadier.

Canadier stammen aus Nordamerika und wurden von den dortigen Indianern zum Transport, zur Jagd und zum Fischfang genutzt.

Canadier werden sitzend oder kniend mit einem Stechpaddel gefahren. Die heutigen Wandercanadier eignen sich hervorragend für längere Touren auf Seen oder ruhigeren Flüssen, mit Gepäck und mit mehreren Personen. Deshalb werden sie gerne von Familien genutzt.

Kajaks haben ihren Ursprung bei den Eskimos. Es sind geschlossene Boote mit einer Sitzluke. Kajak-Fahrer sitzen in ihrem Boot und bewegen es mit einem Doppelpaddel vorwärts. Das Kajak ist der „Allround-Bootstyp“ im Kanusport und wird in allen Bereichen verwendet – vom Seekajak für Großgewässer bis hin zum Wildwasserkajak.

Zu unterscheiden sind auch noch verschiedene Materialien. Die wichtigsten sind: **Polyethylen** (PE), ein robustes, relativ weiches Material, das vor allem bei Wildwasserbooten eingesetzt wird, und **glasfaserverstärkter Kunststoff** (GfK), ein Material, das leicht, hart, aber relativ empfindlich ist, und besonders bei Touren- und Seekajaks zum Einsatz kommt. Es gibt aber auch Holzboote und zusammenlegbare Faltboote mit einer Gummihaut.

Für die meisten Einsteiger kommen vorrangig Touren- und Allround-Wildwasserboote in Frage, da sie einen breiten Einsatzbereich abdecken. Auf dem Markt sind über 1000 verschiedene Modelle erhältlich, konkrete Empfehlungen können an dieser Stelle daher seriöserweise nicht gegeben werden. Für eine umfassende Beratung sind die anerkannten DKV-Kanu-Fachberater zu empfehlen. Die Adressen sind über die DKV-Internetseite www.kanu.de und die DKV-Geschäftsstelle erhältlich. Rat gibt es auch bei anderen Kanuten in einem Verein in Ihrer Nähe. Oft kann man hier auch Boote vor einem Kauf ausprobieren, so dass man sicherer sein kann, das richtige Boot anzuschaffen.

Sind Kanus teuer?

Die Preise für Kanus richten sich wie bei allen Gebrauchsgegenständen am Material und der Qualität aus. Deshalb sind für ähnliche Bootstypen unterschiedliche Preise zu zahlen. Zur groben Orientierung: Wildwasserkajaks gibt es ab ca. € 700, Tourencanadier ab ca. € 1 000.

Preiswerte Boote sind bei den zahlreichen Gebrauchtbootmärkten zu erwerben, deren Termine beim DKV zu erfahren sind. Vom Kauf unbesehener Boote (z.B. bei Internet-Auktionen) ist eher abzuraten, da Alter und Zustand bei Gebrauchtbooten eine wichtige Rolle spielen.

Wer mit dem Paddeln anfängt, muss sich aber nicht gleich ein Boot kaufen: Vielerorts kann man Boote mieten, und wer das Paddeln in einem Kanu-Kurs erlernt, bekommt dabei das Boot meistens gestellt.

Welche Ausrüstung benötige ich?

Wer Kanusport regelmäßig ausüben will, braucht eine gewisse Grundausrüstung. Hierzu zählen – neben Paddel und passender Schwimmweste – z.B. Spritzdecke und Paddeljacke, um vor Spritzwasser geschützt zu sein, außerdem Kälteschutzkleidung sowie wasserdichte Behälter für den Transport von Ersatzkleidung im Boot. Besonders im Wildwasser zählen zur Ausrüstung auch Schutzhelm, Wurfsack und ein Erste-Hilfe-Päckchen. Für spezielle Reviere ist eine besondere Ausrüstung erforderlich. Der Fachhandel berät gerne, was jeweils geeignet ist.

Wo darf ich paddeln?

Grundsätzlich ist das Paddeln auf allen Fließgewässern in Deutschland erlaubt. Ausnahmen gelten auf Talsperren oder Wasserflächen in Parkanlagen bzw. in Erholungsgebieten. Zu beachten ist aber auch, dass es zahlreiche **Befahrungsregelungen aus Naturschutzgründen** gibt, die unbedingt zu beachten sind. Eine Liste der Befahrungsregelungen ist im DKV-Sportprogramm oder im

Internet unter www.kanu.de veröffentlicht. Auf großen Gewässern mit Schiffsverkehr gelten besondere Verkehrsvorschriften. Infos dazu gibt es unter www.elwis.de . Vor Fahrtenbeginn ist eine genaue Information über die jeweils geltenden Vorschriften unerlässlich.

Ist Kanufahren gefährlich?

Gefährlich sind Natursportarten meist nur, wenn man sie nicht beherrscht oder eine Situation falsch einschätzt. Eine qualifizierte Ausbildung ist daher der beste Schritt für die eigene Sicherheit! Anfänger sollten die vorhandenen Gefahren im Wassersport nicht auf die leichte Schulter nehmen. Besonders bei **Hochwasser** können Gewässer, die sonst unproblematisch sind, besondere Gefahrenstellen aufweisen. Im Zweifelsfall sollte lieber auf eine Befahrung verzichtet werden, bevor man Gesundheit oder Leben aufs Spiel setzt.

An **Wehren** oder **Schleusen** ist besondere Vorsicht geboten. Auch das Wetter sollte man im Auge behalten: Im Sommer können die Sonneneinstrahlung und die damit verbundene Ozonbelastung Probleme verursachen – und **Sturm** oder **Gewitter** haben schon mancher Fahrt ein plötzliches Ende bereitet. Und vor allem: **Nichtschwimmer gehören nicht in ein Kanu.**

Grundlinien für natur- und landschaftsverträglichen Kanusport

Kanusport ist Natursport – kaum eine andere Sportart bietet die Möglichkeit, so vielfältige und unmittelbare Eindrücke in der Natur zu gewinnen. Kanusport muss aber natur- und landschaftsverträglich ausgeübt werden, damit auch zukünftige Generationen die Möglichkeit zum Naturerlebnis haben.
Der Deutsche Kanu-Verband (DKV) setzt sich in seiner Satzung und Praxis für den natur- und landschaftsverträglichen Kanusport ein. Im Rahmen seiner Aus- und Fortbildungsprogramme ist Umweltbindung ein wichtiger Aspekt. Insbesondere Fachübungsleiter/-innen und Fahrtenleiter/-innen werden angehalten, die entsprechenden Verhaltsempfehlungen an Sportlerinnen und Sportler weiterzugeben und auf deren Einhaltung zu achten.

Die Ausübung des Kanusports gilt als natur- und landschaftsverträglich, wenn Kanusportlerinnen und Kanusportler...

- sich rechtzeitig vor der Kanutour über die vorhandenen gesetzlichen Vorschriften und freiwilligen Vereinbarungen zum Schutz von Flora und Fauna informieren und diese beachten. Viele der gesetzlichen Regelungen wurden in Zusammenarbeit mit den Vertretern des Kanu-Verbandes und der Naturschutzverbände einvernehmlich aufgestellt. Ein vollständiges Verzeichnis der geltenden Bestimmungen für deutsche und europäische Gewässer findet sich im Internet unter www.kanu.de oder im jährlich neu erscheinenden DKV-Sportprogramm;
- die Vielfalt, Eigenart und Schönheit von Natur und Landschaft schätzen und achten, um gerade auch den Erlebnis- und Erholungswert in ihren eigenen Interesse nicht zu schmälern;
- sich leise und rücksichtsvoll in der Natur verhalten und ausreichenden Abstand zu Wasserpflanzen, Ufervegetationen sowie Tieren auf und am Wasser halten;
- sich rechtzeitig über vor Ort vorkommende Tiere und Pflanzen informieren und ihr gesamtes Fahrverhalten so gestalten, dass diese nicht erheblich gestört oder dauerhaft geschädigt werden;
- möglichst umweltschonend anreisen (insbesondere durch Bildung von Fahrgemeinschaften oder Nutzung öffentlicher Verkehrsmittel) und ausschließlich vorhandene Infrastrukturen (z.B. Ein- und Ausstiegsstellen, Lagerplätze, Zuwegungen und Parkplätze) in Anspruch nehmen, statt unberührte Natur zu nutzen;
- für die Übernachtung lokale Zeltplätze oder Gasthöfe aufsuchen und die Verpflegung vor Ort einkaufen. So profitiert auch die lokale Bevölkerung vom Kanusport und der persönliche Kontakt kann das Verhältnis zu Kanufahrern verbessern;

- Befahrungen nur bei ausreichendem Wasserstand vornehmen. Eine Übersicht der Pegelinformationen zahlreicher deutscher und europäischer Gewässer findet sich im Internet unter www.kanu.de oder im jährlich neu erscheinenden DKV-Sportprogramm;
- auf die Befahrung erkennbar übernutzter Gewässer verzichten und im Zweifel auf einzelne Kanutouren verzichten. Es ist selbstverständlich, dass Kleinflüsse nur in kleinen Gruppen und mit kleinen Booten befahren werden;
- weder Abfälle hinterlassen noch naturschädigende Materialien in der Natur verwenden;
- auf Umweltverschmutzungen (insbesondere stinkende Schmutzwassereinleitungen, Ölfilme oder wilde Müllkippen) in der Nähe von Gewässern achten und diese den lokalen Umweltbehörden oder dem DKV melden;
- auch andere Kanufahrer auf die Einhaltung dieser Grundlinien aufmerksam machen!

Weitere ausführliche Informationen über natur- und landschaftsverträglichen Kanusport erhalten Sie über den Deutschen Kanu-Verband.

Der DKV setzt sich seit vielen Jahren zusammen mit seinen Landes-Kanu-Verbänden für die natur- und landschaftsverträgliche Ausübung des Kanusports ein. Er ist der Verhandlungspartner mit Naturschutzbehörden und Naturschutzverbänden und erarbeitet mit diesen gemeinsame Lösungen für sensible Gewässer. Zudem vertritt er die politischen Interessen der Kanusportler bei anstehenden Gesetzesänderungen auf dem Gebiet des Naturschutzes oder des Wasserrechts. Um zu sachgerechten Vereinbarungen mit den zuständigen Ministerien zu kommen hat er vielfach Gutachten zu möglichen Auswirkungen des Kanusports finanziert und erreicht, dass wasserbauliche Maßnahmen gleichermaßen dem Naturschutz und dem Kanusport dienen.

Umweltbildung spielt im DKV eine wichtige Rolle. In der Ausbildung von Trainern und Übungsleitern nimmt das Thema Umwelt einen erheblichen Rahmen ein. Zusätzlich werden in allen Landes-Kanu-Verbänden Ökologie-Kurse angeboten, die auch Nichtmitgliedern zugänglich sind und oftmals in Zusammenarbeit mit Naturschutzbehörden oder Naturschutzverbänden Zusammenhänge zwischen Kanusport und Natur sowie die richtigen Verhaltensweisen vermitteln. Ein Besuch solcher Ökologie-Kurse sollte für jeden Kanufahrer selbstverständlich sein! Die Termine finden Sie im DKV-Sportprogramm, im DKV-Bildungsprogramm oder auf der Homepage des DKV unter www.kanu.de .

Der DKV veröffentlicht jährlich im DKV-Sportprogramm eine aktuelle Liste der Gewässer mit den Befahrungsregelungen aus Naturschutzgründen. Es enthält darüber hinaus die Telefonnummern von Pegeldiensten für viele interessante Paddelgewässer. Sie erfahren damit den aktuellen Wasserstand vor der Abfahrt. Das Sportprogramm erhalten Sie gegen eine geringe Schutzgebühr über die Geschäftsstelle des DKV in Duisburg.

Aktuelle Informationen über Befahrungsregelungen und Pegel sind auch auf der DKV-Internetseite www.kanu.de im Bereich „Freizeitsport > Gewässer“ abzurufen.

Außerdem sind alle für Kanu-Freizeitsportler reizvollen Flüsse und Seen im In- und Ausland mit ihren Naturschutzbezügen in den Flussführern des DKV beschrieben. DKV-Mitglieder können die Flussführer und weitere Kanu-Literatur direkt beim DKV zum Vorzugspreis bestellen.

Kennzeichnung der Kanus

Nach der Verordnung für die Kennzeichnung von Kleinfahrzeugen auf Binnenschifffahrtsstraßen sind Kanus von der Führung eines **amtlichen** Kennzeichens befreit. Dennoch besteht auf allen Binnenschifffahrtsstraßen die Verpflichtung, Boote zu kennzeichnen. Dazu muss der Bootsname von außen deutlich lesbar sein, zusätzlich sind Name und Anschrift des Eigentümers an einer erkennbaren Stelle fest im Bootsinneren anzubringen (entweder mit einem wasserfesten Stift oder mit einem angeschraubten Schild).

Unabhängig von dieser Regelung empfiehlt der Deutsche Kanu-Verband, alle Kanus – auch bei der Befahrung von kleineren Gewässern – in der o. a. Art und Weise zu kennzeichnen. Zusätzlich sollten die Boote der DKV-Mitglieder einen DKV-Stander in der Mindestgröße 30 mal 20 cm führen oder aber mit einem Abziehbild des DKV-Standers ausgerüstet sein.

Fahrten auf Binnen- und Seeschifffahrtsstraßen

Auf Wasserstraßen, die von großen Güter- und Fahrgastschiffen befahren werden, bestehen besondere Gefahren für die Sportschifffahrt. Für alle Gewässer, die für die gewerbliche Schifffahrt zugelassen sind, sind besondere Ordnungen erlassen worden (bes. Binnenschifffahrtsstraßenordnung, Seeschifffahrtsstraßenordnung). Sie regeln ähnlich der Straßenverkehrsordnung den Verkehr auf den schiffbaren Gewässern der Bundesrepublik Deutschland. Sie enthalten detaillierte Bestimmungen zur Gewährleistung der Sicherheit und Leichtigkeit des Schifffahrtsverkehrs.

Auch Kanu-Wanderer müssen sich über die wichtigsten allgemeinen Verhaltensregeln informieren. Kanufahrer sind, bezogen auf die Verhältnisse im Straßenverkehr, auf den Schifffahrtswegen ebenso gefährdet wie dort die Fußgänger als schwächste Verkehrsteilnehmer. Es würde den hier zur Verfügung stehenden Raum übersteigen, um alle wichtigen Regeln aufzuführen. Die Wasser- und Schifffahrtsdirektion des Bundes hat auf einer sehr informativen Homepage alle wesentlichen Verhaltensregeln für Wassersportler aufgeführt. Wir empfehlen daher, dass sich Kanufahrer unter der Adresse www.elwis.de (dort unter Freizeitschifffahrt) ausführlich informieren. Gute Informationen enthält auch die Broschüre "Sicherheit auf dem Wasser" die vom Bundesverkehrsministerium herausgegeben wird und dort bezogen werden kann.

Fahrten auf Wildwasser

Das Befahren von Wildwassern übt einen besonderen Reiz aus, erfordert andererseits sehr gute kanusportliche Fähigkeiten, für die eine umfangreiche Ausbildung im Verein und/oder bei entsprechenden Wildwasserkursen erforderlich ist. Für die Bewertung der Schwierigkeiten eines Wildwassers hat sich inzwischen eine recht strenge Beurteilung durchgesetzt. Bei der Beschreibung der einzelnen Flüsse des vorliegenden Bandes wurde der Versuch unternommen, die Schwierigkeiten entsprechend der nachfolgenden Tabelle einzustufen, die von einer Kommission der ICF erarbeitet wurde. Die Tabelle basiert auf Pegelangaben, wobei die für jeden Schwierigkeitsgrad angegebenen „Normpegel" das Herzstück der Bewertung bilden. Die Tabelle enthält von links nach rechts die sechs Schwierigkeitsgrade, von oben nach unten ist sie aufgeteilt in

a) Sicht (aus der Perspektive des Kanufahrers)
b) Wasser
c) Flussbett
d) Beispiele.

Von links nach rechts gelesen zeigt die Tabelle deutlich die steigenden Schwierigkeiten. Die durch die Wasserverhältnisse und den Zustand des Flussbettes bedingten Schwierigkeiten lassen sich nicht scharf trennen und gehen vielfach ineinander über.

Trotz dieser verhältnismäßig klaren Richtlinien für die Bewertung von Schwierigkeiten muss man sich darüber im Klaren sein, dass die im Textteil gemachten Angaben immer nur einen ungefähren Anhalt geben können. Dies hat mehrere Gründe: die Angaben sind durchweg auf „Mittelwasser" bezogen, wenn möglich, wird dies durch eine Pegelangabe gestützt. Durch Änderungen des Pegelstandes ergeben sich ganz erhebliche Änderungen der Schwierigkeiten. Bei der Beurteilung spielt neben diesen objektiven, durch Wasserstand, Flusscharakter und Gefälle gegebenen Schwierigkeiten auch die subjektive Einschätzung eine ganz erhebliche Rolle, insbesondere dann, wenn eine Pegelangabe fehlt. Können, Tagesform, Erst- oder Mehrfachbefahrung desselben Flusses können die Bewertung stark beeinflussen.

Aus all diesen Gründen können die im Text gemachten Schwierigkeitsangaben nicht mehr sein als Hinweise, die keineswegs verbindlich sind, sondern lediglich eine ungefähre Vorstellung von der Schwierigkeit des betreffenden Gewässers vermitteln wollen. Alleinfahrten auf Wildwasser sind unbedingt zu vermeiden, empfehlenswert ist die Drei-Mann-Gruppe. Ein Wildwasserneuling sollte stets, unter entsprechender Anleitung, mit der ersten Schwierigkeitsstufe beginnen und erst nach deren völliger Beherrschung auf den nächsthöheren Schwierigkeitsgrad gehen. Wehre sind keine Wildwasser; sie werden daher auch nicht bewertet. Ihre Befahrung kann ganz leicht oder auch sehr gefährlich sein, vorherige Besichtigung ist fast immer anzuraten.

	I unschwierig	II mäßig schwierig	III schwierig	IV sehr schwierig	V äußerst schwierig	VI Grenze der Befahrbarkeit
Sicht		freie Durchfahrten	übersichtliche Durchfahrten	Durchfahrten nicht ohne weiteres erkennbar, Erkundung meist nötig	Erkundung unerläßlich	
Wasser	regelmäßiger Stromzug, regelmäßige Wellen, kleine Schwälle	unregelmäßiger Stromzug, unregelmäßige Wellen, mittlere Schwälle, schwache Walzen, Wirbel und Presswasser	hohe, unregelmäßige Wellen, größere Schwälle, Walzen, Wirbel und Presswasser	hohe andauernde Schwälle, kräftige Walzen, Wirbel und Presswasser	extreme Schwälle extreme Walzen, Wirbel und Presswasser	im Allgemeinen unmöglich, bei bestimmten Wasserabständen eventuell befahrbar, hohes Risiko!
Flussbett	einfache Hindernisse	einfache Hindernisse im Stromzug kleinere Stufen	einzelne Blöcke, Stufen andere Hindernisse im Stromzug	Blöcke versetzt im Stromzug, höhere Stufen mit Rücksog	enge Verblockungen hohe Gefällstufen mit schwierigen Ein- oder Ausfahrten	
Beispiele	Ammer (Rottenbuch - Peißenberg bei Pegel 90 in Weilheim) Isar (Bad Tölz-Wolfratshausen bei Pegel 65 in Bad Tölz)	Ammer (ab Naturwehr - Rottenbuch bei Pegel 90 in Weilhcim) Obere Isar (Hinterauthal bei Pegel 180 in Scharnitz)	Ammer (Scheibum und Naturwehr bei Pegel 120 in Weilheim) Inn (Imster-Schlucht bei Pegel 200 in Haiming)	Loisach Dom und Treppenhaus bei Pegel 120 Gschwandsteg) Ötztaler Ache (Waldschlucht bei Pegel 120 in Tumpen)	Inn (Brail-Schlucht bei Pegel 110 in Tarasp)	Enns (Gesäuse-eingang, NW) Ruetzbachkatarakt (Pegel Medraz 120) Ötz (Langenfeld - Umhausen, Pegel Tumpen 120)

Stromgebiet der Donau

Donau

Wanderfluss Mündung in Schwarzes Meer

Die Donau ist, nach der Wolga, mit einer Gesamtlänge von 2850 km (inklusive Quellflüsse) der zweitgrößte Strom Europas. Die Quellflüsse Brigach und Breg bilden aus dem Schwarzwald kommend in Donaueschingen die Donau (Km 2779,8). Sie durchbricht zunächst in ihrem landschaftlich schönsten Teil zwischen Geisingen und Sigmaringen die Schwäbische Alb, anschließend verläuft sie, landschaftlich immer noch sehr ansprechend, an deren Südrand.

In diesem Bereich finden sich sehr zahlreiche Wehre, die je nach Wasserstand z.T. fahrbar sind oder ohne allzu große Mühe umtragen werden können. Bei höherem Wasserstand ist jedoch Vorsicht geboten, da die als „befahrbar" angegebenen Wehre lebensgefährlich werden können (bereits mehrere Todesfälle). Eine Besichtigung ist in jedem Fall unerlässlich.

Der anschließende Abschnitt von Ulm bis Ingolstadt ist landschaftlich eintönig, von Auencharakter. Er ist durch mehrere große Stauanlagen mit davor liegenden Staustrecken weitgehend verbaut. Das Umtragen der Wehre wird durch Kahnschleusen erleichtert. Das Befahren dieser Teilstrecke wird vielfach als nur wenig lohnend bezeichnet.

Sehr empfehlenswert ist das Befahren der Strecke Ingolstadt–Kelheim mit dem bekannten Donaudurchbruch von Weltenburg. In diesem Abschnitt gibt es noch keine Verbauungen. Ingolstadt ist auch seit 1969 der Startpunkt der jährlichen Internationalen Donau-Tour (TID). Das Interesse an dieser wohl größten und längsten Kanu- und Ruderwanderfahrt ist ungebrochen.

Ab Kelheim ist die Donau Bundeswasserstraße, letzter Abschnitt der Rhein-Main-Donau-Wasserstraße, mit Staustufen und Schleusen für die Großschifffahrt. Landschaftlich ist diese Strecke am Südrand des bayrischen Waldes wieder recht reizvoll. Es gelten die Vorschriften der Donau-Schifffahrts-Polizeiverordnungen. Die Brückendurchfahrten sind gekennzeichnet. Ein auf der Spitze stehendes gelbes Quadrat bedeutet, dass dieses Joch von Berg- und Talfahrt benutzt wird. Bei 2 gelben Quadraten ist die Durchfahrt für den Gegenverkehr gesperrt. Die Schifffahrt sucht sich, falls nicht durch Bojen und Baken ausdrücklich anders vorgeschrieben, immer den kürzesten Weg, d. h. es werden, besonders bei Bergfahrt, die Kurven stark geschnitten. Boote sollten stets hoch an das Ufer gezogen werden, da sonst die Gefahr besteht, dass sie durch den Wellenschlag der Schiffe beschädigt oder abgetrieben werden.

Von Straubing bis zur Staustufe Kachlet, oberhalb von Passau, verläuft das durch Ausbaupläne (Vilshofen) bedrohte letzte größere Stück der frei fließenden Donau in Deutschland, eine sehr lohnende Paddelstrecke.

Befahrungsregeln: *Im Oberlauf, km 2734,4 bis km 2600,0 gibt es zahlreiche Sperrungen, Kontingentregelungen und Erlaubnisvorbehalte. Den ak-*

tuellen Stand findet man auf den Internetseiten des Deutschen Kanu-Verbandes.
Befahrungsregeln sind in der Kilometrierung kursiv hervorgehoben.
Überschreitet die Wasserführung der Donau den höchsten Schifffahrtswasserstand (HSW), müssen alle Fahrzeuge (also auch Kanufahrer!) ihre Fahrt einstellen.
Der HSW beträgt für die Strecken:
Kelheim–Regensburg am Pegel Oberndorf 480 cm
Regensburg–Geisling am Pegel R-Schwabelweis 520 cm
Geisling–Straubing am Pegel Straubing 505 cm
Straubing–Deggendorf am Pegel Pfelling 620 cm
Deggendorf–Schalding am Pegel Hofkirchen 480 cm
Schalding–Jochenstein am Pegel Passau-Donau 780 cm
Hinweis: Selbstbedienungsschleusen nach der Benutzung immer auf Oberwasser bringen. Nachfolgende Paddler sind dafür bestimmt dankbar.

Kilometrierung: entsprechend den am Ufer angebrachten Tafeln, internationale Kilometrierung absteigend von Beuron mit 2716,4 bis zur Mündung in Schwarzes Meer mit 0

2779,8 Zusammenfluss von Breg (s. DKV-Gewässerführer SWD) und Brigach (s. DKV-Gewässerführer SWD). Beginn der Donau. Bis km 2705,3 s. DKV-Gewässerführer SWD.

2716,4 EB-Ⅱ.
Befahrungsregelung bis km 2685,7: Vom 15.02.bis 30.09 Befahrung nur mit besonderer Genehmigung und nur von 9–18 Uhr erlaubt (Anmeldung: 07466/92800 o. Fax 07466/928023 oder NAZObereDonau@t-online.de). Befahrungen ab 01.05. bis 30.09. nur ab Pegel 50 cm in Beuron (Tel. 07466/19700), ansonsten ganzjährig nur ab Pegel 70 cm. Einzelheiten unter www.kanu-wuerttemberg.de .

2715,6 re **Beuron**, ★: Benediktinerabtei mit Barockkirche.
Zwischen überdachter Holz-Ⅱ und Straßen-Ⅱ übliche ⬇ mit Parkplatz.

2714,7 Mess-▬ (Spitzwehr), **X**, trotz niedriger Fallhöhe lebensgefährlich, re ⌓.

2714,4 Fußgänger-Ⅱ.

2712,5 EB-Ⅱ, davor Radweg-Ⅱ.

2712,2 ▬ St. Maurus, **X**, Umtragesteg re zerfallen, ⌓ li durch den Klostergarten wird bisher geduldet.
re oben Burg Wildenstein, DJH.

2709,2 ▬ **Talhof**, **X**, re ⌓. Rast- und Feuerstelle re vor dem Wehr.

2708,2 li **Langenbrunn**, darüber Schloss Werenwag (772 m) der Fürsten zu Fürstenberg. Keine Besichtigung.

2705,3 Straßen-II, re davor ⬇⬆ an Freizeitanlage, Rastplatz. Unter der Brücke ■ kleine Stufe, 2. Joch von li fahren, danach flach, li **Hausen im Tal**, ▲ Camping Wagenburg, ☎ 07579/559, www.camping-wagenburg.de mit ⬇⬆.

2703,5 Straßen-II, li **Neidingen**, voraus mächtige Felswand „Schaufelsen“, re in 250 m Rastplatz mit Grillstelle und kleiner Quelle.

2700,6 ■ **Neumühle** nach der II, ✕, re ⌓. Wander-Parkplatz. Auf 1,5 km Felsbrocken im Fluss!

2698,6 EB-II

2698,3 Straßen-II Hofstraße, li **Thiergarten**, davor re ⬇⬆ mit Feuerstelle, li Wander-Parkplatz.

2697,0 Radweg-II.

2696,1 EB-II.

2695,0 Holz-II.

2694,9 EB-II.

2694,6 ■ Gutenstein, evtl. ≋ oder über Wehr-Krone überheben oder li ⌓. Bei gutem Wasserstand starke Walzenbildung! re Privatgelände, nicht anlanden.

2694,2 Straßen-II, re **Gutenstein**.

2693,4 li und km 2693,0 li Jugendzeltplätze, evtl. ▲-Möglichkeit, ☎ 07570/951176.

2692,9 re auf 400 m Jugend-▲, ☎ 07570/487.

2692,4 hölzerne Radweg-II.

2692,1 EB-II.

2691,9 ■ **Dietfurt**, li oder vom Kanalbeginn aus re ⌓ oder überheben, am Wehrfuß Steine.
li Jugend-▲, eine Übernachtung wird im Allgemeinen geduldet.

2691,5 Straßen-II, re **Dietfurt**, Rastplatz und ✕.

2690,7 Rastplatz mit Feuerstelle.

2690,5 li ↓ Schmeie (Schmicha) (s. DKV-Gewässerführer SWD), li oben Ruine „Gebrochen Gutenstein“.

2688,3 II, re fahren, im Schwall Steine, li **Inzigkofen**, 🚌.

2687,4 Felsbarre auf der li Flussseite, re fahren.

2687,0 Amalienfelsen.

2685,6 Straßen-II Hauptstraße, **Laiz**, li davor gute ⬇⬆ mit Parkplatz. Nach der Brücke re halten.
Befahrungsregelung bis km 2659,7: Vom 15.02. bis 30.09 Befahrung nur mit besonderer Genehmigung und nur von 9–18 Uhr erlaubt (Anmeldung: ☎ 07466/92800 o. Fax 07466/928023 o. NAZObereDonau@t-online.de). Befahrungen ab 1.5. bis 30.9. nur ab Pegel 50 cm in Sigmaringen (☎ 07571/19700). Einzelheiten unter www.kanu-wuerttemberg.de .

2685,4 Klappen-■ Laiz, re Bootsgasse zwischen ↯ und Fischtreppe. Vor Befahren vergewissern, ob Gasse und Auslauf frei sind.

2684,6 Straßen-Ⅱ B 313, Beginn von **Sigmaringen**, ★: Hohenzollernschloss mit Museum.
danach re ▲ Campingplatz Sigmaringen und Freibad, ☎ 07571/50411, www.campingplatz-sigmaringen.de , ⬆ am ▲ nur für Camper.

2683,6 Straßen-Ⅱ Laizer Straße.

2683,2 Straßen-Ⅱ Burgstraße.

2683,1 li Treppe, ⬆, Parkplätze, DJH 700 m.

2683,0 Klappen-▬ Sigmaringen, ↯, Tosbecken, **X**, Lebensgefahr!
Ⅱ unterhalb des Schlosses und unterhalb EB-Ⅱ ⬇. Zum 🚉 10 Minuten.

2682,9 EB-Ⅱ mit Fußgängersteg.

2682,5 2 Straßen-Ⅱ B 32 und Fürst-Wilhelm-Straße.

2681,8 EB-Ⅱ.

2679,7 EB-Ⅱ, danach Fußgänger-Ⅱ.

2676,6 ▬ Sohlschwelle mit Kanurinne, nach Ansehen ≋, li Treppen zum ⏏.

2676,5 Straßen-Ⅱ Krauchenwieser Straße, **Sigmaringendorf**, li ↓ Lauchert (s. DKV-Gewässerführer SWD).

2773,5 EB-Ⅱ.

2673,3 1. ▬ Scheer, eventuell nach Wehrinsel ≋, bei NW hier überheben und treideln oder gleich li ⏏ ca. 200 m.

2671,9 **Scheer**, Straßen-Ⅱ B 32, danach 2. ▬, ganz li evtl. ≋, sonst li ⏏ und nach ca. 150 m über private „Hühnerleiter" einsetzen. Wasserentzug auf ca. 250 m.

2669,6 ▬, ↯ **Jakobstal**, **X**, ganz li unter Durchfahröffnung im Schütz (falls Höhe ausreichend) in Kanal einfahren und am Kanalende beim ↯ nach re ins Flussbett ⏏. Wenn Durchfahrhöhe nicht ausreicht, re ⏏, mühsames Treideln auf ca. 1,5 km. Einsetzen in Kanal nur von der Flussseite aus möglich. Im Flussbett einige Felsstufen.

2668,1 li ↓ ↯-Kanal.

2667,0 re ↓ Ablach, (s. DKV-Gewässerführer SWD). li vor Ⅱ Blochingen–Mengen gute ⬇ (Per Pkw über landwirtschaftlichen Weg ab Ortsschild Blochingen direkt erreichbar.), re 🚉 Mengen in 1,5 km.

2666,5 Flussgabelung, *im re Arm ganzjähriges Befahrungsverbot (NSG)*, li Arm durch Steinwurfschwelle abgesperrt, nach Ansehen ≋ oder li über Treppe ⏏.

2666,1 „Flusskreuzung": li Arm fahren oder den Steinwurf im re Arm hinunterrutschen. Die Folgestrecke bis Binzwangen weist zahlreiche Schwälle und Felsstufen auf, die im Allgemeinen gut zu befahren sind.

2664,7 Beurener Ⅱ, Schwall. Beste Durchfahrt nahe am re Pfeiler.

2662,5 ▬ 1. Hundersinger Sohlrampe, Kanurinne, nach Ansehen ≋ oder re ⏏.

2662,2 Straßen-Ⅱ, darunter ▬ 2. Hundersinger Sohlrampe. Kanurinne genau in Ⅱ-Mitte, für Geübte ≋, jedoch ansehen! Sonst re unter Ⅱ hindurch ⏏, ca. 50 m.

li **Hundersingen**, mehrere ✕. ★: Keltenmuseum 1 km, hallstattzeitlicher Fürstensitz „Oppidum“ (Wehrmauer-Rekonstruktion), in 3 km keltische Grabhügel.

2662,0 re ↓ Ostrach, fahrbar bei HW ab Ostrach.

2659,7 *–2638,8 01.03.–30.06. Befahrung nur mit besonderer Genehmigung und nur von 9–18 Uhr erlaubt (Antrag an: LRA Biberach, Untere Naturschutzbehörde, Postfach 1662, 88396 Biberach). 01.07.–29.02. Befahrungen nur 9–20 Uhr, festgelegte Ein- und Ausstiegsstellen, ganzjähriges Uferbetretungsverbot.*

2658,0 Straßen-Ⅱ Römerstraße mit Nepomuk-Figur, li **Binzwangen**.

2657,5 der ehemals „große“ Schwall wurde entschärft. Jetzt halb links gut ≋, nach 100 m ▬ glatte Stufe.

2656,5 ▬ Spundwandschwelle. Es folgen weitere, alle gut ≋.

2655,7 Ⅱ Radwanderweg.

2652,8 Geradeaus fahren über ▬ künstliche Stufe aus Betonabbruch, gut ≋, aber bei NW Grundberührung. Davor zweigt nach re Umflutkanal ab über **X** Steinwurf-▬, Kanal gesperrt.

2650,6 re vor Ⅱ an Treppe bei Sport-✕ aussetzen. Letzte Aussetzmöglichkeit vor **X** ▬, das in 300 m folgt. Links Altstadt **Riedlingen**, ★. Zur Weiterfahrt am besten nach ca. 100 m re der Straße in kleinen Kanal wieder einsetzen.

2649,8 Ⅱ B 312, kurz vorher bei NW Kiesbankschwall.

2649,1 re ↓ Schwarzach (s. DKV-Gewässerführer SWD).

2646,8 Ⅱ, li **Daugendorf**, re Wanderung zum Bussen, 767 m hoch, mit herrlicher Fernsicht, 6 km.

2646,3 re ↓ Kanzach (s. DKV-Gewässerführer SWD).

2643,8 Ⅱ, re **Zell**, li 500 m **Bechingen** mit ✕.

2641,7 EB-Ⅱ.

2639,9 EB-Ⅱ

2639,7 Straßen-Ⅱ, re ⬇, Parkplätze, li **Zwiefaltendorf**.

2639,6 li ↓ Zwiefalter Ach (s. DKV-Gewässerführer SWD).

2638,8 *Ende der Befahrungsregelung.*

2634,6 li ↓ Braunsel, Hochwartfelsen.

2634,0 ▬ **Rechtenstein**, **X**, re ⌓, li Ruine Rechtenstein.

2633,9 Straßen-Ⅱ.

2633,8 EB-Ⅱ.

2632,0 ▬ Obermarchtal nach Betonsteg, evtl. ≋, aber Steine im Unterwasser, sonst li ⌓. re **Obermarchtal**, ehem. Prämonstratenkloster. Bei NW auf ca. 400 m gelegentliches Treideln!

2630,6 li ↓ Große Lauter (s. DKV-Gewässerführer SWD).

2628,6 Straßen-Ⅱ, Viadukt der B 311.

2628,1 Ⅱ, re **Untermarchtal**.

2624,0 Ⅱ, gleich danach li ▬ Munderkingen, **X**, Sog zum Wehr! deshalb re fahren, an der Einfahrt zum Wehrkanal li über Wiese ⌓.

2622,6 Straßen-𝕀, **Munderkingen**, li danach ⬇⬆, ca. 200 m zum 🚃, hübsche Altstadt.
Nach Fußgängersteg li Bootsschuppen des VfL Munderkingen.
2622,3 Straßen-𝕀.
2618,4 Straßen-𝕀 **Rottenacker**, unmittelbar dahinter ▬, **X**, re vor der Brücke über Treppen ⬆ und ⏏. Im Unterwasser nach Fußgängersteg Querströmung von li beachten!
2618,3 Straßen-𝕀.
2617,8 ungenutzte EB-𝕀.
2615,5 Wege-𝕀, li **Herbertshofen**.
2613,8 Straßen-𝕀 Höllweg, li **Dettingen**.
2613,0 Straßen-𝕀 B 465, li **Ehingen**, re **Berg**, li 2 km zum 🚃 Ehingen.
2612,9 ▬ kleine Sohlstufe (Spundwand), re ≋ Bootsdurchfahrt.
2611,9 li ↓ Schmiech (≋ bei HW ab Hütten, stark verbaut).
2610,2 Straßen-𝕀 Neue Steige, li **Nasgenstadt**.
2608,3 Straßen-𝕀 Von-Rassler-Straße, li **Gamerschwang**.
2607,0 𝕀 mit Schützen-▬ **Öpfingen**, re altes Donaubett, meist trocken. li Kanal zum Stausee, In Kanal einfahren! Stausee Vogelschutzgebiet, verschlammt. Fahrwasser am re Ufer.
bis km 2604,1 vom 01.11.-31.03. LSG Öpfingen, Erlaubnisvorbehalt durch LRA Alb-Donau, ☎ 07311/851468.
2604,1 ϟ Oberdischingen am Stausee-Ende, re über Treppe ⏏.
2604,0 Wege-𝕀.
bis km 2600,0 vom 01.03.-30.06. LSG Oberdischingen, Erlaubnisvorbehalt durch LRA Alb-Donau, ☎ 07311/851468.
2603,4 re ↓ Riß (s. DKV-Gewässerführer SWD).
2602,6 Straßen-𝕀 Oberdirschingen–Ersingen, re danach gute ⬇⬆. In Ersingen ✕ „Zum Hirsch" mit ▲ Camping, ☎ 07305/4160, www.greiff-ersingen.de .
2600,8 Schützen-▬ Ersingen, re fließt der größte Teil der Donau durch 4 Schütze in den Stausee von Donaustetten. In der Regel ist li das letzte Schütz geöffnet und man kann ohne Probleme in den Stausee einfahren. Nach 30 m li auf der Kiesbank ⬆ und Boote zum li Altarm ⏏. In den Altarm wird eine Restwassermenge abgegeben, die eine Befahrung ermöglicht. Zum Teil sehr flach, bitte nur in Kleingruppen befahren. Der Stausee sollte wegen zahlreicher Vögel nicht befahren werden. Er ist sehr flach.
2599,8 Straßen-𝕀.
2598,0 Straßen-𝕀, Pegel, EB-𝕀, li **Erbach**.
2598,2 Straßen-𝕀.
2597,8 re ↓ Rottum/Westernach- (s. DKV-Gewässerführer SWD), danach 𝕀.
2597,2 re ↓ Württembergische Rot (s. DKV-Gewässerführer SWD).
2594,7 Zusammenfluss der beiden Arme, ganz li fahren. 100 m oberhalb ϟ Donaustetten, ⬇ am Kraftwerk li oder re.

2594,3 Straßen-Ⅱ, re **Donaustetten**.

2592,5 Straßen-Ⅱ, re **Gögglingen**.

2592,4 li kleiner Durchbruch zum Lichternsee (*LSG Ulm, Befahrungsverbot*).

2591,2 Fußgänger-Ⅱ.

2591,0 li großer Durchbruch zum Lichternsee (*LSG Ulm, Befahrungsverbot*).

2590,8 Ⅱ, danach re **Wiblingen**.

2590,3 ▬ ↯ Wiblingen, **X** li ⌓, Einstieg über Treppe.

2589,2 Ⅱ.

2588,8 re Mündung Werkkanal.

2588,0 re ↓ Iller (s. Seite 107). Zunahme der Strömung. Bei HW der Iller Probleme durch kaltes Wasser.

Bis Ingolstadt ist die Donau durch Staustufen weitgehend verbaut. Die Wehre sind mit Selbstbedienungs-Kahnschleusen ausgestattet. Die Schleusung dauert etwa 10 Minuten. Bei HW (Überlauf der Wehre) sind diese Schleusen gesperrt, ab Wehr Dillingen wird dies durch ein Blinklicht angezeigt. Ab Dillingen gibt es ferner zum Umsetzen Treppen und Schrägrampen. Die Landschaft ist eintönig, Auwald.

2587,6 re ↓ Kaltes Wässerle.

2586,9 re Schwimmsteg der DLRG Ortsgruppe Ulm.

2586,7 re ↓ Iller-Kanal (Slalom-Strecke).

2586,6 Pegel, Straßen-Ⅱ B 10/28 Ulm–Neu-Ulm (Adenauer-Brücke), danach Wege-Ⅱ, ⬆.

2586,5 re Bootshaus Ulmer Ruder-Club mit Schwimmsteg.

2586,4 re Treppe, ⌂ Ulmer Paddler, Bootshausstr. 5, 89231 Neu-Ulm, www.ulmer-paddler.de .

2586,2 EB-Ⅱ und Fußgängerübergang mit 4 Pfeilern (Wellenbildung), Durchfahrt li oder re, je nach Wasserstand,

direkt danach ⬆ auf Kiesbank zum ⌂ und ▲ der Ulmer Kanufahrer, *DKV-Kanustation*, Jahnufer 50, 89231 Neu-Ulm, www.ukf-ulm.de , zum 🚉 10 Minuten.

li ↓ Blau (s. DKV-Gewässerführer SWD).

li **Ulm** (württ.), ehem. Königspfalz, ab 13. Jh. Reichsstadt. ★: Ulmer Münster (1377 begonnen. Turm 161 m hoch, erst 1890 vollendet), Rathaus, Stadtmauer, Brotmuseum, Stadtmuseum.

re **Neu-Ulm** (bayr.) Heimatmuseum mit Schlösser- und Beschlägesammlung.

2585,6 Donauinsel in re Flusshälfte, im li Hauptarm fahren, re Arm verwachsen und Vogelbrutgebiet.

2585,5 Straßen-Ⅱ (Herd-Brücke).

2584,9 Straßen-Ⅱ (Gänstor-Brücke).

2584,3 li SSV-Bucht am Gänsewiesenweg, ⬇⬆ am Schwimmsteg des Ruder-Clubs.

2583,5 Fußgänger-Ⅱ, davor re ⬇.

2581,6 ■ Böfinger Halde (6,5 m), X, ↯, re Kahn-□, Selbstbedienung, dazu über Sprechanlage Freigabe der □ durch Schleusenaufsicht anfordern. Überwachung durch TV-Kamera. Schleusung nur an Werktagen (☎ 0731/1612444). Evtl. re ⏏.

2580,0 re Naherholungsgebiet Pfuhler See, im Sommer sanitäre Anlagen, DLRG.

2579,0 Straßen-Ⅱ, li **Thalfingen**, Mitte fahren, re ⬇. Danach bis zur nächsten Brücke für Motorboote und Wasserski freigegeben.

2576,2 Straßen-Ⅱ, re **Leibi**, li **Elchingen**.

2575,0 ■ **Oberelchingen**, ↯, X, li Selbstbedienungs-□, Hubhöhe 5,75 m, oder li ⏏.

2574,9 Autobahn-Ⅱ A 7.

2571,5 re ↓ Roth (s. DKV-Kanuwanderführer für Bayern).

2569,9 re ↓ Biber (s. DKV-Kanuwanderführer für Bayern).

2568,4 ■ Leipheim, ↯, X, re Selbstbedienungs-□ oder re ⏏, Hubhöhe 5,85 m.

2567,5 Autobahn-Ⅱ A 8, Brückenreste bei NW!

2566,7 Straßen-Ⅱ, re **Leipheim**, alter Markt, Schloss. re ✕ Post, re 🚃.

2562,7 ■ Günzburg, ↯, X, re Selbstbedienungs-□, Hubhöhe 5,40 m, oder re ⏏.

2562,2 obere Donau-Ⅱ Günzburg, Mitte oder re fahren, re **Günzburg**, nettes, altes Städtchen, Renaissance-Schloss, Rokoko-Kirche.

2562,1 re ⌂ und ▲ des VfL Günzburg, Kanuabteilung, Im Streugries, 89312 Günzburg, www.kanu-guenzburg.de.tt .

2561,9 re ↓ Günz (s. DKV-Kanuwanderführer für Bayern). re in 1500 m 🚃.

2561,8 li ↓ Nau (s. DKV-Gewässerführer SWD).

2561,0 untere Donau-Ⅱ Günzburg B 16, Mitte fahren, kurz danach Pionier-Übungsgelände (! bei Brücken-Bauten evtl. Ⅱ).

2560,4 li ⌂ und ▲ des Günzburger KC, Im Gnadenfeld, 89312 Günzburg, www.guenzburger-kanu-club.de . Günstiger Stützpunkt für Fahrten auf Nau, Günz, Mindel und Kammel.

2559,8 Straßen-Ⅱ, Mitte fahren, re **Reisensburg**, re Burg auf Anhöhe.

2556,4 ■ Offingen, ↯, X, li Selbstbedienungs-□, Hubhöhe 4,55 m, oder li ⏏.

2555,1 EB-Ⅱ, Abstand von den Pfeilern halten.

2554,2 Straßen-Ⅱ, re **Offingen**.

2551,9 ■ Gundelfingen, ↯, X, re Selbstbedienungs-□, Hubhöhe 4,55 m, oder re ⏏.

2551,8 re ↓ Mindel (s. DKV-Kanuwanderführer für Bayern).

2551,6 re ↓ Kühlwasserkanal des Kernkraftwerks Gundremmingen.

2547,5 li ⬇⬆, li 3 km **Gundelfingen**, li 800 m Stadion-✕ und Badesee. Es besteht die Möglichkeit, bei der Slip-Anlage des schwäbischen Segelklubs am li Ufer in den Sickergraben umzusetzen. ↓ in Brenz bei km 0,7; 2 kleine ■, ⩨, nur für Einer. Man umgeht damit das ■ Faimingen.

2545,6 ■ Faimingen, ↯, X, re Selbstbedienungs-□, Hubhöhe 5,60 m, oder re ⏏.

2544,9 li ↓ Brenz (s. DKV-Gewässerführer SWD).

2543,4 Straßen-Ⅱ, li **Lauingen**, altes Städtchen, Hofturm aus der Schwedenzeit, Geburtsort von Albertus Magnus.
Beginn des Rückstaus des ▬ Dillingen.

2539,0 ▬ Dillingen, ϟ, **X**, re Selbstbedienungs-□, Hubhöhe 4,65 m, oder re ≏.

2538,1 li ⌂ Kanu-Club Dillingen, ▲, ✕.

2538,0 Straßen-Ⅱ Donaustraße, li **Dillingen**, ehem. fürstbischöfl. Residenz und Universitätsstadt, Stadtpfarrkirche, Studienkirche, ★: Schloss.

2537,7 militärisches Übungsgelände, Brückenschlag.

2533,5 Straßen-Ⅱ Jägerstraße, li **Steinheim**.

2532,4 li ≏-Möglichkeit in die Egau. Man umgeht damit das Wehr Höchstädt. **!** bei ↓ in die Donau unterhalb des ϟ, Gefällstrecke, ≋ nur für Einer.

2530,8 ▬ Höchtstädt, ϟ, **X**, re Selbstbedienungs-□, Hubhöhe 7 m, oder re ≏.

2530,6 li ↓ Egau (s. DKV-Gewässerführer SWD).

2530,3 Straßen-Ⅱ, li **Höchstädt**, Schloss (1704).

2526,8 Straßen-Ⅱ, li in 2 km **Blindheim**.

2524,8 Straßen-Ⅱ, li **Gremheim**, li Rastplatz, li ✕ Rose.

2522,4 ▬ **Schwenningen**, ϟ, **X**, re Selbstbedienungs-□, Hubhöhe 6 m, oder re ≏.

2517,0 Straßen-Ⅱ, li **Tapfheim**.

2516,8 Insel, li im Nebenarm Rastplatz mit Bootssteg und Rampe.

2516,6 Beginn der Stauhaltung der Staustufe Donauwörth, re und li Treppen alle 200 m.

2511,8 ▬ Donauwörth, ϟ, re Selbstbedienungs-□ oder re ≏.

2511,3 Straßen-Ⅱ der Südumgehung Donauwörth.

2511,1 li ↓ Kessel (s. DKV-Kanuwanderführer für Bayern).

2510,4 EB-Ⅱ.

2509,8 li Wörnitz (s. Seite 105), 1,6 km flussaufwärts ⌂ des KC Donauwörth, An der Westspange, 86609 Donauwörth, ▲, ☎ 0906/22605, www.kanuclub-donauwoerth.de .

2509,7 Straßen-Ⅱ, li **Donauwörth**, alte Reichsstadt, teilweise Stadtmauern, Kreuzkirche, Stadtpfarrkirche, Cassianeum, ★.

2508,7 re ↓ Zusam (s. DKV-Kanuwanderführer für Bayern).

2508,3 re ↓ Schmutter (s. DKV-Kanuwanderführer für Bayern).

2508,1 Straßen-Ⅱ B 2.

2506,0 re ↓ Egelseebach (s. DKV-Kanuwanderführer für Bayern).

2504,7 Wege-Ⅱ, re **Lehenhof**, li **Schweizerhof**.

2498,8 li **Lechsend**.

2496,6 re ↓ Lech (s. DKV-Kanuwanderführer für Bayern).

2496,1 Straßen-Ⅱ, li **Marxheim** und **Bruck**; unmittelbar nach der Brücke li ⬇⬆-Möglichkeit (Zufahrt über Tennisplatz Bruck).
Es folgt das Landschaftsschutzgebiet Donautal westlich von Neuburg a.d.D. (Landkreis Neuburg-Schrobenhausen, Verordnung vom 01.06.1989, betrifft den Stausee von Bertoldsheim und die anschließende Flussstrecke

bis Neuburg): Zelten, Feuermachen usw. ist verboten, ganzjährig ist das Anlegen an oder das Betreten der Vogelinseln im Stausee verboten, darüber hinaus ist in der Zeit vom 15.11. bis 15.3. das Befahren des Stausees mit Ausnahme der Fahrrinne der Donau mit Wasserfahrzeugen aller Art verboten.

2490,2 Straßen-Ⅱ und ■ Staustufe Bertholdsheim, X, re Selbstbedienungs-□, sonst ⌓ über Treppe.

2487,2 re ↓ Kleine Paar (s. DKV-Kanuwanderführer für Bayern) und ↓ Friedberger Ach (s. DKV-Kanuwanderführer für Bayern).

2486,0 li **Steppberg**, li ↓ der Ussel (s. DKV-Kanuwanderführer für Bayern), ✕ Kimmerling, ab hier bewaldete Höhenzüge.

2485,8 li Antoniberg.

2480,2 ▬ Staustufe Bittenbrunn, ϟ, **X**, re Selbstbedienungs-□, sonst ⏏ über Treppe.

2478,0 Flussgabelung Elisen-Insel, re fahren, li bei höherem Wasserstand unter der folgenden Brücke gefährliche Strudel- und Wellenbildung!

2477,2 Straßen-Ⅱ (Elisenbrücke, 1986-1989 neu errichtet nach Plänen von 1907), re **Neuburg a.D.**, alte Residenzstadt, ★: historische Altstadt und Schloss.

2477,0 re ⌂ und öffentlicher ▲ des Donau-Ruder-Clubs (DRC) Neuburg e.V., *DKV-Kanustation*, Oskar-Wittmann-Straße 5, 86633 Neuburg/Donau, ☎ 08431/9474, www.drcn.de , ruhig, stadtnah, teilweise bewirtschaftet.

2474,0 li **Joshofen**.

2469,9 Straßen-Ⅱ und ▬ Staustufe Bergheim, ϟ, **X**, re Selbstbedienungs-□, sonst re ⏏ über Treppe.

2459,2 ▬ Staustufe Ingolstadt mit Wege-Ⅱ, ϟ, **X**, re Selbstbedienungs-□, sonst ⏏ über Treppe, re fahren, starker Segelbootbetrieb!

2458,0 Straßen-Ⅱ (Glacis-Brücke), li ↓ Schutter (s. DKV-Kanuwanderführer für Bayern).

2457,5 Straßen-Ⅱ (Konrad-Adenauer-Brücke), li **Ingolstadt**, alte Festungsstadt, ★: Dom, Maria-de-Viktoria-Kirche von Asam, aufstrebende Industriestadt.

2457,3 re Donaulände.

2457,1 Fußgänger-Brücke (Donausteg).

2456,7 EB-Ⅱ (München-Nürnberg), beide Joche ≋.

2456,5 Straßen-Ⅱ (Schillerbrücke), beide Joche ≋.

2455,3 re Bootshaus und ▲ Faltbootclub Ingolstadt, Egerlandstraße 29, 85053 Ingolstadt, ☎ 0841/69230.

2455,1 Autobahn-Ⅱ A 9,
bis 2448,0 Wasserübungsplatz der NATO, Spannseile und Schwimmbrücken, zeitweilige Durchfahrtsverbote unbedingt beachten, Lebensgefahr!, re Ufer ist militärisches Gebiet, Anlanden verboten.

2449,2 Straßen-Ⅱ, li **Großmehring**.

2444,1 ▬ Staustufe Vohburg, ϟ, **X**, re Boots-□ und ⏏-Anlage (Rampen im OW und UW).

2443,8 re Durchfahrt von der Paar

2443,0 re ↓ Paar (s. DKV-Kanuwanderführer für Bayern).

2442,6 Straßen-Ⅱ (Agnes-Bernauer-Brücke), re **Vohburg**, sehr hübsches altes Städtchen, nach der Brücke re ⬇⬆, ▲ Campingplatz der Stadt, Startpunkt der Agnes-Bernauer-Fahrt.

2441,9 Straßen-Ⅱ.

2438,4 li **Wackerstein**, ✂ Zum Schloss, Beginn des Wasserübungsplatzes Wackerstein-Münchsmünster der Bundeswehr, Spannseile und Schwimmbrücken, kurzzeitige Durchfahrtsverbote unbedingt beachten, Lebensgefahr **!**, re und li Ufer sind militärisches Sperrgebiet, Anlanden verboten.

2436,8 Ende des Wasserübungsplatzes

2436,6 Straßen-Ⅱ, li **Pförring**.

2432,3 Straßen-Ⅱ B 299, re Neustadt, li Marching, Mitte fahren, re nach der Brücke Rastmöglichkeit, li bei MW und NW Kiesstrand zum Anlegen mit Rampe. Durch die neue Donaubrücke bei Neustadt werden durch die Brückenpfeiler höhere Strömungsgeschwindigkeiten, Querströmungen und eine ständige Verlagerung der unmittelbar anschließenden Kiesbänke verursacht. Zwischen Neustadt und Weltenburg stärkere Strömung und wechselnde Sandbänke**!**

2432,0 Rastplatz, ✂ Radler-Eck (ca.10 min, 10–24 Uhr, Mo Ruhetag).

2427,0 re ↓ Abens (s. DKV-Kanuwanderführer für Bayern).

2426,9 Seilfähre Hienheim–Eining.
li **Hienheim**, Überreste des vor 2000 Jahren erbauten Limes, auf der Höhe am Waldrand Hadrianssäule mit der Inschrift: „Hier am linken Donauufer beginnt der von den römischen Kaisern Trajan, Hadrian und Probus in den Jahren 117 bis 282 n. Chr. gegen die Teutschen angelegte Wall, auch Teufelsmauer genannt.“.
re **Eining**, re Rastplatz und Imbiss beim Fährhaus. Auf der Höhe bedeutende Reste des römischen Castells Abusina (69–79 v. Chr.) durch Kaiser Vespasian gegründet, eindrucksvolles Bild römischen Kriegs- und Wohnwesens.

2425,9 beidseitig Pionierrampen.

2422,6 li **Haderfleck**. Bei Haderfleck treten die Berge des Juras an den Fluss heran und drängen diesen nach Südosten.

2421,4 re **Staubing**

2420,6 re Gemeinde **Weltenburg**, li **Stausacker**.

2420,1 Autofähre Weltenburg.

2419,5 re Kloster Weltenburg, altes Benediktinerkloster, der Überlieferung gemäß vom hl. Eustachius um 620 gegründet, ★: Barocke Klosterkirche, erbaut von den Gebr. Asam, Klosterwirtschaft mit Brauerei.
Gleich nach dem Kloster beginnt der Donaudurchbruch, Motorschifffahrt**!**, Zelten im Durchbruch verboten (NSG).

2419,2 Kahn- (Personen-) Überfahrt Kloster Weltenburg. Starke Strömung.

2419,0 Anlegestelle und Wendepunkt für Personenschifffahrt Regensburg–Weltenburg. Unmittelbar danach Beginn des eigentlichen Felsdurchbruches. Evtl. unangenehme Kreuzwellenausbildung durch Motorschifffahrt**!**

2418,1 Ende des Felsdurchbruches.

2416,3 li Klösterl, (zeitweise bewirtschaftet), ⌂ Kanu-Club e.V. Kelheim, Klösterl, 93309 Kelheim, www.kanu-club-kelheim.de , keine Zeltmöglichkeit.

2415,0 li auf dem Michelsberg steht die von König Ludwig I. in den Jahren 1842–1863 erbaute Befreiungshalle (Andenken an die Befreiungskriege 1813–1815).

2414,6 li ↓ des ehemaligen Ludwig-Donau-Main-Kanals, Befahrung für Schiffe und Sportboote verboten, li ⬇⬆, Endpunkt der Agnes-Bernauer-Fahrt, ca. 400 m zum Parkplatz.

2414,5 li Fahrgastschiffsanlegestellen, Pontons!

2414,2 Straßen-Ⅱ (ST 2333), li mehrere große Parkplätze und Bushaltestelle, re ⬇⬆ nach der Brücke (allerdings Parkplatz der Fahrschule Kandler gesperrt). **Kelheim** (Kleinstadt mit vielen sehenswerten Bauten und Denkmälern, ab hier Bundeswasserstraße, ab hier bis km 2402 Wasserskistrecke.

2412,7 Straßen-Ⅱ (Europabrücke).

2411,6 li ↓ des Main-Donau-Kanals (s. DKV-Kanuwanderführer für Bayern).

2411,1 re Hafen Kelheim-Saal

2410,8 li **Kelheimwinzer**:

2410,3 re Motorboothafen:

2410,1 Straßen-Ⅱ.

2408,9 li ▲ „Camping am Bauernhof", ca. 100 m, paddlerfreundlich.

2408,5 li **Herrnsaal**, re **Saal an der Donau**.

2408,2 re alter Fähranleger (Rampe) an Straßen-Ⅱ B 16, gute ⬇⬆, re in 1 km 🚆.

2403,7 li **Kapfelberg**, li Motorboothafen.

2402,0 EB-Ⅱ, die beiden mittleren Joche sind gesperrt, an der Brücke li Einfahrt in den Kanal zur Sportboot- und Großschifffahrts-□, ganz re Durchfahrt zur Bootsgasse und ⌓-Stelle.

2401,8 Straßen-Ⅱ, darunter ▬ Staustufe Abbach, ϟ, **X**, re ⌓-Stelle und Bootsgasse mit hoher Walze, unbedingt Spritzdecke schließen! Gepäckfahrer bitte Sportboot-□ am Ende des Großschifffahrtskanals benutzen, li **Poikam**.

2399,7 re **Bad Abbach**, ehem. römische Militärstation, dann Bajuwarenbefestigung, heute bekanntes Schwefelbad.

2399,2 Fußgänger-Ⅱ.

2397,4 Pegel Oberndorf/Bad Abbach, ☎ 01804-370037-116.

2397,5 re **Oberndorf**, ✕ Berghammer, ★: Kirche Maria Himmelfahrt, li ↓ des Armes der Sportboot-Schleuse.

2397,0 Wasserskistrecke bis km 2387.

2396,4 li ↓ des Armes der Großschifffahrts-Schleuse.

2395,2 li **Lohstadt**, ✕ Perzl, Parkplatz, ⬇⬆.

2393,1 Seilfähre!, re Matting, re ✕ Fänderl, vor der Fähre re gute Anlegemöglichkeit.

2390,6 re **Unterirading**, re ✕ *Zur Walba*, re ↓ Iradingbach.

2388,2 li **Sinzing**.

2388,1 re ✕.
2387,9 li ↓ der Schwarzen Laaber (s. DKV-Kanuwanderführer für Bayern).
2387,6 Autobahn-Ⅱ A 3, li Ausfahrt des Motorboothafens.
2386,8 EB-Ⅱ, Mitte ≋.
2386,7 Fähre!, li **Riegling**, re **Prüfening**.
2385,7 EB-Ⅱ.
2385,3 li ↓ Naab (s. Seite 87), li **Mariaort**, li ✕.
2383,0 re ⌂ des Regensburger Ruderclubs, ▲ Campingplatz der Stadt Regensburg.
2382,5 li **Niederwinzer**, die Donau erreicht hier ihren nördlichsten Punkt.
2381,7 re ⌂ Regensburger Kanu-Club e.V. (gute ▲-Möglichkeit in Regensburg), An der Schillerwiese 4, 93049 Regensburg, www.regensburger-kanuclub.de und ⌂ der Kanuabteilung des Freien Turn- und Sportvereins Regensburg, ☎ 0941/21971.
2381,4 Autobahn-Ⅱ A 93, re Durchfahrt zur Bootsgasse und Sportboot-□, vor der Brücke li Einfahrt zur Großschiffahrts-□;! Gepäckfahrer: wegen eines Unfalls an der „Steinernen Brücke“ hat die WSD zugesichert, das Gepäckfahrer mit der Großschifffahrt geschleust werden (☎ 0941/85458) und somit über Kanal, den Regen und den Donau-Nordarm bei km 2377,7 wieder in den Hauptstrom kommen.
2381,3 ■ Staustufe Regensburg, ϟ, re Bootsgasse (bei höheren Wasserständen - Pegel „Eiserne Brücke“ über 3,30m - sollten insbesondere Canadier die Bootsgasse nicht mehr benutzen), re Sportboot-□, re ⏏-Stelle zum Donau-Südarm, Straßen-Ⅱ Winzersteg, li Sperrwerk zum Donau-Nordarm.
2380,4 li Bootshalle der Faltbootabteilung und Sportplatz der Regensburger Turnerschaft, unmittelbar anschließend Sportboot-Steganlage Oberer Wöhrd; daher besondere Vorsicht beim Anlegen, Drahtseile!
2380,1 Fußgänger-Ⅱ (Eiserner Steg).
2379,6 Straßen-Ⅱ (Steinerne Brücke, erbaut 1138-1146), Durchfahrt im 2. oder 3. Joch von re, das 1. Joch ist nur für Bergfahrer, auf Schifffahrtszeichen achten. Gepäckfahrer Achtung! Nach der Brücke, je nach Wasserstand,

erhebliche Strudel und gefährliche Strömung nach rechts gegen die Fahrgast- und Museumsschiffe. Gefahrenstelle umgehen durch Benutzung der Großschifffahrtsschleuse!

Regensburg, Kelten- und Römersiedlung, alte Reichsstadt mit ★ alten Gebäuden (Porta Prätoria, Emmeramskirche, Alte Kapelle, Herzoghof mit Römerturm, altes Rathaus mit Reichstagssitzungssaal, St. Peter-Dom, fürstliches Schloss Thurn und Taxis), re in 1500 m 🚌.

2379,5 re Anlegestellen für Fahrgastschiffe und anschließend Liegeplätze für Museumsschiffe.

2379,2 Straßen-Ⅱ (Eiserne Brücke), 2. Joch von re fahren, ab hier Kaianlagen und Schiffsländen bis zum Hafen, Schifffahrtsbestimmungen beachten.

2378,7 re ehemalig königliche Villa, li Jugendherberge.

2378,5 Straßen-Ⅱ B 8 (Nibelungenbrücke), von der Brücke Zufahrt zum Parkplatz Unterer Wöhrd, Jugendherberge und DLRG-Station, Bushaltestelle.

2377,7 li ↓ des Armes der Großschifffahrts-Schleuse, zugleich ↓ Donau-Nordarm und Fortsetzung ↓ Regen (s. Seite 82).

2376,8 EB-Ⅱ, davor re Motorboothafen.

2376,5 Pegel Schwabelweis ☎ 01804-370037-119.

2376,3 Hafeneinfahrt für Großschifffahrt, ausfahrende Schiffe!

2376,2 Straßen-Ⅱ B 8 (Schwabelweis-Brücke).

2376,1 li **Schwabelweis**, re Liegeplätze der Großschifffahrt.

2373,0 re Regensburger Osthafen, ausfahrende Schiffe!, Wasserschutzpolizeistation, ☎ 0941/5062472. Beginn des Rückstaus der Staustufe Geisling.

2369,6 Straßen-Ⅱ, Mitte ≋, li **Donaustauf**, Ruine der Burg der Fürsten Thurn und Taxis.

2368,7 li Walhalla (deutsche Ruhmeshalle) - Erbaut 1830/42 von König Ludwig I. nach dem Muster eines griechischen Tempels, im Nordgiebel Darstellung der Schlacht im Teutoburger Wald, im Südgiebel Standbild der Germania, im Innern Gedenktafeln großer Deutscher (von denen kein Bild vorhanden ist) und Büsten deutscher Männer und Frauen. Bei Besichtigung Boote wegen Motorschiffwellen ans Ufer ziehen. li nach der Brücke ⬇⬆.

2367,8 li Sulzbach, auf den Höhen noch Weinbau.

2366,0 –2358,5 Wasserskistrecke.

2365,0 li **Demling**, Beginn der Kornkammer Bayerns.

2364,0 re **Friesheim**.

2361,0 li **Frengkofen**.

2358,0 Autobahn-Ⅱ A 3, li unter Brücke gute Parkmöglichkeit und Treppen für ⬇⬆ (gut erreichbar über AS 104 a-Wörth, ST2146 nach Kiefenholz).

2357,5 li **Kiefenholz**.

2356,4 –2355,0 re Flussseite Wassermotorradstrecke.

2354,0 ■ Staustufe Geisling, **X**, re ϟ, auf Schleuseninsel ⏏ (keine Sportbootschleuse), ⬆300 m vor Staumauer und ⬇ 300 m nach Staumauer.

2353,0 Straßen-Ⅱ ST 2146.
2350,4 Pegel Pfatter, ☎ 01804-370037-120.
2350,5 re 1½ km **Pfatter**, li 2 km **Wörth** mit Schloss Wörth.
2347,0 re **Gmünd**, ✕ Schinharn (nur am Wochenende geöffnet).
2346,0 re **Irling**, re ⬇⬆ (Treppen).
2344,5 li **Niederachdorf**, Rokoko-Rundkirche ★, Beginn des Rückstaus der Staustufe Straubing.
2340,9 li **Pondorf**, schmaler Kirchturm, schöner Blick auf den Bayerischen Wald.
2335,0 re **Niedermotzing**, Obermotzinger Kurve wurde beim Donauausbau abgeschnitten.
2333,0 Beginn des 900 m langen Durchstichs (li Öberauer Schleife abgetrennt); *li NSG Öberauer Donauschleife bis km 2325,6.*
2332,5 sichtbar die Straßen-Ⅱ über die Laber, re Infotafel, re ⏏-Möglichkeit in die Laber (s. DKV-Kanuwanderführer für Bayern). Die Laber mündet nach mehreren fahrbaren Grundstufen nach etwa 3,5 km unterhalb der Staustufe Straubing in die Donau; das Mündungswehr ist bei Pegel Straubing 280 cm überflutet (☎ 01804-370037-121), ansonsten sind ⏏-Treppen vorhanden. Von dort ca. 2 km zum Straubinger Kanu-Club (= Umfahrung der Staustufe Straubing). Mit vollbeladenen Booten ist dies jedoch nicht lohnenswert, da bei der Staustufe Straubing die Bootsgasse benutzt werden kann.
2330,5 li □-Einfahrt für die Großschifffahrt, nicht einfahren, re weiterfahren bis zum Wehr mit Bootsgasse.
2329,8 ▬ Staustufe Straubing (5,4 m), ϟ, **X**, li leicht befahrbare Bootsgasse, Bootsgasse mündet in die Stadtschleife (⌂ Straubinger Kanu-Club) oder ⏏ (150 m, Bootswagen vorhanden).
2329,6 re Mündung der Laber (s. DKV-Kanuwanderführer für Bayern).
2329,1 Insel *(Vogelschutzgebiet, Betreten verboten)*, re Hauptstrom, re fahren.
2327,5 re *DKV-Kanustation*, ⌂ und ▲ des Straubinger Kanu-Clubs e.V., Kagerser Hauptstraße 44, 94315 Straubing, ☎ 09421/12522, www.straubinger-kanuclub.de , ⌂ hinter dem Damm liegend, ⬇⬆ Treppen, Vereinsheim mit Terrasse, Matratzenlager (10 Schlafplätze), Wohnwagenstellplätze mit Stromanschluss, sehr gastliche Aufnahme ganzjährig, ca. 400 m zum Stadtzentrum.
2321,7 Kilometerdifferenz beachten! -5,762 km Differenz wegen Schleifenabschnitt (Obermotzinger Kurve). Deshalb als Startpunkt für Weiterfahrt km 2321,7 anzusetzen.
2321,2 = 2327,1 alt, Pegel Straubing (☎ 01804-370037-121) direkt vor Straßen-Ⅱ (Schloss-Brücke), re **Straubing**, alte Agnes-Bernauer-Stadt mit Stadtturm (Römerfunde), re Herzogschloss (1356) mit Agnes-Bernauer-Turm, Ursulinenkirche von Asam (1740).
2320,3 = 2326,0 alt, re Sportzentrum, re Sicht auf die beiden Türme der St.Peterskirche (erbaut im 12 Jh. auf dem Gelände eines ehemaligen

Römerlagers, sehenswerter Friedhof mit Totentanzkapelle und Agnes-Bernauer-Kapelle).

2318,7 = 2325,0 alt, li ↓ des Schifffahrtskanals, Kilometerdifferenz beachten! - 5,762 km Differenz wegen Schleifenabschnitt Obermotzinger Kurve. Die Kilometrierung wurde so geändert, dass bei der Mündung der Alten Donau der Kilometersprung auftritt: km 2324,500 alt = km 2318,738 neu.

2316,9 Straßen-Ⅱ B 20.

2315,5 li Reibersdorf, Sicht auf den Bogenberg (5 km voraus).

2314,0 re ↓ Aiterach über ein ■, ADAC-Motorboothafen.

2313,3 li ↓ alte Kinsach (s. DKV-Kanuwanderführer für Bayern).

2312,2 re **Sand**, re Hafen Straubing-Sand, li **Oberaltaich**, Fährbetrieb nur noch für die Landwirtschaft.

2311,1 EB-Ⅱ, 2. Joch re ≋, li Bogener Insel (Betreten verboten, militärisches Gelände).

2310,0 li der Bogenberg mit Marienwallfahrtskirche.

2309,0 re **Hermannsdorf**, li ↓ Altwasser (Pionier-Übungsgelände). Um **Bogen** zu erreichen, muss man im Altwasser ca. 2 km aufwärts fahren. In Bogen li ↓ Kinsach und ↓ Bogenbach in das Altwasser.

2308,4 Straßen-Ⅱ.

2306,0 li **Pfelling**, li ✕ Donauufer (☎ 09422/2306).

2305,5 Pegel Pfelling ☎ 01804-370037-122.

2301,5 re **Irlbach**.

2299,5 re **Wischlburg**.

2297,3 li **Mariaposching**, über dem Damm ✕, re 500 m **Stephansposching**, Fährbetrieb zwischen beiden Orten.

2295,3 re **Steinkirchen**.

2295,0 bis 2293,0 *li NSG Vogelfreistätte Graureiherkolonie bei Kleinschwarzach.*

2293,5 li Altarm, *Befahren des Altarms verboten (NSG)*.

2292,4 li **Kleinschwarzach** (2,5 km von A 3), ▲- und Übernachtungsmöglichkeit, Imbiss, ☎ 09906/879.
Ab hier frei fließende Donau.

2291,6 li **Zeitldorf**.

2291,2 bis 2284,0 Wasserskistrecke.

2291,0 re Natternberg, eine sagenumwobene Erhebung, mitten in der Donauebene.

2290,1 Autobahn-Ⅱ A 3.

2290,1 –2289,4 Donauinsel bei Metten (*NSG, Betreten verboten*), li fahren.

2288,8 li 1 km (vom Damm verdeckt) **Metten**, gute ⬇⬆ an der Rampe, Kloster Metten mit einmaliger Bibliothek.

2288,6 li ↓ Mettenbach.

2286,8 –2285,7 Insel, li fahren.

2285,9 EB-Ⅱ, li sehr gute ⬇⬆ (in 2 km 🚌), li ✕ Donaustrandhaus mit ▲ Campingplatz (☎ 0991/5930).

2285,5 Straßen-Ⅱ A92/B11, darunter li Bootsschuppen des Donau Ruder Club 2001 e.V. Deggendorf.
2285,3 li ↓ Bogenbach (auch als Kollbach bezeichnet).
2285,0 li Deggendorfer Ruderverein von 1876 e.V. (▲- und Übernachtungsmöglichkeit nach Anfrage, ☎ 0991/4994, www.deggendorferrv.de), Biergarten, ca. 10 min zur Innenstadt. Links **Deggendorf** (alte Stadt mit teilweise gut erhaltener Stadtmauer mit Türmen, Eingangspforte in den Bayerischen Wald, Fachhochschule). Beginn der Deggendorfer Schiffswerft.
2284,5 Straßen-Ⅱ St2074, danach Pegel Deggendorf (☎ 01804-370037-121), danach Werftgelände.
2284,0 li Schiffswerft, Ende der Wasserskistrecke.
2283,9 li Hafeneinfahrt, Wasserschutzpolizei.
2283,7 –2282,4 li Deggendorfer (Frei-)Hafen.
2282,5 Autobahn-Ⅱ A 3.
2281,7 re ↓ Isar (s. Seite 62)
2278,0 –2277,0 re NSG Donaualtwasser Staatshaufen, Befahren verboten.
2277,0 re ↓ des Plattlinger Mühlbaches, Befahren des Plattlinger Mühlbaches und dessen ↓-Gebietes verboten.
2276,1 li **Niederalteich**, berühmtes Kloster mit ✕, li Donaukreuz (Mahnmal gegen den totalen Verbau der Donau), danach ↰ bei der Fährbucht, Personen- und Fahrradfähre.
2275,6 re **Thundorf**.
2271,5 re **Aicha**.

2270,3 re **Mühlham**, ✕ Mühlhamer Keller, kein Touristenquartier).

2269,2 –2267,2 Wasserskistrecke.

2266,2 Straßen-Ⅱ St2115.

2266,0 –2264,2 li NSG Donaualtwasser Winzerer Letten.

2264,2 li **Winzer** , li ↓ Hengersberger Ohe über alte Donau, *NSG, nicht in den Altarm einfahren, Befahren des Altarms verboten.*

2263,2 li und re Fährrampe (stillgelegt), gute ⬇⬆, bis km 2260,2 Übungsstrecke für Wassermotorräder.

2256,9 li **Hofkirchen** mit Pegelstandanzeiger (☎ 01804-370037-124), weit hinter dem Ort ▲, mehrere ✕.

2255,0 re **Pleinting**, Kanustation vom Damm verdeckt.

2253,0 li auf der Höhe Burgruine Hilgartsberg, schöner Blick ins Donautal.

2249,5 Pegel Vilshofen, (☎ 01804-370037-125).

2249,1 Straßen-Ⅱ, re **Vilshofen** (hübsche Stadt).

2249,0 li Ruderclub Vilshofen (Am Flugplatz 5, 94474 Vilshofen), ▲-Möglichkeit auf Anfrage, sehr gute ⬇⬆, Parkplatz.

2248,5 re ↓ Vils (s. DKV-Kanuwanderführer für Bayern), beste Abbaumöglichkeit in der Vils gleich li, von da nur 5 Min. zum 🚌, Beginn des Rückstaus der Donaustaustufe Kachlet (ca. 19 km).

2248,0 Insel, li fahren

2247,6 Insel, li fahren

2246,1 li **Windorf**.

2245,4 re Parkplatz an der B 8.

2242,0 re **Sandbach**, Flussenge, Fähre, auf Schifffahrtssignale achten!

2238,6 große Überlandleitung quert den Fluss.

2237,8 li ✕ Fischerstüberl.

2234,3 Autobahn-Ⅱ A 3.

2233,8 li gegenüber dem großen Lagerhaus ↓ der Gaißa (s. DKV-Kanuwanderführer für Bayern), durch neue Stein-Ⅱ Einfahrt in die Gaißa, Badeplatz, Ende der frei fließenden Donau in Bayern.

2230,7 ▬ Staustufe Kachlet, ϟ, **X**, li Einfahrt zur ◻, (☎ 0851/955519-211), Umsetzanlage re vor der Schleuse (moderne, luftbereifte Bootswagen stehen zur Verfügung), Achtung auf aus den Schleusen ausfahrende Schiffe!

2230,3 EB-Ⅱ

2230,1 Straßen-Ⅱ (F.-J.-Strauß-Brücke), re **Passau**.

2229,0 re Winterhafen Passau (Regensburger Straße) für Sportschifffahrt gesperrt! Wasserschutzpolizei ☎ 0851/95110.

2227,4 re ⬇⬆ beim Radlerhotel Rotel Inn – Der Ruhende (☎ 0851/95160, steile, ungepflegte Treppe zum Ausstieg, 2 min zum 🚌, 10 min zur Fußgängerzone.

2227,0 Straßen-Ⅱ (Schanzl-Brücke), re ⬇⬆ (300 m 🚌), Anlegestelle für Donaukreuzfahrt- und Ausflugsschiffe.

2226,7 Pegel Passau(Donau), ☎ 01804-370037-126.

2226,0 re **Passau** (50000 Einwohner, alte Kelten- und Römersiedlung), St.-Stefans-Dom (1680) mit größter Kirchenorgel der Welt (17774 Pfeifen) und modernem (umstrittenem) Altar.

2225,7 Hänge-Ⅱ (Luitpold-Brücke), danach li oben Veste Oberhaus (13.Jh.) ★ herrlicher Blick auf die Stadt, den Zusammenfluss von Inn-Donau-Ilz und den Bayrischen Wald und Fernsicht in die österreichischen und bayerischen Alpen.

2225,4 li ↓ der Ilz (s. DKV-Kanuwanderführer für Bayern), bei NW Felsen in der Mündung**!**, Veste Niederhaus (8.Jh.), Ilz aufwärts nach 1,1 km ⌂ und ▲ des TV Passau, Halser Str. 34, 94034 Passau, ☎ 0851/41457; rechtes Ilzufer. Pkw können auf dem Parkplatz nur während des Aufenthalts auf dem Zeltplatz abgestellt werden. Unterbringung von Wohnwagen und Wohnmobilen nicht möglich. Keine Übernachtungsmöglichkeit im Bootshaus.

2225,3 re ↓ Inn (s. Seite 50), Beginn des Rückstaus der Staustufe Jochenstein, Pegel Passau/Ilzstadt (☎ 01804-370037-127).

2225,1 re Kiesbank.

2224,7 re Lüftenegger Insel.

2223,3 EB-Ⅱ (Kreutelsteiner Brücke), li Bushaltestelle an der B 338.

2223,2 re **Achleiten**, bis 2206,0 Wasserskistrecke, ab hier bis km 2201,8 ist die Flussmitte Grenze zwischen Deutschland (li Ufer) und Österreich (re Ufer), keine Einschränkungen für das Anlanden auf österreichischer Seite, Pass oder Personalausweis muss trotzdem mitgeführt werden.

2222,6 re Insel Soldatenau.

2221,7 li ↓ Satzbach.

2218,0 re ✕ Höllmühle (aufgelassen), re ↓ Kößlbach.

2215,8 li **Erlau**, Bus-Verbindung nach Passau, ✕.

2215,7 li TID-▲ auf dem Sportplatz des TSV Erlau, Rampe am Ende des Sportplatzes.

2215,2 li ↓ Erlau (s. DKV-Kanuwanderführer für Bayern).

2215,0 re Burg Krämpelstein (14. Jh., genannt Schneiderschlössl, früher Mautschloss der Passauer Bischöfe, später Raubsitz der bischöflichen Ritter, heute eine Fremdenpension).

2212,8 re **Pyrawang**, ✕ Steininger, ☎ 07714/6566.

2212,7 re ▲ Camping Pyrawang (über Straße).

2211,5 li Motorboothafen Obernzell, ⌂ des KC Obernzell, Bus-Verbindung nach Passau.

2209,8 li **Obernzell** (★: alte Häuser mit Inntaler Flachdach und Laube), Schloss des Passauer Bischofs Leonhard von Laimingen (erbaut 1426-1598), Pkw-Fähre.

2209,8 re **Felsenhütt**, Pkw-Fähre. Hier wird eine neue Signalanlage für die Sportboot-Umsetzanlage in Jochenstein errichtet.

2208,5 li ↓ Hanzingbach.
2208,3 re Motorboothafen Kasten.
2208,2 re ↓ Rudelbach.
2208,0 re **Kasten**, ⛺.
2207,4 li ↓ Kohlbach, ✕ Kohlbachmühle (Pension und ⛺ Campingplatz, ☎ 08591/320).
2207,0 re Burg Vichtenstein im Sauwald am Fuße des Haugsteines (Bergfried und Burgkapelle 14. Jh., Hauptbau 16. Jh.).
2205,0 re **Roning**.
2203,3 ▬ Staustufe und ϟ Jochenstein, li Schifffahrts-□ (☎ 08591/911980), re ⩠-Anlagen für Kanus, Befahren des Wassers oberhalb der Überfallschützen verboten (bei Verstößen Geldbuße), Schleusenpersonal ist Paddlern gegenüber sehr hilfsbereit, Lautsprecherdurchsagen beachten, Sportboote ohne Motor müssen die ⩠-Anlage am re Ufer benutzen, Rampen und Bootswagen vorhanden. Eine Sperrung der ⩠-Anlage wird bei der Signalanlage in Felsenhütt (km 2209,8) angezeigt. Dann müssen auch Sportboote ohne Motor die □ benutzen.
2201,8 li ↓ des Dantlbaches, Grenze Deutschland/Österreich, ab hier sind beide Ufer der Donau österreichisch.
2201,0 re **Engelhartszell** mit Stiftskirche, Bad und ⛺ Campingplatz.
2198,6 li **Kramesau**.
2197,7 re **Ronthal**.
2197,6 li Motorboothafen, ⛺-Möglichkeit beim ✕ Kramesau (Zimmer).
2193,0 re **Wesenufer**, Schloss aus der Zeit der Bauernkriege (seit dem 17.Jh. bis heute Brauerei), ⛺ Campingplatz, Verlangsamung der Strömung durch Staustufe Aschach (km 2162,67).

Die weitere Beschreibung der Donau findet sich in den DKV-Auslandsführern Band 1, 5 und 7.

Inn

Wildfluss – Wanderfluss | Mündung in Donau (re Nebenfluss)

Der Inn, mit Ursprung im Engadin, ist in seinem langen Lauf durch die Schweiz und Österreich ein Wildfluss mit stark wechselnden Schwierigkeiten. Diese Strecken sind ausführlich beschrieben in den DKV-Auslandsführern Band 1, Österreich/Schweiz , 2009, S. 220
Die nachfolgende Beschreibung beschränkt sich auf die Strecke von kurz vor Kufstein bis zur Mündung in Passau. Der Inn ist hier durch mehrere große Stauanlagen weitgehend verbaut, die dazwischen liegenden Fließstrecken sind kurz und ohne Schwierigkeiten zu befahren. Alle Umtragestellen an den Wehren sind vorbildlich gekennzeichnet und überwiegend mit Anlegerampen und Treppen versehen. Mitführen von Bootswagen wird empfohlen. Die Ausleitungsstrecke von Jettenbach bis Mühldorf ist auf Grund erhöhter Restwasserabgabe ganzjährig befahrbar. Bis zu 13 fahrbare Sohlrampen wurden zwischenzeitlich zur Sohlstabilisierung eingebaut.

Zwischen Jettenbach und Töging werden weitere Sohlrampen eingebaut. Wildwasserkenntnisse und entsprechende Ausrüstung (Schwimmweste) sind erforderlich.

Befahrungsregeln: *in der Kilometrierung kursiv hervorgehoben.*

Befahrbarkeit: ganzjährig, zwischen Jettenbach und Mühldorf durch Restwasserabgabe ausreichender Wasserstand. Mindestpegel 100 cm am Pegel Kraiburg.

Schwierigkeiten: Im staugeregelten Bereich keine, zwischen Jettenbach und Mühldorf bis zu WW III durch Sohlrampen.

219,9 Straßen-Ⅱ Münchner Straße, **Kufstein**, Alte Feste, Heldenorgel, li 🚉, re Wilder Kaiser.

219,3 Fußgänger-Ⅱ, re Schwimmbad, Sportplätze „Kufsteinarena“; li ⬇⬆.

219,0 Straßen-Ⅱ Wildbichler Bundesstraße und Autobahn-Ⅱ A12 (Inntal-Autobahn).

217,5 ab hier ist der Inn bis km 204 Grenzfluss, li Ufer Deutschland, re Ufer Österreich, (Personalausweis mitführen).

216,2 Autobahn-Ⅱ A 93.

215,6 li ↓ Thierseer Ache; amtlich: Kieferbach, (s. DKV-Kanuwanderführer für Bayern), li **Kiefersfelden**, li 🚉 (1200 m), re Zahmer Kaiser.

214,2 re **Oberndorf**.

212,5 re **Ebbs**.

211,6 re ↓ Jennbach.

211,4 ■ Staustufe und ϟ Oberaudorf/Ebbs, **X**, ⩯.

210,8 li Seeausbuchtung Rechenauer See, ⬇⬆.

210,6 Straßen-Ⅱ St2093 Tiroler Str., li **Oberaudorf**, re **Niederndorf**, re ✕ Tiroler Hof.

208,9 li ↓ Auerbach.

208,7 Holz-Ⅱ, li **Reisach** (hinter der Autobahn) mit Schloss Urfahrn, Schwall.

207,3 re ↓ Trachenbach, Beginn des Rückstaus der Staustufe Nußdorf.

204,0 li ⛺ Camping-Stüberl Einöden, 200 m (auf der anderen Seite der A93), Kranzhornweg 40, 83126 Einöden Gemeinde Flintsbach, ☎ 08034/2869, nunmehr wieder beide Ufer deutsches Staatsgebiet.

203,6 re **Windshausen**, ↓ Etzenauerbach, li ↓ Einödsbach.

202,0 Beginn des Standortübungsplatzes Brannenburg, bis km 200,5 Pionierübungsgelände.

199,2 Straßen-Ⅱ St2359 Brannenburger Straße., re **Nußdorf**, li **Degerndorf**.

198,7 ■ Staustufe und ϟ Nußdorf, **X**, li ⩯ ins Altwasser (150 m), Hinweistafeln und Rampen.

198,3 Rampen für Pionierbrücke, bei Übungen**!**

195,5 re der Anhöhe Neubeuern.

194,5 Straßen-Ⅱ RO7 Innstraße, re **Altenmarkt am Inn**, li **Kirchdorf am Inn**, Beginn des Rückstaus der Staustufe Thansau.

193,5 li ↓ Kirchbach, li **Raubling**.

191,6 Autobahn-Ⅱ A 8.
187,6 ▬ Staustufe und ⚡ Rosenheim, (h = 8 m), **X**, re ⌂ über Rampen.
186,6 Straßen-Ⅱ St2095 (Umgehungsstraße Rosenheim).
185,8 EB-Ⅱ, davor li Kajak-Klub Rosenheim, danach ▬ Sohlstufe, evtl. ≋.
185,3 Straßen-Ⅱ, li **Rosenheim**, li ⛺ (2 km).
184,7 li ↓ Mangfall (s. DKV-Kanuwanderführer für Bayern).
179,4 Überlandleitung quert.
177,5 Überlandleitung quert.
173,1 ▬ Staustufe und ⚡ Feldkirchen (h = 8 m), **X**, bei km 173,5 Ⅱ (Hinweisschilder), re ⌂ in Altwasserarm bei km 173,3, dieser ↓ bei km 173,0 in den Inn.
171,2 re ↓ Murn (über Altwasser) (s. DKV-Kanuwanderführer für Bayern).
168,8 Straßen-Ⅱ St2079, re **Griesstädt**, Beginn des Rückstaus der Staustufe Wasserburg.
166,8 li ↓ Katzbach.
165,5 li ↓ der Attel (s. DKV-Kanuwanderführer für Bayern), li auf der Anhöhe **Attel**, li ⬇⬆, *von km 165 bis km 160 NSG.*
164,2 re ↓ Laimb.
159,9 ▬ Staustufe und ⚡ Wasserburg (h = 6 m), **X**, re ⌂.
159,6 Flussinsel.
158,7 Straßen-Ⅱ, li **Wasserburg**, herrliche Altstadt auf einer schmalen Landzunge, ★: Schloss, gotische Pfarrkirche, Herrenhaus, Kernhaus, Frauenkirche
157,0 li ⛺ Wasserburg.
155,9 Straßen-Ⅱ B 304.
152,1 re ↓ Babenshamer Bach.
151,9 Überlandleitung quert.
147,2 ▬ und ⚡ Teufelsbruck (h = 7 m), **X**, li ⌂ (300 m).
145,9 Fußgänger-Ⅱ.
144,8 EB-Ⅱ, li **Königswart**, re **Au im Wald**.
144,4 li ↓ Nasenbach.
140,8 Straßen-Ⅱ ST 2353, li Gars am Inn, Kloster mit Kirche.
138,7 re ⛺, OT **Gars-Bahnhof**.
137,5 ▬ und ⚡ Gars (h = 7 m), **X**, li ⌂ (300 m).
133,5 li Au, Augustinerkloster.
132,8 li Schloss Stampfl.
128,3 EB-Ⅱ.
128,0 Straßen-Ⅱ, ▬ und ⚡ Jettenbach (h = 8 m), **X**, re ⌂ ca. 600 m bis ⬇ unterhalb der Straßen-Ⅱ km 127,5, li Innwerkkanal, Einfahrt verboten! Ab hier fließt der Inn bis Neuötting im Naturbett, diese Strecke ist für Tagesfahrten sehr zu empfehlen. In den Sommermonaten wird am Wehr ausreichend Restwasser abgegeben (Siehe Schwierigkeiten, Befahrbarkeit und Pegel).

127,5 Straßen-Ⅱ MÜ19, Insel, re ⬇ direkt unter der Brücke, Zufahrt (beschildert) von Hauptstraße in Jettenbach Weg parallel zur Mü19.
127,1 re **Jettenbach** (vom Fluss aus nicht sichtbar).
125,0 Überlandleitung quert, ▬ es folgen mehrere ≋ Sohlschwellen.
123,4 li **Sankt Erasmus**.
122,4 re Pegel Kraiburg.
122,0 Straßen-Ⅱ St2091, li Niederndorf, re Kraiburg, altes Städtchen, Marktplatz, Burgruine, ✕ Brückenwirt.
121,9 Buhnen (Quermauern).
121,3 Straßen-Ⅱ MÜ18, li **Niederndorf**, re **Ensdorf**.
117,0 Überlandleitung quert, re am Hang Guttenburg mit Schloss Guttenburg, ▬ es folgen 3 ≋ Sohlrampen
115,5 ▬ Sohlrampe, ≋, es folgen 2 weitere Sohlrampen
114,9 li Ebing.
114,8 ▬ Sohlrampe, re ≋
113,9 re ↓ Frauendorfer Bach.
113,5 re Heistinger Hang (auch Ebinger Schleife genannt), hoher Prallhang, der sich durch Erosion ständig verändert.
111,4 re Gweng.
110,0 ▬ 2 Sohlrampen in 100 m Abstand.
108,9 ▬ Schwelle (Gasleitung), bei MW ≋.
108,0 ▬ Sohlschwelle, Mitte ≋
107,4 re nach Stein-/Felshaufen ⬆ zum ✕ in Starkheim, li ca. 500 m durch den Wald (☎ 08631/5982).
107,2 ▬ 2 Sohlrampen im Abstand von 200 m, Überlandleitung quert.
106,2 ▬ 2 Sohlrampen im Abstand von 200 m.
105,6 Seilfähre!
104,5 li Kiesbank, re ↓ Flossinger Bach oder Hammerbach (nicht ≋, extrem verwachsen, nicht unterfahrbare Brücken).
104,2 li günstige ⬆, Park-Möglichkeit.
104,1 Straßen-Ⅱ B 12 Brückenstraße, Mittel-Joch fahren, li Mühldorf, ★: Altes Städtchen mit prächtigen Bürgerhäusern am Marktplatz, St. Nikolauskirche.
103,7 ▬ Sohlschwelle, Mitte ≋, je nach WS hohe Wellen.
101,8 EB-Ⅱ, danach ▬ Sohlschwelle, Mitte ≋, je nach WS hohe Wellen, re **Ehring**.
101,5 re ↓ Grünbach, (s. DKV-Kanuwanderführer für Bayern), re Ehring, Zufahrt zur B 12, ⬆-Möglichkeit (re Rampe) vor Staustrecke.
99,8 mehrere Überlandleitungen queren, li **Töging**.
98,6 re ↓ Pollinger Bach (s. DKV-Kanuwanderführer für Bayern).
96,6 li ↓ Inn-Werkkanal vom ϟ Töging bzw. Jettenbach.
94,7 re ↓ Treisinger Bach.

93,3 Straßen-⌶ B 299, re gute ⬆ (Radweg nach Mühldorf über die Brücke).
92,5 li ↓ Isen (s. DKV-Kanuwanderführer für Bayern).
91,7 Straßen-⌶ Bahnhofstraße, re **Neuötting** und **Altötting** (bedeutendster Wallfahrtsort Bayerns mit Gnadenkapelle, Stiftskirche und Schatzkammer), li **Unterau**.
91,4 ⬆ zum re ⏜ des nachfolgenden Kraftwerks, ca. 600 m, daher eigener Bootswagen sinnvoll oder Fahrt hier beenden.
91,1 ▬ Staustufe und ↯ Neuötting (h = 7 m), **X**, re ⏜, li ↓ Aubach.
90,8 re ⬇ nach dem ⏜ des Kraftwerks Neuötting, Treppe (Weg zur Kläranlage folgen).
90,5 re ↓ Möhrenbach (s. DKV-Kanuwanderführer für Bayern), re **Obereschelbach**.
90,3 Autobahn-⌶ A 94, danach re Kläranlage.
88,8 li ↓ Reischachbach.
87,9 Pegelanlage.
82,9 ▬ Staustufe und ↯ Perach (h = 6 m), **X**, re ⏜ in Altwasserarm (200 m), li **Niederperach**.
81,9 re ↓ Mittlinger Bach.
80,4 re ↓ Alz (s. DKV-Kanuwanderführer für Bayern), danach li Marktler Badeseen.
78,3 Flussinsel.
77,9 li Treppe.
77,7 Straßen-⌶ AÖ22 Burghauser Straße, li Marktl, re **Bergham**.
77,2 li günstige ⬇⬆ am OE von Marktl.
75,4 ▬ Staustufe und ↯ Stammham (h = 6 m), **X**, li ⏜.
74,4 li **Stammham**.
73,9 Straßen-⌶ B 12/B20, re **Niedergottsau**.
73,0 li ↓ Türkenbach, *Beginn des NSG Vogelfreistätte Salzachmündung, Befahrung des Hauptstromstrichs gestattet, Betreten der Inseln, Kiesbänke und Ufer, sowie Befahren der Altarme verboten (bis km 61,1).*
71,0 Überlandleitung quert.
68,4 li **Bergham**.
67,6 re ↓ Salzach (s. Seite 55), von hier bis Passau ist der Inn Grenzfluss.
61,1 ▬ Staustufe und ↯ Simbach/Braunau (h = 12 m), **X**, re oder li ⏜, *Ende des NSG Vogelfreistätte Salzachmündung (s. km 73,0).*
60,5 Straßen-⌶ B 12, re **Osternberg**, li **Kirchdorf a. Inn**.
58,3 Straßen-⌶, li **Simbach**, re **Braunau**, re ↓ Enknach, re ▲ beim ⌂ des Faltboot-Club Braunau.
57,9 EB-⌶, danach li ↓ Simbach.
56,0 re ↓ Mattig (s. DKV-Auslandsführer Band 1), *Beginn des NSG Unterer Inn, Uferbetretungsverbot vom 01.05. bis 31.08. Die Verordnung gilt nicht für österreichisches Hoheitsgebiet. Die Flussmitte ist die Staatsgrenze zu Österreich.*
52,9 re Schloss Hagenau.

48,0 ■ Staustufe und ϟ Ering/Frauenstein (h = 9 m), **X**, re ⩯ (350 m), Wege-𝕀 Innwerkstraße, re **Frauenstein**, li **Ering**.

44,5 re ↓ Ach.

35,3 ■ Staustufe und ϟ Egglfing (h = 10 m), **X**, re ⩯ (500 m), *Ende des NSG Unterer Inn (s. km 56,0)*.

34,5 Straßen-𝕀 St2117, li **Egglfing**, re **Obernberg**.

31,8 re Stift Reichersberg.

26,4 re ↓ Antiesen.

24,4 re ↓ Holzleithenbach.

21,8 Autobahn-𝕀 A 3 (Innkreis-Autobahn).

21,3 re ↓ Etzelshofer Bach, re **Suben**.

18,8 ■ Staustufe und ϟ Schärding (h = 11 m), **X**, re Rampe mit Bootswagen, 900 m umkarren, ⬆ bei km 19,2, ⬇ bei km 18,5.

18,1 li ↓ Kößlarner Bach.

16,5 li ↓ Rott.

16,3 Straßen-𝕀 St2119 Schärdinger Straße, re **Schärding**, li **Neuhaus**, Zufahrt zum ▲ des FC Neuhaus durch das 1. Joch li, Pegel Schärding.

15,8 li Schloss Neuhaus.

15,4 Straßen-𝕀 B 512.

14,9 re ↓ Pram (s. DKV-Auslandsführer Band 1), li Flussinsel.

12,8 Flussinsel, li Schloss und Kloster Vornbach, Beginn der Innenge.

10,4 li auf der Höhe das 1000jährige **Neuburg**, re Ort und Ruine **Wernstein**, re 🚂.

5,6 re **Pyret**, ✕, 🚂.

4,6 li ⌂ des Passauer Rudervereins, danach Treppen und Parkplatz.

4,2 ■ Staustufe und ϟ Ingling (h = 10 m), **X**, re ⩯, Bootswagen.

2,6 beide Ufer deutsch.

2,0 EB-𝕀.

1,6 Fußgänger-𝕀 (Fünferl- Steg).

1,1 Straßen-𝕀 St2625 (Marien-Brücke), ab hier nicht am li Ufer fahren (Passagierschiffe)**!**

0 ↓ in die Donau km 2225,3. Im Mündungsgebiet liegen meist Bagger. Auf Schiffsverkehr in der Donau und auf innaufwärtsfahrende Passagierschiffe achten**!**

Salzach

Wildfluss – Wanderfluss — Mündung in Inn (re Nebenfluss)

Die Salzach ist in Österreich ein sehr eindrucksvoller Wildfluss unterschiedlicher Schwierigkeiten. Sie entspringt etwa 2300m über NN nördlich von Krimml in den Kitzbühler Alpen. Sie ist ausführlich beschrieben im DKV-Auslandsführer Band 1. Zunächst ist ihre Hauptfließrichtung nach Osten. Bei St. Veit im Pongau wird sie

durch eine Nagelfluhschwelle von ihrer ursprünglichen Fließrichtung nach Norden abgeleitet. Nach dem Tittmoninger Becken im Landkreis Traunstein durchbricht sie bei Nonnreit und Burghausen den Jung-Altmoränrngürtel und mündet bei Burghausen-Haiming auf einer Höhe von ca. 334 m über NN in den Inn. Ab der Mündung der Saalach, nördlich von Salzburg bildet die Salzach auf rund 60 km die Grenze zwischen Deutschland und Österreich. Sie ist hier ein ohne Schwierigkeiten zu befahrender schnell fließender Wanderfluss. Die Gesamtlänge ist etwa 226 km.
Um einer weiteren Eintiefung infolge der Regulierung (5 m in den letzten 90 Jahren) entgegen zu wirken, wird in den nächsten Jahren etwa zwischen Freilassing (km 60) und Laufe (Km 45) die Sanierung Untere Salzach durchgeführt. Mit entsprechenden Baustellen und Veränderungen des Gewässers muss gerechnet werden.

Befahrungsregeln:	*km 6,5 bis Mündung: Naturschutzgebiet „Vogelfreistätte Salzachmündung". Uferbetretungsverbot und Verbot der Befahrung der Altgewässer.*
Befahrbarkeit:	ganzjährig.
Pegel:	Golling (km 93,4), Salzburg (km 64,4), Laufen (km 47,5) und Burghausen (km 11,4)
Schwierigkeiten:	WW I.
Gefälle:	km 75,0–↓ 1‰.

60,0 re ↓ Fischach.

59,4 li ↓ Saalach (s. DKV-Kanuwanderführer für Bayern), ab hier ist die Salzach Grenzfluss. Eine gute ⬇ für Fahrten auf der Salzach ist unterhalb der Saalach-𝕀 B 304/B 155 (Freilassing–Salzburg) etwa 2,3 km vor der Saalach-↓ auf der linken Seite. Parkmöglichkeit auf der österreichischen Seite an der ehemaligen Grenzstation.
Von der Saalach-↓ bis Tittmoning fließt die Salzach einsam durch Auenlandschaften, um sich zwischen Tittmoning und Burghausen in reizvoller Landschaft zwischen Höhenzügen hindurchzuwinden. Flotte Strömung durch häufig auftretende Kiesbänke.

55,4 in Planung: ▬ „aufgelöste" Sohlrampe mit mehreren Becken (analog km 51,9).

54,9 Überlandleitung quert.

52,4 li ↓ Sur (s. DKV-Kanuwanderführer für Bayern).

51,9 ▬ „aufgelöste" Sohlrampe mit mehreren Becken, Gesamthöhe ca. 2m; mittig eine Durchfahrt (gelbe Bojen) mit größeren Wellen am Ende, nur für Geübte. ⬇⬆ zum ⌓ vorhanden.

49,0 re ↓ Oichten (s. DKV-Auslandsführer Band 1).

48,8 li ↓ Stadtbach.

48,6 Straßen-𝕀 (Eisenbrücke, sehenswerte Stahlkonstruktion aus dem Jahre 1902), re **Oberndorf** (mit der „Stillen-Nacht-Kapelle", in der das bekannte Weihnachtslied erstmals erklang).
⬇⬆ re nach der Brücke, Parkmöglichkeit, li **Laufen** (alte in der Römerzeit entstandene Siedlung, ★: Wehrkirche Maria Himmelfahrt, alte Bürgerhäuser).

48,0 ⬇⬆ an der Sandbank am li Ufer. Bis Tittmoning (km 27,0) im Bereich der „Laufener Enge“ keine ⬇⬆- Möglichkeit mehr.
47,8 Fußgänger-⌶ (Europasteg); Vorsicht bei NW und MW! Unter der Fußg.-Brücke befinden sich Holzpfähle der alten Brücke, die bei schräger Anströmung zum Kentern führen können. Unbedingt im Hauptstromzug bleiben, da hier die Pfähle abgeschnitten wurden.
47,5 Pegel Laufen-Siegerstetter Keller (☎ 01804-370037-484).
41,4 li ↓ Abfluss des Höfener Stausees.
34,7 re ↓ Moosach.
27,8 li ↓ Götzinger Achen (Ausfluss aus dem Waginger See)
27,0 Straßen-⌶ St 2106, li **Tittmoning** (★: Burg mit Schützenscheibenmuseum, Stadtplatz, römische Ausgrabungen), li ⬇⬆, nach den Anlegestellen für die „Plätten“. (Zufahrt bis zum Ufer möglich, aber Parken hinter dem Damm.) li ca. 2,8 km über B 20 Campingplatz am Leitgeringer See. Re **Ettenau**; Kiesbank re nach der Brücke, jedoch keine Parkmöglichkeit.
22,5 li ↓ Siechenbach.
21,9 re ↓ Bach.
19,0 li **Unterhadermark**; ⬇⬆-Möglichkeit in einer „hafenartigen“ Bachmündung.
17,5 re **Werfenau**.
16,8 li auf der Höhe **Raitenhaslach**, Kloster mit Barockkirche, Klostergaststätte.
16,6 schräge Rampe, Anlegeplatz der „Plätten“, daher freihalten **!** Fußweg zum Kloster.
15,2 li **Scheuerhof/Moosbrunn**, auf der Höhe Wallfahrtskirche Marienberg, Rokokobau.
14,8 li **Tiefenau**, ✕, Treppe, von hier aus Aufstieg zur Wallfahrtskirche Marienberg möglich.
12,5 Straßen-⌶ St2357 Karl-Stechele-Str., re **Wanghausen**, ⬇⬆ (Rampe).
11,4 Straßen-⌶ Bruckgasse, Pegel Burghausen am linken Joch, (☎ 01804-370037-486), re **Ach**, li **Burghausen**, li auf der Anhöhe Burg (Deutschlands größte Burganlage, ★, Burgbesichtigung, Burgmuseum, Stadtmuseum, Stadtgalerie).
11,2 li Rampe, ⬇⬆ (gut mit Auto zu erreichen, Längste Kanzelmüllerstraße).
10,4 li Kreuzfelsen, dahinter Wirbel, letzter Durchbruch der Salzach beginnt; Felsenhöhlen am Salzachufer.
8,5 li Insel (Kiesbank), bei NW re Felsbarriere, li oben Wacker Chemie AG.
6,5 li ↓ Alzkanal, ⬆ li an der ↓ (Zufahrt über Neuhofen), *danach auf der li (deutschen) Seiten Beginn NSG „Vogelfreistätte Salzachmündung“, Befahrungsverbot für die Altwasserarme und Uferbetretungsverbot.*
4,0 li **Haiming**.
2,8 Überlandleitung quert.
0,0 ↓ in den Inn km 67,6 (s. Seite 50).

Alz

Wanderfluss — Mündung in den Inn (li Nebenfluss)

Die Alz ist der Abfluss des Chiemsees bei Seebruck (ca. 520 m über NN). Wegen ihres hohen Gefälles wird ihr nach Altenmarkt mehrfach das Wasser zur Energiegewinnung entzogen. Die Restwasserstrecken sind nur bei ausreichendem Wasserstand befahrbar. Durch unterschiedliche Wasserführung in den einzelnen Flussabschnitten ist eine durchgehende Befahrung kaum möglich. Es wird daher hier die Alz nur bis Altenmarkt beschrieben.

Die Alz durchfließt zunächst mit wenig Gefälle eine reizvolle offene Landschaft mit Wiesen und Hügeln, um dann ab Truchtlaching in weiten Schlingen zuweilen lebhaft fließend die Endmoränenwälle des ehem. Chiemseegletschers zu durchbrechen.

Befahrungsregeln: *vom 01.01. bis 30.06. Befahrungsverbot vom Chiemseeabfluss (km 63,0) bis Altenmarkt (km 46,4)*
58,3–57,3 ganzjähriges Betretungsverbot der Schilfinseln und Befahrungsverbot des linken Alzarmes (Ischler Schlinge, NSG Untere Alz), im übrigen Bereich Uferbetretungsverbot.

Befahrbarkeit: ganzjährig (unter Berücksichtigung der Befahrungsregelungen).

Schwierigkeiten: Zahmwasser, nach Truchtlaching einige Stellen leichtes Wildwasser

Pegel: Seebruck (km 62,6): 30 cm = NW, 75 cm = MW, 125 cm = HW.

62,8 Chiemseeabfluss, links Kanu- und Kajakverleih beim Hotel Wassermann.

62,7 Straßen-⌶, li **Seebruck**, nach der Brücke li ⬇, Parkplatz hinter dem Hotel Post (Parkgebühr), nach der Brücke re Pegel Seebruck.

62,4 re ⬇, Start des Touristen-Floßes nach Truchtlaching, Parkplatz nach 70 m an der Straße (Parkgebühr).

60,5 li **Pullach**.

58,5 li ↓ Ischler Ache, li Ischl.

58,3 li ← Nebenarm Ischler Schlinge, *ganzjähriges Befahrungsverbot, Schilder beachten.*

57,6 li ↓ Nebenarm.

57,2 li **Döging**.

56,3 Straßen-⌶ Seeoner Straße, davor links ⬇⬆, großer Parkplatz (Parkgebühr), re **Truchtlaching** (Barockkirche), nach der Brücke re ✕ **Neuwirt** mit Anlegesteg, Bus.

55,9 li Badeplatz.

55,6 ▬ Truchtlaching, **X**, links ⩯ (25 m), re ↯ Viehhausen.

55,2 re ↓ Kanal

54,7 kleine Insel

54,2 li Poing, Insel , rechts fahren.

52,8 li **Apperting**, re ▬ Höllthal, rechts ⩯ (wenige m, Betonplattform) oder treideln, bei gutem WS evtl. re ≋ (**!** das Wehr liegt hinter einer Rechtskurve bis zuletzt unsichtbar hinter einem Baum, bei höherem WS rechtzeitig rechts halten, evtl. Sog zum Wehr!, evtl. schon vorher bei einem Schild ⌶).

52,5 Fußgänger-⌶

52,1 ▬ und ↯ Höllthal.

51,8 li ↓ Kanal, li **Höllthal**, li ✕ Hofmann.

51,5 re **Niesgen**.

51,3 1. Höllthaler Insel , li fahren.

50,8 2. Höllthaler Insel, unbedingt re fahren, bei der 2. Insel kleine Stromschnelle, danach rechts malerische überhängende Felsen. Im linken Arm wiederholt Kenterungen am Insel-Ufer, 2007 mit tödlichem Unfall.

50,2 re **Offling**

49,8 Insel, re fahren.

49,2 li ⬆ nach der Seil-Fähre, ✕ Roiter, Parkplatz, Zufahrt über Massingmühle/Wies.

48,2 li **Massing**.

46,6 → Kanal zum ↯, vorher ↰, Parkplatz (Parkgebühr), Zufahrt bei kleinem Häuschen in der Talmulde zwischen B 304 und Thalham, re Badeplatz. Am besten hier die Fahrt beenden, die kurze Strecke von 1 km lohnt nicht die mühsame Umtragung der kurz hintereinanderliegenden Wehre Laufenau und Altenmarkt.

46,4 ▬ Laufenau, **X**, rechts ⌓
Am Wehr Laufenau-Altenmarkt Ende der Befahrungsregelung.

46,2 Fußgänger-⌶.

45,8 ▬ Altenmarkt, 2,5 m, **X**, rechts ⌓ oder bei NW in der Wehrmitte überheben.

45,5 rechts an der ↓ des ehem. östlichen Mühlkanals ⬇ für Befahrung der Altenmarkter Alzfälle, gleichzeitig letzte ⬆ vor den Alzfällen.

45,3 Straßen-⌶ B 304, re **Altenmarkt**.

45,2 Altenmarkter Alzfälle (3 m) Lebensgefahr!, je nach WS **X**, bei HW WW V, vorher ansehen, li 1.Wasserableitung.

45,1 Straßen-⌶ B 299, danach rechts ⬆.

Weiterer Flussverlauf s. DKV-Kanuwanderführer für Bayern.

Kössener Ache, Tiroler Achen

Wildfluss - Wanderfluss (Gebirgsfluss) Mündung in Chiemsee

Der von Paddler meist „Kössener Ache“ genannte Bach, (Gesamtlänge ca. 78 km) entspringt am Pass Thurn in ca. 1250 m Höhe. In ihrem Oberlauf wird sie regional zumeist Jochberger Ache bezeichnet. Ab dem Einsatzpunkt bei Hütte, km 66,5 heißt sie amtlich Kitzbüheler Ache. Ab St. Johann, nach dem Zusammenfluss mit Reither Ache und Pillerseer Ache ist ihr amtlicher Name „Großache“. Ab der Staatsgrenze wird sie in der bayerischen amtlichen TK 50 und beim WWA als „Tiroler Achen“

geführt. Die Kössener Ache ist landschaftlich hervorragend schön. Sie fließt zunächst in einem verhältnismäßig breiten Tal zwischen dem Wilden Kaiser und den Loferer Steinbergen. Unterhalb Kössen bricht sie in der wildromantischen Entenlochklamm durch die Chiemgauer Berge in die breite, dem Chiemsee vorgelagerte Ebene durch.

In ihrem Oberlauf, oberhalb St. Johann, ist die Kössener Ache ein mäßig schweres Wildwasser, ab St. Johann bietet sie keine wesentlichen Schwierigkeiten mehr, so dass ihre Befahrung als Wanderfluss auch für Wildwasseranfänger und F 2 empfohlen werden kann.

Befahrungsregeln:	*1- Österreichischer Teil: Das Befahren der Großache (Kössener Ache) ist lt. VO vom 19. Feb. 1999 (VO Nr. 12 des LGBl. v. 9.03.1999) von der Dorfbrücke in Kirchdorf i.T. (km 43,5) bis zur Staatsgrenze bei Kössen (km 24,4) ganzjährig verboten.* *Ausnahme: Mit wildwassergeeigneten „Ruderfahrzeugen" oder Schwimmkörpern ist jeweils zwischen 9.00 und 19.00 Uhr erlaubt, vom 1.06. bis 14.09. das Befahren des Hauptstromstriches von Kirchdorf (km 43,5) bis Staatsgrenze (km 24,4), sowie vom 15. Mai bis 15. Oktober vom Bauhof Kössen (km 26,6) bis zur Staatsgrenze (km 24,4).* *Das Ein- und Aussetzen ist dabei, außer in Notfällen, nur an den dafür vorgesehenen, im Text ausgewiesenen, Stellen erlaubt.* *2 - Bayerischer Teil: Das Befahren der (Kössener Ache) Tiroler Achen im Mündungsbereich zum Chiemsee von der Straßen-Ⅱ bei Almfischer, km 4,8 bis zur Mündung, ist ganzjährig verboten.*
Befahrbarkeit:	ab Hütte (km 65,2) im Frühjahr und nach Regenfällen, ab St. Johann (km 47,8) ganzjährig, über die Möglichkeit einer Befahrung der Klamm bei Jochberg bestehen keine gesicherten Unterlagen
Schwierigkeiten:	km 65,2–km 47,8 WW II-III km 47,8–km 12,9 WW I-II km 12,9–km 4,8 WW I
Gefälle:	km 66,5–km 48,8 10,5 ‰ km 47,8–↓ 2,9 ‰

48,6 Beschreibung des Oberlaufes s. DKV-Kanuwanderführer für Bayern. Pegel St. Johann

48,5 ■ (Sohlstufe), ≏ zweckmäßig.

48,0 Wege-Ⅱ Achenallee.

47,8 Straßen-Ⅱ Kaiserstraße, **St. Johann**, re nach der Brücke großer φ, empfohlene ⬇ für eine Wanderfahrt auf der „Kössener Ache", nunmehr Name „Großache", bis Übersee keine nennenswerten Schwierigkeiten, jedoch Achtung auf Pfahlreihen, Kurvenschwälle, Brückendurchfahrten usw.

47,5 Straßen-Ⅱ Neubauweg.

47,3 Fußgänger-Ⅱ.

47,1 re ↓ Pillersee Ache (s. DKV-Kanuwanderführer für Bayern).

47,0 Straßen-Ⅱ B 178 Salzburger Straße.

45,1 Wege-Ⅱ Further Steg. Beginn der Renaturierungen.

44,0 li ↓ Lugam Bach.

43,5 Straßen-Ⅱ Dorfstraße, li **Kirchdorf**.

43,4 li erlaubte ⬇⬆,
ab hier Befahrungs- und Uferbetretungsverbot vom 15. Sept. bis 31.Mai bis Kössen/Bauhof, km 26,6.

42,0 überdachte Wege-Ⅱ Wenger Steg.

40,3 li ↓ Vorfluter, Ende der Renaturierungsmaßnahme.

39,9 Straßen-Ⅱ (Wohlmutinger Brücke), re **Erpfendorf**.

39,5 re ↓ Vorfluter.

38,2 li ↓ Taxa Bach.

37,9 Wege-Ⅱ Laufer Weg, li **Pfeifer**.

35,6 li ↓ Heffertgraben, li **Pechtl**.

35,5 Straßen-Ⅱ (Hager-Brücke), erlaubte ⬇⬆ li Ufer.

33,8 re ↓ Kreuzangergraben.

32,5 Wege-Ⅱ.

29,7 li ↓ Niederhausertalbach, li **Thurnbichl**.

29,3 Straßen-Ⅱ B 172.

29,2 re ↓ Lofer (s. DKV-Kanuwanderführer für Bayern), re erlaubte ⬇⬆.

28,9 Straßen-Ⅱ Hüttfeldstraße, li Waidach-Hütte, re **Blaik**.

27,9 Straßen-Ⅱ B 176 Alleestraße, darunter Stufe (Mitte ≋), re **Kössen**, li **Weidach-Niederachen**.

27,4 li ↓ Kohlenbach *(ganzjährig gesperrt).*

26,8 Straßen-Ⅱ (Staffenbrücke), re **Kössen**, li **Staffen-Erlau**, Parkplatz.

26,6 re städt. Bauhof Kössen, erlaubte ⬇⬆, Zufahrt frei für Be- und Entladen, Parken bei der Staffenbrücke li ↓ Talbach.
ab hier Ende BV 15.09 bis 31.05, nun Befahrungsverbot vom 16. Okt. bis 14.Mai bis zur Staatsgrenze km 24,4.

25,7 re Sandbank, letzte erlaubte ⬇⬆ vor der Staatsgrenze. Beginn einer klammartigen Schlucht (Entenlochklamm), bei NW keine Schwierigkeiten (WW I+), bei HW kann die Durchfahrt schwierig werden.

24,6 eiserne Hänge-Ⅱ, danach re Wallfahrtskirche Klobenstein ★.

24,4 österreichisch-deutsche Grenze (Personalausweis mitführen), nunmehriger Name. „Tiroler Achen“. *Beginn NSG „Durchbruchstal der Tiroler Achen“.*

22,1 Ende der Entenlochklamm.

21,5 Straßen-Ⅱ B 307, gute ⬆-Stelle zur Beendigung der Fahrt, re **Wagrain**, li **Ettenhausen**, *Ende NSG*, re gute Parkmöglichkeit.

20,4 li **Schleching**, re **Achberg**.

19,1 Insel, li ↓ Mühlbach.

18,3 li ↓ Alpbach.

17 re Segelflugplatz.
16,4 Renaturierungen.
16,1 Straßen-Ⅱ Raitner Straße, re **Unterwössen**, li **Raiten**; davor re Einleitung des HW-Überlaufs des Wössener Baches.
15,5 in einer S-Kurve Pfähle, bei NW Lebensgefahr!
14,2 re ↓ Wössener Bach (s. DKV-Kanuwanderführer für Bayern).
13,4 Renaturierungsinsel, li fahren.
13,3 Ende der Insel, li ⬆-Möglichkeit, begrenzte Parkmöglichkeit.
13,2 Straßen-Ⅱ B 305 Schlechinger Straße.
12,9 ■ vor Marquartstein, **X**, (ca. 1,5 m).
Die Befahrung der Kössener Ache wird zumeist re vor dem Wehr beendet. Zufahrt mit Pkw abgehend von der Straße nach Unterwössen (Alte Dorfstr. Richtung Landschulheim), etwas schwierig zu finden. Falls eine Weiterfahrt bis Übersee geplant ist, vor dem Wehr in der starken Kurve li ↰.
Bei günstigem Wasserstand kann sofort nach dem Wehr wieder eingesetzt werden, andernfalls muss 400 m weit bis zu einer Steintreppe ⏏ werden.
Ab Marquartstein ist die Kössener Ache reguliert, keine Schwierigkeiten.
12,2 Straßen-Ⅱ Alte Dorfstraße, **Marquartstein**, li ⛺ (200 m).
9,4 Straßen-Ⅱ Bahnhofstraße, li **Grassau**, re **Staudach**, li letzter Parkplatz vor dem NSG.
9,2 Pegel Staudach.
5,4 Straßen-Ⅱ, li **Almau**.
4,8 Wege-Ⅱ, li **Almfischer**,
Das Befahren der Kössener- bzw. Tiroler Achen von hier bis zur Mündung in den Chiemsee ist ganzjährig verboten. Auf eine weitere Beschreibung wird deshalb verzichtet.

Isar

Wildfluss – Wanderfluss | Mündung in Donau (re Nebenfluss)

Die Isar entspringt an der Hallerangeralm am Fuß der Speckkarspitze im Herzen des Karwendelgebirges. Bis zur Mündung des Birkkarbachs heißt die junge Isar auch Lafatscherbach. Die Isar ist vielfach aufgestaut und reguliert. Über lange Strecken wird ihr Wasser bis auf geringe Restwassermengen entzogen. Durch fehlendes Geschiebe aus dem Gebirge hat sie sich enorm eingetieft. Einige Flussstrecken werden nun naturnah umgebaut, um die Nachteile früherer Verbauung auszugleichen. Restwassererhöhungen und Geschiebezugaben verbessern die Situation der Flussmorphologie.

Befahrungsregeln: nur für den beschriebenen Teil der Isar:
km 198,5–175 vom 15.03.–10.08 Betreten der gekennzeichneten Vogelschutzinseln verboten, Hauptstrom befahren.
km 164,7–162,5 vom 15.03–01.09. Betretungsverbot der Kiesinseln (Vogelschutzbereiche), nur Hauptstromstrich befahren.

	km 152–140 Befahrungsverbot aus Sicherheitsgründen (Stadtbereich München).
	km 89,4–81,2 Uferbetretungsverbot im NSG Vogelfreistätte Mittlere Isarstauseen.
Befahrbarkeit:	km 224,0–km 152,4 ganzjährig auch mit Zweier, km 142,8–km 120,4 nahezu unfahrbar, km 120,4–km 113,5 nur bei HW ausreichend Wasser, km 113,5–↓ ganzjährig auch mit Zweier.
Schwierigkeiten:	km 224,0–km 201,5 WW I bis II (1 Stelle III+) km 199,0–km 152,4 WW I km 142,8–km 113,5 Zahmwasser (ohne Bewertung der Stufen) km 113,5–↓ Zahmwasser (Stellen mit WW I–II)
Pegel:	bei km 224,0, günstig über 250 cm (dann ist ■ Fleck ≋).

Bis km 224,0 s. DKV-Kanuwanderführer für Bayern.

224,0 Straßen-Ⅱ B 13 unterhalb des Sylvensteinspeichers, re unterhalb ⬇. Es folgen 3 Sohlrampen:
1. Sohlschwelle, ganz re ≋,
2. Sohlschwelle, ganz re ≋,
3. Sohlschwelle, bei normalem Wasserstand (Pegel Sylvenstein 250 cm) re überheben und treideln oder Bootsgasse im re Arm ≋, bei HW evtl. Walze.

221,2 re „Wandl“, die Prallwand existiert nicht mehr. Zugang von der Straße möglich, Parkplatz.

220,5 re Parkplatz an der B 13, Pestsäule.

218,5 li ↓ Almgraben, li **Rauchenberg**.

216,5 ▬, **Fleck**, **X**, bei HW gefährlich! li ≏ oder über Wehrkrone ≏. Das ▬ erscheint plötzlich in einer Linkskurve, li fahren, sobald die Hinweisschilder erkennbar werden, re → Werkkanal (nicht befahren), re vor dem Wehr ⬇⬆ in einer Bucht. Parkplatz an der Straße.

215,5 li ↓ Jachen (s. DKV-Kanuwanderführer für Bayern).

214,8 re ↓ Werkkanal, Querströmung.

214,3 Straßen-Ⅱ Jachenau, ⬇⬆ re unter der Ⅱ, Parkplatz an der Straße.

211,0 Straßen-Ⅱ, re **Lenggries**, ⬇⬆ (Kiesbank) li vor der Ⅱ, Parkmöglichkeit in 100 m, re 600 m 🚐.

210,9 re Pegel Lengries ☎ 01804-370037-319.

210,0 Katarakt „Isarburg“, Felsbarriere evtl. ≋ WW III+, ansonsten li ≏ über Felsbank. Bei HW kann die Felsbarriere li umfahren werden (1 m Abfall). li ✕ Isarburg.

207,8 li ↓ Arzbach, re **Obergries**, li **Arzbach**, li in 1 km ▲ Campingplatz und ✕, www.alpen-campingplatz.de , ☎ 08042/8408.

207,7 Wege-Ⅱ.

207,3 li ⬇⬆ mit Parkplatz beim Feuerwehrhaus.

203,9 ▬ kleine Sohlrampe, 1/3 von li ≋, evtl. li treideln.

202,3 Straßen-Ⅱ B 472. Kein Zugang zum Fluss. Pegel Bad Tölz.

202,2 li ⬆-Möglichkeit mit Parkplatz.

201,7 Straßen-Ⅱ, **Bad Tölz**. eines der schönsten oberbayerischen Stadtbilder. 20 Min. Aufstieg zum Kalvarienberg mit lohnender Aussicht.

201,2 li ⬇⬆ mit Parkplatz (Übernachtungsmöglichkeit für Wohnmobile).

201,0 Wege-Ⅱ. Beginn Rückstau des ϟ Tölz.

199,0 li ⬇ mit Parkplatz, danach ▬ und ϟ Bad Tölz, **X**, li ≏ auf Rollenbahn, Pegel Bad Tölz-KW ☎ 01804-370037-321.

198,5 re ⬇ unterhalb des Wehres, Zufahrt beim Gewerbegebiet Farchet und Friedhof zum Klärwerk. An der ⬇ nur Abladen gestattet. Die Autos müssen 700 m zum Gewerbegebiet zurückgebracht werden. Hinweisschilder für Flussbefahrung beachten, NSG „Isarauen“, *s. Befahrungsregeln*.

194,3 re Prallwand („Gelber Stein“), darüber ✕ Staubachhof, danach Unterwasser-Felsriegel schräg bis zur Flussmitte.

189,6 li ↓ Rothbach, oberhalb ▲ bei Jugendbildungsstätte „Hochland“, danach li Steilhang.

188,5 re **Einöd**, ✕, ▲ Campingplatz.

187,2 Straßen-Ⅱ, li ⬇⬆, Parkplatz. Danach Beginn der Ascholdinger Au.

185 *–183* nach HW neuer Isarverlauf: Kanalartig durch Auenwald, dann an einer Totholzansammlung vorbei. Bis Pegel Puppling 130 cm als WW I einzustufen. Bei höheren Wasserständen Fließgeschwindigkeiten bis 12 km/h ohne Anhaltemöglichkeiten. Befahrung gefährlich!

182,4 re ↓ Moosbach (s. DKV-Kanuwanderführer für Bayern.

179,0 li ↓ Loisach-Isar-Kanal, Presswasser, re fahren.

178,0 Straßen-Ⅱ, li **Wolfratshausen**, nach der Ⅱ re ⬇⬆.

177,0 unregulierter breiter Flusslauf, mehrere Fahrrinnen, nicht in re Flussarm einfahren. Beginn der Pupplinger Au.

175,0 li ↓ Loisach (s. Seite 78). Ende der Befahrungsregelung.

174,0 ▬ Icking, li ⏜, Befahren der Floßgasse verboten! beim Einsetzen gefährlicher Sog zum ▬ möglich.
→ ϟ-Kanal (9 km lang) nicht empfehlenswert, da ⏜ am ϟ Mühltal weit und mühsam ist. Die dort befindliche Floßgasse (320 m lang) keinesfalls befahren.
Die folgende Strecke ist durch ausreichende Restwassermenge ganzjährig ≋. Durch Rückbau der Uferbefestigungen ist bis zur Mündung des Kanals ein weitgehend naturnaher Zustand erreicht.

169,4 Straßen-Ⅱ **Schäftlarn**. li vor der Ⅱ ⬇⬆ mit gebührenpflichtigen Parkplatz. li 1 km zum Kloster Schäftlarn. Benediktinerabtei mit sehenswerter Kirche und Klosterbräustübel. re ✕ Bruckenfischer.

164,7 re ↓ Werkkanal, *die folgenden Inseln bis zum ▬ Baierbrunn (km 162,5) dürfen vom 15.03. bis 01.09.nicht betreten werden.*

164,3 re Pegel Baierbrunn.

163,2 Georgenstein (Felsen im Fluss), li vorbeifahren.

162,5 ▬ Baierbrunn, **X**, *Ende der Befahrungsregelung.*
Bei Pegel München über 90 cm ist die Isar in der Regel gut befahrbar. Die bisherige, alte Umtragestelle am rechten Ufer wurde gesperrt und abgebaut.
Nunmehr ganz li durch das offene Schütz in den Kanal einfahren. Sofort danach re ist eine Anlegestelle eingerichtet, von der man auf kurzem Weg zur Isar ⏜ kann(Tor im Zaun).
Alternativ oder bei Pegel München unter 90 cm im Kanal weiterfahren.

Kanalstrecke bis München:

161,7 ▬ und ϟ Hollriegelkreuth, **X**, re ⏜. Bootswagen wieder an Standort zurückbringen.

160,0 Straßen-Ⅱ, re **Grünwald**, li **Höllriegelskreuth,** li ✕ Brückenwirt, ⬆, Parkmöglichkeit.

158,8 ▬ ϟ Pullach, **X**, re ⏜. Ein auf Schienen laufender Wagen ist vorhanden.

156,2 ⏜-Möglichkeit vom Kanal zur Isar.

156,0 ▬ Großhesselohe, Sperrschützanlage, li Schütz offen und ≋.

155,7 EB-Ⅱ.

154,6 Straßen-Ⅱ, danach am Flößerdenkmal li ← in Floßländkanal einfahren (nicht geradeaus im Kanal weiterfahren), Floßgassen und Stufen sind Übungsplätze der Münchener Kanuten, Kollisionsgefahr!

153,5 Floßlände, li ▲ Campingplatz der Stadt München, re Parkplatz., Am besten die Fahrt hier beenden. Parkplatz am unteren Ende des Floßhafens rechts.
Zur Weiterfahrt zu den Bootshäusern der Münchner Kanuvereine in der Mitte des Floßhafens re ≏ in Kanal, dort weiter bis zur

152,4 Thalkirchner Straßen-Ⅱ, **München-Thalkirchen**, re Tierpark, li U-🚇. Nach der Ⅱ um die Landspitze herum nach li stromauf fahren.
50 m unterhalb der Thalkirchner Ⅱ Weiterfahrt bis Wehr Oberföhring aus Sicherheitsgründen verboten.

Freie Isar bis München:

Aufgrund der Vereinbarung zwischen Freistaat Bayern und der EON vom Dez. 2006 soll das Restwasser am Wehr Baierbrunn auf 8 m³/s erhöht werden. Damit sollte eine Weiterfahrt auf der Isar ganzjährig möglich sein.

160,0 Straßen-Ⅱ, re **Grünwald**, li **Höllriegelskreuth**.

159,0 Felsen im Fluss, durch Hangrutsch vom Untergrund hochgeschoben. Unmittelbar anschließend ■ Sohlstufe, li ≋, re grobe Betonbrocken **X**. Sonst an der aufgeschütteten Insel re Ⅱ und ≏ oder treideln.

156,2 li ≏-Möglichkeit von der Isar zum Kanal.

156,0 ■ Großhesselohe, **X**, re ≏.

155,7 EB-Ⅱ, es folgen ≋ ■ Sohlrampen, teilweise mit Bootpassagen. Grundberührung möglich, evtl. über Kiesufer ≏.

153,5 ■ Marienklause, **X**, lebensgefährlicher Absturz, darüber Fußgängersteg (Stahlkonstruktion), li ≏ (evtl. schon hier in den Kanal ≏, unterhalb Wehr und Brücke einsetzen, oberhalb wegen Dükerableitung lebensgefährlich), re Floßgasse mit oft wuchtiger Walze. Es folgen 4 ≋ ■ Sohlrampen, teilweise mit Bootspassagen, Grundberührung möglich.

152,4 Thalkirchner Straßen-Ⅱ, **München-Thalkirchen**, re Tierpark Hellabrunn, li U-🚇.
⬆-Möglichkeiten:
- vor der Ⅱ re ⬆, Parkplatz re in 200 m gegenüber dem Tierparkeingang, Bootswagen empfohlen.
- vor der Ⅱ li in den Kanal ≏, diesen queren und in kleiner Bucht ⬆.
Zu den Bootshäusern der Münchner Kanuvereine: Vor der Ⅱ oder auch nach der Ⅱ (vor oder nach einer weiteren Sohlrampe) li in den Kanal umtragen und um die Landspitze herum nach li stromauf in den Abfluss der Floßlände fahren.

50 m unterhalb der Thalkirchner ⌶ Weiterfahrt bis Wehr Oberföhring aus Sicherheitsgründen verboten. Bis km 121,0 s. DKV-Kanuwanderführer für Bayern.

120,9 Straßen-⌶, li **Achering**, danach
▬ Doppel-Sohlrampe, li 400 m ⩡. Parkmöglichkeit li nach der Brücke.
⬇ für die Befahrung einer weiteren reizvollen Teilstrecke bei 120,3. Die Fahrt geht durch eine Auenlandschaft mit vielen Kiesbänken, teilweise NSG.
120,3 ⬇ li über steile Böschung, Bootswagen, ab hier freie Fahrt bis Freising.
115,8 Straßen-⌶, Verbindung B 11–**Lerchenfeld**.
113,7 li Pegel Freising.
113,6 Fußgänger-⌶ (alte, ehemalige Straßenbrücke, Korbiniansbrücke), li **Freising**, alte Domstadt, roman. Dom (1160), Fachhochschule Weihenstephan für Landwirtschaft und Brauerei, kath.-phil.-theol. Hochschule.
⬇ an steiler Böschung, 🚆 mit S-Bahn 400 m, Parkplätze in Ufernähe.
113,4 Straßen-⌶ Luitpoldbrücke, Zubringer zur A 92.
113,2 li große Kiesbank, ⬇⬆, großer Parkplatz direkt hinter Hochwasserdamm, zum 🚆 2 km.
111,5 Straßen-⌶ B 11.
110,2 Straßen-⌶, li **Marzling**.
107,0 bis Mooburg NSG Isarauen, Zelten und offenes Feuer verboten.
104,5 ⩡-Stelle von der Moosach (s. DKV-Kanuwanderführer für Bayern).
103,3 re ↓ Goldach (s. DKV-Kanuwanderführer für Bayern).
103,0 Straßen-⌶, li **Oberhummel**, ⬇⬆, li ↓ Moosach (s. DKV-Kanuwanderführer für Bayern).
100,0 re ↓ Dorfen und Sempt-Flutkanal (s. DKV-Kanuwanderführer für Bayern).
95,7 li ↓ Amperüberführungskanal.
95,2 Straßen-⌶ B 11 und Wege-⌶; li **Moosburg**, roman. Münster (12. Jh.), li ✂, li 🚆 in 1,6 km.
94,1 ▬ Moosburg, **X**, davor li bei NW Pfahlreihen im Fluss, re Ableitung zum Mittlere-Isar-Kanal, li ⩡ über Stahltreppen an der Ufermauer.
91,6 Kleine Sieben Rippen, ca. 100 m felsendurchsetzter Flusslauf, re immer ≋.
90,9 Straßen-⌶, li **Volkmannsdorf**, danach li ↓ Amper (s. Seite 72), Seitenströmung von li möglich.
89,4 Beginn NSG „Vogelfreistätte Mittlere Isarstauseen“, bis km 81,2 ganzjähriges Uferbetretungsverbot.
87,7 re ↓ Überlauf vom Mittlere-Isar-Kanal.

87,5 Sieben Rippen, ca. 150 m Nagelfluhbänke (Felsen) im Flusslauf, je nach Wasserstand in der Mitte oder bei NW von re nach li ≋. Üben wegen NSG nicht gestattet!

86,9 Autobahn-Ⅱ A 92.

86,0 re ✕ Fischerhans mit Biergarten (von der Isar aus ist nur ein kleines Schild zu sehen), über Kanalbrücke erreichbar.

82,7 re **Eching**, nur Kirchturm sichtbar..

81,2 re ehemaliges Auslassbauwerk Hofham (Mittlere-Isar-Kanal).
Ende NSG „Vogelfreistätte Mittlere Isarstauseen“.

78,5 ▬ (Klappenwehr, Sohlstufe), **X** Befahrung verboten im Sicherheitsbereich 50 m vor dem Wehr bis 30 m danach, re ⏏ über Treppen. Walze mit bis zu 8 m Rücklauf!, li nicht ⏏ da starke Sogwirkung durch Ausleitung des Hammerbachs, Lebensgefahr!

78,4 re ↓ Mittlere-Isar-Kanal (Befahren verboten). Seitenströmung von re.

76,1 EB-Ⅱ.
li ⌂ ETSV 09 Landshut, Kanuabteilung, Gutenbergweg 33, 84028 Landshut, www.etsv09landshut.de , ⬆, ▲-Möglichkeit (san. Anlagen), 1 km in die Stadt, 2 km zum 🚉.

76,0 re ↓ Roßbach.

75,9 Straßen-Ⅱ, davor li Eisstadion.

75,4 li Rampe, sehr gute ⬆ für Fahrtbeendigung.

75,3 li ⌂ Faltbootclub Landshut.

75,2 li letzte ⬆-Möglichkeit in einem Altwasser,
Weiterfahrt durch das Stadtgebiet von Landshut aus Sicherheitsgründen verboten.

75,1 Ⅱ (Luitpold-Ⅱ).
re Beginn der historischen Innenstadt von **Landshut**, Burg Trausnitz, got. St. Martins-Kirche (15. Jh.) von Hans Stethaimer mit 133 m hohem Backsteinturm. 1475 Landshuter Hochzeit.
Eine Weiterfahrt unterhalb von Landshut ist möglich, infolge mehrerer großer Staustufen jedoch recht mühsam und wenig lohnend, auf eine Beschreibung wird daher verzichtet (s. DKV-Kanuwanderführer für Bayern).

0,0 ↓ in die Donau bei km 2281,7.

Unterlagen: alle im vorstehenden Text nicht beschriebenen Teilstrecken der Isar finden sich ausführlich im DKV-Kanuwanderführer für Bayern, 10. Auflage, 2005.

Ammer, Ammersee, Amper

Wildfluss – Gebirgsfluss – See – Wanderfluss   Mündung in die Isar (li Nebenfluss)

Die Ammer entspringt in einem NSG südlich von Oberammergau und westlich von Ettal und mündet nach ca. 50 km bei Fischen in den Ammersee. Den 15 km langen Ammersee verlässt sie bei Stegen als Amper und mündet nach weiteren 100 km bei

Moosburg in die Isar. Die Strecke Ammerquelle bis Kammerl kann nicht empfohlen werden. Dieses Stück ist z.T. reguliert und durch Abwässer sehr verschmutzt. Außerdem sind bei Oberammergau, Altenau und ein paar km nach Altenau drei unfahrbare Wehre. Beim dritten Wehr wird fast das ganze Wasser in einen nicht fahrbaren Kanal geleitet, der beim Bundesbahn-Kraftwerk Kammerl erst wieder in die Ammer mündet. Es müssen dabei 2 km mühsam umtragen werden.
Als günstiger Einsatzort wird daher Kammerl empfohlen (EB-Station Saulgrub der Linie Murnau–Oberammergau). Die folgenden 26 km bis zur Böbinger Brücke bei Peißenberg zählen zu den schönsten Wildwasserstrecken Deutschlands. Die Ammer durchfließt hier eine unberührte Tertiärschlucht mit stellenweise sehr hartem Konglomeratgestein, das die Ursache zu zahlreichen Kataraktbildungen ist. Von der Böbinger Brücke bis zur Mündung in den Ammersee ist der Flusslauf korrigiert. In der Regel ist die Ammer ganzjährig fahrbar, ausgenommen sehr trockene Sommer. Bei HW ist die Befahrung jedoch gefährlich. Das Ammertal ist überwiegend Natur- und Landschaftsschutzgebiet.
Die Amper ist der Ausfluss des Ammersees und somit die Fortsetzung der Ammer. Sie fließt mit ruhiger Strömung in nordöstlicher Richtung durch das bayrische Alpenvorland. An mehreren Stellen wird das Wasser durch Werkkanäle zu Elektrizitätswerken abgeleitet. Bei ausreichendem Wasserstand sollte man stets versuchen, im alten Flussbett zu fahren, leider ist dies vielfach nicht möglich, so dass man dann in die Kanäle einfahren und am Elektrizitätswerk umtragen muss.

Ammer

Befahrungsregeln:	vom ↯ Kammerl (km 169,1) bis Böbinger ⌶ (km 143,0) gilt: vom 16.10.–30.04. Befahren verboten. vom 01.05.-15.10. Befahren 9–17:30 Uhr ohne anzulanden bei max. 2 Pers./Boot und über Pegelstand Peißenberg 68 cm erlaubt (Rot-Grün-Pegel in Saulgrub unbedingt beachten). Dabei ⬇⬆ nur an ⌶ Kammerl, ⌶ Rottenbuch, ▬ Peiting und Böbinger ⌶. Einsetzen nur bis 16 Uhr. Einfahren in Kehrwasser ist zu vermeiden, in Stufen und Walzen darf nicht geübt werden, Inseln und Kiesbänke sind zügig im Hauptstrom zu passieren. Gewerbliche Fahrten, Schulungsfahrten und Gruppenfahrten (mehr als 5 Boote) sind verboten. Der Mündungsbereich in den Ammersee (km 118,5 – 116,8) ist ganzjährig gesperrt	
Schwierigkeiten:	km 169,1 – km 157,2	WW II (III)
	km 157,2 – km 143,0	WW II-I
	km 143,0 – km 129,0	WW I (II)
	km 129,0 – km 116,8	WW I
Gefälle:	km 169,1 – km 157,2	9 ‰
	km 157,2 – km 143,0	6 ‰
	km 143,0 – km 129,0	3 ‰

km 129,0 – km 116,8 2 ‰

Pegel: Peißenberg (☎ 01804-370037-357) Mindestpegel 68 cm, empfohlen 80–100 cm.

169,1 Straßen-Ⅱ Kammerl, ϟ Kammerl, *Beginn der Befahrungsregelung*, re ⬇. Zufahrt mit Pkw von Saulgrub über Acheleschweig. Rot-Grün-Pegel; Rot = Fahrverbot Bei Erstbefahrung wird empfohlen, die folgenden 400 m zu besichtigen, da die Scheibum vom Boot aus unübersichtlich ist. Rechts Fußweg zur Sandbank unterhalb der Scheibum.

168,5 Scheibum, schwerste Stelle der Ammer, WW III, S-förmige Stromschnelle mit starkem Gefälle, am Ausgang überronnene Felsrippe, die bei wenig Wasser nicht mehr überfahren kann. Dann Hilfsschlinge in sehr kleinem Kehrwasser re. Bei viel Wasser Presswalze, die Boote oft zum Kentern bringt.

168,2 Felsstufe Natur-▬, ca. 1 m hoch, Bei Normalwasser nur im li Arm ≋, Mitte oder li. Nur bei viel Wasser kann der re Arm befahren werden. Man umgeht damit die dann kräftige Walze im li Arm. Zur Besichtigung li anlanden, bei HW re, ⌓ möglich.

167,0 li Naturdenkmal Schleierfälle mit kleinen Tropfsteinhöhlen, *Betretungsverbot*.

165,3 Soiermühle, Holz-Ⅱ, *auf Sandbank re unterhalb der Brücke erlaubter Rastplatz*.

162,0 Reste der alten Echelsbacher Ⅱ, es folgen 5 verblockte Stromschnellen.

161,4 Felsstufe, kleines Natur-▬, 60 cm hoch. Durchfahrt im re Drittel. Es folgt eine weitere schwierige Strecke.

161,1 Straßen-Ⅱ B 23 Echelsbacher Ⅱ (130 m lang, 76 m hoch, erbaut 1929).

157,7 alte Holz-Ⅱ Rottenbuch, Zufahrt Privatstraße für Kfz verboten. 30 m nach der Brücke ▬, ca. 8 m vom li Ufer entfernt spät erkennbare Bootsrutsche, gut ≋ oder re ⌓, im li Drittel auf gefährliche Saugwirbel am ϟ-Einlauf achten!

157,2 Straßen-Ⅱ, li **Rottenbuch**, ▲ Camping in Rottenbuch an der B 23 (2 km), li ⬇⬆ (steile Treppe zur Straße), li an der Straße Parkplatz.

153,0 Ammerschleife, NSG.

151,5 Wege-Ⅱ überdachter Holzsteg (Kalkofensteg) bei **Peiting**, re unterhalb erlaubter Rastplatz, Ammerknie. Es folgen 600 m regulierter Lauf wegen der Berghalde des nahen Kohlenbergwerkes. Ab hier Km-Tafeln am li Ufer.

150,7 Peitinger ▬. Vor Befahrung ansehen! im li Drittel Bootsgasse! li ⌓ möglich.

143,7 li ↓ Eierbach, Ende der Befahrungsregelung.

143,0 Böbinger Ⅱ, ⬇⬆ re direkt unterhalb der Ⅱ, nur wenige Parkplätze, 2,7 km zum 🚉 **Peißenberg**, *Ende der Befahrungsregelung*.

142,2 Pegel Peißenberg.

141,9 Peißenberger ▬, 1 m hoch, **X**, gefährlicher Rücklauf, re ⌓.

141,5 Straßen-Ⅱ Umgehungsstraße Peißenberg.

141,2 Straßen-Ⅱ, li **Wörth**, ⬇⬆.
li **Peißenberg**: 1) alte Bergwerksstadt (oberbay. Pechkohle) 2) steiler Voralpenberg (voreiszeitlicher Molassekegel).
140,2 Straßen-Ⅱ Umgehungsstraße Peißenberg.
139,5 li ▲ Camping Ammertal Peißenberg, vom Fluss aus nicht zu sehen.
137,8 re ↓ Eyach.
137,5 re ↓ der Uffinger Ache, Abfluss aus dem Staffelsee. (s. DKV-Kanuwanderführer für Bayern).
136,2 Ammerdurchbruch beim Berghof, die Ammer durchbricht den letzten Höhenzug der Faltenmolasse, lange flach abfallende Felsrampe, schwierigste Stelle zwischen Böbinger Brücke und Weilheim, ganz links fahren oder links 200 m ⌓, ⬇ über steile Grasböschung, bei NW auch rechts über die Felsrampe treideln oder tragen und das letzte Stück ganz links fahren.
135,2 Straßen-Ⅱ B 472, li **Roßlaich**, li ⬇⬆.
132,5 Straßen-Ⅱ, li **Oderding**, li vor der Brücke ⬇⬆, Parkplatz.
131,5 Stufen-▬ (Sohlschwelle), re Bootsgasse mit hoher Welle, re ⌓.
130,9 ▬ Sohlrampe, etwas links der Mitte ≋ oder evtl. rechts ⌓.
130,3 EB-Ⅱ.
130,0 ▬ Sohlrampe mit beidseits Teilrampen, Bootsgasse etwas links der Mitte, beidseits durch Balken begrenzt.
129,4 ▬ Sohlschwelle (Au-Wehr) Weilheim, re ⌓,
li Hälfte Stufenwehr, an dessen re Rand die alte Bootsgasse mit steilem Anfang und hoher Welle ist,
re Hälfte Blocksteinrampe mit Durchfahrtsmöglichkeit am li Rand, bei günstigem Wasserstand re treideln oder ufernah ⌓.
Bei Fahrtende vor dem Wehr re ⬆, Parkplatz in ca. 500 m Entfernung beim Sportplatz oder in Nähe der Brücke.
danach Wege-Ⅱ.
128,9 Straßen-Ⅱ, re **Weilheim**, danach ▬ 2 kleine ≋ Stufen.
128,3 li Pegel Weilheim, danach Wege-Ⅱ.
128,1 Insel.
127,3 ▬ Sohlstufe (Stufenwehr), **X**, li 200 m ⌓, von der Befahrung der Gasse wird dringend abgeraten (Bruchsteine, Verklemmungsgefahr).
126,6 Straßen-Ⅱ, re **Unterhausen**.
126,5 ▬ Doppel-Sohlrampe mit Bootsgasse in der Mitte, WW III-, gegen Ende der ersten Gasse nach links halten, links ⌓ (bequeme Rampen), danach stehendes Wasser bis zur nächsten Sohlstufe.
125,5 ▬ Sohlstufe (Stufenwehr) mit zweistufigem gefährlichem Tosbecken, re meist nicht befahrbare Gasse mit Abfall am Ende, dahinter bereits bei Mittelwasser gefährliche Walze, re ⌓.
124,4 Straßen-Ⅱ, re **Wielenbach**.

123,8 EB-Ⅱ.

121,2 Straßen-Ⅱ, re **Pähl**, li **Raisting** ⬆ vor der Brücke li.

119,0 ■ Sohlrampe, mittig ≋, bei MW für Training geeignet, re ⏏, li Ausleitung der Alten Ammer.

118,5 Straßen-Ⅱ, re **Vorderfischen**, re ⬆ hinter dem Brückenpfeiler, re Parkplatz. *Ganzjährig Weiterfahrt zum Ammersee verboten, NSG.*

116,8 ↓ in den Ammersee.
Der Ammersee ist einer der schönen bayerischen Voralpenseen, nicht so überlaufen wie der Starnberger See. Länge 16 km, Breite zwischen 1,5 und 5,5 km, Rundfahrt etwa 43 km, mehrere ▲ Campingplätze. Naturschutzgebiet bei Kloster Andechs (s. DKV-Kanuwanderführer für Bayern).

105,8 Ausfluss aus dem See; der Fluss heißt jetzt „Amper“.

Amper

Befahrungsregeln: km 105,8–km 99,2 vom 1.3. bis 15.7. gesperrt (Naturschutz).
km 94,0–km 88,7 vom 1.3. bis 15.7. gesperrt (Naturschutz).

Befahrbarkeit: ganzjährig; wegen der erwähnten Wasserableitungen ist jedoch eine Befahrung bei höherem Wasserstand günstiger
Die meisten Stufen sind je nach Wasserstand und Können nach Ansehen ≋. ⏏-Möglichkeiten sind immer vorhanden und zum Teil auch ausgeschildert.

Pegel: Stegen (Mindestpegel 110 cm für die Ausleitstrecke ab Olching)

105,8 Ursprung der Amper als Ausfluss des Ammersees, re **Stegen**, ⬇. Einfahrt in die Amper li von der Werft.
Befahrungsregeln beachten! Das Befahren der Amper von Stegen bis Grafrath (km 99,2) ist vom 01.03. bis 15.07. verboten.

105,7 Straßen-Ⅱ, mittleres Joch fahren.

105,6 Autobahn-Ⅱ A 96, danach re Pegel Stegen.

105,5 ■ Gefällestufe, ≋ oder li ⏏, bis Grafrath mooriges Gelände.

105,2 li ↓ Windach (s. DKV-Kanuwanderführer für Bayern), re ↓ Kanal von der Werft.

99,2 Straßen-Ⅱ B 471, Ende der Sperrstrecke mit zeitweisem Befahrungsverbot, **Grafrath**, li 🚉 (1 km, S-Bahn), ⬇⬆ vor der Brücke li, Parkplatz in 200 m.

98,8 Wege-Ⅱ (überdachte Holzbrücke).

98,2 Flussteilung, bei der alten Mühle in den re Arm einfahren.

98,0 Straßen-Ⅱ li Wildenroth. Ab hier einsames Flusstal.

94,3 ← Werkskanal, in Werkkanal fahren bis zum ϟ Schöngeising.

94,1 ■ und ϟ Schöngeising, re etwa 50 m ⏏ in re Flussarm.

94,0 Straßen-Ⅱ, li Schöngeising, im Kanal li vor der Brücke gute ⬆, keine Parkmöglichkeit.

93,8 li ↓ des Kanals vom ↯, li ⬇⬆ (Stahltreppe), ✕ Zum unter'n Wirt, Biergarten, Parkplatz bei der Kirche.

93,6 Flussteilung mit je einer Wege-⌶. Beide Arme ≋. *Befahrungsregeln beachten! Das Befahren der Amper von km 93,6 bis km 88,6 ist vom 01.03. bis 15.07. verboten.*

93,0 ▬ Sohlrampe, mittig ≋ oder li ⩯.

88,6 EB-⌶, *Ende der Strecke mit zeitweisem Befahrungsverbot.*

88,0 Straßen-⌶, niedrige Durchfahrt, bei HW!, re ehem. Kloster Fürstenfeld.

87,8 Wege-⌶, davor li Schwimmsteg als ⬇⬆, Ungeübte sollten hier aussetzen wegen des Emmeringer Hölzl, Parkplatz, danach li Schwimmbad, nicht anlanden.

87,6 Wege-⌶.

87,5 ▬ Fürstenfeldbruck, → Werkkanal, dort bis zum ↯ fahren. Niedrig hängender Stahldraht in der Kanaleinfahrt!

87,3 ▬ und ↯ Fürstenfeldbruck, ⌶ und über Treppe nach re in den Nebenbach ⩯, meist seicht, 100 m treideln, dann ▬ kleine Sohlstufe 0,3 m. Ortsdurchfahrt durch Fürstenfeldbruck mit Betonwänden verbaut.

86,9 Wieder-↓ in die Amper (li), davor Wege-⌶.

86,8 Wege-⌶.

86,6 Straßen-⌶ B 2, li **Fürstenfeldbruck**, mittleres oder re Joch fahren, 700 m zum S-🚆.

86,2 Wege-⌶, Pegel.

85,4 Beginn des Emmeringer Hölzl, Flussteilungen:

- Vom Hauptarm zweigen li 7 Seitenarme ab, jeweils mit einer Wege-⌶. Darunter meist entweder zu wenig Wasser, zu geringe Durchfahrtshöhe, Baumhindernisse oder Sohlrampen, selten direkt zu durchfahren. Bei höheren Wasserständen im Bereich der ersten Brücken li ↰ und ⩯ (landschaftlich schöne Seitenarme). Bei niedrigen Wasserständen nach der 7. Wege-⌶ li ↰ und 20 m ⩯.
  Vorsicht, Sog zu den Seitenarmen, evtl. starke Strömung, steile Bruchsteinböschung. Von hier aus sind auch die beiden Sohlrampen im Hauptarm zur Besichtigung erreichbar.
- Der durchgehende rechte Arm ist wegen zweier ▬ Sohlrampen vor und nach der Straßen-⌶ nur mit Wildwasserkenntnissen ≋. Unmittelbar nach einer li-Kurve am Hinweisschild re ⌶ aussetzen und Ansehen. Strömung beachten. ⬇ nach 200–300 m, Parkplatz.

84,8 li ✕ Grätz.

84,6 Straßen-⌶ über beide Flussarme, re **Emmering**.

84,4 Zusammenfluss der beiden Arme, danach Wege-⌶.

82,8 li FKK-▲ Freie Sportgemeinschaft Amperland e.V.

82,6 ■ Sohlrampe, bei NW nicht ≋, li ← Seitenarm, hindernisfreie Flussschleife durch privates FKK-Gelände, nicht anlanden. Das ⌓ im re Arm kann hier umgangen werden.
Ab hier schöner Flusslauf mit Kiesufern und Flussteilungen.

82,6 li ↓ Altarm.

82,3 Flussteilung, Inseln.

81,2 Straßen-Π B 471.

80,9 Straßen-Π, li **Esting**, nach der Brücke rechts ⬇⬆.

80,3 ■ Esting, ✕, re → Kanal mit Schütz an der Einfahrt:
- wenn Pegel Stegen (☎ 01804-370037-351) mehr als 110 cm, vor dem ■ li ↰, ⌓, nach 90 m über Böschung und Kiesbank ⬇ in die Amper.
- wenn Pegel Stegen weniger als 110 cm ist die Ausleitungsstrecke nicht mehr befahrbar. Daher re → in Kanal fahren, sofern eines der Schütze offen ist.
- bei Fahrtende: vor oder nach dem Schütz re Π↱, Parkplatz in 250 m an der Straße in Olching oder im Kanal bis 100 m vor dem ϟ fahren, li ↰, Parkplatz in 150m Entfernung am Sportplatz, Bootswagen nützlich.

Kanalstrecke:

- 0,0 Schütztafeln, meist offen, Wege-Π.
- 0,9 ϟ, li ⌓, bei Fahrtende 100 m vor dem Kraftwerk li ↰, Parkplatz in 150m Entfernung am Sportplatz, Zufahrt zum Beladen möglich.
- 1,2 Straßen-Π, re **Olching**.
- 1,0 Wege-Π und EB-Π, bis zur EB-Brücke ■ 3 niedrige Sohlrampen.
- 2,2 ϟ, ✕, links ⌓, danach Wege-Π.
- 3,1 ↓ in die Amper bei km 76,4

79,8 Wege-Π.

78,6 Wege-Π und 3 EB-Π, mittleres Joch fahren, darunter mit Steinen gepflastertes Gefälle.

77,8 Straßen-Π Olchinger Straße, li **Neuesting**.

76,4 re ↓ Kanal.

75,6 Straßen-Π, li **Geiselbullach**, re **Graßlfing**, danach rechts ⬆.

74,8 ■ Sohlrampe, 1/3 von links ≋ oder li 30 m ⌓.

74,6 Autobahn-Π A 8, 70 m danach re ▲ Campingplatz, erreichbar durch ⌓ in Ampersee.

74,0 ■ Sohlrampe, li 30 m ⌓, ⬇⬆, Park-Möglichkeit in 500 m an der B 471, Zufahrt zum Beladen möglich.

73,6 ■ Sohlrampe, Mitte ≋ oder re 30 m ⌓, Rücklauf!

73,0 ■ Sohlrampe li 50 m ⌓.

72,3 Straßen-Π, li **Feldgeding**.

72,0 Straßen-Π B 471.

70,4 ▬ Himmelreich, **X**, li ← Kanal zum Kraftwerk
bei Weiterfahrt mit ausreichend Wasser re 150 m ⌓.
0 bei Weiterfahrt mit wenig Wasser in Kanal einfahren.
bei Fahrtende in Kanal einfahren.

Kanalstrecke:
0,1 Straßen-Ⅱ, li Gündig, li ⬆ und Parkplatz.
0,8 ϟ, re 30 m in die Amper ⌓ (km 69,5).
1,0 Wege-Ⅱ und ↓ in die Amper (km 69,3).

70,3 Straßen-Ⅱ, li **Günding**.
69,5 ▬ kleine Sohlstufe, ≋, danach ⌓-Stelle vom Kanal.
69,4 li Naturfreundehaus, Beginn des Rückstaus vom Wehr Dachau.
69,3 li ↓ des Kanals.
68,3 li ↓ Maisach (s. DKV-Kanuwanderführer für Bayern).
68,1 Straßen-Ⅱ, **Mitterndorf**, Schwäne!
67,5 Straßen-Ⅱ, re Schwimmbad, Ortsanfang von Dachau.
67,2 ▬ und ϟ Dachau, **X**, li ↰ und über Kana- und Amperbrücke auf das re Ufer ⌓, schwieriges ⬇ (S 3, gepflasterte Böschung), Park-Möglichkeit.
66,5 Str-Ⅱ, li **Dachau** Altstadt.
66,1 Wege-Ⅱ.
66,0 Straßen-Ⅱ, re 🚌 in 800 m.
65,7 EB-Ⅱ, li Joch immer ≋, kleine Stromschnelle, Kehrwasser!
65,0 Straßen-Ⅱ, li Joch immer ≋, kleine Stromschnelle, ⬇-Möglichkeit re vor der Brücke Boot abladen auf Lehrer-Parkplatz. Park-Möglichkeiten spärlich.
62,8 Straßen-Ⅱ, li **Prittlbach**, re **Würmmühle**.
61,5 ▬ und ϟ Herbertshausen, **X**, re ca. 200 m ⌓, danach re ↓ Würm (s. DKV-Kanuwanderführer für Bayern).
60,8 Straßen-Ⅱ, li **Deutenhofen**, Parkplatz und ⬇ re nach Brücke.
59,4 Straßen-Ⅱ, li **Ampermoching**, li davor Pegel Ampermoching, re davor ⬇-Möglichkeit an steiler Grasböschung.
58,4 re ↓ Kalterbach.
58,0 Gefällestufe, re ⌓.
56,0 re ↓ Schwebelbach.
55,0 ▬ Ottershausen, **X**, re in Werkkanal einfahren, Straßen-Ⅱ, evtl. li Sog zum Kraftwerk! und vor dem Wehr li 20 m in die Amper ⌓.
54,2 li ↓ Lotzbach.
53,8 li ↓ Laffbach.
52,7 Straßen-Ⅱ, re **Haimhausen**, li **Amperpettenbach**.
52,3 re ↓ Kanal.
49,8 ▬ Fahrenzhausen, **X**, → Werkkanal, durch Schütz abgesperrt.

Die Amper bis Wenig wäre zwar landschaftlich schön, aber die Restwassermenge ist meist nicht ausreichend. An der Straßen-Ⅱ der B 13 kann die Befahrbarkeit beurteilt werden.

- ausreichend Wasser im Naturbett: li 100 m ≏. Lücke in der Ufervegetation, bei HW Strömung zur Wehrkrone. Weg über seitliche Wehrmauer mit Tosbecken darunter.
- wenn Wasser im Naturbett nicht ausreicht, vor Kanalabzweig re aussetzen und Fahrt beenden, Zufahrt möglich, oder 400 m umtragen bis zur Straßen-Ⅱ.

Kanalstrecke:

0,4 Straßen-Ⅱ B 13, li **Fahrenzhausen**, re **Großnöbach**.
0,8 Straßen-Ⅱ, 35 cm hoch, bei HW **X**.
2,2 ↯, li 80 m ≏.
2,5 Straßen-Ⅱ, re Weng, danach re ⬇⬆.
2,7 ↓ in die Amper bei km 49,3.

49,3 Straßen-Ⅱ, li **Fahrenzhausen/Unterbruck**.
49,2 Wege-Ⅱ.
46,3 ↓ des Kanals, re **Wenig**, zur ⬇⬆ 150 m kanalaufwärts.
45,0 ▬ Appercha, **X**, li ← Werkkanal, li ↰ und je nach Wasserstand entweder geradeaus in die freie Amper oder nach li in den Kanal ≏.

Kanalstrecke:

1,0 Straßen-Ⅱ (sehr niedrig), bei HW meist **X**.
1,1 Kanal wird enger (betoniertes Gefällestück mit schneller Strömung).
1,7 Straßen-Ⅱ, bei HW meist **X**, li **Thumsberg**.
2,0 Wege-Ⅱ, bei HW meist **X**.
2,4 Straßen-Ⅱ, bei HW meist **X**, re **Hagenau**.
2,9 Autobahn-Ⅱ A 6.
3,2 Wege-Ⅱ, bei HW meist **X**.
4,2 Straßen-Ⅱ, bei HW meist **X**.
4,9 ↯ Kranzberg, **X**, re ≏ ca. 250 m, schwieriges ⬇, sehr steile Ufer.
5,0 Straßen-Ⅱ, bei HW meist **X**.
5,5 ↓ in die Amper bei km 37,9.

43,3 ▬ kleine Sohlrampe, ≋ (Steine) oder li ≏.
42,9 Straßen-Ⅱ, li **Thurnsberg**.
42,6 Autobahn-Ⅱ A 9.
42,3 ▬ zerfallene Sohlrampe, ≋ oder li ≏.
40,6 Fels in Flussmitte.

40,0 Straßen-♊, re **Kranzberg**.
37,9 li ↓ des Kanals.
37,3 ▬ hohe Sohlrampe, **X**, li ⏏.
36,6 Straßen-♊, li **Allershausen**, ⬆.
36,3 li ↓ Glonn (s. DKV-Kanuwanderführer für Bayern).
36,2 Wege-♊.
34,4 Straßen-♊, re **Tünzhausen**.
33,2 hohe Gefällestufe, li ⏏.
31,4 ♊, li **Kirchdorf**.
28,5 ▬ hohe Sohlrampe, li ⏏.
27,1 Straßen-♊, li **Palzing**.
23,6 ▬ Oberzolling, , **X**, li ← Kanal, re 100 m ⏏, evtl. re über Wehrkrone (2 m) heben, bei HW rechtzeitig anlanden.

Kanalstrecke (öde, geradlinig, Betonufer):

0,7 Straßen-♊, li **Oberzolling**, weitere 5 Straßen-♊ folgen.
6,7 ↯ Haag, **X**, re ⏏ bis zur Brücke.
6,8 Straßen-♊, li Haag, gute ⬇, Parkplatz.
6,9 EB-♊, re Joch ≋, danach kleiner Schwall.
8,0 Straßen-♊.
8,6 Wege-♊.
8,8 ↓ in die Amper bei km 12,2.

22,2 Straßen-♊, li **Zolling**. Es folgen ▬ Gefällestufen bei km 21,3; 19,2; und 16,7, ⏏.
14,9 Wege-♊.
14,5 EB-♊, danach ▬ Sohlrampe, re ⏏, evtl. ≋
13,4 Straßen-♊.
12,8 Wege-♊.
12,4 ▬, kleine Sohlrampe, ≋ oder wegen vieler Steine besser re ⏏.
12,2 li ↓ des Kanals.
12,0 Straßen-♊, davor re Parkmöglichkeit, danach re ⬇⬆-Möglichkeit am Pegel, li **Inkofen**.
7,4 ▬ Unterreit, **X**, li ⏏, re → Amper-Überführungskanal.
6,5 Straßen-♊, re **Moosburg**, re nach Moosburg 1 km, günstige ⬆ vor und nach der Brücke, Parkmöglichkeit in 40 m.
5,1 Straßen-♊, li nach der Brücke ⬆, Parkmöglichkeit.
4,0 ▬ Pillhofen/Wittibsmühle, **X**, re 70 m ⏏.
3,1 Straßen-♊.
1,6 EB-♊.
1,2 re ↓ Mühlbach (s. DKV-Kanuwanderführer für Bayern).

0,8 li auf Anhöhe Schloss Isareck.

0,1 Straßen-Ⅱ über Amper und Isar li **Volkmannsdorf**. Unmittelbar danach X ▬ und ↓ in die Isar bei km 90,9. Etwa 100 m vor der Ⅱ Ⅱ. Hier entweder re in die Isar ⌓ oder bei Fahrtende über eine Treppe zur Straße. Parkmöglichkeit am re Isarufer bei der Brücke.

Loisach

Wildfluss – Wanderfluss — Mündung in Isar (li Nebenfluss)

Mit der grandiosen Kulisse des Wettersteingebirges im Rücken durchfließt die Loisach in dem hier beschriebenen Teil nach einer kurzen, lebhafteren Strecke flache Auen und Moore (Das Tal wurde durch den Loisachgletscher tief ausgeschürft und später mit Geschiebe und Sedimenten aufgefüllt). Die steilen Uferböschungen des größtenteils kanalisierten Flusslaufs sind überwachsen, bei Niedrigwasser treten im Oberlauf Kiesbänke zutage.
Auch nach dem Kochelsee durchfließt die Loisach begradigt (in ähnlicher geologischer Situation wie vorher) eine flache Moorlandschaft. Bei Schönmühl durchbricht sie einen Felsrücken der Faltenmolasse und bei Beuerberg würmeiszeitliche Moränen.

Befahrungsregeln: *Im Text kursiv hervorgehoben.*
Befahrbarkeit: ganzjährig.
Schwierigkeiten: Farchant–Eschenlohe: WW I, bei höheren Wasserständen wenig Anlandemöglichkeiten.
Eschenlohe–↓: bis Ohlstadt einzelne Stellen WW I, dann Zahmwasser

114,5 Ursprung etwa 2,5 km nordöstlich des Fernpasses in knapp1100 m Höhe. Der Oberlauf ist beschrieben im DKV-Kanuwanderführer für Bayern.

80,7 Straßen-Ⅱ, li **Farchant**, re **Mühldörf** danach li ⬇, Parkplatz, danach re ↓ Kanal.
Ab hier schöne Strecke mit Kiesbanküberläufen bis unterhalb Oberau, WW I, bei höherem Wasserstand schnelle Strömung und wenig Anlandemöglichkeiten am bewachsenen Ufer.

80,5 Pegel Farchant ☎ 01804-370037-750.

80,0 Straßen-Ⅱ B 2/B 23.

77,0 Straßen-Ⅱ Flößerstr.

76,8 li ⬇⬆, li **Oberau**, 200 m zum 🚌.

75,6 li an Bachmündung großes Kehrwasser, Rastplatz.

70,9 Straßen-Ⅱ Walchenseestr., Pegel Eschenlohe, li **Eschenlohe**, ⚔, 700 m zum 🚌, re vor der Brücke ↓ Mühlbach (von den „Sieben Quellen“), danach rechts ⬇⬆.
Zwischen Eschenlohe und Farchant verläuft am östlichen Hangfuß, vorbei an den „Sieben Quellen“ ein landschaftlich schöner Rad-/Fußweg (11 km), evtl. für Auto-Rückholung geeignet.

70,0 EB-Ⅱ.

66,7 Straßen-Ⅱ Partenkirchner Str. und Autobahn-Ⅱ A 95, re **Ohlstadt** (2 km), re unter der Brücke ⬇⬆, Parkplatz, 1,3 km zum 🚌.

64,6 am li Ufer Schütztafeln für Wasserregulierung im Murnauer Moor, zeitweise Sog!

64,5 Wege-Ⅱ.

63,5 EB-Ⅱ, li **Hechendorf**.

61,7 Straßen-Ⅱ, li **Murnau** (2,8 km) und Staffelsee.
davor li ↓ Ramsach (*ganzjährig gesperrt*), ab hier bis Kleinweil schöne, ursprüngliche, streckenweise bewaldete Uferpartien, größtenteils unbefestigt, umgestürzte Bäume und Schwemmgut!

55,0 Straßen-Ⅱ A 95.

54,9 ▬ Kleinweil (Sohlrampe, ehemals Streichwehr für Sägewerk), links 200 m ⌓, Bootsgasse in der Mitte für Geübte evtl. ≋, an der Wehrkrone Schrägströmung nach rechts, großer Höhenunterschied, am Ende der Gasse hohe Welle, bei NW am Gassenende auf überspülten Stein links achten.

54,4 Straßen-Ⅱ, li **Kleinweil**, re **Großweil**, vor der Brücke links ⬇⬆ und Parkplatz, nach der Brücke evtl. li ↰ und nachfolgende Sohlrampe besichtigen.

54,0 nach der Brücke zweigt li und re je ein Seitenarm ab, vor dem Zusammenfluss
▬ Sohlrampen, die Sohlrampe im Hauptstrom ist für WW-Boote ≋, nach der Brücke li ↰, besichtigen und evtl. über die Dammkrone 200 m ⌓.

53,5 ▬ Sohlrampe, links ≋ oder evtl. links ⌓, hier war das ehem. Wehr Großweil für die Abzweigung des ehem. Triftkanals.

53,0 ▬ Sohlrampe, z.Zt. zugekiest, ab hier bis zur Wegebrücke Steine im Fluss, leichtes WW.

52,0 Wege-Ⅱ, re **Unterau**.

50,9 Straßen-Ⅱ, re **Schlehdorf** (Kloster gegr. 750).

50,2 am Beginn des Kieswerkes rechts ⬆, Park-Möglichkeiten, Zufahrt von Schlehdorf zum Sportplatz/Kieswerk, beim Kieswerk re Kiesbaggerarbeiten.

50,0 ↓ in den Kochelsee,
weitere ⬆-Möglichkeit nach Umrunden der Halbinsel re über einen kleinen Kanal am NW-Ufer zum Privat-Parkplatz des Klosterbräu (fragen!), weitere ⬆-möglichkeit 200 m SW-lich davon bei einem Holzlagerplatz,
2 Campingplätze am SO-Ufer unter dem Altjoch, Fallwinde!,
mögliche ⬇⬆ für Fahrtbeginn im Kochelsee am Ostufer 250 m südl. des Abflusses bei Groß-Parkplatz.

46,0 Abfluss aus dem Kochelsee über

▬ zwei flache Sohlrampen 0,5 m, 1/3 von links ≋, nach der 2. Sohlrampe Steine im Fluss, nicht umtragbar, evtl. erst danach ⬇ oder über Kanal und Kanalinsel ⩠, (rechts neben dem Abfluss Kanal, aufgefüllter ehem. Hafen mit Anschlussgleis für die Baustelle des Walchenseekraftwerks).
Die Loisach führt ab hier zusätzlich das abgeleitete Wasser von Isar und Rißbach aus dem Walchenseekraftwerk.

45,8 Straßen-Ⅱ, re **Kochel**, re vor und nach der Brücke ⬇-Möglichkeit, Groß-Parkplatz in der Nähe re,
Ab hier bis zur Straßen-Ⅱ *Sindelsdorf/Bichl linkes Ufer nicht betreten (Wiesenbrütergebiet), am rechten Ufer nur aussteigen im Bereich von vorhandenen Wegen.*

45,2 re ↓ Kanal, danach re Pegel Kochel.

42,2 Wege-Ⅱ.

41,8 ▬ Sohlstufe 0,5 m schräg abfallend, evtl. mit gefährlicher Walze, rechts 100 m ⩠ oder evtl. rechts ≋, danach re ↓ Lainbach, li ↓ ehem. Triftkanal.

39,0 li ↓ Sindelsbach.

38,0 Straßen-Ⅱ B 472, Sindelsdorf–Bichl, nach Brücke links ⬇⬆-Möglichkeit, 100 m westl. Parkplatz (4 km südlich: Benediktbeuern mit Kloster und berühmter Barockkirche)
Ende der Befahrungsregelung.

34,6 EB-Ⅱ, 50 m danach links in Kanal fahren und nach weiteren 100 m li ↰, beschildert, der ✕ Kanal führt anschließend zwischen hohen Mauern direkt in einen Tunnel zum ϟ! 700 m ⩠: durch Sägewerk, dann nach re, vorbei am historischen Wirtshaus Schönmühl, Biergarten, bei der Kapelle nach li über den Höhenrücken. Vorsicht beim Überqueren der Bundesstraße. Zum Kanal nach dem ϟ Bootswagen durchgängig benutzbar, Park-Möglichkeit bei der Zufahrt zum ϟ.

34,2 Die Schönmühler Schleife führt im Sommerhalbjahr 4 cbm/s Restwasser. Mit gelegentlicher Grundberührung ≋. Zur Schönmühler Schleife rechts in der Loisach weiterfahren, beim
▬ Schönmühl, ✕, rechts ⩠ oder ganz rechts über die Wehrkrone heben, am Ende der Schleife (km 31,1) auf 300 m
▬ 8 Sohlrampen: erste Sohlrampe WW III, restliche Sohlrampen bis zu WW II (die letzte bei NW WW III-) einzeln oder gemeinsam evtl. rechts ⩠.
In diesem Bereich Sprung in der Kilometrierung.
9 km östlich an der B 472 liegt am Stallauer Weiher der paddlerfreundliche ▲ Demmelhof (Josef & Leni Demmel, Stallauer Weiher, 83646 Bad Tölz, ☎ 08041/8121, www.campingplatz-demmelhof.de .

29,0 li ↓ des Kanals vom ϟ.

26,4 Wege-Ⅱ, li **Maxkron**, re **Hohenbirken**.

24,2 Straßen-Ⅱ, li Nantesbuch, links ⬆, Parkplatz für wenige PKW bei der Brücke.

23,9 alleinstehender Brückenpfeiler der ehem. Bahnlinie Wolfratshausen–Bichl.

23,2 Insel, re schöner Rastplatz.
19,8 Straßen-Ⅱ, re **Boschhof**.
18,0 Straßen-Ⅱ, li **Beuerberg**, davor li ⬇⬆-Möglichkeit und Parkplatz.
16,7 ▬ Beuerberg, **X**, re Abzweig des Loisach-Isar-Kanal, gleich nach der Kanal-Abzweigung re Ⅱ und ⌓, bei HW schon vor der Kanal-Abzweigung re Ⅱ und über Kanal-Ⅱ ↓.
Der hier abzweigende Loisach-Isar-Kanal führt das vom Walchenseekraftwerk zusätzlich eingebrachte Wasser in die Isar ab. Nicht einfahren, landschaftlich öde, gerade Strecke mit hoher Sohlstufe und danach hoher, rauer Sohlrampe vor der Mündung.
16,2 Straßen-Ⅱ, li **Beuerberg**, danach li Pegel Beuerberg.
13,9 ▬ Eurasburg, re alte Floßgasse mit starkem Rücklauf, **X**, rechts 100 m ⌓, Warnschild sehr spät erkennbar!, rechtzeitig vorher re Ⅱ an schlecht zugänglicher bewachsener Böschung mit Strömung, li Kanal, nicht in den Kanal fahren, Ungeübte nach dem Kehrwasser einsetzen.
13,5 auf 200 m folgen einige kleine Stromschnellen.
13,1 Straßen-Ⅱ, li **Eurasburg**.
12,8 li ↓ Kanal.
12,7 ▬ schrägabfallende Sohlstufe (0,7 m), an Hinweistafel rechts ⌓, evtl. schon vorher, (S 2), rechts evtl. ≋, bei MW Schwallbildung.
7,8 Flussgabelung, linken Arm fahren, landschaftlich schöne Strecke (am Ende des rechten Armes Sohlstufe 0,5 m).
6,8 Wege-Ⅱ über li Flussarm, li **Achmühle**, danach links gute ⬇⬆.
6,0 ▬ niedrige ≋ Sohlstufe am Ende des linken Armes, danach Zusammenfluss.
4,9 Wege-Ⅱ, re **Gelting**.
4,6 Straßen-Ⅱ (Autobahnzubringer Wolfratshausen).
3,8 li Ortsanfang **Wolfratshausen**.
3,5 li ⬆, 300 m zum kleinen, idyllischen ▲ Campingplatz (Badstraße), nahe der Altstadt.
2,8 Straßen-Ⅱ, li Altstadt **Wolfratshausen**, danach re ⬇⬆, 500 m zur S-🚆 (Sauerlacher Straße, nach Osten).
2,6 Wege-Ⅱ.
2,5 Straßen-Ⅱ.
2,1 Kastenmühl-▬, **X**, li in Kanal nicht einfahren, rechts 300 m bequem ⌓, ⬇⬆, (Zufahrt über Gartenstraße), zwischen Kanal und linkem Wehrfeld Fisch-/Bootsgasse, nur für Geübte mit WW-Booten nach Ansehen evtl. ≋.
1,7 Straßen-Ⅱ, Ortsende Wolfratshausen, danach li ↓ Kanal und links ⬇⬆, Treppen, Parkplatz, Startplatz der Touristenflöße, wenn Floßhölzer abgeladen werden Abstand halten (Unfallgefahr).
1,5 EB-Ⅱ.
0,0 ↓ in die Isar km 175,0, evtl. starke Strömung von re!

Regen

Wildfluss, Wanderfluss — Mündung in die Donau (li Nebenfluss)

Der Regen entspringt aus mehreren Quellbächen in Zelezna Ruda (Böhmisch Eisenstein). Nach 3 km erreicht er in Bayerisch Eisenstein die deutsche Grenze.
Der Regen hat in seinem Lauf unterschiedliche Namen. Von Bayerisch Eisenstein bis zur Mündung des Kleinen Regens in Zwiesel heißt er Großer Regen. Nach dem Zusammenfluss von Großem und Kleinem Regen fließt er als Schwarzer Regen bis zur Mündung des Weißen Regens bei Bad Kötzting, und erst jetzt wird er bis zur Mündung in die Donau nur noch Regen genannt.
Der Regen, der größte Fluss der Oberpfalz, ist durch seinen landschaftlich abwechslungsreichen Lauf durch den Oberen Bayerischen Wald auch der schönste Wanderfluss dieser Region. Stille Wälder säumen den Fluss; viele Kilometer weit ist oft keine Ansiedlung zu sehen; leichtes Wildwasser, ruhige stille Stauseen und gemächlich fließende Wanderstrecken wechseln sich ab.
Vom Blaibacher See bei Kötzting bis zur Mündung in Regensburg ist der Regen seit 1988 auf 107 km Länge zum Wasserwanderweg ausgebaut. Hinweistafeln, Umtragestellen mit Treppen, Rast- und Zeltplätze erleichtern eine Wanderfahrt mit Gepäck. Der Regen führt sauberes Wasser mit vielen Bademöglichkeiten.

Befahrungsregeln: *Verordnung der Regierung der Oberpfalz über das NSG „Regentalaue zwischen Cham und Pösing" vom 22.Januar 2010 (Nr. 8622-123): ganzjähriges Uferbetretungsverbot ab Cham, Str.-Brücke (Adolph-Kolping-Str., km 84,2) bis Pösing Str.-Brücke St 2010(nach Wetterfeld, km 70,1).*
Verbot des Betretens der Sand- und Kiesbänke.
Befahrungsverbot für die Altwässer des Regens sowie Befahrungsverbot des Quadfeldmühlbaches von der Str.-Brücke bei Janahof (km 6,8 bis zur Mündung in den Regen.

Befahrbarkeit: meist ganzjährig.

Schwierigkeiten: km 156,0–↓ WW I, Zahmwasser.

Beschreibung des Weißen und Schwarzen Regen s. DKV-Kanu-Wanderführer für Bayern.

107,5 ▬ Staumauer Blaibachstausee, ↯, ⏏, beim Bootsverleih li ⬆ und 300 m ⏏ bis zum Rastplatz li unterhalb der Staumauer, anschließend Straßen-Ⅱ ST 2140, Beginn des „Wasserwanderweges", Hinweisschilder und Informationstafeln beachten

107,3 Zusammenfluss von Weißen und Schwarzen Regen zum Regen.

107,0 re **Pulling**.

106,6 li Pegel Pulling (☎ 01804-370037-286), für Beurteilung der restl. Strecke ab Stausee, >40 cm erforderlich.

106,3 ehemalige EB- Ⅱ.

105,6 ▬ aus groben Steinen, re Bootspassage, li über Mühlkanal zum ▲ Campingplatz Blaibach (☎ 09941/4776), Getränkeverkauf, gute ⬇ für

Gäste des Campingplatzes und auf Anfrage, Kanuverleih und -verkauf, Prijon-Teststation Aqua Hema, ☎ 09941/4128.

105,5 links, ⬇, Parkplatz, Rastplatz, Kneippanlage Kreuzbach.

105,4 Straßen-Ⅱ Kötzinger Straße, 2. oder 3. Joch von links ≋, evtl. bei NW 1. Joch treideln, re **Blaibach**, li **Kreuzbach**.

103,7 re **Riesel**.

102,5 (ehem.) EB- Ⅱ, linkes Joch ≋.

102,4 Straßen-Ⅱ, 2. Joch von li ≋, li **Miltach**, in 300 m li Rastplatz.

100,0 kleiner Steinriegel.

99,3 Durchbrochener Felsriegel, re ≋, starke Strömung.

98,6 Pegel Chamerau-Urleiten, ☎ 01804-370037-287, li **Urleiten**.

98,3 Durchbrochener Felsriegel bei Urleiten, re oder li ≋, danach 200 m verblockte Stromschnelle, starke Strömung.

95,9 li ⬆ bei HW, ca. 300 m bis Straßenbrücke ≙, Pegel für die Borstenpass-Bootsrutsche.

95,7 ▬ Chamerau, „aufgelöste" Sohlrampe, **X;** li eine 2,5 m breite Umtragestelle (bei MW ca. 20 m ≙), die parallel zu einer Borstenpass-Bootsrutsche verläuft (im Winterhalbjahr ist Borstenpass gesperrt). Rechts Wasserrad zur Stromerzeugung für den Ort Chamerau. Davor re Grünanlage mit Spielplatz, guter Rastplatz. (vor dem Wehr re einfahren), evtl. bei HW als Umtragestelle geeignet.

95,6 Straßen-Ⅱ (Chamer Str.), **Chamerau**, davor li ⬇ für ≙, ✗, Biergarten.

95,4 li Rastplatz, li ⬇⬆ mit Parkmöglichkeit. Ab hier windungsreicher Flussverlauf mit langsamer Strömung.

94,7 Straßen-Ⅱ ST 2132, re **Roßbach**.

92,4 li **Schlondorf**.

89,5 Straßen-Ⅱ B 20, davor li **Chameregg**.

88,4 li **Chammünster**, Urzelle der Christianisierung des Regentales, ★: Münsterkirche, Burgruine Ödenturm, li Rastplatz.

87,4 Fußg.- Ⅱ, li nach Chammünster.

86,7 ▬ Altenstadt, re ca. 50 m ≙. Die Umtragestelle befindet sich sehr kurz vor dem Wehr, bei HW gefährlich starker Zug zum Wehr. Ein Durchlass mittig ist mit PE-Einern evtl. ≋ **!** Stromzug nach li, Einfahrt erst spät erkennbar, li Fischtreppe (Sohlrampe).
Unmittelbar vor dem Wehr li Abzweig des Quadfeldmühlbaches, der nach ca. 9 km bei Michelsdorf wieder in den Regen mündet. Aufgrund der VO zum NSG vom 22.01.2010 ist eine Befahrung des noch erlaubten Teiles nicht empfehlenswert (s. DKV-Kanu-Wanderführer für Bayern).

86,6 re ↓ Chamb (s. DKV-Kanu-Wanderführer für Bayern).

86,2 Straßen-Ⅱ B 22 Ostmarkstraße.

86,0 re ⌂ Kanu-Club Graf Luckner Cham, *DKV-Kanustation,* Badstraße 31, 93413 Cham, ☎ 09971/9147, www.kc-cham.de , ▲ und Rastplatz, ⬇⬆, Parkplatz.

85,2 Wege-Ⅱ (Blaue Brücke), davor re Parkplatz Floßhafen.

85,0 Straßen-Ⅱ Janahofer Straße, re **Cham**, Geburtsort von Graf Luckner, ★ alte Gebäude und Tore, Pegel Cham ☎ 01804-370037-288.

84,7 li Tafeln zur Erklärung der Pegelanzeigen zum Borstenfischpass.

84,5 li Rot/Grün-Pegel-Anzeige für Borstenfischpass.

84,4 ▬ Cham-Grabenmühle, **X**, Das Wasser wird am Anfang und Ende der schräglaufenden Wehrkrone durch zwei E-Werke ins Unterwasser geleitet (li Neumühle, re Grabenmühle). In der alten Floßgasse wurde eine Borstenpass-Bootsrutsche eingebaut, deren Einfahrt durch Stangen gekennzeichnet ist. Bootsrutsche ist nur bei MW, dann Pegelanzeige „grün", befahrbar. Bei HW (Pegel rot) bereits 50 m vor dem Wehr re ca. 100 m ⌓. Im Winterhalbjahr ist Borstenpass gesperrt. Bei nicht überronnener Wehrkrone (NW) am Borstenpass li 10 m ⌓ ins Unterwasser.

Danach teilt sich der Regen. Der geringere Teil fließt im re Flussarm, der landschaftlich schöner ist. Unter der Biertor-Brücke kurzer Schwall, bei NW Grundberührung möglich, evtl. treideln. Das Biertor ist eines der alten Stadttore und das Wahrzeichen von Cham. Der größere Teil fließt li am Wehr zurück, bis zum Abfluss der linken Mühle. Unter einer Wege- Ⅱ (starke Strömung, evtl. Längs- und/oder Querwalze, heftiger Schwall!) kommt man in den li Haupt-Flussarm. Danach:

84,2 Straßen-Ⅱ Adolph-Kolping-Str., davor li Rastplatz, ⬇⬆, Parkplatz, *Beginn ganzjähriges Uferbetretungsverbot NSG „Regentalaue", Betretungsverbot der Sandbänke und Kiesinseln.*

83,7 re ↓ Mühlkanal.

82,2 Straßen-Ⅱ (Westumgehung), davor li ↓ Quadfeldmühlbach, li **Michelsdorf**.

81,1 re ↓ Katzbach.

80,5 re **Loibling**.

75,0 li Vogelschutzgebiet Rötelsee.

74,6 li **Laichstätt**, li Schloss Thierlstein (1 km) auf der letzten Erhöhung des „Pfahl" (ein von Süden herziehender 180 km langer, teilweise wildzerklüfteter Quarzriegel).

73,1 li **Untertraubenbach**, re Rastplatz, zulässiges Anlanden an der Anlegestelle beim „Freibad Untertraubenbach", Parkplatz li über die Brücke.

73,0 Straßen-Ⅱ bei Untertraubenbach.

72,5 li **Wulfing**.

70,1 Straßen-Ⅱ, darunter kleiner Abfall, Schrägströmung, 2. Joch von rechts fahren, li **Wetterfeld**, re **Pösing**, *Ende der Strecke mit Befahrungsregelung (s. km 84,2)*, keine ⬇⬆-Möglichkeit, re ↓ Aubach.

68,0 re ↓ Hiltenbach.
65,6 li **Piendling**.
64,2 Straßen-II B 85, davor re ↓ Kammerweiherbach.
63,2 li ⬇⬆, Rastplatz, großer Parkplatz, ca. 250 m zum ⌂ Rodinger Reib'n Paddler, Am Siedersee, 93426 Roding.
63,0 Straßen-II Hauptstr., li Joch fahren, ab der Brücke ca. 400 m langes Bruchsteinwehr in Flussmitte. li **Roding**, hübsche Kleinstadt, ★: Karner und Josefikapelle.
62,6 ▬ Petermühle vor der Floßgasse rechts ⏏, ab MW Floßgasse ≋.
61,3 Wege-II, re Wallfahrtskirche Heilbrünnl mit ✕.
61,0 Pegel Kienhof, ☎ 01804-370037-289.
59,7 li **Regenpeilstein** mit Burg.
58,5 ▬ Wiesing-Regenmühle, re Borstenfischpass: bei NW gut ≋. Bei höheren Wasserständen drückt von seitlich Wasser in den Borstenpass, dann besser re ⏏ (100 m schmaler Waldweg), li Mühle mit alten Wasserrädern.
57,9 li ↓ Perlbach, li verlässt B 16 den Fluss, Beginn eines schönen Tales.
56,9 li Rastplatz und ✕ Imhof mit ruhigem ▲, ☎ 09461/1362, Duschen und WC, re Insel unter Naturschutz, nicht anlanden.
55,7 ▬ Dicherling, li ⏏ (10 m), schwieriger Einstieg.
51,5 re **Kirchenrohrbach**, re Möglichkeit zum Rasten.
50,7 Flussinsel, li **Katzenrohrbach**.
49,7 Straßen-II, danach li Rastplatz, re **Walderbach**, romanische Klosterkirche (12. Jh.) mit barocker Außengestaltung. Evtl. bereits ab hier Wehr Haselmühle li 150 m ⏏. Privatweg, vorher den Sägewerksbesitzer fragen!
49,0 ▬ Haselmühle, li ⏏ oder bei stillgelegter Floßgasse überheben. re → zur Klostermühle Walderbach, **X**.
49,0 ↓ Werkskanal der Klostermühle.
47,2 li Rastplatz und ▲ Reichenbach.
47,0 Straßen-II Hauptstraße, li **Reichenbach**, romanische Klosterkirche (12. Jhdt.) mit barocker Innenausstattung, danach li ⬆, re **Kienleiten**.
46,8 ▬ Regenmühle, re bei einem der ersten Durchlässe treideln oder Einfahrt li in Mühlkanal und vor der stillgelegten Floßgasse rechts ⏏, Floßgasse **X**, bei MW Durchlässe evtl. ≋.
46,4 li ↓ Werkskanal.
44,9 ▬ und ϟ Tiefenbach, **X**, re 100 m ⏏. Ab hier Beginn der Nittenauer Senke mit wenig Strömung.
43,5 re großer Steinbruch.
42,8 Straßen-II B 16 neu.
40,2 li in Mühlkanal einfahren zum ⏏ oder zum Rasten, ⬇⬆, großer Parkplatz Nittenau, nach ca. 200 m beim ϟ li ⏏ unter der Straßen-II durch ca. (150 m).

40,1 Straßen-Ⅱ Am Anger, li **Nittenau**, Pegel ☎ 01804-370037-811. Unter der Brücke ▬ Nittenau, zum ⌓ in Mühlkanal (km 40,2) einfahren.
39,9 re ↓ Kraftwerkskanal.
39,8 Fußg.-Ⅱ.
39,6 li ↓ Werkkanal von ⬇ beim großen Parkplatz Nittenau.
39,5 re ▲ Campingplatz mit Schwimmbad, ☎ 09436/902733, Zugang über verschlossenes Tor an der ⬆, zur Anmeldung 200 m um den Platz herum.
37,3 Straßen-Ⅱ li davor Maria Eich – der schönste Platz des Nittenauer Tales wurde 2003 durch diese Brücke zerstört.
37,0 re **Entermainsbach**, li **Obermainsbach** und in 400 m **Untermainsbach**.
34,6 li **Hof am Regen**, Rest (Burgkapelle) einer alten Burg, Infotafel in der Burg.
33,1 ▬ und ϟ Stefling, **X**, vor Beginn des Schrägwehres re ⌓ (300 m); evtl. nach li bis zum Kraftwerk fahren und davor re ⌓, li auf dem Berg Burganlage ★.
32,4 Wege-Ⅱ (2010 baufällig und gesperrt), re **Überfuhr**.
31,8 kleiner Felsriegel, re **Weißendorf**.
29,7 li **Marienthal**, ✕ mit idyllisch gelegenen ▲ (☎ 09436/90047), WC, keine Dusche, Rastplatz, re gut erhaltene Ruine Stockenfels („Geisterschloss der Bierpanscher"). Es folgen 4 km schöne, leicht verblockte Strecke mit Stromschnellen.
26,6 li **Hinterberg**.
25,0 Straßen-Ⅱ, re **Hirschling**, einfacher Schlossbau.
24,0 li Rastplatz am Ortsende von **Heilinghausen**.
23,8 re **Schwaighof**.
23,2 re **Anglhof**, re Steine!
20,8 Straßen-Ⅱ Leonberger Str.
20,6 li Flussbadeplatz Ramspau mit Rastplatz und ⬇⬆ für 🚌.
20,5 li großer Parkplatz und ⬇⬆ für Tagesfahrten.
20,4 Fußg.-Ⅱ, re **Ramspau**, Barockschlösschen mit Zwiebeltürmchen.
20,2 ▬ Ramspau, **X**, rechts in Kanal einfahren und re ⌓ (25 m).
17,0 re **Wöhrhof**.
16,8 li Flussbadeplatz Regenstauf, Rastplatz und WC auf der Halbinsel, über Ponton-Ⅱ zum ✕ und zum Parkplatz.
oder nach der Halbinsel li an der Feuerwehrrampe gute ⬆ für Fahrtende, Parkplatz, 🚌 Regenstauf in 1,7 km.
15,9 ▬ Regenstauf, **X**, Floßgasse gesperrt!, links ⌓ (200 m), ⬆, keine Parkmöglichkeiten, 🚌 (1 km) mit stündlicher Verbindung über Schwandorf nach Roding, Cham, Blaibach.
Eine Weiterfahrt ist nicht empfehlenswert. Ab Regenstauf drängt sich die landwirtschaftliche Nutzung mit eintönigen begradigten Ufern und Bebauung immer mehr in den Vordergrund, der Regen wird bei NW über weite Strecken zum Paddeln zu seicht und fließt nicht mehr. Ab Zeitlarn begleitet die Autobahn mit ihrem Lärm den ihretwegen begradigten Fluss.

15,7 Straßen-Ⅱ Schwandorfer Str., li **Regenstauf**, schöner Ort mit 1000-jähriger Geschichte, von der Burg Regenstauf ist nichts mehr erhalten, re **Diesenbach**.

15,3 EB-Ⅱ.

14,7 Fußg.-Ⅱ, re **Diesenbach**, li Sportplatz in den Hofwiesen.

13,4 Straßen-Ⅱ R 21, Autobahnzubringer AS Regenstauf.

12,5 re **Edlhausen**.

11,5 li **Laub**.

10,3 li Rastplatz Laub, WC.

10,2 Straßen-Ⅱ, re **Regendorf**; davor ULG zum nachfolgenden Wehr, **X**.

10,0 ▬ Regendorf, **X**, re ⌓ (20 m), bei HW ab der Brücke ganz rechts halten !, gute ⬆ bei Fahrtende, Parkplatz, danach bei NW bis zur Kanaleinmündung sehr seicht.

6,5 li **Zeitlarn**, Badeplatz, ab hier unmittelbare Nähe zu Autobahn, sehr begradigt. Daher ist die tatsächliche Strecke zwischen Zeitlarn und Pielenhofen ca. 800 m kürzer als nach Hektometersteinen.

4,9 ▬ Pielmühle, **X**, Lebensgefahr !, re Bootsgasse gesperrt, re ⌓, Badebetrieb! re Rastplatz mit WC, Neubau Borstenfischpass.

2,6 Straßen-Ⅱ B 16.

1,8 Straßen-Ⅱ (Sallerner Brücke) geplant.

0,8 Straßen-Ⅱ (Reinhauser Brücke) im Stadtbereich Regensburg.

0,6 Straßen-Ⅱ B 8 im Stadtbereich Regensburg.

0,4 re ↓ Schleusenkanal des Main-Donau-Kanals, Donau-km 2379,2 ab hier Großschifffahrtsstraße! Vorrang und eingeschränkten Sichtbereich der Berufsschifffahrt beachten. Faustformel: Der Steuermann kann dich erst sehen, wenn du problemlos die Unterkante des Fensters des Ruderhauses sehen kannst.

0,0 ↓ in den li Nebenarm der Donau bei km 2378,8.

+0,3 re ⬆ bei DLRG-Station (zentrumsnah) auf „Untere Wöhrd"-Insel, Parkplatz bei Jugendherberge, Buslinien zum 🚆 mit stündlicher Verbindung über Schwandorf nach Roding, Cham, Blaibach, Zufahrt von Nibelungenbrücke B 8 möglich.

+0,5 Straßen-Ⅱ B 8 (Nibelungenbrücke).

+1,1 ↓ des Nebenarms der Donau in die Donau bei km 2377,7.

Naab

Wanderfluss	Mündung in Donau (li Nebenfluss)

Die Waldnaab entspringt im Oberpfälzer Wald in der Nähe der Silberhütte, dem Entenbühl, und am Kreuzbrunnen. Die Haidenaab entspringt am Kreuzstein südöstlich von Warmensteinach. Zusammen mit der Waldnaab bildet sie die Naab. Diese verläuft als ruhiger Wanderfluss durch die landschaftlich reizvolle Oberpfalz.

Befahrbarkeit:	ganzjährig mit Einern und mit Zweiern/Canadier.
Schwierigkeiten:	WW I und Zahmwasser.

98,0 Durch den Zusammenfluss von Haidenaab und Waldnaab entsteht die Naab, ca. 380 m ü NN.

97,5 Straßen-Ⅱ Kreisstr. NEW 21, re Oberwildenau, 2 🍴, re 400 m 🚌 Luhe-Wildenau, li ↓ des Mühlkanals, ideale ⬇ für Gepäckfahrten.
Ab hier Beginn des Flusswanderweges Naab.

96,0 Autobahn-Ⅱ A 93.

95,0 Straßen-Ⅱ, li Luhe (Markt), li ↓ der Luhe (freiwillige Selbstbeschränkung), re 🚌 Haltestelle Luhe (450 m), re Sportplatz.

94,0 ▬ Naabmühle, gemeinsam mit der nach 100 m folgenden Furt re ⌓ (200 m).

90,5 li Rastplatz.

88,5 Straßen-Ⅱ, li Oberköblitz, 🍴 Schatz (Zehentbartl, sehr zu empfehlen, Di Ruhetag).

87,6 ▬ Wernberg-Unterköblitz, am Fischaufstieg (Umgehungsbach mit Tümpel) li ⌓, re 🚌 Wernberg.

87,2 Straßen-Ⅱ B 14, re **Unterköblitz**, li **Wernberg** (Burg), zum Parkplatz li 150 m.

87,0 Pegel Unterköblitz ☎ 01804-370037-241.

85,0 Autobahn-Ⅱ A 6.

83,6 Autobahn-Ⅱ A 93.

82,0 li ↓ der Pfreimd (s. DKV-Kanuwanderführer für Bayern).

81,6 Straßen-Ⅱ, li **Pfreimd** (Stadt, romantischer Ort), re **Iffelsdorf**.

80,7 ▬ Untersteinbach, **X**, bei HW Lebensgefahr! li ⌓, Umgehungsbach mit Tümpel nach Besichtigung mit Einern evtl. befahrbar, links ⬆ mit kleinem Rastplatz.

80,3 Straßen-Ⅱ, re **Untersteinbach**, re 🚌 Pfreimd.

77,7 li **Perschen**, Biergarten mit Bootsanlegestelle, ★ Oberpfälzer Bauernmuseum (Freilandmuseum) in Neusath, eine der ältesten Kirchen der Oberpfalz.

76,4 ▬ Nabburg-Wiesmühle, **X** Lebensgefahr! 100 m vor dem ▬ li weiträumig ⌓ oder neuen Umgehungsbach benutzen, ca. 400 m lang, Befahrung mit Kanus auf eigene Gefahr, Rohrdurchlass (ca. 2.2 m breit und 1,1 m hoch), bei HW besser ⌓.

76,1 Wege-Ⅱ.

75,8 Straßen-Ⅱ St 2156, mittleres Joch fahren, bei NW steinig, re **Nabburg** (mittelalterliches Städtchen), ★ Pfarrkirche, Rathaus, Stadtmauern und Tore.

73,7 re → Altwasser, **X,** dem aber die amtlich Kilometrierung folgt! Die tatsächliche Paddelstrecke beträgt nur 1,1 km statt 2,1 km nach Hektometersteinen.

71,6 re ↓ Altwasser.

69,7 ehemalige EB-Ⅱ.
68,7 Straßen-Ⅱ rechts **Brensdorf**, links **Wölsendorf**, *(*Besucherbergwerk Kocherstollen).
66,8 links ↓ der Schwarzach (s. DKV-Kanuwanderführer für Bayern), li Autobahn-Ⅱ A 93 über die Schwarzach.
66,5 Insel Schwarzenfeld,
rechter Arm= Alte Naab, rechts hohes ■ am Anfang. Entweder li über die Insel zur Alten Naab ⌓; es folgen 2 Fußg.-Ⅱ und eine Straßen-Ⅱ,
oder im li Arm die Große Naab weiterfahren und Wehr am Ende der Insel bei km 65,9 ⌓, Umgehungsbach nicht befahrbar, evtl. Treideln, Zeltmöglichkeit (☎ 09435-309-0 anmelden) neben der Wasserwacht.
66,0 Straßen-Ⅱ, rechts Schwarzenfeld, EB-Station.
65,9 Steil-■ (1,8 m), **X**, bei HW an der Aussetzstelle durch starken Sog gefährlich, re ⌓, danach re ↓ der Alten Naab.
62,2 rechts Deiselkühn, durch Kohleabbau im Tagebau viele große Seen.
59,8 kleine Insel (Privatbesitz!), re fahren!
58,6 re kleines ■ (Hollerwehr), entweder in befahrbaren Nebenarm (Hollergraben) ⌓ (umgehen des Wehr Fronberg), oder im Hauptarm weiterfahren.

Hollergraben

2,0 ■
1,7 Wege-Ⅱ.
1,4 Straßen-Ⅱ (Zubringer A 93).
0,0 Mündung in Naab bei km 56,6.

58,0 Straßen-Ⅱ B 85 (Zubringer zur A 93).
57,4 ■ Fronberg, re zwei kurze Bootsgassen, eventuell ≋, li **Fronberg**, ★ Renaissanceschloss mit Kapelle aus dem 16. Jh.
56,4 ■ Schwandorf, rechts ⌓ bzw. re Umgehungsbach mit Tümpel ≋ (besichtigen).
Für die Weiterfahrt den rechten Haupt-Flussarm benutzen!
Alternative*:* Um in die Stadt und zum Kanuclub zu kommen, vor dem Wehr im linken Flussarm weiterfahren. Die Bootsrutsche am inneren Wehr (entspricht km 52,25) vor dem Kanuclub ist allerdings mit Faltbooten nicht befahrbar! Dann besser im Hauptarm ca. km 55,0 li ausbooten!
55,2 Straßen-Ⅱ, re **Krondorf**, **li Schwandorf,** 🚂, ★ historischer Marktplatz, romanisches Bürgerspital (um 1443), Stadtmauerreste, Blasturm (15. Jh.), Felsenkellerlabyrinth, Wallfahrtskirche auf dem Kreuzberg.
55,0 nach der Brücke li im Werkskanal ca. 100 m stromaufwärts fahren zum ⌂ und ▲ des Kanu-Club Schwandorf, Am Hubmannwoehrl, 92421 Schwandorf, ☎ 09431/41619.

54,7 EB-Ⅱ bei Schwandorf.
53,6 re Umleitungsgerinne mit Schütz zum Wehr.
53,4 Steil-■ Ettmannsdorf, **X**, re ⏏.
53,0 Straßen-Ⅱ, li **Ettmannsdorf**, romanische Kirche (13. Jh.), altes Schloss (1600), neues Schloss (1700).
51,0 li **Dachelhofen**.
50,4 Insel.
49,8 li Wasserableitung der Bayernwerke.
48,4 ■ Staustufe, **X**, re ⏏, li Dampfkraftwerk der Bayernwerk AG.
47,6 Straßen-Ⅱ, re **Naabeck**, Schloss, Brauerei.
46,3 li **Büchelkühn**, Überlandleitung quert.
44,9 Straßen-Ⅱ SAD 2. li **Zielheim**.
43,7 ■ Klardorf-Stegen, re über Wiese ⏏, li Werkskanal, Umgehungsbach mit Tümpeln, mit Einern evtl. befahrbar (besichtigen).
41,4 li ↓ des Werkskanals.
40,1 li **Katzdorf**.
37,8 re Rastplatz.
37,3 ■ Münchshofen, li ⏏, re **Münchshofen**, Schloss (deutsche Renaissance um 1597).
36,7 Pegel Münchshofen ☎ 01804-370037- 242.
36,6 Straßen-Ⅱ SAD 5, re **Münchshofen**, li **Teublitz**.
35,6 Straßen-Ⅱ, re **Premberg**, ★ Filialkirche (nach 1150, spätgotische hölzerne Westempore, spätgotische Glocke, Ecce-Homo-Ölgemälde von Lucas Cranach).
34,5 li Teublitz-Saltendorf, ⌂ und ▲ des Kanu-Club Städtedreieck Teublitz Burglengenfeld e.V., Am Kranbertsanger 15 b, 93158 Teuplitz-Saltendorf.
34,4 li **Kuntsdorf**, ▲ Campingplatz Kuntsdorf.
33,3 re Köblitz.
32,0 EB-Ⅱ Burglengenfeld.
31,8 Straßen-Ⅱ Pithviersbrücke, re ca. 40 m davor gute ⬆ (Holzsteg), aber wenig Parkmöglichkeiten; li Burglengenfeld, mittelalterliche Stadt, ★ Burgruine, gotische Baudenkmäler (11. Jh.), Rathaus (16. Jh.), Altmann-Schlösschen (16. Jh.).
31,7 ■ Burglengenfeld, **X**, vor der Brücke re ca. 300 m ⏏ (entlang Friedhofstr. und nach Mühle wieder einsetzen), bei NW am Wehr li ⏏.
31,3 re Festplatz mit guter Parkmöglichkeit, als ⬇ geeignet.
30,1 Straßen-Ⅱ SAD 10, Umgehungsstr.
29,1 große Insel, *NSG, Betreten verboten.*
28,5 große Insel, re **Mossendorf**, li **Greindorf**.
26,9 ■ Schirndorfer Mühle, (neue Steinschüttung), mehrere ≋ Durchlässe (ansehen) oder notfalls re über Wiese ⏏.
26,1 li **Schirndorf**.
24,6 re **Eich**.
24,1 Inseln.

23,3 re ▲ Jugend-Camping Zaar des Vereins für Naherholung im Raum Regensburg e.V. (gute Ausstattung), Anmeldung: ☎ 09473/1466.
22,2 Straßen-Ⅱ, li **Kallmünz** (Perle des Naabtals), ★ spätromanische und gotische Burgruine (12./13. Jh.), Ringmauerreste und Bergfried, Ungarn-Wall, Wall aus der Bronzezeit, Steinerne Naabbrücke (um 1550), Silbermann-Schlösschen, ehem. Münzstätte in der Vilsmühle (1621), Rathaus, re Eisdielen vor der Brücke.
22,1 Schräg-▬ Kallmünz, X, re ⌓; hierfür Treppen vor und nach der alten Brücke, offizielle ⬇ nach dem Wehr, ca. 1oo m bis Parkplatz neben dem VG-Gebäude.
21,9 re ↓ der Vils (s. Seite 91), Insel.
21,8 Straßen-Ⅱ ST 2235.
20,4 re **Gessendorf**, li **Krachenhausen**.
18,0 Straßen-Ⅱ, li **Grain am Berg**, ganz re fahren, nach ca. 40 m das ▬ Heitzenhofen; unmittelbar nach der Brücke in den rechten (leider vielfach durch Büsche verdeckten) Kanal einfahren und nach ca. 170 m an der alten □ nach li in das Unterwasser ⌓ (S1), keinesfalls li in Werkskanal einfahren!
17,2 li ↓ des Kraftwerkskanals, danach Pegel Heitzenhofen ☎ 01804-370037-243.
16,0 Straßen-Ⅱ, re **Duggendorf**, li **Kleinduggendorf**.
11,5 li Parkplatz an der Angerstr. in Pielenhofen mit guter ⬆.
11,3 ▬ Pielenhofen, am Wehr li vorbeifahren und dann re ⌓.
11,1 Str-Ⅱ, re **Pielenhofen**, Kloster (12. Jh.).
9,6 li ▲ Campingplatz Distelhausen.
7,8 re **Penk**, Kirche (12. Jh.), ✕ Müller empfehlenswert, li Regensburger Wassersportler (NSG, Zelten verboten), Beginn des Rückstaus der Staustufe Regensburg (Donau-km 2381,4).
7,2 li **Deckelstein**.
6,0 li **Ebenwies**, li vor der Insel flach, bei NW re halten.
4,4 Straßen-Ⅱ ST 2165.
4,0 Straßen-Ⅱ B 8, re **Etterzhausen**, nach Brücke bei NW wegen einer Steinbarre li halten.
1,7 re **Waltenhofen**.
0,3 Fußg.-Ⅱ, re Wallfahrtskirche, li **Mariaort**.
0,0 ↓ in die Donau bei km 2385,3.

Vils (Naab)

Wanderfluss	Mündung in Naab (re Nebenfluss)

Die Vils entspringt in Kleinschönbrunn ca. 15 km nördlich von Amberg ca. 450 m über NN. Zunächst fließt sie rund 5 km nach Norden, bis Freihung. Dann dreht sie nach Westen ab, um nach weiteren 8 km hinter Gressenwöhr ihre endgültige Hauptfließrichtung gegen Süden zu finden. Die obere Vils durchfließt von Vilseck bis Amberg das weite Hahnbacher Becken und ist nur zwischen Schlicht und Schönlind eingeengt und hier als Landschaftsschutzgebiet ausgewiesen. Im Zuge der Landesgartenschau 1996 in Amberg wurden einige Flussabschnitte renaturiert und neue Altwasser geschaffen, die aus Naturschutzgründen nicht befahren werden sollen. Nach der Amberger Senke, die sich bis vor Theuern hinzieht, wird das Tal eng und die Berge mit ihrem Mischwald lassen die Kalkfelsen des Jura nahe an den Fluss herantreten. Die abwechslungsreichen Landschaftsbilder sind teilweise romantisch und reizvoll.

Die Vils wird seit 1998 zwischen Vilseck und Hahnbach der Natur überlassen. Infolgedessen ist in diesem Abschnitt zunehmend mit starker Behinderung durch umgefallene Bäume zu rechnen. Weitere Renaturierungsmaßnahmen sind geplant. Bei den Wehren wurden zwecks Fischdurchgängigkeit Umleitungsgerinne (ULG) gebaut, die ab MW mit Kurzbooten evtl. befahrbar sind.

Insbesondere an Wochenenden und an Feiertagen muss in Amberg mit Plättenverkehr zwischen der Martinskirche und dem Drahthammerwehr gerechnet werden. Die Plätten (ca. 12m lang, ca. 2,2m breit) sind schwierig zu manövrieren. Aus Sicherheitsgründen sollte ihnen rechtzeitig und eindeutig ausgewichen werden.

Die Befahrung von Vilseck bis Kallmünz erfordert 3–4 Tage.

Das Wasserwirtschaftsamt Amberg hat 2005 eine Broschüre „Kanuwanderweg Vils“ herausgegeben als Werbung für eine familiengeeignete Befahrung von Hahnbach bis zur Mündung.

Befahrbarkeit:	ganzjährig ab Vilseck.
Schwierigkeiten:	viele Wehre, die ⌓ werden müssen, Baumhindernisse.
Pegel:	Vilseck (km 70,1), Amberg (km 40,7), Schmidmühlen (km 14,5), Dietldorf (km 6,2).
Zugang:	Der 5-Flüsse-Fahrradweg begleitet die Vils in ihrem Unterlauf, ebenso die ST 2365 von Amberg bis Kallmünz.

70,2 Straßen-Ⅱ Bahnhofstr., li **Vilseck**, gute ⬇ für ganzjährige Befahrung auch mit Zweiern.

70,1 Pegel Vilseck (günstig 80-100), ☎ 01804-370037-279.

69,1 Straßen-Ⅱ Bayreuther Str., li **Schlicht**.

68,9 Straßen-Ⅱ Wintergraben.

68,7 Wege-Ⅱ.

67,5 EB-Ⅱ (Bahnlinie Nürnberg-Weiden).

67,0 sehr niedriger, auf Tonnen schwimmender Steg, li **Kagerhof**.

66,6 EB-Ⅱ und Straßen-Ⅱ, danach Biberrevier.

66,3 re ↓ Altwasser.

66,0 ▬ Bruckmühle, li ⌓ oder re in Mühlkanal und dann li ⌓ (S1).

65,3 li **Gumpenhof**, danach windungsreiche Strecke bis Laubmühle.

65,0 Straßen-Ⅱ, davor ▬ 2 kleine ≋ Stufen.

64,1 Eisen-Ⅱ mit Treibholz und Baumhindernissen.
63,0 Straßen-Ⅱ, li Heroldsmühle, davor ▬ 3 kleine ≋ Stufen.
62,8 re ↓ Altwasser, danach Strauchhindernis.
62,1 ▬ Schönlind, li ⌓.
60,8 ▬ 5 kleine ≋ Stufen auf 100 m.
60,6 Straßen-Ⅱ, li **Irlbach**.
58,4 2 kleine ≋ Stufen
58,3 Straßen-Ⅱ Wüstenauer Weg, li **Süß**, danach versetzte Steinwurfbuhnen (Renaturierungsmaßnahme).
57,0 li ausgedehnter Schilfbereich.
55,5 ▬ dreistufiger Sohlabsturz, li ⌓, nach Besichtigung evtl. ≋.
55,1 Wege-Ⅱ.
54,7 Straßen-Ⅱ B 14, li **Hahnbach**, (schönes Ortsbild, mittelalterliches Markttor, spätgot. Pfarrkirche), Gasthöfe, Einkaufmöglichkeit, li gute ⬇⬆ unterhalb der Brücke, re Reitsportanlage.
54,1 Radweg-Ⅱ.
51,3 ▬ Kümmersbuch, re vor der Fischtreppe ⌓.
51,2 Wege-Ⅱ, li **Kümmersbuch**.
50,2 Wege-Ⅱ, danach verfallenes ▬ Kötzersricht, bei NW li den alten Mühlkanal ≋ (Vorsicht bei aufgelassenem Triebwerk**!**), bei HW re ≋, li **Kötzersricht**.
49,9 Wege-Ⅱ.
48,4 Wege-Ⅱ, re ⬇⬆, re **Laubhof**.
47,7 Insel, Schilfgebiet.
47,5 Wege-Ⅱ, anschließend ▬ und ϟ Laubmühle, re kurz ⌓, li und re Privatgrund (Weidezaun, Hunde, Tore sorgfältig schließen**!**), evtl. in Laubhof aussetzen und mit Bootswagen auf Teerstraße bis nach dem Wehr Laubmühle umkarren.
47,0 re ↓ Rosenbach, danach breites, begradigtes Flussbett.
46,8 Straßen-Ⅱ, re **Altmannshof**, li **Speckshof**.
45,5 Straßen-Ⅱ, re **Traßlberg**, davor li gute ⬇⬆, Parkplatz am Sportplatz.
44,7 Wege-Ⅱ.
44,0 versetzte Steinwurfbuhnen (Renaturierungsmaßnahme).
43,4 Straßen-Ⅱ Neumühler Str., niedrig, li **Neumühle**.
42,4 EB-Ⅱ, darunter kleiner Schwall.
42,0 Straßen-Ⅱ B 299 (E50), li ⬇⬆, Parkplatz.
41,7 Straßen-Ⅱ.
40,9 Straßen-Ⅱ Pfalzgrafenring, Beginn der Altstadt von Amberg, ★: alte Herzogstadt, im Mittelalter Zentrum der Eisenindustrie, frühere Hauptstadt der Oberpfalz, Kirchen mit Ausstattung von Asam und Zimmermann, altes Stadtbild, Stadtmauern mit Graben, Toren und Wehrtürmen.
40,8 Wege-Ⅱ, danach Durchfahrt unter der Jugendherberge.

40,7 Straßen-Ⅱ, Pegel Amberg (☎ 01804-370037-281).
40,6 überdachter Holz-Wege-Ⅱ, davor ⬇⬆.
40,5 Wege-Ⅱ, Straßen-Ⅱ.
40,4 li Basilika St. Martin ★, danach Wege-Ⅱ, li mehrere ⬇⬆, Plättenverkehr!
40,3 überdachte Holz-Wege-Ⅱ.
40,2 Durchfahrt durch die berühmte Stadtbrille, anschließend niedrige Wege-Ⅱ! bei HW re ⌓.
40,1 Straßen-Ⅱ Kurfürstenring, danach li Hallenbad.
39,9 alte Radweg-Ⅱ.
39,8 li günstige ⬇⬆, (Anlegestelle der Plätten), li Groß-Parkplatz (15o m), Beginn des Geländes der Landesgartenschau 1996, danach li Ableitung des Nebenarmes, jedoch **X**.
39,7 Radweg-Ⅱ (Drahtseilbrücke), davor re ↓ Ammerbach.
39,4 Radweg-Ⅱ (beim Amselweg), li ↓ Nebenarm, diesen wenige Meter hochpaddeln, dann li ⬇⬆, Parkplatz (30 m), li Kinderspielplatz.
39,0 Insel, re → Altwasser **X**.
38,8 Straßen-Ⅱ (Perigäum-Brücke).
38,7 Anfang der neu gestalteten Flussschleife. Die Fließstrecke verlängert sich um 300 m gegenüber der amtlichen Kilometrierung.
38,6 + 100 m Schiffanleger für die „Plätten“, Wendeplatz!
38,6 Ende der Flussschleife, Radweg-Ⅱ, niedrig, li ⌓ (150 m), re → Umgehungsbach, **X**, Abenteuerspielplatz.
38,5 ▬ Drahthammer, li ⌓, Stufen, (⌓ zusammen mit vorigen. Radweg-Brücke).
36,9 Radweg-Ⅱ (Haselmühl).
36,7 ▬ Haselmühl, li bei Treppe kurz ⌓, Umleitungsgerinne darf nicht befahren werden!
36,6 Straßen-Ⅱ (Schlossplatz), li **Kommersbuch**, re **Haselmühl**.
36,3 Drahtseil über dem Fluss, bei HW!
35,9 Radweg-Ⅱ (Kommersbuch).
34,5 Straßen-Ⅱ, li **Langenfeld**.
32,8 Autobahn-Ⅱ A 6 Nürnberg–Amberg.
32,7 re Wasserableitung (mit Schütz) für ehemalige Mühle und Eisenhammer.
32,4 Holz-Wege-Ⅱ, re Bergbaumuseum (Eisenhammer, Spiegelglasschleife und Getreidemühle), davor re ↓ alter Mühlkanal.
32,1 re Renaturierungsgerinne (ca. 400 m lang), bei gutem Wasserstand ≋.
32,0 ▬ Theuern, li ⌓ bis zur nächsten Straßen-Ⅱ oder re über die Insel, oder Umleitungsgerinne benutzen.
31,8 Straßen-Ⅱ, **Theuern**, re gute ⬇⬆, ★: barockes Hammerherrenschloss (erbaut 1781) mit Bergbau- und Industriemuseum (montags geschlossen).
30,4 li Großkläranlage Amberg-Kümmersbruck mit Schönungsteichen.
28,6 Straßen-Ⅱ, ▬ Wolfsbach, Bootsrutsche in der Mitte der Brücke (im Schnittpunkt mit der Wehrkrone; mit Faltbooten **X**), oder dort überheben.

Bei höherem Wasserstand zum ⌓ li beim Gasthof. ⬆ über die Brücke, auf die re Seite wechseln und über die Edelgartenstraße Zugang zum Wasser suchen (ca. 400 m); re **Wolfsbach**.

28,0 re → Altwasser **X**, li in neuangelegte Flussschleife einfahren.

27,8 Insel, danach mehrere **X** Altwasserarme (Renaturierungsmaßnahmen).

26,9 ■ Leidersdorf, re ⌓ oder über Wehr-Krone heben, evtl. ≋, nicht in Wehr-Kanal einfahren.

26,8 Wege-Ⅱ, li Kunstmühle (erbaut 1910, stillgelegt, aber funktionsfähig).

25,8 li Altwasserschleife.

25,2 Straßen-Ⅱ ST 2165, davor Radweg-Ⅱ und re und li ⬇⬆ Ensdorf an der Bund-Naturschutz-Hütte.

25,1 ■ Ensdorf, wurde 2009 umgebaut in eine „aufgelöste Sohlrampe" mit mehreren Becken. Sie sollen mittig ≋ sein.

24,9 Wege-Ⅱ Bahnhofstraße, re davor günstige ⬇⬆, Parkmöglichkeit unter der Straßen-Ⅱ ST 2165, li ↓ Mühlkanal, li **Ensdorf**, ★: Kirche des Benediktinerklosters (gegr.1121) mit Fresken von Cosimas Damian Asam (um 1715).

24,8 Straßen-Ⅱ ST2165.

23,1 ■ Rieden, für Geübte evtl. ≋, sonst li ⌓, bei NW über die Wehr-Krone heben oder über die Mühleninsel ⌓

22,9 Straßen-Ⅱ, re **Rieden**, re gute ⬇⬆.

22,5 Schwimmbad, Parkplatz, re ⬇⬆ an der Treppe.

22,3 re → Stichkanal, ▲ Camping Rieden.

22,0 ■ 2 kleine Sohlstufen, Mitte ≋.

21,3 Wege-Ⅱ, li **Siegenhofen**.

20,1 Straßen-Ⅱ, neu angelegte Flussschleife (Renaturierungsmaßnahme).

19,3 Straßen-Ⅱ, **Vilshofen**.

18,7 ■ Vilswörth, re ca. 200 m ⌓, Unterwasser sehr lange seicht.

18,2 Wege-Ⅱ, re Basaltsteinbruch.

17,4 Wege-Ⅱ, li **Ettsdorf**.

16,0 ■ und ϟ Harschhof, vor dem Umleitungsgerinne re 200 m auf Straße bis nach der Brücke ⌓; ULG ab MW mit Kurzbooten evtl. ≋.

15,9 Wege-Ⅱ.

15,8 re ⬇⬆, Parkplatz.

15,3 kurze Schwallstrecke.

15,0 ■ Sohlschwelle, Mitte ≋.

14,8 ■ Sohlschwelle, Mitte-re ≋.

14,7 Straßen-Ⅱ, re **Schmidmühlen**, re ⬇⬆, behäbiger Marktflecken, barockes Hammerschloss (um 1700).

14,5 Straßen-Ⅱ, li Pegel Schmidmühlen,(☎ 01804-370037-729).

14,4 re ↓ Lauterach (s. DKV-Kanuwanderführer für Bayern).

11,0 ▬ Emhof, re Umgehungsgerinne mit Kurzbooten ≋, sonst re daneben ca. 100 m ⩍, re **Emhof** mit über 1000-jähriger Tradition, romanische Pfarrkirche, Gasthaus *„Im Vilstal"*.

10,9 Straßen-Ⅱ, davor re ↓ Werkskanal, li günstige ⬇⬆ (Rampe),danach 1 km flotte Strömung.

9,3 Wege-Ⅱ, li **Pettenhof**.

7,0 ▬ Dietldorf, li ⩍ oder Umleitungsgerinne li vor dem Wehr ≋.

6,7 Straßen-Ⅱ, **Dietldorf**, Renaissanceschloss (um 1700), danach li ⬇⬆, li Gasthaus und Metzgerei *Weiss*.

6,2 li Pegel Dietldorf (über 100 cm günstig), ☎ 01804-370037-282.

4,7 Sohlschwelle, Mitte ≋.

4,2 re ↓ Forellenbach, danach Straßen-Ⅱ, re **Rohrbach**, Hammerherrenschloss (1586).

2,6 ▬ Traidendorf, li ⬆ und Beenden der Fahrt (oder li ca. 300 m durch den Ort ⩍), UW durch neuen Fischaufstieg (**X**) nunmehr meist mit ausreichenden Restwasser, re Hammerschloss (1684).

2,3 Wege-Ⅱ, re **Traidendorf**, li Kirche St. Leonhard (17.Jhd.), re ⬇, Bootsverleih.

0,8 Straßen-Ⅱ ST 2165.

0,5 ▬ Kallmünz, re ⩍ oder über Wehr-Krone heben oder vor dem Wehr li ausbooten.

0,4 Straßen-Ⅱ, danach re günstige ⬇⬆, li **Kallmünz** (Perle des Naabtals ★).

0,3 kurze Schwallstrecke.

0,2 li Parkplatz vor Dienstgebäude der VG.

0,0 ↓ in die Naab km 21,9; günstiger Ausstieg die Naab flussaufwärts ca. 200 m , re Naabufer.

Altmühl

Wanderfluss	Mündung in die Donau (li Nebenfluss)

Der Altmühl-Ursprung liegt an der Westflanke der Erhebung „Breithart" (500m), ca. 2,2 km südlich von Burgbernheim nahe der Kreisstraße von Burgbernheim nach Hornau. Sie ist der Hauptzufluss des Hornauer Weihers bei Rothenburg ob der Tauber. Sie durchquert die Frankenhöhe in südsüdöstlicher Richtung und ab Leutershausen ist dieser größte Vorfluter der Region zu einem beachtlichen Bächlein angewachsen. Ab Eichstätt wechselt die Altmühl ihre Hauptfließrichtung und strebt in Richtung Nordost der Donau zu.

Die Altmühl ist in ihrem Oberlauf (bis Treuchtlingen) ein in einem breiten Tal gemächlich fließender Wiesenfluss. Unterhalb Treuchtlingen verläuft die Altmühl im Bereich des Fränkischen Jura in einem schmalen Tal mit malerischen Felsformationen und romantischer Schönheit. Die Strömung ist in diesem Bereich gut. Mehrere Wehre können gut umtragen werden. Insgesamt gesehen ist die Altmühl ein empfehlenswerter Fluss für eine gemächliche Wanderfahrt. Man sollte sich dabei Zeit für die Besichtigung der zahlreichen Sehenswürdigkeiten nehmen.

Im Oberlauf der Altmühl wurde oberhalb von Gunzenhausen der Altmühlsee als Ausgleichsbecken und Erholungsgebiet angelegt (Wasserfläche 444 ha, Inselfläche 120 ha, Stauraum 13,5 Mio. m³, Wassertiefe 1,5–3,5 m). Freizeiteinrichtungen sind in Schlungenhof, Muhr am See, Wald, Streudorf, Unterwurmbach, Ornbau und Mörsach. Die Flachwasserzone und die Inselzone im Altmühlsee dürfen nicht befahren werden (Schutzzone I). Die Durchfahrt im Altmühlverlauf in Ufernähe ist gestattet.

Etwa ab Dietfurt i. Mfr. (an der B 2) bis zur Kratzmühle (Pfraundorf) ist die Altmühl als Wasserwanderweg gut ausgebaut und es gibt ein großes Angebot an Bootsverleihern. Das Altmühltal ist Naturpark und das Zelten daher nur an den ausgewiesenen Stellen erlaubt.

Im Unterlauf der Altmühl besteht zwischen Dietfurt a. d. Altmühl (am MD-Kanal) und der Mündung in die Donau die Großschifffahrtsstraße des Main-Donau-Kanals. Weiterfahrt empfehlenswert, schönste Etappe des Altmühltales, beidseitig Radwege, Mitführen von Bootswagen empfohlen

Befahrungsregeln:	*km 161,8–km 157,8 (Altmühlsee), Befahren der Flachwasser- und Inselzone (Schutzzone 1) ist ganzjährig verboten. Durchfahrt in Ufernähe gestattet.* *Befahrung aller Altmühl-Nebenbäche im Bereich des Naturparks Altmühltal, mit Schwimmkörpern aller Art, ist ganzjährig verboten.*
Befahrbarkeit:	ganzjährig mit Zweiern, im Sommer streckenweise verkrautet, frühestens ab Herrieden (km 183,1), km 154,4–km 129,8 wegen begradigter Strecken weniger zu empfehlen.

225	Altmühl-Ursprung ca. 460 m ü NN.
200	**Leutershausen**.
190,5	Straßen-II B 14Windmühlstr., li Neunstetten, mögliche ⬇.
188,7	Autobahn-II A 6.
186,6	Mühlen-▬ Mühlbruck, re ⌂.
185,8	Straßen-II, re Stegbruck.
184,2	Flussgabelung, Sportgelände auf der so gebildeten Insel, re Nebenarm, li bleiben.
184,0	Straßen-II St2248 und Fußg.-II, li Herrieden, ★ St. Veit, Parkplatz am Sportplatz re nach Brücke, mögliche ⬇.
183,5	re ↓ Nebenarm, günstige ⬇, ab hier ruhige Fahrt durch ein breites Tal.
182,8	Fußg.-II, davor li Kläranlage, mögliche ⬇.
180,4	Wege-II.
178,3	Straßen-II, re **Thann**, Imbiss, li nach **Velden**.
176,6	li ↓ Hesselbach.
176,0	li ↓ Irrebach.
175,3	re **Weidendorf**.
174,8	li ↓ Schafgraben.

174,0 Straßen-Ⅱ Goethestr., re **Großenried**, 2 ✕, li **Kleinried**, 1½ km nördlich das romantische Wasserschloss Sommersdorf.
173,6 li ↓ Altwasser.
171,0 Straßen-Ⅱ, re **Mörlach**, li **Haag**.
170,0 li ← AW-Schleife
169,8 Straßen-Ⅱ, li Oberndorf, davor li ↓ AW-Schleife.
167,4 re ↓ Wieseth.
167,3 Straßen-Ⅱ St2411 vor Ornbau.
167,1 ▬, re → Stichkanal zum Altmühlsee, li ← Altmühl.
In der Praxis wird von Ornbau nach Gunzenhausen kaum noch das alte Flussbett der Altmühl befahren, da sehr viele ⏏-Stellen zu überwinden sind. Beschreibung dieser Strecke s. DKV-Kanu-Wanderführer für Bayern.

Stichkanal:
166,9 Insel.
166,5 Insel.
166,1 Straßen-Ⅱ, li **Gern**, ✕ Zum Anger.
166,0 li Strandbad, ✕, ▲-Möglichkeit
163,6 Straßen-Ⅱ, re **Mörsach**.
162,4 Straßen-Ⅱ, niedriges Klappen-▬, re **Streudorf**.
161,8 Beginn des Altmühlstausees (NSG).
Befahren der Flachwasser- und Inselzone (Schutzzone 1) ist ganzjährig verboten. Durchfahrt in Ufernähe gestattet. Am westlichen Ufer fahren!
160,4 re **Wald**.
159,8 re **Schweina**.
159,4 re ▲.
157,8 Staumauer, re vom Ablass ⏏.
157,6 Straßen-Ⅱ B 466, re Parkplatz, ⬇.
157,3 = 155,2 li ↓ Altmühl.

155,2 re ↓ Stichkanal.
154,7 EB-Ⅱ.
154,4 Straßen-Ⅱ Oettinger Str., re Parkplatz, li Gunzenhausen (einst römisches Kastell, 823 fränkisches Reichskloster, ★ gotische Stadtkirche, Heimatmuseum mit prähistorischen Funden).
Klappen-▬ (halbautomatisch), re ⏏ (S 1, Treppen), ⬇ am Volksfestplatz re unterhalb des Wehres.
153,8 Straßen-Ⅱ Auweg, danach li Parkplatz und Sportplätze.
152,8 Straßen-Ⅱ B 13.
152,5 Wege-Ⅱ, re Aha, in der nachfolgenden Streck bis Treuchtlingen gibt es zahlreiche Renaturierungen von Altwasserschleifen, wodurch die tatsächliche Fließstrecke erheblich verlängert wird. Eine amtliche Neukilometrierung steht noch aus.

149,6 Wege-Ⅱ, li Unterasbach, li am Hang Kirche St. Michael.

148,4 Straßen-Ⅱ ST2230 Unterasbach–Windsfeld.

147,4 Wege-Ⅱ, re Windsfeld.

146,6 *Beginn des Naturparks Altmühltal. Die Altmühl fließt ab hier bis nach Kehlheim innerhalb des Naturparks Altmühltal. Alle Nebenflüsse der Altmühl im Naturpark Altmühltal dürfen ganzjährig nicht befahren werden.*

144,6 Straßen-Ⅱ, li Gundelsheim (schöner Stadtkern, Diebesturm), mehrere ✕ und ⛾.

143,1 Straßen-Ⅱ WUG 26, re Ehlheim.

141,8 Wege-Ⅱ.

141,0 Straßen-Ⅱ Römerstraße.

139,8 Straßen-Ⅱ WUG 4, li Trommetsheim.

138,2 Wege-Ⅱ.

137,2 li Lengenfeld.

134,9 Straßen-Ⅱ, li Bubenheim, ✕ Altmühlgrund.

133,6 Wege-Ⅱ.

133,5 Beginn einer Renaturierungsschleife, li ← paddeln.

132,3 Ende der Renaturierungsschleife.

131,8 EB-Ⅱ gefolgt von Straßen-Ⅱ, re **Gstadt**, 1200 m li Graben mit Karlsgraben (Fossa Karolina) erbaut 793.

131,8 li Blick auf Nagelberg mit Heldenfriedhof, dahinter Naturlehrpfad und Freizeitgelände.

130,8 Wege-Ⅱ.

130,3 Fußg.-Ⅱ, darunter ▬ kleine Sohlstufe, immer ≋.

129,9 1. Straßen-Ⅱ Bürgermeister-Döbler-Allee, Parkplatz, re Treuchtlingen, re 500 m 🛒, ⛾, ✕.

129,8 li Thermal- und Wellenbad Treuchtlingen.

129,7 ▬, **X**, re ⏏.

129,6 2. Straßen-Ⅱ ST 2216 Hauptstr.

129,4 Holz-Fußg.-Ⅱ, anschließend ▬ Pegelstufe, besichtigen, ab MW evtl. re ≋, sonst noch vor der Brücke re ⏏; re unterhalb beste ⬇⬆ in Treuchtlingen, 200 m zum Parkplatz (Volksfestplatz), ▲ (3 €/Person, WC und Wasser im Klärwerk, Info-☎ 09142/204548).

128,9 re ↓ Möhrenbach (*ganzjähriges Befahrungsverbot*).

127,5 li ↓ Schambach (*ganzjähriges Befahrungsverbot*).

127,3 Straßen-Ⅱ B 2, re Dietfurt/Mittelfranken, re ⬇⬆ mit Treppe und Parkplatz, ⛾, ✕.

126,4 EB-Ⅱ nach Dietfurt.

124,9 EB-Ⅱ vor Pappenheim.

123,2 Fußg.-Ⅱ vor Pappenheim.

122,2 ▬ Pappenheim, meist X, zum ⬆ ca. 120 m in Mühlkanal einfahren und an Treppen li über Insel ⏏, danach li ⬇⬆ für ▲ Campingplatz Pappenheim, ☎ 09143/1275, Rastplatz.

122,0 ⬇ Pappenheim bzw. nach ⏏; Anfahrt über Badweg, als Fußweg vom Campingplatz oder über „Stadtmühle" mit Parkplatz, ca. 100 m, auf der Wehrinsel.
danach re ↓ Werkkanal, Schusswasser vom ⚡!

121,7 Straßen-Ⅱ An der Altmühlbrücke, re Altort von Pappenheim (Luftkurort), ★ Burgruine des Grafen von Pappenheim (Reichserbmarschall Gottfried Heinrich), Burg-, Natur- und Jagdmuseum.

120,8 Fußg.-Ⅱ, re Sportgelände Auf der Lach, Parkplatz 100 m, re unbefestigte ⬇⬆.

120,1 Straßen-Ⅱ St 2230, re **Niederpappenheim**, danach re unbefestigte ⬇⬆ (Nähe Bahnhofstr.).

118,3 ▬ Zimmern, re Treppe vor dem Wehr, re ca. 30 m ⏏, X, re Rastplatz, li ⬇⬆ Bootsverleih und ✕ Röttler.

118,0 Wege-Ⅱ Zimmern, li unbefestigte ⬇⬆, bedingte Parkmöglichkeit, davor li ↓ Mühlkanal.

117,7 EB-Ⅱ.

116,0 EB-Ⅱ.

114,4 Fußg.-Ⅱ, li **Solnhofen**.

114,1 re ⬇⬆ Solnhofen (Zufahrt über Im Kloster, EB-Unterführung), kleiner Parkplatz.

114,0 Straßen-Ⅱ Pappenheimer Str., Solnhofen, Jurasteinbrüche (Kalkschieferplatten, 1865 Fundort des Urvogels), ★ Solahöhle und Bürgermeister-Müller-Museum (Fossilien), rechts 400 m 🚃, li vor der Brücke ✕ (gut und preiswert).

113,5 ▬ Staustufe Solnhofer Mühle, X, rechts in Mühlkanal einfahren und über Insel ⏏, Treppen. Bis zum Wiedereintritt des Werkkanals meist wenig Wasser, Grundberührung möglich. ▲-Möglichkeit (Info-☎ 09145/235) auf der Wiese der Familie Hefele, dazu re 150 m in Mühlkanal einfahren, ⬇⬆, ✕.

113,3 re ↓ Werkskanal.

112,0 li Naturdenkmal Teufelskanal

111,9 li Naturdenkmal Felspartie 12 Apostel.

111,4 re ⬇⬆ Esslingen, Rastplatz, kleiner Parkplatz.

111,3 Straßen-Ⅱ, li **Esslingen**, re NSG.

110,2 EB-Ⅱ.

108,3 re ⬇⬆ Altendorf, Zum Galgenberg, danach re ↓ Geilach.

108,2 Straßen-Ⅱ St2230, re Altendorf.

107,6 ▬ Hammermühle, Bootsgasse im re Drittel, für Geübte ≋, Spritzdecke schließen, sonst li an Treppen ⏏, li Rastplatz mit ▲-Möglichkeit (kein Wasser).

104,0 ▬ Hagenacker/Dollnstein, li an Treppen ≏ oder für Geübte Bootsgasse Mitte ≋, Spritzdecke schließen.
li Bootsrastplatz mit ▲-Möglichkeit (Info-☎ 08421-9876-0), gute ⬇⬆, Parkplatz.
103,8 Straßen-Ⅱ, re Eisenhammer (li Zufahrt zum ▲ und Parkplatz).
102,0 EB-Ⅱ.
101,8 li gute ⬇⬆, Parkplatz, li Rastplatz, (Zufahrt über St 2387, vollständig durch Altort durchfahren, danach li).
101,6 Straßen-Ⅱ St2047, **Dollnstein**, mittelalterlicher Mauerring, re 600 m 🚉.
101,4 re ↓ Dollnstein (Fam. Hartl, ☎ 08422/846).
99,2 re in Mühlkanal, nicht einfahren. Die Altmühl hat hier ihren südlichsten Punkt erreicht und wendet sich in Hauptfließrichtung Nordost.
99,0 ▬ Staustufe Bubenrother Mühle, **X**, li Treppen, ca. 50 m li ≏.
98,6 re ↓ Werkskanal.
98,3 Straßen-Ⅱ, re Breitenfurt, re ⬇⬆-Möglichkeit.
98,1 ▲ Campingplatz nur für Zelte und kleine Wohnmobile (keine Wohnwagen), sehr paddlerfreundlich (Anschrift: Fam. Hell, Schulstr. 13, 91795 Dollnstein-Breitenfurt, ☎ 08422/567), in der Nachbarschaft ✕, Schwimmbad.
96,8 Wege-Ⅱ, li **Attenbrunnmühle**.
95,6 Wege-Ⅱ nach li Schernfeld, li ⬇⬆.
93,5 Fußg.-Ⅱ li Obereichstätt, re Sportplatz.
93,0 Straßen-Ⅱ St2030, re gute ⬇⬆, bedingte Parkmöglichkeit an Brückenwestseite, ✕ (nur Sa, So und Feiertag).
91,5 Steinwall, re renaturiertes Altwasser paddeln. Geradeaus Flutgraben, **X**.
91,2 re ↓ Altwasser, (durch die Renaturierungsschleife wird der Bach ca. 700 m länger, jedoch bleibt vorerst die bisherige Kilometrierung).
90,4 Straßen-Ⅱ, re Wasserzell, re ✕ Hirsch, Rastplatz, re 800 m 🚉.
89,0 ▬ Staustufe Rebdorf, **X**, an Treppen re ≏ (100 m), re Blick auf Willibaldsburg, li Werkkanal.
88,7 Fußg.-Ⅱ Rebdorfer Steg, li Eichstätt-Rebdorf.
88,6 li ↓ Werkkanal.
88,1 Fußg.-Ⅱ Hofmühlweg, re 🚉 Hofmühle, li Sportplatz.
87,7 li ↓ Werkkanal, re Willibaldsburg.
87,4 Fußg.-Ⅱ Mariensteiner Steg.
87,0 Straßen-Ⅱ Schlagbrücke.
86,2 Straßen-Ⅱ B 13 Willibaldbrücke, danach
▬ Staustufe, **X**, re ≏, ⬆ zwischen Brücke und Wehr (ca. 70 m in Fließrichtung zur Inselspitze tragen und an Treppe wieder einsetzen) dahinter re Parkplatz (Zugang über Franz-Göpfert-Steg). li Werkkanal.
85,8 li Schwimmbad.
85,7 Fußg.-Ⅱ, re Parkplatz, li ↓ Werkkanal.

85,5 re ⬇⬆ Eichstätt-Herzogsteg.

85,4 Fußg.-Brücke Herzogsteg, re 🚉 Eichstätt-Stadt.

85,3 Straßen-Ⅱ (alte Stein-Brücke, Spitalbrücke), Eichstätt, alte Bischofsstadt, Universität, kultureller Mittelpunkt des Tals, ★ Dom und Willibaldsburg (herrlicher Blick von Schönblick aus über Eichstätt und das Altmühltal, ca. 500 vom 🚉 gute Übernachtungsmöglichkeit (besonders für Familien geeignet) im Kolping-Haus (Burgstraße 3, ☎ 08421/97010, Fax 08421/970197).

84,6 Fußg.-Ⅱ Schlößlbrücke.

84,4 ▬ Stauanlage Aumühle, **X**, li ⏏, li gute ⬇⬆, keine Parkmöglichkeiten, re Mühlkanal, nicht einfahren.

84,3 Straßen-Ⅱ Aumühle.

83,9 re ↓ Mühlkanal.

83,7 li Rastplatz, gute ⬇⬆, hinterm Radweg ▲ der Stadt Eichstätt (Info- ☎ 08421-6001-400), WC, Kiosk, Parkplatz (Volksfestplatz).

83,4 Straßen-Ⅱ St 2225 Pirkheimer Str.

83,3 Pegel Eichstätt, ☎ 01804-370037-231.

83,1 Fußg.-Ⅱ Ohne-Tritt-Weg, auch Kasernensteg genannt, davor re Parkplatz, danach re ⬇⬆, Kanuverleih.

80,3 Straßen-Ⅱ, re **Pietenfeld**, li **Landershofen**.

78,0 Straßen-Ⅱ St2230 Eichstätter Str., re **Pfünz**.

77,7 Straßen-Ⅱ (mittelalterliche Stein-Bücke), kleiner Brückenschwall, re Pfünz, li Rastplatz und ⬇⬆ Pfünz, ★ Römerkastell auf dem Kirchberg, Sommerschloss der Fürstbischöfe.

77,2 li Almosmühle mit Karstquelle.

76,2 Straßen-Ⅱ, li **Inching**, 🍴 Fischerwirt (Zimmer), Barockschlösschen, davor re ▲ -Möglichkeit (kein Wasser; Info- ☎ 08421-9876-0.

75,0 li **Brunnmühle**.

73,6 ▬ Walting, **X**, li ⏏ an Treppen.

73,4 Straßen-Ⅱ EI 15 Leonhardistr., li **Walting**, danach li ⬇⬆ (Zufahrt möglich).

70,9 li Rastplatz an der Turmruine aus dem 13. Jh.

70,8 Straßen-Ⅱ, li **Rieshofen**.

70,7 li unbefestigte ⬆ zum 🍴.

69,2 Straßen-Ⅱ Altmühlstr., kleine Schnelle, re **Pfalzpaint**, danach li *NSG Gungoldinger Heide.*

66,6 Straßen-Ⅱ St2336 Marienstr., li **Gungolding**, Blick auf Ruine Arnsberg, Felspartien.

66,1 ⬇⬆ und Rastplatz Gungolding, li am Ortsende ▲ (1 Nacht, Info- ☎ 08421-9876-0).

65,3 li oben am Berg: Burgstall Rauenwörth.

64,8 re ↓ Schambach (*ganzjähriges Befahrungsverbot*), Wanderwege ins Schambachtal.

64,15 Straßen-Ⅱ zum li Sportplatz, re Arnsberg, Burgruine aus dem 11. Jh., danach re NSG Ebnet, re nach der Brücke ⬇⬆ und Parkplatz.
61,4 Straßen-Ⅱ, li Regelmannsbrunn.
60,5 re Reste eines Römerkastell.
59,8 Straßen-Ⅱ Altmühlweg, re nach der Brücke ⬇⬆, Rastplatz, re 400 m nach Böhming, ✕ Römer-Kastell.
58,0 re ▲ Azur-Camping Kipfenberg, ☎ 08465-905167.
57,9 Straßen-Ⅱ Försterstr., **Kipfenberg**, Burg, re vor Brücke ⬇⬆ Kipfenberg, großer Parkplatz und Bootsverleih.
57,1 EB-Ⅱ (stillgelegt), nun Fußg.-Brücke.
56,3 Straßen-Ⅱ Engelgrößdörfer Str, re ⬇⬆ Größdorf, li **Größdorf**, re ✕ Zum blauen Hecht.
55,1 re **Kemathen**.
53,7 Straßen-Ⅱ, li **Ilbling**, re zur ST 2230, li ⬇⬆ Ilbling, Rastplatz, ▲ -Möglichkeit (kein Wasser, Info- ☎ 08421-9876-0).
52,9 EB-Ⅱ (ICE-Strecke).
52,5 Autobahn-Ⅱ A 9.
51,6 li **Kinding**, li ↓ Schwarzach (*ganzjähriges Befahrungsverbot*), bei NW Stromschnelle.
51,4 Straßen-Ⅱ St2230, li ▲ (1 Nacht), ⬆ unter der Brücke.
50,8 li Kläranlage Kinding.
48,7 li Parkplatz an der ST 2230, direkt neben der Altmühl.
47,6 Straßen-Ⅱ, re **Unteremmendorf**, re vor der Brücke ⬇⬆, Rastplatz, wenig Parkplatz, ✕ Gebauer, ✕ Zimmermann.
45,5 Straßen-Ⅱ, ▬ Staustufe Kratzmühle, **X**, li ⌓, re ▲ Campingplatz, li **Pfraundorf** mit Freizeitsee.
43,9 Straßen-Ⅱ, li **Badanhausen**, re **Kirchanhausen**.
42,4 li Altwasserarm, li ▲ Campingplatz Beilngries.
42,0 Flussteilung (Insel), Fußg.-Ⅱ im li Flussarm.
41,5 Straßen-Ⅱ B 299 Ingolstädter Str., li davor ⬆, li **Beilngries**, ★ romantische Altstadt, Stadtmauer mit Türmen.
41,3 Pegel Beilngries ☎ 01804-370037-232.
41,2 li ehemalige ↓ der Sulz.
39,5 Straßen-Ⅱ, li **Leising**.
37,8 Straßen-Ⅱ El 24 Alte Salzstr., **Köttingwörth**, ★ Wehrkirche St. Vitus.
36,9 ▬ Köttingwörther Mühle, **X**, li ⌓ an Treppen.
36,7 Straßen-Ⅱ.
35,1 Straßen-Ⅱ, re **Grögling**.
33,0 Straßen-Ⅱ, li **Töging**.
32,5 ▬ Stützstufe Töging, **X**, re ⬆, re ⌓ in den Main-Donau-Kanal, Bootswagen vorhanden

32,0 ↓ in Großschifffahrtsstraße Main-Donau-Kanal (s. DKV-Kanuwanderführer für Bayern) bei Dietfurt a. d. Altmühl, km 136,7 der MDK-Kilometrierung. Weiterfahrt empfehlenswert, schönste Etappe des Altmühltales, beidseitig Radwege, Mitführen von Bootswagen empfohlen. Schifffahrt!
↓ in Donau bei km 170,8 der MDK-Kilometrierung. Eine genaue Beschreibung des Main-Donau-Kanals s. DKV-Kanu-Wanderführer für Bayern.

Ilm (Abens)

Kleinfluss — Mündung in Abens (li Nebenfluss)

Die Ilm fließt in ihrem Oberlauf (bis Geisenfeld) zwischen Hügeln und Wäldern durch das Hopfenanbaugebiet der Hallertau, anschließend durch Wiesen, Felder, Moorgebiete und schließlich durch die Donau-Auen. Zahlreiche Umtragestellen machen eine Befahrung der Ilm recht mühsam.

Befahrbarkeit: ab Pfaffenhofen nur im Frühjahr und nach stärkeren Regenfällen, ab ↓ Wolnzach, km 35, ganzjährig. Die schönste, anschließend ausführlich beschriebene Teilstrecke beginnt ab Geisenfeld.

51,5 **Pfaffenhofen**. Die Folgestrecke ist beschrieben im DKV-Kanuwanderführer für Bayern.
29,0 **Geisenfeld**, ✕, Ⅱ, empfehlenswerte ⬇.
28,0 Straßen-Ⅱ B 300, Schwall.
27,5 Kasten-▬, 1 m hoch, gefährlicher Rücklauf, **X**, li ⌓, li Pegel.
26,0 Mühlen-▬, **X**, Absperrung nach Straßen-Ⅱ, re 50 m weit in Flutkanal ⌓. Es folgt eine sehr windungsreiche, reizvolle Strecke, li **Nötting**.
25,0 Es folgen auf 2 km mehrere Schräg-Rampen, ≋.
21,8 ▬, 40 cm hoch, ≋, evtl. li oder re ⌓. re Sportheim, danach Ⅱ in **Ilmendorf**, ✕.
21,1 Ⅱ B 16, Ingolstadt–Regensburg.
21,0 ▬, Absperrung Höfahrtsmühle, **X**, re 50 m weit in Flutkanal ⌓, evtl. treideln.
20,8 Wege-Ⅱ, Bissspuren der hier wieder heimisch gewordenen Biber sind zu sehen.
20,3 EB-Ⅱ. 🚌 Vohburg 15 Min. Es folgen 3 kleine Stufen, ≋.
18,7 ▬ Absperrung, **X**, re 50 m weit bis zur Wege-Ⅱ ⌓. Die beiden li abzweigenden Abflüsse zur Donau bzw. zur Neumühle sind nur bei HW ≋. **Vohburg**.
18,0 li **Hartacker-Vohburg**. Weitere Biberspuren.
17,8 Mühlen-▬, **X**, re 30 m durch Garten ⌓.
17,7 Straßen-Ⅱ.
16,0 re Pegel, Ⅱ, li **Oberwöhr**.
13,2 Niedrige Wege-Ⅱ, re ✕ Ilmstüberl.

12,2 ▬, Dirnberger Mühle, Sägewerk, re am Überlauf ⌓, kein Treideln möglich.
12,0 Straßen-Ⅱ, re **Münchsmünster** mit schöner Kirche, li ✕ Ilmklause.
10,5 ▬ Niedermühle, **X**, li 120 m ⌓. Danach Straßen-Ⅱ.
9,0 li **Auhof** mit Wildgehege.
8,6 Straßen-Ⅱ.
7,6 Ⅱ, re **Auhausen**.
6,0 re **Gaden**, Straßen-Ⅱ. Die Ilm verläuft jetzt parallel zur Donau; hier und bei der Donau-Ⅱ in Neustadt ⌓-Möglichkeit zur Donau.
3,0 Straßen-Ⅱ B 299, re 15 Min. nach Neustadt.
0,0 ↓ in Abens; (s. DKV-Kanuwanderführer für Bayern). Auf dieser Weiterfahrt 3 km bis zur ↓ in die Donau bei km 2427. Auf der Anhöhe re das Römerkastell Abusina, darunter der Ort **Eining** mit Donaufähre nach Hienheim.

Wörnitz

Wanderfluss — Mündung in Donau (li Nebenfluss)

Die Wörnitz fließt durch die landschaftlich sehr reizvolle Landschaft zwischen der Schwäbischen Alb und dem Fränkischen Jura am Ostrand des Ries, einer wahrscheinlich durch den Einschlag eines riesigen Meteors entstandenen Rundkrater. Sie berührt mehrere sehenswerte Städte und Ortschaften sowie Burgen und Schlösser, zu deren Besichtigung man sich unbedingt Zeit nehmen sollte. Die Freude an der Befahrung der Wörnitz wird allerdings gemindert durch zahlreiche Wehre, die fast durchweg unfahrbar sind; mäßige Strömung, Zahmwasser.

Befahrbarkeit: ab Dinkelsbühl bis Frühsommer, ab Öttingen ganzjährig. Wegen sommerlicher starker Verkrautung ist allerdings eine Befahrung im Frühjahr vorzuziehen. Bei HW ist von einer Befahrung der Wörnitz dringend abzuraten. Die meisten Wehre sind dann lebensgefährlich, ein rechtzeitiges Anlanden und Umtragen ist dann vielfach nicht mehr möglich. Es hat schon mehrere tödliche Unfälle gegeben.

Pegel: Steg km 73,8; 110 cm entspricht einem normalen MW im Frühjahr.

Beschreibung des Oberlaufes s. DKV-Kanuwanderführer für Bayern.
48,6 re Wohnmobilstellplatz Schießwasen, Strom und Wasseranschluss, max. 4 Tage, 10 min zur Innenstadt von
re **Oettingen**, ★ Residenz mit Schlosspark und Orangerie, Pestsäule, Marktplatz, Pfarr- und Stadtkirche, Storchennest.
48,4 re ⬇⬆ (Treppe) beim Schützenhaus; Parkplatz.
48,3 Straßen-Ⅱ B 466 Gunzenhausener Straße.
48,1 EB-Ⅱ, ⬇ bei NW.

46,4 ▬ Fürfällmühle, li ≏, S3.
45,2 li Überlauf-▬ zur Ziegelmühle, in UW ≏ oder alternativ Weiterfahrt ca. 800 m im Werkskanal bis vor ▬ Ziegelmühle, li ≏; nach weiteren ca. 300 m wieder ↓ in Wörnitz.
44,5 re ↓ Werkskanal.
43,4 Straßen-Ⅱ Schwörsheimer Str., re **Munningen**.
42,3 li Überlauf-▬ zur Faulenmühle, in UW ≏ oder Weiterfahrt im Werkskanal bis ca. km 42,1, ▬ Faulenmühle und dort li ≏.
40,0 re Tennis- und Fußballplätze Wechingen.
39,4 Straßen-Ⅱ, re **Wechingen**, Parkplatz ca. 70 m an Kreisstraße.
38,0 re am Sportplatz Landesteg und Rastplatz, im Ort ✕ Krone (paddlerfreundlich, Mo Ruhetag).
37,5 Straßen-Ⅱ, re **Holzkirchen**.
36,6 ehemalige EB-Ⅱ.
36,2 Straßen-Ⅱ (St 2213), li Parkplatz, re **Fessenheim**, re 10 km nach Nördlingen (★: mittelalterlicher Stadtkern, gut erhaltene Stadtmauer, Georgskirche, Daniel).
34,4 Wege-Ⅱ.
33,3 ▬ mit Fußg.-Ⅱ und ϟ Wennenmühle, **X**, li ≏.
33,0 Straßen-Ⅱ von li **Rudelstetten** nach re **Alerheim**.
31,7 Straßen-Ⅱ, re **Wörnitzostheim**.
31,6 re ⬇⬆ (Treppe).
28,6 re **Schrattenhofen**.
28,1 Fußg.-Ⅱ.
27,6 Straßen-Ⅱ nach Schrattenhofen, li **Heroldingen**.
26,3 re ↓ Eger (s. DKV-Kanuwanderführer für Bayern).
25,7 Straßen-Ⅱ nach Hoppingen, li **Heroldingen**.
25,6 bei NW kurze Schwallstrecke.
24,6 Fußg.-Ⅱ (sehr niedrig), ≏, re **Hoppigen**.
24,4 li **Katzenstein**.
23,8 EB-Ⅱ.
21,6 li Rastplatz, gute ⬆.
21,3 Wege-Ⅱ, li **Ronheim**.
21,0 EB-Ⅱ.
20,2 EB-Ⅱ.
19,8 Schiffswiese Harburg (Insel), in li Arm einfahren; bei NW nachfolgende Umtragestelle sehr schlammig; dann alternativ ganz rechts fahren.
19,7 Straßen-Ⅱ (alt), ▬ Harburg, vom li Arm kommend, li ≏, nach Brücke sehr seicht, ⬇ erst am Ende des Parkplatz, Bei NW vom re Arm kommend evtl. das ▬ vor der Stein-Brücke ganz li fahren oder nach dem ▬ nach der Stein-Ⅱ nach li ins UW ≏. **Harburg** (★: Burganlage, Museum, Bibliothek, alte Steinbrücke).
19,4 Straßen-Ⅱ (neu).

19,3 Pegelstation.
19,0 EB-II.
17,0 Fußg.-II, li **Brünnsee**.
15,2 li **Brünnsee** (Altort).
13,2 Straßen-II B 25.
12,9 Straßen-II (Stein-Brücke), sehr seicht, re **Ebermergen**.
12,6 re ⬇⬆ Heckstraße (Treppe, Rampe).
9,4 ▬ (Überfallwehr), re ⩡.
8,9 Straßen-II (Stein-Brücke), sehr seicht, **Wörnitzstein**, li im Oberdorf ✕ Schmidbauer und re im Unterdorf ✕ Braun.
6,0 li **Felsheim**.
5,1 EB-II.
1,9 Straßen-II Westspange Donauwörth.
1,8 Klappen-▬, re ⩡.
1,7 re ⌂ und ▲ des Kanu-Club Donauwörth e.V., An der Westspange, 86609 Donauwörth, ☎ 0906/22605, www.kanuclub-donauwoerth.de , Gruppen bitte voranmelden.
1,1 Fußg.-II.
0,4 Straßen-II, **Donauwörth**, alte Reichsstadt, ★: Pfarrkirche mit der schwersten Glocke Schwabens (Pummerin), Rathaus, Tanzhaus, Marktplatz, Färbertörl.
0,2 Straßen-II, li oder re ⬆, danach li ↓ Kaibach.
0,0 ↓ in die Donau km 2509,8.

Iller

Wildfluss (Gebirgsfluss)	Mündung in Donau (re Nebenfluss)

Die Quellflüsse der Iller kommen aus den Allgäuer Alpen. Die Iller selbst ist jedoch ein Fluss des Alpenvorlandes. Sie ist landschaftlich recht reizvoll, wassertechnisch ein leichter Wildfluss, auch mit Zweiern zu befahren. Eine durchgehende Befahrung ist allerdings kaum zu empfehlen, im Bereich Kempten unmöglich.
Im Bereich der oberen Iller wurde der Querschnitt vielfach von ca. 30 m auf 45 m aufgeweitet. Mehrere kontrollierte Hochwasserrückhaltebecken wurden geschaffen. Zwischen km 17,0 und km 9,2 wird der Fluss aufgeweitet und durch den Bau von 10 Sohlrampen angehoben. Mit z.T. starken Behinderungen muss gerechnet werden.

Befahrungsregeln: *Hinweistafeln über Vogelschutzgebiete an Breitach und Iller beachten.*

Befahrbarkeit: von km 135,2 bis km 90,3 ganzjährig (s. Pegel);
von km 17,6 bis ↓ ganzjährig.

Schwierigkeiten:	km -6,5 – km 0/147,1	WW II
	km 147,1 – km 108,7	WW I
	km 108,7 – km 101,1	X

	km 100,5 – km 89,0 WW I
	km 15,1– ↓ WW I
Gefälle:	im Oberlauf 2,2 ‰
Pegel:	Straßen-Ⅱ Sonthofen-Bihlerdorf (km 135,1) ☎ 01804-370037-130: Pegel 0,75 m (NW): Befahrung nur ab km 143,2 möglich, Pegel 0,85 m (min.): Befahrung ab km -6,5 möglich
Zugang:	Vorschlag für umweltschonendes Rückholen: Ein nicht geteerter Radweg zwischen Kempten-Hegge und Oberstdorf ermöglicht eine kombinierte Rad-/Bootstour in 2 Etappen. Ausgangspunkt ist der Parkplatz der Breitachklamm (km -6,5), Ende der 1. Etappe ist der Steg in Sonthofen (km 136,8), Ausgangspunkt der 2. Etappe ist die Straßen-Ⅱ Sonthofen-Bihlerdorf (km 135,2), Ende der 2.Etappe ist an der Autobahn-Ⅱ A 98 (km 108,8). Ein markierter Radweg begleitet die Iller von Oberstdorf bis Ulm.

-6,5 Ende der Breitach-Klamm, Parkplatz (gebührenpflichtig), 100 m unterhalb führt li ein 80 m langer Weg zur ⬇ in die Breitach. Starke Strömung, Schwälle und mäßige Verblockung, WW II. ▬ nach der Engstelle, Achtung! re ≋ nur bei NW, bei MW und HW lebensgefährlicher Rücklauf! re ⌓.

-0,5 Straßen-Ⅱ B 19 vor Oberstdorf (Walser-Ⅱ), Parkplatz.

-0,3 EB-Ⅱ, darunter ▬ Sohlrampe, 0,5 m hoch, nach Besichtigung ≋, es folgen weitere Steinwurf-▬ mit fahrbarer Rinne, *Hinweistafel Vogelschutzgebiet an Breitach und Iller beachten!*

147,1 Ursprung der Iller durch Zusammenfluss ihrer Quellflüsse Breitach, Stillach und Trettach (s. DKV-Kanuwanderführer für Bayern). ▬ Sohlrampe unmittelbar nach dem Zusammenfluss der 3 Quellflüsse, unbedingt ansehen, li ⌓, evtl. ≋, ab hier weitere ▬ Sohlrampen, alle ≋!

146,2 Fußgänger-Ⅱ Langenwang–Rubi, danach ▬ 2 gefährliche Sohlrampen, li ⌓!

145,5 li **Langenwang**, re Felswand mit Prallwasser, unregelmäßige Wirbel (WW II+), li Kiesbank, schöner Blick auf Allgäuer Berge.

143,2 Straßen-Ⅱ, li **Fischen**, re gute ⬇ mit Parkplatz, die ▬ Grundschwelle unter der Ⅱ ist teilweise zugekiest und nicht mehr gefährlich, 50 m nach der Ⅱ Steinwurf-▬, mittig ≋.

142,4 EB-Ⅱ.

141,7 li ↓ Mühlbach und Bolgenach.

140,2 Fußgänger-Ⅱ, li **Tiefenberg**, re **Altstädten**, Pfähle vor und nach der Brücke, li fahren.

137,4 Straßen-Ⅱ, davor re ▲ Campingplatz Sonthofen.

137,3 Ⅱ B 19.

136,8 Fußgänger-Ⅱ, re **Sonthofen**, li **Westerhofen**, re ⬇, Parkplatz bei der Schwimmhalle.

136,2 ▬ Sohlrampe (3 m), wegen Wasserableitung nach li ins ↯ bei NW kaum ≋, re ⌓.
135,1 Straßen-Ⅱ (Marien-Brücke), ▬ kleine Sohlrampe, Pegel Sonthofen, li gute ⬇ an der Kiesbank, li Parkplatz an der Straße, Entlademöglichkeit bei der ⬇. Mögliche ⬇ bei Pegel Sonthofen >75 cm.
134,3 EB-Ⅱ, re ↓ Ostrach-Kanal.
134,2 re ↓ Ostrach (s. DKV-Kanuwanderführer für Bayern), Wirbel, Kentergefahr.
133,8 ▬ 4 aufeinander folgende kleine Sohlrampen, ≋.
133,6 li ↓ Gunzesrieder Ache (= Schwarzenbach).
133,0 Straßen-Ⅱ, li **Blaichach**, li ⬇⬆, li ✕.
130,6 re ↓ Roßbach.
130,0 li ↓ Altmummener Bach.
129,5 Straßen-Ⅱ, li **Immenstadt**, gute ⬇⬆, großer Park- und Rastplatz.
128,2 am li Ufer ca. 200 m lange Stahlspundwand.
128,0 li ↓ Konstanzer Ach.
127,8 Straßen-Ⅱ (Unterzoll-Brücke), Pegel Immenstadt.
127,7 li Burgruine Laubenberg, re gute ⬇⬆ mit Parkplatz.
127,6 ▬ kleine Sohlrampe, ≋.
127,1 Straßen-Ⅱ B 19 und B 308.
126,5 re Einlassbauwerk für das Hochwasserrückhaltebecken „Weidachwiesen". Danach ▬ Sohlrampe mit rauer Bootspassage, für Zweier problematisch. Ab MW li anlegen zum ⌓, bei HW! rechtzeitig li anlanden.
125,5 li ↓ Höllbachtobel, wegen Straßenneubau bekommt die Iller ein neues Bett.
125,2 Fußgänger-Ⅱ.
123,7 re Flutkanal, Ende der Flussbettverlegung, li **Seifen**.
123,4 Fußgänger-Ⅱ, li Kläranlage.
122,1 Straßen-Ⅱ B 19n.
121,5 Hier beginnt die landschaftlich reizvolle „Illerschleife", eine schluchtartige Strecke mit vielen Kehrwassern.
121,0 Die Iller durchfließt eine S-förmige Schleife, li großes Kehrwasser („Illerquirl"), bei HW Kentergefahr, re große Kiesbank (Pausenplatz), danach Hinweistafel über Vogelschutzgebiete.
120,2 re **Rottach**.
119,3 re ↓ Rottach (s. DKV-Kanuwanderführer für Bayern), gute ⬆ in der Rottach-Mündung, li Burgruine Langenegg.
119,0 Ende der Illerschleife, nur noch geringe Strömung.
117,8 ▬ und ↯ Martinszell mit nahezu vollständiger Wasserableitung nach li, Wehr **X**, bei HW starker Rücklauf, Hinweisschilder Lebensgefahr! re ⌓ und ca. 300 m treideln.

117,3 Straßen-Ɪ, re **Häusern**, li **Martinszell**, li ⬆, jedoch keine Parkmöglichkeit, 1000 m zur B 19 oder 1500 m zum 🚌 Oberzell bei Immenstadt. Pegel Martinszell nach der Brücke.

115,6 ▬ Sohlrampe bei Widdum, Mitte gut ≋, ansehen!

113,9 re **Ried b. Otachers**.

111,8 li Kirche von Rauns (Zufahrt über Waltenhofen), Parkplatz an der Kirche, ⬆ sehr schwierig.

109,6 li ↓ Waltenhofer Bach.

109,3 li in 200 m kleiner ▲ Campingplatz, ☎ 08303/7431, www.ferienhof-sommer.de , re in Oeschle ▲ Camping am Sulzberger See (in ca. 1 km).

108,7 Autobahn-Ɪ A 980, darunter re ⬆ mit Parkplatz. Befestigte Zufahrt nördlich der Autobahn bei der AS Durach. Die nächsten 8 km sind **X** (▬ und ⚡ bei km 107,5, km 106,6, km 105,5, km 104,4 und km 103,3). Umfahren bis Stadtmitte Kempten km 101,1 (Beim Flößerhäusele).

103,5 Straßen-Ɪ Burgstraße, **Kempten** (römisches „Cambodunum", bedeutendste Stadt im Allgäu).

101,7 Straßen-Ɪ B 12 Adenauerring, danach li ↓ Kemptener Rottach.

101,3 ▬ Sohlstufe, nur bei NW evtl. ≋, bei MW und HW lebensgefährlicher Rücklauf!

101,1 li ⬇ (Kleingartenanlage, Zufahrt über „Beim Floßerhäusle).

95,7 Straßen-Ɪ Laubener Straße, davon re ↓ Leubas (s. DKV-Kanuwanderführer für Bayern), li **Hirschdorf**, danach li ⬇⬆, Parkplatz am Denkmal des Illerunglücks von1957, li ↓ Kollerbach.

93,8 li Kläranlage, re **Lauben**.

90,3 Straßen-Ɪ, re Joch ≋, li **Krugzell**, re **Dietmannsried**, re ⬇⬆ mit Zufahrt über Bauernhof.
Die Befahrung der Iller wird zumeist hier beendet. Die folgenden 6 Stauseen bis Aitrach werden wenig befahren, sind aber wegen ihrer landschaftlichen Schönheit doch zu empfehlen. Die durchschnittlich 8 m hohen Unterwasser-⚡ sind bei HW lebensgefährlich, rechtzeitig anlanden! Das ⌓ der ▬ ist mitunter mühsam. Beschreibung dieser Teilstrecke s. DKV-Kanuwanderführer für Bayern

15,1 Ɪ, re ⬇, ab hier ist die Iller wieder ganzjährig bis Ulm ≋, re **Vöhringen**, li **Illerrieden**.

11,7 re ↓ Werkkanal.

11,3 Versuchsstrecke mit offenem Deckwerk (leichter Schwall mit Steinen), 300 m, ≋.

10,3 Rohr-Ɪ.

9,2 ▬ Staustufe Oberkirchberg, li ⌓, **X**, da starker Rücklauf. li davor schönes Altwasser auf 500 m befahrbar.

8,5 Straßen-Ɪ, Mitte fahren, re **Ay**, li **Oberkirchberg**.

7,6 re ↓ Werkkanal.

6,4 li **Unterkirchberg**.

2,6 Straßen-Ⅱ B 30n.

2,1 Straßen-Ⅱ Wiblinger Straße, rechtes Joch Mitte fahren, auf Pfosten nach Durchfahrt achten, Pegel Wiblingen.

0,0 ↓ in Donau bei km 2588, günstige Aussetzmöglichkeit beim ⌂ der Ulmer Kanufahrer, Jahnufer 50, Neu-Ulm, Donau-km 2586,2.

Stromgebiet des Rheins

Rhein

Wildfluss – Wanderfluss	Mündung in Nordsee

Der Rhein, der größte zur Nordsee ziehende Strom, hat mehrere, landschaftlich und wassertechnisch deutlich unterschiedene Abschnitte.

1. Alpenrhein
2. Bodensee, als vom Rhein durchströmter See
3. Hochrhein
4. Oberrhein
5. Mittelrhein
6. Niederrhein.

1. Alpenrhein

Als Alpenrhein wird die 90,7 km lange, vorwiegend auf Schweizer Gebiet verlaufende Strecke des Rheins bezeichnet. Der Alpenrhein sowie seine Quell- und Nebenflüsse sind ausführlich beschrieben in den DKV-Auslandsführer Band 1.

2. Bodensee
Geographische Verhältnisse

Der Bodensee ist mit 539 km² der größte und tiefste deutsche See. Die größten Ausmaße: Länge 63 km, Breite 14,5 km, Tiefe 252 m; die Uferlänge beträgt 259 km.
Der Hauptteil des Sees wird „Obersee“ genannt. Er teilt sich im Westen in den „Überlinger See“ mit der Insel Mainau und den „Untersee“ mit der Insel Reichenau. Ober- und Untersee sind in Konstanz durch den Seerhein verbunden.
Das gesamte Südufer des Bodensees, mit Ausnahme des Stadtgebietes von Konstanz, ist Schweizer Hoheitsgebiet, im Südosten gehört eine kurze Uferstrecke zu Österreich, alle übrigen Ufer sind deutsches Staatsgebiet. Die deutsche Zollgrenze verläuft auf dem Obersee von Laiblach-Mündung zwischen Lindau und Bregenz in südwestlicher Richtung bis zur Mitte der Bregenzer Bucht, von da in nordwestlicher Richtung in Seemitte bis zur südlichen Stadtgrenze von Konstanz.
Der Bodensee ist ältestes deutsches Kulturgebiet mit zahlreichen Städten und Ortschaften, die viele sehenswerte Baudenkmäler aufweisen. Man sollte sich für ihre Besichtigung Zeit nehmen.
Bei gutem Wetter hat man vom Bodensee aus das herrliche Panorama der im Süden bzw. Südosten allerdings etwas entfernt liegenden Schweizer und österreichischen Alpen vor Augen. Das Klima ist am Bodensee mild, mit Anbau von Obst, Frühgemüse und Wein. Die Insel Mainau hat fast subtropische Vegetation. Eine Fischspezialität des Sees sind die Bodensee-Felchen, eine Salmoniden-Art, die mit tief hängenden Stellnetzen gefangen werden.

Kanufahren auf dem Bodensee

Der Bodensee ist hervorragend geeignet als Familien-Ferien-Boots-Urlaubsziel. Als Standquartier kommt insbesondere in Frage der „DKV-Campingplatz Bodensee", *DKV-Kanustation*. Er liegt zwischen dem Fährhafen Konstanz-Staad und Konstanzer Hörnle; der Platz ist vom See her ausgeschildert, Bootswagen empfehlenswert. Straßenzufahrt auf der B 33. Zwischen Fährhafen Konstanz-Staad und Konstanz ausgeschildert mit Verkehrsschild (Vorwegweiser Campingplatz).
Fast alle Kanu-Vereine am Bodensee haben einen kleinen Zeltplatz für Kanuwanderer (kein Dauercamping). Außerdem gibt es zahlreiche öffentliche Campingplätze.
Bei Bootsfahrten auf dem See ist die Tatsache zu berücksichtigen, dass plötzlich auftretende Stürme sehr gefährlich werden können. Es ist daher ratsam, sich nicht allzu weit vom Ufer zu entfernen, vor größeren Überquerungen wird gewarnt. Die bestehende Vorschrift der amtlichen Kennzeichnung sämtlicher Wasserfahrzeuge ist inzwischen für Sportboote aufgehoben worden. Sie müssen jedoch außen mit Namen, Verein und Herkunftsort, innen mit Namen und Anschrift des Eigners gekennzeichnet sein.
Im Prinzip müssen alle Wasserfahrzeuge bei jedem An- und Ablegen zollamtlich und passrechtlich abgefertigt werden, was nur an den vorgeschriebenen Zolllandungsplätzen möglich ist; dies ist für Sportboote praktisch unmöglich. Über mehrere Jahrzehnte war es daher erforderlich, eine „Grenzpolizeiliche Erlaubnis" zu beantragen und mit sich zu führen. Nur damit war es gestattet, an beliebigen Stellen von Bodensee und Hochrhein anzulegen. Diese Erlaubnis ist jetzt nicht mehr erforderlich. Mit gültigen Personalpapieren kann jetzt unbehindert sowohl auf deutscher wie auf Schweizer Seite angelegt werden.
Anweisungen der Wasserschutzpolizei ist unbedingt Folge zu leisten. Die Fahrt der Kursschiffe darf nicht behindert werden; sie haben grundsätzlich Vorfahrts- und Wegerecht. Der Aufenthalt vor Hafen-Ein- und -Ausfahrten sowie vor Schiffsanlegestellen ist nicht gestattet, Strandbäder und gekennzeichnete Badeplätze dürfen nicht befahren werden.

Sturmwarndienst

Es gibt auf dem See einen offiziellen Sturmwarndienst. Dazu sind rings um den See Blinkfeuer angebracht, die orangefarbene Lichtblitze aussenden.
40 mal in der Minute aufleuchten bedeutet **Starkwindwarnung**. Gefahr von Windböen mit Geschwindigkeiten ab 6 Beauforts (zwischen 25 und 33 Knoten). Sportboote sollten sich möglichst schnell in Ufernähe begeben.
90 mal in der Minute aufleuchten bedeutet **Sturmwarnung**. Gefahr von Sturmwinden mit Geschwindigkeiten ab 8 Beauforts (ab 34 Knoten). Sportboote sollten sofort den nächsten Hafen oder das nächste Ufer anlaufen.

Bodensee-Kanu-Ring e.V. und Bodensee-Wanderwimpel

Der Bodensee-Kanu-Ring e.V. ist der Dachverband der Kanufahrer rund um den See. Derzeit sind in dieser Vereinigung 21 Kanu-Vereine mit 3 300 Mitgliedern zusammengefasst.

Fast alle Vereine haben beim Bootshaus einen kleinen Zeltplatz (kein Dauercamping) für Kanuwanderer. Diese Plätze können beim Erwerb des Bodensee-Wanderwimpels benutzt werden.
Der beliebte Wanderwimpel kann durch eine Umrundung des Bodensees oder durch Erfüllung vorgeschriebener Pflichtfahrten erworben werden. Eine Informationsbroschüre über den Erwerb des Wimpels kann angefordert werden unter www.bodensee-kanu-ring.de . Hier erhält man auch weitere Informationen über das Paddlerparadies Bodensee.

Naturschutz

Die Natur- und Fischschutzgebiete mit den teilweise vorgelagerten Flachwasserzonen sind unbedingt zu beachten. Betreten, Anlegen mit dem Boot, Baden und Zelten sind dort verboten. Sie sind größtenteils durch die bekannten Tafeln gekennzeichnet (dreieckig, weißer Grund, grün umrandet mit fliegendem, schwarzen Adler und der Aufschrift „Naturschutzgebiet"). Der Natur- und Landschaftsschutz ist um die Erhaltung der noch unverbauten Ufer sehr bemüht; wir sollten ihn daher unterstützen. Naturschutzgebiete sind u. a. das Rheindelta (Österreich), Eriskircher Ried, die Mündungsgebiete von Seefelder, Stockacher und Radolfszeller Aach, das Wollmatinger Ried sowie nahezu das gesamte deutsche Ufer des Bodensees.
Nachfolgend werden die wichtigsten Merkmale einer Bodenseeumrundung geschildert, beginnend in Konstanz, alte Rheinbrücke, weiter im Gegensinn des Uhrzeigers entlang dem Süd-, Ost- und Nordufer des Obersees, den Ufern des Überlinger- und des Untersees zurück nach Konstanz.

Obersee, Südufer

0,0 **Konstanz**, keltische Fischersiedlung; 300 n. Chr. römisches Kastell Constantia, viele historische Bauwerke im Stadtkern, ★ (Münster, Altes Rathaus, Wessenberghaus). ⌂: Kanu-Club Konstanz, Wintersteig 15 – 17, 78462 Konstanz, www.kc-konstanz.de und TV Die Naturfreunde OG Wollmatingen, beide am See-Rhein gelegen.
Alte Rhein-Ⅱ, Konstanz.
1,0 Schweizer Landesgrenze.
1,5 **Kreuzlingen**, Hafen, Schweizer Zoll.
3,0 ⌂ PC Kreuzlingen.
4,0 **Bottighofen** (Schlößli).
6,0 **Münsterlingen**, altes Benediktinerkloster.
9,0 **Altnau**, ▲ Camping Ruderbaum, Ruderbaum 3, CH-8595 Altnau, ☎ 0041-71-6952965, www.ruderbaum.ch .
11,0 **Güttingen**.
15,0 **Uttwil**.
18,0 ⌂ des KC Romanshorn, vor Badeanstalt, kleiner ▲.
19,0 **Romanshorn**, größter Schweizer Hafen am See, Fähre nach Friedrichshafen, günstige Verbindung nach St. Gallen.

25,0 ⚠ Camping Buchorn Arbon, Philosophenweg 17, CH-93220 Arbon, ☎ 0041-71-4466545, www.arbon.ch .

26,0 **Arbon**; Schloss und Turm aus der Merowingerzeit. 5 km entfernt Burg Mammertshofen.

32,0 **Rorschach**, viele Sehenswürdigkeiten aus dem 15. Jahrhundert.

35,0 Altenrhein, großes NSG, Vogelparadies.

38,0 Unterer Rheinspitz, ↓ des „Alten Rhein". Durch Verlängerung des Leitdammes westl. der Rheinmündung bis zum Seezeichen 84 hat sich die Fahrtstrecke der Bodenseeumrundung verlängert, evtl. lässt sich der Damm überheben. 3,5 km aufwärts ⌂ des PC Rheineck.

45,0 Rohrspitz, vorspringende Halbinsel, ⚠ Campingplatz Salzmann, www.salzmann.at .

47,0 ↓ des Rhein-Kanals.

48,0 ↓ Bregenzer Ache (s. DKV-Auslandsführer, Bd. 1).

52,0 **Bregenz**, Hauptstadt Vorarlbergs, das römische Brigantium, viele Sehenswürdigkeiten aus dem Mittelalter. Vom 1 064 m hohen Pfänder herrliche Sicht auf den See und die Alpen. Einzigartige Seebühne.

55,0 ↓ Laiblach, deutsch-österreichische Grenze.

Obersee, Nordufer

59,0 **Lindau**, hübscher Hafen mit altem und neuem Leuchtturm, bekannt: Bayerischer Löwe als Wahrzeichen, Römerschanze, in der Stadt Diebsturm, Peterskirche mit Holbeinfresken und Rathaus aus dem 15. Jahrh. KC Lindau ⌂, *DKV-Kanustation*, Aeschacher Ufer 35, 88131 Lindau, www.lindauer-kanuclub.de . ⚠ auf Festlandseite am Bahndamm. *Uferstreifen östlich der Insel (Reutiner Bucht), ganzjähriges Befahrungs- und Uferbetretungsverbot, Ausfahrt vom kleinen See über die Insel Hoy ist davon nicht betroffen.*

64,0 **Wasserburg**. ★: Halbinsel mit sehr schöner Georgskirche um 1500 und Museum; ✕ direkt am See, Anlegesteg.

66,0 Nonnenhorn.

67,0 Kreßbronn.

69,0 ⚠ Ferienpark Campingplatz Gohren, 88079 Kressborn am Bodensee, ☎ 07543/6059-0, www.campingplatz-gohren.de .

70,0 ↓ Argen (s. DKV-Gewässerführer SWD).

72,0 **Langenargen**, Schloss Montfort.

74,0 ↓ Schussen (s. DKV-Gewässerführer SWD).
Bis zur ↓ der Rotach, km 78,5 folgt das Naturschutzgebiet „Eriskircher Ried". In diesem Bereich ist eine vom Ufer 750 m tiefe Seezone ganzjährig für eine Befahrung gesperrt.

78,5 ↓ Rotach, *Ende des Naturschutzgebietes.*

79,0 **Friedrichshafen**, ★: vor dem Krieg Zentrum der Luftschifffahrt, bekannte Schlosskirche, Schulmuseum mit Klassenzimmern aus den Jahren 1830,

1880 und 1930, 100 m landeinwärts, anlanden westl. vom Yachthafen, Zeppelinmuseum im Hafenbahnhof, im Herbst große Bootsmesse.

82,5 ⌂ KC Welfen, Ravensburg, www.kanuclub-ravensburg.de .

83,0 Seemoser Horn, ⌂ und ▲ des KSF Friedrichshafen, *DKV-Kanustation*, Am Seemoser Horn 18, 88045 Friedrichshafen, www.kanu-sport-friedrichshafen.de .

84,0 ⌂ TSV Fischbach, Kanuabteilung, www.kanu-tsv.de , vor Badeanstalt.

85,0 **Fischbach**, ⌂ bewirtschaftet und ▲ des WVF Fischbach, www.wvfischbach.de .

86,0 ↓ Lipbach, *Naturschutzgebiet „Lipbachmündung", ganzjähriges Befahrungsverbot einer 150 m breiten Zone an der Mündung des Lipbach westlich Fischbach.*

87,0 **Immenstaad**, ▲ Campingplatz, www.schloss-helmsdorf.org .

92,0 **Hagenau**, ▲ Campingplatz Alpenblick, ☎ 07532/495760, www.campingplatz-alpenblick.de .

96,0 **Meersburg**, älteste deutsche Burg (628), Droste-Museum, Unterstadtkapelle (1390).

96,5 Meersburg, Autofährhafen, Fähre nach Konstanz. Seeüberquerung in Richtung Fährbetrieb, 7 km zum „DKV-Campingplatz Bodensee", etwa 1 km nach li vom Fährhafen.

Überlinger See

101,0 *ganzjähriges Befahrungsverbot im Mündungsgebiet und in der Seezone bis 400 m in den See hinaus.*
Unteruhldingen, ★: rekonstruierte Pfahlbaudörfer der Steinzeit und der Bronzezeit, Freilichtmuseum.

101,5 **Seefelden**, ▲ Campingplatz Seeperle, 88690 Uhldingen-Mühlhofen, OT Seefelden, ☎ 07556/966221, www.camping-seeperle.de .

102,0 ↓ Deggenhauser Aach (s. DKV-Gewässerführer SWD).

103,5 **Maurach**, 2 ▲ Campingplätze, Camping Birnau-Maurach, 88690 Uhldingen-Mühlhofen, ☎ 07556/6699, www.birnau-maurach.de , ★: Kloster Birnau mit berühmter Barockkirche.

105,0 **Nußdorf**, ▲ Camping Luft, ☎ 07551/61557, www.camping-luft.de und Camping Nell, ☎ 07551/4254, www.campingplatz-nell.de .

107,0 ⌂ des Paddel-Club Überlingen hinter Strandbad Ost, für DKV-Mitglieder ▲ bis 3 Tage.

108,0 **Überlingen**, ★: ehem. freie Reichsstadt, St. Nikolaus-Münster, Rathaus, botan. Stadtgarten.

110,0 Überlingen-West, ▲ Campingpark Überlingen, Bahnhofstraße 57, 88662 Überlingen, ☎ 07551/64583, www.campingpark-ueberlingen.de . 🚌 500 m, Heidenhöhlen.

111,0 Seepumpwerk der Wasserversorgungsanlagen für den Stuttgarter Raum.

114,0 **Sipplingen**, Landestelle.

118,0 **Ludwigshafen**, nach 500 m ▲ Campingplatz See-Ende, Radolfzeller Straße 23, 78351 Bodmann-Ludwigshafen, ☎ 07773/937518, www.see-ende.de .

119,5 bis 120,5 Naturschutzgebiet, ganzjähriges Befahrungsverbot der Wasserflächen zwischen den Buchten beiderseits der Aach und der ↓ selbst.

120,0 ↓ Stockacher Aach (s. DKV-Gewässerführer SWD).

121,0 **Bodmann**, ★: im 8. Jahrh. Königshof der Merowinger, Schloss Frauenberg, schöne Aussicht über den See, Bisongehege.

126,0 Marienschlucht, Kiosk, Aufstieg zur Ruine Kargegg.

130,0 **Wallhausen**.

131,0 **Klaushorn**, ▲ Campingplatz, Kiosk, Rastplatz.

132,0 **Dingelsdorf**, ★: spätgotische Pfarrkirche.

133,0 Fließhorn.

135,0 **Litzelstetten**, ▲ Campingplatz.

135,5 bis 137,2, Untere- und Obere Güll, zwischen Insel Mainau und Bodenseeufer, ganzjähriges Befahrungsverbot von Litzelstetten bis Konstanz-Egg zwischen Mainau und Bodenseeufer.

136,5 Insel Mainau, ★: Deutschordensschloss, exotische Baumbestände, botanisches Paradies.

140,0 **Konstanz-Staad**, Fährhafen, Autofähre nach Meersburg.

140,5 „DKV-Campingplatz Bodensee", *DKV-Kanustation*, ☎ 07531/33057, www.dkv-camping.de , Ferienplatz und Ausgangspunkt für Touren im Landschaftsschutzgebiet, Kiosk, Warmduschen, auch mit Pkw erreichbar, bei Anfahrt vom See mit Gepäck Bootswagen empfohlen.

141,0 Wasserwerk der Stadt Konstanz.

142,0 Hinteres Eichhorn, Nebel- und Sturmwarnanlage, Freibad Horn.

145,0 **Konstanz**, alte Rhein-Ⅱ.

Untersee

146,2 li ⌂ mit kleinem ▲ des Kanu-Club Konstanz, Wintersteig 15 – 17, 78462

Konstanz, www.kc-konstanz.de.
146,3 Neue Rhein-Ɪ.
146,8 re ⌂ mit ▲ und Übernachtungsmöglichkeiten des TV „Naturfreunde" KN-Wollmatingen.
147,0 bis 154,0; von der Einfahrt in den Untersee bis zum Campingplatz Hegne besteht ein ganzjähriges Befahrungsverbot in der durch rot-weiße Bojen gekennzeichneten Zone.
148,0 li **Gottlieben**, Schweizer Zoll. Schloss 1250 als Wasserburg erbaut, Gefängnis von J. Hus.
149,0 Einfahrt in den Untersee.
152,0 Bruckgraben (≋ ab Pegel 3,00 Konstanz), ✕, ★: Statue des hl. Pirmin, der 724 die Benediktiner-Abtei Reichenau gründete.
Beginn der anschließend gesondert beschriebenen Umrundung der Insel Reichenau.
154,0 ▲ Campingplatz Hegne, www.camping-hegne.de , Kloster, Ende des Befahrumgsverbotes (s. km 147,0).
156,0 **Allensbach**.
159,0 Schlafbacher Horn.
161,0 ⌂ TV „Naturfreunde" Markelfingen, große ▲-Anlage, bewirtschaftet, auf Anfrage Übernachtungsmöglichkeit, Speisen und Getränke werden verabfolgt. ☎ 07732/10430.
162,0 ▲ C Markelfingen, ☎ 07732/10611, www.campingplatz-markelfingen.de .
163,5 Halbinsel Mettnau östlich Campingplatz Radolfszell, *ganzjähriges Befahrungsverbot in den Buchten.*
▲ Campingplatz Radolfzell im „Markelfinger Winkel".
164,0 ⌂ TV Die Naturfreunde OG Radolfzell, Übernachtungsmöglichkeit auf Anfrage.
166,5 Mettnauspitze.
167,0 Liebeinsel, anlanden erlaubt.
168,0 Landestelle Mettnau.
170,0 **Radolfzell**, Hafenmole, ★: Münster, Rathaus, Scheffel-Museum.
170,7 ⌂ und ▲ des KC Radolfzell, *DKV-Kanustation*, Karl-Wolf-Straße 15, 78315 Radolfzell, ☎ 07732/2876, www.kanu-radolfzell.de , in unmittelbarer Nähe 🚃.
171,7 bis 172,8, Radolfzeller Aachmündung zwischen Eisenbahner SV und Bootshafen Moos, ganzjähriges Befahrungsverbot in einer Zone bis 500 m vom Ufer.
172,3 ↓ Singener (Radolfzeller) Aach (s. DKV-Gewässerführer SWD).
175,0 **Iznang**, ⌂ und kleiner ▲ des KC Singen, *DKV-Kanustation*, Strandbadstraße 17, 78345 Moos-Iznang, www.kanuclub-singen.de .
177,3 bis 179,4, Hornspitze auf der Höri zwischen Grundholzen und Hornstaad, ganzjähriges Befahrungsverbot in einer Zone von 500 m, vom 01.10.–31.03.von 750 m vom Ufer.

180,0 ⛺ Hornstaad.
182,0 re **Gaienhofen**.
187,0 **Wangen**, ⛺ Strandbadcamping Öhningen, Seeweg 32, 78337 Öhningen-Wangen, ☎ 07735/919675, www.camping-wangen.de .
190,0 **Öhningen** (Oberstaad), letzte deutsche Ortschaft, ★: ehem. Augustiner-Chorherren-Kloster, Pfarrkirche mit Barock-Plastiken.
192,2 **Stein am Rhein**, Straßen-Ⅱ, ★: mittelalterliche Altstadt, Kleinod der Schweiz, über der Stadt Burg Hohenklingen.
Schweizer Zoll. Westlichster Punkt des Bodensees, Ausfluss des Hochrheins aus dem See.
196,5 **Mammern**, Schweizer Zoll, vorher ⛺ Campingplatz Guldifuss, ☎ 0041-52-7411320, www.guldifuss.ch .
199,5 **Glarisegg**.
202,0 **Steckborn**, Schweizer Zoll, 6-türmige Burg am See.
205,0 **Berlingen**.
207,0 **Mannenbach**, gegenüber der Reichenau, ★: Napoleonmuseum, Schloss Arenenberg.
210,0 **Ermatingen**, ★: prächtige Fachwerksbauten.
214,0 **Gottlieben**.
215,0 re Grenze Schweiz-Deutschland.
215,7 Konstanz, neue Rhein-Ⅱ.
217,0 **Konstanz**, alte Rhein-Ⅱ, Ende bzw. Ausgangspunkt der Umrundung des Bodensees.

Umrundung der Insel Reichenau

Die Garten- und Gemüseinsel Reichenau liegt zwischen Gnaden-, Zeller- und Untersee; sie ist durch einen Damm (Bruckgraben) mit dem Festland verbunden. Mit 4 km² größte Insel im Bodensee. Die Reichenau zählt zu den ältesten Siedlungsgebieten des Bodenseeraumes und war um das Jahr 1000 ein Zentrum der abendländischen Kultur. Ab 2003 UNESCO-Weltkulturerbe.

0,0 ⬇ am Bruckgraben, schattiger Parkplatz (s. Bodensee, km 152).
0,5 ★: li Stiftskirche St. Georg (Oberzell), Säulen-Basilika (890-898). Hochaltarmensa um 1000.
2,0 Yachthafen, ✕, ★ Münster St. Maria und Markus, dreischiffige romanische Basilika (816).
3,0 Strandbad.
4,5 **Niederzell**, ★: Pfarrkirche St. Peter und Paul, 2 Türme, romanischer Bau aus dem 11. Jahrh., Fresken.
5,0 **Bürgleshorn**, nach Radolfzell bis Mettnauspitze 2,3 km.
6,0 **Gänslehorn**, ✕.
6,6 ⛺ Campingplatz Reichenau, ✕.
7,0 **Melcherleshorn**, nach Hornstaad 3 km.
8,0 **Reichenau**, Landestelle, deutscher Zoll.
10,0 **Fehrerhorn**, nach Ermatingen 1 km.

11,0 Bruckgraben. Die Ruine Schopflen liegt im NSG und darf nicht angefahren werden.

3. Hochrhein

Als Hochrhein wird die 170 km lange Strecke von Konstanz (alte Rheinbrücke) bis Basel bezeichnet. Er verläuft zunächst auf 24,8 km durch den Untersee, einen Teil des Bodensees. Die echte Stromstrecke beginnt in Stein/Rhein. Abgesehen vom Stadtbereich Konstanz ist das gesamte linke Ufer Schweizer Hoheitsgebiet, an mehreren Stellen greift das Schweizer Gebiet auch auf das rechte Ufer über.
Mit gültigen Personalpapieren kann unbehindert auf beiden Seiten des Rheins angelegt werden.
Landschaftlich ist der Hochrhein sehr reizvoll, zwischen dem Schwarzwald bzw. den Ausläufern der Schwäbischen Alb im Norden und dem Schweizer Jura im Süden, mit welligen Hügeln, die z.T. bis ins Tal bewaldet sind, in einem meist engen Tal, vorbei an sehenswerten Ortschaften. Höhepunkt des Hochrheins ist der Rheinfall von Schaffhausen, der mit 150 m Breite und 21 m Höhe größte Wasserfall Europas, entstanden durch ein Riff aus Jurakalk als Rest einer frühen Verbindung zwischen Schweizer Jura und Schwäbischer Alb.
Wassertechnisch ist der Hochrhein ein meist schnell fließendes Gewässer, das nur stellenweise geringe Schwierigkeiten durch Stromschnellen, Wellen und Kehrwasser aufweist, WW I. Die Befahrung des Hochrheins wird erschwert durch mehrere Staustufen, jeweils mit Rückstau. Umsetzanlagen unterschiedlicher Bauweisen sind überall vorhanden. Für Alleinfahrer kann allerdings das Umsetzen bei einigen dieser Anlagen recht mühsam werden, Mitführen einer langen Bootsleine ist dringend anzuraten.
Abkürzungen für die Beschreibung des Hochrheins:

D = Deutschland
CH = Schweiz
F = Frankreich
Z = Zoll
DZ = Deutscher Zoll
SZ = Schweizer Zoll
Lst = Landestelle

0,0 **Konstanz**, alte Rhein-Ⅱ.
0,9 Neue Fußgänger-Ⅱ mit Pfeiler in Strom-Mitte.
1,2 li ⌂ (Steg) des Kanu-Club Konstanz, Wintersteig 15 – 17, 78462 Konstanz, www.kc-konstanz.de , ▲.
1,3 Neue Rhein-Ⅱ.
1,8 re ⌂ der Kanu-Abt. des TV Naturfreunde Konstanz-Wollmatingen.
1,9 li Grenze Deutschland-Schweiz.
3,0 li **Gottlieben**, Lst. SZ.
7,0 li **Ermatingen**, Lst. SZ.
Überquerung zum Fehrenhorn (Insel Reichenau) 1 km.
10,0 li **Mannenbach**.
12,0 li **Behringen**.

15,0 li **Steckborn**, Lst. SZ, Überquerung nach Hemmenhofen. D, 1 km.
17,0 **Zielerhorn**, Schloss Garisegg.
24,8 re **Stein/Rhein**, Straßen-Ⅱ, re Joch fahren, Lst. SZ (Eingangsabfertigung).
25,8 li **Wagenhausen**, Sporthafen mit städt. ▲ C, www.campingwagenhausen.ch .
27,3 Straßen-Ⅱ und EB-Ⅱ.
27,8 re **Hemmishofen**, CH.
30,0 li **Rheinklingen**, CH.
30,3 re **Bibermühle**, CH. Von km 30,6–36,2 li CH und re D.
32,4 li **Schupfen**, ✕, ▲.
34,4 li **Dießenhofen**, CH, schöne Altstadt mit alter überdachter Holz-Ⅱ, alle Joche ≋, Vorsicht bei Annäherung von Kursschiffen. Nach 100 m li Lst. SZ, re **Gailingen**, D, DZ.
35,0 li Kloster St. Katharinental (heute Altenheim). Von km 36,2–37 li und re CH. Von km 37–41,7 re D (Exklave Büsingen).
37,2 re „Auf der Rheinwiese", D, ▲ FC Schaffhausen, sehr schön und ruhig.
39,5 re **Büsingen**, D (deutsche Exklave im Schweizer Zollgebiet). von km 41,7 bis 50 li und re CH.
41,8 li Kloster Paradies, CH, ✕.
43,0 li städt. ▲ Campingplatz von Schaffhausen im Freibad; er darf nur betreten werden, wenn dort übernachtet wird.
44,0 re **Schaffhausen**, CH, Stadt mit vielen Sehenswürdigkeiten, Burgfestung Munot, ⛫. Das ⬆ nach der Ⅱ ist nicht mehr möglich. Zum Umgehen des Rheinfalles gibt es mehrere Möglichkeiten:
1. anlanden am li Ufer etwas oberhalb der Flurlinger Ⅱ. Hier führt ein enger und kurviger Spazierweg zur Straße nach Flurlingen. Diese Straße kann man gleich wieder verlassen und einem Fußweg folgen. In Flurlingen über die Ⅱ zum re Ufer und dann entlang der Uferpromenade zum Unterwasser des Rheinfalls. Hier bequemes ⬇ über eine Rampe. Einige Ausweichplätze an der Uferpromenade ermöglichen das Abstellen der Boote und eine Besichtigung des Rheinfalls. Für größere Gruppen ist diese Strecke wegen der Belästigung der Fußgänger kaum geeignet.
2. re ⬆ beim ⌂ des FC Schaffhausen, hier keine ▲-Möglichkeit. Parkplatz hinter Anlegestelle. Umkarren der Boote über Neuhausen bis unterhalb Rheinfall (Schlösschen Wörth), etwa 1 1/4 Stunden. Dieser Weg ist weiter als das Umkarren am li Ufer.
3. Am besten geht das Umgehen des Rheinfalls mit eigenem Pkw. Die Benutzung eines Taxis ist sehr teuer.
47,6 Rheinfall von Schaffhausen, CH, einmalige Naturschönheit, mit Schloss Laufen, unbedingt besichtigen.
48,0 re Schlösschen Wörth, Kiosk, ✕.
48,7 re ⬇ zur Weiterfahrt (unterhalb des Fachwerkhauses), keine Parkmöglichkeit für Dauerparker.
50,0 Beginn des Rückstaus des ↯ Rheinau, sehr schöne Rheinschleife.

54,5 li ↯ Rheinau mit Stau-▬, 8 m hoch, X, re vor der Schienenrampe (Treppe) ⬆, über Werks-☎ (unter der Treppe) Nr. 3476 melden. Lautsprecherdurchsage beachten. Boote auf fernbedienten Gleiswagen fahren und festhalten. Nach Eintauchen in das Unterwasser Handzeichen geben, wenn startklar, zügig wegpaddeln. Umsetzen mit werkseigenem Bootswagen 120 m weit möglich.

55,3 Insel mit Kloster (heute Altenheim) mit Barockkirche Rheinau, ★, li **Rheinau,** ⇅ im Dorf.

57,0 re **Altenburg**, D.

57,4 2. Stau-▬ Rheinau, X, li ⬆ zum ⩯. Umsetzverhältnisse wie bei km 54,5.

57,8 Überdachte Holz-Ɪ, li **Rheinau**, SZ, re **Altenburg**, DZ. Nach 50 m li ▲-Möglichkeit, Erlaubnis bei SZ einholen, keine sanitären Anlagen.

58,7 3. Stau-▬ Rheinau. li ⬆ zum ⩯. Umsetzverhältnisse wie bei km 54,5.

59,2 li ↓ des ↯-Stollens, Querströmung!

59,7 re **Lottstetten**, D.

63,0 li **Ellikon**, CH, Seilfähre, ✕ „Zum Schiff" mit schöner Terrasse. Bis km 76,8 li und re CH.

64,5 li ↓ Thur (s. DKV-Auslandsführer, Bd. 1).

67,0 li ▲ Campingplatz Rüdlingen.

67,3 Straßen-Ɪ Rüdlingen–Flaach, re **Rüdlingen**. Parkplatz, gute ⬇⬆.

70,4 li ↓ Töß (s. DKV-Auslandsführer, Bd. 1); ▲, ✕.

74,4 Ɪ, re **Eglisau**, idyllisches Städtchen, li **Seglingen**, CH. ✕.

75,3 EB-Ɪ. Von km 78,8–162,8 (bei Grenzach) re D.

78,6 li ↯ Eglisau mit Stau-▬, X. Fußgänger-Ɪ. li SZ re DZ. re ⬆ zum ⩯, elektrischer Aufzug, anschließend auf werkseigenem Bootswagen über schiefe, recht steile Ebene zur Einsetzrampe. Den Bootswagen nach Gebrauch zum Aufzug zurückbringen! Ausfahrt je nach ▬-Überlauf schwierig, bei HW evtl. 800 m weit bis Baggerloch ⩯ und an der Ufertreppe ⬇. Schleusung nach Voranmeldung über ☎ +41 44 74 63 511 möglich, (nur sonntags, lange Wartezeiten), bei HW ist die ☐ gesperrt.
! Aufgrund von Bauarbeiten entstehen im Unterwasser der Schleuse Eglisau (Hochrhein-Kilometer 78,6) turbulente Strömungen, so dass derzeit eine automatische Schleusung nicht möglich ist. Die Telefonnummern sind im Schleusenbereich ausgehängt. Da es bereits einen tödlichen Unfall gegeben hat, bittet der DKV darum, unbedingt den Weisungen des Schleusenpersonals zu folgen!

78,8 li ↓ Glatt durch einen Stollen (s. DKV-Auslandsführer, Bd. 1).

81,5 re **Hohentengen**, D, schöner ▲ Camping, www.hohentengen.de , Schwimmbad.

83,0 Straßen-Ɪ, li **Kaiserstuhl**, CH, schöne Altstadt, nach 50 m li Lst. re **Hohentengen**, DZ. re Schloss Rötteln.

87,0 li **Rümikon**, CH, re **Lienheim**, D, ▲ Camping, www.hohentengen.de , Badeplatz.

90,2 re ϟ Reckingen, Fußgänger-𝕀, li ⬆ zum ⏏. Boote auf werkseigenem Bootswagen an Kette (Pfand 1 €) 300 m weit zur HW-geschützten Einsetzrampe fahren, Wagen nach Gebrauch zurückbringen.
Bei Großbooten bedient das ϟ-Personal nach Anmeldung über Werk-☎ 10 oder 23 den motorbetriebenen Gleiswagen. Hinweisschild mit Flussverlauf und Fahrtlinie oberhalb der Stromschnelle „Koblenzer Laufen" beachten!

91,0 li **Reckingen**, CH, re **Reckingen**, D.

93,5 Straßen-𝕀, li **Zurzach**, re **Reinheim**, DZ. Nach 50 m li ⌂ KC Zurzach.

92,0 In li Flusshälfte Schwälle durch einen unter Wasser liegenden Auslaufstollen, re fahren.

94,0 li **Zurzach**, sehr schönes Thermalbad.

94,3 *Insel, Naturschutzgebiet*, kein Zeltplatz, beide Arme ≋.

96,0 re **Kadelburg**, D, mit ▲ Campingplatz Hochrhein, Oberdorfstraße, 79790 Küssaberg/Kadelburg, ☎ 07741/4244, www.camping-hochrhein.de , schön und ruhig, guter Standplatz für Fahrten auf Hochrhein und Nebenflüssen.

96,7 Seilfähre.

97,5 Hinweisschild und Lst zur Besichtigung der Stromschnelle „Koblenzer Laufen", evtl. re ⏏.

98,6 bis km 99,2 „Koblenzer Laufen", je nach Wasserstand bis WW II, re fahren!

100,2 re ↓ Wutach (s. DKV-Gewässerführer SWD).

101,0 große Insel, re Arm fahren, Schwälle, li Arm **X**.

101,7 EB-𝕀.

101,8 𝕀, li **Koblenz**, SZ, re **Waldshut**, DZ, wichtiger Grenzübergang.

102,5 li ↓ Aare mit starker Wasserzufuhr (s. DKV-Auslandsführer, Bd. 1).

103,0 re ▲ Rhein-Camping Waldshut, ☎ 07751/3152, www.rheincamping.de , ⬇⬆. Danach re Freibad.

104,2 re **Waldshut**, D.

105,2 re ⌂ WSV Waldshut, kein ▲.

106,3 re Auslauf des Schluchsee-ϟ, 50 m Abstand halten!

106,6 re Lst vom Motorbootclub Hochrhein.

107,7 li Atom-ϟ Leibstadt, CH.

109,4 ϟ Albbruck-Dogern, re Kanal, **X**, li Stau-▬, **X**, Fußgänger-𝕀, li **Leibstadt**, SZ, re **Dogern**, DZ.
Seit Juli 2010 steht eine moderne Bootsübersetzeinrichtung zur Verfügung. Die ⬇⬆ sind mit blauen Schildern gekennzeichnet. Für den Kanusport steht ein gummibereifter Handwagen (Tragkraft maximal 50 kg) am Oberwasser bereit.

112,4 Fußgänger-𝕀, li **Schwaderloch**, SZ, re **Albbruck**, DZ.

113,1 re ↓ des Kanals vom ϟ Albbruck-Dogern, Querströmungen.

113,4 re ↓ Alb-Süd (s. DKV-Gewässerführer SWD).

115,0 re **Hauenstein**, Schlossberg mit Burgruine, ✕, schöne Aussicht.

120,8 Ⅱ, re Joch fahren. li **Laufenburg**, SZ, re **Laufenburg**, DZ, beides mittelalterliche Städtchen, Lst 300 m vor Ⅱ re.
121,0 In Rechtskurve starke Wellen.
122,1 ↯ Laufenburg, re □, li ■, X. □-Ausfahrt bei Wasserüberlauf des ■ gefährlich, bei HW gesperrt. Schleusen ab 10 Booten möglich. li ≏ mit werkseigenem Bootswagen, 700 m, ⬇ mit elektrischem Schrägaufzug mit Selbstbedienung. Aufzug und Bootswagen nach Gebrauch zurückbringen.
124,3 re **Murg**, re ↓ Murg-Süd (s s. DKV-Gewässerführer SWD).
127,0 li **Sisseln**, CH.
128,5 re **Obersäckingen**, D.
129,5 ↯ Säckingen, re Stau-■, X, li ≏ mit Gleiswagen. Neuer Bootslift mit computerunterstützter Handbedienung, kompliziert.
130,0 re **Bad Säckingen**, Fridolinmünster, Trompeterschloss, ★.
130,3 Überdachte Holz-Ⅱ, nur für Fußgänger. Durchfahrt 1. Joch re, Schwallstrecke je nach Wasserstand, li Stein SZ, re DZ.
130,4 Fridolininsel, Vogelschutzgebiet, betreten verboten.
130,9 Straßen-Ⅱ, li **Stein**, re **Bad Säckingen**.
131,5 re ⌂ Ruderclub Säckingen, beschränkte ▲-Möglichkeit.
133,0 Seilfähre, li **Nieder-Mumpf**, SZ, re DZ.
135,0 li **Wallbach**, CH.
136,0 re **Wallbach**, D, Lst, ✕.
137,3 re **Brennet**.
137,5 re ↓ Wehra (s. DKV-Gewässerführer SWD). ▲ vom Motorbootsclub Säckingen.
140,5 re Nieder-Schwörstadt, D.
140,6 re *DKV-Kanustation* WSV Rheinstrom Schwörstadt, ⌂, Bahnhofstraße 1, 79739 Schwörstadt, ☎ 07762/1523 ab 18.30 Uhr, ▲, Wohnwagen, großes gepflegtes Gelände, www.wsv-schwoerstadt.de .
143,5 ↯ Ryburg-Schwörstadt, Stau-■ re, ⬆ zum ≏ li. Schiefe Ebene mit Rollen, schwergängig und steil, werkseigener Bootswagen vorhanden. ⬇ je nach Wasserstand etwa 300 m nach ↯.
145,6 re ★: Schloss Beuggen, erbaut 1246 – 1268, Deutscher Ritter-Orden, mit vom Rhein abgeleiteten Wassergraben im Halbkreis um die Burganlage. Heute Tagungsstätte der evang. Kirche.
146,8 Das ↯ Rheinfelden ist z. Zt. Großbaustelle (2004–2011). Es wird empfohlen bis zur Beendigung der Baumaßnahmen die Baustelle großräumig zu umgehen. Gepäckfahrern können beim WSV Rheinstrom Schwörstadt (km 140,6) Rast einlegen. Bei rechtzeitiger Kontaktaufnahme sind die Sportkameraden vom WSV bereit zu helfen.
Wer sich nicht helfen lassen will: Der Grobrechen mit Einfahrt in den Werkkanal existiert nicht mehr.
Landemöglichkeit: Ab Schloss Beuggen nah am re Ufer weiterfahren.

1.) Nach ca. 500 m Schild rot-weiß-rot (Durchfahrt verboten) mit Zusatzvermerk: Ausgenommen Boote zum Übersetzen. Daneben blau-weißes Schild 600 m zum abgebauten Grobrechen am Wehr. Flache Uferzone, Wildwuchs, Brombeergestrüpp, schmale Treppe, schnelle Strömung.
2.) Wenig unterhalb von km 146 blauer Hebekran auf dem Steilufer. Dahinter gelboranges Verwaltungsgebäude 502 einer Fabrikanlage. Je nach Wasserstand starke Strömung. Landemöglichkeit unmittelbar nach dem Hebekran an Stahlrost mit Holzbeplankung. Beim Anlanden Vorsicht, Boot kann mit starker Strömung weggerissen werden, eventuell anleinen. Danach ca. 1,5 km umtragen.

149,1 Straßen-𝕀 Rheinbrückstraße, Durchfahrt 1. Joch von re.
li **Rheinfelden**, malerisches Städtchen, Lst am Ende der 𝕀-Insel. Beginn der Großschifffahrt.

154,3 li **Kaiseraugst** (Römergründung: Augusta raurica, röm. Amphitheater, ★), Fähre.

155,0 li ▲ C Kaiseraugst, Kraftwerkstraße/Strandbadweg, CH-4303 Kaiseraugst, www.camping-kaiseraugst.ch .

155,3 li ↓ Egolz (s. DKV-Auslandsführer, Bd. 1). re ▲ Campingplatz.

155,5 ↯ August-Whylen, Anlanden vor der ▭-Einfahrt. Links in die Ergolz-↓ fahren, vor 𝕀 re 𝕀, Schild: Transportwagen für Kleinboote beim Kraftwerk, eigener Bootswagen ist vorteilhafter. Bootstransport re der Uferstraße auf asphaltiertem Gehweg. Einstieg gekennzeichnet, Achtung Kehrwasser.

157,8 li **Schweizerhalle**, ✕.

159,3 bis 162,9 li Auhafen und Industriegebiet **Birsfelden**.

160,3 re **Grenzach**, D.

162,9 bis 168,4 li und re CH (Kanton Basel).

162,5 Beginn ↯-Insel Birsfelden, nach telefonischer Voranmeldung (☎ mit Gegensprechanlage am Inselanfang) evtl. li Einfahrt in ▭-Kanal. Sonst re Zufahrt zur Anlegepritsche vom ⌂ des Ruderclubs Blau-Weiß Basel und mit werkseigenem Bootswagen (unter ▭-𝕀) über die Insel bis unterhalb Turbinenhaus oder besser 180 m weiter ⏏.

163,6 re ▬, **X** und ↯.

163,5 li **Birsfelden**.

164,3 li ↓ Birs (s. DKV-Auslandsführer, Bd. 1). Rheinbad, Anlegemöglichkeit zum Besuch von Basel.

164,5 EB-𝕀 und Autobahn-𝕀 N 2 (Schwarzwaldbrücke), **Basel**, darunter re Bootshalle Rennpaddler Basel.

165,6 Hochseilfähre.

165,9 Straßen-𝕀 Wettsteinbrücke.

166,3 Hochseilfähre.

166,5 Straßen-𝕀 Mittlere Rheinbrücke.

166,9 Hochseilfähre.

167,1 Straßen-𝕀 Johanniterbrücke.

167,5 bis 169 li Schiffsliegestelle.
167,7 Hochseilfähre.
167,8 Straßen-Ⅱ Dreirosenbrücke.
168,4 li Grenze Schweiz-Frankreich.
169,2 re ↓ Wiese (s. DKV-Gewässerführer SWD).
169,7 li ← Hüninger Kanal.
169,9 re → zum Baseler Rheinhafen, SZ.
170,0 li **Huningue**.

4. Oberrhein

Als Oberrhein wird die Rheinstrecke von Basel bis Mainz bezeichnet. Der Rhein verläuft hier in der breiten oberrheinischen Tiefebene, im Westen begrenzt von den Vogesen, im Osten von Schwarzwald und Odenwald; diese Mittelgebirge liegen allerdings in einiger Entfernung vom Strom, die Landschaft des Oberrheins ist daher nur mäßig reizvoll. Die Landschaft um Ober- und Mittelrhein stellt den ältesten Kulturboden Deutschlands dar. Mehrere Städte künden nicht nur mit ihrem Namen, sondern auch mit mehr oder minder erhaltenen Bauresten von ihrer Gründung durch die Römer. Nach dem Sturm der Völkerwanderung erbauten hier die deutschen Kaiser ihre ersten Kaiserpfalzen. Die Mehrzahl der größten sakralen deutschen Bauten des Mittelalters sind hier angesiedelt, vom Straßburger Münster über die Dome von Speyer, Worms und Mainz bis hin zum Schlusspunkt dieser Perlenkette deutscher Baukunst, dem Kölner Dom. Das daneben eine Serie profaner Bauten mit Burgen, Burgruinen, Schlössern und Kastellen als stumme Zeugen einer wechselvollen deutschen Geschichte am Rhein und dessen Uferhöhen stehen, versteht sich fast von selbst; nicht zu vergessen die großen Städte des Rheintales, die auch in ihrer heutigen, modernen Form noch viel erkennen lassen von den hohen Herren, die hier gehaust und geherrscht haben, von dem Bürgerstolz ihrer Einwohner, von ihrer geschichtlichen Bedeutung. In das Gepäck einer sinnvollen Rhein-Wanderfahrt gehört nicht nur der Flussführer, sondern auch ein Führer durch Landschaft und Geschichte - und die Zeit und die Bereitschaft, das, was im Führer steht, an Ort und Stelle nachzuerleben.
Auf der gesamten Oberrheinstrecke gibt es auf beiden Seiten des Stromes zahlreiche sehr schöne Seitenarme, sie werden im Rheinverlauf kurz erwähnt.
Der Oberrhein - altes Flussbett - bildet zwischen Basel und Lauterburg die Grenze zwischen Deutschland und Frankreich. Der Rhein ist unterhalb von Basel internationale Schifffahrtsstraße, mit sehr starkem, nach abwärts zunehmendem Schiffsverkehr vieler Nationen. Neben Frachtschiffen verkehren auch große Passagierschiffe. Der Schiffsverkehr kann, insbesondere auf den Kanalstrecken, den Kleinbooten gefährlich werden, besondere Vorsicht ist daher stets geboten. Es gilt auf dem Rhein die Rheinschiffart-Polizeiverordnung vom 06.08.70.
Als Folge des Versailler Vertrages wurde der Oberrhein von Basel bis Straßburg als französische Energie- und Wasserstraße ausgebaut.
a) Strecke Basel-Breisach.

Hier wurde ein auf französischem Gebiet verlaufender Rheinseitenkanal mit vier Staustufen gebaut. Eine Befahrung des Kanals mit Sportbooten ist möglich, sie werden jedoch nicht mit der Großschifffahrt mitgeschleust. Die schnell fahrenden Frachtschiffe verursachen erheblichen Wellengang. Im Falle einer Kenterung ist es bei den steilen, veralgten Kanalwänden fast unmöglich, schnell an Land zu kommen. Unterhalb der Staustufe Kembs sind daher alle 500 m wechselseitig Treppen eingebaut. Aus all diesen Gründen ist von einer Befahrung des Rhein-Seitenkanals abzuraten. Wer es eilig hat, sollte daher ab Basel sein Boot auf ein Frachtschiff verladen. Als geruhsame Wanderfahrt empfiehlt sich jedoch, beim Stauwehr Märkt in das alte Rheinbett umzutragen. An diesem Wehr wird immer eine Pflichtmenge von 15 m³/s abgegeben, die für eine ganzjährige Befahrung ausreicht, bei HW läuft das gesamte Überschusswasser im Rhein, bei NW mit kleinen Stromschnellen. Vorsicht und evtl. Umtragen erfordern lediglich die Idsteiner Stromschnellen, je nach Wasserstand WW II-III.

b) Strecke Breisach–Rheinau.

Auch in diesem Bereich finden sich vier Staustufen mit Elektrizitätswerken und Schleusen für die Schifffahrt, jedoch im Gegensatz zum oberen Abschnitt kein durchgehender Seitenkanal. Vielmehr wird lediglich jeweils im Bereich der Staustufen der Schiffsverkehr durch einen kürzeren Kanal geführt, während der alte Flusslauf durch Wehre versperrt ist. Zwar wird auch hier jeweils eine Mindestmenge von 15 m³/s abgegeben, doch müssen bei einer evtl. Befahrung des alten Flusslaufes nicht nur die vier Wehre mühsam umtragen werden, sondern es finden sich im Flusslauf noch weitere unfahrbare Klappenwehre, die ebenfalls zu umtragen sind. Von einer Befahrung des alten Flusslaufes auf dieser Strecke ist abzuraten, man wird daher hier besser in die Schifffahrtskanäle einfahren.

c) Reststrecke unterhalb Rheinau.

Hier finden sich keine künstlichen Hindernisse mehr, die Schifffahrt benutzt ohne Seitenkanäle das Bett des Rheins.

170,0 li **Huningue** (Hüningen) Frankreich, re **Basel**, Schweiz und Bundesrepublik (Dreiländereck).

170,2 Fußgänger-ℿ, re **Weil am Rhein**, D, li ▲ des Touring Club de France. Hier befindet sich der „Parc des Eaux vives“, eine künstliche Wildwasserstrecke, vergleichbar mit dem Augsburger Eiskanal. Sie ist sehr gut geeignet zum Einfahren für alle, die auf dem Weg in die Schweiz oder Südfrankreich zu schwierigem WW sind. Die Befahrung ist gebührenpflichtig. Zufahrt über die A 5, Ausfahrt Weil am Rhein, kurz vor der Grenze; nach re über den Rhein, dann li nach Huningue. Die Zufahrt ist ausgeschildert.

171,3 Straßen-ℿ B 532/D 105, li **Hüningen**, re **Weil am Rhein**.

173,0 li ▲-Möglichkeit beim Yachtclub Hüningen.

173,6 li ← des Elsässischen Rhein-Seitenkanals.

174,0 ▬ Märkt Kembs, **X**.

Rheinseitenkanal:

173,6 li ← des Elsässischen Rhein-Seitenkanals.
177,4 li **Rosenau**.
179,1 Doppel-□ Kembs, wegen Schleusung s. Vorwort zum Oberrhein.
185,4 ← zum Rhein-Rhône-Kanal.
193,6 Doppel-□ Ottmarsheim.
194,3 Autobahn-Ⅱ A 36.
198,8 EB- und Straßen- Ⅱ Neuenburg–Chalamp–(Eichwald) und weiter nach Mulhouse (Mühlhausen).
210,5 Doppel-□ Fessenheim.
224,6 Doppel-□ Vogelgrün.
224,7 Schleusen-Ⅱ, re **Breisach**, li **Neu-Breisach** (Neuf Brisach).
226,6 ↓ des Rheinseitenkanals, DJH.

174,0 Stau-▬ Märkt, re ⌓, mühsam. ⬇ 100 m nach dem Stau-▬ oder besser nach 500 m an der ↓ des Grundwasserkanals. Bootswagen zweckmäßig, auch für die folgenden ▬.
Falls bei NW das Wasser für eine Weiterfahrt unzureichend ist, sollte man im Rheinseitenkanal bis Doppel-□ Kembs fahren und hier über den Damm zum Rhein ⌓, allerdings extrem mühsam, S 3.
175,3 re ↓ Kander.
176,0 Kirchener Schnelle, li fahren oder treideln.
177,5 re unbedingt landen! bis km 178 evtl. ⌓.
177,6 Idsteiner Stromschnellen, 400 m, nur für Könner bei gutem Wasserstand ≋. WW II-III je nach Wasserstand, evtl. re ⌓, 400 m, mühsam.
179,0 Kleine Schwellen auf 4 km, ≋.
186,0 re **Rheinweiler** mit Schloss Rotberg (Altersheim).
189,1 re **Bad Bellingen**, Mineral-Thermalbad.
194,5 Autobahn-Ⅱ A 36 nach Frankreich.
198,8 EB- und Straßen-Ⅱ Neuenburg–Chalampé.
199,0 re **Neuenburg**, li Chalampé, re Rampe mit großem Parkplatz.
214,0 Staubeginn vom Kultur-Wehr Breisach.
218,8 re Segelboothafen u. Segelklub „Nautic“ Breisach.
221,4 li Club Nautique du Rhin Neuf Brisach.
224,4 re Ruderverein Breisach (kein Kanusport) ▲ auf Anfrage.
224,8 Kultur-▬ und □ Breisach, Bootsrampe re, bei NW Ufer stark verschlammt, ⬆ dann mühsam und gefährlich, kein Bootswagen, Schleusung, auch von Einzelbooten, ganztägig ohne Voranmeldung möglich, anfragen beim Schleusenpersonal. ▲ neben der □ hinter dem Damm mit Genehmigung des Schleusenmeisters, re DJH.
225,0 Straßen-Ⅱ B 31 Breisach–Colmar.
225,5 re ↓ Möhlin (s. DKV-Gewässerführer SWD).

225,6 re **Breisach**, ★, Zentrale des Kaiserstühler Weinanbaugebietes.
225,7 re Hafen Breisach.
226,6 li ↓ des Rheinseitenkanals.
234,3 ← des Schleusen-Kanals Marckolsheim.

Schleusenkanal Marckolsheim

234,3 Abzweig aus dem Rhein.
234,7 re hinter Sportbootliegeplätzen bei Schrägrampe ⬆, über Damm u. Treppe ⏢ und über Rampe seitlich im Unterwasser wieder ⬇; läuft nach 150 m in den Rhein unterhalb vom ▬.
240,0 im Schifffahrtskanal □ Marckolsheim, Schleusen für Kanus ungewiss. Schleusen-Ⅱ **Marckolsheim**.
242,5 ↓ in den Rhein.

234,8 im alten Rheinbett re Stau-▬ Burkheim (Staustufe Marckolsheim).
237,9 im alten Rhein Kultur-▬, **X**, re ⏢.
240,0 Kultur-▬.
240,8 Straßen-Ⅱ, re Ruine Limburg, re **Sasbach**, Kaiserstühler Weinort, 1,5 km.
242,5 li ↓ Schifffahrtskanal.
245,1 re Rampe mit großem Parkplatz, **Whyl** in 3,5 km Entfernung.
248,2 ← des □-Kanals Rhinau.

Schleusen-Kanal Rhinau

248,2 Abzweig aus dem Rhein.
256,3 Doppel-□ Rhinau, Schleusung für Kanus jedoch ungewiss.
257,9 li im Kanal ← zum Rhein-Rhône-Kanal.
260,1 ↓ in den Rhein.

249,2 re im alten Rheinbett Stau-▬ (Staustufe Rhinau-Weisweil). Wer über den Altrhein fahren will, muss hier ⏢. Es folgen ▬ feste Schwellen bei km 251,5; 253,5 und 256,3, jeweils **X** und ⏢. Es ist daher wahrscheinlich einfacher, bei km 248,2 in den Kanal einzufahren.
257,2 re NSG „Taubergießen“ (s. DKV-Gewässerführer SWD).
260,1 li ↓ des Schifffahrtskanals Rhinau.
261,1 Motorfähre, re **Kappel**, li **Rhinau**.
264,8 Teil-↓ der Elz über ▬.
266,3 re **Nonnenweier** in 1 km.
267,5 ← des Schifffahrtskanals Gerstheim.

Schleusenkanal Gerstheim

267,5 Abzweig aus dem Rhein.
272,2 □ Gerstheim, Schleusung ungewiss, re NSG Ottenheim. Befah-

ren der Wasserarme verboten.
274,1 ↓ in den Rhein.

268,6 re Stau-■ Nonnenweiler mit Straßen-II.
270,3 Stau-■, **X**, re ⌓.
270,9 re ✗ Rheinlust, 100 m.
272,0 Kultur-■, **X**, ⌓.
272,4 re ↓ des Ottenheimer Altwasser, Gelände der Wassersportfreunde Lahr.
274,1 li ↓ Schifffahrtskanal Gerstheim.
277,3 NATO-Rampe; re auf Straße Richtung Ichenheim (4 km) nach 300 m Holzhütte und Wasserstelle.
282,0 ↓ in den Plobsheimer See.
283,0 Straßen-II Pierre Pflimlin
283,1 ← Schifffahrtskanal.

Schleusenkanal Strasbourg

283,1 Abzweig aus dem Rhein.
287,4 □ Straßburg, Schleusung ungewiss.
291,4 ↓ in den Rhein.

284,0 Stau-■ Straßburg, **X**, re ⌓. Es folgt der Stausee des Stau-■ Kehl.
285,0 re ↓ Holländischer Rhein über ■.
288,1 Im Stausee re kleiner Segelhafen.
290,0 Ende des Stausees, ■ Kehl, **X**, re ⌓ etwa 500 m.
291,4 li ← Schifffahrtskanal mit Einfahrt in die Straßburger Süd-□, feste □-Zeiten, dahinter Straßburger Hafen.
291,6 re ↓ Ottenheimer Mühlbach (s. DKV-Gewässerführer SWD).
292,0 re ↓ Seitenarm des Ottenheimer Mühlbachs, hinter dem Damm ▲ C des DCC, Schwimmbad und Jugendherberge.
293,0 Wege-II
293,5 Straßen-II B 28/N 4 (Europa-Brücke), re **Kehl**, li **Straßburg**.
293,7 EB-II, sofort danach re → in Sportboothafen, hier ⌂ und ▲, *DKV-Kanustation*, der Kehler Paddlergilde, Hafenstraße 6, 77694 Kehl, www.kehler-paddlergil.de , Adressen für Bootshausschlüssel hängen an der nördlichen Stirnwand des Bootshauses; daneben Yachtclub.
296,6 li ← in den Hafen Straßburg, Weiterfahrt zum Rhein-Marne-Kanal und zur Ill möglich.
297,7 re → in Hafen Kehl.
298,2 re ↓ Rheinische Kinzig (s. DKV-Gewässerführer SWD).
307,0 li ⌓ zur Ill möglich.
307,2 ← Schifffahrtskanal

Weiterfahren re bis 308,3.

Schleusenstrecke Gambsheim

307,2 Abzweig aus dem Rhein.
308,8 □ Gambsheim, Schleusung ungewiss.
311,3 li ↓ Ill in den Schleusenkanal mit ■, ≋ (s. DKV-Auslandsführer, Bd. 6).
311,7 ↓ in den Rhein.

308,3 re gekennzeichnete ⩩-Stelle zum Seitengraben. Nach 500 m unter der Ⅱ Rheinau–Gambsheim ■, im Frühjahr und im August **X**, re ⩩ durch Fußgängertunnel, mühsam. Weiterfahrt auf dem Seitengraben bis unterhalb Staustufe. Nach 3,5 km ↓ in Baggersee, hier nach re noch 1,5 km bis zur ↓ in den Rhein bei km 312,4; nach li 1,5 km bis ⌂ DJK Sasbach, keine ✕.
311,7 li ↓ des Schleusen-Kanals Gambsheim.
312,4 re → zum Baggersee (s. km 308,3), ↓ Gießelbach.
318,4 Großfähre Drusenheim – Greffern.
321,3 re ⩩ in Seitengraben, auf ihm Weiterfahrt etwa 13 km bis unterhalb der Staustufe Iffezheim.
330,9 ⩩ von der Staustufe in Seitengraben möglich. re Abzweigung, Befahrung möglich. Weiterfahrt auf dem Seitengraben geradeaus.
331,8 Am Seitengraben re ⌂ und ▲ des Ski- und Kanuclubs Baden-Baden, nicht bewirtschaftet.
332,3 Der Seitengraben geht re ab, hier letzte ⩩-Möglichkeit vom Stau. Nach 500 m Zusammenfluss mit der Abzweigung von km 330,9. Nach weiteren 3 km ↓ in Rhein bei km 335,3.
332,9 li ⩩ in Moder möglich, S1; hier freie Fahrt.
333,4 Staustufe Iffezheim, letzter Rhein-Stau, ⩩ schlecht, □, Schleusung ungewiss.

Der freifließende Oberrhein ab Staustufe Iffezheim ist ein von der Berufsschifffahrt stark befahrener Abschnitt der Großschifffahrtsstraße Rhein. Für den Verkehr mit Kleinfahrzeugen ohne eigenen Antrieb (z.B. Canadier, Kajaks, Ruderboote) gelten selbstverständlich auch die Bestimmungen und Regelungen der Rheinschifffahrtspolizeiverordnung. Es ist deshalb für jeden Bootsführer unabdingbar, dass er die vorgenannten Verkehrsvorschriften für unsere Kleinfahrzeuge und insoweit notwendig auch die der Berufsschifffahrt kennt und diese auch bei der Fahrtenplanung und während der Fahrt umsetzen kann.

Entsprechende Fachliteratur ist unter anderem unter dem Stichwort „Sportbootführerschein- Binnen“ im Buchhandel erhältlich. Auch kann ein vom Bundesministerium für Verkehr, Bau- und Wohnungswesen herausgegebener „Leitfaden für Wassersportler“ im Internet abgerufen werden. In diesem Zusammenhang wird darauf

hingewiesen, dass sich jeder Bootsführer vor Fahrtantritt, am besten schon im Rahmen der Fahrtenplanung, bezogen auf den zu befahrenden Streckenabschnitt im Detail mit den Einzelregelungen und der Fahrtroute vertraut machen muss.
Hierzu dient u.a. diese Flussbeschreibung und als wichtige Ergänzung, entsprechend aussagekräftiges Kartenmaterial in dem z.B. als Navigations- und Orientierungshilfe während der Fahrt, die geplante Fahrt eingezeichnet oder vermerkt werden kann.

Besonderheiten und Regelungen.

Ab der Hochwassermarke II ist jegliche Schifffahrt auf dem Rhein verboten. Dies gilt auch für Canadier, Kajaks und Ruderboote. Alle Pegel sind einsehbar über www.elwis.de .
Zwischen der Neckarmündung (Km 428,2) und Lorsch (Km 540,3) besteht für die Berufsschifffahrt eine „geregelte Begegnung" (hier Backbord an Backbord), was ein Rechtsfahrgebot für talfahrende Schiffe bedeutet.
Im Abschnitt Speyer–Mainz kommt es bei ausreichendem Wasserstand vor, dass Schiffe in Berg- und Talfahrt auch außerhalb der betonnten Fahrrinne fahren. Eine ständige Aufmerksamkeit auch nach rückwärts ist deshalb unerlässlich.
Auf dem Abschnitt Mannheim–Koblenz wechselt entsprechend der Fahrrinnenführung die Berufsschifffahrt die Stromseite. Damit eventuelle kritische Situationen oder Gefährdungen für unsere Kleinfahrzeuge möglichst vermieden werden, ist so vorausschauend zu navigieren, dass rechtzeitig die von der Berufsschifffahrt abgewandte Stromseite außerhalb der Fahrrinnenbetonnung erreicht wird. Hierbei ist das Fahrwasser unter Berücksichtigung des durchgehenden Verkehrs auf kürzestem Weg zu passieren. Als Faustregel gelten unter Beachtung der Schiffsgeschwindigkeiten folgende Mindestentfernungen vom Schiffsbug: 200–300 m bei Bergfahrern und 300–400 m bei Talfahrern. Am sichersten und einfachsten ist die Fahrwasserquerung natürlich wenn kein Schiff kommt.
Den auf den Streckenabschnitten Speyer–Mainz und Mainz–Koblenz genannten *Fahrtempfehlungen* sollten für Verbands- und Vereinsfahrten sowie bei Fahrten in größeren Gruppen, zur eigenen Sicherheit und wegen der eventuellen Gefährdung der Leichtigkeit des durchgehenden Verkehrs der Berufsschifffahrt, soweit möglich, nachgekommen werden.
Dagegen sollte für alle Kanuten der an einigen Stellen angebrachte *Fahrtroutenhinweis/Kursvorgabe* mit der jeweiligen Kursvorgabe verbindlich sein.

334,5 li ↓ Moder (s. DKV-Auslandsführer, Bd. 6).

335,2 re ↓ Iffezheimer Altwasser, ↓ Seitengraben, ↓ Sandbach (s. DKV-Gewässerführer SWD).

335,7 EB- und Straßen-Ɪ Wintersdorf–Beinheim.

340,3 Hochseil-Gierfähre Seltz–Plittersdorf.

341,2 re 1. ↓ des Plittersdorfer Altwassers (s. DKV-Gewässerführer SWD).

343,5 re 2. ↓ des Plittersdorfer Altwassers.

343,9 li ↓ Sauer mit Sperrtor (s. DKV-Auslandsführer, Bd. 6).

344,1 li **Munchhausen**, städt. ▲, ✕ 5 Minuten entfernt.

344,5 re ↓ Murg (s. DKV-Gewässerführer SWD) 6,4 km Murg-aufwärts ⌂ des RKC Rastatt, www.kanuclub-rastatt.de , und TVDN Rastatt.

347,2 re ↓ Goldkanal; etwa 1,5 km aufwärts ⌂ des PC Illingen, ▲, *DKV-Kanustation*, ☎ 07245/3949, www.paddelclub-illingen.de .

345,8 li neue ↓ der Sauer.

349,2 re ↓ Illinger Altwasser (s. DKV-Gewässerführer SWD). Nach etwa 50 m li ≏ in das lohnende Auer Altwasser, das bei km 354,0 wieder den Rhein erreicht.

349,2 li Hafen **Lauterbourg**, anschließend ✕.

352,1 li ↓ alte Lauter, Grenze Deutschland-Frankreich.

352,4 → in die Judengasse. Vorsicht, ■ starker Überfall in das Auer Altwasser. Vom 01.03.-31.05. ist das Befahren des Altwasser (Bremer Grund) von Rhein-km 352,5-354,1 verboten.

354,0 re ↓ Auer Altwasser (s. DKV-Gewässerführer SWD), Zollhafen, Zollamt Neuburgweier.
Fähre Neuburg – Neuburgweier.

354,6 re ⌂ und kleiner ▲ Kanugesellschaft Karlsruhe.

355,4 li ↓ Neue Lauter (s. DKV-Gewässerführer SWD). An ↓ ▲ KC Karlsruhe-Maxau.

355,9 re → Altwasser mit Leinpfad-Ⅱ; starker Sog in das Altwasser. li ▲ KC Rheinbrüder und Naturfreunde, Karlsruhe.

357,5 re Rappenwörth, → zum ⌂ , ▲, ✕ KC Rheinbrüder; H.-Schneider-Allee 49 b, 76189 Karlsruhe, ☎ 0721/574105, www.rheinbrueder.de , *DKV-Kanustation*, Verleih von Bootswagen für den Bootstransport zum Fluss; ⌂ ⌂ KC Maxau, www.kanuclub-maxau.de , Polizeisportverein Karlsruhe, der KA des Karlsruher Turnvereins und TV Naturfreunde OG Karlsruhe; Strandbad, Straßenbahnverbindung nach **Karlsruhe**.

359,7 li Haus der Naturfreunde, ✕.

359,9 re → Rheinhafen Karlsruhe, starker Hafenverkehr!

360,3 li ↓ Altwasser Goldgrund, idyllische Altrheinarme.

360,8 re Tulla-Denkmal bei Baumgruppe.

362,0 EB- und Straßen-Ⅱ Maxau–Maximiliansau.

365,8 li ← Hafen **Wörth**; 2,8 km einwärts ⌂ und ▲ des RKC Wörth, ☎ 07271/3671, www.rkcw.de .

367,5 re → Ölhafen Karlsruhe, für Sportboote verboten. Nach Hafeneinfahrt re die durch ein Schütz versperrte ↓ der Alb (s. DKV-Gewässerführer SWD). ≏ zum „kleinen Bodensee“ möglich.

371,2 re → Stichkanal nach Leopoldshafen. Hier mündet auch die Alb. Nach 1 km ⌂ und ▲ des KV Bruchsal.

372,1 Fähre Leimersheim–Leopoldshafen.

372,9 li kleiner Hafen Leimersheim. ⏏ zum Leimersheimer Altwasser und Michelsbach (s. DKV-Gewässerführer SWD).
373,0 li ← Leimersheimer Altrhein, starker Abfall unter niedriger Ⅱ.
375,0 re → des Hochstetter Altwasser, durch Röhre.
375,3 li ↓ des Leimersheimer Altrheins. Durch schmale Abzweigung zum Fährhaus, Hafen und Leimersheimer Altwasser. Im Altwasser ↓ Otterbach und Erlenbach (s. DKV-Gewässerführer SWD).
376,7 re ↓ Hochstetter Altwasser.
380,3 li ↓ Sondernheimer Altwasser (Michelsbach), (s. DKV-Gewässerführer SWD).
380,8 re → in Baggersee und den Saalbach.
383,3 re ↓ Rußheimer Altwasser; 500 m einwärts ⌂ , ▲, *DKV-Kanustation*, ✕ der Paddelfreunde Huttenheim, www.paddelfreun.de . Eine Befahrung des idyllischen Rußheimer Altrheins ist sehr zu empfehlen, er führt durch ein NSG, nicht-störende Durchfahrt gestattet, anlegen verboten; ↓ in Rhein nach 8 km bei Rhein-km 383,3 (s. DKV-Gewässerführer SWD).
383,9 EB-Ⅱ, li **Germersheim**, ⌂ des RV Germersheim, www.ksg-ger.de .
384,6 li alter Hafen Germersheim.
384,8 li ↓ Queich (s. DKV-Gewässerführer SWD).
384,9 Straßen-Ⅱ Germersheim–Rheinsheim.
385,3 li ← zum neuen Hafen Germersheim und Lingenfelder Altrhein. Der

Lingenfelder Altrhein umfließt in großem Bogen die Insel Grün. Er führt nach 8,5 km zurück zum Rhein bei km 386,6 (s. DKV-Gewässerführer SWD).

386,5 re ⌂ WSC „Rheintreue“, Rheinsheim, *DKV-Kanustation*, Große Rheinstraße 99, 76661 www.kanu-wsc.de und ⌂ , ▲, KV Bruhrain Rheinsheim, *DKV-Kanustation*, Große Rheinstraße, 76661 Philippsburg.

386,6 li ↓ des Lingenfelder Altrheins (s. DKV-Gewässerführer SWD).

389,2 re → Philippsburger Altrhein (s. DKV-Gewässerführer SWD). Der Philippsburger Altrhein führt nach 6,8 km zurück zum Rhein bei km 391,7. Am Altrhein liegen 2 ⌂, ▲, ✕ des Ski- und KC Philippsburg, *DKV-Kanustation*, www.skcphilippsburg.de . Dahinter Atomkraftwerk.

391,5 li ← in den Berghäuser Altrhein, Einfahrt verboten, Naturschutzgebiet.

391,7 re ↓ Philippsburger Altrhein.

393,9 Fähre Rheinhausen – Speyer, re **Rheinhausen**.

395,4 re → Hafen Kieswerk Krieger.

399,6 li ← neuer Hafen von Speyer.

399,9 Straßen-Ⅱ, direkt davor li ⌂ , ▲ des KC Speyer, Bootssportanlage am Leinpfad, 67436 Speyer, *DKV-Kanustation*, ☎ 06232/76299, www.kanuclubspeyer.de .

400,0 li **Speyer**, ★: romanischer Dom mit Krypta und Kaisergräbern, Judenbad, historisches Kurpfalz-Museum, Technikmuseum.

400,2 li ↓ Speyerbach-Woogbach (s. DKV-Gewässerführer SWD).

403,2 Autobahn-Ⅱ A 61.

403,3 li ⩦ in das Reffentaler Altwasser, 4 km lang, ↓ in Rhein bei km 406,2 (s. DKV-Gewässerführer SWD). Die Fahrt führt teilweise durch militärisches Sperrgebiet, zeitweise gesperrt.

405,1 li ← Altwasser Angelloch.

406,2 li ↓ Reffentaler Altwasser.
re → Ketscher Altwasser. Der Ketscher Altrhein umfließt die Ketscher Rheininsel (li Ufer NSG, Befahren nur auf der re Altrheinhälfte gestattet), ↓ in Rhein nach 5,4 km bei Rhein-km 409,1 (s. DKV-Gewässerführer SWD), 1,5 km einwärts ⌂ mit ▲ und ✕ WSC Ketsch, *DKV-Kanustation*, Am Kraichbach 1, 68775 Ketsch, www.wsc-ketsch.de .

409,1 re ↓ Ketscher Altwasser, ⌂ , ▲ WSV Brühl 1933 e.V., *DKV-Kanustation*, Vorderer Koller, 68778 Brühl, www.wsv-bruehl.de .

409,4 li ▲ an der Wanderhütte des PG Ludwigshafen.

409,5 Motorfähre Brühl-Kollerinsel-Otterstadt.

410,1 li ▲ an der Wanderhütte des KSC Mannheim-Neckarau, *DKV-Kanustation*.

410,3 ▲ bei der KG Neckarau.

411,0 li ← Otterstädter Altrhein. Der Otterstädter Altrhein ist ein sehr schönes großes Altwasser mit schönen ruhigen ▲; er endet nach 6 km (s. DKV-Gewässerführer SWD).

415,1 re → Hafenbecken. 1 km im Hafen einwärts li 🏠 KC Rheinau, Bergiusstr. 9, 68219 Mannheim, www.kanu-club-rheinau.de .
415,2 li **Altrip**.
415,5 Motorfähre Neckarau–Altrip, Vorsicht!
li bei Anlegestelle 🏠 , ▲ des KC Altrip, An der Rheinfähre 10, 67122 Altrip, www.kc-altrip.de . Bei Altrip gute ⬇⬆
415,5 re Kühlwasserein- und ausläufe des Groß-ϟ Mannheim.
418,3 re → Altwasser Silberpappel, dort nach 50 m li hinter dem Damm 🏠 KSC Mannheim-Neckarau, *DKV-Kanustation*, Kiesteichweg 21, 68199 Mannheim, www.ksc-neckarau.de , ▲, ✕, 500 m weiter 🏠 der KG Neckarau, Mühlweg 11, 68199 Mannheim, www.kgneckarau.de , ▲, ✕, auch für Wohnwagen.
418,4 li 🏠 ESV Ludwigshafen, www.esv-lu.de , ▲.
418,5 li 🏠 und ▲ der Paddlergilde Ludwigshafen, *DKV-Kanustation*, www.pgluhafen.de .
418,9 li ← Baggersee Kief.
419,6 li ↓ Rehbach (s. DKV-Gewässerführer SWD).
419,8 re ▲ Campingplatz der Stadt Mannheim, Strandbadweg 1, 68166 Mannheim, ☎ 0178/4817471, www.campingplatz-mannheim.de , gute Rastmöglichkeit, ✕.
420,0 - 421,6 re Reisinsel, *Naturschutzgebiet*.
421,4 li ← Kaiserwörthhafen, an der Pegeluhr 🏠 des Ludwigshafener KC, ☎ 0621/569696, ▲.
422,2 re → Altwasser Bellengrappen, Befahrung verboten.
424,1 re 🏠 KC Mannheim, Rheinpromenade 9, 68163 Mannheim-Lindenhof, ▲, *DKV-Kanustation*, ☎ 0621/826152, www.kanu-club-mannheim.de .
424,2 re 🏠 PG Mannheim, ▲, ✕.
424,4 EB- und Straßen-Ⅱ (Konrad-Adenauer-Brücke), re **Mannheim**, li **Ludwigshafen**.
! Im Hafengebiet starke Wellenbildung durch Schiffsverkehr und Wind!
Fahrtempfehlung: bis zur Neckar-↓ (km 428,2) linke Stromseite fahren.
425,7 Straßen-Ⅱ B 44 (Kurt-Schuhmacher-Brücke).
428,2 re ↓ Neckar (s. Seite 270), 1,0 km Neckar-aufwärts 🏠 Mannheimer KG, Inselstr. 1, 68169 Mannheim, www.mannheimer-kanu-gesellschaft.de , ▲, *DKV-Kanustation*,
Zwischen der Neckarmündung (Km 428,2) und Lorsch (Km 540,3) besteht für die Berufsschifffahrt eine „geregelte Begegnung" (hier Backbord an Backbord), was ein Rechtsfahrgebot für talfahrende Schiffe bedeutet.
431,4 re → Sandhöfer Altwasser; 2 km einwärts 🏠 WSV Mannheim-Sandhofen, www.wsv-sandhofen.de , ▲, ✕.
431,6 re und li Natorampen, gute Anlandungsmöglichkeiten.
432,6 Autobahn-Ⅱ A 6.

437,6 re ▲ WSV Lampertheim.
438,4 li ↓ Isenach (s. DKV-Gewässerführer SWD).
440,3 re → zum Lampertheimer Altrhein. In dem Lampertheimer Altrhein liegen mehrere ⌂; nach 4,7 km NSG, Weiterfahrt gesperrt.
Fahrtempfehlung: Vor und nach Worms rechte Stromseite fahren.
442,2 li ⌂ KV Worms, Am Salzstein 6, 67547 Worms, ▲, *DKV-Kanustation*, ganzjährig, auch für Wohnwagen; ☎ 06241/82261, www.kvworms.de .
442,6 li ⌂ WSV Worms, *DKV-Kanustation*, Floßhafenstraße 15, 67547 Worms, erreichbar über die Hafeneinfahrt bei km 443,0, ▲, ✕, *DKV-Kanustation*, ganzjährig, www.wsv-worms.de .
442,8 li ⌂ FC Worms, Floßhafenstraße 13, 67547 Worms, erreichbar über die Hafeneinfahrt bei km 443,0, *DKV-Kanustation*, www.fcworms.de .
443,0 li ← zum Hafen; Zufahrt zu den Bootshäusern WSV und FC Worms.
443,2 Straßen-Ⅱ B 47 (Nibelungenbrücke), li **Worms**. Alte römische Siedlung mit Dom St. Peter. ★.
443,8 re → Maulbeerauer Altrhein, mündet nach 6,1 km ruhiger Altwasserfahrt und einem schönen Brückenschwall km 449,3 wieder in den Rhein
445,4 EB-Ⅱ Worms.
446,7 li ↓ Pfrimm (s. DKV-Gewässerführer SWD).
449,3 ↓ Maulbeerauer Altrhein.
451,0 re ehemalige Fährrampe, ✕ Zur Rheinfähre.
449,4 li Rampe Rheindürkheim, gute ⬇⬆ mit Parkplatz und ✕.
452,1 - 454,6 Das re Rheinufer ist bis zur ↓ der Weschnitz Bestandteil des NSG „Steiner Wald von Nordheim". re ganzjähriges Uferbetretungsverbot.
454,6 re ↓ Weschnitz (s. DKV-Gewässerführer SWD).
455,0 - 456 re Atom-↯ Biblis.
Fahrtempfehlung: Ab Höhe des ↯ Biblis sollte bis km 459,0 die linke Stromseite befahren werden. Anschließend Fahrwasserwechsel nach rechts. Spätestens in Höhe der zerstörten Gernsheimer Brücke erneuter Seitenwechsel nach links.
459,5 re und li Natorampen, gute Anlandungsmöglichkeiten.
461,3 re ⌂ und ▲ TSV 1896 Gernsheim, Im Wertchen, 64579 Gernsheim, www.kanusport-gernsheim.de .
461,5 Zerstörte Ⅱ **Gernsheim**. re ↓ Winkelbach (s. DKV-Gewässerführer SWD).
461,7 Fähre Gernsheim–Eich. ✕.
465,0 *Fahrtempfehlung: Ab km 465,0 Fahrwasserwechsel nach rechts und dann weiter roten Tonnenstrich fahren.*
466,0 li ← in das Mintheloch, auch Eicher See genannt, große, ruhige Wasserfläche 7-8 ha groß, Sandufer.
468,2 re und li Natorampen, gute Anlandungsmöglichkeiten.
468,4 re → Erfelder Altrhein. Der sehr schöne Erfelder Altrhein umfließt das NSG Kühkopf-Knoblochsaue, *Uferbetretungsverbot auf der li Seite.* Streckenweise ist die Befahrung nur mit Kleinfahrzeugen ohne

Motorantrieb gestattet. Am Altwasser liegen mehrere ⌂. ↓ in den Rhein nach 16,7 km bei Rhein-km 473,9 (s. DKV-Gewässerführer SWD).

469,0 - 478,0 Uferbetretungsverbot rechtes Ufer, Ausnahme km 469 bis 472,7 und 474 bis 477,15.

472,4 li sehr gute ⬇⬆ an Rampe mit Parkplatz, ✕ Rheinhof.
Fahrtempfehlung: Bei Weiterfahrt Stromquerung nach rechts und ab km 476,0 wieder nach links wechseln.

472,5 li **Guntersblum** ca. 3 km landeinwärts, Personenfähre zur Insel Kühkopf.

472,5 li ⌂ und ▲ WSV Guntersblum, Am Rheindamm, 67583 Guntersblum, *DKV-Kanustation*, ☎ 06249/8898, www.wassersportfreunde-guntersblum.de , besonders für Gruppen geeignet.

473,9 re ↓ des Erfelder Altrheins.

474,7 re und li Natorampen, gute Anlandungsmöglichkeiten.

478,4 li **Oppenheim**, ✕, ★: historische Altstadt, Katharinenkirche, Deutsches Weinbaumuseum.

480,4 li ← Oppenheimer Hafen mit ⌂ KC Oppenheim, Hafenstr. 17, 55276 Oppenheim, www.kc-oppenheim.de , keine Zeltmöglichkeit mehr, Übernachtung im Bootshaus möglich, ca. 500 m innerhalb des Hafens, sehr gute ⬇⬆ zum Besuch der Stadt Oppenheim an der Rampe neben WSA. 🚌 in 10 min.
Fahrtempfehlung: Bei Weiterfahrt zur rechten Stromseite wechseln

480,6 Großfähre Landskrone–Kornsand.

481,5 - 482,0 li, **Nierstein**, bekannter Weinbauort mit historischem Zentrum. Anlanden an zwei Rampen möglich.
Fahrtempfehlung: Weiterfahrt rechte Stromseite außerhalb der Fahrrinne.

484,5 Einfahrt Ludwigsaue, windgeschützter Rastplatz.
Fahrtempfehlung: Fahrwasserseitenwechsel auf die linke Stromseite.

484,8 li Kribbe der Insel Kisselwörth, li Arm nach Nackenheim.
484,82 bis km 485,5 vom 15.10. – 31.03. Befahrungsverbot für die Wasserflächen innerhalb der Parallelwerke an der Südspitze der Insel Kisselwörth.

486,0 - 487,0 Uferbetretungsverbot linkes Ufer.

486,3 li Stromarm nach Nackenheim. Beginn der Sändchen-Insel. Betreten verboten!

486,5 li **Nackenheim** (linker Arm), historische Weinbaugemeinde, gute ⬇⬆ an Rampe, zum 🚌 10 min.

487,0 re Steindamm, dahinter Altrhein nach Ginsheim.

492,0 li ▲ Campingplatz Rheinufer, ☎ 06131/86852, www.camping-doering.de , ✕, ehemals Laubenheimer Strandbad.

492,9 re → Ginsheimer Altrhein. Die Befahrung des Ginsheimer Altrheins ist für Motorboote ganzjährig gesperrt, für übrige Fahrzeuge gesperrt vom 15.04.-15.06. Nach 6,1 km ⩡ zum Rhein bei km 487 (s. DKV-Gewässerführer SWD). Im Altrhein ⌂ KV Ginsheim.

493,1 re und li Natorampen, li mit Parkplatz, gute ⬇⬆, li **Laubenheim**.

493,6 li Weisenauer Ruderverein, gute ⬇⬆, ✕, Autobahn-Ⅱ A 60 Mainz-Weisenau, danach li Betriebsgelände. Vorsicht bei Ladetätigkeit.

496,4 li ESV Eintracht Mainz, Am Winterhafen 2, 55131 Mainz, ⌂, li **Mainz**. Bischofs-, Universitäts- und Landeshauptstadt. St. Martins-Dom, Gutenberg-Museum, Schloss. ★. 🚉 15 Minuten (Mainz-Süd).

496,5 EB-Ⅱ.

496,6 re ↓ Main (s. Seite 222); li ⌂ Mainzer Ruderverein 1878 e.V.; ✕.

5. Mittelrhein

1.) Allgemeine Informationen und Hinweise:

Der Mittelrhein, von Mainz bis Bonn, ist der landschaftlich schönste Teil des Rheines. Er vollzieht hier in eindrucksvollen Engtälern seinen Durchbruch aus der oberrheinischen Tiefebene durch das rheinische Schiefergebirge zur nordseenahen Tiefebene. Im Osten folgen auf den Rheingau, der Taunus und der Westerwald, im Westen auf den Hunsrück die Ausläufer der Eifel.

Der Mittelrhein ist auch ein von der Berufsschifffahrt besonders stark befahrener Abschnitt der Großschifffahrtsstraße Rhein. Für den Verkehr mit Kleinfahrzeugen ohne eigenen Antrieb (z.B. Canadier, Kajaks, Ruderboote) gelten selbstverständlich auch die Bestimmungen und Regelungen der Rheinschifffahrtspolizeiverordnung. Es ist deshalb für jeden Bootsführer unabdingbar, dass er die vorgenannten Verkehrsvorschriften für unsere Kleinfahrzeuge und insoweit notwendig auch die der Berufsschifffahrt kennt und diese auch bei der Fahrtenplanung und während der Fahrt umsetzen kann.

Entsprechende Fachliteratur ist unter anderem unter dem Stichwort „Sportbootführerschein- Binnen“ im Buchhandel erhältlich. Auch kann ein vom Bundesministerium für Verkehr, Bau- und Wohnungswesen herausgegebener „Leitfaden für Wassersportler“ im Internet abgerufen werden. In diesem Zusammenhang wird darauf hingewiesen, dass sich jeder Bootsführer vor Fahrtantritt, am besten schon im Rahmen der Fahrtenplanung, bezogen auf den zu befahrenden Streckenabschnitt im Detail mit den Einzelregelungen und der Fahrtroute vertraut machen muss. Hierzu dient u.a. die nachfolgende Flussbeschreibung und als wichtige Ergänzung, entsprechend aussagekräftiges Kartenmaterial in dem z.B. als Navigations- und Orientierungshilfe während der Fahrt, die geplante Fahrt eingezeichnet oder vermerkt werden kann.

Empfohlen werden hierfür die Topografischen Karten (Maßstab 1 : 25000), herausgegeben von den Landesvermessungsämtern Hessen und Rheinland - Pfalz: LI 6015, 014, 5912, 5811, 5711, 5611.

Außerdem die speziell für die Sportschifffahrt gestalteten, sehr detaillierten, Karten im Buch „Der Rhein“ von Manfred Fenzl (Verlag: Delius Klasing, Siekerwall 21, 33602 Bielfeld), der „Rhein – Radar – Atlas“ Maßstab 1 : 15000 vom DT Atlas Verlag in Duisburg und „Der große Rhein – Mosel – Saar – Atlas“ in den Maßstäben

1 : 10000 und 1 : 25000, erhältlich bei: Editions de la Navigation, Strasbourg / Verlag Rheinschifffahrt, Bad Soden.

2.) Besonderheiten und Regelungen:

Ab der Hochwassermarke II ist jegliche Schifffahrt auf dem Rhein verboten. Dies gilt auch für Canadier, Kajaks und Ruderboote. Alle Pegel sind einsehbar über www.elwis.de .

Zwischen der Neckarmündung (Km 428,2) und Lorsch (Km 540,3) besteht für die Berufsschifffahrt eine „geregelte Begegnung" (hier Backbord an Backbord), was ein Rechtsfahrgebot für talfahrende Schiffe bedeutet.

Besonders im Abschnitt zwischen Bingen und Boppard kommt es bei ausreichendem Wasserstand vor, dass Schiffe in Berg- und Talfahrt auch außerhalb der betonnten Fahrrinne fahren. Eine ständige Aufmerksamkeit auch nach rückwärts ist deshalb unerlässlich.

Auf dem Abschnitt Mannheim–Koblenz wechselt entsprechend der Fahrrinnenführung die Berufsschifffahrt die Stromseite. Damit eventuelle kritische Situationen oder Gefährdungen für unsere Kleinfahrzeuge möglichst vermieden werden, ist so vorausschauend zu navigieren, dass rechtzeitig die von der Berufsschifffahrt abgewandte Stromseite außerhalb der Fahrrinnenbetonnung erreicht wird. Hierbei ist das Fahrwasser unter Berücksichtigung des durchgehenden Verkehrs auf kürzestem Weg zu passieren. Als Faustregel gelten unter Beachtung der Schiffsgeschwindigkeiten folgende Mindestentfernungen vom Schiffsbug: 200–300 m bei Bergfahrern und 300–400 m bei Talfahrern. Am sichersten und einfachsten ist die Fahrwasserquerung natürlich wenn kein Schiff kommt.

3.) Hinweise:

Das Heck großer Schiffe und Schubverbände schwenkt in Kurven sehr weit nach außen, was in Verbindung mit dem Sog und den Heckwellen eine besondere Gefahrensituation darstellt, welcher man nur durch großen Abstand vorbeugen kann. Je nach Schiffskonstruktion, Ladezustand, Fließgeschwindigkeit und Windverhältnisse herrscht starke Wellenbildung und Sogwirkung durch vorbeifahrende Schiffe.

Die Strömung des Rheines ist im Gebirge (Abschnitt Bingen–Boppard) auch bei normalem Wasserstand sehr schnell. Die Fahrrinne verläuft hier stellenweise sehr dicht am Ufer oder an Untiefen (Sandbänken usw.). Da durch die Fahrwasserbegrenzungstonnen, je nach Wasserstand und Windverhältnissen, eine starke Havariegefahr besteht gilt es besonders vorausschauend und abstandhaltend zu fahren.

4.) Empfehlungen für Planung und Durchführung von Fahrten auf dem Mittelrhein von Mainz–Koblenz:

Das Befahren der Gebirgstrecke von Bingen bis Boppard sollte nur den erfahrenen Wassersportlern vorbehalten bleiben. Anfänger sollten nur bei günstigen Wasser- und Wetterverhältnissen in Begleitung eines verantwortlichen Fahrtenleiters diese Strecke befahren. Das Tragen einer Schwimmweste wird empfohlen.

Bei guten Wetterverhältnissen sind, bei einer Wanderfahrt, Tagesetappen von 40–50 km möglich.

Zum Nachholen der Pkw und Bootswagen eignen sich besonders die linksrheinischen Zugverbindungen (Koblenz–Mainz–Ludwigshafen–Mannheim).
Beim Anlanden und Ablegen unbedingt die Wellen vorbeifahrender Schiffe beachten da sonst Kentergefahr besteht.
Bei starkem Westwind ist die Fahrt durch den Rheingau bis Bingen sehr anstrengend.
Damit eine vorgesehene Wanderfahrt auf dem Rhein möglichst zu einem stressfreien Erlebnis wird, sollten vor Fahrtantritt mit allen Teilnehmern die Besonderheiten des Streckenabschnittes und die Fahrtroute besprochen werden.
Den auf den Streckenabschnitten Speyer-Mainz und Mainz-Koblenz genannten *Fahrtempfehlungen* sollten für Verbands- und Vereinsfahrten sowie bei Fahrten in größeren Gruppen, zur eigenen Sicherheit und wegen der eventuellen Gefährdung der Leichtigkeit des durchgehenden Verkehrs der Berufsschifffahrt, soweit möglich, nachgekommen werden.
Dagegen sollte für alle Kanuten der an einigen Stellen angebrachte *Fahrtroutenhinweis/Kursvorgabe* mit der jeweiligen Kursvorgabe verbindlich sein.

496,6 re ↓ Main (s. Seite 222); li ⌂ Mainzer Ruderverein 1878 e.V.; ✕.

496,8 li Bootssteg des Mainzer Kanu-Vereins 1920 e.V., anschließend Bootssteg der DLRG, li zwischen Winterhafen und Rhein (Victor-Hugo-Ufer) ⌂ des Mainzer Kanu-Vereins 1920 e.V., gute ⬇⬆, www.mainzer-kanuverein.de , 15 Minuten zum 🚃 Mainz-Römisches Theater und zur Altstadt von **Mainz**, Römerschiffmuseum, Martinsdom, ★. Geeignetes Fahrtziel auch für Gruppenfahrten. Boote auf- und abladen am Bootshaus amtlich genehmigt. Parkmöglichkeit 50 m vom Bootshaus entfernt.

497,2 li ← Einfahrt zum Sportboot-Winterhafen Mainz.

497,6 re ⌂ der Kasteler Ruder- u. Kanugesellschaft 1880 e.V., Maaraue 48, 55246 Mainz-Kostheim, www.krkg.de , ✕, 5 min zum 🚃 Mainz-Kastel. An das Bootshaus anschließender ▲ C der Stadt Mainz, bewirtschaftet vom Verein KRKG, *DKV-Kanustation*.

498,5 Straßen-Ⅱ (Theodor-Heuss-Brücke), re **Mainz-Kastel**.

499,0 - 502,0 Insel Petersaue, re → Kasteller Arm. Auf der Insel anlanden verboten, Wasserschutzgebiet!

Rechter Arm (Kasteller Arm)

501,0 EB-Ⅱ Mainz Nord (Kaiserbrücke).

501,1 re ⌂ der Paddler-Gilde Amöneburg, Biebricher Str. 23, 65203 Mainz-Amöneburg, ▲, ☎ 0611/9600338 (mittwochs ab 18:00 Uhr), www.paddler-gilde-amoeneburg.de , Busverbindung nach Mainz und Wiesbaden.

502,0 Steg von re Amöneburg zur Insel Petersaue.

Linker Arm (Hauptstrom)

500,2 li Zoll- und Binnenhafen.
501,0 EB-Ⅱ Mainz Nord.
502,0 Ende Insel Petersaue

502,0 - 505,0 Insel Rettbergsaue. Zur Weiterfahrt sind beide Stromarme geeignet.
Die Rettbergsaue ist NSG mit Ausnahme der ⛺ C-Anlage auf der Ostseite bei km 503,4 und in einem sich stromabwärts anschließenden schmalen Uferstreifen und der Nordost-Spitze, ganzjähriges Uferbetretungsverbot. Fahrtempfehlung: Bei Durchfahrt Wiesbaden – Biebrich bzw. Wiesbaden – Schierstein; Im Biebricher Arm auf der linken Seite bleiben.

Rechter Arm (Biebricher Arm):

502,9 re Fähre Biebrich–Rettbergsaue, Biebricher Schloss.
503,0 re **Wiesbaden-Biebrich**, Bus zum Kochbrunnen, Kurpark, Kurhaus, Neroberg.
503,8 re 🏠 des Wiesbadener KV, Uferstr. 2, 65203 Wiesbaden, ⛺, Bad, Küche, www.wkv-wiesbaden.de .
504,5 Autobahn-Ⅱ A 643 (Schiersteiner Brücke).

Linker Arm (Mombacher Arm, Wachsbleicharm):

503,6 li Industriehafen.
503,7 li 🏠 🛏, mit großem ⛺ der Kanufreunde Mainz-Mombach 1929, Rheinallee 128 B, 55120 Mainz-Mombach, *DKV-Kanustation*, auch für größere Gruppen gut geeignet, Bootshaus ab 18:00 Uhr besetzt, ☎ 06131/683772, www.kanufreunde-mainz.de .
re 🏠 Paddelabteilung der SG Biebrich 04, Uferstraße, 65203 Wiesbaden, www.sgbiebrich04.de .
503,8 li 🏠 der Kanu- und Skigesellschaft 1921 Mainz-Mombach, ⛺, *DKV-Kanustation*, Rheinallee 128c, 55120 Mainz, www.ksg-mombach.de .
504,5 Autobahn-Ⅱ A 643 (Schiersteiner Brücke).
505,0 Ende der Insel Rettbergsaue.

505,8 re, im Einfahrtsbereich des Wiesbaden-Schiersteiner Hafens 🏠 und ⛺ Wassersport Wiesbaden, Unterm Hafen 1, 65201 Wiesbaden, *DKV-Kanustation*, ☎ 0611/20656, www.wswiesbaden.de und Wassersportverein Wiesbaden-Schierstein, Christian-Bücher-Str. 18, 65201 Wiesbaden, ☎ 0611/24307 dienstags 19 – 20 Uhr, www.wvschierstein.de .

507,8 li **Budenheim**, Fähre nach Niederwalluf, davor li Verladeanlage der Chemiefabrik Budenheim.

507,9 li ⌂ KC Budenheim.

508,0 –509,38 ganzjähriges Befahrungsverbot für li Wasserfläche hinter Längswerk.

508,1 re **Niederwalluf**, Segelhafen.

509,7 li WSV Neptun Mombach, ⌂ hinter Kribbe im Altwasser.

509,9 - 512,0 li NSG „Eltviller Aue“, Inseln nicht betreten, vom 15.10.-31.03. nur im ausgetonnten Fahrweg fahren.

511,0 re **Eltville**, alte Weinstadt, Burg Crass, gute ⬇⬆.

512,0 bis 517,35 Insel Mariannenaue mit Stromteilung in „Große- und Kleine Gieß“. Die Mariannenaue ist NSG. Für die Wasserflächen innerhalb der die Insel Mariannenaue umgebenden Parallelwerke besteht ein ganzjähriges Befahrungsverbot. Zwischen den Parallelwerken und der getonnten Linie ist vom 01.04 bis 20.09. die Befahrung bis auf Widerruf erlaubt.
Rechter Arm Hauptstrom „Kleine Gieß“.
Fahrtempfehlung: Die Insel durch die „Große Gies“ links umfahren. Die „Kleine Gieß“ hat starken Schiffsverkehr. Die Fahrrinne umfasst teilweise die gesamte Flussbreite.

512,8 re ⌂ Rheingauer Kanu-Club Erbach, Rheinallee 1, 65346 Eltville, www.rkc-erbach.de .

513,5 bis 514,0 re Naturschutzgebiet. Der Weichholzauewald, der Spülsaum sowie die Stillwasserzonen zwischen dem Leitwerk im Rhein und der B 42 sind auf ca. 600 m Bestandteil des NSG „Erbacher Wäldchen“. Befahrungs- und Uferbetretungsverbot.

515,5 re **Hattenheim**, ✕ „Brückenschänke“.

517,4 Ende der Insel Mariannenaue und der Parallelwerke.

517,9 re ⌂ WSG Oestrich, Rheinallee, 65375 Oestrich.

519,0 Autofähre, re **Mittelheim**, li **Ingelheim/Nord**.

519,6 li „Ingelheimer Aue“. Beginn des Parallelleitwerkes.

519,9 li ⌂ und ▲ Kanu-Club Mainz-Mombach, *DKV-Kanustation*, Zufahrt durch Durchlass im Parallelwerk bei km 519,9. Das Vereinsgelände liegt landseitig gegenüber einem ✕ (ehemaliges Ingelheimer Strandbad). ✕ ganzjährig geöffnet, gute ⬇⬆.

520,1 re ⌂ KC Winkel, Gänsgasse 13, 65375 Oestrich-Winkel, www.kanuclub-winkel.de .

520,5 bis 525,3 besteht vom 15.10.–31.03. ein Befahrungsverbot für die Wasserfläche zwischen den Inseln Fulder Aue und Ilmen Aue, den anschließenden Parallelwerken und dem linken Rheinufer.
Fahrtroutenhinweis/Kursvorgabe: Bei Weiterfahrt durch das „Binger Loch“ rechte Stromseite befahren.
Bei Fahrt aus dem Altrheinarm der Fulder-Aue: Insel Fulder-Aue rechts umfahren und vor der Insel Ilmen-Aue den Durchlass in den Hauptstrom

benutzen. Bei Weiterfahrt durch das „Binger Loch" direkt das Fahrwasser queren und auf der rechten Stromseite weiterfahren.

521,5 re Schloss Johannisberg.

521,7 - 522,9 re Kribben: Vorsicht, da starke Wellenbildung möglich!

523,5 re WS Geisenheim, Am Rheinufer 2, 65366 Geisenheim, www.wsv-geisenheim.de , ⌂ , 🚌 10 Minuten, ✕, ⬇⬆.

523,6 - 524,7 re Kribben!

524,1 re ▲ Campingplatz Geisenheim, Am Campingplatz 1, 65366 Geisenheim, ☎ 06722/75600, www.rheingaucamping.de , re **Geisenheim**.

524,5 *li Ilmenau, NSG. Anlanden verboten, re umfahren.*

525,2 Reste der ehemaligen EB-Ⅱ (Hindenburgbrücke).

525,2 *- 526,85 Rüdesheimer Aue, Befahrungsverbot vom 15.10. bis 31.03 für eine 60 m breite Wasserfläche oberstromig entlang Parallelwerk und Insel Rüdesheimer Aue.*

525,4 re ▲ Campingplatz Rüdesheim, Auf der Lach, 65385 Rüdesheim, ☎ 06722/2528, www.campingplatz-ruedesheim.de .

526,6 li Rochuskapelle auf Berg, re **Rüdesheim**. Berühmtes Rheinstädtchen (Drosselgasse). Aufstieg und Sessellift zum Niederwalddenkmal.

527,2 Personenfähre Rüdesheim-Bingen.

527,4 Autofähre Rüdesheim-Bingen, dahinter re Querrippe.

528,0 - 532,0 *Fahrtroutenhinweis/Kursvorgabe: Von Graus-Aue (Querrippe) bis Assmannshausen /Rödelsteinfelsen) außerhalb der Fahrrinne, unmittelbar neben den roten Fahrrinnenbegrenzungstonnen fahren. Achtung: Starker Schiffsverkehr, starke Strömung und Wellenbildung.*

528,5 li **Bingen**, oberhalb der Stadt befinden sich die Burg „Klopp" und die „Rochuskapelle". Gute Anlandemöglichkeit beim Ruderverein Bingen km 529,0.
Fahrtempfehlung: Beim Anlanden in Bingen ab km 520 möglichst am linken Ufer fahren.

529,1 li ↓ Nahe (s. Seite 217).
Fahrtroutenhinweis/Kursvorgabe: Bei Ausfahrt aus der Nahe und Weiterfahrt auf dem Rhein muss man zunächst etwa 400 m nach re bei starker Gegenströmung stromaufwärts paddeln und dann etwa bei den Schiffsanlegern um die grün-weiße Boje herum in den Strom einfahren.

530,2 Mäuseturm auf Insel, re Ruine Ehrenfels.

532,2 re **Assmannshausen**.
Fahrtempfehlung: Zwischen km 532,0 und 533,5 rechts unter Land fahren. Achtung: Auf An- und Ablegende Fahrgastschiffe achten.

533,1 li Burg Rheinstein, auf dem Berg das Schweizerhaus.

533,5 re Flusshälfte, Clemensgrund, ausgedehnte Schotterbank, sie ist links und rechts umfahrbar.
Fahrtempfehlung: „Clemensgrund" rechts umfahren und dabei dicht am rechten Flussufer bleiben (Wassertiefe).

534,0 li ★ Clemenskapelle, Basilika aus dem 12. Jahrhundert.

534,3 li ▲ Campingplatz an der ↓ des Morgenbachs, ☎ 06721/6133, www.campingplatz-marienort.de , darüber die 1000jährige Burg Reichenstein. li **Trechtingshausen**, 🚌 5 Minuten.

537,3 li Burg Sooneck.

537,8 –539,8 Insel Lorcher Werth, Umfahrung rechts und links möglich. *NSG, vom 16.09. bis 31.03. Anlanden an der Insel, Leitwerken und Sandbänken verboten.*

539,3 Fähre, li **Niederheimbach** – re **Lorch**, Achtung an der Nordspitze des Lorcher Werth, plötzliches kreuzen durch die Fähre, teilweise Doppelfährbetrieb!
Fahrtroutenhinweis/Kursvorgabe: *Bei Fahrtende in Bacharach, Fahrwasserquerung bei km 540,0. Dann links außerhalb der Fahrrinne bis Bacharach fahren.*

540,3 re **Lorch** mit Ruine Nollig, Teil der alten Stadtbefestigung. li **Rheindiebach**, die Ruine Fürstenberg.
re ↓ Wisper (s. DKV-Gewässerführer SWD).

542,0 re Lorch, Ortsteil **Lorchhausen**.
Fahrtroutenhinweis/Kursvorgabe: *Wenn kein Halt in Bacharach geplant ist, auf der rechten Stromseite bleiben.*

542,6 li ▲ Camping Sonnenstrand beim Strandbad Bacharach, sehr gutes Etappenziel, für Gruppen gut geeignet, Strandbadweg 9, 55422 Bacharach, ☎ 06743/1752, www.camping-sonnenstrand.de , ⬇⬆, zum 🚌 10 min.
Achtung: Vorgelagerte große Kiesbank evtl. umfahren!

542,8 li ⌂ RV Bacharach, gute ⬇⬆, 8 min zum 🚌.
Fahrtroutenhinweis/Kursvorgabe: *Bei Weiterfahrt unbedingt Fahrwasser queren und rechte Stromseite befahren.*

543,0 li **Bacharach**, ★, Stadtbefestigung mit 16 Wehrtürmen, Jugendburg Stahleck. DJH, re „Wirbelley“.

544,0 li Rampe, gute ⬇⬆.

545,0 re „Kauber Werth“, rechtsseitige Umfahrung ohne Schwierigkeiten möglich, zur Besichtigung Pfalzgrafenstein hier fahren, bei 546,1 im Kehrwasser eine Bootsrampe zum Anlanden.
Linksseitig kann die Insel im Hauptstrom („Das wilde Gefähr“) umfahren werden. Besonders bei niedrigem Wasserstand auf Schiffsverkehr und Krippen achten! Starke Wellenbildung.

546,1 Kauber Pfalz „Pfalzgrafenstein“, alte Zollstätte, ★.

546,2 re **Kaub**, Wagenfähre, Burg Gutenfels.

549,1 li ▲, Kiesstrand. Anlandung gut möglich. Eventuelles Etappenziel mit Besuch von Oberwesel.

550,0 li **Oberwesel**. ★: historische Altstadt, Schönburg, St. Martinskirche.

550,7 Gute ⬆ zum Besuch der Altstadt kurz unterhalb der Signalstelle am Ochsenturm (kleiner Kiesstrand).

Fahrtroutenhinweis/Kursvorgabe: Bei Weiterfahrt direkt Fahrwasser queren und roten Tonnenstrich fahren. Achtung: Bei talfahrenden Schiffen gibt es starke Sog- und Wellenbildung.

551,0 li Tauber Werth, Felseninsel. NSG, Anlanden verboten.
re Flusshälfte bei NW Kiesbank („Jungferngrund").

551,1 „Die 7 Jungfrauen", auch „Hungersteine" genannt, Felsengruppe im Strom.

552,5 „Geisenrücken" (Felsen im Strom).
Fahrtroutenhinweis/Kursvorgabe: Achtung,: Geteiltes Fahrwasser. Talfahrende Schiffe fahren weit rechts. Sportboote dennoch auch rechts bleiben und auf Berufsschifffahrt achten (starke Sog- und Wellenbildung).

554,0 re Loreley, engste (nur 130 m!) und tiefste Stelle des Mittelrheins. Landen zur Besichtigung im Hafen re unterhalb.
Fahrtroutenhinweis/Kursvorgabe: Zwischen Loreley und St. Goar starke Querströmung mit hohen Wellen, unabhängig vom Schiffsverkehr. Dicht am re Ufer halten, ! auf Schiffsverkehr. Vorsicht, teilweise starke Kehrwasser, vorausschauend besonders auf talfahrende Berufsschifffahrt achten. Möglichst nicht zeitgleich in Loreleybereich einfahren.

554,7 li ▲ Camping Loreleyblick, An der Loreley 33, 56329 St. Goar, ☎ 06741/2066, www.camping-loreleyblick.de , schwieriges Anlegen.

555,5 Bei Westwind oder starkem Schiffsverkehr starke Wellenbildung in der „Bank" (Stromzug zum re Ufer), re fahren.

556,0 Großfähre, li **St. Goar**, Burg Rheinfels, re **St. Goarshausen**, Burg Katz. Gute ⬇⬆ beim Ruderverein St. Goar. Zum 🚌 10 min.

557,2 re ▲ Campingplatz Loreleystadt, Wellmicher Straße 55, 56346 St. Goarshausen, ☎ 06771/2592, www.camping-loreleystadt.de , gute Anlandemöglichkeit.
Fahrtempfehlung: Ab km 557,2 Fahrrinne queren, Weiterfahrt linke Stromseite bis km 560,0 und dann wieder Fahrrinnenquerung. Weiterfahrt rechte Stromseite.

558,8 re Wellmich mit Burg Maus, li Schutzhafen St. Goar. Gute ⬇⬆ am Kiesstrand.

560,0 re **Ehrental**, ✕ „Klosterschenke".

560,3 Ehrentaler Werth, Insel ist Naturschutzgebiet, Anlanden verboten, re und li umfahrbar, besser re fahren.

562,3 li **Hirzenach**.

563,2 re **Kestert**.

566,0 l **Bad Salzig**.

566,3 re Burgruinen „Die feindlichen Brüder", stromab Burg Sterrenberg, stromauf Burg Liebenstein. Alte Reichsburgen, 12. Jahrhundert.

566,8 re **Kloster Bornhofen**, bekannter Wallfahrtsort, ⬇⬆, ✕.

568,4 re Schiffsanlegestelle Kamp-Bornhofen, ⬇⬆, ✕.

569,6 li Ruderclub Boppard, gute und einzige Anlegestelle am Ort.

570,5 li **Boppard**, malerische Stadt keltischen Ursprungs, ★. Autofähre Boppard–Filsen.
571,1 re **Filsen**.
575,2 re Osterpai mit Schloss Liebeneck.
Fahrtempfehlung: Bei km 575,0 Fahrrinne queren und weiter auf linker Stromseite.
575,5 - 577,8 re Längskribbe „Auf der Schottel". Ganzjähriges Befahrungsverbot für die Stillwasserzone.
576,0 li ▲ Campingplatz der Stadt Boppard, bis km 576,5, sehr abseits.
577,5 li **Spay**.
579,4 - 580,7 in Strommitte der „Braubacher Grund", Kiesbank, bei 1,40 m Koblenzer Pegel trocken gefallen, Bojen beachten und li fahren. Bei Anlandung in Braubach rechte Stromseite fahren.
580,0 re **Braubach**. Lohnender Aufstieg zur Marksburg, einzige völlig erhaltene Burg am Rhein. Die 3 Schornsteine hinter dem Berggipfel gehören zur Blei- und Silberhütte Braubach, wo schon die Römer Erze schürften.
580,6 re ▲ Campingplatz Uferwiese, Braubach, ☎ 02627/8762, paddlerfreundlich, li und re Anlandemöglichkeit an Rampe.
580,8 li ▲ Camping Brey, ☎ 02628/8860, www.camping-freizeitzentrum-brey.de .
582,2 li **Rhens** mit Königsstuhl, wo die deutschen Kurfürsten ihren König kürten. Historische Altstadt, gute ⬇⬆ am „scharfen Turm", ✕, 5 min zum 🚃.
Fahrtempfehlung: Bei Anlandung in Koblenz auf der linken Stromseite fahren.
584,5 re **Lahnstein-Oberlahnstein**, kurzer Weg zum Bahnhof, oberhalb Burg Lahneck, schöner Blick auf Rhein- und Lahntal.
Fähre Kripp-Kapellen–Lahnstein.
585,3 li Koblenz (Ortsteil Kapellen), darüber das vom preuß. König Friedrich Wilhelm IV. 1842 wiederaufgebaute Schloss Stolzenfels.
585,7 re ↓ Lahn (s. Seite 207), 10 Minuten zum 🚃 Niederlahnstein.
586,0 re **Lahnstein**. Bekannte Kriegergedächtnisstätte auf dem Allerheiligenberg.
588,4 Straßen-Ⅱ B 49, Koblenzer Süd-Brücke.
588,5 EB-Ⅱ Koblenz-Horchheim.
589,0 - 593,0 **Koblenz**.
589,5 li 🏠 des Post-Sportvereins Koblenz im staatlichen Sicherheitshafen Rheinlache, Simrockstr. 11, 56075 Koblenz-Oberwerth, ☎ 0261/34552, www.post-sv-koblenz.de , keine Übernachtungsmöglichkeit.
590,0 li ← Einfahrt in Rheinlache zum 🏠 des PSV.
590,9 Straßen-Ⅱ B 49, Pfaffendorfer Brücke.
591,5 Fähre Koblenz-Ehrenbreitstein, re ★: Festung Ehrenbreitstein. Heute u. a. Museum.
592,3 li ↓ Mosel (s. Seite 189), ▲ Camping in Koblenz-Lützel, Schartwiesenweg. Kanufahrer an gepflasterter Rampe landen.

593,3 li **Neuendorf**, ⬇ an Rampe, Parkplatz.
594,0 re **Urbar**.
595,3 Insel Niederwerth. Bei rechtsseitiger Umfahrung re **Vallendar**, ⵊ zur Insel. ⌂ FWV Vallendar, Rheinufer 3, 56179 Vallendar, nicht bewirtschaftet, Übernachtung nach Voranmeldung, ☎ 0261/803170, www.fwv-vallendar.de
596,3 Insel Graswerth, NSG. Anlanden verboten! Außerdem Befahrungsverbot vom 15.10. bis 31.03. für den Vallendarer Stromarm (zwischen Insel und re Ufer) von km 597,2 bis 598,4. Eine Befahrung der Rothe Nahrung (= Wasserfläche zwischen den Inseln Niederwerth und Graswerth) ist ganzjährig erlaubt.
597,1 li **Kesselheim** (Hauptarm).
597,9 re ↓ Vallendarer Arm.
598,4 Autobahn-ⵊ A 48.
599,0 re **Bendorf**, li **St. Sebastian**.
599,9 re ↓ Saynbach (s. DKV-Gewässerführer SWD).
600,7 re **Engers**, li **Kaltenengers**.
602,1 EB-ⵊ.
602,2 - 604,7 Urmitzer Werth, NSG, re Arm bei NW ***X****, vom 15.10. – 31.03. Befahrungsverbot für den Stromarm zwischen Urmitzer Werth und re Rheinufer (zügige Durchfahrt für Kleinfahrzeuge ohne Antriebsmaschine erlaubt).*
602,8 li **Urmitz**.
606,0 - 608,8 Weißenthurmer Werth. re und li umfahrbar, zur Anfahrt zum Neuwieder WSV re fahren.
606,8 li **Weißenthurm**, Parkplatz.
607,0 li Rampe, gute ⬇⬆
607,7 Straßen-ⵊ B 256, Raiffeisenbrücke.
607,8 re **Neuwied**. ⌂ Neuwieder WSV, Rheinstr. 80, 56564 Neuwied, ✕, Übernachtung im Bootshaus nach Voranmeldung möglich, ☎ 02631/23300, Anlegesteg bei km 608,1. ★: Schlossgarten des Fürsten zu Wied, Abtei Rommersdorf, Altsteinzeitmuseum, Burgruine Altwied.
608,7 li ↓ Nette (s. DKV-Gewässerführer SWD).
610,2 re ↓ Wied (s. DKV-Gewässerführer SWD).
612,0 re **Fahr-Irlich**.
613,2 li **Andernach**. Stadt aus der Römerzeit, gut erhaltene Stadtbefestigung, Rheinkran aus dem Jahre 1554. Fähre Andernach–Leutesdorf.
614,5 **Leutesdorf**, größter Weinort am Mittelrhein. Wallfahrtskirche Heilig-Kreuz.
615,0 li Namedyer Werth (Halbinsel).
616,8 - 618,2 Insel Hammerstein. Anlanden verboten, gehört zum Naturpark „Rhein-Westerwald“. Oberhalb auf steilem Felskegel Ruine der Burg Hammerstein.
619,0 re **Hammerstein**.

620,3 li **Brohl**, li ⌂ Wassersportabteilung VfL 1892 Brohl e. V. nicht am Rhein gelegen, keine Übernachtungsmöglichkeit.

621,5 re **Rheinbrohl**, 🚉.

621,7 li **Rheineck** mit Burg Rheineck.

622,6 Wagenfähre.

623,0 re ▲ Camping Hönningen, www.camping-bad-hoenningen.de .

623,7 Personenfähre Bad Breisig–Bad Hönningen.li **Niederbreisig**, Mineral-Freibad 28 C warm. re **Bad Hönningen**, Frei- und Hallenbad direkt am Rein, Fußweg zum 🚉 10 Minuten, gute ⬆ neben Personenfähre, Parkplatz.

624,5 re Schloss Arenfels.

627,7 re **Leubsdorf**, mit schönem 4-türmigem Burghaus, beidseitig NATO-Rampe.

627,9 li ⌂ mit ▲ des WSV Sinzig, Leinpfad 1, 53489 Sinzig, ✕, *DKV-Kanustation*, ☎ 06242/44890, www.wassersportverein-sinzig.de , günstig für Abstecher zur Ahr.
Am Wochenende wird die vorgelagerte Wiese als Jugendtreff genutzt.

628,2 li **Sinzig** (3 km landeinwärts), alte Römergründung, später fränk. Königspfalz, Kirche und Schloss.

629,3 li ↓ Ahr (s. Seite 186).

629,7 li **Kripp**.

629,9 re **Linz**, 🚉, Auto-Fähre Linz–Kripp.

632,8 li und re Brückentürme der 1945 zerstörten EB-Brücke. Friedensmuseum im li Brückenturm.

633,1 li ⌂ WSV Remagen, Rheinpromenade 5, 53424 Remagen, Übernachtung im ⌂, ☎ 02642/1000.

633,4 re **Erpel**, Erpeler Ley, Personenfähre Erpel–Remagen.
li **Remagen**, altes römisches Kastell, Apollinariskirche, ★.

635,8 re ⌂ und ▲ KC Unkel (Wohnwagen auf Anfrage), *DKV-Kanustation*, Auf dem Rheinbüschel 32 a, 53572 Unkel, ☎ 02224/78915 (Donnerstag ab 20Uhr), www.kc-unkel.de . Zum Anlanden Bootsrampe benutzen. Fußweg zum 🚉 20 Minuten. ⇅ 5 Minuten.

636,7 re **Unkel**, Weinort.

638,5 li **Oberwinter**, Hafen.
re **Rheinbreitbach**, ▲ Campingplatz Rheibreitenbach und 2 ✕ Biergärten, gute Rastmöglichkeit.

640,2 li **Rolandseck**, 🚉, oberhalb Rolandsbogen, schöne Aussicht über das Rheintal und Siebengebirge. Autofähre Rolandseck – Bad Honnef.

640,5 li ← für Kleinfahrzeuge, dort bei 641,0 li **Rolandswerth**, Fähre zur Insel Nonnenwerth (nicht öffentlich), 641,8 li ▲ C.
re Insel Grafenwerth mit Schwimmbad, li Insel Nonnenwerth mit Kloster und Gymnasium.

641,0 re **Bad Honnef**, 🚉 und Straßenbahnverbindung, Löwenburg (455 m).

643,0 re **Rhöndorf**, 🚆 und Straßenbahnverbindung, Adenauer-Haus, Drachenfels.

643,2 li ⌂ KC Mehlem, 110 m landeinwärts, Im Frankenkeller 28, 53179 Bonn, ☎ 0228/856834, www.kanu-club-mehlem.de .

644,0 li **Mehlem**.

645,0 Großfähre Mehlem–Königswinter.
re **Königswinter**, Weinort, Hauptzugang zum Siebengebirge, Bergbahn auf den Drachenfels, Petersberg mit Gästehaus der Bundesregierung, 🚆.

646,2 li ⌂ und ▲ Godesberger KC. (keine Wohnwagen), *DKV-Kanustation*, Rheinstraße 96, 53179 Bonn, ☎ 0228/333248, www.gkc-bonn.de , (Donnerstag 19.00 – 21.00 Uhr). Fußweg zum 🚆 und zur Rheinuferbahn 20 Minuten.

646,3 li ⌂ WSV Godesberg, Übernachtungsmöglichkeit, ☎ 0228/332021, ✕.

647,6 Wagenfähre Niederdollendorf–Bad Godesberg. re unterhalb der Fähre gute ⬇⬆ mit Parkplatz,
re **Niederdollendorf**. Zugang zur Klosterruine Heisterbach und zum Petersberg.
li **Bad Godesberg** mit der Godesburg.

648,5 li **Plittersdorf**, ⌂ Plittersdorfer Kanufreunde, 80 m landeinwärts oberhalb der Rheinuferpromenade, Hofstr. 3, 53175 Bonn, Übernachtung im ⌂ nach Voranmeldung möglich, ☎ 0228/356523, www.pkf-bonn.de .

648,9 re ⌂ Oberkasseler WSV, Am Strandbad, 53639 Königswinter, 0228/443950, www.owv-oberkassel.de .

649,0 li ▲ Camping Schönburgblick Oberwesel, *DKV-Kanustation*, Am Hafendamm, 55430 Oberwesel, www.camping-oberwesel.de .

650,0 re **Oberkassel**.

651,4 Autobahn-Ⅱ A 562, Konrad-Adenauer-Brücke.

651,4 - 658,0 li **Bonn**, ehemalige Bundeshauptstadt. Heute UN-Stadt mit UN World Conference Center im ehemaligen Bundestag, Wasserwerk und Abgeordneten-Hochhaus, Geburtshaus Beethovens, ★.

651,8 li ⌂ Verein für Kanusport 1921-25 Bonn, Rheinaue/Heimkehrerweg 4, 53113 Bonn. Übernachtung nach Voranmeldung.

652,7 li Bundeshaus.

653,7 re **Beuel**, ⌂ SSF Bonn, ✕.

654,3 Personenfähre Beuel–Bonn.

654,9 re ⌂ Kanu-Fahrer im Bonner Turnverein 1860.
Straßen-Ⅱ B 56 Bonn-Beuel (Kennedy-Brücke). li Theater der Stadt Bonn. Fußweg zum 🚆 Bonn-Beuel 10 Minuten (auch Straßenbahnverbindung).

655,5 Beethoven-Halle (Konzert-Halle).

657,2 Autobahn-Ⅱ A 565, Friedrich-Ebert-Brücke.

658,5 li **Grau-Rheindorf**. 🏠 WSpV „Blau-Weiß“ Bonn, Estermannufer 1, 53117 Bonn, ▲-Möglichkeit , Unterkunft im Bootshaus nach Voranmeldung. ☎ 0228/670669, www.BWB-KANU.de .

659,2 li 🏠 des Post-Sportvereins Bonn, Gottbergstraße 3, 53117 Bonn, ▲, *DKV-Kanustation*, www.kanu-postsvbonn.de . Für Übernachtung im 🏠 vorher anmelden.

659,3 re ↓ der Sieg (s. Seite 183)

659,8 re **Mondorf**, Autofähre Mondorf – Grau Rheindorf, re ✕.

6. Niederrhein

Der Rhein tritt bei Bonn aus dem rheinischen Schiefergebirge aus und wird zum Flachlandfluss. Weiterhin gute Strömung, starker Schiffsverkehr.

Bis km 779 wird das Landschaftsbild durch zahlreiche Industrie-, Kraftwerks- und Hafenanlagen geprägt.

660,9 - 662,4 li Herseler Werth, *Anlanden auf der Insel verboten*.

661,1 li **Hersel**. 🏠 und ▲ Herseler WSV, Siegstraße 32, 53320 Bornheim, ✕. Zum Bootshaus bei 660,7 li fahren und am Ende des Sportplatzes li an Schräge anlanden.

663,8 re **Rheidt**, 🏠 WSV Blau-Weiß Rheidt, Im Auel 17, 53859 Niederkassel, www.wsv-rheidt.de , ✕, ca. 200 m landeinwärts, zum Anlanden Treppe ca. 50 m in der Laach benutzen.

666,5 - 667 li Wassermotorradstrecke.

668,0 re **Lülsdorf**, Fähre Lülsdorf–Wesseling.

669,4 li **Wesseling**.

673,3 re **Langel**.

675,0 li Sportboothafen.

676,6 Personenfähre.

676,7 li ▲ und 🏠 Verein für Wassersport Blau-Weiß 1932 e.V. Köln, Am Damm, 50999 Köln, www.blauweisskoeln.de .

677,3 re 🏠 Kanu-Club Zugvogel Blau-Gold Köln, *DKV-Kanustation*, Hauptstraße 233, 51143 Köln, ☎ 02203/81003, www.kczugvogel.de .

678,4 re **Porz**.

680,5 li **Köln-Rodenkirchen**, ▲ Kölner Faltboot-Club, www.kfc-koeln.de

680,6 li 🏠 und ▲ KC Grün-Gelb Köln, Uferstraße 81, 50996 Köln, ☎ 0221/392432, www.kcg.de .

680,7 li 🏠 und ▲ Rhein-Kanu-Klub, Uferstraße 79, 50996 Köln, ☎ 0221/392431, www.rkc-koeln.de .

680,8 li 🏠 und ▲ Freie Wassersport Vereinigung (FWV) Köln, *DKV-Kanustation*, Uferstraße 77, 50996 Köln, www.fwv-koeln.de .

681,0 li ▲ C „Berger“, Uferstraße 71, 50996 Köln, ☎ 0221/9355240, www.camping-berger-koeln.de , ✕.

681,2 🏠 und ▲ der Wassersportfreunde 31 e.V. Köln, Uferstraße 49 d, 50996 Köln, www.wsf31.de , kein direkter Zugang zum Rhein.

683,4 Autobahn-Ⅱ A 4, auch für Fußgänger und Radfahrer.

683,5 li gute ⬆ an gepflasterter Schrägrampe, Parkplatz, Haltestelle der Rheinuferbahn in 50 m.

685,7 EB- und Fußgänger-Ⅱ (Südbrücke), re vor der Brücke, aber hinter dem Damm, ⌂ und ▲ des ESV Olympia Köln, Alfred-Schütte-Allee 28, 51105 Köln, ☎ 0221/818378.

687,3 Straßen-Ⅱ B 55 (Severinsbrücke), danach li Hafen Köln-Rheinau, re Hafen Köln-Deutz.

687,9 Straßen-Ⅱ B 51 (Deutzer Brücke), re **Köln-Deutz**, unter der Brücken-Rampe ⌂ und Klubräume Kanu-Sport-Freunde Köln e.V., KSK-Team Köln, Herbert-Liebertz-Weg, 50679 Köln, ☎ 0221/811996, www.KSK-team.de . Hinter der Ⅱ Schrägrampe, günstige ⬆ zum Stadtzentrum **Köln**. Fußweg zum 🚉 Köln-Deutz 10 Minuten und zum Haupt-🚉 Köln 10 Minuten.

688,0 li Pegel Köln.

688,5 EB-Ⅱ (Hohenzollern-Brücke), auch für Fußgänger und Radfahrer, re Messegebäude Köln-Deutz, Gartenschau. li Haupt-🚉 und Kölner Dom.

688,6 Personenfähre.

690,2 Straßen-Ⅱ B 55a (Zoo-Ⅱ).
Seilbahn (Kabinenbahn).

691,3 li Kiesstrand und Liegewiesen, ⬆-Möglichkeit. Parkmöglichkeit etwas stromauf bei der Shell-Tankstelle.

692,0 Hänge-Ⅱ B 51 von Köln nach Mülheim, re **Köln-Mülheim**.

693,0 re ⌂ WSV Neptun Köln-Mülheim, Stammheimer Ufer, 51061 Köln, www.wsf-neptun-koeln.de .

693,9 re Köln-Stammheim.

694,0 ⌂ Kanusport Köln-Mülheim, Am Rheinacker 45, 51061 Köln, ☎ 0221/662209, www.kkm-koeln.de , ▲ nach Rücksprache mit ✕-Pächter.

701,0 re **Leverkusen-Wiesdorf**, ⌂ Verein für Kanusport Bayer Leverkusen e.V., Rheinallee 1, 51373 Leverkusen, ☎ 0214/44548, www.kanuclub-leverkusen.de .

701,5 Autobahn-Ⅱ A 1.

703,3 re ↓ der Wupper (s. Seite 132).

703,4 li **Köln-Rheinkassel**.

705,3 Fähre Hitdorf–Langel.

709,9 li **Köln-Worringen**, Hafen.

711,5 li **Dormagen** (landeinwärts).

713,5 re **Monheim**. ⌂ Monheimer Kanu-Club 1972 e.V., Kapellenstraße 19, 40789 Monheim, ▲ nur nach Voranmeldung, www.mkc-monheim.de , ★: Altstadt.
li Haus Piwipp.

715,6 re **Baumberg**.

716,8 –721,2 Urdenbacher Altrhein / Baumberger Aue und Rheinufer ganzjährig gesperrt.

717,5 li **Zons**, mittelalterliche Stadt (landeinwärts).

718,0 Fähre Zons - Anleger.

718,2 li ⌂ und ▲ WSC Bayer Dormagen, *DKV-Kanustation*, Rheinau, 41541 Dormagen-Zons, www.wsc-dormagen.de .

719,0 –720 Wassermotorradstrecke.

722,0 re Düsseldorf-Benrath, ★: Schloss.

729,3 Personenfähre Himmelgeist (nur an Wochenenden), li **Neuss-Uedesheim**.

729,9 re ⌂ Wikinger Kanufreunde Himmelgeist, Nikolausstraße 97, 40589 Düsseldorf.

732,5 Autobahn-Ⅱ A 46.

734,1 re **Düsseldorf-Volmerswerth**, ⌂ und ▲ Freie Wasserfahrer Düsseldorf 1921 e.V., Volmerswerther Deich 130, 40221 Düsseldorf, www.freiewasserfahrer.com , *DKV-Kanustation*, zeitweise ✕, für Gepäcktouren günstige Übernachtungsmöglichkeit im Raum Düsseldorf.

735,5 li ↓ Erft (s. Seite 179).

735,7 li ← zum Sporthafen Neuss, ⌂ des Neusser Wassersportverein e.V., Am Sporthafen 8 – 9, 41468 Neuss, ☎ 02131/150749 und des Neusser Kanu-Club e.V., Am Sporthafen 7, 41468 Neuss, www.neusser-kanu.de .

737,1 Straßen-Ⅱ B 1, re **Düsseldorf**, li **Neuss**.

737,7 re ⌂ Kajak-Club Düsseldorf-Hamm e.V., Fährstraße 253 A, 40221 Düsseldorf, ☎ 0211/306956, www.kcduesseldorf.de , ✕, Zugang über Betonrampe und Durchlass in der Hochwasserschutzmauer über die Fährstraße möglich.

737,9 re ⌂ und kleiner ▲ Düsseldorfer Paddlergilde e.V., Am Sandacker 37, 40221 Düsseldorf, www.duesseldorfer-paddlergilde.de , *DKV-Kanustation*, Straßenbahn zur Altstadt.

738,2 EB-Ⅱ.

740,2 li ← Hafen Neuss, im Hafen ↓ des Erftkanals.

743,1 re Städtischer Hafen Düsseldorf

743,6 Straßen-Ⅱ Rheinkniebrücke, re **Düsseldorf-Friedrichsstadt**.

744,2 Personenfähre, re Pegel Düsseldorf.

744,8 Straßen-Ⅱ Oberkasseler-Brücke, li **Düsseldorf-Oberkassel**.

746,1 → zum Sporthafen Düsseldorf mit dem schwimmenden ⌂ des WSV Rheintreue Düsseldorf, Robert-Lehr-Ufer 19, 40747 Düsseldorf, www.rheintreue.org .

746,7 Straßen-Ⅱ B 7 Theodor-Heuss-Ⅱ.

747,2 ← Einfahrt zum Yachthafen Düsseldorf mit dem schwimmenden ⌂ des Düsseldorfer KC.

748,9 li ← Einfahrt zum Sporthafen Düsseldorf-Lörick mit den ⌂ des Kanu- und Yachtclub Düsseldorf, www.kyd-ev.de , und im früheren Rheinbad, WSVB e.V. Düsseldorf-Lörick, Niederkasseler Deich im Freibad, www.wsvb.de , und Wasser-Wanderer Düsseldorf e.V., Niederkasseler Deich 285 (im Gelände Strandbad Lörick), www.wwd-kanusport.de .

749,0 Fähre Stockum–Lörick (Wochenendbetrieb).

750,0 - 753 Wassermotorradstrecke.

752,5 Autobahn-Ⅱ A 44.

755,1 Wagenfähre Kaiserswerth–Langst.

755,7 re **Kaiserswerth**, ehemalige Kaiserresidenz mit Resten der Kaiserpfalz und Suitbertusdom (1050).

762,0 li ⌂ Kanu-Sport-Klub-Bayer Uerdingen e.V., *DKV-Kanustation*, Bataverstraße 18, 47809 Krefeld, ☎ 02151/571326, 47809 Krefeld, www.kskbayer.de .

762,1 li ⌂ KTSV Preußen 1855, Kanusport 1927e.V., Bataverstraße 16, 47809 Krefeld, www.kanusport-preussen-krefeld.de .

762,4 li ⌂ Kanu-Wander-Club Krefeld e.V. 1950, Bataverstraße 8, 47809 Krefeld, ☎ 02151/570147, www.kwc-krefeld.de .

764,0 Straßen-Ⅱ B 288 Berliner Straße/Krefelder Straße, Uerdingen-Mündelheim; ← zum Hafen Krefeld.

764,4 li Uerdinger Rheinschlösschen, Anlegeplatz an der früheren Rheinfähre, schlecht, Öl, Wellenschlag. Bus Krefeld-Rheinhausen.

766,8 Von Duisburg bis zur deutsch-niederländischen Grenze ist für die Großschifffahrt versuchsweise der Rechtsverkehr eingeführt worden, d. h. Bergfahrer und Talfahrer müssen beim Begegnen ihren Kurs soweit nach Steuerbord richten, dass die Vorbeifahrt ohne Gefahr Backbord an Backbord stattfinden kann. Es gibt Ausnahmen, die aber dann durch 2 kurze Signaltöne und die vorgeschriebenen Sichtzeichen rechtzeitig bekannt zugeben sind.

768,5 re ⌂, *DKV-Kanustation*, Freie Wasserfreunde Duisburg, Hirtenweg 6, 47259 Duisburg, ☎ 0203/782308, www.fwf-duisburg.de
re **Duisburg-Ehingen**.

770,3 re Hafen der Krupp Mannesmann Hüttenwerke.
Achtung Schuber-Ausfahrten !

770,9 re ↓ Anger (s. DKV-Gewässerführer für NRW).

772,0 re **Duisburg-Wanheim**.

772,4 re ⌂ Wanheimer Kanuclub Duisburg e.V., Steg und Slipanlage, *DKV-Kanustation*, Verpflegung und Übernachtung im ⌂ (40 Betten, Hotelcharakter) nach Voranmeldung möglich, kl. ⛺, Schwimmbecken, Rheinufer 37, 47249 Duisburg, ☎ 0203/700737, Fax 0203/790996, www.wkcduisburg.de .
re ⌂ Freie Wasserfahrer Duisburg-Süd, *DKV-Kanustation*, Rheinufer 35, 47249 Duisburg, www.freiewasserfahrer.de .

773,4 li Container Logport,
li Containerhafen.

774,3 re Kultus- und Südhafen.

774,4 EB-Ⅱ.

774,5 li **Rheinhausen**.

775,3 Straßen-Ⅱ Moerser Straße, li **Rheinhausen**, re **Duisburg-Hochfeld**.

775,7 li ⌂ und kleiner ▲ WSV Rheinhausen 27 e. V, Fährstraße 28, 47288 Duisburg, ☎ 02135/72634.

776,7 → Duisburger Häfen. Außen- und Innenhafen.

777,2 → Duisburg Parallelhafen.

778,4 Autobahn-Ⅱ A 40.

780,0 li **Homberg**, re Kunstwerk „Rheinorange“.

780,1 re ↓ Ruhr (s. Seite 169).

780,4 → des Hafenkanals, der nach 3,6 km in den Rhein-Herne-Kanal übergeht (s. Seite 585). Der Rhein-Herne-Kanal ist über einen ca. 0,5 km langen Kanal im Hafengebiet Duisburg mit der Ruhr verbunden, so dass die Schifffahrt auch über die Ruhr-↓ in den Rhein-Herne-Kanal einfahren kann.
li ⌂ des KC Vater Rhein Homberg e.V., Königstraße, 47198 Duisburg.

780,7 Straßen-Ⅱ Rheindeichstraße **Duisburg-Ruhrort** – **Duisburg-Homberg** (Friedrich-Ebert-Brücke), dahinter → Ruhrorter Hafen (Kaiserhafen).

780,8 re Pegel Ruhrort.

781,0 → Eisenbahnhafen.

781,1 li ← Hafen Rheinpreußen, ⌂ und ▲ KC Rheintreue Homberg, Dammstraße 63, 47198 Duisburg, ☎ 02066/7208, www.kc-rheintreue-homberg.de , ⌂ KC Homberg Gerdt, Dammstraße 3, 47198 Duisburg, ☎ 02066/993135, www.kchg.de , *DKV-Kanustation*, Übernachtung auf Anfrage, Bootshaus nicht bewirtschaftet.

781,7 re **Duisburg-Laar**.

782,8 re Beeckerwerther Kanu-Verein, Deichstraße 150, 47119 Duisburg, Übernachtung möglich.

785,0 EB-Ⅱ.

785,3 Autobahn-Ⅱ A 42.

789,2 re **Duisburg-Walsum**, Nato-Rampe ⬇⬆.

790,2 re **Duisburg-Hamborn**, Hafen Schwelgern.

791,2 → Südhafen Walsum.

792,6 Fähre Orsoy–Walsum.

793,0 → Nordhafen Walsum, am Ende 800 m landeinwärts ⌂ Wassersportverein Glückauf Walsum e. V., Theißelmannstraße 29a, 47178 Duisburg, www.wsv-walsum.de .

795,6 → Baggersee.

796,1 li ⌂ und ▲ WSF Rheintreue Kamp-Lintfort/Rheinberg, Hasenfeld 5, 47495 Rheinberg, ☎ 02843/4613, ✕ (Vom Wasser aus nicht zu sehen).

797,4 li Haus Grunland.

797,6 re **Stapp**.

797,7 re ↓ Emscher.

798,7 re DLRG-Station Möllen.

799,0 re ϟ STEAG.

799,5 re ⌂ und ▲ KG Dinslaken, Ahrstraße 1a, 46562 Voerde, www.kanu-dinslaken.de .

800,2 re **Götterswickerham**, ✕.

800,5 re ✕ „Rheinwacht".

803,9 li **Rheinberg**.

805,4 li **Ossenberg**.

811,3 li **Büderich**.

813,2 → Wesel-Datteln-Kanal (s. Seite 587).

813,9 2 Straßen-Ⅱ B 58.

814,5 re ↓ der Lippe (s. Seite 162). 3 km flussaufwärts Kanustation und Sportschule „Otto-Vorberg-Haus" mit Übernachtungs-, Verpflegungs- und ▲-Möglichkeit, *DKV-Kanustation*, http://kanu-nrw.de/wesel/index.html .

815,2 zerstörte EB-Ⅱ, re **Wesel**.

816,5 → zum Sporthafen Wesel, nach 500 m zwischen den Steganlagen Zufahrt zum ⌂ und kleiner ▲ Weseler Kanu-Club, Am Yachthafen 3, 46487 Wesel, bewirtschaftet, ☎ 0281/27204, www.weseler-kanu-club.de .

823,4 Personenfähre Xanten–Bislich, li ✕ „Zur Rheinfähre".

824,0 li **Xanten**, röm. Gründung.

833,6 li **Obermörmter**.

834,2 li ▲ Campingplatz (nur Dauercamper).

834,9 li Kiesstrand, in 200 m ▲ Campingplatz.

837,0 re ⌂ Reeser Ruderverein, re **Rees**.

837,3 Personenfähre, li ✕, schöner Strand.

837,7 re ▲ und ⌂ Reeser KC, Vor dem Rheintor 19, 46459 Rees, www.reeser-kanu-club.de .

838,7 Straßen-Ⅱ B 67.

842,1 li Wunderland Kalkar im niemals in Betrieb gegangenen ϟ Kalkar.

844,4 Personenfähre, li **Grieht**, re **Griehter Ort**, re ▲ Campingplatz, ✕ „Franz Naß".

851,5 → zum Containerhafen Emmerich, 500 m Zufahrt zum ⌂ und ▲ Emmericher Kanu-Verein e.V., Kupferstraße, , 46446 Emmerich, www.ekv1925.de , Zugang über Metalltreppe re.

852,4 re **Emmerich**, li ↓ der Kalflack (s. DKV-Gewässerführer für NRW).

853,2 Straßen-Ⅱ B 220.

857,7 Bundesgrenze in Strommitte, re Ufer Niederlande, Ende des versuchsweise eingeführten Rechtsverkehrs.

862,3 re **Lobith**.

863,9 ← des Schifffahrtsweges Rhein-Kleve (Griethauser Altrhein und Spoykanal, verbindet das Industriegebiet der Stadt Kleve mit dem Rhein, Länge 10,2 km; bei 5,8 km vom Rhein □ Brienen, ≏ schwierig, ansonsten lohnende Fahrt; in Klewe ⌂ und ▲ des KC Kleverland, *DKV-Kanustation*).

864,8 li **Bimmen**.

865,5 Grenze der Bundesrepublik Deutschland, ab hier beidseitig Niederlande.

866,0 Personenfähre, li **Millingen**.

867,4 Aufteilung des Rheins.
re Arm Pannerdensch Kanal
li Arm Waal (= Rhein-Hauptarm).

Die auf dem Gebiet der Niederlande verlaufende Strecke des Rheins bis zu Mündung in die Nordsee ist beschrieben im DKV-Auslandsführer Band 6 „Nordfrankreich-Benelux“.

Niers

Kleinfluss – Wanderfluss Mündung in Maas (re Nebenfluss)

Die Niers ist ein landschaftlich reizvoller Wiesenfluss mit Laub- und Nadelbaumbeständen, großer Vogelreichtum. Mäßige Strömung, keine Schwierigkeiten. Teilstrecken des Oberlaufs sind mit hohen, schrägen Böschungen geradlinig ausgebaut.

Befahrbarkeit: ganzjährig, ab km 55,7 auch für Zweier.

Befahrungsregeln: *km 92–15, ganzjähriges Befahrungsverbot für die Altarme,* ⬇⬆ *beachten.*
Eine Befahrung des niederländischen Teils der Niers ist vom 1.4. bis 30.9. eines jeden Jahres mit gebührenpflichtiger Genehmigung gestattet. Es werden täglich 50 Genehmigungen ausgegeben, 40 an 2 Bootsverleiher und 10 beim Verkehrsamt VVV Maas en Niers, Markt 1 a, 6591 BZ Genep, ☎ *0485/517676.*

92,0 Straßen-𝌆 B 7 Viersen–Willich, mögliche ⬇.

87,0 Straßen-𝌆 Süchteln–Tönisvorst, ca. 50 m oberhalb re ⬇⬆, bis Grefrath teilweise begradigt.

82,0 Straßen-𝌆 Hagenbroich–Oedt, hinter der 𝌆 re ⬇⬆ mit Steg.

81,7 re 300 m landeinwärts ⌂ Kanu-Wander-Club Grefrath 1983 e.V., Steinfunder Straße 13, 47929 Grefrath, www.kwc-grefrath.de .

80,0 Straßen-𝌆 B 509, **Grefrath**.

78,0 Krautfanganlage mit stählernem Schwimmbalken, li ⏏ beschwerlich.

75,0 Straßen-𝌆 **Vorst**.

72,5 Autobahn-𝌆 A 40.

70,2 **Wachtendonk**, re Steg und großer Parkplatz (am Friedhof).

70,0 Straßen-𝌆 B 60.

69,4 li ↓ der Nette (s. DKV-Gewässerführer für NRW).

68,6 Krautfanganlage mit stählernem Schwimmbalken, schmale versetzte Durchfahrt, auch für Zweier.

67,8 Niers teilt sich, li Niers, re Kleine Niers. Die 𝌆 bei km 64 und km 60 überquert beide Arme. *Für die Kleine Niers gilt von hier aus bis zur 𝌆 bei km 60 vom 15.03. bis 30.06. ein Befahrungsverbot aus Naturschutzgründen.* Im Lauf der Niers unmittelbar nach der Teilung altes ▬, ≋, bis Wetten folgen weitere ▬ dieser Art.

64,0 Straßen-Ⅱ Straelen–Nieukerk.

60,0 Straßen-Ⅱ **Pont**, bis Geldern folgen 3 Steilstufen bis 0,6 m Höhe, ≋, evtl. Grundberührung möglich.

58,4 Zusammenfluss Niers und Kleine Niers.

55,7 Straßen-Ⅱ B 9, **Geldern**; nach 200 m re Steg.

53,0 Straßen-Ⅱ Geldern–Kapellen.

52,7 re ↓ der Geldernschen Fleuth (s. DKV-Gewässerführer für NRW).

52,0 Ⅱ, 200 m danach Krautfanganlage, **X**, re ⏏ und ▬, ≋, vorher ansehen.

50,0 Straßen-Ⅱ **Wetten**, vorher re Steg.

47,2 re ↓ der Issumer Fleuth (s. DKV-Gewässerführer für NRW).

45,0 **Kevelaer**, Straßen-Ⅱ, ⬇.

40,0 Schloss Wissen, Wasserburg, Steil-▬, **X**, re ⏏, gute ⬇, Parkmöglichkeit.

36,0 **Weeze**, re Wasserburg, Schloss Hertefeld.

34,0 re ↓ der Sonsbecker Mühlenfleuth.

31,5 Autobahn-Ⅱ A 57.

29,0 li Fährhaus, ✕.

24,0 **Goch**. Niers teilt sich in zwei Arme, beide ≋, im li Arm nach ca. 100 m Holz-Ⅱ, re Steg, li großer Parkplatz, gute ⬆.

20,0 Aspermühle, ab hier re der Reichswald.

18,0 li **Gräfenthal**, ehemaliges Zisterzienserkloster.

15,0 li **Kessel**, Straßen-Ⅱ B 504, 250 m davor li ⬆. An der Kirche großer Parkplatz.

13,0 ▬, Villersche Mühle.

11,0 Ab hier re Ufer niederländisch.

8,0 li **Böntum**, unterhalb Hof letzte Möglichkeit zur Beendigung der Fahrt auf deutschem Gebiet.

7,5 li ↓ des Kendelbachs, ab hier auch li Ufer niederländisch. *Ab hier ist für die Befahrung des niederländischen Teils der Niers eine Genehmigung erforderlich.*

4,5 Straßen-Ⅱ bei **Ottersum**.

2,5 Straßen-Ⅱ in **Gennep**, gute ⬍- und Parkmöglichkeiten.

1,5 Autobahn-Ⅱ.

0,5 Gute ⬆, Parkmöglichkeit, am Anleger Bootsverleih.

0,2 Krautfanganlage, li ⏏.

0,0 ↓ in die Maas bei km 157.

Rur (Roer)

Wildfluss – Wanderfluss | Mündung in Maas (re Nebenfluss)

Die Rur ist einer der landschaftlich schönsten und sportlich interessantesten Flüsse Westdeutschlands. Sie entspringt im Wallonischen Venn bei Sourbrodt (Belgien), verläuft auf weiten Strecken durch die Bundesrepublik und mündet bei Roermond (Holland) in die Maas.
Die Rur ist in ihrem Oberlauf leichtes bis stellenweise mittelschweres Wildwasser, der nachfolgend ausschließlich beschriebene Unterlauf ist bei guter Strömung ohne besondere Schwierigkeiten zu befahren.

Befahrungsregeln: *km 132,1–117,1 Untersee, Befahrung gebührenpflichtig, 5,00 €/Fahrer.*
km 112,8–93,1 vom 01.02.–14.07. Befahrungsverbot, übrige Zeit besonderes Anmeldevefahren über die Geschäftsstelle des Kanuverband NRW, näheres über www.kanu-nrw.de .
km 74,2–54,5 ganzjähriges Befahrungsverbot.

Befahrbarkeit: Oberlauf nur bei HW.
Empfohlene Fahrtstrecken: km 112,8-93,1, km 54,5-39,2 und km 26,8-0.

Zeltmöglichkeit: mehrere Campingplätze.

132,1 **Rurberg**, Staudamm des Obersees. Beginn des Untersees. *Befahrung gebührenpflichtig*. Zwischen Rurberg und Woffelsbach mehrere ▲ Campingplätze, meist stark durch Dauercamper belegt.

127,5 Woffelsbach.

126,0 li Sportstätte Wildenhof.
⌂ und ▲ des Aachener Boots-Clubs, Clubgelände Sportstätte Wildenhof-Clubhaus Wildenhof, 52152 Simmerrath, durchgehend ✕, ☎ 02474/490. Anschließend Ruderhaus des RWTH Aachen und ⌂ und ▲ der Wasser-Sportfreunde Aachen, ☎ 02474/298.

123,0 li **Eschauel**, ⌂ und ▲ des Dürener KC.

122,0 li ⌂ und ▲ KA Dürener TV 1847.

117,1 Staudamm Schwammenauel, li „Seehof“, ✕, li über Treppe ⌓, S 2, anschließend Regulierstau Heimbach.
Es ist jedoch ratsam, die Folgestrecke bis Heimbach mit Pkw zu umfahren.

113,3 Staudamm Heimbach. Die für eine Weiterfahrt erforderliche Mindestwassermenge von 7 m³/s läuft stets an Wochentagen.

112,8 **Heimbach**, alte steinerne Bogen-Ɪ. Am li Ufer Parkplatz mit guter ⬇ über eine Rampe. *Befahrungsregeln beachten, s. oben*. Bitte nicht durch die Grünanlagen einsetzen. Fußweg vom 🚂 Heimbach 5 Min. ★: Burg Hengebach, eine Ringburganlage aus dem 11.-12. Jahrhundert, und Pfarrkirche St. Klemens.

112,7 Holz-Ɪ, Pegel, gute ⬇, Zufahrt über Ɪ bei km 112,8, Parkplatz, 🚂 Heimbach 5 Minuten. Der Abschnitt von Heimbach bis Obermaubach ist als Tagesstrecke sehr beliebt (*s. Befahrungsregeln*).

112,4 Straßen-Ɪ, re 🚂 Heimbach.

111,5 re ▲ Campingplatz Gut Wittscheidt, für mehrtägigen Aufenthalt geeignet.

108,5 Straßen-Ɪ, re **Hausen**.

107,9 S-Kurve, re Felsen von Blens.
106,0 Straßen-Ⅱ **Blens**, durch re Brücken-Joch ≋, ⬆.
104,3 EB-Ⅱ.
103,4 Straßen-Ⅱ **Abenden**, ✕.
100,2 Straßen-Ⅱ, li Nideggen-Brück.
98,9 EB-Ⅱ, danach re und besonders li gute ⬇⬆, li Parkplatz, re Haltepunkt Zerkall, unmittelbar am Ufer gelegen, wenn li ausgesetzt wird. Zugang über Brücke bei km 98,7.
98,7 li ↓ Kall (s. DKV-Gewässerführer für NRW), danach Straßen-Ⅱ, li **Zerkall**.
97,5 re Gut Kallerbend, ✕. Etwa 1 km weiter Stauwurzel des Staubeckens Obermaubach.
93,1 Staudamm Obermaubach, li **Obermaubach**, re Haltepunkt Obermaubach direkt am Staudamm, daneben ✕. Wenn die Fahrt hier beendet wird, re an der Treppe oder li vor der Staumauer ⬆, li großer Parkplatz. Bei Weiterfahrt re an der Treppe ⬆ und beim ⌂ des Eschweiler KC oder linksufrig ⬇ (kleine Treppe). Eine Befahrung der Folgestrecke bis km 54,5 ist infolge von mehreren ▬, **X**, mit mühsamem ⌓ und Wasserableitungen sehr beschwerlich, *sowie eines ganzjährigen Befahrungsverbotes* (*s. Befahrungsregeln*), auf eine ausführliche Beschreibung wird daher verzichtet (s. DKV-Gewässerführer für NRW).
93,0 re ⌂ und ▲ Eschweiler KC, *DKV-Kanustation*, Am Stausee, 52372 Obermaubach, ☎ 02403/20810, für mehrtägigen Aufenthalt geeignet.
54,5 Ⅱ bei **Floßdorf**, kurz darauf kleines Schräg-▬, ≋.
53,5 Steil-▬, Fischtreppe am li Ufer ≋, jedoch vorher ansehen, ob Durchfahrt frei; evtl. li ⌓, li **Linnich**.
52,5 Straßen-Ⅱ B 57 bei Linnich, gute ⬇⬆, Parkplatz, unmittelbar danach Schräg-▬ ≋; auf der folgenden Strecke bis Hilfarth gibt es 4 weitere ≋ Sohlgleiten; bis zur Grenze reguliert.
45,5 EB-Ⅱ Erkelenz–Geilenkirchen, kurz darauf Sohlgleite ≋.
41,0 Straßen-Ⅱ **Hilfarth**, li ⬇⬆, Parkmöglichkeit.
36,8 Steil-▬, **X**, gefährlich, beidseitig ⌓.
36,1 Autobahn-Ⅱ A 46.
35,9 Straßen-Ⅱ **Ratheim**.
35,4 Steil-▬, **X**, li ⌓.
32,5 Schräg-▬, ≋.
31,0 Straßen-Ⅱ, re **Orsbeck**.
30,8 Steil-▬, **X** und gefährlich, li ⌓.
30,0 Schräg-▬, ≋.
28,8 Höhenverstellbares Klappensteil-▬, **X**, li ⌓; 200 m weiter li ↓ der Wurm (s. DKV-Gewässerführer für NRW), 100 m weiter Straßen-Ⅱ, li **Kempen**.
27,2 Doppelstufiges Steil-▬, **X**, beidseitig ⌓.

24,0 Bundesgrenze, Ende der regulierten Strecke. *Für die Befahrung des niederländischen Teils der Rur ist eine Genehmigung erforderlich (s. Niers).* In den Niederlanden verläuft die Roer bis Roermond noch in ihrem ursprünglichen Flussbett, sie ist landschaftlich reizvoll, teilweise windungsreich und hat durchweg gute Strömung, bis Roermond keine ▬, auch für geübte Zweier ≋.

22,5 **Vlodrop**, gute ⬆ am li Ufer unterhalb der Ⅱ, Parkmöglichkeit.

11,0 Ⅱ N 274, Heinsberg-Roermond, li **St. Odilienberg**, interessantes Regional-Museum.

1,0 EB- und Straßen-Ⅱ, kurz vorher li Fischtreppe in die Hambeek fahren, dadurch wird das ⏏ am ▬ „Groot Hellegat" in Roermond vermieden, ⬆ gegenüber der Tankstelle. Bei Weiterfahrt in die Maas der Hambeek folgen, da der letzte Teil der Roer durch Fabrikgelände verläuft und **X** ist, das davor liegende ▬ ist schwierig zu ⏏.

0,0 ↓ in die Maas in **Roermond**.

Lippe

Wanderfluss — Mündung in Rhein (re Nebenfluss)

Die Lippe verläuft mit mäßiger Strömung vom Münsterland zum Rhein. Sie ist oberhalb der Mündung der Heder weitgehend unverbaut, unterhalb davon fast völlig reguliert, mit hohen Uferböschungen, ab Hamm begradigt.
Die Lippe ist einer der beliebtesten Kanuwanderflüsse in Nordrhein-Westfalen; am häufigsten wird der Oberlauf bis Lippstadt befahren. Es dürfen nur die offiziellen ⬇⬆ benutzt werden.

Befahrungsregeln: *km 208,5–24 In diesem Abschnitt besteht an vielen Stellen ein Uferbetretungsverbot.*
km 167,3 Befahrungsverbot der Steinschüttung rechts,
km 116,0–80,5 Sperrung in der Zeit vom 04.10.-31.03. In der übrigen Zeit maximal 5 Durchfahrten mit jeweils 10 Booten

Befahrbarkeit: ab km 213,4 ganzjährig, auch für Zweier.

Zeltmöglichkeit: ▲ und Stellmöglichkeit für Wohnwagen beim KC Paderborn, Fürstenweg, 33102 Paderborn, Paderbrücke, www.Kanu-Club-Paderborn.de .

213,4 **Paderborn/Schloss Neuhaus**, Straßen-Ⅱ B 68, re mögliche ⬇., jedoch direkt an der Lippe Halteverbot, Parkplätze weiter entfernt.
li ↓ der Pader, ≋ ab ⌂ und ▲ KC Paderborn, Fürstenweg, 33102 Paderborn, Paderbrücke, www.Kanu-Club-Paderborn.de . Von hier bis zur ↓ 4,5 km.

212,6 li ↓ Alme (s. Seite 167).

212,2 re → des Boker Kanals. Danach Schützen-▬, wenn geöffnet, evtl. ≋, sonst re ⏏.

211,7 Autobahn-Ⅱ A 33, Sohlschwelle, meist ≋.

210,0 Einlauf-▬ zum Sander Lippesee, evtl. ≋, vorher ansehen, bei HW! re ↓ Thune (s. DKV-Gewässerführer für NRW). Der Lippesee besteht aus mehreren Kiesseen, die z. Zt. noch ausgebaggert und erweitert werden. Im ersten Teil des Sees li halten. Geplant ist die Verlegung des Flussbettes. Dazu wird ein neues Flussbett angelegt, das Bauende und die damit einhergehenden Veränderungen der Befahrbarkeit sind jedoch noch nicht abzusehen.

208,5 **Sande**, Ende des Lippe-Sees. ▬, X, re ⏢, gute ⬇ mit Parkplatz. Danach Straßen-Ⅱ B 64, unter der Brücke re ⬇-Möglichkeit, hier jedoch Parkverbot. Bis Boke folgen mehrere Sohlschwellen ≋. *Beidseitig bis km 207 ganzjährig Uferbetretungsverbot, zügige Durchfahrt erlaubt.*

206,0 Straßen-Ⅱ Bentfeld–Heddinghausen.

203,2 beidseitig bis 202,4 ganzjähriges Uferbetretungsverbot, zügige Durchfahrt erlaubt.

202,7 Straßen-Ⅱ Bentfeld–Anreppen.

202,0 - 201,5 re ganzjährig Uferbetretungsverbot, zügige Durchfahrt erlaubt.

200,7 - 199,7 re ganzjährig Uferbetretungsverbot, zügige Durchfahrt erlaubt.

199,0 re Betonröhre, ⬇, Parkplatz am Sportplatz.

199,5 Straßen-Ⅱ **Boke**.

195,4 li ↓ der Heder (s. DKV-Gewässerführer für NRW).

193,3 ▬, meist Mitte ≋, vorher ansehen, sonst re oder li ⏢, bei HW! Im Sommer meist geschlossen.
re bis km 190,5 ganzjährig Uferbetretungsverbot (ausgenommen ⌂ TuS Mantinghausen), zügige Durchfahrt erlaubt.

192,8 re ⌂ SKF Geseke, keine ⬇⬆.

192,0 Ⅱ Verlar–Mantinghausen, hier wegen schlechter Parkmöglichkeiten und damit verbundener Verkehrsgefährdung nicht ⬆ oder ⬇.

191,5 re ⌂ und ▲ Kanu-Abteilung TuS Mantinghausen, *DKV-Kanustation*, Holtwiesenweg, 33154 Salzkotten-Mantighausen, www.kanumantinghausen.de , empfohlene ⬇ oder ⬆, Parkmöglichkeit, für mehrtägigen Aufenthalt geeignet, nur für DKV-Mitglieder und nur für Kleingruppen.

190,5 ▬ **Rebbecke**, evtl. Mitte ≋ oder re oder li ⏢.

190,0 li ↓ des Störmeder Bachs. Unterlauf als NSG ganzjährig gesperrt.

189,0 Straßen-Ⅱ Garfeln–Rebbecke.

188,0 ▬ **Mettinghausen**, Mitte ≋, im Sommer oft geschlossen, li ⏢.

186,5 Straßen-Ⅱ Hörste–Mettinghausen, danach ehemaliges ▬, ≋, re Parkmöglichkeit.

184,0 ▬ **Esbeck**, raue Rampe, ≋. Das Wehr wurde zurückgebaut.

182,1 Straßen-Ⅱ Esbeck–Lipperode, keine ⬇⬆.

180,4 Straßen-Ⅱ B 55.

179,7 EB-Ⅱ, danach Fußgänger-Ⅱ.

179,4 ← der alten Lippe mit ⌂ und ▲ des Wasser- und Wintersport-Clubstadt e.V. Lippstadt, *DKV-Kanustation*, Esbecker Straße 1, 59557 Lippstadt, ☎ 0162/6522851, www.wsc-lippstadt.de , Parkmöglichkeit.

179,0 li ↓ der alten Lippe, danach li Mühlenarm mit Slalomstrecke, Mitte HW-Kanal mit ▬ X, re nördliche Umflut mit ▬ und Bootsgasse mit 120 cm breiter Durchfahrt, ermöglicht freie Fahrt durch **Lippstadt**. Empfohlen wird der re Arm, bei NW ist die Befahrung jedoch recht flach (Steine), alternativ kann das ▬ am HW-Kanal ⌓ werden.

177,0 ↓ nördliche Umflut in die Lippe; re Parkplatz, ⬇.

176,8 Straßen-Ⅱ.

176,5 - 174,0 li ganzjähriges Uferbetretungsverbot, zügige Durchfahrt erlaubt.

173,5 re ↓ der Glenne (s. DKV-Gewässerführer für NRW) und des Boker Kanals.

172,0 li ↓ der Gieseler (s. DKV-Gewässerführer für NRW).

169,0 Straßen-Ⅱ **Benninghausen**, re Parkmöglichkeit, ⬇⬆, danach ▬, **X**, li Bootsgasse, offen, meist gut ≋. Vor der Bootsgasse starke Versandung. Leichter Stromzug nach li zu den Turbinen. Hinweisschilder beachten.

168,8 ↓ des Turbinengrabens, *ab hier bis km 166,5 (etwa 500 m unterhalb der Fußgänger-Ⅱ) NSG „Klostermersch", Durchfahrt erlaubt, kein Anlanden.*

167,3 Beginn der Renaturierung, die Lippe wird sehr breit und flach. Es ist ständig mit Veränderungen zu rechnen, da die Renaturierungsarbeiten noch andauern.
Insel in Flussmitte, auf Beschilderung achten! *re Steinschüttung, Befahrungsverbot*; li Bootsgasse aus Natursteinen, 120 cm breit, meist geschlossen, an Bootsgasse oder li ⌓.

167,0 li ↓ Trotzbach, danach Fußgänger-Ⅱ, darunter kleiner Schwall, ≋, li **Eickelborn**.

160,6 Straßen-Ⅱ Lippetal–Hovestadt, li Wasserschloss „Haus Hovestadt", re vor Brücke ⬇⬆, Parkmöglichkeit.

157,6 ▬ Kesseler mit Wege-Ⅱ, evtl. Mitte ≋ oder ⌓, Straßen-Ⅱ, 50 m vorher → des Schleusenkanals, freie Durchfahrt für alle Bootstypen, mittig halten, am Auslauf auf Angler achten! re ✕ „Kesseler Mühle", ▲-Möglichkeit erfragen ☎ 02923/217.

152,4 Wege-Ⅱ Lippborg–Heintrop, ⬆ möglich, S 2, parken im Gewerbegebiet.

150,0 Straßen-Ⅱ B 475, re **Lippetal-Lippborg**, re hinter Ⅱ ⬇⬆, re ↓ der Quabbe.
Auf der Folgestrecke wurden Renaturierungsmaßnahmen durchgeführt, Steinhindernisse.

145,0 - 139,5 li ganzjähriges Uferbetretungsverbot, zügige Durchfahrt erlaubt.

143,0 li REW ϟ, viele Angler!

141,5 re ▲ Campingplatz „Lüdtke Uentrop", danach Autobahn-Ⅱ A 2.

140,5 ▬ **Uentrop**, **X**. Rechts vom ▬ modernes Wasser-ϟ, hier nicht ⏏. re → in den Schleusen-Kanal einfahren und am ⌂ der BSG VEW Uentrop ⏏ (100 m).
140,4 Straßen-Ⅱ Uentrop–Ahlen.
139,9 re ↓ □-Kanal; *bis km 128,5 beiderseits Betreten der Ufer verboten, renaturierte Uferabschnitte*, ! auf Steinschüttungen.
138,6 re ⌂ KV Ahlen, *DKV-Kanustation*, Uentroper Straße 50, 59229 Ahlen, ☎ 02388/2579, www.kv-ahlen.de , ▲-Möglichkeit für DKV-Mitglieder.
137,0 re ⌂ Kanu-Abteilung Turnverein Beckum e.V. 1892, Uentroper Straße, 59229 Ahlen, ☎ 02388/34135.
137,4 Kleinbahn-Ⅱ.
136,0 Wege-Ⅱ Hamm–Haaren.
134,4 → *Altarm, nicht einfahren, NSG.*
134,0 re Schloss Oberwerries, Sportschule des WTB und Jugendbildungsstätte der Stadt Hamm.
133,5 li Altarm 250 m bis ⌂ KV Werries, Lippestraße, 59071 Hamm, www.kv-werries.de .
133,0 Wege-Ⅱ.
130,0 li Düker, an Eisengitter aussetzen zum DHK möglich (Rundtour, s. Kleinflussführer für NRW)
129,0 ▬ Heesen, **X**, starker Rücklauf (bereits mehrere Todesfälle), 150 m vorher li zur □ fahren und dort li ⏏ (marode Uferbefestigung), re Schloss Heessen.
128,4 li ⌂ KC Heesen. Straßen-Ⅱ Hamm/Ost–Hamm/Heesen. Ab hier ist die Lippe kanalisiert und verläuft parallel zum Datteln-Hamm-Kanal bis km 115.
128,0 li ↓ Ahse (Kanal-Düker).
127,2 re Ruder-Club Hamm, 150 m vorher li ⏏, Steg zum Datteln-Hamm-Kanal (km 37,2, s. Seite 589) oberhalb der □ Hamm, dort ⌂ WSV Hamm, TuS Hamm und KSG Hamm, ca. 50 m. Unterhalb der □ am Datteln-Hamm-Kanal, ⌂ KV Hamm, DJK Hamm und PK Hamm.
127,0 ▬ Hamm **X**, re ⏏ über RC-Gelände, sehr schwierig. Soll die Fahrt in Hamm beendet werden, bei km 127,2 zum Datteln-Hamm-Kanal ⏏ und dort ⬆.
126,8 li ⬇ bei Rundtouren in Verbindung mit dem Datteln-Hamm-Kanal (km 36,4).
126,5 Straßen-Ⅱ B 61 und B 64, unter Brücke kleiner Schwall, re fahren, **Hamm**.
126,0 EB-Ⅱ, davor flacher Schwall, li fahren, ⏏–Möglichkeit zum DHK.
122,5 Straßen-Ⅱ Hamm–Hamm/Hövel (Datteln-Hamm-Kanal, km 33,8).
115,7 li Einfluss Pumpwerk, ! auf Querströmung, re fahren.

116,0 Straßen-Ⅱ Hamm/Herringen–Hamm/Bockum. *NSG bis km 80,5. Befahrungsverbot vom 04.10.-31.03.; übrige Zeit maximal 10 Boote in 5 Durchgängen, Uferbetretungsverbot, Mitte fahren.*

114,5 re RWE-ϟ.

114,0 ▬ Stockum, **X**, re 50 m vorher ≏, vor dem Ufer Spundwand im Wasser, danach Ⅱ Hamm/Sandbochum–Stockum.

113,7 re ↓ kl. Wehrkanal, dort re Anleger der Kanu-Abteilung des SV Stockum, Parkmöglichkeit, ⌂ ca. 250 m.

111,0 li ≏-Möglichkeit zum Datteln-Hamm-Kanal, km 33,8.

110,0 Autobahn-Ⅱ A 1.

107,8 Wege-Ⅱ Stockum–Rünthe.

107,5 Schräg-▬ Werne, evtl. ≋, sonst li oder re ≏, re bis an das Ende des ▬, dort an Betonkante ≏, S 2.

106,5 Straßen-Ⅱ B 233 Kamen-Werne, ≏ zum DHK.

97,0 ▬, **X**, **Lünen/Beckinghausen**, li ≏. Anlegestelle für Kanus vor ▬, Rampe liegt auf dem Gebiet des Lippeverbandes, Benutzung erbitten und nicht in der Zufahrt parken, großer Parkplatz. li ≏-Möglichkeit zum Datteln-Hamm-Kanal (km 17,3), etwa 400 m weit.

95,0 **Lünen**, 5 Straßen-Ⅱ.

91,0 ▬ Buddenburg, **X**, re ≏, li STEAG-ϟ Lünen.

89,0 *Beginn des NSG „Lippeauen", ⬇⬆, auch zu Rastzwecken, nur an den im folgenden Text vermerkten und durch Schilder gekennzeichneten Stellen.*

87,0 Sohlschwelle ≋.

85,5 Ⅱ Waltrop-Bork, re ⬇⬆ Nr. 1.

83,0 ▬ „Haus Dahl", li Fischtreppe, evtl. nach Besichtigung ≋ oder li ≏. ⬇⬆ Nr. 2.

80,5 Straßen-Ⅱ **Vinnum**, ⬇⬆ Nr. 3.

77,8 Straßen-Ⅱ Kanalüberführung Dortmund-Ems-Kanal, Neue Fahrt. ⬇⬆ Nr. 4. ≏-Möglichkeit zum Dortmund-Ems-Kanal (km 23,2). Behinderungen durch Bauarbeiten am Kanal voraussichtlich bis Ende 2004.

77,5 Straßen-Ⅱ Kanalüberführung Dortmund-Ems-Kanal, Alte Fahrt.

76,5 li Verladestelle des Lippe-Verbandes, ⬇⬆ Nr. 5.

76,0 Straßen-Ⅱ B 235, Datteln–Olfen.

70,0 auf etwa 200 m Schwallstrecke; li Haus „Vogelsang", ⬇⬆ Nr. 6.

68,0 **Ahsen**, Straßen-Ⅱ, li fahren, re Brückentrümmer**!** re hinter der Brücke (erreichbar über den Wanderparkplatz) ⬇⬆ Nr. 7.

58,0 ⬇⬆ Nr. 9, li ≏-Möglichkeit zum Wesel-Datteln-Kanal, km 48,6, ca. 80 m.

57,5 **Faelsheim**, Straßen-Ⅱ.

54,6 re ↓ der Stever (s. DKV-Gewässerführer für NRW).

54,0 li ⌂ und ▲ KF Hamm-Marl, ⬇⬆ Nr. 10. ≏-Möglichkeit zum Wesel-Datteln-Kanal, km 45,5, ca. 100 m. Am Kanal ⌂ KC Hamm/Marl, *DKV-Kanustation*, Recklinghäuser Straße 147b, 45721 Haltern,

☎ 0160/92633907, (für mehrtägigen Aufenthalt geeignet) und PG Haltern „Nasse Brüder“.

53,7 Straßen-Ⅱ B 51.

50,0 Autobahn-Ⅱ A 43, ⬇⬆ Nr. 11, ⌓-Möglichkeit zum WDK.

47,5 Straßen-Ⅱ Sickingmühle–Freiheit.

47,0 li Wasserwerk, ⬇⬆ Nr. 12. ⌓-Möglichkeit zum Wesel-Datteln-Kanal, km 39,9, ca. 400 m.

41,0 Ⅱ Marl/Brassert–Dorsten/Wulfen, ⬇⬆ Nr. 13.

34,5 Straßen-Ⅱ.

34,0 Straßen-Ⅱ, **Hervest**, darunter Schwall, Mitte fahren, Spritzdecke, ⬇⬆ Nr. 14. li ⌓-Möglichkeit zum Wesel-Datteln-Kanal, km 32, ca. 250 m.

30,0 **Dorsten**, Straßen-Ⅱ B 224.

29,0 ⬇⬆ Nr. 15, li ⌓-Möglichkeit zum Wesel-Datteln-Kanal, km 27,1, ca. 500 m, am Kanal ⌂ KF Dorsten.

28,5 re ↓ Hammbach (s. DKV-Gewässerführer für NRW).

27,0 Autobahn-Ⅱ A 31, ⬇⬆ Nr. 16, hinter der Brücke li ⌓-Möglichkeit zum Wesel-Datteln-Kanal, km 24,5, ca. 50 m, Slalomstrecke.

24,0 Ende des NSG.

23,0 Ⅱ Gahlen–Schermbeck, an der Ⅱ re Parkplatz, unter der Ⅱ, ⬇⬆.

22,4 li ⌓-Möglichkeit zum Wesel-Datteln-Kanal, km 19,2, ca. 80 m.

14,2 re Seite ⬇⬆ Krudenburg, Parkmöglichkeit.

14,0 Straßen-Ⅱ Hünxe–Drevenack, re **Krudenburg**.

13,0 Autobahn-Ⅱ A 3.

3,0 re „Otto-Vorberg-Haus“, Kanuheim und Sportschule des KV NRW, *DKV-Kanustation*, www.kanu-nrw.de , ⌂ Kanu-Freunde Lippe Wesel, Am Lippehafen 16, 46483 Wesel.

2,0 EB-Ⅱ, Straßen-Ⅱ B 8.

1,0 Straßen-Ⅱ B 58.

0,0 ↓ in den Rhein bei km 814,5.

Alme

Kleinfluss – Wanderfluss | Mündung in Lippe (li Nebenfluss)

Die Alme ist ein landschaftlich lohnender und im Oberlauf auch sportlich interessanter Fluss; hier zahlreiche Hindernisse. Empfehlenswerte Strecke: km 46-15.

Befahrungsregeln: *km 15–12 16.03.–30.09. Befahrungsverbot, übrige Zeit erlaubt, wenn Pegel bei km 15 grün zeigt. Das entspricht Pegel Weine/Büren =>80 cm.*

Pegel: re 100 m unterhalb der Ⅱ Weine, km 50.

Befahrbarkeit: ab km 60 nur für Einer, Pegel-Minimum 60 cm; ab Büren auch für Zweier, Pegel-Minimum 55 cm.

60,0 Straßen-Ⅱ Harth-Forsthaus Ringelstein, ⬇ bei gutem Wasserstand, Parkmöglichkeit.
55,0 ▬, re ≋, danach niedrige Ⅱ.
54,0 Straßen-Ⅱ, li **Siddinghausen**.
51,0 li 2 ▬, 2. ▬ ≋, nicht bis zur Mühle fahren.
50,0 Straßen-Ⅱ, **Weine**, Parkmöglichkeit; nach 100 m re Pegel, li ⌂ und ▲ KSC Büren.
48,0 ▬, evtl. ≋, bei HW!
47,0 ▬, evtl. ≋, nicht re in den Mühlenarm fahren.
46,2 Niedrige Bogen-Ⅱ, ! bei HW, Schrägströmung.
46,0 Straßen-Ⅱ, **Büren**. Für eine Befahrung ab Büren ist es ratsam, als ⬇ die Ⅱ über die Afte 1 km oberhalb der ↓ zu benutzen.
45,0 re ↓ Afte (s. DKV-Gewässerführer für NRW).
40,0 **Brenken**, Mühlen-▬, nicht bis zur Mühle fahren, hier ⌓ nicht erlaubt; 100 m vor der Mühle re Schützen-▬, hier re ⌓, starker Stromzug zur Mühle.
Ⅱ, Parkmöglichkeit.
39,0 Schützen-▬, evtl. ≋ oder re ⌓. li Rechen im Obergraben, hier nicht ⌓, Privatgelände.
38,0 Autobahn-Ⅱ A 44.
36,9 Straßen-Ⅱ, gute ⬆, Parkmöglichkeit.
34,0 Straßen-Ⅱ, **Ahden**, Parkmöglichkeit.
31,5 Stufe, fließt zu wenig Wasser über diese Stufe, sollte die Fahrt im Obergraben bis zur nächsten Wege-Ⅱ (ca. 500 m) fortgesetzt und dort beendet werden. Eine Weiterfahrt auf dem Obergraben ist wegen starker Verwachsung und mehrerer Einbauten zur Wasserableitung, **X**, nicht zu empfehlen.
31,0 Wege-Ⅱ, Parkmöglichkeit, re **Wewelsburg**.
28,5 Straßen-Ⅱ, re **Graffeln**, davor li ↓ des Untergrabens, ⬇ falls die Fahrt bei km 31 unterbrochen werden musste.
25,0 Straßen-Ⅱ, li **Niederntudorf**, Parkmöglichkeit.
24,5 re ▬, ≋, bei HW! li halten.
23,0 EB-Ⅱ und Straßen-Ⅱ, bei genügend Wasser re in das Unterwasser fahren, sonst im Obergraben bis zu einem Betonsteg fahren und hier re ⌓ in den Untergraben.
20,0 ▬ in einer Rechtskurve ≋, bei HW!
19,0 **Alfen**, Straßen-Ⅱ.
18,0 Stufe, re ≋, li Wasserrad.
17,0 Autobahn-Ⅱ A 33.
16,5 Straßen-Ⅱ, **Kirchborchen**.
15,0 Straßen-Ⅱ, re **Nordborchen**, re ↓ Altenau (s. DKV-Gewässerführer für NRW). Schräg-▬, gute ⬆, Parkmöglichkeit, die Fahrt wird vielfach hier beendet. Das Unterwasser des ▬ (Lohme) ist NSG, befahren verboten.

Der Obergraben kann noch etwa 2 km weit bis zu einer Wege-⌶ befahren werden, eine Weiterfahrt ist hier wegen des folgenden Schlossparks (Privatgelände) nicht erlaubt. *Befahrungsregelung beachten.*

12,0 „Franzosen-⌶", eine Weiterfahrt ab hier ist möglich, doch wenig lohnend, mehrere Stufen mit scharfkantigen Blöcken, Einzelheiten s. DKV-Gewässerführer für NRW.

0,0 ↓ in Lippe bei km 212,6.

Ruhr

Kleinfluss – Wanderfluss | Mündung in Rhein (re Nebenfluss)

Die Ruhr mit Ursprung am Ruhrkopf im Sauerland in 600 m Höhe ist auf weiten Strecken ein landschaftlich reizvoller Fluss am Südrand des Ruhrgebietes. Im Oberlauf ist sie auch sportlich recht interessant.
Eine sehr ausführliche Beschreibung der Ruhr mit Fahrtenvorschlägen, Rückholmöglichkeiten mit öffentlichen Verkehrsmitteln usw. findet sich im DKV-Gewässerführer für NRW.

Befahrungsregeln: *Im Verlauf der Ruhr wurden verschiedene Schutzgebiete mit Befahrungsregeln eingerichtet (s. Text).*

Befahrbarkeit: Oberlauf nur bei HW; ab Hüsten, km 139,3, ganzjährig. Sie ist in diesem Bereich einer der beliebtesten Kanuwanderflüsse von NRW.
Von Witten bis zum Baldeneysee sind alle Wehr-Anlagen mit Bootsgassen ausgestattet, Ausnahme: Blankensteiner Wehr (km 62,8). Vorsicht an der Bootsrutsche Hardenstein (km 69,2), ansehen (Querströmung), ⌓ über Rampe am re Ufer.
Zeigt der Pegel Hattingen mehr als 358 cm an, ist jeder Fahrzeugverkehr ab km 41,6 untersagt. Auskunft: ☎ 0201/409494.

219,0 Ruhrquelle.

217,7 Straßen-⌶ B 480, oberste mögliche ⬇ bei starkem HW. Die Folgestrecke bis km 143,8 mit den in diesem Bereich mündenden Nebenflüssen Neger, Elpe, Valme, Wenne s. DKV-Gewässerführer für NRW.

165,3 –133,4 Befahrungsverbot vom 16.10. – 31.03., übrige Zeit Uferbetretungsverbot außer an benannten ⬇⬆, ⌓ der ▬ erlaubt. Bei km 135 ist der Bereich der Uferschwalbenkolonie mit größtmöglichsten Abstand zügig in Fließrichtung zu passieren. Betreten der Kiesbank verboten!

143,8 Fußgänger-⌶ Am Hackeland, re **Bruchhausen**, Sportplatz, gute ⬇, kurz danach Stufe, meist li oder re ≋. *Ab hier bis km 131,1 (Haus Füchten) Befahrungsverbot für die Zeit vom 16.10. bis zum 31.03. In den übrigen Monaten Uferbetretungsverbot.*

143,8 ehemaliges ▬, Verblockung durch große Steinblöcke, lange Schwallstrecke, bei gutem Wasserstand ≋, li **Hüsten**, es folgt eine EB-Ⅱ.

141,5 Ⅱ Bahnhofstraße, dahinter
▬ Stufe, ! Steinbrocken, li ≋.

141,2 kleine Stufe, ≋.

141,0 li ↓ Röhr (s. DKV-Gewässerführer für NRW).
Straßen-Ⅱ B 229

139,7 Fußgänger-Ⅱ, danach Schwall.

139,5 li ⬇⬆, zum 🚉 Neheim-Hüsten, Parkplatz.

139,3 Straßen-Ⅱ Zum Rathaus, li **Mühlenberg**, re **Neheim**, danach sofort
▬ Stufe, re ≋, starker Rücklauf! Slalomstrecke, und
re ⌂ Ski- und Kanuclub 1952 e.V. Neheim-Hüsten. Ab hier ganzjährig ≋.

138,6 ▬ Stufe, ganz re ≋, Mitte Sog!

137,7 ▬ Stufe, ≋.

133,8 Straßen-Ⅱ Mendener Straße, re **Neheim**, li **Bergheim**.

136,6 Straßen-Ⅱ B 7, re ↓ Möhne (s. DKV-Gewässerführer für NRW).

131,1 re Haus Füchten, Straßen-Ⅱ, ⬇⬆, *Beginn des NSG „Ruhrstau bei Echthausen“, bis km 127,8 ganzjährig beidseitig Uferbetretungsverbot, Wasserwandern ruhrabwärts ist gestattet.*

127,8 ▬, **X**, li ⌓, li **Echthausen**.

126,7 ▬, **X**, li ⌓, ab hier re Wickede, re Freibad, nicht den Obergraben befahren.

126,4 EB-Ⅱ.

124,8 Trommel-▬, **X**, li ⌓.

124,0 Straßen-Ⅱ B 63 Mendener Straße, re **Wickede**.

123,8 re befestigte ⬇⬆ mit Parkmöglichkeit.

123,4 ▬, **X**, re ⌓ in den Obergraben.

122,2 ϟ im Obergraben, li ⌓, ⌂ und ▲ Kanuclub Wickede-Ruhr e.V., Am Kraftwerk 3, 58730 Fröndenberg-Warmen, ☎ 02377/7766 oder 02377/7474.

120,5 *Beidseitig bis km 118,1 NSG „Auf dem Stein“, ganzjähriges Uferbetretungsverbot, zügige Durchfahrt in Flussmitte ist gestattet.*

118,1 ▬, **X**, re ⌓; danach zunächst geringe Wassertiefe.

116,4 ▬, **X**, re ⌓; danach bis Ⅱ geringe Wassertiefe.

116,2 Straßen-Ⅱ **Fröndenberg–Mengen**, li vor der Ⅱ ⌂ Kanu-Club Menden e.V., Fröndenberger Straße 192, 58708 Menden, www.Kanu-Club-Menden.de .

116,1 EB-Ⅱ, danach re ⌂ und ▲ Kanu-Club 1933 e.V. Fröndenberg, Ruhrstraße, 58730 Fröndenberg, www.kc-froendenberg.de , für mehrtägigen Aufenthalt geeignet.

116,0 li ↓ Hönne (s. DKV-Gewässerführer für NRW).

113,1 ▬ **Halingen**, **X**, li ⌓ über Rampen zum ⬆ und ⬇. Das Anlegen am Wehr-Pfeiler ist verboten. Die Ruhr ist in diesem Bereich

Trinkwasserschutzgebiet, das Wehr und das folgende werden von den Wasserwerken betrieben. Es sind Bestrebungen in Gang, die Ruhr zu sperren. Durch unauffälliges Benehmen sollte versucht werden, keine weiteren Argumente für eine Sperrung zu liefern. Es sollte daher zügig ⌓ werden und in der näheren Umgebung der beiden Wehre nicht gelagert oder gerastet werden. Bei HW im Unterwasser Pfähle, bei NW flach.

112,9 Wege-Ⅱ.

111,7 ▬ Langschede, **X**, li ⌓, bei HW starker Sog.

111,4 Straßen-Ⅱ B 233 Gruländer Straße, re **Langschede**.

110,2 re ⌂ und ▲ Kanuklub Unna 1949 e.V., Ohlweg 20, 58730 Fröndenberg-Dellwig, ☎ 02378/2866, www.kku49.de sowie ⌂ und ▲ Kanuverein Holzwickede e.V., Ohlweg, 58730 Fröndenberg-Dellwig, www.kanu-verein.de

107,7 Straßen-Ⅱ Lenninghäuser Weg, *re Beginn eines NSG, ganzjähriges Uferbetretungsverbot bis km 106,9 am li Ufer fahren.*

106,9 ▬, li ⌓.

106,4 ▬ Stauschwelle, je nach Wasserstand ≋ oder li ⌓.

105,6 re ↓ des ⚡-Abflusses.

104,4 Straßen-Ⅱ Ruhrtalstraße, re **Geisecke**.

101,8 ▬ Villigst, **X**, li ⌓, li **Villigst**, danach – in Höhe von Haus Villigst – bei NW Pfahlreihe in Flussmitte.

100,7 Straßen-Ⅱ B 236, re **Schwerte**.

99,4 re ⌂ und ▲ Kanu- und Surf-Verein Schwerte e.V., *DKV-Kanustation*, Detlef-Lewe-Weg 1, 58239 Schwerte, ☎ 02304/16641.

98,1 EB-Ⅱ, *ab hier bis km 94,3 beidseitig NSG, ganzjähriges Uferbetretungsverbot, zügige Durchfahrt in Flussmitte ist gestattet.*

96,9 Autobahn-Ⅱ A 45.

94,3 ▬ und ⚡ Westhofen, re 200 m ⌓.

94,0 Straßen-Ⅱ.

93,5 li ⌂ und ▲ Hohenlimburger Kanu-Verein e.V., Ruhrtalstraße 10, 58099 Hagen, www.kanu-hohenlimburg.de .

93,2 Autobahn-Ⅱ A 1.

92,2 EB-Ⅱ, li ↓ Lenne (s. Seite 177), danach Beginn des Hengsteysees, Seeoberfläche 1,36 km², Stauhöhe 4,6 m.

91,1 Straßen-Ⅱ Hengsteystraße, re **Syburg**, li Halbinsel, jenseits der Halbinsel ⌂ des Ruhrverbandes mit Kanu-Verein Freizeit Hengsteysee e.V., Dortmunder Straße 98, 58099 Hagen, www.kvfh.de .

89,2 re RWE Pumpspeicher-⚡, der Wasserauslass erfolgt durch einen im Seeboden vor dem Gebäude mündenden Druckstollen, Strömung beachten.

88,8 li ⌂ und ▲ Kanu-Club Hagen 1953 e.V., *DKV-Kanustation*, Seestraße 2B, 58089 Hagen, ☎ 02331/61148, www.kc-hagen.de .

87,9 ▬ des ↯ Hengsteysee, re ⏏ durch Tunnel, re ✕.

87,8 ▬ Stiftsmühle, nach re fahren und re vom ▬ nach li ⏏, etwas schwierig. li ↓ Volme (s. DKV-Gewässerführer für NRW).

86,5 li ⌂ und ▲ Kanu-Verein Wasserwanderer Hagen e.V., *DKV-Kanustation*, Vorhaller Weg 13, 58313 Herdecke, ☎ 02330/3858, www.kvw-hagen.de .

86,3 Straßen-Ⅱ B 54 Herdecker Straße/Hagener Straße, re **Herdecke**.

85,7 re ⌂ und ▲ Herdecker Kanu-Club e.V., Mühlenstraße, 58313 Herdecke, ☎ 02330/4071, www.herdecker-kanu-club.de , Beginn des Harkortsees, Seeoberfläche 1,37 km², Stauhöhe 7,8 m.

85,3 EB-Viadukt, re ↯ CUNO der Elektromark, *li NSG mit Tonnen markiert, Befahrungsverbot*!

83,0 re ⌂ Kanu-Club Wetter 1901 e.V., Strandweg 13, 58300 Wetter, ☎ 02335/4168, www.kcwetter.de , zeitweise bewirtschaftet, **Wetter**, li ▲ KC Wetter.

82,4 EB-Ⅱ und Straßen-Ⅱ B 226 Friedrichstraße dicht hintereinander, re **Wetter**, See teilt sich in 2 Arme, zum ⏏ in den re Arm fahren.

81,5 ↯ Harkortsee, ▬, li 100 m über Pfad ⏏, etwas schwierig.

80,6 re Pegel Wetter, Anlegeverbot, Einbauten im Fluss, Mitte fahren!

80,1 Straßen-Ⅱ B 234 Ruhrstraße Wetter–Oberwengern, re großer Parkplatz Firma DEMAG, ⬇⬆.

79,4 Straßen-Ⅱ B 226.

78,9 Schwallstrecke, bei NW sehr flach, Steine! danach bis km 74,2 Trainingsstrecke der Rudervereine Bochum und Witten.

75,3 re ⌂ Kanu-Freunde Witten e.V., Wetterstraße 58, 58453 Witten, ☎ 02302/60166, www.kanufreunde-witten.de , ▲ und Übernachtung nach Absprache.

74,6 re ⌂ und ▲ Paddler-Club Ruhrinsel e.V. Witten, Wetterstraße 44, 58453 Witten, ⌂ und ▲ Kanu-Club Neptun e.V. Witten/Ruhr, Wetterstraße 42, 58453 Witten, www.kknwitten.de.vu , Flussteilung, 2 Ruhrinseln, auf der ersten Insel Ferienanlage für VEW-Betriebsangehörige.

74,3 Im re Arm re ⌂ Ruderverein Bochum, zeitweise bewirtschaftet, gastfreundlich, im li Arm li ▲ Campingplatz Steger, Uferstraße 68, 58452 Witten, ☎ 02302/30990, kleine Seilfähre.

74,1 ▬ re fahren und li vor dem ↯ an der Fischtreppe ⏏. Bei HW re im Kanal weiterfahren, an weiterem ▬ re vorbei bis li zur Steganlage des Rudervereins Witten, dort nach li ins Unterwasser ⏏.

73,9 EB-Viadukt.

73,5 li ⌂ und ▲ Kanu-Ski-Club Witten e.V. 1951, Uferstraße 25, 58452 Witten, ☎ 02302/33666, www.ksc-witten.info , Wittener Kanuslalom-Gemeinschaft e.V., Uferstraße 23, 58452 Witten, www.wkg-witten.de , Faltbootfahrer Wanderfalke Witten e.V., Uferstraße 5, 58452 Witten und Faltbootfahrer Wasserfreunde Witten e.V., Uferstraße 3, 58452 Witten.

73,1 Straßen-Ⅱ B 235 Ruhrstraße, li **Bommern**, re Witten.

71,5 Fußgänger-⌶, li Zugang ins Muttental, Wiege des Ruhrbergbaus, ★
69,2 Doppel-▬ Witten-Herbede. Vor dem ▬ → zur Bootsgasse und ⌓-Möglichkeit, im Auslauf der Bootsgasse Wellenbildung, Wirbel, Kehrwasser, Spritzdecke schließen. Bei HW hinter der Bootsgasse sehr gefährliche Querströmung vom Schräg-▬, dann unbedingt vor Befahrung ansehen! Bei HW besser im □-Kanal re anlanden und am re Ufer über Rampe ⌓. Neben der Bootsgasse □ für Fahrgastschifffahrt.
68,5 ⌂ und ▲ Kanu-Club Witten e.V., In der Lake 7, 58456 Witten, ☎ 02302/23169, www.kcwitten.de , Übernachtungsmöglichkeit.
68,3 Fußgänger-⌶.
68,2 re ⌂ Canu-Camping-Freunde Witten e.V., In der Lake 19, 58456 Witten.
68,1 Straßen-⌶ Herbeder Straße.
67,3 Autobahn-⌶ A 43, bei NW re fahren. Beginn des Kemnader Stausees, *bis 64,3 re in der ausgetonnten Fahrrinne fahren*!
66,7 → in den Seitenarm Heveney, dort Segelhafen, großer Parkplatz, Freizeitbad, Anlegestelle der Fahrgastschiffe.
64,3 ▬ Kemnader Stausee, **X**, li Bootsgasse und ⌓-Möglichkeit.
63,8 Straßen-⌶ Kemnader Straße, hier keine ⬇-Möglichkeit. Ab hier ist das li Ufer bis zum Blankensteiner ▬ Wasserwirtschaftsgebiet mit Betretungsverbot.
63,0 re ⌂ Wassersportverein Bochum e.V., An der alten Fähre, 44797 Bochum, www.wassersportvereinbochum.de und Kanu-Club Wiking Bochum 1951 e.V., *DKV-Kanustation*, Im Sonderfeld 81, 44797 Bochum-Stiepel, ☎ 0234/793054, www.kc-wiking.de , ▲.
re Ausflugs-✕, li auf der Höhe Ort und Burg **Blankenstei**n.
62,8 re in Obergraben einfahren und nach 700 m li ⌓, im li Arm ⌂ RV Blankenstein, zeitweise bewirtschaftet und ▬ Blankenstein, **X**.
60,6 Straßen-⌶ Hüttenstraße/Kosterstraße.
60,5 li ⌂ und ▲ Bochumer KC, *DKV-Kanustation*, An der Kost 13, 45527 Hattingen, ☎ 02324/61247, www.bochumer-kanu-club.de , bewirtschaftet.
58,7 re ⌂ Faltboot-Klub Hattingen, Im Westenfeld, 45529 Hattingen.
58,1 li ⌂ Sport-Gemeinschaft Welper e.V., Kanuabteilung, Ruhrdeich 20, 45525 Hattingen, ☎ 02324/202287, www.sg-welper.de .
57,3 re ▲ Campingplatz Ruhrbrücke, Ruhrstraße 6, 45529 Hattingen, ☎ 02324/80038, www.camping-hattingen.de .
57,2 ▬ Hattingen, li die alte ⌓-Stelle an der Birschelmühle kann weiterhin genutzt werden. Je nach Wasserstand leichtes bis beschwerliches Umtragen.
Am re Ufer neue Bootsrutsche Hattingen mit drei Abteilungen: Ganz rechts Treidelgasse, nicht befahren, nur treideln! In der Mitte Fischpass. Die eigentliche Bootsrutsche mit 6 m Breite und ca. 130 m Länge befindet sich links.

56,9 Straßen-Ⅱ B 51 Bochumer Straße, li **Hattingen**.
56,0 EB-Ⅱ, li Pegel Hattingen. Ab hier bis km 50,0 re Uferbetretungsverbot, NSG.
53,9 kurze Schwallstrecke, li ⬇⬆, Parkplatz, Bushaltestelle.
50,3 Straßen-Schwimm-Ⅱ Auf dem Stade, **Dahlhausen**, ab hier re fahren, li am ◻-Kanal ⌂ Wasserfreunde Dumberg.
50,0 Walzen-▬, X, Lebensgefahr!
49,9 re Bootsgasse und ⏶-Möglichkeit.
49,6 re ⌂ und ▲ Linden-Dahlhauser Kanu-Club e.V., Ruhrmühle 3, 44879 Bochum, ☎ 0234/490603, www.ldkc.eu , bewirtschaftet.
48,4 Fußgänger-Ⅱ (ehemalige EB-Ⅱ).
47,5 ▬ Essen-Steele-Horst, li Bootsgasse und ⏶-Möglichkeit.
47,0 re ⌂ der MTG Horst Essen, Kanuabteilung.
46,6 Fußgänger-Schwimm-Ⅱ.
45,9 li ⌂ und ▲ Freie Wasserfahrer Essen-Steele 1929 e.V., Wichteltal 173, 45277 Essen, ☎ 0201/581630.
45,7 li ⌂ Wassersportverein Neptun e.V., Wichteltal 142 b, 45277 Essen-Überruhr und Kanugesellschaft Ruhreck, Wichteltal 142 a, 45277 Essen-Überruhr, ☎ 0201/580396.
44,4 EB-Ⅱ.
44,2 Straßen-Ⅱ Kurt-Schuhmacher-Brücke, **Essen-Steele**.
43,6 re ⌂ und ▲ Schwimmverein Steele 1911 e.V., ☎ 0201/511214, 15 Minuten zum 🚌 Essen-Steele.
43,4 li ▬ Essen-Steele, re weiterfahren.
43,0 re Bootsgasse und ⏶-Möglichkeit.
42,8 re Einfahrt in den Untergraben, nach 200 m Fußgänger-Ⅱ, am Ende des Untergrabens li ⌂ Steeler Kanu Club e.V., *DKV-Kanustation*, Westfalenstraße 96 a, 45136 Essen, ☎ 0201/511469, www.steeler-kanu-club.de .
41,8 re ⌂ und ▲ Kanu-Sportverein e.V. Rothe Mühle, Zornige Ameise 15 D, 45134 Essen, ☎ 0201/511469, www.krm-essen.de .
41,6 Straßen-Ⅱ Konrad-Adenauer-Brücke, **Essen-Rellinghausen**. Ab hier ist die Ruhr Schifffahrtsstraße mit ausgetonntem Fahrwasser, Motorbootverkehr, die Motorboote dürfen, bis auf den Baldeneysee, auch außerhalb der Fahrrinne fahren.
41,2 –37,1 ganzjähriges Uferbetretungsverbot für die re Uferseite.
40,5 re ⌂ Post Telekom Sportverein Essen e.V., Wuppertaler Straße 129 A, 45134 Essen, ☎ 0201/441014, www.ptsv-essen.de .
38,4 re ehemalige Schleuse Rote Mühle, offen, li ⌂ und ▲ Kanuklub Industrie Essen e.V., *DKV-Kanustation*, Langenberger Straße 664a, 45277 Essen, ☎ 0201/484888, www.kki-essen.de .
38,0 Straßen-Ⅱ B 227 Theodor-Heuß-Brücke.

37,2 li ⌂ und ▲ Essener Faltbootfahrer e.V., Kampmannbrücke 36, 45257 Essen, ☎ 0201/482866, www.essenerfaltbootfahrer.de .

37,1 Straßen-Ⅱ Kampmannbrücke, **Essen-Kupferdreh**. Beginn des Baldeneysees. Auf dem Baldeneysee dürfen Kleinfahrzeuge ohne Motor nicht in der Fahrrinne fahren, das ausgetonnte Fahrwasser nur auf dem kürzest möglichen Weg überqueren.

36,9 re ⌂ und ▲ Kanu Klub Zugvogel Essen e.V., *DKV-Kanustation*, Stauseebogen 11, 45259 Essen, www.kkz-essen.de .

36,6 li ⌂ und ▲ Turnverein 1877 e.V. Essen-Kupferdreh, Kanuabteilung, Kampmannsbrücke 1, 45257 Essen, www.tvk-essen.de , 10 Minuten zum 🚉 Essen-Kupferdreh.

36,3 Fußgänger-Ⅱ, li ⌂ und ▲ Eisenbahner-Sportverein Essen-Kupferdreh e.V., Hardenbergufer 700, 45257 Essen, ☎ 0201/483930, www.esv-k.de .

36,2 li ↓ Deilbach (s. DKV-Gewässerführer für NRW).

36,0 –34,6 re Vogelschutzgebiet, unbedingt außerhalb der gekennzeichneten Gewässerstrecke fahren.

35,5 Von hier ab im li Ufer fahren, da an Wochenenden Segelregatten stattfinden.

34,1 → Segelsporthafen, in der Einfahrt li ⌂ und ▲ Club Essener Wanderpaddler e.V., Landfermannfähre 102, 45259 Essen, www.cew-online.de .

32,8 li ▲ DCC-Campingpark Baldeneysee, Hardenbergufer 369, 45239 Essen, ☎ 0201/402007, www.camping-essen-scheppen.de .

31,4 re ⌂ ESV Grün-Weiß Essen e.V., Kanuabteilung, Freiherr-v.-Stein-Straße 406, 45133 Essen.

31,3 re ⌂ Essener Kanu- und Segel-Gesellschaft e.V., Freiherr-v.-Stein-Straße 406, 45133 Essen.

30,3 re Regattaanlage der Stadt Essen mit Regattahaus, Tribüne und Zielturm. Bei Kanu- und Ruder-Regatten ist die rechte Seite des Sees ab km 31,5 gesperrt, daher ab km 33,5 am li Ufer fahren. Auf der Höhe „Villa Hügel“, ehemaliger Stammsitz der Familie Krupp.

30,0 li ⌂ und ▲ Rasen- und Wassersportverein Essen, ☎ 0201/406461.

29,5 li öffentliche ⬇⬆, Parkmöglichkeit, hier li ⩯, wenn die ⩯-Gelegenheit am ▬ (km 29,3) im re Wehr-Pfeiler gesperrt oder abgebaut ist.

29,3 ▬ Essen-Werden, ⩯ im re Wehr-Pfeiler. Vorsicht bei hochgezogenem Warnkorb am Anleger, Schrägströmung. Evtl. bei km 29,5 ⩯.

29,2 li ⬇, wenn bei km 29,5 ⩯ wird.

28,0 Straßen-Ⅱ B 224 Gustav-Heinemann-Brücke, **Essen-Werden**.

27,8 re ⌂ Kanu-Gesellschaft Assindia e.V., Im Löwenthal 9, 45239 Essen.

27,7 re ⌂ und ▲ Kanu-Gesellschaft Wanderfalke e.V. Essen, *DKV-Kanustation*, ☎ 0201/491011, www.kgwanderfalke.de .

27,6 re ⬇⬆, Parkmöglichkeit, ⌂ und ▲ Kanufreunde Essen, Im Löwenthal 37b, 45239 Essen, ☎ 0201/491765, www.kanufreunde-essen.de , ca. 100 m von der Ruhr entfernt.

26,7 re Zugang zum ▲ Stadtcamping Essen-Werden, Im Löwental 67, 45239 Essen, ☎ 0201/492978, Beginn des Kettwiger Sees.

26,6 li ▲ Campingplatz.

25,5 –24,5 li Uferstreifen des Golfplatzes Oefte, ganzjähriges Uferbetretungsverbot.

23,7 li Schloss Oefte.

22,4 re ⌂ und ▲ Kanu-Sport-Club Kettwig e.V., Promenadenweg 98, 45219 Essen, ☎ 02054/80444, www.kanusportclub.de ,
li ▲ Campingplatz Cammerzell, Werdener Straße, 45219 Essen-Kettwig, ☎ 02054/4798, www.campingplatz-cammerzell.de .

22,1 EB-Ⅱ.

21,6 ■ Kettwig mit Straßen-Ⅱ, li ⏏, re □, li unter der Brücke ⌂ Turnverein 1869 e.V. Heiligenhaus, Kanuabteilung, Zur alten Fähre 32a, 45219 Essen, ☎ 02054/5160, re **Kettwig**, li **Kettwig vor der Brücke**, 10 Minuten zum 🚆 Kettwig-Stausee.

20,7 –19,5 li ganzjähriges Uferbetretungsverbot.

19,0 li Schiffsanleger und Hotel „Mintarder Wasserbahnhof".

18,4 Ruhrtal-Hoch-Ⅱ der A 52.

17,1 li ⌂ und ▲ Kanu-Gesellschaft Haus Kron e.V., Mintarder Straße 210, 45481 Mülheim an der Ruhr, ▲ Campingplatz nur für Dauercamper.

15,7 re DLRG-Rettungsstation Mülheim.

15,0 re ⌂ Mülheimer Kanusport-Verein e.V., Mendener Straße 70, 45470 Mühlheim an der Ruhr, ☎ 0208/374431, www.muelheimer-kv.de , ▲-Möglichkeit für Einzelfahrer.

14,9 Straßen-Ⅱ B 1 Mendener Brücke.

14,5 re ⌂ Mülheimer Kanu-Gesellschaft e.V., Mendener Straße 6a, 45470 Mülheim an der Ruhr, ☎ 0208/374771, und Kanu-Gilde Mülheimer Schüler.

13,9 re Jugendherberge Kahlenberg, Mendener Straße 3, 45470 Mülheim an der Ruhr, ☎ 0208/382191, Voranmeldung unbedingt erforderlich.

13,6 ■ Mülheim-Kahlenberg, re in den □-Kanal einfahren und bei km 12,6 re ⏏.
Zum ⌂ DJK Ruhrwacht Mülheim, Mintarder Straße 19, 45481 Mülheim an der Ruhr, www.djk-ruhrwacht.de und ⌂ Mülheimer Kanu- und Ski-Freunde, Kassenberg 42, 45479 Mülheim an der Ruhr, ☎ 0208/429502, www.mksf.de am ■ li ⏏ in die Saarner Ruhr. Von der Saarner Ruhr aus besteht keine ⏏-Möglichkeit zur Weiterfahrt in der Ruhr.

13,5 Wege-Ⅱ.

12,6 □ Mülheim mit Straßen-Ⅱ, re ⏏, vor der Schleuse li Wasserbahnhof, 20 Minuten zum Haupt-🚆 Mülheim.

12,2 Straßen-Ɪ Schlossbrücke, **Mülheim an der Ruhr**. Ab hier ist die Ruhr Bundeswasserstraße.
12,0 li Stadthalle Mülheim.
11,9 EB-Ɪ.
11,6 Straßen-Ɪ Konrad-Adenauer-Brücke.
10,5 Wege-Ɪ.
9,6 → der alten Ruhr (Wehrarm), Einfahrt verboten.
7,9 □ Raffelberg, Betriebszeiten: Montag bis Sonnabend 6.00-22.00 Uhr, Sonntag 6.00-14.00 Uhr, ⏏ li ca. 350 m.
7,8 Straßen-Ɪ Raffelberg-Brücke.
7,4 Autobahn-Ɪ A 40.
6,6 –6,4 7 EB-Ɪ.
6,3 Straßen-Ɪ Schwiesenkamp
6,0 re ↓ der alten Ruhr (Wehrarm),
5,8 Autobahn-Ɪ A 3.
5,7 EB-Ɪ.
5,5 li ⌂ und ▲ Schwimm- und Paddel-Club Ackerfähre, *DKV-Kanustation*, Ruhrdeich 351, 47058 Duisburg, ☎ 0203/332220, www.spca.de .
5,2 Straßen-Ɪ (Aakerfährbrücke).
4,5 → Verbindungskanal zum Rhein-Herne-Kanal.
4,3 Autobahn-Ɪ A 59 (Berliner Brücke).
3,6 li ← der alten Ruhr (Wehrarm), re Einfahrt zur □, zur Weiterfahrt li halten und am ■ bei km 2,6 ⏏.
2,8 Ruhr-□ Duisburg, Betriebszeiten: Montag bis Sonnabend 6:00–22:00 Uhr, Sonntag Betriebsruhe.
2,6 ■ **Duisburg**, li ca. 200 m ⏏, ⬆.
1,9 Straßen-Ɪ Oberbürgermeister-Karl-Lehr-Brücke, **Duisburg-Ruhrort**.
0,0 ↓ in den Rhein bei km 780,1.

Lenne (Ruhr)

Kleinfluss – Wanderfluss Mündung in Ruhr (li Nebenfluss)

Die Lenne, ein landschaftlich reizvoller Fluss des Sauerlandes, ist in ihrem Oberlauf ein interessanter Kleinfluss. Eine Befahrung der Strecke Finnentrop-Werdohl kann wegen schwieriger Hindernisse und Wasserableitungen nicht empfohlen werden. Anschließend wird ausschließlich der wieder lohnende Unterlauf der Lenne ab Werdohl beschrieben.

Befahrungsregeln: *km 40,5–39,1 Uferbetretungsverbot beidseitig, zügiges Durchfahren mit höchstens 10 m Abstand vom rechten Ufer erlaubt, km 3– ↓ Uferbetretungsverbot beidseitig.*

Befahrbarkeit: die Abschnitte Werdohl-Altena (km 45-25,9) und Lethmate-Mündung (km 15,2-0) sind ganzjährig befahrbar. Die dazwischen liegende Strecke kann wegen Wasserableitungen vielfach nicht befahren werden. Dafür ist ein Mindestpegel des Lenne-Pegels Altena (km 29,8) von 70 cm erforderlich (s. Pegeldienst des KV NRW).

119,0 **Westfeld**, ab hier Befahrung nur bei starkem HW möglich. Die Folgestrecke ist ausführlich beschrieben im DKV-Gewässerführer für NRW.

45,0 Straßen-Ⅱ B 236, **Werdohl**, ⬇.

44,3 Straßen-Ⅱ B 236.

44,1 EB-Ⅱ.

43,2 EB-Ⅱ.

42,7 Straßen-Ⅱ B 236, ▬, evtl. li ≋, sonst li ⌓.

40,5 EB-Ⅱ. *Aus Gründen des Naturschutzes ist die Befahrung des Lennestaus Werdohl-Lengelsen-Wilhelmstal ganzjährig verboten, für Wasserwanderer ist das zügige Durchfahren mit höchstens 10 m Abstand vom re Ufer flussabwärts bis km 39,1 erlaubt.*

39,1 ▬, **X**, re ⌓, **Wilhelmstal**.

38,0 Straßen-Ⅱ, re **Dresel**.

36,9 ▬, ≋.

35,7 ▬, evtl. re über das Schütz ≋, bei HW **X**, am besten bereits bei der Anfahrt ansehen, li ϟ Elverlingsen.

35,5 Straßen-Ⅱ, ▬, li ≋ bei HW! bereits bei der Anfahrt ansehen.

33,8 Verfallenes ▬, in der Mitte ≋.

31,9 re ⌂ Altenaer Canu-Verein, ▬, evtl. ganz li ≋, sonst re ⌓, Gartentor wieder schließen! Starke Wasserableitung.

30,6 Straßen-Ⅱ **Winkelsen**, li ⬇⬆.

30,0 Straßen-Ⅱ, Ortseingang **Altena**.

29,8 re Pegel Altena.

29,7 Straßen-Ⅱ B 236.

28,8 Fußgänger-Ⅱ.

28,2 Straßen-Ⅱ am 🏰 Altena.

27,5 Straßen-Ⅱ.

27,3 ▬, ≋, bei HW!

25,9 re Sauerlandhalle, re ⬆, am nächsten ▬ starke Wasserableitung, dadurch bei normalem Wasserstand bis Einsal Wasserführung im Flussbett meist nicht ausreichend, Ortsausgang Altena. Weitere Beschreibung bis km 15,2 s. DKV-Gewässerführer für NRW.

15,2 Straßen-Ⅱ Letmathe, übliche ⬇.

13,9 ▬, halbrechts im Knick ≋; 2 Ⅱ.

12,7 Steil-▬, bei MW evtl. ganz li ≋ oder li ⌓, bei HW!

12,3 EB-Ⅱ.

11,0 Straßen-Ⅱ, Ortseingang **Hohenlimburg**, li ↓ der Nahmer.

10,7 ▬, re ≋, Mitte und li starker Rücklauf, ⌓ sehr mühsam, danach EB-Ⅱ.

9,8 ▬ Hohenlimburg, li Slalomstrecke des Hohenlimburger KV, Landesleistungszentrum und Bundesleistungsstützpunkt für Kanu-Slalom, Trainingsbetrieb beachten, bei Veranstaltungen li ⌂.
9,7 Straßen-Ɪ B 7.
7,2 Autobahn-Ɪ A 46, ab hier ist die Lenne teilweise begradigt.
4,8 Autobahn-Ɪ A 45. Darunter ⬆ und Parkmöglichkeit.
4,7 Straßen-Ɪ.
3,0 Ab hier NSG, beidseitig Uferbetretungsverbot.
2,0 ▬ **X**, li rücksichtsvoll ⌂, da im Naturschutzgebiet gelegen.
1,2 Ɪ Kabel.
0,7 Autobahn-Ɪ A 1.
0,0 ↓ in die Ruhr bei km 92,2.

Erft

Kleinfluss – Wanderfluss | Mündung in Rhein (li Nebenfluss)

Bei HW ab Münstereifel, bei MW ab Euskirchen, ganzjährig auch mit Zweier ab Bergheim fahrbar. Münstereifel bis Euskirchen nur für geübte Fahrer! Wevelinghofen bis Mündung nur für geübte K2 und C2!
Die Erft ist ein schnell fließender Wiesenfluss mit größtenteils begradigten Ufern und bis auf die Wehre ohne Schwierigkeiten. Von einer Befahrung der als nicht fahrbar gekennzeichneten Wehre muss dringend gewarnt werden! Lebensgefahr!
Infolge der Verlagerung des Braunkohleabbaus verringert sich die Menge des eingeleiteten Sümpfungswassers, so dass die Wasserführung der Erft stetig weiter zurückgeht. Zur ökologischen Verbesserung der Erft gestaltet der Erftverband beginnend an der Mündung alle Stufen und Wehranlagen so um, dass sie für wassergebundene Lebewesen durchgängig werden. In diesem Zusammenhang hat der Erftverband erklärt, dass er die Attraktivität der Erft für den Kanusport weiterhin erhalten möchte. Übungsstellen für Wildwasser- und Rodeosportler gehen allerdings durch diese Renaturierungsmaßnahmen verloren.

90,0 **Bad Münstereifel**, ★, ⬇ unterhalb des Eifelbads, danach Schräg-▬.
88,0 **Iversheim**, ▬, bei HW Rücksog! vor Befahrung ansehen.
86,0 **Arloff**, Steil-▬, ⌂ unmöglich, bei der Anfahrt ansehen!
84,0 **Stotzheim**, ▬, vor Befahrung ansehen.
80,0 **Euskirchen**, ⬇ unterhalb der Ɪ B 56/B 266.
77,0 ▬ unterhalb der Kläranlage, vor Befahrung ansehen.
74,0 **Derkum**, ▬, ≋.
73,7 Steil-▬, ca. 1 m hoch, vor Befahrung ansehen.
72,0 **Horchheim**, ▬, Durchlass HW-Schutzdamm, Klappen-▬, im Sommer offen.
70,0 **Groß Vernich**.
69,2 Steil-▬, vor Befahrung ansehen.

68,6 **Weilerswist**, ⬇ an der Ⅱ Weilerswist–Friesheim.
67,3 Autobahn-Ⅱ A 61.
66,4 re ↓ Swistbach (s. DKV-Gewässerführer für NRW).
66,0 Autobahn-Ⅱ A 553.
65,3 Straßen-Ⅱ **Bliesheim**.
65,0 Straßen-Ⅱ.
62,0 Straßen-Ⅱ B 265.
59,5 Autobahn-Ⅱ A 1.
57,8 ▬ bei **Dirmerzheim**, ≋, bei HW Rücklauf, evtl. ⌓.
56,7 li ↓ Roth-Bach (s. DKV-Gewässerführer für NRW).
55,7 Ⅱ Dirmerzheim–Kierdorf.
55,2 Steil-▬ bei **Brüggen**, 2stufig, evtl. ≋, besser re ⌓.
Danach 5 kleine Stufen, ≋, in jeweils 100 m Abstand.
55,0 Straßen-Ⅱ.
54,7 Straßen-Ⅱ Gymnich–Brüggen.
54,3 ← der Erft, Weiterfahrt geradeaus auf dem Erftkanal.
53,5 Wege-Ⅱ nach **Balkhausen**, darunter und danach 5 kleine Stufen, ≋.
52,5 Wege-Ⅱ nach **Türnich** mit Stufe ≋.
51,9 Wege-Ⅱ.
51,5 Straßen-Ⅱ B 264; ca. 200 m danach höhere Stufe, ≋.
51,2 li am Waldbeginn ▬, ≋ mit drei Schotten.
50,1 Am Ende des Waldes (Kerpener Bruch) kleines ▬ und niedrige Ⅱ, **X**, unbedingt re ⌓.
49,6 Straßen-Ⅱ **Kerpen**, li ↓ Neffelbach (s. DKV-Gewässerführer für NRW).
49,2 EB-Ⅱ, ca. 300 m danach ▬ mit 3 Schotten, re ⌓.
48,3 Am Wald ▬ höhere Stufe, ≋.
47,1 ▬ li hinter kleiner Ⅱ, ≋, bei HW Rücklauf beachten und evtl. ⌓, ✕.
46,9 Autobahn-Ⅱ A 4, ca. 50 m aufwärts re Pegel. Bei 60 cm Mittelwasserstand.
46,6 Schräg-▬, ≋ oder li ⌓.
46,0 Wege-Ⅱ mit Stufe, ≋.
45,7 EB-Ⅱ mit nachfolgendem Schwall, re **Horrem**.
45,2 Straßen-Ⅱ, gute ⬇, es folgen 3 Stufen, ≋.
43,5 Straßen-Ⅱ nach **Quadrat-Ichendorf**, ehemaliges ▬, re ≋.
42,3 Straßen-Ⅱ **Ahe**.
41,0 Wege-Ⅱ.
40,8 Ⅱ, darunter Stufe, ≋, danach folgen einige Schwälle.
38,8 EB-Ⅱ.
38,2 li ⌂ Kanu-Klub Bergheim, *DKV-Kanustation*, Charlottenhofstraße 1a, 50126 Bergheim, ☎ 02271/43500, www.kanuklubbergheimerft.de , gute ⬇.
38,0 Ⅱ B 55, kurz danach ▬, li ⌓, li **Zieverich**.
37,0 li ↓ der alten Erft!
36,8 EB-Ⅱ und Straßen-Ⅱ B 477.

36,3 ▬ mit 2 Schotten, wenn hochgezogen ≋, sonst li ⌓. Danach Pumpenwasserzufluss, li **Pfaffendorf**.

35,9 Straßen-Ⅱ Pfaffendorf.

35,7 li ↓ der kleinen Erft.

35,2 Ⅱ, direkt dahinter li Pumpenwasserzufluss.

34,2 Straßen-Ⅱ **Glesch**.

32,0 Es folgen 4 Ⅱ, an der 2. Ⅱ hängt eine Messstation ins Wasser!

31,0 **Bedburg**, ▬, **X!** an der Treppe Ⅱ und zum li Arm ⌓. 200 m weiter niedrige Durchfahrt ganz re. Strömung zieht nach li!

30,2 Ⅱ, davor re ↓ Erftarm.

29,6 re **Broich**, am Ortsende ▬, **X**, re ⌓. Ab hier auf 6 km hohe Uferböschung mit neuer Vegetation, mäßig bis gute Strömung.

27,2 Straßen-Ⅱ **Neuhöfchen**.

23,5 Autobahn-Ⅱ A 540.

21,0 Ⅱ **Gustorf**, darunter ▬, **X**, Lebensgefahr! re ⌓.

18,0 **Grevenbroich**, EB-Ⅱ, 15 m danach Fußgänger-Ⅱ, dahinter im Flutgraben ▬, **X**, Lebensgefahr! schon vor der EB-Ⅱ li ⌓ und im Unterwasser des Flutgrabens wieder ⬇. An der ▬-Anlage wurde über die Erft ein Abweisrohr gezogen, das re in die Mühlenerft passiert werden kann. Dort li Einfahrt über ▬ zum WW-Übungskanal KC Grevenbroich zwischen Mühlen-Erft und Flutgraben, ca. 80 m langer, in der Sohle ca. 4 m breiter künstlicher Kanal mit ca. 2 m Gefälle und seitlich eingebauten Schotten. Info: www.erftkanu.de .

17,8 re ⌂ KC Grevenbroich, Schlossstr.-Am Alten Schloss (hinter Schloss-Stadion), D-41515 Grevenbroich, ☎ 02181/9739, www.erftkanu.de .

15,5 **Wevelinghofen**, obere Mühle, ▬, **X**, Lebensgefahr! li ⌓, günstige ⬇, Parkmöglichkeit.

13,6 ⌂ Paddel-Club Grevenbroich, Klosterweg, D-41516 Grevenbroich, gute ⬇.

13,5 Wevelinghofen, untere Mühle (Vitusschleuse) ▬ im li Arm **X**, Lebensgefahr! li ⌓. ▬ im re Arm ebenfalls **X**.

12,0 li **Kapellen**, kleine Ⅱ, dahinter re ▬ zum Flutgraben, **X**, Lebensgefahr! nicht ⌓ sondern im Hauptarm weiterfahren.

11,0 Mühle Neubrück (am Hauptarm), Fußgänger-Ⅱ am Bauernhof, Mitte durchfahren, direkt dahinter ▬, ≋, hohe Wellen! Trainingsstelle, ⌓ am ▬ nicht möglich! Grundstück auf keinen Fall betreten, Besitzer hat keinerlei Verständnis. Danach ↓ des Flutgrabens in die Erft, Ⅱ, dahinter li 🍴.

10,0 Grasfangrechen, li am Ufer an der Absperrung entlang fahren!

8,0 ⌂ Holzheimer SG, Olympiasiegerstraße 5, 41472 Neuss, ☎ 02131/464138.

6,0 Ⅱ und ▬ Eppinghovener Mühle, ▬ abgebaut, kleine Stufe.

5,0 ▬, X, Erprather Mühle, Lebensgefahr! re vor der Ⅱ ⩳ in den Gillbach, er mündet nach wenigen Metern in die Erft. Für den Gillbach, früher auf ca. 20 km ≋, besteht ein ganzjähriges Befahrungsverbot aus Naturschutzgründen.
4,0 li Tierpark, re Arm fahren, li Arm zum Reuschenberger Wasserfall. Im re Arm nach 50 m ▬, ≋ oder re ⩳; bei ausreichendem Wasserstand besteht auch noch die Möglichkeit, über eine Fischtreppe li um das ▬ zu fahren. Dazu muss ein Holzbalken mit viel Schwung überwunden werden.
2,5 Römer-Ⅱ und Schräg-▬, ≋ durch den re Bogen, dahinter Übungsstelle für Slalom- und Rodeo-Fahrer, li Bogen Steinschüttung mit zu wenig Wasser.
2,3 Autobahn-Ⅱ A 57.
2,1 Wiesen-▬, ca. 0,4 m hoch, ≋, im weiteren Verlauf mehrere kleine Stufen, leichte Schwälle und Verwirbelungen.
1,5 re ↓ der Norf (s. DKV-Gewässerführer für NRW).
0,0 ↓ in den Rhein bei km 735,5. Beste ⬆ im Sporthafen Neuss, Einfahrt 200 m stromabwärts am li Rheinufer, gute Parkmöglichkeit.

Wupper

Kleinfluss – Wanderfluss | Mündung in Rhein (re Nebenfluss)

Die Wupper ist in ihrem Oberlauf ein reizvoller Kleinfluss, in ihrem Mittellauf ein landschaftlich wenig interessanter Fluss, durch Stauanlagen und Wehre weitgehend verbaut. Dieser Abschnitt wird nur selten befahren.
Leidlich lohnend ist die Befahrung des Unterlaufs.

Befahrungsregeln: *km 32,9–5,0. Es besteht ein ganzjähriges Befahrungsverbot bei Fahrten ab Müngsten, wenn der Pegel Opladen unter 73 cm, ab Wupperhof, wenn der Pegel Opladen unter 60 cm beträgt. Uferbetretungsverbot mit Ausnahme der ⬇⬆ bei km 32,9, 31,8, 26,0, 21,3, 16,0, 11,4, 10,0 und 5,0 sowie an Rastplätzen bei km 28,8, 20,7, 19,0, 11,4 und 10,0.*

Befahrbarkeit: Oberlauf nur bei leichtem HW; Durchfahrt durch Wuppertal nicht zu empfehlen; ab km 31,9 meist ganzjährig, auch für F 2.

103,0 **Ohl**, mögliche ⬇ bei HW; die Folgestrecke bis km 31,9 ist beschrieben im DKV-Gewässerführer für NRW.
32,9 *–5,0 Befahrungsregelung s. oben.*
31,9 Müngstener Ⅱ, ★, höchste deutsche EB-Ⅱ, 107 m hoch, 500 m lang, erbaut 1897. Beliebte ⬇, aber keine Parkmöglichkeit.
31,6 Schwebe-Seilfähre, ! bei HW 2 Stahlseile knapp über der Wasseroberfläche.
30,9 ▬ Stufe, re ≋.
30,1 Straßen-Ⅱ, re ✕.

28,6 Straßen-⌶ Solingen–Burg, Schloss Burg, aus dem 12. Jahrhundert, ★, li ↓ Eschbach.

26,9 re Klärwerk Burg, ▬, **X**, re hinter der Klärwerksumzäunung ist eine ⏏-Stelle eingerichtet. Bei NW Wasserführung im Flussbett auf ca. 1 km oft nicht ausreichend. Befahrung des Werkskanals nicht zu empfehlen, da schwierige ⬆.

25,0 Straßen-⌶ **Glüder**, davor Pegelhäuschen, dahinter re ▲ Waldcamping Glüder, Balkhauser Weg 240, 42659 Solingen, ☎ 0212/242120.

23,0 re auf dem Berg Burg Hohenscheid.

22,4 Insel in Rechtskurve, ehemaliger Kottenstandort, am besten ≋ in Außenkurve zwischen Insel und Kiesbank.

22,0 ▬ Auerkotten, **X**, **!** Im Unterwasser Beton und Bruchsteine, vor der Einfahrt in den Kraftwerkskanal re ⌶ und ca. 400 m bis zum Parkplatz umtragen.

21,3 Straßen-⌶ **Wupperhof**, li ✕, re Wanderparkplatz, beliebte ⬇.

20,7 **Heiler Kotten**, re ⌂ PC Wasserwanderer Solingen, ▲-Möglichkeit.

19,3 **Rüden**, Fußgänger-⌶.

18,7 Straßen-⌶ **Fähr**, li ✕.

17,8 ▬ Stufe, ganz re ≋.

17,0 Fußgänger-⌶, **Friedrichsaue**.

16,0 ▬ **Wipperkotten**, li ⏏.

15,3 Straßen-⌶ Haasenmühle (Leichlinger Str./Wipperaue).

11,4 **Leichlingen**, 3 ⌶.

10,5 Straßen-⌶ L 294 bei **Büscherhofen**.

7,9 EB- und Fußgänger-⌶.

7,2 EB-⌶.

6,0 Fußgänger-⌶.

5,7 Straßen-⌶ **Opladen**, li vor der Brücke gute ⬆, parkähnliche Anlage. Weiterfahrt zum Rhein nicht ratsam, da meist sehr mühsam. Die Folgestrecke ist beschrieben im DKV-Gewässerführer für NRW.

0,0 ↓ in Rhein bei km 703,3.

Sieg

Kleinfluss – Wanderfluss | Mündung in Rhein (re Nebenfluss)

Die Sieg fließt in ihrem Ober- und Mittellauf ohne besondere Schwierigkeiten durch ein landschaftlich reizvolles Tal mit bewaldeten Höhen. Einige Industriebetriebe liegen am Ufer. In ihrem Unterlauf, ab Siegburg, tritt die Sieg in die Rheinebene aus.

Befahrungsregeln: *75,5–41 ganzjähriges Befahrungsverbot, wenn Pegel Betzdorf unter 55 cm, Uferbetretungsverbot mit Ausnahme festgelegter ⬇⬆. Täglich max. 50 Boote.*

41–0 ganzjähriges Befahrungsverbot, wenn Pegel Eitorf unter 30 cm, Uferbetretungsverbot mit Ausnahme festgelegter ⬇⬆. Täglich max. 100 Boote zwischen km 41 und km 16, 50 Boote von km 16 bis zur Mündung.

Befahrbarkeit: der nachstehend beschriebene Abschnitt (ab km 92) dürfte wohl zumeist ganzjährig befahrbar sein.

Verkehr: Die Sieg wird fast durchgehend von einer Bahn begleitet.

144,0 Ⅱ **Niedernetphen**, ab hier ≋ nur bei HW.
Die Folgestrecke bis km 92 ist ausführlich beschrieben im DKV-Gewässerführer für NRW.

92,0 Straßen-Ⅱ **Wingertshardt**, günstige ⬇.
Bis km 22 zahlreiche Sohlgleiten, für Faltboote kaum ratsam.

90,0 **Niederhövels**, 🚉, Ende des Abschnitts mit Befahrungsverzicht (Mai-August). ⬇ nahe B 62.

84,0 li ↓ Elbbach (s. DKV-Gewässerführer für NRW). Ortsteil **Wissen-Schönstein** mit Schloss Schönstein.

83,0 Straßen-Ⅱ B 62 und EB-Ⅱ, danach ca. 1 m hohes Schräg-▬ mit Betonhöcker in der ▬-Rutsche, Bootsberührung! ⌓ wegen steiler Mauern (Werksgelände) nicht möglich, bei HW! für Canadier **X**. Bei MW (Pegel Betzdorf unter ca. 80 cm) können Boote ganz re über die Schrägrutsche des ▬ heruntergelassen werden (nur für Geübte).

82,0 **Wissen**, Straßen-Ⅱ, li 🚉, li gute ⬇⬆ im Bereich eines Parkplatzes, kurz dahinter re ↓ des Wisserbachs (s. DKV-Gewässerführer für NRW).

81,0 re ⌂ des KC Wissen, www.kc-wissen.de ⬇-Möglichkeit. Sieg-naher ▲ Campingplatz „Im Eichenwald" in Mittelhof.

78,5 li ↓ der Großen Nister (s. DKV-Gewässerführer für NRW).

75,5 –41 s. Befahrungsregeln.

73,5 li **Ospen**, ✕.

72,5 Straßen-Ⅱ B 256 Opsener Straße, ⬇⬆, re **Au**, 🚉, Ende der S-Bahn-Strecke.

71,5 Stufe vor EB-Ⅱ, in der Mitte gut ≋.

66,3 **Rosbach**, li ⌂ TV Rosbach, Kanuabteilung, www.kanu-rosbach.de , ⬇⬆.

64,2 Straßen-Ⅱ Umgehungsstraße Schladern–Leuscheid–Weyerbusch.

63,3 re **Schladern**, ▬, **X**, vor der Ⅱ ⬆ (Hinweisschilder beachten), Schonbezirk von 110 m oberhalb der ▬-Krone bis zum rechtsseitigen ↓-Ufer der alten Sieg, re ⌓ über die Straße ca. 1100 m an EB und Fabrikzaun auf Fahrweg entlang, ⬇ am Altenpflegeheim Schöneck.

62,4 re Altenpflegeheim Schöneck, ⬇⬆. Fahrzeuge nach Abladen der Boote am 🚉 oder auf Seitenstreifen an der Stichstraße parken, 15 Minuten zum 🚉.

61,0 Straßen-Ⅱ Dattenfeld–Dreisel, li **Dreisel**, ca. 100 m unterhalb der Brücke li Parkmöglichkeit bei ✕, li ⬇⬆.

58,0 re **Dattenfeld**, Ⅱ, danach Schräg-▬, ca. 1 m hoch, ganz li ≋ über Rutsche mit Gummimatte, nass! Bei HW entsteht an der eben beschriebenen Matte ein tödlicher Rücklauf, daher sollte in diesem Fall das Wehr rechts gefahren werden. Schonbezirk von 80 m oberhalb bis 200 m unterhalb der ▬-Krone.
li ⬇⬆ Nr. 3, re vor dem ▬ Parkplatz am Sportgelände, re 🚉.

56,8 ▬ Steinige Stufe, in der Mitte gut ≋.

54,0 re **Hoppengarten**, unter EB-Ⅱ Parkfläche, re ⬇⬆.

52,5 Straßen-Ⅱ, li **Röcklingen**; ▬ Stufe, ganz re gut ≋.

52,0 *re Sieg-Altarm, Schonbezirk, Befahrungsverbot.*

51,0 Straßen-Ⅱ **Herchen**, Parkmöglichkeit am Sportplatz, re ⬇⬆.

48,3 EB-Ⅱ, re 🚉 Herchen, re unterhalb Ⅱ Parkmöglichkeit, re ⬇⬆.

46,5 re **Stromberg**, Straßen-Ⅱ, direkt hinter der Brücke re ⬇⬆, Parkmöglichkeit.

45,5 EB-Ⅱ.

45,0 re ↯ Unkelmühle, ▬, evtl. ≋ ganz li über Rutsche mit Gummimatte, ! Die Rutsche ist in S Form gebaut, bei Hochwasser drückt das Wasser am Ende der Rutsche in die Sträucher auf der li Seite, daher: wenn das Wasser die gebaute Rinne überspült, vor Befahrung unbedingt ansehen und ggf. li umtragen. Schonbezirk von 50 m oberhalb bis 290 m unterhalb der ▬-Krone.

44,0 Straßen-Ⅱ L 333, li **Alzenbach**, li 🍴, Parkmöglichkeit, ⬇⬆.

41,0 Straßen-Ⅱ L 86, li **Eitorf**, ca. 50 m unterhalb der Ⅱ li Parkmöglichkeit am Siegtal-Gymnasium, li ⬇⬆, Fußweg zum 🚉 Eitorf 10 Minuten.

40,7 li Pegel Eitorf.

39,6 Straßen-Ⅱ Eitorf–Bourauel.

37,0 EB-Ⅱ, unter der Brücke Schwall, li **Happach**, ▲ Campingplatz Happach, Josef Halft, Hennefer Straße 8, 53783 Eitorf, ☎ 02243/3533, www.campingplatz-happach.de , dort ⬇⬆ (Wer den Campingplatz lediglich zum ein- oder austeigen nutzt, muss die Besuchergebühr bezahlen!).

36,1 Straßen-Ⅱ, re **Merten**, 🚉, große Siegschleife.

33,6 EB-Ⅱ, Schwall.

31,3 EB-Ⅱ, 2. Durchfahrt von re meist am besten ≋, re **Auel**.

30,3 li auf der Höhe **Blankenberg**, Städtchen mit Burg, ★. Von den Ruinen schöne Aussicht auf das Siegtal.

29,5 EB-Ⅱ, kleiner Schwall, bei NW steinige Durchfahrt.

28,5 Straßen-Ⅱ K 36 bei **Oberauel**, unmittelbar dahinter li Parkmöglichkeit an der L 333, 🚉 Blankenberg, li ⬇⬆.

25,0 re **Lauthausen**, ▲ Campingplatz, am Ende ▬ Stufe, re von der Mitte gut ≋.

24,0 re ↓ der Bröl (s. DKV-Gewässerführer für NRW), 200 m weiter Straßen-Ⅱ, darunter bei HW hohe Wellen, re Schloss Allner.
23,0 Autobahn-Ⅱ A 560, ca. 100 m davor re ⬇⬆, re gute Parkmöglichkeit, li **Hennef**.
22,0 li ↓ des Hanfbachs (s. DKV-Gewässerführer für NRW), 🚉 Hennef (10 Minuten).
21,5 Autobahn-Ⅱ A 560.
20,0 Fußgänger-Ⅱ, re Weingartsgasse, ✕, li ⬇⬆.
19,5 re ↓ des Wahnbachs.
16,2 Autobahn-Ⅱ A 3.
16,0 re am alten Siegarm ⌂ STV Siegburg, *DKV-Kanustation*, Wahnbachtalstr. 19, 53721 Siegburg, ☎ 02241/381670, www.kanuski.de , für mehrtägigen Aufenthalt geeignet, , re ⬇⬆, Ortsbeginn **Siegburg**.
15,6 ▬, mit Fischzählanlage, ganz links für Kurzboote fahrbar, mit dem Boot die Aluminiumplatte herunterdrücken und durch eine enge S-Kurve auf die Rutsche mit Gummimatte fahren. Vorher unbedingt ansehen, da auf der Rutsche viele Querströmungen sein können. Sonst li 100m umtragen. Schonbezirk 45 m oberhalb bis 140 m unterhalb der Wehrkrone.
15,2 Straßen-Ⅱ und EB-Ⅱ Siegburg, bei NW steinig, re ≋.
14,2 li ↓ Pleisbach (s. DKV-Gewässerführer für NRW).
13,0 Straßen-Ⅱ und EB-Ⅱ. Ca. 100 m dahinter Stufe mit Schwall!
10,2 Straßen-Ⅱ B 56, Nordumgehung Siegburg, ⬇⬆.
10,0 re ↓ Agger, s. DKV-Gewässerführer für NRW.
9,5 Straßen-Ⅱ, li vor der Brücke Parkmöglichkeit, ⬇⬆.
9,0 EB-Ⅱ, hinter beiden Jochen Verwirbelungen ("Pilze").
8,2 Autobahn-Ⅱ A 59.
5,0 li **Meindorf**, ⬇⬆, Parkmöglichkeit am Sportplatz.
2,0 Straßen-Ⅱ L 269 bei Bergheim/Sieg, dahinter Fähre, re ✕, Parkmöglichkeit, re ⬇⬆.
0,0 ↓ in den Rhein bei km 659,3. Weiterfahrt auf dem Rhein bis km 659,8 re **Mondorf**, ⬇ an der Fähre Mondorf-Grau-Rheindorf, Parkmöglichkeiten.

Ahr

Kleinfluss — Mündung in Rhein (li Nebenfluss)

Die Ahr ist ein schnell laufender Fluss in reizvoller Landschaft. Sie ist auch sportlich interessant durch viele Schnellen und Wehre, die zumeist fahrbar sind.

Befahrbarkeit: Oberlauf nur bei HW; ab Schuld, km 50,5, bei gutem MW. Von einer Befahrung der Strecke unterhalb Bad Neuenahr abzuraten, da die zahlreichen Blockstufen einen gefährlichen Rücklauf entwickeln.

Pegel:	Pegel Müsch (km 67,4); ab Müsch = 60 cm, Pegeldienst. KV NRW (☎ 0203/7381651; Internet: www.kanu-nrw.de) Pegel Altenahr (km 31,8); ab Müsch = 80 cm.
Begleitung:	Die Bundesbahn verläuft oberhalb von Bad Neuenahr parallel zum Fluss. Das Nachholen bzw. Vorstellen der Pkw ist daher von mehreren Bahnhöfen aus gut möglich.

Der Oberlauf ist beschrieben im DKV-Gewässerführer SWD.

51,5 li ▲ Campingplatz Schuld, ☎ 02695/1534, www.campingplatz-schuld.de , schwallreiche Durchfahrt über mehrere Arme, das Wehr wurde entfernt.

50,5 li **Schuld**, mögliche ⬇ bei gutem Mittelwasser.

48,5 Schräg-▬ nach re-Kurve, li markante Steilfelsen.

46,0 Straßen-⌶, re **Insul**, li gute ⬇⬆.

45,9 2-stufiges ▬, re an der Mauer am sichersten ≋, bei HW gefährlicher Rücklauf, li ≏!

44,5 **Dümpelfeld**, re ↓ des Adenauer Bachs.

42,0 **Liers**.

40,5 **Hönningen**, ▬ Stufe, ≋.

37,2 re ↓ des Kesslinger Bachs.

37,0 Straßen-⌶ Ahrbrück–Brück, kurz danach re 🚉 Ahrbrück.

36,0 Straßen-⌶, re **Pützfeld**, li auf Anhöhe Wallfahrtskapelle, ★; danach EB-⌶ und re ▲ C Gut Pützfeld.

34,5 terrassenförmig umgebautes Schräg-▬ mit Steinkanten (ca. 25 cm hoch), re am besten ≋, li ▲ Campingplatz Kreuzberg, li auf Bergkegel Burg Kreuzberg.

34,0 Straßen-⌶ und EB-⌶, **Kreuzberg**, gute ⬇⬆, Parkmöglichkeit, 🚉 250 m.

33,8 li ↓ Sahrbach.

33,0 EB-⌶, danach ⌶ zum ▲ Campingplatz Altenahr, ☎ 02643/8503, www.camping-altenahr.de .

32,2 EB-⌶.

31,8 li Pegel Altenahr, ☎ 02643/19722.

31,7 Straßen-⌶, **Altenahr**, re 🚉, hier keine ⬇⬆, Touristenzentrum.

31,3 li gute ⬇⬆, großer Parkplatz, 400 m zum 🚉, danach Straßen- und EB-⌶, Straßentunnel Altenahr, Beginn der Ahrschleife Altenahr.

30,7 ⌶ **!** Lebensgefahr **!** Die Furt zur Jugendherberge wurde entfernt und durch eine niedrige Stahlbrücke ohne Geländer ersetzt, in der Mitte Sog, auf beiden Seiten Kehrwasser, li ≏. Das Hindernis liegt in einer Kurve.

30,4 ▬ an der Jugendherberge, re Uferbereich weggerissen, wenn hinter Betonsockel keine Hindernisse, dann re ≋, schlecht einzusehen. Bis Pegel Müsch 100 cm auch li über Rutsche ≋.

28,2 Straßen-⌶ hinter dem Tunnel von Altenahr, Ende der Ahrschleife.

27,0 li **Reimerzhofen**.

24,5 Furt ≋, dahinter sehr steinig.
24,0 1. Ⅱ **Mayschoß**, re 🚉.
23,5 2. Ⅱ Mayschoß.
22,7 EB-Ⅱ.
22,0 Straßen-Ⅱ, **Rech**, re gute ⬇⬆, li 🚉.
20,2 alte Stein-Ⅱ an der Steinbergs-Mühle.
20,0 li 🚉 Dernau.
19,7 Straßen-Ⅱ, **Dernau**, dahinter re und li gute ⬇⬆.
19,5 Schräg-▬, ca. 0,7 m hoch, schräg zur Flussrichtung, ≋.
18,6 EB-Ⅱ.
17,8 EB-Ⅱ.
17,3 EB-Ⅱ.
16,3 Straßen-Ⅱ, **Walporzheim**, bekannter Weinort, re gute ⬇⬆, li 🚉.
15,9 Schräg-▬, ca. 0,7 m hoch, nach re abfallend, an mehreren Stellen ≋, Inselaufteilung.
15,5 re Kloster Calvarienberg, danach starker Schwall (ehemaliges Wehr). Es folgen bis Bad Neuenahr zahlreiche kleine Stufen, ≋, bei HW starker Rücklauf! Für eine Weiterfahrt sollte der Pegel Altenahr nicht unter 85 cm sein.
14,5 Straßen-Ⅱ Bad Neuenahr–Ramersbach.
14,0 li **Ahrweiler** mit mittelalterlichen Gebäuden.
12,7 Straßen-Ⅱ Bad Neuenahr–Ramersbach.
11,5 **Bad Neuenahr,** 1. Schräg-▬, lange Schrägrutsche, im Auslauf mit neuem Blockwurf belegt, möglichst re halten, li große Blöcke, ansehen!
11,0 2. Schräg-▬ Bad Neuenahr (Casino-▬) mit Steinschüttung.
10,5 Fußgänger-Ⅱ am Appolinaris-Stadion.
10,0 li Berufsschule, davor gute ⬆ und Parkmöglichkeit. Eine Weiterfahrt ist wegen mehrerer Blockwurf-▬ mit scharfkantigen Steinen nicht ratsam.
9,6 Autobahn-Ⅱ A 61.
9,0 Straßen-Ⅱ.
8,0 re **Heimersheim**.
7,7 Straßen-Ⅱ Heimersheim–Lohrsdorf.
4,5 Straßen-Ⅱ, **Bad Bodendorf**.
2,0 Straßen-Ⅱ B 9, bis zur Mündung mäandert die Ahr mit flotter Strömung durch naturbelassenes Gelände bis Kripp. *Das Befahren der Ahrmündung ist nur zulässig bei einer Wasserführung von min. 60 cm. Bezugspegel ist der bei der ersten Brücke vor der Ahrmündung installierte Rot-Grün-Pegel.*
0,0 ↓ in Rhein bei km 629,3, li **Kripp**.

Mosel

Wanderfluss — Mündung in Rhein (li Nebenfluss)

Die Mosel ist seit 1964 auf der gesamten Länge zwischen der deutsch-französischen Grenze und der Mündung in den Rhein bei Koblenz durch insgesamt 12 Staustufen zu einem nahezu strömungslosen Fluss geworden und dient als Schifffahrtsweg und zur Energiegewinnung. Trotzdem ist eine Moselfahrt für den Kanuten nach wie vor sehr lohnend.

Die Landschaft: Unterhalb von Perl fließt die Mosel zunächst durch ein breites Tal. Unterhalb Remich reizvolles Engtal durch die Ausläufer des lothringischen Stufenlandes, das bisweilen an den mittleren Neckar erinnert. Bei Trier wird auf 15 km ein weites hügelumkränztes Becken durchquert. Bei Schweich beginnt dann die Landschaft, die den eigentlichen Reiz einer Moselfahrt ausmacht, das 175 km lange reben- und waldumkränzte, windungsreiche Moseltal, mit vielen reizvollen, als Weinnamen bekannten Orten mit Fachwerkhäusern und hoch über dem Fluss gelegenen Burgen und Burgruinen.

Die Stauanlagen: Die Bauweise der 12 Stauanlagen ist weitgehend einheitlich. Es folgen von Ufer zu Ufer, stets in dieser Reihenfolge: das Kraftwerk - das breite Überlaufwehr - Mole (trennt den Wehrbereich vom Schifffahrtsbereich ab) - Bootsschleuse - Bootsgasse (nur bei 7 Stauanlagen vorhanden) - Mole (trennt die Großschifffahrt von den Sportbooten) - Schifffahrtsschleuse. Diese Reihung kann von re nach und li oder umgekehrt gehen. Bei den Stauanlagen ohne Bootsgasse befindet sich an ihrer Stelle eine Betonrampe mit Bootswagen.

Verhalten an den Stauanlagen:

Auf www.wsa-koblenz.wsv.de und www.wsa-trier.wsv.de (s. unter > Schiffahrt > Freizeitschiffahrt > Bootsschleusen) sind Übersichtslisten zu finden, aus denen u.a. ersichtlich ist, ob und wie die vorhandenen Einrichtungen für Sportbootfahrer genutzt werden können. Dieser Service wird werktags täglich überarbeitet und bietet damit allen Nutzern eine immer aktuelle Orientierungshilfe. Die örtlichen Schleusenmitarbeiter sind bei Problemen, die die Nutzung der Schleusen vor Ort betreffen, direkte Ansprechpartner. Die Telefonnummern sind ebenfalls in der Übersichtsliste enthalten.

Die Anfahrt erfolgt stets auf der Flussseite, auf der die großen Schleusen durch Lichtsignale (rot oder grün) von weitem sichtbar sind. Man fährt dann auf der Flussseite der langen Mole entlang, die die Großschifffahrt von der Sportschifffahrt trennt. Ein Befahren des Bereichs vor den Überlaufwehren ist verboten und lebensgefährlich; ein Einfahren in den Vorhafen der Schifffahrt ist sinnlos, weil Sportboote in den Großschleusen nicht geschleust werden (Ausnahme bei Sperrung der für Boote vorgesehen Umsetzungsmöglichkeiten).

Bei den mit Bootsgassen ausgestatteten Stauanlagen sollte man sich das Vergnügen einer schnellen und ungefährlichen Talfahrt auf keinen Fall entgehen lassen. Vorsicht bei der Ausfahrt aus den Floßgassen, evtl. ist mit Seitenströmung vom [redacted] her zu rechnen. Es sind dies die Staustufen Palzem, Grevenmacher, Wintrich,

Zeltingen, Enkirch, Fankel und Müden. Man fährt dazu bis zu den Pfählen kurz vor der Bootsgasse, an denen eine Bedienungsanleitung sowie ein Druckknopf für die Betätigung der Gasse angebracht sind. Nach Knopfdruck (vom Boot aus möglich) senkt sich der Verschluss der Gasse, grünes Licht gibt die Einfahrt für 30 Sekunden frei, es kann also immer nur ein Boot in die Gasse einfahren. Bei der Durchfahrt das Paddel in Längsrichtung des Bootes halten. Ein Steuern in der 1,2 m breiten Gasse mit Paddel ist nicht möglich, aber auch nicht erforderlich, da das Boot automatisch in Gassen-Mitte gehalten wird. Bei „Rot" darf nicht mehr in die Gasse eingefahren werden, da sich das Gassentor kurz danach wieder schließt. Es muss allerdings damit gerechnet werden, dass einzelne Bootsgassen zeitweise nicht betriebsbereit sind.
Die Bootsschleusen sind (mit Ausnahme der Schleuse in Koblenz) ebenfalls für Selbstbedienung eingerichtet. Sie sind in erster Linie für Motor- und Segelboote bestimmt. Sie sollten von Kanus daher nur dann benutzt werden, wenn keine Bootsgasse zur Verfügung steht oder wenn die Mosel bergauf befahren wird. Allerdings besteht auch bei den Schleusen die Möglichkeit, dass sie zeitweise außer Betrieb sind. Sämtliche Schleusen und Bootsgassen sind gebührenfrei.
Im Bereich der breiten Überlaufwehre besteht sehr starker Rücklauf, ihre Befahrung ist unmöglich. Aber auch ein Einfahren in den Rücklaufbereich vom Unterwasser ist lebensgefährlich und daher unbedingt zu unterlassen.
Wissenswertes: Ab Perl ist die Mosel auf dem re Ufer deutsch, auf dem li Ufer bis zur Mündung der Sauer luxemburgisch. In diesem Bereich ist das Landen auf dem li Ufer verboten, Mitführen von Pass oder Personalausweis zweckmäßig. Der Großschiffsverkehr ist auf der Mosel im Vergleich zum Rhein gering; den Schiffen ist rechtzeitig auszuweichen. Es ist außerdem mit Fähren zu rechnen, die den Fluss kreuzen. Recht störend kann der starke Motorbootverkehr, besonders an Sonn- und Feiertagen, sein. Auf den gesamten Mosellauf verteilt sind insgesamt 30 Strecken für den Wasserskilauf freigegeben. Hier ist ebenfalls besonders an Sonntagen mit Behinderungen zu rechnen. Bei der nachfolgenden Flussbeschreibung sind die schönsten und gebräuchlichsten Zeltplätze aufgeführt. Man kann darüber hinaus nach Befragen des Grundeigentümers vielfach frei zelten.
Befahrungsregeln: *sind im Text kursiv hervorgehoben.*

Die auf französischem Gebiet verlaufende Strecke ist ausführlich beschrieben im DKV-Auslandsführer Bd. 6.

242,4 ■ Staustufe Apach, Boots-□ außer Betrieb.

242,2 Französisch-deutsche Grenze.

241,9 Straßen-Ⅱ B 407, re **Perl**, 🚉, li **Schengen**. Beginn der ersten Bootsgassenstrecke bis Trier.

241,1 Autobahn-Ⅱ A 8.

238,1 re **Besch**.

234,9 li **Kleinmacher**.

233,4 Straßen-Ⅱ, li **Remich** (Luxemburg), Beginn des Engtales.
re **Nenning**, 🚉, Schloss Bübingen und Schloss Burg, re vor der Brücke ▲ Moselcamping Dreiländereck, www.mosel-camping.de .

232,0 re Schloss Thorn.

230,4 re **Palzem**, ▲ Camping Opa Schuler, Obermoselstraße 1, 54439 Palzem, ☎ 06583/678.

230,2 **Stadtbredimus** (Luxemburg).

229,9 ■ Staustufe Palzem. Boots-□ und Bootsgasse li vom Wehr. Bootsgasse wird vom Schleusen-Wärter bedient.

225,3 re **Wehr** (Ortschaft).

223,7 li **Ehnen** (Luxemburg).

222,2 Straßen-Ⅱ, **Wormeldange** (Luxemburg).

221,9 re **Wincheringen** auf der Höhe, schöner Ausblick.

216,5 re auf der Höhe Klosterkirche Nittel.

216,1 re **Nittel**, danach scharfe Flussschleife.

215,2 li **Machtum** (Luxemburg).

213,4 re **Wellen**, ✕ „Zum Bahnhof".

212,9 ■ Staustufe Grevenmacher, Bootsgasse und Boots-□ li vom ■.

212,3 Straßen-Ⅱ, li **Grevenmacher** (Luxemburg), ▲ Campingplatz, etwas versteckt.

210,3 re **Temmels**, auf der Höhe herrlicher Ausblick.

208,5 li **Mertert** (Luxemburg), Hafen.

206,1 Wagenfähre, re **Oberbillig**, li **Wasserbillig** (Luxemburg).

205,9 re ↓ der Sauer (s. Seite 206), ab hier beiderseits deutsche Ufer.

203,4 re **Wasserliesch**, Ende des Engtales.

202,7 li **Igel**, Igeler Säule, ★. ▲ Camping Igel, www.camping-igel.de .

202,6 re **Reinig**, Beginn des breiten Trierer Beckens.

200,8 re ↓ Saar (s. Seite 197), ▲ Camping Konz, ☎ 06501/2577, www.campingplatz-konz.de .

200,3 EB-Ⅱ, re **Konz**.

198,6 re **Karthaus**.

197,7 li Schloss Trier-Monaise.

195,8 ■ Staustufe Trier, Ende der ersten Bootsgassenstrecke. Bootsrampe und Boots-□ li vom Wehr.

194,6 Konrad-Adenauer-Ⅱ.

194,0 li ▲ Campingplatz Treviris, Luxemburger Straße 81, 54294 Trier, ☎ 0651/8200911, www.camping-treviris.de , Ruderverein Treviris, ✕.

193,2 re und li **Trier**. Alte Römerstadt (Augusta Treverorum) und viele ★: Porta Nigra, Thermen, Amphitheater.

193,1 Alte Mosel-Ⅱ (Römerbrücke).

191,7 Kaiser-Wilhelm-Ⅱ.

191,0 re ⌂ der Trierer Kanu-Fahrer 1948 e. V. „Hans-Karl-Schmitt-Haus", *DKV-Kanustation*, An der Jugendherberge 2, 54292 Trier, ☎ 0175/8929881, www.kanufahrer.de . Anfahrt mit Pkw möglich. DJH.

187,6 EB-Ⅱ der Strecke Koblenz-Trier.

186,7 li **Trier-Pfalzel**. Alte Stiftskirche.
185,5 re ↓ Ruwer (s. DKV-Gewässerführer SWD).
184,1 li Hafen Trier.
183,9 Straßen-Ⅱ B 52, li ↓ Kyll (s. DKV-Gewässerführer SWD).
181,5 li **Trier-Quint**. Barockschloss.
178,1 Straßen-Ⅱ, li **Schweich**. ▲ li vor der Ⅱ, laut, Camping „Zum Fährturm", Am Yachthafen, 54338 Schweich, ☎ 06502/91300.
177,7 Autobahn-Ⅱ A 1.
176,0 Straßen-Ⅱ, re **Longuich**.
174,4 re **Riol**.
171,5 Straßen-Ⅱ, **Mehring**, re ✕ Müller.
170,0 re ▲ Campingplatz bei einem Sport-Motorbootclub.
169,9 re Mehringer Schweiz, landschaftlich sehr schöne Stelle.
169,0 li **Pölich**, ▲ Moselcamping, Am Sportplatz, 54340 Pölich, ☎ 06507/703347, www.moselcamp.de .
166,8 ▬ Staustufe Detzem, Bootsrampe und Boots-☐ re vom Wehr. Zweite unbehinderte Bootsgassenfahrt bis Bullay.
166,5 li **Schleich**.
165,6 re **Detzem**.
164,9 li **Ensch**.
163,8 Straßen-Ⅱ, re **Thörnisch**.
161,8 li **Klüsserath**. Mittelalterliche Burg, li ▲ Campingplatz, ☎ 06507/4667, www.campingplatz-kluesserath.de , ✕.
li ↓ Salm (s. DKV-Gewässerführer SWD).
161,0 re **Köwerich**.
158,6 re **Leiwen**.
156,2 Straßen-Ⅱ, li **Trittenheim**. ✕ Leikauf. ▲ li vor der Ⅱ, Camping „Im Grünen", ☎ 06507/2148, www.camping-trittenheim.de . Wanderung zur Drohntalsperre.
152,3 re **Neumagen**. Alter römischer Weinort (Noviomagus). ✕ und Metzgerei „Zur Post". ▲ Camping Neumagen, ☎ 06507/5249, www.campingneumagen.de .
151,8 Straßen-Ⅱ Neumagen.
150,5 re ↓ Drohn (s. DKV-Gewässerführer SWD).
147,8 Straßen-Ⅱ, li **Piesport**, ✕.
147,0 Straßen-Ⅱ.
146,7 li Felsen „Mosel Loreley".
144,0 Straßen-Ⅱ, li **Minheim**, ▲ Wohnmobilstellplatz.
141,4 ▬ Staustufe Wintrich, Bootsgasse und Boots-☐ li vom ▬.
141,0 re **Wintrich**.
139,1 li **Kesten**.
136,7 re **Filzen-Brauneberg**, ✕ „Zur Grafschaft".
134,8 Straßen-Ⅱ, re **Mülheim**, li ↓ Lieser (s. DKV-Gewässerführer SWD).

133,8 li **Lieser**, Wallfahrtskirche aus dem 8. Jahrhundert.
132,0 re **Andel**.
130,5 li vor Schutzhafen ▲ Campingplatz Kueser Werth, Am Hafen 2, 54470 Bernkastel-Kues, ☎ 06531/8200, www.camping-kueser-werth.de .
129,4 re und li **Bernkastel-Kues**. Anlegestelle, Gebühren. Altes Kreisstädtchen, Hauptweinort. Ruine Landshut. Mittelalterlicher Marktplatz mit Fachwerkhäusern. Rathaus von 1608, ★.
127,1 re **Graach**. ✕ „Zur Traube".
125,7 Hänge-Ⅱ, li **Wehlen**.
123,9 ▬ Staustufe Zeltingen, Bootsgasse und □ mit 2 Kammern li vom ▬. Achtung beim Auslauf der Bootsgasse, nicht ans Land drücken lassen.
123,4 re **Zeltingen**.
122,6 Straßen-Ⅱ, re ▲ Campingplatz Zeltingen, ☎ 06532/3644, www.zeltingen-rachtig.de .
122,2 li **Machern**.
121,7 re **Rachtig**.
119,6 li **Ürzig**, altes Städtchen, malerische Fachwerkbauten.
118,3 re **Erden**, ▲ Campingplatz mit Anlegerampe, ☎ 06532/4060, www.camping.erden.de .
117,4 Straßen-Ⅱ.
116,8 re **Lösnich**.

115,8 Wege-Ⅱ, li **Kinheim**, re **Kindel**.

112,6 li **Kröv**. Reichsschenke Götz von Berlichingen.

110,7 Straßen-Ⅱ, re **Wolf**. ▲, Klosterruine Wolf.

109,0 li ▲ Camping Rißbach, Rißbacher Straße 155, 56841 Traben-Trarbach, ☎ 06541/3111, www.moezelcampings.nl , 20 Minuten Fußweg bis Traben-Trarbach, ✕ Rißbacher Hof.

107,0 Straßen-Ⅱ, re und li **Traben-Trarbach**, li 2 Minuten zum 🚉, Burgruine Grevenburg re und Reste der alten Feste Mont Royal.

106,0 re ⌂ Ruder-Club Traben-Trarbach, Kanu-Abteilung, Enkircher Straße 41, 56841 Traben-Trarbach, ☎ 06541/6712, Übernachtungsmöglichkeit im Bootshaus.

103,0 ▬ Staustufe Enkirch. Bootsgasse und Boots-☐ li vom Wehr.

102,2 re **Enkirch**. Schöne alte Fachwerkbauten, li **Koevenig**.

98,9 re **Burg**.

97,4 Straßen-Ⅱ, li **Reil**, ✕ „Reiler Hof".

96,5 re ▲ Campingplatz Moselland, Im Planters, 56862 Pünderich, ☎ 06542/2618, www.campingplatz-moselland.de .

93,8 Wagenfähre, re **Pünderich**, ✕, ▲ Campingplatz Marienburg, Moselallee 2, ☎ 06542/969242, li Ufer Aufstieg zur Ruine Marienburg, 10 Minuten. Sehr lohnend.

91,1 Wagenfähre, re **Briedel**.

88,3 Straßen-Ⅱ B 53.

87,5 li **Kaimt**, re **Zell**, schönes altes Städtchen, ✕.

87,1 Fußgänger-Ⅱ.

86,5 li am Ortsende großer ▲ Campingpark Zell/Mosel, Moselufer, 56856 Zell/Kaimt, ☎ 06542/961216, www.campingpark-zell.de .

85,3 re **Merl**.

82,7 EB- und Straßen-Ⅱ (doppelstöckig) Alf–Bullay.

81,8 Personenfähre, li **Alf**, re **Bullay**, Ende der 2. Bootsgassenstrecke. 🚉. ✕. ▲. Aufstieg zur Marienburg. Burg Arras. li ↓ Alfbach (s. DKV-Gewässerführer SWD).

79,0 li **St. Aldegund**. Romanische Kirche, 12. Jahrhundert.

78,3 ▬ Staustufe St. Aldegund, Bootsrampe und Boots-☐ li vom Wehr, 3. unbehinderte Bootsgassenstrecke bis Alken.

77,8 re **Neef**.

77,5 Straßen-Ⅱ Neef.

75,9 li **Bremm**. ✕ Hutter.

75,3 Klosterruine Stubben inmitten der Weinberge, ▲ hier nicht mehr möglich, NSG.

74,0 EB-Ⅱ Eller.

73,5 li **Eller**. ✕ Friedrichs.

72,3 li **Ediger**. Danach ▲ Zum Feuerberg, *DKV-Kanustation*, ☎ 02675/701, www.zum-feuerberg.de .

70,7 - 69,9 Naturschutzgebiet „Insel Taubengrün". Wasserfläche zwischen der Insel Taubengrün und dem re Moselufer darf nicht befahren werden.

69,5 li **Nehren**, ▲ Campingplatz Nehren, Moselufer 1, 56820 Nehren, ☎ 02671/8381, www.campingplatz-nehren.de .

68,4 Straßen-𝕀 re **Senheim**, li **Senhals**, dann re ▲ Camping Holländischer Hof, Am Campingplatz 1, 56820 Senheim/Mosel, ☎ 02673/4660, www.moselcamping.com .

66,7 li **Mesenich**. ✕ „Zum Anker", ▲ am Ortsende Family Camping Club, ☎ 02673/4556, www.familycamping.nl .

63,4 re **Briedern**.

62,5 li **Poltersdorf**.

61,1 Wagenfähre, re **Beilstein**, Burgruine Metternich. Großer ▲ Campingplatz am li Ufer.

60,4 li **Ellenz**.

59,4 ▬ Staustufe Fankel, Bootsgasse und -□ re vom ▬.

59,0 re **Fankel**.

57,9 re **Bruttig**, ▲.

57,5 Straßen-𝕀.

56,0 li **Ernst**.

54,9 re **Valwig**.

52,5 li **Cochem-Sehl**, ✕.

51,5 Personenfähre, re **Cond**, li **Cochem**. Altes Kreisstädtchen, ★, mit der vollständig erhaltenen Burg Cochem, St.-Martins-Kirche. DJH. li ↓ Endert (s. DKV-Gewässerführer SWD).

51,2 Straßen-𝕀 Cochem–Cond.

50,5 li 🚉 Cochem.

50,3 Straßen-𝕀 Nordbrücke Cochem.

50,0 re ▲ C und Schwimmbad der Stadt Cochem.

47,6 li **Klotten**, Wagenfähre. Ruine Koraidelstein. li Dortebachtal, Naturschutzgebiet. Wüstenflora.

47,0 -43,5 Naturschutzgebiet „Pommerheld". Die Wasserfläche in einer Breite von 40 m entlang dem re Moselufer und zwischen dem Parallelwerk bei km 45 und dem re Ufer darf in der Zeit vom 15.10.-31.03. nicht befahren werden. Es ist auch untersagt, am li Ufer des Parallelwerks anzulegen.

42,9 li ▲ mit Schwimmbad Camping Pommern, Moselweinstraße 12, 56829 Pommern, ☎ 02672/2461, www.campingplatz-pommern.de .

42,2 li **Pommern**, alter Ort keltischen Ursprungs.

41,0 li ▲ Freizeitinsel Mosel-Islands, www.mosel-islands.de .

40,3 re **Treis**. Ruinen der Burgen Treis und Wilburg, re ↓ Mörsdorfer Bach (s. DKV-Gewässerführer SWD).

40,0 Straßen-𝕀 Treis–Karden, davor re ▲ Campingplatz.

39,4 li **Karden**, dreitürmige Stiftskirche, bedeutendes romanisches Bauwerk, um 1200.

37,1 ▬ Staustufe Müden, Bootsgasse und Boots-□ re vom Wehr.

36,6 li **Müden**, Fußweg nach Burg Eltz 1 Std.

34,3 li ↓ Elzbach (s. DKV-Gewässerführer SWD), ▲ Campingplatz hinter der Uferstraße.

34,0 li **Moselkern**. Aufstieg zur ★ Burg Eltz, ca. 8 km.

31,5 re **Burgen**, ▲ Camping Burgen, ☎ 02605/2396, www.camping-burgen.de . li 🚌 Burgen und Burg Bischofsheim, re ↓ Baybach (s. DKV-Gewässerführer SWD).

29,7 li ▲ des WSV Koblenz-Metternich auf der Hatzenporter Insel.

28,5 li **Hatzenport**.

26,6 re **Brodenbach**. Verbindung nach Koblenz-St. Goar. Wanderung zur Ehrenburg und Ehrbachklamm, re ↓ Ehrbach (s. DKV-Gewässerführer SWD).

25,4 Straßen-Ⅱ Alken–Löf.

24,2 re **Alken** mit Burg Thurandt und Dreifaltigkeits-Kirche aus dem 13. Jahrhundert auf dem Bleidenberg.

23,8 li **Kattenes**.

22,9 re **Oberfell**.

21,5 Insel „Reiherschuß", Vogelschutzgebiet. Betreten verboten. Anfahrt zur folgenden Schleuse durch den li Flussarm.

20,8 ▬ Staustufe Lehmen, Bootsrampe und Boots-□ li vom Wehr.

19,7 li **Lehmen**. 🚌 liegt günstig für Abreise.

18,9 re **Niederfell**. li Schloss Von der Leyen.

18,8 li **Gondorf**.

18,2 Straßen-Ⅱ.

16,7 li **Kobern**. Alter Ort aus dem 9. Jahrhundert.

16,0 re **Dieblich**.

13,5 Autobahn-Ⅱ A 61.

12,2 li ▲ Campingplatz Ferieninsel Winningen, Inselweg, 56333 Winningen, ☎ 02606/1800, www.camping-winningen.de .

11,0 li **Winningen**.

9,1 re **Lay**. Grundseilfähre, **!** die Fähre hebt bei der Fahrt das Grundseil aus dem Wasser.

6,0 Gute ⬆.

5,8 EB-Ⅱ.

5,2 re **Koblenz-Moselweiß**.

4,3 li 🏠 des WSV Koblenz-Metternich, Winninger Str. 39 , 56072 Koblenz-Metternich, ☎ 0261/23355, anschließend Segelclub.

3,9 Straßen-Ⅱ Kurt-Schumacher-Brücke.

3,6 re 🏠 des Ruder-Clubs Rhenania.

1,9 ▬ Staustufe Koblenz, Bootsrampe und Boots-□ li vom ▬.

1,4 Straßen-Ⅱ B 9 Europabrücke.

1,3 li **Koblenz-Lützel**.
1,2 EB-⌶.
1,0 Straßen-⌶ „Balduinbrücke".
0,8 li ↓ Schleusenkanal.
0,3 Fähre „Deutsches Eck".
0,2 li ▲ Campingplatz Rhein-Mosel, Schartwiesenweg 6, 56070 Koblenz, ☎ 0261/82719, www.camping-rhein-mosel.de . Gute ⬆.
0,0 ↓ in Rhein bei km 592,3 „Deutsches Eck". Günstige Gelegenheit zur Beendigung der Fahrt ist der schon am Rhein li nach dem Campingplatz gelegene Park, Sandstrand, Rasen, Zufahrt mit Pkw.

Saar

Wanderfluss — Mündung in Mosel (re Nebenfluss)

Die Saar entsteht durch die Vereinigung der beiden Quellflüsse Rote und Weiße Saar. Sie fließt im landschaftlich reizvollen Oberlauf mit vielen Windungen und durch zahlreiche, meist fahrbare Wehre unterbrochen, durch die westlichen Ausläufer der Nordvogesen.
Ab der Bliesmündung wird die Strömungsgeschwindigkeit durch Stauwerke stark gebremst, so dass alle Paddelei auf fast stehendem Gewässer erfolgt. Leider sind die Umtragestrecken an den Wehren meist sehr ausgedehnt (Bootswagen empfehlenswert). Bei freundlicher Bitte können größere Gruppen bei allen Wehren ab Güdingen (km 92,9) geschleust werden. Die Großschleusen sind der Berufsschifffahrt vorbehalten.
Die Saar ist auf dem hier beschriebenen Teil Schifffahrtsstraße.
Landschaftlich interessant ist die Saar ab Merzig (km 44). Besonders eindrucksvoll ist die Saarschleife (km 37–31).

Befahrungsregeln: *Befahrungsverbot ab der Hochwassermarke 230 cm am Pegel Saarbrücken-St. Arnual, ☎ 0681/83083200.*
Befahrbarkeit: ganzjährig.
Besonderheiten: Auf der Saar dürfen zwischen der deutsch-französischen Grenze und dem km 87,6 Charterboote verkehren. Es ist mit unerfahrenen Bootsführern zu rechnen. An Schleusenanlagen ist besondere Vorsicht geboten.

Bis km 65 verläuft die Saar in Frankreich; diese Strecke ist beschrieben im DKV-Auslandsführer, Bd. 6.
(F) 65,0 re ↓ Blies (s. Seite 202), ab hier re Ufer deutsch.
(F) 65,7 EB-⌶ Sarreguemines-Hanweiler.
(F) 66,1 li Schleusenkanal, re zum ▬ **Welferdingen**, li in den Schifffahrtskanal einfahren und re an einer Verbreiterung in die Saar ⏏ (ca. 40 m). Bei Betrieb der Mühle fällt das Wehr trocken.
(F) 66,3 im Wehrarm re **Hanweiler**, ⬇.

(F) 66,4 Wege-𝕀 Rue de la Sarre.
(F) 66,8 ☐ Nr. 28.
(F) 66,9 ↓ Schleusenkanal.
(F) 70,4 re 🚂 Auersmacher.
(F) 70,1 Straßen-𝕀 B 51.
(F) 70,6 li Kohle-↯ Großblittersdorf.
(F) 71,1 li Schleusenkanal, re zum ▬ Blittersdorf, li ≋ oder li ⏜ (Slalomstrecke des Saarbrücker Kanu-Clubs).
(F) 71,5 li am Kanal ⌂ Großblittersdorf.
(F) 71,6 Fußgänger-𝕀 (Freundschaftsbrücke Blittersdorf), re **Kleinblittersdorf**, 🚂 re 100 m, li **Großblittersdorf** (F).
(F) 72,6 ☐ Nr. 30
(F) 74,2 re **Bübingen**.
(F) 75,3 li ↓ Simbach.
(F) 75,6 =
94,1 Ab hier beide Ufer deutsch. Beginn einer anderen Kilometrierung.
93,3 Straßen-𝕀 **Güdingen**, re 🚂 150 m.
93,2 Anlegen zum ⏜ des Wehres Güdingen re an Betonsteg, 200 m ⏜.
93,0 re Arm ▬ Güdingen, **X**,
92,9 ☐ Güdingen li Arm.
92,3 EB-𝕀.
91,6 Autobahn-𝕀 A 6.
91,4 Autobahn-𝕀 A 620.
91,0 Straßen-𝕀 zu den St. Arnualer Wiesen (Im Volksmund Soda-Brücke, weil sie ungenutzt nur so da steht).
90,1 Straßen-𝕀 Ostspange Saarbrücken, re davor Einfahrt zum Osthafen.
89,7 Fußgänger-𝕀 (Daarler Brücke), re Fernheizwerk.
89,3 re → in den alten Saararm. 300 m aufwärts li Anlegestelle und ⌂ Rudergesellschaft Undine.
li Anlegestelle Saarbrücker KC, Elsässer Str. 2, 66119 Saarbrücken, zum Bootshaus durch Tunnel unter Stadtautobahn. ☎ 0681/51616, www.saarbruecker-kanu-club.de , kein ✕.
89,0 li Anlegestelle Ruder-Club Saar, zum ⌂ durch Tunnel unter der Stadtautobahn.
88,6 Straßen-𝕀 Bismarck-Brücke.
87,9 Fußgänger-𝕀 Alte Brücke, **Saarbrücken**, re Staatstheater, li Gebäude des Saarländischen Landtages.
87,6 Straßen-𝕀 B 41/51 Stengelstraße (Wilhelm-Heinrich-Brücke).
87,2 Luisen-𝕀, re zum Haupt-🚂 Saarbrücken 500 m.
87,0 re Kongresshalle.
86,7 Straßen-𝕀 Westspange Saarbrücken.
85,9 Straßen-𝕀 Malstatter Straße.
85,1 EB- 𝕀.

83,7 Straßen-⌶ Burbacher Straße.
83,3 re ⌂ und ▲ Kanu-Wanderer Saarbrücken, *DKV-Kanustation*, Mettlacher Straße, 66115 Saarbrücken, ☎ 0681/792921, www.kanuwanderer.de, einzige ▲-Möglichkeit am Fluss.
82,8 Anlegestelle li zum ⩧ des Wehres ca. 400 m.
82,6 ▬ X und re ☐ Burbach, ⩧ li.
80,5 Straßen-⌶ Bahnhofstraße, re **Luisenthal**.
79,0 Rohrleitungs-⌶.
77,3 re ⌂ KC Völklingen, Karolinger Str. 11, 66333 Völklingen, ☎ 06898/21181, *DKV-Kanustation*, www.kanuclub-voelklingen.de .
77,1 Straßen-⌶ Karolinger Straße, **Völklingen**, ab hier re ca. 5 km Gelände der Völklinger Hütte.
75,1 Straßen-⌶ Rathausstraße, Wehrden–Völklingen, re Weltkulturerbe Völklinger Hütte.
74,6 EB-⌶.
74,5 Hüttenseilbahn.
74,3 EB-⌶.
70,0 Straßen-⌶ Saarstraße, re **Bous**.
67,5 Straßen-⌶ B 269.
66,0 ▬ Lisdorf, X, zum ⩧ 100 m vorher li aussetzen, re ☐.
65,1 Straßen-⌶ Lisdorf–Ensdorf, re ϟ.
62,0 Straßen-⌶ B 405 Von-Lettow-Borbeck-Straße, **Saarlouis**.
61,9 li ⬇.
61,4 Straßen-⌶ Gustav-Heinemann-Brücke.
61,2 li ⌂ KC Undine Saarlouis, St. Nazairer-Allee 2, 66740 Saarlouis, *DKV-Kanustation*, ☎ 06831/2248, www.kanu-club-undine-saarlouis.de . Landesleistungszentrum SKB. ☎ 06831/46312.
59,6 Autobahn-⌶ A 8.
58,9 → Saar-Hafen Saarlouis-Dillingen, ab hier ist die Saar Großschifffahrtsstraße.
58,5 Straßen-⌶, li **Wallerfangen**, re **Dillingen**.
58,2 re ↓ Prims (s. DKV-Gewässerführer SWD).
57,4 Straßen-⌶ Konrad-Adenauer-Allee, Dillingen.
56,4 → Bootshafen, ⌂ Kanu-Club Dillingen, Zum Bootshaus 5, 66763 Dillingen, ☎ 06831/73212, www.kanuclub-dillingen.de .
55,2 Straßen-⌶ Marie-Curie-Straße.
55,1 EB-⌶.
54,3 ⌶ zum ⩧, 400 m weit.
54,2 ▬ X und ☐ Rehlingen.
52,7 Straßen-⌶, li **Rehlingen**, re **Beckingen**.
50,8 re **Saarfels**.

50,6 li ↓ Nied (s. Seite 201).
48,5 Fußgänger-Ⅱ, li **Fremersdorf**, re 🚉.
44,5 Straßen-Ⅱ Lothringer Straße, re **Merzig**, li **Hilbringen**.
44,1 re ↓ Seffersbach, Anlegestelle Kanu-Club Merzig, Alter Leinpfad 3, 66663 Merzig, *DKV-Kanustation*, zum ⌂ und ▲ unter der Ⅱ durch, ☎ 06861/791692, www.kanuclub-merzig.de .
41,5 Straßen-Ⅱ B 51.
40,7 Wege-Ⅱ Besseringen.
40,4 li ↓ Altarm Schwemlingen.
40,2 re 🚉 Besseringen.
39,5 Straßen-Ⅱ Sankt-Gangolf-Straße, li **Schwemlingen**, re **Besseringen**.
37,0 li **Dreisbach**, Beginn der Saarschleife.
36,8 li Wassersportheim des Saarl. Ruderbundes.
35,2 Fähre Dreisbach.
35,0 li ↓ Steinbach, ✕ Becker.
34,6 Scheitelpunkt der Saarschleife, li St. Nikolaus-Statue.
31,6 Ⅱ zum ⌓, 400 m weit.
31,4 ▬ X und ☐ Mettlach.
31,2 ⬇ unterhalb der Schleuse.
30,8 Straßen-Ⅱ **Mettlach**.
30,4 re Barockbau der ehem. Abtei Mettlach, Steingutfabrik Villeroy und Boch.
29,9 re ⌂ Kanu-Freunde Mettlach, An der B 51, 66693 Mettlach, ☎ 06864/2010.
29,3 li St. Lutwinus-Kapelle.
27,5 Fußgänger-Ⅱ **Saarhölzbach**, re 🚉 300 m.
24,0 re **Saarhauen**.
22,2 Straßen-Ⅱ, li **Taben**, re 🚉.
19,0 li **Hamm**.
18,6 ↰ zum ⌓, 400 m weit.
18,5 ▬ X und ☐ Serrig.
18,2 li ⬇.
16,4 re **Serrig**.
13,6 li **Krutweiler**.
12,2 Straßen-Ⅱ B 407.
11,8 Straßen-Ⅱ Brückenstraße, li **Saarburg**.
11,6 re ⌂ Ruder-Club Saarburg, nicht bewirtschaftet, Fußweg zum 🚉.
10,5 re Sportboothafen Beurig.
9,4 Straßen-Ⅱ B 51.
9,1 re **Ockfen** durch Tunnel unter der Bahn.
8,2 li Anlegestelle **Biebelshausen**.
7,9 Ⅱ zum ⌓ in Altwasser 450 m. Das Altwasser ist 7,5 km lang und mündet bei km 4,7 in die kanalisierte Saar. Die Kilometrierung ist nachstehend

angegeben. Die Fahrt im leicht strömenden Altwasser ist der Fahrt im Schleusenkanal vorzuziehen.

> 7,8 ▬ Schoden.
> 7,5 re ⬇.
> 7,4 re **Schoden**.
> 5,3 Straßen-Ⅱ Zum Schlossberg, Wiltingen.
> 4,5 re **Wiltingen**.
> 1,6 Straßen-Ⅱ Brückenstraße, li **Kanzem**, re 🚍.
> 0,3 li ⬇ beim ⩧ an der ☐ Kanzem.
> 0,0 ↓ in die kanalisierte Saar bei km 4,7.

7,8 re → zum Altarm über ▬ Schoden, **X**.
7,7 li in den Schleusen-Kanal.
7,5 Straßen-Ⅱ, li **Biebelhausen**.
5,4 Straßen-Ⅱ **Wawern**.
5,3 Ⅱ zum ⩧ der Schleuse, 350 m, ⬇ am Altwasser.
5,2 Doppel-☐ Kanzem.
4,7 re **Hamm**, ↓ des Altwassers.
3,1 re **Filzen**.
2,5 li **Könen**, ▲ Campingplatz Horsch, ☎ 06501/17571.
0,4 Straßen-Ⅱ B 51 Konzerbrück, re **Konz**.
0,3 EB-Ⅱ.
0,1 Straßen-Ⅱ B 419.
0,0 ↓ in Mosel bei km 200,8.

Nied

Wiesenfluss – Wanderfluss — Mündung in Saar (li Nebenfluss)

Die Nied ist ein ruhiger Wiesenfluss, keine besonderen Schwierigkeiten, ruhige Strömung, Zahmwasser.
Befahrungsregeln: *km 15,6 – 0 Befahrungsverbot vom 15.03. – 30.06.*
Befahrbarkeit: Ab km 46,5 bis Frühsommer, ab Bouzonville ganzjährig.

48,0 Zusammenfluss von Nied allemande und Nied française (s. DKV-Auslandsführer Bd. 6).
Beide Flüsse kommen als mögliche Vorfahrt zur Nied in Frage; landschaftlich etwas reizvoller ist wahrscheinlich die Nied allemande. Ab hier Name des Flusses „Nied“.
Gute ⬇ 200 m oberhalb des Zusammenflusses bei einer Ⅱ, re **Condé**, li **Northen**.
47,0 **Volmérange**.
44,0 Straßen-Ⅱ D 72, **Brecklange**.

42,0 Straßen-Ⅱ D 53, **Roupeldange**.
41,0 ▬, **Floßgarten**.
40,0 Straßen-Ⅱ, li **Guirlange**.
37,0 Straßen-Ⅱ, **Bettange**.
36,0 Straßen-Ⅱ, **Gomelange**, ▬.
33,0 ▬, re **Holling**.
31,0 Straßen-Ⅱ D 3, **Freistroff**.
29,5 ▬, **Diding**, re ≋ oder re ⌓.
27,4 EB-Ⅱ.
27,0 ▬, **Bouzonville**, Mitte Bootsrutsche oder re ⌓.
26,0 Straßen-Ⅱ in Bouzonville, Stein **!** Ab hier ist die Nied ganzjährig ≋.
22,1 ▬ Filstroff, re Bootsrutsche oder li ⌓.
22,0 Straßen-Ⅱ **Filstroff**.
16,7 Straßen-Ⅱ **Guerstling**.
15,6 Staatsgrenze (*s. Befahrungsregeln*).
re ↓ Ihner-Bach.
14,6 ▬ Niedaltdorf, re ≋ oder li ⌓.
14,3 Straßen-Ⅱ **Niedaltdorf**, Pegel.
11,9 li ↓ Olig-Bach, kleine Schnelle, **Grafental**.
10,2 ▬ Wackenmühle, re über Rutsche ≋ oder li ⌓. Danach Fußgänger-Steg.
8,9 Fußgänger-Ⅱ, re Spielplatz, schöner Rastplatz.
8,7 Straßen-Ⅱ **Hemmersdorf**, Betonteile!
4,3 Ⅱ zum ▲ Campingplatz der Gemeinde Siersburg, ☎ 06835/2100, www.campingplatz-siersburg.de .
4,2 re Niedtalhalle, gute ⬆.
3,9 re ▲ Campingplatz Mühlekonrad.
3,8 ▬ Siersburg, im Knick ≋ oder li ⌓.
3,6 Straßen-Ⅱ **Siersburg**.
2,7 ▬ Niedmühle, li über Rutsche ≋ oder li ⌓, re ▲ Campingplatz Niedmühle, ☎ 06835/2368, und ✕.
2,5 Straßen-Ⅱ **Eimersdorf**.
1,0 Straßen-Ⅱ B 406, Moniereisen!
0,4 Gefällebremse, Mitte ≋, Steine! oder li ⌓.
0,2 Straßen-Ⅱ A 8.
0,0 ↓ in Saar bei km 50,6.

Blies

Kleinfluss	Mündung in Saar (re Nebenfluss)

Die Blies ist ein ursprünglicher, in ihrem Lauf unveränderter Kleinfluss, der in vielen Windungen durch Wiesen und Felder fließt. Bäume am Ufer. Mehrere Wehre sind überwiegend fahrbar, evtl. Umtragen ist leicht, meist nur kurzes Überheben.

Befahrbarkeit:	Oberlauf bei HW, ganzjährig ab Mündung Schwarzbach, km 45. Die Blies ist im Unterlauf Grenzfluss, sie verläuft auf 4 km durch französisches Staatsgebiet, Mitführen von Personalpapieren erforderlich.
Befahrungsregeln:	*km 36,5-27,7 NSG, Befahrung in der Zeit vom 15.4.-15.7. verboten.*
Begleitung:	Straße stets in Flussnähe.

45,0 li ↓ Schwarzbach, (s. Seite 204), ab hier ganzjährig 〰.
42,0 re **Bierbach**, 🚉 nahe am Wasser, günstige ⬇.
36,5 Straßen-Ⅱ, li gute ⬇. re **Blieskastel**, 🚉 300 m, schönes Städtchen mit Kloster und Wallfahrtskirche. *Beginn der Befahrungsregelung.*
35,7 ▬ **Mimbach**, 〰 oder li ⌓.
32,1 EB-Ⅱ.
31,0 ▬ **Breitfurt**, 〰 oder li ⌓.
27,7 Straßen-Ⅱ **Bliesdalheim**.
Ende der Befahrungsregelung.
26,3 ▬ Herbitzheim, X, li ⌓. Bis Ⅱ steinig.
26,2 Straßen-Ⅱ **Herbitzheim**.
23,5 ▬ Gersheim, X, über Insel bis Ⅱ ⌓.
23,4 Straßen-Ⅱ **Gersheim**.
20,9 Straßen-Ⅱ **Renheim**; li Ausgrabungen aus der Römerzeit.
19,5 Staatsgrenze, auf 4 km französisches Staatsgebiet.
17,8 Straßen-Ⅱ **Bliesbruck**.
15,9 re Staatsgrenze, bis ↓ li Ufer französisch.
14,6 li **Blies-Ebersind**.
13,8 re **Habkirchen**.
13,0 ▬ Frauenberg, 〰 oder ⌓. Fußgänger- Ⅱ.
li **Frauenberg**, F; re **Habkirchen**, D.
12,5 re ▲ Campingplatz Habkirchen.
8,5 ▬ Bliesmengen-Bolchen, Mitte 〰 oder überheben.
7,6 li **Bliesschweyen**, bei NW sehr flach.
7,2 ▬ Urigsmühle, 〰 bei ausreichend Wasser, sonst geradeaus an Mühle vorbeifahren. Bei NW vom Auslauf des Mühlgrabens bis zur Mündung des ϟ-Kanals sehr flach.
6,7 li ↓ des ϟ-Kanals.
5,2 Fußgänger-Ⅱ, li **Blies-Guerswiller**.
1,6 ▬ Wackenmühle, unbedingt besichtigen, da oft durch Bäume versperrt, 〰 oder li überheben.
1,0 li ⌂ Canoë-Club Sarreguemines.
0,3 Straßen-Ⅱ, li **Sarreguemines**, re **Hanweiler**.
0,0 ↓ in Saar bei km (F) 65,0.

Gute ⬆ nach 100 m am Anleger der alten Fähre Hanweiler

Schwarzbach, Moosalbe

Kleinfluss — Mündung in Blies (li Nebenfluss)

Moosalbe wie Schwarzbach entspringen inmitten des Pfälzerwaldes nahe Johanniskreuz bzw. Eschkopf. Die Moosalbe mündet von rechts in den Schwarzbach, eine durchgehende Befahrung bietet sich an und wird daher auch mit durchlaufender Kilometrierung beschrieben. Die Moosalbe ist ein landschaftlich reizvoller Wald- und Wiesenfluss mit längerer Ortsdurchfahrt von Waldfischbach-Burgalben. Sie hat gute Strömung und mäandriert, die Wasserqualität ist gut. Der Schwarzbach ist ab der Einmündung der Moosalbe ein Feld- und Wiesenfluss mit mehreren längeren Ortsdurchfahrten, wo er entsprechend ausgebaut ist. Die Strömung ist geringer, die Wasserqualität lässt nach. Moosalbe und Schwarzbach waren schon früh für Hammermühlen oder Holztrift ausgebaut worden. Es gibt daher schon im Oberlauf der Bäche mehrere kleine Stauwehre mitten in der Landschaft, die aber nicht mehr unterhalten werden. Auch gibt es mehrere Wehre bei Mühlen, die nur teilweise fahrbar sind. Alle Wehre sind unbedingt vorher auf Hindernisse und Fahrbarkeit zu prüfen. Die Moosalbe ist oberhalb der Geiselberger Mühle sehr stark zugewachsen und durch Baumhindernisse versperrt. Es ist aber auch auf der beschriebenen Strecke mit Baumhindernissen zu rechnen. Die oberste Einsatzstelle ist bei der Geiselberger Mühle, ab der die Moosalbe ganzjährig für Einer geeignet ist. Der Schwarzbach ist ab Biebermühle für Zweier geeignet, ab Thaleischweiler können auch Anfänger mitgenommen werden. Im beschriebenen Teil des Moosalb- und Schwarzbachtales verläuft sowohl Bahn als auch Straße.

47,2 re ↓ Aschbach bei ehemaligem Walzwerk.

41,0 ▬ Geiselbergermühle ≋ Mitte, danach Straßenbrücke K 31, oberhalb Wehr ⬇.

39,3 Erste Ⅱ **Steinalben**, danach Steil-▬, schräg nach links abgehend, ggf. ≋, sonst vor Brücke aussetzen und bis hinter die zweite Mühle weit ⏢.

39,1 Zweite Ⅱ Steinalben, danach Klapp-▬ mit niedrigem Steg. In der Mitte Eisenkette, **X**, vor Brücke aussetzen und re um Mühle über Waldweg etwa 100 m weit ⏢.

37,0 Offenes altes ▬, ≋, schräg nach re abgehend.

35,9 Offenes altes ▬ unter Feldweg-Ⅱ, zwei Durchfahrten ≋, rechtwinklig nach li abgehend (daher vom Boot nicht einsehbar, besser vorher aussteigen und auf Hindernisse prüfen!), oberhalb Schwallstrecke unter Straßen- und EB-Ⅱ, ober- wie unterhalb links gute ⬇⬆.

34,4 Ⅱ, Stege und Überbauung im Werksgelände einer ehemaligen Schuhfabrik in Waldfischbach

34,3 Straßen-Ⅱ in **Waldfischbach**, dahinter re mögliche ⬇⬆, mühsam, es folgen mehrere teilweise niedrige Brücken und Stege in Waldfischbach-Burgalben.

32,7 ↓ der Moosalbe in den von li kommenden Schwarzbach.
32,5 Straßen-Ⅱ in **Burgalben**, niedrig, bei Hochwasser ggf. re ⌓.
31,5 EB- und Straßen-Ⅱ am Ortsende von Waldfischbach.
30,5 ▬ Moschelmühle, kurz davor niedriger Steg und Schwelle aus grobe Blöcken ≋, ggf. vor Steg re ⌓ bis zur zweiten Brücke, kurz nach Wehr erste Ⅱ.
30,4 Zweite Ⅱ in Moschelmühle, re mögliche ⬇⬆.
27,7 ▬ ≋, erst re dann li halten, danach Ⅱ, es folgen zwei niedrige Stege im Freibad Biebermühle, vor dem Wehr gute ⬇⬆, Parkplatz.
27,5 li ↓ Rodalbe, dort ggf. ⬇ beim 🚉 Pirmasens-Nord.
26,6 Straßen-Ⅱ Autobahnzubringer.
25,2 Straßen-Ⅱ in **Thaleischweiler**, Pegel.
24,8 Steg in Thaleischweiler, re mögliche ⬇⬆.
24,4 Straßen-Ⅱ in Thaleischweiler.
22,8 re ↓ Wallhalbe.
20,3 Straßen-Ⅱ in **Mühlbach**.
18,7 Straßen-Ⅱ in **Rischweiler**, kurz danach ▬ X, re ⌓, ⬇⬆
16,3 Straßen-Ⅱ in **Dellfeld**, darunter Schwallstrecke.
15,0 Straßen-Ⅱ in **Falkenbusch**, es folgen zwei weitere Ⅱ.
13,0 Straßen-Ⅱ in **Stambach**.
11,8 Unter Steg → in Weiher, Bad und Tennisplätze von Contwig, gute ⬇⬆.
10,5 Zwei ▬ und Brücke in **Contwig**, X, re ⌓, ⬇⬆.
9,4 Straßen-Ⅱ Ortsende Contwig, Pegel.
7,3 Straßen-Ⅱ in **Niederauerbach**.
6,7 re ↓ Auerbach.
6,0 Zwei Straßen-Ⅱ.
5,7 **Zweibrücken**, links Bad, rechts ▲ Campingplatz Zweibrücken, Geschwister-Scholl-Allee 11, 66482 Zweibrücken, ☎ 06332/482984, www.campingplatz-zw.de , gute ⬆, Fahrt besser hier beenden.
5,5 ▬ X, re ⌓, ggf. weiträumig (500 m), li ← Stadtgraben mit mehreren niedrigen Brücken, am Ende ▬ X.
2,5 li ↓ des Hornbach (s. DKV-Gewässerführer SWD).
0,5 Autobahn-Ⅱ A 8.
0,1 Straßen-Ⅱ B 423, li ⬇⬆.
0,0 ↓ in die Blies bei km 45.

Sauer

Wildfluss – Wanderfluss | Mündung in Mosel (li Nebenfluss)

Die Sauer fließt in ihrem Oberlauf durch Belgien und Luxemburg; ihre Befahrung ist in diesem Bereich stark wasserstandsabhängig, im Sommer meist nicht möglich. Außerdem bestehen hier erhebliche Befahrungsbeschränkungen. Anschließend wird ausführlich lediglich der Unterlauf der Sauer beschrieben. Sie ist hier landschaftlich sehr reizvoll, keine Schwierigkeiten.

Befahrungsregeln: *im Text kursiv hervorgehoben.*

Begleitung: Das Nachholen der Pkw wird erleichtert durch gute Omnibusverbindungen auf der luxemburgischen Seite.

0,0 Ursprung auf der Höhe von Libramont (Ardennen) in etwa 550 m Höhe. Folgestrecke bis km 116 s. DKV-Auslandsführer Bd. 6.

116,0 **Wallendorf**, Straßen-Ɪ. Ab hier bildet die Sauer die Grenze zwischen Luxemburg und Deutschland. Keine Schwierigkeiten mehr. li ↓ Our (s. DKV-Auslandsführer Bd. 6). Günstige ⬇ an der Ɪ; ▲ Campingplatz Wallendorf.
km 116–161, in der Zeit 16.07.-30.09. sind keine Gruppenfahrten gestattet.

120,0 Straßen-Ɪ, re **Dillingen**, gute ⬇, li und re ▲ Campigplätze. li ↓ Gaybach.

121,5 re **Grundhof**, Ausgangspunkt für Wanderungen in die luxemburgische Schweiz, re ↓ Ernz noire (s. DKV-Auslandsführer Bd. 6).

122,5 li ▲ Campingplatz.

127,0 li **Bollendorf**, Straßen-Ɪ, re Bollendorferbrück. li ▲ Campingplatz.

129,0 Ehemaliges ▬, ≋.

130,5 li Weilerbach mit Resten einer zerstörten Ɪ.

133,0 Fußgänger-Ɪ.

134,0 re **Echternach**, Straßen-Ɪ. Reizendes Städtchen mit romanischer Basilika und Grab des hl. Willibrord. Bekannt durch die alljährlich stattfindende Springprozession.

135,0 li ▲ Campingplatz, danach Ɪ.

138,0 li **Minden**. li ↓ Prüm (s. DKV-Gewässerführer SWD).

138,5 re **Steinheim**, Wege-Ɪ.

141,0 li **Edingen**, nach 1 km li **Godendorf**.

141,5 Straßen-Ɪ, re **Rosport**, gute Gelegenheit zur Beendigung der Fahrt.
Für die Befahrung der Stauhaltung Rosport (km 141,5–142,5) bestehen Befahrungsbeschränkungen: Verboten 01.05.-14.06. und 01.09.-31.10. Vom 15.06.-31.08. besteht ein Befahrungsverbot für die Zeiten 9-12 Uhr und 17.30-22 Uhr.

142,2 Wasserableitung re, Befahrung des Kanals unmöglich.

142,5 ▬ Staumauer, Weiterfahrt wegen Wassermangel und Verschmutzung nur wenig ratsam.

161,0 ↓ in Mosel bei km 205,9.

Lahn

Wanderfluss (ab km 66) Mündung in Rhein (re Nebenfluss)

Die auf einer Strecke von 235 km durchgehend mit Booten befahrbare Lahn zählt zu den schönsten Wanderflüssen Deutschlands. Dies hat verschiedene Ursachen.

Die Landschaft: Die Lahn kommt aus dem Rothaargebirge und trennt in ihrem Unterlauf den Westerwald vom Taunus. Dazwischen liegen mehrere Talbecken. So ergibt sich ein reizvoller Wechsel zwischen breiten und engen Tälern, zwischen steilen Felsen und flachen Ufern, zwischen Wäldern, Wiesen und Feldern.

Der kulturhistorische Rahmen: Die Lahn ist ein Bilderbuch deutscher Kulturgeschichte; von der Römerzeit bis zur beginnenden Neuzeit befinden sich hier eindrucksvolle Bauten aller Stilrichtungen und Zweckbestimmungen: Wehrtürme, Burgen und deren Ruinen, mächtige Dome, Klöster und Schlösser. Am Fluss liegen zahlreiche sehenswerte Städte und Ortschaften mit Fachwerksbauten, Brunnen, Marktplätzen, Museen und Brücken. Die nachfolgende Flussbeschreibung kann von all dem, was am Ufer und im Umfeld der Lahn liegt, nur einen stichwortartigen Auszug geben.

Das Wasser: Es zeigt nur im obersten Oberlauf der Lahn jugendlichen Sturm von Kleinflusscharakter, mit schneller Strömung, schönen Schwällen, Gefällestufen und mehreren Wehren, die fast durchweg fahrbar sind, bei HW jedoch lebensgefährlichen Rücklauf entwickeln können; das Umtragen bereitet hier keine Schwierigkeiten. Befahrung dieser Strecke nur mit Kunststoff-Einern möglich. Ab Buchenau wird die Lahn zum Wanderfluss, dessen Befahrung ohne besondere Schwierigkeiten mit Booten aller Klassen möglich ist. Es kommen jedoch immer noch einige Wehre, die zu umtragen sind. Ab Badenburg, km 11, ist die Lahn Wasserlauf 1. Ordnung, bis zur Mündung mit betriebsbereiten Schleusen, so dass ein Umtragen nicht mehr erforderlich wird. Die Schleusen oberhalb Limburgs sind zur Selbstbedienung eingerichtet, nach Verlassen der Schleuse soll man die Kammer für die nachfolgenden Boote wieder voll Wasser laufen lassen. In diesem Bereich mäßige Strömung zwischen den Schleusen. Unterhalb Limburgs ist die Lahn voll kanalisiert, praktisch ohne Strömung. Die Schleusen werden vom Schleusenpersonal gebührenfrei bedient. Schleusenzeiten vom 01.04.-31.10. täglich von 10-12 Uhr und von 12.30-18.30 Uhr. Übrige Zeiten nach vorheriger Anmeldung über ☎ 06432/3060 oder 3090. Mitteilungen über Schleusensperrungen finden sie im Internet www.elwis.de oder www.kanu-hessen.de . Die Wehre neben den Schleusen sind in diesem Bereich meist nicht zu befahren, das Umtragen ist mühsam. Auf der Lahn findet, abgesehen von Ausflugsschiffen, keine Berufsschifffahrt statt, im Unterlauf ist jedoch, besonders an Wochenende, mit regem Motorbootverkehr zu rechnen (vorgeschriebene Höchstgeschwindigkeit 12 km/Stunde). Mehrere im Text angegebene Strecken sind für den Wasserskilauf freigegeben; hier können die Motorboote auch schneller fahren.

Insgesamt gesehen ist die Lahn ein Fluss zum Zweck beschaulicher Wanderfahrt, zum Erleben der Landschaft und dem ehrfurchtsvollen Betrachten der zahllosen stummen Zeugen deutscher Vergangenheit. Beim Kanu-Club Limburg im ESV kann kostenlos ein Faltblatt mit einer Kurzinformation zur Lahn und einem Antrag zum Erwerb des Lahn-Wanderabzeichens angefordert werden.

Befahrungsregeln:	*im Text kursiv hervorgehoben. Außerdem Befahrungsverbot bei HW:* *Badenburg (km 11)–Steeden (km 69,8) bei Pegel Leun über 3;60 m.* *Steeden (km 69,8–☐ Lahnstein (km 136,0) bei Pegel Kalkofen über 3,60 m.* *☐ Lahnstein–↓ bei Rhein-Pegel Koblenz über 6,50 m.*
Befahrbarkeit:	ab Feudingen bei HW (nach starken Regenfällen), ab Cölbe bei MW, ab Marburg ganzjährig.
Besonderheiten:	Auf der Lahn dürfen zwischen km 70 und km 137 (Hafen Lahnstein) Charterboote verkehren. Es ist mit unerfahrenen Bootsführern zu rechnen. An Schleusenanlagen ist besondere Vorsicht geboten.
Pegel:	Pegel Biedenkopf, Pegeldienst KV NRW (☎ 0203/7381651; Internet: www.kanu-nrw.de), Minimum für Befahrung ab Feudingen (km 98,0) 80 cm, ab Buchenau (km 64,8) 50 cm; Pegel Feudingen (beim Freibad) km 97,6: Minimum für Befahrung ab Feudingen 60 cm (= 2 m^3/s), für Befahrung ab Laasphe 50 cm (= 1,2 m^3/s). Pegel Kalkofen, ☎ 06439/19429 und Pegel Leun, ☎ 06473/19429 sowie www.elwis.de .
Gefälle:	Durchschnitt der Gesamtstrecke 1,5 ‰. Der größte Teil des Gefälles erfolgt jedoch über Wehre, so dass das tatsächliche, für die Strömungsverhältnisse maßgebende Gefälle erheblich niedriger liegt; im Unterlauf beträgt es praktisch 0.
Kilometrierung:	Sie erfolgt ab Feudingen, km 98 bis zur ehemaligen preußisch-hessischen Grenze bei Dutenhofen absteigend bis 0, ab hier wieder ansteigend bis zur Mündung, km 137,3. Ab Badenburg, km 11, sind km-Tafeln sichtbar am Ufer angebracht.
Begleitung:	abgesehen von kurzen Strecken verläuft stets eine Straße neben dem Fluss. Zwischen Gießen und der Mündung der Lahn bestehen gute Nachholmöglichkeiten mit der Lahntalbahn, auch sonntags.

98,0 Ⅱ am Ortsanfang von **Feudingen**. Die Flussstrecke bis zur Einmündung der Ohm ist beschrieben in DKV-Gewässerführer SWD.

47,1 li ↓ Ohm (s. DKV-Gewässerführer SWD), ab hier ist die Lahn meist ganzjährig ≋.

45,0 EB-Ⅱ und Straßen-Ⅱ B 3. re **Cölbe**.

42,1 ▬, **X**, li ⩍. Nach 100 m Straßen-Ⅱ, re **Wehrda**.

40,0 **Marburg**, alte Universitätsstadt, Elisabethkirche, Schloss aus dem 13. Jahrhundert, Alte Universität, ★.

re ⌂ des Marburger KC, Wehrdaer Weg 42 a, 35093 Marburg, www.marburgerkanuclub.de .
li ⌂ und ▲ der Vereinigung Marburger Kanufahrer, Afföller Str., 35093 Marburg.
Straßen-Ɪ. Alle ▬ im Stadtbereich von Marburg haben Anlegestellen für Kanu-Wanderer.

39,5 Afföller ▬, X, li ⌓ und li weiterfahren. Nicht in den Mühlkanal einfahren. Dieser führt zur Lotzmühle, ⌓ nicht möglich (Privatbesitz!).

38,0 Straßen-Ɪ, ⬇ bei Ankunft mit 🚗, 200 m.

37,6 re ↓ Mühlgraben (Marburger Slalomstrecke). Es folgen fünf Ɪ.

37,2 ▬, X, li ⌓. Danach Holz-Steg, li Jugendherberge. li Städt. Freibad und danach ▲ Campingplatz Lahnaue, Trojedamm 47, 35037 Marburg, sehr paddlerfreundlich, ☎ 06421/21331, www.lahnaue.de , beste ⬇ und Bootslagerung zur Stadtbesichtigung. Mit Pkw zu erreichen auf B 3 a, Abfahrt Marburg/Mitte. Es folgen 3 weitere Ɪ.

32,0 EB-Ɪ und Straßen-Ɪ B 3a.

32,5 Steinmühle, ▬, X, li Sog zum ↯! re ⌓, bei gutem Wasserstand hinter dem Wehr einsetzen, ansonsten rechts ca. 100 m ⌓ auf gut ausgebautem Weg. Wasser wird durch Turbine der Steinmühle geleitet, daher auf 300 m Wasserentzug. Mögliche ⬇, Zufahrt über Gisselberg an der EAM von der B 3 Richtung Lahn.

30,2 Die Lahn ist auf einer Länge von ca. 700 m in ihrer gesamten Breite Bestandteil des sich nach links erstreckenden Naturschutzgebietes „Unterm Wolfsberg“ (Feuchtwiesen). Durchfahren mit durch Muskelkraft bewegten Booten gestattet, Uferbetretungsverbot.

29,3 Nehmühle, ▬, evtl. Mitte ≋, schon bei MW sehr starker Rücklauf! ⌓-Stelle re.

29,0 Straßen-Ɪ B 3; danach re ↓ Allna (s. DKV-Gewässerführer SWD).

28,6 ▬ Argenstein, ≋, ⌓ li, jedoch schwierig, da Privatbesitz, Mühlenbesitzer fragen.

25,7 ▬ **Roth**, X. ⌓-Möglichkeit: Am 1. ▬ li ⬆ und ca. 250 m weit ⌓ bis zur ⬇ oberhalb der Ɪ.
re in den Mühlkanal einfahren ist nicht gestattet, Privatbesitz.
Danach Ɪ Weimar – Roth, li ⬇⬆ und Parkplatz, stark frequentiert. Die folgende Strecke bis Bellnhausen ist kanalisiert.

23,7 *Die Lahn ist auf einer Länge von ca. 600 m in ihrer gesamten Breite Bestandteil des sich nach links erstreckenden Naturschutzgebietes „Lahnaltarm von Bellnhausen“. Nicht in den Altarm einfahren! Befahren der Lahn mit durch Muskelkraft bewegten Booten gestattet; Uferbetretungsverbot. Bitte ruhig verhalten.*

23,0 2 Straßen- Ɪ, **Bellnhausen**, romanische Kirche.

20,0 EB-Ɪ **Friedelhausen**.

18,7 re ↓ Salzböde (s. DKV-Gewässerführer SWD).

18,2 Straßen-Ⅱ, **Odenhausen**, re Rastplatz, gute ⬇⬆.

17,6 Straßen-Ⅱ, **Ruttershausen**, danach re ✕ „Lahnblick“, ▲ Campingplatz. Rastplatz, ⬇⬆.

17,5 Neue Straßen-Ⅱ Ruttershausen–Lollar.

16,5 **Lollar**, ▬, evtl. ≋, ⌓ entweder re über ▬-Krone oder re durch den Wald.

13,2 ⌂ KC Wassersport Lollar, ▲.

13,1 li ↓ Lumda (s. DKV-Gewässerführer SWD).

11,0 li Ruine Badenburg, ✕, Slalomstrecke,
li ⌂ und ▲ des Wiesecker KC, Inselweg 114, 35396 Gießen-Wieseck, www.wiesecker-kanu-club.de ,
re ⌂ und ▲ des PC Wißmar, 35435 Wettenberg-Wißmar, auch für größere Gruppen, www.paddelclub-wissmar.de . Ab hier ist die Lahn Bundeswasserstraße.

10,4 Autobahn-Ⅱ A 480.

9,9 Straßen-Ⅱ Wißmarer Weg, Wißmar–Gießen, li Slipanlage, ⬇⬆, Rastplatz.

9,0 li großes FKK-Gelände der Natur- und Sonnenfreunde Gießen, Voranmeldung erforderlich, Postfach 10 01 10, 35331 Gießen, ☎ 0641/31228.

6,4 **Gießen**, Universitätsstadt, Schloss, Liebig-Museum, ★.

5,8 li ▲ und ⌂ ✕ des SKC Gießen, Bootshausstr. 20, 35390 Gießen, www.skc-giessen.de , beste ⬇ und ▲ für Gießen, DJH.

5,3 1. ▬ Gießen, li Bootsgasse mit Selbstbedienung, Anleitung beachten, erst bei geöffneter Klappe einfahren, re ⬆⬇, Rastplatz.

5,1 Straßen-Ⅱ Rodheimer Straße.

4,7 Straßen-Ⅱ Heuchelheimer Straße, 2. ▬, Bootsgasse ganzjährig ≋, danach re halten. Beste ⬇ bei Anfahrt mit EB, Rastplatz.

4,5 li ↓ Wieseck, (s. DKV-Gewässerführer SWD).

2,7 Autobahn-Ⅱ A 429.

2,5 ▬, Bootsgasse re. *Bis km 1,1, Dutenhofen, NSG Lahnauen, anlanden re verboten.*

1,3 Straßen-Ⅱ Lahnparkstraße, re **Heuchelheim**, re ↓ Bieber (s. DKV-Gewässerführer SWD).

0,0 li ↓ Kleebach (s. DKV-Gewässerführer SWD).
Beginn der neuen, ansteigenden Kilometrierung.

1,1 Straßen-Ⅱ Lahnstraße, li **Dutenhofen**, *NSG Lahnauen Atzbach, re Ufer bis km 2,3 Uferbetretungsverbot.*

2,7 **Lahnau-Atzbach**, re Rastplatz.

4,4 li Schleusen-Kanal, re zum ▬, **X**, ⌓: re am 1. Wehr entlang in den Mühlkanal fahren und vor dem 2. Wehr li über die Insel ⌓

4,6 □ Dorlar, ab hier bis Runkel sind alle Schleusen für Selbstbedienung eingerichtet.

4,9 re ↓ Wehrarm.
5,1 Straßen-⌶ Wetzlarer Straße, re **Dorlar**. ⬇⬆, Rastplatz.
5,4 re Slipanlage, ⬇⬆.
6,4 Autobahn-⌶ A 45, *dahinter li bis km 6,8 NSG Würzberg bei Garbenheim, Uferbetretungsverbot.*
6,8 EB-⌶.
7,4 *Das rechte Ufer der Lahn gehört auf einer Länge von ca. 600 m zum Naturschutzgebiet „Kiessee am Oberwasen bei Nauheim", Uferbetretungsverbot.*
7,7 li Schleusenkanal, re zum ▬, evtl. ≋ oder li ⏏, re **Naunheim**.
8,0 li ☐ Naunheim.
8,1 Rastplatz am re Ufer des ☐-Kanals.
9,4 re ▲ Campingplatz der Stadt Wetzlar, Dammstraße 52, 35576 Wetzlar, ☎ 06441/34103, www.campingplatz-wetzlar.de .
9,5 re Ruderclub Wetzlar, ✕ Fischerhütte, Slipanlage, ⬇⬆, re Rastplatz.
10,5 EB-⌶, Straßen-⌶ Wolfgang-Kühle-Straße.
10,8 Straßen-⌶ B 49, re Lahnhof.
11,0 **Wetzlar**, ehem. freie Reichsstadt. ★ Dom, Fachwerkhäuser. Heute Eisenindustrie, Optik, Feinmechanik.
11,4 Straßen-⌶, danach Schräg-▬, bei HW starker Rücklauf, re Holz-Steg zum ⏏.
11,8 Colchesteranlage Ponton-⌶, li Rastplatz.
11,9 Straßen-⌶ Lahnstraße, danach Schräg-▬, bei HW starker Rücklauf. Es hat hier schon mehrere schwere Unfälle gegeben. ⏏ re unter der Stein-Brücke über Rolltreppe. Bei HW können die Rolltreppen überflutet sein und sind dann nicht zu benutzen!
12,1 Straßen-⌶ Karl-Kellner-Ring.
12,5 Wege-⌶, davor re Slipanlage, ⬇⬆. Rastplatz.
13,0 re ↓ Dill (s. DKV-Gewässerführer SWD).
13,6 li ⌂ und ▲ des KC Wetzlar, Eiserne Hand 5, 35578 Wetzlar, *DKV-Kanustation*, www.kanuclubwetzlar.de .
13,9 EB-⌶.
15,9 ▬ Altenberg, eventuell ≋ oder li ⏏. re → Schleusen-Kanal.
16,5 ☐ Altenberg.
16,7 li ↓ Wehrkanal.
16,9 re **Altenberg**, ehem. Kloster mit schöner frühgotischer Kirche, ★. Voraus auf Höhe Schloss Braunfels.
19,2 re Fabrik-▬ Oberbiel, li an Fischtreppe ⏏ oder li ← Schleusen-Kanal mit zwei Schleusen,
19,3 ☐ Oberbiel, Straßen-⌶, li hinter der Schleuse ⬇⬆, Rastplatz.
20,3 ☐ Niederbiel, Wege-⌶.
20,5 Straßen-⌶ **Oberbiel**.

20,9 li ↓ Solmsbach (s. DKV-Gewässerführer SWD), re **Niederbiel**.
23,0 li Rastplatz.
24,1 li ⛟ Braunfel, li ⬇⬆, hölzerne Fußgänger-Ⅱ. Das altertümliche Städtchen **Braunfels** mit sehr schönem Schloss, ★, ist 4 km entfernt.
25,0 Straßen-Ⅱ B 49, automatischer Pegel Leun, ☎ 06473/19429.
26,0 **Leun**, li Jugend-▲, ⬇⬆. Rastplatz.
Die Lahn verläuft in großen Schleifen durch das „Leuner Becken".
28,2 EB-Ⅱ, danach re **Stockhausen**, ⛟.
29,1 Straßen-Ⅱ B 49, li **Tiefenbach**, li Rastplatz.
30,1 re **Biskirchen** mit Gertrudisbrunnen; li ↓ Ulmbach (s. DKV-Gewässerführer SWD).
34,8 li **Selters**. Bis km 36,2 Wasserskistrecke, ab 10 Uhr.
34,9 li Slipanlage des WSC Selters, anschließend ⬇⬆ und Rastplatz, begrenzte Parkmöglichkeit.
36,1 Fußgänger-Ⅱ.
36,2 re **Löhnberg**, ⛟, ⬇⬆, Rastplatz, ★: Schlossruine 14. Jahrh., schöne Fachwerkhäuser;
li Selbstbedienungs-□, li Slipanlage, re ▬, evtl. re ≋ oder über die □-Insel li ⏏.
38,2 Straßen-Ⅱ **Ahausen**, re ⬇⬆ nur für BKT Leihbootfahrer.
39,3 EB-Ⅱ, **Weilburg**, in Flussschleife gelegen, ⛟, Schloss über der Stadt, Fachwerkhäuser, Marktplatz, ★. Weiterfahrmöglichkeiten:
39,4 a) li durch den einzigen Schifffahrtstunnel Deutschlands, 195 m lang mit Doppel-□ am Tunnelende. ⏏ an der □ nicht möglich, Ausstieg zur □-Bedienung nur über eine senkrechte Eisenleiter. Alleinfahrende sollten ein langes Seil zum Sichern des Bootes mitbringen. Einmündung in die Lahn bei km 41,4.

> 39,4 b) re im alten Flussbett zum ⌂ Weilburger Rudergesellschaft.
> 39,5 Ⅱ B 456, danach re städtische Bootsvermietung und anschließend öffentliche Slipanalage, li ⬇⬆ „zur Bleiche", Parkhaus Tagesgebühr: 5 €, ⌂ und ▲ Weilburger Rudergesellschaft, ☎ 06471/39543, gute ⬆ zur Stadtbesichtigung.
> 39,7 1. Weilburger ▬, **X**, re ⏏, mühsam.
> 39,8 Straßen-Ⅱ Niedergasse.
> 40,3 Wege-Ⅱ.
> 41,1 2. Weilburger ▬, evtl. ≋ oder re ⏏.
> 41,2 ⌂ und ▲ Kanugilde Dreieich, 35781 Weilburg, Am Bangert 1 b, www.skg.cp-dreieich.de .
> 41,4 Zusammenfluss mit Schleusenkanal.

41,4 re Jugendzeltplatz Hauseley, li ↓ des Schifffahrtstunnels.
42,6 li ↓ Weil (s. DKV-Gewässerführer SWD).

43,9 Wege-Ⅱ, re **Odersbach**, vor der Brücke re Rastplatz mit ⬇⬆, nach der Brücke re ▲ C. Dort ⬇⬆ und Slipanlage nur für Campinggäste.
44,3 li **Kirschhofen**.
45,3 re Selbstbedienungs-□ Kirschhofen, li Doppel-■. Befahrung des Doppel-■ je nach Wasserstand lebensgefährlich. Zum ⌓ in den Schleusen-Kanal einfahren, re halten, li Sog zum ↯. Bis an den Anleger vor der Schleuse fahren und re neben der Schleuse ⌓. Alternativ kann man bis an die Spitze der Schleuseninsel fahren und über die Insel beide Wehre ⌓.
48,5 ⛟, Rastplatz; ▲ Camping Gräveneck, ☎ 06471/490320, www.camping-graeveneck.de .
49,0 Straßen-Ⅱ, li auf Höhe **Gräveneck**.
50,8 li ⛟, ⬇⬆ und Rastplatz Fürfurt.
51,1 **Fürfurt**, re Selbstbedienungs-□, li ■, evtl. über Fischleiter ≋, Vorsicht ! 15 m li oberhalb starker Sog zum ↯-Einlauf: Die Anfahrt zur Fischleiter ist öfters durch Baum versperrt, außerdem schlechte Sicht durch Büsche. 25 m danach eine ■-Stufe, bei HW lebensgefährlicher Rücklauf! Da bei HW ⬆ zwischen den beiden ■ schwierig ist, dann besser beide ■ zusammen re über Schleuseninsel ⌓. Alternativ: ⌓ über die Treppen an der □.
54,1 re ⬇⬆, Rastplatz, Aumenau-Lahntours-Natursportzentrum. Privatgelände, Be- und Entladen erlaubt. Parkplatz in 300 m Entfernung, ✕.
54,2 li **Aumenau**, Treppe am Brunnen.
54,5 Straßen-Ⅱ von Amenau zum ⛟.
56,9 EB-Ⅱ.
57,4 li Naturfreunde-Haus.
59,5 ⛟, auf der Höhe **Arfurt**, keine Aussetzmöglichkeit.
60,8 Jugend- und Wanderheim des ESV Limburg, Rastplatz, ⬇⬆, ▲, Übernachtung im Haus nach Anmeldung möglich, ☎ 06482/4615, ✕. Anfahrt mit Pkw über Runkel, Richtung Arfurt, an den Aussiedlerhöfen re, Hinweisschild.
61,0 Runkel-Schadeck, Rastplatz, beim ESV Spaich.
62,3 Straßen-Ⅱ aus Lahn-Marmor, li **Villmar**, Marmorindustrie. Nach 100 m li Slip-Anlage, ⬇⬆, Rastplatz, ⛟.
62,5 re Selbstbedienungs-□, li ■, **X**, re ⌓ über die Schleuseninsel.
63,2 li schroffer Kalkfelsen, „Bodensteiner Lei".
65,2 re Slipanlage, ⬇⬆.
65,3 re Selbstbedienungs-□ Runkel, bei Ausfahrt aus □**!** auf Schrägströmung vom ■ her. Rastplatz auf □-Insel. li ■, **X**, re ⌓ über die Schleuseninsel, schwer.
65,4 historische Stein-Ⅱ Runkel, unterhalb ⬇⬆.
65,5 li **Runkel** mit eindrucksvoller Burg, ★, re ⛟.

66,0 ⛺ Lahntours-Campingplatz Runkel, www.lahntours.de , ⬇⬆. Rastplatz. *Bis km 67,8 li NSG „Runkeler Lach", li Uferbetretungsverbot.*

66,3 Straßen-Ⅱ Steedener Straße.

67,8 EB-Ⅱ, *Ende NSG.*

68,5 re ↓ Kerkerbach (s. DKV-Gewässerführer SWD).

69,8 re **Steeden**.

71,6 Straßen-Ⅱ, re ⬇⬆. re **Dehrn**, Schloss 12. Jahrhundert. Ab hier ist die Lahn voll kanalisiert, praktisch ohne Strömung zwischen den ▭, welche gebührenfrei vom ▭-Personal bedient werden. Die ▬ sind meist X. Ausflugsschiffe, jedoch vor allem an Wochenenden erheblicher Verkehr durch Motorboote.

73,0 re **Dietkirchen**, Rastplatz, ★: Lubentiuskirche, dreischiffige romanische Pfeilerbasilika aus dem Jahr 841.

73,8 li ↓ Emsbach (s. DKV-Gewässerführer SWD).

73,5 Fußgänger-Ⅱ.

73,9 li **Eschhofen**.

75,0 EB-Ⅱ.

75,5 Autobahn-Ⅱ A 3, 65 m über dem Fluss, re Slipanlage, ⬇⬆.

75,6 re ⛺ Lahncamping Limburg, ☎ 06431/22610, www.lahncamping.de , ⬇⬆ nur bei Übernachtung auf dem ⛺.

76,0 Einfahrt in den Schleusen-Kanal.

Wehrarm Limburg

76,2 li vor dem Wehr ⌂ des KC Limburg im ESV, Eschöfer Weg 2, 65549 Limburg, *DKV-Kanustation*, ☎ 06431/44855, www.kc-limburg.de , dazu nicht in den Schleusen-Kanal einfahren. Gute ⛺-Möglichkeit, nur für DKV-Mitglieder; guter Ausgangspunkt zur Besichtigung von Limburg: Dom, Altstadt mit Fachwerksbauten, Schloss, alte Lahn-Ⅱ, ★. DJH.
1. ▬, nur bei sehr gutem Wasserstand im re Drittel ≋, keine Umtragemöglichkeit, li im Mühlenkanal Übungsstrecke des KC Limburg. Beide Wehre können durch eine ▭ umgangen werden.

76,6 Straßen-Ⅱ Alte Lahnbrücke.

76,7 2. ▬, bei MW ≋, keine Umtragemöglichkeit, li Busparkplatz.

76,9 Zusammenfluss mit Schleusenkanal.

76,6 ▭ Limburg, vor der ▭ li starker Sog zum Einlauf des ϟ, dadurch sind die beiden ▬ in Limburg meist trocken und X.
Straßen-Ⅱ Alte Lahnbrücke.

76,9 Straßen-Ⅱ B 8 Schiede. ↓ Wehrarm.

78,0 re ↓ Elbach (s. DKV-Gewässerführer SWD).

78,1 EB-Ⅱ.

78,8 Straßen-Ⅱ, re **Staffel**.

81,5 li Schloss Oranienstein, Barockschloss, Stammschloss des holländischen Königshauses. ★. Am Ufer ✕ „Zum Mühlchen“, ▲ Camping Das neue Mühlchen, ☎ 06432/690690.

82,0 re **Aull**, li ▲ Campingplatz Oranienstein, Strandbadweg, 06432 Diez (an der Lahn), ☎ 06432/2122, www.camping-diez.de .

82,8 Straßen-Ⅱ Oranierbrücke.

83,2 li □ Diez, re ■, re über die Treppe etwa 200 m weit ⌓ durch das ↯.

83,8 Straßen-Ⅱ Alte Brücke Diez, **Diez**, Schloss aus dem 11. Jahrhundert, jetzt DJH und Heimatmuseum, ★.

83,9 Straßen-Ⅱ Neue Brücke Diez, danach li ↓ Aar (s. DKV-Gewässerführer SWD). li ⌂ der Diezer Paddlergilde, Kanalstr. 12 a, 65582 Diez, www.diezer-paddlergilde.de , DJH.

86,8 li **Fachingen**, berühmter Mineralbrunnen.

87,0 EB-Ⅱ. Die Lahn tritt jetzt im Bereich des „Naturpark Nassau“ in ein enges, landschaftlich sehr reizvolles Tal des Rheinischen Schiefergebirges ein, li Taunus, re Westerwald.

89,2 re ↓ Daubach.

89,7 EB-Ⅱ.

90,7 Straßen-Ⅱ, ⬇⬆, 🚂 **Balduinstein** mit Burgruine Balduinstein, auf der Höhe Schloss Schaumburg mit herrlicher Aussicht, ★. ✕.

91,8 ■ Cramberg, re □, re ⌓. Kraftwerksstollen durch den Berg, X.

95,6 re **Geilnau**, vor dem Ort bei großer Kastanie Mineralbrunnen.

96,8 ■ Scheidt, re ⌓, re □. Auf der Höhe Cramberg.

98,2 Auf 1100 m NSG „Gabelstein“.

98,5 li ↯, Rückführung des abgeleiteten Wassers.

100,1 li **Rupbach**.

100,5 li ▲ Camping Rupbachtal, sehr schön und ruhig, ☎ 06439/1650, .

101,9 re „Gasthof zum Lahntal“, ▲-Möglichkeit.

102,5 Straßen-Ⅱ, davor re **Laurenburg**, ▲ möglich, ✕ Lahntal, Schloss, auf der Höhe Bergfried der Laurenburg, li 🚂.

104,5 Aufstieg zur Ruine Brunnenburg.

105,8 ↯ Kalkofen, li ■, li ⌓ am Ende des □-Kanals. re □. Amtlicher Lahn-Pegel, ☎ 06439/19429.

106,7 re **Kalkofen**, li ▲ des Nassauer KC.

110,0 Straßen-Ⅱ, ⬇⬆, 🚂, re **Obernhof**, Weinberg. Lahnweine! danach li ▲ Campingplatz, li auf der Höhe Kloster Arnstein mit romanischer Klosterkirche, ★, 15 Minuten Fußweg.

110,2 EB-Ⅱ.

111,0 li ↓ Dörsbach (s. DKV-Gewässerführer SWD).

111,1 re ↓ Gelbach (s. DKV-Gewässerführer SWD), danach re großer ▲ Campingplatz Schloss Langenau, ☎ 02604/4666, www.camping-nassau.de , re Schloss Langenau.

112,0 Bis km 114 NSG „Schleuse Hollerich".

112,6 li ← Schleusenkanal Hollerich.

113,1 ▬ Hollerich, ≏ li aus dem Schleusen-Kanal, li □.

116,0 re ▲ Campingplatz, Auf der Au 1, 56377 Nassau, ☎ 02604/4442, www.camping-nassau.de , danach Freibad.

116,6 re ⌂ des NKC Nassau, Auf der Furt, 56377 Nassau, kein ▲, www.nkc-nassau.de .

116,7 Straßen-Ⅱ B 417, re **Nassau**, Schloss, Geburtsstätte des Reichsfreiherrn vom und zum Stein. li Stammburg Nassau-Oranien, ★.

117,2 EB-Ⅱ, danach li ↓ Mühlbach (s. DKV-Gewässerführer SWD).

117,6 ▬ Nassau, li ≏, re □.

117,8 Straßen-Ⅱ.

120,7 Straßen-Ⅱ, re **Dausenau**, Stiftskirche 13. Jahrhundert, 1100jährige Feme-Eiche, schiefer Turm. ★. Historisches ✕ „Wirtshaus an der Lahn".

120,9 li ▲ Campingplatz Lahnbeach, Hallgarten 16, 56132 Dausenau, ☎ 02603/13964, www.campingplatz-dausenau.de .

122,4 ▬ Dausenau, li ≏. □ re.

123,0 re ▲ Campingplatz Bad Ems, ☎ 02603/4679, ✕.

124,3 li ⌂ Ruderverein Bad Ems.

124,4 Straßen-Ⅱ Bäderleibrücke.

124,5 Wege-Ⅱ Bahnhofsbrücke.

124,7 Wege-Ⅱ Kurbrücke.

125,0 re und li **Bad Ems**, weltberühmtes Thermalbad.

125,4 Straßen-Ⅱ Kaiserbrücke.

125,9 re ▬, li ← des langen □-Kanals.

126,1 Straßen-Ⅱ Silberaustraße, davor Hochwassersperrtor.

127,0 li □ Bad Ems.

127,5 re ▲ Campingplatz Bäderblick, Furtweg 14, 56133 Fachbach, ☎ 02603/13202, re **Fachbach**.

127,6 Straßen-Ⅱ B 260.

128,1 Straßen-Ⅱ Brückenstraße, li **Nievern**, ✕ „Lahnbeck".

128,5 Die Lahn ist auf ca. 900 m Bestandteil des Naturschutzgebietes „Nieverner Wehr". Am rechten Ufer entlang in den □-Kanal einfahren. Bitte ruhig verhalten, Uferbetretungsverbot. Für den links abgehenden ▬-Arm besteht ein ganzjähriges Befahrungsverbot!

128,9 Werks-Ⅱ.

129,3 □ Nievern, ≏ S 2.

130,3 Wege-Ⅱ, li **Miellen**.

132,3 li ▬, Wehr-Arm ist Pionierübungsplatz, nicht befahren! re → Schleusen-Kanal Ahl.

132,5 Straßen-Ⅱ, re **Friedrichssegen**.

133,1 □ Ahl mit Wege-Ⅱ, li ≏, S 1,

134,0 li ✂ und ▲ Campingplatz Wolfsmühle, Hohenrhein 79, 56112 Lahnstein, ☎ 02621/2589, www.camping-wolfsmuehle.de .
134,5 Wege-𝕴.
135,2 EB-𝕴.
136,0 ▬ Lahnstein, re ▭, gutes ⩠ mit Bootswagen re vor der ▭.
136,1 Straßen-𝕴 B 42.
136,5 Straßen-𝕴 Bahnhofstraße, **Lahnstein**, darüber Burg Lahneck, römischer Wachturm „Burgus", Allerheiligen-Kapelle, St. Johanniskirche, 9. Jahrhundert, Martinsburg (Wasserburg), ★.
136,8 EB-𝕴.
137,3 ↓ in Rhein bei km 585,7; gegenüber Schloss Stolzenfels.

Nahe

Wanderfluss — Mündung in Rhein (li Nebenfluss)

Die Nahe ist, besonders im Oberlauf oberhalb Bad Kreuznach, ein landschaftlich sehr schöner Wanderfluss zwischen dem Hunsrück im Norden und dem Pfälzer Bergland im Süden. Weinbaugebiet. Wassertechnisch bietet sie keine besonderen Schwierigkeiten, allerdings zahlreiche Wehre, die z. T verfallen und unfahrbar sind. Umtragen meist einfach. Keine km-Tafeln am Fluss.

Befahrungsregeln: *im Text kursiv dargestellt.*

Befahrbarkeit: bei HW (Frühjahr und nach starken Regenfällen) ab Türkismühle, km 110; bei MW ab Heimbach, km 98; ganzjährig ab Sobernheim, km 44 (kurze Treidelstrecke möglich). Der Wasserstand ändert sich schnell. Eine Durchfahrt durch Idar-Oberstein ist wegen Überbauung unmöglich.

Pegel: unter der EB-𝕴, km 97,5; günstig = MW = etwa 100 cm, die Wehre sind dann, evtl. mit Grundberührung, fast alle fahrbar. Automatischer Pegeldienst Martinstein, ☎ 06754/314; Minimum für Befahrung ab km 70,5 = 130 cm ab 61,5 = 110 cm; ab km 44 = 100 cm.

Gefälle: 25 ‰.

Begleitung: Begleitung weitgehend möglich.

Oberlauf s. DKV-Gewässerführer SWD.
44,0 Wege-𝕴 und Straßen-𝕴 in **Sobernheim**, Felkebad ★, 🚌 10 Minuten. ⬇, ab hier ganzjährig ≋.
43,0 Anfang „Barfußpfad", Drahtseil mit Kahn (April-Oktober).
42,0 Drahtseil, Vorsicht „Furtgänger", Ende Barfußpfad.
41,0 Straßen-𝕴, **Staudernheim**, re Klosterruine Disibodenberg, ★. ▬, X, li ⩠, 🚌, ⬇.
39,5 li ↓ Glan (s. DKV-Gewässerführer SWD).

36,5 li **Boos**. Drahtseile über dem Fluss! *Von km 36,5 bis 29,5 vom 01.04. – 31.10. Befahrungs- und Uferbetretungsverbot der Wehre und Ufer (ausgenommen sind Kanuwanderfahrten auf der Durchfahrt bei Verbands- oder Vereinsveranstaltungen).*

36,0 Beton-▬ der Drahtwerke **Waldböckelheim**, re oder li ⌓. Weiterfahrt im alten Flusslauf, hier mehrere ▬ kleine Stufen. Bei NW treideln bis zur ↓ des Werkkanals. Nicht in den Kanal einfahren, hier keine ⌓-Möglichkeit. Auf dem Berg Ruine Böckelheim.

33,0 ▬, re ⌓.

32,5 Straßen-Ⅱ nach **Oberhausen** re, Beginn des Stausees.

32,2 re ↓ Hagenbach, re Lemberg, höchster Berg der Nahe, Aufstieg zur Hütte ★.

30,4 li ⌂ und ▲, *DKV-Kanustation*, ☎ 06758/8590, www.rkv-kanuten.de , RKV Bad Kreuznach, Am Stausee 40, 55585 Niederhausen-Nahe, Beginn **Niederhausen**.

29,5 ↯ Niederhausen, ▬, ✕, li ⌓ (ca. 500 m). Unterwasser bei NW sehr flach.

27,0 Zerfallenes ▬ der Mühle Norheim, Kanal-Einlauf gesperrt, li ≋. Danach kleine Schwallstrecke.

26,0 Kleine Stufe, danach Fußgänger-Ⅱ.

25,0 Beginn des Rotenfels, höchste außeralpine Felswand Deutschlands, ★. *Für die Folgestrecke bis km 19,5 besteht in der Zeit vom 01.04.-31.10. ein Uferbetretungsverbot für die Nahewehre sowie der Ufer auf 100 m unterhalb der Wehre einschließlich der Inseln.*

24,5 Straßen-Ⅱ, re **Ebernburg**, darüber Burg, beides ★.

23,5 EB- und Straßen-Ⅱ B 48, li **Bad Münster am Stein**.

23,2 re ↓ Alsenz (s. DKV-Gewässerführer SWD), ▬, evtl. ≋, ansehen, sonst li oder re ⌓. Beginn des Huttentals. re ⚔, darüber Rheingrafenstein mit Ruine ★. re ▲ Campingplatz, Kahnfähre mit Drahtseil!

22,5 ▬, ganz re ≋.

22,0 EB-Ⅱ. Beginn des Flussdurchbruchs „Felsentor", danach Beginn **Bad Kreuznach** mit den Kuranlagen, bedeutendes Solbad und Kreisstadt des größten Weinbaukreises von Deutschland, viele ★. DJH.

21,0 ⌂ Kanu-Abtlg. des VfL 1848 Bad Kreuznach, Salinental, ☎ 0671/41554, www.kanu-vfl.de . Keine ▲-Möglichkeit.

20,0 ▬ am Kreuznacher Strandbach, Mitte ≋ (ansehen), evtl. li ⌓.

19,5 Ⅱ, re ▲ Campingplatz, einzige ▲-Gelegenheit in der Stadt.
bis km 2,0 ganzjähriges Uferbetretungsverbot außer an erkennbaren Benutzerstellen in Ortsbereichen.

18,5 ▬, ≋, Teilung der Nahe in zwei Arme, auf dem Badewörth Kuranlagen, ★, zur Weiterfahrt
1. in „alter Nahe" li ⌓ durch Teil des Kurgartens, evtl. treideln.
2. in „Mühlenteich" re einfahren bis „alte Nahebrücke", auf den Pfeilern Brückenhäuser, ★, bei HW vor Ⅱ landen! Unmittelbar dahinter Längs-▬

mit schwieriger Auslaufstufe, ansehen! Bei MW und NW bis zum Rechen der Mühle fahren, dort li 50 m ⏏.

17,5 Wilhelm-Ⅱ, 🚌 10 Min. li ↓ Gräfenbach (s. DKV-Gewässerführer SWD).

17,0 EB-Ⅱ, es beginnt Industrieteil der Stadt.

16,0 Abgetragenes ■ der ehem. Lindenmühle, re Zentral-Kläranlage, Ende der Stadt, flach.

15,5 li Rotlay (Sandsteinfelsen) und re Lindenmühle.

15,0 Straßen-Ⅱ B 41.

13,5 li **Bretzenheim**, re ↓ Appelbach.

13,0 ■, li ≋ oder treideln.

12,5 li ↓ Guldenbach (s. DKV-Gewässerführer SWD).

11,0 Hohes Beton-■ der Mühle Rumpf, **Gelsingen**, **X**, da z.T. unterspült mit Rücklauf, re ⏏, Ausfahrt ganz li. Schwallstrecke, dann sehr flach mit kleinen Naturstufen, ansehen und evtl. re ⏏ bis kurz vor Ⅱ.

10,3 Straßen-Ⅱ zwischen **Langenlonsheim** li und **Gensingen** re.

9,0 re Katharinenmühle, Schwallstrecke, li Segelflugplatz, **!** auf Schleppseil.

8,0 re **Grolsheim**. Nach 500 m Ende Segelflugplatz.

6,0 li **Laubenheim**, vor dem 🚌 Kahnfähre, bei HW!

5,5 ■ der Mühle Rumpf, ≋, treideln oder li ⏏.

5,0 ■ der Mühle Pfeiffer re, bei Überlauf ⏏ re oder li und im Altwasser weiterfahren, mehrere kleine Stufen; wenn trocken, in Kanal re einfahren und bei Mühle li ⏏, schwieriger.

4,0 re abseits **Dietersheim**, Autobahn-Ⅱ A 61.

3,5 Ehem. Ⅱ, danach abgetragenes ■ mit folgender Naturstufe, mehrere Inselchen.

3,0 li **Münster-Sarmsheim**, 2 Ⅱ.

2,0 Straßen-Ⅱ B 9, Beginn **Bingen** re. ★. *Ende des NSG.*

1,0 Drusus-Ⅱ, li **Bingerbrück**.

0,1 EB- und Straßen-Ⅱ.

0,0 re ⬆ auf der Spitze, zum 🚌 Bingerbrück 10 Min., Bingen 20 Min., ⌂ Binger Ruderclub.

↓ in Rhein bei km 529,1 li vor dem Mäuseturm, im Binger-Loch der Nahegrund.

Bei Ausfahrt aus der Nahe und Weiterfahrt auf dem Rhein muss man zunächst etwa 400 m nach re bei starker Gegenströmung stromaufwärts paddeln und dann etwa bei den Schiffsanlegern um die grün-weiße Boje herum in den Strom einfahren.

Pfälzer Lauter (Nordpfälzer Bergland)

Kleinfluss (Wiesenfluss) Mündung in Glan (re Nebenfluss)

Die Lauter entspringt im Pfälzerwald (Hungerbrunnental) südwestlich von Kaiserslautern. Sie fließt als Rinnsal bis Kaiserslautern und ist ab der Salingsmühle verrohrt. Erst ab der Kammgarn tritt sie als „Abwasserkanal" wieder zu Tage und dient als Vorfluter der Kaiserslauterer Klärwerke. Dank der Reinigung ist sie jedoch anschließend ab dem Kreuzhof durchaus befahrbar. Ein kurzes Stück wurde renaturiert, bevor sie begradigt durch die Umspannwerke bei Otterbach geführt wird. Ab Katzweiler ist sie wieder landschaftlich reizvoller und naturbelassener. Nördlich Tiefenbach ist sie nur wenig verbaut, mäandriert stark und hat mehrere kleine Schwallstrecken aber auch Untiefen, nichts für Anfänger. Mit Baumhindernissen, die ggf. umtragen werden müssen, ist auf ganzer Strecke zu rechnen.
Im Lautertal verläuft sowohl eine Bahnlinie als auch eine Bundesstraße.
Die Wehre der Lauter sind oberhalb Oberweiler meist nicht fahrbar. Ab Tiefenbach sind sie als Schrägwehre gebaut und meist fahrbar, sofern der Wasserstand stimmt und keine Hindernisse darin liegen, unbedingt vorher prüfen. 2001 zwischen Kreimbach und Roßbach viele Baumhindernisse, meist fahrbar. Einige Baumhindernisse zwischen Tiefenbach und Lauterecken, meist fahrbar, aber Vorsicht! auch starke Stämme, je nach Wasserstand kritisch.
Die Pfälzer Lauter ist ein landschaftlich reizvoller, recht sportlicher Kleinfluss des Nordpfälzer Berglandes. Schwierigkeiten durch enge Kurven, Baum- und Strauchhindernisse und mehrere meist fahrbare Wehre.

30,0 Straßen-Ⅱ **Kreuzhof**, ⬇, Parkmöglichkeit an B 270 schlecht, von Wiesenthalerhof her anfahren, auf etwa 1 km renaturierter Flusslauf, darin zwei kurze wehrartige Schwallstrecken, beide ≋, erste problemlos, zweite mit groben Blöcken.

27,8 Straßen-Ⅱ in **Otterbach**.

25,1 Straßen-Ⅱ in **Katzweiler**.

24,3 Straßen-Ⅱ Katzweiler – Kühbörncheshof.

23,6 Steil-▬ Schafmühle (Katzenbach), deutlicher Rücklauf aber meist ≋ (mit viel Schwung ab durch die Mitte) sonst ⌓, nicht ganz einfach durchs Gebüsch.

22,7 Straßen-Ⅱ **Hirschhorn**, ⬇⬆.

22,1 li ↓ Mooslauterbach.

20,5 Straßen-Ⅱ **Untersulzbach**.

20,2 altes ▬, Schwallstrecke, ≋, ganz li am meisten Wasser.

20,1 Pegel.

19,7 Straßen-Ⅱ zum Brühlhof, ⬇⬆.

18,9 Sportplatz Olsbrücken, ⬇⬆.

18,7 Straßen-Ⅱ **Olsbrücken**.

18,1 Straßen-Ⅱ Olsbrücken, in der Mitte Hindernis (alter Pfeiler), ganz li oder re fahren.

18,0 Neu-Mühle, ▬ Sohlschwelle, ≋.

15,9 Straßen-Ⅱ **Kaulbach**.
15,6 Straßen-Ⅱ **Kreimbach**.
14,7 Straßen-Ⅱ Kreimbach Steinbruch.
14,6 ▬ und Feldweg-Ⅱ Schmeißbachermühle „Palatia", **X**, li kurz in Mühlkanal einfahren, nach re ⌓.
13,2 Straßen-Ⅱ **Rutsweiler**.
12,0 Straßen-Ⅱ **Roßbach**, sehr niedrig aber ≋, ⬇⬆.
11,8 ▬ Mühle Roßbach, Steilwehr 3 m hoch, **X**, li an Betonmauer aussetzen und ⌓, Unterlauf sehr flach, nach 100 m (kurz vor der Einmündung vom Mühlkanal) ▬ mit zwei kleinen Stufen, ≋.
10,7 ▬ **Wolfstein**, ≋ Unterlauf recht lang und flach (Achtung: Durch den Bau der neuen Ortsdurchfahrt Veränderungen möglich**!**), nicht in Mühlkanal einfahren (sehr zugewachsen und unter der neuen Straße verrohrt, **X**).
9,7 Betriebsgelände der KOB, mit zwei etwa 70 bzw. 200 m langen Überbauungen, befahren 2002 auf eigene Gefahr möglich.
9,6 ▬ zwischen den Überbauungen der KOB, **X**, direkt nach erster Überbauung re anlegen und über den Damm ⌓ **!** Vorsicht, Strömung zieht in den Oberlauf der zweiten Überbauung, diese ist mit starker Strömung und geringer lichter Höhe gefährlich**!** Unterlauf unter zweiter Überbauung recht flach aber problemlos.
8,5 ▬ **Oberweiler**, **X**, da meist zu trocken und Unterwasser zu flach, über Wehrkrone umsetzen, Unterlauf recht flach aber kurz, direkt nach Wehr Ⅱ, ⬇⬆.
7,6 ▬ und Straßen-Ⅱ **Tiefenbach**, ≋, Unterlauf flach, ggf. treideln, ⌓ aus Mühlkanal li um das Wirtschaftsgebäude.
3,2 ▬ **Heinzenhausen**, ≋ auch ganz rechts (je nach Wasserstand, prüfen**!**), kurz danach Ⅱ.
1,9 Straßen-Ⅱ **Lohnweiler**.
1,3 ▬ 0,6 m hoch, ≋, Vorsicht ggf. starker Rücklauf**!**
0,8 Straßen-Ⅱ B 270, **Lauterecken**.
0,7 ▬ Lauterecken, ≋.
0,5 ▬ Lauterecken, ≋.
0,4 ▬ vor „Roseninsel" Lauterecken, ≋, Unterlauf recht flach, besser re Flusslauf fahren, nach 150 m dort direkt vor Mühle weiteres ▬, ≋.
0,0 ↓ in den Glan (km 22,1) bei der Stadt-Ⅱ Lauterecken, Aussetzstelle 50 m glanaufwärts re.

Main

Wanderfluss – Schifffahrtsstraße | Mündung in Rhein (re Nebenfluss)

Der Main ist nahezu auf seiner gesamten Strecke landschaftlich außerordentlich reizvoll. Mit Ursprung im Fichtelgebirge durchquert oder berührt er anschießend mehrere der bekanntesten deutschen Mittelgebirge (Fränkische Schweiz, Haßberge, Steigerwald, Südrhön, Spessart, Odenwald). Er durchfließt dabei mehrere große Weinbaugebiete. Am Ufer liegen zahlreiche malerische Städte, Städtchen und Ortschaften mit sehenswerten Baudenkmälern wie Dome, Schlösser, Klöster, Burgen und Burgruinen. Man sollte sich für eine Main-Fahrt viel Zeit nehmen, zum Schauen, Besichtigen oder einfach zum Verweilen. Erst ab Aschaffenburg tritt der Main in die oberrheinische Tiefebene aus; durch die starke Industrialisierung und die Großstädte dieses Bereichs wird der Main damit landschaftlich eintönig.
Der Main ist nur in seinem Oberlauf, oberhalb Bamberg, ein ohne Schwierigkeiten zu befahrendes Fließgewässer, unterhalb davon ist der Main im Rahmen des Rhein-Main-Donau Schifffahrtsweges voll für die Großschifffahrt ausgebaut, mit 34 Staustufen und Schleusen, die dazwischen liegenden Strecken sind zumeist weitgehend strömungslos. Es gilt die Binnenschifffahrtsstraßenordnung.
Neben den Groß-Schleusen befinden sich gebührenfreie, für Selbstbedienung von Land aus eingerichtete Boots-Schleusen (Probleme für Alleinfahrer, Treidelleine mitbringen). Allerdings ist stets damit zu rechnen, dass einzelne Boots-Schleusen aus verschiedenen Gründen nicht benutzt werden können. Die Boots-Schleusen dürfen bei einem Pegel der Schleuse Steinbach von über 2,3 m nicht benutzt werden. Die aktuellen Pegelstände sind an allen Schleusen angezeigt. Die Boots-Schleusen sind während der Nacht gesperrt. Bei der Anfahrt zu den Schleusen ist, vor allem bei HW, Vorsicht wegen des Sogs der neben den Schleusen liegenden Wehre geboten. Aus Gründen der Rücksichtnahme auf nachfolgende Kameraden sollten die Boots-Schleusen nach der Benutzung wieder in die Talfahrtstellung gebracht werden, d. h. freie Einfahrt vom Oberwasser her. Ein Umtragen der Schleusen-Anlagen ist neben den Boots-Schleusen möglich.
Falls eine Benutzung der Boots-Schleusen nicht möglich ist, können auch die Schifffahrts-Schleusen gebraucht werden, allerdings nur zusammen mit der Schifffahrt oder bei größeren Gruppen von Sportbooten. Der Großschifffahrt ist stets auszuweichen. Recht störend sind jedoch vor allem an Wochenenden die Motorboote insbesondere auf den für Wasserskilauf freigegebenen Strecken.
Wegen des Zeitverlustes an den Schleusen (mindestens 20 Minuten) und des strömungsarmen Flusses sollte man bei der Fahrtenplanung Tagesstrecken von höchstens 25 km einplanen. Man tut jedoch gut daran, sich viel Zeit für Besichtigungen und Ausflüge zu nehmen und entsprechend kürzere Etappen zu fahren.

Befahrungsregeln: *kursiv im Text hervorgehoben.*

Pkw: Der Main wird durchweg von einer Straße begleitet. Bei Großfahrten dürfte allerdings das Nachholen der Pkw mit der Eisenbahn vorzuziehen sein.

Besonderheit: Es besteht ein prinzipielles Badeverbot 100 m oberhalb und unterhalb von Ⅱ und Hafeneinfahrten sowie im gesamten Schleusen-Bereich.

465,5 Ursprung des Mains durch Zusammenfluss von Weißen und Roten Main (s. DKV-Kanuwanderführer für Bayern), Gedenkstein und Informationstafel am li Ufer, schlechte ⬇⬆.
Wege-Ⅱ.

465,0 Eisen-Ⅱ, Übergang verboten.

464,0 ■ Sohlschwelle, ≋, kurzer kräftiger Schwall (Faltboote **!** bei NW).

461,5 Wege-Ⅱ.

461,3 ■ Mainleus, **X**, li ⌓ (S1-S2), **!** starker Sog zum Wehr.

461,1 Straßen-Ⅱ, li **Willmersreuth**, re **Mainleus**, re gute ⬇, Parkplatz, 2 km re Schloss Wernstein (verträumter Winkel), davor Pegel Mainleus (☎ 01804-370037-522).

459,7 Wege-Ⅱ.

457,5 ■ Rothwinder Mühle, **X**, re ⌓ (S2), li ← Werkkanal (darf nicht befahren werden), bei NW ist die folgende Strecke wegen Wassermangels bis zur ↓ des Werkkanals sehr mühsam (Treideln), re **Rothwind** (1 km).

457,3 Straßen-Ⅱ.

456,6 li ↓ Werkkanal.

454,0 Straßen-Ⅱ, li **Maineck**, danach
■ Maineck, **X**, re ⌓ (S1).

452,8 re **Mainklein**.

452,3 Straßen-Ⅱ.

451,5 Wege-Ⅱ, re **Theisau**.

449,1 li **Altenkunstadt** (weithin sichtbare, schöne Kirche), Sportplatz mit Treppe.

448,8 li ↓ der Weismain (s. DKV-Kanuwanderführer für Bayern).

448,3 ■ Burgkunstadt, evtl. ≋, li oder re ⌓ (S1-S2), bei HW starker Sog**!**

448,0 Straßen-Ⅱ, re **Burgkunstadt** (alte Schuhstadt, malerisch am Berg gelegen, schöne Altstadt), li **Weismain** (5 km, ★, Eingang zum Kleinziegenfelder Tal, Ausflugs- und Wanderrevier), re unterhalb der Brücke beliebte ⬇, gute Park-Möglichkeit, li 🚂 in 500 m).

446,4 Straßen-Ⅱ, li **Strössendorf** (sehr malerische Schlossansicht), re Parkplatz, Rastplatz, gute ⬇⬆.

445,6 ■ Trebitzmühle, evtl. ≋, li oder re ⌓ (S1-S2), nach ca. 80 m kommt ■ eine Sohlgleite, bei ausreichendem Wasserstand ≋, Faltboote ggf. treideln oder ⌓.

445,4 Wege-Ⅱ von li Treblitzmühle nach re Neuses.

445,3 ■ Sohlgleite, ≋, Faltboote ggf. treideln oder ⌓.

444,4 Straßen-Ⅱ, li **Burgstall**.

443,6 EB-Ⅱ (Lichtenfels-Kulmbach).

443,4 EB-Ⅱ (Lichtenfels-Kronach-Berlin).

442,2 ■ Hochstadt am Main, **X**, re ⌓ (vor dem Überlaufwehr, S1-S2), bei NW am Überlaufwehr vorbeifahren (**!**) und über die Werksinsel ⌓, ↯ Hochstadt, die folgende Strecke ist bei NW auf 350 m sehr steinig. Eventuell bis zur nächsten Brücke treideln. Bei Beendigung der Fahrt hier besteht eine Ausstiegsmöglichkeit (kleine Treppe) auch li im Werkskanal kurz vor dem Kraftwerk.

441,9 Straßen-Ⅱ B 173/B 289, li **Hochstadt**, re unterhalb der Brücke ideale ⬇⬆-Möglichkeit von Oktober bis April, Park-Möglichkeit, li 🚌 Hochstadt (500 m).

440,2 li Weiler **Gruben**.

440,0 re ↓ Rodach (Vogtländische Rodach) (s. DKV-Kanuwanderführer für Bayern)

438,3 Straßen-Ⅱ, re **Schwürbitz**, li nach Gruben, Pegel Schwürbitz (☎ 01804-370037-523).

438,1 sehr ideale ⬇⬆ mit guten Parkplatz, Rastplatz.

435,8 ■ Michelau/Ofr., Floßgasse re ≋ (ansehen**!**), bei HW harte, unregelmäßige Widerwellen! re ⌓ ca. 100 m, li Überlauf- ■, je nach Wasserstand starke Walzenbildung möglich.

435,1 Straßen-Ⅱ, re **Michelau** (★ Korbmuseum), ⬇⬆.

433,0 ■ und ↯ Lichtenfels-Oberwallenstadt, **X**, re am Rastplatz vor dem Umleitungsgerinne (**X**) ausbooten und entlang diesem ca. 200 m bis nach der Furt ⌓, nur bei NW ⌓ über die Wehrkrone möglich (Rutschgefahr), **!** bei HW starker Sog zum Wehr, Lebensgefahr**,** keinesfalls mehr an der Fischtreppe ⌓.

432,9 ■ Furt aus Betonquadern mit schmalen Durchlässen, nur bei HW ganz re oder ganz li ⌓, sonst überheben, Faltboote ⌓ (S1).

432,7 li städtischer ▲ Campingplatz Lichtenfels (gute Sanitäranlagen, großer Aufenthaltsraum, sehr empfehlenswert, Anmeldung: Krößwehrstraße 50, 96215 Lichtenfels, ☎ 09571/70841).

431,5 EB-Ⅱ (Bamberg-Lichtenfels-Coburg) mit Fußgängerüberweg, davor re ⌂ Allgemeiner Wassersportverein Coburg (AWV Coburg), *DKV-Kanustation*, Schney, 96215 Lichtensfels, ☎ 09571/72291, li Ruderverein Lichtenfels, Kanuabteilung, Unterwallenstadter Weg, 96215 Lichtenfels, www.rv-lichtenfels.de , li **Unterwallenstadt**, re **Schney**.

431,3 re ⌂ und ▲ Paddel- und Segelclub Coburg-Schney 1926 e.V., *DKV-Kanustation*, Schney, 96215 Lichtenfels, ☎ 09561/60272, www.psc-coburg.de , re **Schney**, re ⬇⬆.

430,2 ■ Lichtenfels (Kirschbaummühle), re ⌓ (S1), nur bei NW ⌓ über die Wehrkrone möglich (Rutschgefahr), sonst vor Umleitungsgerinne re hinter dem Schutzdamm ⌓, folgende Strecke bis zur ↓ des Mühlbachs, li (ca. 800 m) bei NW sehr mühsam (Treideln!).

430,1 Straßen-Ⅱ B 289 Frankenring, li **Lichtenfels**, li ⬇⬆-Möglichkeit mit begrenzter Park-Möglichkeit.

429,9 Straßen-Ⅱ *Coburger Str.*, li unterhalb sehr beliebte ⬇⬆, gute Park-Möglichkeit, li 🚂 (500 m), li **Lichtenfels** (Korbstadt, einzige Korbfachschule, im Herbst Korbmarkt, schöner Marktplatz ★, „Katakomben" von Lichtenfels), Wanderziele der näheren Umgebung: Kloster Banz, Wallfahrtsbasilika Vierzehnheiligen, Staffelberg, Adam-Riese-Stadt Staffelstein mit dem Obermain-Thermalbad.

428,7 re **Kösten** (Heimatmuseum).

426,3 Autobahn-Ⅱ A 73.

425,3 Wege-Ⅱ, li **Reundorf**, Anlegeplatz, ✕ Müller mit Übernachtungsmöglichkeiten, in der Nachbarschaft Ferien auf dem Bauernhof, Privatzimmer.

423,5 re am Berghang Weingarten.

422,6 li ⌂ und ▲ des Schwimmvereins Coburg Faltbootabteilung, 96215 Lichtenfels-Reundorf, *DKV-Kanustation*, www.sv-coburg.de , ⬇⬆, ebenfalls idealer Standort im Raum Lichtenfels, re **Hausen**, re am Berg Kloster Banz (Hanns-Seidel-Stiftung, Petrefaktensammlung).

422,4 Wege-Ⅱ über ▬ Staustufe Hausen und ϟ der Stadt Coburg, bei NW re ⏏ über die Wehrkrone (vorletztes Joch, S1), bei HW starker Sog**!** dann li vor dem KW-Gebäude ausbooten und über die Brücke zur offiziellen Einsatzstelle re weit ⏏ (S2).

422,2 Beginn der Wanderstrecke Flussparadies Franken (Befahrungsregelungen beachten), von km 422,2 (Hausen) bis km 388,8 (Hallstadt) ist das Flussparadies Franken ausgewiesen mit folgender ganzjähriger Regelung:
- Ganzjähriges Befahrungsverbot in der Zeit von 18.00 bis 9.00 Uhr.
- Aus- und Einstieg nur an gekennzeichneten Stellen,
- Befahrung nur in Kleingruppen (max. 10 Personen - bei fachkundiger Begleitung bis 30 Personen),
- Befahrung nur mit Booten bis 6 m Länge und max. 4 Personen,
- Mindestpegelstand Pegel Kümmern 220 cm,
- darüber hinaus besteht vom 01.01. bis 31.07. ein Betretungsverbot für die nicht als Ausstieg gekennzeichneten Kiesinseln.
re offizielle ⬇⬆ Hausen, re Parkplatz, ✕, Information.

420,0 li offizielle ⬇⬆ Unnersdorf, Parkplatz, ✕, Information.

419,9 Straßen-Ⅱ, re **Unnersdorf**, li **Staffelstein** (ca. 2 km abseits, Adam-Riese-Stadt, Museum mit Fossilien und Mineralienschau, Obermain-Thermalbad), 🚂 (1 km).

418,2 re **Nedensdorf**, an der Personen-Fähre re offizielle ⬇⬆ , Parkplatz, ✕, Information.

418,0 Trimeusel, kurze Schwallstrecke, Mitte ≋ (Faltboote**!**), sehr bekannt durch Versteinerungsfunde, die in Kloster Banz (Petrefaktensammlung, renoviert) zu besichtigen sind.

416,0 ■ Sohlschwelle, Mitte ≋ (bei NW Faltboote!).
Bis km 390 Uferabflachungen, Gewässeraufweitungen, Buhnenfeldöffnungen und teilweise Leitwerke (verankerte Baumstämme usw.) eingebaut. Warnung vor starken Kehrwassern und Unterspülungen!

415,8 Straßen-Ⅱ, re **Wiesen** (hübsche Kirche) , li **Unterzettlitz**, re Baggersee.

415,2 re offizielle ⬇⬆ Wiesen, Parkplatz, ✕, Information.

414,3 Sohlschwelle, Mitte ≋ (bei NW Faltboote!).

413,8 li **Niederau**, re **Döringstadt** (alte Wehrkirche, Mönchshof, schöne Fachwerkhäuser mit Lauben)

412,8 ■ Sohlschwelle, Mitte ≋ (bei NW Faltboote!).

412,6 li **Ebensfeld**.

412,2 li offizielle ⬇⬆ Ebensfeld, Parkplatz, ✕, ⛺, Information, von hier aus Wanderung zum Veitsberg, Dornig und Staffelberg, (Zufahrt über Gemeindeverbindungsweg Ebensfeld/Bahnhofstr. nach Niederau am kleinen Brücklein des Abflusses des Badesees).

412,0 ■ Sohlschwelle, Mitte ≋ (bei NW Faltboote!).

410,3 Straßen-Ⅱ, re **Oberbrunn**.

409,6 ■ Sohlschwelle, Mitte ≋ (bei NW Faltboote!).

408,7 re → Ausleitung in neue Renaturierungsschleife, nur diese fahren! Der Main ist dadurch ca. 1,2 km gegenüber der amtlichen Kilometrierung länger.

408,6 li ↓ Altmain-See (96250 Ebensfeld, Anmeldung: ☎ 09573/5291, Fax: 09573/5495).

408,4 ■ Sperrdamm, (vorgenannte Renaturierungsschleife paddeln).

408,1 re **Unterbrunn**, Wiedereintritt der Renaturierungsschleife in altes Flussbett.

407,2 ■ Sohlschwelle, Mitte ≋ (bei NW Faltboote!).

406,9 re Baggersee, Befahren verboten.

406,2 Straßen-Ⅱ, li **Unterleiterbach** (schöne Pfarrkirche, großer Altar mit Reliefflügeln, um 1500), vor der Brücke li offizielle ⬇⬆, Parkplatz, ✕, Information.

405,0 Zapfendorfer Schnelle, ≋ (bei NW Faltboote!).

403,8 Straßen-Ⅱ, li **Zapfendorf**.

403,7 re offizielle ⬇⬆ Zapfendorf, Parkplatz, ✕, ⛺, Information.

403,5 ■ Sohlschwelle, Mitte ≋ (bei NW Faltboote besonders!).

400,4 Straßen-Ⅱ, re **Ebing**, li ⛺ direkt am Fluss, re oberhalb der Brücke, beliebte, offizielle ⬇⬆, Parkplatz, ✕, Information.

400,0 ■ Sohlschwelle, Mitte ≋ (bei NW Faltboote!).

397,0 Straßen-Ⅱ B 4, li **Unteroberndorf**, re **Breitengüßbach**, re offizielle ⬇⬆, Parkplatz, ✕ (1 km), ⛺, Information, ▲.

396,0 nach dem Kieswerk li ■ Sohlschwelle, Mitte ≋ (bei NW Faltboote besonders!).

395,7 re ↓ der Itz (s. DKV-Kanuwanderführer für Bayern)

395,5 EB-⌶ (Bamberg-Ebern).

395,3 ▬ Sohlschwelle, ≋.

395,0 offizielle ⬇⬆ Baunach, re oberhalb der Brücke, Parkplatz, Information.

394,8 Straßen-⌶ B 279, re **Baunach** (etwa 1 km abseits, hübsches Rokoko-Rathaus mit originellem Treppenhaus; in der Grünanlage an der B 279/A 39 *Die Hölzernen Männer*, uralte Holzskulpturen).

394,7 re ↓ der Baunach (s. DKV-Kanuwanderführer für Bayern), bei NW re unterhalb Felsblöcke**!**

392,8 alter Kemmerner Schwall, kurze Schwallstrecke, ≋ (bei NW Faltboote**!**).

391,0 Straßen-⌶, li **Kemmern**, re zum Sportplatz und zu den Kemmerner Kellern (Ausflugs-✕, gute Brotzeit), re offizielle ⬇⬆ mit gutem Parkplatz, Information, Pegel (Mindestpegel 220 cm für Befahrung von km 422,4 bis 388,2).

390,5 ▬ zwei Sohlschwellen (neuer Kemmerner Schwall), Mitte ≋ (bei NW Faltboote besonders **!**).

388,2 Straßen-⌶, li **Hallstadt** (bekannt aus der Zeit Karls des Großen, am Rathaus eiserne Elle, Pranger mit Hals- und Armeisen), ⬇⬆, li 🚆 (1½ km), Parkplatz, Information, *Ende der Befahrungsregelung Flussparadies Franken.*

387,5 EB-⌶ (Doppelbogenbrücke) (Bamberg-Würzburg), bei MW–HW starke Kehrwasserbildung**!** (*HW 2 = Pegel Trunstadt über 370 cm, Befahrungsverbot bis Schleuse Knetzgau, km 359,8*), Beginn der Bundeswasserstraße Main.
*Beginn des LSG Säugries, im Stromzug fahren***!**
Es ist verboten die Ufer zu betreten und in den Baggerseen zu baden und zu paddeln.

385,3 Autobahn-⌶ A 70 (Maintalautobahn Bamberg-Schweinfurt).
Ende des LSG Säugries.

384,0 li ↓ der Regnitz (s. Seite 254), li **Bischberg**, 3,7 km Regnitz aufwärts zur *DKV-Kanustation*, ⌂ und ▲ Bamberger Faltbootclub, Weidendamm 150, 96047 Bamberg, ☎ 0951/768624, www.faltbootclub.de , gute Anlage, bewirtschaftet, idealer Standort für Unternehmungen am Obermain und für eine Stadtbesichtigung der alten Bischofsstadt Bamberg (Dom, Alte Hofhaltung oder Alte Residenz, Neue Hofhaltung oder Neue Residenz, Domherrnhöfe, Stiftskirche St. Jakob, Kloster Michelsberg, Remeisvilla, Sternwarte, Altes Rathaus, *Klein-Venedig* u.v.m.).

383,7 li Kleingärten von Bischberg, Parkmöglichkeit, aber schlechter Ausstieg.

383,0 –382,0 li Industriegebiet Trosdorf, li Motorboothafen, paddlerunfreundlich, gefährlich**!**

381,2 li ← Schifffahrtskanal, re → alter Main fahren.

380,9 1. ☐ Staustufe Viereth, li ⩡, Bootsschleppe nicht mehr benutzbar, Schienen z.T. ausgebaut.

380,1 re gute ⬇⬆, einfache Slipanlage an der Altarmmündung; großer Parkplatz beim Fußballplatz.

379,8 Straßen-⌶ neu ST2262, li **Viereth** (B 26), re Zubringer zur A 70, re **Unterhaid** (1½ km).

378,5 li **Trunstadt**, kleiner Parkplatz an der B 26.

376,8 re **Staffelbach**.

375,3 li **Roßstadt**.

373,8 li **Dippach**.

373,0 re **Stettfeld** (jenseits der A 70, bezauberndes Ortsbild mit Fachwerkhäusern).

372,2 li **Eschenbach**.

369,8 li auf der Höhe Burgruine Wallburg (bereits z.Zt. Karl des Großen erwähnt).

369,5 Straßen-⌶ B 26 Brückenstraße, li **Eltmann** (nördliches Eingangstor zum Steigerwald, Ölberg mit parabelförmiger Gedächtniskapelle, Ortsbild mit Fachwerkhäusern, kath. Stadtpfarrkirche, Heilig-Kreuz-Kapelle mit schöner Kreuzgruppe), re **Ebelsbach** (Wasserschloss, Teile der rechteckigen Ringmauer mit Wehrgang, Fachwerktorhaus, rechteckiger Schlossbau, Schlosskapelle).

369,1 re und li Natorampe Eltmann, li Nutzung als Slipanlage und Parkplatz Mainlände, re gute ⬇⬆, Parkplatz, (günstige Zufahrt von Autobahn-AS 12/Eltmann).

368,0 =

N369,1 in re → alte Mainschleife fahren, li ← Schifffahrtskanal mit 2. ☐ Staustufe Limbach (Schifffahrtskanal nicht befahren). Str-⌶ A70 (Maintalautobahn Schweinfurt-Bamberg).

N368,8 (etwa 367,7 der Haupt-Km) ▬ Staustufe mit Sportboot-☐, re in der alten Mainschleife (die Mainschleife ist 1,1 km länger als der abkürzende Schifffahrtskanal, dem die Kilometrierung angepasst ist).

N367,6 re am Bogen der Mainschleife **Steinbach**.

366,5 li ↓ des Schifffahrtskanals, li **Limbach**, westlich die Wallfahrtskirche Maria Limbach (das letzte Werk von Balthasar Neumann).

363,6 re Burgruine Schmachtenberg (2 runde Flankentürme, 10 m hohe Zwingermauern auf der Südseite).

362,9 Straßen-⌶ Sander Str., re **Zeil** (reizvolles Fachwerkstädtchen, Teile der Stadtbefestigung, kath. Stadtpfarrkirche, altfränkischer Marktplatz mit Fachwerkrathaus, Halseisen des Prangers, eiserne Bamberger Elle = 65 cm), **Käppele** (herrlicher Rundblick über die Mainniederung zum Steigerwald und bis zur Hochrhön), li nach **Sand** (1 km, Korbflechterdorf).

362,2 zum ▲ Campingplatz Sand a. Main li ← in Baggersee, li halten, dann ca. 1 km.

360,8 Straßen-⌶ ST2427, (von B 26 zur A 70).

360,4 in li ← Arm einfahren.

360,0 3. □ Staustufe Knetzgau, Boots-□ im Flussarm re, (*HW 2 = Pegel Schweinfurt/Neuer Hafen über 370 cm, Befahrungsverbot bis Schleuse Marktbreit, km 275,7*)
356,6 li **Mariaburghausen**, ehem. Zisterzienserinnenkloster.
356,0 re *DKV-Kanustation*, ⌂ und ▲ Naturfreunde Haßfurt, Kanuabteilung, Am Hafen 6, 97437 Haßfurt, www.naturfreunde-hassfurt.de .
355,2 Straßen-Ⅱ ST2275 Brückenstr., re **Haßfurt** (mittelalterliche Altstadt, kath. Stadtpfarrkirche mit neugotischer Innengestaltung und mit Schnitzereien von Tilmann Riemenschneider, spätgotische Ritterkapelle mit 248 Ritterwappen als dreifachem Fries, Rathaus, barockes Landratsamt, Mauerzug der alten Stadtbefestigung mit dem runden Fröschturm und dem idyllischen Maintor).
353,1 re **Wülfingen**, im Bogen li halten, da re Buhnen, bei NW!
351,5 li **Wonfurt** (wehrhafte, kastellartige Schlossanlage mit quadratischem Grundriss und 4 Ecktürmen).
350,1 re **Obertheres** (Schloss, ehem. Benediktinerabtei mit Landschaftspark, Marienkapelle, neugotische Pfarrkirche), ▲ Campingplatz.
349,2 Straßen-Ⅱ ST2426 (zur A 70), li **Horhausen**.
348,0 re **Untertheres**.
345,3 4. □ Staustufe Ottendorf, Boots-□ im Flussarm re.
344,6 re **Ottendorf**.
343,6 Wege-Ⅱ, li **Untereuerheim** und **Obereuerheim** (Renaissance-Schloss), re 🚌 Gädheim, li kleine Bucht für Rast geeignet.
342,4 re **Gädheim.**
341,2 Straßen-Ⅱ B 303, (Zubringer zur A 70).
338,2 re **Schonungen**, li Einfahrt in Baggersee.
336,7 re **Mainberg** (idyllisches Ortsbild mit Fachwerkhäusern und Bildstöcken, überragt vom uralten Schloss Mainberg).
333,3 li ▲ und Vereinsheim des 1.SC Schweinfurt, Im Wehr 5, 97422 Schweinfurt, ☎ 09721/68350, http://sc13.de ,sanitäre Anlagen, ✕
333,2 li *DKV-Kanustation*, ⌂ und ▲ der Kanuabteilung des DJK Schweinfurt e.V., Im Wehr 5, 97422 Schweinfurt, www.djk-kanu.de .
333,1 li Überfall-Wehr zum Saumain, unbedingt außerhalb der roten Bojen bleiben, re fahren!
332,6 Straßen-Ⅱ (Maxbrücke), vorher li ← Saumain (nicht einfahren), nachher li Schleuseneinfahrt, re bleiben,
re **Schweinfurt**, Rathaus in nachgotischen zur Renaissance hinüber gleitenden Formen (eines der schönsten Rathäuser Süddeutschlands), St. Johanniskirche, Altes Gymnasium (Renaissancebau, seit 1934 städtisches Museum), Zeughaus, Kunsthalle (= ehem. Ernst-Sachs-Hallen-Bad), Silvana-Bad, Willy-Sachs-Stadion, Georg-Schäfer-Museum mit großer Spitzwegsammlung, Stadtrundgang empfehlenswert.

332,0 5. □ Staustufe Schweinfurt, am re Flussufer entlang fahren zur Boots-□ re neben dem Wehr, nicht in Saumain umsetzen!

331,4 EB-Ⅱ (SchweinfurtKitzingen).

331,2 Straßen-Ⅱ B 286 (Hahnenhügelbrücke Schweinfurt–Gerolzhofen–Neustadt/Aisch).

330,5 li Einfahrt zum Hafen.

329,8 Straßen-Ⅱ A 70 (Maintalautobahn Schweinfurt–Bamberg), re **Oberndorf**.

326,9 Straßen-Ⅱ, re **Bergrheinfeld** (Gemüseanbauort, kath. Pfarrkirche, Rathaus mit hübschem Fachwerkobergeschoss, viele Häuser mit Sandsteingiebeln mit einer Nische für eine Heiligenfigur, Standfiguren, Wegkreuze, Bildstöcke als Ausdruck bäuerlichen Wohlhabens), li **Grafenrheinfeld** (Gemüseanbauort, einst *Dorf des Rokoko*, im Februar 1944 zu 85 % zerstört, es blieben erhalten oder wurden wiederhergestellt: Rokokokirche, Renaissance-Rathaus mit Fachwerkobergeschoss, Pflegerhaus - jetzt ✕ Adler, Barockbau der ehem. Amtsvogtei - jetzt ✕ Zum Hirschen, Madonnen, ★ Bildstöcke, Flurdenkmäler).

324,5 li KKW Grafenrheinfeld.

323,7 6. □ Staustufe Garstadt, Boots-□ im Flussarm re.

322,9 re **Garstadt**, ehemalige Fährrampe, re kleiner Parkplatz.

322,6 li Straße nach **Heidenfeld** (ca. 2½ km, mittelalterliche, viereckige Klosteranlage), 2 km nördlich NSG Ellmus (üppige, seltene Frühlingsflora).

319,8 li **Hirschfeld**.

317,3 Fähre, re **Wipfeld** (kath. Pfarrkirche, Rathaus mit Freitreppe und steinernem Balustradengeländer, Narrenhäuslein und Halseisen des Prangers), li Kloster St. Ludwig (Kirche im Beuroner Stil erbaut, Gregorianische Malereien).

317,0 re Parkplatz und Wohnmobil-Stellplatz Wipfeld, WC, gute ⬇⬆.

316,1 7. □ Staustufe Wipfeld, Boots-□ im Flussarm li.

315,8 re Schloss Klingenberg.

315,2 li **Stammheim**.

313,5 Fähre, re **Obereisenheim**.

311,6 re **Untereisenheim**.

311,2 Fähre, li **Fahr** (Kirschenanbau), re **Kaltenhausen**; danach li Wohnmobil-Stellplatz von Fahr, Am Gries.

309,2 re auf der Berghöhe eines Muschelkalksporns die Vogelsburg (Kloster mit sehr bewegter Geschichte, westlich und östlich 2 mächtige vorgeschichtliche Wälle einer gewaltigen keltischen Höhenfestung, beliebtes Ausflugsziel mit herrlichem Rundblick über die Obst- und Weinanbaugebiete der bekannten Volkacher Mainschleife, geologisch interessante Umgebung).

307,0 li auf der Höhe inmitten von Weinbergen (am Kirchberg) kath. Wallfahrtskirche Maria im Weingarten mit Riemenschneiders Madonna im Rosenkranz, ★.

306,6 li ▲ Campingplatz Volkach (sehr sauber, paddlerfreundlich).

306,0 Straßen-𝄀 und EB-𝄀, li **Volkach** (★: Städtchen, Mauerreste der Stadtbefestigung, Gaibacher Torturm, Sommeracher Tor, Renaissance-Rathaus mit Fachwerkerkertürmchen, Marktplatz, Schelfenhaus mit Heimatmuseum, RenaissanceAmtshaus, kath. Stadtpfarrkirche).

305,8 re **Astheim** (beherrscht vom wuchtigen Turm der kath. Pfarrkirche, einen Besuch lohnt die ehem. Klosteranlage Kartause), Astheimer Sande (Gebiet aus Dünen- oder Flugsand mit Silbergras, Sommerwurz, Nachtkerzen und verschiedenen Flechten),
li gute ⬇⬆ am Ende des Wohnmobil-Stellplatz von Volkach für Befahrung der Mainschleife.

305,6 li ← des Schifffahrtskanals Volkach–Gerlachshausen (verkürzt die Mainstrecke um etwa 6 km, Kilometrierung folgt dem kürzeren Kanal, *mit Sportbooten darf der Kanal nicht befahren werden*!
re → Einfahrt in die landschaftlich schönere Escherndorfer Mainschleife (hier gelten die alten Kilometertafeln mit dem Zusatz w.

Escherndorfer Mainschleife (6 km weiter als die Schifffahrtsstraße):

311,6w = 305,6 Beginn der Escherndorfer Mainschleife.

311,4w = 305,4 ▬ Volkach, Boots- ☐ neben dem Fischpasspfeiler am re Ufer, re ⬇ am Sportplatz, Parkplatz, ab hier ca. 2 Stunden bis zur ↓.

310,8w li auf der Höhe die Hallburg (bekanntes Weingut und beliebtes Ausflugsziel).

309,8w li und re Beginn des Wasserübungsplatzes der Bundeswehr.

308,0w Ende des Wasserübungsplatzes, ✕ Mainaussicht (Ufer aus grober Steinschüttung, schwieriges Anlanden, kleine Landebucht erst spät erkennbar), Fußweg zur Vogelsburg.

307,3w Fähre, re ▲ Campingplatz, re **Escherndorf** (typisch fränkisches Winzerdorf), li **Nordheim** (alte fränkische Siedlung, Münsterschwarzacher Zehnthof, kath. Pfarrkirche, Bildstöcke), li Parkplatz und Wohnmobil-Stellplatz, gute ⬇⬆.

305,8w re **Köhler**.

302,0w li **Sommerach**, li ▲ Campingplatz Katzenkopf (☎ 09381/9215, Fax 09381/6028), ⬇⬆, gute ✕✕, private Altwasser dürfen nur mit Booten ohne Motorantrieb befahren werden.

299,7 li ↓ des Schifffahrtskanals Volkach–Gerlachshausen (Kanal darf mit Sportbooten nicht befahren werden!), li **Gerlachshausen**, ★: Die Graue Marter (schönster Bildstock Unterfrankens).

299,3 li **Münsterschwarzach** (Benediktinerabtei mit großartiger moderner Kirche).

298,6 re **Schwarzenau**, re ▲ Campingplatz, li **Stadtschwarzach**.

298,3 Straßen-Ⅱ B 22 (Würzburg–Bamberg), darunter re ⬇⬆ Schwarzenau.

295,5 9. □ Staustufe Dettelbach, Boots- □ im re Flussarm.

294,4 Fähre, li **Mainsondheim** (spätgotische Schlossanlage).

293,9 re **Dettelbach** (★: altertümliches Städtchen, nahezu vollkommen erhaltener Befestigungsring mit 36 Wehrtürmen und 2 Toren, Marienwallfahrtskirche im nachgotischen Stil, Klosteranlage, spätgotisches Rathaus - dreigeschossiger Giebelbau mit Freitreppe).

292,1 Autobahn-Ⅱ A 3 (Frankfurt–Würzburg–Nürnberg).

290,6 Fähre, re **Mainstockheim** (schlossartiger ehem. Ebracher Klosterhof), Sportboothafen, li **Albertshofen**, re und li Wohnmobil-Stellplatz.

287,3 Straßen-Ⅱ ST2272 (Umgehung Kitzingen).

286,7 Straßen-Ⅱ (alte Straßenbrücke, Pippinsbrücke), re **Kitzingen** (★) spätgotische Pfarrkirche St. Johann Baptist, barocke prot. Pfarrkirche, Renaissance-Rathaus, Hl.-Kreuz-Kapelle, Schiefer Turm), ⌂ Ruderverein Kitzingen, li **Kitzingen-Etwashausen**.

286,1 Straßen-Ⅱ B 8 (Würzburg–Kitzingen–Nürnberg), li **Kitzingen-Sickershausen**.

285,6 li ▲ Campingplatz Kitzingen (sauber, paddlerfreundlich).

285,1 EB-Ⅱ (Würzburg–Nürnberg).

284,3 li **Hohenfeld**.

284,2 10. □ Staustufe Kitzingen, li Boots- □.

282,2 re **Sulzfeld a. Main**, mittelalterliches fast unberührtes Städtchen, ★: Mauerring mit 3 Toren und 18 Türmen, schönes Renaissance-Rathaus mit Mariensäule, alte Pfarrkirche, unbedingt ansehen. Für Feinschmecker: In den Gasthäusern Sulzfelds gibt es Bratwürste meterweise.

281,0 li **Marksteft** (ev. Pfarrkirche mit prächtigem Renaissance-Taufstein, spätbarockes Keerl-Haus mit Mansardendach).

277,3 Straßen-Ⅱ, re **Segnitz** (ein Gärtnerdorf).

277,0 re Minihafen, gute ⬇⬆, Parkplatz, li **Martbreit** (schöne Straßenbilder, Ansehen empfehlenswert: Alter Kran am Mainufer, Renaissance-Rathaus integriert in die Wehranlage, daneben hoher Fachwerkbau Hotel Löwen - zweitältestes Gasthaus Bayerns, Schloss, ev. Pfarrkirche, Stadtmauer mit Türmen, Malerblick beim Maintor, herrliche Aussicht vom Moritzberg), von hier auch kürzester Weg mit Bus oder Bahn nach Rothenburg o. T.

276,0 Autobahn-Ⅱ A 7.

275,7 11. □ Staustufe Marktbreit, re Boots- □; (*HW 2 = Pegel Würzburg über 340 cm, Befahrungsverbot bis Schleuse Harrbach, km 219,5*).

273,4 re **Frickenhausen**, Rastplatz (★: eine der ältesten Ortschaften Unterfrankens, mit Stadtmauer, Wasserturm und Verteidigungsanlagen aus dem Schwedenkrieg, auf der Höhe St. Valentiniuskapelle inmitten der Weinberge - Aufstieg sehr lohnenswert, herrliche Aussicht).

273,0 OE Frickenhausen, re und li Feuerwehr-Rampen.

272,2 re guter ▲ Campingplatz mit kleinem Schwimmbad (Zufahrt über den kurzen Altmainarm verboten, ca. 100 m unterhalb ⬆ (S3), *ab Steg Landschaftsschutzgebiet*, li Zuckerfabrik Ochsenfurt.

271,7 li ⌂ des Rudervereins Ochsenfurt.

271,4 Straßen-Ⅱ B 13 Würzburg–Ansbach.

271,2 Straßen-Ⅱ (alt), li **Ochsenfurt** ★ Rathaus (1488, mit Stunden-, Datums- und Mondstandszeiger, darunter Tod mit Standuhr), Pranger mit Hand- und Halseisen; Taubenturm mit unterirdischen Gefängnissen, Pulverturm, Michaeliskirche usw., berühmter Kauzentrunk im Rathaus (Kauz ist ein 3 Liter fassender Humpen), Stadtarchiv, starker Befestigungsring mit 2 hohen Tortürmen und vielen Rundtürmen, sogen. Schlösschen, Kreuzkirche, Wolfgangskapelle.

270,0 re **Kleinochsenfurt**.

269,1 12. □ Staustufe Goßmannsdorf, re Sportboots- □.

269,0 Straßen-Ⅱ.

268,3 li **Goßmannsdorf** (Teile der Ortsbefestigung, ehem. Zehnthof).

265,4 re **Sommerhausen** (Schloss, alte Stadtbefestigung, Torturmtheater Kleiner Bogen - einmalig in Deutschland).

265,2 li **Winterhausen** (Natursteinindustrie), ⬇⬆, Parkplatz.

265,0 Straßen-Ⅱ, re **Sommerhausen**, li **Winterhausen**.

263,0 re Bucht mit Rastplatz, Fußweg nach re **Eibelstadt** (schöne alte Befestigung mit 3 Tortürmen und 15 Rundtürmen, Bildstöcke und Standfiguren im Ort, spätbarockes Rathaus, kath. Stadtpfarrkirche), re kleine Werft, anschließend Motorboothafen.

260,6 Straßen-Ⅱ A 3 (Passau–Nürnberg–Frankfurt).

260,2 li ▲ der Turngemeinde Würzburg-Heidingsfeld, Kanuabteilung.

258,8 13. □ Staustufe Randersacker, re Boots- □.

258,3 re **Randersacker**, kleine Bucht, ⬇⬆, Parkplatz, (größtes Winzerdorf in Franken; berühmte Bocksbeutel, Besuch empfehlenswert).

256,6 li **Würzburg-Heidingsfeld** (teilweise gut erhaltene Befestigung und Stadtmauer).

255,3 li ⌂ und ▲ der Turngemeinde Würzburg-Heidingsfeld, Wiesenweg 22,

97084 Würzburg, Einfahrt über Buhne li ca. 200 m vor EB-Brücke.

255,2 EB-Ⅱ (Würzburg–München und Würzburg–Stuttgart).

255,1 Straßen-Ⅱ Konrad-Adenauer-Brücke, Autobahnzubringer.

254,3 Wege-Ⅱ Sebastian-Kneipp-Weg.

253,8 li *DKV-Kanustation*, ⌂ und ▲ des Kanu-Club Würzburg e.V., Mergentheimer Str. 13b, 97082 Würzburg, ☎ 0931/72536, www.kc-wuerzburg.de , günstig gelegen.

Würzburg, ★: Residenz, Käppele von Balthasar Neumann, wiederaufgebauter Dom, Festung Marienberg, Mainfränkisches Museum mit Riemenschneider-Originalen usw., Bürgerspital, Juliusspital, Hofkellerei.

253,1 Straßen-Ⅱ Ludwigsbrücke, auch *Löwenbrücke* genannt.

253,1 –251,6 Ufer beiderseits des Mains steil ausgemauert, keine ⬆-Möglichkeit.

252,9 li Einfahrt zur □ für Großschifffahrt, keine Sportboot-Schleuse!

252,7 li alte Schiffs- □, seit Jahrzehnten außer Betrieb.

252,6 ⌓-Stelle, gekennzeichnet, li am Ende der alten Schleusenmauer mit Bootstreppe (oft glitschig!), beim Anlegen bei höherem WS im UW Sog zur neuen Schleusenmauer! am besten mit Großschiffen die Schleuse benutzen, vorher beim Schleusen-Meister anrufen und fragen, ☎ 0931/61993-120).

▬ ca. 200m langes Schrägwehr für Mainmühle im Anschluss an die alte Schleuse, **X**, keinesfalls re im Mühlkanal weiterfahren!

252,3 ganz li Ende der 14. □ Staustufe Würzburg, □ für Großschifffahrt unmittelbar anschließend.

Straßen-Ⅱ Alte Mainbrücke, Sandstein-Bogenbrücke mit 12 Heiligenfiguren.

von re im 1. Joch: Mainmühle, **X**; von re 2. und 3. Joch: jeweils ▬ Steilwehr mit Tosbecken, **X**, Lebensgefahr! Nach dem Umtragen bei km 252,6 zwangsläufig Durchfahrt im 5. Joch von re. Im 6. Joch von re Ausfahrt aus der Großschifffahrts-Schleuse.

252,1 re alter Kran (Technikdenkmal).

251,8 li Großparkplatz, ⬇⬆, günstiger Abbauplatz am li Ufer, re Haupt-🚉 (1 km); Achtung auf Bergfahrer!

251,6 Straßen-Ⅱ Friedensbrücke, li Joch für Talfahrer gesperrt!

251,2 Straßen-Ⅱ Brücke der Deutschen Einheit.

251,0 re Alter Hafen.

249,1 Himmelspforten (Karmelitinnenkloster).

247,9 re Neuer Hafen (Industriehafen), anschließend re Flusshafen, am li Ufer halten.

247,8 li Kloster Oberzell.

247,5 Straßen-Ⅱ *Laurentiusbrücke),* Talfahrer li Joch benützen, li *Zell a. Main*

244,9 EB-Ⅱ (Würzburg–Fulda).

244,4 rechts alte Fährrampe mit angrenzendem Parkplatz, gute ⬇⬆.

244,2 re **Veitshöchheim** (Barockschloss, Park unbedingt ansehen, Staatliche Weinbauschule).

243,8 Wege-Ɪ, li **Margetshöchheim**.

241,2 15. □ Staustufe Erlabrunn, re Boots-□ (☎ 0931/61993-110).

240,4 li **Erlabrunn**, bekanntes Winzerdorf, gute ⬇⬆, Parkmöglichkeit.

238,2 re **Thüngersheim**.

236,0 li Schwimmbad, ▲ Campingplatz (am ⌂ Ruderclub Zellingen anlegen, Slipanlage, sehr paddlerfreundlich).

235,4 alte Straßen-Ɪ, li **Zellingen** (Pfarrkirche von Balthasar Neumann, hübsche Straßenbilder), Slipanlage, Parkplatz, re **Retzbach** (schönes Fachwerk-Rathaus), Parkplatz, Treppe unter der Brücke.

234,7 neue Straßen-Ɪ Zellingen.

232,4 16. □ Staustufe Himmelstadt, li Boots-□.

232,1 Straßen-Ɪ, li **Himmelstadt**.

227,8 li **Laudenbach** (neues Schloss).

227,0 Förderband-Ɪ der Zementfabrik.

226,4 ⌂ Ruderclub Karlstadt, re oberhalb der Straßen-Brücke guter ▲ Campingplatz mit Schwimmbad.

226,2 Straßen-Ɪ, links **Mühlbach** (Kirche erbaut 1493), li am Berg Karlburg (Ruine einer alten fränkischen Zwingburg), rechts **Karlstadt** (★ Städtchen, beachtliche Teile der Befestigung, Rathaus, viele Fachwerkhäuser).

224,6 Straßen-Ɪ.

224,2 li alte Fährrampe mit Parkplatz, gute ⬇⬆, davor Sportplatz Karlburg.

224,0 li **Karlburg**.

219,5 17. □ Staustufe Harrbach, li Boots-□; (*HW 2 = Pegel Steinbach über 370 cm, Befahrungsverbot bis Schleuse Eichel, km 160,5*).

218,0 li **Harrbach**, ehemalige Fährrampe, Parkplatz ca. 70 m (oberhalb der Straße).

216,2 li **Kleinwernfeld**, mit Sportboothafen, gute ⬇⬆, Parkplatz an der Hauptstr. ca. 100 m.

216,0 rechts **Wernfeld**, re Rampe, ⬇ günstiger Aufbauplatz für Fahrer, die nur den Spessartteil des Maines fahren wollen, Ausgangspunkt für eine Wanderung zur 7 km entfernten Ruine Homburg (erbaut um 1000, umfangreichste Ruine Deutschlands, prachtvoll gelegen).

215,9 Wege-Ɪ **Wernfeld-Kleinwernfeld**.

215,6 re ↓ der Wern (s. Seite 251), anschließend Sportplätze und Radweg nach Gemünden.

213,7 li Sandstrand, rechts Ortsanfang Gemünden.

212,9 li Kläranlage.

212,3 re 🚉 Gemünden, jedoch nicht direkt erreichbar (s.u.)

211,6 Imbissbude am Ufer (Radweg), jedoch schwieriger Ausstieg.

211,4 rechts **Gemünden** (★: ⌘ Städtchen, Kirche, Turm mit 4 Erkertürmchen, innen Prozessionszeichen und Leuchter der verschiedenen Zünfte), über der Stadt die Scherenburg, darüber die Reste der Slorburg mit Gedenktafel, Parkplatz zwischen Main und Bahndamm mit Durchgang zur Altstadt (jedoch schwieriger Ausstieg), Anleger für Fahrgastschiffe, re 🚃 (1 km), DJH, ✕.

211,2 re ↓ eines Mühlkanals

211,0 Ⅱ, hinter Pfeiler re ↓ der Fränkischen Saale (s. Seite 247), im Dreieck zwischen Main, Mühlkanal und Fränkischer Saale 🏠 und ▲ des KSC Gemünden, Duivenallee, 97737 Gemünden, ☎ 09351/4370, www.ksc-gemuenden.de , laut durch starken EB-Verkehr, sehr günstig gelegen als Standort für Befahrungen von Main, Wern, Fränkischer Saale und Sinn, nach Anmeldung auch für Gruppen geeignet. In Fränkischer Saale 150 m flussaufwärts ⬆ und Parkplatz, 500 m flussaufwärts ▲ C beim Schwimmbad, ruhig.

210,5 re Schutzhafen der Wasser- und Schifffahrtsdirektion.

210,3 EB-Ⅱ.

209,2 re **Langenprozelten**, Slipanlage mit Parkplatz.

209,1 li **Hofstetten**, li ca. 500 m bis ▲.

209,0 re ✕ Betz, Treppe.

208,2 🏠 des Paddel-Sport-Verein Langenprozelten, ☎ 09351/800133, www.psvlangenprozelten.de .

207,7 re ↓ Sinderbach, **X**.

205,4 re **Neuendorf** Beginn des Rückstaus der Schleuse Steinbach.

205,0 li Ruine Schönrain.

204,8 EB-Ⅱ.

203,8 re **Nantenbach**.

200,8 18. ☐, Staustufe Steinbach, Boots-☐ li.

200,2 li ↓ Buchenbach, **X**, li **Steinbach** (Schloss nach Plänen Balthasar Neumanns).

199,8 re **Lohr-Sackenbach**, li alte Fährrampe.

198,6 ▲ Campingplatz des TSV Lohr, anschließend städtisches Freibad.

198,2 🏠 der Kanuabteilung des TSV Lohr, Jahnstr., 97816 Lohr am Main, www.kanu-lohr.de , (Übernachtungsmöglichkeiten im alten Bootshaus auf Luftmatratzen nach Voranmeldung möglich, ☎ 09352/4321), ⬇⬆, re 🚃 in 800 m.

danach re ↓ Lohrkanal.

danach Straßen-Ⅱ der Umgehungsstraße, re ↓ Lohrbach (nicht zu empfehlen) und anschließend Parkplatz Mainlände (gebührenfrei), alte und schmale Slipanlage.

re **Lohr**, („Tor zum Spessart"), sehr schönes, mittelalterliches Städtchen, ★. Schöne Wandermöglichkeiten in den Spessart und zum Kloster Mariabuchen.

198,0 Straßen-ꟷ, danach re Sportboothafen des Yachtclubs Lohr, anschließend Schutzhafen der Wasserschutzpolizei, dann re neue Slipanlage.

197,6 li **Sendelbach**.

194,1 li **Pflochsbach**, re **Rodenach**.

189,8 Fußgänger-ꟷ, re ⬇⬆, re großer Parkplatz, li **Erlach**, re **Neustadt a. Main** (eine der ältesten Klostergründungen Frankens), Kirche aus der Zeit Karls des Großen.

187,4 re ▲ Campingplatz Neustadt.

186,1 19. ▭, Staustufe Rothenfels, Boots-▭ li.

185,0 re **Rothenfels** (altes reizvolles Städtchen mit Burg).

184,6 li **Zimmern**, ▲ Campingplatz „Schreiner", ✕.

182,6 re **Hafenlohr**, alter Töpferort. re ↓ der Hafenlohr (*Befahrungsverbot für die Hafenlohr!*). Das Hafenlohrtal ist eines der landschaftlich schönsten Spessarttäler mit schönen Rundwandermöglichkeiten.

180,8 Straßen-ꟷ B 8.

180,4 li ⌂ der Rudergesellschaft Marktheidenfeld, ▲.

179,8 Straßen-ꟷ, li **Marktheidenfeld**: Ämterstadt, Mainbrücke 1839/46, reizvolles Stadtbild; ★. Wandermöglichkeiten in die nahe Waldlandschaft des Spessarts.

174,6 20. ▭, Staustufe Lengfurt, Boots-▭ li.

173,7 Straßen-ꟷ, li **Lengfurt**: die Dreifaltigkeitssäule am Markt ist einmalig in Franken; re Triefensteiner Kloster, ehem. Augustiner-Chorherrenstift, ★.

171,4 li **Homburg a. Main** mit Fachwerkburg (Burgschloss), Rastplatz, re **Trenfeld**.

167,7 Autobahn-ꟷ A 3.

167,1 li ▲ Campingplatz Bettingen.

165,9 li **Bettingen**.

163,0 li **Urphar**, alte Wehrkirche (8. Jahrhundert), li ▲ Campingplatz.

160,6 21. ▭, Staustufe Eichel, Boots-▭ li.

159,0 li Wertheim-Eichel.

158,0 li ⌂ des KC Wertheim (Gemeinschaftsneubau mit der Ruder-Gesellschaft Wertheim), Würzburger Str. 29, 97877 Wertheim, Hafeneinfahrt gesperrt, kleiner ▲, *DKV-Kanustation*, www.kc-wertheim.de .

157,5 Straßen-ꟷ, li **Wertheim**: ★ Stadt mit der zweitgrößten Burgruine Deutschlands (Grafenburg).

157,0 re Rampe und Parkplatz Kreuzwertheim.

156,6 li ↓ der Tauber (s. Seite 244), im Bereich der Taubermündung li ⬇⬆ zur Stadtbesichtigung Wertheims, Parkplatz am Mainufer; re **Kreuzwertheim** (Schloss des Fürsten Löwenstein, Burgbesitzer von Werth, das bayerische Kreuzwertheim ist zwar älter als das badische Wertheim, aber nicht so glanzvoll).

156,0 Straßen-ꟷ Spessartbrücke.

155,6 li ▲ Campingplatz.

154,8 li Rampe, Zugang zum ▲ Campingplatz, großes Freibad der Stadt Wertheim, li **Bestenheid** und Industriegebiet Wertheim-Nord (Glashüttenbetriebe).

152,6 EB-Ⅱ mit Fußgängersteg, re **Hasloch**, li Industriegebiet Bestenheit.

151,0 re Schutzhafen Hasloch, li Flusshafen der Stadt Wertheim.

149,8 li **Grünenwört**.

147,1 22. □ Staustufe Faulbach, Boots-□ re,
re **Faulbach**: Fachwerk-Rathaus, alte Marienwallfahrt.

144,7 Fähre, re **Stadtprozelten**, (große Ruine Henneburg ★), Parkplatz, li **Mondfeld**.

140,8 re **Dorfprozelten**, ⬇⬆, Parkplatz.

139,2 re Ruine Kollenburg; li **Tremhof**.

137,8 re ▲ Campingplatz Maintal, ⬇⬆.

137,6 re **Fechenbach** mit Schloss.

136,4 re **Reistenhausen**, bekannte Rotsandsteinbrüche, ▲ Campingplatz.

134,1 23. □, Staustufe Freudenberg, Boots-□ re.

132,7 Straßen-Ⅱ, li **Freudenberg** mit Schlossruine Freudenburg, re **Kirschfurt**.

131,8 auf 20 km mehrere Wasserleitbauwerke, im Hauptstrom bleiben.

132,5 li ⬇⬆, Parkplatz.

126,5 li **Bürgstadt**, hochragendes Renaissance-Rathaus.

125,9 li ↓ der Erfa (s. DKV-Gewässerführer SWD).

125,7 Straßen-Ⅱ.

125,6 re Ruderclub.

124,4 li Freibad Miltenberg

124,8 alte Straßen-Ⅱ, **Miltenberg**, li die Altstadt: mittelalterliches Stadtbild mit Fachwerkbauten, ★, re ▲ Campingplatz.

123,5 EB-Ⅱ.

123,3 li ↓ der Mud, auch Mudau genannt (s. DKV-Kanuwanderführer für Bayern und DKV-Gewässerführer SWD).

122,4 24. □, Staustufe Heubach, Boots-□ li.

121,6 Straßen-Ⅱ.

121,0 li **Kleinheubach**, Fürstl. Löwensteinisches Schloss, ★. 2 km südwestlich vom Ort die rätselhaften „Heunesäulen“, li ⌂ und ▲ der Wasser-Sport-Gemeinschaft Kleinheubach, An den Engern, 63924 Kleinheubach, www.wsgkleinheubach.de , *DKV-Kanustation*, ☎ 09371/4346.

120,6 re **Großheubach**, Fachwerk-Rathaus, von hieraus kürzester Fußweg zum Engelsberg, Kloster, Wallfahrtskirche, re ▲ Campingplatz.

117,0 li **Laudenbach**, Schloss mit reicher Porzellansammlung.

114,8 re Klingenberg-Röllfeld, ▲ Campingplatz.

114,6 li ▲ Campingplatz Trennfurt.

114,5 re ⌂ und ▲ des KC Klingenberg, Im Dümpfel 3, 63911 Klingenberg, ☎ 09372/1480, www.kanu-klingenberg.de .

113,4 li **Trennfurt**.
113,2 25. □, Staustufe Klingenberg, Boots-□ li, (*HW 2 = Pegel Obernau über 380 cm, Befahrungsverbot bis Aschaffenburg Hafen, km 86,6*).
112,7 Straßen-II, re **Klingenberg a. Main**, Renaissance-Schloss, Ruine Clingenburg. Bei Klingenberg treten Spessart und Odenwald nahe an den Main heran, li 🚆.
112,5 re Wohnmobil-Stellplatz, davor Treppe.
112,2 li ▲ Campingplatz Wörth.
110,4 li **Wörth a. Main**, Römerkastell des Odenwaldlimes, Ringmauer mit Türmen, Rathaus, ▲ Campingplatz „Minihafen", Rampe.
110,2 re **Erlenbach a. Main**, Schiffswerft.
109,9 EB-II mit Fußgängerübergang.
107,4 re Schutzhafen, Yachthafen des WSC Erlenbach, ⌂ und ▲ Campingplatz, ☎ 09372/4142, www.wsc-erlenbach.de.
105,7 li ↓ der Mömling (s. DKV-Kanuwanderführer für Bayern und DKV-Gewässerführer SWD).
104,9 Straßen-II, li **Obernburg a. Main**, mittelalterlicher Stadtkern.
104,5 Fußgänger-II, re **Elsenfeld**, re 🚆.
104,1 re ↓ der Elsava.
101,4 26. □, Staustufe Wallstadt, Boots-□ li.
101,3 re ⌂ DJK/Kanu Kleinwallstadt, Rohestr. 13, 63839 Kleinwallstadt, auf Kehrwasser und Rücklauf vom Kraftwerk und Wehr achten!
100,9 re **Kleinwallstadt**.
100,3 li **Großwallstadt**.
98,0 Straßen-II Niedernberg–Sulzbach, li ⬇⬆ (Pionierrampe).
96,4 re **Sulzbach a. Main**, ★.
95,6 li **Niedernberg**.
93,0 27. □ Staustufe Obernau, Boots-□ re, re **Obernau**.

90,4 li Nilkheimer Hof (alter Karolingerhof), Park Schönbuch.
89,8 EB-Ⅱ.
87,7 Straßen-Ⅱ Adenauerbrück.
87,1 Straßen-Ⅱ B 26, re **Aschaffenburg**, Schloss Johannisburg (am Main), „Pompejanum", ★.
86,6 re → zum Schutzhafen Aschaffenburg, ⬆, re 🚌 in 500 m, (*HW 2 = Pegel Frankfurt/Osthafen über 370 cm, Befahrungsverbot bis Schleuse Griesheim, km 28,7*).
86,2 li neben dem Bad ⌂ und ▲ (beschränkt) des SSKC Poseidon Aschaffenburg, Stadtbadstr. 5, 63741 Aschaffenburg, bewirtschaftet, Voranmeldung erforderlich, ☎ 06021/89873, www.sskc-kanu.de .
85,9 Straßen-Ⅱ (Friedrich-Ebert-Brücke).
85,2 li Aschaffenburg-Leider.
84,3 re ↓ Aschaff.
83,5 li ← zum Neuen Hafen Aschaffenburg Süd, Schutzhafen.
82,6 re **Mainaschaff**.
81,5 EB-Ⅱ mit Fußgängerübergang, li **Stockstadt**, ehem. Römerkastell, heute moderne Industriestadt.
80,5 re Mainparksee.
80,1 Autobahn-Ⅱ A 3 Frankfurt–Nürnberg–Passau.
79,0 re **Kleinostheim**.
77,7 28. ☐, Staustufe Kleinostheim, Boots-☐ re neben der Doppel-☐.
77,3 li ↓ der Gersprenz (s. DKV-Kanuwanderführer für Bayern und DKV-Gewässerführer SWD).
76,6 Autobahn-Ⅱ A 45 Siegerlandlinie–Dortmund.
76 *NSG Mainflingen, li Uferbetretungsverbot.*
75 *NSG Bong´sche Kiesgrube, li Uferbetretungsverbot.*
75,1 li und re Rampe, re ⬇⬆, Parkmöglichkeit, Zufahrt über Gewerbegebiet Kleinostheim-Nord „An der Pfingstweide".
74,2 li **Mainhausen**.
74,1 Fußgänger-Ⅱ.
73,8 re **Karlstein-Dettingen**, ehem. Braunkohlewerk.
72,0 re **Karlstein-Großwelzheim**, ehem. „Main-Braunkohle-Tagebau" (heute Freizeitgelände „Gustavsee").
71,6 li **Kleinwelzheim**.
71,2 li und re Rampe, **Karlstein**.
69,6 Fähre, li **Seligenstadt**, Dom, ★.
66,8 re ↓ der Kahl (s. DKV-Kanuwanderführer für Bayern und DKV-Gewässerführer SWD), re ▲ Campingplatz.
65,5 Fähre, li **Kleinkrotzenburg**; re **Großkrotzenburg**.
63,7 29. ☐, Staustufe Krotzenburg, Boots-☐ li.
62,6 li **Hainburg**.
62,0 re Schutzhafen, Kraftwerk Staudinger.
61,6 re Ölhafen.

61,2 Straßen-Ⅱ Depotstraße, re **Großauheim**, li **Kleinauheim**.
59,6 Straßen-Ⅱ, EB-Ⅱ Auheimer Brücke.
58,6 Straßen-Ⅱ B 43a.
57,8 li Altarm des Steinheimer Bogens, li ↓ Hellenbach.
57,1 li **Steinheim**.
56,8 re Hafen Hanau, Schutzhafen.
56,7 Straßen-Ⅱ B 45 und EB-Ⅱ, re **Hanau**, li **Steinheim**.
56,4 re Ruderclub Hassia e.V., ✕, kurzzeitige ▲-Möglichkeit.
56,0 re Hanauer Rudergesellschaft, ✕.
55,7 re ↓ der Hanauer Kinzig (s. Seite 243), ca. 1 km die Kinzig flussaufwärts zum ⌂ Ski- und Kanugesellschaft 1925 e.V. Hanau, Katharina-Belgica-Str. 11, 63450 Hanau, ☎ 06181/259267, www.skg-hanau.de , ✕.
55,0 re **Hanau-Kesselstadt**, re Schloss Philippsruh.
53,2 30. □, Staustufe Kesselstadt, Boots-□ li.
50,6 Fähre, re **Maintal-Döringheim**, li **Mühlheim**.
50,5 li ⌂ und ▲ des KC Mühlheim, Fährenstr., 63165 Mühlheim, www.kanu-klub.de , li 🚌 1200 m.
48,1 Fähre, li **Rumpenheim**, re **Maintal-Bischofsheim** (1,5 km).
46,5 re ▲ Campingplatz.
44,9 Fußgänger-Ⅱ, li ▲ Campingplatz Bürgel.
44,5 re **Frankfurt-Fechenheim**, gute ⬇⬆, Straßenbahnhaltestelle in unmittelbarer Nähe, Industrieanlagen und städtische Wohnbebauung nehmen ab hier stark zu.
43,6 li **Offenbach-Bürgel**, ⌂ und ▲ Wassersportverein 1926 Bürgel e.V., Am Maingarten 404, 63075 Bürgel www.wsv-buergel.de , ✕.
41,7 li **Offenbach**, Schloss.
41,6 re ⌂ Offenbacher Ruderverein.
41,0 Straßen-Ⅱ Carl-Ulrich-Brücke, Offenbach–Frankfurt-Fechheim, davor li ⬇⬆, Parkplatz.
39,4 li ⌂ der SG Wiking Offenbach 1903 e. V., Nordring 131, 63067 Offenbach, bewirtschaftet, ▲ Kurzzeitzelten möglich.
39,1 Autobahn-Ⅱ A 661 (Kaiserleibrücke).
38,5 31. □, Staustufe Offenbach, Boots-□ li.
37,6 li ⌂ des FRVS 1898, große Freitreppe, ⬇⬆, Parkplatz, daneben ✕.
37,3 re Osthafen.
36,9 EB-Ⅱ (Deutschherrnbrücke) mit Fußgängerüberweg.
36,1 Straßen-Ⅱ (Flößerbrücke).
36,0 Straßen-Ⅱ (Ignaz-Bubis-Brücke).
35,6 Straßen-Ⅱ (Alte Brücke).
35,2 Wege-Ⅱ (Fußgängerbrücke Eiserner Steg), re Stadtkern von **Frankfurt a. Main**, Besuch von Römer, Dom, St. Nikolaikirche, Paulskirche,

Goethehaus und anderen ★ nicht versäumen. li **Frankfurt-Sachsenhausen**.

34,8 Straßen-♊ (Untermainbrücke).

34,3 Fußgänger-♊ (Holbeinsteg).

34,0 li ⌂ des FKV 1913 e. V., Schaumainkai 90, 60553 Frankfurt/Main, ☎ 069/638284, www.frankfurtkanu.de , günstige ⬇⬆, Haupt-🚌 ca. 600 m, Straßenbahn.

33,9 Straßen-♊ B 44 (Friedensbrücke).

33,1 re Westhafen, Schutzhafen.

32,7 EB-♊ mit Fußgängerweg.

32,5 li ⌂ Maul, privater ▲ Campingplatz.

31,8 li ⌂ Sport- und Kulturgemeinschaft Frankfurt/Main, Wassersportabteilung, Mainfeldstr. 29, 60528 Frankfurt/Main, *DKV-Kanustation*, www.skgf-wassersport.de .

31,7 li ⌂ des SV Grün-Weiß Frankfurt a. Main.

31,2 li ▲ des FKV 1913 e.V., Schlüssel im Bootshaus bei km 34,0.

31,0 EB-♊ **Frankfurt-Niederrad**.

30,0 Autobahn-♊ A 5.

29,2 re **Frankfurt-Griesheim**.

28,7 32. ☐, Staustufe Griesheim, Boots-☐ re, (*HW 2 = Pegel Raunheim über 400 cm, Befahrungsverbot bis Mündung*).

27,4 li **Frankfurt-Schwanheim**.

26,8 Straßen-♊ B 40.

26,0 re **Frankfurt-Nied**.

25,0 re ↓ der Nidda (s. DKV-Gewässerführer SWD).

24,8 re **Frankfurt-Hoechst**; li ⌂ Hoechster KC Wiking, An der Tillylinde 7, 60529 Frankfurt/Main, www.hkcw.de .

24,3 Werks-♊, Hoechst AG, Werkshafen.

22,0 Werks-♊, EB-♊, ♊.

21,8 ⌂ des KC Kapitän Romer, Frankfurt, Weinbergstr 59 a, 65931 Frankfurt/Main, ▲-Möglichkeit, re **Frankfurt-Sindlingen**.

21,4 Straßen-♊ B 40, li nach Kelsterbach, re nach Hattersheim.

20,5 li **Kelsterbach**, ⌂ und ▲ des KC Kelsterbach, Am Main 19, 65451 Kelsterbach.

18,5 re ↓ des Schwarzbachs (s. DKV-Gewässerführer SWD).

18,1 re **Okriftel**, re ⌂ des Ski- und Paddel-Clubs Hattersheim, Jahnallee 2, 65795 Hattersheim-Okriftel, www.paddelclub-hattersheim.de .

15,6 33. ☐ Staustufe Eddersheim, Boots-☐ re (Handbetrieb).

14,2 Autobahn-♊ A 3 Frankfurt–Köln.

12,6 li **Raunheim**.

11,3 li ⌂ des KCW Raunheim, Anton-Flettner-Str. 20 65479 Raunheim, www.kcw-raunheim.de , mit sanitären Anlagen, ✕.

11,0 re **Flörsheim**, ⌂ des Rudervereins, bewirtschaftet.

9,9 Straßen-Ⅱ B 519, li ⌂ und ▲ des WSV Undine Rüsselsheim, Außerhalb der Opelbrücke 101.

9,4 li **Rüsselsheim**, ⌂ des Ruder-Clubs, bewirtschaftet, li Opel-Automobilwerke.

8 bis km 4,6 NSG Hochheimer Mainufer, re ganzjähriges Uferbetretungsverbot.

4,6 re **Hochheim** (guter Wein), ⌂ des KV Hochheim, Mainweg 33, 65239 Hochheim, www.hochheimerkanuverein.de .

3,9 Autobahn-Ⅱ A 671.

3,5 EB-Ⅱ Hochheim.

3,2 34. □ Staustufe Kostheim, Boots-□ li.

1,6 li **Gustavsburg**, re **Wiesbaden-Kostheim**, re Hafenbecken.

1,3 Straßen-Ⅱ B 42, re Insel Maaraue mit ⌂ und ▲ des KC Mainz-Kostheim, Maaraue 51, bei km 497,6 am re Rheinufer.

1,0 → Floßhafen.

0,0 ↓ in den Rhein bei km 496,6.

Hanauer Kinzig

Kleinfluss — Mündung in Main (re Nebenfluss)

Die Hanauer Kinzig, ein Fluss aus dem Naturpark Hessischer Spessart (Sterbfritz), verläuft auf der für eine Befahrung in Frage kommenden Strecke in einem breiten, landschaftlich ansprechenden Tal, das durch den Bau der A 66 an Reiz verloren hat, durch Wiesen, Felder und Auwald. Bei mäßiger Strömung ergeben sich Schwierigkeiten durch enge Kurven. Streckenweise wird die Fahrt durch Strauch- und Baumhindernisse behindert (evtl. ⌓). Mehrere Wehre sind zumeist fahrbar oder leicht zu umtragen.

Befahrbarkeit: ab Gelnhausen ganzjährig, oberhalb nur bei höheren Wasserständen.

Befahrungsregeln: *Befahrung oberhalb der Kinzig-Talsperre (km 62) ganzjährig verboten; desgleichen von km 17,5 bis 5,0; die dazwischen liegende Strecke ist gesperrt in der Zeit vom 01.03.-14.07.*

Pegel: Gelnhausen

62,0 Staumauer der Kinzig-Talsperre, ⬇-Möglichkeit, Befahrungsregeln beachten:
oberhalb km 62,0 ganzjähriges Befahrungsverbot,
von km 62,0 bis 17,5 Befahrungsverbot im Zeitraum 01.03. – 14.07.
Die Strecke bis Gelnhausen ist beschrieben im DKV-Gewässerführer SWD.

31,0 re **Gelnhausen**, ▬ evtl. ≋ li über Fischtreppe oder li ⌓.
★: Barbarossaburg, Marienkirche.
Ab hier ist die Hanauer Kinzig ganzjährig befahrbar.

30,0 Straßen-Ⅱ und ▬, ⩫ oder re ⩳.
28,0 Straßen-Ⅱ.
25,5 **Lieblos**, 2 Ⅱ, dahinter ▬, je nach Wasserstand ⩫, sonst zwischen den Ⅱ li ⩳. Im re Arm an der Kinzig-Mühle Vereinsgelände des PC Gründau, ⌂, ▲.
22,5 Straßen-Ⅱ, re **Rothenbergen**.
17,5 Straßen-Ⅱ, re **Langenselbold**, li 🚌,
von km 17,5 bis 5,0 ganzjähriges Befahrungsverbot.
4,5 vor der ersten Ⅱ Gefällestufe, ⩫.
2,5 ▬, li ⩫ Bootsrutsche oder re ⩳, Hanau, Beginn der Stadtdurchfahrt.
1,8 Stufen-▬, ⩫ oder re ⩳.
0,5 li ⌂ und ▲ der SKG Hanau, Katharina-Belgica-Str. 11, 63450 Hanau, ☎ 06181/259267, www.skg-hanau.de .
0,0 ↓ in Main bei km 55,7.

Tauber

Kleinfluss – Wanderfluss | Mündung in Main (li Nebenfluss)

Die Tauber ist mit einer fahrbaren Flusslänge von 107 km einer der größten Nebenflüsse des Mains. Landschaftlich ist insbesondere ihr Oberlauf, bei Rothenburg, hervorragend schön. Unterhalb Creglingen, im Mittleren Muschelkalk, wird das Tal breiter. Ab Werbach durchbricht die Tauber die Buntsandsteinausläufer des Spessarts in einem erneut sehr schönen, engen Tal.
Die Tauber ist in ihrem Oberlauf ein Kleinfluss mit entsprechenden Behinderungen.
Ein besonderes Merkmal der Tauber sind die zahlreichen Wehre, z.T. mit Wasserableitung. Die nachfolgende Beschreibung ist für die Befahrung mit Kunststoff-Einern aufgestellt; für alle übrigen Bootsarten sind die Wehre durchweg unfahrbar und müssen dann zumeist mühsam, oft bis zur Mündung des Mühlgrabens, umtragen werden. Die im Unterlauf an den Wehren vorhandenen Fischtreppen sind nicht befahrbar.

Befahrbarkeit: ab Rothenburg nur bei leichtem HW (Schneeschmelze, nach stärkeren Regenfällen),
ab Creglingen (km 85,4) bei gutem MW,
ab Weikersheim (km 65,9) meist ganzjährig.

Schwierigkeiten: bei HW können sämtliche Wehre **X** werden

Pegel: Ⅱ in Archshofen (km 89,5) ☎ 01804 370037 655: Minimum für Befahrung ab Rothenburg 50 cm, sehr günstig 55 cm, die meisten Wehre sind dann ⩫.
30 m unterhalb der Straßenbrücke B 25 (km 111): 180 cm = MW, Befahrung erst ab Creglingen (km 85,8) oder Bieberehren (km 78,2).

Begleitung: Straße und Radweg verlaufen fast immer neben dem Fluss

Oberlauf s. DKV-Kanuwanderführer für Bayern.

65,9 alte Straßen-Ⅱ, **Weikersheim** (Schloss und Park), nach Brücke anlanden zum ⩍ des folgenden Wehres.
65,8 Steil-■, X, Fischtreppe, X, re ⩍ ca. 200 m auf Radweg hinter Hochwasserschutzmauer bis zur nächsten Fußgängerbrücke. Ab hier ist der Fluss meist ganzjährig befahrbar.
65,7 Fußgänger-Ⅱ, re großer Parkplatz, li zur Innenstadt.
65,4 Fußgänger-Ⅱ am Schlosspark.
64,9 rote, eiserne Fußgänger-Ⅱ Heinz-Sausele-Weg.
63,9 EB-Ⅱ.
62,0 Straßen-ⅡⅡ, li **Elpersheim**.
61,9 hohes Steil-■ Untere Mühle Elpersheim, X, re oder li ⩍.
59,3 Schräg-■ Markelsheim, ≋ oder im Mühlkanal bis Mühle fahren und re 150 m ⩍.
58,6 Straßen-Ⅱ, li **Markelsheim** und ↓ des Werkkanals.
56,8 Schräg-■ Taubermühle Igersheim, evtl. ≋ oder re ⩍, Bäume im Wehrbereich!
55,9 alte Sandstein-Ⅱ, re **Igersheim**, li Festplatz mit Parkmöglichkeit.
55,6 Straßen-Ⅱ B 19.
55,2 Beginn „Stausee“ Bad Mergendheim.
54,1 Straßen-Ⅱ Erlenbachweg, re Schwimmbad.
54,0 li Bootsverleih.
53,8 Fußgänger-Ⅱ.
53,4 Wege-Ⅱ, darunter Steil-■ mit Spundwänden, X, re ⩍.
53,3 EB-Ⅱ, anschließend Wege-Ⅱ, re Kurpark von Bad Mergentheim. Zutritt gebührenpflichtig oder Kurkarte.
53,1 Schräg-■, ≋ oder li ⩍.
52,7 Straßen-Ⅱ Wolfgangsbrücke, li **Bad Mergentheim**, ★.
52,2 Fußgänger-Ⅱ Tauberweg.
52,1 ■ Sohlstufe, meist ≋ (Spritzdecke), Pegel (☎ 01804 370037 656).
51,6 Fußgänger-Ⅱ Falkenweg.
51,5 Straßen-Ⅱ B 290.
49,2 Schräg-■, li ≋ oder li ⩍, Straßen-Ⅱ Theobaldstraße, re **Edelfinden**.
47,5 Straßen-Ⅱ Beethovenstraße, re **Unterbalbach**.
45,5 1. ■ Königshofen, li ≋ oder re ⩍.
45,3 Straßen-Ⅱ B 292, re **Königshofen**, mehrere ✕.
45,1 Fußgänger-Ⅱ.
44,7 2. ■ (Schrägwehr) Königshofen, ≋ oder li ⩍.
42,0 hohes Schräg-■ des ↯ Lauda, X, re ⩍.
41,2 Straßen-Ⅱ, **Lauda**, anschließend Fußgänger-Ⅱ zum Festplatz re.
40,0 EB-Ⅱ.
37,3 sehr steiles Schräg-■ Distelhausen, evtl. re ≋, li ⩍.

36,4 Straßen-Ⅱ Wolfgangstraße, **Distelhausen**, niedrige Bogenbrücke, danach re ↓ des Werkkanals, Schrägströmung! Davor re Sportplatz mit Parkmöglichkeit.

35,5 Autobahn-Ⅱ A 81.

34,6 2-stufiges Schräg-■ Dittigheim, evtl. ≋ oder li ⏏.

34,3 Straßen-Ⅱ Kastanienallee, li **Dittigheim**.

34,1 li ↓ des Werkkanals.

33,0 Straßen-Ⅱ B 27.

32,5 Straßen-Ⅱ Würzburger Straße (alte Sandsteinbrücke), li Altstadt von **Tauberbischofsheim**.

32,2 Fußgänger-Ⅱ, danach Pegel mit ■ kleine Stufe, ≋.

31,6 Nord-Ⅱ Tauberbischofsheim.

29,5 Schräg-■ Mühle Impfingen, ≋ oder li ⏏.

29,0 Straßen-Ⅱ, re **Impfingen**.

26,6 steiles Schräg-■ mit Stufe Mühle Hochhausen, evtl. ≋ oder li ⏏.

26,0 li **Hochhausen**.

25,3 Wege-Ⅱ, re **Werbach**, Beginn einer sportlichen Flussstrecke.

24,0 Flussgabelung, re Arm fahren.

20,1 Wege-Ⅱ, re **Niklashausen**, li Rastplatz unmittelbar nach der Brücke, hier aussetzen zum ⏏ des folgenden Schräg-■, evtl. ≋, vorher ansehen.

19,6 re ↓ des Werkkanals.

18,5 EB-Ⅱ.

17,8 Straßen-Ⅱ, li Ort und Burg **Gamburg**.

17,4 Schräg-■ Mühle Gamburg, ≋ oder re ⏏.

14,9 Schräg-■ und ϟ Eulschirbenmühle, **X**, nach Fischtreppe re ⏏, anschließend Wege-Ⅱ, li **Eulschirben**.

10,6 Schräg-■ Bronnbach, evtl. li ≋ oder li ⏏, re davor gute ⬆, anschließend re **Bronnbach**, Parkplatz im Ort, Zisterzienserkloster, ★.

10,1 alte Sandstein-Ⅱ.

9,9 re ↓ Mühlkanal.

8,1 Steil-■ Sauerstoffwerk Reichholzheim, **X**, im Unterwasser Betonklötze, li 300 m weit bis ↓ des Kanals ⏏.

6,9 Straßen-Ⅱ, re **Reichholzheim**.

5,4 Steil-■ Teilbacher Mühle, **X**, re **X** Fischtreppe, re davon ⏏ ca. 300 m bis ↓ des Kanals, dort Treppe.

3,8 Straßen-Ⅱ, li **Waldenhausen**.

2,3 Flussgabelung (Insel), li geradeaus Steine im Wasser, re Abzweig Baumhindernisse (wie im Magrovensumpf), sehr schöne und interessante Stelle, unbedingt ansehen!

1,6 Schräg-■ Wertheim, evtl. li ≋ oder li ⏏.

1,1 EB-Ⅱ, davor li Stadthalle mit gebührenfreiem Parkplatz.

0,9 Fußgänger-Ⅱ, danach li und re mehrere Treppen.

0,6 Wege-Ⅱ

0,5 Straßen-Ɪ, **Wertheim**, Zufahrt zum Großparkplatz Linke Tauberstraße. 5 min. bis zur Innenstadt. Gebührenpflichtig, anschließend Wohnmobilstellplätze bis 3 Tage.
0,2 Straßen-Ɪ, ⬆.
0,0 ↓ in Main bei km 156,6. Weiterfahrt zum ⌂ Kanuklub Wertheim 1,5 km flussaufwärts bei km 158 möglich.

Fränkische Saale

Wanderfluss — Mündung in Main (re Nebenfluss)

Die fränkische Saale fließt mit ruhiger Strömung durch die reizvolle Mittelgebirgslandschaft des „Naturparks Rhön". Sie ist als Wanderfluss auch gut geeignet für F 2. Mehrere Wehre sind für sportliche Einer z. T. gut zu befahren bzw. leicht zu umtragen. Zwischen Bad Neustadt und Bad Kissingen finden sich zahlreiche Steinbarrieren und besonders unter den Brücken seichte, steinige Stellen, die bei niedrigem Wasser für Faltboote zu Schwierigkeiten führen können. An den Ufern befinden sich sehenswerte Ortschaften, Burgen und Klöster.

Befahrungsregeln: *Km 136,0 bis 93,8 ganzjähriges Befahrungsverbot. Km 93,7 bis 1,8 Befahrungsverbot in der Zeit von 21–07 Uhr; Befahrungsverbot für die gekennzeichneten Wehre. Verbot für Boote über 6 m Länge, für Rafting und Floßfahrten sowie das Zusammenkoppeln von Booten. Bootsveranstaltungen mit mehr als 12 Booten sind verboten.*

Befahrbarkeit: ab Bad Neustadt bis Juni, ab Bad Kissingen ganzjährig auch mit Zweiern möglich.

Zeltmöglichkeit: ▲ Campingplätze befinden sich an der Roßmühle und in Gemünden. ▲ des KSC Gemünden.

Pkw: Eine Straße verläuft fast immer neben dem Fluss, günstige Bahnverbindung zwischen Gemünden und Bad Kissingen.

136,0 Ursprung im Grabfeldgau. Oberlauf s. DKV-Kanuwanderführer für Bayern.
60,5 Ludwigs-Ɪ, danach li Pegel am Prinzregentenbau, re **Bad Kissingen**, Kurort, 🚂.
58,9 Straßen-Ɪ B 286.
58,8 Lindesmühlen-▬, Stufen, ✕, re ⌓.
58,2 Gute ⬇ li nach dem ▬ hinter dem Schlachthof in der Nähe der Kläranlage.
58,0 Pegelanlage am Golfplatz.
57,5 - 55,4, im Fluss Felsblöcke, keine Schwierigkeiten.
56,6 Fußgänger-Ɪ innerhalb eines Golfplatzes.
51,6 Straßen-Ɪ, li **Euerdorf**.
51,2 Straßen-Ɪ B 287.
50,5 ▬ Karwinkelsmühle, evtl. ≋ oder li ⌓, li Umgehungsrinne ✕.

47,8 Straßen-Ⅱ und ■, re 150 m bis 250 m weit ⌓ *(Befahrungsverbot)* re danach ⬇⬆, Parkplatz, ✕, **Aura**, Klosterruine.
44,2 EB-Ⅱ.
43,8 li **Trimberg**, Burgruine Trimburg.
43,6 ■ Trimberg, evtl. re ≋ oder re ⌓, danach Straßen-Ⅱ, von hier ca. 1 km zum 🚉, danach li Kanuverleih mit Δ-Möglichkeit.
42,2 EB-Ⅱ.
41,7 Saalmühlen-■, re 300 m ⌓ *(Befahrungsverbot)*. **Elfershausen**.
41,5 Straßen-Ⅱ, danach ⬇⬆, Parkmöglichkeit.
40,9 Autobahn-Ⅱ A 7.
39,1 EB-Ⅱ.
38,5 Schräg-■ am Ortsanfang von Langendorf, 1 m hoch, ≋ oder re ⌓.
38,4 Straßen-Ⅱ, li **Langendorf**, gute ⬇ in Langendorf in den Mühlkanal nach der Fußgänger-Ⅱ zur Insel.
37,7 ■ Westheim *(Befahrungsverbot bis zur Ⅱ)*, li ⌓, nach der Straße li in Mühlkanal einsetzen, ca. 200 m.
37,6 Straßen-Ⅱ, re **Westheim**.
35,8 Fußgänger-Ⅱ.
34,2 Fußgänger-Ⅱ.
32,8 Straßen-Ⅱ B 287.
31,3 Fußgänger-Ⅱ, li **Pfaffenhausen**.
29,8 Straßen-Ⅱ B 287.
29,5 re Parkplatz Bleichrasen, Δ für Bootswanderer, Toilette, gute ⬇⬆ zum 🚉 1 km.
29,4 Straßen-Ⅱ, re **Hammelburg**, schönes altfränkisches Städtchen, älteste Weinstadt Frankens, Rathaus mit Weinkeller, Kellereischloss mit Winzerkeller.
29,1 ■ Herrenmühle, li ≋, sonst li ⌓.
28,2 re ↓ Thulba *(ganzjährig gesperrt)*.
28,1 Steinpfeiler, Mitte ≋.
27,6 verfallenes ■ mit Resten einer Mühle, re oder li ≋. li Barockkloster Altstadt mit Bayerischer Musikakademie, am Berg Schloss Saaleck, Jugend-Δ.
26,4 Straßen-Ⅱ **Untereschenbach**.
24,1 ■ Rödermühle, li ⌓ *(Befahrungsverbot)*.
23,9 alte Sandstein-Ⅱ, re **Diebach**.
22,5 ■ Neumühle, li über Insel ⌓ *(Befahrungsverbot)*, S 1.
20,5 li Sportplatz, bei NW auf Verblockung achten, Ballfangsperre.
20,0 Straßen-Ⅱ, re **Morlesau**, danach re Biergarten.
17,1 Ponton-Ⅱ, nicht unterfahrbar, danach ■ zweistufig, li ⌓ 200 m *(Befahrungsverbot)*, re ✕ und Δ Campingplatz „Rossmühle".
15,0 Straßen-Ⅱ, li **Michelau**, li gute ⬇⬆, Parkplatz.
11,5 ■ und ϟ Gräfendorf, **X**, re ⌓, S 1, danach **Gräfendorf**.

11,4 Fußgänger-Ⅱ, re ↓ Schondra *(ganzjährig gesperrt).*
11,0 li Mäander Gräfendorf, *Befahrungsverbot, Fischereischutzgebiet.*
9,8 Straßen-Ⅱ, li **Schonderfeld**.
7,9 Straßen-Ⅱ, re **Wolfsmünster**, ⬇⬆, Parkplatz.
7,7 ▬, li evtl. ≈ oder über Insel ⌓, *Befahrungsverbot für Mühlkanal.*
6,9 li Pegel Wolfsmünster.
4,0 ▬, re ⌓ *(Befahrungsverbot)*, li Kloster Schönau.
3,8 Straßen-Ⅱ.
1,6 Ende des Nachtfahrverbotes.
1,4 Fußgänger-Ⅱ, anschließend ▬ im re Flussarm, Mitte ≈, li Mühlkanal nicht empfehlenswert, danach li ▲ Campingplatz der Stadt **Gemünden**.
0,8 Fußgänger-Ⅱ, danach re ↓ Sinn (s. Seite 249)
0,5 li ⬆ Gemünden, danach doppelte Straßen-Ⅱ,
0,3 Straßen-Ⅱ B 26 Bahnhofstraße, danach EB-Ⅱ, dazwischen li ⌂ und ▲ des KSC Gemünden, Duivenallee, 97737 Gemünden, ☎ 09351/4370, www.ksc-gemuenden.de , laut durch starken EB-Verkehr, sehr günstig gelegen als Standort für Befahrungen von Main, Wern, Fränkischer Saale und Sinn, nach Anmeldung auch für Gruppen geeignet, öffentlicher Parkplatz, gute ⬇⬆.
0,0 Straßen-Ⅱ, ↓ in Main bei km 211,0.

Sinn

Kleinfluss (Gebirgsfluss) Mündung in Fränkische Saale (re Nebenfluss)

Die aus der Hohen Rhön kommende Sinn fließt durch die landschaftlich sehr schöne Südrhön. Gute Strömung, enge Kurven, kleine Schwälle und viele Wehre, von denen die meisten fahrbar sind, machen die Sinn auch sportlich recht interessant.

Befahrungsregeln: *Im beschriebenen Bereich: (ab Landesgrenze ca. km 28,5) VO der Reg. v. Ufr vom 19.April 1999 Nr. 820-8622.01-4/96 über das Naturschutzgebiet „Sinngrund". Dieses umfasst die Sinnwiesen von der Landesgrenze (ca. km 28,5) bis einschließlich der Gemarkung Schaippach (km 2,1). Ausgenommen sind die im Zusammenhang bebauten Ortsteile Obersinn, Mittelsinn, Burgsinn, Rieneck und Schaippach.*
Es ist ganzjährig verboten:
- auf der Sinn mit Booten oder Schwimmkörpern aller Art zu fahren.
- das Gelände außerhalb der dem öffentlichen Verkehr gewidmeten Straßen und Wege mit Fahrzeugen aller Art zu befahren oder diese dort abzustellen.
Ausnahmeregelung für die Zeit vom 1. Juli bis 28. Februar:

Unter Auflagen ist das Befahren der Sinn erlaubt mit Kajak, Canadier, sowie mit für nicht mehr als 2 Personen zugelassenen Schlauchbooten in der Zeit von 9:00 bis 19:00 Uhr. Hierbei gilt:
- Ein- und Aussetzen oder Ausbooten – soweit nicht aus Sicherheitsgründen notwendig, nur an den gekennzeichneten Stellen und linksseitig am „Winkelwehr“ (km 10,5).
- Das Befahren ist nur ab einem Mindestwassersstand von 210 cm am Anrufpegel Mittelsinn zulässig.
- Das Befahren ist nur flussabwärts, ausgenommen am „Winkelwehr“ nördlich von Rieneck (km 10,5) zulässig.
- das Umtragen an den Wehren ist grundsätzlich zulässig.
- Organisierte Veranstaltungen mit mehr als 10 Teilnehmern bedürfen der Genehmigung durch die Reg. von Unterfranken.
- Damit absolutes BV nur von 1. März bis 30. Juni.

Befahrbarkeit: praktisch nur noch ab km 28,5, Befahrungsregelung beachten.
Pegel: Mindestpegel 210 cm am Anrufpegel Mittelsinn = leichtes HW, Telefon 09356/972287.

28,5 Wege-Ⅱ nach **Hof Dittenbrunn**, Ende LSG Sinnwiesen, Beginn *NSG Sinngrund*, s. Befahrungsregeln.
Zulässige ⬇ nach der Wegebrücke li, jedoch keine Parkmöglichkeit.

26,9 hohe EB-Ⅱ und Straßen-Ⅱ ST 2304, darunter zulässige ⬇, jedoch Parkmöglichkeit nur jenseits der ST 2304, ca. 300 m.

25,5 re Sportplatz.

25,3 **Obersinn-Ries**, Steil-▬, **X**, li ≏.

24,8 Holz-Steg.

24,7 re Wasserentnahmestelle, li fahren.

24,6 Straßen-Ⅱ in Ortsmitte **Obersinn**.

24,5 re offizielle ⬇⬆, (Anfahrt Richtung Schützenhaus, dann ⬇⬆ gegenüber Sinnstr. 3).

24,1 re ↓ Mühlkanal.

22,0 Mühlen-▬ Mittelsinn (Bäckerei Sachs), ≋ oder li ≏, re **Mittelsinn**.

21,7 Straßen-Ⅱ Mittelsinn, unmittelbar danach re offizielle ⬇⬆ oder auch Treppe an der Brücke benutzen; Anfahrt Richtung Gewerbegebiet, direkt am Pumphäuschen.

21,4 2. ▬ Mittelsinn, ≋ oder li ≏, li Sportheim TV Mittelsinn.

21,0 re ↓ Mühlkanal.

20,4 ▬ Gresselmühle, ≋ oder li ≏, bis Burgsinn folgen 2 ▬, ≋.

16,7 re Ableitung Flutkanal.

16,6 Straßen-Ⅱ ST 2304, li neues Schloss Burgsinn.

16,1 Straßen-Ⅱ Bahnhofstraße, re Burgsinn.

15,8 Wege-Ⅱ Poststraße.

15,3 re Schwimmbad zwischen Sinn und Flutkanal.

15,2 Wege-Ⅱ Auweg, re offizielle ⬇⬆, Parkplatz.

14,7 kleine Insel, li fahren.

14,0 ehemaliges Bewässerungs-■, mittig ≋.
13,6 re ↓ Flutkanal.
13,4 Wege-Ⅱ Hammerstraße, li zulässige ⬇⬆.
12,3 ehemaliges Bewässerungs-■, re ≋.
10,5 Wege-Ⅱ, anschließend Winkel-■, (bekannt als das Straßenwehr) als Übungswehr zugelassen. bei HW ansehen**!** Evtl. bereits vor der Brücke li ⌓ (alter Durchlass mit kritischer Walzenbildung, viele Kenterungen). Umleitungsgerinne geradeaus wegen nachfolgendem Rohrdurchlass nicht zu empfehlen**!**
10,3 re ↓ Umleitungsgerinne.
8,3 Wege-Ⅱ **Dürrhof**.
7,4 Rienecker-■, im engen Kanal links ≋ oder li ⌓, keinesfalls gerade in Mühlkanal einfahren.
7,2 Ⅱ, Durchfahrt evtl. durch Bäume verlegt, re Altort von **Rieneck**, Burg, ★. Die Folgestrecke ist im Sommer stark verwachsen.
7,1 re ↓ Mühlkanal, meist unangenehmer Querschuss.
6,9 li offizielle ⬇⬆, zur Anfahrt der Ausschilderung Bootsanleger folgen, Nähe Sportplatz.
6,5 Wege-Ⅱ.
6,4 EB-Ⅱ.
6,0 re EB-Haltepunkt Rieneck.
4,0 EB-Ⅱ bei Schaippach.
3,9 Behelfsweg-Ⅱ, niedrig.
3,8 Radweg-Ⅱ, **Schaippach**, die Fahrt wird meist hier beendet, ⬆ re vor der Brücke.
3,0 EB-Ⅱ ICE-Strecke Würzburg–Fulda.
2,3 li ■, Wasserableitung, Weiterfahrt im Flussbett meist auf 1,2 km nicht möglich, Weiterfahrt im re abzweigenden Kanal unmöglich (Balkensperre in der Einfahrt), daher re ⌓.
2,1 *Ende der Befahrungsregelung.*
1,6 ϟ, re ⌓.
0,5 Wege-Ⅱ, danach EB-Ⅱ, danach Wege-Ⅱ.
0,0 ↓ in Fränkische Saale.
Weiterfahrt auf der Fränkischen Saale, 700 m bis ↓ in Main, oder Fränkische Saale km 0,2 li ⌂ und ▲ KSC Gemünden, großer Parkplatz, ⬇⬆.

Wern

Kleinfluss (Wiesenfluss)	Mündung in Main (re Nebenfluss)

Die Wern verläuft als ruhiger Kleinfluss mit mäßiger Strömung durch die ansprechende, hügelige Landschaft im Bereich des Südabfalls der Südrhön. Im Oberlauf ist sie begradigt, in diesem Bereich wenig reizvoll. Empfehlenswerte Strecke ab km 34,8; in diesem Bereich ist die Wern ein typischer Kleinfluss, mit engen Kurven, zahlreichen kleinen Stufen, niedrigen Stegen, Baum- und Strauchhindernissen sowie etwa 12 Wehren, die nur teilweise fahrbar sind.

Befahrbarkeit: abgesehen von trockenen Sommern meist ganzjährig. Auskunft gibt der Pegel in Arnstein, km 31,2, ☎ 01376/370037. Infolge der Flussrenaturierungen wird empfohlen:
Ab Mühlhausen (km 38,4) bei Pegel Arnstein über 185 cm,
ab Arnstein (km 31,4) bei Pegel Arnstein über 170 cm,
ab Thüngen (km 21,2) bei Pegel Arnstein über 160 cm.
Bei HW werden die niedrigen Stege recht lästig.

65,0 Ursprung in den Ausläufern der Südrhön in etwa 300 m Höhe.

54,6 ⬇ re nach der Ⅱ Geldersheim–Schweinfurt.

50,0 **Schnackenwerth**.

45,7 **Ettleben**.

43,6 **Werneck**, ⬇, Parkplatz an der Straßen-Ⅱ B 19.

42,0 **Zeuzleben**.

38,4 **Mühlhausen**, ⬇ am Eisensteg nach Ortsende, beschränkte Parkmöglichkeit.

38,0 ▬ Vallesmühle (verfallen), bei gutem Wasserstand ≋.

37,5 Autobahn-Ⅱ A 7.

37,0 niedriger Betonsteg nach einer Kurve!

36,8 Wege-Ⅱ.

36,4 EB-Ⅱ.

36,0 **Gänheim**, ▬ Kaisermühle, eventuell re ≋ oder ⌓.

35,8 Absperr-▬, li ⌓ über Wehrkrone, li Arm bei MW ≋, bei NW bis ↓ Mühlkanal oder Ⅱ treideln.

35,7 Wege-Ⅱ Gänheim.

35,6 Straßen-Ⅱ Gänheim.

33,2 ▬ Ölmühle Arnstein, re ≋ oder re ⌓.

32,8 EB-Ⅱ.

32,1 **Arnstein**, re ✕ Benderbräustüberl, Straßen-Ⅱ Würzburger Straße, darunter kleiner Schwall.

31,8 Fußgänger-Ⅱ.

31,5 Fußgänger-Ⅱ.

31,4 Straßen-Ⅱ Sondheimer Straße, sehr gute ⬇⬆.

31,2 Pegel Arnstein.

30,6 Wege-Ⅱ.

29,2 Straßen-Ⅱ.

29,5 ▬ Bergmühle, Überlauf des Mühlkanals ≋ oder re ⌓.

28,8 Winkel-▬ Vogelmühle nach re, nur bei gutem Wasserstand ≋.

28,5 Straßen-Ⅱ, li **Reuchelheim**.

27,8 Taubermühle, Winkel-▬ nach li, ≋, Mitte rechts Eisenpfahl!

27,3 Winkel-▬ nach li, Beckmühle, li oder re außen ≋, **Müdesheim**.

27,2 Straßen-Ⅱ Radegundisstraße.

26,1 Wege-Ⅱ

25,8 li ▬ Betonrampe, bei gutem Wasserstand re oder li vom Schütz ≋, sonst li ≏. Vielfach wenig Restwasser, dann 300 m li ≏ bis hinter Ⅱ bei 25,5. Keinesfalls geradeaus in den Mühlkanal einfahren, keine Ausstiegsmöglichkeit!
re **Halsheim**.

25,6 Wege-Ⅱ, li Sportplatz mit Parkmöglichkeit.

25,5 Niedrige Bogen-Ⅱ Winterbergstraße, li Bogen fahren, re ↓ Überlaufkanal der Mühle.

24,3 Straßen-Ⅱ B 26 vor **Binsfeld**, re ⬇⬆ und Parkplatz.

24,1 Winkel-▬ dreistufig nach re, bei gutem Wasserstand evtl. li ≋ oder re ≏, re fahren, li verbaut.

23,7 Fußgänger-Ⅱ, li **Binsfeld**, ⬇⬆, Parkplatz.

21,4 ▬ Riedmühle, ≋, li **Thüngen**, Wege-Ⅱ.

21,2 Straßen-Ⅱ Thüngen–Heßlar, gute ⬇⬆.

19,0 Mühlen-▬, bei gutem Wasserstand ≋, sonst li ≏. Gleich danach re unter Ⅱ weiterfahren. **Stetten.**

18,7 Wege-Ⅱ.

17,9 EB-Ⅱ.

16,5 EB-Ⅱ, danach Fußgänger-Ⅱ.

15,2 Straßen-Ⅱ, **Schönarts**.

13,5 ⬇⬆, Parkplatz, danach schöne Gefällstrecke (WW II) mit tiefhängendem Astwerk, re ungesichertes Schöpfrad, danach 2 ≋ Gefällestufen.

12,4 Straßen-Ⅱ.

12,2 ▬ Tabaksmühle, **X**, re ≏.

11,2 ▬ (verfallen) Obere Mühle, re fahren.

11,0 Fußgänger-Ⅱ, anschließend EB-Ⅱ, ca. 300 m zum ⛺.

10,8 **Eußenheim**, Fußgänger-Ⅱ, unmittelbar anschließend Steinwurf-▬, nur bei HW halblinks ≋, Sperre durch Treibholz möglich! sonst noch vor der Fußgänger-Ⅱ re oder li ≏, 🍴.

10,6 Straßen-Ⅱ B 27.

10,4 Fußgänger-Ⅱ, li Sportplatz und Parkplatz.

9,9 re Umleitungsgerinne zum ▬ Hartmannsmühle (auch Untere Mühle Eußenheim), nicht in Mühlkanal einfahren! re vom Umleitungsgerinne ca. 300 m ≏, Rohrdurchlass von Radweg nach ca. 200 m.

8,8 re ↓ Aschbach, **X**.

8,6 Wege-Ⅱ.

5,8 Mühlen-▬ Köbleinsmühle, re ≏.

5,1 re ↓ Kühbach, **X**.

4,6 Straßen-Ⅱ, re **Gössenheim**, unter/nach der Brücke letzte Möglichkeit bequem ⬆ und li weitläufig ca. 300 m ⌓.

4,4 ▬ Sägewerk Gössenheim (aufgelassen), vorm Schütz li ↰ und über Werksgelände ⌓, Steilufer beim ⬇, geradeaus im Mühlkanal keine ⬆!

4,0 Stufe unter niederem Steg nach re, Mitte ≋.

3,0 EB-Ⅱ, li **Sachsenheim**, ab hier mehrere ≋ ▬ Gefällestufen.

2,8 Straßen-Ⅱ, ! 4 niedrige Bögen, größte Durchfahrtshöhe (< 60 cm) im 2. Bogen von rechts. Ungünstige Strömungsverhältnisse! Besser ca. 30 m vor der Brücke li ⬆, über Brücke ⌓ und re ⬇.

1,0 ▬ Gipsmühle, re ⌓.

0,5 Mühlen-▬, re ⌓.

0,4 Straßen-Ⅱ Karlstadter Straße.

0,2 Straßen-Ⅱ B 26.

0,1 EB-Ⅱ, danach Wege-Ⅱ, ca. 500 m zum 🚉, re 250 m Sportplatz Wernfeld mit Parkplatz.

0,0 **Wernfeld**, ↓ in den Main bei km 215,6. ⬆ erst im Main.

Regnitz

Wanderfluss — Mündung in Main (li Nebenfluss)

Die Regnitz fließt ohne Schwierigkeiten durch ein weites, fruchtbares Tal, vorbei an den Ausläufern der Fränkischen Schweiz und des Steigerwaldes. Sie ist in ihrem Unterlauf ein Teilstück des Europa-Kanals (Rhein-Main-Donau-Wasserstraße), wobei der Kanal z. T. das Flussbett der Regnitz benutzt, z. T. aber auch in eigenem Bett parallel zu dieser verläuft.

Befahrbarkeit: ganzjährig. Bei ausreichendem Wasserstand sollte stets versucht werden, den alten Flusslauf der Regnitz zu befahren. Unterhalb km 22,1 ist dies allerdings oft nicht möglich oder zumindest recht mühsam, weil hier ein Großteil des Wassers für die Wasserführung des Kanals abgeleitet wird.

-0,5 ⬇ bei der Straßen-Ⅱ Kapellenstraße über die Rednitz.

61,1 Zusammenfluss von Rednitz und Pegnitz zur Regnitz, **Fürth**.

59,4 EB-Ⅱ.

59,0 li ↓ Farrnbach.

57,5 Straßen-Ⅱ, davor Wege-Ⅱ, re **Führt-Stadeln**.

55,3 li ↓ Zenn (s. DKV-Kanuwanderführer für Bayern).

54,7 ▬ Vach, ✕, re ⌓, dazu ca. 100 m vor dem ↯ bei Betondurchlass re ⬆, 350 m umtragen (Bootswagen empfohlen) am Graben entlang, unter oder über Ⅱ und beim Holzsteg ⬇.

54,6 Straßen-Ⅱ, li **Führt-Vach**, re **Führt-Mannhof**.

52,6 re ↓ Gründlach.

52,1 Straßen-Ⅱ, li oberhalb Pegel (☎ 0911/761160), li **Hüttendorf**, re **Eltersdorf**, re Pfähle alter Schöpfrad-Anlagen!

52,0 Insel, beidseitig ≋.
50,4 Autobahn-Ɪ A 3 Würzburg-Nürnberg.
50,3 Wege-Ɪ.
49,3 EB-Ɪ, danach Fußgänger-Ɪ.
49,0 intakte alte Schöpfrad-Anlage, danach li ↓ Aurach (s. DKV-Kanuwanderführer für Bayern).
48,5 ▬ Erlangen-Bruck, evtl. ≋ oder li ≏, ansehen!
48,3 Straßen-Ɪ Herzogenauracher Damm, re **Erlangen-Bruck**, li **Frauenaurach**.
48,2 re ⌂ ATSV 1898 Erlangen, Kanuabteilung, Herzogenauracher Damm 12, 91056 Erlangen.
47,6 Straßen-Ɪ Büchener Damm.
47,3 ▬ Neumühle, **X**, li ≏.
47,1 Wege-Ɪ.
47,0 Neumühl-Steg, li Freibad.
45,9 Insel mit ▲ Campingplatz, li Arm fahren, re Zufluss zur Thaler-Mühle. Wer am Platz der Naturfreunde ausbooten will, kann auf dem re Flussarm ca. 500 m bis zu einer niedrigen Ɪ fahren und dort ⬆, 150 m ≏ über die Insel und im Unterwasser ⬇.
45,6 ▬ Wöhrmühle, **X**, li ≏. li Fischtreppe **X**.
45,5 Straßen-Ɪ.
45,3 ⌂ und ▲ Naturfreunde Erlangen, Wöhrmühle 6, 91054 Erlangen, ☎ 09131/25303, www.naturfreunde-erlangen.de , ⬇⬆, **Erlangen** (Universitäts- und Industriestadt).
45,2 re Thaler Mühle, ↓ der re Flussarms.
44,9 Vogelschutz-Insel, li oder re ≋.
44,4 Straßen-Ɪ Dechsendorfer Damm.
44,3 Insel „Engelanger" mit Fischereiverein, li und re (durch Ɪ) ≋.
43,8 re ↓ Schwabach (s. DKV-Kanuwanderführer für Bayern).
43,7 ▬ Erlangen-Werker, **X**, li ≏, li Flutmulde **X**.
Beginn eines Fluss-Abschnittes mit alten Schöpfrädern auf ca. 4 km (Denkmalschutz!). Jeder Versatz (Leitbretter) hat einen ≋ Durchlass. Einige Schöpfräder sind im Sommer in Betrieb.
39,9 Straßen-Ɪ, li **Möhrendorf**.
38,7 ▬ Baiersdorfer Mühle, **X**, bei überspülter Wehrkrone starker Sog! li ≏ (300 m), Ärger mit Besitzer vermeiden! Steine im Unterwasser.
37,3 Straßen-Ɪ, re **Baiersdorf**.
37,0 Insel, li oder re ≋.
36,0 Straßen-Ɪ, re **Wellerstadt**.
35,6 ▬ Baiersdorf-Wellerstadt, **X**, li ≏ (Rampe), Werk-Kanal nicht befahren.
35,0 Insel, re Arm fahren. Danach re ↓ Werk-Kanal. Dann Wege-Ɪ.
34,6 li ↓ Nebenarm.

32,4 Straßen-Ⅱ, li **Hausen**, li motorbetriebenes Schau-Schöpfrad, ϟ und ■ Hausen, **X**, li ⏢ (S 1), ⬇⬆.
32,0 ↓ in Main-Donau-Kanal, Schifffahrtstraße!
30,7 EB-Ⅱ.
29,2 re ↓ Wiesent (s. Seite 258).
28,4 Fußgänger-Ⅱ, li **Burk**, ▲ Campingplatz, Sport- und Freizeitanlagen, li Yachthafen.
28,0 Straßen-Ⅱ B 470, re **Forchheim**, re 🚂 in 1,5 km, li **Buckenhofen**.
26,6 re → Kanal zur □ Forchheim, li Arm fahren.
25,9 ϟ und ■ Forchheim, **X**, ⏢ gekennzeichnet, Straßen-Ⅱ, Pegel.
25,3 re ↓ Main-Donau-Kanal.
23,4 li **Pautzfeld**.
22,6 Straßen-Ⅱ, li **Schlammersdorf** 1,5 km, re **Neusitz a. d. Regnitz**.
22,1 re → Kanal, bei gutem Wasserstand im li Arm weiterfahren, bei NW flach und steinig.
22,1
= 24,8 der Kilometrierung der Regnitz
24,5 ■ und ϟ Neuses, li ⏢ (s. Befahrbarkeit).
23,3 li ↓ Aisch (s. DKV-Kanuwanderführer für Bayern).
Es folgen bis km 15,0 acht Sohlschwellen, ≋, bei NW Vorsicht!
20,9 Rohr-Ⅱ am Klärwerk.
17,5 Straßen-Ⅱ, li **Sassanfahrt**.
16,7 li ↓ Reiche Ebrach (s. DKV-Kanuwanderführer für Bayern).
15,0 li Parkplatz an der B 505.
13,9 ↓ ϟ-Kanal, Überlauf des Main-Donau-Kanals.
13,6 Straßen-Ⅱ B 505, danach Pegel Pettstadt, ☎ 01804-370037-578, NW = 130 cm, MW = 173 cm.
13,0 EB-Ⅱ, Fähre, Sohlschwelle (ansehen), li 🚂 Pettstadt in 1 km.
12,4 li ↓ Rauhe Ebrach (s. DKV-Kanuwanderführer für Bayern).
11,6 li ↓ Aurach (s. DKV-Kanuwanderführer für Bayern).
9,2 li ▲ Campingplatz Insel.
8,8 re WSV Neptun.
8,4 Wege-Ⅱ, li **Bug**, re **Bughof**.
7,9 Gabelung: li Arm Regnitz, re Arm zum Main-Donau-Kanal, hier nach 750 m Ⅱ und ■, **X**, re ⏢, Treppen.
Weiterfahrt im linken Regnitzarm:
7,7 Sperrtor-Ⅱ.
7,6 li DJH (Wolfsschlucht).
6,8 Straßen-Ⅱ B 22 Hainbrücke, Abzweigung in den Hollergraben (s. DKV-Kanuwanderführer für Bayern).
6,2 ⌂ und ✕ der Rudergesellschaft, danach Flussbad.
5,7 re Abzweigung des alten Ludwig-Donau-Main-Kanals, Alte Schleuse (funktionsfähig, 100. □ des Ludwig-Donau-Main-Kanals, Einzelfahrer

müssen von der Rampe an der Schleuse bis zur Nonnenbrücke ⏏; Gruppen können evtl. auf Anfrage beim BFC (www.faltbootclub.de) durch berechtigte Mitglieder des BFCs geschleust werden.
Weiterfahrt auf dem Ludwig-Donau-Main-Kanals oder Fahrt beenden, im linken Regnitzarm ist keine Weiterfahrt möglich (Wehr-Anlagen, keine ⏏-Möglichkeiten, keine Warntafeln, starker Sog zu den Turbineneinläufen!).

5,5 Straßen-Ɪ Nonnenbrücke, **Bamberg**, re alter Ladekran.
5,3 Schloss Geyerswörth, Gerberhäuser, Wege-Ɪ.
5,2 Obere Ɪ und Untere Ɪ zum Alten Rathaus: historisches Rathaus, errichtet auf einer künstlich geschaffenen Insel mitten im Fluss.
5,1 li ↓ des **X** linken Regnitzarmes, Ende des Schleusenkanals, Wendestelle der Personenschiffe.
5,1 re hübsche Häuserzeile: „Klein-Venedig".
4,7 Straßen-Ɪ Markusstraße.
4,4 Wege-Ɪ.
3,7 Straßen-Ɪ Friedensbrücke.
3,5 Straßen-Ɪ Erba-Brücke, □ des alten Ludwig-Donau-Main-Kanals, ▬ und ϟ, li ⏏ (S 2), Personenschifffahrt! Fährt man re in das Altwasser ca. 300 m hinein, so gibt es dort einen Fußweg von ca. 200 m zum Faltbootclub Bamberg.
2,9 Wege-Ɪ.
2,6 Elmer Spitz, re ↓ des Main-Donau-Kanals, am Main-Donau-Kanal aufwärts liegt beim Kanal-km 3,7 re das Gelände des Bamberger Faltboot Clubs, Weidendamm 150, 96047 Bamberg, ⌂, ▲, ✕, *DKV-Kanustation*, ☎ 0951/68624, www.faltbootclub.de . Idealer Standort.
Bamberg: viele Sehenswürdigkeiten.
Bis zur ↓ haben Regnitz und Main-Donau-Kanal nun ein gemeinsames Bett.
2,1 li **Bamberg-Gaustadt**, re Hafen Bamberg
1,5 Straßen-Ɪ B 26 Bamberg–Schweinfurt.
1,0 li **Bischberg**.
0,0 ↓ in Main bei km 384.

Bamberger Stadtrundfahrt mit dem Kanu:

3,7 Beginn der Rundfahrt beim Bamberger Faltboot-Club im MDK (rechter Regnitzarm), im MDK aufwärts fahren bis km 6,8.
6,8 in Fahrtrichtung ← MDK, → in den rechten Regnitzarm einfahren, re Parkhaus, Toiletten, Bäcker.
6,9 Straßen-Ɪ B 22 Heinrichs-Brücke, re Luisenhain mit Botanischem Garten.
7,4 1. ⏏-Stelle, ↰, Treppen benutzen, zur ↓ oberhalb des ▬ ca.

80 m ⩯.

8,2 Buger Spitze, ↓ in linken Pegnitzarm, nach re → wenden zur Sperrtor-Ⅱ.
Wechsel der Kilometrierung!

7,7 Sperrtor passieren, bei HW geschlossen, Wege-Ⅱ.

6,8 Straßen-Ⅱ B 22 Hainbrücke, Möglichkeit für Kunststoffbote den Hollergraben zu fahren, re Theresienhain.

6,2 ⌂ und ✕ der Rudergesellschaft.

5,7 re → in den alten Ludwig-Donau-Main-Kanal, ☐ (s. oben).

5,5 Straßen-Ⅱ Nonnen-Brücke), re alter Ladekran.

5,3 Schloss Geyerswörth, Wege-Ⅱ.

5,2 Obere Ⅱ und Untere Ⅱ zum Alten Rathaus.

5,1 li ↓ des **X** linken Pegnitzarmes, Ende des Schleusenkanals.

4,7 Straßen-Ⅱ Markusbrücke.

4,4 Wege-Ⅱ.

3,7 Straßen-Ⅱ Friedensbrücke.

3,5 2. ⩯-Stelle, Straßen-Ⅱ Erba-Brücke, ☐ des alten Ludwig-Donau-Main-Kanals, ■ und ϟ, li ⩯ (S 2), Personenschifffahrt! Fährt man re in das Altwasser ca. 300 m hinein, so gibt es dort einen Fußweg von ca. 200 m zum Faltbootclub Bamberg.

2,9 Wege-Ⅱ.

2,6 Elmer Spitz, re ↓ Main-Donau-Kanal (= rechter Regnitzarm), zurückpaddeln den MDK aufwärts.

3,7 Ende der Rundfahrt beim Bamberger Faltboot-Club.

Wiesent

Wiesenfluss – Wanderfluss — Mündung in Regnitz (re Nebenfluss)

Die Wiesent ist ein rechter Nebenfluss der Regnitz. Sie erschließt dem Flusswanderer eines der schönsten Täler der Fränkischen Schweiz. Besonders herrlich erstrahlt das Tal im Glanz der herbstlich verfärbten Wälder. - Bekannt ist die Wiesent auch als Fränkisches Wildwasser (WW I). Für Könner erscheint die Einordnung in die Kategorie Wildwasser vielleicht übertrieben. Für Lernende hingegen wartet die Wiesent allenthalben mit Überraschung auf! Die ersten Fahrversuche sollten daher mit Rücksicht auf die Natur und die Bootsneulinge nicht unbedingt auf der Wiesent unternommen werden!

Befahrungsregeln: *1. Ganzjähriges Befahrungsverbot von der Wiesentquelle bis zur Str-Ⅱ unterhalb von Plankenfels (km 52,0).*
2. Befahrungsverbot von der Straßenbrücke Plankenfels (km 52,0) bis zur Einmündung der Leinleiter (km 18,3) vom 01.10. bis 30.04.,
3. Befahrungsverbot von der Straßenbrücke Plankenfels (km 52,0) bis zum Wehr Sachsenmühle (km 31,8) vom 01.05.–31.09. von 17–09 Uhr und ganzjährig gegen die Fließrichtung.

4. Gesamte Flussstrecke: Ganzjähriges Verbot für Stromaufwärtsfahren und mit gekoppelten Booten. Uferbetretungsverbot außerhalb der markierten Stellen. Verbot organisierter Veranstaltungen mit mehr als 10 Booten. Befahrungsverbot der Wehranlagen.

Befahrbarkeit: bei gutem Wasserstand ab Straßenbrücke Plankenfels (km 52,0), ganzjährig ab Waischenfeld (km 46,4).
Fahrtende spätestens bei Reuth (km 5,0), da die Wiesent in Forchheim durch Industrieanlagen völlig verbaut ist.

Schwierigkeiten: leichtes Wildwasser (WW I), Wehre, niedrige Stege

---

Oberlauf s. DKV-Kanuwanderführer für Bayern.

47,3 re ▲ Campingplatz Waischenfeld.

46,4 Straßen-Ⅱ, **Waischenfeld**, ab hier ganzjährig ⩯, übliche ⬇.
▬, X, li ≙.

46,1 Straßen-Ⅱ.

45,6 Hammermühle, ▬, X, li ≙, Straßen-Ⅱ.

45,1 re Parkplatz, günstige ⬇.

45,0 Straßen-Ⅱ, li Ausflugs-✂ „Pulvermühle".

44,2 Wege-Ⅱ, sehr niedrig, li ≙.

43,7 Straßen-Ⅱ nach Kirchahorn.

42,9 ▬, Fachwerkmühle Rabeneck, re ≙; li Burg Rabeneck; Straßen-Ⅱ.

41,4 ▬, Bauern-ϟ, re ≙.

40,2 ▬ Doos-Katarakt, re ≙.

40,1 re ↓ der Aufseß (Befahrungsverbot!), gleich unterhalb beliebte ⬇.

39,4 Fußgänger-Ⅱ.

39,2 re Riesenburg (Felsenversturzhöhle, im Wald versteckt).

38,2 ▬ Schottersmühle, X, li weit ≙ (S 2). Die 4 Sohlstützschwellen unterhalb des Wehres bilden je nach Wasserstand einen erheblichen und nicht ungefährlichen Rücksog, am besten in einem mit dem Wehr umtragen, Pegel.

36,8 Straßen-Ⅱ.

35,0 ▬ Behringersmühle, X, re ≙ auf vorgeschriebenem Weg. Das früher übliche ≙ über die Insel ist verboten. Das Mühlengrundstück darf keinesfalls betreten werden.

34,6 Straßen-Ⅱ B 470, **Behringersmühle**, li ↓ Püttlach (Befahrung verboten). Danach re 🚂 der Museumsbahn.

34,0 🚂 (aufgelassen), Parkplatz, ⬇.

33,5 Stempfermühle, Durchfahrt am Steg li.

33,2 EB-Ⅱ (Museumsbahn).

31,8 Sachsenmühle, ▬, re ≙.

31,5 Straßen-Ⅱ, li nach **Gößweinstein**.

30,9 Eisenschwelle über dem Fluss, li schmaler Durchlass bei gutem Wasserstand ≋, sonst überheben.

30,0 Fußgänger-Ⅱ, li am Berg versteckt **Burggaillenreuth**.

28,7 Natur-▬, re ≋, bei HW auch geradeaus ≋.
Straßen-Ⅱ B 470.

27,5 Fußgänger-Ⅱ.

26,3 Straßen-Ⅱ B 470.

26,1 ▬ Muggendorf, li ⌓.

25,9 Straßen-Ⅱ, re oberhalb gute ⬇⬆, Parkplatz, re **Muggendorf** (Straße über den Berg nach Doos 3,5 km, im Tal 14 km).

24,2 Wörmühle, verfallenes ▬, li Durchfahrt ≋, danach Eisensteg (sehr niedrig)!

23,9 Holz-Ⅱ, Schrägströmung zwischen den Pfosten, li **Haag**, li auf der Bergzunge Ruine Neideck.

22,6 EB-Ⅱ (Museumsbahn).

22,1 ▬ Streitberg, re ⌓, **Streitberg**.

21,9 kleines ▬, re ≋, danach Straßen-Ⅱ, beliebte ⬆, begrenzte Parkmöglichkeit, li **Niederfellendorf**.

18,7 ▬ Bauern-ϟ, bis zum ▬ fahren, dort re ⌓.

18,5 li ▲ Campingplatz Rothenbühl.

18,3 re ↓ des Leinleiterbaches (ganzjähriges Befahrungsverbot!).

18,1 EB-Ⅱ.

17,5 Straßen-Ⅱ vor Ebermannstadt, li nach **Wollmuthshüll**. re vor dem ▬ ideale ⬆ und gute Parkmöglichkeit, Weiterfahrt li über das ▬.

17,1 ▬ **Ebermannstadt** Ortseingang, Neuer Stadtgraben.

15,9 ▬ Ebermannstadt Ortsausgang, „Martin-Nebel-Bootsrutsche“ existiert nicht mehr, ⌓ (S 1).

14,3 Wiesen-▬, Mitte und li ≋.

14,0 ▬, Wiesenwehr, li ≋.

13,3 Straßen-Ⅱ, li **Pretzfeld**: Schloss, Rokokokirche. Wer zur Regnitz weiter will, sollte hier am 🚗 ⬆ und erst wieder in der Regnitz einsetzen!
li ↓ der Trubach (ganzjähriges Befahrungsverbot!).

11,6 re ▬, Überlaufwehr („Holländerwehr“), anschließend „Dschungelfahrt“ bis km 7,6; sonst: Weiterfahrt im li Arm: „Wiesentmühlbach“: es folgen 3 sehr niedrige Wasserüberleitungen, sehr beschwerlich. ▬ Kirchehrenbach („Wiesentmühle“), li ⌓ (S 3).

8,3 Straßen-Ⅱ, li nach **Kirchehrenbach**.

7,6 li ↓ des Wiesentmühlbachs.

6,0 ▬ und ϟ, li ⌓, ca. 300 m weit (S 1).

5,0 Straßen-Ⅱ, re **Reuth**: spätestens hier ⬆. Weiterfahrt unmöglich!

0,0 ↓ in einen Altarm der Regnitz.

Pegnitz

Kleinfluss – Wanderfluss | Mündung in Regnitz (östl. Quellfluss)

Die Pegnitz ist ein netter Wanderfluss mit teils flotter, teils mäßiger Strömung. Sie entspringt in einer Karstquelle in dem Ort Pegnitz, dem sie ihren Namen gab. Im Oberlauf durchfließt sie den Veldensteiner Forst, eine urwüchsige, herrliche Wald- und Teichlandschaft mit seltener Vogelwelt. Der mittlere Teil von Neuhaus bis Hohenstadt ist wegen seiner landschaftlichen Schönheit (*Hersbrucker Schweiz*) ein gern besuchtes Urlaubsgebiet, das aber nicht so überlaufen ist wie das nördlichere Wiesenttal. Bis Hohenstadt fließt die Pegnitz nach Süden. Im weiten Wiesengrund mäandert die Pegnitz von da an, gesäumt von Bäumen und Büschen, westwärts in das Nürnberger Land. Mit Hindernissen, wie umgestürzten Bäumen oder Schwemmgutbarrieren, ist hier besonders im Frühjahr oder nach Gewitterstürmen zu rechnen. In Nürnberg ist die Pegnitz zum Wöhrder See aufgestaut, einem stadtnahen Vogelschutzgebiet.

Befahrungsregeln: *Befahrungsverbot zwischen dem 1.05 und dem 31.10 (Sommerhalbjahr) von Neuhaus/Pegnitzbrücke ST 2162 (km 86,4) bis Hohenstadt/Bahnhof (km 61,7) in der Zeit von 19 Uhr bis 8 Uhr*
vom 1.11. bis 31.05 (Winterhalbjahr) Befahrungsverbot von Neuhaus (km 86,4) bis Güntherstal (km 78,9)
von Neuhaus (km 86,4) bis Hohenstadt (km 61,7) gilt ganzjährig: Erlaubnis für Befahrung nur für kleine Fahrzeuge mit höchstens 4 Plätzen und nicht länger als 6 m nur in Flussmitte bzw. an der tiefsten Stelle. Befahren gegen die Fließrichtung ist verboten. Jede organisierte Bootsveranstaltung mit mehr als 10 Booten ist verboten. Das Anlanden und Betreten der Ufer ist (außer in Notfällen) nur an den mit Hinweistafeln gekennzeichneten Aus- und Einstiegsstellen in Neuhaus, Velden, Güntersthal, Düsselbach, Eschenbach und Hohenstadt, sowie an den Wehren gestattet.
Unbefahrbarkeit im Stadtbereich Lauf (km 32,2 – km 31,0) (Sicherheitsgründe)
Befahrungsverbot vom 01. 10. bis 31. 03.(Winterhalbjahr) von Wehr Nürnberg-Mögeldorf (km 12,8) bis Wöhrder See (Km 10,3)
ganzjähriges Befahrungsverbot im Stadtbereich von Ende Wöhrder See (km 10,0) bis Stadtgrenze Nbg-Fürth (km 3,3)
ganzjähriges Befahrungsverbot für alle Pegnitz-Zuflüsse

Befahrbarkeit: ab Mosenberg/Rana (km 90,9) nur nach starken Regenfällen (nur in Kleinstgruppen!),
ab Neuhaus (km 86,4) ganzjährig, besonders beliebt ist die Strecke von Velden bis Hohenstadt oder Hersbruck

Schwierigkeiten: Wehre, schwieriges ≏, teils Busch- und Baumhindernisse.

Pegel: Güntersthal, bei km 79.3 (NW = 126 cm, MW = 142 cm)

Hohenstadt, bei km 62,9 ☎ 01804-370037-605, (NW = 140 cm, MW = 165 cm).

---

115 Ursprung im Ort **Pegnitz** in der Fränkischen Schweiz.
bis km 86,4 s. DKV-Kanuwanderführer für Bayern.

86,4 Straßen-Ⅱ ST 2162, **Neuhaus** (Burg Veldenstein, Maximiliansgrotte), *Beginn der Befahrungsregelung (s. oben)*, mögliche ⬇.

86,3 EB-Ⅱ.

85,5 Wege-Ⅱ.

85,2 EB-Ⅱ

84,4 EB-Ⅱ, ▬-Anlage Rothenbruck (2 Wehre):
1. ▬ mit Bootsrutsche (nur für Kajaks geeignet, steile Betonrinne), danach folgen ca. 30 m Inselbereich mit guter ⬆-Möglichkeit,
2. ▬ (mehrere kleine Stufen), bei NW **X**, li ⌓.

84,1 Ende des Inselbereichs, Straßen-Ⅱ, re **Rothenbruck**, li **Finstermühle** (600 m).

83,6 ▬ Engenthal, re ⌓ oder durch niedrigen Holz-Fußg.-Ⅱ fahren und Boot über das Wehr heben.

83,3 Straßen-Ⅱ, li **Engenthal**.

82,0 EB-Ⅱ.

81,5 ▬ Neuensorg, davor fallweise starke Verkrautungen, re ⌓ oder treideln, evtl. ≋ (ansehen), Straßen-Ⅱ zum Betonwerk Neuensorg.

81,3 EB-Ⅱ, danach re ⛺ Velden.

80,9 EB-Ⅱ.

80,3 Straßen-Ⅱ Nürnberger Str., re **Velden** (malerisch gelegen, Pflegerschloss, Stadtkirche, Mühltorturm, Reste der Befestigungsanlage), in der Nähe: Petershöhle, Geislochhöhle, Hainkirche, danach Holz- Fußg.-Ⅱ.

80,1 ▬, li ⌓ über die Mühleninsel (altes Mühlrad, Privatgrund**!**), einsetzen je nach WS direkt unterhalb des Wehres oder in den re Arm.

80,0 Fußg.-Ⅱ, danach li Parkplatz an ST 2162, ⬇⬆ Velden.

79,6 ▬, **Güntersthal**, BronzefabrikEckartwerke, re ⌓ (S2), danach EB-Ⅱ.

79,4 Straßen-Ⅱ ST 2162 am Ende des Werksgeländes.

79,3 Fußg.-Ⅱ, Pegel Güntersthal (NW = 126 cm, MW = 142 cm).

79,1 Holz-Fußg.-Ⅱ, re großer Parkplatz am Klärwerk, gute und beliebte ⬇⬆, *Ende des BV vom 01.11. bis 31.05.*

78,9 EB-Ⅱ.

78,4 Wege-Ⅱ (niedrig), re **Lungsdorf**.
Die kurze Strecke zwischen Lungsdorf und Rupprechtstegen ist mit der wohl reizvollste Abschnitt im oberen Pegnitztal: malerische, felsendurchsetzte Landschaft mit schmucken Orten.

78,1 EB-Ⅱ.

77,7 re Naturdenkmal Rothenfels (beliebter Kletterfelsen), kleiner Schwall, Zelten verboten.

77,3 EB-Ⅱ, davor Holz-Fußg.-Ⅱ.

76,8 Holz- Fußg.-ⵋ.
76,4 X Rupprechtstegen, li ⩍ (Mühlengrundstück nicht betreten), Mitte-re evtl. ⩰ (ansehen), Steine im UW!
76,2 Straßen-ⵋ Pegnitztalstr., li Parkplatz (400 m), re **Rupprechtstegen**.
75,7 Fußg.-ⵋ.
75,1 Wege-ⵋ, re ↓ Harnbach.
74,7 EB-ⵋ.
74,5 Fußg.-ⵋ.
74,2 EB-ⵋ.
74,0 Straßen-ⵋ, re **Enzendorf** (formschönes Fachwerkhaus *Windischhof*), danach
■, meistens trocken, dann vor der Brücke li ↰ und li ⩍ (ca. 100 m).
73,7 EB-ⵋ, re Bahntunnel Vogelherd (256 m lang, Baubeginn 1871).
73,0 Wege-ⵋ.
72,6 EB-ⵋ.
72,2 EB-ⵋ.
71,8 Beton-Wege-ⵋ.
71,6 EB-ⵋ, Ortsanfang von Artelshofen.
70,9 Straßen-ⵋ, **Artelshofen** (ein Glanzpunkt im oberen Pegnitztal; Schloss inmitten einer ausgedehnten privaten Parkanlage).
70,7 ■ Artelshofen, re ⩍ ca. 80 m, bei gutem WS ⩰, re ⬇⬆, re guter Rastplatz, li ✂.
70,3 Fußg.-ⵋ.
69,7 re neben dem Sportplatz ⛺ Vorra.
69,4 Fußg.-ⵋ.
69,2 ■ Vorra, li ⩍, evtl. in der Mitte ⩰ (ansehen), künftig ⬆-Stelle re im Mühlkanal und über Insel nach li zur ⬇-Stelle ⩍.
69,0 Straßen-ⵋ St 2162 Hauptstr., **Vorra** (vielbesuchte Sommerfrische; 2 Schlösser- Schullandheim, herrliche Lage zwischen felsbesetzten Waldhängen).
68,0 EB-ⵋ.
67,4 Wege-ⵋ (niedrig), re **Düsselbach**, li Naturdenkmal Düsselbacher Wand (beliebtes Kletter- und Wanderziel), li gute ⬇⬆, li Parkplatz, Schwemmgut**!**, kurz nach dem Ort der Düsselbacher Schwall.
66,5 Wege-ⵋ.
65,7 ■ Alfalter, li ⩍, ⬇⬆-Stelle vorhanden, bei gutem WS evtl. halblinks ⩰ (ansehen), ab hier ist die Pegnitz sehr kurvenreich.
65,6 Wege-ⵋ.
64,2 Wege-ⵋ.
64,0 EB-ⵋ.

63,5 Straßen-Ⅱ Lau30, li **Eschenbach** (malerisches Schloss und Kirche), ⬇⬆, li Parkplatz.

63,4 li ↓ Hirschbach (das Hirschbachtal ist ein sehr beliebtes Wandertal mit bizarren Felsformationen, Schwarzer Brand mit Norissteig und Höhenglücksteig), im weiteren Pegnitzverlauf flotte Strömung, kurvenreich, häufig umgestürzte Bäume.

62,9 Fußg.-Ⅱ, Pegel Hohenstadt ☎ 01804-370037-605, NW = 140 cm, MW = 165 cm.

61,7 Holz- Fußg.-Ⅱ, re Parkplatz Hohenstadt (50 m), vor der Brücke re Ⅱ, *Ende der Befahrungsregelung.*

61,4 re ↓.

60,2 Straßen-Ⅱ Hauptstr., re **Hohenstadt** (herrliche Aussicht vom schroff aufsteigenden Höhenstädter Fels), li **Pommelsbrunn**.

59,8 Straßen-Ⅱ Happurger Str., unter der Brücke seicht, li oberhalb günstige ⬇⬆, danach li ↓ Högenbach, freiwilliger Befahrungsverzicht.

59,3 EB-Ⅱ (Nürnberg–Amberg), danach viele enge Windungen bis Hersbruck.

57,5 li ↓ Förrenbach oder Happurger Bach, freiwilliger Befahrungsverzicht.

53,8 Hersbruck-Strudelbad (Achtung im Badbereich bei Badebetrieb, Badegäste versuchen Boote zu kentern!), ab der Badeanstalt unbedingt links fahren (Beschilderung fehlt), kleine ≋ Stufe.

53,2 sehr niedrige Ⅱ, bei Beendigung der Fahrt li ↰ am Groß-Parkplatz am Plärrer, bei Weiterfahrt li ⌓ gemeinsam mit dem folgenden Wehr.

53,1 ▬, X, ⬇ direkt in den Mühlgraben, schöner Rastplatz am Wehr, Sartoriusmühle (jetzt Psoriol-Hautklinik).

52,9 Straßen-Ⅱ Ostbahnstr., li Parkplatz ca. 150 m, **Hersbruck** (Hauptort und Hauptausgangspunkt für Wanderungen in die Hersbrucker Alb, die Hersbrucker Schweiz; die Stadt überrascht mit alten malerischen Gassen, Tortürmen und spitzgiebligen Bürgerhäusern; Reste der Stadtbefestigung mit Wehrgang; Schloss und Stadtkirche; Hirschbrunnen; Heimatmuseum mit zweitgrößter Zinnsoldatensammlung; Hirtenmuseum).

52,7 Durchfahrt unter altem Mühlgebäude.

52,4 Fußg.-Ⅱ.

49,7 re ↓ Sittenbach.

Das beliebteste Wanderziel im Sittenbachtal ist der Hohenstein (mit 634 m der höchste Punkt der Hersbrucker Alb; herrliche Aussicht; alte Burganlage), im Tal Kirchensittenbach mit eindrucksvoller Schlossanlage und befestigter Kirche.

49,4 Straßen-Ⅱ B 14, re **Altensittenbach** (500 m).

47,9 li ↓ Hammerbach.

Das Hammerbachtal ist ein gern besuchtes, herrliches Seitental der Pegnitz mit malerischen Orten: **Henfenfeld** (Schloss, Kirche, Burg), **Engelthal** (ehem. Klosterdorf, beachtenswerte ehem. Klosterbauten), bei **Hallershof** ein sehenswertes Naturdenkmal: Steinerne Rinne, **Offenhausen** (Wehrkirche).

45,7 ▬ Reichenschwand, **X**, li ⌓, li fahren.
45,1 Straßen-Ⅱ Anger, re Parkplatz, re **Reichenschwand** (Heideloffschloss, Hungerschloss).
44,9 re ↓ Sandbach.
40,1 Straßen-Ⅱ Hans-Pirner-Str., li **Ottensoos**.
37,4 ▬ und ϟ Ottensoos, **X**, re ⌓.
37,0 re ↓ Schnaittach (s. DKV-Kanuwanderführer für Bayern).
36,0 Fußg.-Ⅱ.
34,5 Autobahn-Ⅱ A 9.
33,5 Fußg.-Ⅱ (Nähe Siechenlohstr.).
32,6 Straßen-Ⅱ Briver Allee/Karlsbrücke, **Lauf**.
32,4 Fußg.-Ⅱ, li Parkplatz, danach Insel mit Wenzelsschloss.
Unbefahrkeit im Stadtbereich Lauf (bis km 31,3).
3 **X** ▬, keine Aussetzmöglichkeiten, keine direkte Umtragemöglichkeit, daher unbedingt bei der nachfolgenden Flussteilung durch die Schlossinsel (Wenzelsschloss) in den linken Arm fahren und am Parkplatz li ⬆, li durch die Stadt mit Bootswagen (ca. 1,1 km) umsetzen und unterhalb der neuen Straßen-Ⅱ (B 14) wieder einsetzen oder Fahrt hier beenden!
32,2 Fußg.-Ⅱ zum Wenzelsschloss, li Parkplatz, letzte ⬆-Möglichkeit
Lauf: Reste der alten Stadtbefestigung mit Tortürmen; Stadtpfarrkirche; ehem. Fürstenherberge Wilder Mann mit Fachwerkfassade und geräumigem Hof; Burg Lauf, häufig auch als Wenzelschloss bezeichnet (der Hl. Wenzel war der Schutzpatron der kaiserlichen Burg; besondere Beachtung verdient der einzigartige Wappensaal); malerische Winkel.
32,1 Straßen-Ⅱ Johannisstr., danach Weiterfahrt lebensgefährlich!
1. ▬, **X**, keine Umtragemöglichkeit.
32,0 2. ▬, **X**, keine Umtragemöglichkeit.
31,7 Fußg.-Ⅱ.
31,5 3. ▬, ⌓, keine Umtragemöglichkeit.
31,3 Straßen-Ⅱ St 2240 Luitpoldstr., Pegel Lauf ☎ 01804-370037-606.
31,0 Straßen-Ⅱ B 14, Autobahnzubringer zur A 9 Nürnberg-Berlin, re Kläranlage Im Reis, ⬇ unterhalb der Brücke (keine Zufahrt bzw. Haltemöglichkeit auf der B 14! Zufahrt nur durch Lauf in Richtung Kläranlage).
26,2 Straßen-Ⅱ, li **Röthenbach**, re **Rückersdorf**.
25,0 li ↓ Röthenbach (s. DKV-Kanuwanderführer für Bayern).
20,3 Straßen-Ⅱ, re **Behringersdorf**, li **Schwaig**.
19,0 Holz-Fußg.-Ⅱ, li **Malmsbach** (Torhaus eines nicht mehr vorhandenen Patrizierschlosses).
18,6 Autobahn-Ⅱ A 3, von hier aus bis Nürnberg-Erlenstegen re Wasserschutzgebiet der Trinkwasserversorgung - Betreten des re Uferbereichs polizeilich verboten!

17,5 ▬ Staustufe und ↯ Nürnberg-Hammer, **X**, li ⛺ (ca. 300 m weit das historische Gelände des alten Hammerwerkes), re Betretungsverbot!

16,2 Fußg.-Ⅱ, li **Nürnberg-Laufamholz**; Schlossruine Oberbürg.

15,0 Fußg.-Ⅱ Olga-Pöhlmann-Weg, re **N-Erlenstegen**, Ende des rechtsseitigen Wasserschutzgebietes.

14,0 Fußg.-Ⅱ (Hochwassersteg), li **N-Ebensee**, re **N-Erlenstegen**, nachfolgend Wege-Ⅱ.

13,1 Fußg.-Ⅱ, li **N-Mögeldorf**, davor Flussgabelung: im li Arm keine Weiterfahrt, re Arm fahren.

12,8 Straßen-Ⅱ Ludwig-Erhard-Brücke, davor ▬ Sohlstufe, **X**, vorher ⬆.
Beginn des Stausee *Wöhrder See* (gesamten Uferzonen sind Vogelschutzgebiet)
Befahrungsverbot von km 12,8 bis km 10,3 (Wöhrder See) in der Zeit von 01.10. bis 31.03. (Winterhalbjahr).

11,7 Straßen-Ⅱ Dr.-Gustav-Heinemann-Brücke.

11,4 EB-Ⅱ.

10,3 li gute ⬆, 15 Min. zum Haupt-🚉, *Ende des zeitl. Befahrungsverbot.*

10,0 Straßen-Ⅱ Adenauerbrücke, Ende des Wöhrder Sees.
Überfall-▬, **X**, Bojen sperren den Wehr-Bereich (dürfen nicht überfahren werden), weiter s. DKV-Kanuwanderführer für Bayern.
Ab hier ganzjähriges Befahrungsverbot im Stadtbereich von Nürnberg (km 10,0–km 3,3).

0,0 Zusammenfluss mit der Rednitz zur Regnitz

Rednitz

Wiesenfluss – Wanderfluss | Mündung in Regnitz (westl. Quellfluss)

Aufgrund der geologisch günstigen Lage ist die Rednitz-Regnitzfurche seit früher Zeit verkehrstechnisch sehr bedeutend: So verlief hier einst eine der wichtigsten deutschen Handelsstraßen, die sogenannte Venediger Straße von Nürnberg über Augsburg nach Italien. Bauten aus alter Zeit zeugen noch von der einstigen Blüte des Tals. Auch die Eisenbahn nutzte die günstige Lage für den Bau der Strecke Nürnberg–Treuchtlingen–München. Für den Kanalbau erwies sich die Trasse aber offensichtlich nicht so günstig: Nur der erste Kanalbauversuch unter Karl dem Großen sollte den Main über die Regnitz, Rednitz und die Schwäbische Rezat mit der Altmühl verbinden (Karlsgraben - Reste aus dem Jahr 793 beim Dorf Graben). Der heutige Main-Donau-Kanal verläuft von Bamberg bis Roth zwar in der Rednitz-Regnitzfurche, meidet aber aus bautechnischen Gründen weitgehend die Talsohle. Daher ist im Gegensatz zur Regnitz das Flussbett der Rednitz vom Kanalbau völlig unbehelligt geblieben.

So schlängelt sich die Rednitz, gespeist von Fränkischer und Schwäbischer Rezat, wie eh und je ziemlich naturbelassen durch die Aue. Bäume und Sträucher schirmen den windungsreichen Flusslauf wirksam von der Umgebung ab. Man bemerkt die nebenher eilenden Verkehrswege kaum. Nur in den großen Orten drängeln sich die

Nachteile der Zivilisation unangenehm in den Vordergrund: In Roth, in Stein und in Fürth verhindern brutale Flussverbauungen eine unbeschwerte Etappenfahrt im Rednitzgrund vom Ursprung bis zur Mündung.

Befahrungsregeln:	keine, im Oberlauf bis Roth nur in Kleingruppen bei gutem WS (Frühjahrszeit oder nach ergiebigen Regen) fahren.
Befahrbarkeit:	ab Georgsgmünd mit Einern, ab Roth auch ganzjährig mit Zweiern. Eine Befahrung ist nicht nur aus Naturschutzgründen besonders empfehlenswert, wenn der WS weitgehend möglichst ufergleich ist. Bei HW höchste Vorsicht an den Wehren.
Sicherheitshinweis	Durch Abgabe größerer Wassermengen aus dem Brombachsee und dem Rothsee kann der WS auf der Rednitz unvorhersehbar schnell ansteigen.
Schwierigkeiten:	Baum- und Buschhindernisse, zahlreiche Wehre.
Pegel:	Neumühle km 6,6 und Pegel Katzwang bei km 19,4 (☎ 01804-370037-582) und Pegel Roth bei km 34,5.

46,3 Ursprung der Rednitz durch Zusammenfluss der beiden Quellflüsse li Fränkische Rezat (s. DKV-Kanuwanderführer für Bayern) und re Schwäbische Rezat (s. DKV-Kanuwanderführer für Bayern) am Sportplatz von **Georgensgmünd**.

46,2 Fußg.-Ⅱ von re **Petersgmünd** nach li **Georgensgmünd** (malerisches Ortsbild mit Kirche St. Georg).

45,6 Bewässerungs-▬, li oder re ⌓, wenn Schütz offen ≋.

44,0 ▬ Staustufe Bernlohe, **X**, li oder re ⌓.

43,7 Straßen-Ⅱ Bernloher Hauptstr., re **Bernlohe**, li **Oberheckenhofen**.

43,1 re ↓ Mühlkanal.

42,0 Fußg.-Ⅱ.

40,8 ▬ Staustufe Unterheckenhofen.

40,5 Straßen-Ⅱ Venetianerstr., li **Unterheckenhofen**, li weiter nach Rittersbach, re nach Barnsdorf.

39,9 re **Barnsdorf**.

38,8 re ↓ Mühlkanal.

37,7 Bewässerungs-▬ (Kraftswehr), li oder re ⌓, wenn Schütz offen ≋.

37,1 Straßen-Ⅱ Westring, **Roth** (Ortseingang).

36,8 EB-Ⅱ (Roth–Hilpoltstein) mit Fußg.-Ⅱ.

36,7 ▬ Roth, **X**, re oder li ⌓.
bis zum Schütz in 300 m im re abzweigenden Mühlkanal fahren, an der Straßen-Ⅱ (Stadtmitte) re Ⅱ, beschwerliches ⌓ durch die Stadt (1,3 km) oder li über Bahnhofstr. ⌓ oder treideln.

36,5 Fußg.-Ⅱ Siebertalbrücke, li ca. 200 m zum Parkplatz, re zur Innenstadt von **Roth**, Siebertalmausoleum, ev. Kirche, Schloss Ratibor, Marktplatz.

36,2 ▬ kleine Stufe, Faltboote Achtung!

35,6 re ↓ Mühlkanal.

35,5 Straßen-Ⅱ ST 2220 Bahnhofstr.

35,4 re ↓ Roth (Von einer Befahrung der Roth und der Kleinen Roth wird aus Sicherheitsgründen, Lebensgefahr durch plötzliche Abgabe größerer Wassermengen aus dem Rothsee, abgeraten.

34,5 Fußg.-Ⅱ, li Kläranlage, Pegel Roth ☎ 01804-370037-581.

34,1 li ↓ (Rother) Aurach (s. DKV-Kanuwanderführer für Bayern).

32,4 Straßen-Ⅱ Untere Bahnhofstr., re **Pfaffenhofen**, li **Büchenbach**.

32,1 Bewässerungs-■ mit Fußg.-Ⅱ, li oder re ≏.

31,9 ■ Staustufe Pfaffenhofen, **X**, li oder re ≏.

30,1 Bewässerungs-■, li oder re ≏, mühsam.

27,4 ■ Rednitzhembach, re oder li ≏, im li abzweigenden Mühlkanal re ⌂ des Kanu-Club Schwabach, Zwischen den Brücken, 91126 Rednitzhembach.

27,0 Straßen-Ⅱ Rother Str., danach re ↓ Hembach.
li ↓ Mühlkanal.

26,9 Straßen-Ⅱ St 2409 li **Plöckendorf**, re **Rednitzhembach**.

24,9 Bewässerungs-■ Schaftnach, re ≏.

24,0 ■, li ≏ oder evtl. ≋.

23,8 Straßen-Ⅱ ST 2239 Penzdorfer Hauptstr., re Treppe, gute ⬆ für ≏ des nachfolgenden Wehres.

23,7 ■ Staustufe Penzendorf, re ≏ ca. 200 m, (Häusergruppe re umgehen, ca. 20 m nach letztem Privathaus gute ⬇-Möglichkeit.

23,2 Straßen-Ⅱ B 2 (Nürnberg–Weißenburg).

23,0 re ↓ Schwarzach (s. DKV-Kanuwanderführer für Bayern).

22,0 Autobahn-Ⅱ A 6.

21,0 li ↓ Schwabach.

20,1 Straßen-Ⅱ Rennmühlstr., li nach Schwabach, re Nürnberg-Katzwang.
Schwabach (liegt etwas abseits an der Schwabach, ist reich an alten Fachwerkhäusern und ansehnlichen Bürgerhäusern; ehem. Königshof; eindrucksvoller Marktplatz; nur noch Reste der mittelalterlichen Stadtbefestigung).
Unmittelbar folgend:
■ Katzwang, re ≏, besser bereits unter der Brücke li ≏, bei gutem WS evtl. ≋, Steine im UW!
Katzwang (stimmungsvolles Bild mit uralter Kirche von 1287, Karner, Friedhof, Marter, Muldenstein, Steinkreuz und hoher Wehrmauer; Kirche Mariä Himmelfahrt; Katzwanger Keller).

19,6 Fußg.-Ⅱ.

19,4 Wege-Ⅱ Ellwanger Str., Pegel Katzwang, re Sportstätten und Hallenbad Katzwang.

17,7 EB-Ⅱ.

17,4 Wege-Ⅱ Kellerstr., li **Schwabach-Wolkersdorf**, re **Nürnberg-Reichelsdorfer Keller**, Sportplatz. Davor li ↓ Zwieselbach:

Das Zwieselbachtal steht unter Landschaftsschutz. Es ist ein herrliches Naherholungsgebiet im Großraum Nürnberg. Da der Zwieselbach ein größeres Gefälle hat, ist sein Tal tiefer eingeschnitten. Das macht den besonderen Reiz des Grundes aus. Kurz vor der Mündung speist der Bach den Wolkersdorfer See und fließt dann in einer tiefeingerissenen Schlucht zur Rednitz.

15,6 ▬ Staustufe Mühlhof, **X**, re ⏜.

15,5 Straßen-Ⅱ B 2 Mühlhofer Hauptstr., li **Mühlhof** und **Holzheim**, re **Nürnberg-Reichelsdorf**.

14,0 Straßen-Ⅱ Koppenhofer Straße.

13,6 ▬ Gerasmühle, re ⏜, evtl. re ≋ (ansehen), Unterwasser sehr flach, bei NW treideln. (Geradeaus im Mühlkanal 2. Wehr, aber sehr schwierige und kritische Umtragemöglichkeit).

13,2 Wege-Ⅱ Bei der Gerasmühle.

12,3 Fußg.-Ⅱ, li **Stein**, re **Eibach**.

11,1 ▬ Neuwerk, re ⏜, evtl. li ≋ (Rücksog!), folgend Fußg.-Ⅱ Neuwerksteg.

10,3 **Stein**, am Ortseingang li Parkplatz an der Gerasmühler Str., mit Zweiern am besten hier die Fahrt beenden. Es folgt ein äußerst schwierig zu umtragendes Wehr. Ufer teilweise stark zugewachsen, daher geeignete Aussetzstelle suchen, sobald der Parkplatz in Sicht ist. Auf alte Holzpfähle im Uferbereich achten.

10,0 Straßen-Ⅱ B 14 Nürnberger Str.

9,9 ▬ Staustufe Stein (gefährliches Tosbecken nach dem Wehr), **X**, schwierig und mühsam zu umtragen. An der Treppe li ⬆, über Brücke ⏜, 300 m weiter unterhalb einsetzen (S 2), mit Zweiern spätestens hier Fahrt beenden.

Stein: Die Rednitz durchbricht hier eine Felsenenge; markante Bauten in Stein sind die Kirchen, die beiden Faber-Castell-Schlösser, Café Fabervilla, die Mühlen und Industriewerke am Fluss, 2 Häuser in der Alten Kirchstraße Nr. 4 und Nr. 8, das neue Rathaus; modernes Freizeitbad Palm Beach.

9,0 Rohr-Ⅱ unter Hochspannungsleitungen.

8,8 ▬ Staustufe am ↯ Franken, **X**, li ⏜.

8,7 EB-Ⅱ.

7,9 Wege-Ⅱ Hainbergstr., re **Nbg-Gebersdorf**.

7,2 ▬ Neumühle, ⏜, evtl. re treideln, Pfähle!

7,0 Straßen-Ⅱ, li **Neumühle**.

6,7 Straßen-Ⅱ ST 2245 Fernabrücke, ehem. Furt, Rothenburger Str., li **Oberasbach** und **Zirndorf**, re nach Nürnberg und Fürth.

6,6 Pegelmessstelle Neumühle mit Sohlstufe, Mitte ≋, anschließend Slalomstrecke der SG 83.

aufgelassene EB-Ⅱ und re ⌂ der Kanuabteilung SG Nürnberg-Fürth von 1883, Kanuabteilung, Buckweg 81, 90763 Fürth, www.sg-1883.de/kanu .

5,4 li ↓ Bibert (s. DKV-Kanuwanderführer für Bayern). Der Bibertgrund ist Landschaftsschutzgebiet.

4,4 Pegelmess-Ⅱ.

4,0 Kanal-Ⅱ des Main-Donau-Kanals.

3,9 Straßen-Ⅱ Südwesttangente, li **Zirndorf**.

3,0 Straßen-Ⅱ ST 2242 Dambacher Brücke, Fuchsstraße, li **Fürth-Dambach**.

1,8 EB-Ⅱ

1,7 Fußg.-Ⅱ.

1,3 Fußg.-Ⅱ Hardsteg.

1,0 li Umleitungsgerinne (Scherbsgraben) zum ▬ Förstermühle, **X**, evtl. 700 m treideln. Alternativen: a) re Ⅱ (am Schild) und Beenden der Fahrt, re Parkplatz Uferstraße oder Parkhaus in der Stadthalle. b) re Ⅱ und re ⩳ bis Maxbrücke, über Würzburger Straße, B 8/Kapellenstraße, Straßen-Ⅱ B 8 zur ⬇ an der MTV-Grundig-Sporthalle (ca. 900 m).

0,9 ▬ Fürth Förstermühle, **X**, (s. km 1,0).

0,8 Straßen-Ⅱ Maxbrücke und Fußg.-Ⅱ Hans-Segnitz-Steg, re in die Innenstadt von Fürth.
Fürth: alte, interessante Stadt, älter als Nürnberg, entstand verkehrstechnisch sehr günstig gelegen am Kreuzpunkt wichtiger Fernverbindungen an einer Furth durch die Rednitz (locus Furti); alter karolingischer Königshof. Fürth stand später immer im Schatten Nürnbergs, behauptete aber dank seiner Bürger die Eigenständigkeit gegenüber der Nachbarstadt. Stadtbild: ev. Stadtpfarrkirche St. Michael, Martinskapelle, Rathaus (nach Florenzer Vorbild), Stadttheater, alte schmale Altstadtstraßen und -gassen; Centaurenbrunnen; Fürther Kirchweih (nordbayerisches Oktoberfest, Michaelikirchweih); Stadtpark

0,5 Straßen-Ⅱ B 8 Kapellenstraße, re MTV-Grundig-Sporthalle, Parkplatz, mögliche ⬇ für Befahrung der Regnitz und ⬇ nach ⩳ von km 1,0.

0,3 li ↓ Scherbsgraben.

0,2 Fußg.-Ⅱ Käppnersteg.

0,0 Zusammenfluss mit der Pegnitz, neuer Name Regnitz (s. Seite 254)

Neckar

Wanderfluss	Mündung in Rhein (re Nebenfluss)

Der Neckar gehört zu den größten deutschen Wanderflüssen, der auf einer Strecke von mehr als 300 km eine durchgehende Befahrung ermöglicht.

Die Landschaft: In seinem Oberlauf, bis Rottenburg, fließt der Neckar in einem landschaftlich außerordentlich reizvollen, teilweise engen und steilen Muschelkalktal zwischen Schwarzwald im Westen und Schwäbischer Alb im Osten. Der Unterlauf des Neckars, etwa ab Bad Wimpfen, wird erneut landschaftlich sehr interessant; in diesem Bereich durchbricht der Neckar die südlichen Ausläufer des Odenwaldes bis hin zur oberrheinischen Tiefebene. Diese beiden Abschnitte stellen die für Kanufahrer interessantesten und empfehlenswertesten Strecken des Neckars dar. Dazwischen verläuft der Neckar in einem breiten, landschaftlich weniger reizvollen, stark bebauten und industrialisierten Tal. Zahlreiche Wehre, die vielfach nur mühsam zu umtragen sind, machen, zumindest bis Plochingen, eine Befahrung des Neckars nicht gerade erfreulich. Von einer Befahrung dieses Mittellaufs muss daher eher abgeraten werden. Im gesamten Verlauf des Neckars finden sich zahlreiche Zeugen einer wechselvollen deutschen Vergangenheit: Burgen, Burgruinen, Schlösser, altertümliche Städte, Kirchen, Klöster, Brücken. Man sollte sich für ihre Besichtigung viel Zeit nehmen. Die nachstehend stichwortartig aufgeführten Sehenswürdigkeiten wollen nur Hinweise geben; ein guter Reiseführer scheint für eine genussreiche Befahrung des Neckars unerlässlich zu sein.

Das Wasser: Der Neckar bietet nur auf den ersten 12 km ab Rottweil geringe Schwierigkeiten, mit kleinen Schwällen und Stufen, die gesamte Reststrecke ist Zahmwasser, Schwierigkeiten ergeben sich nur bei den Wehren, die fast durchweg umtragen werden müssen, bis Plochingen je nach Wasserstand bis 34 mal.

Ab Plochingen ist der Neckar Bundeswasserstraße, voll für den Schiffsverkehr ausgebaut, mit zahlreichen Schleusen, praktisch ohne Strömung. Es gilt die Bundesschifffahrtsstraßen-Ordnung. Auf mehreren, allerdings meist nur kurzen Strecken verläuft der Neckar neben dem Kanal, man sollte dann bei ausreichendem Wasserstand versuchen, im alten Flussbett zu fahren. Der Schiffsverkehr mit Frachtschiffen und Personenschiffen ist mäßig stark, recht lästig kann, zumal an Wochenenden, der starke Motorbootverkehr werden.

Die Schleusen ab Plochingen haben keine eigenen Bootsschleusen. Sportboote müssen daher entweder auf eigene Gefahr und nur im Einvernehmen mit dem Schleusenpersonal mitgeschleust werden oder die Schleusen in Gruppenschleusungen überwinden. Diese sind rechtzeitig anzumelden. Auskunft beim Wasser- und Schifffahrtsamt Stuttgart. ☎ 0711/255520 oder 25552339. Betriebszeiten der Schleusen: ganzjährig 6-21 Uhr, ab Heilbronn bis 22 Uhr. Sonntags 7-15 Uhr. An Ostern, 1. Mai, Pfingsten, Weihnachten und Neujahr keine Schleusungen. Neben den Schleusen befinden sich, mit der Ausnahme von Bad Cannstadt und Kochendorf, Rollwagen zum Übersetzen von Sportbooten. Z.Zt. werden die Schifffahrtsschleusen am oberen Neckar auf Fernbedienungsbetrieb umgestellt. Kein Schleusenpersonal mehr vor Ort, Video-Überwachung. Aktuelle Informationen und ein Merkblatt können über www.wsa-s.wsv.de abgefordert werden.

Befahrungsregeln: *Im Text kursiv hervorgehoben.*
Bei Hochwasser sind die Regelungen der Binnenschifffahrtsstraßen-Ordnung, die ab bestimmten Hochwassermarken die Befahrung verbieten, zu beachten (s. www.elwis.de)

Befahrbarkeit: ab Rottweil zur Zeit der Schneeschmelze und nach längeren Regenfällen (s. Pegel), nur für Einer; bei MW ab Sulz, auch für Zweier; ab Horb ganzjährig. Nicht empfehlenswert: Tübingen–Nürtingen.

Pegel: Rottweil ☎ 0741/8730; Minimum für eine Befahrung ab Rottweil 90 cm.

330,0 **Rottweil**, alte Reichsstadt, ★. Ab hier ist eine Befahrung nur bei HW, also selten, möglich. Eine ausführliche Beschreibung der Folgestrecke bis km 278,4, Horb, findet sich im DKV-Gewässerführer SWD.

278,4 Straßen-Ⅱ B 14 Christopherusbrücken, **Horb**, malerische Kreisstadt, ★: Reste der alten Stadtmauer mit 4 Toren: Rathaus und Stiftskirche sowie der Schütteturm sind beim großen Brand 1742 erhalten geblieben.

278,3 2. ▬ jetzt Steinwurfschwelle, Schwall, re ⌓, kurz danach li ⬇ vom Fußweg über Naturblockstufen.

278,2 EB-Ⅱ.

277,2 Wege-Ⅱ.

277,0 Pegel Horb.

275,0 Straßen-Ⅱ.

274,9 ▬ Mühlen, für Einer re ≋, Büsche! Ⅱ: Zum ⌓ re vor der Brücke ⬆. Zum 🚌 300 m.

274,4 li ↓ Wehrkanal, li **Mühlen am Neckar**.

273,3 ▬ Sägewerk Mühlen, Kanaleinleitung li wieder in Betrieb. Am Wehrüberlauf wenig Wasser, re Fischtreppe, evtl. ≋, ansehen. bei NW re ⌓, treideln bis

272,8 li ↓ Wehrkanal.

272,3 Straßen-Ⅱ Rohrdorfer Täle.

271,5 Autobahn-Ⅱ A 81.

270,6 re ↓ Eyach (s. DKV-Gewässerführer SWD).

270,5 ▬, **X**, re Privatgrund, li am Kanaleinlauf ⌓ ist durch den Neubau einer Fischtreppe sehr schwierig, Sog in den Kanal! Bei NW unterhalb sehr flach.

270,4 Straßen-Ⅱ, 500 m zum 🚌 **Eyach**.

269,9 li ↓ Wehrkanal.

269,0 ▬ Lohmühle, li ≋, Büsche im Unterwasser! evtl. li ⌓. Fluss teilt sich, li Arm fahren. Auf keinen Fall in den re abzweigenden Kanal einfahren.

268,6 Straßen-Ⅱ, li **Börsingen**. Unterhalb der Brücke leichter Schwall. Von Börsingen bequemer Aufstieg zum Schloss Weitenburg li auf der Anhöhe. Anlage aus dem16. Jahrhundert, neugotisch ausgebaut. Herrlicher Blick ins Neckartal.

268,3 Hier vereinigen sich beide Flussarme wieder, bei HW Turbulenzen!

267,1 ▬, verfallen, ≋. li Schloss Weitenburg, ★, li Golfplatz. **!** Bei Spielbetrieb werden Bälle über den Fluss gespielt, sehr gefährlich! Durch Handzeichen mit den Golfspielern verständigen, evtl. am li Ufer warten. Von hier bis Sulzau flotte Strömung.

267,0 Wege-Ⅱ.

266,0 Wege-Ⅱ.

265,1 Straßen-Ⅱ, re **Sulzau**.

262,9 Straßen-Ⅱ Wachendorfer Straße, li **Bieringen**, re ↓ Starzel (s. DKV-Gewässerführer SWD).
262,6 Wege-Ⅱ, re 🚂.
260,7 Straßen-Ⅱ, li **Obernau**, Befestigungsturm aus der Stauferzeit.
259,6 EB-Ⅱ.
258,4 ▬ Bad Niedernau, für Einer li an der Fischtreppe ≋ oder li ⏢, danach im li Flussarm weiter.
258,3 Straßen-Ⅱ, li **Bad Niedernau**, ⬆ zum 🚂 (500 m). Die heilkräftigen Quellen in Bad Niedernau waren schon den Römern bekannt.
Der Neckar verlässt jetzt das landschaftlich schöne, enge Muschelkalktal und tritt in ein weites Talbecken ein.
257,2 re renaturierter Flussarm zum Freibad Rottenburg, nicht befahren!
256,4 li Freibad Rottenburg, davor bei NW sehr flach.
256,1 Fußgänger-Ⅱ zum Freibad, re ✂, re gute ⬆, Parkplatz. 200 m im Stau weiterfahren, li Steintreppe zum ⏢.
255,8 ▬ Bronnmühle, **X**, Umtragestrecke ca. 300 m, ⬇ beschwerlich, darüber EB-Ⅱ. Beginn des Rückstaus des Rottenburger Wehres.
254,7 Straßen-Ⅱ Königstraße, Stadtkern **Rottenburg**, gute ⬆ bei Parkplätzen 300 m vor oder nach der Ⅱ re; ★: Bischofssitz, altes Stadtbild.
254,4 Wege-Ⅱ, li ⬇⬆.
254,2 Straßen-Ⅱ.
253,8 ▬ Bolzmühle, **X**, re ⏢, beschwerlicher Zugang.
253,4 re günstige ⬇ auf unbebautem Ufer. Nach kurzer Strömungsstrecke folgt der nächste Stau, li Blick auf Wurmelinger Kapelle (Ludwig Uhland).
252,6 Straßen-Ⅱ B 28a Osttangente.
251,3 Straßen-Ⅱ Neckarstraße, re **Kiebingen**.
250,7 ▬ und ϟ Kiebingen, **X**, li ⏢ rund 300 m.
Kleine Orte li oder re des Flusses sind meist durch Uferbewuchs verdeckt. Weiter entfernt li Höhenzug Spitzberg, re Waldgebiet Rammert sichtbar.
247,4 ▬ Hirschau mit Fußgängersteg, **X**, re ⏢. Keinesfalls links in den ϟ-Kanal einfahren, Lebensgefahr!
246,9 Steinwurf-▬, 30 m lang, große raue Steine im Unterwasser, re ⏢.
246,5 Straßen-Ⅱ Tübingen–Hirschau.
246,0 Steinwurf-▬, re ⏢, steile Böschung.
245,5 li ↓ des ϟ-Kanals. li ▲ Neckarcamping Tübingen, Rappenberghalde 61, 72070 Tübingen, ☎ 07071/43145, www.tuebingen-info.de .
244,9 li Tübinger Freibad, Uferweg, gute ⬇⬆, Parkmöglichkeit.
244,8 ⌂ Kanuabteilung Paddelfreunde Tübingen, www.paddelfreundetuebingen.de .
244,6 Wege-Ⅱ.
244,4 Straßen-Ⅱ B 28 Hegelstraße, Neckarteilung bis 243,4, Platanenallee, li Arm mit sehr schönem Blick auf die Stadt. 150 m vor Eberhartsbrücke li

Hölderlinturm mit ✕. Begrenzte Anlegemöglichkeit bei Stocherkahn-Anlegestelle..

244,3 EB-Ⅱ.

244,1 Straßen-Ⅱ Derendinger Allee.

243,4 Straßen-Ⅱ Kantstraße, **Tübingen**, Universitätsstadt, gotische Stiftskirche, Schloss, Rathaus, Burg Hohentübingen, ★.

243,0 re ↓ Steinlach (s. DKV-Gewässerführer SWD), li Jugendherberge, zur re Flussseite wechseln.

242,5 ▬ Tübingen-Bismarckstraße, **X**, re ⌓, beim Aussetzen steile Uferböschung, Parkmöglichkeit, zum 🚉 15 Minuten.

241,3 Straßen-Ⅱ Stuttgarter Straße, davor li ⌂ Tübinger Ruderverein, danach Wege-Ⅱ.

240,8 li ↓ Ammer, aus dem Naturpark Schönbuch, bei HW ≋ mit Einern ab Ammerbuch.

240,6 Straßen-Ⅱ Kusterdinger Straße, Zufahrt zur B 27 vom Stadtteil **Lustnau**.

240,0 Wege-Ⅱ.

238,9 ▬ Stadtwerke Reutlingen, **X**, re ⌓, li Schütz zum ϟ, nicht einfahren. Nach dem Wehr oft wenig Wasser, treideln.

237,9 Straßen-Ⅱ B 27.

236,5 Straßen-Ⅱ Tübinger Straße, re **Kirchentellinsfurt**, re ↓ Echaz.

236,2 Straßen-Ⅱ Triebstraße, 500 m danach Baggersee, erreichbar 50 m über Uferbefestigung.

234,2 ▬ Altenburg, **X**, li ⌓, mühsam, danach evtl. treideln.

233,3 Straßen-Ⅱ B 464.

232,5 Straßen-Ⅱ Donaustraße, re **Altenburg**, kaum Parkmöglichkeit.

232,3 ↓ des Wehr-Kanals.

231,1 ▬ Oferdingen, **X**, li ⌓.

231,0 Straßen-Ⅱ, li **Pliezhausen**, re **Oferdingen**, Parken eingeschränkt an der Brücke/Radweg. Danach zunächst flotte Strömung.

228,9 Wege-Ⅱ.

227,5 Straßen-Ⅱ Neckartenzlinger Straße, re **Mittelstadt**,
▬ Klostermühle Mittelstadt unter der Brücke, bei gutem Wasserstand evtl. li ≋, sonst li ⌓. Sportgelände mit Parkmöglichkeiten.

226,9 re ↓ Wehrkanal.

224,9 ▬ Neckartenzlingen, **X**, nicht in den Kanal einfahren, re ⌓, evtl. bis ↓ Kanal 200 m treideln. Bei HW hier ⬆ und die Folgestrecke bis ▬ Neckartailfingen umfahren.

224,1 Straßen-Ⅱ Schulstraße, re **Neckartenzlingen**.

223,7 Wege-Ⅱ, re ↓ Erms, mehrere Schwälle.

221,7 Straßen-Ⅱ B 312 Stuttgart–Reutlingen, ⬆.

220,9 ▬ Neckartailfingen, **X**, li ⌓, bei HW ⬆ fast unmöglich, s. km 224,9.

220,7 Straßen-Ⅱ **Neckartailfingen**.

220,6 ▬, **X**, li ⌓, evtl. beide Wehre zusammen 300 m weit ⌓.

218,6 ▬, X, li ⏏, danach re Kläranlage.
217,2 Straßen-Ⅱ Raidwanger Straße, li **Neckarhausen**.
216,9 ▬ Neckarhausen, X, li ⏏, ⬆ schwierig (Privatgrund, steiles Ufer), ⬇ nach 500 m, ebenfalls schwierig. Ob re eine Umtrage-Möglichkeit besteht, ist nicht bekannt.
215,7 Straßen-Ⅱ B 297/313 Wörthbrücke.
215,1 ▬ mit ↯, li ⏏ oder über ▬-Krone überheben. Bis ↓ Kanal flach.
215,0 Ⅱ, **Nürtingen**, alte Stadt, ★: Heilig-Kreuz-Kirche, alte Stadtkirche und Rathaus.
214,4 Wege-Ⅱ
213,8 Straßen-Ⅱ zum Gewerbegebiet am re Ufer, ⬇, danach li ↓ Aich, ≋ bei HW mit Einern ab Neuenhaus.
213,1 auf 300 m leichte Schwallstrecke.
212,5 Straßen-Ⅱ, **Zizishausen**.
211,4 ▬ Unterensinger Mühle, X, re ⏏, li **Untersensingen**.
210,9 li ↓ Wehrkanal.
210,0 ▬ **Unterboihingen**, X, li ⏏, ⬇ nach Wege-Ⅱ km 209,8.
209,9 ▬ Stufe, ≋, Vorsicht bei HW, vorher ansehen!
209,8 Wege-Ⅱ.
209,4 Autobahn-Ⅱ A 8.
208,5 Straßen-Ⅱ Römerbrücke, danach Wege-Ⅱ.
208,0 ▬ Köngen, X, zum ⏏ re 100 m vor dem Wehr an der Treppe bei der Holzhütte ⬆. ⬇ unterhalb vom Wehr, danach Fußgänger-Ⅱ.
207,7 Pegelschwelle mit Warnschild „Stopp Lebensgefahr", X, re ⏏ am Besten im Zusammenhang mit dem Wehr bei km 208,0.
207,2 Straßen-Ⅱ Seebrücke, li **Köngen**, re **Wendlingen**, anschließend Schwallstrecke, bei HW Vorsicht!
207,0 re ↓ Kirchheimer Lauter (s. DKV-Gewässerführer SWD).
206,7 Pegelschwelle, re ≋ und Grobsteinrampe.
204,2 Wege-Ⅱ.
204,1 Straßen-Ⅱ Kirchheimer Straße, re **Wernau (Neckar)**.
203,0 mehrere Straßen-Ⅱ B 10, ab hier Bundeswasserstraße, es gilt die Binnenschifffahrtsstraßen-Ordnung.
202,8 Wege-Ⅱ.
202,6 re ↓ Fils (s. DKV-Gewässerführer SWD).
202,5 Straßen-Ⅱ Neckarbrücke, re **Plochingen**.
202,2 Wege-Ⅱ Otto-Steg.
201,6 EB-Ⅱ.
201,5 - 200,6 Hafen Plochingen.
Von Plochingen bis zur ↓ bei Mannheim sind an den meisten ☐ Bootsschleppen (Wagen auf Schienen) vorhanden.
201,4 Straßen-Ⅱ.

200,1 re → Altbach (Nebenarm des Neckars), Einfahrt versperrt.
199,5 ▬ Deizisau, li □, li Bootsschleppe, Straßen-Ⅱ Neckarstraße über Wehranlage, li **Deizisau**, re **Altbach**.
197,8 li ↓ Körsch, re ↓ Altbach (Nebenarm des Neckars).
196,8 li ← Schleusenkanal, re Altneckar mit ▬ bei 196,5.
196,5 Straßen-Ⅱ Dieter-Roser-Brücke, im Altneckar über ▬-Anlage.
195,6 re Einlauf ↯.
194,8 □ **Oberesslingen**, re ⌓ beim Ruderverein, Bootsschleppe.
194,7 Straßen-Ⅱ Adenauer-Brücke.
194,6 li ↓ des Schleusenkanals in den Neckararm.
194,0 ▬ Esslingen, li □ li Bootsschleppe, re → der Esslinger Kanäle (Rossneckar), re Freibad.
Esslingen, alte Reichsstadt, 856 erstmals erwähnt, ★: Burg, viele mittelalterliche Bauwerke.
Die Kanäle durch die Stadt sind wieder ≋, jedoch nur für mit Muskelkraft betriebene Boote. Einfahrt durch das Wasserhaus re durch den letzten Schütz. Dicht am rechten Ufer halten. Sog zum Wehr! Zügige Strömung in den Kanälen. Im Stadtgebiet 2 Wehre, durch Bootsrutschen ≋.
1. Schäfer-▬, im Unterwasser starke Strömung von li,
2. Bäckermühlen-▬, darauf achten, dass sich die Klappe nach Befahrung wieder schließt.
193,6 Wege-Ⅱ Alicensteg.
193,3 Straßen-Ⅱ Vogelsangbrücke, re davor 🍴, ⌂ KV Esslingen, Färbertörlesweg 19, 73728 Esslingen, www.kv-esslingen.de .
193,0 Straßen-Ⅱ Pliensau-Brücke, alte Stein-Brücke aus dem 13. Jahrhundert.
191,9 re ↓ der Kanäle in den Neckar (Rossneckar).
191,3 re ⌂ SV 1845 Esslingen, Obere Wiesen 6, 73733 Esslingen-Mettingen, ☎ 0711/3464545, www.kanu.sv1845es.de , *DKV-Kanustation*, ▲-Möglichkeit.
191,0 Straßen-Ⅱ Hans-Martin-Schleyer-Brücke.
190,5 Wege-Ⅱ.
189,5 Straßen-Ⅱ Hafenbahnstraße,
▬ Obertürkheim, re □, re Bootsschleppe,
Straßen-Ⅱ Hedelfinger Brücken über Wehranlage, anschließend Hafengebiet Stuttgart.
188,4 Straßen-Ⅱ Otto-Hirsch-Brücke, li **Stuttgart-Hedelfingen**, re **Stuttgart-Obertürkheim**.
187,4 Straßen-Ⅱ Otto-Konz-Brücke.
186,7 EB-Ⅱ.
186,4 ▬ Untertürkheim, li □, Straßen-Ⅱ Untertürkheimer Brücke, li **Stuttgart-Wangen**, re **Stuttgart-Untertürkheim**.
185,7 re ↓ Kraftwerkskanal.
185,3 Wege-Ⅱ.

185,0 2 Straßen-Ⅱ B 14.
184,2 Straßen-Ⅱ Talstraße.
184,0 re ⌂ Kanugesellschaft Stuttgart, web.kg-stuttgart.de , ▲.
183,0 re **Stuttgart-Bad Cannstadt**, li „Wilhelma", bekannter Botanischer und Zoologischer Garten, ★.
183,1 Wege-Ⅱ Berger-Steg.
182,8 Straßen-Ⅱ König-Karls-Brücke und
■ Cannstatt, re Großschiffahrts-□, Anfahrt zur Sportboot-□ und Umtragestelle li von der Schleuseninsel, re halten! Nicht an das Wehr heranfahren, Sog!
EB-Ⅱ und Wege-Ⅱ.
182,4 li Landesteg der Neckar-Personen-Schifffahrt. Zum Zoo und Botanischen Garten „Wilhelma" von hier 5 Minuten.
182,1 Straßen-Ⅱ B 10 Rosensteinbrücke.
182,0 Straßen-Ⅱ Wilhelmsbrücke.
181,5 Wege-Ⅱ Mühlsteg.
180,9 Wege-Ⅱ.
180,8 EB-Ⅱ.
180,4 Straßen-Ⅱ Reinhold-Maier-Brücke.
180,0 Wege-Ⅱ Münstersteg.
179,5 li **Stuttgart-Münster**.
178,4 Straßen-Ⅱ Mühlhäuser Straße.
177,5 Wege-Ⅱ Max-Eyth-Steg.
176,7 re → Max-Eyth-See, ⌂ des Stuttgarter Segelclubs und Stuttgarter Kajak-Clubs,. www.stkc.de , ▲.
Befahrung des Sees vom 01.11.-20.02. aus Naturschutzgründen verboten.
176,2 ■ Hofen, li □, li ⩡, Straßen-Ⅱ Mühlhäuser Straße über Wehranlage, re **Hofen**.
175,5 Wege-Ⅱ.
173,7 re Weidachklause, ▲-Möglichkeit (vorher Wirt um Erlaubnis bitten).
172,3 li **Aldingen**.
172,0 ■ Aldingen, re □, re ⩡.
170,6 Wege-Ⅱ.
170,7 Straßen-Ⅱ Neckarrems–Neckargröningen.
170,5 re ↓ Rems (s. DKV-Gewässerführer SWD). Flussaufwärts **Neckarrems**.
170,2 li **Neckargröningen**.
169,0 re **Hochberg**.
168,5 Straßen-Ⅱ.
166,0 re **Poppenweiler**.
165,0 ■ Poppenweiler, re □, li ⩡, für Bootswagen Schlüssel beim Schleusenwärter.
164,0 li Freibad **Ludwigsburg**.

162,8 Straßen-Ⅱ, re **Neckarweihingen**, von hier Besuch des Ludwigsburger Schlosses, ca. 2 km.

162,2 Wege-Ⅱ, li **Hoheneck**.

158,9 li in Schleusen-Kanal einfahren, re ▬ und ϟ Marbach.

157,6 □ Marbach, re ⌓, Rollwagen, Wege-Ⅱ über Schleusenunterhaupt.

157,4 Zusammenfluss von Schleusen-Kanal und Wehrarm.

157,0 re **Marbach**, Geburtshaus und Schiller-Nationalmuseum, ⌂ KC Marbach, www.kanuclubmarbach.de , ▲ nur für kleine Gruppen. Keine Wohnwagen.

156,9 Wege-Ⅱ, EB-Ⅱ.

156,4 re ↓ Murr (s. DKV-Gewässerführer SWD).

155,8 Straßen-Ⅱ Ludwigsburger Straße, li **Benningen**.

153,2 re → Schleusen-Kanal Pleidelsheim, re in Schifffahrtskanal fahren. Bei MW am Wehr (km 154,3) im linken Neckararm starker Rücklauf. Hochwassersperrtor.

152,6 Straßen-Ⅱ, li **Beihingen**.

152,1 Autobahn-Ⅱ A 81

151,7 Wege-Ⅱ.

150,7 Wege-Ⅱ.

150,5 Vom Schifffahrtskanal zweigt re ein Kanal zum ϟ ab. Zur Schleuse li fahren.

150,0 □ Pleidelsheim, li Rollwagen zum Altwasser, Straßen-Ⅱ über Wehranlage, re Pleidelsheim.

148,6 re ↓ Kraftwerkskanal, 200 m aufwärts ϟ Alt-Württemberg. Wer bei km 150,5 re in den Kanal eingefahren ist, muss hier li ⌓.
li **Kleiningersheim**.

144,8 li **Schreierhof**.

144,7 re **Mundelsheim**.

143,0 ▬ Hessigheim, re □, re ⌓, Rollwagen, ⬇ über Treppe. Straßen-Ⅱ Brückenstraße über Wehranlage, re **Hessigheim**.

140,0 - 139 Felsengärten, wildzerklüftete Muschelkalkriffe, Naturschutzgebiet.

139,7 Fußgänger-Ⅱ.

137,0 zur □ re in Kanal einfahren, zur Bootsschleppe li im Neckararm weiterfahren.

136,9 ▬ Besigheim im li Neckararm, **X**, ϟ, re Bootsschleppe, Straßen-Ⅱ über Wehr. Zur Besichtigung von Besigheim vor dem ▬ li über Treppe ⬆. **Besigheim**, malerische Altstadt, ★ die Häusergruppe am Enzwehr.

136,4 im linken Neckararm li ↓ Enz (s. Seite 293).

136,0 re ↓ Schleusenkanal.

135,9 li **Walheim**.

134,0 re **Gemmrigheim**.

132,9 Straßen-Ⅱ Max-Eyth-Straße, li **Kirchheim**, ▲-Möglichkeit re am Sportplatz.

129,5 li Naturschutzgebiet im Baggerloch. *Befahren des Baggerlochs und ▲ verboten*, re Kern-ϟ Neckarwestheim.
125,5 li ✕ Neckarterrasse und Ruderverein mit Übernachtungsmöglichkeit.
125,4 re in den Schleusenkanal einfahren
125,2 □ Lauffen, re ⏏, Bootsschleppe.
Straßen-II B 27 Schleusenbrücke, **Lauffen am Neckar**.
124,7 Straßen-II Neckarbrücke.
124,6 Straßen-II Rathausstraße.
124,2 ↓ des Schleusenkanals in den Neckar.
120,0 Kanalabzweigung, re zur Schleuse, li Altarm mit ▬, *ganzjähriges Befahrungsverbot des Altneckars (Naturschutz)*.
119,8 Wege-II und Hochwassersperrtor.
117,5 □ und ϟ Horkheim, li ⏏, Bootsschleppe, Schlüssel im Kraftwerk, danach Straßen-II Weidach, re **Horkheim**.
116,9 li ↓ des alten Neckararmes.
116,0 Straßen-II B 27 Neckartalstraße, re **Heilbronn-Sontheim**.
115,0 Straßen-II Brackenheimer Straße.
114,8 li ⌂ mit ▲ Kanu-Abtl. FC Union 08..
114,2

= 115,1 re → alter Neckar,
Hochwasserabschluss, dahinter ⌂ und ▲ Kanu-Abtl. TSG Heilbronn, 15 Min. zur Stadtmitte **Heilbronn**.
Weiterfahrt im alten Neckar durch die Stadt,.
114,1 Straßen-II B 293 Südstraße.
113,7 Wege-II Götzenturmbrücke.
113,4 Straßen-II Friedrich-Ebert-Brücke, bei Inselhotel entweder li in alten Zollhafen einfahren und nach
113,0 EB-II
112,9 die Kahn-□ zur Selbstbedienung benutzen
oder beim Inselhotel re weiter bis Treppe am Hallenbad. Von hier wenige Minuten zur Innenstadt: Kilianskirche, ★: altes Rathaus, Kätchenhaus, Deutschhof.
und dann am ϟ re ⏏ (200 m).
112,8 Straßen-II B 39 Mannheimer Straße.
110,8 EB- und Straßen-II.
110,5 li ↓ des Schleusenkanals.

114,2 geradeaus Schleusenkanal Heilbronn.
114,1 Straßen-II Böckinger Brücke.
113,5 ▬ Heilbronn, li □ Heilbronn, re Bootsschleppe, Schlüssel beim Schleusen-Wärter.
Straßen-II B 293 Karlsruher Straße.

113,2 Fußgänger-Ⲓ und EB-Ⲓ.
112,5 bis 110,0 Kanalhafen Heilbronn.
112,0 Straßen-Ⲓ B 39 Saarlandstraße.
110,5 ↓ in den Neckar.
110,0 Straßen-Ⲓ, li **Neckargartach**.
107,9 re Osthafen Heilbronn.
re ⌂ und ▲ (Voranmeldung) Kanu-Abt. Neckarsulmer Sport-Union, Kanalstraße, 74172 Neckarsulm, www.sv-neckarsulm.de , Bootshaus bewirtschaftet.
re → des Schifffahrtskanals, im Kanal weiterfahren.
107,8 Autobahn-Ⲓ A 6. Auf 4 km re Ufer Spundwände ohne Ausstiegsmöglichkeit.
107,1 Straßen-Ⲓ Wehrbrug, li im alten Neckararm ▬, re **Neckarsulm**, ★: Werksbesichtigung AUDI (ehem. NSU) an Werktagen, „Deutsches Zweiradmuseum", Deutschordensschloss.
103,9 □ **Kochendorf**, li ⌓, kein Bootswagen vorhanden, ⬇ über steile Treppe schwierig, Schleusen mit Schifffahrt evtl. möglich. Straßen-Ⲓ über das Schleusenunterhaupt.
103,1 re ↓ Kocher (s. Seite 290).
re **Kochendorf**, ★: Salzbergwerk. (Besichtigung möglich).
102,7 ↓ Schleusenkanal.
101,8 EB-Ⲓ, re **Bad Friedrichshall-Jagstfeld**. Gute ⬇, Slipanlage ca. 100 m nach der EB-Ⲓ.
100,9 re ↓ Jagst (s. Seite 284). li **Bad Wimpfen** im Tal. ★: Ritterstiftskirche mit gotischer Schaufront und sehenswertem Chorgestühl.
100,1 Straßen-Ⲓ li **Bad Wimpfen** am Berg. ⬆ li nach Ⲓ beim Ruderclub. Zum 🚌 5 Minuten.
★: Staufersiedlung mit engen, romantischen Gässchen, Fachwerkhäusern, Kaiserpfalz (12. Jahrhundert) mit „Blauem" und „Rotem" Turm, Pfalzkapelle, Steinhaus (Heimatmuseum), Hohenstaufertor, Nürnberger Türmchen, Wormser Hof, Adlerbrunnen, Stadt- und Dominikanerkirche.
98,0 re **Offenau**, li Freibad Bad Wimpfen.
95,8 li **Heinsheim**, Ruine Ehrenberg.
93,8 ▬ Gundelsheim, □ Gundelsheim, li ⌓, Bootsschleppe, ⬇ über Treppe, danach re ▲ städtischer Campingplatz.
93,4 **Gundelsheim**, Schloss Horneck, Heimathaus der Siebenbürger Sachsen.
92,0 li **Neckarmühlbach**, Burg Guttenberg (Burgfalknerei).
91,5 li ↓ Mühlbach, am Berg Naturfreundehaus, bewirtschaftet, Ausgangspunkt für Wanderung durchs Fünfmühlental, ▲-Möglichkeit am Sportplatz.
90,3 re Baggerseen „Böttinger Loch". Naturschutzgebiet, befahren verboten.
89,6 re **Böttingen**.
88,3 li ⬇⬆ (Betonstufen), Parkplatz 200 m flussabwärts.
88,2 Wagenfähre, li **Haßmersheim**.

87,0 re **Steinbach**. Zum Besuch der Burg Hornberg (Ruine) hier anlegen (Götz von Berlichingen).

85,9 ▬ Neckarzimmern, li □, Bootsschleppe. li ⌓, re **Neckarzimmern**.

84,8 re ▲ Camping Cimbia, Wiesenweg 1, 74865 Neckarzimmern, ☎ 06261/2562, www.camping-cimbria.de .

83,8 li **Hochhausen**, ▲-Möglichkeit.

82,2 Straßen-Ⅱ B 292.

81,7 re **Neckarelz**, ⌂ und ▲ RC „Neptun“ Neckarelz, Neckarallee 1, 74821 Mosbach-Neckarelz, www.rcn-neckarelz.de , Übernachtungsmöglichkeit, . Gegenüber Schloss Neuburg. re ↓ Elz (s. DKV-Gewässerführer SWD).

80,5 Straßen-Ⅱ Hauptstraße, re **Diedesheim**, li **Obrigheim**.

77,2 li Kern-↯ Obrigheim.

75,8 re **Binau**, ▲ „Trailer-Camping“, ⬇⬆ nur mit Genehmigung des Platzinhabers.

75,3 li ▲ Camping Germania, Mühlwiese 1, 74847 Obrigheim-Mörtelstein, www.germania-bootswerft.de .

72,2 ▬ Guttenbach, re □ Guttenbach, z. Zt. Bauarbeiten, li ⌓ 800 m.

71,0 li **Guttenbach**.

70,3 Straßen-Ⅱ.

70,1 li ⌂ KC „Forelle“ Neckargerach, re ▲ C Neckargerach, Bannwiesen 1, 69437 Neckargerach, ☎ 06263/3309, www.camping-zur-alten-faehre.beep.de .

69,9 li im Wald die sagenumwobene Burgruine „Minneburg“.

69,8 re **Neckargerach**.

66,4 re **Zwingenberg**, 🚉 in 700 m, Autofähre zum li liegenden Zwingenberger Hof.

66,1 li ▲ Campingplatz Zwingenberg mit Slipanlage.

65,6 re Schloss Zwingenberg, eine große mittelalterliche Burg (Besichtigung auf Voranmeldung möglich). Wanderungen in die Wolfsschlucht 1/4 Stunde.

65,2 li Naturfreundehaus „Zwingenberger Hof“, bewirtschaftet, ▲-und Übernachtungsmöglichkeit, Im Hoffeld 7-8, 69439 Zwingenberg/Neckar, ☎ 06263/520, www.naturfreundehaus-zwingenberg.de , Voranmeldung erwünscht. ⬆-Möglichkeit an kleinem Bootssteg.

63,1 re **Lindach**.

63,0 Personenfähre.

61,4 ▬ Rockenau, li □ Rockenau, li Bootsschleppe.

59,5 li **Rockenau**.

58,5 li ⌂ Kanuclub 1929 Eberbach.

57,9 Straßen-Ⅱ, li **Neckarwimmersbach**, re **Eberbach**.

57,3 Personenfähre, li ▲ Campingpark Eberbach, Alte Pleuersbacher Straße 8, 69412 Eberbach, ☎ 06271/1071, www.campingpark-eberbach.de , Frei- und Hallenbad. ⬆ bei der DLRG.

56,8 re ↓ Itter (s. DKV-Gewässerführer SWD).

54,8 li **Pleutersbach**.

50,3 ⌶ B 45.

48,3 li **Ersheim**, Ersheimer Kapelle, eine der ältesten Kapellen des Neckartales.

47,7 ▬ Hirschhorn, li ☐ Hirschhorn, li Bootsschleppe.

47,3 re **Hirschorn**, mittelalterliches Städtchen, ★.

47,5 re ↓ Ulfenbach (s. DKV-Gewässerführer SWD).

46,3 Straßen-⌶ B 45.

43,5 re **Neckarhausen**.

43,4 Hochseilfähre.

43,3 li Neckarhäuser Hof, ▲, Jacht- und Motorbootclub, gastliche Aufnahme für Kanu-Wanderfahrer.

39,3 ▬ Neckarsteinach, re ☐ Neckarsteinach, li Bootsschleppe, li ⏏, Wirbelbildung beim ⬇.

38,7 re ↓ Steinach (s. DKV-Gewässerführer SWD).

38,5 re **Neckarsteinach**, Vier-Burgen-Stadt, li Aufstieg zum Ort Dilsberg zu empfehlen, mittelalterliche Bergfeste, 333 m hoch, wundervolle Aussicht, li ▲ Camping Neckarsteinach.

38,0 re ▲ C „Unter den vier Burgen".

36,5 li **Rainbach**, ▲-Möglichkeit.

36,3 ▲ WSC Heidelberg.

34,9 EB-⌶.

34,1 Straßen-⌶ B 37 An der Friedensbrücke, li **Neckargemünd**, re **Kleingemünd**.
davor li ↓ Elsenz (s. DKV-Gewässerführer SWD).

33,8 ▲ Camping Friedensbrücke, Slipanlage an der ↓ der Elsenz.

32,0 ▲ Camping Haide, Ziegelhäuser Straße 91, 69151 Neckargemünd, ☎ 06223/2111, www.camping-haide.de .

30,8 ▬ Neckargemünd, li ☐ Neckargemünd, li Bootsschleppe, ⬇ über Treppe.

30,3 li ▲ Camping Heidelberg, Schlierbacher Landstraße 151, 69118 Heidelberg, ☎ 06221/802506, www.camping-heidelberg.de .

29,5 Straßen-⌶ Ziegelhäuser Brücke, re **Ziegelhausen**.

26,1 ▬ Heidelberg, li ☐ Heidelberg, re Bootsschleppe, re ⏏.

25,5 Historische ⌶, Karl-Theodor-Brücke.

24,5 li **Heidelberg**, berühmte Universitätsstadt, ★. Besuch der Innenstadt und des Heidelberger Schlosses. Zahnradbahn zum Königsstuhl 566 m.

24,2 Straßen-⌶ B 3 Theodor-Heuss-Brücke, Parkplatz und gute ⬇⬆ an der Wiese des Freizeitgeländes.

24,0 re ⌂ WSV Heidelberg-Neuenheim, Uferstraße 3, 69120 Heidelberg, www.wsc-heidelberg.de .

23,3 li ⌂ WSV Heidelberg-West 1926 e.V., Schurmanstr. 2, 69115 Heidelberg, ☎ 06221/164102, gute ⬇⬆, 10 Minuten zum 🚌.

23,0 Straßen-⌶ Ernst-Walz-Brücke.

22,6 re → Schleusen-Kanal, re **Wieblingen**. Alter Neckar bei HW und MW ≋, sonst ⩡.
22,4 Wege-Ⅱ, ▬ Wieblingen im alten Neckararm, re einfahren!
18,5 Unter Autobahn-Ⅱ li ⩡ in den alten Neckararm, da an der Schleuse mit längeren Wartezeiten gerechnet werden muss.
18,0 li am Schleusenkanal ↯ Schwabenheim, Ausfluss des Kraftwerks in den alten Neckararm.
17,7 ▭ Schwabenheim, Niveauunterschied über 8 m. li ⩡. Straßen-Ⅱ Am Lochgewann.
17,5 re ↓ des Schleusenkanals in den Neckar.
16,0 li **Edingen**.
14,2 Hochseilfähre Neckarhausen-Ladenburg, li **Neckarhausen**, re **Ladenburg**, ★ 2000 Jahre alte Römersiedlung mit sehenswerter Altstadt, Museum, gute ⬆ zur Besichtigung.
13,2 EB-Ⅱ.
12,2 re → Schleusen-Kanal. Tourenfahrer sollten den Kanal meiden (Spundwände, Steilufer).

Der alte Neckararm ist länger als die Schifffahrtsstrecke und wurde deshalb extra kilometriert.

14,2 =Abzweig des alten Neckars bei km 12,2 der Schifffahrtsstrecke
14,0 ▬ Ladenburg, li ⩡ in alten Neckar, bis ↓ frei ≋.
11,0 Bogen-Ⅱ, flach mit Stromschnelle, li **Seckenheim**, re **Ilvesheim**.
8,8 Autobahn-Ⅱ, re Joch ≋.
7,9 re ↓ Kraftwerkskanal.
7,5 re ⌂ und ▲ WSV Mannheim-Freudenheim, *DKV-Kanustation*, Lauffener Straße, 68259 Mannheim, ☎ 0621/795345.
li ▲ Camping Neuostheim, Seckenheimer Landstraße 191, ☎ 0621/416840.
7,3 Straßen-Ⅱ B 38a.
6,1 Straßen-Ⅱ, EB-Ⅱ.
4,7 re ↓ des Schleusenkanals.

12,2 Abzweig des Schleusenkanals aus dem Neckar.
11,7 Straßen-Ⅱ und Hochwassersperrtor.
10,4 Wege-Ⅱ.
9,7 Straßen-Ⅱ Feudenheimer Straße, **Ilvesheim**.
8,7 Autobahn-Ⅱ A 6.
8,1 ↯ Freudenheim, letzte ⩡-Möglichkeit in alten Neckar.
7,5 Straßen-Ⅱ.
7,3 Straßen-Ⅱ B 38a.

6,2 ☐-Gruppe Mannheim-Feudenheim, bis zu 10 m Niveauunterschied, lange Wartezeiten.
6,1 Straßen-⌶, EB-⌶, Rohr-⌶.
4,7 ↓ des alten Neckararmes (siehe oben)
re ↓ des Schleusenkanals in den Neckar,
li Fernmeldeturm mit Dreh-✂ und Aussichtskanzel, ★.
3,9 Straßen-⌶ B 38 Friedrich-Ebert-Brücke.
3,6 Fußgänger-⌶
3,2 Straßen-⌶ Brückenstraße.
3,0 li **Mannheim**-Innenstadt, ★, Schloss, Planetarium, Technisches Museum.
2,2 Straßen-⌶ B 44 Ludwig-Jolli-Straße.
1,9 li ← Verbindungskanal
EB-⌶.
1,0 re ⌂ und ▲ der Mannheimer Kanugesellschaft, Inselstr. 1, 68169 Mannheim, *DKV-Kanustation*, ☎ 06237/8863, www.mannheimer-kanugesellschaft.de .
0,7 re → zur ☐, die zum Hafen führt. Die Befahrung des Hafens ist an eine Erlaubnis gebunden, die mit der Benutzung der ☐ automatisch erteilt wird. Nach Durchfahren des Industriehafens gelangt man in den sehr reizvollen Sandhofer Altrhein, der ohne ☐ bei km 431,7 in den Rhein führt. In Teilen des Altrheins besteht Anlandeverbot (Halbinsel und innere Bucht).
0,0 ↓ in Rhein bei km 428,2.

Jagst

Wanderfluss — Mündung in Neckar (re Nebenfluss)

Die Jagst, der größte Nebenfluss des Neckars, hat viel Ähnlichkeit mit dem benachbarten Kocher: wie dieser entspringt sie in der Schwäbischen Alb, durchfließt mit vielen Windungen das Keuperbergland und später in tief in den Muschelkalk eingeschnittenen Tälern die Hohenloher Ebene. Bis Crailsheim ist sie zunächst ein recht zahmer, für sportliche Fahrer wenig interessanter Fluss in einsamer, landschaftlich reizvoller Gegend. In diesem Bereich starker Gewässerausbau mit steilen Böschungen, befestigten Ufern, zahlreichen Grundschwellen und mehreren Abstürzen, kaum Ausblick auf die Umgebung möglich. Der interessanteste Teil der Jagst beginnt unterhalb Crailsheim, mit dem Eintritt in die tiefen, teilweise schluchtartigen Täler des Muschelkalks, bewachsen mit Laub- oder Mischwald. Ab Kirchberg wird das Tal breiter. Die Landschaft ist aber immer noch sehr abwechslungsreich mit weitgehend natürlichen Ufern. Hier finden sich Ausblicke auf Schlösser, Burgen, Ruinen und malerische Kirchlein.

Befahrbarkeit: ab Ellwangen im Frühjahr und nach längeren Regenfällen, nur für Kunststoff-Einer. Ab Crailsheim meist bis Juni und nach stärkeren Regenfällen, günstig K 1, Faltboote haben streckenweise Schwierigkeiten. Ab Möckmühl, km 26, meist ganzjährig.

Befahrungsregeln: *im Text kursiv hervorgehoben.*

Pegel: Jagstzell, Straßen-Ⅱ B 290, km 152: bei 136 cm sind alle Wehre zwischen Crailsheim und Kirchberg für Kunststoffboote fahrbar.
Dörzbach (☎ 07937/203),
Untergrießheim (☎ 07136/4560).

Zeltmöglichkeit: ▲ Campinplätze in Abtsgmünd, Ellwangen, Hüttenhof, Schwäbisch Hall, Waldenburg, nur teilweise am Fluss.

Oberlauf s. DKV-Gewässerführer SWD.

134,0 Straßen-Ⅱ B 14 **Crailsheim**, danach Fußgänger- und EB-Ⅱ.

133,3 ▬ Kalkmühle Crailsheim, **X**, re ⌓, schwierig, bei wenig Wasser evtl. re überheben.

133,0 Fußgängersteg, li Parkplatz, günstige ⬇ in Crailsheim.

131,7 Heldenmühle Crailsheim, ▬, ≋, bei höherem Wasserstand starker Rücklauf**!** dann li ⌓. 30 m nach dem Wehr niedrige Ⅱ, die nicht unterfahren werden kann. **!** bei HW wegen Brückengeländer**!** li Klärwerk. Ab hier Beginn der landschaftlich sehr schönen Strecke. Bis Kirchberg (km 112,6) keine PKW-Begleitung möglich. Zufahrten zum Fluss über Feldwege zu den Mühlen bzw. Straßen zu den Brücken Neidenfels und Mistlau möglich.
Von 131,7 – 91,2 Befahrungsverbot vom 01.06.–15.09.

129,5 Weidenhäuser Mühle, ▬, ≋ oder re ⌓, danach Flussteilung.

129,4 Niedrige Feldweg-Ⅱ über beide Flussarme, evtl. ⌓.

128,7 Bärenhaldenmühle, ▬, Mitte evtl. ≋, schwer zu ⌓, 10 m danach Straßen-Ⅱ.

127,1 Neumühle, ▬, ≋ oder re ⌓.

125,0 ▬ **Neidenfels** vor der Ⅱ, ≋ oder 200 m vorher li ⬆ und bis nach der Brücke ⌓, beliebte ⬇, re Schloss Burleshagen, li Klärwerk.

124,5 ▬ Kernmühle, ≋ oder re bei Abzweig des Mühlkanals ca. 400 m ⌓. Hinter dem Wehr Steine im Flussbett.

123,3 bei ehemaligem Steinbruch Betonreste im Fluss**!**

122,8 re ↓ der Gronach. Idyllisches Plätzchen. Ca. 1 km Wanderweg zur Hammerschmiede (Museum) bei Gröningen.

122,7 Düker der Gas-Fernleitung.

122,3 Gaismühle, ▬, ≋ oder re ⌓. Die Mühle ist abgebrochen. Feldwegzufahrt von Bölgental.

122,0 Autobahn-Ⅱ.

121,7 Heinzenmühlen, ▬, ≋ oder re bis nach Fußgänger-Ⅱ ⌓. Mühle abgebrochen, re Rastplatz. Nach dem Wehr Steine und flache Stellen.

118,5 **Lobenhausen**, ▬, re ≋ oder li vor dem Betonsteg über den Mühlkanal aussetzen und ⌓.
! Nach 75 m ▬ Betonstufe im Flussbett mit starker Walzenbildung**!** Bei wenig Wasser auf 300 m trocken, steinig.

117,6 ▬ **Mistlau**, lang gezogen, Mitte oder re ≋ oder re ⌓.

117,4 Straßen-Ⅱ Mistlau, darunter Steine.

115,6 Bis zur Holz-Ⅱ 3 ≋ Grobsteinschwellen.

115,0 überdachte hölzerne Fußgänger-Ⅱ, danach 2 ≋ Grobsteinschwellen. Burg Hornberg kommt in Sicht.

113,7 ▬, verfallen, Mitte ≋, danach Steine und flache Stellen.

113,0 3 ≋ Grobsteinschwellen.

112,6 ▬ **Kirchberg/Jagst**, beim 2. Brückenjoch von re ≋ oder re ⌓.
re liegt das alte Bauern- und Gewerbeviertel, li auf steil abfallendem Bergsporn das Kirchberger Schloss.

112,5 Straßen-Ⅱ und ehemalige Furt, ⬇.

112,1 li Kläranlage.

111,0 ▬ Obermühle **Eichenau**, ≋ oder re ⌓, Steine unterhalb des Wehres!
Nach 80 m Feldweg-Furt, mit großen Steinen begrenzt.

110,4 ▬ Mittelmühle Eichenau, ≋ oder li überheben vor Abzweig (Schütz) des Mühlkanals, schwierig zu ⌓, danach Steine im Fluss.

110,0 ▬ ↯ Eichenau, ≋ oder re ⌓, danach Steine und Straßen-Ⅱ.

109,0 Natur-▬ vor Diembot, verfallen, ≋ oder re ⌓.

108,4 Straßen-Ⅱ **Diembot**, danach ab und zu Steine und flache Stellen, bis Hessenau keine Pkw-Begleitung möglich.

105,2 Schräg-▬ Mühle **Hessenau**, li ≋ oder ⌓, starker Stromzug in Mühlkanal!
Nach ca. 100 m Straßen-Ⅱ Hessenau, li oben Ruine Leofels.

103,3 re ↓ Brettach (s. DKV-Gewässerführer SWD). Zwischen Brettachmündung und Wehr Elpershofen angriffslustiger Schwan.

102,9 ▬ ↯ **Elpershofen**, Schrägwehr mit Absturz unten, bei NW evtl. li ≋, sonst li ⌓, bei HW starker Rücklauf!
In Kurve vor der Brücke Stromzug gegen Ufermauer!

102,7 Straßen-Ⅱ Elpershofen.

100,5 Straßen-Ⅱ Großforst–Kleinforst, li oben Schloss Morstein, ★.

99,6 ▬ ↯ **Hürden**, li ≋ oder li ⌓ (etwas schwierig, Weidezaun).

99,4 Straßen-Ⅱ Hürden.

98,0 in Linkskurve Strömung auf Baumhindernis, ganz li halten!

96,8 ▬ Mosesmühle **Bächlingen**, ≋ oder li ⌓. ▲-Möglichkeit (Gemeindeverwaltung fragen), ★: re auf Bergrücken Langenburg mit Schloss, Automuseum (Oldtimer) und malerische Innenstadt mit Fachwerkgebäuden und barocken Beamtenhäusern. Von der Schlossterrasse schöner Ausblick ins Jagsttal.

96,2 ▬ Herrenmühle Bächlingen, ≋, bei wenig Wasser auf 350 m trocken, treideln.

95,9 Röhren-Ⅱ, **X**, Vorsicht, starker Sog in die Röhren. Rechtzeitig ↰ und ⌓.
Bei HW li über Land fahren. Furt meiden wegen Fahrbahnbegrenzung und Rücksog.

Geeignete ⬇, Zufahrt für DKV-Mitglieder erlaubt, Fahrzeuge nach Entladen wieder entfernen. Parkmöglichkeit an der Straße und beim Sportplatz.

92,8 ▬ Königsmühle **Oberregenbach**, ≋ oder re ⌓, danach Straßen-Ⅱ.

91,2 ▬ ↯ **Unterregenbach**, ≋ oder re ⌓. Bei wenig Wasser ca. 300 m treideln.

Beachtenswerte überdachte, geschlossene Holz-Ⅱ. Im Ort ★: Krypta (um 1033) unter dem Pfarrhaus.

Von 91,2 bis 70,9 Befahrungsverbot vom 15.02.–15.09.

Von 91,2 bis 46,5 ganzjähriges Befahrungsverbot, wenn Pegel Dörzbach (☎ 07937/203) unter 40 cm und auf Teilabschnitten mit Wasserableitung im Bereich von Flusskraftwerken unter 60 cm ist.

88,3 ▬ Renkenmühle **Eberbach**, ≋ oder li ⌓, Mühlrad.

88,0 Straßen-Ⅱ.

87,9 ▬ Untere Mühle Eberbach, Steinblöcke am Wehrfuß! li ⬆ und über grobe Blöcke ⌓. Nach Ansehen evtl. ≋. Bei gutem Wasserstand gefährlicher Rücksog! Dann re am Treppchen vor Abzweig des Mühlkanals aussetzen, über den Mühlkanal mit Boot übersetzen und unterhalb des Wehres wieder in die Jagst.

87,5 Steinwurf-▬, evtl. ≋ oder li ⌓, scharfkantige Steine!

86,5 ▬ **Buchenbach**, langes Streichwehr, nach Besichtigung im rechten Wehrdrittel li ≋; danach enges Flussbett zwischen Büschen. Oder Mitte über die Strauch- und Bauminsel ⌓. Bei wenig Wasser auf 300 m trocken, treideln.

Straßen-Ⅱ Buchenbach.

85,3 ▬ **Heimhausen**, nach Ansehen evtl. ≋, Steine am Wehrfuß! sonst li ⌓, Einsatztreppe.

85,1 Straßen-Ⅱ.

82,2 ▬ **Mulfingen**, immer gut ≋, danach Straßen-Ⅱ, li oben Jagstberg.

81,2 Steinwurf-▬, ab Pegel 0,60 m in Dörzbach evtl. ≋, ansonsten li ⌓.

76,8 ▬ **Ailringen**, ≋ oder ⌓, bei wenig Wasser ca. 200 m treideln. Keinesfalls re in Mühlkanal einfahren!

Straßen-Ⅱ Ailringen.

74,8 ▬ **Hohebach**, **X**, li über Insel ⌓, danach bei wenig Wasser trocken auf 300 m, sonst bis nach der Straßen-Ⅱ leicht verblockter Schwall (WW I-II).

74,3 Straßen-Ⅱ Hohebach; nach 500 m auf 30 m Länge interessante WW-Strecke, je nach Wasserstand bis WW II+.

73,0 li Steilhang, Kapelle St. Wendel am Stein (gotisch).

72,8 Pegelschwelle Dörzbach, Mitte ≋.

70,9 Straßen-Ⅱ, re **Dörzbach**, danach

▬, ≋ oder li ⌓, bei wenig Wasser längere Treidelstrecke, re Berghänge mit Weinanbau.

68,3 ▬ **Klepsau**, nach Ansehen li ≋, Steine am Wehrfuß! oder li ⌓. Nach dem Wehr Furt, günstige ⬇.

64,0 ▬ **Krautheim**; meist trocken, überheben und treideln oder li ca. 200 m ⌓. Bei genügend Wasser ≋, doch Gefahr der Bootsbeschädigung durch große Steinblöcke am Wehrfuß.

63,5 Straßen-Ⅱ Krautheim, ★: re oben Krautheimer Bergstadt mit interessanten Gebäuden, Burg, Schloss, Stadttor.

63,0 Steinwurf-▬, Mitte ≋.

58,5 Straßen-Ⅱ **Marlach**.

56,2 Straßen-Ⅱ **Winzenhofen**.

54,4 ▬ **Westernhausen**, ≋ oder re ⌓.

54,2 Straßen-Ⅱ.

51,5 Straßen-Ⅱ **Bieringen**.

48,6 Steinbogen-Ⅱ **Schöntal**, ★: li auf dem Berg die achteckige Kreuzbergkapelle, am Ufer Kloster Schöntal mit dreischiffiger, barocker Klosterkirche, sehenswertem Treppenhaus in der Neuen Abtei, gotischer Torkapelle und mächtigen Mauern.

48,5 ▬ Schöntal, ≋ oder li ⌓. ▲-Möglichkeit li nach dem Wehr, Gemeinde um Erlaubnis fragen.

46,5 ▬ **Berlichingen** nach der Straßen-Ⅱ, ab Pegel Dörzbach 0,60 m evtl. ≋ oder überheben.
Ganzjähriges Befahrungsverbot, wenn Pegel Untergrießheim (☎ 07136/4560) unter 100 cm, saisonale Sonderregelungen beachten.

43,2 ★: re hinter den Bäumen Götzenburg Jagsthausen mit Götzmuseum, Freilichtspiele.

42,8 Straßen-Ⅱ **Jagsthausen**.

42,0 ▬ ↯ Jagsthausen, evtl. ≋, ansehen! Sonst li ⌓ (schwierig). Bei wenig Wasser evtl. am Wehr überheben, 300 m treideln.

41,9 Straßen-Ⅱ.

41,0 Furt, Mitte ≋.

38,0 ▬ **Olnhausen**, bedingt ≋, ansehen, Eisenpfähle im Unterwasser! Wehrkrone nicht beschädigen. Sonst li oder re ⌓, re Privat-▲.

37,9 Straßen-Ⅱ, darunter Steine, re oberhalb der Mühlkanaleinmündung Kinderspiel- und Rastplatz.

34,1 ▬ Grundschwelle, Mitte ≋.

33,5 2 Steinwurf-▬, Mitte ≋, re **Widdern**, Fußgänger-Ⅱ, ↓ der Kessach (≋ bei HW ab Merchingen, sehr eng, viele Büsche).

33,7 *bis 26,0 Befahrungsverbot vom 15.02.–15.09., übrige Zeit besondere Pegelregelung (s. km 46,5).*

31,5 Autobahn-Ⅱ.

28,0 ▬ **Ruchsen**, **X**, bei wenig Wasser auf der rechten Seite li neben dem Schütz überheben, sonst li ca. 100 m weit ⌓.

26,7 re Treppe, alter Badeplatz, gute ⬇⬆, Park-, Rast- und Spielplatz.

26,0 Straßen-Ⅱ **Möckmühl**, ⬇ vor der Brücke, 5 Minuten bis 🚉, ★: Schön restaurierte Stadtmauer und Altstadt, re oben Schloss.
25,6 re ↓ Seckach (s. DKV-Gewässerführer SWD).
21,8 re Schloss Domeneck.
21,1 Straßen-Ⅱ **Züttlingen**.
21,0 ▬ Züttlingen, re neben der Fischtreppe Bootsgasse und ⌓-Stelle.
20,9 Rückhalteschwelle, Mitte ≋.
20,6 Straßen-Ⅱ, re Schloss Assumstadt.
18,0 Steil-▬ ϟ Siglingen, X, li ca. 150 m ⌓, einsetzen über steile Treppe.
17,5 Straßen-Ⅱ **Siglingen**.
15,5 Fußgänger-Ⅱ, re am Hang Freibad Siglingen-Neudenau.
14,6 re ★ Wallfahrtskirche St. Gangolf (Gangolfsritt, sehenswerte Fresken).
13,0 ▬ Neudenau, ≋, sonst überheben oder li vor Gebäude anlegen und ⌓. Nicht am Wehr parken.
Ab hier bis zur Mündung Befahrungsverbot vom 15.02.–15.09., übrige Zeit besondere Pegelregelung (s. km 46,5).
12,8 Straßen-Ⅱ, re Joch fahren, Schwall! re ↓ Mühlkanal, danach Parkplatz, **Neudenau**, ★: auf der Anhöhe hübscher Ortskern mit eng gedrängten fränkischen Fachwerkshäusern.
10,5 Straßen-Ⅱ **Herbolzheim**, re Joch fahren.
6,5 re ↓ Schefflenz, ≋ bei HW ab Billigheim, nur für Einer, sportlich, sehr eng, Baumhindernisse, Wehre.
6,4 Natur-▬ „Mausefalle“, Mitte ≋, danach Kehrwässer. Bei gutem Wasserstand li direkt am Ufer einfache Durchfahrt.
5,5 Straßen-Ⅱ, li **Untergriesheim**, günstige ⬆ zum Laden. Autos nicht auf Zufahrtsweg oder unter der Brücke abstellen. Parkplatz beim Wald benutzen. Wiese und Anlände nicht befahren.
5,4 Pegelschwelle, ≋, li Pegel.
3,5 ▬ **Heuchlingen**, bei MW und HW re ⌓, da dann gefährlicher Rücklauf über ganze Flussbreite. Bei gerade überflossenem Wehr nach Ansehen li ≋.
Danach Straßen-Ⅱ.
2,0 doppeltes Stufen-▬ **Duttenberg**, X, beide zusammen li 150 m ⌓.
0,6 EB-Ⅱ.
0,3 Straßen-Ⅱ B 27.
0,0 ↓ in Neckar bei **Jagstfeld**, km 100,9; gegenüber der Ritterstiftskirche Bad Wimpfen im Tal mit gotischer Stauferfront, sehenswertem Eiche-Chorgestühl und Glasbildern, sowie herrlichem Kreuzgang. Seit 1945 Benedektinerabtei.
Günstige ⬆ 900 m den Neckar abwärts li nach der Straßen-Ⅱ, zum 🚉 5 Minuten.

Staufersiedlung **Bad Wimpfen** am Berg mit engen romantischen Gässchen, Fachwerkhäusern, Kaiserpfalz aus dem 12. Jahrhundert mit „Blauem Turm“ und „Rotem Turm“, Pfalzkapelle, Steinhaus (Heimatmuseum), Hohenstaufentor, Nürnberger Türmchen, Wormser Hof, Adlerbrunnen, Stadtkirche Dominikanerkirche usw.

Kocher

Wanderfluss — Mündung in Neckar (re Nebenfluss)

Der Kocher entspringt an der Wasserscheide zwischen Neckar und Donau, also zwischen Nordsee und Schwarzem Meer, auf der Schwäbischen Alb bei Oberkochen. Er durchfließt das Keuperbergland und dann mit tief in den Muschelkalk eingeschnittenem Tal die Hohenloher Ebene. Der Kocher ist durchweg landschaftlich sehr reizvoll, wassertechnisch ist er ein ausgesprochener Wanderfluss, mit guter Strömung, jedoch ohne besondere Schwierigkeiten.

Abtsgmünd (km 146,0) bis ↯ Gelbingen (km 80,6):

Gegenüber früher hat sich hier die Wasserqualität verbessert, sodass eine Befahrung trotz der meist unbefahrbaren Wehre wieder lohnend geworden ist. Windungsreicher Lauf zwischen Abtsgmünd und Sulzbach, zwei markante Flussschlingen vor Tullau, malerische Ortsdurchfahrt in Schwäbisch Hall.

↯ Gelbingen (km 80,6) bis ↓:

Durch günstigeren Wasserstand häufiger fahrbar als der Oberlauf, meist fahrbare Wehre. Sofern die Trockenstrecken Wasser führen, als Bootswanderroute geeignet. Bewaldete Hänge, Wiesen, stellenweise Weinberge an Muschelkalkhängen und freundliche Ortschaften geben der Landschaft ihr Gepräge. Industrieansiedlungen sind auf wenige Punkte beschränkt

Befahrungsregeln:	*Im Text kursiv hervorgehoben.*
Pegel:	Kocherstetten, km 60,1; ☎ 07940/2590.
Befahrbarkeit:	Abtsgmünd (km 146,0) bis ↯ Gelbingen (km 80,6) im Frühjahr und nach längeren Regenfällen für alle Bootstypen. ↯ Gelbingen (km 80,6) bis ↓ im Allgemeinen auf Teilstrecken bis in den Sommer. Bei gutem Wasserstand durchgehend bis zur Mündung befahrbar.
Zeltmöglichkeit:	▲ Camping: „Hammerschmiedsee“ Abtsgemünd, Schwäbisch Hall-Steinbach, „Brühl“ Braunsbach, Künzelsau und „Hirschfeld“ Oedheim. ⌂ Kanuclub Oedheim.

Oberlauf s. DKV-Gewässerführer SWD.

80,6 re ↯ Gelbingen, Rückführung des bei km 84 abgeleiteten Wassers, kleine Grundschwelle ≋, ⬇, Zufahrt auf der Kuppe der B 19.

79,0 li **Obermünkheim**.

78,2 ▬ Untermünkheim, ≋ oder re ⌓, ⬇.

78,0 Straßen-Ⅱ B 19.

77,4 Straßen-Ⅱ **Haagen**, darunter re ⬇. Parken beim Sportplatz. Danach ▬ Haagen, ≋ oder re ⌓.

76,0 ▬ Enslingen, ≋, vorzugsweise li über Rutsche, oder li ⌓.

75,8 Straßen-Ⅱ **Enslingen**, ⬇⬆.

75,0 In Kurve starker Zug auf Baum am re Ufer.

73,0 re ↓ Bühler (s. DKV-Gewässerführer SWD).

72,5 Straßen-Ⅱ, re **Geislingen**, Kinderspiel- und Rastplatz, „Brückenstüble" (Sammlung Autobahnbrückenbau).

71,8 Autobahn-Ⅱ A 6.

70,7 re ↓ Grimbach, NSG, Lagern verboten.

69,4 ▬ und ↯ **Braunsbach**, ≋ (ansehen) oder li ⌓. li ▲ Campingplatz „Brühl". Guter Standort für Befahrungen von Kocher, Jagst und Bühler. re Schloss Braunsbach.
bis 69,0 ganzjähriges Befahrungsverbot, wenn Pegel Kocherstetten unter 60 cm.

69,0 Straßen-Ⅱ, ↓ Mühlkanal.

68,7 li Sportplatz, ⬇ mit Parkmöglichkeit, Wiesen bitte nicht befahren.

65,8 Straßen-Ⅱ, **Döttingen**, li ehemaliges Schloss.

65,5 ▬ Döttingen, ≋ oder li ⌓; kräftiger Schwall.

64,3 ▬ **Steinkirchen**, ≋ oder besser über Bootsrutsche (Schütz) fahren. Wehrkrone li ausgebrochen, darunter Steine, Büsche. Bei gutem Wasser Rücksog!

63,9 Straßen-Ⅱ.

62,8 re **Weilersbach**; am Berg Schloss Tierberg.

60,6 ▬ **Kocherstetten**, im li Viertel überheben oder re ⌓. Im übrigen Wehrteil Gefahr durch Rücksog, ⬆.

60,2 Straßen-Ⅱ, re auf dem Berg Schloss Stetten.

60,1 Pegelschwelle, Mitte ≋; Pegel Kocherstetten, danach re ⬆ und Parkmöglichkeit.

58,5 ▬ Buchenmühle, ✕, li ⌓; danach bei unzureichendem Überlauf auf 1 km trocken.

57,5 re Rückführung des abgeleiteten Wassers.

56,8 Straßen-Ⅱ **Morsbach**.

55,8 ▬ Hofratsmühle, ≋ oder re ⌓.

54,4 Städt. ▲ Campingplatz Künzelsau.

54,0 Straßen-Ⅱ **Künzelsau**, re Joch fahren, li malerischer Stadtkern, Schloss, ★.

53,9 ▬ Künzelsau, hohes Walzen-Wehr, ✕, Hinter Straßen-Ⅱ re ⬆ und ⌓.

53,3 Straßen-Ⅱ.

53,2 EB-Ⅱ.

52,4 ▬ Nagelsberg, ≋ oder li ⌓. Folgestrecke fahrbar bei Pegel über 0,6 m in Kocherstetten. Bis Ingelfingen Wasserableitung durch Kanal, evtl. auf

2,1 km trocken. Seit 1989 Mindestwassermenge im Flussbett von ca. 500 li/s.
re am Berg Dorf und Burgruine **Nagelsberg**.

52,1 Niedrige Ⅱ, **X**, ⌓**!** Hinweisschild am Wehr Nagelsberg beachten**!**

51,7 2 Steinwurfschwellen, ≋.

50,3 Straßen-Ⅱ **Ingelfingen**.

49,2 EB-Ⅱ.

48,6 Straßen-Ⅱ, **Criesbach**.

47,2 Steg, li Freibad und Solebad.

46,7 Straßen-Ⅱ, **Niedernhall**, Stadtmauer, ★.

44,0 ▬, ≋ oder re ⌓, danach Straßen-Ⅱ, seichte Stellen bei wenig Wasser.

41,1 Straßen-Ⅱ, **Forchtenberg**, malerisches Städtchen mit Stadtmauer und Schlossruine. ★. li ↓ Kupfer (s. DKV-Gewässerführer SWD).

41,0 Winkel-▬, nach Besichtigung evtl. re ≋ oder re ⌓. Bei höherem Wasserstand gefährlicher Rücklauf.

40,4 Straßen-Ⅱ.

38,0 ▬ **Ernsbach**, **X**, li ⌓, gute Einsetztreppe.

37,7 Straßen-Ⅱ.

35,3 li ↓ Sall, bei HW auf 6 km ≋, windungsreich, eng, Büsche.

34,0 ▬ **Sindringen**, ≋ oder li ⌓. Wasserentzug über Kanal und Stollen, bei normalem Wasserstand bis Ohrnberg auf 7 km trocken. Weiterfahrt nur möglich bei ausreichendem Überlauf (ab Pegel 0,8 m in Kocherstetten), sonst re an Turnhalle ⬆. Parkmöglichkeit.
bis km 27,5 vom 15.01. – 15.09. Befahrungsverbot, übrige Zeit erlaubt.

31,5 ▬ Sohlrampe, Mitte ≋ oder li über Treppen ⌓.

27,5 Straßen-Ⅱ, **Ohrnberg**, li ↓ Ohrn (s. DKV-Gewässerführer SWD).
Ab hier Tagesfahrt bis Jagstfeld.

25,3 EB-Ⅱ.

24,5 ▬ **Möglingen**, **X**, re ⌓.

24,2 Straßen-Ⅱ.

24,1 Straßen-Ⅱ.

21,2 ▬ **Kochersteinsfeld**, li ≋ oder ⌓, *Befahrung des Mühlenkanals aus Sicherheitsgründen verboten.*

20,8 Straßen-Ⅱ.

18,3 ▬ **Gochsen**, ⌓ bis zur Wiedereinleitung des Wehrkanals. *Wehrkanal und Flussbett bis zur Wiedereinleitung des Kanals in den Fluss aus Sicherheitsgründen gesperrt.*

18,2 Straßen-Ⅱ.

16,7 Autobahn-Ⅱ A 81.

16,4 EB-Ⅱ.

16,0 re oben **Bürg** mit Burg.

15,5 Straßen-Ⅱ **Neuenstadt**, schönes Stadtbild.

14,7 Straßen-Ⅱ, li ↓ Brettach, ≋ bei HW ab Bretzfeld.

13,1 ▬ **Kochertürn**, re Bootsrutsche und Treppe zum ⌓ bis zur Wiedereinleitung des Wehrkanals. *Wehrkanal und Flussbett bis zur Wiedereinleitung des Kanals in den Fluss aus Sicherheitsgründen gesperrt.*

12,9 Straßen-Ɪ.

11,5 li oben **Degmarn**.

10,5 Pegelschwelle **Stein**, starker Rücklauf, nicht befahren, Lebensgefahr! re ⌓.

7,2 li ⌂ des KC Oedheim, www.kcoedheim.de , ▲-Möglichkeit, keine Wohnwagen.

6,7 ▬ **Oedheim**, re ⌓ vor den Gebäuden bis zur Brücke bei km 6,5. *Das Befahren der Strecke vom Wehr bis zur folgenden Brücke ist aus Sicherheitsgründen verboten.*

6,5 Straßen-Ɪ.

4,6 li ▲ Campingplatz „Hirschfeld" hinter Damm.

4,0 re **Hagenbach**.

3,5 EB-Ɪ.

3,4 Winkel-▬ Hagenbach, ≋ genau im Winkel oder li ⌓. Wenn das ▬ nicht überlaufen ist, Weiterfahrt zum Neckar nicht möglich. Nicht re in Kanal einfahren!

Befahrungsverbot von km 3,4 bis zur ↓, wenn der Pegel Neuenstadt-Stein (☎ 06264/1464) unter 1,10 m misst.

1,5 ▬ **Bad Friedrichshall-Kochendorf**, ≋ oder re ⌓.

Ein Befahren des Salinenkanals ist aus Sicherheitsgründen verboten.

0,7 ▬ kleine Rückhalteschwelle, ≋.

0,5 Straßen-Ɪ B 27.

0,4 EB-Ɪ, danach ▬ kleine Rückhalteschwelle, ≋.

0,0 ↓ in Neckar bei km 103,1.

3 km Neckar abwärts gute ↑-Möglichkeit hinter der Straßen-Ɪ von Bad Wimpfen.

Enz

Wildfluss – Wanderfluss	Mündung in Neckar (li Nebenfluss)

Die Große Enz ist ein landschaftlich schöner und sportlich sehr interessanter Wildfluss des nördlichen Schwarzwaldes, dessen WW-Strecke bis Wildbad am häufigsten befahren wird. In Calmbach vereinigen sich Große und Kleine Enz. Als gemütliche Tagesfahrt kommt der Unterlauf der Enz zwischen Vaihingen und Bietigheim in Frage.

Schwierigkeit: km 108,0–62,0 WW II, mit Stellen bis WW III.
km 62,0–↓ WW I–II.

Pegel:	Pegel Lautenhof, Fluss-km 90,5 und Pegel Höfen, Fluss-km 76,4 Der Pegel Höfen kann telefonisch unter der Nr. 07081/5343 abgefragt werden (automatischer Anrufbeantworter)
Befahrbarkeit:	WW-Strecke nur zur Zeit der Schneeschmelze und nach starken Regenfällen, Unterlauf zumeist ganzjährig, aber auch hier ist ein hoher Wasserstand wegen der Wasserableitungen günstig. Maßgebend sind die Werte des Enz-Pegels (Tel.-Ansage). Ab km 104,0, Minimum Pegel Lautenhof 100 cm, Pegel Höfen160 cm. Ab km 100,0, Minimum Pegel Lautenhof 60 cm, Pegel Höfen 130 cm. Ab km 90,0, Minimum Pegel Lautenhof 35 cm, Pegel Höfen 100 cm.
Befahrungsregeln:	*Im Text kursiv hervorgehoben.*
Begleitung:	Die Enz wird fast durchweg von einer Straße begleitet.

104,0 Mögliche ⬇ bei sehr gutem Wasserstand unterhalb **Gompelscheuer**, schnell fließender Bach, sehr enges Flussbett, starkes Gefälle, verblockt, Baum- und Strauchhindernisse.
Die folgende WW-Strecke der Enz bis 64,0 ist beschrieben im DKV-Gewässerführer SWD.

64,0 **Pforzheim-Birkenfeld**, li ⌂ der Kanuabteilung des Ski-Clubs Pforzheim, ⬆ re direkt unter dem Fußgängersteg.

63,3 Fußgängersteg, danach ▬ Steinschüttung, Höhe 2,0 m, WW II-III.

63,0 ▬ 2 Steinschüttungen kurz hintereinander, jeweils 0,5 m hoch.

62,3 ▬ Steinschüttung, 2,5 m hoch. Danach li Sportgelände mit Flutlichtanlage.

61,6 EB-Ⅱ. Unmittelbar davor Schrägwehr, Blöcke im Unterwasser, ⬆-Möglichkeit, S-Bahn-Station in ca. 600 m.
Unter der Brücke ▬ 2 Sohlschwellen, bei HW starker Rücklauf. Die gesamte Situation sollte vom li Ufer aus vorher besichtigt werden.

61,4 ▬ Steinschüttung, 2,0 m hoch.

61,3 Straßen-Ⅱ Brötziger Brücke, darunter 2 kleine Stufen mit Rücklauf, Höhe jeweils 0,3 m, li freie Durchfahrt.

60,9 ▬ Steinschüttung, 1,0 m hoch.

60,5 Ⅱ Steg, direkt davor ▬ Steinschüttung, 1,5 m hoch. Ab hier einzelne große Steine im Fluss.

60,2 Ⅱ Steg, li Messplatz **Pforzheim**, Parkplatz.

60,0 Straßen-Ⅱ Benckiser Brücke. Davor ▬ Steilstufe 1,0 m hoch, **X**, gefährlicher Rücklauf! Bereits 100 m vorher an Sandsteinmauer zur Besichtigung aussetzen, beste Besichtigung von der Benckiser Brücke.
40 m unterhalb der Brücke ▬, re Fischtreppe, 3 m breit, hier anlanden und ⏢.

59,5 Ⅱ Emilien-Steg.

59,4 Straßen-Ⅱ Goethe-Brücke. Zwischen Steg und Brücke re Parkplatz (gebührenpflichtig). Fahrt hier spätestens beenden. Beginn des Rückstaus des folgenden Wehres.

59,1 Straßen-Ⅱ Ross-Brücke.

58,8 Klappen-▬, keine ⌓-Möglichkeit.

58,7 Straßen-Ⅱ B 463, Auer Brücke.

58,6 re ↓ Nagold (s. DKV-Gewässerführer SWD).
Flussabwärts gute ⬇ für die Weiterfahrt bei Gold- und Silberscheideanstalt. Zunächst auf 2 km Kanalcharakter, dann landschaftlich sehr reizvoll.

56,9 ▬ Pegelschwelle, ≋.

55,0 ▬ **Eutingen**, **X**, re ⌓. Das Wehr wird durch ein neues Flusskraftwerk überflutet.

54,8 Neubau eines ϟ geplant.

53,2 Autobahn-Ⅱ, Ausfahrt Pforzheim-Ost.

51,8 ▬ **Niefern**, eindrucksvolle alte ▬-Anlage, **X**, li ⌓.

50,2 ▬, nach Besichtigung evtl. ≋ oder re ⌓. Flussschleife mit Felswand. Schleife nur bei gutem Wasserstand ≋. Die Enz wird nach Kanal-↓ breit und ruhig.

49,0 ▬, evtl. ≋ oder re ⌓.

45,4 **Mühlacker**, ▬, **X,** Turbineneinlauf! 100 m vor dem Wehr li ↰ und ca. 300 m ⌓, li Burg Löffelstolz.

42,4 ▬ **Lomersheim**, nach Besichtigung evtl. ≋, sonst re ⌓. re Seitenkanal, Ortsbrücke, re ↓ Seitenkanal, li Kraftwerksausfluss.

38,2 ▬ oberhalb von **Mühlhausen**, li ⌓, erst recht bei geöffnetem Schütz, dann bereits weit vorher aussetzen (ca. 1 km) aufgrund schlammiger Steilufer. Weiterfahrt im alten Flussbett nur bei gutem Wasserstand möglich. Sonst treideln oder ⌓ über den Berg (sehr mühsam) und nach dem ϟ wieder ⬇. Die Enzschleife ist landschaftlich sehr reizvoll. li Weinberge mit Burgruine Altroßwag.

34,2 bis 29,9 vom 01.05.-30.09. Befahrungsverbot, bzw. nur mit Genehmigung des Landratsamtes Ludwigsburg, übrige Zeit erlaubt.

31,8 ▬, **Roßwag**, **X**, re ⌓. Zur Schonung der Flachwasserzone ist die ⬇ weiter flussabwärts, Hinweistafel beachten. Zufahrt zum Parkplatz über das Gelände der Winzereigenossenschaft. Einsetzen über den Damm

(Vorsicht beim Überqueren!). So haben sie die sensible Flachwasserzone umgangen.

29,0 Schräg-▬ **Vaihingen**, re ⌓ ca. 150 m bis zum gehölzfreien Dammabschnitt. Hier, wie überall, gilt: Höchste Vorsicht an den steilen Uferböschungen.

28,3 ϟ, Klappen-▬, **X**, re ⌓, jedoch keine empfehlenswerte Aussetzmöglichkeit vorhanden. Nicht von unten an das ▬ heranfahren, tödlicher Unfall!

27,7 bis 13,1 ganzjähriges Befahrungsverbot, wenn Pegel unter 45 (Pegel Vaihingen, 07042/17111), vom 01.05.-30.09 für organisierte DKV-Mitglieder erlaubt, wenn Pegel 45 bis 64.

27,3 ⬇ 30 m re vor der Straßen-Ⅱ B 10 für gemächliche Tagesfahrt bis Bietigheim, Parkmöglichkeit nach dem Freibad li.

24,7 Straßen-Ⅱ B 10.

23,8 Straßen-Ⅱ **Enzweihingen**. ⬇ mit Hinweistafel und Rastmöglichkeit beim Sportgelände.

20,9 ▬ **Oberriexingen**, nicht Befahren! re ⬆, ⌓ ca. 300 m. Bei Weiterfahrt beachten: Unterhalb des Wehres befindet sich eine besonders gefährdete Flachwasserzone. Benutzen sie nur einen schmalen Korridor und schonen sie den Bereich so gut es geht. Aus Naturschutzgründen das Wehr nicht zu befahren. Das Umgehungsgerinne ist für Fische und Kleinlebewesen da und für Kanuten gesperrt. 50 m nach der folgenden Brücke am re Ufer eine ⬇ mit Stufen.

17,8 **Unterriexingen**, re ↓ Glems (≋ bei HW ab Markgröningen).

17,0 re ⬇⬆ guter Rastplatz beim Sportverein.

14,3 re ↓ Leudelsbach, Blockhütte und Grillplatz, sonntags bei gutem Wetter bewirtschaftet.

12,9 ▬ Sägemühle **Bissingen**, re ϟ, Betreten verboten, li ⌓, auch um nicht über die Kiesbänke laufen zu müssen.

10,8 ▬, Rommelmühle Bissingen, befahren verboten, nicht an den Turbineneinlauf heranfahren, li ⌓ ca. 130 m, sehr mühsam, steiler Auf- und Abstieg über schmale Stufen.

8,3 li ⌂ Kanuclub Bietigheim, Fischerpfad 28, 74321 Bietigheim, www.kanu-club-bietigheim.de , ☎ 07142/940215, ⬆, keine Parkmöglichkeiten.

7,6 Fußgänger-Ⅱ, Festplatz Bietigheim, li ⬆, auch für Umgehung des Wehres bei km 7,1, Parkplatz beim Bad am Viadukt.

7,1 Steil-▬ Stadtmitte **Bietigheim**, **X**, ⬆ bei km 7,6, 400 m ⌓ im Stadtgebiet, ⬇ hinter der Altenbegegnungsstätte.
li ↓ der Metter, ≋ bei HW ab Sersheim.

5,5 ▬ Kammgarnspinnerei Bietigheim, nach Besichtigung evtl. ≋ oder re ⌓.

2,6 Insel, Hauptströmung fahren, EB-Ⅱ.

1,6 ▬, **Besigheim**, ≋ oder li ⌓. Malerisches Stadtbild. Letzte ⬆ vor dem Neckar.

1,2 ■, ≋ oder li ⏏, danach bei NW flach und steinig bis Werkskanal-Mündung.

0,2 Straßen-Ⅱ B 27, danach kleine Schwallstrecke.

0,0 ↓ in Neckar bei km 136,4 unterhalb der ☐ Besigheim. Gute Gelegenheit zum ⬆ bei Neckar-km 135 am Ortsanfang von Walheim li.

Wieslauter (Rheinische Lauter)

Kleinfluss — Mündung in Rhein (li Nebenfluss)

Die Lauter, die im Oberlauf vielfach auch „Wieslauter" heißt, ist nahezu auf ihrer gesamten Strecke ein landschaftlich sehr schöner Fluss. In ihrem Oberlauf, bis Weißenburg, fließt sie zunächst durch das Dahner Felsen- und Burgenland (pfälzische Schweiz) und anschließend, ab Bundenthal, im Bereich der bis zu 550 m hohen Berge des Pfälzer Waldes. Auf den Höhen des meist engen felsigen Tales liegen mehrere Burgruinen. Unterhalb von Weißenburg bleiben die Berge zurück, die Lauter fließt hier zunächst durch die sehr schönen Forste des unteren Mundats- und des Bienwaldes und schließlich durch die Auenlandschaft des Oberrheintales. Die Lauter ist auf der gesamten Strecke ein Kleinfluss mit guter bis mäßiger Strömung, zahlreichen Hindernissen durch Felsen im Fluss, viele Kurven, niedrige Brücken, Bäume und Sträucher sowie zahlreiche Wehre, die nur teilweise fahrbar sind. Die Fahrt durch Weißenburg ist unmöglich.
Die Lauter ist ab Weißenburg Grenzfluss zwischen der Pfalz und dem Elsass, zwischen Deutschland und Frankreich. Bei hohem Wasserstand ist bei den Wehren besondere Vorsicht geboten, da diese dann meist stark angeströmt und Kopfverletzungen möglich sind.

Pegel: km 41,0; mindestens 80 cm.

Befahrungsregeln: *Der Abschnitt von km 70–40,5 darf nur mit Einer-Booten ohne Steuerblatt befahren werden. Der Pegel an der Siebentheilbrücke muss dabei im grünen Bereich liegen (75 cm). Es sind nur die ausgewiesenen Ein- und Aussetzstellen zu benutzen.*

70,0 **Hinterweidenthal**, Straßen-Ⅱ B 10. Es folgt Straßen-Ⅱ und EB-Ⅱ. Vorgegebene ⬇ **Heufels**, re Kläranlage, ■, li ⏏.

65,0 Straßen-Ⅱ, danach zwei ■, ≋ oder beide zusammen li ⏏.

62,0 li Ruine Neudahn. ■, Außenmühle, ≋ oder re ⏏.

60,0 **Dahn**, Ortseingang niedrige Ⅱ, ⏏; sofort danach EB-Ⅱ und Fußgänger-Ⅱ. Im Ort vor Mühlrad linkshalten, Lebensgefahr durch mittige Ableitung! Dann niedrige Ⅱ, li ⏏. Danach EB-Ⅱ.

59,5 **Reichenbach**, li Ruine Altdahn, ■ bei Sägewerk, ≋ oder li ⏏. Bei Ⅱ niedriges Rohr, re ⏏, ✕ „Bahnhöfle" in 50 m.

57,0 **Bruchweiler-Bärenbach**, ■ und niedrige Ⅱ, ansehen, evtl. ≋ oder ⏏ bis zur 2. Ⅱ (Kurbel für das Wehrschütz, im Cafe am alten Mühlrad nachfragen. Schütz unbedingt wieder schließen).

53,0 Straßen-Ⅱ nach Rumbach, **Bundenthal**, im Ort Falkenmühle ▬, **X**, li ⌓. Am Ortsende Ⅱ, danach ▬, ≋. Es folgen bis Niederschlettenbach zwei ▬, ≋.

49,0 **Niederschlettenbach**, Straßen-Ⅱ, ⬆.

45,5 **Bobenthal**, am Ortseingang Ⅱ und ▬, **X**, Ortsmitte Ⅱ.

41,0 Pegel.

40,5 ⬆ unterhalb des Pegels, li Parkplatz.

39,5 **St. Germanshof**, Sägewerk, ▬, **X**. Die Lauter tritt auf französisches Gebiet über.

Reststrecke bis zur ↓ s. DKV-Gewässerführer SWD.

Stromgebiet der Ems

Ems

Kleinfluss - Wanderfluss – Kanal — Mündung in Dollart (Nordsee)

Die Ems, mit Ursprung in der Senne, durchquert mit vielen Windungen das flache Münsterland mit Wiesen und Mooren von Heidecharakter. Sie ist vielfach begradigt, trotzdem landschaftlich recht reizvoll, mit schönen Altarmen.
Im Unterlauf ist die Ems Bestandteil des Dortmund-Ems-Kanals, wobei der Kanal streckenweise im Flussbett der Ems verläuft, z. T aber auch ein eigenes Bett hat. Es wird empfohlen, in diesem Bereich, wenn möglich, dem alten Lauf der Ems zu folgen.
Nachfolgend wird im Oberlauf bis Rheine die alte, aus der Zeit vor der Begradigung der Ems stammende Kilometrierung benutzt. Man muss sich dabei im Klaren sein, dass sie überhöht ist. Eine neue, amtliche Kilometrierung steht vorerst noch nicht zur Verfügung.

Befahrbarkeit: ab km 108,7 bei HW für Einer, ab km 98 meist ganzjährig, auch für Zweier. Zwischen Warendorf und Rheine ist die Ems Bestandteil eines NSG. Innerhalb des NSG ist das ⬇⬆ nur noch an festgelegten Stellen gestattet.

Befahrungsregeln: *100,1–99,5 ganzjähriges Befahrungsverbot (NSG Steinhorster Becken).*
97,1–90,0 ganzjähriges Uferbetretungsverbot rechtsseitig.
86,8–86,0 ganzjähriges Uferbetretungsverbot; zügiges Durchfahren erlaubt.
44,0–0,0 und 0,0–44,8 max. 100 Boote pro Tag, Wochenend- und Feiertagsfahrten müssen über die Geschäftsstelle des KV NRW angemeldet werden (Internet www.kanu-nrw.de).
36,6–44,8 ganzjähriges Uferbetretungsverbot.
Unterems 32,2–37,0, Petkumer Deichvorland, rechtseitiges Uferbetretungsverbot. Befahren in Flussmitte und am li Ufer erlaubt.

Pegel: ⌶ km 104,5; Minimum für Befahrung ab km 108,7 = 75 cm; gutes MW = 65 cm.

Oberlauf s. DKV-Gewässerführer für NRW.

71,6 re ⌂ und ▲ Gütersloher Faltbootgilde, *DKV-Kanustation*, Emser Landstraße, 33334 Gütersloh, www.faltbootgilde.de .

71,1 Straßen-⌶ Gütersloh–Herzebrock.

69,4 li ↓ Dalke (s. DKV-Gewässerführer für NRW).

69,2 ▬ Blockwurfwehr, ≋, re Flugplatz, es folgt 1 ⌶.

66,6 Brocker Mühle, ▬ Blockwurfwehr, ≋; es folgen 2 Wege-⌶.

63,7 ▬ Blockwurfwehr, ≋, Hüttingsmühle.

61,7 Straßen-Ⅱ Harsewinkel–Clarholz, darunter ▬, bei NW ≋, **Vorsicht!** Rücklauf, danach ▬ Blockwurfwehr.
59,5 ▬ Harsewinkel, im re Schott Steinschüttung, dort ≋; re ↓ Lutter (s. DKV-Gewässerführer für NRW).
57,5 ▬, im li Schott Steinschüttung, hier ≋.
56,8 ▬ Steinschüttung, ≋, ebenso bei km 55,7.
55,3 Straßen-Ⅱ Greffen–Beelen; danach 2 weitere ▬ Steinschüttungen.
52,9 Straßen-Ⅱ Neue Mühle, darunter ▬, **X**, re ⌓.
50,2 Straßen-Ⅱ Sassenberg–Vohren, darunter ▬, **X**, ⬇⬆. Es folgen ▬ Steinschüttungen, ≋, bei km 49,6 (halbrechts ≋), 49,1 und 48,2.
47,7 li ↓ Axtbach (s. DKV-Gewässerführer für NRW). Es folgen 2 Wege-Ⅱ.
45,8 Straßen-Ⅱ B 475.
45,5 ⬇⬆, li Parkplatz, zu erreichen von B 64.
45,3 re Emssee; im See li Steg des Warendorfer WSV, Sassenberger Straße 26, 48231 Warendorf, www.wwv-ev.de , ⬇⬆.
44,1 Straßen-Ⅱ, **Warendorf**, ⬇⬆.
44,0 –0,0–44,8 s. Befahrungsregeln (Bitte beachten, die hier beginnende Befahrungsregelung gilt auf einer Streckenlänge von 88,8 km).
44,0 Mühle Warendorf, ▬, **X**, re ⌓; re gute ⬇⬆ mit Parkplatz. Es folgen ▬ Sohlschwellen, ≋, bei km 43,1 und 42,2.
38,2 ▬ Sohlschwelle, ≋.
38,1 re ↓ Hessel (s. DKV-Gewässerführer für NRW), ⬇⬆.
36,8 Ⅱ Einen–Müssingen, re Pegel, ⬇⬆.
35,1 li ↓ Mussenbach.
34,6 Holz-Ⅱ Rastrup–Everswinkel, ⬇⬆.
34,1 ▬ Sohlschwelle, Mitte ≋, ⬇⬆.
30,0 li ▲ Campingplatz, zu erreichen von der B 64, ⬇⬆.
29,5 Straßen-Ⅱ B 64.
26,2 re gute ⬇⬆, Parkplatz.
26,0 Mühlen-▬, **X**, am ▬ vorbei in den li Arm fahren und dann re ⌓. Im li Arm li ⌂ PC Telgte, An den Bleichen 48291 Telgte, www.pc-telgte.de , PC Splentenbüchsen Telgte, Emsuferbleiche 6, 48291 Telgte und TV Friesen, Ritterstraße 34, 48292 Telgte, www.tv-friesen-telgte.de , **Telgte**, 🚂.
25,7 Im Untergraben des Mühlen-▬ Schwall, Wege-Ⅱ, danach ↓ des li Armes.
25,1 re gute ⬇ gegenüber Sporthalle.
24,5 Straßen-Ⅱ B 51.
16,1 Wege-Ⅱ, darunter Sohlschwelle, ≋.
16,0 EB-Ⅱ, .
15,5 Sohlschwelle, ≋.
11,4 Wege-Ⅱ, davor li Pegel.
11,0 li ↓ Werse (s. DKV-Gewässerführer für NRW).
10,8 Straßen-Ⅱ Westbevern–Gelmer, re gute ⬆, danach weitere Straßen-Ⅱ Münster–Greven.

10,3 Kanal-Ⅱ Dortmund-Ems-Kanal, Alte Fahrt.

10,1 Kanal-Ⅱ, Neue Fahrt. Kanal-km 78,7, ⬇⬆. (s. Rundtour 2 im DKV-Gewässerführer für NRW).

6,0 Straßen-Ⅱ, li **Gimbte**.

2,0 Autobahn-Ⅱ A 1.

0,1 verfallenes ▬, evtl. re ≋, sonst re ⏏, ca. 300 m stadteinwärts ⌂ Kanufreunde Emshaie Greven, *DKV-Kanustation*, Sportstätte Schöneflieth, Schützenstraße, 48268 Greven, www.emshaie.de .

0,0 Straßen-Ⅱ B 219, re **Greven**, ⬇⬆, gute Zufahrt mit Pkw.
Ab hier aufsteigende Kilometrierung.

0,2 ▬ Blockwurfschwelle, evtl. re ≋, sonst re ⏏.

1,0 li ↓ Münstersche Aa.

1,8 Fußgänger-Ⅱ am Hallenbad, li 🚉.

2,0 Straßen-Ⅱ Nordwalder Straße Greven–Nordwalde, li ⬇⬆.

5,8 Straßen-Ⅱ B 481.

14,2 Straßen-Ⅱ, li **Hembergen**, ⬇⬆.

15,8 re ↓ Glane (s. DKV-Gewässerführer für NRW).

16,6 re gute ⬇⬆.

20,4 Straßen-Ⅱ Hembergen–Saerbeck, ⬇⬆.

27,3 li ↓ Emsdettener Mühlbach (s. DKV-Gewässerführer für NRW).

27,4 Straßen-Ⅱ Sinninger Straße, li **Emsdetten**, ⬇⬆, Fußweg zum 🚉 20 Minuten.

27,7 re ▲ und ⌂ Canu-Club Emsdetten, *DKV-Kanustation*, Ketteler Straße 6, 48282 Emsdetten, ☎ 02572/952393, www.canu.de , 🚉 25 Minuten.

34,3 re ✕, Tiefseilfähre Bockholter Fähre, ⬇⬆.

36,6 Straßen-Ⅱ Mesum–Elte, ⬇⬆; *ab hier bis km 44,8 Betreten der Ufer ganzjährig verboten, zügige Durchfahrt erlaubt.*

41,4 li ↓ Frischhofsbach (s. DKV-Gewässerführer für NRW)

42,2 li ⬇⬆.

44,8 EB-Ⅱ, *Ende der Befahrungsregelung 44,0–0,0 und 0,0–44,8.*

44,9 li ⌂ Paddel- und Radsportclub Emsstern Rheine 1933 e.V., Kettelerufer 100, 48431 Rheine, ☎ 05971/15200, www.paddelclub-emsstern-rheine.de , ⬇⬆, danach li ⌂ und ▲ WSV Rheine 1932 e.V., *DKV-Kanustation*, Kettelerufer 98, 48431 Rheine, ☎ 05971/3146, www.wsv-rheine.de .

45,2 re ↓ Bevergerner Aa.

45,5 li ⌂ und ▲ Kanu-Club Rheine 1950 e.V., *DKV-Kanustation*, Kettelerufer 72, 48406 Rheine, ☎ 05971/55855, www.kanu-club-rheine.de , ⬇⬆.

46,0 re ⌂ Ruderverein Rheine.

46,1 Straßen-Ⅱ B 475 Kardinal-Galen-Ring, **Rheine**.

46,3 Straßen- Ⅱ Nepomukbrücke.

46,4 Straßen- ⌶ Dionysbrücke.
46,6 ▬, X, li um die Mühle ⏏ oder im re Schleusen-Arm befinden sich 2 ☐ mit Selbstbedienung.
47,2 Straßen-⌶ Konrad-Adenauer-Ring, li gute ⬇⬆.
47,5 re ↓ des Schleusen-Kanals.
48,5 EB-⌶.
49,2 li Kloster Bentlage.
50,4 Straßen-⌶ B 70.
51,6 ☐ Bentlage mit Selbstbedienung, re umfahren über Sohlschwelle möglich, keine Hinweisschilder, die Durchfahrt befindet sich in der Außenkurve 2 m vom li Ufer entfernt, ⏏ li möglich (bei NW).
57,9 Straßen-⌶ Emsstraße, li **Salzbergen**, li Ruderverein und ✕, vor der Brücke ▲ Campingplatz.
60,0 Autobahn-⌶ A 30.
71,6 Panzerfurt, li und re Rastplatz.
71,9 ▬ Listrup, X, li ⏏ oder re ☐ mit Selbstbedienung.
73,4 Straßen-⌶ Emsstraße, li **Leschede**, ✕, ▲ Campingplatz, gute ⬇⬆.
81,5 li **Elbergen**.
82,7 re ↓ Dortmund-Ems-Kanal (s. Seite 596) Kanal-km 138,3; danach re ↓ Große Aa (Große Aa sowie ihre Quell- und Nebenflüsse s. DKV-Gewässerführer für NRW).
84,2 Straßen- und EB-⌶, re **Hanekenfähr**, li ← Ems-Vechte Kanal (s. DKV-Gewässerführer für NRW).
84,4 re → des Dortmund-Ems Kanals Richtung Meppen.
84,7 ▬, re oder li ⏏, ca. 100 m, re ✕ „Am Wasserfall", ▲ Familiencampingplatz am Wasserfall, Am Wasserfall 2, 49808 Lingen, ☎ 0591/9662106.
84,8 li ! Steine im Fluss, bis Lingen viele Hindernisse, oft wenig Wasser. Bei Aufmerksamkeit immer ≋.
86,5 re ↓ des Kühlwasserkanals vom Kern-↯.
88,4 Straßen-⌶ B 213 Alexanderbrücke.
90,3 Straßen-⌶ Nordhorner Straße, li Rastplatz, re **Lingen**, Kanu-Verleih.
91,1 ▲ Campingplatz Emswiesen, Zum Emsstrand, 49809 Lingen, 0591/3008, Freibad.
92,3 Straßen-⌶ Auf der Panzerbrücke, re ehemalige Kaserne.
92,4 ▬ Sohlstufe, ≋, bei NW vorher ansehen, treideln, Fluss verkrautet.
92,8 re ⌂ KC Lingen, *DKV-Kanustation*, Breslauer Straße 62, 49808 Lingen, www.kanu-lingen.de .
94,2 ▬ Sohlstufe, ≋, bei NW ansehen.
96,6 Straßen-⌶, re **Altenlingen**.
99,7 li **Wachendorf**.
105,0 re Holter Erdölpumpen.

106,4 Straßen-II An der Emsbrücke/Dalumer Straße, ✕ Zur Fähre, hier ⬇⬆, li **Dalum**, re **Geeste**.
110,2 ▬ Sohlabsturz, **X**, re ⌂, li **Gr. Hesepe**.
112,1 re **Varloh**.
113,6 ▬ Sohlabsturz, **X**, li ⌂, li **Kl. Hesepe**.
115,8 Rohr-II
118,3 li **Rühle**, re Wacholderhain, Landschaftsschutzgebiet.
119,6 li Rastplatz.
119,8 Rohr-II.
122,4 Straßen-II B 70, dann re Campingplatz Meppen, An der Bleiche 1, 49716 Meppen, ☎ 05931/16411.
123,0 Straßen-II, re **Meppen**, re vor der Brücke Rastplatz.
123,2 re ↓ der Hase als Teil des Dortmund-Ems-Kanal (km 166,6), die 0,8 km oberhalb von re in den Dortmund-Ems-Kanal mündet, dort ⌂ WSV Meppen (Ruderverein), ▲, ✕, 5 Min. bis 🚌.
Die durchlaufende Kilometrierung der Ems wird hier beendet, die folgenden km-Angaben beziehen sich auf die Weiterführung der Kilometrierung des Dortmund-Ems-Kanals. Daneben werden gesondert die km-Angaben für die Ems-Altarme ausgeworfen; ihre Befahrung ist

besonders lohnend, mit sehr schönen ▲. Auf dem Dortmund-Ems-Kanal können die □ im Schiffsbetrieb mitbenutzt werden.

166,6 = 123,2.
167,3 Straßen-Ⲡ B 70 Grabbestraße, Nordumgehung Meppen.
169,2 re → eines Ems-Altarmes mit ↓ der Nordradde und Yachthafen.
169,7 li ← eines toten Ems-Altarmes.
170,2 Straßen-Ⲡ B 402.
171,3 li ← eines Altarmes,

> 6,8 Altarm.
> 6,5 li ← zum Versener Paradies, Befahrung sehr mühsam, 1 ▬ bei **Versen**, **✕**, re aussetzen und über Brücke ⌓, Streckenlänge 4,9 km, ↓ bei km 5,7 in den Ems-Altarm.
> 6,3 Wege-Ⲡ.
> 5,8 ▬ Holthausen, re ⌓.
> 5,7 Vereinigung von Altarm und ▬-Durchstich.
> 1,6 Straßen-Ⲡ Hünteler Brook.
> 0,0 ↓ in DEK bei 174,7.

171,3 □-Arm, geradeaus fahren.
171,5 Straßen-Ⲡ, li **Holthausen**.
173,2 Straßen-Ⲡ, li **Hüntel**.
174,2 □ Hüntel, ☎ 05931/848110, Betriebszeit Mo–Sa 06–22 Uhr, So 9–14 Uhr.
174,7 li ↓ des Altarmes (s. o.).
177,7 Straßen-Ⲡ B 408.
178,2 li ← des Haren-Rüterbrock-Kanals,
Fahrtmöglichkeit: HRK weiter Süd-Nord-Kanal und Ems-Vechte-Kanal bis Haneckfähr bei km 140, sowie Möglichkeit zur Weiterfahrt nach Nordhorn auf der Vechte.
178,3 Straßen-Ⲡ Emsstraße, li **Haren**.
184,7 re Schleusenarm, li ← des Wehrarmes Hilter. Der Arm ist 1,3 km länger als die Kanalstrecke, 1 ▬ re ⌓. Weitere Möglichkeit über den Altarm Winholte, 2,6 km länger als Kanalstrecke. Dazu im Wehrarm li ein ▬. Dort re ⌓.
185,8 □ Hilter, ☎ 05933/1684, Betriebszeit Mo–Sa 06–22 Uhr, So 9–14 Uhr ✕, ⊼.
186,6 li ↓ des Wehrarmes.
191,0 Straßen-Ⲡ, davor li ▲ Camping Emsbrücke, ☎ 05933/8597, re **Lathen**.
191,2 re Schleusenkanal, li ← des Altarmes Düthe-Sustrum, mit alter, teils verfallener und auf früheren Verlauf hinweisender km-Beschilderung, lohnende Fahrt, 1 ▬, re neben Fischtreppe schwierig zu ⌓. ↓ des Altarmes in DEK bei km 197. Die Strecke ist 2,6 km länger als die Kanalkilometrierung.

192,3 li ← Altwasser (alter Wehrarm Düthe), Strecke über Wehrarm Düthe ist 4,8 km länger als Kanalkilometrierung, einmal ≏ erforderlich.

192,4 Wege-Ⅱ Fresenburger Steg.

193,1 Straßen-Ⅱ, li **Fresenburg**.

194,3 Wege-Ⅱ, li **Düthe**.

195,1 □ Düthe, ☎ 05933/510, Betriebszeit Mo–Sa 06–22 Uhr, So 9–14 Uhr.

197,0 li ↓ Altarm Düthe–Sustrum, dort in 1 km ▲ Camping Fischersruh, ☎ 05933/4924.

198,2 Straßen-Ⅱ, re **Steinbild**, li ▲ Naturcampingplatz Sievering, ☎ 04963/1281.

199,0 ▲ Camping Cremering, ☎ 04963/1256, ✕.

200,6 re ↓ Altwasser.

202,6 Geradeaus Küstenkanal (s. Seite 599), Ems zweigt nach li ab.

205,0 Straßen-Ⅱ B 401, danach li zur Schleuse, re zum Wehr.

206,0 li □ Bollingerfähr, ☎ 04963/1638, Betriebszeit Mo–Sa 06–22 Uhr, So 6–14 Uhr, re ▬ re ≏.

206,5 ↓ Wehrarm.

208,7 re **Lehe**.

210,5 re ↓ Goldfischdever, dort ▲ Campingplatz Goldfisch, ☎ 04962/340.

211,2 re ✕ „Emsblick“, ⬆, gute Gelegenheit zur Beendigung der Fahrt, gute Zufahrt von der B 70 von Herbrum.
li Anfang Wehrarm Herbrum, Schleusenkanal benutzen.

211,8 Wege-Ⅱ Borsumer Straße, re **Herbrum**.

212,5 □ Herbrum, ☎ 04962/9959120 oder 5194, Betriebszeit Mo–Sa 06–22 Uhr, So 6–14 Uhr ab hier Gezeiten, dadurch bei NW schlechte Anlegemöglichkeiten, besonders ab ↓ Leda (verschlickte Ufer). Achtung auf Stellnetze („Hamen“), die z. T. bis dicht an das Fahrwasser gehen und teilweise nicht befeuert sind, lebensgefährlich bei Nebel und Dunkelheit!

213,6 Ende Wehrarm Herbrum.

216,8 Straßen-Ⅱ Aschendorf–Rhede.

225,1 Straßen-Ⅱ Vellager Straße, li Meyer-Werft Papenburg.

225,8 = 0,0 neue Kilometrierung, Beginn der Unterems.
re ↓ Papenburger Sieltief (Drostensiel), re **Papenburg**, größte und älteste (seit 1630) Fehnsiedlung Deutschlands, li **Halte** (alter Zoll- und Grenzort), hier Südgrenze Ostfrieslands.

3,7 li Schöpfwerk Stapelmoor.

6,9 EB-Klapp-Ⅱ.

7,6 li ← Sportboothafen Weener über □, ▲ Campingplatz Weener, Im Erholungsgebiet 4, 26826 Weener, ☎ 04951/955256, DJH.

13,9 re Kloster Muhde, ehem. Kloster um 1000, 1556 abgebrochen, Schöpfwerk.

14,2 re ↓ Leda (s. Seite 311). Hochwasserstauwerk, Festungswälle Leerort auf Halbinsel, Einfahrt zur See-□ in Leer.

15,1 Jan-Berghaus-Klapp-Ⅱ B 436, re **Leer**, Plytenberg (künstlich aufgeschütteter Grabhügel).

16,0 Beginn der Insel Bingumer Sand, Fahrwasser re.

16,9 li **Bingum**, Hafenstädtchen aus dem 13. Jahrh., Kirche mit Barockkanzel, ▲ Ems Marina Bingum, Marinastraße 14–16, 26789 Leer-Bingum, ☎ 0491/64447, www.camping-ems-marina-bingum.de und Yachthafen, beide fallen bei NW trocken!

19,0 Autobahn-Tunnel A 31, li ↓ Groß-Soltborger-Sieltief, bis 21,0 li Ziegeleien.

21,5 li **Jemgum**, Hafen, re bis km 23,8 im Fluss Insel Jemgum.

23,8 re ↓ der Sauter.

24,6 re Schöpfwerk, Sautersiel, gute Anlegemöglichkeiten und ⏏-Möglichkeit in Sauteler Tief (s. Kanuwanderbuch für NWD) (Verbindung zum Boekzeteler Meer).

30,2 re ↓ der Oldersumer Außenmuhde, dort neue See-□ und Schöpfwerk, kleinere Werften, ↓ Rorichumer Tief mit Verbindung zum Fehntjer Tief, **Oldersum**.

30,3 re → Ems-Seitenkanal, letzter Teil vom Dortmund-Ems-Kanal

Ems-Seiten-Kanal

256,8 Abzweig von der Ems (km 30,3). Im Vorhafen Oldersum Stege des Oldersumer YC, bei schlechtem Wetter und Seegang hier ⏏ und im Binnenland weiterfahren

256,6 □ Oldersum.

256,7 Straßen-Ⅱ Petkumer Straße, re **Oldersum**.

256,9 re Durchstich Alte Maar.

257,9 re Durchstich Lange Maar. Es folgen 3 Wege-Ⅱ.

261,3 Kreuzung mit Petkumer Tief. Es folgen 3 Wege-Ⅱ.

265,1 ↓ Verbindungskanal zum Fehntjer Tief und mit □ zum Ems-Jade-Kanal.

265,4 □ Borßum. Davor Straßen-Ⅱ, 2 EB-Ⅱ.

265,5 ↓ in den Emder Hafen.

32,0 re **Gandersum**.

32,2 ▬ Emssperrwerk, in der Regel offen.
Von km 32,2 bis km 37,0 Petkumer Deichvorland, ganzjähriges Uferbetretungsverbot für das re Ufer, Befahrung in Flussmitte und am li Ufer.

33,8 li ↓ Ditzumer Sieltief, li **Ditzum**.

34,8 re ↓ Petkumer Sieltief, re **Petkum**, Sielort mit Fischereihafen und Kutterwerft, Fähre Petkum–Ditzum (km 33,8).

37,9 re Schöpfwerk Borßumer Siel, ⏏-Möglichkeit in Verbindungskanal zum Fehntjer Tief.

re Beginn der Hafenanlage Emden, Binnenhafen mit Erzverladeanlagen. li Dollart, größte amphibische Landschaft Deutschlands, in 12 Stunden einmal Land, einmal Meer.

40,7 re Einfahrt Außenhafen mit Getreidespeicher und VW-Umschlag, Borkumkai, Einfahrt Große Seeschleuse, nach 1,5 km durch Nesserlander ◻ und Binnenhafen in 3,5 km zur Kessel-◻, einzigartige Kreuzung zweier Wasserstraßen (Ems-Jade-Kanal, s. Seite307 und Fehntjer Tief - Stadtgräben Emden, s. Seite 309), falls keine Schleusung (nur an Wochentagen und nicht zur Mittagszeit), gute ⌓-Möglichkeit. **Emden**: aufstrebende Hafenstadt, Rathaus mit Rüstkammer, Hafenanlagen, ★.

Ems-Jade Kanal

Schifffahrtskanal	Verbindet die Ems mit dem Jadebusen

Der Ems-Jade Kanal ist nur für Schiffe bis etwa 300 t geeignet, deshalb kaum noch Berufsschifffahrt. Die Befahrung des landschaftlich reizvollen Kanals ist daher eine recht geruhsame, sehr zu empfehlende Angelegenheit. Durch Umtragen in die am Kanal liegenden Tiefs sind außerdem verschiedene Abstecher und Rundfahrten möglich. Sie sind alle beschrieben im Kanuwanderbuch für NWD.

0,0 Hafen Emden, Erzhafen, Kohle, Ölraffinerie, Werften, Kunstmuseum, 52 000 Einwohner, 2 See-◻. Dampfer nach Borkum und Delfzijl (Holland).

2,1 Straßen-Ⅱ B 210, **Emden**.

2,2 EB-Ⅱ.

2,7 Straßen-Ⅱ Faldernstraße.

3,0 Straßen-Ⅱ Friedrich-Ebert-Straße.

3,2 Wege-Ⅱ.

3,4 Kessel-◻, einzigartiges Bauwerk, ★. Anschluss zum Fehntjer Tief (s. Seite 309) und zum Stadtgraben (⌂ ⌂). Weiter über das Trecktief ins Große Meer oder über das Larrelter Tief zur Knock (Ems-↓, Dollart, Nordsee).

4,2 ↓ des Verbindungskanals zum Dortmund-Ems-Kanal (Ems-aufwärts).

4,6 Straßen-Ⅱ Südermeedenweg.

5,2 Autobahn-Ⅱ A 31.

6,4 Straßen-Ⅱ Esseweg, li **Uphusen**.

6,9 re ⌓ (1 km) in Kurzes Uphuser Maar, in 3,5 km über Uphuser Meer zum Fehntjer Tief (s. Seite 309).

7,2 Straßen-Ⅱ Riepster Weg.

8,3 li ⌓ zum Trecktief (s. Gewässer der Krummhörn), re **Uphuser Klappe**, Straßen-Ⅱ Am Uphuser Grashaus.

9,7 li ⌓ zur Alten Maar (s. Gewässer der Krummhörn).

12,8 Straßen-Ⅱ, li **Mittelhaus**. Südlich Überschlickungsgebiet Riepe, nördlich „Meeden", ein Wiesengebiet unter dem Meeresspiegel li ≏ zur Ehe (s. Gewässer der Krummhörn).

18,2 Straßen-Ⅱ.

20,6 Bootshafen **Westerende-Kirchloog**, ▲, Toiletten.

20,8 Straßen-Ⅱ Loogstraße.

21,1 li ↓ Ringkanal, ≋ auf 12,7 km. Er dient als Speisekanal des Ems-Jade-Kanals und ist bis zur Abzweigung des Abelitz-Moordorfer-Kanals ganzjährig ≋.

23,1 Ⅱ, □ Rahe, ✕, ▲-Möglichkeit im Garten des Wirtes, bitte vorher fragen (Übernachtungsplatz „Rubbeltour" WKK).

24,0 Straßen-Ⅱ, li **Haxtum**.

25,0 Straßen-Ⅱ Grüner Weg, **Aurich**, Handelshafen, Hauptstadt Ostfrieslands, DJH, ▲ beim Yacht-Club Aurich im Auricher Hafen.

25,7 Straßen-Ⅱ Westgaster Weg.

26,3 Straßen-Ⅱ.

27,8 Straßen-Ⅱ B 72 (Aurich–Leer).

28,2 Wege-Ⅱ.

29,2 Wege-Ⅱ.

29,9 Straßen-Ⅱ Langfeldweg.

31,6 Straßen-Ⅱ Wiesenser Straße, li **Wiesens**.

32,8 □ Wiesens. ☎ 04941/2336.

33,8 Straßen-Ⅱ.

35,0 Straßen-Ⅱ.

42,2 Straßen-Ⅱ, li ▲ Camping, re ↓ des Nordgeorgsfehn-Kanals, führt mit 8 □ in die Jümme, dort Anschluss an Küstenkanal und Leda (s. Seite 311). Der vor der 2. □ abzweigende Großefehner Schifffahrtskanal ist durch Dämme verbaut und **X**..

43,7 □ Upschört, li ≏ S 2.

44,6 Straßen-Ⅱ Auricher Weg, li **Upschört**, re **Brinkenshöhe**.

45,7 □ Wiesede, li ≏ S 1-2.

47,6 Straßen-Ⅱ, li **Priemelsfehn**.

48,5 Beginn des Reepsholter Tief re hinter dem Uferdamm.

49,5 Straßen-Ⅱ

50,9 ≏-Möglichkeit zum Reepsholter Tief (s. Kanuwanderbuch für NWD).

51,4 Straßen-Ⅱ li **Reepsholt**.

53,2 Straßen-Ⅱ **Hoheesche**.

55,0 Straßen-Ⅱ Etzel–Abickhafe.

57,3 re ≏-Möglichkeit zum Emder Tief (s. Kanuwanderbuch für NWD).

60,0 Klapp-Ⅱ **Dykhausen**.

62,0 Autobahn-Ⅱ A 29.

63,2 EB-Ⅱ und Straßen-Ⅱ, re **Sande**.

63,6 li ⌂ und ▲ KSV Sande, Am Kanal, 26452 Sande, *DKV-Kanustation*, ☎ 04422/2882.
64,0 Straßen-Ⅱ.
64,9 Wege-Ⅱ.
65,8 Straßen-Ⅱ, li ⌓ (35 m) in die Maade (s. Kanuwanderbuch für NWD).
66,1 EB- und Straßen-Ⅱ, li **Mariensiel**.
67,3 □ Mariensiel, ⌓, S 1, li ⌂ und ▲ des Wilhelmshavener Kanu-Klub, Kanalweg 30, 26389 Wilhelmshaven, *DKV-Kanustation*, ☎ 04421/202360, www.wkk-whv.de . Beginn der Stadt **Wilhelmshaven**.
68,8 Rüstringer-Ⅱ.
70,3 Deich-Ⅱ.
70,8 re um Halbinsel ⌓ über Damm S 1, in den Banter See, bis zum ⌂ WKF 1 km u. ⌂ KSW 1,5 km.
71,6 Kaiser-Wilhelm-Ⅱ, größte Dreh-Ⅱ Europas. Danach beim 2. schwimmenden Anleger nach Tonnenhof. re ⌓ ca. 500 m zum Jadebusen.
72,3 = 0,0 neue Kilometrierung, ehemalige Hafeneinfahrt Wilhelmshaven, Ende des Ems-Jade-Kanals, keine Anlege- und ⌓-Möglichkeit.
1,7 Jade-□, z. Zt. größte See-□ Europas, keine ⌓-Möglichkeit, nur Mitschleusung möglich.
Wilhelmshaven, Industrie- und Seehafenstadt, ★.

Fehntjer Tief

Wanderfluss – Marschenfluss — Mündung in Ems (re Nebenfluss)

Das Fehntjer Tief entwässert das östlich von Emden und südlich vom Ems-Jade-Kanal liegende Gebiet. Sehr einsam, sehr gewunden. Durch Befahrung der verschiedenen zur Ems und zum Ems-Jade Kanal abzweigenden Tiefs ergibt sich, insbesondere bei Befahrung des etwa parallel verlaufenden Rorichumer Tiefs, eine große Zahl möglicher Rundfahrten. Die Mitnahme topographischen Karten 1:50 000 wird empfohlen.

Befahrungsregeln: *Befahrung nur zwischen Sonnenauf- und -untergang, anlegen verboten; betroffen sind Fehntjer Tief zwischen km 18,4 und 24,0 sowie das Ayenwolder Tief zwischen km 0,0 – 4,0.*

0,0 Kessel-□ Emden, sehenswert, in der □ treffen sich Ems-Jade Kanal und Fehntjer Tief/Stadtgräben Emden, kaum noch Berufsschifffahrt, da zu klein.
0,5 Straßen-Ⅱ Herrentor, **Emden**.
0,8 Wege-Ⅱ.
1,4 Straßen-Ⅱ Braunsberger Straße, Straßen-Ⅱ B 210.

1,5 li ↓ Borßumer Kanal zum Treckfahrtstief (Verbindung zum Großen Meer), danach Kreuzung mit dem Verbindungskanal Ems-Jade Kanal und Dortmund-Ems Kanal, li Verbindungs-□.
4,0 li ↓ Neues Tief zum Uphuser Meer, von dort in 3,5 km über das Kurze Uphuser Maar zum Ems-Jade Kanal bei km 6,7.
4,4 Straßen-Ⅱ Schwagerweg.
5,1 Straßen-Ⅱ.
5,3 li ↓ Stinkende Riede oder Ridding, steht unter Naturschutz, daher **X**.
5,7 Straßen-Ⅱ Helgenweg, li ← des Fehntjer Tiefs! geradeaus Pettkumer Sieltief, in 1,6 km zum Dortmund-Ems Kanals und in 3,5 km zur Ems.
6,3 alte Klapp-Ⅱ mit Handbetätigung, Pettkumer Klappe, ✂.
9,2 re → Lange Maar, in 1,9 km zum Dortmund-Ems Kanal.
10,4 Straßen-Ⅱ, Oldersumer Hammrich, danach re → Oldersumer Tief, Vorsicht bei Ebbstrom. Es führt 3,8 km nach Oldersum. Über das anschließende Rorichumer Tief kann man zurück zum Fehntjer Tief kommen und damit eine Rundfahrt von insgesamt 31 km machen.
13,3 **Ippenwarf**, Bootsanleger, re Rastplatz, re **Imkehörn**.
15,6 li ← Sengesiel, in 2 km nach Simonswalde, flach.
17,0 re → Heuwieke (Verbindung zum Rorichumer Tief (2 km) und in 6,5 km nach Oldersum).
Autobahn-Ⅱ A 31.
18,9 re ↓ Kattdarm zu verlandeten Meeren, ehemalige Verbindung zum Rorichumer Tief, NSG, **X**.
19,6 li ↓ Krummes Tief von Ihlow, 4 km von Ihlowerfehn, 4,5 km, schönes Waldgebiet.
24,1 Teilung des Fehntjer Tief.
li nördlicher Arm: in 4 km nach Westgroßefehn, Straßen-Ⅱ, ab hier neuer Name: Flumm.
re südlicher Arm.
25,0 re → Rorichumer Tief.

12,5 Beginn Rorichumer Tief (s. Bemerkung bei km 10,4).
12,0 Wege-Ⅱ.
11,2 Straßen-Ⅱ.
10,5 Straßen-Ⅱ.
9,7 Straßen-Ⅱ, li **Hatshausen**.
9,3 Straßen-Ⅱ.
8,8 Straßen-Ⅱ.
8,5 Kreuzung Kattdarm, NSG, **X**.
7,9 Straßen-Ⅱ.
6,3 Kreuzung Warsingfehnkanal, re **X**, danach Autobahn-Ⅱ·A 31.
5,9 → der Heuwieke zum Fehntjer Tief, 2 km, li Rastplatz, Danach Straßen-Ⅱ.

3,2 EB-⌶.
2,9 Wege-⌶.
2,6 Wege-⌶.
2,1 Wege-⌶.
1,4 Wege-⌶ Tammegaster Straße.
1,1 Straßen-⌶ Ziegellandwarftstraße, li **Rorichum**, Bootsanleger.
0,3 Straßen-⌶ Emder Straße.
0,1 Wege-⌶.
0,0 **Oldersum**, über ▭ Verbindung zur Ems und zum Dortmund-Ems Kanal, Werft, re ↓ des Großen Tief, 3,8 km bis Fehnter Tief (km 10,4).

26,5 Straßen-⌶ Leer–Aurich, direkt danach li Bootshafen und ▲ Campingplatz Timmeler Meer.
27,0 Timmeler Meer, Südufer Uferbetretungsverbot.
27,1 und 27,6 re → Boekzeteler Meer, NSG, **X**.
28,6 li ← Bagbander Tief mit Timmeler Tief, wegen Abdämmung nur kurze Strecken ≋.
ab hier: Neuefehnkanal mit 2 ▬.
30,9 ⩳ zum Sauteler Kanal (s. Kanuwanderbuch für NWD).

Sagter Ems, Leda

Die beiden Flüsse werden durchlaufend beschrieben. Die Leda und ihre Nebenflüsse stehen unter dem Einfluss der Gezeiten.

Sagster Ems

24,0 Düker unter Küstenkanal, km 38,1; übliche ⬇ für die Befahrung der Sagter Ems. Man erreicht die ⬇ von der B 401 über eine Sackgasse zum Küstenkanal.
23,9 Straßen-⌶ B 401.
22,9 Wege-⌶.
22,8 Straßen-⌶ B 72.
22,5 Wege-⌶.
21,8 Straßen-⌶, Wege-⌶.
21,4 Straßen-⌶ Schulweg, li ⬇, re **Sedelsberg**.
18,5 Straßen-⌶, re **Scharrel** (Oldenburg).
18,2 Straßen-⌶ B 72.
16,2 ⌶ B 72.
15,6 Straßen-⌶ Hauptstraße, Scharrel.
15,3 EB-⌶.

13,6 Straßen-⌶.
13,2 Wege-⌶.
12,0 Straßen-⌶, li **Hollen**.
11,1 EB-⌶.
10,7 Straßen-⌶, **Ramsloh**, li Kirche Ramsloh, ab hier Tideneinfluss.
7,9 Wege-⌶, re „Sonnenau“ Wochenendhäuser. **Strücklingen**.
7,5 Straßen-⌶ Am Wiesengrund.
7,4 Wege-⌶
7,2 Straßen-⌶ Bahnhofstraße.
1,3 Klapp-⌶ **Bokelesch**, re Bootsanleger Osterhausen, ✕.
0,0 = 25,0 Ab hier Kilometrierung der

Leda

25,0 re ↓ des Elisabethfehn Kanals (Er stellt eine 15 km lange Verbindung zum Küstenkanal bei km 29,3 dar, s. Kanuwanderbuch für NWD).
24,3 re geht der Dreyschloot-Kanal ab. Er stellt die Verbindung zum Barßeler Tief - Leda her (1 km).
21,8 Straßen-⌶ B 72.
19,6 Potshauser ⌶ (Klapp-⌶). li **Potshausen**.
17,3 li ↓ Hauptfehnkanal.
10,8 Straßen-⌶, re **Amdorf**.
9,1 Fähre Wiltshausen, re ↓ Jümme (s. Kanuwanderbuch für NWD).
6,5 re **Loga** (Leer), Rastplatz vom 15.04.–15.10.
4,8 Straßen-⌶ B 70.
3,8 Gezeiten-Sperrwerk, meist offen.
3,0 EB-⌶.
1,8 re über ☐ zum Industrie- und Handelhafen, re **Leer**.
0,0 ↓ in Ems bei km 14,2 (s. Seite 299).

Hase

Kleinfluss – Wanderfluss | Mündung in Ems (re Nebenfluss)

Die Hase ist ein streckenweise landschaftlich recht reizvoller Wiesenfluss, ohne besondere Schwierigkeiten zu befahren.
Befahrbarkeit: Oberlauf nur bei HW, ab Mittellandkanal ganzjährig.

160,5 ⌶, Uhlenberg, ⬇ bei HW, die Folgestrecke bis Mittellandkanal ist beschrieben im DKV-Gewässerführer für NRW.
120,4 Düker Mittellandkanal, Nordseite.
119,5 und 118,7 Straßen-⌶.
118,0 Straßen-⌶ B 68, danach Straßen-⌶ B 218, ⌂ Kanu-Club Bramsche e.V., Penter Weg 20, 49565 Bramsche, www.kanuclub-bramsche.de , empfohlene ⬇.

117,3 Straßen-Ⅱ Brückenstraße, li **Bramsche**.

117,1 Straßen-Ⅱ Marktstraße.

116,9 Wege-Ⅱ.

116,4 ▬ Grundschwelle, ≋. Vorsicht bei NW!

116,0 Straßen-Ⅱ Nordtangente Bramsche.

114,7 ▬ (Verteilerbauwerk), am Bootssteg Ⅱ und ⌓ für die Weiterfahrt in den re Arm (Tiefe Hase).
Der li Arm ist der Alfseeableiter. Seine Befahrung ist möglich, aber wenig empfehlenswert.

Tiefe Hase

112,3 Wege-Ⅱ.

111,8 ▬ Stauschwelle 7, evtl. ≋.

111,4 Straßen-Ⅱ Sögelener Straße, darunter ▬ kleineStufe, ≋, re nach **Malgarten**.

110,1 Straßen-Ⅱ Riester Allee.

109,0 re Verbindungsgraben zur Hohen Hase mit altem Wasserablass, sehenswert, guter Rastplatz.

108,3 ▬ Stufe (1 m) re ⌓, danach Straßen-Ⅱ Maschortstraße.

107,7 ▬ Stufe unter Steg (0,8 m), ≋.

105,8 Straßen-Ⅱ Malgartener Straße, **Rieste** und EB-Ⅱ. Zwischen beiden Brücken li ⬇⬆ und Rastplatz.

105,4 ▬ Stufe (1 m), li ⌓, nach 70 m Spundwand quer über den Fluss, bei NW ⌓, sonst ≋.

105,0 Straßen-Ⅱ zum Kloster Lage, ★.

104,5 Straßen-Ⅱ Alfhausen–Neuenkirchen, li ⬇⬆.

104,0 re ↓ Hohe Hase.

103,6 und 103,4 Wege-Ⅱ.

103,2 ▬ Stufe (0,6 m) li ⌓, beim ⬇ Steilufer.

101,2 ▬ Stufe (1,7 m), **X**, li ⌓. Danach Straßen-Ⅱ.

100,8 re ↓ Nonnenbach (s. DKV-Gewässerführer für NRW), nach 300 m Ⅱ.

100,3 li ↓ Durchleiter vom Alfsee, Ende der Tiefen Hase.

Weiterfahrt auf der Hase

99,7 und 98,2 Wege-Ⅱ.

96,1 li Bootshafen Gymnasium Bersenbrück, sehr gute ⬇⬆.

96,0 Straßen-Ⅱ Hastruper Weg, re **Bersenbrück**, ▬, **X**, hier nicht ⌓. In li Arm fahren. Er führt zur Mühle Bersenbrück, hier re ⌓.

95,2 Straßen-Ⅱ B 214 Gehrder Straße.

94,1 ▬ Sohlschwelle Hinkamps, **X !** dahinter Eisbrecher, gefährlich, keine Warnschilder. re ⌓, mühsames ⬇⬆.

93,6 und 92,8 Straßen-Ⅱ.

87,5 Straßen-Ⅱ Badberger Straße.

86,4 verfallenes ▬, stets offen, ≋.
84,6 Wege-Ⅱ, re Abgang zur Wrau über **X** ▬.
83,5 Straßen-Ⅱ Dinklager Straße, li **Badbergen**.
82,2 Straßen-Ⅱ.
80,3 Straßen-Ⅱ.
79,6 **Quakenbrück**, Flussteilung, re ▬, **X**, re ⏏.
Der geradeaus führende Arm läuft durch die Stadt, **X**. Vor dem ▬ re ⌂ des WSV Quakenbrück, Blankenfortsweg, 49610 Quakenbrück, nicht bewirtschaftet, ▲.
79,3 Straßen-Ⅱ Schützenhofallee, re 🍴 „Schützenhof".
78,5 Straßen-Ⅱ Quakenbrück–Dinklage.
77,8 Wege-Ⅱ.
76,8 Straßen-Ⅱ Quakenbrück–Bevern.
76,0 re ↓ Bünne-Wehdeler-Grenzkanal.
75,5 ▬ Brokhagen, **X**, re Bootsgasse, nach Besichtigung ≋, Achtung Steine! oder re ⏏.
73,0 Straßen-Ⅱ B 68 und EB-Ⅱ. Weitere Straßen-Ⅱ bei 72,2 und 70,8.
70,4 re ↓ Lager Hase (s. DKV-Gewässerführer für NRW).
70,2 ▬ Sohlgleite, re ⏏.
69,0 Wege-Ⅱ, danach ▬ 300 m lange Sohlgleite, re ⏏.
68,0 Straßen-Ⅱ, re **Farwick**.
67,3 Straßen-Ⅱ Neubunnen–Brooksteek.
66,7 Wege-Ⅱ Am Altarm.
65,5 Wege-Ⅱ, li Rastplatz, Heuhotel.
61,3 Straßen-Ⅱ Böen–Menslage.
61,0 li ↓ Bühner Bach.
59,0 re ↓ Löninger Mühlenbach (s. DKV-Gewässerführer für NRW).
58,6 Straßen-Ⅱ Hasestraße, **Löningen**, Bootsanleger, Parkplatz, ▲ am Schwimmbad (neu).
58,1 Straßen-Ⅱ Löningen–Angelbeck.
54,4 Wege-Ⅱ.
51,7 Straßen-Ⅱ Evenkamp–Ehren.
50,7 Wege-Ⅱ, re **Dütekamp**.
49,7 Straßen-Ⅱ, re **Westrum**.
48,2 Straßen-Ⅱ Hölze–Aselage.
47,5 li ↓ Hahnenmoorkanal.
44,0 Straßen-Ⅱ Zuckerstraße, **Herzlake**, davor re Steg am Sportzentrum, ⬇⬆, Parkplatz, von der Hauptstraße mit „Bootsanleger" ausgeschildert. Es folgt eine Wege-Ⅱ. Bis ↓ sehr reizvoll.
41,7 re ↓ Südradde (s. DKV-Gewässerführer für NRW).
36,2 Straßen-Ⅱ Haselunne–Andrup, dahinter re ▲ Comfort-Camping Haseufer.
35,0 re NSG, Wachholderhain, Hügelgräber, ★.
33,0 re Haselünner See.

32,5 Wege-Ⅱ Binsenweg, **Haselünne**, 100 m nach der Ⅱ re gute ⬇.
32,0 Straßen-Ⅱ B 213 und B 402 Lingener Straße.
31,6 Wege-Ⅱ.
30,8 li Jugend-▲ Haselünne, ☎ 05961/509440.
23,2 Straßen-Ⅱ Bückelte–Hamm, beliebte ⬇ für Tagesfahrten bis Meppen. Hier wurde ein Altarm wieder geöffnet. Die Hase ist dadurch 0,8 km länger. Am Ende des Altarmes Wege-Ⅱ.
20,0 –18,0 Durch Rückverlegung in Altarme ist die Hase hier 1,1 km länger als die Kilometerangabe.
18,0 re ↓ Mittel-Radde (s. DKV-Gewässerführer für NRW).
12,0 Fußgänger-Ⅱ, **Dörgen**.
8,0 Straßen-Ⅱ Römerstraße, re **Bokeloh**, altes 🍴 „Giehse“ und 1000jährige Kirche, ★, li gute ⬇⬆ und Rastplatz.
5,0 li ↓ Teglinger Bach, re Vogelschutzgebiet „Haseinsel“.
1,8 EB-Ⅱ.
0,8 Straßen-Ⅱ Hasebrinkstraße, **Meppen**, danach li ↓ Dortmund-Ems Kanal, re ⌂ WSV Meppen, Widukindstraße 22, 49716 Meppen, 🍴, ▲. 🚌 und Stadt 10 Minuten.
0,2 Straßen-Ⅱ Hasestraße.
0,0 ↓ in Ems bei km 123,2. Ems aufwärts Steg, gute ⬇⬆, Parkplatz.

Gewässer in Ostfriesland

Norder Tief

Wanderfluss – Marschenfluss | Mündung in Nordsee (Leybucht)

Das Norder Tief entwässert die bei Norden gelegenen Niederungsgebiete. Die Befahrung verschiedener Seitenarme sowie die Möglichkeit der Ausführung von Rundtouren ergeben sehr vielfältige und reizvolle Fahrten.

Befahrbarkeit: Norder Tief und Verbindungstief ganzjährig; Befahrung der Seitenarme bis zu ihrem Endpunkt nur bei gutem Wasserstand. Dies ist der Fall, wenn die breite Stufe des Anlegers beim WSV Norden überspült ist.

Zeltmöglichkeit: *DKV-Kanustation* WSV Norden, gut geeignet als Standort für Fahrten im Binnenland und im Wattbereich, auch als Ferienaufenthalt. 🚌 10 Minuten.

24,7 ▬ Neßmersiel, X.
24,1 Wege-Ⅱ
23,8 Straßen-Ⅱ **Neßmersiel**.
23,0 re → Marschtief (s. Kanuwanderbuch für NWD).
22,0 Straßen-Ⅱ Cankebeerstraße, li **Harketief**, Pegel.
21,1 li ↓ Harketief.
20,2 niedrige Wege-Ⅱ.
19,4 Wege-Ⅱ
18,7 Wege-Ⅱ.
18,0 Straßen-Ⅱ, li **Lottjeshausen**.
16,9 Wege-Ⅱ.
16,2 Wege-Ⅱ.
15,9 re ↓ Blandorfer Tief (s. Kanuwanderbuch für NWD), Straßen-Ⅱ Marienhofstraße.
14,7 Straßen-Ⅱ Hagermarscher Straße, **Hage**.
13,9 Straßen-Ⅱ Stettiner Straße, li Rastplatz, ▲-Möglichkeit.
13,3 Wege-Ⅱ Breiter Weg, li nach Hage.
12,3 Wege-Ⅱ Kaakweg, **Lütetsburg**.
11,7 Wege-Ⅱ Schulweg.
10,6 re ↓ Marschtief (s. Kanuwanderbuch für NWD).
10,0 li ↓ Sieltog (s. Kanuwanderbuch für NWD), Straßen-Ⅱ Torfweg.
9,6 Straßen-Ⅱ B 72.
9,4 Straßen-Ⅱ Kolkbrücker Weg.
8,0 EB-Ⅱ, Straßen-Ⅱ Im Horst Es folgt eine Wege-Ⅱ.
7,6 Straßen-Ⅱ Brückstraße, **Norden**, 🚌, ★: Ludgerikirche, altes Rathaus, Bürgerhäuser, Seehundaufzuchtsstation, größte Kornbrennerei Europas (Dornkaat), Besichtigung im Sommer möglich; in 4 km Entfernung Norddeich, direkt an der See gelegen.

7,5 Straßen-⌶ Neuer Weg.
7,4 Straßen-⌶.
7,2 li ⌂ Wassersportverein Norden, *DKV-Kanustation*, Raiffeisenstraße 4, 26506 Norden, ☎ 04931/3955, www.WSV-Norden.de .
re ⌂ Norder Ruder-Club.
5,2 re ↓ Langhauser Tief (s. Kanuwanderbuch für NWD).
3,2 li ↓ Addinggaster Tief (s. Kanuwanderbuch für NWD).
2,3 Fähre, li ▲.
1,5 re ↓ Altmarscher Tief (s. Kanuwanderbuch für NWD).
1,0 li Baumgruppe, re NSG-Insel, re Arm gesperrt.
0,0 ▬ Leybuchtsiel, Sieltüren und Klapp-⌶, li Schöpfwerk und Sammelbecken. Ende des Norder Binnentiefs, re vom Siel ⏏ in Störtebeckerkanal (s. Kanuwanderbuch für NWD).

Harle

Wanderfluss — Mündung in Nordsee

23,7 Zusammenfluss Norder- und Südertief.
20,0 ▬, Rechenanlage, X, re ⏏, bis hierher nur bei gutem Wasserstand ≋. Straßen-⌶ Wittmund–Friedeburg, Parkplatz, Freizeitpark und Erlebnis Bad Isums, ▲ Campingplatz, empfohlene ⬇ für die Befahrung der Harle.
18,4 Straßen-⌶ **Dohusen**, ⬇.
17,9 Straßen-⌶ B 210 Jeverstraße.
17,8 EB-⌶.
17,4 Straßen-⌶ Eggelinger Straße, li **Wittmund**.
16,7 Straßen-⌶ B 461 Nordumgehung Wittmund.
16,0 Straßen-⌶ B 461 **Mosewarfen**, ⬇.
13,1 re → Berdumer Leide, ≋ bis zur B 461.
12,0 ⌂ Burhafer Sportclub e.V., Kanuabteilung, Fahnhusener Straße, 26409 Wittmund-Fahnhusen, www.bsc-burhafe.de , ▲-Möglichkeit.
10,2 ⌶ **Endzetel**, re 1 km bis Funnix, ★.
7,0 ⌶ **Altfunnixsiel**, ✕, danach re ▲ Campingplatz.
6,5 re Bootshafen mit ⌂ des WSV Harle, Altfunnixsiel, 26409 Wittmund, www.wsv-harle.de . Freizeitpark „Lüttge Land", Kiosk u. ✕.
5,0 Straßen-⌶ **Neufunnixsiel**.
3,1 Straßen-⌶ B 461 Wittmund–Carolinensiel.
2,0 Straßen-⌶ B 461 mit Sieltor, wenn geschlossen ⌶, ca. 300 m links nach dem Museumshafen wieder ⬇. **Carolinensiel**, Sielhafenmuseum, ★, DJH, ✕.
0,9 Klapp-⌶, Sieltor, meist offen, ⏏ kaum möglich, **Friedrichsschleuse**. Ab hier Fahrt durch Binnenhafen, tidefrei.

0,0 Schöpfwerk □ Harlesiel, ↓ in Nordsee, li **Harlesiel**, beheiztes Seewasserbadebecken, Schiffsanleger nach Wangerooge.

Hooksieler Tief

Wanderfluss – Marschenfluss | Mündung in Nordsee (Außenjade)

Das Hooksieler Tief war früher ein Schifffahrtsweg, jetzt Entwässerungstief, einsam, im Frühjahr viele Wasservögel. Lohnend als Tagesfahrt ist eine Fahrt von Jever bis □ Hooksiel, zurück bis km 11, auf Verbindungssiel 2,5 km bis Crildumer Tief und auf diesem 9 km bis Jever.

16,3 ↓ Mühlentief, li zum Crildumer Tief, re Beginn des Hooksieler Tiefs.
15,4 Straßen-Ⅱ Schillerstraße, **Jever**, alte Residenzstadt des Jeverlandes. Schloss und Stadtkirche, ★.
Es folgen Wege-Ⅱ und Straßen-Ⅱ.
14,1 Straßen-Ⅱ B 210.
13,6 Wege-Ⅱ.
12,5 Straßen-Ⅱ Wassenser Straße, li **Wiedel**.
9,5 Straßen-Ⅱ Nadorst.
5,8 li ← Verbindungstief zum Crildumer Tief (2,5 km).
4,5 Straßen-Ⅱ.
4,0 ▬ Sieltor, geschlossen, ⌓ über Straße und li im alten Sieltief ⬇.
Straßen-Ⅱ Lange Straße, li **Hooksiel**, altes Fischerdorf, ✕.
12,0 , hinter dem Deich.
0,0 □ Hooksiel. Von hier aus re über Außenjade nach Wilhelmshaven 18 km, li in 3,5 km ▲ Campingplatz, , Badestrand/FKK.

Ellenserdammer Tief

Wanderfluss – Marschenfluss | Mündung in Nordsee (Jadebusen)

Das Ellenserdammer Tief (das auf Teilstrecken auch Reepsholter und Friedeburger Tief heißt) führt am Rande der Geest durch Wiesen und Marschlandschaft zur Innenjade.

23,0 Straßen-Ⅱ Friedeburg–Reepsholt, ⌓-Möglichkeit zum Ems-Jade Kanal, ⬇.
21,0 re ↓ Friedeburger Tief.
20,3 ▬, evtl. ≋.
18,0 Mönke-Ⅱ, re **Etzel**.
15,4 li ↓ Emder Tief, ab hier Teil des Friesland-Rundkurses; auf dem Emder Tief in 1,5 km zum Ems-Jade Kanal bei km 57,3.
14,5 li in 600 m Schloss Gödens, Wasserschloss, ★.
13,6 Straßen-Ⅱ, **Hohemey**.
13,5 re ↓ Schiffsbalje.
13,4 Straßen-Ⅱ B 436, **Alt Gödens**.

10,7 Straßen-Ⅱ.
8,5 Autobahn-Ⅱ A 29.
8,1 Straßen-Ⅱ, **Ellenserdamm**.
5,3 EB-Ⅱ Wilhelmshaven–Oldenburg.
4,7 Straßen-Ⅱ, re **Ellenserdammsiel**.
4,0 re ↓ Zeteler Tief.
1,6 Schöpfwerk Petershörn, falls geschlossen, re ⌓ am Slip über den Deich, ⬇ schwierig.
0,0 re **Dangast**, ▬ Siel, re ⌓ zum Hafen Dangast 200 m, problematisch. Bei NW ist das Siel offen und kann durchfahren werden, aber schlechte Anlegemöglichkeit im Außenhafen. - Im Dangaster Siel Mosaik über Entstehung und Eindeichung, außen Bronzetafel über Deichbau Ellenserdamm, ★.
↓ in Jadebusen.

Jade

Wanderfluss - Moor- und Marschfluss	Mündung in Nordsee (Jadebusen)

Die Jade fließt durch die Friesische Balge, entstanden durch einen großen Deichbruch im Jahre 1334. Die Fahrt führt, beginnend an der Geest, durch Moor- und Marschlandschaft.

16,0 li ↓ Rasteder Bäke, re Mündung Schanze, Beginn der Jade.
15,8 Straßen-Ⅱ Kielbrocker Straße, ⬇.
14,5 Wege-Ⅱ.
13,0 li ↓ Südbäke.
12,6 ▬ Pumpwerk, ↰, über das Pumpwerk ⌓ und re ⬇, li ↓ Hahner Bäke oder Geestrandtief. (s. Kanuwanderbuch für NWD).
9,7 Wege-Ⅱ.
8,0 Fußgänger-Ⅱ **Jade**, ▲ Campingplatz an der Jade.
7,4 Straßen-Ⅱ Jaderaltendeich (Deichbau 1523).
4,1 Straßen-Ⅱ, **Jaderaltensiel**.
3,0 li ↓ Wapel.
2,5 Wege-Ⅱ Knickweg.
0,6 ehemalige EB-Ⅱ.
0,5 Straßen-Ⅱ B 437, hier aussetzen, falls keine Weiterfahrt auf dem Jadebusen. Vor der Ⅱ re können Pkw abgestellt werden. Bauer benachrichtigen.
0,0 ▬ Wapelersiel, bei Fahrtfortsetzung li ⌓, S 2. Gezeiten beachten. Start nur bei HW möglich.
↓ in Jadebusen.

Stromgebiet der Weser

Weser

Wanderfluss - Mittelgebirgs- und Flachlandfluss | Mündung in Nordsee

Die Weser, einziger ausschließlich deutscher Strom, entsteht durch den Zusammenfluss von Werra und Fulda in Hannoversch Münden und mündet in die Nordsee bei Bremerhaven. Als Bundeswasserstraße ist sie ab Hannoversch Münden (= km 0) aufsteigend kilometriert, alle 100 m mit weißen Pfählen die Zahlen tragen, alle 200 m Pfähle mit Ringen (ein Ring pro 200 m), alle 500 m Tafeln oder Steine mit einem Kreuz bzw. entsprechen der km-Angabe.
Die Binnenschifffahrtsstraßenordnung, insbesondere die Bedeutung der verschiedenen Verkehrszeichen, sollte jedem Kanufahrer auf der Weser bekannt sein.
Recht lästig ist, insbesondere an Wochenenden, der Motorbootverkehr und außerdem ist auf Strecken, die durch Tafeln für Wasserskiläufer und Wassermotorrädern ausgewiesen sind, mit Belästigungen zu rechnen. Diese Abschnitte sollten in Ufernähe zügig durchfahren werden.
Aalhamen sind im Wasser stehende Gestelle zur Befestigung der Reusen bis zur Flussmitte, Achtung bei Vorbeifahrt, auf die Durchfahrtstafel achten! Hinter den Wehren an der Mittelweser liegen meist Boote mit Auslegern als Aalhamen.

Schwierigkeiten:	keine, Zahmwasser.
Befahrbarkeit:	ganzjährig mit allen Booten.
Pkw:	die Straße verläuft stets, die Eisenbahn auf verschiedenen Strecken neben dem Fluss, teilweise auch Linien-Busverkehr.
Befahrungsregeln:	*s. Kilometrierung.*

Der Gesamtlauf der Weser gliedert sich in drei deutlich unterschiedene Abschnitte.

1. Oberweser	Hann. Münden–Minden.
2. Mittelweser	Minden–Bremen.
3. Unterweser	Bremen–↓.

1. Oberweser

Die Weser fließt hier in einem landschaftlich hervorragend schönen, meist recht engen und streckenweise steil ansteigenden Tal zunächst zwischen dem Bramwald im Osten und dem Reinhardswald im Westen, weiter flussabwärts in einem sich verbreiternden Tal am Westrand des Solling und des Vogler. Das Flussbett ist reguliert, mit Buhnen versehen, etwa 50–60 m breit, die Strömungsgeschwindigkeit beträgt 3,5–4 km/h, bis Hameln keine Staustrecke und kein Wehr. Die Oberweser, mit möglicher Vorfahrt auf Fulda oder Werra, gehört damit zu den interessantesten und beliebtesten Wanderflüssen Deutschlands.
Frachtschifffahrt wird im Sommer oberhalb Hameln wenig, unterhalb etwas lebhafter betrieben, dagegen besteht vom 1. Mai–Ende September eine fahrplanmäßige

Fahrgastschiffhart im täglichen Linienverkehr zwischen Hannoversch Münden und Hameln in beiden Richtungen sowie nach Bedarf zwischen Minden-Porta und Vlotho. Eine Reihe von Hochseilfähren verbinden die Ufer, bei Vorbeifahrt auf die Bewegung der Fähre achten!

0,0 Ursprung der Weser durch Zusammenfluss ihrer Quellflüsse Fulda (s. Seite 377) und Werra (s. Seite 389), **Hann. Münden**. Besichtigung der alten Stadt mit herrlichen Fachwerkbauten, Renaissance-Rathaus, ★. ▲ Mündender Kanu-Club, s. auch Fulda. ▲ Camping an der Fulda-Brücke (Tanzwerder). ⬇ an der Landspitze des Zusammenflusses von Fulda und Werra, hier großer Parkplatz. *Von Hann. München bis Bursfelde re Ufer Naturpark Münden. ▲ nicht gestattet.*

0,1 li Pegelturm Hann. Münden. Wasserstandsanzeige in cm. Höchstes Hochwasser = HHW (1946) = 750 cm.

0,3 Straßen-⫿ B 3 Kassel–Göttingen.

0,8 li Hafen.

1,2 li DJH am Wasser mit Schwimmsteg, Prof.-Oelkers-Str. 10, 34346 Hann.-Münden, ☎ 05541/8853.

2,5 re **Gimte** im Talkessel von Volksmarhausen, ✕, ⬇, Parkplatz.

3,5 li **Hilkwartshausen**, ⬇⬆, ehem. Kloster (Reste). re ↓ Schedebach, **X**. li begleitet der Reinhardswald, re der Bramwald, erste Engtalstrecke „Ballertasche".

9,3 li **Vaake**, ⬇⬆, Rastplatz, hübsche Uferfront eines hessischen Dorfes.

11,4 li **Veckerhagen**, Hochseil-Fähre! ✕. Wanderung in den Reinhardswald wird empfohlen. re **Hemeln**, ⬇⬆ 50 m vor der Fähre, ✕, niedersächsisches Dorf.

12,1 re ▲ Campinggarten Hemeln, Unterdorf 34, 34346 Hann. Münden-Hemeln, 05544/1414, www.wesercamping.de .

14,0 Beginn der zweiten Engtalstrecke nach der Veckerhagener Talweitung, einsam bis km 22.

16,0 re im Bramwald 50 m über dem Fluss versteckt Ruine des sagenumwobenen Raubritternestes Bramburg.

17,1 re **Glashütte**.

18,7 re Rastplatz mit Schwimmsteg, **Bursfelde**, ★: Stiftskirche der ehem. Abtei mit Wandmalereien aus dem 11. Jahrhundert, ✕; ↓ Nieme, **X**; *li bis km 19,7 NSG „Ochsenhof" (Vogelschutz), nicht anlanden*!

22,2 li **Weißehütte**, ⬇⬆, ▲, Campingplatz Oberweser, *DKV-Kanustation*, Weißehütte 1, 34399 Weißehütte, ☎ 05574/211939, www.camping-weser.de ,Bootsverleih, 4 km westl. im Reinhardswald die Sababurg.

23,0 li **Gottstreu**, Hugenottendorf, landeinwärts.

24,7 Hochseil-Fähre, re **Oedelsheim**, altes Schifferdorf, ✕.

25,3 re ⛺ Campingplatz, Am Hallenbad, 34399 Oberweser-Oedelsheim, ☎ 05574/945780, www.campen-am-fluss.de , *DKV-Kanustation*. ✕ und ⛙. Am Zeltplatz Hallenbad.

27,5 li ⛺ Camping Gieselwerder, In der Klappe 21, 34399 Oberweser-Gieselwerder, ☎ 05572/7611, www.camping-gieselwerde.de , Ermäßigung für DKV-Mitglieder.

28,1 Straßen-⌶, davor li ⬇⬆, li **Gieselwerder**. Schöne Ausflüge in den Reinhardswald. Aufstieg zur Sababurg mit Naturschutzpark (Tierpark, 2–2 1/2 Stunden).

28,8 li überdachter Rastplatz.

31,3 Hochseil-Fähre, re **Lippoldsberg**, ✕, frühromanische Kirche eines ehemaligen Klosters, ★. Schloss. Ende des Bramwaldes, re ↓ Schwülme (s. DKV-Gewässerführer SWD).

32,6 re Rastplatz.

32,8 re **Bodenfelde**, ⬇⬆, 🚌. re tritt der Solling, herrliches Waldgebirge, an den Strom.

34,0 re der Kahlberg, interessanter „Umlaufberg“ (Weserdurchbruch vor vielen tausend Jahren).

34,2 re überdachter Rastplatz.

35,0 li **Gewissenruh**, Hugenottendorf (franz. Namen).

35,8 Hochseil-Fähre, re **Wahmbeck**, Bootssteg für Ruderer und Kanuten, schöner Rastplatz unter alten Bäumen, ✕; unterhalb beginnt dritte Engtalstrecke (Sollingdurchbruch).

44,1 li Sportboothafen Bad Karlshafen, gute ⬇⬆, Stadtbesichtigung.

44,4 Straßen-⌶ Brückenstraße, beiderseits Stadt **Karlshafen**, ★. Hugenottengründung des Landgrafen Karl 1701. Besuch der Juliushöhe über der Weser und der Krukenburg bei Helmarshausen empfehlenswert.

44,9 li ↓ Diemel (s. Seite 375).
re Rastplatz und ⛺ Campingplatz, Am rechten Weserufer 2, 34385 Bad Karlshafen, ☎ 05672/710, www.campingplatz-bad-karlshafen.de , kanufreundlich.

46,0 re Felspartien „Hannoversche Klippen“.

47,1 Personenfähre, li **Herstelle**, auf der Höhe einst Pfalz Karls des Großen. ✕.

47,3 re **Würgassen**, ✕, Ende des Sollingdurchbruchs.

48,3 Straßen-⌶.

49,5 Kernkraftwerk (außer Betrieb).

51,7 li 🏠 und ⛺ des WSV Beverungen, Hersteller Str. 51, 37688 Beverungen, ☎ 05273/5335, www.wsvbeverungen.de , Anleger für Gäste des ⛺ und DKV-Mitglieder, *DKV-Kanustation*, ✕. Guter Standplatz für Fahrten auf Weser, Diemel und Nethe. Vorbringen der Boote zum Startplatz mit Bus und Hänger möglich. Voranmeldung erforderlich.

52,2 li ↓ Bever (s. DKV-Gewässerführer SWD).
53,0 Straßen-Ɪ An der Burg, li ⬇⬆,
li **Beverungen**, hübsches westfälisches Städtchen.
re **Lauenförde**. Busbahnhof 300 m, Verbindung nach Höxter und Karlshafen.
57,4 li **Blankenau** mit Herrensitz, ⬇⬆ dahinter Durchführung am Bahndamm, re **Meinbrexen**.
58,5 EB-Ɪ, Beginn der vierten Engtalstrecke.
60,2 Personenfähre, li **Wehrden**, öffentlicher Anleger, überdachter Rastplatz. Im Schloss viele Jahre Aufenthalt von Annette von Droste-Hülshoff.
62,5 Schiffsanleger, ⬇⬆, Rastplatz; re auf der Höhe Schloss Fürstenberg, Porzellanmanufaktur, gegr. 1747, mit Museum, ★.
63,6 EB-Ɪ. Beginn des Talkessels von Höxter.
63,9 li ↓ Nehte (s. Seite 374), li **Godelheim** mit dem Brunsberg (Ringwall), berühmt aus dem Sachsenkrieg Karls des Großen.
65,7 re **Boffzen**.
67,4 re ⌂ und ▲ WS Höxter, Sportzentrum 5, 37671 Höxter, www.wassersport-hoexter.de , *DKV-Kanustation*, ☎ 05271/2164, keine Wohnwagen, Unterkunft im Hause möglich.
Neben dem Bootshaus ▲ Wesercamping Höxter, ☎ 05271/2589, www.wesercamping-hoexter.de .
67,8 re ⌂ RV Höxter, Im Sportfeld, 37671 Höxter, ▲, ☎ 05271/2233.
68,0 li **Höxter**, alte außerordentlich reizvolle, westfälische Kreisstadt. DJH, Rathaus mit Glockenspiel, romanische Kilianskirche, viele Fachwerkhäuser, Wall, ★.
Von hier aus Besuch der Benediktiner-Abtei Corvey.
68,3 Straßen-Ɪ Weserstraße, li 🚌.
70,9 EB-Ɪ, unmittelbar dahinter li die weltberühmte Benediktiner- Abtei Corvey mit Kirche, ★ (Westwerk 9. Jh.). Grab Hoffmann von Fallersleben.
71,0 li öffentlicher Anleger, Schwimmsteg.
72,8 re Anlegesteg, 2 Rastplätze, ✕.
73,0 Weser verlässt den Solling, re **Lüchtringen**, Rastplatz mit Schwimmsteg.
73,4 Straßen-Ɪ Höxter–Lüchtringen.
74,0 - 76,0 Erste „Südenbucht“ der Weser. Achtung bei Schiffsbegegnungen, da unübersichtlich!
80,0 li Freibad und Hallenbad Holzminden, ▲ Mobilcamping Holzminden, Am Stahler Ufer 16, 37603 Holzminden, ☎ 05531/990965, www.mobilcamping.de .
80,2 Straßen-Ɪ Obere Straße, re **Holzminden**. 🚌. Zugang zum Solling, li hinter der Ɪ ⬇⬆, ⌂ Kanu-Klub Holzminden, Am Stahler Ufer 5, 37603 Holzminden, www.kanu-klub-holzminden.de und ⌂ Schüler-Ruder-Riege am Campe-Gymnasium.
81,0 Straßen-Ɪ B 64, dahinter re ⌂ Ruderclub Holzminden, li **Stahle**.
82,0 li Prallhang des Kiekensteins.

87,3 re Domäne Forst, bei NW schmale Durchfahrt.
90,0 li **Heinsen**, altes Schifferdorf, kleines Museum über die Weserschifffahrt.
90,3 Aalreuse, bei Schifffahrt Begegnung vermeiden!
92,2 Fähre, li **Polle**, malerische Burg der Grafen von Everstein mit Freilichtbühne, ▲ Camping Weserterasse unterhalb der Burg, Mühlenweg 2, 37647 Polle, ☎ 05535/94180, www.weser-camping.de , ✕.
DJH auf der Höhe hinterm Ort. Von Polle Wanderung zum Köterberg, 500 m hoch, mit schönem Rundblick.
94,5 li **Brevörde**, ⬇⬆.
97,7 re **Reileifzen**, ⬇⬆.
99,3 Personenfähre, li **Grave**, ▲ Campingplatz Grave, Hauptstr. 1, 37647 Grave, ☎ 05535/1581, Beginn der fünften Engtalstrecke (Muschelkalkdurchbruch) bis unterhalb Bodenwerder, re Schutzhütte.
101,8 li Steinmühle, ✕. re **Dölme**.
104,0 re Felswand des Breitensteins.
104,4 li **Pegestorf**.
105,5 re **Rühle** mit „Rühler Schweiz", hübscher Ort, Wanderung zum Voglergebirge.
106,7 re ▲ Camping „Rühler Schweiz", Golmbacher Str. 2, 37619 Bodenwerder-Rühle, ☎ 05533/2486, www.brader-ruehler-schweiz.de , ✕.
108,8 re ▲ C „An der Himmelspforte", Ziegeleiweg 1, 37619 Bodenwerder,

☎ 05533/4938, www.camping-weserbergland.de .

109,5 li Altwasser, **X**, re Gipsfabrik.

110,7 re Pegel Bodenwerder.

110,8 Straßen-Ⅱ Brückenstraße, li **Kemnade**, alte Klosterkirche, ★, re **Bodenwerder**, hübsche Stadt, Heimat des Barons von Münchhausen, ★, Aussichtspunkt Königszinne.

110,9 li Parkplatz, ⬇⬆.

111,0 re Anlegesteg, keine Parkmöglichkeit, danach re ⌂ Ruderverein Bodenwerder.

111,5 li Parkplatz, ⬇⬆.

111,7 EB-Ⅱ, re Hafen Kemnade.

111,8 re ↓ Lenne (s. DKV-Gewässerführer SWD).

112,0 Straßen-Ⅱ B 240.

114,2 re geologisches Phänomen (Verwerfung Kalkstein-Sandstein).

116,3 li Schloss Hehlen (Renaissance mit eigenartigen Zwiebeltürmen).

116,6 Straßen-Ⅱ, li **Hehlen**, re **Daspe**, ⬇⬆.

117,4 li Kalkwerk Hehlen.

119,9 Fähre! re **Hajen**, ✕.

122,2 Fähre, li **Grohnde** mit schönem Park, Platanenallee, Torturm an der Wagenfähre.
re ▲ C Grohnder Fährhaus, Gronder Fähre 1, 31860 Emmerthal, ☎ 05155/380, www.grohnder-faehrhaus.de , ✕.

123,2 Beginn der „Latferder Klippen". Felsbänke unter Wasser am re Ufer, bei NW sichtbar, bei Gegenverkehr!

124,5 li Kern-ϟ Grohnde.

126,6 re Wassersportfreunde Emmerthal, Rastplatz, ⬇⬆ mit Schwimmsteg, ✕.

126,8 Straßen-Ⅱ, li **Kirchohsen**, re **Hagenohsen** mit dem Bückeberg.

127,3 EB-Ⅱ, ⬆ hinter EB-Ⅱ, Dorf **Emmern**. Wanderungen ins Emmertal empfohlen (prächtiges Weser-Renaissance-Schloss Hämelschenburg 4 km, Bad Pyrmont).

128,0 li ↓ Emmer (s. Seite 373).

129,0 re **Tündern**.

129,9 li **Ohr**, Beginn des Rückstaus des ▬ von Hameln. li der Ohrberg mit schönem Park exotischer Bäume, ★.
Die li am Ortsende gelegene Rampe ist als militärisches Gebiet gesperrt, die gegenüberliegende Rampe am re Ufer kann als ⬆ benutzt werden.

133,3 re ↓ der Hamel (s. Kanuwanderbuch für NWD).

133,8 li ↓ der Humme.

134,3 re ▲ und ⌂ des KC Hameln, An der Hafenspitze 1, 31789 Hameln, ☎ 05151/24447, www.kanu-club-hameln.de , ✕.

134,5 EB-Ⅱ Hameln. Boote halten sich halblinks. Vor der großen ☐ re entlang dem li Flussufer (Beschilderung beachten) nach 100 m li in Bootshafen einfahren. Wer die ← verpasst, kann wenige Meter unterhalb vom Überfall-■ in die Tiefe gerissen werden und ist unweigerlich verloren!

134,8 Bootsgasse für Boote bis 110 cm Breite und max. 20 cm Tiefgang. Breitere Boote (Mannschaftskanadier) entweder über die Schleppe mit vorhandenem Bootswagen neben der Gasse umsetzen oder die große Schleuse benutzen, ☎ 05151/63600. Schleusung nur möglich, wenn Schleusenpersonal anwesend ist, rechtzeitig fernmündlich anmelden. Bootsgassenbetrieb: Anfahrt zum schwimmenden Druckschalter mit Anweisung - vorher lesen! - Schalter drücken, Verschluss der Gasse senkt sich, rotes Lichtsignal – „gesperrt“ wechselt auf grün „Einfahrt frei“. Zwei Paddelschläge zur Einfahrt, Paddel lang! nicht steuern! Boot fährt ohne Wandberührung mittig in wenigen Sekunden ins Unterwasser, sofort weiterpaddeln und steuern! Nicht ans ■ fahren, da lebensgefährlich! Gasse schließt von selbst. Bei mehreren Fahrern muss sich jedes Boot seine Durchfahrtszeit (30 Sekunden) durch Betätigung des Druckschalters geben. Durchfahrt gebührenfrei. Bei vollbeladenen Booten Spritzdecke schließen. ▲ auf dem Gelände zwischen Gasse und Schleuse nicht gestattet.

135,0 Straßen-Ⅱ Münsterbrücke, re Flussinsel „Werder“ mit Wasser- und Schifffahrtsamt Hameln.

Hameln, ★. Schöne Stadt (60 000 EW) mit zahlreichen Bauten der Weser-Renaissance (Rattenfängerhaus - berühmte Sage - Hochzeitshaus usw.), re am Strom Münsterkirche, 🚌. i zum Klüthberg mit schöner Aussicht. Nach Fahrt durch die Bootsgasse li halten. re Seitenstrom des ↯.

135,5 Straßen-Ⅱ B 1/B 83 Thiewallbrücke.

135,6 re ↓ des zweiten Weserarms.

135,8 re DJH, ⬇, li ▲ Campingplatz zum Fährhaus, Uferstraße 80, 31785 Hameln, ☎ 05151/67489, www.campingplatz-faehrhaus-hameln.de .

137,0 re Pionier-Übungsplatz und Start der alljährlichen Weser-Rallye.

138,2 re Wehrberger Warte, reizvolles ✕ in altem Bauernhaus, li der Zeigenkopf.

139,7 re Pegel Hameln.

139,8 li Gut Helpensen, re **Wehrbergen**, von hier 1 km nach Fischbeck, ehem. Klosterkirche, ★.

142,0 li **Lachem**.

146,5 Straßen-Ⅱ Untere Brückenstraße, danach li Schwimmsteg, li **Fuhlen**, ✕, re **Hess. Oldendorf**. Ausgangspunkt für lohnende Wanderungen.

149,7 li Motorboothafen

150,0 li **Rumbeck**. Das breite Wesertal wird li begleitet vom Rumbecker Berg (einsame Wälder) und re vom Süntel und dem Wesergebirge.

152,0 Hochseil-Fähre, re **Großenwieden**. Wanderung zum Schloss Schaumburg (6 km) und zur Paschenburg (7 km), mit schöner Fernsicht ins Wesertal.

154,5 li **Hohenrode** am Rumbecker Berg (Waldwanderung).

155,2 re **Kleinenwieden**, ✕.
156,2 re **Kohlenstädt**.
156,9 re **Ahe**.
158,1 li ✕ „Knickkrug".
158,5 - 160,0 Wasserskistrecke vom 01.06. bis 30.09.
161,6 re **Engern**.
162,2 Straßen-♊ B 238.
163,0 re ⌂, ✕, ▲ Rintelner Kanu-Club, Am Weseranger 21, 31737 Rinteln, *DKV-Kanustation*, ruhige Lage, kein Massenbetrieb. ☎ 05751/6427, www.rkc-rinteln.de , dahinter Freibad, zum 🚌 20 Min, li unterhalb ↓ der Exter (s. Gewässerführer für NRW).
163,2 Straßen-♊ Weserstraße, **Rinteln**, sehr hübsche Kreisstadt, ★: frühere Universität und Festung in der Weseraue. re 🚌 nach Hameln bzw. Vlotho. Ausflüge re zum Wesergebirge (Steinbergen, Ahrensburg, Luhdener Klippen, Todenmann).
163,4 re ⬇⬆ mit Schwimmsteg, öffentlicher Parkplatz Am Weseranger, im Sommer Biergarten.
163,5 li Anleger Personenschifffahrt.
164,4 re Kreishafen Rinteln.
166,0 - 167,5 Wassermotorradstrecke.
166,4 li Einfahrt in den Yachthafen der Motorbootabteilung Rinteln des ADAC, ⌂ des WSV Rinteln (Rudern) und ▲ Campingplatz Doktorsee, Am Doktorsee 8, 31737 Rinteln, ☎ 05751/964860, www.doktorsee.de .
168,7 Straßen- ♊ Möllenbeck–Eisbergen und Gutspark, re **Eisbergen** (Stadtteil von Porta Westfalica). li öffentlicher Steg und Schutzhütte.
170,0 li Vorwerk Ellerburg.
171,0 Kuriosum: alter Vermessungsfehler, der Abstand zwischen den Tafeln 171 und 172 beträgt tatsächlich 1,6 km.
173,2 ← in Kiesteich.
174,1 Hochseil-Personenfähre. li **Varenholz** ⬇⬆-Möglichkeit, erreichbar über einen Weg vom Schloss in Varenholz zur Fähre,
re **Veltheim**, Denkmal zum Gedächtnis an das Reichswehrunglück 1925. re hinter der Fähre öffentlicher Steg. Das Gelände darf nicht befahren werden, deshalb Boote an den Steg herantragen.
175,6 li Yachthafen.
177,0 li **Erder**, ✕, re ↯ Veltheim, Beginn der sechsten Engtalstrecke.
177,2 re Kühlwassereinlauf mit elektrischer Fischscheuchanlage, Abstand halten.
177,7 re Hafen des ↯, Kühlwasserauslauf, Yachtklub WYL Erder.
178,0 - 181,5 Wasserskistrecke, möglichst am re Ufer fahren!
179,9 re Ausfahrt Motorboothafen Borlefzen, ▲ Camping Sonnenwiese, ☎ 05733/8217, www.sonnenwiese.com und Camping Familienfreizeitplatz, ☎ 05733/80008, www.borlefzen.de .
180,3 li ↓ der Kalle, Motorboot-Standort.
181,5 EB-♊ bei Vlotho.

183,2 Straßen-Ⅱ, li **Vlotho**, westf. Amtsstädtchen mit Amtshausberg (schöner Blick auf das Wesertal), öffentlicher Anleger.

185,0 - 188,0 Wasserskistrecke, gefährliche Passage, möglichst am re Ufer fahren!

185,5 li Gut Deesberg.

187,2 re Motorbootclub WSC Porta.

187,4 re **Vössen**, öffentlicher Steg.

187,7 und 187,8 zwei Autobahn-Ⅱ A 2.

188,3 EB-Ⅱ.

189,4 li 🍴.

189,7 re Überlauf und Sperrtor zur Freizeitanlage „Großer Weserbogen".

189,8 freifahrende Personenfähre zwischen Rehme und „Großer Weserbogen", li **Rehme,** öffentlicher Anleger.

190,2 li ↓ der Werre (s. Seite 372). Flößerdenkmal. 1962 musste die Flößerei endgültig aufgegeben werden; der Lkw fährt billiger.

190,8 li **Dehme**, öffentlicher Steg und Schutzhütte.

192,1 li **Lohbusch**, li Wiehengebirge, re **Costedt**.

192,7 - 194,0 Wassermotorradstrecke.

197,5 **Porta Westfalica**, re Stadtteil Hausberge mit „Hausberger Schweiz", li Stadtteil Barkhausen.
„Porta Westfalica", letzter Durchbruch der Weser zur Norddeutschen Tiefebene, li Wittekindsburg (Wiehengebirge) und Kaiser-Wilhelm-Denkmal. re Jacobsberg (Wesergebirge) mit Fernsehturm und Bismarck-Gedenkstätte.

197,6 Straßen-Ⅱ Barkhausen–Hausberge, Verbindung zwischen B 61 und B 482,

198,0 re ⌂ WSV Porta, An der Pforte 1a, 32440 Porta Westfalica, ☎ 0571/75121, www.wsv-porta.de , ▲, Hütte für 10 Personen, *DKV-Kanustation*, ☎-Nr. zur Anmeldung am Eingang des ⌂. Von hier 5 Min. zum 🚆 und Bus.
li Schiffsanleger, öffentliche Steganlage.

198,4 re Pegel Porta.

199,8 EB-Ⅱ, re **Neesen**.

201,1 Straßen-Ⅱ B 65, Minden-Süd.

202,0 li Pionier-Wasserübungsplatz! Ab hier li und re Minden.

202,2 li ⌂ Faltboot- und Skiclub Minden, Weserpromenade 8, 32423 Minden, ☎ 0571/21144, ▲, *DKV-Kanustation*, auch für Wohnwagen.

202,5 li ⌂ der Kanu-Sportgemeinschaft Kurt Tucholski der Gesamtschule Minden, Weserpromenade 17, 32423 Minden, ☎ 0571/8290130, www.ksg-minden.de .

202,6 li ⌂ DLRG Minden.

202,7 li ⌂ und ▲ MTV 1860 Minden, www.mtv-minden.de .

202,8 li ↓ Bastau (s. DKV-Gewässerführer für NRW), Weserpromenade am Weserglacis, Fußgänger-Ɪ.

203,1 li Weserhochwasserstein.
re Kanzlers Weide (Festplatz)
li Schiffsanleger Personenschifffahrt.

203,2 Straßen-Ɪ Kaiserstraße, **Minden**. Westfälische Kreisstadt, als Bischofssitz im 9. Jahrhundert gegründet. ★: Dom, Rathaus, an der Kanalschleuse Wesermuseum mit DKV-Abteilung. Reger Wassersportbetrieb, 22 Vereine zusammengeschlossen im „Ring der Wassersportvereine um die Porta Westfalica".
li hinter der Festungsmauer die Fischerstadt.

203,5 re ⬇⬆ Treppe. ⌂ und ▲ des Kanu Klub Minden, Brückenkopf 12, 32423 Minden, www.kanu-klub-minden.de , *DKV-Kanustation*, und der Faltbootabteilung im TV Jahn Minden. Gruppen von mehr als 8 Personen unbedingt vorher anmelden. Zum 🚌 15 Min.

203,7 EB-Ɪ der Mindener Kreisbahn. Beginn des Rückstaus der Staustufe Petershagen.

204,2 Ɪ über Weser und Alten Weserhafen.

2. Mittelweser

Rd. 160 km lange Stromstrecke von Minden bis Bremen, in mehr oder minder breiten Talauen der Norddeutschen Tiefebene mit sieben Staustufen für die Großschifffahrt und Wasserkraftnutzung. Mäßig starker Schiffsverkehr zwischen Mittellandkanal und den Unterweserhäfen. Der Strom ist nur teilweise gestaut, dazwischen Fließstrecken (1 m/s Geschwindigkeit), die von der Großschifffahrt durch Schleusenkanäle umgangen werden. Die Wasserwanderer haben grundsätzlich den Strom zu befahren und nicht die Schleusenkanäle, denn für die Überwindung der Stauwehre sind Bootsgassen (wie Hameln), Bootsschleusen und Bootsschleppen vorhanden, die jederzeit kostenlos benutzbar sind. Die Beschilderung an den Trennspitzen zwischen Schleusenkanal und Wehrarm beachten. Für die Durchfahrt mit Mannschaftskanadiern u. ä. mit Gepäck ist nur der Schleusenkanal Schlüsselburg und Langwedel zugelassen, da diese beiden Wehre noch Bootsschleppen mit Überlandtransport haben. Die Schleusenkanäle Petershagen, Drakenburg und Langwedel darf ebenfalls benutzen, wer bei Fahrten stromauf die Fließstrecken in der Weser vermeiden will.
Für die ausnahmsweise Abfertigung durch die großen Schleusen in den Kanälen gilt folgendes:

Betriebszeit: Werktags 6.00 bis 22.00 Uhr, sonn- und feiertags 8.00 bis 16.00 Uhr, weitere Regelungen, z.B. Feiertage s. www.elwis.de

Die Anfahrt zu den Bootsgassen, Kahnschleusen und Schleppen ist durch Hinweisschilder (weiße Schrift auf blauem Grund) gekennzeichnet. Vorsicht an den Wehren wegen Lebensgefahr!, da Überfallwehre. Wer in den Sog des Überfalls oder im Unterwasser in die Widerwellen gerät, ist unrettbar verloren. Die Flächen ober-

und unterhalb der Wehre sind durch „rot-weiß-rote“ Schilder, die auf dem linken und rechten Ufer stehen, gesperrt. Im Oberwasser sind zusätzlich „rot-weiß-rote“ Tonnen ausgelegt.
Wer die Weite der Norddeutschen Tiefebene liebt, die Stille der von der Schiff-Fahrt nicht berührten Stromstrecken, manches sehenswerte kleine Städtchen oder Dorf, der kommt auch auf der Mittelweser auf seine Kosten. Längs der Mittelweser befinden sich viele Kiesgruben und Kiesverladeanlagen. Die ausgebeuteten sind teilweise Motorbootstandorte geworden. Zu den aufgeführten können neue hinzukommen. Bei allen Kiesgrubenausfahrten und -verladeanlagen: Achtung vor den Kiesfahrzeugen bzw. Motorbooten.

204,5 re ↓ des Verbindungskanals Süd des Mittellandkanals und des alten Weserhafens. li ← Kanal zum Pumpwerk des Mittellandkanals (s. Seite 591). Wer zum Mittellandkanal will, fährt in diesem Kanal zum Anleger vor dem Pumpwerk, ⌂ des Rudervereins Besselgymnasium Minden. Von hier ⩦ hinauf zum Kanal.

204,6 li ↓ des Motorboothafens des Mindener Motoryachtclubs. Im Mindener Revier bis zum ▬ Petershagen ! auf Motorboote.

204,9 2 Ⅱ des Mittellandkanals über die Weser (Länge 300 m, 13 m über der Weser). Alte Fahrt, erbaut 1914, Neue Fahrt, erbaut 1998. Eine Besichtigung des Wasserstraßenkreuzes Minden mit seinen zahlreichen Bauten, ★ (Pumpwerk, Schacht-Schleuse, Kanal-Brücke, Sympherdenkmal und Ausstellunghalle des deutschen Wasserbaus mit zahlreichen Modellen). Anfahrt über Pumpwerkskanal oder Nordabstieg, km 206,2.

206,2 li ↓ des „Nordabstiegs“ 400 m zur Schacht-□ mit Mindener Umschlagshafen und Staatswerft, reger Schiffsverkehr! re **Leteln**.

209,0 –213,0 Wasserskistrecke.

210,0 re **Wietersheim**.

211,5 li Forst Heisterholz und Großziegelei.

211,9 - 212,3 Wasserskislalomstrecke.

213,5 re → des Schleusen-Kanals Petershagen am sog. „Lahder Damm“.

Schleusenkanal Petershagen

0,4 Beginn des Kanals.
li ▲ Camping Lahde, Am Wehr 5, 32469 Petershagen, ☎ 05702/85770, www.campingplatz-petershagen.de .

1,4 Wege-Ⅱ.

2,1 Straßen-Ⅱ An der Koppel.

2,2 Straßen-Ⅱ.

3,1 re Hafen.

3,7 Straßen-Ⅱ Jösser Bruchweg.

4,3 Straßen-Ⅱ, li **Jössen**.

6,1 Straßen-Ⅱ Hans-Lücken-Straße, li **Windheim**.
7,0 □ Petershagen, ☎ 05705/7896, Straßen-Ⅱ.
8,3 ↓ in Weser bei km 224,1.

214,0 ■ Petershagen, li ϟ. re → zum Vorhafen mit Anleger, Bootsgasse für alle Fahrzeuge bis 110 cm Breite einschl. Mannschaftskanadier, gummigeschützte Wände. Bedienung s. Anweisung auf Tafeln an der Druckknopfschaltung (Anleger). Betrieb wie in Hameln - s. dort -. Gasse ist auch zum Treideln bergauf eingerichtet (Druckknopfbedienung am Anlegeweg im Unterwasser.
214,3 Von hier freie Fließstrecke bis km 223 (Windheim). Logger mit Aalhamen im Strom verankert. Die Hamennetze liegen seitlich der Logger im Strom. Nahe am Ufer auf der freigegebenen Seite vorbeifahren!
215,2 re ↓ der Bückeburger Aue (s. Kanuwanderbuch für NWD).
215,3 li an alter Fährrrampe ⬇⬆ Bootssteg mit Verlade- und Rastplatz vom 01.05. bis 15.10. in direkter Nähe zum Ortszentrum, ✕. Im Ort ⌂ des Kanu-Klub Petershagen, Vorbaumstraße 3, 32469 Petershagen, www.kkpetershagen.de .
215,7 Straßen-Ⅱ Petershagen–Lahde, li **Petershagen**, Ort mit historischem Stadtkern und Schloss der Mindener Bischöfe am Strom, ★, unterhalb li ↓ der Ösper **X** im Weserhafen,
215,8 li Pegel Petershagen.
216,0 - 218,0 Wasserskistrecke!
217,9 re **Jössen**.
219,5 li auf dem Hochufer **Gernsheim-Ovenstädt**, 1815 gegründeter Glasmacherort, ★: Westfälisches Industriemuseum „Glashütte Gernheim", ☎ 05707/9311-0.
219,8 - 221,5 Naturschutzgebiet „Mittelweser". Es gilt ein Betretungsverbot für das li Ufer.
221,2 re Kiesverladung, Mitte fahren! li hinterm Deich **Hävern**.
221,5 Ende des Betretungsverbotes, s. km 219,8.
222,4 re **Windheim**, Personensolarfähre, ⬇⬆ nach Absprache mit den Fährleuten,
unterhalb Beginn der Staustrecke Schlüsselburg.
224,1 re ↓ des Schleusen-Kanals Petershagen.
227,8 li **Buchholz**.
228,7 re **Ilvese**, ↓ der Gehle (s. Kanuwanderbuch für NWD).
231,4 li ← des □-Kanals Schlüsselburg.

Schleusenkanal Schlüsselburg

0,4 Beginn des Kanals.
1,5 Straßen-Ⅱ Müsleringer Straße, li **Müsleringen**.
2,8 □ Schlüsselburg, ☎ 05761/7864, Straßen-Ⅱ Brückenkamp.
3,6 ↓ in Weser bei km 238,8.

231,4 In der Weser stille Landschaft mit interessanter Vogelwelt. *Naturschutzgebiet. Vom 16.04. bis 30.09. für Kleinfahrzeuge ohne Antriebsmaschine freie Durchfahrt. Mindestens 15 m Abstand vom Ufer, Anlandeverbot***!**

233,9 re **Heimsen**, am Unterwasserschöpfwerk anlegen. Bootsstege der Seglervereinigung Heimsen. ★: Alte Kirche am Hochufer.

235,5 re Gut Neuhof, dahinter die Loccumer Höhen.

236,3 re Gut Hoppenberg. Anlegemöglichkeit in der Bucht. Von hier kürzeste Entfernung zum berühmten Kloster Loccum (ehem. Zisterzienserabtei, ev. Akademie). 15 Min. zum 🚉. Schlüsselburg.

236,6 ■-Anlage Schlüsselburg mit re ϟ, Straßen-Ⅱ. Davor li ← in den schmalen Boots- und Fischpasskanal. Nach 50 m re Anleger der Bootsschleppe (Betonpiste mit gleislosem Bootswagen, Standort des Wagens jenseits der Straßenkreuzung auf der Wendeplatte**!**). Boote schwimmen auf den Wagen, der unter Wasser geschoben werden kann. **!** bei Kreuzung der Straße. Bootswagen auf Standort an der Kehre (Wendeplatte) nach Gebrauch zurückschieben! Gebührenfrei.

236,7 li **Schlüsselburg**, mit ehem. Fluchtburg der Mindener Bischöfe, jetzt Heimatmuseum. Im Strom Logger mit Aalhamen.

238,8 li ↓ des □-Kanals Schlüsselburg, Schifffahrt!
Beginn der Staustrecke Landesbergen.

241,6 li Parallelhafen Stolzenau, am re Ufer fahren.

242,3 Straßen-Ⅱ B 441, re Kiesverladung.

242,5 li **Stolzenau**, nettes Städtchen, Badeanstalt, ⛺ Campingplatz Stolzenau, Weserstraße 11, 31592 Stolzenau, ☎ 05761/501, www.campingplatz-stolzenau.de .

242,9 li 🏠 des Kanu- und Segelklubs Stolzenau, Schulstraße 1a, 31592 Stolzenau, ☎ 05761/3610, www.ksk.stolzenau.net , ⛺, Hundeverbot. Bus nach Rehburg zum Kanu-Wanderheim Mardorf am Steinhuder Meer. Sehr lohnend (s. Seite 371).

243,5 li ← Hafen Stolzenau.

248,0 re **Süllhof**.

248,4 re Dampf-ϟ „Robert Frank“. In li Stromhälfte fahren, da re Wasserentnahme (Querströmung).

248,8 re ↓ des Werkhafens des ϟ, Schifffahrt!

249,3 🏠 u. ⛺ Wassersportverein Landesbergen.

250,0 Straßen-Ⅱ Brückenstraße, re **Landesbergen**.

250,9 re → des □-Kanals Landesbergen. In der Weser entlang dem re Ufer weiter. Befahrung des verdämmten Wasserarms li ist untersagt (Fischerei**!**).

Schleusenkanal Landesbergen

0,7 Beginn des Kanals.
1,5 Schleppzug-□ Landesbergen, ☎ 05025/1656.
1,7 Wege-Ɪ.
2,2 ↓ in Weser bei km 254,6

252,0 ▬-Anlage Landesbergen mit li ↯, Straßen-Ɪ, 50 m oberhalb re → in Vorhafen der Bootsgasse (ganz re), Einfahrtsweite 2 m. Für alle Fahrzeuge bis 120 cm Breite einschl. Mannschaftskanadier. Bedienung s. Anweisung auf Tafel an der Druckknopfschaltung (Anleger), für Ruderboote gesperrt. Betrieb wie in Hameln und Petershagen. Oberhalb re begrenzte ▲-Möglichkeit. Unterhalb Logger mit Aalhamen im Strom!
252,5 –254,6 Beim Bau der Staustufe Landesbergen wurde der Wellier Bogen abgeschnitten, dadurch fehlen 2 km in der freien Fließstrecke. li ↓ des alten Weserarms. re ↓ des □-Kanals Landesbergen. Beginn der Staustrecke Drakenburg.
256,1 li **Liebenau**, Parallelhafen. Kaimauer. Am re Ufer bleiben!
259,5 re **Leeseringen**.
260,0 ehemalige Kiesgruben.
260,3 –261,3 re bewaldetes Hochufer.
263,0 re ehem. Kiesgruben, li ↓ der Großen oder Warmen Aue (s. Kanuwanderbuch für NWD).
264,0 li ← alter Arm der Warmen Aue.
267,2 re Badeanstalt Nienburg, ⌂ Ruder-Verein Nienburg mit ▲ und Übernachtungsmöglichkeit,
267,4 ↓ Steinhuder-Meer-Bach (s. Kanuwanderbuch für NWD).
267,6 Wege-Ɪ, **Nienburg**, Kreisstadt, 🚆 in 20 Min. (Bremen–Hannover). li Getreideumschlag!
268,1 Straßen- Ɪ Brückenstraße.
268,4 re Hafen Nienburg, dort ⌂ und ▲ KC Nienburg, *DKV-Kanustation*, Am Hafen 6, 31582 Nienburg, www.kc-nienburg.de , bewirtschaftet April bis Oktober täglich, ansonsten Mi–So, ☎ 05021/4171.
269,6 Schiffswendestelle.
269,8 Straßen-Ɪ B 6.
271,7 EB-Ɪ.
272,0 li ehemalige Kiesgrube.
274,6 li ehem. Kiesgrube, Motorboote (Marina Mehlbergen).
275,6 li ← des □-Kanals Drakenburg.

Schleusenkanal Drakenburg

0,2 Beginn des Kanals.
0,3 Wege-Ɪ.
1,3 Wege-Ɪ.
2,3 Straßen-Ɪ Drakenburger Straße, li **Balge**.
3,2 Schleppzugschleuse Drakenburg, ☎ 04257/1289.

3,3 Wege-Ⅱ.
4,0 Wege-Ⅱ, li **Sebbenhausen**.
4,4 ↓ in Weser bei km 286,3.

277,0 re ⌂ und Anleger des Wassersport-Weser e.V., ▲-Möglichkeit, www.wassersport-weser.de .
277,7 ■-Anlage und Straßen-Ⅱ Balger Straße, re **Drakenburg**, li Bootsgasse, für Ruderboote gesperrt. Querströmung zum ↯! Bei Eintauchen ins Unterwasser unbedingt vom Ufer wegsteuern. re Kahn-□ und ↯. re **Drakenburg**, ✕, ⇅. ! Unterhalb des ■ 2 Logger mit Aalhamen. Vorbeifahrt an der freigegebenen Seite. Von hier freie Fließstrecke auf 8 km Länge.
278,0 re ↓ der Führse (s. Kanuwanderbuch für NWD).
282,0 re **Rohrsen**.
286,3 li ↓ des □-Kanals Drakenburg.
286,8 li Raiffeisen-Verladeanlage.
288,6 einzige Hochseil-Fähre an der Mittelweser, li **Schweringen**.
292,0 re **Eystrup** (Kirchturm). Zur Badeanstalt 500 m re.
293,3 li hinterm Deich 400 m bis **Stendern**.
293,7 li und re Rastmöglichkeit, –296,0 Wassermotorradstrecke.
297,0 li 200 m zum Gut Sande. Von hier nach Brücken (2 km), ★ ehem. Stiftskirche aus dem 12. Jahrhundert. Ab hier li Ufer eingedeicht.
297,8 li ↓ Bücker Mühlbach.
298,2 li Bootshafen und hinter dem Deich ⌂ und ▲ des WSV Hoya, Stettiner Straße 39, 27318 Hoya, ☎ 04251/2510, *DKV-Kanustation*, Fahnenmast sichtbar, DKV-Schild am Ufer. Bei Zugang zum ⌂ Aushang beachten.
298,7 li Hafen Hoya, gesperrt.
298,8 EB-Ⅱ, dahinter re ⌂ des Rudervereins Hoya, li Liegestelle.
298,9 Straßen-Ⅱ Weserstraße, **Hoya**, Ⅱ, jahrhundertelang Sitz der den Mittelweserraum beherrschenden Grafen von Hoya.
299,7 re „Europa-Carton“, Papierfabrik, Umschlag**!**
303,0 –304,0 re das Drübberholz mit Gehöften Drübber.
304,4 li und re Rastmöglichkeit.
305,5 re **Barme**, ✕.
308,0 re **Dörverden**, ✕.
308,4 re → □-Kanal Dörverden, in Schleusenkanal einfahren.

Schleusenkanal Dörverden

0,4 Beginn des Kanals. Im Schleusenkanal Schiffsverkehr.
0,6 Wege-Ⅱ.
1,2 Wege-Ⅱ.
2,0 li kleine □, re Schleppzug-□, ☎ 04234/1358. Zwischen den bei-

den Schleusen Bootsschleppe, Boote schwimmen unter Wasser auf, Wagen nach Benutzung zurückbringen.

2,7 ↓ in Weser bei km 314,4

308,4 ⌂ (Hausboot) und ▲ WSV Dörverden, keine Wohnwagen, www.wsv-doerverden.de .

308,8 ■-Anlage Dörverden, Baumaßnahmen bis 2012. Querströmung zum Kraftwerk, Kahn-□ nicht für öffentliche Nutzung, ⩠ nicht möglich, Schleusenkanal benutzen.

310,4 re **Lohof**.

314,4 re ↓ des □-Kanals Dörverden.

316,3 re **Rieda**.

318,0 li **Dahlhausen**.

322,0 li Hof Neddernhude, re **Groß-Hutbergen**, Straße nach Verden 2,5 km.

323,2 Straßen-Ⅱ In der Marsch/Thedinghauser Straße, davor re Kiesverladung.

324,9 li **Ritzenbergen**.

326,4 re ↓ der Aller (s. Seite 349). Im Stauwasser der Aller bis Verden 5 km aufwärts ⌂ u. ▲ ✕ WSV Verden bei Aller-km 112.

326,7 li und re ⬇⬆, Straße re nach Eissel 1 km.

327,7 re → des □-Kanals Langwedel, zugelassen für schwere Mannschaftsboote (Schleusenbedingungen - Betriebszeit und Gebühren - s. Vortext Mittelweser). Alle sonstigen Boote bleiben in der Weser entlang dem re Ufer.

Schleusenkanal Langwedel

0,7 Beginn des Kanals.

2,7 Straßen-Ⅱ li **Daverden**.

4,0 Querab vom Schleusen-Kanal befindet sich re am bewaldeten Talrand das Dorado der „Alten Aller“ (Weißer Berg bis Daverden). Dies wird erreicht durch ⩠ aus dem Schleusen-Kanal km 4,0 re über Kanaldamm (Treppe) zur Alten Aller oder über ⬇ Straßen-Ⅱ Daverden–Intschede. Von hier auch durch Vorflutkanal (3 ■, davon meist 2 ≋) über Etelsen zur Weser bei Baden. An der ↓ bei km 339,0 ■, bei gutem Wasserstand ≋, sonst re ⩠.

5,6 Schleppzug-□ Langwedel, ☎ 04235/2358.

6,4 Straßen-Ⅱ.

7,9 Wege-Ⅱ.

8,5 ↓ in Weser bei km 338,9.

327,8 –329,1 Wasserskistrecke.

329,4 ■-Anlage Langwedel beim Ort **Intschede** li mit ϟ. Vor dem ■ re anlegen. Bootsschleppe ca. 300 m mit Gleiswagen (schwer). Standort des Wagens im Schleppentunnel li. Steile, nicht ganz ausgebaute Rampe im

Unterwasser! Gleiswagen an Standort im Tunnel zurückbringen! Es ist empfehlenswert den eigenen Bootswagen zu benutzen. Von hier freie Fließstrecke des Stromes auf rd. 9 km Länge. Sonn- und feiertags ab hier bis Bremen sehr starker Motorbootverkehr. Da teilweise sehr rücksichtslose Fahrer, empfiehlt es sich, die Spritzdecken zu schließen.

331,3 li Pegelturm und Hafen Intschede.

333,0 re Sportbootanlegestelle Hagen, WSV Drosselhof, ▲ Camping Drosselhof, Ziegeleiweg 35, 27299 Langwedel, ☎ 04235/758, www.camping-drosselhof.de .

338,9 re ↓ des □-Kanals Langwedel. Reger Schiffsverkehr, am li Ufer, Badestrand, re ↓ des Vorflutkanals aus der Alten Aller - s. Schleusen-Kanal Langwedel.

339,0 –340,0 re Badener Berg mit Baden, letzter Geestrücken an der Mittelweser, schöner Blick ins Wesertal. Beginn der Staustrecke Bremen-Hemelingen.

340,9 Straßen-][Achimer Landstraße, re **Uesen**, zum 🚂 Achim, (Bremen–Hannover) ca. 4 km. Hinter der Brücke WSV Achim-Thedinghausen, re Kiesgrube.

342,0 li Hof Müllwerder.

344,2 li ↓ Eiter (s. Kanuwanderbuch für NWD).

346,6 li **Horstedt**.

351,3 li Hof Schlieme.

355,2 li ← „Yachthafen Wielt-See“ im Baggersee „Dreyer Wielt“. Anlegemöglichkeit und ▲, Anlagen vom Segelsportverein „Wiking“ Kirchweyhe und Segelabteilung Postsportverein Bremen sowie privater Motorboothafen.

356,0 li Hafen **Dreye**.

357,2 EB-][, re vor der Brücke 🏠 und ▲ Eisenbahnsportverein, Verlängerung Kleine Marschstraße, 28309 Bremen.

357,6 → zum Autobahnsee, Schiffsverkehr. Zwischen der Kiesumschlaganlage und Landesteg ▲ von „Wiking Faltbootwanderer“ e. V. Kirchweyhe, keine Wohnwagen, 🏠 (bewohnt) hinter dem Deich, Gehrlandsweg 1, 28844 Weyhe-Dreye, www.wfw-kirchweyhe.de , *DKV-Kanustation*.

358,5 Autobahn-][A 1.

359,0 re Yachthafen „Marina Oberweser“.

359,3 re Baggersee, befahren verboten, Privatgelände.

359,5 li ← zum „Korbhaus-See“.

360,0 re Sporthafen, bewirtschaftet, ▲, Wassersportverein Hemelingen, *DKV-Kanustation*, Zum Sporthafen Hemelingen 8, 28309 Bremen, ☎ 0421/451767, www.wvh-bremen.de .

360,8 li Sporthafen des Oberweser-Segelvereins, ⌂ bewirtschaftet, ▲. re → zum „Fulda-Hafen“, 400 m weiter → zum „Werra-Hafen“, beide Industriegebiet.

362,0 re Allerhafen mit Roland-Werft.

362,2 Weser-▬ Bremen-Hemelingen. li Flusshälfte fahren, li □-Kammern, in der Mitte Turbinenhaus des Kraftwerks, re Überfall-▬, Lebensgefahr!
Im Schleusenvorhafen re vor Schleusenkammer Anleger und Bootsrampe mit Gleiswagen und luftbereiftem Wagen. Boote schwimmen auf.
Sport-□: Eine Schleusung erfolgt durch Selbstbedienung (24 h). An Anlegesteg heranfahren und Bedienungsanleitung beachten.
Beginn der Unterweser, Ausfahrt aus der Weser-□ Bremen-Hastedt (Hemelingen). Ab hier Gezeitenstrom.

363,0 Straßen-Ⅱ Habenhauser Brückenstraße.

363,7 re ⌂ ▲ Bremer Kanu-Wanderer e.V., Richard-Jürgens-Weg 5, 28205 Bremen, www.bremer-kanu-wanderer.de , *DKV-Kanustation.*

363,8 re ⌂ KSF Bremen, Richard-Jürgens-Weg 1, 28205 Bremen, www.kanusportfreunde.de .

365,4 Fähre Bremen-Sielwall–Stadtwerder.

366,0 li ⌂ Bremer Ruderverein v. 1882.

366,7 Straßen-Ⅱ Wilhelm-Kaisen-Brücke, **Bremen**.
Ab hier neue Kilometrierung 366,7 = 0,0.

3. Unterweser

Gezeitenstrom, wenig Windschutz. Stromleitbauten in Ufernähe (Schlengen) durch Pricken gekennzeichnet. ! bei NW Schiffssog, Seeschifffahrtsstraße, Hauptfahrwasser zwischen Spitz- (grün) und Spieren- (rot) Tonnenreihe. Im Fahrwasser Rechtsfahrgebot. Nachtfahrten: Zwischen Sonnenunter- und -aufgang weißes festes Rundumlicht (2 sm) führen, sonst Nacht- und Nebelfahrverbot. Ausnahmen nur in begründeten Notfällen, dann weißes Rundumlicht bereithalten.

0,0 Straßen-Ⅱ Wilhelm-Kaisen-Brücke, **Bremen**.

0,4 Wege-Ⅱ Teerhofbrücke.

0,6 Straßen-Ⅱ Bürgermeister-Smidt-Brücke, li ↓ Kleine Weser.

1,2 Straßen-Ⅱ B 6 Oldenburger Straße, Stephani-Brücke.

1,4 EB-Ⅱ.

2,0 li Hohentorshafen.

4,0 re Europahafen (gesperrt), li **Rablinghausen**.

5,5 re Holz- und Fabrikhafen.

6,2 li Insel, Vogelschutzgebiet, Betreten verboten.

7,8 li Neustädter Hafen (gesperrt).

8,8 re Einfahrt zum Industriehafen über Schleuse (gesperrt), **Oslebshausen**.

11,0 re Klöckner-Hafen.

11,5 li Sporthafen Hasenbüren, hier sind einige Wassersportvereine angesiedelt.

12,8 li ↓ der Ochtum (s. Seite 349).

17,2 li Yachthafen Lemwerder, 300 m weiter li Yachtwerft Abeking & Rasmussen, ✕.

17,5 re ↓ Lesum (s. Seite 344), re Vegesacker Hafen. Erster künstlich angelegter Hafen Europas.

17,6 re **Vegesack**, 2 Wagenfähren. Ab hier Nebenfahrwasser auf 2,5 km nur li fahren.

18,5 re **Aumund**.

19,0 –21,0 re Werften.

19,5 li ⌂ DJK-Wasserwanderer Lemwerder, Vulkanstraße 11, 27809 Lemwerder, (Rampe), ▲-Möglichkeit.

20,8 re **Blumenthal**, Wollkämmerei. li ⌂ WSV Motzen.

21,1 re ⌂ und Anleger WSV Bremen-Blumenthal.

22,0 Fähre Blumenthal–Motzen.

22,5 –23,5 li Werften mit Dockbetrieb.

22,7 re **Rönnebeck**, Hochufer. re ⌂ u. ▲ des KC Rönnebeck, Bürgermeister-Dehnkamp-Straße 26, 28777 Bremen, *DKV-Kanustation*, www.kc-roennebeck.de .

24,2 li Warflether Sand, Rastplatz. Im Deich ★ Kirche Warfleth. Landschaftsschutzgebiet!

25,0 li ← Warflether Arm.

25,4 Wagenfähre B 74. re **Farge**, ✕ Fährhaus mit Schiffsansage. li ▲ Camping Juliusplate, 27804 Berne, ☎ 04406/1666, www.juliusplate.de . **Berne** (3 km), ★: Kirche 12. Jhdt.

25,6 re ↯ Farge.

26,4 li ← Westergate (AW) „Woltjenloch" auf 2,7 km ≋ 30 Minuten vor und nach HW.

27,9 re ehemaliger U-Boot-Bunker. li ← Rekumer Loch (Blömer) zur Westergate, keine Durchfahrt zur Hunte!

28,0 li Elsflether Sand auf 3 km, mehrere Rastplätze.

32,1 li ↓ Hunte (s. Seite 342).

33,0 re → Kleine Weser (AW), flach, ↓ in Weser km 44,2. - sehr schön! Nur bis Mitteltide ≋.

33,5 re Großer Patersand, Domänenbauern.

34,6 li **Oberhammelwarden**, ✕ und ▲ Campingplatz, www.strandgaststaette.de , Badestrand.

36,6 li ↓ Oberhammelwarder Tief.

40,3 Personenfähre Brake–Strandbad, re Harriersand, ✕, Strandbad, ▲ Campingplatz Inselfreunde Harriersand.
li **Brake**, 🚉, Schifffahrtsmuseum ★. Ab hier läuft das Fahrwasser bis an die Pier, daher re fahren.

41,5 li Braker Pier, Getreidesilo, Spundwand.

44,2 re **Sandstedt**, ✕ Seglerhafen, re ↓ Kleine Weser.
44,4 Wagenfähre Golzwarden–Sandstedt.
44,8 li ← Schweiburg (AW). Unterhalb des Abser Siels neues Strohauser Sieltief, nur bei Mitteltide ≋ mit Yachthafen, Anlegemöglichkeit. Von hier 1,8 km Rodenkirchen, 🚌, ★ Kirche mit Münstermann-Altar und -Kanzel, Friesendenkmal in Hartwarden.
45,0 li Strohauser Plate, bildet mit der Reiherplate eine Insel. Bis auf das Ufer vor den vier nördlichen Bauernhäusern ist die Plate NSG.
46,5 re **Rechtenfleth**, ▲ Campingplatz Rechtenfleth, ★ Hermann-Allmers-Museum.
49,0 re ↓ der Drepte (s. Kanuwanderbuch für NWD).
50,9 re ↓ der Lune (s. Seite 341).
51,6 li ↓ Schweiburg.
51,9 Kern-↯ Unterweser.
53,4 re **Dedesdorf** ★ Kirche mit Arp-Schnitger-Orgel 1698,li **Kleinensiel**, 🚌.
52,7 B 437 unterquert im Wesertunnel.
56,1 li **Großensiel** mit Tidehafen, Nordenhamer Sportboothafen, keine ▲-Möglichkeit (s. Kanuwanderbuch für NWD - Butjadinger Tief).
56,4 li ⌂ und ▲ WSV Nordenham, Strandallee, 26954 Nordenham-Großensiel, bei Ebbe verschlicktes Ufer! DJH direkt hinter dem Bootshaus. Beim Anlanden am Bootssteg des WSV Nordenham bitte beachten, dass dies nur in einem Zeitfenster von ca. 2 Stunden vor HW bis ca. 2 Stunden nach HW möglich ist. Außerhalb dieses Zeitfensters besteht Gefahr durch Schlick. Es kann dann der Jugendsteg in der NW-Ecke des Nordenhamer Sportboothafens (s. km 56,1) benutzt werden. Von dort kann man das WSV-Gelände in 10 Minuten erreichen (Bootswagen erforderlich).
56,9 li ⌂ Anleger Segelclub Nordenham, Strandbad.
57,0 **Nordenham**. Von km 57,5–64 reicht das Fahrwasser bis ans linke Ufer, re fahren.
57,7 li Unionspier, ⌂ Anleger Nordenhamer Ruderclub, 🚌 5 Minuten, re Luneplate auf 6 km.
63,3 li **Blexen**, Fähre nach Bremerhaven, ★ Kirche auf Wurt, Münstermann-Altar 1638.
63,5 Siel, früher Lune-↓, ⏏ nur bei HW.
65,8 re Bremerhaven, re ↓ der Geeste (s. Seite 421 Schifffahrtsweg Elbe-Weser). In Bremerhaven ★: Deutsches Schifffahrtsmuseum - Koggehaus, Rekonstruktion einer in Bremen geborgenen Hansekogge - reichhaltige Sammlungen - Modelle, Gemälde, nautische Geräte. Im alten Hafen lebendiges Schifffahrtsmuseum mit Bark „Seute Deern“, Feuerschiff Elbe III, Hochseeschlepper „Seefalke“ - Walfangboot, „Rau IX“ und Yacht, „Grönland“, das Originalschiff der ersten deutschen Nordpolarexpedition unter Kapitän Koldewey 1868. - Morgensternmuseum (Heimatkunde), Nordseemuseum ★ Radarturm mit Fernsicht auf Außenweser, Zoo am Meer, tägliche Fischauktionen.

66,0 re Deutsches Schifffahrtsmuseum.
67,8 re Columbuskaje, Passagierschiffe für Überseeverkehr. Ab hier Regeln für Wattfahrten (s. Kanuwanderbuch für NWD Nordseeküste) beachten!
69,3 –74,2 re Container-Terminal, Deutschlands größter Umschlagplatz für Containerladungen. Abfertigung von riesigen Containerschiffen, die nicht bis Bremen fahren können.
85,3 Seewärtige Begrenzung der Binnenwasserstraße Weser.
114,0 ↓ in die Nordsee, Turm Roter Sand (ehem. Leuchtturm).

Lune

Wiesenfluss mit schwacher Strömung	Mündung in Unterweser (re Nebenfluss)

32,6 Straßen-Ⅱ B 71 Bremervörde–Beverstedt, ⬇, li **Kirchwisted**.
32,2 ▬, ⏏.
31,6 Straßen-Ⅱ, re **Stemmermühlen**.
31,3 ▬, re ⏏.
30,1 Wege-Ⅱ, ▬, li ⏏
29,2 Straßen-Ⅱ Wellen–Beverstedt, davor ▬.
27,2 Straßen-Ⅱ, ▬ Beverstedtermühlen, li ⏏ (100 m).
26,0 Straßen-Ⅱ, ▬ Deelbrügge, re ⏏ 200 m, ⬇.
24,0 EB-Ⅱ **Elfershude** (Bremen–Bremerhaven), unter der Brücke ▬ Stufe und Sohlrampe, kaum ≋, ⏏ unmöglich, überheben.
20,5 Straßen-Ⅱ, re **Freschluneberg**.
14,9 Wege-Ⅱ, li **Düring**.
14,3 Wege-Ⅱ, re ⬇.
10,9 2 Straßen-Ⅱ, li **Stotel**, re **Nesse**.
10,2 Wege-Ⅱ.
9,3 Autobahn-Ⅱ A 27 Bremen–Cuxhaven.
9,1 Straßen-Ⅱ.
8,7 ← alte Lune, ⏏ über Betonrampe (s. Kanuwanderbuch für NWD), 7 km bis ⌂, ▲ WSV Wulsdorf, Am Luneort 29, 27572 Bremerhaven, www.wvw-bremerhaven.de , *DKV-Kanustation*.
8,1 Straßen-Ⅱ Fleeste–Stotel, re vor Brücke ↓ eines Grabens, der nach ca. 2 km zur Alten Lune führt.
6,9 –5,7 Feuchtbiotop (nicht betreten!).
4,8 Straßen-Ⅱ Maihausen–Holte, Ölpipeline kreuzt.
4,6 Straßen-Ⅱ B 437.
4,4 re ⬇⬆.
3,6 Wege-Ⅱ.
3,0 Straßen-Ⅱ Büttel–Schwegen.
1,8 Straßen-Ⅱ Büttel–Neuenlande.

0,0 ▬ Lune-Mündungsbauwerk mit Siel und Schöpfwerk, Achtung Sog, nicht durchfahren, anlanden li am Slip, wegen ⏏ bei Sielwärter erkundigen (Bootswagen empfohlen).
↓ in Unterweser, km 50,9.

Hunte

Wanderfluss — Mündung in Unterweser (li Nebenfluss)

Die Hunte entspringt im Wiehengebirge, durchströmt das Osnabrücker Tiefland und den darin inmitten teilweise kultivierter Moore gelegenen Dümmer See. Vor Barnstorf tritt der Fluss in die Nienburg-Mepper Geestplatte ein, eine flachwellige Moränen-Hochfläche mit Acker und Waldgebiet, durch die er in teilweise tiefen Tälern fließt. Die untere Hunte, mit Gezeiteneinfluss, ist Teil der Schifffahrtsstraße zwischen Ems und Weser.
Lohnende Fahrten beginnen in Wildeshausen, auch für K 2. Der Fluss ist teilweise tief eingeschnitten und bietet insbesonders an Werktagen oder außerhalb der Sommersaison einsame Abschnitte. Durch noch anstehende Renaturierungsmaßnahmen kann sich die Kilometrierung verändern. Informationen und kostenlose Karten sind zu erhalten unter www.hunte-natur.de .

Befahrungsregeln: *Vom km 46,1–13,7 ist vom 01.04.–15.06. die Befahrung mit Wasserfahrzeugen jeder Art verboten. In der übrigen Zeit bleibt dieser Abschnitt für Wasserfahrzeuge mit mehr als 6 m Länge und mehr als 1 m Breite gesperrt.*

Befahrbarkeit: ab Hunteburg oberhalb Dümmer See nur bei HW.
Bis zum Jahr 2015 erfolgen weitere Renaturierungsmaßnahmen, die eine durchgängige Befahrung bis Oldenburg ermöglichen sollen.
Abschnitt bis Wildeshausen s. Kanuwanderbuch für NWD.
Ab Wildeshausen ganzjährig, jedoch Befahrungsregelung beachten.

Zeltmöglichkeit: s. km 22,2, ansonsten Landschaftsschutzgebiet mit Zeltverbot.

Wildeshausen, ★ got. Rathaus, Alexanderkirche, 13. Jahrh.,
⌂ und ▲ Wassersportverein Wildeshausen e.V., An der Hunte 15, 27793 Wildeshausen, ☎ 04431/5396, www.wswildeshausen.de .

46,8 ▬ und ↯, Wildeshausen. *Beginn der Sperrstrecke, s. Befahrungsregeln.*

46,6 li ↓ des Umleiters.

46,4 Straßen-⌶ Heemstraße/Im Hagen, re ausgeschilderte ⬇, halten nur zum Abladen der Boote, bitte öffentliche Parkplätze der anliegenden Schule und Behörden nutzen.

45,9 Fußgänger- und EB-⌶, Schwall, Durchfahrt li.

45,8 Straßen-⌶ B 213.

43,5 Autobahn-⌶ A 1.

Auf der folgenden Strecke Hunte-Renaturierung durch Verlegung in die Altarme. Weitere Veränderungen sind möglich.

39,7 Fußgänger-⌶.

38,3 li Mündung Engelmannsbäke, ganzjährig gesperrt, NSG.

37,5 Wege-⌶.

37,0 re ↓ Dorfbach, re **Dötlingen**, ★ Kirche.

36,8 li NSG (Heidefläche) und Steingrab Glaner Braut ★.

35,3 Fußgänger-⌶ Glane.

33,3 Straßen-⌶, ehem. Stau Ölmühle mit Fundamentstufe**!** li oder 2. Durchfahrt von re ≋, Steine. Bei NW 3 m weiter quer unter Wasser Stahlspundwand**!** li gute ⬇ mit Betontreppen, Parkplatz.
re 200 m Goldberge mit Einblick ins Huntetal ★.

29,9 Fußgänger-⌶.

27,4 re ↓ Ostrittumer Mühlbach, gute ⬇⬆, Rastplatz, Zufahrt von der Straßen-⌶.

27,2 Straßen-⌶ Neerstedter Straße, verfallene Fundamentstufe mit Schwall, li ≋, li **Westrittrum** 1,2 km, re **Ostrittrum**, Privat-Zoo in 600 m und sehenswerte Wassermühle.

23,3 ▬ Schwelle (ehemaliges ▬ Schohusen), li Hälfte mittig ≋, Pfähle, bei hohem Wasserstand kräftiger Schwall mit Kehrwasser.

22,2 Straßen-⌶ Halter Straße, ✕ „Zur Hunte“ mit ▲-Möglichkeit, ☎ 04487/1468, gute ⬇⬆, re **Sandhatten** 1,8 km, DJH, li **Huntlosen** 1,9 km, ★ Kirche, gotischer Kelch, re DJH Sandhatten 1,8 km.
Staatsforst Barneführer Holz bis km 15,5.

20,1 Wege-⌶, li **Sannum**.

17,5 EB-⌶, Stromschnelle mit Kehrwasser, re sehenswerte Jagdhütte mit riesigen Douglasfichten.

15,5 Wege-⌶, ehem. Stau, Fundamentstufe**!** Schwall. Ende Barneführer Holz. Davor re Rastplatz.

13,7 Straßen-⌶ Sandkruger Straße, li **Astrup** 700 m, re **Sandkrug** 2000 m. *Ende der Sperrstrecke, s. Befahrungsregeln.* Hier re ⬇⬆, li hinter dem Deich PKW-Parkmöglichkeit.

12,4 Autobahn-⌶ A 29.

10,2 Straßen-⌶, davor ⬇⬆, li **Wardenburg** 300 m.

8,8 Wege-⌶, li Badesee und Tillyhügel.

6,9 Wege-⌶, li 150 m **Tungeln**.

6,2 Straßen-⌶ B 69 Oldenburger Straße, 50 m vorher li ⌂ TSV Tungeln, Kanuabteilung, Oldenburger Straße 34, 26203 Wardenburg, www.sv-tungeln.de und re ▬ zum Entlastungsgraben, nicht fahrbar.

5,6 Lethe-Düker, nicht vom Wasser aus zu erkennen.

4,8 Wege-⌶, li **Hundsmühlen**.

4,2 Wege-⌶.

2,6 li 1. Anleger u. ⌂ Oldenburger Ruderverein; 2. Anleger und ⌂ Oldenburger Yacht-Club, Kanu-Abteilung, *DKV-Kanustation*, Achterdiek 1, 26131 Oldenburg, ☎ 0441/507872, www.oyc.de/kanu , gute ⬆; 3. Anleger Postsportverein (Rudern) und Schulbootshaus.

2,2 li ← zum Küstenkanal.

1,9 ▬ und ↯ Oldenburg, re ⩯. Unterhalb Gezeiten. Tidenhub 2,4 m.

1,8 Straßen-Ⅱ Niedersachsendamm, Autobahn-Ⅱ·A 28, danach re Anleger der Sportboote, Oldenburger Wassersportverein und Oldenburger Yacht-Club, Segel-Abteilung.

1,2 re ↓ Osternburger Kanal, der vor 2,4 km die Lethe aufgenommen hat.
↓ in den Küstenkanal bei km 1,2. Ab hier Binnen-Schifffahrtsstraße, beidseitig Spundwände bis in den Hafen!

0,9 Hub-Ⅱ, Cäcilienbrücke, Oldenburg.

0,2 Straßen-Ⅱ Amalienstraße.

0,0 ↓ in die Untere Hunte = Hafen.
Ende/Anfang der Binnenschifffahrtsstraße Küstenkanal (km 0). Ab hier Seeschifffahrtsstraße, neue Kilometrierung: 0
Über den Küstenkanal, die Untere Hunte und den Schifffahrtsweg Elbe–Weser besteht die Möglichkeit, ohne Landtransport große Wanderfahrten im Bereich zwischen Ems, Weser und Elbe durchzuführen (s. auch Kanuwanderbuch für NWD).

Untere Hunte

Die 25 km lange Untere Hunte ist voll kanalisiert, Seeschifffahrtsstraßen, Gezeitenstrom, keine Zeltmöglichkeiten zwischen Oldenburg und Elsfleth.

0,0 Hafen Oldenburg.

0,5 EB-Ⅱ, größte Roll-Klapp-Ⅱ Europas.

1,7 re Bauhafen Oldenburg-Drielake.

2,5 Osthafen der Stadt Oldenburg.

3,7 Autobahn-Ⅱ. A 29.

17,8 Hub-Ⅱ B 212, **Huntebrück**, re **Berne** 3 km, Aegidiuskirche 12. Jh. ★.

18,4 re ↓ Ollen (Ollen und ihr Nebenfluss Berne s. Kanuwanderbuch für NWD), Lichtenberger Siel.

20,7 EB-Ⅱ (nördl. Teil drehbar, Südteil fest).

21,7 re ↓ des Wesernebenarmes Westergate, li Werftanlage Elsfleth.

22,2 li **Elsfleth**, 🚌, ⬆ sehr schwierig.

24,1 Hunte-Sperrwerk, meist offen, Schließung nur bei Sturmflut.

24,6 ↓ in Unterweser bei km 32,1.

Lesum

Wanderfluss	Mündung in Unterweser (re Nebenfluss)

Die Hamme und Wümme vereinigen sich bei Ritterhude zur nur wenige Kilometer langen Lesum. Im Norden zieht sich ein hoher Geestrücken an dem Fluss entlang, auf dem Bremer Villen gruppiert sind. Südlich des Flusses liegt das Werder Land - eine einzige große Wiese - bis Bremen, dessen Türme weithin sichtbar das Land beherrschen. Die Lesum ist Tiden-abhängig.

0,0 ↓ Wümme und Hamme.
2,0 Autobahn-Ⅱ A 27 Bremen–Bremerhaven, li Maschinenfleeth zum Bürgerpark (9,8 km).
3,4 EB-Ⅱ Bremen–Bremerhaven, re 🚉 Bremen-Burg.
3,5 Straßen-Ⅱ Bremer Heerstraße.
4,2 li ⌂ ⌂ Segelvereine Burg und Niedersachsen-Burg.
5,0 ⌂ und ▲ Tura Bremen, *DKV-Kanustation*, Am Lesumhafen 26, 28717 Bremen, ☎ 0421/6363656, www.turakanusport.de .
km 5–7 re Wanderweg zur Bremer Schweiz, Knoops Park. Ausblick über das Geestgebiet (Lesum-Weser).
8,1 Sturmflutsperrwerk Lesum. Gefahrlose Durchfahrt durch eine der vier je 15 m breiten Durchflussöffnungen. Die □ re ist nur dann zu benutzen, wenn das Sperrwerk geschlossen ist. Festmachemöglichkeiten sind in den □-Vorhäfen vorhanden.
9,1 re **Bremen-Grohn**. ⌂ WV Grohn versteckt hinter Hochwasserschutzwand. Kein ▲.
9,5 re Liegeplatz Segelschulschiff „Deutschland“, ★.
10,0 ↓ in Unterweser bei km 17,5, je nach Wasserstand und Bootsverkehr hier zwischen den Spundwänden starke und unregelmäßige Wellenbildung.

Hamme

Wanderfluss	Mündung in Lesum (re Quellfluss)

In Viehspecken vereinigt sie sich mit der „neuen“ Hamme, die vom Hamme-Oste-Kanal kommt. Von hier bis Mündung 3 Schleusen, praktisch keine Strömung. An Wochentagen einsam, an Wochenenden teilweise sehr starker Bootsverkehr (Motorboote**!**).

0,0 Straßen-Ⅱ Hambergen-Oldendorf, re **Bullwinkel**, ⬇ bei gutem Wasserstand, im Sommer bis Giehlermühlen teilweise sehr stark verkrautet.
3,5 Straßen-Ⅱ Vollersode–Paddewisch, ab hier immer ≋.
7,5 Straßen-Ⅱ B 74 Osterholz-Scharmbeck–Gnarrenburg, bei Giehlermühlen ▬, **X**, re ⩡, S 1. Bis Viehspecken eine Ⅱ und drei Sohlschwellen, ≋ oder ⩡.
12,5 li ↓ „Neue“ Hamme, Hamme-Oste-Kanal (s. Kanuwanderbuch für NWD), ab hier offizielle Kilometrierung mit Kilometertafeln am Ufer, deshalb

12,5 = 3,2, **Viehspecken**, Straßen-Ɪ Ostersode–Vollersode,
✕, gute ⬇.
4,2 ☐ Viehspecken (Selbstbedienung), re ⌂, S 1, unterhalb re ⬇⬆.
5,5 li ↓ Rummeldeisbeck (s. Kanuwanderbuch für NWD).
5,8 Straßen-Ɪ Friedensheim–Hüttenbusch.
8,8 Wege-Ɪ, re Rastplatz.
9,5 Teufelsmoor-☐, re ⌂, S 1, li ✕, ▲ Campingplatz Teufelsmoor, Schleusenweg 1, 27711 Osterholz-Scharmbeck, ☎ 04796/265, www.campingplatz-meyer.de .
9,8 Straßen-Ɪ Hüttenbusch–Osterholz-Scharmbeck, li ✕ „Schamilka“ mit Bootsanleger.
11,7 Wege-Ɪ, li Rastplatz, li ↓ der Umbeek.
15,0 Straßen-Ɪ, re ⬇⬆ und Rastplatz, li „Neu-Helgoland“, Bauminsel im Wiesenland, ✕, ▲ Campingplatz, ☎ 04792/509. 2 km Fußweg nach **Worpswede**, Künstlerort, ★.
16,2 re ↓ Beeck (s. Kanuwanderbuch für NWD).
16,5 EB-Ɪ.
16,7 li ← Semkenfahrt, 1200 m zum ▲ Campingplatz Waakhausen, *DKV-Kanustation*.
17,7 re ✕ „Melchers Hütte“.
20,6 Straßen-Ɪ An der Hamme, ✕ „Tietjens Hütte“, ⌂ Ruderverein Osterholz-Scharmbeck.
re → nach **Osterholz-Scharmbeck** (2 km).
22,2 Wege-Ɪ.
23,8 Wege-Ɪ.
25,0 li ⌂ Wassersportverein Ritterhude, Kanusparte, Niederemder Straße 4, 27721 Ritterhude, ☎ 04292/9215, www.wassersportverein-ritterhude.de , re ⌂ und ▲ ESV Blau-Weiß Bremen.
25,3 ☐ Ritterhude, Tidenstauwerk, Tidenhub: 2,8 m, li ⌂ und ▲ VWRU „Ritterhuder Ulen“.
25,4 Straßen-Ɪ Ritterhude-Lilienthal/Worpswede.
26,6 Straßen-Ɪ Riesstraße, re **Ritterhude**.
27,4 ↓ Wümme, ab hier Lesum (s. Seite 344).

Wümme

Kleinfluss – Wanderfluss	Mündung in Lesum (südlicher Quellfluss)

Die Wümme ist in ihrem Oberlauf, bis Rotenburg, ein landschaftlich reizvoller Wald- und Heidefluss, im Unterlauf ein ruhiger Wiesenfluss. Ab km 16,8 Teilung in drei Hauptarme. Hier ist nur der Nordarm beschrieben.
Befahrungsregeln: *im Text kursiv hervorgehoben*.

Oberlauf s. Kanuwanderbuch für NWD.
59,3 li ↓ Fintau (s. Kanuwanderbuch für NWD), li ▲ Campingplatz.

58,8 li gute ⬇, erreichbar von der Straße Schmiedeberg in Lauenbrück. Ab hier ist die Wümme ganzjährig ≈, auch für Zweier.

57,6 Straßen-Ⅱ B 75.

52,2 Straßen-Ⅱ Scheeßel–Sittensen, danach li im Wald ▲ Campingplatz.

49,9 Straßen-Ⅱ Zevener Straße, li **Scheeßel**.

49,5 Scheeßeler Mühle. Fluss gabelt sich, re Arm fahren, ▬, ✕, re ⩯ über Straße, Betontreppen.
Im li Arm Mühlen-▬, ⩯ kaum möglich. Im Unterwasser li ⌂ und ▲ Kanu Abt. Turnverein Scheeßel, www.kanu-scheessel.de .

46,9 li ↓ Veerse (s. Kanuwanderbuch für NWD).

43,0 Wege-Ⅱ nach Wohlsdorf.

41,6 Straßen-Ⅱ B 75.

41,3 Ⅱ Zubringer Rotenburg-Nord.

39,4 Straßen-Ⅱ Westerholzer Weg.

38,0 ▬ Stufe aus Steinblöcken, für Geübte ≈, bei NW li ⩯.

37,8 EB-Ⅱ, dahinter li ⌂ Kanu-Wanderer Rotenburg (Wümme), Nödenstraße, Bauhof, 27356 Rotenburg, www.kanuwanderer-rotenburg.de , Hallenbad, Freibad. Parkplätze des Bades nicht benutzen!

37,4 re ⬇⬆, li ↓ des Stadtstrecks, Übungsstrecke der Rotenburger Kanuten.

37,1 Straßen-Ⅱ B 215, zum ⛟ 500 m re. **Rotenburg/Wümme**, Kreisstadt mit altem Heimatmuseum.

36,6 li ↓ des Mühlenstreeks, vereinigte Wiedau und Rodau.

33,7 ▬ Unterstedt, Befahrung lebensgefährlich, li ⬆ an Treppe, über Brücke ⩯, re ⬇ über Treppe.

32,6 EB-Ⅱ.

30,4 ▬ Sohlgleite, li ⩯, evtl. ≈.

27,7 li ↓ der Ahe, danach ▬, li ⩯.

25,0 ▬, sonst re ⩯, re davor Grillplatz.

23,5 Straßen-Ⅱ Hellwege–Sottrum, li **Hellwege**, re ✕.

21,3 ▬, meist offen, danach Schwall, ≈, sonst li ⩯.

18,5 re ⬇⬆, Rastplatz, ▲ Campingparadies Grüner Jäger Everinghauser Dorfstraße 17, 27367 Sottrum-Everinghausen, ☎ 04205/319, www.camping-paradies.de , **Evringhausen**.

17,9 Autobahn-Ⅱ A 1.

16,8 Flussgabelung li ← Südarm.
Der 16,4 km lange Südarm ist in voller Länge kanalisiert, 4 ▬ mit Tosbecken, starke Verödung der Natur, Befahrung nicht empfehlenswert (s. Kanuwanderbuch für NWD).
Die weitere Beschreibung folgt dem re abgehenden Hauptarm. Er ist landschaftlich reizvoll und bis Gehölz Hexenberg nicht begradigt.

15,9 EB-Ⅱ.

15,5 re ↓ Wieste (s. Kanuwanderbuch für NWD).

14,6 Straßen-Ⅱ Große Straße, **Ottersberg**, li direkt danach gute ⬇⬆, Parkplätze am Sportplatz können benutzt werden.
13,8 Wege-Ⅱ, Schwall.
13,4 Flussgabelung: li ← Mittelarm, nur bis Fischerhude befahrbar, danach ganzjährige Sperrung, re → Nordarm dem diese Beschreibung folgt.
13,3 Wiesen-▬, evtl. ≋, sonst ⏜, S 1.
11,7 re ↓ Walle.
10,5 li ← Verbindungsarm zum Mittelarm mit Wehr.
9,8 Wege-Ⅱ.
8,8 ▬ 3 ≋ Stufen, danach Ⅱ.
7,8 Straßen-Ⅱ Wilhelmshauser Straße, **Fischerhude**, malerischer Ort, Künstlerkolonie, Otto-Modersohn-Haus, Heimathaus, ★.
unter der Brücke ▬ Sohlgleite, bei NW sehr steinig, li ⬇⬆, Parkplatz südlich in 150 m.
6,1 ▬ Sohlgleite, bei NW sehr steinig, Wege-Ⅱ.
4,0 ▬ Sohlgleite, bei NW sehr steinig.
2,5 re ↓ Rautendorfer Schiffgraben, Straßen-Ⅱ Am Hexenberg, Pegel.
Von hier bis km 0,0 Befahrungsverbot vom 01.11.–30.04. Übrige Zeit von 9–20 Uhr erlaubt, wenn Pegel Hexenberg >2,85 m. Maximale Bootsgröße 6 m Länge, 1 m Breite.
2,0 ▲ Camping Krentzel, Am Hexenberg 2, 28357 Bremen, ☎ 0421/273731. Auf den folgenden 500 m Bäume, Stäucher, Strömung. Nicht für Anfänger geeignet.
1,3 Gabelung in zwei Arme; li eng und überwuchert, re flach und breit.
0,7 Wiedervereinigung der beiden Arme.
0,6 li ↓ Mittelarm (ganzjährig gesperrt).
0,4 ▬ Sohlgleite ≋.
0,0 li ↓ Südarm (s. km 16,8). Ende der Aufteilung der Wümme in 3 Arme, Gezeiten-Einfluss.
- 3,0 Straßen-Ⅱ Borgfelder Heerstraße.
- 4,0 re ↓ Wörpe (s. Kanuwanderbuch für NWD), Straßen-Ⅱ.
- 4,2 = 0,0. Straßen-Ⅱ Nordumgehung Borgfeld.
2,4 li ▭ Kuhsiel, ↓ Kuhgraben nach Bremen zum Bürgerpark. ⌂ VKB Störtebeker, 3,5 km.
2,8 ⌂ Kanu-Club Hanseat, Oberblockland 5, 28357 Bremen, www.kchanseat.de .
5,0 li Gartelmann, ✕.
11,5 re Höftdeich ✕, Rastplatz für Gäste.
14,6 li ▭ Dammsiel, ✕, ↓ Kleine Wümme. (s. Kanuwanderbuch für NWD). Zum Bürgerpark 8,7 km.
16,6 Straßen-Ⅱ Bremen–Ritterhude.
18,5 ↓ in Hamme, ab hier Lesum (s. Seite 344).

Ochtum

Wanderfluss — Mündung in Unterweser (li Nebenfluss)

Schwachströmender Marschfluss, im Unterlauf Gezeiten. Die Ochtum beginnt am Kirchweyher See, in den die Hache und der Süstedter Bach münden (s. Kanuwanderbuch für NWD). Die Obere Ochtum vom Kirchweyher See leidet bis zur Reichweite der Gezeiten unter sehr schwankenden Wasserständen. Durch die Befahrung der Alten und Neuen Ochtum ergibt sich ein reizvoller Rundkurs.
Befahrungsregeln: *im Text kursiv hervorgehoben.*

(26,6) ⬇-Möglichkeit in den Süstedter Bach an der Straßen-⌶ Sudweyhe–Ahausen, Fahrt durch den Kirchweyher See.
25,3 Ausfluss aus dem Kirchweyher See.
24,5 Straßen-⌶ Kirchweyhe–Dreye.
22,7 EB-⌶.
20,6 Wege-⌶.
19,3 re Baggerloch „Silbersee", Bademöglichkeit.
19,1 li ↓ des Leester Mühlenbaches (s. Kanuwanderbuch für NWD).
18,6 Autobahn-⌶ A 1.
17,5 Straßen-⌶ B 6.
17,0 Wege-⌶.
14,3 Straßen-⌶ Bremen–Stuhr, gute ⬇.
14,0 li Pumpwerk, bei Betrieb starke Querströmung.
13,3 geradeaus neuer, renaturierter Ochtumverlauf. *Im folgenden NSG anlanden verboten, Durchfahrt erlaubt.*
re → Verbindungsgraben Kuhlen zur Alten Ochtum (s. Rundkurs, km 10,0).

5,0 Abzweig des Verbindungsgrabens Kuhlen aus der Ochtum bei km 13,3.
4,1 Siel unter einem Deich, Verbindungsgraben Kuhlen mündet in die Alte Ochtum.
3,7 Wege-⌶.
2,8 Straßen-⌶ B 75.
2,1 EB-⌶.
1,9 re ⌂ WSC Fink, Warturmer Heerstraße 140, 28197 Bremen, *DKV-Kanustation*, ☎ 0421/540221, www.wsc-fink.de .
1,7 Straßen-⌶, re **Warturm**, ⌂ Wassersportverein Warturm, Warturmer Heerstraße 151, 28197 Bremen, www.warturm.de , ✕.
1,1 ▬ Woltmershausen, Boots-☐ oder ⏏.
0,5 EB-⌶.
0,0 ↓ in die Ochtum.

13,0 Wege-⌶.

12,2 Straßen-Ⅱ B 75, li gute ⬇, danach Wege-Ⅱ.

11,3 Straßen- und EB-Ⅱ, davor li Rastplatz.

10,2 ▬ Warfelde, ✕, li ⌂ einfach, li Kahnschleuse (Selbstbedienung).

10,0 Flussteilung: li ← Weiterfahrt Richtung Bremen, re → zu einem Rundkurs über die Alte Ochtum.

8,9 Straßen-Ⅱ Brokhuchtinger Landstraße, re **Strom**.

8,0 ▬, Mitte ≋ bei Tide-HW, sonst umtragen, schwieriges ⬇, ab hier Gezeiten.

7,6 li ↓ Varreler Bäke (s. Kanuwanderbuch für NWD).

5,4 ▬, ≋ oder ☐ li benutzen, Selbstbedienung.

5,0 li ↓ Delme (s. Kanuwanderbuch für NWD).

4,2 Straßen-Ⅱ Stromer Landstraße, Strom–Deichhausen.

1,5 ⌂ und ▲ SC „St. Veit" und DWV.

0,3 Ochtumsperrwerk mit zwei Durchflussöffnungen und einer ☐. Durchfahrt verboten, Absturz 1 m tief, Rampen zum ⬆, ⬇ über Böschung. Schleusenzeiten: 2 1/2 Std. vor und 3 Std. nach HW in der Zeit von 6–23 Uhr.

0,0 ↓ in die Unterweser bei km 12,8.

Aller

Kleinfluss – Wanderfluss	Mündung in Weser (re Nebenfluss)

Die Aller, größter Nebenfluss der Weser, entspringt bei Seehausen in der Magdeburger Börde, erreicht die norddeutsche Tiefebene in Drömling bei Oebisfelde und folgt einem eiszeitlichen Urstromtal oft einsam und reizvoll mit Wiesenflusscharakter auf rd. 200 km Länge bis zur Mündung bei Verden. Der Fluss sammelt alle Wasserläufe des Westharzes sowie die besonders beliebten Kanuflüsse der Südheide. Meist geringe Strömung.

Befahrbarkeit: ab Belsdorf (km 200,8) nur bei HW; ab Vorsfelde (km 191,2) im Prinzip ganzjährig. Bei km 182,0 erfolgt eine Teilung der Aller, die hier re abgehende „Alte Aller" hat im Sommer meist zu wenig, der li abgehende „Allerkanal" führt zwar ausreichend Wasser; er ist im Anfangsbereich auf 5,5 km ganzjährig gesperrt. Die nachfolgende Beschreibung beginnt daher erst bei km 9,2 des Allerkanals. Oberaller, Alte Aller und der (gesperrte) Anfangsteil des Allerkanals s. Kanuwanderbuch für NWD und DKV-Gewässerführer Ostdeutschland.

Befahrungsregeln: *im Text kursiv hervorgehoben.*

Allerkanal

9,2 Straßen-Ⅱ Wolfsburg–Gifhorn, übliche ⬇ nach der Sperrstrecke.

9,0 Straßen-Ⅱ Calberlaher Damm, ⬇.

7,8 Wege-Ⅱ

6,6 Straßen-Ⅱ Braunschweiger Straße, **Gifhorn**. Zum 🚌 Isenbüttel-

Gifhorn 0,7 km li, zur Stadt 3 km re.
6,1 EB-Ⅱ, Schwall.
5,6 Straßen-Ⅱ B 4 Braunschweig–Lüneburg.
5,5 Wege-Ⅱ.
3,9 li ↓ Helenriede, Wege-Ⅱ.
3,2 re **Winkel** mit Wege-Ⅱ, ✕, Hermann-Löns-Stein.
2,6 Wege-Ⅱ. *Ab hier bis zur Mündung Uferbetretungsverbot, Veranstaltungen mit mehr als 10 Booten sind genehmigungspflichtig.*
1,8 Wege-Ⅱ.
1,2 ▬, **X** li ⌓, S 1.
0,4 Wege-Ⅱ Eimerwiesen, bei NW flach!
0,1 ▬ Stufe 50 cm, für K 1 ≋.
0,0 ↓ in die Aller kurz vor Brenneckenbrück bei km 151,9 der fortlaufende Allerkilometrierung.

151,9 ↓ Allerkanal.
151,7 Straßen-Ⅱ B 188 (Hannover–Wolfsburg), dahinter re **Brenneckenbrück** ✕, ▲ Camping Im Wiesengrund, An der Aller 4, 38518 Brenneckenbrück-Gifhorn, ☎ 05371/12538, www.freizeitgebiet.de , Steg.
151,5 re Pegel Brenneckenbrück (Hauptpegel der Oberaller).
147,4 Wege-Ⅱ.
145,2 Straßen-Ⅱ li **Ettenbüttel**, re **Bokelberge**, ⬇⬆, Rastplatz.
141,4 li Flussarm ≋, ▬ li ⌓, S 2, Straßen-Ⅱ Auf der Dyckhorst, re **Dieckhorst**, ✕, li vor dem ▬ Steg.
140,8 ▬ Grundschwelle, bei NW Steine! dann re fahren.
140,6 li ↓ Oker (s. Seite 368).

2. Mittelaller

Die folgende, 28,2 km lange Strecke bis Celle wird als Mittelaller bezeichnet. Der früher weitgehend naturbelassene Fluss ist inzwischen „kultiviert“ worden, mit neuem Flussbett und neuen Wehren, in Langlingen und Oppershausen Bootsgassen.

140,5 Straßen-Ⅱ Ahnser Straße, re **Müden**, danach li Steganlage mit Rastplatz, ⬇⬆.
138,1 Straßen-Ⅱ Allerstraße, li **Flettmar**, re Rastplatz mit Schutzhäuschen.
137,6 ehemalige EB-Ⅱ.
133,8 Straßen-Ⅱ Langlinger Straße, li **Langlingen**, li Steg unter der Brücke.
130,9 li ← des Wienhauser Mühlkanals, hübsche 6 km lange Wiesenfahrt bis zur ↓ in die Aller. Direkte Zufahrt zur Paddelvereinigung Wienhausen.

Wienhäuser Mühlkanal

0,0 ✕ und ▲ Camping Allerparadies, Schleusenweg 1, 29364

Langlingen, ☎ 05082/218.

0,2 ▬, li ⏏, Treppen.

1,5 Straßen-Ⅱ Langlinger Straße.

5,5 Straßen-Ⅱ Wienhäuser Straße, li **Wienhausen**.

5,9 li ⌂ PV Wienhausen, Bockemasch, 29342 Wienhausen, www.pvwienhausen.de , Matratzenlager, ▲ beschränkt, re ▲ Camping „Zum alten Wehr“, ☎ 05149/212, ✗. Geradeaus ▬, li ⏏, S 1, nach 300 m in die Aller, km 125,2. Im Mühlkanal am ▬ vorbei nach 600 m **Wienhausen** (Mühle), hier keine Weiterfahrt möglich**!**, ★ Kloster Wienhausen.

130,7 ▬ **Langlingen X**, entlang dem li Ufer zur Bootsgasse fahren. Lichtsignal rot und grün. Wenn nicht offen, Schaltknopf an aus dem Wasser ragenden Rohrarm re drücken. Erst bei „grün“ in Gasse einfahren**!** Gefälle 1:15. Im Auslauf gut durchziehen**!** Ungeübte vorher ansehen oder li ⏏. Von hier aus zu Fuß zum Langlinger Badesee li über den Deich 200 m.

129,1 Straßen-Ⅱ Offenser Straße, li **Schwachhausen**, li ▲ Camping Am Allerstrand, www.camping-landurlaub.de .

126,7 ▬ Oppershausen **X**, li Bootsgasse (s. Langlingen) oder li ⏏. Davor re ⌂ und ▲ KC Flotwedel, Zufahrt mit Pkw möglich.
re ↓ Schwarzwasser (s. Kanuwanderbuch für NWD).

124,7 li ↓ Flutgraben des Wienhäuser Mühlkanals, 300 m aufwärts ▬, re ⏏ und auf dem Mühlkanal zum ⌂ PV Wienhausen.

125,0 Straßen-Ⅱ, li **Wienhausen**, Ausflugsort mit ★ ehem. Zisterzienser-Kloster, re **Oppershausen**, ✗.

122,3 li ↓ des Wienhäuser Mühlkanals, meist verkrautet

120,2 ▬ „Theewinkel“, Höckerhindernisse im Sturzbett. re ⏏, S 2.

117,7 Straßen-Ⅱ Altencelle–Lachtehausen, li **Altencelle** mit ✗. *Ab hier bis Ortszentrum Celle Uferbetretungsverbot, max. Bootsgröße 6 m/1 m.*

117,5 ⌂ und ▲ mit allen Einrichtungen der Celler Kanu-Wanderer, Alte Dorfstraße 26, 29227 Celle OT Altencelle, www.cellerkanu-wanderer.de , Übernachtung im ⌂ (Luftmatratzen) möglich. ☎ 05141/881510 nur donnerstags 19–22 Uhr.

115,2 re ↓ Lachte, (s. Seite 368).

114,2 li ← Magnusgraben, nach 100 m li ⌂ Paddel-Klub Celle e.V., Zur Ziegeninsel 4, 29221 Celle, www.paddelklub-celle.de , ▲ und Übernachtung im ⌂, ☎ 05141/907195, empfehlenswert.

114,1 ⌂ der Kanu-Gesellschaft-Celle e.V., Fritzenwiese 83, 29221 Celle, ☎ 05141/25723, www.kanu-gesellschaft-celle.de , Unterkunft beschränkt.

113,9 Pfennig-Ⅱ, re ⬆.

113,5 = 0,0 Beginn der Unteraller.

3. Unteraller

Der folgende, 117 km lange Abschnitt der Aller ab Celle bis zur Mündung in die Weser wird als Unteraller bezeichnet. Sie ist Bundeswasserstraße. Die Strecke ist durch vier Staustufen mit Wehren und Schleusen reguliert. Gewerbliche Schifffahrt besteht nicht mehr, im Sommer jedoch starker Motorboot- und Wasserskiverkehr, besonders am Wochenende. Streckenweise verkehren auch kleine Fahrgastschiffe. An den Wehren bestehen Umtragemöglichkeiten. Es wird, schon aus zeitlichen Gründen, empfohlen, die Wehr-Arme zu befahren. Die Schleusenwärter sind nicht verpflichtet, Einzelfahrer zu schleusen. Mitschleusen gestattet. Bei Gruppen von mindestens drei Booten wird geschleust.

0,0 Straßen-Ⅱ B 3 Harburger Straße, Amtsgrenze WSA Verden.
Celle, ★: Stadt mit Welfenschloss, Museum, Schlosstheater, Stadtkirche, viele mittelalterliche Fachwerkbauten, niedersächs. Landgestüt.
Nach der Brücke re Bootssteg, hier ⌂ zum Nordarm. Weiterfahrt im Oberwasser am ■ vorbei nicht ratsam, da am 2. ■ ⌂ kaum möglich. Bei HW starke Strömung, rechtzeitig re halten!

0,2 Mühlen-■ Celle, **X**.

0,3 Beginn der Bundeswasserstraße im Unterwasser des Celler ■.

0,9 Hafenbahn-Ⅱ im Nordarm.

1,2 li ↓ Mühlenaller, ehemals Schifffahrtsweg zum Hafen und Rathsmühle.

1,6 Straßen-Ⅱ Biermannstraße

1,7 EB-Ⅱ und Fußgänger-Ⅱ, re gute ⬇, 300 m 🚌.

1,7 li Pegel Celle.

2,8 li Kläranlage Celle.

3,1 li ↓ Fuhse (s. Seite 366).

3,4 Straßen-Ⅱ Wilhelm-Heinischen-Ring.

4,5 li Altarm. Zwischen km 3 und km 5 fehlen 650 m.

6,2 re ↓ Wittbeck (gesperrt), **Boye**, reizvoll gelegen.

8,9 li ↓ Fuhsekanal.

12,5 re **Stedden**, Schiffsanleger.

14,6 Fähre Oldau, li **Oldau**.
li zur □, Selbstbedienung, re zum Wehrarm, dort li ↯, re ■, re ⌂, S 1.

15,5 ↓ des Wehrarmes.

16,9 re ↓ Örtze (s. Seite 365), ▲ Campingplatz 200 m Örtze aufwärts, Stiller Winkel 20, 29308 Winsen (Aller), ☎ 05143/6661803, www.campingpark-suedheide.de .

18,7 Straßen-Ⅱ, **Winsen/Aller**, ✕.

19,4 ▲ Camping Winsen, Auf der Hude 1, 29308 Winsen (Aller), ☎ 05143/93199, www.campingplatz-winsen.de .

21,0 - 23,0 eine der schönsten Wald- und Heidepartien an der Aller.

21,5 re Ferienhäuser Süd-Oh.

22,6 li „Wachholderpark“, Motorboote!

24,6 –25,5 Wasserskistrecke. re ↓ Allerplackgraben.

26,5 re □ Bannetze, Selbstbedienung, oder li in ■-Arm re ⌂, S 1.

27,7 ↓ Wehrarm.

29,9 li ↓ Wietze (Aller) (s. Kanuwanderbuch für NWD).

32,5 Straßen-Ⅱ, li **Jeversen** 1200 m, re **Thören** 1800 m.

38,3 re □ Marklendorf. Unter 3 Boote li in ■-Arm am ■ re ⌂, S 1-2. li **Marklendorf**, 1200 m. Pegel im Unterhafen.

39,5 ↓ Wehrarm. Zwischen km 38 und km 40 fehlen 800 m.

40,2 re **Engehausen** 400 m und Autobahnrastplatz Allertal 1100 m, ▲ Camping Nord-Süd, Marschweg 1, 29690 Engehausen, ☎ 05071/912292.

40,5 Autobahn-Ⅱ A 7.

45,2 Straßen-Ⅱ, li **Essel**.

45,7 re ↓ Esseler Kanal.

46,7 EB-Ⅱ.

49,8 li □ Hademstorf. Unter 3 Booten re in ■-Arm fahren und am ■ re ⌂, S 2 (ca. 120 m). Ab hier freie Fließstrecke! Wer schleust, gelangt im Unterwasser in die Leine und gelangt nach 1,5 km bei Aller-km 52,4 in diese zurück.

50,5 Wege-Ⅱ Schleusel–**Hademstorf** re 1500 m.

52,4 li ↓ Leine (s. Seite 357).
Auf den folgenden 64 km keine Hindernisse, teilweise gute Strömung.

53,0 Tiefseil-Wagenfähre, re nach **Eickeloh** 1200 m 🚂.

57,5 re ↓ der Meiße (s. Kanuwanderbuch für NWD), ✕.

58,5 Straßen-Ⅱ Hodenhagen–Ahlden.
re **Hodenhagen**, 🚂 (Soltau–Hannover) 2000 m. li nach **Ahlden** 900 m. Am Altwasser das Schloss Ahlden (Verbannungssitz der Gattin Georgs I. von Hannover).

61,2 re Gut Hellberg, ↓ Wiedenhausener Bach **X**.

63,0 - 64,0 li die Ahe, größter Auwaldrest im Allertal mit romantischem Waldsee, Reiherkolonie.

66,5 Wege-Ⅱ, li **Eilte**, davor ⬇⬆, Rastplatz.

67,5 Das „Goseloch“, scharfe Flusskrümmung, li fahren! re Kiesbank.

67,9 li der Mühlenhof.

72,6 re ↓ der Böhme (s. Seite 355).

74,1 li **Bosse**. Kleiner Ort auf nur 150 m breiter Landzunge, in großem Bogen von der Aller umströmt, ✕.

78,0 li **Frankenfeld**, ▲ Camping Rittergut, 27336 Rethem/Frankenfeld, ☎ 05165/3933.

78,3 –80,3 Wasserskistrecke.

79,5 re **Kirchwahlingen**.

81,9 Straßen-Ⅱ B 209 Lange Straße, li **Rethem**, ✕, davor li ⬇⬆, Rastplatz.

82,3 li Hafen und Pegelturm Rethem.

84,3 re Sommerdeich. Bei HW strömt die Aller hier über die Wiesen bis 89,3 (Pegel Rethem ca. 380 cm).

84,8 li **Wohlendorf**, li ↓ der Wölpe. (s. Kanuwanderbuch für NWD).
86,0 li Gut Donnershorst.
87,0 li reizvolles Waldufer.
92,3 li **Hülsen**, Rastplatz.
95,9 re **Otersen** 500 m.
98,6 Fähre, li **Westen**, ⌂ und Hafen des Wassersportclub Westen e.V., *DKV-Kanustation*, Amtsstraße 10, 27313 Dörverden, ☎ 04239/1213, 2 feste Übernachtungsräume mit Koch- und Waschgelegenheit, Meldung s. Aushang, 200 m ✕.
102,1 re ↓ Lehrde (s. Kanuwanderbuch für NWD).
103,0 li **Barnstedt**, ✕ Fährhaus, ⬇⬆, Rastplatz.
105,0 **Ahnebergen** 300 m.
107,8 re ↓ Gohbaches (s. Kanuwanderbuch für NWD), **Eitze**.
109,0 Beginn der Staustrecke des Weser-▬ Langwedel.
110,7 EB-Ⅱ.
111,5 re ⌂ des Verdener Rudervereins.
112,0 re ⌂ Wassersportverein Verden, bewirtschaftet, alle Einrichtungen, großer ▲, Am Dithmarsberg, 27283 Verden, ☎ 04231/3291, www.wsv-verden.de . Zum 🚌 15 Min. **Verden**, uraltes Bistum, Dom, Altstadt, Pferdemuseum u.v.a. ★.
112,5 re Ladestelle Verden, Fahrgastschifffahrt, öffentlicher Anleger.
112,7 Straßen-Ⅱ Klusdamm/Brückstraße, Verden-Mitte (Südbrücke).
113,2 Straßen-Ⅱ B 215 (Nordbrücke).
114,0 li ↓ der Alten Aller **X** (versandet).
114,9 re Hof Höltenwerder. Sportboothafen Verdener Motorboot-Verein.
115,2 re ↓ des Halsebachs, Halsmühlen 1500 m, berühmt durch das Verdener Blutgericht Karls des Großen.
117,2 ↓ in Weser bei km 326,4.

Böhme

Heidefluss – Wanderfluss — Mündung in Aller (re Nebenfluss)

Die Böhme gehört, neben der Örtze, zu den schönsten und beliebtesten Wanderflüssen der Heide; besonders empfehlenswert ist ihr Oberlauf bis Walsrode.

Befahrungsregeln: *oberhalb Tetendorf ganzjährig gesperrt,*
von Tetendorf bis zur ↓ vom 01.03. – 15.07. gesperrt, in der übrigen Zeit Uferbetretungsverbot und Pegelregelung (Pegelmarken an den gekennzeichneten Einsatzstellen).

53,8 Straßen-Ⅱ Alte Zollstraße, **Tetendorf**, ⬇ 300 m von B 3, Nähe Autobahnabfahrt Soltau-Süd.
53,4 ▬ Schwelle 30 cm, ≋, bei NW überheben.

52,5 ▬ Schwelle 20 cm, ≋.
51,2 ▬-Stufe 30 cm, ≋, Betonkante!
50,2 Straßen-Ⅱ, **Imbrock**, ▲ Campingplatz, ⬇.
47,7 ehem. Mühlen-▬, frei ≋.
46,1 Straßen-Ⅱ, re **Jettebruch**, li **Bömme**, sehr niedrig, li ⌓ auf der Straße 300 m bis
45,9 Mühlen-▬, **X**, unmittelbar hinter scharfer Rechtskurve! re ⌓, S 1.
44,8 EB-Ⅱ.
43,9 Straßen-Ⅱ, re **Mengebostel**, Pfahlreihen unter Brücke.
40,2 Straßen-Ⅱ Hauptstraße, **Dorfmark**, Kirche, ★.
39,3 Bömmelmühle, ▬, **X**, li ⌓, ⬇⬆. Bootsverleih.
38,7 Straßen-Ⅱ B 440 Fischendorfer Straße, Autobahn-Zubringer, Rastplatz, ⬇⬆, ✕. Befahren der Wiese verboten.
36,8 Wege-Ⅱ, re Hof Brock, ▲ Campingplatz, ⬇⬆, Pegel.
35,4 Straßen-Ⅱ, Scwall, re **Vierde**, li **Küddelse**.
34,5 re ▲ Campingplatz „Böhmeschlucht", Vierde 22, 29683 Fallingbostel, ☎ 05162/5604, www.boehmeschlucht.de , ⬇⬆.
32,6 li **Grünhagen**.
30,0 re Badeanstalt Fallingbostel.
29,3 Mühlen-▬, unter Materialeinsatz evtl. ≋, li Steganlage zum ⌓, ⬇⬆. Straßen-Ⅱ B 209 Soltauer Straße, **Fallingbostel**, 🚌 in 10 Minuten.
28,9 Fußgänger-Ⅱ.
29,4 Wege-Ⅱ.
28,0 re Jugendhof Idingen, ⬇⬆.
27,2 Wege-Ⅱ.
26,2 Straßen-Ⅱ Elferdingen–Tietlingen.
24,8 Wege-Ⅱ.
23,8 Straßen-Ⅱ, re **Ützingen**, ⬇⬆, Pausenplatz.
22,7 re ↓ Bomlitz, **X**.
20,7 Fußgänger-Ⅱ.
19,6 Beginn der Stadt Walsrode, EB-Ⅱ. Es folgen 2 Fußgänger-Ⅱ.
18,8 ▬.
18,0 li Schulzentrum, Betonsteg, ⬇⬆, 🚌 200 m, Wege-Ⅱ.
17,5 Straßen-Ⅱ B 209 Brückstraße, **Walsrode**, ★: Kloster, Heimatmuseum. li Mühlen-▬, **X**; re in den Turbinenarm fahren, li an Steg aussetzen, ca. 50 m Fußweg zum ⌂ des TV Jahn Walsrode, Kanuabteilung, Am Kloster 3, 29664 Walsrode, www.tvjahn-walsrode.de ▲-Möglichkeit. Unterhalb des Bootshauses gekennzeichnete ⬇.
16,6 Fußgänger-Ⅱ.
16,5 EB-Ⅱ.
16,2 Straßen-Ⅱ Walsrode–Hodenhagen.
16,0 ▬ Plötz-Mühle, li ⌓, S 1.
14,4 Autobahn-Ⅱ A 27.

13,7 Straßen-Ⅱ.
13,5 EB-Ⅱ.
11,8 Wege-Ⅱ, Schwall, re **Benzen**.
9,6 Wege-Ⅱ., re **Hollige**.
8,0 Wege-Ⅱ., re **Altenboitzen**.
7,6 re → alte Böhme, li ehemaliges ■ zur Böhme-Begradigung, ≋. Bei NW im Unterwasser Eisenträger-Reste!
5,6 ■ Mühle Neumühlen, **X**, Lebensgefahr! da unten niedriger Eisenträger u. gefährlicher Rücklauf bei HW, li ≏.
2,2 , ■, **X**, 2 m hoher Abfall, li ≏ auf gepflasterter Rampe, S 1, ⬇⬆, re Dorf **Böhme**.
2,0 Straßen-Ⅱ Altenwahlingen–Bierde.
1,8 re Pumpstation.
0,0 ↓ in Aller bei km 72,6, bei NW der Aller Stufe/Schnelle!

Leine

Wiesenfluss – Wanderfluss — Mündung in Aller (li Nebenfluss)

Die Leine entspringt bei Leinefelde (Thüringen) und mündet nach 281 km in die Aller. Sie ist auf langen Strecken ein landschaftlich reizvoller Wanderfluss.

Befahrbarkeit: Der Oberlauf ab Bad Heiligenstadt ist nur bei hohem Wasserstand zu befahren. Ab Reckershausen (km 123,9) genügt normaler Wasserstand. Ab Mündung der Innerste eigene Kilometrierung der Bundeswasserstraße, hier jedoch kein Schiffsverkehr. Achtung: Die Sohlabstürze zwischen km 95,4 und km 79,2 unbedingt vorher ansehen. Sie sind nur für geübte Fahrer fahrbar!

Befahrungsregeln: *Ganzjährige Sperrungen von km 78,6 – 76,6 und km 73,1 – 71,1. Bei beiden Sperrungen besteht wegen fehlender Wege keine Umtragemöglichkeit, so dass praktisch die Strecke von 78,6 bis 71,1 nicht befahren werden kann.*
NSG Leineaue Gronau–Burgstemmen, ganzjähriges Uferbetretungsverbot.
km 0,5 (Straßenbrücke Ruthe) – 4,4 (Straßenbrücke Koldingen), Befahrungsverbot vom 01.01. bis 15.03. übrige Zeit Durchfahrt erlaubt. ⬇⬆ nur an Brücken.

Der Oberlauf der Leine ab Heilbad Heiligenstadt ist beschrieben im DKV-Gewässerführer Ostdeutschland.

123,9 Straßen-Ⅱ Marzhäuser Straße, re **Reckershausen**, gute ⬇.
122,5 ■ Friedland, meist ≋ oder bei HW re verblockte Rinne fahren, sonst li ≏, S 1.
122,1 Wege-Ⅱ Am alten Schulplatz.

121,9 Straßen-⌶ B 27 Witzenhäuser Straße, li **Friedland**, ⬇.
119,5 Straßen-⌶.
115,6 Mühlen-▬ Stockhausen, auf der Insel landen und nach li in den Überlauf ⩯ oder (falls zu wenig Wasser) über die Brücke nach re durch die Mühle ⩯.
115,4 Straßen-⌶ Göttinger Straße re **Stockhausen**.
114,3 re ↓ Wendebach.
113,9 li ↓ Dramme, der Fluss wird breiter und die Ufer höher.
113,3 Mühlen-▬ Niedernjesa, **X**, li ⩯, S 1.
112,9 Straßen-⌶ Sieboldshäuser Straße, re **Niedernjesa**.
110,1 Ehem. ▬, Betonstufe unter Wasser, meist ≋.
Bis km 109,2 folgen mehrere Steinschüttungen!
109,8 Wege-⌶.
109,2 re ↓ Garte (s. Kanuwanderbuch für NWD), li ↓ Rase.
108,4 Treibgut-Sperre überheben bzw. li oder re ⩯, S 1.
108,3 ▬, **X**, re ⩯ zur Weiterfahrt auf der Leine, S 1.
li ⬆ und ⩯ (S 2) oberhalb des Hochwassergrabens entlang zum Kiessee, nach 300 m ⬇, zu den ⌂ Göttinger Paddel-Club e.V., Sandweg 13, 37083 Göttingen mit ▲, www.goettingerpaddlerclub.de und Wassersportvereinigung Göttingen von 1908 e.V., Sandweg 11, 37083 Göttingen, ☎ 0551/73624, www.waspo.de .
am nördlichen See ⬆, ⩯ (S 1) 50 m über Straße li wieder ⬇ bei Leine-km 106,6.
108,0 ▬ Stegemühle, **X**, li ⩯, S 2.
107,7 Straßen-⌶ Kiesseestraße, re ⌂ und ▲ Vereinigung Göttinger Faltbootfahrer e.V., Kiesseestraße 148, 37083 Göttingen, http://home.arcor.de/vgf/index.html , zur Stadt 30 Minuten. **Göttingen** ist eine alte Universitätsstadt, ★.
107,1 ▬, **X**, vor der Straßen-⌶ li ⬆ und auf der Straße 200 m ⩯, S 2 und hinter dem Freibad wieder ⬇.
Fahrt geradeaus auf dem Leinekanal in die Innenstadt nicht möglich.
105,9 Straßen-⌶ Roßdorfer Weg, dahinter Fußgänger-⌶.
105,5 Fußgänger-⌶.
105,3 2 EB-⌶.
105,0 Straßen-⌶ B 3 Groner Landstraße, zur Stadt wenige Minuten.
104,3 Straßen-⌶ Godehardstraße, danach re ↓ Leinekanal.
103,4 Straßen-⌶ Maschmühlenweg.
103,1 EB-⌶, danach 2 Stufen ≋.
102,7 Straßen-⌶ des Autobahnzubringers Göttingen-Nord.
101,8 li ↓ Grone.
101,4 Fußgänger-⌶ Eselsstieg, Stufe ≋.
100,6 Königsbühl, Sohlabsturz mit Steinschüttung, ca. 130 cm, evtl. ≋, unbedingt vorher ansehen. Sonst re ⩯.

100,5 Straßen-⌶.
100,4 EB-⌶.
99,0 Straßen-⌶, re **Bovenden**.
97,5 Wege-⌶, ▬ Stufe, ≋.
96,0 ▬ Stufe, ≋, Steinschüttung.
95,4 Parenser Kopf, ▬ Sohlabsturz mit Steinschüttung, ca. 150 cm, evtl. ≋, unbedingt vorher ansehen, sonst re ⏢.
95,3 li ↓ der Harste.
95,2 Straßen-⌶. Bis 91,7 zahlreiche Stufen, alle ≋.
93,6 li ↓ der Espolde.
93,5 re **Nörten-Hardenberg**, Straßen-⌶.
92,0 Straßen-⌶.
91,7 Flussgabelung. re Arm fahren, da im li Leinearm die Ufer renaturiert werden.
89,4 Flussgabelung, re Arm für längere Boote empfohlen. li (Karussell) nur für wendige Boote. Beide Arme recht kurvenreich.
86,7 Straßen-⌶ Sudheim–Hillerse, ⬆.
86,3 ▬ Sudheim - Leinemühle, re ⏢, S 1.
85,0 EB-⌶, bei NW Steine!
83,3 Straßen-⌶ B 241, Gastwirtschaft „Zum Leineturm“. Von hier Bahnhof Northeim erreichbar.
80,4 Autobahn-⌶ A 7.
79,6 re ↓ Rhume (s. Seite 364).
79,3 re Edesheimer Mühlgraben, NSG, Befahren verboten.
79,2 Sohlabsturz mit Steinschüttung, evtl. ≋, unbedingt vorher ansehen oder li ⏢, mühsam, besser: am Abzweig Mühlengraben re ⬆ und Fahrt beenden. Keine ⏢-Möglichkeit wegen fehlender Wege im NSG. Erst in Salzderhelden wieder ⬇.
78,6 Straßen-⌶, li **Hollenstedt**, günstige ⬆. *Beginn des Sperrgebietes. Fahrt spätestens hier beenden (s. Befahrungsregeln).* Hier befahrbarer Wirtschaftsweg von der LI 572.
71,1 **Salzderhelden**, Ende des Rückhaltebeckens. ⬇ in Entwässerungsgraben hinter neuem Deich.
70,2 Straßen-⌶ B 3.
70,1 EB-⌶.
68,3 li ↓ Ilme (s. Kanuwanderbuch für NWD).
66,8 Naturstufe Rittierode, li ≋, Mitte Steine!
64,2 Straßen-⌶ re **Olxheim**, li **Garlebsen**.
62,1 EB-⌶.
62,2 Straßen-⌶! bei NW Pfähle.

60,1 Fußgänger-Ⅱ, re ↓ der Gande (s. Kanuwanderbuch für NWD). 500 m aufwärts ⌂ und ▲ Postsportverein Kreiensen 06 , Kanuabteilung, 🚌, **Kreiensen**.

59,7 ▬ Greene, evtl. ≋ sonst re ⏏, S 1.

59,4 Straßen-Ⅱ B 64 Steinweg, li **Greene**, Schwall, bei NW Steine!

57,9 re **Beulshausen**.

55,9 Straßen-Ⅱ Leinetal-Erzhausen.

54,5 li Pumpspeicherwerk Erzhausen, ★.

50,2 ▬ Freden, re ⏏, S 1.

49,8 Straßen-Ⅱ, **Freden**, re gute ⬇⬆, zum 🚌 3 Minuten.
unterhalb re Sportplatz mit ⌂ Boots-Sport-Club Freden (Leine), ▲, www.bsc-freden.de .

48,4 EB-Ⅱ.

46,7 Schwall, re **Meimershausen**.

45,0 li **Wispenstein**, li ↓ der Wispel.

44,9 Wege-Ⅱ, Schwall.

42,9 Straßen-Ⅱ Föhrste–Röllinhausen, Staubeginn des Wehr Alfeld.

40,7 Hier gute ⬆ (Treppe) re 200 m vor Brücke und Wehr.

40,5 **Alfeld**, Kleinstadt mit vielen alten sehenswerten Bauten. 🚌 5 min.
Straßen-Ⅱ Bahnhofstraße, unmittelbar dahinter ▬. Nicht re in den Werkskanal einfahren: Zum ⏏ s. km 40,7, S 2.

40,1 EB-Ⅱ.

39,2 Straßen-Ⅱ Nordtangente.

38,2 li **Limmer**.

37,5 ▬ Sohlabsturz, **X**, Lebensgefahr, starker Rücklauf! Erst spät sichtbar, bei MW re Umfahrungsrinne nutzen, sonst re ⏏, es gibt eine Leiter als ⬆-Hilfe.

36,2 re **Wettensen**.

36,0 Wege-Ⅱ Radwanderweg Leine.

34,0 li ↓ der Gleene

33,4 li **Dehnsen**.

31,0 ▬ Brüggen, evtl. ≋ oder li ⏏, S 1.

30,7 Straßen-Ⅱ, re **Brüggen**.
danach re ↓ des ▬-Armes, Querströmung!

29,2 Wege-Ⅱ.

28,3 ▬ Banteln, re ⏏, S 1.

26,9 Wege-Ⅱ.

26,0 ▬ Gronau (Leine), re ⏏, S 1. Geradeaus am ▬-Arm liegen das ⌂ Wassersport Gronau, Kuhmasch 3, 31028 Gronau, ☎ 05128/6170, und das ⌂ Boots-Club Gronau e.V., ▲, Breite Straße 8a, 31028 Gronau. Weiterfahrt hier nicht möglich.

25,1 Straßen-Ⅱ Leintor, **Gronau**, re ✕ „Zur grünen Aue".
Uferbetretungsverbot zwischen Gronau und Burgstemmen.

24,6 re ↓ des Wehr-Armes.
24,5 Straßen-Ⅱ, re gute ⬇.
24,4 Fußgänger-Ⅱ.
24,3 ▬ Sohlschwelle, ≋.
23,3 ▬ Sohlschwelle, Schwall re ≋ oder li ⌓.
18,6 li ↓ der Dirkschen Saale (s. Kanuwanderbuch für NWD).
17,6 re Pegel Burgstemmen.
16,5 Straßen-Ⅱ B 1, Schwall, ≋, **Burgstemmen**, Domäne Poppenburg.
15,8 Wege-Ⅱ.
15,5 EB-Ⅱ.
13,9 li ↓ der Haller (s. Kanuwanderbuch für NWD).
13,4 li Marienburg (Schloss des Prinzen von Hannover), ★.
Straßen-Ⅱ Marienbergstraße, re nach **Nordstemmen**, mögliche ⬆⬇.
9,0 ▬ Schulenburg, **X**, li ⌓, S 2, nicht re in Werkskanal einfahren.
8,5 Straßen-Ⅱ Zum Calenberg (alte Steinbrücke), **Schulenburg**.
5,7 Wege-Ⅱ Leineweg, li **Jeinsen**.
2,8 Holz-Ⅱ, li **Schliekum**, ✕ „Leineklause".
0,5 Straßen-Ⅱ Ruther Straße, re **Ruthe**, li **Hopfenberg**.
km 0,5 (Straßenbrücke Ruthe) – 4,4 (Straßenbrücke Koldingen), Befahrungsverbot vom 01.01. bis 15.03. übrige Zeit Durchfahrt erlaubt.
⬇⬆ nur an Brücken.
0,0 ↓ der Innerste (s. Kanuwanderbuch für NWD), ab hier neue, aufsteigende Kilometrierung.
4,4 Straßen-Ⅱ B 443 Rethener Straße, **Koldingen**, Pegel Koldingen, s. www.kanu.de , li vor der Brücke gute ⬆⬇.
Ende der Befahrungsregelung, s. km 0,5.
8,4 **Grasdorf**, Fußgänger-Ⅱ. re Treppe, gute ⬆⬇.
8,8 Straßen-Ⅱ Reinekamp, li Wasserwerk.
10,1 Wege-Ⅱ.
11,0 Straßen-Ⅱ Talstraße, re **Hannover-Laatzen**,. li ⌂ Bootsclub Laatzen.
12,3 li ↓ Alte Leine (Befahrung verboten, NSG)
12,5 re ⌂, ▲ PK Niedersachsen, *DKV-Kanustation*, Wilkenburger Str. 38, 30519 Hannover, ☎ 0511/863988, www.PKN-EV.de , ⌂ Kanu Wanderer Hannover e. V., Wilkenburger Str. 40, 30519 Hannover, ☎ 0511/514001, www.kanu-wanderer-hannover.de .
12,8 Straßen-Ⅱ, li ⬆⬇, re **Hannover-Wülfel**.
13,4 Wege-Ⅱ.
13,9 re **Hannover-Döhren**, ehem. Wollwäscherei.
▬, **X**, rechtzeitig li anlanden vor Sperrschild, li ⌓, S 1.
14,1 Wege-Ⅱ.
14,6 Straßen-Ⅱ Brückstraße.

14,8 re 🏠 und ▲ Paddel-Klub Hannover (PKH), *DKV-Kanustation*, Schützenallee 30, 30519 Hannover, www.paddel-klub.de , ✕, Duschanlagen und Sauna, Maschseenähe, bis Stadtmitte 4 km.

15,0 Wege-Ⅱ Gänseanger.

15,6 Straßen-Ⅱ B 65 Südschnellweg, Wege-Ⅱ.

16,5 EB-Ⅱ und Wege-Ⅱ Schwienbrücke, davor re 🏠 Kanuabteilung RSV Hannover, Pänner-Schuster-Weg 10, 30519 Hannover, ☎ 0511/422126, www.rsv-kanu.de , Steg mit Umtragemöglichkeit zum Maschsee, jedoch ist eine Befahrung des Maschsees nur mit Genehmigung möglich.

17,7 Ⅱ (Eisenkonstruktion) Ohedamm, davor bereits re fahren, bei HW starker Stromzug zum ↯-Arm li.

17,8 re 🏠 und ▲ Hannoverscher KC v. 1921, *DKV-Kanustation*, Karl-Thiele-Weg 20, 30169 Hannover, Clubhaus, Duschanlagen, ☎ 0511/14160, www.hkc21.de . Kurz danach Umsetzmöglichkeit zum Maschsee, jedoch ist eine Befahrung des Maschsees nur mit Genehmigung möglich. Weitere 🏠 Hann. RC und FRC Hannover.

17,9 li ← „Schneller Graben“, empfohlene Weiterfahrt über die Ihme, die amtliche Kilometierung der Leine folgt diesem Weg.
nach 50 m ▬, X, re ⩸ am Steg, nach 500 m ↓ in Ihme, auf dieser Weiterfahrt 3 km bis ↓ in Leine.
Bei HW bereits re an den Bootshäusern aussetzen und weiträumig über Wege-Ⅱ Papageienbrücke ⩸!
2. Möglichkeit: geradeaus die Stadtdurchfahrt über die Leine, s. unten.

18,6 Wege-Ⅱ.

19,0 Straßen-Ⅱ Stadionbrücke zur AWD-Arena.

19,5 Straßen-Ⅱ Ritter-Brüning-Straße, davor li 🏠 DRC Hannover.

20,0 Straßen-Ⅱ Benno-Ohnsorg-Brücke.

20,2 Fußgänger-Ⅱ Ida-Arenhold-Brücke.

20,5 Straßen-Ⅱ Spinnereistraße.

Leine-Stadtdurchfahrt Hannover

0,0 = 17,9 Stadtdurchfahrt Hannover über die Leine. Im Zusammenhang mit der Ihme Möglichkeit zu einer Rundfahrt.
Viele Ⅱ im Stadtgebiet, die hier nicht einzeln beschrieben werden.

2,0 ▬ Hannover-Leineschloss, X. Zum ⩸ vor Ⅱ einer vielspurigen Straße bis zum Schild „Achtung Lebensgefahr“ fahren, hier li ⩸ durch den Fußgängertunnel, ca. 150 m, dann über Wehrbrücke, eine Pforte überheben und an Treppe ⬇. Leineschloss und Landtagsgebäude.

4,1 li ↓ der Ihme, s. Leine-km 21,0.

21,0 Fußgänger-Ⅱ, re ↓ der Leine-Stadtdurchfahrt Hannover, dort re ⌂ RG Angaria.

21,7 re 1. Wasserski-Club Hannover.

21,8 re ⌂ Kanu-Sport-Club Hannover, In den Kämpen 57, 30167 Hannover, ▲, www.ksc-hannover.de .

22,0 Ⅱ B 6 Westschnellweg, li **Hannover-Linden**. Danach li ⌂ RV Linden.

22,3 li ↓ Fösse, gute ⬆⬇, Straßenbahn und Bus.
li ↓ Leine-Abstiegskanal, zum ⌓ des folgenden Wehres der Herrenhäuser Wasserkunst hier einfahren und nach rund 500 m re am Hochwasserüberlauf in die Leine überheben.

22,6 ▬ „Herrenhäuser Wasserkunst“, **X**; keine ⌓-Möglichkeit, daher Weiterfahrt und Umtragen über Leine-Abstiegskanal, s. km 22,3.

24,9 Wege-Ⅱ.

27,6 EB-Ⅱ, Straßen-Ⅱ.

29,6 Wege-Ⅱ.

32,1 Straßen-Ⅱ **Hannover-Stöcken–Letter**.

34,5 Wege-Ⅱ, kleiner Schwall, gut ≋.

37,5 Wege-Ⅱ, kleiner Schwall, gut ≋, li **Seelze**.

38,9 Straßen-Ⅱ Seelze – Garbsen.

39,5 2 Kanal-Ⅱ des Mittellandkanals, bei HW**!** die zweite Brücke ist deutlich niedriger.
li vor der Ⅱ ⌓-Stelle zum Kanal, im Kanal nach Westen und dann über den Leine-Abstiegskanal Rückfahrt zur Umtragestelle bei km 22,3 möglich.
re hinter den Ⅱ ⬆⬇, Zufahrt über Wirtschaftsweg.

41,3 Wege-Ⅱ, li **Lohne**.

46,2 Autobahn-Ⅱ A 2, unter der Brücke li ⬆⬇, Fahrweg nach **Gümmer**.

48,6 Straßen-Ⅱ, re **Schloss Ricklingen**.

54,5 re ⬆⬇ und Rastplatz, Ortslage Bordenau.

55,6 li ↓ West-Aue (s. Kanuwanderbuch für NWD), li ⬆⬇, Hinweisschilder beachten.

57,5 Straßen-Ⅱ, re **Bordenau**.

65,4 ▬ Neustadt a. Rbge., **X**, li in Mühlenarm, nach 100 m (schmalste Stelle) re ⌓ über Deich wieder ⬇ oder weiterfahren zur □;

66,0 2 Straßen-Ⅱ im Mühlenkanal, li **Neustadt am Rübenberge**, danach □ Selbstbedienung, oft defekt, dann re ⌓. KSG-Neustadt/Leine e.V., Aschenkrug 11, 31535 Neustadt, ⌂ und ▲ in Eilvese (nicht am Wasser), weitere ▲, Verbandsheim Mardorf am Steinhuder Meer, (s. Seite 371).

66,7 Straßen-Ⅱ B 6,

70,0 li **Empede**.

71,0 re **Suttorf**.

77,5 Straßen-Ⅱ, re **Basse**.

80,5 re **Averhoy**.

81,9 re ↓ Auter (s. Kanuwanderbuch für NWD).

87,0 Straßen-Ⅱ, re **Helstorf**, hinter der Brücke re ⬆.

93,2 li **Brasse**.

96,4 Straßen-Ⅱ, li **Niedernstöcken**, re ⬆⬇.

106,0 re Hafen, ⬆⬇, Rastplatz.

106,2 Straßen-Ⅱ B 214, re **Schwarmstedt**.

107,9 Straßen-Ⅱ, re **Bothmer**.

109,2 li ⬆⬇, Rastplatz, Bothmer Mühle.

109,4 EB-Ⅱ.

110,5 re ↓ Schleusenkanal der Aller.

112,0 ↓ in die Aller bei km 52,4.

Rhume

Wiesenfluss	Mündung in Leine (re Nebenfluss)

Die Rhume ist ein munterer, landschaftlich schöner Wiesenfluss mit vielen Kurven. Entspringt aus der Rhumequelle am Harzrand bei Rhumspringe, einer der größten Karstquellen Europas, ★.

Befahrungsregeln:	*oberhalb Wollershausen ganzjährig gesperrt,* *weiter bis zum Bootshaus WSC Gieboldehausen vom 01.01.–14.05. gesperrt.* *von Gieboldehausen bis Katlenburg (km 15,6) vom 15.05–31.12. Befahrungsverbot für Boote über 1 m Breite oder 6 m Länge, zusätzlich Uferbetretungsverbot und Nachtfahrverbot, maximale Gruppengröße 12 Boote.*
Befahrbarkeit:	ab Ⅱ Gieboldehausen ganzjährig, auch für Zweier.

40,4 Rhumequelle, eine der wasserreichsten Quellen Europas, ★. Bis km 5,8 ganzjährige Sperrung. Die Strecke bis Gieboldehausen ist beschrieben im Kanuwanderbuch NWD.

30,4 **Gieboldehausen**, ▬, **X**, an Ⅱ re landen und über die Ⅱ nach li bis hinter die Mühle ca. 800 m ⏏, evtl. bis zur Kläranlage oder ⬇ in die Hahle am Schützenhaus (Parkplatz). Oberhalb des Wehres findet man das ⌂ WSC Gieboldehausen, ▲.

29,9 Straßen-Ⅱ.

29,4 EB-Ⅱ.

29,1 li ↓ der Hahle.

23,9 ▬ Bilshausen, re ⏏ über Ⅱ, li an der Mühle vorbei vor dem ersten Grundstück ⬇.

20,6 ▬ **Lindau**, **X**, re ⏏.

17,0 Straßen-Ⅱ, **Wachenhausen**.

16,1 ▬ vor Katlenburg. Bei ausreichendem Unterwasser re ⏏, sonst die Treibgutsperre re abspreizen und weiterfahren bis vor Ⅱ am Mühlen-▬, re ⏏ zur Straßen-Ⅱ B 247.

15,6 **Katlenburg**, re ↓ der Oder (s. Kanuwanderbuch für NWD).
15,2 Straßen-Ⅱ B 241, 100 m davor re gute ⬇⬆ mit Parkplatz.
14,9 EB-Ⅱ, es folgen 3 Schwälle.
13,0 re ↓ Söse (s. Kanuwanderbuch für NWD).
12,0 **Elvershausen**. ▬, X, li ⌓, S 1.
Auf keinen Fall den Turbinenarm benutzen!
11,7 unter Ⅱ K409 bei NW stark verblockt, dann re ⌓.
11,1 re ↓ Turbinenarm, Kehrwasser.
5,6 ▬, gegenüber Bootsverleih re ⌓. **Northeim**.
3,7 Straßen-Ⅱ.
3,4 EB-Ⅱ. Kurz danach Steinschüttung, stark verblockt, vor EB-Ⅱ aussetzen, re ⌓ 20 m. Danach Steine im Unterwasser.
3,0 EB-Ⅱ.
0,6 Autobahn-Ⅱ A 7 Hannover–Kassel.
0,0 ↓ in Leine bei km 79,6.

Örtze

Wanderfluss – Heidefluss | Mündung in Aller (re Nebenfluss)

Die Örtze ist der in Paddlerkreisen wohl beliebteste Wanderfluss der Lüneburger Heide; man kann sie auch mit Leihbooten befahren. Dies führt gelegentlich zu einem schon fast unangenehmen Kanu-Massentourismus.

Befahrungsregeln: *Oberhalb Müden ganzjähriges Befahrungsverbot. Von Müden bis zur Mündung in die Aller besteht ein Befahrungsverbot außer 16.05.–14.10. (Für geübte DKV-Mitglieder ganzjährig erlaubt, Ausweis mitführen.) von 9–18 Uhr erlaubt für Boote bis 6 m Länge und 1 m Breite, bei Pegel Grün an Einstiegstellen. Kennzeichnungspflicht für Boote, Uferbetretungsverbot.*

37,6 ▬ Müden Mühle, li ⬇, keine Parkmöglichkeit, nur zum Entladen halten, *Rot-Grün-Pegel beachten. Wenn hier rot (meistens), ⬇ Baven (km 32,5) nutzen.*
37,3 Straßen-Ⅱ Hauptstraße, **Müden**.
37,0 Wege-Ⅱ.
36,8 re ↓ Wietze (Örtze), ganzjährig gesperrt.
36,5 Wege-Ⅱ.
36,2 EB-Ⅱ.
36,0 li Steilhang DJH Müden, Wiesenweg 32, 29328 Müden/Örtze, ☎ 05053/225, ▲-Möglichkeit.
35,3 ▬ kleine Stufe unter Steg ≈.
32,5 Straßen-Ⅱ, li Baven, davor re gekennzeichnete ⬇⬆, *Rot-Grün-Pegel.*
32,0 li ↓ des Weesener Baches, NSG, X.

30,8 Wege-⌶, li ✕, re ⬇⬆, Rastplatz.
30,5 Straßen-⌶ Lotharstraße, **Hermannsburg**, großes Heidedorf (Hermannsburger Mission), ★. Gekennzeichnete ⬇⬆.
29,9 Wege-⌶.
28,9 Wege-⌶.
27,8 Wege-⌶, re **Scharnebeck**.
26,4 li Rastplatz, ▲ Campingplatz Am Örtzetal, ☎ 05052/3072, www.campingplatz-oldendorf.de , Kiesbadeteich.
26,1 Wege-⌶.
25,0 Straßen-⌶, **Oldendorf**, li gekennzeichnete ⬇⬆. Es folgen 3 Holz-⌶.
18,5 Straßen-⌶ Dorfstraße, **Eversen**, dahinter li gekennzeichnete ⬇⬆.
18,3 EB-⌶.
15,6 Wege-⌶, Pegel, li **Feuerschützenbostel**.
14,6 Wege-⌶.
8,9 ▬ Wolthausen, li Arm fahren, li ⏢; oft seicht bis zur ↓ des ▬-Armes, treideln 200 m.
8,0 Straßen-⌶ B 3, Harburger Straße, **Wolthausen**, davor li ⬇⬆, Rastplatz.
7,8 Wege-⌶.
7,4 re → Örtzekanal, Weiterfahrt li ←. Ab hier sehr kurvenreich, teilweise starke Strömung, einsam, landschaftlich sehr schön.
4,1 re ↓ Örtzekanal.
3,1 Straßen-⌶ Celle–Winsen, gute ⬆.
0,0 ↓ in Aller km 16,9. Von hier re nach Winsen/Aller = 1,9 km.
Vor der Mündung re ▲ Campingpark Südheide, Im Stillen Winkel 20, 29308 Winsen/Aller, ☎ 05143/5978, www.campingpark-suedheide.de .

Fuhse

Wanderfluss — Mündung in die Aller unterhalb Celle (re Nebenfluss)

Die Fuhse ist ein Wiesenfluss, ab Uetze mit Heidecharakter. Im Sommer bis Eltze stark verkrautet. Empfehlenswerte Strecke ab Peine. Die Mehrzahl der Wehre ist im Sommer geöffnet. Oberlauf, südliche Peine, s. „Kanuwanderbuch für Nordwestdeutschland“.

Befahrbarkeit: für Einer meist ganzjährig; für Zweier ist ein guter Wasserstand vorteilhaft.

51,9 Mittellandkanal km 201,9, Düker, 700 m westlich am Kanal bei km 201,2 Anleger und ⌂ der KG Peine, *DKV-Kanustation*.
51,4 ⌂ FA MTV Vater Jahn Peine, Vater-Jahn-Platz/Hollandsmühle, 31226 Peine, www.vater-jahn-peine.de , ▲-Möglichkeit.
50,5 **Peine**, ▬, li ⏢.
49,9 EB-⌶.
49,8 Straßen-⌶ Rosenthaler Landstraße, Steine!
49,7 Hochstraßen-⌶ B 444.

49,2 Straßen-Ⅱ Vöhrumer Straße, **Vöhrum**, gute ⬇.

48,3 EB-Ⅱ.

46,0 Straßen-Ⅱ Hauptstraße, re **Eixe**, darunter ▬ Berger Mühle, ≋ oder li ⌓.

44,7 Straßen-Ⅱ Landwehrweg, darunter ▬ Mühle Goedecke, **X**, li ⌓.

44,1 Autobahn-Ⅱ A 2, Hannover–Berlin.

41,4 Straßen-Ⅱ Edemisser Landstraße, re **Abbensen**, gute ⬇.

40,2 Mühlen-▬ Oelerse, re ⌓, mühsam, schwieriges ⬇.

38,2 li **Dollbergen**, Wege-Ⅱ.

38,0 ▬ Sohlgleite Dollbergen, ≋.

36,6 Straßen-Ⅱ Dollbergen–Eddesse, davor re ↓ des Schwarzwassers.

36,0 EB-Ⅱ.

34,9 ▬ Wolfsförder Mühle, evtl. ≋ oder li ⌓.

33,6 Wiesen-▬ Dedenhausen, meist offen, mit anschließender Sohlgleite, ≋.

33,4 Straßen-Ⅱ Uetzer Straße, re **Dedenhausen**.

31,1 Wiesen-▬ Eltze, meist offen, ≋ oder li ⌓.

29,8 Eltzer Mühle, ▬, li ⌓, 50 m vorher Verbindungsarm zur Erse mit ▬ re am Anfang, ca. 200 m zur Erse.

27,0 ▬ Uetze, **X**, vorher am Transformatorenhaus ⬆, ca. 200 m Landtransport, Bootswagen sinnvoll, S 3, **Uetze**.

26,2 ▬ Sohlgleite ≋.

25,9 Straßen-Ⅱ B 188 in Uetze, hier li gute ⬇ mit Parkmöglichkeit.

25,5 Straßen-Ⅱ Marktstraße.

25,0 ▬ Sohlgleite ≋.

22,0 Straßen-Ⅱ, ⬇-Möglichkeit.

20,3 re ↓ Erse (s. Kanuwanderbuch für NWD).

19,6 ▬ verfallene Stufe 20 cm ≋.

15,1 Straßen-Ⅱ, li **Wathlingen**, re **Eicklingen**.

10,1 Straßen-Ⅱ Bahnhofstraße, li **Nienhagen**, gute ⬆.

9,8 li ⌂ des SV Nienhagen, *DKV-Kanustation*, Im Nordfeld 34, 29336 Nienhagen, ☎ 05144/92269, www.sv-nienhagen.de .

9,0 li ↓ der Burgdorfer Aue (Alte Aue) (s. Kanuwanderbuch NWD). Geradeaus der Fuhsekanal (s. Kanuwanderbuch für NWD). Weiterfahrt auf der Fuhse re durch das ▬, meist geöffnet.

5,4 EB-Ⅱ.

4,3 Straßen-Ⅱ, li **Westercelle**.

4,0 Straßen-Ⅱ Wederweg.

3,5 re Parkplatz Schulzentrum, **Celle**, gute ⬆. Wer nicht zur Aller will, sollte hier die Fahrt beenden.

3,1 Wege-Ⅱ.

2,6 Wege-Ⅱ, re Badeanstalt.

2,4 Straßen-Ⅱ B 3 Hannoversche Straße.

2,2 Wege-Ⅱ.
1,7 Straßen-Ⅱ Fuhsestraße.
1,4 Wege-Ⅱ, Straßen-Ⅱ Trüllerstraße, EB-Ⅱ, Steine!
1,0 Straßen-Ⅱ Bredenstraße.
0,8 Wege-Ⅱ.
0,4 Straßen-Ⅱ B 214 Nienburger Straße.
0,0 ↓ in die Aller (km 3,1), 1,4 km alleraufwärts zur EB-Ⅱ am Bahnhof Celle.

Lachte

Kleinfluss — Mündung in Aller (re Nebenfluss)

Die Lachte ist ein sehr lohnender Kleinfluss, keine besonderen Schwierigkeiten.

Befahrungsregeln: *oberhalb 17,0 ganzjährige Sperrung; ab hier bis zur ↓ in die Aller Befahrungsverbot außer 16.05.–14.10. (für geübte DKV-Mitglieder ganzjährig erlaubt, Ausweis mitführen.) von 9–18 Uhr erlaubt. Nur zugelassen für Boote (Kajaks und Canadier) bis 6 m Länge und 1 m Breite bei Pegel grün an den Einsetzstellen. Kennzeichnungspflicht für Boote, Uferbetretungsverbot.*

17,0 Straßen-Ⅱ Beedenbostel–Jarnsen, ⬇ ohne Anleger.
15,2 Straßen-Ⅱ Ahnbeck–Beedenbostel.
19,7 re ↓ Aschau (s. Kanuwanderbuch für NWD).
14,3 li ⌂ und ▲ (nur für DKV-Mitglieder) KC Lachendorf, Jarnser Straße 38, 29331 Lachendorf, ☎ 05145/6611, www.kanuclublachendorf.de .
13,7 Wege-Ⅱ.
13,3 ▬ Lachendorf, Bootsrutsche oder re ⏏, S 1, nur Parkwege benutzen, Privatbesitz.
13,0 Straßen-Ⅱ Bahnhofstraße, **Lachendorf**.
12,8 Feuerwehr Lachendorf, gute ⬇ hinter dem Gebäude.
11,3 Wege-Ⅱ, Beginn der Waldstrecke.
7,0 Blaue Ⅱ Celle–Wittingen, ⬇⬆ am Bootsanleger.
6,3 Rieselwiesen-▬, ≋ (Spritzdecke), sonst re ⏏ 30 m.
3,3 re Ableiter IV aus Zusammenführung von Haberland- und Alvenscherbach. re gleich Rohrdurchlass zum Freitagsgraben.
li gleich dahinter beginnt eine neue renaturierte Strecke, angezeigt durch eine Tafel.
2,1 Straßen-Ⅱ in **Lachtehausen** ⬇⬆ am Bootsanleger.
1,0 Wege-Ⅱ.
0,1 Wege-Ⅱ.
0,0 ↓ in Aller bei km 115,2.

Oker

Wildfluss – Wanderfluss — Mündung in Aller (li Nebenfluss)

Die Oker ist in ihrem Oberlauf auf kurzer Teilstrecke ein interessanter Wildfluss, im Übrigen ein ohne besondere Schwierigkeiten zu befahrender Wanderfluss, streckenweise mit zahlreichen Windungen, mit landschaftlich recht reizvollen Bereichen. Infolge von Maßnahmen, die der hindernisfreien Fischwanderung in der Oker dienen, sind eine Reihe von Wehranlagen zu Sohlgleiten umgebaut worden. Diese können nach Besichtigung und Einschätzung des eigenen Könnens befahren werden. Ab km 81,9 sind im Rahmen des EU-Projektes „Umweltverträgliches Wasserwandern“ Rastplätze und Stege mit Infotafeln eingerichtet.

Befahrungsregeln: *km 48,6–↓ in Aller ganzjähriges Uferbetretungsverbot.*

Befahrbarkeit: ab Schladen ganzjährig für Einer; ab Dorstadt auch für Zweier.

Oker-Talsperre, Folgestrecke s. Kanu-Wanderbuch für NWD.

88,6 Straßen-Ⅱ Dammweg, **Schladen**. 🚆, ⬇.

87,7 Straßen-Ⅱ B 82.

87,3 li Pegel.

86,0 li Werlaburg auf Hügel, alte Pfalz, Ausgrabungen.

84,5 EB-Ⅱ.

82,5 Straßen-Ⅱ Hauptstraße, re **Börßum**, ⬇.

82,3 ▬ hohe Sohlgleite, ≋ ??, bei HW kräftiger Schwall.

82,0 li ↓ der Ilse (s. Kanuwanderbuch für NWD).

81,7 ▬ Sohlgleite, ≋.

80,3 ▬ hohe Sohlgleite, ≋, bei HW kräftiger Schwall.

79,0 Ⅱ, danach Stufe.

78,7 li ↓ der Warne. Sohlgleite, evtl. ≋, besichtigen.

78,6 Straßen-Ⅱ, li **Dorstadt**.

76,8 re ↓ der alten Ilse.

76,3 re Zuckerfabrik Hedwigsburg, li ▬, li ⌓, S 1, nicht geradeaus weiterfahren, dort keine ⌓-Möglichkeit.

76,2 Ⅱ, li **Ohrum**.

73,3 ↓ der Altenau.

72,5 li **Halchter**.

72,3 EB-Ⅱ.

71,8 EB-Ⅱ.

71,3 Straßen-Ⅱ Halberstädter Straße, darunter ⬇⬆.

70,6 → re Arm (Wasserturm), hier abbiegen, Stadtgebiet **Wolfenbüttel** ★

70,0 Fußgänger-Ⅱ, re ⌂ und ▲ SKSG Wolfenbüttel, Teichgarten 1, 38300 Wolfenbüttel, 05331/62228.

69,4 ▬ Wallstraße, wenn offen re oder Mitte, ≋, sonst re unter Ⅱ ⌓ S 1. Von hier nächster Weg in Stadtmitte.

68,8 ▬ Kenosha-Brücke, 2. Joch von re bei gutem Wasserstand ≋, auf der linken Seite befindet sich ein Wartungssteg, der zum ⌓ genutzt werden kann.

67,8 Straßen-Ⅱ Friedrich-Ebert-Straße.
64,5 Ⅱ A 395.
62,7 Straßen-Ⅱ, li **Leiferde**.
61,7 re **Kl. Stöckheim**, ab hier Okerbegradigung.
60,2 ▬ Rüningen, li Bootsgasse, falls **X**, li ⌓, S 1.
59,8 Straßen-Ⅱ Stöckheim–Rüningen, li **Rüningen**.
59,6 li ↓ AW, danach li Südsee, viel Betrieb, Freizeitanlagen.
58,7 Fußgänger-Ⅱ, re **Melverode**, Ende der Begradigung.
58,3 ⌂ Lebenshilfe Braunschweig e.V., Kanugruppe Okerpiraten, Leipziger Straße, 38100 Braunschweig, www.lebenshilfe-braunschweig.de .
57,8 li ⌂ und ▲ TV Naturfreunde.
57,0 Autobahn-Ⅱ A 39.
56,6 re Schloss Richmond, danach Fußgänger-Ⅱ.
56,3 li ⌂ und ▲ Kanuwanderer Braunschweig im Kennel-Bad, www.kanu-wanderer-braunschweig.de .
56,2 mehrere EB-Ⅱ.
55,8 Straßen-Ⅱ und ▬ Heinrichshafen, li ⌓, S 1, re befindet sich eine Bootsumsetzanlage, jedoch keine Einzelheiten bekannt.
55,7 → re AW mit ⌂ Gehörlosen Kanuabteilung im GSV Braunschweig, Eisenbüttelerstr. 26a, 38122 Braunschweig, www.gsv-braunschweig.de , ✕, ▲ für 20 Zelte und zwei Wohnwagenplätze, nur von Mai–Oktober, Bahn in 15 Min. zu erreichen.
55,3 ⌂ und ▲ Braunschweiger KC, Friedrich-Kreiß-Weg 5, 38102 Braunschweig, ☎ 0531/73419, www.braunschweiger-kc.de . Für Pkw erreichbar, mit Straßenbahn bequem zur Stadtmitte.
Stadtgebiet **Braunschweig**, ★, Dom Heinrich d. Löwen, alte Kirchen, Fachwerkhäuser, Markt mit Altstadtrathaus und Gewandhaus, Herzog-Anton-Ullrich-Museum mit bedeutender Gemäldegalerie.
55,1 re ⌂ und ▲ PSV Braunschweig, Friedrich-Kreiß-Weg, 38102 Braunschweig, ☎ 0531/2339693, www.psv-bs.de ; li ⌂ und ▲ RSV Braunschweig, Werkstättenweg 8, 38122 Braunschweig, ☎ 05372/83242, www.rsv-braunschweig.org .
55,0 Okergabelung am Porticus, li Arm fahren, re Arm hat sehr schlechte ⌓-Möglichkeit.
54,0 re Beginn der Stadtmitte.
51,7 Masch-▬, re ⌓-Steg, S 1. Kehrwasser!
51,2 ↓ des rechten Armes.
51,1 li ⌂ RV Normannia, danach Straßen-Ⅱ.
49,0 Ölper See.
48,6 ▬ Ölper, re Bootsgasse, bei NW **X**, und Anleger.
47,3 EB-Ⅱ, danach Autobahn-Ⅱ A 391.
43,3 Straßen-Ⅱ, bei HW li ⌓, re **Veltenhof**.
40,4 li **Watenbüttel**.

38,8 Düker Mittellandkanal. li vom Düker ⬆, zum Kanal hochtragen und dort ⬇ am Anleger RV Normannia, S 2. Kanal überqueren und am gegenüberliegenden Ufer (Anleger) zur Oker ⏏ S 3.
34,8 Autobahn-⌶ A 2. ! in Wasserhöhe abgesägte Brückenjoche und Eisabweiser.
34,3 ⌶ Walle–Rothemühle, darunter ▬, **X**, re vor der ⌶ aussteigen und über die Straße li zum Anleger ⏏, ⬇. Danach oft wenig Wasser.
32,8 re ↓ Schunter (s. Kanuwanderbuch für NWD).
31,0 Straßen-⌶ **Groß Schwülper**, danach Pfähle**!** re erlaubte ⬇⬆.
28,0 Straßen-⌶, 20 m danach Pfähle, ganz li fahren, re **Neubrück**, ⬇⬆.
26,6 Straßen-⌶, li **Diddersee**, davor 2 x Pfähle**!**
20,4 re **Hillerse**, hinter Linkskurve ehemaliges ▬, jetzt Sohlgleite, ≋ oder li ⏏ an Eisentreppe. Danach Straßen-⌶.
17,4 Straßen-⌶, li **Volkse**, Rastplatz, ✕.
12,0 EB-⌶.
11,2 li Vereins-▲ PK Hannover (nur mit Booten erreichbar und nur für DKV-Mitglieder).
10,0 li **Seershausen**.
9,4 ▬ Seershausen für Mühle Meinersen. Geradeaus neues ▬, **X**. Im li Arm Anleger, re ⏏ S 2, danach evtl. 100 m treideln erforderlich. Nicht li in den Mühlgraben einfahren, keine Umtragemöglichkeit.
7,4 Straßen-⌶ Hauptstraße, re **Meinersen**.
7,2 Wege-⌶.
6,7 Straßen-⌶ B 188. Danach Regulierungen mit bis zu ca. 5 m hohen Bruchsteinböschungen. Bei NW ab hier Stau bis zur ↓.
0,3 ▬ Müden-Diekhorst, **X**, Unterwasserhindernisse, re Steg zum ⏏.
0,0 ↓ in Aller bei km 140,6.

Steinhuder Meer

Das Steinhuder Meer ist das größte Binnengewässer der Bundesrepublik, das sich ohne Zufluss von außen selbst speist. Seine Breite beträgt 5 km, seine größte Länge 8,5 km. Mitten im Meer liegt die Insel Wilhelmstein, Museum, ★.
Das Steinhuder Meer ist ein geradezu ideales Wassersportgebiet, das wegen seiner einwandfreien Wasser- und Windverhältnisse auch als eines der besten Wettsegel-Reviere Deutschlands gilt. Es bestehen einmalige Möglichkeiten für die Freizeitgestaltung zu Wasser und zu Lande.
Gegenüber von Steinhude befindet sich beim Ort Mardorf direkt am Seeufer das Wanderheim und Kanujugendheim sowie Landeslehrstätte des Landes-Kanu-Verbandes Niedersachsen und das Walter-Künne-Heim mit 17 Betten in modernen und zweckmäßig eingerichteten Zimmern. Das Heim ist ganzjährig geöffnet, ☎ 05036/474.

Befahrungsregeln: *In der Zeit 01.11.–31.03. ist das Steinhuder Meer für jegliche Befahrung gesperrt. Außerhalb der Wintermonate Befahren erlaubt, Anlegen nur an gekennzeichneten Anlegestellen, Bootskennzeichnung erforderlich, mit Bojen abgetrennte Bereiche sind ganzjährig gesperrt.*

Werre

Kleinfluss – Wiesenfluss — Mündung in Weser (li Nebenfluss)

Die Werre ist in ihrem Oberlauf ein kurvenreicher Kleinfluss mit entsprechenden Hindernissen, im Unterlauf ein leicht zu befahrender Wiesenfluss.

Befahrbarkeit: Oberlauf nur bei HW, ab Detmold bei MW, ab Lage, km 45,5 ganzjährig.

65,7 Ɪ Detmold, Remminghauser Straße. Die Folgestrecke ist beschrieben im DKV-Gewässerführer für NRW.
44,4 EB-Ɪ, ⬇, Parkmöglichkeit.
44,2 Mühlen-▬, verfallen.
42,8 EB-Ɪ.
39,4 Straßen-Ɪ **Pottenhausen**, ⬇, li Parkplatz.
35,8 verfallenes ▬ Wülfer, ⩍, bei NW re unmittelbar vor dem ▬ aussetzen, über Ɪ ⩍, dahinter li wieder einsetzen, bei HW frühzeitig li aussetzen.
33,8 Mühlen-▬ der ehemaligen Heerser Mühle, heute Umweltzentrum, verfallen, ≋, Steinplatte im Unterwasser, evtl. li ⩍.
33,5 Straßen-Ɪ B 239.
32,3 verfallenes Mühlen-▬, **X**, ⩍ schwierig, über ▬ treideln, bei gutem Wasserstand li ≋.
29,5 re ↓ der Bega (s. DKV-Gewässerführer für NRW).
28,5 **Bad Salzuflen-Werl**, ▬ verfallen, im re Drittel ≋, bei HW Walze! Bootsanleger der Kanuabteilung TG Schötmar.
26,5 Fußgänger-Ɪ, kleine Stufe, li ≋. Kurz danach Pegel.
26,0 Autobahn-Ɪ A 2.
25,9 li ⬇ Sportplatz Ahmsen, Parkplatz, ab hier ganzjährig ≋ für Zweier.
24,5 **Herford**, li ⌂ und ▲ Herforder KK, für mehrtägigen Aufenthalt geeignet (s. DKV-Gewässerführer für NRW).
24,3 EB-Ɪ.
23,9 Bergertor, ▬, **X**, re ⩍, kleiner Holzsteg an der Betonmauer. Es folgen im Stadtgebiet einige kleine Flutbalken.
22,0 li ↓ Aa-Bach (s. DKV-Gewässerführer für NRW), gute ⬇, 15 Minuten zum 🚆.
20,8 Straßen-Ɪ B 61.
16,5 Straßen-Ɪ **Schweicheln**.
15,5 EB-Ɪ.
15,3 **Oberbehme**, ▬, ≋ oder re ⩍.

13,8 Straßen-Ⅱ Oberbehme–Löhne.
13,5 ▬, ⏏, Lebensgefahr durch unterspülte Betonplatte im Unterwasser! li ⏏, beschwerlich.
12,5 Autobahn-Ⅱ A 30.
11,5 li ↓ der Else (s. DKV-Gewässerführer für NRW)
11,4 ▬, **X**, li ⏏. Ab hier ist die Werre bis zur ↓ kanalisiert.
11,0 Autobahn-Ⅱ A 30.
10,0 ▬ Löhne, **X**, li ⏏. Bis November 2010 Baustelle. Parkplatz, gute ⬆, über Ⅱ 10 Minuten zum 🚆 Löhne.
9,5 Straßen-Ⅱ **Löhne**, Innenstadt.
9,0 ⌂ KC Löhne, Parkplatz, gute ⬇.
8,3 Autobahn-Ⅱ A 30.
6,5 Straßen-Ⅱ **Gohfeld**.
4,8 **Bad Oeynhausen**, ▬, **X**, li ⏏; li ⌂ des KV Oeynhausen.
4,0 Straßen-Ⅱ.
0,8 Straßen-Ⅱ B 61.
0,0 ↓ in die Weser bei km 190,2.

Emmer

Kleinfluss – Wanderfluss — Mündung in Weser (li Nebenfluss)

Die Emmer ist in ihrem Oberlauf ein Kleinfluss mit einem breiten Tal zwischen Wiesen und Feldern. Unterhalb der Emmer-Talsperre bei Schieder durchquert die Emmer in einem landschaftlich sehr reizvollen, teilweise recht engen Tal das Weserbergland; dieser Abschnitt ist leicht zu befahren, als Wanderfluss zu empfehlen.

Befahrungsregeln: *im Text kursiv hervorgehoben.*
Befahrbarkeit: ab Oeynhausen nur bei HW, ab Steinheim bei gutem MW, ab Emmer-Talsperre ganzjährig.
Pegel: Pegeldienst KV NRW (☎ 0203/7381651; www.kanu-nrw.de): Emmer/Schieder, Unterwasser, km 28,5; wegen des NSG gilt als Minimum für eine Befahrung ab Stausee = 80 cm.

53,0 **Himmighausen**, ⬇ bei starkem HW. Bis km 28,5 s. DKV-Gewässerführer SWD.
28,5 Staumauer der Emmer-Talsperre, re vom Auslauf ⏏, hinter dem Staudamm li großer Parkplatz, gute ⬇. li Pegel Stausee-Unterwasser. *bis km 22,0 ganzjähriges Uferbetretungsverbot.*
22,0 ▬ Sohlschwelle **Lügde**, re ⏏, beim evtl. Befahren des ▬ je nach Wasserstand lange Deckwalze.
20,0 *- 0,0 NSG Emmerthal, Pegelregelung, bei min. 40 cm Wassertiefe Befahrung erlaubt.*
19,2 Wege-Ⅱ **Holzhausen**.

18,7 Holz-Ⅱ **Bad Pyrmont**, nächster Weg zur Stadt, Kurpark, Tierpark, Hallen-Freibad.

16,5 Straßen-Ⅱ Bad Pyrmont, zum 🚆 200 m.

16,0 ▬ Bad Pyrmont, li ⏏, danach Ⅱ, hinter ▬ meist wenig Wasser bis ↓ Mühlgraben, nach der Ⅱ Steinschüttung, ganz li überheben oder rutschen, gute ⬇⬆.

14,2 ▬ Thalmühle, li ⏏.

12,7 Straßen-Ⅱ **Thal**.

10,0 ▬ **Welsede**, re in Mühlgraben einfahren und sofort noch am Wehr li ⏏, bis zur ↓ des Mühlgrabens oft wenig Wasser (ca. 500 m).

8,0 Wege-Ⅱ, **Amelgatzen**.

6,0 ▬ **Hämelschenburg**, in den Mühlgraben einfahren, li am Steg ⏏.

2,1 Straßen-Ⅱ, Umgehungsstraße Emmertahl B 83.

1,9 ▬, li ⏏, Fußweg zum 🚆 10 Minuten, dazu am Wehr Ⅱ und an der Bahn entlang gehen.

1,6 li fahren.

1,3 ▬ Rischmühle, li ⬆ und nach re über Brücke ⏏, Fußweg zum 🚆 Emmerthal 10 Minuten über Gärtnerweg und dann li. Am Wehr wenig Platz zum Lagern der Boote.

1,2 Straßen-Ⅱ Hauptstraße, **Emmerthal**.

0,0 ↓ in die Weser bei km 128.

Nethe

Wiesenfluss	Mündung in Weser (li Nebenfluss)

Die Nethe ist ein schnell fließender, landschaftlich reizvoller und einsamer Wiesenfluss zwischen Egge-Gebirge und Weserbergland.

Befahrbarkeit:	ab Niesen bei HW, ab Siddessen meist bis Mai, ab Brakel ganzjährig; in trockenen Sommern kann es nach den Wehren zu Treidelstrecken kommen. Besonders bei HW bis Brakel schwierig.
Pegel:	Pegeldienst des KV NRW (☎ 0203/7381651; Internet: www.kanu-nrw.de); Pegel Nethe/Ottbergen (km 9): Minimum ab Niesen 140 cm, ab Brakel 115 cm.

43,0 **Niesen**. Bis km 29,1 s. DKV-Gewässerführer SWD.

29,1 re 🏠 des TV Brakel, ▲ möglich nach tel. Anmeldung.

29,0 Straßen-Ⅱ, li **Brakel**.

26,0 Wege-Ⅱ im Ostheimerfeld.

25,3 Straßen-Ⅱ B 64, keine ⬇-Möglichkeit.

21,3 Wiesen-▬, gut ≋ oder re ⏏.

21,2 Klappen-▬, evtl. li ≋, starker Stromzug**!** im Mühlgraben ist nach Einfahrt nur noch schwierig zu ⏏. Bei HW gefährliche Deckwalze**!**

21,0 Straßen-Ⅱ **Erkeln**, gute ⬇⬆.

17,0 ▬ Beller, ≈, bei HW gefährliche Deckwalze! li ⩯.
16,8 Straßen-Ⅱ **Beller**, li gute ⬇⬆.
15,0 Alte Wege-Ⅱ, li **Hembsen**.
11,5 ▬ Bruchhausen, li ⩯, bei ausreichendem Wasserstand und abgesenkter Klappe re fahrbar.
11,0 Straßen-Ⅱ **Bruchhausen**.
10,0 Straßen-Ⅱ **Ottbergen**.
9,0 EB-Ⅱ, re Pegel Ottbergen.
8,0 ▬ Amelunxen, gut ≈ oder li ⩯.
7,5 **Amelunxen**, 2 Ⅱ. Nach der ersten Ⅱ ▬ Gefällestufe, gut ≈.
2,3 ▬ **Godelheim**, **X**, 50 m vor dem Wehr durch die Wiese ⩯.
2,1 Straßen-Ⅱ B 83, gute ⬆.
0,0 ↓ in die Weser bei km 63,9; bei km 67,4, ⌂ und ▲ des WSV Höxter, *DKV-Kanustation*.

Diemel

Kleinfluss – Wanderfluss — Mündung in Weser (re Nebenfluss)

Die Diemel, ein Fluss aus dem Sauerland, durchquert zunächst den Diemel-Stausee, der gut als Ferienaufenthalt in herrlicher Waldlandschaft geeignet ist. Die fahrbare Flussstrecke der Diemel beginnt unterhalb des Stausees. Sie verläuft hier bis zur Mündung der Hoppecke in einem sehr schönen, einsamen, tief eingeschnittenen Waldtal; sie ist hier auch sportlich interessant, nur geeignet für Fortgeschrittene. Als schmaler Kleinfluss sollte dieser Bereich der Diemel nur in kleineren Gruppen befahren werden; es ist auch an eine zeitversetzte Abfahrt und an weiter flussabwärts gelegene Einsetzstellen zu denken.
Zwischen Marsberg und Westheim ist die Diemel weitgehend gestaut, mit mühsamen Umtragestellen; von einer Befahrung dieses Abschnitts ist abzuraten.
Zwischen Westheim und Warburg ist die Diemel reguliert, sie ist hier interessant durch zahllose Stufen, die in Abständen von 20 bis 50 m folgen und auch für Anfänger gut fahrbar sind. Ab Warburg landschaftlich recht reizvoll, ohne Schwierigkeiten zu befahren.

Pegel: unterhalb der Staumauer bei km 96,5; 75 cm entspricht einem Ablass von etwa 3 cbm/sec.
Helmarshausen, Pegeldienst KV NRW (☎ 0203/7381651; Internet: www.kanu-nrw.de), 165 cm ab Warburg in Einer-Kajaks, 173 cm ab Warburg in Mannschaftsbooten.

Befahrbarkeit: ab Diemel-Talsperre (Helmighausen) nur bei einem Mindestablass von 3 cbm/sec, s. auch Pegeldienst KV NRW (☎ 0203/7381651; Internet: www.kanu-nrw.de); ab ↓ Hoppecke bei HW, auch ohne Wasserablass der Talsperre; ab Warburg ganzjährig.

	Oberlauf abhängig von der Wasserabgabe des Stausees, ab Warburg ganzjährig. Die Strecke ab Warburg ist landschaftlich reizvoll und ohne Schwierigkeiten zu befahren.
Kilometrierung:	Die Kilometrierung der Diemel wurde von km 68,0 bis zur Mündung in die Weser in Übereinstimmung mit dem Kartenmaterial des Jübermann-Verlages (Tourenatlas Nr. 4, Oberweser-Leine) neu festgelegt.
Befahrungsregeln:	*im Text kursiv hervorgehoben.*

101,5 Beginn des Diemelstausees. Oberlauf bis km 45 ist beschrieben in DKV-Gewässerführer SWD.

45,0 Straßen-⌶ B 7 Kasseler Straße, ab hier ganzjährig ≋, ⬇ an der ⌶. ⌂ und ▲ KC Warburg, An der Diemel, 34414 Warburg, www.kanuclub-warburg.de . Übernachtung im Bootshaus mit Luftmatratze möglich.

41,9 ▬ Kuhlenmühle, **X**, re ⩧.

41,2 Straßen-⌶.

39,6 ▬ Diemelmühle, evtl. ≋ oder re ⩧,
danach ▬ Stufe, ab MW ≋, bei NW überheben.

38,7 EB-⌶ mit Schwall.

37,5 *bis 0,5, Befahrungsregelung: Kontigentierung für 2 Abschnitte, Haueda bis Stammen und Trendelburg bis Bad Karlshafen, jeweils max. 75 Boote/Tag. Einzelne private Nutzer und DKV-Mitglieder melden sich unter www.kanu-hessen.de an. ⬇⬆ nur an zugelassenen Stellen, nur tagsüber von 09:00 – 19:30 erlaubt, Kiesinseln betreten verboten, Abstand halten, max. Bootsgröße 1 m/6 m, Fahrt gegen den Strom verboten (außer 50 m-Bereich bei den ⬇⬆), Rot-Grün Mindestpegel.*

36,3 ▬, **X**, li ⩧ über Feldwege bis vor die ⌶, **Haueda**.

33,8 ▬ Liebenau, **X**, ganz li am Schwimmbalken in den Zulauf zum ϟ einfahren, starker Sog zum Rechen! re über Privatgrundstück ⩧ in den Untergraben des ϟ.

33,5 Straßen-⌶ **Liebenau**, re ⬇.

28,5 Straßen-⌶, **Lamerden**.

25,8 ▬, re ⩧, bei gutem Wasserstand evtl. ≋.

24,7 Straßen-⌶ **Eberschütz**.

22,0 ▬, **X**, re 400 m weit ⩧ und hinter der folgenden Straßen-⌶ am li Ufer des Mühlgrabens über Stufen einsetzen, Bootswagen empfehlenswert, li **Sielen**.

19,0 re ↓ Esse (Befahrung verboten), re **Stammen**, ⬇⬆.

17,5 li **Trendelburg**, ▬, re ⩧, li Wehrkante ⬇⬆ zum ▲ Campingplatz Trendelburg, Zur alten Mühle 10, 34388 Trendelburg, ☎ 05675/301, www.campingplatz-trendelburg.de .

17,0 ⌶ B 83, danach flach, re ⬇⬆.

8,8 Straßen-⌶, re **Wülmersen**.

8,7 ▬ und ϟ Wülmersen, **X**, re ⩧.

4,5 ▬, meist **X**, treideln oder re ⏏;
danach ▬ 4 kleine Sohlstufen, ≋.
3,5 Straßen-Ⅱ, li **Helmarshausen**.
1,0 ▬ Bad Karlshafen, Obergraben benutzen und am Ende li ⏏.
0,2 Straßen-Ⅱ B 80 Weserstraße, davor re ↓ Obergraben, hier ⏏. re **Bad Karlshafen**.
0,0 ↓ in Weser bei km 44,9.

Fulda

Wanderfluss	Mündung in Weser (li Quellfluss)

Die Fulda, mit Ursprung in der Rhön, sammelt fast alle Gewässer Nordhessens aus der Rhön, dem Vogelsberg und dem nordöstlichen Teil des rheinischen Schiefergebirges (Rothaar mit Hochsauerland). Sie ist im Naturschutzgebiet „Fuldatal bei Eichenzell“ für eine Befahrung gesperrt, so dass eine Fahrt erst ab der Stadt Fulda, km 71, ratsam ist. Ab hier wird das Tal breiter, mit Wiesen und Feldern, begrenzt von bewaldeten Hügeln, mit sehenswerten Städten und Ortschaften. Keine besonderen Schwierigkeiten, auch für F 2. Die Fulda ist ein Wanderfluss, der sich für geruhsame Familien-Gepäckfahrten eignet. Wegen der zahlreichen Wehre und Schleusen ist allerdings die Mitnahme eines Bootswagens dringend zu empfehlen. Sie berührt zahlreiche Naturschutzgebiete, in denen sich der Kanute ruhig verhalten und zügig ohne Anlanden in der Mitte des Flusses durchfahren sollte. Ab Mecklar ist die Fulda Bundeswasserstraße, die Kilometrierung beginnt hier neu mit sichtbar am Ufer angebrachten Tafeln mit 0, aufsteigend bis zur Mündung.

Schleusen: Im Bereich der Bundeswasserstraße ist die Fulda, abgesehen vom Wehr Rotenburg, mit Schleusen ausgestattet; die Wehr-Anlagen dürfen nicht befahren werden. Bei den Schleusen Neumorschen, Melsungen, Guxhagen und Neue Mühle handelt es sich um alte Bauwerke! Die Benutzung mit gebührenfreier Selbstbedienung ist nur mit besonderer Vorsicht möglich. In den Schleusenkammern kann nicht mit glatten Wänden gerechnet werden, und auf dem Schleusengelände bestehen oft Unebenheiten. Die Benutzung der Anlagen ist nur vom 16.04. bis 30.09. jeden Jahres von Sonnenaufgang bis Sonnenuntergang und nur bei Wasserständen zulässig, die die Plattform nicht überspülen. Die Schleusen Wahnhausen, Wilhelmshausen und Bonaforth sind auf Selbstbedienung umgestellt. Betriebszeiten der Schleusen s. www.elwis.de . Während der Betriebszeiten werden keine Gebühren erhoben, desgl. nicht als Mitschleuser (z. B. mit Fahrgastschiffen), auch außerhalb der Betriebszeiten.

Der Schiffsverkehr auf der Fulda ist gering. Ab Kassel verkehren Fahrgastschiffe. An Wochenenden ist mit regem Motorbootverkehr zu rechnen. Eine Wanderfahrt auf der Fulda wird zumeist auf der Weser weitergeführt.

Befahrungsregeln: *im Text kursiv hervorgehoben*.

Befahrbarkeit: Ab ↓ Haune (bei Hersfeld) ist eine Befahrung ganzjährig möglich.

Kilometrierung: Die Kilometrierung des Oberlaufes wurde in Übereinstimmung mit dem Kartenmaterial des Jübermann-Verlages (Tourenatlas Nr. 4, Oberweser-Leine) neu festgelegt. Sie zählt abwärts bis zum km 0 in der Nähe von Mecklar. Hier beginnt die amtliche Kilometrierung der Bundeswasserstraße Fulda, die aufwärts bis zum Zusammenfluss mit der Werra zählt.

Pegel: Für die Strecke ab Fulda ist maßgebend der Pegel von Kämmerzell, km 63,8, Auskunft ☎ 0661/6005288.
Pegel 153 cm (= 7 m³/s), MW, gute Befahrbarkeit.
Pegel 130-150 Befahrung noch möglich.
Pegel 120-130 Befahrung mühsam, mit Treidelstrecken.
Pegel unter 120 Befahrung kaum mehr möglich.
Im Sommer müssen wegen zunehmender Verkrautung die erforderlichen Pegelstände etwas höher angesetzt werden.

Die Beschreibung der Fulda oberhalb Bad Hersfeld befindet sich im DKV-Gewässerführer SWD.

12,8 re Anleger und am Hang ⌂ des KWH Bad Hersfeld mit ▲, *DKV-Kanustation*, Unterm Laufholz 1, 36251 Bad Hersfeld, ☎ 06621/61151, Do ab 19 Uhr, www.kanuwanderer-hersfeld.de .

12,7 Straßen-Ɪ B 62, danach li Sportplatz, ⌂ SRV, HRV, RV Armicita, li ⌂ Hersfelder KC. ▲, An der Fulda, 36251 Bad Hersfeld.

11,6 Straßen-Ɪ Berliner Straße, **Bad Hersfeld**, Kuranlagen, Stiftsruine, Rathaus, sehr sehenswert.
▬, re ⏏, ⬇ über schmale Treppe.

11,2 EB-Ɪ (Bebra–Fulda).

10,9 re ↓ Haune (s. DKV-Gewässerführer SWD). Ab hier ist die Fulda ganzjährig ≋.

10,7 Straßen-Ɪ B 27 Frankfurter Straße. Ab hier Fulda immer ≋, ⇆ 1 000 m.

8,0 EB-Ɪ, li fahren, re Pumpstation im Flussbett, bei HW Schrägströmung, sonst flach.

6,0 li **Friedlos**. Wege-Ɪ, flach.

2,1 Mühle Mecklar, ▬, li ⏏, danach seicht.

1,3 Straßen-Ɪ, **Mecklar**. Neu angelegte ⬆ in kurzem Stichkanal ca. 50 m auf der linken Seite vor der Straßenbrücke Mecklar, Zugang an der Stirnseite des schmalen Kanals. Nicht für Ruderboote geeignet.

0,8 Straßen-Ɪ.

0,0 ab hier Bundeswasserstraße, ab hier ist das Befahren der Wehre verboten! km-Tafeln am Ufer.

1,6 EB-Ɪ Blankenheim (Bebra–Fulda).

2,0 Feldweg-Ɪ, li **Blankenheim**.

4,7 re ↓ Ulfe (s. DKV-Gewässerführer SWD).

5,8 Straßen-Ɪ B 27.

5,9 Straßen-Ɪ, li **Breitenbach**, re **Bebra**, Anleger, ⬇⬆.

7,5 li Hof Michels.

7,8 Die Fulda und das li Ufer sind auf 1 100 m Bestandteil des Naturschutzgebietes „Forbachsee bei Bebra", anlanden verboten, bitte ruhig verhalten, re Arm fahren.

9,9 Wege-Ⅱ.

10,0 re **Lispenhausen**, Beginn der Staustrecke Rotenburg.

11,3 re ▲ Campingplatz Rotenburg, Campingweg, 36199 Rotenburg/Fulda, ☎ 06623/5556, Bootsverleih.
li ⌂ Rotenburger RV.

11,6 Fußgänger-Ⅱ, li Schlosspark.

12,3 Wehranlage Rotenburg, re ϟ, ■, X, □ beseitigt, li ⏏ über Rampe S 1.

12,4 Straßen-Ⅱ Brückengasse, **Rotenburg**, 🚃, ★ Schloss, Fachwerkhäuser, Luftkurort.

12,5 Straßen-Ⅱ Brücke der Städtepartnerschaft, darunter gute ⬇, Parkplatz.

13,2 Fußgänger-Ⅱ.

14,1 Das re Ufer ist auf 700 m Bestandteil des Naturschutzgebietes „Im Sand bei Rotenburg" (Regenerationsgebiet), Anlanden verboten.

15,3 Wege-Ⅱ. li **Braach**, Wanderung zum Berg Ahlheimer mit Aussichtsturm.

18,1 Straßen-Ⅱ Zum Bahnhof, li **Baumbach**.

19,1 Das re Ufer ist auf etwa 1 km Bestandteil des Naturschutzgebietes „Kiesgrube bei Baumbach" (Tier- und Pflanzenschutz), anlanden verboten.

21,2 Straßen-Ⅱ Heinebacher Straße, li **Niederellenbach**, li ⬇⬆, re 🚃 Heinebach.

24,0 Straßen-Ⅱ, li **Konnefeld**.

24,5 Beginn der Staustrecke Neumorschen.

26,5 □ und ■ Neumorschen, Steg zum ⏏ li zwischen Wehr und Schleuseneinfahrt, Schleuse bei Niedrigwasser nicht benutzbar.

26,7 Straßen-Ⅱ Brückenstraße, Steine**!**; li **Neumorschen**, re **Altmorschen**, 🚃, ★: ehemaliges Zisterzienser-Kloster Heydau.

28,7 EB-Ⅱ der Schnellbahntrasse Hannover–Würzburg.

29,5 Straßen-Ⅱ Morschener Straße, li **Binsförth**, Beginn der Durchbruchstrecke bis Guxhagen.

31,9 Schwebe-Fähre des Fulda-Radweges.

33,3 Straßen-Ⅱ, li **Beiseförth**, Luftkurort, re ▲ Camping, ☎ 05664/932739, www.schwimmbadcafe-beisefoerth.de , ↓ Breise, X, flach.

33,9 EB-Ⅱ (Kassel–Bebra).

34,8 Fußgänger-Ⅱ, re Mineralquelle.

36,4 Straßen-Ⅱ Lindenstraße, li **Malsfeld**.

37,3 EB-Ⅱ Malsfeld. Zwischen den Brückenpfeilern Steine und Stromschnelle, re vom Pfeiler fahren.

37,7 re Staatsdomäne Fahre.

39,1 re ↓ Pfieffe (s. DKV-Gewässerführer SWD), li ▲ Camping am Badesee, *DKV-Kanustation*, 34212 Melsungen, ☎ 05661/923770.

39,8 EB-Ⅱ (Kassel–Bebra).

40,4 Straßen-Ⅱ, li **Obermelsungen**, Beginn der Staustrecke Melsungen.

41,6 Straßen-Ⅱ B 83 Sankt-Georg-Straße, Stadtgebiet Melsungen.

42,0 re ⌂ und ▲, WVM Melsungen, Nürnberger Str. 1/2, 34212 Melsungen, www.wvm-melsungen.de , zum 🚉 2 Minuten.

42,1 Fußgänger-Ⅱ.

42,3 ▬-Anlage Melsungen, li ϟ-Einlauf, Sog! re daneben Selbstbedienung-□, ⩳ an Steganlage re über die Schleusen-Insel.
Straßen-Ⅱ Brückenstraße, **Melsungen**, ★, sehr schönes altes Städtchen mit vielen Fachwerkhäusern.

43,0 Straßen-Ⅱ Schloßstraße.

43,2 Wege-Ⅱ Schwarzenberger Weg, li davor ⬇.

46,6 Straßen-Ⅱ B 83, re **Röhrenfurt**.

50,0 Straßen-Ⅱ Uferstraße, li **Lobenhausen,** re **Körle**, 🚉 Körle (Bebra–Kassel).

51,5 Straßen-Ⅱ, li **Wagenfurth**.

52,0 li ▲ Wagenfurth, Anmeldung im ✕ „Zum Fuldatal", ☎ 05665/3108.

54,0 Straßen-Ⅱ, li **Grebenau**, Bahn und Straße verlassen das Tal. Beginn der großen Fuldaschleife, sehr einsam.

58,0 re ▲ Camping Fuldaschleife, Zum Bruch 6, 34302 Guxhagen-Büchenwerra, ☎ 05665/961044, www.fuldaschleife.de , mit ✕, gute ⬆.

58,4 Wege-Ⅱ, re **Büchenwerra**, ✕, ⬆.

59,5 Beginn der Staustrecke Guxhagen.

60,7 Straßen-Ⅱ.

60,9 ▬-Anlage Guxhagen, □, Tafel für Selbstbedienung beachten! Wehr, ⩳ li von der Schleuse, S 1. Schwäne!
re **Guxhagen**, li ehemalige Stiftskirche Breitenau.

61,1 Straßen-Ⅱ Brückenstraße, re zum 🚉 (Kassel–Bebra).

62,1 Autobahn-Ⅱ A 7, Steine!

63,6 li ↓ Eder (s. Seite 383); im Sommer u. U. doppelter Wasserzufluss, das Tal und der Fluss werden breiter.

65,2 EB-Ⅱ, flotte Strömung.

65,5 Wege-Ⅱ, li **Guntershausen**, 🚉, gute ⬇.

66,5 li ↓ Bauna (s. DKV-Gewässerführer SWD).

68,2 EB-Ⅱ der ICE-Trasse Hannover–Würzburg.

68,9 Straßen-Ⅱ Am Mühlenberg, re **Ditterhausen**, li auf der Höhe Hotel Felsenkeller, 🚉 Rengershausen.

71,0 Straßen-Ⅱ, re **Dennhausen**.

71,5 Beginn der Staustrecke Neue Mühle.

72,9 Wege-Ⅱ.

73,5 li Rittergut Freienhagen, Schwäne!

74,0 Autobahn-Ⅱ A 44. re **Bergshausen** mit guter Busverbindung nach Kassel.

75,5 li Haus des Anglervereins, paddlerfreundlich.

75,7 ▬-Anlage Neue Mühle, li Boots-□, Sog zum ↯! deshalb ⌓ re vom Wehr mit Gleiswagen.

76,1 li Ufer nicht betreten, Trinkwasserschutzzone.

77,1 Autobahn-Ⅱ A 49.

77,3 EB-Ⅱ.

77,6 **Kassel**, ★ Großstadt mit vielen historischen Bauten und vorbildlichen Grünanlagen (Karlsaue, Wilhelmshöhe), Ruhetag mit Besichtigungen empfohlen, li ▲ Campingplatz.

77,8 Straßen-Ⅱ, li Beginn der Karlsaue und des Geländes der ehem. Bundesgartenschau.

78,4 Fußgänger-Ⅱ, li ⌂ mit ▲ des Polizeisportvereins Grün-Weiß Kassel, Auedamm 37, 34121 Kassel, ☎ 0561/18882, www.psv-gwkassel.de/Kanu , *DKV-Kanustation.*

78,9 re → in die „Regattastrecke", am Ende li ⌓. Freizeitgelände Fuldaauen mit idealen Bademöglichkeiten und ✕ in Seglergaststätte. Der nördliche Teil des Sees ist Naturschutzgebiet, nicht befahren!
li ⌂ mit ▲ der Wassersportvereinigung Cassel, Auedamm 23, 34121 Kassel.

78,9 - 79,2 re NSG „Fuldaaue" (Vogelschutz), Betreten des re Ufers verboten.

79,3 Fußgänger-Ⅱ, danach li ⌂ mit ▲ der Älteren Casseler Turngemeinde, Am Auedamm 19a, 34121 Kassel.

79,9 re ⌂ und ▲ des Casseler Kanu-Clubs 1921, Jahnstr. 43, 34123 Kassel, ☎ 0561/53298, www.ckc-kassel.de .

80,0 li ⌂ ESV Jahn, anschließend li Riesenspitzhacke von C. Oldenburg, Documenta-Beitrag 1982.

80,4 Fußgänger-Ⅱ, li Ende der Karlsaue.

80,7 li ⌂ der Kasseler Paddelgruppe Ahoi, An der Schlagt, Kassel.
Wege-Ⅱ, davor re Messeplatz, danach re Will-Seidel-Haus (Haus der Jugend).

80,8 Straßen-Ⅱ B 3 An der Fuldabrücke.

81,1 li ⌂ mit ▲ des Kanu-Sport Kassel, Weserstr. 6a, 34125 Kassel, ✕, *DKV-Kanustation.* Straßenbahn zum Haupt-🚉, www.kanusportkassel.de .

81,3 ▬-Anlage, **X**, mit □. Vorsicht, Sog zum Walzen-▬!
re am Ufer entlang fahren. ⌓ re mit Bootswagen, S 1, den Wagen nach Gebrauch zurückbringen.

81,5 re ⌂ mit ▲ der Kanu-Vereinigung Hessen Kassel, *DKV-Kanustation*, Hafenstr. 47, 34125 Kassel, www.kvhkassel.de .

81,6 Straßen-Ⅱ B 7.

83,5 re ↓ Losse (s. DKV-Gewässerführer SWD); zurückversetzt Müllverbrennungsanlage der Stadt Kassel.

83,9 re ↓ Nieste (s. DKV-Gewässerführer SWD); **Niestetal-Sandershausen**, mit Klärwerk.
84,5 li **Wolfsanger**, Straßenbahnverbindung zum Hauptbahnhof Kassel.
85,0 - 86,5 Naturschutzgebiet „Fuldaschleuse Wolfsanger", li Ufer meiden, einfahren verboten, re halten.
85,4 li alte ▭-Mauer Wolfsanger, Beginn der Staustrecke bis Wahnhausen. Hier beginnt das untere Fuldatal zwischen den Waldbergen des Kaufunger Waldes re und Reinhardswaldes li.
87,0 - 88,0 Wasserskistrecke.
88,5 re **Spiekershausen**, li Kasseler Ausflugslokal „Roter Kater", ✕. Bis hier täglich von Kassel Personenschifffahrt.
90,1 EB-Ⅱ (Kassel–Hannover).
90,2 Alte EB-Ⅱ Kragenhof, Kragenhofer Flussschleife.
91,5 - 92,5 Die re Wasserfläche einschl. der drei Inseln sowie der re Uferbereich gehören zum NSG „Kragenhof bei Fuldatal". Dieser Bereich darf nicht befahren werden, anlanden ebenfalls verboten! an der lang gestreckten Insel (Ralleninsel) vorbei in der Außenkurve fahren, Hinweisschilder unbedingt beachten.
91,8 li ↓ Espe, **X**, li Reinhardswaldschule, ab hier li B 3.
92,4 li Klärwerk der Gemeinde Fuldatal.
93,5 ▬-Anlage Wahnhausen, **X**, ϟ, li Boots-▭, und davor ⏏-Stelle mit Bootswagen, S 2, Vorsicht, re Sog zum ▬ und ϟ.
95,0 li **Wahnhausen**.
97,0 re **Speele**, re ⛟ (Kassel–Göttingen).
100,8 li ⌂ der Universität Göttingen.
101,2 li **Wilhelmshausen**, ✕ an der B 3.
101,4 ▬ Wilhelmshausen mit ▭ li und Bootsgasse re, evtl. re ⏏, Bootswagen vorhanden.
105,0 re **Bonaforth**.
105,1 li gute ⬇⬆ an ehemaliger Fähre.
105,3 li ▭ Bonaforth, re ▬ mit Bootsgasse und Bootswagen.
105,8 re Zellstoffwerk „Alphalint", li der Rattwerder Talkessel.
107,0 li „Hochbad" der Stadt Hann. Münden.
107,3 li ⌂ des Mündener Ruder Clubs.
107,5 li ⌂ des Mündener Kanuclubs Hann. Münden, *DKV-Kanustation*, Walter-Diestel-Weg 1, 34346 Hann.-Münden, ▲, ✕, ☎ 05541/4983, www.muendenerkanuclub.de.
107,8 li Überlauf-▬, evtl. ≋ oder geradeaus weiter bis ▭.
108,0 Straßen-Ⅱ B 496 Pionierbrücke, **Hannoversch-Münden**.
108,2 li Arm zur ▭ Hann.-Münden, ☎ 05541/12807, li Anleger zum ⏏ mit Gleiswagen, S 1.
Wege-Ⅱ, li vom Schleusenanleger ▲ Camping „Grüne Insel Tanzwerder", Tanzwerder 1, 34346 Hann.-Münden, ☎ 05541/12257, www.busch-freizeit.de , *DKV-Kanustation*,

re Arm Straßen-⌶ Tanzwerder, nach 100 m ■, dort li Borstenfischpass mit Kanugasse, vor Befahrung Pegelhinweise beachten!
Besichtigung von **Hann. Münden** ★.

108,6 Wege-⌶.

108,8 re „Weserstein" (errichtet 1888), danach Zusammenfluss mit Werra zur Weser, km 0. Gute ⬆⬇, Parkplatz. Eine Wanderfahrt auf der Fulda wird vielfach auf der Weser weitergeführt.

Eder

Kleinfluss - Wanderfluss (Mittelgebirgsfluss) — Mündung in Fulda (li Nebenfluss)

Die Eder ist in ihrem Oberlauf ein landschaftlich sehr reizvoller Fluss des Rothaargebirges; sie ist hier auch sportlich interessant mit schneller Strömung, engen Kurven und zahlreichen Wehren, die im Prinzip meist fahrbar sind, bei HW jedoch gefährlichen Rücklauf entwickeln können, so dass eine vorherige Besichtigung meist unerlässlich ist. Hier nur für geübte Einerfahrer! Ab Raumland keine besonderen Schwierigkeiten mehr, auch für F 2 zu empfehlen.
Der Flusslauf der Eder wird unterbrochen durch den großen Eder-Stausee mit dem DKV-Ferienheim. Der Edersee ist landschaftlich hervorragend schön, inmitten bewaldeter Berge von über 600 m Höhe, Naturschutzgebiet, für längeren Ferienaufenthalt sehr gut geeignet. Unterhalb des Stausees ist die Eder wiederum ein leichter Wanderfluss in einem breiter werdenden Tal, umsäumt von Hügeln und bis 400 m hohen Bergen, immer noch landschaftlich recht reizvoll.

Befahrbarkeit: Oberlauf ab Erndtebrück nur bei HW, ab Raumland bei gutem Mittelwasser; ab Frankenberg, km 88,7, ganzjährig.

Befahrungsregeln: *im Text kursiv hervorgehoben.*

Pegel: s. Telefonpegeldienst KV NRW (☎ 0203/7381651; Internet: www.kanu-nrw.de); Pegel Auhammer (km 105), Minimum für Befahrung ab Frankenberg (km 88,7) 90 cm.
Die Befahrbarkeit des Unterlaufs, unterhalb des Stausees, ist abhängig von dessen Wassergabe. Auskunft über derzeitigen Ablass und Tendenz für die kommenden Tage durch WSA Münden, ☎ 05541/9520; über den Ablass durch die Sperrmauer, Minimum 8 m^3/s, Pegeldienst KV NRW (☎ 0203/7381651; Internet: www.kanu-nrw.de). Es ist dabei zu berücksichtigen, dass die Wassermenge ab Staumauer zwar zunimmt, dass jedoch bei km 29,1 bis zu 12 m^3/s abgeleitet werden.

Kilometrierung: Die Kilometrierung der Eder wurde in Übereinstimmung mit dem Kartenmaterial des Jübermann-Verlages (Tourenatlas Nr. 4, Oberweser-Leine) neu festgelegt.

Zeltmöglichkeit: im Oberlauf beim Bootshaus des KC Hatzfeld und bei einigen Campingplätzen; im Bereich des Stausees DKV-Ferienheim und mehrere Campingplätze, freies Zelten verboten.

Eine genaue Beschreibung des Oberlaufes der Eder befindet sich im DKV-Gewässerführer SWD.

128,0 *bis km 71,6 ganzjähriges Befahrungsverbot, wenn Pegel Auhammer unter 90 cm, max. 60 Boote täglich, Anmeldung erforderlich! Einzelheiten auf der Homepage des HKV.*

88,7 Straßen-Ⅱ **Frankenberg**. Vorher am re Ufer Sportgelände, TSV Frankenberg, Kanuabteilung.

87,6 Hohes Schräg-▬, lange Rutsche, bei MW ≋ oder li ⌓, bei HW! Rücksog. re Mühlgraben mit Slalomstrecke, danach durch Sperrgitter **X**. Bei NW unterhalb des ▬ wenig Wasser, dann bei km 86,6 ⬇. Unterhalb ▬ Parkmöglichkeit zwischen Eder und Mühlgraben, Auffahrt über B 253.

87,2 Straßen- Ⅱ B 253.

86,6 li mögliche ⬇ (Zufahrt von der Straße Frankenberg–Schreifa re vor einer Schlosserei).

85,7 re ↓ Mühlgraben.

85,5 li ↓ der Nuhne (s. DKV-Gewässerführer SWD).

82,5 ▬, **Veirmünden**, **X**, Beton-Wellenbrecher im Unterwasser, re leicht zu ⌓

82,1 Straßen-Ⅱ.

78,8 Hessenstein, scharfe Flussbiegung. Burg Hessenstein (Jugendherberge, re auf der Anhöhe). Bewegtes Wasser, bei HW hohe Wellen.

77,5 li ↓ Orke (s. DKV-Gewässerführer SWD). **Ederbringhausen**.

77,2 Straßen-Ⅱ Ederbringhausen, re Parkmöglichkeit.

73,4 Wege-Ⅱ **Schmittlotheim**, bei NW Durchfahrt flach.

71,6 Wege-Ⅱ **Kirchlotheim**. Bei Vollstau des Edersees reicht der Rückstau bis hier. Der Edersee ist auf den ersten km bis Herzhausen jedoch nicht viel breiter als das Eder-Flussbett.

70,4 re ▲ Camping- und Ferienpark Teichmann, 34516 Vöhl-Herzhausen, ☎ 05635/245, www.camping-edersee.com ; Beginn des Ederstausees (s. Einleitung), mit mehreren großen Krümmungen, sowie großen Seitenbuchten, Einschränkungen: Zugelassen sind (neben den Fahrzeugen der Verwaltungsbehörden, der DLRG, der Fahrgastschifffahrt und der Fischerei) auch Sportboote ohne Antrieb sowie Boote mit Elektromotoren. Segelboote mit mehr als 12 qm Segelfläche sowie Boote mit Elektromotoren müssen ein amtliches Kennzeichen führen. Alle übrigen Fahrzeuge - also auch Kajaks und Faltboote von Wanderfahrern - müssen Namen und Wohnort des Eigentümers in gut lesbarer Schrift tragen. DKV-Mitglieder haben den DKV-Stander am Boot zu führen und den Ausweis mit gültiger Beitragsmarke bei sich zu tragen.
Verschiedene Teile des Edersees sind für die Befahrung mit Booten gesperrt (die mit Tonnen abgegrenzten Bereiche vor den Sperrmauern, den Badeanstalten, der Sporttaucherbereich und der Wasserskibereich, sowie das Vorbecken bei Niederwerbe).

69,5 Straßen-Ⅱ B 252, ⬆-Möglichkeit, Parkplatz; danach ist das ⬆ bei NW des Edersees gewöhnlich schwieriger.

69,0 li **Herzhausen**, Bushaltestelle im Ort, wegen Busverbindung nach Frankenberg (nicht sehr häufig) vorher erkundigen! li ↓ Itter (s. DKV-Gewässerführer SWD). Ab Ende Juli können sich durch den sinkenden Wasserstand des Stausees Schwierigkeiten bei der Fahrt ab km 70 ergeben.

64,0 Hohe Fahrt, DJH.
⌂ Universität Marburg, ✗,
⌂ TSV Frankenberg, 34516 Vöhl, Hohe Fahrt am Edersee, ▲,
⌂ FKC Frankenberg, 34516 Vöhl, Hohe Fahrt am Edersee, ▲.

62,5 ▲ Camping Asel-Süd, ☎ 05635/608, www.camping-asel-sued.de .

59,0 DKV-Ferienheim „Edersee", *DKV-Kanustation*, 34516 Vöhl-Bahlsdorf, ☎ 05635/202, www.dkv-campingplatz-edersee.de , großes festes Heim mit Übernachtungsmöglichkeit, modernen Wasch- und Toiletten-Anlagen. Großer ▲, *DKV-Kanustation*.

57,0 li Siedlung **Scheid**. ▲, ⌂ KA TV Korbach, 34516 Vöhl.

55,0 re **Rehbach**, ▲ Campingplatz Rehbach, Strandweg 9, 34549 Edertal-Rehbach, ☎ 05623/2049, www.campingplatz-rehbach.de .

54,0 li **Nieder-Werbe** am 2 km langen Seearm.

51,0 **Waldeck**. Stadt und Schloss auf der Höhe, ★.

50,0 ■ Sperrmauer. Nur li anlegen, re verboten. Bei Vollstau darf am Schiffsanleger Edertalsperre-Ost (Terrassenhotel) angelegt werden. Die Boote müssen dann oberhalb an den Hecken des Anlegers gelagert werden. Nicht die Berufsschifffahrt beeinträchtigen.
Besichtigung empfehlenswert, ✗ an beiden Ufern. Zur Weiterfahrt Boot über die Sperrmauerstraße (Bootswagen) auf li abgehenden Fahrweg - nicht der Seitenweg - durch die Häusergruppe der Gemeinde „Edersee" hinab zur Eder (Landtransport ca. 1 km).

47,5 Straßen-Ⅱ, li **Hernfurth**.

47,3 Wege-Ⅱ, ↯ „Peterskopf".

47,0 Beginn Ausgleichbecken; *ganzjähriges Befahrungsverbot, Einzelheiten s. Homepage des HKV.*

44,0 ■ Staumauer Affolderner See, li ⩳, li ▲ C Affolderner See, Mühlengraben 15, 34549 Edertal-Affoldern, ☎ 05623/4290.

43,7 Straßen-Ⅱ, li **Affoldern**, ⬇ eines Bootsverleih re oberhalb der Ⅱ. Dort nicht parken oder um Erlaubnis fragen, li Pegel.
Es wird empfohlen, wegen der langen Umtragestelle an der Sperrmauer und der eingeschränkten Befahrungsmöglichkeit des Ausgleichsbeckens und des Naturschutzgebietes „Stausee Affoldern" die Fahrt erst hier zu beginnen.

43,0 bis ↓ in die Fulda. *Befahrungsverbot vom 01.01.–20.02. Vom 01.03. bis 31.03. und vom 01.11. bis 31.12. max. 20 Boote täglich, kein*

Übungsbetrieb an Wehren und Sohlgleiten, übrige Zeit erlaubt. Anmeldung erforderlich! Einzelheiten auf der Homepage des HKV.

42,0 Straßen-Ⅱ B 485, li **Lieschenruh**, re **Mehlen**, re ▲ C Ideal, Waldecker Str. 29, 34549 Edertal-Mehlen, ☎ 05623/2190, www.campingplatz-ideal.de .

40,1 EB-Ⅱ.

39,8 Ⅱ, li **Bergheim**, re **Giflitz**.

38,8 *Die Eder sowie die angrenzenden Uferflächen bis zur Ⅱ Wellen–Wega sind Naturschutzgebiet. Danach nur noch das li Ufer auf ca. 1 km bis etwa km 33,8.*

37,4 Wege-Ⅱ, ⬇⬆, re **Anraff**.

36,4 ▬ Sohlgleite, li ≋ oder li ⏏, Hinweisschilder beachten.

34,9 ▬ Sohlgleite, in der Mitte ≋ (vorher ansehen) oder li ⏏.

34,6 Straßen-Ⅱ, re **Wega**, li **Wellen**.

33,0 Wege-Ⅱ, re **Mandern**, 🚌. Die Eder sowie die angrenzenden Uferflächen gehören auf einer Länge von ca. 1,5 km zum Naturschutzgebiet „Unter der Haardt".

31,5 re ▲ C Ederblick, Campingweg 18, 34537 Mandern, ☎ 0171/3157774.

31,2 re **Ungedanken**, 🚌.

29,1 ▬, X, re ⏏. Nur wenn eine Weiterfahrt im Unterwasser nicht möglich ist, li ⏏ in Mühlgraben nach Fritzlar. Es folgen im Mühlengraben zwei flache Wege-Ⅱ. 1. Mühlen-▬ re ⏏. Nach einer Straßen-Ⅱ und Wege-Ⅱ sofort Ⅱ und ansehen, ob die Durchfahrt des nach re rechtwinklig abgehenden Mühlgrabens, direkt hinter dem ersten Gebäude, frei ist (starker Stromzug!). Danach drei Ⅱ bis zum 2. Mühlen-▬, re ⏏. Nun an einer flachen Rohr-Ⅱ und zwei Ⅱ ⏏ bis zur ⬇ bei km 25,8.

27,8 Wege-Ⅱ.

26,5 Straßen-Ⅱ B 450. **Fritzlar**, altertümliche Stadt mit Dom, ★, 🚌.

25,9 Straßen-Ⅱ Erfurter Ring, li ⬇⬆, Parkmöglichkeit.

24,4 Autobahn-Ⅱ A 49.

23,8 Straßen-Ⅱ Obermöllrich–Zennern. *Auf einer Länge von ca. 3 km ist die Eder in ihrer gesamten Breite Bestandteil des li liegenden Naturschutzgebietes „Ederauen bei Obermöllrich und Cappel". Ruhig verhalten!*

19,7 Straßen-Ⅱ B 254, li **Niedermöllrich**, li ✕ „Ederbrücke", re ⬇⬆, großer Parkplatz.

18,0 Wege-Ⅱ, li Sportplatz SV Lohre.

16,6 ▬, X, re ⏏ und in die Schwalm einsetzen, li Ruine Altenburg, re ↓ Schwalm (s. Seite 387).

14,0 Straßen-Ⅱ, li **Felsberg**, sehenswerte Fachwerkstadt mit Burganlage, re **Gensungen**, 🚌, re vor Brücke anlanden. Vor der Brücke li ✕.

11,9 *li Ufer gehört bis zur ↓ Ems zum Naturschutzgebiet „Reiherteiche bei Böddiger", Uferbetretungsverbot.*

10,8 li ↓ Ems (s. DKV-Gewässerführer SWD).
9,7 Straßen-Ⅱ, li **Neuenbrunslar**, re **Altenbrunslar**, 🚉. Kurz danach beginnt der Rückstau des ▬ in Wolfershausen.
7,5 re auf der Anhöhe **Ellenberg**.
6,3 ▬ Wolfershausen, **X**, re weiträumig über Waldweg und Fahrweg ⏏ (Bootswagen) oder bei NW über das Wehr überheben, re 🚉.
6,1 Straßen-Ⅱ, li **Wolfershausen**.
3,4 EB-Ⅱ.
0,9 ▬ Edermünde, **X**, re ⏏.
0,7 Straßen-Ⅱ, li **Grifte**.
0,0 ↓ in Fulda bei km 63,6.

Schwalm

Kleinfluss – Wanderfluss | Mündung in Eder (re Nebenfluss)

Die Schwalm verläuft in einem landschaftlich reizvollen, breiten Tal, begrenzt von Hügeln. Keine besonderen Schwierigkeiten. Je nach Wasserstand ist ein Großteil der Wehre fahrbar.

Befahrbarkeit: Oberlauf nur bei sehr gutem Wasserstand, ab Treysa abgesehen von sehr trockenen Sommern meist ganzjährig, auch für F 2.

Befahrungsregeln: *Einzelpersonen u. Kleingruppen frei, Befahrung durch DKV-Mitglieder an den Hessischen Kanu-Verband melden. Weiteres unter www.kanu-hessen.de .*
km 46 – 44,7 Durchfahren ohne Anlanden erlaubt.

Kilometrierung: Die Kilometrierung der Schwalm wurde in Übereinstimmung mit dem Kartenmaterial des Jübermann-Verlages (Tourenatlas Nr. 4, Oberweser-Leine) neu festgelegt.

Zeltmöglichkeit: ▲ Campingplatz Zwesten.

71,0 Straßen-Ⅱ B 62 am Ortsende von **Alsfeld**, mögliche ⬇ bei sehr gutem Wasserstand. Die Schwalm ist jedoch bis km 49 begradigt. Befahrung dieser Strecke daher wenig empfehlenswert. Hohe Uferböschungen. bis km 48,0 s. DKV-Gewässerführer SWD.
48,0 Straßen-Ⅱ B 454 Wierastraße, danach re Parkplatz, gute ⬇, **Treysa**.
47,5 Wege-Ⅱ.
46,0 bis km 44,7 ganzjähriges Uferbetretungsverbot.
44,0 Straßen-Ⅱ, **Rommershausen**, danach ▬, evtl. ≋ oder vor der Brücke li über Straße ⏏. Die Schwalm umfließt in weitem Bogen Rommershausen.
41,6 Wege-Ⅱ, danach re abgehendes ▬, falls dahinter flach, geradeaus weiterfahren bis Mühle Dittershausen, dort re ⏏.
41,3 li ↓ Mühlgraben, Straßen-Ⅱ, **Dittershausen**.
38,1 ▬, Mühle, **Allendorf**, li ⏏.

37,7 Straßen-Ⅱ Schlierbach–Michelsberg.
35,8 ▬ Schlierbach, re ⌓.
35,7 Ⅱ, **Schlierbach**, 🚌, gute ⬇.
31,7 ▬ kleine Stufe, ≋.
31,5 Straßen-Ⅱ, **Waltersbrück**.
29,8 Autobahn-Ⅱ A 49.
29,0 Straßen-Ⅱ, **Bischhausen**, direkt dahinter ▬, ≋ oder re vor der Brücke ⌓.
26,6 ▬ Waag-Mühle, Mitte ≋ oder li ⌓, danach Wege-Ⅱ.
26,4 Wege-Ⅱ.
23,0 Wege-Ⅱ, re ▲ Waldcampingplatz Zwesten, ☎ 05626/379, www.waldcamping.de
▬, li ≋. li starker Rücklauf bei höherem Wasserstand! Falls trocken, li in Mühlgraben fahren und am Ende re durch Privatgrundstück ⌓. Erlaubnis einholen!
22,6 Wege-Ⅱ, **Zwesten**.
22,1 ▬ Leo-Mühle, re ⌓, bei MW evtl. ≋.
21,4 ▬ Otto-Mühle, re ⌓, bei MW evtl. Mitte im Winkel ≋.
20,0 ▬, ab MW evtl. Mitte ≋, sonst li oder re ⌓, li ← Mühlgraben nach Kerstenhausen.
19,1 ▬ Stufe, ≋.
19,0 Ⅱ Kerstenhausen–Arnsbach, dahinter li ↓ Mühlgraben.
17,7 Autobahn-Ⅱ A 49.
17,4 Bei HW! in Links-Kurve muss mit Baumhindernissen gerechnet werden.
16,8 Wege-Ⅱ.
15,8 Straßen-Ⅱ Borken–Kleinenglis.
15,4 Werks-EB-Ⅱ des ehemaligen Kraftwerks Borken.
14,4 ▬, **X**, re oder li ⌓, danach Ⅱ.
12,9 Straßen-Ⅱ, **Gombeth**.
12,8 re ⌂ Tuspo Borken, 34582 Borken-Gombeth, ⬇⬆, ▲ auf Anfrage, www.tuspo-borken.de .
11,5 ▬, **X**, li ⌓. Nicht in den re nach Singlis führenden Mühlgraben einfahren! Bis km 10,0 Baum- und Strauchhindernisse!
11,0 ▬ Stufe unter Wege-Ⅱ, ≋ oder li ⌓.
10,0 re ↓ Mühlgraben.
9,2 EB-Ⅱ.
9,0 Straßen-Ⅱ Lendorf–Uttershausen, re ⬇⬆.
6,5 Wege-Ⅱ, danach re ↓ Efze (s. DKV-Gewässerführer SWD).
4,9 Straßen-Ⅱ B 253.
4,5 Straßen-Ⅱ B 254, li **Wabern**.
3,8 ▬, **X**, Überlauf nur bei HW, li in Mühlengraben fahren bis
3,5 ▬ Harler Mühle, re ⌓.
3,3 Wege-Ⅱ Mühlenweg.

2,6 Wege-⌶, re **Harle**.
0,2 EB-⌶, danach Schwallstrecke.
0,0 ↓ in Eder bei km 16,6; li **Altenburg**.

Werra

Wanderfluss — Mündung in Weser (re Quellfluss)

Die Werra ist der östlichste Quellfluss der Weser. Mit Ursprung im südöstlichen Thüringer Wald fließt sie zunächst zwischen diesem und der Rhön nach Nord-Westen, umrundet den Thüringer Wald in nordöstlicher Richtung bis nahe Eisenach und strebt dann, wieder nordwestlich, an Meißner und Kaufunger Wald entlang der Weser zu.
In ihrem Oberlauf ist die Werra ein Kleinfluss, nur bei Hochwasser zu befahren; später wird sie zum ausgesprochenen Wanderfluss, auch für Ferienfahrt, vielfach mit Weiterfahrt auf der Weser.

Befahrungsregeln: *im Text kursiv hervorgehoben.*

Befahrbarkeit: oberhalb Hildburghausen für Einer nur bei HW, ab Hildburghausen meist bis Ende Mai. Wegen der vielen Wehre ist allerdings für eine Gepäckfahrt erst Meinigen, km 139,5, oder Bad Salzungen, km 96,9, der geeignete Startplatz. Empfehlenswert sind Besichtigungen der zahlreichen historischen Städte und Ortschaften sowie Wanderungen im Thüringer Wald, in der Rhön und im Kaufunger Wald.

Gewässergüte: unterhalb Ulstermündung weiter bis zur Weser II-III (kritisch belastet) und Salzbelastung.

Beschreibung des Oberlaufes s. DKV-Gewässerführer SWD und DKV-Gewässerführer OST.

139,5 re ⌂ KC Meiningen, Untermaßfelder Str., 98617 Meiningen, www.kanusport-meiningen.de , guter Standort für Kanufahrten, ▲.

138,1 ▬ Meiningen 2, X, re ⏏, dazu hinter der Brücke Alte Henneberger Straße im Mühlgraben li aussetzen. ⬇⬆, re Parkplatz, zu erreichen über die Straße Am Wehr.
Es folgt die Durchfahrt durch **Meiningen** mit mehreren ⌶, 🚌, ✕, ehemalige Residenz, Landestheater, Theatermuseum, Schloss, ★.
Ab hier ist die Werra fast immer ganzjährig ≈, auch mit Zweiern.

138,0 Straßen-⌶ Henneberger Straße.

137,7 re ↓ Wehrgraben.

137,5 Straßen-⌶ Am Mittleren Rasen.

137,1 Wege-⌶ (eiserne Bogenbrücke), re Schloss Elisabethenburg, Schloßpark, Museum, Theater.

136,8 li ⬇⬆, Rastplatz Am Bielstein, Parkplatz, zu erreichen über Landsberger Straße.

136,6 Straßen-Ⅱ Landsberger Straße, danach re ↓ Wehrgraben, Pegel Meiningen.
136,0 Wege-Ⅱ Eselsbrücke.
135,0 Straßen-Ⅱ Defertshäuser Straße mit kleinem Schwall.
130,6 Straßen-Ⅱ Bahnhofstraße, li **Walldorf**, 🚃. Vor der Brücke re ⬇⬆. Danach li ↓ Herpf.
124,6 EB-Ⅱ.
124,3 ⌂ und ▲ ESV Lok Meiningen in Wasungen, Am Sauanspann, 98634 Wasungen und ▲ „An der Werra", ☎ 036941/71505, www.wasungen.de/content/zeltplatz.php . Beide sind zu erreichen über die Damaschkestraße in 98634 Wasungen.
123,8 Straßen-Ⅱ Bahnhofstraße, **Wasungen**, Zentrum des thüringischen Karnevals, 🍴, li zum 🚃,
danach li ⬇⬆, Parkplatz.
123,5 Wege-Ⅱ.
119,6 ▬ Schwallungen, **X**, li ⏏, Rastplatz.
119,0 Straßen-Ⅱ Bahnhofstraße, **Schwallungen**, re ⬇⬆, li zum 🚃.
Vor der Brücke re ↓ Wehrgraben, Spundwand und Holzpfähle!
118,6 Wege-Ⅱ.
118,3 re ▲ Biwakplatz Schwallungen.
115,2 EB-Ⅱ.
114,9 Klappen-▬ Wernshausen, **X**, Lebensgefahr, re ⏏ bis zur
114,8 Straßen-Ⅱ Am Gries, dort ⬇, dann evtl. treideln auf rund 400 m erforderlich.
li **Wernshausen**, 🚃,
re ↓ der Schmalkalde, **Niederschmalkalden**.
114,4 Wege-Ⅱ.
110,2 Straßen-Ⅱ Amtsstraße, li **Breitungen**, re **Herrenbreitungen**.
109,2 Wege-Ⅱ, ⬇⬆, Rastplatz.
108,6 Straßen-Ⅱ Rathausstraße, li ⬇⬆ mit Parkplatz, li zum 🚃 Breitungen.
108,2 Wege-Ⅱ, danach Rohr-Ⅱ, li Sportplatz und ▲ Kiesseecamping PLUS, Salzunger Straße 24a, 98597 Breitungen, ☎ 036848/409984, www.kiesseecampingplus.de , re Badesee.
107,9 re Biwakplatz.
103,0 EB-Ⅱ, danach li ▲ Camping Badesee Immelborn, An der B 62, 36433 Immelborn, ☎ 03695/622101, www.kiesgrube-immelborn.de .
102,6 Straßen-Ⅱ B 62, li davor ⬇⬆, re **Barchfeld**, li **Immelborn**, 🚃.
102,4 Wege-Ⅱ.
99,0 ▬ Bad Salzungen-Allendorf, am 1. Wehr vorbeifahren, am 2. Wehr re ⏏. Die Umtragestelle ist auf dem Landweg nicht erreichbar.
98,4 Straßen-Ⅱ, li **Allendorf-Dorf**, re **Allendorf-Kloster**.
96,9 Wege-Ⅱ, li **Bad Salzungen**, 🚃.
95,9 Straßen-Ⅱ Werrastraße.

93,0 EB-Ⅱ.

89,2 Straßen-Ⅱ, re **Tiefenort**, sofort danach ▬ Tiefenort, **X**. Vor der Ⅱ ↰ und li ⩯ über Wege-Ⅱ bis zum Wohnmobilstellplatz, rund 300 m, Bootswagen empfehlenswert.

88,4 re ↓ Mühlgraben.

87,9 re ↓ Altarm.

84,5 ▬ Merkers, Steinschüttung, **X**, rechtzeitig li ⬆ und ⩯.

84,0 li ⬇⬆ und Rastplatz Merkers.

83,8 Straßen-Ⅱ Ernst-Thälmann-Straße, li **Merkers**, re **Kieselbach**.

81,4 Wege-Ⅱ.

80,6 ▬ Dorndorf, li ⩯ (200 m).

80,0 Straßen-Ⅱ B 285, li **Dorndorf**.

79,8 li ↓ Felda (s. DKV-Gewässerführer SWD und DKV-Gewässerführer OST).

76,8 Straßen-Ⅱ B 84.

74,9 Wege-Ⅱ Brücke der Einheit, li ⬇⬆ und Rastplatz, li **Vacha**, alter Ort (Stadtrecht 1186), Reste der Stadtbefestigung, ★.

73,2 Wege-Ⅱ.

73,0 ▬ Philippsthal, evtl. ≋ oder li ⩯.

72,8 Straßen-Ⅱ Brückenstraße, **Philippsthal**, Barockschloss, ehemaliges Benediktinerkloster aus dem 12. Jahrhundert, ★.

71,7 li ↓ Ulster (s. DKV-Gewässerführer SWD und DKV-Gewässerführer für OST), li Kaliwerk Hattorf.

71,4 -70,0 NSG Werrawiesen, Durchfahrt erlaubt, landen verboten.

69,8 ▬ Heimboldhausen, **X**, li ⩯, → zum ϟ, hier ⩯ nicht möglich.

69,5 Wege-Ⅱ zum ϟ.

69,3 re ↓ Wehrkanal.

69,0 Straßen-Ⅱ, li **Heimboldshausen**, re nach Harnrode.

65,2 Straßen-Ⅱ, re **Lengers**.

64,9 re ϟ und li ▬ Lengers, **X**, li ⩯, S 2.

64,0 li **Wölfershausen**.

62,7 EB-Ⅱ

61,3 re ϟ und li ▬ Heringen, **X**, li ⩯, S 2. Bei gutem Wasserstand kann man auch kurz in den li abzweigenden Arm ⩯ und hier weiterfahren.

61,0 Straßen-Ⅱ, re **Heringen**, li Kaliwerk Wintershall.

60,7 li ↓ des Umgehungsgrabens.

59,9 Wege-Ⅱ.

58,5 Straßen-Ⅱ, li **Widdershausen**.

58,2 li ϟ und re ▬ Widdershausen, **X**, re ⩯, S 3; Bootswagen empfohlen.

56,4 Straßen-Ⅱ Richard-Wagner-Straße, li **Dankmarshausen**, re vor der Brücke ⬇⬆ und Rastplatz.

52,0 li ϟ Berka, ganz re fahren, das folgende ▬ Berka ist **X**, re ⩯.

51,5 Straßen-ⵊ, re **Berka**
48,4 Straßen-ⵊ Brückenstraße, li **Gerstungen**, Renaissance-Schloss mit Heimatmuseum, ★.
47,2 alte EB-ⵊ und Straßen-ⵊ.
41,3 Straßen-ⵊ, li **Neustädt**, re **Sallmannshausen**.
40,9 Schräg-▬ Sallmannshausen, li ⌓.
39,0 li **Wommen**.
38,2 ↯ und ▬ Wommen-Steinmühle, **X**, re ⌓.
34,1 Wege-ⵊ, li nach Herleshausen, re **Lauchröden**.
33,0 li **Herleshausen**, 🚌.
32,0 re Ruine Brandenburg, ★.
28,8 Straßen-ⵊ, li **Wartha**.
28,0 re **Neuenhof**.
26,1 re ⌂ und ▲ des KC Rennsteig Hörschel/Werra, *DKV-Kanustation*, Rennsteigstraße 11, 99817 Eisenach, www.kanuclub-hoerschel.de .
25,8 re **Hörschel**, Beginn des Rennsteigs, 🚌, re ↓ Hörsel, danach EB-ⵊ.
25,7 Straßen-ⵊ und darüber Autobahn-ⵊ A 4.
24,5 Straßen-ⵊ B 7a.
23,9 , ↯ und ▬ Spichra, li ⌓, Wege-ⵊ über Wehranlage.
22,0 - 20,0 Anlandevebot am li und re Ufer.
20,0 li ▲ Werratal-Camping, ☎ 036923/50375, www.werratal-tours.de .
18,7 Straßen-ⵊ B 7 Eisenacher Straße und 100 m danach die älteste Naturstein-ⵊ nördlich des Mains, darunter Schwall mit überspülten Steinen!
li gute ⬇; es beginnt ein landschaftlich schöner Teil der Werra, li **Creuzburg**, Bus-Verbindung nach Eschwege. Schloss, mittelalterliche Stadtbefestigung, ★.
16,0 - 13,3 Anlandevebot am re Ufer.
15,0 li **Ebenau**.
13,3 Wege-ⵊ, re **Buchenau**.
12,7 Wege-ⵊ.
12,3 Straßen-ⵊ.
10,1 re ⌂ Wassersportfreunde Mihla, ▲, www.wassersport-mihla.de .
9,2 Straßen-ⵊ, re **Mihla**, ehemaliger Adelssitz, ✕.
9,0 Schräg-▬ Mihla, re ⌓, Rastplatz.
7,0 re kleiner ▲ Campingplatz.
5,9 Wege-ⵊ, re **Ebenshausen**, Rastplatz.
2,5 re **Frankenroda**, ⬇⬆, Rastplatz.
1,7 Straßen-ⵊ Am Walde.
0,0 Ab hier amtliche Kilometrierung mit km-Tafeln an den Ufern. Die erste Tafel steht beim km 1.
0,3 re ✕ und ▲ Landgasthof Probstei-Zella ☎ 036924/41976, www.zella.de .

2,3 Schräg-▬ und ↯ Falken, li ⏏, bei gutem Wasserstand für K1 ≋,
unterhalb wenig Wasser bis zum Zulauf aus dem ↯.

3,3 Straßen-Ⅱ.

3,5 re ⬇⬆ und Rastplatz, **Falken**.

8,0 Straßen-Ⅱ B 250 Gartenstraße, **Treffurt**, ⬇⬆ re vor und li nach der Ⅱ, Wohnmobilstellplatz.

8,4 li Schwimmbad Treffurt mit ▲-Möglichkeit bei Voranmeldung ☎ 0163/5777524, weitere ⬇⬆ und Parkplatz.

9,5 Auf 500 m re NSG Frankenloch, Anlegen verboten.

10,6 Wege-Ⅱ über ehemaliges Grenzsperrwerk.

11,8 Wege-Ⅱ, re **Heldra**, re Pegel ☎ 05655/19429.

14,4 Straßen-Ⅱ Straße der Deutschen Einheit, li **Großburschla.**

16,0 re **Altenburschla**, gepflegtes Dorf, Preis der Hessischen Heimatpflege, ★, ⬇⬆, ▲ Gemeinde-Campingplatz, ✕.

17,5 li **Völkershausen** mit altem Gutshof, Beginn des Staus Wanfried.

19,9 ▬ Wanfried, **X**, li ⏏.

20,2 Straßen-Ⅱ Schlagdstraße, re **Wanfried**, Städtchen mit Fachwerkhäusern, ✕, re alte Speicher, Kran, historisches Werraschiff, ★.
Bis 1850 Endpunkt der Weser-Werra-Schifffahrt, von hier damals Frachtwagenverkehr nach Süden (bis Italien). Empfehlenswerte Wanderungen in die Berge, „Hohe Plesse" usw.
Mögliche ⬇ bei der Ⅱ. li die Höhen des Schlierbachwaldes, Beginn des Talkessels von Eschwege.

23,7 re ↓ Frieda (s. DKV-Gewässerführer SWD).

24,2 Straßen-Ⅱ, li **Aue**, re **Frieda**.

26,0 re **Schwebda** mit Schloss Wolfsbrunnen am Wald, voraus der Leuchteberg, im Hintergrund der Hohe Meißner, Beginn des Staus von Eschwege.

26,5 re ⏏ zum Werratal-See möglich.

28,0 Wege-Ⅱ, re Werratalsee mit Badestrand, li ✕ „Felsenkeller", Aufstieg zum Leuchteberg mit Aussichtsturm, lohnend.
li ⌂ Eschweger RV.

28,5 re Überlauf-▬, li ▲ und ⌂ Kanu-Club Eschwege, Torwiese, 37269 Eschwege, www.eschweger-kanuclub.de , DJH.

28,9 Fußgänger-Ⅱ, re großer Parkplatz, **Eschwege**, dahinter hübsche Flusspartie „Klein Venedig".

29,3 Straßen-Ⅱ Brückenstraße.
Das Überwinden der folgenden ▬-Anlage ist wegen des Soges nach li zum ↯ nicht ganz ungefährlich! Folgendes Vorgehen wird empfohlen: In der Mitte unter der Straßen-Ⅱ durchfahren und sich dann hinter dem rechtsliegenden Überlaufwehr halbrechts zum Anleger halten, damit man nicht zu nah an die **neue Turbine** links von der □ kommt. Dort ist immer

ein starker Sog! Bei Hochwasser sollten nur geübte Kanuten fahren. Am Anleger entweder in den Wehrkanal ⌂ oder in die Selbstbedienungs-□ einfahren. Nach der □ Stufe, ≋.
Unterhalb der □ Felsenstrecke, bei NW!

29,7 re ↓ zweier Wehrgräben.
30,0 Ⅱ B 249, EB-Ⅱ, li 🚆 Eschwege-Stadt.
30,6 li beliebte ⬇ Am Tierheim, beschwerlich.
33,8 li ↓ Wehre (s. DKV-Gewässerführer SWD).
34,0 Straßen-Ⅱ Am Anger, ⬇⬆, re **Jestädt**, davor
35,0 li ↓ des Hochwasserkanals der Wehre, danach re die Kalkfelsen des „Weinberges".
36,0 re verlassener Kiessee (NSG), Beginn einer romantischen Talstrecke, li das „Höllental", nächster Aufstieg zum „Hohen Meißner", dem höchsten Berg Nordhessens (Hollesee, Raubkammer, Schwalbental, Kasseler Kuppe).
37,8 Wege-Ⅱ, li **Albungen**, re auf der Höhe Burg Fürstenstein mit Gut.
39,0 Stromknick mit Felsnadel, bei HW danach kleine Stromschnelle.
40,2 re Andreaskapelle. Das zur Kapelle gehörende Dorf wurde im Dreißigjährigen Krieg durch Tilly zerstört.
41,8 Straßen-Ⅱ, danach re ⬇⬆, re **Kleinvach**, Renaissance-Herrenhaus, ★, ✕, li Höfe-Heiden. Der Fluss stößt auf die Hornekuppe (522 m), weiter unterhalb re auf halber Höhe Schloss Rothestein.
44,0 Beginn des Staus der Allendorfer Wehre.
46,3 li erstes Überlauf-Wehr Allendorf, bei Überflutung re fahren! dem Flussverlauf folgen.
47,0 li zweites Überlauf-Wehr Allendorf, bei Überflutung re fahren! dem Flussverlauf folgen.
47,5 **Bad Sooden-Allendorf**, re Ortsteil Allendorf, sehenswertes, altes Städtchen mit malerischen Fachwerkhäusern, re vor der Brücke öffentlicher Steg, guter Ausgangspunkt für Besichtigung Allendorf, li Ortsteil Bad Sooden, Solbad, 🚆.
Straßen-Ⅱ Bahnhofstraße, davor drittes Überlauf-Wehr, evtl. ≋ oder li ⌂, Treppe ins Unterwasser. Besser, dem Flussverlauf weiter folgen.
47,7 200 m nach der Brücke li Einfahrt zur □ (Selbstbedienung), li ⌂-Möglichkeit. Danach Zusammenfluss der Wehrarme.
48,0 Straßen-Ⅱ An den Soleteichen.
48,3 Pegel Allendorf, ☎ 05652/19429.
50,3 re ▲ Camping-Oase , Kreisstr. 32, 37318 Wahlhausen, ☎ 036087/98671, www.camping-oase.de , ⬇⬆.
50,5 re **Wahlhausen**.
52,0 li **Ellershausen**.
55,2 Straßen-Ⅱ Zur Einheit, re Lindewerra. Davor re ⬇⬆ und Rastplatz, ✕. Die folgende Werraschleife von Lindewerra heißt „Hufeisen", überragt von der Teufelskanzel und Junkerkuppe (503 m).

57,7 EB-Ⅱ Viadukt Oberrieden.
58,0 li **Oberrieden**, voraus der Ludwigstein.
59,7 Wege-Ⅱ, re **Werleshausen**, re ⬇⬆, Aufstieg zur DJH Burg Ludwigstein li über dem Fluss. Werradurchbruch, re Hasenkanzel.
60,8 Straßen-Ⅱ B 27, Strömung.
62,0 li Flachsbachtal mit Flachsbachmühle. Abgeschiedenes Wald-Tal, Besuch lohnt sich. Rückschau im Werratal sehenswert: Berühmter Zweiburgenblick (Burg Ludwigstein und Burg Hanstein).
62,7 li **Wendershausen**.
63,0 li ⬇⬆ Wendershausen, ✕.
65,7 Fußgänger-Ⅱ, davor re ⬇⬆, re **Unterrieden**.
66,1 EB-Ⅱ Unterrieden, dahinter li der Johannisberg.
66,9 li ⌂ und ▲ des Witzenhäuser KC, Am Sande, 37213 Witzenhausen, ☎ 05542/71707, www.wkc-witzenhausen.de , sehr freundliche Aufnahme von Wanderpaddlern, auch für Wohnwagen, gute Sanitäranlagen, am Berg Badeanstalt Witzenhausen.
67,0 li ▲ Camping Werratal, Am Sande 11, 37213 Witzenhausen, ☎ 05542/1465, www.campingplatz-werratal.de .
68,2 Straßen-Ⅱ Brückenstraße, danach li ⬇⬆, **Witzenhausen**, bekannte Kirschblütenstadt, ★, 🚌, ✕.
70,0 re **Bischhausen** mit Gutshof, li Kläranlage Witzenhausen. Mehrere Flussschleifen mit starker Strömung. Das ab hier breitere Tal wird li von den Ausläufern des Kaufunger Waldes begleitet. In diesem einsamen Waldgebiet lohnende Wanderungen.
71,5 re NSG Freudenthal, Anlanden auf 1 km verboten.
72,3 li **Ermschwerd**, schon 833 urkundlich erwähnt, echtes Hessendorf mit hübschem Fachwerk, Wanderung zum Haferberg und Bilstein (Kaufunger Wald), re Baggerseen (NSG) und Siedlung Freudenthal.
74,8 re **Gertenbach**, ⬇⬆, ✕, 🚌.
75,0 Straßen-Ⅱ Bahnhofstraße, re etwa 3 km entfernt im Wald Schloss Berlepsch (frühgotisch 1369).
75,6 li **Blickershausen**.
76,8 re Hinweiszeichen, nach 400 m Schöpfbuhne, ganz li fahren.
77,2 Flussgabelung, nicht den geradeaus zum ▬ Hedemünden führenden Hauptarm benutzen, schwieriges ⩮; li in den Schifffahrtsarm der Werra, genannt „Lache“ einfahren, am Ende Stromschnelle, Spritzdecke! Zum Ort Hedemünden vom Ende der Lache re im ▬-Arm flussaufwärts fahren.
78,6 Straßen-Ⅱ Brückenstraße, re ⬇⬆, re **Hedemünden**, niedersächsisches nettes Städtchen, 🚌, Auffahrt zur Autobahn A 7, Besuch von Ziegenhagen mit den Höhen des Kaufunger Waldes empfehlenswert.
Beginn des Rückstaus des Wehres „Letzter Heller“.
79,5 li **Oberrode**, danach kleine Insel, re Arm benutzen.

81,9 Beginn des Durchbruchs der Werra in einem engen Tal zwischen Kaufunger- und Bramwald. li **Zella** mit Waldgaststätte und ▲ Camping Zella im Werratal, *DKV-Kanustation*, ☎ 05541/31310, www.zella-im-Werratal.de .

82,2 EB-Ⅱ, von hier bis zur Autobahn-Ⅱ Wasserskistrecke!

83,0 Straßen-Ⅱ, li nach Laubach.

83,2 li ✕ „Werrahaus". Unter der EB hindurch zum Ort **Laubach**, Sommerfrische, reizvolle Wanderungen in den Kaufunger Wald (Gr. Steinberg) und nach Hann. Münden.

83,4 Autobahn-Ⅱ A 7 und EB-Ⅱ Göttingen–Kassel, 65 m hoch, 420 m lang.

83,9 ▬ und ϟ „Letzter Heller", **X**; li ⏏, Bootswagen vorhanden, ☐ außer Betrieb.

84,1 re an der Bundesstraße ✕ „Zum Letzten Heller". Bis Hermannshagen enges, bewaldetes Wiesental, Straße und EB neben dem Fluss.

87,4 Wege-Ⅱ An der Werra.

87,5 EB-Ⅱ, Straßen-Ⅱ, **Hannoversch Münden**, Schöpfbuhne, Flussgabelung, re Arm benutzen!
Das Befahren des li Werraarmes, der zur Schleuse und mehreren Wehren führt, ist gefährlich, da wegen starker Strömung ein Anhalten vor den folgenden Wehren kaum möglich ist!

88,3 Ponton-Ⅱ, gekennzeichnete Durchfahrt benutzen.

88,5 Straßen-Ⅱ (erbaut 1402). Nach der alten Werra-Brücke, li Überlauf-Wehr. Am Ende des re Armes ▬, **X**, li ⬇⬆ zum ⏏, Bootswagen vorhanden. Unterwasser = Wasserspiegel der Weser.

88,8 li Doktorwerder, li ↓ der „Kleinen Weser", Mühlenarm der Fulda.

89,0 li ↓ der Fulda, Beginn der Weser.
Auf der Fulda 500 m aufwärts zum ▲ Camping Grüne Insel Tanzwerder, Tanzwerder 1, 34346 Hann. Münden, ☎ 05541/12257, www.busch-freizeit.de und 1,3 km zum ⌂ und ▲ Mündener Kanu-Club, ☎ 05541/4983, www.mkc-muenden.de . An der Fulda-☐ ⏏ erforderlich.
Hann. Münden ist eine sehenswerte Stadt mit herrlichen Fachwerkhäusern, Rathaus, ★.

Stromgebiet der Elbe

Elbe

Wanderfluss – Schifffahrtsstraße | Mündung in Nordsee

Die Elbe ist mit einer Gesamtlänge von 1091 km einer der größten Ströme Mitteleuropas. Davon verlaufen 364 km auf dem Gebiet der Tschechischen Republik; sie sind beschrieben im DKV-Auslandsführer Bd. 7 Nordosteuropa.
Die Elbe ist ein reiner Wanderfluss, bei guter bis mäßiger Strömung ohne Schwierigkeiten zu befahren. Ab Grenze bis zur Mündung bei Cuxhaven findet sich auf 727 km nur ein einziges Hindernis, die Staustufe Geesthacht. Die Elbe ist damit der längste, praktisch hindernisfrei zu befahrende Wanderfluss Mitteleuropas.
Die lange Fahrt wird aufgelockert durch mehrere sehenswerte Städte (Pirna, Dresden, Meißen, Torgau, Wittenberg, Dessau, Magdeburg, Tangermünde, Havelberg und Hamburg), deren Besichtigung unbedingt anzuraten ist. Landschaftlich besonders reizvoll ist die Fahrt durch das Elbstandsteingebirge oberhalb Dresdens, aber auch die Weiten der Norddeutschen Tiefebene bieten ihre Reize. Die Mitnahme eines Reiseführers ist anzuraten.
Die Berufsschifffahrt ist nur mäßig stark. Trotzdem sind die Gefahren, die sowohl von fahrenden als auch stillliegenden Schiffen und Fähren ausgehen, nicht zu unterschätzen. Hierzu sind die in diesem Buch im Abschnitt „Fahrten auf Binnen- und Seeschifffahrtsstraßen" gegebenen Hinweise zu beachten. Es ist genügend Abstand zu fahrenden und liegenden Fahrzeugen zu halten sowie auf den Verlauf der Fahrrinne und dem daraus folgenden Kurs der Schiffe zu achten. Die Fahrrinne ist durch Bojen oder Baken gekennzeichnet.
Fahrwasserkennzeichnung (= Ansteuerungszeichen für die Schifffahrt):
li Ufer - gelbes Kreuz, grüne Raute auf grün-weißem Pfahl, grüne Bojen;
re Ufer - gelbes Kreuz, rotes Quadrat auf rot-weißem Pfahl, rote Bojen.
Eine Besonderheit der Elbe sind die Gierfähren. Sie werden durch die Strömung angetrieben. Von der Verankerung, entweder am Ufer oder im Strom-Drittel führt ein langes, durch gelbe Tonnen gekennzeichnetes Seil zur Fähre; es darf auf keinen Fall überfahren werden! Die Vorbeifahrt an einer Gierfähre darf nur erfolgen, wenn sie an ihrem ständigen Liegeplatz stillliegt. Notfalls im Kehrwasser zwischen den Buhnen anhalten und die Situation beobachten. Das Hinweiszeichen „Nicht frei fahrende Fähre" befindet sich an dem Ufer, wo die Fähre ihren „Heimathafen" hat.
Die Wasserführung der Elbe ist starken Schwankungen unterworfen, Hochwasser zur Zeit der Schneeschmelze und nach starken Regenfällen. Bei NW hat die Schifffahrt erhebliche Schwierigkeiten und muss evtl. ganz eingestellt werden.
Befahrungsregeln: *im Text kursiv hervorgehoben.*

Oberelbe

0,0 Grenze, re Ufer Tschechische Republik, li Ufer Deutschland.

2,0 Personenfähre, li 🚌 Schöna, re **Hrensko**, ✕, re ↓ Kamenice.
Bis kurz vor Dresden geht die Fahrt durch das landschaftlich hervorragend schöne Elbsandsteingebirge (Sächsische Schweiz).

3,4 Ab hier sind beide Ufer deutsch.

3,9 Personenfähre. li 🚌 Schmilka, re **Schmilka**, ✕. Übliche ⬇ für Befahrung der Elbe.

4,1 re Wassergütemessstation.

5,9 li ↓ Schönaer Bach.

8,0 li ✕ Ziegelscheune, ▲-Möglichkeit, re **Postelwitz**.

9,1 Schiffsanleger, li **Krippen**.

9,8 re ↓ Kirnitzsch, (Befahrung verboten, Nationalpark). Wendeplatz. Oben am Berg sieht man die Eisengitterkonstruktion des Personenaufzugs zur Ostrauer Scheibe.

9,9 –10,4 Schiffsanleger. Achtung Lebensgefahr! Wegen starker Strömung nicht ablegen vor / bei anliegendem Fahrgastschiff (2007 tödlicher Unfall).

10,2 Frei fahrende Fähre zum km 11,1;
re **Bad Schandau**, ✕, großer Parkplatz.

11,1 li Fähranleger, li 🚌 Bad Schandau.

11,5 Straßen-Ⅱ B 172.

11,9 EB-Ⅱ, technisches Denkmal, re **Rathmannsdorf**.

12,0 re ↓ Lachsbach (Befahrung verboten, Nationalpark).

13,2 re Hafen Prossen, Schiffsanleger. li Biberlöcher.

15,5 re Naturfreundehaus; li ▲ Camping Königstein in der Sächsischen Schweiz, Schandauer Straße 25e, 01824 Königstein, ☎ 035021/68224, www.camping-koenigstein.de .

16,4 li **Königstein**, , 🚌, Schiffsanleger, Fähre, re Lilienstein, 444 m hoch, li ★: Festung Königstein, 360 m hoch.

16,6 li ↓ Biela.

17,2 re Hafen Königstein.

18,3 li ↓ Pöhnbach.

19,9 re ✕ mit ▲ Ferdinandshof.

20,0 re ▲ des KV Grün-Weiß Pirna.

22,7 Gierfähre (rechts verankert), li **Oberrathen**, 🚌, ✕, re **Kurort Rathen**, Schiffsanleger, ✕. Gute Aufstiegsmöglichkeit zur Bastei, 305 m hoch, Amselgrund, Felsenbühne Rathen, ↓ Amselgrundbach.

23,3 re Bastei.

24,9 re ▲ VKD Dresden, *DKV-Kanustation*, Hofewiese 20, 01829 Stadt Wehlen, www.verein-kanusport-dresden.de , ✕.

26,0 Fähre, re **Wehlen**, Schiffsanleger; li **Pötzscha**, 🚌 Wehlen.

26,5 li Schwimmbad.

29,8 li **Obervogelgesang**, 🚌, re **Zeichen**, Schiffsanleger.

30,0 li ↓ Struppenbach.

32,9 re **Pirna-Posta**, ✕.

33,5 re Hafen Copitz; li ⌂ Grün-Weiß Pirna, Steinplatz 27, 01796 Pirna, www.kanuteam-pirna.de , zu erreichen durch Unterführung unter EB.
34,0 Personen-Fähre, li **Pirna**, re **Pirna-Copitz**, li Schiffsanleger.
34,3 Straßen- und EB-Ⅱ, ⛴, danach li ⌂ Pirnaer Ruderverein 1872, An der Elbe 11, ▲, ☎ 03501/ 447802, www.pirnaer-ruderverein.de .
35,4 li ↓ Gottleuba (s. DKV-Gewässerführer OST).
35,6 Straßen-Ⅱ, Ortsumgehung Heidenau.
36,0 li **Groß-Sedlitz**.
37,4 re ↓ Wesenitz (s. DKV-Gewässerführer OST), re **Pratzschwitz**.
38,4 li **Heidenau**, ⛴.
39,2 li ↓ Müglitz (s. DKV-Gewässerführer OST).
39,6 Personenfähre, li **Mügeln**, re **Birkwitz**, Schiffsanleger.
40,0 bis 65,0 re und li **Dresden**.
41,2 re **Söbringen**.
42,0 li ▲ Campingplatz Wostra, An der Wostra 7, 01259 Dresden, ☎ 0351/2013254, www.dresden.de . Bis km 43,2 Insel Pillnitz, NSG, re Arm fahren.
42,6 re Schloss Pillnitz, ★, ✕.
43,5 Personenfähre und freifahrende Autofähre, li **Kleinschachwitz**, Schiffsanleger.
44,1 re Kirche Maria am Wasser.
44,7 li ↓ Lockwitzbach.
44,9 li ✕.
45,5 li ⌂ und ▲ Kanuverein Laubegast, *DKV-Kanustation*, Laubegaster Ufer 35, 01279 Dresden, ☎ 0351/2525613, www.kanuverein-laubegast.de . li **Laubegast**, Schiffsanleger, ✕.
46,0 li ⌂ Dresdener Kanu-Club „Elbe 46“ e.V., Iglauer Straße 17, 01279 Dresden und 50 m danach Laubegaster Ruderverein.
46,6 Personenfähre.
47,2 li ↓ Tolkewitzer Landgraben; re **Wachwitz**.
47,3 re Seglerhafen Wachwitz, danach ✕.
48,3 li ⌂ und ▲, Verein für Kanusport Dresden e.V., *DKV-Kanustation*, Tolkewitzer Straße 79, 01277 Dresden, ☎ 0351/3108919, www.verein-kanusport-dresden.de .
48,5 li Ponton mit Slalomstangen und ⌂ WSV Wiking-Schweifsterne, ▲, *DKV-Kanustation*, Tolkewitzer Straße 79, 01277 Dresden, ☎ 0351/3400468, www.kanu-wsd.de danach Sächsischer Seesport-Club Dresden e. V.
48,9 li ⌂ Dresdener Ruderverein.
49,1 li ⌂ TU Dresden, Abteilung Rudern.
49,3 li ⌂ und ▲ Kanuclub Dresden e.V., Oehmestraße 1, 01277 Dresden, www.kc-dresden.de , ☎ 0351/3119963.

49,6 re ⌂ WSV Am Blauen Wunder, Fidelio-F.-Finke-Str. 12, 01326 Dresden, ☎ 0351/2682598, www.wsv-dresden.de .
49,7 re Schiffsanleger Loschwitz, re und li ✕.
49,8 Straßen-⌶ Loschwitzer Brücke „Blaues Wunder", **Dresden-Loschwitz**.
50,4 re Sportboothafen Loschwitz.
52,7 Straßen-⌶ Waldschlösschenbrücke im Bau.
53,5 Personenfähre, re und li ✕.
53,7 re ↓ Prießnitz.
54,0 re **Dresden-Neustadt**, li **Dresden-Johannstadt**.
54,5 Straßen-⌶ Albert-Brücke.
55,1 bis 55,6 mehrere Schiffsanleger (Achtung, wendende Ausflugsschiffe), ★: li Brühlsche Terrasse, Frauenkirche, Albertinum, Grünes Gewölbe, Schloss, Hofkirche, Semperoper, re Bellevue und Japanisches Palais. Reiseführer benutzen.
55,1 Straßen-⌶ B 170 Carola-Brücke.
55,6 Augustus-⌶, re günstiger Rastplatz zur Besichtigung der Innenstadt.
56,5 Marien-⌶ B 173; danach EB-⌶.
57,3 re Hafen, Liegehafen der Fahrgastschiffe.
58,5 re Hafen WSA, Personenfähre; re **Dresden-Mickten**, ✕.
58,8 re ✕.
59,0 re ✕.
59,6 ✕.
60,8 li Albert-Hafen.
61,2 Straßen-⌶ Flügelweg-Brücke, li **Dresden-Cotta**, re **Dresden-Übigau**.
61,4 li ↓ Weißeritz (s. DKV-Gewässerführer OST).
61,6 li ⌂ DRC 1902 (Rudern), ▲, ☎ 0351/4210314, ✕.
61,7 ⌂ ESV Dresden, Kanuabteilung, Hamburger Straße 84, 01157 Dresden, www.esv-kanu.de .
63,1 Autobahn-⌶ A 4.
65,4 li Gohliser Windmühle, daneben ✕ Biergarten, li **Gohlis**.
68,1 re Seglerhafen Kötzschenbroda. re ⌂ mit ▲ SSV Planeta Radebeul, Kanuabteilung, *DKV-Kanustation*, An der Festwiese 9, 01445 Radebeul, ☎ 0351/8386837, www.kanu-radebeul.de , **Radebeul**, 🚌.
68,3 re Schiffsanleger Radebeul-West.
69,7 2 EB-⌶, Straßen-⌶, li **Niederwartha**, 🚌, davor li Pumpspeicherwerk.
71,0 re ✕ mit ▲-Möglichkeit.
71,3 re ✕, Beginn Wasserski-Strecke.
72,5 ↓ Wilde Sau.
72,6 li ✕, Ende Wasserski-Strecke.
72,9 re Seglerhafen Coswig-Kötitz.
73,0 Personenfähre Kötitz, re **Coswig** (Sachsen).
73,3 bis 74,3 Gauernitzer Insel, NSG, li Fahrwasser benutzen.
73,8 li **Gauernitz**.

74,3 re Altarm, Zufahrt zum ⌂ mit ▲ Coswiger KV hinter der Insel, *DKV-Kanustation*, Feldweg 15, 01640 Coswig, ☎ 03523/75417, www.coswigerkanuverein.de .
76,0 li **Scharfenberg**.
76,5 li „Scharfenberger Ecke“, re **Brockwitz**.
77,4 re ✕.
77,8 re **Sörnewitz**, Bosel (Weinberge).
77,9 li ▲ Campingplatz Rehbocktal, 300 m vom Ufer entfernt, Rehbocktal 4, 01665 Klipphausen, ☎ 03521/452680, www.camping-rehbocktal.de .
80,7 re Steganlage des Segel-Clubs
80,8 li ⌂ Meißener RC Neptun 1882, ▲.
81,7 re hinter grünem Tor in der Mauer: ⌂ und ▲ SG Kanu Meißen, *DKV-Kanustation*, Plangasse 1, 01662 Meißen, ☎ 03521/733711, www.kanu-meissen.de .
81,9 EB-Ⅱ, **Meißen**, Dom, Albrechtsburg und Porzellanmanufaktur, ★. Schiffsanleger.
82,1 li ↓ Triebisch.
82,2 Straßen-Ⅱ Elbstraße; Blick auf den Burgberg mit Albrechtsburg und Dom.
82,5 li Schiffsanleger.
82,9 Straßen-Ⅱ B 101.
83,3 re Winterhafen Meißen, dort Yacht-Club Meißen.
85,5 re Schiffsanleger, ✕ Karpfenschänke.
87,8 re **Zadel**, ✕.
89,0 li ↓ Ketzerbach.
89,8 Gierfähre „Rauhe Furt“, re von der Strommitte verankert; re **Klein-Zadel**, li **Zehren**.
92,0 re **Nieschütz**, li Göhrisch-Felsen.
92,6 re **Diesbar**, ✕, Aussichtspunkt, Schiffsanleger.
93,9 re **Seußlitz**, Schiffsanleger, ✕.
94,7 Personenfähre, li **Nieder-Lommatzsch**, Schiffsanleger, Fähre, ✕.
96,0 li Schloss Hirschstein, heute Kindersanatorium.
97,8 re **Merschwitz**, li **Boritz**.
99,8 li **Schänitz**, re **Leckwitz**, Schwedenschanze.
100,8 Kläranlage.
102,0 re **Nünchritz**, ✕, li **Leutewitz**.
102,4 ⌂ mit ▲, *DKV-Kanustation*, SV Chemie Nünchritz e.V., Abteilung Kanu, Grödeler Straße, 01612 Nünchritz, www.svchemienuenchritz.de/kanu .
102,8 re Windmühle.
103,0 re ▲ Campingplatz „Elbe km 103“, re **Grödel**.
103,8 re Hafen WSA, ↓ Floßkanal nach Elsterwerda.
104,6 re **Moritz**.
106,4 li Sportboothafen und ⌂ Marinekameradschaft Riesa.

107,1 Personen-Fähre, li ↓ Jahna, ⌂ Riesaer Wassersportverein, *DKV-Kanustation*, ▲, Elbstraße 14a, 01589 Riesa, ☎ 03525/734738, www.riesaer-wassersportverein.de . daneben ⌂ Kanuabteilung des Sportclub Riesa e. V.

107,4 li Schiffsanleger Riesa.

108,2 Straßen-Ⅱ B 169, li **Riesa**, 🚐, Fußgängerzone, Park, Kloster, ★.

108,4 EB-Ⅱ.

109,4 li Hafen Riesa, ↓ Döllnitz im Hafen, re Bobersen.

109,8 li ⌂ mit ▲ ESV Lok Riesa.

110,5 bis 111,5 Wasserskistrecke.

114,8 li hinter dem Deich ⌂, ▲ des Kanusport-Vereins Strehla, *DKV-Kanustation*, Oppitzscher Weg 26, 01616 Strehla, ☎ 035264/92975.

115,2 Gierfähre, re von der Strommitte verankert, und freifahrende Fähre, li **Strehla**. ✕. re **Lorenzkirch**.

117,0 li kleine Einfahrt zum Nixstein, bei MW ≋.

117,3 li ✕.

118,0 li **Görzig**.

119,2 re **Kreinitz**, ✕ mit Übernachtungs- und Zeltmöglichkeit.

121,0 Diese Kilometrierung erscheint in 1,04 km Abstand 2-mal, die Elbe ist entsprechend länger, die Differenz ist preußisch-sächsisch bedingt. re **Gaitzschhäuser**, Beginn der ehemaligen preußischen Elbstrecke mit Ansteuerbaken und Buhnen für die Schifffahrt (s. Einleitung).

122,0 li **Lösnig**.

124,7 re Einfahrt Baggersee und Kieswerk Borschütz, für Sportboote gesperrt.

127,1 re **Mühlberg**; → Hafeneinfahrt (alter Elbe-Arm) zum ⌂ SV Mühlberg, Abteilung Rudern, ▲, www.empormuehlberg.de . Stadtbesichtigung mit Museumsbesuch lohnend (Schlacht bei Mühlberg).

127,8 li ↓ Dahle.

127,9 re **Köttlitz**.

128,2 Straßen-Ⅱ, li zur B 182, re nach Mühlberg.

130,6 re altes Bollwerk.

133,9 re **Altbelgern**.

135,0 re **Stehla**.

137,5 re **Tauschwitz**.

139,6 li Einfahrt Hafen Belgern.

140,5 Gierfähre, am rechten Ufer verankert; li **Belgern**, 🚐, ✕. Am Markt sehenswerter Roland.

146,1 re → alter Elbarm.

147,3 li Pumpwerk.

149,5 re **Pülserda**.

153,0 re **Werdau**, schöner Vorblick auf Torgau.

154,1 li ← Hafen Torgau.

154,5 Straßen-Ⅱ B 87, li **Torgau**, 🚐, Schloss Hartenfels, ★.

154,9 li Schiffsanleger.

155,1 li ⌂ Turn und Sportverein Blau-Weiß Torgau, Abt. Rudern, ▲, ☎ 03421/4907 oder 4677.
155,2 li ⌂ Torgauer Kanu Club e.V., ▲, *DKV-Kanustation*, Pestalozziweg 14, 04860 Torgau, ☎ 015204672121, www.kanu-torgau.de .
155,5 EB-II.
155,6 bis 156,6 Wasserskistrecke.
157,3 li **Repitz**.
168,5 bis 169,5 Wasserskistrecke.
169,4 re ⌂ Wasserwanderfreunde Prettin, ▲, Hirschmühlenweg, 06922 Prettin.
171,6 li ↓ Weinske (auch Schwarzer Graben genannt).
172,6 Gierfähre, re von der Strommitte verankert, li **Dommitsch**, Fährhaus, sehr kanufreundlich, Wasser, Dusch-Möglichkeit, ✕, 🚌. re nach **Prettin**.
173,6 re in 1 km ▲ Tourismuszentrum Prettin am Kiesloch, ☎ 0151/16676870, www.prettin.de .
177,0 li **Wörblitz**.
178,6 li **Greudnitz**.
183,5 li Weg nach **Priesitz**, ★: Schifferkirche mit sehenswertem Altar.
184,8 Gierfähre, verankert in Nähe des linken Ufers, li Fährhaus, ✕, ▲-Möglichkeit. li **Bad Pretzsch**, 🚌, ★: Schloss und Park. li ↓ Pretzscher Bach. re **Mauken**.
190,3 re **Klöden**, Rastplatz.
194,3 ↓ Klödener Riß (alter Elbearm, bei HW bis kurz vor Klöden ≋, oberhalb Klöden NSG).
194,4 bis 196,5 Wasserskistrecke.

Mittelelbe

198,6 re ↓ Schwarze Elster (s. DKV-Gewässerführer OST).
200,3 Gierfähre, nähe li Ufer verankert, und Personenfähre. re **Elster**, ✕, 🚌, li **Wartenburg**.
200,6 re ⌂ mit ▲ KV Harmonie Elster/Elbe e.V., *DKV-Kanustation*, Elbstraße 9 P, 06918 Elster/Elbe, ☎ 035383/21444, www.kv-harmonie-elster.de .
202,0 bis 205,5 li Ufer NSG.
202,4 re ↓ Zugbach.
205,3 re **Gallin**, ✕.
205,5 li ↓ Wartenburger Riß (alter Elbearm), Befahrung gesperrt, NSG.
210,0 re ↓ Hohndorfer Rinne, ≋ nur bei MW und HW.
212,6 re ⌂ Ruder-Club Wittenberg, ▲, ☎ 03491/403125, www.ruderclubwittenberg.de .
213,0 re ⌂ WSG Wittenberg 1962 e.V., ▲, *DKV-Kanustation*, Dresdner Straße 175, 06886 Wittenberg, www.wsg-wittenberg.de , von hier aus günstiger Weg zum 🚌 und zur Stadt.

213,7 Straßen-Ɪ B 2.

213,8 EB-Ɪ.

214,0 re Lutherstadt **Wittenberg**, 🚆, DJH. ★ Luther-Gedenkstätte, Melanchton-Haus, Cranachhöfe, Schlosskirche, Stadtkirche, Naturkundemuseum, Hundertwasserschule.

214,1 li Pegelturm.

214,7 li Einfahrt ▲ Marina-Camp Wittenberg, Brückenkopf 1, 06888 Pratau, ☎ 03491/4540, www.marina-camp-elbe.de .

216,4 re Hafen Wittenberg. Schiffsanlegestellen.

216,5 re Wasserschutzpolizei-Station.

216,7 re Schiffsanleger.

220,1 re Hafeneinfahrt Stickstoffwerk, für Sportboote gesperrt, **Piesteritz**.

224,0 re **Apollensdorf**; Griebower Berge.

224,0 bis 225,0 Wasserski- und Jet-Strecke.

229,0 re **Griebow**, 🚆.

235,9 ⌂ Kanu-Verein Coswig/Anhalt, ▲, *DKV-Kanustation*, Hinter der Elbfähre, 06869 Coswig/Anhalt, ☎ 034903/62220, nur Donnerstag ab 18 Uhr.

236,1 ⌂ MC Coswig.

236,3 Gierfähre Coswig, nähe re Ufer verankert; li 🍴 und Weg zum Wörlitzer Park (6 km).

236,6 re Einfahrt Seglerhafen Coswig.

237,0 **Coswig (Anhalt)**, Schiffsanleger, 🚆, 🍴, ★ Schloss, Rathaus, historischer Stadtkern.

237,3 DJH.

240,1 re Rastplatz.

243,5 bis 244,5 li Uferbetretungsverbot (NSG).

244,0 li ↓ Fließgraben, wegen NSG von ↓ bis 2 km oberhalb gesperrt.

245,0 li **Vockerode**, ehemaliges ϟ, li Rastplatz.

245,2 li Motorbootliegeplatz, ⌂ und ▲ der SG Turbine Vockerode, ☎ 015150183333.

246,5 Autobahn-Ɪ A 9 Berlin–Nürnberg.

248,2 Kliekener Au, Rastplatz li.

249,5 Elbdurchstich, bei Pegel Wittenberg größer 3 m offen.

250,4 re ↓ Alte Elbe.

250,5 = 252 Kilometersprung durch Elbbegradigung

252,7 re Schlangengrube.

257,6 Straßen-Ɪ, re **Roßlau**, 🚆, Hafen.

257,8 re ↓ Rossel (s. DKV-Gewässerführer OST), EB-Ɪ.

258,0 Schiffsanleger; re ⌂ SV F. Ll. Jahn, Roßlau, Kanuabteilung; ⌂ Roßlauer Paddlerverein, Sachsenbergstraße, 06862 Roßlau, danach Schiffswerft.

258,3 re Werfthafen.

259,2 li ⌂ Wassersportfreunde Rodleben, *DKV-Kanustation*, Kleine Mückenberge 8, 06844 Dessau, ▲.

259,6 li ↓ Mulde (s. Seite 533).

260,0 li ↓ Mulde-Flutgraben
260,4 Dessau-Wallwitzhafen; darin WSC Wallwitzhafen Dessau e. V. Bis km 263 Motorboot-Rennstrecke.
261,2 li ⌂ Junkers Paddelgemeinschaft, *DKV-Kanustation*, Am Leopoldshafen, 06846 Dessau, danach Seesportverein Dessau e. V., ▲, Übernachtungsmöglichkeit.
261,5 li Zielturm und ← Leopoldshafen, **Dessau**, ⛟. ★: Bauhaus und Meisterhäuser, Naturkundemuseum, Gartenreich Dessau-Wörlitz mit Georgium, Luisium, Landschaftsgarten Großkühnau, Mosigkau, Wörlitzer Anlagen.
261,6 li ✕ „Kornhaus", Schiffsanleger.
261,9 li Schiffsanleger.
263,0 re Rastplatz.
264,2 re **Rodleben**, Industriehafen.
268,2 Personenfähre, re **Brambach**, ✕, Rastplatz.
269,4 re ⌂ und ▲ Wasserwanderer Schlangengrube Dessau-Roßlau, Am Dorfplatz 6 (Rietzmeck), 06862 Dessau/Roßlau, ☎ 034901/598700, www.elbufercamp.de , re **Rietzmeck**.
270,0 li und re Rastplatz.
274,8 li Hornhafen Aken, für Sportboote gesperrt, Schiffsanleger.
275,0 Gierfähre, re von der Strommitte verankert, li **Aken**; ★ Nikolaikirche, mittelalterische Stadtanlage, Heimatmuseum.
Von km 275,0–289,8 re und 278,5–290,8 li Uferbetretungsverbot, außer in Ortslagen, NSG.
276,0 li ⌂ RC Aken, ▲, Am Ratswerder, 06385 Aken, ☎ 034909/86764, www.rc-aken.de und ⌂ Kanuclub Aken, ▲.
276,4 ⌂ Köthener Kanu-Club, ▲, *DKV-Kanustation*, Am Ratswerder, 06385 Aken, ☎ 0179/3701622, www.koethenerkanuclub.de .
277,4 li ← Hafen Aken.
280,1 re **Steckby**, Rastplatz, Naturschutzstation.
286,7 re Sportboothafen.
287,2 Gierfähre; li von der Strommitte verankert, li **Breitenhagen**, Rastplatz; re **Tochheim**.
287,3 li Schiffsanleger, Schiffs- ✕ Museumsschiff Marie-Gerda.
290,8 li ↓ Saale (s. Seite 504).
291,4 Gierfähre, re der Strommitte verankert, li ⌂ SSV Blau-Weiß 04 Barby, ▲, *DKV-Kanustation*, An der Fähre 5, 39249 Barby/Elbe, ☎ 039298/28324.
293,5 li Schiffsanleger, **Barby**, ⛟, ★ Barock-Schloss, Marienkirche.
294,1 EB-Ⅱ.
295,5 li ← Hafen Barby.
296,4 re ↓ Nuthe (s. DKV-Gewässerführer OST), Einfahrt verboten, NSG.
300,0 re **Dornburg** (landeinwärts), ★ Barockschloss, li „Am Kuhsand".

300,7 re → Dornburger Alte Elbe,

> 0,0 Abzweig von der Elbe bei km 300,7. Frei für Sportschifffahrt
>
> 2,5 Pretziner ▬. Dieses ▬ führt zu einem Umflutkanal um Magdeburg und wird bei starkem HW geöffnet. Die dann abfließende Wassermenge erreicht erst bei Lostau (km 336,7) wieder die Elbe.
>
> 3,0 Ende Steinhafen, hier ▲ Campingplatz Steinhafen, ☎ 039200/51585, www.pretzien.de und ⌂ SV Eintracht Gommern, ▲, *DKV-Kanustation*, Steinhafen, 39245 Pretzien, www.eintracht-gommern.de .

302,7 li Schiffsanleger, Rastplatz, **Glinde**.

304,0 bis 306,0 Wasserskistrecke.

304,5 re **Ranies**.

307,0 bis 309,0 Wassermotorradstrecke.

309,5 li Buschhaus.

309,8 li Schönebecker SC, Abt. Kanu, ⌂ Delphin, Buschweg 5, 39218 Schönebeck, ▲, ☎ 03928/403061.

310,0 ✕ in altem Schiff.

310,4 Straßen-Ⅱ B 246n Umgehungsstraße im Bau, Fertigstellung 2012.

311,5 li Schiffsanleger, **Grünewalde**, ✕.

311,8 Straßen-Ⅱ B 246a Elbenauer Straße, 50 m davor li ⬇⬆ an alter Fährstelle, li **Schönebeck**, 🚂; Gradierwerk und ältestes Solebad Deutschlands im Ortsteil Bad Salzelmen, re Grünewalde. Schiffsanleger.

313,8 li ⌂ SG Lok Schönebeck, Alt Frohse, 39218 Schönebeck.

314,4 li ▲ Wasserwanderrastplatz Henning, ← Hafen Frohse, Yachthafen, Burgwall 2a-b, 39218 Schönebeck, ☎ 0391/4082435, www.wsz-henning.de .

315,0 - 316,0 Jetstrecke

317,0 bis 334,0 re und li **Magdeburg**.

317,9 li ⌂ Segelclub Westerhüsen.

318,0 Gierfähre **Magdeburg-Westerhüsen**, nähe linkes Ufer verankert.

318,2 li ⌂ und ▲ Westerhüser Wassersportclub Magdeburg e.V.

319,0 li **Magdeburg-Salbke**.

319,5 li ⌂ Segelclub Sturmvogel Magdeburg e. V.

319,8 li ↓ Sülze.

320,4 re ↓ Mönchsgraben (alter Elbe-Arm).

321,0 li **Magdeburg-Fermersleben**.

322,0 li Segelhafen, dort ⌂ und ▲ WSV Buckau-Fermersleben e.V., Kanu-Abteilung, *DKV-Kanustation*, Elbweg 2, 39122 Magdeburg, www.wbf-magdeburg.de .

322,2 - 323,0 Wasserskistrecke.

322,9 re → Alte Elbe, in 800 m ▬, **X**.

Alte Elbe

5,5 Abzweig von der Elbe, bei NW genau auf die Fahrrinne achten, evtl. versandet. re ⌂ Segelverein WSG „Alte Elbe“, ▲.
5,2 re ⌂ SG Empor Magdeburg, ▲, Seestraße, 39114 Magdeburg.
5,0 li ⌂ SC Magdeburg (Rudern).
4,7 li ⌂ Wassersportverein Lok Magdeburg, ▲ *DKV-Kanustation*, Seilerweg 9, 39114 Magdeburg.
4,6 re ⌂ KC Falke, ▲, Seestraße 27, 39114 Magdeburg, ☎ 0391/8113999.
4,5 re Kanu-Club Börde Magdeburg, ▲, *DKV-Kanustation*, auch für Wohnwagen, Seestraße 26, 39114 Magdeburg, ☎ 0391/857786, www.kanuklub-boerde.de .
li Magdeburger Ruder-Club, ▲, Seiler Weg 5, 39114 Magdeburg, www.magdeburger-ruder-club.de .
4,4 ■, X, Sog, re ⩮, jedoch beachten: Bei normalen und niedrigen Wasserständen ist eine Weiterfahrt nicht zu empfehlen. Bei hohen Wasserständen ist es empfehlenswert, den leichteren Weg über den Hauptstrom der Elbe (Stromelbe) zu nutzen. Interessant ist dann die sogenannte Inselfahrt, bei der die Stromelbe abwärts und dann die Alte Elbe aufwärts gefahren wird. Ganz Verrückte machen es auch mal umgekehrt.
4,3 Wege-Ɪ, li Rotehornpark, re **Magdeburg-Cracau**.
3,1 EB-Ɪ (außer Betrieb).
2,9 Straßen-Ɪ Brückstraße (Anna-Ebert-Brücke).
2,3 ■-Schwelle, evtl. ⩮ erforderlich.
1,9 2 Straßen-Ɪ B 1 Markgrafenstraße.
1,3 re Elbauenpark mit Jahrtausendturm.
0,2 EB-Ɪ.
0,0 ↓ in die Elbe bei km 329,6.

324,0 Personenfähre, li ✕, Hafeneinfahrt, ⌂ RVgg Alt Werder (Rudern).
re ⌂ USC Magdeburg (Rudern), ▲.
325,1 Straßen-Ɪ Sternstraße (Stern-Brücke), für Kfz nur öffentlicher Nahverkehr zugelassen.
li Lichtsignalanlage für die Schifffahrt zur Passage des Domfelsens, Einbahnverkehr, (gilt nicht für Sportboote). Bis km 327 nicht anlegen!
re Stadthalle und Museumsschiff (Radschlepper), ✕.
325,5 EB-Ɪ (Hub-Brücke, technisches Denkmal, außer Betrieb).
325,9 li Domfelsen, re fahren.
Magdeburg: ⛫, ★: 1200-jährige Dom, romanisches Kloster Unser Lieben Frauen, Johanniskirche, Elbauenpark, Hundertwasserhaus, Museen, Rathaus, Zoo.

326,5 Straßen-Ⅱ Ernst-Reuter-Allee (Strom-Brücke).
326,6 li Pegel Strombrücke, danach li mehrere Schiffsanleger.
327,3 re Lichtsignalanlage für Fahrwasserenge (s. 325,1)
re → Zollhafen; hier ⌂ Sportclub Magdeburg e.V., Kleiner Werder 5, 39114 Magdeburg, ☎ 0391/5410779.
327,7 2 Straßen-Ⅱ B 1 Markgrafenstraße.
328,0 –328,5 li Schiffsanleger.
329,4 EB-Ⅱ.
329,6 re ↓ Alte Elbe (s. km 322,9).
329,9 li Einfahrt Handelshafen.
330,1 Wege-Ⅱ Herrenkrugstraße, re Herrenkrugpark und Weg zum Elbauenpark, Straßenbahnendstelle in 500 m.
332,8 li Einfahrt Industriehafen.
333,2 li Pegel Rothensee.
333,3 Schiffswendeplatz „Elbreede", li **Magdeburg-Rothensee**.
333,6 li ↓ Abstiegskanal vom Mittellandkanal (s. Seite 591).
336,7 re ↓ Ehle, Befahrung verboten (s. DKV-Gewässerführer OST), und Umflutkanal (s. km 300,7).
336,9 re **Lostau**.
337,2 re ↓ Alter Elbarm.
338,0 re Weinberg, früher hier Weinanbau.
338,6 Autobahn-Ⅱ A 2.
339,1 re **Hohenwarthe**, Schiffsanleger, ✕, Rastplatz am Radweg.
339,6 Ⅱ des Mittellandkanals über die Elbe, Bestandteil des größten Wasserstraßenkreuzes in Europa.
340,0 re Rastplatz mit ▲, ✕, www.waldschaenke-hohenwarthe.de .
342,0 bis 342,8 re Naturschutzgebiet.
343,7 re → zum Elbe-Havel-Kanal über □ Niegripp, (s. Seite 594), stromab erfolgt die Einfahrt bereits bei 343,5
li Einfahrt in Sandgrube.
345,5 re und li Rastplätze. li **Heinrichsberg**, ✕, re **Niegripp**, ✕.
346,1 re ↓ ehemaliger Ihle-Kanal, für Sportboote gesperrt.
350,3 li ↓ Ohre (s. DKV-Gewässerführer OST).
350,7 Wagenfähre; li **Rogätz**, ✕.
351,2 li ⌂ SC Kanu Rogätz, ▲, *DKV-Kanustation*, Steinortstraße 41a, 39326 Rogätz, ☎ 039208/24634.
352,0 li Rastplatz.
354,2 li Kiesgrube.
356,5 re **Blumenthal**, Rastplatz.
358,0 li **Kehnert**.
362,1 li **Sandfurth**, Kobbelsche Berge.
363,9 li **Ringfurth**.
367,5 li Der Polten.
367,7 li „Das düstere Loch".

371,5 re → des Pareyer Verbindungskanals zum Elbe-Havel-Kanal (s. Seite 595), dort □ und 3 km oberhalb Nebengewässer in Richtung Derben und Parey. Im Abzweig **Parey** ▲ des WSV Parey/Elbe, ☎ 039349/51579. Nach 3,5 km ↓ in den Elbe-Havel-Kanal bei km 351,1.
li **Bittkau**.

373,0 li Rastplatz, ▲ Kellerwiehl in 500 m (hinter dem Deich), ☎ 039362/81610, www.kellerwiehl.de .

374,0 re **Derben**.

374,3 re ↓ der Bagger-Elbe (gesperrt).

375,0 Wagenfähre Ferchland–Grieben, re **Ferchland**, ✕.

376,5 bis 377,5 Wassermotorradstrecke.

379,3 li **Schelldorf**.

381,5 bis 385,0 li und re NSG Bucher Brack - Bölsdorfer Haken, anlegen verboten. Nebengewässer wegen NSG gesperrt.

382,5 re abgelegen **Jerichow**, roman. Klosterkirche, ★.

384,0 re ↓ Alte Elbe, *wegen NSG gesperrt*.

384,8 li ↓ Altarm „Bölsdorfer Haken“, *gesperrt*.

388,2 li **Tangermünde**, ✕, 🚌; ★ Kleinstadt mit gotischem Rathaus, Fachwerkbauten, Museum zur Stadtgeschichte, mittelalterliche Burganlage, Stadttore und Stadtbefestigung, Backsteingotik.
← Hafeneinfahrt, Pegelturm, im Hafen ↓ Tanger (s. DKV-Gewässerführer OST); 700 m aufwärts ⌂ Tangermünder WSV, ▲, ☎ 039322/2320 und ⌂ Tangermünder RC, ▲, Stendaler Straße 55 b, 39590 Tangermünde, ☎ 039322/2409, www.tangermuender-ruderclub.de .
re **Fischbeck**.

390,9 Straßen-Ɪ B 188.

393,3 li **Hämerten**, Dorfkirche aus Feldsteinen, ★.

394,0 re **Schönhausen**.

394,6 2 EB-Ɪ.

396,1 li Pegelanlage Storkau.

396,2 li **Storkau**, ★ Park-Schloss, re **Hohengöhren**.

398,4 li **Billberge**, NSG.

399,0 re ↓ alter Arm, teilweise verlandet.

400,0 re **Lübars**.

402,3 Gierfähre, rechts von Strommitte verankert.

402,9 li Schiffsanleger, **Arneburg**, Kleinstadt; ✕, ★ romanische Kirche mit schönem Barockaltar, Museum, Aussicht vom Burgberg.

403,4 li ← Hafen, Yachthafen Arneburg, ▲.

407,0 li **Dalchau**, ↓ Altar.

410,0 re **Schönfeld**, li Kernkraftwerk Stendal, nicht fertiggestellt, Industriegebiet.

411,1 li Hafen, li Altenzaun.

416,1 Gierfähre, re von der Strommitte verankert, und freifahrende Fähre, li Fährkrug, ✕.
re **Sandau**, ⌘, Kirchenruine, im Zweiten Weltkrieg zerstört.

422,2 Gierfähre Havelberg, li von der Strommitte verankert, li **Räbel**.

422,8 re ↓ der Unteren Havel-Wasserstraße, in 1 km □ Havelberg (s. Seite 462) und durch die □ 3 km nach **Havelberg**.

427,8 re ▬ Quitzöbel. Am ▬ re ⌓ zur Havel möglich, aber beschwerlich.

429,3 li Weg nach **Werben**, ★: Salzkirche, Johannis-Kirche, Elbtor.

430,4 li Hafen Werben, li Rastplatz.

431,3 alte Havelmündung „Havelort“, verlegt nach km 438,0.

438,0 re neue ↓ Havel (Gnevsdorfer Vorfluter, s. Seite 462), **Gnevsdorf**.

439,0 re **Rühstädt**, ✕. Schloss, Park, Storchenhof, ★.

441,8 *bis 474,5 li Naturschutzgebiet, li ganzjähriges Uferbetretungsverbot außer 459,5–460,0 und 464–465,5 sowie in Ortslagen.*

444,0 li **Scharpenlohe**.

445,8 re kleiner Hafen, große Feriensiedlungen im Wald.

446,0 re **Sandkrug**, Rastplatz.

445,8 re Bälower Haken (Landeswasserstraße), **Bälow**, Rastplatz.

448,7 re **Hinzdorf**, Rastplatz, Bootsanleger und Rampe, ✕.

450,8 li ↓ Alte Elbe, li **Steinfelde**.

453,8 EB-Ⅱ.

454,9 re → in Hafen Wittenberge; im Hafen nach li ▲ auf der Wiese des Yachthafens. Nach re etwa 2 km zum ⌂ Wassersportverein Wittenberge, ▲, Dorfstraße 12, 19322 Wittenberge OT Garsedow, ☎ 03877/403096. Hier auch ↓ Stepenitz und ↓ Karthane (s. DKV-Gewässerführer OST).
Wittenberge: ⌘, ✕, Museum mit Nähmaschinenausstellung, ★.

456,3 Straßen-Ⅱ B 189.

460,0 li Rastplatz, **Wahrenberg**, ✕.

464,0 re **Müggendorf**, Rastplatz.

469,5 re **Cumlosen**, Hafen, Yachthafen.
re Rastplatz.

471,3 re **Jagel**.

473,0 re **Lütkenwisch**.

474,6 Fähre, li **Schnackenburg**, ✕, Kleinstadt, ★. Hafen. li ↓ Aland (s. DKV-Gewässerführer OST).

475,0 bis 484,0 re Naturschutzgebiet, anlegen verboten.

476,0 re Übersetzmöglichkeit zur Löcknitz.

481,5 li **Elbholz**.

484,6 Fähre, re Hafen Lenzen, Rastplatz. Auf guter Straße kann in 1,5 km Entfernung die Löcknitz erreicht werden.

486,0 li 2 hohe Sendemasten.

487,2 re Bootshafen „Mödlicher Hafen“.

487,2 –489,2 Wasserskistrecke.

488,0 li **Vietze**, ✕.

489,6 li ↓ Seege (s. DKV-Gewässerführer OST).
489,9 re **Mödlich**.
491,9 li **Gorleben**, ✕; re **Wootz**, Rastplatz.
493,0 li ↓ Gorlebener Haken, dort in 900 m △ am Yachthafen.
495,0 li **Laase**; re **Kietz**.
496,9 re **Unbesandten**.
497,8 li Gripeler Haken, re **Besandten**.
500,6 li **Langendorf**.
501,0 re **Gaarz**.
502,3 re ↓ der Alten Löcknitz.
503,9 Beiderseits Reste einer zerstörten EB-Ⅱ.
504,1 re **Dömitz**, ✕, 🚃. Festung Dömitz und Stadtkern, ★.
re Hafen Dömitz, ↓ der Müritz-Elde-Wasserstraße (s. Seite 439).
505,1 re ↓ Elde.
505,7 Straßen-Ⅱ B 191 Uelzen–Ludwigslust.
509,5 li **Damnatz**, Rastplatz, ✕; Fachwerkkirche, ★.
511,0 re **Rüterberg** mit kleinem Hafen, Grenzdenkmal.
511,5 li **Landsatz**.
513,2 re **Wehningen**; re ↓ Löcknitz (s. DKV-Gewässerführer OST).
515,0 re **Bohnenburg**.

519,7 li **Wussegel**.
522,9 li **Hitzacker**, reizvolles kleines Städtchen. ★; ✕, ⛓,
↓ der Jeetzel (s. Seite 437),
Fähre nach Brandstade-Herrenhof.
Hier beginnt li, die Elbe begleitend, der Steilabfall der waldreichen Göhrde, schöne Wanderungen mit Aussicht auf die Elbniederung.
525,5 -527,5 Wasserskistrecke.
526,5 re **Rassau**.
528,1 li **Tiessau** mit Hafen. In diesem Bereich re mehrere kleine Ortschaften und große Höfe.
528,6 li **Tiemesland**, re **Privelack**.
529,5 li Aussichtsturm Kniepenberg auf dem Steilufer.
530,0 li **Drethem**.
531,7 li **Glienitz**, re **Pommau**.
532,3 li **Schutschur** mit der Gr. Lissa.
533,0 re **Vockfey**.
533,5 –535,5 Wasserskistrecke.
534,5 li ▲ Campingplatz Elbufer, Elbuferstraße 141, 29490 Neu Darchau, ☎ 05853/256, www.campingplatz-elbufer.de , li **Klein Kühren**.
536,4 Fähre; li **Neu-Darchau**, ✕; re **Darchau**. li Sportboothafen.
538,0 re **Popelau**, **Konau**.
541,0 re **Viehle**.
543,3 li ← Hafen. li **Alt-Garge**. Ende der Geest-Höhen. re **Neu-Garge**, Marina.
545,2 re **Stiepelse**.
549,9 Fähre, li **Bleckede**, freundlicher Ort, ✕, li im Seitenkanal Hafen, Fähranleger nach **Neu-Bleckede** (re); 1 km aufwärts ⌂ Bleckeder Bootsklub, ▲-Möglichkeit.
550,0 bis 553,0 li NSG, li Anlegeverbot.
552,3 –554,0 Wasserskistrecke.
553,0 li **Heisterbusch**.
554,9 li **Radegast**, ein langgestrecktes Deichdorf, ▲ Campingplatz Hein & Hein.
557,0 li hinter dem Deich **Brackede**, re alte ↓ der Sude.
559,5 re **Boizenburg**, ★ Kleinstadt, Rathaus, Wallanlage.
Im Hafen ↓ von Sude und Boize (s. DKV-Gewässerführer OST), Schiffswerft. Ab hier re der Höhenzug „Vierberge".
562,3 li Yachthafen, li ▲ Campingplatz Grünendeich, Grünen Deich 2, 21354 Bleckede, ☎ 05857/248, www.campingplatz-gruenendeich.de , li **Wendewisch**.
563,7 li **Barförde**.
566,0 –569,0 Lauenburger Elbvorland, ganzjähriges Uferbetretungsverbot.
567,8 li **Sassendorf**.
568,9 EB- und Straßen-𝕀 B 209 Hafenstraße, li **Hohnstorf**, Pegel.
569,2 re ↓ des Elbe-Lübeck-Kanals (s. Seite 601) mit Werftanlagen Hitzler. ⛓ 3 Min.

569,3 re **Lauenburg**, schöne alte Stadt ★. Schöner Blick von den Höhen. ★: Elbe-Schifffahrt-Museum.
569,7 li ▲ Campingplatz Hohnstorf, ☎ 04139/6640, re Steilufer bis Geesthacht.
570,0 re ⌂ Rudergesellschaft Lauenburg.
570,5 –578,0 re Ufer und Uferhänge Anlandeverbot (NSG) ganzjährig. Ausnahme Trittstein bei km 572.
572,9 li ← in den Elbe-Seiten-Kanal (s. Seite 600), nach 4,2 km (bei km 111), re ⌂ in Gewässer Winsener Marsch (s. Seite 435), dann weitere 8 km nach Barum, Kanu-Wander- und Ferienheim.
573,6 li **Artlenburg**.
574,5 li Yachthafen und ▲ Camping, Am Deich, 21379 Artlenburg, ☎ 04139/7040.
576,0 li ▲ Camping Im Piepensack, Deichstraße Ost 15, 21395 Avendorf, ☎ 04176/948883, www.frank-funke.eu .
578,0 re ▲ Hohes Elbufer, Strandweg 35, 21502 Geesthacht/Tesperhude, ☎ 04152/4639.
578,9 li **Tespe**, re **Tesperhude**.
580,5 KKW Krümmel**!** Querströmung durch Zufluss von Kühlwasser.
582,0 re Pumpspeicherwerk der Hamburger Elektrizitätswerke.**!** Wegen Querströmungen am Werk rechtzeitig vorher entlang dem li Tonnenstrich fahren**!** li **Obermarchat**.
582,3 re ⌂ KC Geesthacht, *DKV-Kanustation*, Elbuferstraße 39, 21502 Geesthacht, ☎ 01577/3489824, www.kanu-club-geesthacht.de .
583,2 re **Geesthacht**, Bus nach Hamburg-Bergedorf. li **Niedermarschacht** Jachthafen, ehemaliger Fährdamm.
584,1 re → des Kanals der □-Anlage Geesthacht vom Hauptstrom der Elbe. Auch Sportboote dürfen nur über diese □ ins Unterwasser.
li Elbe-Hauptstrom. Bei Tage frei bis 585,0 für Kleinfahrzeuge mit eigener und ohne eigene Triebkraft.
584,5 re Hafeneinfahrt Geesthacht.

Tideelbe

585,9 □-Anlage mit Straßen-Ⅱ B 404. Bei Benutzung der Schleuse die Schifffahrtszeichen und Lautsprecheranweisungen der Schleusen-Aufsicht beachten. Sportfahrzeuge fahren beim Schleusen zuletzt ein. Schleusen-Zeiten von 5 bis 22 Uhr. Ab hier Gezeiten.
li ■-Anlage im Elbe-Hauptstrom und Straßen-Ⅱ B 404 Geesthacht. ■-Anlage hat keine Bootsschleppe. ■, **X**, Befahrung lebensgefährlich und verboten, Todesfälle, unbedingt mindestens 900 m (Sperrschilder) entfernt bleiben**!**
587,0 li am Hauptstrom **Schwinde**.
588,0 re ↓ des □-Kanals in den Elbe-Hauptstrom.

588,6 li **Stove**.
589,4 li Sporthafen und ▲ Camping Stover Strand, Stover Strand 10, 21423 Drage, ☎ 04177/430, www.camping-stover-strand.de .
590,0 li **Elbstorf**, Sportboothafen.
590,6 re **Altengamme**.
591,5 li **Drennhausen**.
592,0 re -Stelle zur Dove-Elbe etwa 1 km (s. Seite 430).
593,0 li **Drage**.
593,8 –598,0 re Ufer NSG Deichvorland bei Zollenspieker, nicht betreten.
595,5 li **Laßrönne**, ▲ Camping Laßrönne, ☎ 04179/7448.
596,0 re Wanderhütte Krauel der Niederdeutschen Wanderpaddler.
598,2 re **Zollenspieker**. Pegel.
598,3 Fähre nach Hoopte 599,0.
599,0 li Hoopte. ↓ Ilmenau mit Hochwassersperrwerk, (s. Seite 432). Zum Kanu-Wander- und Ferienheim Barum über ▬ Fahrenholz 20,1 km.
604,0 li **Rosenweide**, ▲-Möglichkeit des HKC.
604,9 li ↓ Seeve (s. Seite 431).
605,6 li **Over**, langgestrecktes Dorf.
607,0 li Auf den Sänden, ▲, ETV, Harb. KC, Overfreunde, WV Süderelbe.
607,2 re **Oortkathen** mit Hafen, dahinter Hohendeicher See, Hamburger Hafen-Grenze!
607,5 Grenze zwischen dem Geltungsbereich der BinSchStrO stromauf und der Hamburger Hafenverkehrsordnung stromab.
608,5 Bunthäuser Spitze, Tonne.
re → Norderelbe zum Hamburger Hafen und zur Alster-↓.
li Süderelbe-Köhlbrand, Umgehung des Hamburger Hafens, ↓ bei km 624,5 in die Unterelbe.

Norderelbe

(Hauptarm der Elbe)

608,5 Teilung der Elbe
609,0 Bunthäuser Spitze.
610,2 re **Hamburg-Neudorf**.
615,0 re ↓ Dove-Elbe mit Tatenberger □.
615,4 Autobahn-Ⅱ A 1.
618,0 re **Hamburg-Rothenburgsort**, → in die Billwerder Bucht und zum Holzhafen, Hochwassersperrwerk mit Ⅱ, dahinter re ⌂ und ▲ der Niederdeutschen Wanderpaddler e.V., Kaltehofe Hinterdeich 1, 20539 Hamburg, ☎ 040/78072606, www.nw-hamburg.de . Vom Holzhafen gelangt man durch die Tiefstack-□ in die untere Bille (s. Kanuwanderbuch für NWD).
618,8 Will man den Freihafen umgehen, so steure man vor den Elbbrücken re in den Oberhafen und weiter in den Zollkanal, werktags viel Verkehr. Dort bei

619,6 re ↓ der unteren Bille mit Brandshofer-□ (s. Kanuwanderbuch für NWD), nach 2,4 km re ⌂ Biller Wassersport Schwalbe.

618,9 Straßen-Ⅱ B 4/B 75 Neue Elbbrücke. Durch die Elb-Brücken gelangt man in den Freihafen (Zoll-Ausland) und weiter zur Alster-↓ (km 622,3)! starker Schiffsverkehr, Wellen, Kaimauern.
Beim Verlassen des Freihafens unaufgefordert an den Zollponton heranfahren.

619,2 EB-Ⅱ, Straßen-Ⅱ Freihafenbrücke.

619,9 re Großmarkt Hamburg.

620,3 EB- und Straßen-Ⅱ.

622,1 li ← des Reiherstiegs zur Süderelbe.

622,2 re ↓ der Alster, (s. Seite 428), 2 □, gebührenpflichtiger Weg nach den ⌂ vieler Hamburger KV und in das Zentrum Hamburgs.
Von hier abwärts hinter den Pontons der Überseebrücke und den Landungsbrücken fahren.
Um in den Reiherstieg zu gelangen hier die Elbe queren. Nach 8 km mit einer □ erreicht man Hamburg-Harburg an der Süderelbe.

622,5 re Übersee-Ⅱ.

623,0 re St.-Pauli-Landungsbrücken. Schifffahrts-Verbindung nach allen Stationen der Unterelbe. Hinter den Ⅱ fahren und auf Barkassen achten!

623,2 re **Altona**. Elbtunnel, Landungs-Ⅱ, danach Fischereihafen, Fischmarkt, England-Fährschiff-Terminal.

625,7 li ↓ Süderelbe mit Köhlbrand.

Süderelbe mit Köhlbrand

(li Neben-Elbarm der Elbe)

608,5 Teilung der Elbe. Die Süderelbe ist der sicherste Weg, den Hamburger Hafen zu umgehen. Sie mündet bei Altona in die Unterelbe im Zuge des Köhlbrandes.

609,0 Bunthäuser Spitze. li **Bullenhausen**, Sportboothafen.

610,0 re Landschulheim Moorwerder, Zelten und Anlegen verboten.

611,9 li Neulander Hafen.

612,0 re Moorwerder, NSG, Heuckenlock-Ur-Auwald.

613,0 Autobahn-Ⅱ A 1.

614,5 li Pionier-Insel, li dahinter liegend am Diamant-Graben ⌂ und ▲, Kanusport Harburg e.V., *DKV-Kanustation*, Schweenssand/Hauptdeich 1, 21079 Hamburg, ☎ 040/7657377, www.kanusport-harburg.de und Harburger Kanu-Club von 1922 e.V., *DKV-Kanustation*, Schweenssand/Hauptdeich 3, 21079 Hamburg, ☎ 040/775332 www.homepage.hamburg.de/harburger-kanu-club/ und ⌂ Ruderclub Süderelbe.

614,6 EB-Ⅱ.

614,7 3 Straßen-Ⅱ Neue Süderelbbrücke B 4, Brücke des 17. Juni und Alte Harburger Elbbrücke, li **Harburg**.

615,0 re ⌂ und ▲, WSV Süderelbe von 1921 e.V., *DKV-Kanustation*, Alte Harburger Elbbrücke 4, 21057 Hamburg, ☎ 040/757606, www.wv-suederelbe.de .

615,1 li □ zum Harburger Hafen.

615,6 re → des Reiherstiegs zur Norderelbe, Reiherstieg-□, 8 km zur Alster-□.

617,6 li ← Alte Süderelbe, Kraftwerk Moorburg (hoher Schornstein), ab hier Köhlbrand, Tonne KS 13. Die „Alte Süderelbe“ ist seit 1962 zwischen Moorburg und dem Mühlenberger Loch eingedeicht und stehendes Gewässer geworden.

618,7 Hub-Ⅱ Kattwykbrücke.

620,7 li Altenwerder Hafenerweiterungsgebiet.

621,5 re → Rethe-↓, führt nach 2,1 km in den Reiherstieg, Norderelbe-Freihafen-Zollvorschriften beachten.

621,7 li Hansaport.

622,0 Straßen-Ⅱ Köhlbrandbrücke, 2 Pylone, Stahlseilkonstruktion, danach li Rugenberger-□. re Klärwerk Köhlbrandhöft.

624,6 ↓ in die Unterelbe bei km 625,7, Tonne KS 1. starker Schiffsverkehr, Wellen!

Unterelbe

Die Unterelbe ist ein für Kajakfahrer sehr interessantes Fahrtengebiet. Trotz der durch die mehrmaligen und jetzt wieder anstehenden Elbvertiefungen, und den damit sich verändernden Uferkanten und Strömungsgeschwindigkeiten bleibt dieses Gebiet ein reizvolles Revier. Es ist für Erstbefahrer ratsam sich bei erfahrenen DKV-Mitgliedern aus dem Unterelbegebiet beraten zu lassen. Die Tideströmung hat in den letzten Jahren erheblich zugelegt. Dadurch baut sich der Wellengang noch höher auf, wenn der Wind gegen die Strömung bläst. Man sollte generell nur anlanden wenn die Schiffswellen ausgelaufen sind. Der Sog der größeren Schiffe ist erheblich und kann gut 10–15 m Wasser wegziehen und mächtig zurücklaufen lassen. Es darf grundsätzlich nur außerhalb der Tonnenlinie gepaddelt werden. Falls man das Fahrwasser queren will hat dieses auf dem kürzesten Weg zu geschehen, nachdem man sich vorher ein Bild über die Schiffsbewegungen gemacht hat. Außerdem fahren die Schiffe heute schneller ca. 30 km/h und der Helgoland – Katamaran das Doppelte. Der kommt aber nur morgens Richtung Helgoland und abends zurück. Aber es ist auch ein Erlebnis wenn man auf der Unterelbe einen Mega-Carrier für bis zu 14.000 TEU Container-Stellplätzen an sich vorbeiziehen sieht. Das sind Dimensionen wie ein 350 m langes und 30 m hohes Wohn- oder Bürohaus. Anlandeplätze mit weißem Sand gibt es bis Brokdorf genügend, weiter abwärts muss man auf Sportbootanlagen an Land gehen.

Gemäß Seeschifffahrtsstraßenordnung sind von See kommend das Fahrwasser Backbord (links) mit roten Tonnen mit geraden Zahlen und Steuerbord (rechts) mit grünen Tonnen mit geraden Zahlen durchgehend nummeriert. Das heißt: Die Rote 2 und die grüne 1 liegen draußen in der Elbmündung und die Rote 122 und die Grüne121 am Hamburger Yachthafen in Wedel. Bei Dunkelheit sollten die Kanuten von der Unterelbe verschwunden sein.

Schallsignale:
1. Langer Ton, 4–6 Sek.: Achtung!
2. Ein kurzer Ton: Ich fahre Steuerbord (re).
3. Zwei kurze Töne: Ich fahre Backbord (li).
4. Drei kurze Töne: Meine Maschine geht rückwärts.
5. Lang-kurzer Ton: Halt! Polizei und Zoll.

626,0 bis re 626,8. Die Autobahn A 7 (westliche Hamburger Umgehung) führt hier als 2. Hamburger Elbtunnel unter der Elbe durch.

626,7 re **Neumühlen**, **Oevelgönne**, ehemaliges Kühlhaus – heute Seniorenresidenz Fähranleger. Direkt hinter dem Museums-Schiff-Hafen ist der erste Landeplatz für Kanuten nach der Durchfahrt des Hamburger Hafens – Sandstrand.

629,0 li ↓ Köhlfleet nach Finkenwerder. Gebäude mit Turm: Lotsenstation.

629,7 li ↓ Steendiek-Kanal.

630,0 re **Teufelsbrück**, kleiner Hafen.

630,7 re **Nienstedten**, ab hier verläuft das Fahrwasser hart am rechten Ufer bis Schulau. Unbedingt eben außerhalb der roten Tonnenlinie fahren. In Ufernähe steigen die Schiffswellen höher auf.

631,8 li Flugzeugwerk „DASA-Airbus".

632,2 li Beginn Mühlenberger Loch. Nur bei genügend hohem Wasserstand ≈. Bei Westwind gefährlich!

632,9 re Mühlenberger Sportboothafen.

633,6 re Sportboothafen Blankeneser Segel-Club.

634,2 re **Blankenese**, malerisch am Abhang gelegen. Anleger, Fährverkehr nach Hamburg und Cranz an der Este,
li betonntes Fahrwasser zur Este-↓, 2,5 km und Hahnöfer Nebenelbe (Bei HW schöne Alternative zum Hauptfahrwasser.).

Hahnöfer Nebenelbe

0,0 Este-↓. An der Sperrwerk-Rampe ⬇-Möglichkeit. Autos aus der HW-Zone entfernen!

3,8 li Hahnöfer Sand bis 7,2. Betreten streng verboten, Strafanstalt.

8,7 li Hafen Neuenschleuse.

11,0 Zusammentreffen mit dem Hauptfahrwasser.

11,4 li alter Fähranleger Wisch, davor guter Rastplatz.

11,8 li ↓ Lühe (s. Kanuwanderbuch für NWD).

634,8 re Leuchtturm, Süllberg (87 m).
635,1 re Falkensteiner Ufer.
⌂ Ring der Einzelpaddler Hamburg, Altonaer Turn- und Sportverein e.V., Kanu & Freizeit und Faltbootgilde Verein für Kanusport e.V., Falkensteiner Ufer 2–4, 22587 Hamburg, ☎ 040/863614 (Mi ab 19 Uhr), www.rde-hamburg.de .
635,8 li Elbinsel Schweinesand-Neßsand. NSG. Betreten, Lagern, ▲ verboten! Durch einen Leitdamm sind Schweinesand, Neßsand und der Hanskalbsand zusammengewachsen bis km 643,5.
636,4 re ⌂ Sport- und Jugendfreizeitzentrum und ▲ Falkensteiner Ufer
637,0 li Radarturm Neßsand.
637,7 re Leuchtturm Wittenbergen und Fähranleger.
638,5 re **Tinsdahl** mit 40 m hohem Leuchtturm am Steilufer.
639,5 re ↯ Wedel. Zufluss von Kühlwasser mit Querströmung, Kaimauer, Widerwellen!
641,0 re **Schulau**, Anlege-⌶, Schiffsbegrüßungsanlage „Willkommhöft". Schulauer Hafen, Fähre nach Lühe, ⬇.
641,1 Strandbad Wedel, schöner Sandstrand, guter Pausenplatz.
641,8 re Tonnenhafen.
642 –658, ganzjähriges Uferbetretungsverbot, Hasseldorfer Binnenelbe ganzjähriges Befahrungsverbot, Anlanden im Bereich Hetlinger Schanze erlaubt. Trittstein vom 15.05. bis 30.09. bei km 656 (Auberg).
642,0 –648,5 rote Tonne 112. Auf dieser Strecke liegen weit in die Elbe reichende Stacks (Auflaufgefahr). Man fährt am besten die rote Tonnenlinie bis zur Roten 112.
642,3 re Yacht- und Segelhafen Schulau mit Radarturm (Höhe über NN 55,10 m). Das Fahrwasser verläuft von Nienstedten bis Schulau hart am re Ufer. Kleinfahrzeuge nur am Tonnenstrich entlangfahren!
645,4 li ↓ der Lühe (s. Kanuwanderbuch für NWD), Fähranleger.
647,1 li Beginn der Elbinsel Lühesand. Die SO-Spitze bis zum ersten Strommast NSG. Auf dem NW-Teil der Insel ist die Gaststätte Blohm mit Campingplatz und Fährbetrieb nach Twielenfleth, www.luehesand.de . Außerdem sind an der Fahrwasserseite die ▲ vom RdE und NW. li geht es in die Lühesander Süderelbe nach Twielenfleth, 4 km.
649,1 li 1. Strommast 230 m auf Lühesand, Grenze NSG. re 1. Strommast Hetlinger Schanze
649,2 re Sportboothafen Haselau, ab hier sehr schöner Sandstrand bis zum 2. Strommast, zum Pause machen auf ganzer Länge freigegeben.
649,8 li ▲ RdE und NW, inseleinwärts Gaststätte Blohm und weiße Sanitär-Container, Trinkwasser.
651,8 li Twielenfleth, ✕, Fähranleger, es folgt Strand bis Bassenfleth.
653,1 re weißer Leuchtturm „Kleiner Kohn".

653,2 re ↓ Dwarsloch, Zugang zur Haseldorfer Binnenelbe, 11,4 km bis zum Sportboothafen Haseldorf. *Die Verbindung auf der Au nach Wedel durch NSG darf nicht mehr befahren werden.*
Abwärts bis Bishorst 4,6 km, weiter bis zur ↓ Pinnau 5,6 km.

653,5 –658,0 befinden sich die zusammengewachsenen Inseln Drommel, Auberg und Bishorster Sand. NSG mit einem Trittstein für uns Kanuten. Einfach zu finden: grüne Tonne 103 und rote Tonne 104 in Linie, das ist der Trittstein. Wenn die kleine Wiese hinter den Weiden vom Haseldorfer Verein gemäht ist, kann hier auch übernachtet werden.

654,0 li ehemaliges KKW Stade.

654,8 li **Stadersand**, Anlegebrücke, ✕, li ↓ der Schwinge (s. Kanuwanderbuch für NWD) mit Hochwasser-Sperrwerk, 500 m aufwärts Bootsanleger bei ⌂ Kanuverein Stade, Stader Sand 17, 21683 Stade, www.kanuvereinstade.de .
Fähranleger, dahinter kleine Strandecke, letzter Rastplatz auf dieser Seite bis Schwarztonnensand.

657,8 re Kreuztonne, zeigt rechts beginnende Pagensander- und Haseldorfer Binnenelbe an. Bis zur ↓ Pinnau 2,1 km, zur ↓ Krückau 6,3 km (Pinnau und Krückau s. Kanuwanderbuch für NWD), Kollmar Hafen und ⌂ ▲ der Elmshorner Wanderpaddler 6,3 km s. km 665,2.
Binnenelbe re Ufer zwischen Pinnau und Krückau NSG, Betretungsverbot, linkes Ufer Pagensand NSG, auch Betretungsverbot, Hier haben wir Kanuten aber 2 Trittsteine: 1. gleich hinter dem Leuchtfeuer Pagen Süd am Ende der Steinpackung und den 2. nach ca. 2,5 km vor der Anlegestelle des WSA Hbg, fällt aber mit ablaufendem Wasser trocken(Schlick).

658,4 –663,3 *re Pagensand, NSG mit 3 Trittsteinen auf der Fahrwasserseite für Kanuten. Der 1. Am Ende der Steinpackung vom Leuchtfeuer Pagen Süd – schöner Sandstrand. Der 2. ca. 500 m hinter dem Radarturm – In der Steinpackung ist ein Übergang für uns gebaut worden, zu erkennen an 2 Eisenstangen mit rotem Kopf. Auf diesen beiden Trittsteinen darf auch mit Zelten übernachtet werden. Der 3. liegt vor dem im Wasser stehenden Leuchtfeuer am Ende der Insel und darf nur zur Rast genutzt werden. Näheres s. www.itzehoer-wasser-wanderer.de* .

659,8 li ↓ Bützflether Binnenelbe nach 400 m Hochwasser-Sperrwerk und der kleine Ort **Abbenfleth**.

660,6 li Grauer Ort, re Radarturm Pagensand 45,3 m über NN.

663,3 li ↓ des Barnkruger Loches, nach Barnkrug 1 km, Assel 3,5 km und Ruthenstrom 6 km.

664,7 –665,2 parallel zum Fahrwasser verläuft ein Leitdamm. In der Mitte steht das Unterfeuer Kollmar. Achtung nur überfahren bei genügend Wasser und wenn kein Schiffsverkehr ist. Brandung am Leitdamm.

664,7 –667 li Schwarztonnensand NSG. Offizielles Anlanden nur an der Nordspitze erlaubt. Übernachten nur ab 1.7. gestattet. Es ist auch möglich bei genügend Wasser links am Schwarztonnensand vorbei zu fahren.

665,2 re Leuchtfeuer Pagen Nord. Ende des Leitdammes. ↓ Pagensander Nebenelbe, nach Kollmar ca. 1,2 km, dort

⌂ Elmshorner Wanderpaddler, *DKV-Kanustation*, Schulstraße 6, 25377 Kollmar, ☎ 04128/620, www.elmshorner-wanderpaddler.de . Bei Hochwasser links vom höheren Anlegerdamm am Strand anlanden, wenn schon schlickig rechts vom Damm an den Stegen oder Slip aussteigen.

667,0 li Ende Schwarztonnensand.

669,1 re Bielenberg/Kollmar, kleiner Hafen.

670,0 li ↓ Ruthenstrom mit Hochwasser-Sperrwerk. Bootswerft Hattecke, Hersteller der Freifall-Rettungsboote. **Drochtersen**.

671,3 re ↓ Kartoffelloch/Glückstedter Nebenelbe. Bis Glückstadt 3 km. Im Hafen nur Landung an den Stegen der Segler vor dem Sperrwerk rechts möglich. Schöner, gemütlicher Ort. Bis zu unserem Trittstein gegenüber des Fähranlegers Glückstadt-Wischhafen ca. 5 km. Guter Rastplatz auch um den Tidenwechsel zur Weiterfahrt auf der Stör abzuwarten.

671,3 –676,5 zieht sich die Rhinplatte hin, ohne Anlandungsmöglichkeit auf der Fahrwasserseite. Man kann am Ende der Rhinplatte im Nebenfahrwasser gegen den Strom zu unserem Trittstein unter der Kante hochfahren. Bis Brokdorf gibt es keine Landemöglichkeit.

671,4 re Radarturm (81 m über NN).

672,2 li Insel Krautsand. Vor dem Fähranleger schöner Sandstrand, letzte Chance am linken Elbufer Pause zu machen, danach nur in Häfen.

674,3 re **Glückstadt**, liegt hinter der Rhinplatte.

676,2 li ↓ der Wischhafener Süderelbe mit Hochwasser-Sperrwerk, re davor Fähranleger Wischhafen–Glückstadt. Hinter dem Sperrwerk Bootsstege vom Segelverein – Landemöglichkeit. Bis Wischhafen 3,2 km, Neuland 4,2 km, Dornbusch 7,5 km, Mühlenhafen und Straße nach Drochtersen 11,5 km. Umsetzen zum Ruthenstrom möglich.

676,5 re Leuchtfeuer Nordspitze Rhinplatte und ↓ der Glückstädter Nebenelbe.

679,3 re ↓ der Stör (s. Seite 424) mit Hochwasser-Sperrwerk.

682,6 li ↓ des Freiburger Hafenpriels, nach Freiburg 2 km, der Priel fällt bei Niedrigwasser trocken.

683,0 re **Brokdorf**, KKW, hoher Leuchtturm, auf Höhe der Kirche direkt hinter Stack saubere Landemöglichkeit, oben an den Weiden Sandstrand.

687,8 re **Scheelenkuhlen**, Leuchtturm.

689,5 re Hafenpriel nach **St. Margarethen**, fällt trocken.

691,7 re KKW Brunsbüttel.

693,2 re Elbehafen **Brunsbüttel**, ca. 800 m Kaimauer, bei jedem Wetter guten Abstand halten, starke Wellenbildung.

695,7 re ↓ des Nord-Ostsee-Kanals, erst alte Doppelschleuse, es folgt die neue Doppelschleuse, die hauptsächlich benutzt wird. Sehr aufmerksam fahren – sehr viele Schiffsbewegungen.

697,0 re unmittelbar hinter dem letzten Molenfeuer des Kanals rechts in den alten Hafen Brunsbüttel – heute nur noch Sportboothafen – einbiegen, denn es ist die letzte Chance für lange Zeit auf dieser Seite anzulegen. Gute ⬇⬆ und ▲-Möglichkeit.

702,7 re **Neufeld**. Priel 2 km, gute ▲-Möglichkeit vor dem Deich. Bei NW schlickig.
Hier beginnt das Neufelder Watt. Zur Weiterfahrt nach Cuxhaven muss spätestens hier die Überfahrt zur Oste angetreten werden, am besten schon von Brunsbüttel aus. Die Elbe hat hier eine Breite von ca. 5 km. Überfahrt nur bei ruhigem Wetter, sonst kann es gefährlich werden.

707,0 li ↓ der Oste (s. Seite 422). Aus der Oste geht der Strom so stark raus, dass man kaum dagegen anpaddeln kann. Bei stärkerem Wind ist diese Strecke überhaupt unpassierbar, erst recht natürlich die Überfahrt von Brunsbüttel. In der Oste Hochwasser-Sperrwerk 3 km, nach Neuhaus 6 km.

712,6 li ↓ Medem (s. Kanuwanderbuch für NWD). Durch Pricken und Stangen gekennzeichnetes Fahrwasser, daneben sofort flach. Im Deich □. Dahinter re zur Medem und li zum Hadelner Kanal – Verbindung zur Weser (s. Seite 421).
Vor der □ re guter Seglersteg zum Anlanden.

716,0 re auf hohem Watt Medemsandinsel. Nur 2 Std. vor bis 2 Std. nach HW zu erreichen.

719,8 li Hafen Altenbruch.

720,5 li Grodener Hafen, 🚆 Altenbruch(Strecke Hamburg- Cuxhaven). ▲ besser als in Cuxhaven.

724,0 li **Cuxhaven**, Leuchtfeuer an der Alten Liebe, Einfahrt zum Fischereihafen, Steubenhöft, davor Einfahrt zum Yachthafen.

726,0 li Rampe an der südlichen Buhne des Cuxhavener Badestrandes. Gute Landmöglichkeit.

727,2 li Kugelbake. Letztes Ansteuerungszeichen an Land.

727,7 Seewärtige Begrenzung der Binnenwasserstraße Elbe, Fortsetzung als Außenelbe (hier nicht beschrieben).

769,4 Leuchttonne Elbe, ↓ der Elbe in die Nordsee.

Hadelner Kanal (Elbe-Weser-Kanal)

Der Schifffahrtsweg Elbe-Weser oder auch Hadelner Kanal stellt eine küstennahe Verbindung von Unterelbe und Unterweser dar. Geringer Schiffsverkehr. Schleusen sind gebührenpflichtig. Keine Strömung. Die angrenzenden Seenplatten (Halemer-, Dahlemer-, Flögelner- und Bederkesaer See) sind gesperrt, NSG. Die Fahrt auf der

Unterelbe bzw. der Unterweser ist stark vom Wetter abhängig. Eine genauere Beschreibung findet sich in „Kanuwanderbuch für NW“.

0,4 ← aus der Medem (1,2 km bis Medem–↓ in Elbe bei km 712,6).
0,7 □ Otterndorf.
2,0 ⌂ des TSV Otterndorf, Ruder-Abteilung.
20,0 Ɪ **Odisheim**, ✕.
28,2 re → in den Kanal zum Flögelner-, Halemer- und Dahlemer See. z. Z. NSG ✕.
32,4 re **Bederkesa**, ★, li ← Bederkesaer See, NSG.
32,6 li ⌂ und ▲ des WSV Bederkesa, Am Kanal, 27624 Bederkesa, www.wassersportverein-bederkesa.de .
33,1 Straßen-Ɪ Bederkesa.
33,3 re ▲ Campingpark Bederkesa.
35,0 Littiger □, ⩳ S 2.
43,6 li ↓ in Geeste (s. Kanu-Wanderbuch für NWD).
53,7 Schiffdorfer-Stau-□ (offen), ✕.
54,7 Autobahn-Ɪ A 27.
56,2 Bremerhavener Tidesperrwerk, □, re Sportbootanleger, Schleusungen gebührenpflichtig, jede volle Stunde bis 20 Uhr. Ab hier Ebbe und Flut. Die untere Geeste fällt bei NW weitgehend trocken. Außer bei den Vereinen keine Landemöglichkeit.
56,5 Straßen-Ɪ Stresemannstraße, li ⌂ Bremerhavener Ruderverein.
57,5 Straßen-Ɪ Autobahnzubringer.
58,5 Fußgänger-Ɪ Geestheller Damm.
59,4 re ⌂ WV Frohe Fahrt,, Uferstraße, 27568 Bremerhaven, www.frohe-fahrt.de , danach WV Neptun und WV Geeste.
60,0 li vor Straßen-Ɪ ⌂ und ▲ KV Unterweser, Ludwigstraße 1, 27570 Bremerhaven, www.kvu-bremerhaven.de , 15 Min. bis zum Bahnhof, 2 Min. bis Innenstadt **Bremerhaven** mit Fußgängerzone, zwischen den Brücken tidenunabhängiger Schwimmsteg.
60,4 Kennedy-Ɪ mit Sturmflutsperrwerk. Vor der ↓ li Doppel-□ zum Fischereihafen, 2,5 km bis zum ⌂ des WV Wulsdorf re am Hafenbecken, von dort ⩳-Möglichkeit in Alte Lune.
61,0 ↓ in die Unterweser bei km 65,5, befeuerte Molen. Bei Ein- und Ausfahrt starker Stromzug und starker Schiffsverkehr!

Oste

Wanderfluss — Mündung in Unterelbe (li Nebenfluss)

Die Oste ist in ihrem Oberlauf ein landschaftlich reizvoller Fluss zwischen Heide- und Moorland, unterhalb Bremervörde verläuft sie als eingedeichter Schifffahrtsweg unter Tideneinfluss durch breites Marschland. Keine besonderen Schwierigkeiten.

Befahrungsregeln: *von km 0 bis km 14,9 in der Zeit vom 01.03.-15.07. gesperrt. Von km 0 bis 63,3 (Bremervörde) ist die Befahrung mit Flößen verboten.*

Befahrbarkeit: Ganzjährig ≋ ab Weertzen, km 19,7.

0,0 **Burgsittensen**, ⬇ nur bei HW; Folgestrecke bis km 14,8 s. Kanuwanderbuch für NWD.
14,8 Straßen-Ⅱ Kuhmühlen–Volkensen, gute ⬇, Parkmöglichkeit.
19,3 Straßen-Ⅱ Weertzen–Rüspel.
19,7 **Weertzen**, Straßen-Ⅱ, gute re ⬇. li Badeteich.
21,0 EB-Ⅱ:, davor und dahinter mehrere Wälle prähistorischer Burgen.
22,1 re ↓ Knüllbach, es folgen 3 Wege-Ⅱ.
24,6 **Heeslingen**, Wege- und Straßen-Ⅱ.
Großes altes Heidedorf, Findlingskirche ★.
27,5 Niedriger Eisensteg.
28,2 li ↓ Mede, (s. Kanuwanderbuch für NWD).
29,7 **Brauel**, Straßen-Ⅱ B 71, danach Forst Zeven.
30,3 li schön gelegener ▲ Campingplatz mit ✕ „Ostetal“. Anlegestelle am Ende des ▲.
32,3 re ≏ Twiste (s. Kanuwanderbuch für NWD).
34,0 EB-Ⅱ.
34,5 li ↓ Bade.
35,4 Straßen-Ⅱ Godenstedt–Seedorf, li Ufer nicht betreten.
38,0 Straßen-Ⅱ, re Wasserrad der ehem. Mühle, re Eitze. ▲ Campingplatz.
40,6 Straßen-Ⅱ Rockstedt–Granstedt.
47,5 Schwebefähre, technisches Denkmal, fährt nur gelegentlich.
48,6 Straßen-Ⅱ nach Ober-Ochtenhausen, gute ⬇.
50,7 Straßen-Ⅱ Gosehus–Altenburg.
51,9 **Sandbostel**, Ⅱ, ⬇.
54,6 li ← unscheinbarer Moorkanal nach Mintenburg.
55,2 =
0,0 Ab hier neue amtliche Kilometrierung als Schifffahrtsstraße.
0,5 Minstedt.
3,1 li ↓ Hamme-Oste-Kanal (s. Kanuwanderbuch für NWD).
6,0 Straßen-Ⅱ Minstedt–Bremervörde, gute ⬇.
6,6 re ↓ Bever (s. Kanuwanderbuch für NWD).
7,6 EB-Ⅱ.
8,2 **Bremervörde**, ▬ und □, X ≏. Die Fahrt wird zumeist hier beendet. Man fährt dazu li vor dem ▬ in einen Stichkanal; an dessen Ende li gute ⬆. Unterhalb ▬ Gezeiten-Einfluss, Schiffsverkehr, Schlickufer, landen bei NW meist schwierig. Ausführliche Beschreibung der Reststrecke bis zur ↓ s. Kanuwanderbuch für NWD

82,4 ↓ Unterelbe bei km 707.

Stör

Wanderfluss – Schifffahrtsstraße	Mündung in Unterelbe (re Nebenfluss)

Die weitgehend regulierte Stör zieht mit ruhiger Strömung von Neumünster zur Unterelbe.
Ab Pegel Rensing, km 30 ist die Stör Seeschifffahrtsstraße mit nur geringem Schiffsverkehr; sie steht hier unter dem Einfluss der Gezeiten.

8,7 Straßen-Ⅱ und Wege-Ⅱ, **Willenscharen**. Hier gute ⬇.
6,9 li ↓ Brokstedter Au (s. Kanuwanderbuch für NWD).
6,7 re ↓ Mühlenbach, Straßen-Ⅱ Fitzbek–Rotensande, re vor der Brücke Kanuanleger.
5,3 ▬ mit Stauklappe - offen.
2,9 ▬ mit Stauklappe - offen.
2,0 Straßen-Ⅱ, re **Rosdorf**, re ⬇⬆, Rastplatz.
0,1 Wege-Ⅱ, re Rastplatz.
0,0 re Pegel Rensing. Ab hier Seeschifffahrtsstraße mit amtl. Kilometrierung. Der Wasserstand wird bis hier durch die Gezeiten beeinflusst.
0,9 Wege-Ⅱ.
1,7 **Kellinghausen**, Straßen-Ⅱ, re ✕.
2,6 re Sportbootanleger der Stadt Kellinghusen, ⬇⬆, Parkplätze.
2,9 Straßen-Ⅱ B 206.
4,8 li ↓ Bramau (s. Seite 425).
5,1 li ↓ Hörner Au, für Rundfahrt s. Kanuwanderbuch für NWD, Straßen-Ⅱ **Grönhude**, li dahinter Hafen, ⬇⬆.
6,0 –10,0 Kilometersprung, die Stör ist 1,05 km kürzer.
6,8 re ↓ Mühlenbarbeker Au.
11,9 li **Breitenberg**, Anleger, Pausenplatz.
12,6 re ↓ Rantzau, (s. Kanuwanderbuch für NWD).
17,7 Straßen-Ⅱ Itzehoe–Lägerdorf, ★ Schloss Breitenburg.
19,5 li ↓ Breitenburger Kanal, Sportboothafen Münsterdorf, ⬇⬆.
22,7 re ⌂ und ▲, *DKV-Kanustation*, Itzehoer Kanu-Club, Breiteburger Straße 72, 25524 Itzehoe, ☎ 04821/952020, www.itzehoer-kanu-club.de , ⬇⬆ Es folgt ⌂ Itzehoer Ruder-Klub.
23,4 Straßen-Ⅱ B 77 „Delftor“, Beginn Stadthafen.
23,8 EB-Ⅱ, Flusseinengung – Strömung.
24,9 re Kanuanleger der Stadt Itzehoe, ⬇⬆, Parkplatz.
25,0 re ⌂ Itzehoer Wasser-Wanderer. kl. ▲, *DKV-Kanustation*, Dorfstraße 56 (Hafen), 25524 Itzehoe, www.itzehoer-wasser-wanderer.de , davor vom 01.03. bis 15.10. ⬆⬇ städtischer Schwimmsteg und Parkfläche, ✕ Ende Hafen.
27,0 Autobahn-Ⅱ A 23.

27,7 li ★ Schloss Heiligenstedten.
28,1 Klapp-Ⅱ, **Heiligenstedten**, Stege, re ★ älteste Kirche in Holstein.
30,0 re ↓ Bekau (s. Kanuwanderbuch für NWD).
33,5 re ↓ Wilster Au (s. Kanuwanderbuch für NWD).
39,8 re **Beidenfleth**, Tiefseilfähre, Sportboothafen, ⬇⬆, ★ alte Kirche und Windmühle, ✕.
41,5 li **Neuenkirchen**, Schwimmsteg Bootsclub Neuenkirchen, guter Rastplatz.
45,8 li ↓ Kremper Au, (s. Kanuwanderbuch für NWD).
48,0 re **Wewelsfleth**, ⬇⬆, ✕, Hafen, Werft.
50,0 li Yachthafen Ivenfleth im alten Störarm, Pausenplatz für Tidenwechsel. ✕ im Ort.
50,2 Hochwassersperrwerk, meist offen. Klapp-Ⅱ B 431 Glückstadt–Brokdorf.
52,6 ↓ in die Unterelbe bei km 679,3.

Bramau

Wanderfluss	Mündung in Stör (li Nebenfluss)

Die Bramau fließt mit guter Strömung, weitgehend begradigt zunächst durch eine hügelige, bewaldete Landschaft, später durch den Nordteil des Breitenburger Moores, keine Schwierigkeiten. Die Bramau wird häufig als Weiterfahrt ihres Quellflusses Osterau sowie als Vorfahrt zur Stör befahren.
Befahrbarkeit: ganzjährig.

+0,1 Straßen-Ⅱ über die Schmalfelder Au Glückstädter Straße, **Bad Bramstedt**, gute ⬇ mit Parkplatz.
14,1 Zusammenfluss von Osterau (s. Seite 426) und Schmalfelder Au (s. Kanuwanderbuch für NWD).
13,9 Wege-Ⅱ.
13,5 Wege-Ⅱ.
12,1 verfallenes ▬, Schwall, ≋.
11,7 Straßen-Ⅱ Weddelbrooker Damm, re **Hitzhusen**, li ⬇, starke Strömung am Anleger.
10,7 ▬, verfallen, ≋, Eisenhöcker re und in Flussmitte.
7,3 und 7,5 2 Straßen-Ⅱ, re **Föhrden**, li **Barl**.
4,7 Straßen-Ⅱ Bokeler Straße, **Wrist**, vor der Brücke ⬇⬆ und Parkmöglichkeit, 🚂.
4,4 Straßen-Ⅱ Brückenstraße, EB-Ⅱ.
3,5 Etwa ab hier ist mit dem Einfluss der Gezeiten zu rechnen.
2,6 Wege-Ⅱ.
0,5 Wege-Ⅱ.
0,0 ↓ in Stör bei km 4,8.
re nach Kellinghusen, li nach Itzehoe.

Osterau

Kleinfluss	Mündung in Bramau (re Quellfluss)

Die Osterau führt fast immer durch eine echt holsteinische Landschaft, und ist von landschaftlicher Schönheit und Urwüchsigkeit mit immer genügend Wasser geprägt. Befahrbar ab Heidmühlen nur für geübte Einerfahrer. Die Einsetzstelle befindet sich nicht mehr an der Wassermühle im Ort, sondern an der Wegebrücke Rieshorner Weg. Von der B 204 kommend im Ort am Denkmal links abbiegen und bei der Feuerwehr rechts ab bis zur Wegebrücke über die Osterau fahren.

Befahrungsregeln: *Der Wildpark Eekholt hat mit dem Landeskanuverband Schleswig-Holstein einige Parkdurchfahrverbote auf freiwilliger Selbstbeschränkung durchgesetzt und zwar in der Brut- und Setzzeit vom 1.4.–31.5 und in der Brunftzeit vom 10.9.–15.10. sowie bei HW (= Pegel Rot) wird gebeten, dass alle Kanuten hinter dem Wildpark an der Straßenbrücke Weide bei Km 11,7 einsetzen. Geübte können in der verbleibenden Zeit die Einsetzstelle Heidmühlen benutzen. Start in Heidmühlen möglichst bis 10.00 Uhr, damit bis 13.00 Uhr der Park durchfahren ist. Den Park bitte leise und zügig passieren. Die Straßenbrücke in Weide ist die beste Einsetzstelle zum Befahren der Osterau , auch für nicht so Geübte.*

18,7 Wege-Ɪ Rieshorner Weg, **Heidmühlen**. ⬇, die Wiese gegenüber dem Rot-Grün-Pegel darf zum Einsetzen betreten werden. Bei ungemähter Wiese bitte ganz links an der Brücke bleiben. PKW unbedingt 50 m weiter am Waldrand abstellen.

15,0 ▬ Schlüterwehr, rechts beide Schotten als Sohlgleite ≋, linkes Schott mit Borstenpass **X**.

14,1 Beginn des Wildparks Eekholt. Den Park bitte leise durchfahren und nicht grundlos aussteigen. Die Durchfahrt wird durch Wegebrücken und Wildgatter, wie nachfolgend beschrieben, etwas behindert.
1. Wildgatter, schmale Durchfahrt ca. 80 cm breit. Die Gatter bestehen aus an der Durchfahrt überlappenden herunterhängenden Gummilappen und sind für geübte Einerfahrer kein Problem.
2. Ɪ ohne Gummimatten.
3. Wildgatter, doppelte Gummimatten im Abstand von ca. 350 cm.
4. Ɪ mit Gummimatten, dahinter li Anlegesteg, evtl. Warteposition bei laufender Raubvogel-Flugschau.
5. Wege-Ɪ mit Gummimatten am Anfang des Flugschaugeländes.
6. Wildgatter mit Folie und Gummimatten am Ende des Flugschaugeländes.
7. Ɪ mit Gummimatten.

13,8 8. letzte sehr niedrige Ɪ aus Betonmasten am Ende des Wildparks Eekholt.

11,7 Straßen-Ɪ Baß, **Weide**. ⬇⬆ mit Parkmöglichkeiten.

9,1 ■ Sohlgleite, ≋, re Rastplatz.

8,5 Wege-Ⅱ.

7,8 Wege-Ⅱ.

7,6 ■ Sohlgleite, ≋.

6,9 niedrige Wege-Ⅱ.

6,6 Straßen-Ⅱ Hauptstraße, **Bimöhlen**, vor der Brücke re ⬇⬆.

6,5 ■ Sohlgleite, ≋.

6,0 Autobahn-Ⅱ A 7, dahinter re ⌂ Bimöhler Sportverein e.V., ⬇⬆.

4,0 li ↓ der Holmau.

3,5 Wege-Ⅱ.

3,1 Straßen-Ⅱ B 4 Umgehungsstraße Bad Bramstedt.

1,7 Wege-Ⅱ.

1,3 Wege-Ⅱ.

1,0 Wege-Ⅱ.

0,9 EB-Ⅱ.

0,8 Straßen-Ⅱ König-Christian-Straße, **Bad Bramstedt**.

0,7 re ⬇⬆ mit Parkplatz am Schwimmbad.
li Rastplatz mit ▲-Möglichkeit.

0,4 Wege-Ⅱ, darunter ■ Sohlrampe, **X**, re ⌓, ⬇⬆.

0,2 Straßen-Ⅱ An der Beekerbrücke, alte B 4, Schwall ≋.

0,0 li ↓ der Schmalfelder Au, ab hier beginnt die Bramau (s. Seite 425).

Este

Kleinfluss – Wanderfluss | Mündung in Unterelbe (li Nebenfluss)

In ihrem Oberlauf fließt die Este als Kleinfluss durch schöne Heide- und Waldlandschaft, hier geringe Schwierigkeiten durch enge Kurven und natürliche Hindernisse bei guter Strömung. Unterhalb Buxtehude wird die Este zum Tiden-abhängigen, eingedeichten Schifffahrtsweg.

Befahrungsregeln: *oberhalb Hollenstedt ist die Este ganzjährig gesperrt,*
von Hollenstedt (km 30)–Moisburg (km 23,5) ist das Befahren mit Booten in der Zeit von 18–9 Uhr sowie gegen den Strom verboten. Das Befahren mit Booten von mehr als 1 m Breite und 5,50 m Länge sowie mit Flößen ist verboten.
Sonderregelung für Himmelfahrt und Pfingsten (Sa, So, Mo): das Befahren dieser Este-Strecke ausschließlich mit Kajaks zulässig.

30,0 Straßen-Ⅱ Dierstorfer Straße, **Hollenstedt**, ab hier ganzjährig ≋, ⬇, Parkplatz.

29,6 Wege-Ⅱ.

28,9 Straßen-Ⅱ Estetalstraße, Hollenstedt–Oldendorf. Es folgen ■ 4 Sohlschwellen, ≋.

27,0 re Rastplatz.
26,8 Wege-Ⅱ, li davor Pegel.
25,9 ▬ Doppelschwelle, ≋.
24,0 Wege-Ⅱ.
23,5 **Moisburg**, Mühlen-▬, **X** und Ⅱ, keine ⬇-Möglichkeit. 1,5 km Bootswagenstrecke bis
22,0 Wege-Ⅱ, hier wieder ⬇.
20,0 Wege-Ⅱ.
19,4 niedrige Ⅱ, ⏏.
18,5 Wege-Ⅱ, re **Heimbruch**.
16,0 re Rastplatz.
15,0 Straßen-Ⅱ B 73.
Erweiterung der Este zu einem Teich.
14,8 Straßen-Ⅱ Hauptstraße, **Buxtehude**, ▬, **X**, li über die Straße ⏏.
14,2 Straßen-Ⅱ Stader Straße und EB-Ⅱ. Vor den Brücken li ⌂ Buxtehuder Kanu Verein, Ferdinandstraße, 21614 Buxtehude, www.buxtehuder-kanu-verein.de .
es folgen mehrere Straßen-Ⅱ, bei Flussteilung li halten.
12,0 ▬, Abfall des Fließwassers der oberen Este in das tidenabhängige Unterwasser, je nach Tidenhub entweder ≋ oder **X**. Auf alle Fälle besichtigen! Über die Straße und Ⅱ nach re in einen Seitenarm ⏏, S 2. Ab hier Seeschifffahrtsstraße.
11,7 re ⌂ und ▲, Buxtehuder Wassersportverein Hansa, Am Hafen 5, 21614 Buxtehude.
10,8 li **Neuland**.
7,0 **Estebrügge**, Straßendreh-Ⅱ.
6,0 Straßen-Ⅱ, re **Hove**, li **Königreich**.
1,3 Inneres Tide-Sperrwerk.
1,0 li **Cranz**, re **Hamburg-Neuenfelde** mit Schiffswerft.
0,0 Hochwassersperrwerk, meist offen, gute ⬆ an der Rampe.
↓ in Unterelbe bei km 634,2. Schiffsverkehr, auf Tonnen und Strömung achten!

Alster

Wanderfluss — Mündung in Elbe (re Nebenfluss)

Die Alster ist in ihrem Oberlauf ein schöner Wiesenfluss, in ihrem Unterlauf fließt sie, weitgehend reguliert, durch das Stadtgebiet von Hamburg. Die beiden Stadtseen „Außenalster“ und „Binnenalster“, letztere mitten im Stadtzentrum, machen Hamburg zu einer der schönsten Städte der Welt. Mehrere von der Alster abzweigende Stadtkanäle bieten die Möglichkeit, auch noch weitere Stadtteile von Hamburg auf dem Wasserweg zu erreichen. Eine genauere Beschreibung der Alster im Stadtgebiet von Hamburg mit Angabe sämtlicher Brücken sowie einer Kartenskizze befindet sich im Kanu-Wanderbuch für NWD.

Befahrbarkeit: ab km 36,3 ganzjährig ≋.

Oberlauf s. Kanuwanderbuch für NWD.

36,3 Straßen-Ⅱ, li **Ehlersberg**, re **Kayhude-Heidkrug**, ⬇.

34,0 ▬ Sandfeld, wenn offen meist ≋, sonst re ⌓.

32,6 ▬ Rade, re ⌓.

30,6 ▬ Wulksfelde, li ⌓, gute ⬇.

26,8 li ↓ Wohldorfer Au/Ammersbek, ganzjähriges Befahrungsverbot.

26,6 ▬ Wohldorf, **X**, re Bootsschleppe, **!** bei Hochwasser in der Einfahrt scharf links fahren, Pegel.

25,4 li ▲ Campingplatz „Haselknick“.

25,3 li ↓ Bredenbek, **X**.

24,3 Straßen-Ⅱ, re **Trillup**.

21,6 ▬ Mellingburg, **X**, li Bootsschleppe, ⌓.

18,8 ▬ Poppenbüttel, **X**, re Bootsschleppe, ⌓. Durchfahrt wegen Lebensgefahr, auch wenn offen, verboten**!**

Es folgen mehrere Wege-Ⅱ, li **Wellingsbüttel**, re **Hummelsbüttel**.

12,5 re ⌂ Alstereck Verein für Wassersport, Brombeerweg 74, 22339 Hamburg, kleiner ▲, *DKV-Kanustation*, ☎ 040/597639, Mi ab 20–22 Uhr, www.alstereck.de .

12,0 U-Bahn-Ⅱ, dahinter li ⌂ Oberalster Hamburg, Wellingsbüttler Landstraße 43a, 22337 Hamburg, ☎ 040/595605, www.oberalster.de .

11,7 Fußgänger-Ⅱ, Beginn des Mühlenteichs.

11,3 Straßen-Ⅱ Ratsmühlendamm, **Hamburg-Fuhlsbüttel**.

11,0 □ Fuhlsbüttel, re Bootsschleppe. Betriebszeit s. km 0,6. Von hier bis zur Elbe stehendes Wasser.

10,7 li ↓ Ringkanal.

9,9 Straßen-Ⅱ Sengelmannstraße.

9,8 re → Brabandkanal, 700 m lang.

9,3 re ↓ Brabandkanal.

9,2 Straßen-Ⅱ Hindenburgstraße.

9,1 li ← Skagerrakkanal, 1,2 km lang.

8,6 Straßen-Ⅱ Alsterdorfer Damm.

8,0 li ↓ Skagerrakkanal, re → Inselkanal, 600 m lang.

7,5 re ↓ Inselkanal. Inselkanal und Skagerrakkanal sind für Stromauffahrt **X**.

7,4 Straßen-Ⅱ Deelböge.

7,2 Güterumgehungsbahn-Ⅱ.

6,9 Straßen-Ⅱ Meenkewiese.

6,7 re ↓ Tarpenbek/Eppendorfer Mühlenteich (s. Kanuwanderbuch für NWD).

6,4 re ⌂, ▲, Alster-Canoe-Club Hamburg, *DKV-Kanustation*, Ludolfstraße 15, 20249 Hamburg, ☎ 040/484605, www.alster-canoe-club.de .

6,3 Straßen-Ⅱ B 5 Winterhuder Brücke.

6,2 li ← Leinpfadkanal (s. Kanuwanderbuch für NWD).
5,3 → Nebenkanal, 100 m bis Leinpfadkanal.
5,2 re ↓ Isebekkanal (s. Kanuwanderbuch für NWD).
5,1 Streek-Ⅱ.
4,6 Krugkoppel-Ⅱ, Außenalster, nach li 300 m Fernsicht-Ⅱ, ↓ Rondeelkanal und 200 m oberhalb dann re → Goldbekkanal (s. Kanuwanderbuch für NWD).
4,0 li ← langer Zug/Osterbek-Kanal (s. Kanuwanderbuch für NWD).
3,5 li ← Feenteich/Uhlenhorster Kanal (s. Kanuwanderbuch für NWD).
2,9 re Anleger Rabenstraße. li in der Schwanenwikbucht (900 m) ↓ Mundsburger Kanal/Eilbek-Kanal, 2,4 km lang. li in der Hohenfelder Bucht (1,1 km) ⌂ Hamburger Kanu-Club.
1,9 Kennedy-Ⅱ.
1,8 Lombards-Ⅱ, danach Binnenalster.
1,2 Reesendamm-Ⅱ und Jungfernstieg, Rathaus-□.
0,9 re → Neuerwall-/Bleichen-/Herrengrabenfleet.
0,6 Graskeller-Ⅱ.
0,5 Slamatjen-Ⅱ.
0,2 Schaartor-□, Gebühr nur bei Bergfahrt oder Jahreskarte (für alle Hamburger □ geltend). Schleusenzeiten: 1.4. –30.9. 7–22 Uhr, 1.10. – 31.3. 6–18 Uhr, Lichtsignale beachten. Ein ⏏ bei den Schleusen ist mit großen Mühen verbunden.
0,0 ↓ in Elbe bei km 622,2.

Dove - Elbe

Wanderfluss	Mündung in Norderelbe (re Nebenfluss)

re Nebenarm der Elbe, der oberhalb der Norder-Elbbrücken die Verbindung mit Bergedorf herstellt. Im Oberlauf durch Deich abgetrennt. Der Wasserweg führt durch den „Hamburger Gemüsegarten“ = die Vierlande, mit hübschen, gut erhaltenen alten Bauernhäusern. Die Tatenberger Schleuse macht das Gewässer bis auf km 1,6 an der Mündung strömungslos und unabhängig von den Gezeiten.

0,5 **Altengamme**, Straßen-Ⅱ Marschenbahndamm, ⬇. ⏏ zur Elbe (km 592) rund 1,2 km, Bootswagen erforderlich.
2,2 li ← Stichkanal zum ehemaligen KZ Neuengamme.
2,5 Blaue Ⅱ, li **Neuengamme**, re **Curslack**.
3,7 Straßen-Ⅱ Curslacker Heerweg.
7,4 li ← zum Neuengammer Durchstich, führt in 2,5 km zur Gose Elbe, Befahrung in der Zeit 15.04.–15.06. verboten.
8,0 Dove-Elbe-□ (immer offen).
8,1 li Weiterfahrt auf der Dove-Elbe, re zur Krapphof-□ mit Bootsschleppe, weiter über Schleusengraben zur Bille nach Bergedorf, 2,5 km,

Beschreibung der weitgehend gesperrten Bille s. Kanuwanderbuch für NWD).

8,3 re ⌂ und ▲ des Bergedorfer Kanu-Clubs, *DKV-Kanustation*, Allermöher Deich 512, 21037 Hamburg, ☎ 040/7231398.

10,1 re → nach ▬ Deichsiel Fleete-Labyrinth Neu-Allermöhe.

14,0 Allermöhe-Ⅱ.

14,8 re ↓ Allermöher Hauptentwässerungsgraben mit Anschluss an Fleete-Labyrinth Neu-Allermöhe, ⌓ über ▬ mit Schöpfwerk im Deich.

15,0 Fußgänger-Ⅱ, danach Regattastrecke der Hamburger Ruderer und Kanuten mit re ⌂ Leistungszentrum Rudern/Kanu, ☎ 040/7375560 (Mo 16 – 18 Uhr).

16,0 li ↓ Gose-Elbe (s. Kanuwanderbuch für NWD).

17,7 li **Tatenberg**, li und re große Jachthäfen.

19,0 Tatenberger-▭, Gebühr ist bei der Bergfahrt zu entrichten. Schleusenzeiten für Sportboote stündlich auf voll. Vom 01.05.–30.09. an Wochenenden und Feiertagen von 7 bis 20 Uhr, an Werktagen von 6.30 bis 18.30 Uhr. ⌓ sehr schwierig.

20,6 ↓ in Norderelbe bei km 615.

Seeve

Kleinfluss - Wanderfluss/Heide- und Wiesenfluss — Mündung in Elbe (li Nebenfluss)

Die Seeve entspringt in dem berühmten Naturschutzgebiet der Lüneburger Heide am Wilseder Berg. Ein großer Teil ihres Oberlaufes bildet die Grenze dieses Gebietes. Das Wasser der Seeve ist auch im heißen Sommer sehr kalt. Wie die meisten Heideflüsse führt die Seeve auch in heißen, trockenen Sommern immer genug Wasser; unterhalb von km 2,4 Gezeitenfluss.

Befahrungsregeln: *oberhalb km 19,7 Befahrung mit Booten verboten*
km 19,7–↓: Befahren mit Booten von 18 Uhr bis 9 Uhr sowie gegen den Strom verboten. Das Befahren mit Booten von mehr als 1 m Breite und 5,50 m Länge sowie mit Flößen ist verboten; zusätzlich ab km 12,2–↓: Befahrung ausschließlich mit Kajaks. Das Betreten der Ufer in dem angrenzenden NSG „Untere Seeveniederung" ist verboten.

19,7 EB-Ⅱ, darunter sehr flach, davor re ⬇.

19,3 ▬ Sohlrampe, ≋, Canadier und Faltboote!

19,0 re ↓ der Döhler Au (Befahrung verboten).

17,2 ▬, steile Sohlrampe, li ⌓, Rastplatz. li **Bendestorf** (abgelegen).

15,6 Straßen-Ⅱ **Ramelsloh**, ehemaliges ϟ, ▬-Stufe ≋, kräftiger Schwall, li ⬇⬆, keine Parkmöglichkeit.

12,5 li ▬ zur alten Seeve, nicht ⌓, X.

12,2 **Horst**, Wege-Ⅱ, Mühlen-▬, li durch den Garten ⌓.
Weiterfahrt nur mit Kajaks. Uferbetretungsverbot NSG „Untere Seeveniederung“.
10,8 Autobahn-Ⅱ A 7 (Flensburg-Hannover).
10,0 Autobahn-Ⅱ A 1 (Hamburg-Bremen), danach ≋ Stufe.
9,5 Straßen-Ⅱ, Hittfeld–Maschen.
8,6 Autobahn-Ⅱ A 250 (Hamburg – Lüneburg).
8,5 Straßen-Ⅱ, **Jehrden**, ⬆.
7,6 Autobahn-Ⅱ A 1 (Hamburg–Bremen).
5,8 Straßen-Ⅱ Meckelfeld–Maschen, 🚉.
5,7 Trichterartige Verbreiterung.
li Schützen- und re Überfall-▬, **X**, Lebensgefahr! re ⌓,
li ← Seeve-Kanal, ▬, 4,3 km bis Kanzlershof, Ⅱ Nähe 🚉 Harburg
5,6 **Maschen**, größter Verschiebe-Bahnhof Europas mit zwei Brücken und einem Tunnel. Der Tunnel ist nur auf der li Seite befahrbar.
5,0 Ende des Tunnels, re ⬆, 🚉 Maschen.
4,3 Straßen-Ⅱ **Hörsten**.
0,3 li ⬆.
0,0 ↓ in Elbe, bei km 604,9, Seevesiel ▬. Tore schließen automatisch bei auflaufendem Wasser! evtl. ⌓ S 2.

Ilmenau

Wanderfluss — Mündung in Elbe (li Nebenfluss)

Die Ilmenau ist in ihrem Oberlauf, bis Lüneburg, ein viel befahrener landschaftlich reizvoller Fluss der Lüneburger Heide, unterhalb Lüneburg kanalisiert, mit gebührenpflichtigen Schleusen.
Für die Ilmenau sind Lenkungs- und Befahrungsmaßnahmen im Rahmen des EU-Projektes „Umweltverträgliches Kanuwandern“ durchgeführt worden. Diese sind an den ⬇⬆ auf Informationstafeln bekannt gegeben.
Befahrbarkeit: ganzjährig.

58,2 Ursprung durch Zusammenfluss von Stederau und Gerdau (s. Seite 437).
57,3 li ⌂ KC Uelzen, Celler Straße 9a, 29525 Uelzen, www.kc-uelzen.de , ▲, sanitäre Anlagen, gut geeignet als Standort für Befahrungen von Ilmenau und ihrer Quell- und Nebenflüsse.
56,9 **Veerßen**.
56,5 Straßen-Ⅱ B 191, li ⬇⬆, Parkplatz am Kreishaus.
55,8 **Uelzen**, ▬, **X**, re unter der Wege-Ⅱ in den Ratsteich fahren und dann gleich li über die Ratswiese ins UW ⌓, danach Ⅱ.
54,4 Straßen-Ⅱ Uelzen-Außenmühle.
54,2 ▬ Außenmühle, **X**, li ⌓ mit Rutsche für unbesetzte Boote.
53,7 re ↓ der Wipperau, (s. Kanuwanderbuch für NWD). Weitere ⬇ 100 m vor der ↓ oberhalb Ⅱ Ripdorf.

53,1 Straßen-Ⅱ Umgehungsstraße Uelzen.

52,7 Straßen-Ⅱ, Zufahrt zum Hafen Uelzen.

51,2 EB-Ⅱ.

49,6 re Rastplatz mit Infotafeln, nur vom Wasser aus zu erreichen.

46,2 li **Emmendorf**, Rastplatz mit Info-Tafel, kleiner Schwall, danach Ⅱ.

41,9 Kanal-Ⅱ Elbe-Seiten-Kanal, sehenswert.

41,3 Straßen-Ⅱ **Jastorf**.

39,4 Kanal-Ⅱ Elbe-Seiten-Kanal, **Klein Bünstorf**, li ⬇⬆, Rastmöglichkeit, Aufstieg zum Kanal und Aussichtlohnend, davor re ↓ Röbbelbach.

35,8 **Bad Bevensen**. Straßen-Ⅱ.

34,0 alte Straßen-Ⅱ, re Kurpark.
danach Fußgänger-Ⅱ, hier li ↰ zum ≏ bis zur Königsbrücke (km 33,3), ca. 900 m, Bootswagen erforderlich, Hinweisschild beachten.

33,6 **Medingen**. ★ Altes Kloster. ▬, ✕, ≏ hier nicht möglich, s. km 22,3.

33,3 Königs-Ⅱ (Holzbrücke), re unterhalb ⬇ mit Infotafeln, Zufahrt über Mühlenstraße, Fahrzeuge re vor dem Klärwerk abstellen.

28,3 **Bruchtorf**. Straßen-Ⅱ, vor der Ⅱ ⬇⬆ mit Infotafel, Rastmöglichkeit.

24,2 li **Wichmannsburg**, gute ⬇⬆, Pkw an der Straße abstellen, li ▲-Möglichkeit, Infotafel,
danach Ⅱ, evtl. Schwall, re Mitte ≋.

21,0 Straßen-Ⅱ **Bienenbüttel**, Fußgänger-Ⅱ, li Steg, Infotafel, ⬇⬆.

19,2 EB-Ⅱ und Fußgänger-Ⅱ.

17,8 li **Grünhagen**, Fußgänger-Ⅱ, ⬇⬆ an der B 4, Rastplatz mit Infotafel.

13,4 li **Melbeck**, ▲ Campingplatz Melbeck, ☎ 04134/7311, www.campingplatz-melbeck.de .

10,0 Straßen-Ⅱ Deutsch Evern–Melbeck, Rastplatz.

7,0 Autobahn-Ⅱ A 250.

6,7 Straßen-Ⅱ „Rote Schleuse“, re gute ⬇⬆, Infotafel, li ▲ C, ☎ 04131/791500, www.camproteschleuse.de .

2,2 li ⌂ und ▲, Lüneburger KC, Friedrich-Ebert-Brücke, 21337 Lüneburg, www.lueneburger-kanu-club.de .
Günstiger Weg zum 🚉 ca. 10 Min.
Ilmenau biegt li ab, Weiterfahrt unter Ⅱ zur Mühle ✕.

1,0 Lösegraben-▬, li ≏, evtl. flach, je nach Wasserstand. Bei der 3. Straßen-Ⅱ ↓ in Hafen und Ilmenau, ab hier immer ≋.

0,0 Straßen-Ⅱ Bockelmannstraße, **Lüneburg**, 1000-jährige Heidestadt, ★: Backsteingotik, Rathaus, Kirchen..

5,6 □ Bardowick, ▬ li ≏, re **Bardowick**. Älteste norddeutsche Stadt, ★ Dom.

6,7 Zug-Ⅱ Bardowick.

11,0 Zug-Ⅱ Wittorf.

12,5 □ Wittorf, re ≏, Fluss ab hier kanalisiert.

12,6 re ↓ des Neetze-Kanals, (s. Seite 436)

12,9 re → Stichkanal nach Barum, Pumpwerk-▬, re ⌓, s. Seite 435 Winsener Marsch.
16,0 Straßen-Ⅱ B 404, Straßen-Ⅱ Handorf–Oldershausen.
17,7 □ Fahrenholz, re ⌓, S 2, unterhalb Gezeiten.
18,3 re **Fahrenholz**, re ▬ Siel, re ⌓ über Deich S 2, ↓ Alte Ilmenau/Alte Neetze/Winsener Marsch s. Seite (von hier 9,9 km zum DKV-Heim Barum, 2 ▬).
23,0 EB-Ⅱ und Straßen-Ⅱ Tönnhäuser Weg.
24,3 re Pumpstation Laßrönne, ↓ Ilau, (s. Kanuwanderbuch für NWD).
25,2 Straßen-Ⅱ Stöckte–Laßrönne.
25,7 li ↓ der Luhe (s. Seite 434).
28,3 li Hafen Stöckte, ⌂ ▲ Kanu-Abt. Hansa SV Stöckte, www.hsvstoeckte.de .
28,5 Hochwasser-Sperrwerk, meist offen.
28,9 li **Hoopte**, ↓ in die Elbe bei km 599.

Luhe

Wanderfluss - Heide- und Wiesenfluss — Mündung in Ilmenau (li Nebenfluss)

Der Lauf der oberen Luhe führt bis Oldendorf durch einen landschaftlich sehr reizvollen Teil der Lüneburger Heide, im Unterlauf wird sie zu einem Wiesenfluss.

Befahrungsregeln: *44,2–30,3 Uferbetretungsverbot, nur ⬇⬆ benutzen, Befahrung nur Kajaks (K1 und K2) erlaubt.*
30,3–↓ umfangreiche Regelungen im Landkreis Harburg, u.a. Fahrverbot von 18–9 Uhr, nur Boote bis 1 m Breite und 5,5 m Länge zulässig. Befahrung gegen den Strom verboten. Himmelfahrt und Pfingsten teilweise gesperrt. Einzelheiten beim LKV Niedersachsen.

44,2 Straßen-Ⅱ **Schwindebeck**, ⬇.
41,6 re **Thansen**, typischer Heidehof. Es folgen 2 Stufen, ≋, EB-Ⅱ.
40,4 **Soderstorf**, Mühlen-▬, davor re ⌓, 300 m (Der Weg ist ausgeschildert) bis zur Straßen-Ⅱ Soderstorf–Etzen.
39,7 niedriger Steg und ▬, X, ⌓.
37,4 ▬ kleine Stufe, ganz li ≋.
36,8 **Wohlenbüttel**, Mühlen-▬, li ⌓. Straßen-Ⅱ, Steine! ⬇⬆.
36,4 alte steinerne Straßen-Ⅱ, danach Stromschnellen.
35,5 Straßen-Ⅱ Amelinghausen–Oldendorf, Durchfahrt flach und steinig, ⬇⬆.
34,9 re ↓ Lopau (Befahrung verboten).
34,0 **Oldendorf**, Mühlen-▬, X, li ⌓. Hier muss bis km 33,6 umgesetzt werden. Der Weg ist ausgeschildert.
33,6 Ⅱ, ⬇.
Es folgen 3 verfallene ▬, ≋.
31,0 Straßen-Ⅱ Raven–Wetzen.

29,7 ■, kleine Stufe, ≋.

28,6 Straßen-Ⅱ, li **Putensen**.

26,0 ■ Luhmühlen existiert nicht mehr, kräftige Schwallstrecke.
Die Folgestrecke bis zur Ⅱ ist kurvenreich, schnellfließend und mit niedrigen Büschen bestanden.

25,5 Straßen-Ⅱ, **Luhmühlen**, ⬇⬆, Rastplatz.

24,5 li Stein-Ⅱ, Fluss teilt sich, li Arm (unter Ⅱ hindurch) fahren.

21,4 Wege-Ⅱ **Lobke**.

20,0 ■, **X**, li ⌓ in re Arm. li Arm führt zu Fischteichen, **X**.

18,4 Pionier-Ⅱ, re **Weddermöde**, li Gut Schnede.

16,9 ■, re ⌓, für Geübte ≋.

15,0 Straßen-Ⅱ Garstedt–Vierhöfen, li ⬇⬆.

12,2 EB-Ⅱ, ■ kleine Stufe, ≋, re ⬇⬆, Rastplatz.

10,2 **Bahlburg**, Straßen-Ⅱ.

9,2 Geradeaus fahren, li ← Luhe-Arm Befahrung verboten.

7,4 ■ ϟ Luhdorf, **X**, Sog, 100 m vorher re ⌓.

7,3 li ↓ Garlstorfer Au (Befahrung verboten).

7,0 EB-Ⅱ.

6,8 Straßen-Ⅱ **Luhdorf**.

5,8 ■ 2 Sohlschwellen, ≋, bei NW steinig.

5,6 Autobahn-Ⅱ A 250.

5,3 Ⅱ, **Roydorf**.

3,6 EB-Ⅱ.

3,3 **Winsen/Luhe**, Straßen-Ⅱ B 4.

2,7 Mühlen-■ Winsen, li ⌓.
Weiterfahrt nur mit Kajaks.
Uferbetretungsverbot bis km 50,6, EU-Vogelschutzgebiet.

2,3 Straßen-Ⅱ.

0,4 Straßen-Ⅱ.

0,0 ↓ in die Ilmenau bei km 25,7.

Winser Marsch

Die Winser Marsch ist ein Marschengebiet, das von zahlreichen Wasserläufen durchzogen ist, die dem Kanufahrer sehr schöne und vielgestaltige Wanderfahrten ermöglichen.

Befahrbarkeit:	meist ganzjährig.
Unterkunft:	Wander- und Ferienheim Barum des Hamburger Kanuverbandes, gut geeignet als Standquartier.

0,0 re **Fahrenholz**, ■ Siel, re ⌓ über Deich S 2, ↓ Alte Ilmenau/Alte Neetze/Winsener Marsch in die Ilmenau (s. Seite 432).

2,2 Straßen-Ⅱ **Oldershausen**.

3,5 Straßen-Ⅱ B 404 Geesthacht–Lüneburg, EB-Ⅱ.
4,7 ▬ evtl. ≋ sonst re oder li ≏.
8,2 ▬ ≏, re **Horburg**.
8,4 Straßen-Ⅱ. Beginn Barumer See, Privatgewässer! Danach re **Barum**.
8,6 re → Stichkanal, 2 km bis zum Ilmenau-Kanal.
9,0 li öffentlicher Badeplatz.
li ← Alte Neetze.
400 m weiter re (nur direkte Anfahrt erlaubt). Kanu-Wanderheim Barum des Hamburger Kanu-Verbandes, *DKV-Kanustation*, 12 Schlafplätze im Heim. ▲, www.hamburger-kanu-verband.de , Baden am Heim unbedingt verboten.
9,5 Wege-Ⅱ.
12,8 **Lüdershausen**, Straßen-Ⅱ B 209, danach Reihersee, re ▲ Campingplatz.
16,5 Straßen-Ⅱ, li **Fischhausen**, ✕.
17,0 re Rampe, ≏ in den Elbe-Seiten-Kanal. Für Weiterfahrt Richtung Bruchwettern und Nordenwasser auf der gegenüberliegenden Seite des Kanals nochmals ≏.
17,4 li ← Nordenwasser/Marschwetter nach Lauenburg.
18,3 Straßen-Ⅱ Scharnebeck–Echem.
19,0 EB-Ⅱ.
19,5 re ↓ Alte Neetze, **X**.
20,7 Straßen-Ⅱ, Echem, ⬇⬆, oberhalb ▬.

Neetze

Wanderfluss	Mündung in Ilmenau-Kanal (re Nebenfluss)

Die Neetze und der anschließende Neetze-Kanal verlaufen durch eine reizvolle, unberührte Landschaft.

27,7 re **Wiecheln**, Ⅱ, oberhalb nicht ständig befahrbar.
25,4 re **Thomasburg**, Mühle, ▬, **X**, li ≏, Straßen-Ⅱ. Es folgen viele Baumhindernisse.
22,8 re **Süttorf**, Straßen-Ⅱ, ab hier für K2 ≋.
20,2 **Neetze**, Straßen-Ⅱ, Mühle, ▬, **X**, ≏. Vor ≏ in der Mühle fragen.
19,5 EB-Ⅱ.
15,6 Straßen-Ⅱ, **Neu-Boltersen**.
15,2 **Neumühlen**. ▬, **X**, re ≏.
13,4 re → der Alten Neetze, **X**.
▬ 20 cm ≋.
13,3 Straßen-Ⅱ Rullstorf–Lüdersburg, ▬ Sohlabsturz 20 cm, ≋. Hinter Ⅱ Beginn des Neetze-Kanal. Es folgen drei Ⅱ.
9,3 Straßen-Ⅱ Scharnebeck–Echern, gute ⬇.

8,5 ▬, Düker, Kreuzung Elbe-Seiten-Kanal (km 108), darüber EB-Ⅱ, li Rampe, erleichtert das ≏ in den Kanal.
li 1,8 km bis Schiffshebewerk Scharnebeck, ★. Zur Weiterfahrt auf dem Neetzekanal ≏, etwas schwierig, da keine Rampen. Empfehlenswert ist: auf dem Kanal 3 km nach rechts bis zur Rampe alte Neetze/Winser Marsch (s. Seite 435) fahren.

4,6 Straßen-Ⅱ, re **Brietlingen, ⬇⬆**.

4,2 ▬, ≏.

3,0 ▬, ≏. Es folgen 3 Ⅱ.

1,2 Straßen-Ⅱ, ▬, wenn geschlossen re ≏, li 500 m **St. Dionys**.
Die Folgestrecke ist als Kleinfluss sehr mühsam zu befahren, enge Kurven, niedrig hängende Büsche in starker Strömung, nur für Einer.

0,0 ↓ in Ilmenau-Kanal km 12,6.

Gerdau

Kleinfluss — Mündung in Ilmenau (li Quellfluss)

Die Gerdau ist ein landschaftlich reizvoller, einsamer Kleinfluss, im Oberlauf häufig Hindernisse, später streckenweise begradigt.

Befahrbarkeit: ab Gr. Süstedt ganzjährig. Zur Laich- und Brutzeit sollte von einer Befahrung, insbesondere in Gruppen, Abstand genommen werden.

16,1 Straßen-Ⅱ, **Gr. Süstedt**.

5,7 Straßen-Ⅱ, Dorf **Gerdau**.

9,3 **Bohlsen**, niedrige Ⅱ, X, li ≏; nach 200 m ▬, X, li ≏, beschildert.

8,2 **Hansen**, zwei Ⅱ.

5,1 EB-Ⅱ.

3,0 **Holdenstedt**, Straßen-Ⅱ.

1,3 re ↓ Hardau (s. Kanuwanderbuch für NWD).

0,8 EB-Ⅱ.

0,0 Zusammenfluss mit Stederau (s. Kanuwanderbuch für NWD), ab hier Name des Flusses „Ilmenau“.

Jeetze, Jeetzel

Kleinfluss – Wanderfluss — Mündung in Elbe (li Nebenfluss)

Der Fluss heißt in Sachsen-Anhalt „Jeetze“ und in Niedersachsen „Jeetzel“. Er ist zwar weitgehend reguliert, trotzdem reizvoll. Sehenswert sind die Städte Hitzacker, Lüchow, Dannenberg und Salzwedel.

Befahrbarkeit: Oberlauf bei gutem Wasserstand, ab Salzwedel ganzjährig.

Befahrungsregeln:	*von km 35,2 bis zur Grenze zwischen Sachsen-Anhalt und Niedersachsen (rund 1 km) Betretungsverbot des linken Ufers.*
Pegel:	keine Angaben.

Der Oberlauf ist beschrieben im DKV-Gewässerführer OST.

38,9 ▬, **X**, ⩸ Zuckerfabrik Salzwedel. Unterhalb der Zuckerfabrik re ⬇-Möglichkeit.

34,9 Straßen-Ⅱ. *Ab hier bis zur Grenze Sachsen/Anhalt zu Niedersachsen (rund 1 km) li Uferbetretungsverbot.*

34,4 Straßen-Ⅱ.

33,7 Straßen-Ⅱ.

32,4 re ↓ Lüchower Landgraben. Dieser kommt vom Arendsee. Es gibt keinen Befahrungsbericht.

31,5 li **Blütlingen**.

31,2 ▬, **X**, li ⩸ S 1.

30,6 Straßen-Ⅱ in **Wustrow (Wendland)**, Bahnhofstraße, ⬇.

30,1 Straßen-Ⅱ Salzwedeler Straße

29,9 li ↓ der Bergener Dumme, rund 15 km von Bergen/Dumme. Es existiert kein Befahrungsbericht.

28,4 Straßen-Ⅱ.

27,2 Straßen-Ⅱ.

25,3 Wege-Ⅱ, re Sportplatz.

25,1 1. Straßen-Ⅱ in **Lüchow**, Theodor-Körner-Straße. **!** rechtzeitig vorher li ⬆ um das folgende ▬ über diese Brücke und etwa 400 m weit auf Fußweg zu umgehen, S 3.

24,9 2. Straßen-Ⅱ B 248 in Lüchow, Lange Straße (mit schönen Fachwerkhäusern),
danach ▬, **X**, ⩸ s. km 25,3.

24,6 3. Straßen-Ⅱ in Lüchow, Königsberger Straße (an der 2. re und an der 3. Brücke li gute ⬇).

23,5 li ↓ des Lübelner Mühlenbaches.

23,2 EB-Ⅱ.

22,8 li ← Siel zur Alten Jeetzel, (s. Kanuwanderbuch für NWD und DKV-Gewässerführer OST).

22,5 Straßen-Ⅱ K 33 Rehbeck–Lüchow.

20,7 Straßen-Ⅱ Rehbeck–Seerau.

19,6 re ↓ des Lucie-Kanals.

19,2 Straßen-Ⅱ.

18,1 ▬, **X**, li oder re ⩸.

17,9 Straßen-Ⅱ.

14,7 Straßen-Ⅱ K 30 Langenhorst–Groß Heide.

13,8 Straßen-Ⅱ Soven–Langenhorst (kurz davor hinter dem Deich Düker der Alten Jeetzel.

13,4 li ↓ des Breselenzer Baches.

12,7 Straßen-𝕀 Breese–Liepehöfen.
10,4 Straßen-𝕀 Bückau–Dannenberg.
10,0 re → der Mühlenjeetzel über ein Wehr zur Alten Jeetzel. Im Sommer zugewachsen.
9,2 Straßen-𝕀 B 191, Uelzener Straße, re **Dannenberg**.
8,8 EB-𝕀.
8,7 li ↓ des Prisserschen Baches.
8,0 Straßen-𝕀 B216, Lüneburger Straße.
7,7 Straßen-𝕀, li **Lüggau**.
7,4 ▬, **X**, li leicht ⌓, re ⌓ 400 m und hinter der Brücke über die Alte Jeetzel wieder einsetzen.
7,2 re ↓ der Alten Jeetzel (s. Kanuwanderbuch für NWD und DKV-Gewässerführer OST).
4,7 li **Kähmen**.
4,4 EB-𝕀.
3,9 Straßen-𝕀 Seerau–Nienwedel.
2,0 Beginn des Hitzackersees.
1,4 li ⬇⬆ mit Steg.
1,2 Straßen-𝕀.
1,1 ▬, re ⌓, bei Elbe-Hochwasser ≋.
1,0 re → eines Jeetzelarmes um Hitzacker herum
0,8 Straßen-𝕀 **Hitzacker**. ★: Stadtinsel mit Fachwerkhäusern, Zollhaus.
0,5 Fußgänger-𝕀 Hiddosteg
0,4 ▬ Sperrwerk Hitzacker, nur bei HW geschlossen.
0,0 ↓ in Elbe bei km 522,9.

Müritz- Elde-Wasserstraße

Wanderfluss – Seen	Mündung in Elbe (re Nebenfluss)

Die Müritz-Elde-Wasserstraße ist ein durchgehender Wasserweg, der die Müritz mit der Elbe verbindet. Er benutzt z. T. den Flusslauf der Elde, zum Teil künstlich geschaffene Kanäle und führt über mehrere Seen.
Das Gefälle wird durch zahlreiche Schleusen abgefangen, daher nur geringe Strömung, der Schiffsverkehr ist gering. Die Befahrung kann daher leicht auch Eldeaufwärts, also gegen die Richtung der folgenden Beschreibung durchgeführt werden.
Die Müritz-Elde-Wasserstraße ist ein sehr beliebtes Kanurevier, das die Möglichkeit zu weiträumigen Wanderfahrten bietet, z. B. eine große Rundfahrt von der Elbe über die Elde zur Müritz und über die Havel wieder zurück zur Elbe und zum Ausgangspunkt der Fahrt. Auch eine Weiterfahrt nach Schwerin oder zu den Gewässern um Berlin ist möglich.
Zeltmöglichkeit: zahlreiche ▲, vor allem im Bereich der Seen.
Befahrbarkeit: ganzjährig.

Besonderheiten:	Auf der Müritz-Elde-Wasserstraße dürfen Charterboote verkehren. Es ist mit unerfahrenen Bootsführern zu rechnen. An Schleusenanlagen ist besondere Vorsicht geboten.

180,0 **Buchholz**, Yachthafen mit ▲-Möglichkeit, mögliche ⬇.

176,5 → 7 km über Krümmel, Nebel und Langenhagensee nach **Sewekow**.

176,0 **Alt Gaarz** (am Müritzarm).

172,3 Straßen-Ⅱ Straße B 198, danach Einfahrt in die kleine Müritz, re ↓ Müritz-Havel-Wasserstraße (s. Seite 500), damit Verbindung zur Havel (s. Einleitung). Am Westufer **Vipperow**, östlich **Rechlin**.

169,0 See-Enge, li **Zielow**, DJH, Ausfahrt in den großen Müritz-See. Er ist der größte See der Mecklenburger Seenplatte, Vorsicht bei Wind und Seegang. Bei der vorherrschenden West-Wetterlage geht die Fahrt am besten entlang dem Westufer nach N. Die hier angegebene Kilometrierung ist der kürzeste Weg über die Müritz. Eine ausführlichere Beschreibung der Müritz befindet sich im DKV-Gewässerführer OST.

165,3 Am West-Ufer **Ludorf**, ▲ Campingplatz, am Ostufer → Bolter Kanal (s. Seite 500) mehrere ▲ Campingplätze.

162,0 In einer nach W führenden Seitenbucht **Röbel**, ✕.
Am Westufer mehrere ▲ Campingplätze.
Das Ostufer ist nordwärts auf einer Länge von 10 km NSG. Ein Befahren der durch Tonnen gekennzeichneten Wasserfläche ist verboten.

154,0 li **Klink**, ✕.

151,2 re ▲ Azur-Camping Ecktannen, Fontanestraße, 17192 Waren, ☎ 03991/668513.

150,5 Einfahrt in die kleine Binnen-Müritz. Nach Ost in 2,5 km Entfernung **Waren**, 🚃, ✕. Weiterfahrt erfolgt nach W.

148,6 Straßen-Ⅱ B 192.

147,0 Ausfahrt in Kölpin-See, er wird seiner ganzen Länge nach in Richtung W durchfahren.

140,5 → zum Jabelschen See, dort **Jabel** und mehrere ▲ Campingplätze.

140,0 Göhrener Kanal, Durchfahrt zum Fleesen-See.

136,5 Nordufer ▲ Campingplatz Heidepark Silz, 17214 Silz, ☎ 039927/70229, ✕.

132,6 Straßen-Ⅱ (Drehbrücke), **Malchow**, 🚃, re Rastplatz, ✕, Ⅱ. Weiterfahrt über das Reken und den Petersdorfer See.

128,8 Autobahn-Ⅱ A 19.

126,2 Straßen-Ⅱ, **Lenz**, ✕, Ausfahrt in den Plauer See. Der See wird in Richtung SW durchquert. Eine Seerundfahrt ist ungefähr 40 km lang. Am See mehrere ▲ Campingplätze.

121,2 Ausfluss der Elde aus dem Plauer See, danach li Plauer Seglerverein, Rastplatz, ▲-Möglichkeit.

120,6 **Plau**, Straßen-Ⅱ B 103, 🚃, ✕. Beginn der Fluss-Strecke mit zahlreichen □.

120,5 Hub-Ⅱ.

120,1 □ Plau, ☎ 038735/44364.

119,6 EB-Ⅱ.

119,2 Straßen-Ⅱ B 191.

114,0 □ Barkow, (Selbstbedienung, Fernüberwachungszentrale ☎ 03871/451759).

113,6 Straßen-Ⅱ Plauenhäger Straße, li **Barkow**.

108,6 Straßen-Ⅱ, re **Kuppentin**, re Rastplatz mit ▲, *DKV-Kanustation*, An der Brücke, 19386 Kuppentin, ✗, ☎ 038732/22706.

103,8 □ Bobzin, ☎ 038731/22922, Füllwasser kommt mit hohem Druck in der Schleusenmitte hoch. Hinweise des Schleusenwärters beachten.

99,5 Straßen-Ⅱ B 191.

99,2 Fußgänger-Ⅱ.

98,9 **Lübz**, □, 038731/22114, Ⅱ, ✗, 🛒, Arzt.

98,5 ▲ Stadt-Marina Lübz, Schulstraße 8a, 19386 Lübz, ☎ 038731/22428.

96,0 re Gischow.

91,3 Fußgänger-Ⅱ, **Burow**, re alter Elde-Arm, Rastplatz Burow, ▲-Möglichkeit.

88,4 Wege-Ⅱ.

83,3 □ Neuburg (Selbstbedienung, Fernüberwachungszentrale ☎ 03871/451759), Wege-Ⅱ.

82,1 li Rastplatz, ▲ Ufercamp Eldeblick, *DKV-Kanustation*, Eldeweg 4, 19376 Neuburg, ☎ 038724/22726.

81,8 Straßen-Ⅱ Siggelkower Straße, li **Neuburg**.

78,0 Rastplatz, Biwak.

76,5 li **Parchim-Slate**, Anleger mit Rastplatz.

73,6 Straßen-Ⅱ B 321 Südring Parchim.

72,9 Wege-Ⅱ, Flussteilung, li fahren, re Arm zum Rastplatz Parchim, *DKV-Kanustation*, Am Fischerdamm, 19370 Parchim, ▲, ☎ 03871/821701, www.absparchim.de .

72,2 ↓ des re Armes vom Rastplatz.

72,1 □, (Selbstbedienung, Fernüberwachungszentrale ☎ 03871/451759), Straßen-Ⅱ Vor dem Neuen Tor, **Parchim**, 🛒, ✗, Arzt, Krankenhaus.

71,9 re ↓ Altarm, re Rastplatz.

71,6 EB-Ⅱ.

70,9 li Rastplatz, ✗ Cafe.

68,9 re Rastplatz Möderitz.

64,8 li ← Alte Elde über Wehr.

64,5 Straßen-Ⅱ, re **Malchow**, li **Damm**.

61,5 li Rastplatz, ▲ Lewitzcamp Garwitz, ☎ 0172/3157277.

60,8 □ (Selbstbedienung, Fernüberwachungszentrale ☎ 03871/451759), Straßen-Ⅱ Lindenstraße, re **Garwitz**.

60,5 li ↓ Alte Elde, Sportboothafen, ⬇⬆.

56,3 Elde-Dreieck: li Elde-Wasserstraße, re → Störkanal zum Schweriner See (s. Seite 443).

54,8 Wege-Ⅱ.

52,6 Straßen-Ⅱ Wiethoopsdamm.

50,6 □ Lewitz, (Selbstbedienung, Fernüberwachungszentrale ☎ 03871/451759), Ⅱ.

49,4 Straßen-Ⅱ

48,9 re ↓ Alte Elde, re **Kronskamp**.

47,6 Autobahn-Ⅱ A 24.

46,2 □ (Selbstbedienung, Fernüberwachungszentrale ☎ 03871/451759), Straßen-Ⅱ Am Schloßgarten, **Neustadt-Glewe**, re Rastplatz mit ▲, ☎ 0162/9188254, 🚌, ✕, historische Altstadt.

45,0 EB-Ⅱ.

43,0 Straßen-Ⅱ, re **Klein Laasch**.

42,7 re → Alte Elde über ▬.

37,9 Muchower Ⅱ.

34,8 □ Hechtsforth, ☎ 038756/22473, Ⅱ, danach li Rastplatz mit ▲-Möglichkeit, ✕.

30,8 □ Grabow (Selbstbedienung, Fernüberwachungszentrale ☎ 03871/451759).

30,4 Fußgänger-Ⅱ. Danach EB-Ⅱ.

30,1 Straßen-Ⅱ Marktstraße, **Grabow**, Ⅱ, 🚌, ✕, ★.

29,9 Straßen-Ⅱ Rudolf-Breitscheid-Straße.

29,5 Straßen-Ⅱ B 5.

27,7 Wege-Ⅱ, **Fresenbrügge**, re Rastplatz „Eldekrug", Eldeufer 1, 19300 Fresenbrügge, *DKV-Kanustation*, ▲-Möglichkeit, ☎ 038756/37873, ✕.

22,7 □ Güritz, ☎ 038755/20268, Wege-Ⅱ.

22,0 li **Krohn**.

21,2 re Rastplatz Eulenkrug.

19,9 li ← Ausfluss Alte Elde über ein ▬ (s. DKV-Gewässerführer OST).

18,0 □ Eldena, (Selbstbedienung, Fernüberwachungszentrale ☎ 03871/451759).

17,8 Bootshafen Eldena mit ▲ Campingplatz.

17,5 Straßen-Ⅱ, **Eldena**,

14,5 re Rastplatz.

11,5 Wege-Ⅱ, li **Neu Göhren**, ✕, ▲ Camping Neu Göhren, Neue Straße 9, 19294 Göhren, ☎ 038755/20309.

9,6 re → Ziegeleikanal zum ▲ Campingplatz Wiesengrund, Am Kanal 4, 19294 Malliß, ☎ 038750/21060, ✕.

9,5 □ Malliß, (Selbstbedienung, Fernüberwachungszentrale ☎ 03871/451759).

8,8 EB-Ⅱ.

6,2 li Rastplatz Findenwirunshier mit ▲-Möglichkeit, ✕, ⛼.
5,8 ☐ Findenwirunshier, ☎ 038758/24112, Straßen-⌶, **Neu Kaliß**.
4,9 ☐ Neu Kaliß, (Selbstbedienung, Fernüberwachungszentrale ☎ 03871/451759).
1,6 Wege-⌶, Düker der Löcknitz, ⏏ zur Löcknitz durch Uferbewuchs schwierig.
1,1 re Bootshafen, ▲-Möglichkeit, ✕.
0,9 ☐ Dömitz, ☎ 038758/22725, Dömitzer Kanu-Verein, ▲, zu erreichen, indem man vor der Schleuse li in den parallel verlaufenden See einfährt. Das ⌂ befindet sich am Ende des Sees neben der Schleuse.
0,8 Straßen-⌶ (bewegl.) B 195 Werderstraße, **Dömitz**, ★: Elbschifffahrtsmuseum.
0,0 ↓ in Elbe bei km 504,1.

Störkanal, Schweriner See

Schifffahrtsstraße - Seen

Der Störkanal führt von der Müritz-Elde-Wasserstraße zum Schweriner See, er stellt damit eine Verbindung von diesem See sowohl zur Mecklenburger Seenplatte als auch zur Elbe dar. Der Schiffsverkehr ist gering.
Der Schweriner See, ein eiszeitlicher Rinnensee, ist der zweitgrößte See in Mecklenburg. Seit 1842 trennt der Paulsdamm den kleineren Innen- vom größeren Außensee. Am westlichen Ufer des Innensees wurde 1160 die Stadt Schwerin gegründet. Seit mehr als 800 Jahren ist sie der administrative Mittelpunkt Mecklenburgs und heute die Hauptstadt des Bundeslandes Mecklenburg-Vorpommern.

Befahrbarkeit: ganzjährig.
Besonderheiten: Auf Störkanal und Schweriner See dürfen Charterboote verkehren. Es ist mit unerfahrenen Bootsführern zu rechnen. An Schleusenanlagen ist besondere Vorsicht geboten.

Störkanal:

0,0 → aus der Müritz-Elde-Wasserstraße bei km 56,3.
0,8 Straßen-⌶.
6,9 Wege-⌶, li und re Rastplatz.
10,3 im Wehrarm Rastplatz, Bootsverleih.
10,9 ☐ Banzkow, ☎ 03861/7232.
11,0 Dreh-⌶ Straße des Friedens, **Banzkow**.
14,6 Klapp-⌶, **Plate**, 🚌.
14,9 EB-⌶.
16,8 Autobahn-⌶ A 241.
19,8 Straßen-⌶ B 321 An der Crivitzer Chaussee, re **Rabensteinfeld**, Busverbindung nach Schwerin.

21,0 ↓ in Schweriner See, li Mueß, re ▲ Camping Süduferperle, Forststraße 19, 19065 Raben-Steinfeld, ☎ 03860/312.
Aus dem Kanal kommend Vorsicht bei starken östlichen oder westlichen Winden, da Seegang von der Bucht nicht erkennbar. Die hier angegebene Kilometrierung ist der kürzeste Weg über den Schweriner See. Eine ausführlichere Beschreibung des Schweriner Sees befindet sich im DKV-Gewässerführer OST.

Schweriner See:

22,0 westlich Insel Ziegenwerder, NSG, 100 m Uferstreifen Befahrungsverbot.

23,0 westlich Insel Kaninchenwerder, NSG, 100 m Uferstreifen Befahrungsverbot.

24,0 Am Westufer **Schwerin**, Landeshauptstadt von Mecklenburg-Vorpommern, 🚃, ✕, ★: Dom aus dem 14. Jahrhundert, Schweriner Schloss und Schlossgarten.
⌂ SV Mecklenburgisches Staatstheater, Werderstraße 76, 19059 Schwerin, *DKV-Kanustation*, www.svthschwerin.de .
⌂ Kanu- und Kleinsegelverein Schwerin, Bornhövedstraße 101a, 19055 Schwerin, *DKV-Kanustation*, www.kuk-schwerin.de .
⌂ Kanu-Renngemeinschaft Schwerin, Schleifmühlenweg 8c, 19061 Schwerin, ☎ 0385/565757, www.krg-schwerin.de ,*DKV-Kanustation* am Faulen See.
⌂ SV Post-TELEKOM Schwerin, Am Werder 21, 19055 Schwerin.

25,0 Am Westufer Einfahrt zum Heidensee und weiter zum Ziegelaußensee.

29,8 See-Enge, Paulsdamm, Straßen-Ⅱ B 104, Durchfahrt in den Schweriner Außensee, den nördlichen Teil des Schweriner Sees.
li ← zum Ziegelaußensee.

31,8 am W-Ufer Seehof, ▲ Ferienpark Seehof, Zum Zeltplatz 1, 19069 Seehof, ☎ 0385/512540.

35,4 am O-Ufer Retgendorf, ▲ Campingplatz Retgendorf, Seestraße 7a, 19067 Retgendorf, ☎ 03866/80228.

36,8 – 39,5 re Insel Lieps.

38,0 am Ostufer **Flessenow**, ▲ Seecamping Flessenow, Am Schweriner See 1a, 19067 Flessenow, ☎ 03866/81491, daneben DJH, ☎ 03866/82400.

40,0 li **Bad Kleinen**, 🚃, ✕.

41,5 am Westufer Abzweig des Wallensteingraben, Abfluss des Schweriner Sees zur Ostsee (s. DKV-Gewässerführer OST).

43,4 li Hohen Viecheln, *eine Weiterfahrt bis zu dem N-Ende des Sees ist nicht möglich, NSG.*

Havel

Wanderfluss – Seen Mündung in Elbe (re Nebenfluss)

Die Havel beginnt als kleiner Wiesenfluss, zunächst auf 20 km leichte Schwierigkeiten. Danach wird sie zum gemächlichen Wanderfluss, zwischen Wäldern und Hügeln, nur ganz geringe Strömung, das Gefälle wird durch Schleusen aufgefangen. Die Havel durchfließt zahlreiche Seen, jeweils mit eigenen Namen. Von der Hauptroute der Havel bestehen zahlreiche Abzweigungen zu Seitengewässern und anderen Flusssystemen (z. B. zu den Mecklenburger Seen, über die Elde-Wasserstraße zum Schweriner See und zur Elbe, zu den Gewässern um Berlin sowie Querverbindungen zur Elbe).
Die Havel ist ab dem Gr. Labus-See Schifffahrtsstraße mit Schleusen, hier ist der Schiffsverkehr gering. Es ist aber mit starkem Sportbootverkehr zu rechnen. Auf der Unteren Havel und dem Oder-Havel-Kanal besteht reger Schiffsverkehr. Beim Befahren der größeren Seen ist wegen ihrer geringen Tiefe bei entsprechender Wetterlage mit erheblicher Wellenbildung zu rechnen.

Befahrbarkeit: ab Pieverstorf nur bei gutem Wasserstand, nur für Einer, ab Kratzeburg meist ganzjährig, auch für Zweier.

Befahrungsregeln: *im Text kursiv hervorgehoben.*

Obere Havel

118,8 Havelquellen im Diekenbruch bei Ankershagen.
117,3 **Pieverstorf**, ab hier sollen schon Befahrungen bei HW im K1 erfolgt sein.
116,0 **Dambeck**.
115,3 Röthsee
114,0 **Kratzeburg**, erreichbar über Abzweig von der B 193 Richtung Waren/Müritz, 🚆, Straßen-⌶ und EB-⌶; Empfohlene ⬇, ab hier ständig auch für Zweier ≋, Havelseen bis Useriner See für Motorboote gesperrt.
112,5 ▲ Campingplatz „Naturfreund", ☎ 039822/20285, www.campingplatz-naturfreund.de .
110,9 Havelausfluss aus NO-Ende des Käbelick-Sees.
109,5 Straßen-⌶ Granzin–Dalmsdorf, ↓ in Granziner See.
109,0 Straßen-⌶, re Rastplatz, ⬇⬆, ▲-Möglichkeit, **Granzin**, ✕, See-Ausfluss.
108,0 Straßen-⌶ und ▬ Granziner Mühle. Die Havel ist hier ein kleiner Graben, ⌓ *etwa 750 m bis zum Pagelsee*, zweigleisige Lorenbahn ist vorhanden. X
107,5 ↓ in den Pagel-See, re Rastplatz.
106,0 Wege-⌶.
105,6 re **Krienke**.
105,4 Ausfahrt aus Pagel-See.
104,7 ↓ in den Zotzen-See, *nur direkte Durchfahrt entlang der grünen Tonnen erlaubt.*
103,8 Ausfluss aus dem Zotzen-See.
102,9 Wege-⌶, keine ⬇⬆-Möglichkeit

102,6 ▬ Babke, X, ⌓, Bootsschleppe vorhanden. ▲-Möglichkeit, im Sommer Imbiss. Von hier aus Übersetzmöglichkeit zur „Alten Fahrt" in den Leppiner- oder Woterfitz-See, Entfernung ca. 5,0 km, ☎ 0174/8275230 (Paddel-Paul) oder 039833/20454 (Taxi-Moritz).

101,9 Straßen-Ɪ, li **Babke**, keine ⬇⬆-Möglichkeit.

101,3 ↓ in Jähten-See, *nur direkte Durchfahrt entlang der grünen Tonnen erlaubt.*

100,4 Havelausfluss aus dem Jähten-See.

100,2 re → in den Jamelsee, flach X 100 m treideln, ▲ Camping „Zum Hexenwäldchen", ☎ 039829/20215, www.kanubasis-blankenfoerde.de , Wegweiser!

99,5 Straßen-Ɪ, re ⬇⬆, re **Kakeldütt**, li **Blankenförde**.

99,0 Insel, li fahren.

98,6 Wege-Ɪ

98,4 ↓ in den Görtow-See.

96,8 ↓ in den Zierz-See, *nur direkte Durchfahrt entlang der grünen Tonnen erlaubt.*

96,0 ↓ in Useriner See. Weiterfahrt nach S; am N-Ende des Sees NSG, Durchfahrt zum Krams-See gesperrt.

94,5 am Ostufer **Userin**, ✕ (Mo Ruhetag), naturkundliche Ausstellung, Anmeldung ☎ 03981/204395.

93,5 ▲ (FKK) Campingplatz am Useriner See der Haveltourist GmbH, www.haveltourist.de .

92,6 □ Zwenzow mit Bootsschleppe zwischen Useriner und Gr. Labus-See, ☎ 0395/3805320 Betriebszeiten: April und Oktober 10:00 Uhr und 16:00 Uhr; Mai bis September 10:30 Uhr, 12:30 Uhr und 17:30 Uhr; übrige Zeit nur nach Anmeldung, www.staun-mv.de .

Obere Havel-Wasserstraße

92,6 ↓ in den Gr. Labus-See; ab hier beginnt die Bundeswasserstraße Obere Havel-Wasserstraße. re im N **Zwenzow**, ▲ Campingplatz Zwenzower Ufer der Haveltourist GmbH, www.haveltourist.de .

90,3 Ausfluss aus dem Gr. Labus-See.

89,9 Straßen-Ɪ, li **Klein-Quassow**.

87,9 EB-Ɪ, zum 🚌 vor Brücke li ⬆, ca. 150 m;

87,6 Straßen-Ɪ, re **Groß Quassow** in 1 km.

87,0 =86,0 Kilometersprung. Es fehlt ein Kilometer.

86,0 ↓ in Woblitz-See, ▲ Campingpark Havelberge, www.haveltourist.de , ✕.

Kammerkanal

Der Kammerkanal ist ein Abzweig von der Oberen Havel-Wasserstraße, der Neustrelitz mit der Havel verbindet. Die Kilometrierung wird hier fortgesetzt.

94,4 Hafen Neustrelitz, **Neustrelitz**, ✕, ⛟, ehemalige Residenzstadt, ★: Marktplatz, Schlossbezirk.
⌂ und ▲, *DKV-Kanustation*, WSV Einheit Neustrelitz, Abteilung Kanu, Zierker Nebenstraße 31, 17235 Neustrelitz, ☎ 03981/204338, www.wsv-neustrelitz.de .

91,8 Ausfahrt aus Zierker-See.

91,3 Straßen-Ⅱ Vorderster Kalkofen.

89,2 EB-Ⅱ

88,1 Straßen-Ⅱ

88,0 □ Voßwinkel ☎ 03981/200549, Betriebszeit: 01.04.–30.09. von 07:00–20:00 Uhr; 01.10.–30.11. von 08:00–16:00 Uhr, 01.12.–31.03. keine Betriebszeit, li Bootsschleppe.

87,0 Wege-Ⅱ

86,8 ↓ in Woblitzsee am NO-Ende des Sees.

Obere Havel-Wasserstraße

Die Weiterfahrt auf der Havel erfolgt nach Süden.

83,2 re **Wesenberg**, ⛟, ✕, Arzt, ⌂ des SV Wesenberg, Sektion Kanu, ▲ auch für Wohnwagen; bei längerem Aufenthalt Anmeldung erforderlich, In den Wällen, 17255 Wesenberg, www.sv-union-wesenberg-kanu.cabanova.de .

82,5 Ausfluss der Havel aus dem Woblitz-See.
Straßen-Ⅱ B 198 Neustrelitzer Chaussee.
danach li Marina mit Rastplatz, 3 Hütten für Übernachtung, re Biwakplatz

Kanumühle (nur Kurzaufenthalt).

81,7 ☐ Wesenberg, ☎ 039832/20214, Betriebszeit: 01.04.–30.09. von 07:00–20:00 Uhr; 01.10.–30.11. von 08:00–16:00 Uhr, 01.12.–31.03. keine Betriebszeit. re Bootsschleppe.

81,1 re ↓ Schwaan-Havel, zum Plätlin-See 3 km (s. DKV-Gewässerführer OST).

78,4 Straßen-Ⅱ Weinbergstraße, **Ahrensberg**.

78,3 ↓ in Drewen-See. Ausdehnung nach Osten 6 km langen Drewen-See, hier 2 ▲, Campingplatz am Drewensee der Haveltourist GmbH, www.haveltourist.de und Naturcamping Drewensee. Die Weiterfahrt auf der Havel geht nach Süden.

77,6 Ausfahrt aus Drewen-See.
überdachte Straßen-Ⅱ.
↓ in Finow-See.

77,1 Ausfahrt aus Finow-See.

75,8 ↓ in Wagnitz-See, Ausdehnung nach Osten rund 2 km, Weiterfahrt nach Süden.

75,3 Ausfahrt aus Wagnitz-See.
↓ in N-Ende Priepert-See.

73,0 Ausfahrt S-Ende Großer Priepert-See, re ⬇⬆, Straßen-Ⅱ Am Priepert-See, **Priepert**, ✕.

72,5 ↓ in Ellenbogen-See. Nach W Abzweigung Müritz–Havel-Wasserstraße (s. Seite 500). Sie führt zur Müritz und bildet damit den Anschluss an die Müritz-Elde-Wasserstraße (s. Seite 439). Die Weiterfahrt auf der Havel geht nach SO.

72,3 li ▲ Camping Havelperle, An der Havel 33, 17255 Priepert, ☎ 039828/26504, www.camping-havelperle.de .

70,4 ▲ Campingplatz am Ellenbogensee (für Schulklassen empfohlen).

70,0 re **Groß Menow**.

69,2 Ausfahrt aus Ellenbogen-See.

68,9 ↓ in Ziern-See.

68,0 ▲ „C46“ der Haveltourist GmbH, www.haveltourist.de .

67,1 Ausfluss aus Ziern-See, li **Klein Menow**.

66,7 ↓ in Menow-See.

66,5 Ausfluss aus Menow-See.

65,6 Straßen-Ⅱ, li **Steinförde**, re Biwakplatz.

64,3 ☐ Steinhavel, ☎ 033093/32095, Betriebszeit: 01.04.–30.09. von 07:00–20:00 Uhr; 01.10.–30.11. von 08:00–16:00 Uhr, 01.12.–31.03. keine Betriebszeit.

63,2 ↓ in Röblin-See.

62,0 li ▲ Kanu-Camp „Am Röblinsee“, Röblinsee Nord 1,16798 Fürstenberg, ☎ 033093/38613, www.camping-amröblinsee.de .

61,4 Ausfluss aus Röblin-See,

61,3 EB-Ⅱ.

61,0 li ← zu einem Kanu- und Fischpass, der die Schleuse Fürstenberg umgeht.
60,8 Straßen-⌶ B 96, **Fürstenberg**, 🚌, ✕, Arzt, Krankenhaus,
60,7 ☐ Fürstenberg, ☎ 033093/32244, Betriebszeit: 01.04.–30.09. von 07:00–20:00 Uhr; 01.10.–30.11. von 08:00–16:00 Uhr, 01.12.–31.03. keine Betriebszeit.
60,6 ↓ in Bahlen-See.
60,1 Ausfahrt aus dem Bahlen-See.
überdachte Wege-⌶.
↓ in Schwedt-See, re halten, im N des Sees li ↓ Thymenbach (NSG, ganzjährig gesperrt).
59,8 Ausfahrt aus Schwedt-See.
59,4 ehemalige Eisenbahnfähre mit Stichhäfen.
57,6 ↓ in Stolp-See.
55,0 li **Himmelpfort**, li ← zu den Lychener Gewässern (s. Seite 498).
54,1 Ausfluss der Havel aus dem Stolp-See, davor li ▲ Camping Himmelpfort, *DKV-Kanustation*, Am Stolpsee 1, 16798 Himmelpfort, ☎ 033089/41238, www.campingplatz-himmelpfort.de .
53,0 re **Zootzen**, ▲ Campingplatz Havelblick, ☎ 0173/2185578, www.camping-havelblick.de .
47,8 ☐ Bredereiche Selbstbedienungsschleuse, Betriebszeit: 01.04.–30.09. von 07:00–20:00 Uhr; 01.10.–30.11. von 08:00–16:00 Uhr, 01.12.–31.03. keine Betriebszeit.
davor re Wasserwanderrastplatz mit ▲-Möglichkeit.
Straßen-⌶ Schleusenstraße, li **Bredereiche**.
47,5 li Altarm.
47,0 re Biwakplatz, sehr hohe Uferbefestigung.
42,2 ☐ Regow, Selbstbedienungsschleuse, Betriebszeit: 01.04.–30.09. von 07:00–20:00 Uhr; 01.10.–30.11. von 08:00–16:00 Uhr, 01.12.–31.03. keine Betriebszeit.
41,4 re Biwakplatz, ab hier li ehemaliger Truppenübungsplatz bis km 35,3, Fluss- und Uferbereich nicht verlassen.
36,1 ☐ Zaaren, Selbstbedienungsschleuse, Betriebszeit: 01.04.–30.09. von 07:00–20:00 Uhr; 01.10.–30.11. von 08:00–16:00 Uhr, 01.12.–31.03. keine Betriebszeit.
32,6 ☐ Schorfheide, Selbstbedienungsschleuse, Betriebszeit: 01.04.–30.09. von 07:00–20:00 Uhr; 01.10.–30.11. von 08:00–16:00 Uhr, 01.12.–31.03. keine Betriebszeit.
32,1 li ← zu den Templiner Gewässer, (s. Seite 496).
26,4 re ↓ Tornow-Fließ, bei Tornow ▬ (nur im Frühjahr evtl. ≋), Verbindung zu den Wentow-Gewässern.
24,9 re → Wentow-Gewässer (s. Seite 496).

24,6 li ✕ und ▲ Gasthaus zur Fähre.
24,2 Straßen-Ⅱ Zehdenicker Straße, li **Burgwall**.
22,1 re ★: Ziegeleipark Mildenberg, ✕ mit ▲-Möglichkeit.
18,9 re ↓ Welsengraben, evtl. ≋ ab Gransee, mehrere ▬.
18,1 EB-Ⅱ.
15,9 ☐ Zehdenick, Selbstbedienung, Betriebszeit: 01.04.–30.09., 07:00–20:00 Uhr, 01.10.–30.11., 08:00–18:00 Uhr, 01.12.–31.03., 08:00–16:00 Uhr; ⩯ re von der Schleuse möglich, li zum ▬, ✕.
Straßen-Ⅱ Schleusenstraße, **Zehdenick**, ⛟, ✕, Arzt.
15,7 Zug- und Wege-Ⅱ Hastbrücke.
15,1 Straßen-Ⅱ B 109 Castrop-Rauxel-Allee.
14,9 ↓ in Vosskanal, die Kilometrierung wird dort fortgesetzt.

Vosskanal

14,9 Beginn des Vosskanals, re → Schnelle Havel (NSG, ganzjährig gesperrt).
10,6 Straßen-Ⅱ, li **Krewelin**. An der Brücke ein Rastplatz für Radwanderer, der auch von Kanuten genutzt werden kann.
4,5 ☐ Bischofswerder, ☎ 03307/467852, Betriebszeit: 01.04.–30.09., 07:00–20:00 Uhr, 01.10.–30.11., 08:00–18:00 Uhr, 01.12.–31.03., 08:00–16:00 Uhr;
zum ⩯ re Ⅱ und über Ⅱ li ⬇.
Straßen-Ⅱ Bischofswerder Weg, re **Bischofswerder**.
0,8 Straßen-Ⅱ B 167 Neuholländer Chaussee, li **Liebenwalde**.
0,0 = 46,9 des Malzer Kanals

Malzer Kanal

46,9 = 0,0 des Voß-Kanal
weiter als Malzer Kanal, li ← Finow-Kanal „Langer Trödel", hier in 100 m gute ⬇⬆ mit Parkplatz. Langer Trödel ≋ bis zum Oder-Havel-Kanal, 3-mal ⌓, Baumleichen. Es existieren Bestrebungen, diesen Kanal wieder durchgängig befahrbar zu machen.

45,3 re ▭ Liebenwalde, Selbstbedienung, Betriebszeit: 01.04.–30.09., 07:00–20:00 Uhr, 01.10.–30.11., 08:00–18:00 Uhr, 01.12.–31.03., 08:00–16:00 Uhr;
li ▬, ⌓ li möglich.

43,9 = 40,5 der Havel-OderWasserstraße;
↓ in die Havel-Oder-Wasserstraße bei km 40,5.

Havel-Oder-Wasserstraße

40,5 = 43,9 des Malzer Kanals;
↓ des Malzer Kanals (km 43,9) in die Havel-Oder-Wasserstraße. Die Beschreibung des li abzweigenden Oder-Havel-Kanals oberhalb km 40,5 wird auf Seite fortgesetzt.

39,9 li Altarm.

39,2 re Rastplatz.

37,9 re Altarm.

32,4 re → Malzer Kanal (Schleuse außer Betrieb).

31,4 Fähre, li **Friedrichsthal**.

29,6 EB-Ɪ.

29,4 li Klinkerhafen.

28,6 ▭ Lehnitz, ☎ 03301/808010, Betriebszeit: Mo–Sa 06:00–22:00 Uhr, So und Feiertage 07:00–22:00 Uhr; Bootsschleppe in der Mitte zwischen alter und neuer Schleusenkammer.

28,5 li ⬇⬆ mit Parkmöglichkeit.

28,2 Straßen-Ɪ B 273 Schmachtenhagener Chaussee.

28,0 –25,7 Lehnitz-See, re **Oranienburg**, 🚃, ✕.

25,5 EB-Ɪ.

25,3 Straßen-Ɪ Lehnitzstraße.

24,9 ↓ in die Havel

24,9 re ↓ Oranienburger Havel, ca. 2,5 km befahrbar, dort mehrere ⌂, ★: Oranienburger Schloss.

24,8 li Altarm.

24,5 li Altarm.

23,7 li Altarm.

22,9 Straßen-Ɪ Havelhausener Brücke.

22,5 re Pinnower See.

21,1 li Altarm.
20,9 Straßen-⌶ Hauptstraße, **Pinnow**.
20,8 re → Oranienburger Kanal (s. DKV-Gewässerführer OST).
20,2 Autobahn-⌶ A 10.
19,9 li Altarm.
18,7 li ↓ der Briese. Befahrung auch bei gutem Wasserstand (im Frühjahr nach viel Regen) wegen vieler Baumlaichen und Büsche sehr beschwerlich und deshalb nicht empfehlenswert.
16,9 Autobahn-⌶ A 111.
16,6 li Altarm.
16,5 re **Hohenschöpping**, ✕.
16,2 li Altarm.
15,6 EB-⌶.
15,2 re → Veltener Stichkanal (3 km bis Velten), li Altarm.
12,5 Straßen-⌶ Ruppiner Straße, **Hennigsdorf**, 🚌.
12,1 EB-⌶.
10,4 re → des Havelkanals (dieser 33 km lange, landschaftlich uninteressante Kanal umgeht Berlin und stellt die kürzeste Verbindung zwischen Oberer Havel-Wasserstraße bzw. Havel-Oder-Wasserstraße und Unterer Havel-Wasserstraße bei km 32,6 dar.).
↓ in den Niederneuendorfer See. Beginn **Berlin**. In etwa 1,5 km Entfernung in nördlicher Richtung auf der anderen Uferseite 3 Kanuvereine, jeweils *DKV-Kanustation*, und zwar:
Heiligenseer Kanu-Club e.V., *DKV-Kanustation*, Henningsdorfer Straße 125/135, 13503 Berlin, www.hkc-berlin.de ;
Wassersportclub Havel, *DKV-Kanustation*, Henningsdorfer Straße 87/89, 13503 Berlin, ☎ 030/4313942, www.wch-berlin.de und;
Wassersportgemeinschaft Heiligensee, *DKV-Kanustation*, Lubminer Pfad 13, 13503 Berlin, ☎ 030/4363783, www.wsg-heiligensee.de .
8,5 li ⌂ Wander-Paddler Havel, *DKV-Kanustation*, Alt-Heiligensee 112, 13503 Berlin, ▲-Möglichkeit sehr beschränkt, keine Wohnwagen oder Wohnmobile, ☎ 030/4313122, www.wander-paddler-havel.de .
8,1 li ← des Heiligensees, privat.
7,0 li ⬇⬆ Strand Sandhauser Straße.
6,1 re geschützte Badestelle „Bürgerablage“, daneben ⬇⬆ **Berlin-Spandau**, Niederneuendorfer Allee, Strand, ✕.
5,5 re ϟ; li ⬇⬆ Berlin-Konradshöhe, Bärbelweg / Buntspechtstraße, Strand.
5,3 re → Teufelsseekanal, Einfahrt verboten.
4,6 Wagenfähre, re Aalemannkanal (Stichkanal), ✕.
4,3 li ▲ *DKV-Kanustation* (nur April bis September) Bootshaus Heyer, Friederikenstraße 23, 13505 Berlin, ☎ 030/4311223.
4,1 frei fahrende Personenfähre.
4,0 li Tegelort, ← in den Tegeler See (s. DKV-Gewässerführer OST).

3,5 ← des Berlin-Spandauer Schifffahrtskanals (s. Seite 495); er stellt eine Verbindung zur Spree dar.
3,4 Insel Großer Wall.
3,1 re → Maselakekanal (Stichkanal).
3,0 Straßen-Ɪ Rauchstraße, danach li Sportbootliegestelle, ⬇⬆, Stege.
2,6 Straßen-Ɪ Pohleseestraße Spandauer Seebrücke.
2,0 –1,5 li Insel Eiswerder, ⌂ und ▲ Kanusportvereinigung Havelbrüder, Eiswerderstraße 14, 13585 Berlin, www.havelbrueder.de
li durch die Kleine Eiswerder-Ɪ am Pulvermühlengraben (Einfahrt durch eine ca. 1 m breite Lücke im Schilfgürtel links neben einer Marina für Motor- und Segelboote):
li ⌂ Turnerschaft in Berlin, Ski- und Kanuabteilung, Elisabeth-Flickenschildt-Straße 22, 13599 Berlin, www.tib1848ev.de , ▲-Möglichkeit nach Anmeldung.
li ⌂ Kanu-Club Haselhorst, Elisabeth-Flickenschildt-Straße 20, 13599 Berlin, www.sport-berlin.com/kanu-club-haselhorst ,
⌂ Ruder- und Kanu-Verein 1928, *DKV-Kanustation*, Elisabeth-Flickenschildt-Straße 18, 13599 Berlin, www.rkv-berlin.de ;
⌂ Kanu-Club Naturfreunde, Elisabeth-Flickenschildt-Straße 16, 13599 Berlin, www.naturfreunde-berlin.de .
1,5 Straßen-Ɪ Eiswerderstraße.
0,6 □ Spandau, li ▬, X, re Bootsschleppe mit Wagen, ☎ 030/33080520, Betriebszeit: 01.04.–31.10., Mo–Sa 06:00–22:00 Uhr, So und Feiertage 07:00–22:00 Uhr; 01.11.–31.03., Mo–Sa 06:00–20:00 Uhr, So und Feiertage 07:00–19:00 Uhr; ★: li Spandauer Zitadelle mit Juliusturm, Festungswerk aus dem 16. Jahrhundert.
0,3 Straßen-Ɪ Am Juliusturm, li Zitadellengraben, Slalomstrecke (Einfahrt verboten).
0 li ↓ Spree (s. Seite 466).
Ab hier neue Kilometrierung.

Untere Havel-Wasserstraße

Die Untere Havel-Wasserstraße ist ein Flachlandfluss mit geringer Strömung. Sie fließt weitgehend durch eine Wiesen- und Auenlandschaft mit vielen reizvollen Seen, die Ufer sind streckenweise reguliert. Alle Staustufen haben Schleusen, Schiffsverkehr.

Befahrbarkeit: ganzjährig in beiden Richtungen.

0,0 li ↓ Spree; ab hier aufsteigende Kilometrierung.
0,1 Straßen-Ɪ Charlottenbrücke Charlottenstraße.
0,4 EB-Ɪ.
0,5 Straßen-Ɪ Ruhlebener Straße.

1,5 Straßen-⌶ Schulenburgstraße.
2,1 li ← Südhafen, Tiefwerder,
im Hafen re ⌂ Vereinigung Märkischer Wasserwanderer e.V., Dorfstraße 25a, 13597 Berlin.
im Hafen re Abzweig Kleiner Jürgengraben, dort li Bootshaus Wassersport-Club Kurmark e.V., Dorfstraße 28, 13597 Berlin, und weiter nach ca. 0,5 km li Wassersportverein Helios e.V., *DKV-Kanustation*, Dorfstraße 56, 13597 Berlin.
im Hafen re nach 0,7 km ⌂ Kajak-Club Albatros e.V., Tiefwerderweg 15, 13597 Berlin, *DKV-Kanustation*, ☎ 030/3325152.
2,9 Straßen-⌶ B 2/B 5 Frey-⌶ Heerstraße,
nach der Brücke re ⌂ Havel-Möwen Wassersportclub e.V., Alt Pichelsdorf 3, 13595 Berlin.
3,9 Pichelsdorfer Gemünd, Blinkfeuer, ab hier wieder seenartig erweitert, re → Scharfe Lanke, nach 1,2 km ⌂ Kanuklub Charlottenburg e.V., *DKV-Kanustation*, Bocksfeldstraße 11, 13595 Berlin, ☎ 030/3616379, www.kanuklub-charlottenburg.de .
li ← zum Stößensee, ⬇⬆ **Berlin-Grunewald**, Havelchaussee / Am Postfenn, neben dem Restaurantschiff „Alte Liebe", Strand und Versehrten-Wassersport-Gemeinschaft Berlin e.V., *DKV-Kanustation*, Havelchaussee 115, 14055 Berlin, ☎ 030/3041228, www.vwg-berlin.de
4,7 li Schildhorn.
5,8 re ⌂ Paddel-Club Wiking, *DKV-Kanustation*, Gatower Straße 329, 14089 Berlin, ☎ 030/3614702, www.PCWiking.de .
6,0 re Regattastrecke Berlin-Gatow, Sattelplatz.
7,0 li Grunewaldturm.
8,3 li Lieper Buch, Insel Lindwerder.
8,8 re ▲ Campingplatz.
9,0 re Breitehorn.
9,5 li Ufer, ⬇⬆ Berlin-Nikolassee, Havelchaussee, Parkplätze Große Steinlanke und Großes Fenster, Strände.
10,6 li Nordspitze Insel Schwanenwerder, li ← nach 0,8 km Schwanenwerder-⌶, Durchfahrt zum Großen Wannsee.
11,4 re Insel Imchen, NSG, re Kladow, ✕, ⬇⬆, li Abzweig zum Großen Wannsee (s. DKV-Gewässerführer OST).
12,6 li kleine Insel Kälberwerder.
13,2 –14,9 Pfaueninsel, li oder re umfahren, NSG, Schloss und weitere historische Gebäude, ★; re ⬇⬆.
15,9 li Rastplatz, ✕ Moorlake, ⬇⬆, Zufahrt über Nikolskoer Weg, nach 1 km links abbiegen.
16,3 Sacrower Enge, re Heilandskirche ★.
↓ in den Jungfernsee, Teilung der Havel.
re nach Nordwest über den Jungfernsee zum Sacrow-Paretzer Kanal und nach Paretz. Dieser kurze Weg zur unteren Havel wird von den

Frachtschiffen benutzt. Die folgende Beschreibung und Kilometrierung folgt diesem Weg.
geradeaus nach Südwest Abzweigung der Potsdamer Havel.
Die Potsdamer Havel ist der alte Lauf der Havel; da die Frachtschiffe den wesentlich kürzeren Weg zur unteren Havel über den Sacrow-Paretzer Kanal benutzen, fahren auf der Potsdamer Havel überwiegend Sportboote und Ausflugsschiffe. Die Potsdamer Havel verläuft sehr reizvoll durch mehrere Seen. Wenn man es nicht sehr eilig hat zur unteren Havel zu gelangen, sollte man den Sacrow-Paretzer Kanal meiden und den um 14 km weiteren Weg über die Potsdamer Havel wählen.

Potsdamer Havel

29,9 ← Abzweig aus der Unteren Havel an der Sacrower Enge bei km 16,3.

28,6 Glienicker Ⅱ, li Berlin, re Potsdam.
li vor der Brücke Schlosspark Kleinglienicke, ★.
re vor der Brücke in ca. 500 m ⬇⬆, Potsdam, Böcklinstraße/Ecke Menzelstraße, ehemalige Matrosenstation Kongsnæs, Treppe, alternativ Strand nahe dem Eingang zum Neuen Garten.

28,4 li ↓ Teltowkanal/Glienicker Lake (s. DKV-Gewässerführer OST)

28,0 Babelsberger Enge, ↓ in den Tiefen See, li ★: Schloss Babelsberg, Schlosspark von km 28 bis 27.

27,0 Ausfahrt aus dem Tiefen See.

26,7 Straßen-Ⅱ Humboldt-Brücke Nuthestraße.

26,1 re → Alte Fahrt um die Freundschaftsinsel (Nichtmotorisierte Fahrzeuge müssen diesen Weg benutzen.), geradeaus Neue Fahrt (Für mit Muskelkraft betriebene Fahrzeuge gesperrt), li ↓ Nuthe (s. DKV-Gewässerführer OST).

26,1 –25,4 Freundschaftsinsel. Mehrere ⬇⬆-Möglichkeiten, Mauer, Treppe; ★: re Nikolaikirche, Potsdamer Schloss im Bau.

25,5 Straßen-Ⅱ Lange Brücke Friedrich-Ebert-Straße, **Potsdam**, 🚆 Potsdam-Hauptbahnhof, ✕, ★: Schloss und Park Sanssouci, Orangerie, Neues Palais, Filmmuseum.

25,4 Zusammenfluss von Neuer und Alter Fahrt.

25,3 EB-Ⅱ.

25,0 re Fortsetzung der Potsdamer Havel, man kann jedoch auch geradeaus durch den Judengraben fahren und kommt auch hier wieder auf die Potsdamer Havel.

24,5 –22,5 li Insel Hermannswerder, re mehrere ⌂.

24,2 re Einfahrt in Neustädter Havelbucht durch Eisenbahnbrücke, dort Rastplatz.

24,1 re Rastplatz.

22,4 re ⌂ mit ▲, *DKV-Kanustation*, Preussen-Kanu im OSC Luftschiffhafen Potsdam, Zeppelinstraße 117b, 14471 Potsdam, ☎ 0331/9512386, www.preussenkanu.de .

22,4 – 21,0 re Regattastrecke.

22,2 re ⌂ Kanu-Club Potsdam im OSC Luftschiffhafen, Am Luftschiffhafen 2, 14471 Potsdam, ☎ 0331/5811669, www.kc-potsdam.de .

22,0 ↓ in Templiner See, re an der Mündung des Judengrabens ⌂ Universitäts-Sportverein Potsdam e.V.

21,0 EB-Ⅱ, 🚆 Potsdam-Pirschheide, re vor Brücke ⌂ Potsdamer RG, re nach der Brücke ⌂ und ▲ Wassersportfreunde Pirschheide e.V., Abteilung Kanu, An der Pirschheide 36, 14471 Potsdam, www.kanu-pirschheide.de . ⬇⬆ am Strand.

19,6 re ▲ Campingplatz Sanssouci, An der Pirschheide 41, 14471 Potsdam, ☎ 0331/9510988, www.camping-potsdam.de .

19,5 re → durch EB-Ⅱ in den Petzinsee. Weiterfahrt über Wentorfgraben nicht mehr möglich, **X**.

18,4 Ausfahrt aus Templiner See, re ▲ Campingplatz Himmelreich, Wentorfinsel, 14542 Geltow-Caputh, ☎ 033209/70475, www.campingplatz-caputh.de .

17,5 Seilfähre Caputh.

16,9 EB-Ⅱ, li **Caputh**, ✕, 🚆 Schwielowsee, mehrere ✕. ↓ in den Schwielowsee, li nach Ferch 5 km. Weiterfahrt re nach NW.

14,7 Straßen-Ⅱ B 1 Baumgarten-Brücke Berliner Chaussee, N-Ende Schwielow-See. re **Geltow**, mehrere ✕.

13,5 li ← zum Glindowsee durch Ⅱ, ▲ Riegelspitze, Fercher Straße 9, 14542 Werder-Petzow, ☎ 03327/42397, www.campingplatz-riegelspitze.de und Campingplatz Glindowsee, Jahnufer 41, 14542 Werder, OT Glindow, ☎ 03372/40855, www.hogab.de , 4,5 km bis Glindow.

12,5 –11,5 Insel Werder, **Werder**, 🚆, ✕, ⬇⬆ an der Westseite der Insel, Uferstraße an der Maria-Meeresstern-Kirche, Stege und li am Ufer, Parkplätze, günstiger Weg zum Bahnhof.

10,2 EB-Ⅱ, Beginn Gr. Zernsee.

9,0 Weiterfahrt nach NW, re nach N → zur Wublitz (s. DKV-Gewässerführer OST).

6,8 Autobahn-Ⅱ A 10, Beginn Kleiner Zernsee, vor der Brücke re ▲ beim Yachthafen Ringel, An der Havel 38, 14542 Werder (Havel) OT Töplitz, ☎ 033202/60217, www.marina-ringel.de .

5,5 re **Töplitz**.

4,3 li **Phöben**.

3,8 re ⬇⬆ alte Fährstelle, zu erreichen von Töplitz, Phöbener Straße.

0 li ↓ in Untere Havel-Wasserstraße bei km 32,6, li Havel, re Sac-

row-Paretzer Kanal, N Havelkanal.

Weiterfahrt auf der Unteren Havel-Wasserstraße:

20,0 Ausfahrt aus dem Jungfernsee, Beginn Sacrow-Paretzer Kanal, Fortsetzung der Unteren Havel-Wasserstraße; re → in Lehnitzsee, rund 3 km bis **Krampnitz**.
20,3 Nedlitzer Süd-ꟷ Tschudistraße, re **Neu Fahrland**, li **Nedlitz**.
21,2 re ↓ der Nedlitzer Fahrt zum Lehnitzsee. ↓ in den Weißen See.
21,8 Ausfahrt aus dem Weißen See.
22,3 re → Fahrlander See, Befahren verboten.
25,5 Straßen-ꟷ B 273 Marquardter Chaussee.
25,9 EB-ꟷ.
27,0 ↓ in Schlänitzsee, re ↓ und li ← Wublitz (s. DKV-Gewässerführer OST)
27,8 Ausfahrt aus Schlänitzsee.
28,5 Autobahn-ꟷ A 10.
32,6 Ende der Saacrow-Paretzer-Wasser-Straße, re ↓ Havel-Kanal (er stellt eine 33 km lange Verbindung zwischen Oberer und Unterer Havel dar, s. DKV-Gewässerführer OST), li ↓ Potsdamer Havel (alter Havellauf, s. oben), li **Paretz**.
34,2 Fähre Ketzin, re ⬇⬆, Strand.
35,0 re **Ketzin**, Rastplatz mit ▲-Möglichkeit für 1 Nacht beim Schwimmbad, 3 ▲, ⬇⬆ Friedrichstraße, Steg und Albrechtstraße, Slip.
35,8 re → Ketziner Havel.
36,8 re ↓ Ketziner Havel.
37,0 - 41,0 Trebelsee, Vorsicht bei Westwinden!
48,4 re → der Saaringer Havel.
49,4 re ↓ der Saaringer Havel.
50,4 re ▲ Yachthafen Eden, Straße zum Wassersportheim 4, 14776 Brandenburg OT Klein Kreutz, www.campingclub-eden.de .
51,7 re **Klein Kreutz**, ✕, li ← Emster Kanal (s. DKV-Gewässerführer OST) nach Lehnin.
52,1 re Biwak für 1 Nacht beim Sportplatz.
54,3 Havelteilung, re Untere Havel-Wasserstraße, li Brandenburger Stadtkanal.

Nebenstrecke **Brandenburger Stadtkanal**

54,3 li Brandenburger Stadtkanal.
55,8 re → des Wehrarmes.
56,8 li ← Jakobsgraben.
57,1 Straßen-ꟷ St. Annenstraße.
57,8 Straßen-ꟷ Steintorbrücke Jacobstraße, **Brandenburg**, 🚃, ✕.
57,9 Stadt-☐ (Sportbootschleuse) Brandenburg, ☎ 03381/226963, Betriebszeit Mo–Sa 7–20 Uhr, Sonn- und Feiertags 7–21 Uhr,

vom 04.10.–31.03. keine Betriebszeit.

58,2 li ↓ Mühlengraben.

58,4 Straßen-Ⅱ Bauhofstraße.

58,5 ↓ in Brandenburger Niederhavel bei km 58,4, re zur Unteren Havelwasserstraß, li zum Breitlingsee.

Weiterfahrt auf der Unteren Havel-Wasserstraße:

55,5 Brandenburger Vorstadt-⊏⊐, ☎ 03381/266457, Betriebszeit Mo-Sa 6 – 22 Uhr, Sonn- und Feiertags 7 – 19 Uhr.

56,2 geradeaus Silokanal, für Sportboote gesperrt.
re → Beetzsee, 21 km lange Seenkette (s. Seite 466).
li ← Brandenburger Niederhavel.

Nebenstrecke **Brandenburger Niederhavel**

56,2 Abzweig von der Unteren Havel-Wasserstraße

56,3 li ↓ Wehrgraben.

56,5 li ↓ Mühlenarm.

56,9 Straßen-Ⅱ Grillendamm.

57,0 li ↓ Mühlenarm Domstreng dort ⌂ mit ▲, Brandenburger Sport-Club Süd 05 e.V., Kanuabteilung, *DKV-Kanustation*, Burgweg, 14776 Brandenburg.

57,4 li ↓ Mühlenarm Näthewinde.

57,6 Straßen-Ⅱ Jahrtausendbrücke Hauptstraße, **Brandenburg**, 🚉, ✕.

58,2 Straßen-Ⅱ Luckenberger Straße.

58,4 li ↓ Brandenburger Stadtkanal (s. oben).

58,5 li ↓ Jakobsgraben, auf 700 m befahrbar bis Nähe des Haupt-🚉.

59,0 ⌂ mit ▲, *DKV-Kanustation*, Brandenburger Kanuverein „Freie Wasserfahrer 1925"e.V., Wiesenweg 5, 14776 Brandenburg, ☎ 03381/660162, www.freie-wasserfahrer.de .

59,1 Straßen-Ⅱ B 1 Otto-Sidow-Straße.

59,2 EB-Ⅱ.

63,6 ↓ in den Breitling-See, li ↓ Plane (s. DKV-Gewässerführer OST),
zur Insel Buhnenwerder (rund 1,6 km) und weiter auf dem Möserschen See bis zu einer Durchfahrt in der Halbinsel Wusterau zum Plauer See (rund 3,1 km),
▲ Seecamp Malge und Malge-Marina und Camping, www.malge.com sowie auf Kienwerder (jeweils rund 2,6 km).
Am S-Ufer ↓ Buckau (s. DKV-Gewässerführer OST).
Hinter der Insel Kienwerder Möserscher See, **Kirchmöser**, ⌂ und ▲, Eisenbahnersportverein Kirchmöser e.V., Kanuabteilung, Uferstraße 9a, 14774 Kirchmöser, ☎ 03381/802486, www.esv-

kirchmoeser-kanu.de .
65,3 Vereinigung mit Havel im Plauer See bei km 63,4; Insel Buhnenwerder, NSG.

61,5 ↓ des Silokanals in den Quenzsee, Ende der Sperrstrecke, Quenz-Ⅱ, mehrere ⌂.
63,4 ↓ der Brandenburger Niederhavel (km 65,39 in die Untere Havelwasserstraße (s. oben).
66,0 re Margaretenhof, ▲ Camping- u. Ferienpark am Plauer See, Plauer Landstraße, 14774 Brandenburg, ☎ 03381/804544, www.camping-plauersee.de .
67,3 li ← zum Wendsee, Elbe-Havel-Kanal (s. Seite 594), re Weiterfahrt auf der Havel.
68,0 Straßen-Ⅱ Plauer Landstraße, li **Plaue**, danach re ⌂ RC Plaue.
68,4 Straßen-Ⅱ B 1.
72,2 re **Briest**.
74,5 re **Krahnepuhl**, li ▲ Campingplatz Krahnepuhl.
76,7 re **Tieckow**.
78,4 li ▲ Naturhafen Kützkow, *DKV-Kanustation*, Fährstraße 7, 14798 Havelsee OT Kützkow, ☎ 033834/51345, www.naturhafen-kuetzkow.de . re → zum Pritzerber See durch EB-Ⅱ und Straßen-Ⅱ B 102, rund 3 km bis Hohenferchesar, dort ▲ Campingplatz Hohenferchesar, Seeweg, 14798 Havelsee OT Hohenfechesar, ☎ 033834/50632, www.hohenferchesar.de .
79,0 Seilfähre, li **Kützkow**, re **Pritzerbe**, 🛒, ✕.
81,4 li Schleusenkanal zur Schleuse Bahnitz, re Havel.

Schleusenkanal Bahnitz:
81,4 li Schleusenkanal zur Schleuse Bahnitz, re Havel.
81,9 Schleppzug-□ Bahnitz, Betriebszeit 1.5.–31.8. Mo–Sa 8–21 Uhr, Sonn- und Feiertags 8–20 Uhr, übrige Zeit Mo–Sa 6–19 Uhr, Sonn- und Feiertags 7–18 Uhr, ☎ 03381/266200.
82,4 ↓ des Schleusenkanals in die Havel km 83,8. Die Fahrt durch den Schleusenkanal ist also 1,4 km kürzer als die Havel-Strecke.

Weiterfahrt auf der Unteren Havel-Wasserstraße:
81,4 li Schleusenkanal zur Schleuse Bahnitz, re Havel.
82,0 ▬ Bahnitz mit Kahn-□ li.
83,8 li ↓ des Schleusenkanals (km 82,4).
91,0 re **Premnitz**, 🛒, ✕.
92,8 re ⌂ TSV Chemie Premnitz, ▲, www.kanuinfo.de/Premnitz .
92,9 Straßen-Ⅱ, li **Milow**.

93,1 li ↓ Stremme (s. DKV-Gewässerführer OST), dort Anleger der DJH bei km 0,5, Jugendherberge Milow - Carl Bolle, www.jh-milow.de mit ▲-Möglichkeit.

94,3 li **Bützer**.

96,3 re → der Mögeliner Havel, lohnend.

Nebenstrecke **Mögeliner Havel**: (zum Teil verkrautet)

3,3 Abzweig von der Havel km 96,3.

1,9 re Mögelin, 🚌.

1,6 re Weiterfahrt auf der Mögeliner Havel,
li Verbindung zur Havel bei km 98,4, Länge 350 m.

0,0 Mündung in die Havel bei km 99,0.

Weiterfahrt auf der Unteren Havel-Wasserstraße:

97,0 li **Böhne**.

97,4 li ↓ Königsgraben (NSG, ganzjährig gesperrt ab Straßen-Ⅱ Böhne).

98,4 re Verbindung zur Mögeliner Havel 350 m.

99,0 re ↓ Mögeliner Havel.

101,6 EB-Ⅱ, Straßen-Ⅱ B 188.

102,5 geradeaus zur Hauptschleuse Rathenow, re → der Rathenower Havel (Stadtdurchfahrt Rathenow).

Nebenstrecke **Rathenower Havel**:

102,5 Abzweig von der Unteren Havel-Wasserstraße. Die Rathenower Havel ist der alte, bis 1900 genutzte Schifffahrtsweg. Sie ist 2,3 km länger als der direkte Weg.

102,8 li ← Steckelsdorfer- oder Hinterarche über Wehr.

103,3 li ← Rathenower Vorderarche über Wehr.

103,5 ⌂ mit ▲, Rathenower WSV Kanu, *DKV-Kanustation*, Havelweg 2, 147712 Rathenow, ☎ 03385/511058.

103,6 li ← eines Mühlgrabens über Wehr.

104,1 li ← des Mühlenarmes über Wehr.

104,3 Ⅱ, danach re Stadthafen.

104,6 Stadt-□ Rathenow, Betriebszeit 1.5.–30.6. Fr 12–21 Uhr, Sa und So 9–21 Uhr, 1.7.–31.8. Mo–Do 9–18 Uhr, Fr–So 9–21 Uhr, 1.9.–30.4. keine Betriebszeit, ☎ 03385/515740, ⌓-Möglichkeit unter der Straßenbrücke. Danach Straßen-Ⅱ Berliner Straße, **Rathenow**, 🚌, ✕.

105,1 Straßen-Ⅱ Jederitzer Straße.

105,6 ↓ des Mühlenarmes.

105,7 re → zur Rathenower Stremme, Beschreibung s. unten.

106,5 ↓ in Havel bei km 104,2.

Nebenstrecke **Rathenower Stremme**:

4,3 Abzweig von der Rathenower Havel km 105,7.
4,0 Straßen-⌶ Schlachthausstraße.
2,7 Wege-⌶.
1,8 Wege-⌶.
0,0 ↓ in Havel bei km 108,0.

Weiterfahrt auf der Unteren Havel-Wasserstraße:

103,2 re ⩡ für Kanu zur Hinterarche möglich.
103,3 Haupt-□ Rathenow, Betriebszeit 1.5.–31.8. Mo–Sa 8–21 Uhr, Sonn- und Feiertags 8–20 Uhr, übrige Zeit Mo–Sa 6–19 Uhr, Sonn- und Feiertags 7–18 Uhr, ☎ 03385/539830.
103,5 Straßen-⌶ Friedensbrücke Genthiner Straße.
103,6 ↓ des Wehrarmes Hinterarche.
104,2 re ↓ der Rathenower Havel.
108,0 re ↓ Rathenower Stremme (s. DKV-Gewässerführer OST).
109,5 re **Albertsheim**.
112,0 re → Hohennauener Wasserstraße (s. DKV-Gewässerführer OST), zum Hohennauener See, dort nach 2 km li **Hohennauen**, ✕, ▲ Campingplatz, nach 5 km li Rastplatz **Wassersuppe** und nach 10 km **Ferchesar**, ▲ Campingplatz.
112,0 *–144,0 vom 15.03. bis 15.06. Anlegeverbot außer in Ortslagen und an den Schleusen*!
115,0 li **Grütz**, ▲ MSW Havelboot, ☎ 03385/511062, www.havelboot.de .
116,4 Verzweigung re Arm zur Schleppzugschleuse, li Arm zum Wehr, keine Kahnschleuse mehr.
117,0 im re Arm Schleppzug-□ Grütz, Betriebszeit 1.5–31.8. Mo–Sa 8–21 Uhr, Sonn- und Feiertags 8–20 Uhr, übrige Zeit Mo–Sa 6–19 Uhr, Sonn- und Feiertags 7–18 Uhr, ☎ 03385/539834 oder 0160/93448500.
119,7 li Parey, Naturschutzstation NABU, Einfahrt für kleine Boote.
120,5 li **Schollene**.
122,4 re → Nebenstrecke Gülper Havel, verläuft parallel zur Havel.

Nebenstrecke **Nietze, Gülper Havel**:

6,3 Abzweig aus der Havel, km 122,4, nach re.
5,9 Molkenberger □, falls nicht benutzbar, am ■ ⩡. Von Dezember bis März offen und ≋.
2,5 Wege-⌶, re **Gülpe**.
1,0 Gülper □ und ■, ebenfalls von Dezember bis März offen und ≋.
0,2 re → zum Gülper See über eine Schleuse.
0,0 ↓ in die Havel bei km 129,0.

Weiterfahrt auf der Unteren Havel-Wasserstraße:

122,7 li **Molkenberg**.
126,6 re Verbindung zur Gülper Havel, Befahrung verboten.
127,8 li ← Warnauer Altarm, **Warnau**.
128,4 re Havel, li Schleusenkanal Staustufe Garz.

Schleusenkanal Garz:

129,0 □ Garz, Betriebszeit 1.5.–31.8. Mo–Sa 8–21 Uhr, Sonn- und Feiertags 8–20 Uhr, übrige Zeit Mo–Sa 6–19 Uhr, Sonn- und Feiertags 7–18 Uhr, ☎ 039387/7288246 oder 0175/4726629.
130,2 li am Altarm **Garz**, ▲ Hafen Garz.
131,9 = 131,4 der Havel, ↓ des Schleusenkanals in die Havel. Der Schleusenkanal ist also 0,5 km länger als die Fahrt über die Havel.

Weiterfahrt auf der Unteren Havel-Wasserstraße:

128,9 ▬ Garz, re ⌂, bei HW, ≈ wenn bei HW geöffnet.
129,0 re ↓ Gülper Havel (s. km 122,4).
130,7 re ⬇⬆ Wasserwanderrastplatz Strodehne mit Dusche und WC, ✕.
131,1 re ⬇⬆, **Strodehne**.
131,4 = 131,9 des Schleusenkanals, li ↓ des Schleusenkanals.
131,7 Ɪ Strodehne–Garz.
134,1 re ↓ Alte Dosse.
134,8 re ↓ Neue Dosse (s. DKV-Gewässerführer OST).
135,5 re **Vehlgast-Kümmernitz**.
140,4 re ↓ Neue Jäglitz.
144,0 *Ende der Befahrungsregelung, s. km 112,0.*
145,0 re → Stadtgraben Havelberg. Dieser mündet in den Winterhafen.
145,4 Straßen-Ɪ B 107 Genthiner Straße, re **Havelberg**, ✕, ★: Dom, Altstadt.
145,7 re → in den Winterhafen, dort li auf der Spülinsel ▲ Campingplatz Havelberg, Spülinsel 6, 39539 Havelberg, ☎ 039387/20655, www.campinginsel-havelberg.de und ⌂, SV 90 Havelberg, Kanuabteilung, Spülinsel, 39593 Havelberg, ▲, www.havelberger-wassersportverein.de .

Schleusenkanal Havelberg

145,9 re Weiterfahrt auf der Havel (s. unten);
li ← zur Havelberger Schleuse, Schifffahrtskanal und empfohlene Route 2,4 km zur Elbe,.
147,1 □ Havelberg, Betriebszeit 1.5.–31.8. Mo–Sa 8–21 Uhr, Sonn- und Feiertags 8–20 Uhr, übrige Zeit Mo–Sa 6–19 Uhr, Sonn- und Feiertags 7–18 Uhr, ☎ 039387/7288234 und 0160/93446053.
148,5 ↓ in die Elbe bei km 422,8.

Weiterfahrt auf der Havel:

145,9 li ← zur Havelberger Schleuse (s. oben); re Weiterfahrt auf der Havel.

146,4 re → zum Winterhafen, s. auch km 145,9.

148,5 re **Toppel**.

150,0 re **Dahlen**.

150,9 Insel.

151,5 re **Nitzow**, Ende der Insel.

156,1 ▬-Gruppe Quitzöbel, li Havelmündung, keine Durchfahrt, ⩍ zur Elbe möglich. re ▬ mit Kahn-□, Betriebszeit vom 1.5.–3.10. täglich 7–12 Uhr und 15–18 Uhr bei Pegel Havelberg ≤ 1,60 m, ☎ 039387/7288237, dort Weiterfahrt auf dem Gnevsdorfer Vorfluter bis zur Elbe.

163,7 re **Abbendorf**.

165,8 ▬ und Kahn-□ Gnevsdorf, eingeschränkte Betriebszeiten, ☎ 038791/2098.

166,4 ↓ in die Elbe bei km 438,0, re **Gnevsdorf**.

Rhin

Kleinfluss, Wanderfluss	Mündung in Havel (re Nebenfluss)

Der Oberlauf des Rhins, vom Grienerick-See bis Zippelsförde, wird als Rheinsberger Rhin bezeichnet. Dieser Abschnitt ist ein sehr reizvoller Wald- und Wiesenfluss mit vielen Kehren und Schlingen. Der weitere Flusslauf ist schiffbar und besteht aus einer Kette von Seen. Der Wasserstand ist durch Staustufen geregelt. Diese Staustufen werden durch Schleusen umgangen. Über den Alten oder den Neuen Rhin wird Fehrbellin erreicht (Ende des schiffbaren Teils). Der nun folgende Rhinkanal (viele Wehre) mündet, nachdem er den aus Naturschutzgründen gesperrten Gülper See durchflossen hat, in die Havel.

Rheinsberger Rhin

Befahrbarkeit: Schwierigkeiten bei NW; günstig sind >65 cm beim Pegel km 0,4.

Befahrungsregeln: *Der Rheinsberger Rhin ist vom 1.11. – 15.6. gesperrt. In der übrigen Zeit sind nur 1-er und 2-er Kajaks (keine Canadier) erlaubt von 09.00 – 19.00 Uhr bei einem Pegelstand über 65 cm beim Pegel am km 0,4 (Pegeltelefon 033931/344816). Aufwärtsfahren ist verboten. Uferbetretungsverbot außerhalb der gekennzeichneten Stellen. Verbot des Betretens des Flussbettes.*

0,0 Ausfluss aus dem Grienerick-See, **Rheinsberg**, 🚉, ✕, ★: Rheinsberger Schloss und Schlosspark.

0,1 ⌶ Schlosspark.

0,3 Mühle Rheinsberg, ▬, **X**, re ⌓ über die Straße. Gute ⬆ zur Schlossbesichtigung.
0,4 Ⅱ Mühlenstraße, übliche ⬇, Pegel.
2,0 Ⅱ mit Schwall, meist ≋.
6,2 Ⅱ, li **Zechow**.
8,6 Röhren-Ⅱ, **X**, re ⌓, Rheinshagen.
14,4 Niedrige Ⅱ, evtl. ⌓.
15,9 ✕ Jägerhütte.
16,5 Ⅱ, ▬, li ⌓ und ⬆, Parkplatz, **Zippelsförde**.
18,0 ↓ in Rhin bei km 56,6.

Rhin (Lindower Gewässer), Alter Rhin.

71,4 Beginn des Vielitz-See.
71,3 re **Seebeck-Strubensee**.
70,3 li **Vielitz**.
66,6 Ausfahrt aus Vielitz-See.
66,0 Straßen-Ⅱ, EB-Ⅱ, **Lindow**, 🚐, ✕.
65,9 EB-Ⅱ.
65,3 ↓ in Gudelack-See, nach re ⬇⬆ und ▲ Campingplatz Weißer Sand, Am Gudelacksee 3, 16835 Lindow (Mark), ☎ 0171/7929037, www.campingplatz-lindow.de .
61,5 Ausfluss aus Gudelack-See, Ⅱ.
61,4 Wege-Ⅱ.
59,7 –60,3 li Möllen-See, nach Süden ca. 2,7 km.
58,5 Straßen-Ⅱ, re **Zippelsförde**.
56,6 re ↓ des Rheinsberger Rhins (s. o.).
53,3 Wege-Ⅱ.
53,1 ↓ in Zermützelsee.
52,2 li Wasserwanderrastplatz ▲ Campingplatz Gr. Rehwinkel, ☎ 033929/70644, www.camping-rheinsberg-neuruppin.de .
51,5 li **Zermützel**, ✕.
51,4 re ↓ des Rottstielfliess nach Boltenmühle (für Motorboote gesperrt.).

Rottstielfliess und Tornowsee

3,6 Boltenmühle, Beginn Tornowsee.
1,3 Tornowsee mündet in Rottstielfliess, li ▲ Campingplatz Am Rottstielfließ, ☎ 033929/70644, www.camping-rheinsberg-neuruppin.de .
Wege-Ⅱ.
0,0 ↓ in Rhin, km 51,4.

Rhin (Ruppiner Gewässer), Alter Rhin.

51,3 li ▲ Campingplatz Stendenitz, ☎ 033929/70644, www.camping-rheinsberg-neuruppin.de .
50,5 Straßen-Ⅱ, Ausfluss aus Zermützelsee, re **Stendenitz**, li Zermützel.
50,5 ↓ in Teetzensee.
47,5 Ausfluss aus Teetzensee.
47,5 Wege-Ⅱ, li **Molchow**, ⬇⬆, re ▲, Beginn Molchowsee.
45,4 ▭ Altruppin und li Bootsschleppe, ☎ 03391/7114, Betriebszeit: 16.03. – 15.04. 09:00-11:00 Uhr und 14:00-16:00 Uhr, 16.04. – 15.10. 08:00-12:00 Uhr und 14:00-17:00 Uhr (Fr-So bis 19:00 Uhr), 16.10. – 30.11. 09:00-11:00 Uhr und 14:00-16:00 Uhr, Straßen-Ⅱ.
44,3 Straßen-Ⅱ Brückenstraße, **Altruppin**, ✕.
43,8 Straßen-Ⅱ B 167 Friedrich-Engels-Straße.
43,5 ↓ in Ruppiner See
41,0 EB-Ⅱ und Straßen-Ⅱ, re **Neuruppin**, 🚌, ✕.
40,3 li ← der Lanke, dort **Wuthenow**.
39,6 ⌂ Kanu-Verein Neuruppin e.V., Regattastraße 15, 16816 Neuruppin, ☎ 03391/358800, www.kanuverein-neuruppin.de , ▲, *DKV-Kanustation*.
37,5 re **Treskow**.
36,0 li **Gnewikow**.
32,2 li **Karwe**.
31,0 li 2 ▲, 300 m vom Ufer entfernt.
30,7 re Wustrau, → Neuer Rhin (Wustrauer Rhin). 5,3 km bis Fehrbelliner Kanal, ein ▬, li aussetzen und über die Brücke, dann re an der Mühle vorbei ⏏.
29,6 Ausfluss aus Ruppiner See.
29,0 Ⅱ, **Alt Friesack**, ✕, ↓ in Bützsee.
29,1 ▭ Alt Friesack ☎ 033925/70312, Betriebszeit: 16.03. – 30.04. 09:00-11:00 Uhr und 14:00-16:00 Uhr, 01.05. – 30.09. 08:00-12:00 Uhr und 14:00-17:00 Uhr (Fr-So bis 19:00 Uhr), 01.10. – 31.10. 09:00-11:00 Uhr und 14:00-16:00 Uhr, 01.11 – 30.11. 10:00-15:00 Uhr, ⏏-Möglichkeit li über Straße am Grundstück entlang.
li Kanucamp, ☎ 0174/1366853, www.altfriesack.de/zelt.html .
28,7 ↓ in Bützsee.
25,8 Ausfluss aus Bützsee.
22,9 Straßen-Ⅱ
22,0 Gabelung, geradeaus Oranienburger Kanal (s. DKV-Gewässerführer OST).
re Beginn Alter Rhin.
22,0 = 0,0.

Alter Rhin, Fehrbelliner Kanal.

0,0 ehemalige Rhinschleuse.
3,0 Straßen-Ⅱ Linumhorster Straße.
5,6 re → hier geht der Rhin weiter, geradeaus Altmannskanal, 3 km befahrbar. Am Ende Hafen Teichland Linum mit ▲-Möglichkeit.
8,9 □ Hakenberg, ☎ 033922/50272 und 50109, Betriebszeit: 16.03. – 30.04. 09:00-11:00 Uhr und 14:00-16:00 Uhr, 01.05. – 30.09. 08:00-12:00 Uhr und 14:00-17:00 Uhr (Fr-So bis 19:00 Uhr), 01.10. – 31.10. 09:00-11:00 Uhr und 14:00-16:00 Uhr, 01.11 – 30.11. 10:00-15:00 Uhr, ⌓-Möglichkeit li.
9,4 Wege-Ⅱ.
11,9 Gabelung, Weiterfahrt re → über Fehrbelliner Kanal, geradeaus Alter Rhin (2 Wehre, **X**).
14,4 re ↓ Neuer Rhin (Wustrauer Rhin) von km 30,7, Möglichkeit einer 28,4 km langen Rundfahrt.
15,1 Autobahn-Ⅱ A 24.
17,5 ▬, **X**, li ⌓, **Fehrbellin**, ✕,
weiter re auf Rhinkanal s. DKV-Gewässerführer OST.

Beetzsee-Riewendsee-Wasserstraße

Seen	Mündung in Untere Havel-Wasserstraße

Diese Wasserstraße besteht aus mehreren langgestreckten eiszeitlichen Rinnenseen. Der Riewendsee ist für Motorboote gesperrt. Auf dem Beetzsee ist der Legende nach der Friseur Fritze Bollmann aus Brandenburg beim Angeln ertrunken.

21,6 Ende Riewendsee.
20,5 re **Riewend**.
18,7 Ausfahrt aus Riewendsee.
18,1 Straßen-Ⅱ, li **Päwesin**.
17,8 ↓ in Beetzsee.
16,3 re **Bollmannsruh**.
14,5 - 13,9 Insel.
13,0 Feldweg-Ⅱ.
11,0 re **Ketzür**.
8,6 re **Butzow**.
8,3 re ▲ Campingplatz Butzow, ☎ 033836/40256, www.beetzseeheide.org .
7,4 Straßen-Ⅱ.
6,0 re **Radewege**.
4,5 re Rastplatz Brielow.
3,1 –0,9 re Regattastrecke.
0,1 re ⌂ und ▲ Wassersportverein Stahl Beetzsee Brandenburg e.V., *DKV-Kanustation*, Schienenweg 51, 14747 Brandenburg, ☎ 03381/715097, www.wsvstahl.de .

0,0 ↓ in Untere Havel-Wasserstraße bei km 56,2.

Spree

Wanderfluss	Mündung in Havel (li Nebenfluss)

Die Spree ist in ihrem Oberlauf oberhalb Bautzen mit 35 Wehren ein nur bei Hochwasser mit vielen Schwierigkeiten befahrbarer Kleinfluss. Nach der Talsperre Bautzen ist die Spree ein Wanderfluss, der zu den schönsten im Osten Deutschlands zählt. Wegen unbefahrbarer Wehre und einem Sperrgebiet (Biosphärenreservat) sind Gepäckfahrten erst ab Burg zu empfehlen. Hier beginnt der Oberspreewald, der als Kanuparadies weithin bekannt ist. Jedoch ist der Unterspreewald nicht minder schön und nicht so überlaufen. Die Spree ist auch unterhalb des Spreewaldes weiterhin ein lohnendes Wasserwandergebiet. Auf der gesamten Strecke von Burg bis ins Bundeswasserstraßennetz brauchen keine Wehre umtragen werden. Es gibt durchgehend Schleusen (überwiegend in Selbstbedienung), bei Fahrt über Drahendorfer Spree und Müggelspree nach Berlin kann je eine Bootsschleppe benutzt werden.

Der gesamte Spreewald ist Biosphärenreservat und erfordert von allen Wassersportlern die gewissenhafte Einhaltung der Regeln für das naturgemäße Paddelverhalten sowie die Einhaltung der bestehenden Befahrungsverbote für zahlreiche Nebenfließe und Altarme, die durch Sperrschilder vor Ort gekennzeichnet sind. Eine durchgehende Befahrung der Hauptspree und der Hauptfließe ist jedoch jederzeit möglich.

Auf den kommerziellen Kahnfährverkehr ist besonders Rücksicht zu nehmen und ihm Vorfahrt zu gewähren; vor dem Überholen in schmalen Fließen sollte man sich mit dem Kahnfährmann vorher verständigen. Die Vielzahl der Flussläufe im Unter- und Oberspreewald macht es notwendig, zur Orientierung eine Karte (1:25.000) mitzunehmen.

Im Bereich Neuhausen bei Cottbus bis Burg/Spreewald werden in den kommenden Jahren (2011–2014) umfangreiche Maßnahmen, für die Belebung des Wasserwandersportes, umgesetzt. Dafür sind befestigte Ein- und Ausstiegsstellen, neue Wasserwanderrastplätze sowie der Einbau von Bootsrutschen geplant.

Bereits 2009 wurde ein Abschnitt der Spree (Döbbrick–Dissen) renaturiert. Bis 2011 erfolgt die Renaturierung des Abschnittes (Dissen–Schmogrow).

Im Bereich Altschadow–Trebatsch werden in den kommenden Jahren weitere Altarme erschlossen die dann teilweise befahren werden können. Dadurch wird es zu einer Veränderung der Spreekilometrierung kommen.

Befahrungsregeln: *Zwischen Klix (km 313,2) und Bärwalde (km 286,8) besteht ein ganzjähriges Befahrungsverbot.*

Im gesamten Spreewald besteht Uferbetretungsverbot außer an Stegen und in Ortslagen.

Von Alt Schadow bis Trebbatsch besteht ein ganzjähriges Befahrungsverbot für alle Altarme. Erlaubt ist das Befahren des Hauptlaufes und des Altarmes in Höhe der Ortslage Werder so-

wie des Altarmes an der Brieschter Straßenbrücke. Es besteht Uferbetretungsverbot außer an Stegen und Rastplätzen sowie innerhalb der Ortslagen.
Von der Oberbaumbrücke (km 20,7) bis Kanzleramtssteg (km 14,1) besteht ein ganzjähriges Befahrungsverbot.
Weitere Regelungen sind in der Kilometrierung kursiv hervorgehoben.

Kilometrierung: Die Kilometrierung entspricht der des LUA Brandenburg für das Gewässernetz Brandenburg, die ihren Nullpunkt an der Spreemündung in die Havel in Berlin-Spandau hat und stromauf über Müggelsee, Dämeritzsee, Müggelspree, Fürstenwalder und Drahendorfer Spree verläuft. Sie ist damit nicht immer mit der Kanal-Kilometrierung der Spree-Oder-Wasserstraße (SOW) identisch und stimmt auch nicht mit den teilweise noch am Ufer vorhandenen Kilometersteinen am Spreeufer überein. Durch die Spree-Renaturierung sind weitere kleine Unstimmigkeiten zu erwarten.
Die Kilometrierung im sächsischen Teil der Spree basiert auf Messungen in einschlägigem Kartematerial.

Ursprung der Spree am Kottmar im Oberlausitzer Gebirge in etwa 480 m Höhe bei Neugersdorf Über die Möglichkeit einer Befahrung bis zur Talsperre Bautzen existieren keine gesicherten Unterlagen.

321,7 ▬ Vorsperre der Talsperre Bautzen.

320,2 ▲ Natur- und Abenteuercamping am Stausee Bautzen, Nimschützer Straße 41, 02625 Bautzen, ☎ 03591/271267, www.camping-bautzen.de , ✕, Stadtbus nach **Bautzen**, mögliche ⬇, jedoch nur lohnend für eine Befahrung des Stausees.

319,3 Beginn der Stauzone vor dem Staudamm, ⌶ und für die Weiterfahrt über die B 156 etwa 2 km weit ⏏.

319,0 ▬ Talsperre Bautzen.

318,3 Straßen-⌶ B 156, gute ⬇.

317,3 ▬, **Niederguhrig**, re ⏏, weitere mögliche ⬇ am Sportplatz unterhalb des Wehres.

317,0 Straßen-⌶ Im Rittergut.

316,5 Wege-⌶.

315,7 Fußgänger-⌶.

315,6 Schräg-▬, re ⏏ um Fischtreppe(80 m), li **Briesing**.

315,5 Fußgänger-⌶.

312,4 li ← der Spree, Graben geradeaus **X**.

311,4 EB-⌶.

311,1 ▬, re ⏏ (30 m), die Spree zweigt nach re ab.

310,8 Straßen-⌶ ,li **Klix**

▬ Sohlabsturz, vor der ⌶ re ⌶ und ⬆.

Von hier bis Bärwalde ganzjähriges Befahrungsverbot. Ausnahmen werden nur nach Antragstellung beim Biosphärenreservat Oberlausitzer Heide- und Teichlandschaft, ☎ 035932/36524 genehmigt. Eine Beschreibung des gesperrten Teils befindet sich im DKV-Gewässerführer Ostdeutschland.

283,8 ▬ Bärwalde, **X**, re oder li ausetzen, ≏ 70 m, Einstieg li über Treppe, re **Bärwalde**, *Ende der Befahrungsregelung.*

281,0 re ↓ Schöps (s. DKV-Gewässerführer OST); die nächsten 3 km sind kanalisiert.

279,8 Ⅱ.

278,0 Schlauch-▬ Tzschelln, **X**, li ≏ (50 m) und einsetzen über Treppe, falls Wehr überströmt wird starker Sog zum Wehr, schlecht zu erkennen, rechtzeitig anlegen, Hinweisschilder beachten, Lebensgefahr!
Auf den nächsten 4 km beide Ufer militärischer Sicherheitsbereich.

274,4 Wege-Ⅱ.

274,3 ▬ Ruhlmühle, **X**, li ≏ (60 m), schlechter Einstieg, viele Steine, re ↯.

274,1 ▬ Sohlschwellen.

272,1 Straßen-Ⅱ, re **Neustadt**.
Auf dem nächsten Kilometer 3 ▬ Sohlschwelle.

270,9 Straßen-Ⅱ.

270,8 ▬ Sohlschwelle.

270,6 ▬ Sohlschwelle.

269,8 EB-Ⅱ.

269,3 ▬ Sohlschwelle.

268,2 Gasleitungs-Ⅱ.

267,6 ▬ Sohlschwelle.

267,4 Straßen-Ⅱ, li **Spreewitz**.

267,1 li ↓ Kleine Spree (s. DKV-Gewässerführer OST).

267,0 ▬ Sohlschwelle.

265,8 li Stauanlage.

265,6 ▬ Sohlschwelle.

265,2 Straßen-Ⅱ.

264,8 ▬ Zerre, jetzt Raue Rampe (ehem. Wildes Wehr), evtl. ≋ oder li ≏ (80 m), ansehen!

264,2 Rohr-Ⅱ.

263,6 Rohr-Ⅱ.

263,3 ▬ Trattendorf, li ≏ (60 m), re Fischtreppe.

263,1 ▬ Sohlschwelle.

263,1 Straßen-Ⅱ Kraftwerkstraße.

262,8 Straßen-Ⅱ.

262,3 Hochspannungsleitungen.

261,8 ▬ Sohlschwelle, meist ≋, re Treppenanlage, danach Fußgänger-Ⅱ.

261,2 ▬ Sohlschwelle, meist ≋, li Treppenanlage.
259,8 Fußgänger-Ⅱ
259,7 re ⌂ und ▲, *DKV-Kanustation,* SG Einheit Spremberg e.V., Kanuabteilung, Zum Weißen Wehr 1, 03130 Spremberg, ☎ 03563/92589, www.kanu-spremberg.de .
269,5 Gabelung, li Hauptspree, Weiterfahrt, wenn möglich, geradeaus auf der Kleinen Spree, ▬ re ⏏, bei HW offen und ≋. Es folgen in der Kleinen Spree 3 Brücken mit Schwall, bei NW!
259,3 Straßen-Ⅱ B 156 Geschwister-Scholl-Straße, □ und ▬, re ⏏ (50 m). **Spremberg**, 🚌, ✕, Arzt.
259,0 Straßen-Ⅱ Dresdner Straße.
258,7 Straßen-Ⅱ Mittelstraße.
258,4 Zusammenfluss Große und Kleine Spree.
258,1 Fußgänger-Ⅱ, davor li Rastplatz mit Anleger, re Kläranlage.
257,7 Sohlschwelle, meist ≋, li Umsetzanlage.
256,4 Straßen-Ⅱ Wilhelmsthaler Weg, danach Gabelung, re ≋.
255,0 Beginn des Vorstaus der Talsperre Spremberg. Nur Durchfahrt erlaubt.
254,6 ▬ des Vorstaus, re ⏏ (50 m). Beginn der Talsperre Spremberg. Bei Vollstau ist das Wehr überspült und dann ≋. *Die folgenden, li und re liegenden Flachwasserzonen dürfen vom 15.10. bis 17.07. nicht befahren werden.*
253,7 Straßen-Ⅱ, li **Bühlow**, re Seliessen.
252,1 re ⌂ und ▲ SC Einheit Spremberg, näheres s. km 259,7.
248,6 li ▲ Campingplatz Klein Döbbern der Spree-Camp GmbH, Alte Poststraße 4, 03058 Neuhausen/Spree, ☎ 035608/244, www.spreecamp.de .
248,3 re ▲ Spree-Camp Bagenz, Stauseestraße 3, 03058 Neuhausen/Spree, ☎ 035697/219, www.spreecamp.de .
247,8 ▬, Staumauer der Talsperre Spremberg, li oder re ⏏ (120 m).
247,4 ▬ Sohlschwelle, evtl. ⏏.
247,0 ▬ Sohlschwelle, evtl. ⏏.
246,7 ▬ Sohlschwelle, evtl. ⏏.
246,4 Wege-Ⅱ mit anschließendem ▬ Sohlschwelle, evtl. ⏏, re **Bräsinchen**.
245,1 Rohr-Ⅱ
244,6 li ← Mühlgraben (≋ mit einem ▬ und 2 Sohlschwellen). re Hauptspree.
244,4 Straßen-Ⅱ Mühlenstraße, re **Neuhausen**, sofort danach ▬ Neuhausen **X**, li vor Brücke ↰ und ⏏ (100 m) re oder li wieder ⬇, re an der Einsetzstelle Rastplatz
244,2 li ↓ Mühlgraben.
243,3 ▬ Sohlschwelle ≋.
242,9 EB-Ⅱ.
242,6 ▬ Sohlschwelle, evtl. ⏏.
242,0 ▬ Sohlschwelle, evtl. ⏏.

241,2 Straßen-Ⅱ, re **Frauendorf**.
241,1 ▬ Sohlschwelle, evtl. ⏏.
239,9 ▬ Frauendorf, zerstört, re ⏏ (40 m). Der Abzweig links zur Kutzeburger Mühle ist durch Steine versperrt, nicht befahren.
239,3 ▬ Sohlschwelle, bei NW ⏏.
238,9 li ↓ Mühlgraben.
237,9 li ← Mühlgraben.
re Madlower ▬ X, re ⏏.
237,7 Autobahn-Ⅱ A 19.
237,3 Straßen-Ⅱ Kieckebuscher Weg / Bahnhofstraße, dahinter ▬ Sohlschwelle, meist ≋.
236,8 Fußgänger-Ⅱ.
236,6 li ↓ Mühlgraben.
235,8 EB-Ⅱ.
235,7 li ← zur Markgrafmühle;
235,6 Kiekebuscher ▬, X mit Wege-Ⅱ Markgrafenmühlenweg, re ⏏ (50 m).
234,4 ↓ Markgrafenfließ, Beginn **Cottbus**, 🚌, ✕.
234,3 Wege-Ⅱ
234,2 Rohr-Ⅱ.
233,2 Straßen-Ⅱ B 168 Stadtring.
233,1 Wege-Ⅱ.
233,0 Straßen-Ⅱ zum Energiestadion.
232,8 EB-Ⅱ.
232,7 re ⌂, ▲ auch für Wohnwagen, Eisenbahnersportverein Lok RAW Cottbus e.V., Ludwig-Leichhardt-Allee, 03050 Cottbus, *DKV-Kanustation*, ☎ 0355/714661, www.kanu-cottbus.de , danach Rohr-Ⅱ.
232,4 Kleines Spree-▬, re ⏏ (80 m), li ← Mühlgraben.
232,1 Straßen-Ⅱ Franz-Mehring-Straße.
231,9 Wege-Ⅱ, li ↓ Mühlgraben.
231,8 Straßen-Ⅱ Sandower Straße, Straßenbahn.
231,5 Wege-Ⅱ.
230,5 Wege-Ⅱ.
230,0 Straßen-Ⅱ Nordring.
229,7 → Hammerstrom; bei NW der Spree ist es zweckmäßig, auf dem Hammerstrom weiterzufahren (s. Seite 494). Man kann dann über verschiedene Querverbindungen wieder zur Spree zurückkommen.
Großes Spree-▬, auf Insel vor dem ▬ aussetzen, li ⏏ (150 m) zur Spree. Es folgt eine 15 km lange Strecke mit 10 ▬ Sohlschwellen.
229,5 ▬ Sohlschwelle, evtl. ⏏. Wenn diese Sohlschwelle X, können auch alle folgenden Sohlschwellen nicht befahren werden.
229,4 Rohr-Ⅱ.

229,1 ■ Sohlschwelle, evtl. ⏏.
228,3 ■ Sohlschwelle, evtl. ⏏.
228,2 Rohr-Ⅱ.
227,4 ■ Sohlschwelle, evtl. ⏏.
226,2 Straßen-Ⅱ, li **Sapsow**.
225,8 ■ Sohlschwelle, 2-stufig, li ⏏, evtl. ≋.
225,0 Straßen-Ⅱ Skadower Hauptstraße, li **Skadow**.
223,3 ■ Sohlschwelle.
222,6 Straßen-Ⅱ Döbbricker Dorfstraße, li **Döbbrick**.
221,8 Baustraße (zeitweilig), ⏏ erforderlich.
221,2 ■ Sohlschwelle, bei NW **X**, bei Befahrung!
222,9 ■ hohe, verblockte Sohlschwelle, bei NW **X**, re ⏏.
219,7 re Rastplatz, zum 🍴 „Zum Spreebogen“ Maiberg ca. 150 m Fußweg.
219,2 ■ Sohlschwelle bei Maiberg mit Kanugasse re, ≋.
217,1 Straßen-Ⅱ, li **Dissen**.
215,5 ■ Sohlschwelle.
214,3 ■ Stufe mit kräftiger Walze, meist ≋ aber nass, 40 m weiter Sohlschwelle ≋, vor Befahrung besichtigen! Bei NW beide re ⏏.
213,7 Straßen-Ⅱ Hauptstraße, re **Fehrow**, re ⬇.
212,4 Wege-Ⅱ, re **Schmogrow**.
211,4 Hochspannungsleitungen.
210,8 Verteiler-■, re Nordumfluter über Wehr Nr. IV; li ← der Spree über ■ VII, **X**, Lebensgefahr, re ⏏ (70 m). Die Spree heißt jetzt im gesamten Spreewald Hauptspree. Beginn des Oberspreewaldes.
209,0 Wege-Ⅱ.
207,7 Wege-Ⅱ.
207,2 li ← über Wehr Fließ zum Südumfluter.
206,3 Mühlen-■ Burg mit Straßen-Ⅱ Hauptstraße, li ⏏ (90 m).
li Ortsmitte **Burg**, Kahnfährhafen, mehrere 🍴.
▲ Campingplatz am Südumfluter Kneipp- und Erlebniscamp,
☎ 035603/750966, www.caravan-kurcamping.de .
▲ an der Kleinen Spree, Wasserwanderrastplatz Ramonas „Wiesenfühlung“, *DKV-Kanustation*, Weidenweg 4, 03096 Burg,
☎ 035603/61839 und 0175/2158225, www.wiesenfuehlung.de .
Jugendherberge Friedrich-Ludwig Jahn, Jugendherbergsweg 8, 03096 Burg, ☎ 035603/225.
Biwak und Pension Spreewaldkanu, Erlkönigweg 10, 03096 Burg,
☎ 035603/13168, www.spreewaldkanu.de
205,4 Straßen-Ⅱ Am Bahnhof, Brücke der ehemaligen Spreewaldbahn.
205,4 Fußgänger-Ⅱ „Bank Lehmann“,
li Sportplatz, li Jugendherberge.
203,3 Straßen-Ⅱ Bleichestraße, 200 m li 🍴 „Zur Bleiche“, ← Scheidungsfließ.
203,6 Pietzner-□, li ■ **X**.

203,3 Fußgänger-Ⅱ „Bank Lubbau“.

203,0 Fußgänger-Ⅱ „Bank Kurhaus“, re Ferienhotel „Kurhaus zum Spreewald“.

202,9 li 🍴 „Kolonieschränke“.

202,8 Straßen-Ⅱ Ringchaussee, **Burg-Kolonie**, re Bootsverleih.

202,4 Fußgänger-Ⅱ, re Bootsverleih.

202,1 Straßen-Ⅱ Erste Kolonie.

202,0 → Ostgraben, dort in 500 m ▲ Zelten am Ostgraben, Wasserwanderrastplatz, Schwarze Ecke 32, 03096 Burg/Spreewald, www.zelten-in-burg-spreewald.de , keine Wohnwagen und Wohnmobile.

201,9 Fußgänger-Ⅱ „Jedro“. Davor li ← Ostgraben, li 🍴 „Fiedermannhof“.

201,8 Jedro-□, re ■, **X**.

201,7 Straßen-Ⅱ Erste Kolonie.

201,1 ← Bohrfließ.

201,0 ← Untere Stradower Kahnfahrt.

200,7 Straßen-Ⅱ Erste Kolonie.

199,8 → Stauenfließ.

199,6 → Neues Buschfließ.

198,5 ← Untere Radduscher Kahnfahrt.

198,6 ■ Dubkow-Mühle, re □, re 🍴 Dubkow-Mühle.

197,6 → Bitschnikfließ, gesperrt!

197,4 ← E-Kanal.

197,1 → Verbindungsfließ, Zufahrt nach Leipe, Spreewaldhotel.

196,8 ← Untere Boblitzer Kahnfahrt
→ Dlugy, Buschfließ/Neue Spree.

196,5 Wege-Ⅱ Leiper Dorfstraße, **Leipe**.
→ Leiper Graben, 🍴 Spreewaldhof mit ▲, Leiper Dorfstraße 2, 03322 Lübbenau/Spreewald OT Leipe, ☎ 03542/2805, www.spreewaldhof-leipe.de .

196,4 ■ Leipe **X**, li □.

196,1 ← E-Kanal (Befahrungsverbot).

195,8 ← Semischkanal.
Geradeaus Durchstichkanal, Hauptspree biegt rechts ab.

195,6 re → Eschenfließ (Tschummifließ).

195,0 li ↓ Durchstichkanal.

194,7 → Fließ „Alter Semisch“.

194,2 → Fließ „Bancerowa“.

194,1 → Fließ Quodda (Lehder Fließ).

193,7 ← Wolschina.

193,1 ← Uska Luke, → Hechtgraben (nach Lehde, Spreewaldmuseum, 🍴 „Zum fröhlichen Hecht“, Holz-Ⅱ.

192,9 Wege-Ⅱ.

192,3 re → Fließ zum Lehder Graben und ✕ Cafe Venedig.

192,1 re ↓ Lehder Graben.
← Fließ nach Kaupen.

191,7 → Lübbenauer Schneidemühlfließ,
■, X, re □ Lübbenau, Sportboote benutzen re die ⏏-Stelle mit Rollenbahn.
Geradeaus Hauptspree mit Kahnfährhafen, für Sportboote gesperrt.
li ↓ Leineweberfließ (Südumfluter).

191,5 Straßen-Ⅱ Lehdscher Weg, re ↓ Lehder Fließ.

191,3 li Anleger des ▲ Spreewald-Natur-Camping, Schloßbezirk 20, 03222 Lübbenau, ☎ 03542/3533, www.spreewaldcamping.de , beliebter Ausgangspunkt für Wanderfahrten im Oberspreewald.
Hier beginnen vier ausgeschilderte Rundfahrten: Blaues Dreieck auf weißem Grund: Hochwaldtour, Fahrzeit ca. 5,5 Stunden, 23 km; rotes Viereck auf weißem Grund: Große Leiper Tour, ca. 4 Stunden, 20 km; schwarzer Kreis auf gelbem Grund: Kleine Leiper Tour, ca. 3,5 Stunden, 17 km, weißes Dreieck auf grünem Grund: Barzlintour, ca. 2 Stunden, 10 km.
In **Lübbenau** 🚃 (ca. 2 km), zahlreiche ✕, mehrere Bootsverleihe für Paddelboote, ★: Schloss.

190,7 ← und → Bürgerfließ

190,5 ↓ des Lehder Fließ in die von li mündende Hauptspree, dort in 500 m ⌂ Lübbenauer Kanuten von 1960 e.V., Schlossbezirk 7a, 03222 Lübbenau, ☎ 01520/5698615, www.spreewald-kanuten.de . Oberhalb Mühlen-■, kein ⏏ in den für Sportboote gesperrten Kahnfährhafen möglich.
Geradeaus Weiterfahrt auf der Hauptspree, → Lehder Fließ.

189,5 re → Puschhalle.

189,6 li ↓ Kreuzgraben.

189,3 ■ Spreeze, li □ und ⏏-Möglichkeit.

189,2 re → Trüstedtgraben (gesperrt).

188,9 li ← und re → Hanschens Spreeze.

188,3 li ← Zerkwitzer Kahnfahrt.

188,2 re → Lübbenauer Buschspree.

187,9 Wege-Ⅱ, davor li ↓ Balloke.

187,0 ■ Ragow, li □ und ⏏-Möglichkeit.

186,2 li ↓ Ragower Kahnfahrt, re → Verbindung zum Burg-Lübbener-Kanal.

183,3 re → Untere Alt-Zaucher Spree (Verbindung zum Burg-Lübbener-Kanal)

182,7 re → Fließ.

182,6 li DJH Lübben, Zum Wendenfürsten 8, 15907 Lübben, 03546/3046, www.jh-luebben.de .

181,7 li Freibad.

181,4 re → Kreuzspree, Verbindung zum Nordumfluter (Burg-Lübbener-Kanal), li Freibad.

180,9 ← Stadtgraben, Weiterfahrt über diesen interessanter als Hauptspree, führt über eine □ zur Berste, kurz vor deren ↓ in Hauptspree noch mal Schleuse, ca. 2 km Fahrstrecke.
li 20 m nach der Einfahrt in den Stadtgraben zum Paddelboothafen (Gute Liegeplätze für Gaststätten- und Stadtbesuch in **Lübben**, ca. 150 m zum ▲ Spreewald-Camping, Am Burglehn, 15904 Lübben, ☎ 03546/7053, www.spreewald-camping-luebben.de , 1 km zum 🚆.
li nach Paddelboothafen Bootsverleih und Kiosk.
re Kahnfährhafen, Kiosk, ✕ „Strandcafé“.

180,8 Straßen-Ⅱ B 87 Ernst-von-Houwald-Damm, darunter □ und ■, **X!**

180,3 Wege-Ⅱ.

180,2 Straßen-Ⅱ Brückenstraße.

180,1 Wege-Ⅱ.

180,0 re → zum Umflutkanal, nicht durchgängig.

179,6 li ↓ Berste (s. DKV-Gewässerführer OST).

179,1 EB-Ⅱ der ehemaligen Spreewaldbahn, li Rastplatz, Wohnmobilstellplatz, ✕ Lehnigksberg.

179,0 re ↓ Umflutkanal.

176,7 re → Altarm, bildet Insel.

176,3 re ↓ des Altarms.

176,1 Rohr-Ⅱ, danach EB-Ⅱ Lübben–Beeskow, li 200 m **Hartmannsdorf**.
re und li mehrere Altarme und Fischteiche.

173,4 ■ Hartmannsdorf, **X!** li □ und Angler-Schutzhütte.

171,4 re Spreewald-✕ Petkamsberg mit ▲-Möglichkeit, www.gasthaus-im-spreewald.de .
Beginn des Unterspreewaldes. Es wird empfohlen, sich hier an der Informationstafel oder beim Gastwirt über die Möglichkeiten der Befahrung des reizvollen Unterspreewaldes und Befahrungsverbote zu informieren.

170,8 ← Wasserburger Spree, gesperrt für jeglichen Verkehr.

170,0 ← Puhlstrom, mögliche Variante der Weiterfahrt ohne Schlepzig zu berühren, 2 km bis zur ↓ der Quaasspree von re.

169,1 Wege-Ⅱ.

169,0 li Durchstich zur Quaasspree (ca.300 m lang) und zum Zerniasfließ mit Kahn-□, kürzeste Variante der Weiterfahrt nach Leibsch. Empfohlene Fahrtstrecke über den Puhlstrom.

Puhlstrom

0,0 ← von der Hauptspree.

0,3 → Quaasspree zur Hauptspree km 168,9.
Geradeaus Zerniasfließ über Kahnschleuse und ■. Nach 2,2 km ↓ in die Hauptspree km 166,9.

← Quaasspree. Die beschriebene Fahrtstrecke folgt diesem Weg.

0,9 ↓ in Puhlstrom, rechts halten.

1,1 → Schiwanstrom (ganzjährig gesperrt).

1,4 Straßen-Ⅱ, dahinter □ (mit Hubtoren) und Fall-▬ Oberes Puhlstromwehr.

2,6 Geradeaus im Puhlstrom weiterfahren.
← Dreßlerstrom, Verbindung zur Wasserburger Spree und Langes Horstfließ ganzjährig gesperrt.

4,1 re ↓ Schiwanstrom, ≋ bis zur Verbindung zum Zerniasfließ.

5,6 li ↓ Langes Horstfließ, ≋ bis Abzweig Pfahlspree und weiter stromab auf der Wasserburger Spree bis zur □ Groß Wasserburg (2,2 km) und weitere 1,8 km über den Randkanal bis zur ↓ in den Köthener See (s. Beschreibung Spree-Dahme-Umflutkanal auf Seite 493).

5,9 □ (mit Hubtoren) und Unteres Puhlstrom-▬, **X**.

6,0 Ende des Spreewaldes, Beginn Wiesenlandschaft.

7,8 ↓ in die Hauptspree bei km 162,7.

Weiterfahrt über die Hauptspree:

169,0 → Kleine Spree mit 2 □ (Möglichkeit zur Umgehung der schwer zu bedienenden Schleuse Schlepzig, wenn man auf der Hauptspree weiterfahren will). Beginn **Schlepzig**, ✕, Naturschutzstation mit interessanter Ausstellung, Museum. Beim Ein- und Aussetzen in Schlepzig werden Gebühren verlangt.

168,9 Hauptspree fließt über ▬ ab, □ Schlepzig ist eine Automatikschleuse, aber für Kanuten schwer zu bedienen, li ⏏ möglich. Weiterfahrt li über Quaasstrom zum Puhlstrom (Vorzugsvariante) oder Zerniasfließ.

166,9 li ↓ des Zerniasfließes.

166,3 re → der Pretschener Spree. ▬ Neu Lübbenau und re □, ⏏ re möglich. Es folgen 4 Sohlschwellen bis km 163,2, die alle gefahrlos ≋ sind.

162,7 li ↓ des Puhlstroms (s. oben).

162,5 Straßen-Ⅱ B 179, **Leibsch**, ✕.

161,9 Neue ▬- und □-Anlage Leibsch, Freilichtmuseum zu Wehranlagen, li □ und ▬ zum Dahme-Umflutkanal (s. DKV-Gewässerführer OST.), Verbindung über die Dahme nach Berlin.
re ▬ und □ der Hauptspree (nach Beeskow).

160,1 re Beginn Amphibienschutzgebiet.

159,1 NSG, li Artenschutzzone.

159,0 Fußgänger-Ⅱ, li **Neuendorf**, ✕ „Uferparadies", daneben gut ausgestatteter Wasserwanderrastplatz mit Sanitär u. Zeltmöglichkeit.
li Beginn wieder geöffneter Altarm.

158,6 ↓ in Neuendorfer See, re Feuchtgebiet von nationaler Bedeutung.

Inseln, sind NSG und Amphibienschutzgebiet. re und li ▲ Campingplätze. Ausfahrt bei Alt Schadow in östlicher Richtung, auf mittleren der drei Hügel im Hintergrund halten, Reusen mit weißen Fahnen vor der Ausfahrt.

157,3 re ▲ Natur- und Freizeitparadies, Am Strand, 15910 Hohenbrück, ☎ 035473/703.

156,0 re ▲ Naturcamping Halbinsel Raatsch, Halbinsel Raatsch 1, 15913 Märkische Heide OT Alt Schadow, ☎ 035473/600, www.halbinsel-raatsch.de .

155,3 li ▲ Naturcamp am See, 15910 Unterspreewald OT Neuendorf am See, ☎ 035473/708, www.naturzeltplatz.de .

154,9 Ausfahrt aus dem Neuendorfer See, li vor der Ausfahrt in 500 m ▲ Campingplatz Nord GmbH, Neuendorfer Straße, 15913 Märkische Heide OT Alt Schadow, ☎ 035473/621, www.spreewaldcamping-nord.de .

154,2 Straßen-Ⅱ, **Alt Schadow**, re ✕. Von Alt Schadow ca. 6 km Bootstransport (mit Fuhrunternehmen möglich) zum Springsee und Weiterfahrt auf Storkower Gewässern nach Berlin möglich.

154,0 li ☐ Alt Schadow mit Toilette, re Nadel-■, wenn mehrere Nadeln gezogen, ≋, li Imbiss.

154,0 - 133,5 LSG Krumme Spree, Befahrungsverbot für alle Altarme; erlaubt bleibt das Befahren des Hauptlaufs sowie des Altarms in Höhe der Ortslage Werder und des Altarmes an der Brieschter Straßen-Ⅱ bis zum Rastplatz. Ein- und Aussetzen von Booten nur an Stegen, Rastplätzen und innerhalb von Ortslagen erlaubt.

148,7 re ↓ Pretschener Spree.

148,2 li Rastplatz Werder mit ▲-Möglichkeit.

147,3 Straßen-Ⅱ, li **Werder**, ✕ „Am Spreeufer".

144,9 ← Fließ zum Drobschsee.

144,8 ☐ Kossenblatt, Selbstbedienungs-Automatikschleuse, Betriebszeit 08:00 – 19:00 Uhr, re ■, li im Abzweig ⌂-Möglichkeit, Bootsschleppe nutzbar.

143,9 Straßen-Ⅱ Lindenstraße, li **Kossenblatt**, ✕ Kossenblatter Dorfkrug, ⛾, re Rastplatz mit Toilette, ▲-Möglichkeit.

141,6 Straßen-Ⅱ (Schafbrücke).

138,8 hölzerne Zug-Ⅱ Schwarzer Kater, **Briescht**, re im Altarm Rastplatz, ⛟, ✕ „Zur Spree".

138,5 EB-Ⅱ.

135,5 re Ruine ☐ Trebatsch aufgelassen, Nadel-■, frei ≋.

135,1 re Rastplatz mit ▲-Möglichkeit.

133,5 Straßen-Ⅱ B 87, **Trebatsch**, ✕ „An der Spreebrücke" und ✕ Pawlack mit ▲-Möglichkeit.

Ende der Befahrungsregelung, s. km 154,0.

133,0 li Fischer mit Imbiss, re → Alte Spree, nach 1 km li **Savall**, 3 km ↓ in den Schwielochsee. Dort li 2 km zum Glower See, re rund 7 km zum S-Ende Schwielochsee.
Geradeaus direkter Weg zum Glower See über die Neue Spree.

132,1 ↓ in Glower See, Weiterfahrt li über Glower See.
re → N-Ende Schwielochsee, ca. 9 km zum S-Ende bei **Goyatz**, mehrere ▲ Campingplätze und ✕.

131,3 re ▲ Campingplatz. re **Glowe**, ✕ Cafe Glower Eck.

130,5 Ende Glower See, ↓ in Leißnitzer See.

129,6 re **Leißnitz**, ✕ Gasthof Schur.

129,0 Ende Leißnitzsee, Personenfähre, Rastplatz.

125,3 re **Kummerow**, Rastplatz mit Toilette, ▲-Möglichkeit.

122,0 li ▲ Spreepark Beeskow, Bertholdplatz 6, 15848 Beeskow,
☎ 03366/520640, www.spreepark-beeskow.de .

121,5 li ⌂ und ▲, *DKV-Kanustation*, Kanusportverein Beeskow/Spree, Gartenstraße 6a, 15848 Beeskow.

121,4 und 121,5 li ← in den Stadtgraben, dort Kahn-□ Walkmühlengraben mit Selbstbedienung, schwer zu bedienen und langsam, re ⏏ möglich, Achtung auf ▬, mündet bei 120,2 wieder in die Spree.

120,9 li ⌂ Ruderclub Beeskow.

120,9 Straßen-Ⅱ Frankfurter Straße, li **Beeskow**, 🚌, ✕, ★: Regional Museum Burg Beeskow.
vor der Brücke li Rastplatz und ✕ Spreebrücke.

120,6 ▬ Beeskow, li □ (vollautomatische Zeitsteuerung, Schleusung abwärts zu jeder vollen Stunde).

120,2 li ↓ Stadtgraben.

119,7 EB-Ⅱ, dahinter re ↓ Oegelfließ.

118,3 Beginn Oegelnischer See.

117,4 Straßen-Ⅱ B 87, davor Ausfahrt Oegelnischer See.

116,7 re ↓ Ragower Hauptgraben.

115,3 li **Radinkendorf**, ▲-Möglichkeit, ✕ Storchennest. Es folgen zahlreiche Altarme, teilweise gesperrt.

111,4 li Görziger Dorfstelle.

109,5 Straßen-Ⅱ Raßmannsdorfer Brückenweg, li **Raßmannsdorf**.

107,0 Beginn Wergensee. Nach Norden in 600 m Speisekanal des Oder-Spreekanals (s. Seite 489). Empfohlene Weiterfahrt über den Speisekanal zur Spree-Oder-Wasserstraße in Richtung Oder.

Drahendorfer Spree

107,0 li ← Drahendorfer Spree.

106,8 ▬ X und re □ Neubrück/Wergensee (Selbstbedienung).

104,5 re Rastplatz mit Toilette und ▲-Möglichkeit, ✕ Eis-Cafe Hartmann, danach Straßen-Ⅱ An den Teichen, re **Neubrück**.

101,3 re ≏ zur Spree-Oder-Wasserstraße möglich.
97,3 li Rastplatz.
97,0 Straßen-Ⅱ, li **Drahendorf**.
96,4 ▬ Drahendorf, **X**, li Bootsschleppe.
95,3 = 88,7 der Spree-Oder-Wasserstraße

Fürstenwalder Spree

Die Fürstenwalder Spree ist Teil der Spree-Oder-Wasserstraße (SOW), weshalb hier die gut ausgeschilderte Kilometrierung des Wasser- und Schifffahrtsamtes angegeben wird.

88,7 li Weiterfahrt auf der Fürstenwalder Spree, re ↓ Oder-Spree-Kanal. Die Spree ist jetzt Bestandteil der Spree-Oder-Wasserstraße.
88,6 re Spreeforsthaus, mit ✕, Übernachtungs- und ▲-Möglichkeit, ☎ 033607/59915.
81,9 re → Dehmsee; es folgen mehrere Altarme li und re.
81,8 Autobahn-Ⅱ A 12.
80,8 re → Altarm Berkenbrück.
80,4 re im Altarm **Berkenbrück**, 🚌, ✕, DJH, Rastplatz mit ▲-Möglichkeit, Strand-Cafe mit Imbiss.
80,0 re ↓ Altarm Berkenbrück.
77,3 Straßen-Ⅱ, danach Hochspannungsleitung.
77,1 EB-Ⅱ.
76,3 Rohr-Ⅱ, re große Siloanlage mit Hafenbetrieb.
74,9 re → durch Treidelbrücke zum ▬.
74,7 ☐ Fürstenwalde mit 2 Kammern, zum ≏ re mit Bootsschleppe (schwer).
74,4 Straßen-Ⅱ Spreebrücke August-Bebel-Straße.
73,7 Wege-Ⅱ, **Fürstenwalde**, 🚌 500 m, ✕.
73,3 re ⌂ Ruderklub Fürstenwalde e.V., Altstadt 11, 15517 Fürstenwalde, ☎ -Nummer im Schaukasten, Strohsack-Quartier und ▲-Möglichkeit, www.rcf-ev.de .
re ⬇⬆.
73,2 re Hotel und ✕ Am Spreebogen.
69,0 re → über ▬ Große Tränke mit Bootsschleppe zur Müggelspree. Geradeaus führt der Oder-Spree-Kanal weiter zur Dahme und nach Berlin, in dem die Kilometrierung fortgesetzt wird (s. Seite 489). Viel schöner ist der Weg über die Müggelspree.

Müggelspree

Die Müggelspree wurde renaturiert, wobei 4 Altarme wieder geöffnet wurden. Die früheren Durchstiche wurden mit Steinschwellen verschlossen, die teilweise unter der Wasseroberfläche liegen. Vorm Befahren dieser Durchstiche wird ausdrücklich gewarnt, es ist den Hinweis-Pfeilen zu folgen. Auf der Müggelspree gilt wieder die Spree-Kilometrierung des LUA Brandenburg, sie nähert sich den wenigen in der Örtlichkeit vorhandenen Kilometersteinen an. Die Strömungsgeschwindigkeit im oberen Teil der Müggelspree beträgt in Abhängigkeit vom Wasserstand 3–1 km/h.

69,0 =
76,5 Abzweigung der Müggelspree von der Spree-Oder-Wasserstraße.
76,4 ▬ Große Tränke, ≋ nur bei HW, vorher ansehen, ansonsten **X**, li Bootsschleppe.
71,5 re Badestelle, Beginn **Hangelsberg**, ⬇⬆, ✕, 🚃.
67,5 re ▲ (300 m vom Ufer entfernt) Kanu-Sport-Spree www.kanu-spree.de , ☎ 033632/679714 oder 03362/502316, Voranmeldung erforderlich. Kürzester Weg zum 🚃.
65,8 Hochspannungsleitung.
64,6 re **Mönchswinkel**.
63,8 Wege-Ⅱ für Spreeradweg, re Rastplatz mit ▲-Möglichkeit.
63,2 li Beginn 1.renaturierter Altarm.
62,2 li Beginn 2.renaturierter Altarm.
61,0 re **Spreewerder**.
58,6 Straßen-Ⅱ Spreenhagener Straße, re **Spreeau**, li **Hartmannsdorf**. (Von hier kürzester Fußweg zum Oder-Spree-Kanal nach Spreenhagen. 3 km für eine Rundtour Spreenhagen–Oder-Spree-Kanal–Große Tränke–Müggelspree–Spreeau: 30 km)
55,9 re Beginn 3.renaturierter Altarm.
55,7 li **Stäbchen**.
55,1 re Beginn 4.renaturierter Altarm mit Tunnel.
51,7 Autobahn-Ⅱ.
51,5 Wege-Ⅱ, re **Jägerbude**, ✕ und ▲ Campingplatz Erkner-Jägerbude, www.camping24.org .
51,3 re Einfahrt zum Bootshafen des Campingplatzes.
48,5 Straßen-Ⅱ Spreebordstraße, li **Neu Zittau**, ✕.
46,4 Beginn Landeswasserstraße Berlin, oberhalb nur Boote ohne Motor gestattet (Ausnahmen für Anlieger).
44,8 ↓ in Dämeritzsee, nordöstlich Abzweig über **Erkner** (S- und Fern-🚃) zum Flakensee und den Rüdersdorfer Gewässern (s. DKV-Gewässerführer OST) sowie den Löcknitz-Seen. In Erkner ca. 100 m re vor der Straßen-Ⅱ mündet der Brettersche Graben, diesen 100 m aufwärts li Bootshaus Kanu Club Erkner mit Zeltplatz und Wohnwagenstellplatz, *DKV-Kanustation*,Fröbelstraße, 15537 Erkner, www.kc-erkner.de .
Am SW-Ufer des Dämeritzsees ← Gosener Kanal bzw. Gosener Graben, Verbindung über Seddinsee zur Dahme (s. Spree-Oder-Wasserstraße km 43,9). Statt einer Fahrt Müggelspree stromauf ist es empfehlenswert den Weg über Gosener Graben und Oder-Spree-Kanal zu benutzen.

44,0 Ausfluss der Müggelspree westlich gegenüber der Einmündung, Roseneck.

43,8 Straßen-𝕴 Triglawstraße Triglaw-Brücke.

43,6 li ↓ Alter Spreearm, kommt vom Gosener Kanal, ⌂ und ▲-Möglichkeit bei Anmeldung Kanu-Vereinigung-Köpenick e.V., Triglawstraße 10, 12589 Berlin, www.kanu-vereinigung-koepenick.de ; re mehrere Altarme und hübschen Kanäle mit Wassergrundstücken (Neu Venedig, Hessenwinkel). ⌂ VSG Rahnsdorf.

41,2 Personenfähre.

40,9 re → Nebenarm, dort ⌂ RC Rahnsdorf, **Berlin-Rahnsdorf**, li ← Parine zum Bauersee.

40,8 Fähre.

40,7 – 40,3 li Kleiner Müggelsee.

40,2 Personenfähre.

40,0 Beginn Großer Müggelsee, starke Wellenbildung bei Wind! re ↓ Fredersdorfer Mühlenfließ (Befahrung aufgrund mehrerer Sperrungen nicht möglich), N-Ufer Strandbad Müggelsee, li am S-Ufer Groß- ✕ „Müggelseeperle". „Rübezahl" mit Wandermöglichkeiten zum Müggelturm. Fahrt quer über den See Richtung WNW.

35,3 Ausfluss aus Müggelsee, Spreetunnel.

34,8 li ⌂ Neu-Ahlbeck der Berliner Kanubären e.V., Kämmereiheide, 12559 Berlin, www.berliner-kanubaeren.de , beschränkte ▲-Möglichkeit bei Voranmeldung.

34,0 re ↓ Neuenhagener Mühlenfließ (Erpe), gesperrt aus Naturschutzgründen. Straßen-𝕴 Salvador-Allende-Straße, ⌂ Blau-Gelb-Köpenick e.V., Salvador-Allende-Straße 88 – 90, 12555 Berlin, ☎ 030/65265845, www.blau-gelb-koepenick.de .

33,1 re Krusenick, li Stichkanal, li ↓ Kietzgraben (Verbindung zur Dahme), gesperrt.

32,9 re → Alte Spree, Länge 600 m, Wege-𝕴 Katzengrabensteg, im Altarm re ⌂ Berliner Kanu Club Rotation e.V., Friedrichshagener Straße 8, 12555 Berlin, ☎ 030/6571156, www.rotation-berlin.de .

32,9 –32,6 re Baumgarten-Insel.

32,5 re ↓ Alte Spree.

32,4 Straßen-𝕴 Lindenstraße (Damm-Brücke), **Berlin-Köpenick**, ✕, ★. Schloss, Rathaus (Hauptmann von Köpenick).

32,3 ↓ der Müggelspree in die Treptower Spree bei km 32,8 (Kilometrierung der Spree-Oder-Wasserstraße).

Treptower Spree

32,8 li ↓ Dahme in die Spree.

31,9 re ↓ Wuhle, gesperrt.

31,5 Straßen-Ⅱ Spindlersfelder Straße (Wilhelm-Spindler-Brücke), EB-Ⅱ.

30,8 li ⌂ Turngemeinde in Berlin 1848 e.V. (TiB), Kanu- Ruder- und Schwimmabteilung Oberspree, Bruno–Bürgel–Weg 127–131, 12439 Berlin, www.tib1848ev.de

30,3 re ⌂ Köpenicker KC, Weiskopffstraße 15, 12459 Berlin, ▲, *DKV-Kanustation*, Übernachtung im Clubhaus, auch für Gruppen; ☎ 030/5350103, www.kkc-berlin.de .

28,5 Wege-Ⅱ Kaisersteg.

28,0 Straßen-Ⅱ Edisonstraße (Treskow-Ⅱ), li S-🚌 Schöneweide, re ⌂ TJB.

27,4 2 Straßen-Ⅱ Siemensstraße (Stubenrauchbrücke).

26,4 li ← Britzer Verbindungskanal (Länge 3,4 km), Durchfahrt zum Teltowkanal und über die Neuköllner Schleuse (Selbstbedienung) zum Neuköllner Schifffahrtskanal und Landwehrkanal.
li ⌂ Treptower Rudergemeinschaft, Neue Krugallee 219-231, www.rudern-in-berlin.de , nimmt Gäste auf.

25,9 Personenfähre Baumschulenweg, freifahrend.

24,6 re → Stichkanal Klingenberg (Werkskanal), ϟ Rummelsburg und ϟ Klingenberg.

23,9 re → Rummelsburger See (ca. 1,5 km).

23,5 Abteiinsel, re Verlauf des Fahrwassers, im li Arm Wege-Ⅱ (Abteibrücke). Vor der Abteibrücke li ⬇⬆-Möglichkeit, ca. 60 cm hohe Ufermauer mit Leiter, Kfz-Zufahrt nur über Bulgarische Straße. Hinter der Abteibrücke li ✕, li Treptower Park mit Sowjetischem Ehrenmal und Archenhold-Sternwarte, re Halbinsel Stralau.

22,5 li Liegeplätze der Personen-Schifffahrt.

22,1 EB-Ⅱ, li 🚌 Treptower Park.

22,0 Straßen-Ⅱ B 96a, An den Treptowers, Elsenbrücke.

21,8 li Großplastik „Molecule Man".

21,1 li ← des Landwehrkanals.
Die Spree ist zwischen km 20,7 und 14,1 für nicht motorisierte Sportboote und Sportboote mit Motorleitung bis 5 PS gesperrt. Für die Weiterfahrt müssen Sportboote daher den Landwehrkanal benutzen, der bei km 9,1 wieder in die Spree mündet. Die Fahrt durch den Kanal ist touristisch durchaus interessant; an seinen Ufern liegen zahlreiche historische Gebäude.

Landwehrkanal

10,7 Abzweig aus der Treptower Spree (Spree-Oder-Wasserstraße) bei km 21,2. *Befahrung mit maschinenbetriebenen Booten ab 5 PS oder 3,69 KW nur in Talrichtung (von Oberschleuse nach Unterschleuse) mit max. 6 Km/h erlaubt.*

10,6 Ober-⌂, ☎ 030/6123292, Sportbootwartestelle mit Signalanlage in beiden Richtungen jeweils li, Betriebszeit vom 01.04.–31.10. von 11:15–20:45 Uhr, übrige Zeit geschlossen, ⌂ nicht möglich.
10,5 Straßen-Ⅱ Schlesische Straße (Schlesische Brücke).
10,2 Wege-Ⅱ Ernst-Heilmann-Steg,
li ↓ Flutgraben.
10,1 Fußgänger-Ⅱ, ehemalige EB-Brücke.
9,9 Straßen-Ⅱ (Wiener Brücke).
9,8 und 9,9 re ⬇⬆ Reichenberger Straße und Wiener Straße, Ufermauer.
9,5 Weiterfahrt re; li ← durch die Lohmühlen-Ⅱ in den Neuköllner Schifffahrtskanal (s. DKV-Gewässerführer OST).
9,4 Rohr-Ⅱ.
9,2 Straßen-Ⅱ Pannierstraße (Thielenbrücke).
8,7 Straßen-Ⅱ Friedelstraße (Hobrechtbrücke).
8,1 Straßen-Ⅱ B 179 Kottbusser Damm (Kottbusser Brücke).
7,7 Rohr--Ⅱ,
Straßen-Ⅱ (Admiralbrücke).
7,5 –7,0 Ehemaliger Urbanhafen, ✕-Schiffe, li ⬇⬆, Kfz-Zufahrt über Dieffenbachstraße.
7,0 Straßen-Ⅱ Baerwaldstraße/Prinzenstraße (Baerwaldbrücke).
6,6 Straßen-Ⅱ Alexanderstraße (Waterloobrücke).
6,4 Straßen-Ⅱ B 179.
6,1 Straßen-Ⅱ Hallesche-Tor-Brücke, re U-Bahnhof Hallesches Tor.
5,9 Straßen-Ⅱ B 96 Mehringdamm (Mehringbrücke).
5,6 Straßen-Ⅱ Großbeerenstraße (Großbeerenbrücke).
5,5 Wege-Ⅱ, re U-🚃 Möckernbrücke.
5,3 Straßen-Ⅱ Möckernstraße (Möckernbrücke).
5,2 Wege-Ⅱ Anhalter Steg,
Hochbahn-Ⅱ.
4,8 Straßen-Ⅱ Schöneberger Straße (Schöneberger Brücke).
4,7 Straßen-Ⅱ Köthener Straße (Köthener Brücke),
Hochbahn-Ⅱ.
4,2 Straßen-Ⅱ (G.-C.-Marshall-Brücke).
4,1 Straßen-Ⅱ B 1 Potsdamer Straße (Potsdamer Brücke).
3,7 Straßen-Ⅱ (Bendlerbrücke).
3,3 Wege-Ⅱ Hiroshimasteg.
3,0 Straßen-Ⅱ Klingelhöferstraße (Herkulesbrücke).
2,6 Straßen-Ⅱ Corneliusbrücke.
2,2 2 Wege-Ⅱ Lichtensteinbrücke, re ✕ Cafe am Neuen See.
Zwischen Lichtensteinbrücke und Unterschleuse ⬇⬆-

Möglichkeit, Kfz-Zufahrt über Lichtensteinallee oder Straße des 17. Juni, gegenüber der Einmündung der Klopstockstraße.

1,7 re → Wehrgraben, Einfahrt gesperrt.
Unter-□, auch Tiergartenschleuse genannt, ☎ 030/3125233 Betriebszeit vom 01.04.–31.10. von 11:15–20:45 Uhr, übrige Zeit geschlossen. Sportboot-Wartestelle mit Signalanlage re. Umtragemöglichkeit für geübte Kanuten am Ufer des Tiergarten: vor dem Wehrgraben aussetzen, ca. 400 m an Wehrgraben vorbei und nach dem Wehr, vor EB einsetzen (hohe Kante). li ✕ Schleusenkrug.
Wege-Ⅱ über der Schleuse.

1,6 EB-Ⅱ.

1,5 Wege-Ⅱ

1,4 re ↓ des Wehrarmes.

1,2 Straßen-Ⅱ B 5 Straße des 17. Juni (Charlottenburger Brücke), re Charlottenburger Tor ★.

0,6 Straßen-Ⅱ Marchstraße.

0,1 Straßen-Ⅱ Dovebrücke.

0,0 ↓ des Landwehrkanals in die Spree (Spree-Oder-Wasserstraße) bei km 9,1.

Berliner Spree

20,7 Straßen-und U-Bahn-Ⅱ Oberbaumbrücke. *Die Spree ist zwischen km 20,7 und 14,1 für nicht motorisierte Sportboote und Sportboote mit Motorleitung bis 5 PS gesperrt.*

14,1 Wege-Ⅱ Kanzleramtssteg. *Ende der Sperrstrecke.*
! Bis km 6,8 reger Fahrgastschifffahrtsverkehr!
li Haus der Kulturen der Welt (ehemalige Kongresshalle).

13,1 Straßen-Ⅱ Paulstraße; dahinter li Tiergarten, ★: Schloss Bellevue, Amtssitz des Bundespräsidenten.

12,8 EB-Ⅱ, li S-🚃 Bellevue.

12,7 Wege-Ⅱ Gerickesteg.

12,5 Straßen-Ⅱ Bartningallee/Kirchstraße (Moabiter Brücke).

12,0 Straßen-Ⅱ Lessingstraße (Lessingbrücke).

11,5 Straßen-Ⅱ Levetzowstraße (Hansabrücke).

11,1 Straßen-Ⅱ Wullenwebersteg.

10,3 Straßen-Ⅱ Gotzkowskistraße (Gotzkowskybrücke).

9,1 re → Charlottenburger Verbindungskanal (Verbindung zum Westhafenkanal).
li ↓ Landwehrkanal
Die Spree ist zwischen km 20,7 und 14,1 für nicht motorisierte Sportboote und Sportboote mit Motorleitung bis 5 PS gesperrt. Für die Weiterfahrt müssen Sportboote daher den Landwehrkanal benutzen, der bei km 21,2

wieder in die Spree mündet. Die Fahrt durch den Kanal ist touristisch durchaus interessant; an seinen Ufern liegen zahlreiche historische Gebäude.

li ⬇⬆, ca. 40 cm hohe Ufermauer, Kfz-Zufahrt Galvanistraße.

8,9 Straßen-Ɪ Röntgenstraße (Röntgenbrücke).

8,7 Wege-Ɪ Siemenssteig.

8,3 Straßen-Ɪ Winterstein-/Sömmeringstraße (Caprivibrücke).

7,9 Straßen-Ɪ Luisenplatz (Schlossbrücke), ★: li Schloss Charlottenburg mit Schlossgarten.

Untere Spree

6,8 EB- und Wege-Ɪ, re 🚉 Berlin-Jungfernheide.

6,6 Weiterfahrt li, re → Westhafenkanal, Verbindung zum Westhafen, li Hohenzollernkanal, re Berlin-Spandauer-Schifffahrtskanal (für Sportboote gesperrt).

6,3 ▭ Charlottenburg, ☎ 030/343570.
Vor der Schleuse li Zufahrt zu den alten Schleusenkammern (außer Betrieb).
li Sportboot-Wartestelle mit Signalanlage (schwer zu erreichen). Auf der Unterwasserseite bei km 5,6 für Bergfahrer re Sportboot-Wartestelle mit Signalanlage (für Kanufahrer und Ruderer praktisch nicht zu erreichen). Die Schleusenwärter sind aufmerksam und schleusen auch ohne Meldung.

5,8 Autobahn-Ɪ A 100 Rudolf-Wissel-Brücke.

5,7 li Zufahrt zu den alten Schleusenkammern (außer Betrieb).

5,6 li Sportboot-Wartestelle (s. km 6,3).

4,5 Straßen-Ɪ Rohrdamm/Fürstenbrunner Weg (Rohrdammbrücke).

2,9 re ↯ Ernst Reuter.

2,5 EB-Ɪ.

1,7 li ← Unterspree (Alte Spree), Industriehafen.

1,5 re ↓ Grützmachergraben, Befahrung verboten.

0,4 li ↓ Ruhlebener Altarm.

0,0 **Berlin-Spandau**, ↓ der Spree in die Untere Havel bei km 0.

Dahme

Kleinfluss - Wanderfluss – Seen	Mündung in Spree (re Nebenfluss)

Die Dahme ist ein abwechslungsreicher Fluss: In ihrem Oberlauf ein Kleinfluss mit mäßigen Schwierigkeiten. Ab Mühle Staakow verläuft sie mit schneller Strömung und vielen Windungen durch eine Waldlandschaft; im Unterlauf durch mehrere Seen.

Befahrbarkeit: bei günstigem Wasserstand ab Drahnsdorf. Ab Märkisch Buchholz ganzjährig, ab hier mit Schleusen voll ausgebaut.

Befahrungsregeln: *Von Staakmühle bis Märkisch-Buchholz ist die Befahrung ganzjährig verboten (NSG).*

90,2 Dahme, ✕, ab hier soll eine Befahrung bei sehr gutem Wasserstand möglich sein, Einzelheiten sind nicht bekannt. Der Oberlauf bis km 40,0 ist im DKV-Gewässerführer OST beschrieben.

40,0 re ↓ des Spree-Dahme-Umflutkanals in **Märkisch-Buchholz**, (s. Seite 493).

40,2 Straßen-Ⅱ, Parkplatz an der Brücke.

40,6 re Rastplatz mit ▲-Möglichkeit.

33,5 □ Hermsdorfer Mühle, ☎ 033765/80263, Betriebszeit: vom 24.04 – 04.10. 10:00 – 12:30 Uhr und 13:30 – 18:30 Uhr, übrige Zeit keine Besetzung, aber ⌓ möglich.

30,0 re Streganzer Pechhütte.

28,7 - 27,9 Streganzer See, stark verkrautet! aber Fahrrinne frei.

27,9 re → Tiefer See, nur frei für Anlieger.

26,9 □ Prieros,. ☎ 033768/50278 und 0160/93105968, Betriebszeit: vom 24.04–04.10. 10:00–12:30 Uhr und 13:30–18:30 Uhr, übrige Zeit keine Besetzung, li Bootsschleppe.

26,0 li ↓ der Teupitzer Gewässer (s. DKV-Gewässerführer OST), re ▲-Möglichkeit bei ✕.

25,7 Straßen-Ⅱ B 246, re **Prieros**.

24,9 re ↓ Storkower Gewässer (s. Seite 491).

24,0 li ✕, ▲-Möglichkeit erfragen.

23,5 Wege-Ⅱ Dahme-Radweg, re **Dolgenbrodt**, ✕.

23,3 –20,7 Dolgen-See.

20,7 li **Gussow**, ✕, Beginn Bindower Fließ.

17,7 Straßen-Ⅱ, re **Bindow**, ✕.

16,3 re ↓ Skabyer Torfgraben, *ganzjähriges Befahrungsverbot.*

14,8 –11,3 Krüpel-See.

14,5 re **Kablow**, re ▲-Möglichkeit; Ferienhof am See.

13,6 → zur Zernsdorfer Lanke.

Zernsdorfer Lanke

0,0 Abzweig von der Dahme.

0,8 Straßen-Ⅱ Kablower Chaussee, EB-Ⅱ.

2,9 li ▲ Campingplatz Am Lankensee.

3,4 Straßen-Ⅱ Wernsdorfer Straße. Weiterfahrt sehr schmal und flach, nur für Kanu ≈.

4,0 Autobahn-Ⅱ A 10, danach Beginn Uklei-See.

4,7 See-Ende, **Uklei**.

13,6 Weiterfahrt auf der Dahme.

12,0 re **Zernsdorf**, mehrere ⌂.
11,4 re ⌂ ESV Rudern, Senziger Weg 17, 15758 Zernsdorf, ▲-Möglichkeit, ☎ 03375/292701.
11,3 Personenfähre.
11,3 - 10,3 Krimnicksee.
10,5 li **Senzig**, ✕.
9,5 Straßen-⫴ Tiergartenstraße, ☐ Neue Mühle mit ⏏-Möglichkeit (2 Bootswagen), ☎ 03375/293686, Betriebszeit: vom 01.04 – 31.10. Mo – Do 07:00 – 20:00 Uhr und Fr – So 07:00 – 21:00 Uhr, vom 01.11. – 31.03. Mo – Sa 08:00 – 16:00 Uhr, übrige Zeit keine Besetzung; 🚂 **Niederlehme**, ✕, ⌂.
li Verbindung zum Zeesener See und weiter zum Pätzer Vordersee, nur für Kanu bei hohem Wasserstand fahrbar.
8,6 EB-⫴.
8,2 ← Nottekanal (auf dem Nottekanal kann nach 25 km und drei ☐ der Mellensee erreicht werden; s. DKV-Gewässerführer OST).
7,9 Autobahn-⫴ A 10.
7,0 li **Wildau**, S-🚂, ✕, re **Niederlehme**, ✕.
7,0 - 6,5 re Möllenzugsee, dort ⬇⬆ mit Parkplatz.
6,5 Stichkanal nach Wildau.
6,0 - 5,0 Sellenzugsee.
4,7 Personenfähre Miersdorfer Werder (freifahrend).
4,5 ↓ in Zeuthener See, → zur Wernsdorfer Seenkette.

Wernsdorfer Seenkette

6,1 → aus der Spree-Oder-Wasserstraße bei km 47,2.
5,8 Straßen-⫴ Wernsdorfer Straße, **Wernsdorf**, re ✕.
5,5 Insel.
5,2 ↓ in Krossin-See, re ▲ und ✕, li **Ziegenhals**.
3,2 ↓ in den Großen Zug.
0,0 ↓ in Dahme bei km 4,5.

4,5 Weiterfahrt auf der Dahme
3,8 li ⌂ Berliner Sportverein Akademie der Wissenschaften e.V., Abt. Kanu, Platanenallee 7, 15738 Zeuthen, ☎ 033762/70375.
3,5 li **Zeuthen**, S-🚂, ✕.
1,0 li **Eichwalde**.
0,3 re an der Badestelle ⬇⬆ mit Parkplatz
0,2 Straßen-⫴ Wernsdorfer Straße.
0,0 li **Berlin-Schmöckwitz**, ✕.
0,0 re ↓ der Spree-Oder-Wasserstraße, km 43,9;

re Seddin-See (Verbindung über Gosener Kanal bzw. Gosener Graben zum Dämeritz-See und zur Müggelspree bei km 11,4).

Seddin-See, Gosener Kanal, Gosener Graben

7,4 Ausfahrt aus Dämeritz-See, re Gosener Kanal, li Gosener Graben (gesperrt für Boote mit Motor). Die Beschreibung geht über Gosener Graben.

4,7 li ← eines Grabens zum Großen Strom *(ganzjähriges Befahrungsverbot)*, danach
Straßen-Ɪɪ Gosener Landstraße.

4,0 ↓ in Seddin-See.

2,5 li Insel Kleiner Seddin-Wall, ▲ LKV Berlin (nur für DKV-Mitglieder).

1,0 li ↓ des Oder-Spree-Kanals.

0,0 ↓ in die Dahme km 43,9/km 0,0.

43,9 Weiterfahrt auf der Dahme. Ab hier wird die Kilometrierung der Spree-Oder-Wasserstraße weitergeführt.

43,3 re → Große Krampe, in 3 km ⌂ und ▲ Köpenicker Sportclub, *DKV-Kanustation*, Krampenburger Weg 31f, 12559 Berlin, ☎ 030/6596897, www.koepenickersc.de .

43,1 Personenfähre Schmöckwitz (freifahrend).

43,2 li ⬇⬆ zu erreichen über die Straße Zum Seeblick.

42,8 li ⌂ Verein Schmöckwitzer Wassersportler, Jagen 37, 12527 Berlin mit öffentlichem ✕.

41,7 li Kleine Rohrwallinsel, li ⌂ ESC Lok Schöneweide, Rohrwallallee 41, 12527 Berlin.

41,5 li Karolinenhof, mehrere ⌂.

41,3 ⌂ und ▲ Wassersportverein Karolinenhof e.V., Abt. Kanu, *DKV-Kanustation,* Rohrwallallee 3, 12527 Berlin, ☎ 030/679523, www.wsvk.info .

40,9 - 40,8 li Große Rohrwallinsel.

40,5 li ✕ Richtershorn.

40,0 Bammelecke, freie Badestelle mit Wasserrettungsdienst.

39,1 li Beginn Regattastrecke Grünau, Verkehrszeichen beachten, bei Regattabetrieb nur re nahe dem Nordufer fahren. *(einmal im Jahr bei Motrobootrennen Totalsperrung für alle Boote).*

38,7 li Strandband Grünau, ✕.

38,3 li ⌂, SC Berlin-Grünau e.V., Sportpromenade 3, 12527 Berlin, ☎ 030/67437357, www.scbg.de oder www.kanuwandern-scbg.de . *DKV-Kanustation* bei km 37,9 in Vorbereitung.

37,1 Ende Regattastrecke Grünau.

36,6 Personenfähre Grünau (freifahrend).

35,2 li ← Teltow-Kanal (s. DKV-Gewässerführer OST).
34,8 li ⌂ und ▲ Pro Sport Berlin 24 e.V.(ehemals Post SV), *DKV-Kanustation*, Grünauer Straße 193, 12557 Berlin, ☎ 030/65880969, www.psb24-koepenick.de .
34,7 - 34,5 li Rohrwallinsel.
34,2 li ⌂ und kleiner ▲ (nach Anmeldung) Märkischer Kanu-Verein 53 e.V., Grünauer Straße 193, 12557 Berlin, ☎ 030/6555480, www.mkv53.de .
33,3 re Frauentog, re Kietzgraben, Verbindung zur Müggelspree, flach, nur für Kanu.
33,2 Lange ⌶, re Schlossinsel Köpenick, ★.
32,8 re **Berlin-Köpenick**, Altstadt, Rathaus (Hauptmann von Köpenick), ✕✕; ↓ in die Treptower Spree (Die Kilometrierung wird dort fortgesetzt.).

Spree-Oder-Wasserstraße
Oder-Spree-Kanal

Schifffahrtskanal — Verbindet Oder und Havel

Die Wasserstraße verbindet die Havel von der Spreemündung in Berlin-Spandau mit der Oder und erreicht diese bei Eisenhüttenstadt. Über die Spree-Oder-Wasserstraße sind nahezu alle Berliner Gewässer, der Spreewald auf zwei verschiedenen Wegen (über Dahme und Spree-Dahme-Umflutkanal sowie über die Spree über Beeskow), die Boddengewässer und die Ostsee über Szczecin erreichbar. Unter Einbeziehung der Oder und des Oder-Havel-Kanals ermöglicht sie eine große Rundfahrt Berlin–Eisenhüttenstadt–Hohensaaten–Eberswalde–Oranienburg–Berlin. Der Kanalverlauf bietet neben einigen eintönigen Strecken auch abwechslungsreiche Abschnitte, besonders im Berliner Bereich.
Die Spree-Oder-Wasserstraße, deren Kilometrierung in Berlin-Spandau beginnt, führt von der Oder als Oder-Spree-Kanal bis zur Dahme und weiter über die Spree bis zur Mündung in die Havel. Hier ist nur der Teil des Oder-Spree-Kanals (einschließlich Fürstenwalder Spree) beschrieben. Die über Dahme (s. ab Seite 485) und Spree (s. ab Seite 466) führende Strecke finden sie unter diesen Gewässerbeschreibungen.

Oder-Spree-Kanal

130,0 Abzweigung des Kanals von Oder bei km 553,4.
129,2 Straßen-⌶, li Altstadt **Eisenhüttenstadt** (früher Fürstenberg an der Oder).
128,0 re Sportbootliegeplatz.
127,5 Straßen-⌶ und EB-⌶.
127,4 Zwillingsschacht-▭ Eisenhüttenstadt. Es geht 14 m aufwärts zum Scheitelpunkt des Kanals.
125,7 Straßen-⌶, **Eisenhüttenstadt**.
125,5 Mehrere ⌂.

125,2 EB-Ⅱ.
125,1 Schönfließer Ⅱ.
122,6 Straßen-Ⅱ **Bandbrücken**.
120,1 EB-Ⅱ, Beginn Industriegelände (Stahlwerke).
118,8 Straßen-Ⅱ, li **Zittendorf**, re Gr. und Kl. Pohlitzer See.
114,6 Straßen-Ⅱ, **Rautenkranz**.
111,9 Blockweg-Ⅱ, li **Groß Lindow**.
109,3 ⌓-Möglichkeit zum Brieskow-Kanal (ca. 300 m).
108,3 Rohr-Ⅱ.
107,5 li ← Brieskower Kanal (s. DKV-Gewässerführer OST).
106,6 Fähre, Kaisermühl, ✕.
105,4 EB-Ⅱ.
104,8 re ↓ Fließ vom Katharinen-See.
104,2 Straßen-Ⅱ, **Müllrose**, 🚌, ✕.
104,0 re Einfahrt Kleiner Müllroser See, ↓ Schlaube (s. DKV-Gewässerführer OST).
99,0 re **Biegenbrück**.
96,2 re ↓ Speisekanal, über □ Neuhaus zum Wergensee, Verbindung zur Drahendorfer Spree und zur Oberen Spree.

Speisekanal

2,74 (Kilometrierung des Speisekanals), Abzweig von der Spree (Wergensee), □ Neuhaus.
2,7 Klapp-Ⅱ **Neuhaus**.
0,0 ↓ des Speisekanals in Spree-Oder-Wasserstraße bei km 96,2.

89,7 Ⅱ und □ **Kersdorf**. Hier steigt der Kanal auf das Niveau der Spree ab.
88,7 re ↓ Drahendorfer Spree (s. Seite 478). Ab hier

Fürstenwalder Spree

88,7 li Weiterfahrt auf der Fürstenwalder Spree, re ↓ Oder-Spree-Kanal. Die Spree ist jetzt Bestandteil der Spree-Oder-Wasserstraße.
88,6 re Spreeforsthaus, mit ✕, Übernachtungs- und Δ-Möglichkeit, ☎ 033607/59915.
81,9 re → Dehmsee; es folgen mehrere Altarme li und re.
81,8 Autobahn-Ⅱ A 12.
80,8 re → Altarm Berkenbrück.
80,4 re im Altarm **Berkenbrück**, 🚌, ✕, DJH, Rastplatz mit Δ-Möglichkeit, Strand-Cafe mit Imbiss.
80,0 re ↓ Altarm Berkenbrück.
77,3 Straßen-Ⅱ, danach Hochspannungsleitung.
77,1 EB-Ⅱ.

76,3 Rohr-⌶, re große Siloanlage mit Hafenbetrieb.
74,9 re → durch Treidelbrücke zum ■.
74,7 □ Fürstenwalde mit 2 Kammern, zum ⏏ re mit Bootsschleppe (schwer).
74,4 Straßen-⌶ Spreebrücke August-Bebel-Straße.
73,7 Wege-⌶, **Fürstenwalde**, 🚌 500 m, ✕.
73,3 re ⌂ Ruderklub Fürstenwalde e.V., Altstadt 11, 15517 Fürstenwalde, ☎ -Nummer im Schaukasten, Strohsack-Quartier und ▲-Möglichkeit, www.rcf-ev.de .
re ⬇⬆.
73,2 re Hotel und ✕ Am Spreebogen.
69,0 re → über ■ Große Tränke mit Bootsschleppe zur Müggelspree.
Geradeaus führt der Oder-Spree-Kanal weiter zur Dahme und nach Berlin, in dem die Kilometrierung fortgesetzt wird. Viel schöner ist der Weg über die Müggelspree (s. Seite 479).
Ab hier wieder:

Oder-Spree-Kanal

68,7 Straßen-⌶ Große Tränke.
66,0 li **Braunsdorf**, DJH, ✕.
65,8 li Braunsdorfer Altarm (nicht durchgängig).
64,7 li Braunsdorfer Altarm (nicht durchgängig).
59,9 Straßen-⌶, li **Spreenhagen**.
56,0 re **Hartmannsdorf**.
51,7 Autobahn-⌶ A 10.
47,6 □ Wernsdorf, abwärts auf das Niveau der Dahme, ☎ 03362/820225, Betriebszeit: 01.04. – 31.10., Mo – Fr 06:00 – 20:00 Uhr, Sa und So 08:30 – 18:00 Uhr, 01.11. – 31.03., Mo – Fr 08:00 – 17:30 Uhr, Sa und So 08:00 – 17:30 Uhr.
47,4 Straßen-⌶ Neu Zittauer Straße.
47,1 li ← Krossinsee (Wernsdorfer Seenkette, s. DKV-Gewässerführer OST),
re → Wernsdorfer See, ganzjähriges Befahrungsverbot,
li **Wernsdorf**, ✕, ▲ Campingplatz am Krossinsee.
46,6 Fußgänger-⌶.
44,8 Kanalbeginn am O-Ufer des Seddinsees.
43,9 ↓ in die Dahme (s. Seite 485). Die Kilometrierung wird dort fortgeführt.

Storkower Gewässer

Wanderfluss – Seen	Mündung in Dahme (re Nebenfluss)

33,4 **Bad Saarow**, ✕, Scharmützelsee N-Ende, ⬇.
31,0 li Pieskow, 🚌 Bad Saarow-Pieskow,

30,0 re Bad Saarow Strand, ⛺ Campingplatz, www.camping-bad-saarow.de .
28,2 li **Diensdorf**.
27,2 li **Radiow**.
24,9 ⛺ Campingplatz Schwarzhorn, www.wendischrietz.de/html/zeltplatz.html .
23,7 li ← Nebenroute Glubig-Seen-Kette in Richtung Süden. Die Weiterfahrt auf der Hauptroute geht nach Westen.

Glubig-Seen-Kette

Die Glubig-Seen-Kette ist für Motorboote (außer Elektroantrieb) gesperrt.

4,7 Beginn Springsee, ⛺ Naturcamp Limsdorf www.springsee.de . Von Alt Schadow an der Spree ca. 6 km Bootstransport (mit Fuhrunternehmen) zum Springsee und Weiterfahrt auf Storkower Gewässern nach Berlin möglich.
3,3 Ausfahrt aus dem Springsee, Wege-Ⅱ.
2,3 ↓ in den Großen Glubigsee.
1,1 Ausfahrt aus dem Großen Glubigsee.
0,3 Wege-Ⅱ, re → zum Kleinen Glubigsee.
0,2 Straßen-Ⅱ B 246 Beeskower Chaussee und
□ Neue Mühle, vollautomatischer Betrieb, aufwärts 9:00, 12:00, 15:00 und 19:00 Uhr, abwärts 10:00, 13:00, 16:00 und 20:00 Uhr.
0,1 EB-Ⅱ.
0,0 ↓ in Scharmützelsee, km 23,7.

23,2 Ausfahrt aus dem Scharmützelsee.
22,8 Straßen-Ⅱ, re **Wendisch Rietz**, 🚂 Scharmützelsee.
22,7 □ Wendisch Rietz, Selbstbedienung, ☎ 033679/215, Betriebszeiten: 01.04.-30.04. 7:00 – 19:00 Uhr, 01.05.-31.05. 7:00 – 20:00 Uhr, 01.06.-31.08. 7:00 – 22:00 Uhr, 01.09.-30.09. 7:00 – 20:00 Uhr, 01.10.-31.10. 7:00 – 19:00 Uhr, 01.11.-31.03. keine Betriebszeit.
21,7 Wege-Ⅱ
21,2 ↓ in Storkower See.
20,2 re **Dahmsdorf**, ⛺ Campingplatz Dahmsdorf, www.campingplatzdahmsdorf.de .
17,8 re **Wolfswinkel**.
16,0 Ausfahrt aus Storkower See, li ← Storkower Stadtgraben (Mühlgraben).
15,8 Straßen-Ⅱ Burgstraße, **Storkow**, 🚂, ✕.
15,7 Straßen-Ⅱ Zugbrücke, li Altstadt.
15,6 □ Storkow, ☎ 033678/404920 und 404922, Selbstbedienung, Betriebszeiten: 01.04.-30.04. 7:00 – 19:00 Uhr, 01.05.-31.05. 7:00 – 20:00 Uhr, 01.06.-31.08. 7:00 – 22:00 Uhr, 01.09.-30.09. 7:00 – 20:00 Uhr, 01.10.-31.10. 7:00 – 19:00 Uhr, 01.11.-31.03. keine Betriebszeit, li ⛵-Möglichkeit.

14,9 li ↓ des Storkower Stadtgrabens.
13,6 EB-Ⅱ
12,8 Straßen-Ⅱ Hauptstraße, li **Philadelphia**.
11,8 re → eines Fließes.
10,4 re → Mühlgraben.
10,2 □ Kummersdorf, , ☎ 033678/43322, Betriebszeiten: 01.04.–30.04. 7:00–19:00 Uhr, 01.05.–31.05. 7:00–20:00 Uhr, 01.06.–31.08. 7:00–22:00 Uhr, 01.09.–30.09. 7:00–20:00 Uhr, 01.10.–31.10. 7:00–19:00 Uhr, 01.11.–31.03. keine Betriebszeit, li Bootsschleppe.
Straßen-Ⅱ Zur Schleuse.
10,0 re ↓ Mühlgraben.
9,8 Straßen-Ⅱ Hauptstraße, re **Kummersdorf**.
9,4 → Stahnsdorfer Fließ, zum Stahnsdorfer See, in der Einfahrt eine Balkensperre.
7,1 Straßen-Ⅱ Friedersdorfer Straße, li **Wolzig**, ✕.
7,0 ↓ in Wolziger See, re Rastplatz des Heimatvereins mit ▲-Möglichkeit, Dusche, Imbiss, re **Wolziger Kolonie**.
4,8 re **Blossin**, li Kolberg, ▲ Campingplatz.
3,8 Ausfahrt aus Wolziger See.
3,2 Straßen-Ⅱ Kolberger Straße, Blossin–Kolberg.
2,5 ↓ in Langer See.
0,0 Ende Langer See, ↓ in die Dahme bei km 24,9.

Spree-Dahme-Umflutkanal

Nicht schiffbarer Kanal — Verbindet Spree und Dahme

Der Kanal ermöglicht eine von Berlin ausgehende Rundfahrt. Dabei wird die Dahme stromauf und die Spree stromab gefahren. Eine Weiterfahrt zum Spreewald ist über den vom Köthener See abzweigenden Randkanal möglich.

9,5 ← von der Spree bei Leipsch, km 160,9.
Doppel-▬ mit Sportboot-□, Selbstbedienung, Parkplatz zwischen den Wehren, gute ⬆ oder ⬇.
8,8 Straßen-Ⅱ B 179, **Leibsch**.
6,5 Wege-Ⅱ nach Klein Wasserburg.
5,7 ↓ in Köthener See; nach der Insel li DJH Köthener See, Dorfstraße 20, 15748 Märkisch-Buchholz, ☎ 033765/80555, www.jh-koethener-see.de , **Köthen**.
5,3 Abfluss aus Köthener See.
3,0 li Rastplatz.
1,3 ▬, X, li Bootsschleppe.
0,4 ▬, X, li Bootsschleppe, Straßen-Ⅱ, re **Märkisch Buchholz**.

0,0 ↓ in Dahme bei km 40,0.

Hammerstrom

Wanderfluss	Mündung in Spree (re Nebenfluss)

Der Hammerstrom wird insbesondere dann benutzt, wenn die Spree ab km 229,7 keinen ausreichenden Wasserstand aufweist.

23,2 re → von der Spree bei km 229,7 (Großes Spreewehr in **Cottbus**); ▬, li ⬆, über ▬-Ⅱ ⌓ und li an der Treppe ⬇.
23,0 Straßen-Ⅱ B 168 Stadtring.
22,4 EB-Ⅱ.
22,1 Straßen-Ⅱ Bärenbrücker Straße.
21,5 Wege-Ⅱ.
21,0 Straßen-Ⅱ.
20,3 geradeaus Neuer Hammerstrom, re → Alter Hammerstrom. Der Alte Hammerstrom ist ganzjährig gesperrt.
19,3 ▬, **X**, li ⌓.
19,2 Straßen-Ⅱ, re **Lakoma**.
17,8 Straßen-Ⅱ Waldstraße, li **Wilmersdorf**, ⛟.
16,0 Straßen-Ⅱ, EB-Ⅱ, re nach **Neuendorf**.
15,5 ↓ Alter Hammerstrom.
14,6 Maustmühle, ▬, evtl. ≋ oder von li nach re etwa 100 m weit ⌓; ✕.
12,7 Wege-Ⅱ, danach li Abzweig, geradeaus weiterfahren.
12,1 Ⅱ, danach Mühle, ▬, nach li um Mühlengebäude herum ⌓.
10,6 Straßen-Ⅱ, davor re ⌂ Kanuverein Peitz, Triftstraße 57, 03185 Peitz, www.kanuverein-peitz.de , **Peitz**, ⛟, ✕.
10,0 EB-Ⅱ.
6,4 ▬, **X**, li ⌓.
5,7 Straßen-Ⅱ.
3,0 Wege-Ⅱ, kurz danach ▬, ≋ wenn Schütz gezogen oder re ⌓.
1,4 Wege-Ⅱ.
0,6 Wege-Ⅱ.
0,0 re ↓ Malxe (s. DKV-Gewässerführer OST), ab hier aufsteigende Kilometrierung des Großen Fließes.

Großes Fließ

0,0 re ↓ Malxe (s. DKV-Gewässerführer OST), ab hier aufsteigende Kilometrierung des Großen Fließes.
0,9 Straßen-Ⅱ, **Fehrow**.
2,0 Wege-Ⅱ.
3,4 li ←, dort in 100 m ▬, li ⌓ oder geradeaus fahren, auch dort in 600 m ▬, re ⌓.

4,4 Straßen-Ⅱ, re **Schmogrow**.
3,5 ▬, **X**, re ⏏.
5,9 Kreuzung mit Nordumfluter; das Gr. Fließ unterquert den Nordumfluter im Düker, das überschüssige Wasser fließt über ein ▬ in den Umfluter. Es ist bei gutem Wasserstand ≋, dann am Südufer des Umfluters kurzes ⏏ in das Gr. Fließ. Sonst ⏏ über die Wehrbrücke des Umfluters, schwierig.
6,5 re → Kleines Fließ.
8,5 Straßen-Ⅱ Byhleguhrer Straße.
9,6 ▬ und □.
11,6 li ← zum Mittelkanal.
11,9 ▬ und □, danach Straßen-Ⅱ, Buschmühle.
14,1 ▬ und □.
14,4 re → Nordfließ, li ✗ „Eiche“.
15,7 li ← Leiper Graben, Polenz-Schänke, Verbindung zur Hauptspree.
17,1 ▬ und □.
18,4 li ← Bürgerfließ.
18,8 re → zur Polenzoa.
19,4 li ← Wehrkanal, re → Dittmarfließ.
19,7 ▬ und □.
21,3 ▬ und □.
21,4 Wege-Ⅱ.
23,3 Straßen-Ⅱ.
24,8 ▬ und Batzlin-□, Vereinigung von Mittelkanal, Burg-Lübbener-Kanal und Großes Fließ. Weiter als Burg-Lübbener-Kanal.
26,0 li ← Untere Ragower Kahnfahrt, Verbindung zur Spree.
28,1 re ↓ Nordumfluter.
28,0 Wege-Ⅱ, kurz danach ← Verbindungsfließ Alt-Zaucher Spree zur Hauptspree. Die Beschreibung folgt diesem Abzweig. Der Burg-Lübbener-Kanal geht geradeaus weiter und führt ebenfalls nach Lübben.
31,0 ↓ in die Hauptspree. Stromab nach Lübben.

Berlin-Spandauer Schifffahrtskanal (Hohenzollernkanal)

Schifffahrtskanal	Verbindet Havel-Oder-Wasserstraße und Spree

12,2 Abzweig aus der Berliner Spree. Befahrung für Sportboote bis km 8,3 verboten.
8,3 Autobahn-Ⅱ A 100 Seestraße.
7,4 □ Plötzensee mit 2 Kammern, ☎ 030/34560792.
5,6 Autobahn-Ⅱ A 111 Hinckeldey-Brücke.
5,5 Straßen-Ⅱ General-Ganeval-Brücke. li Flughafen Berlin-Tegel.
3,6 Straßen-Ⅱ Mäckeritz-Brücke.

3,0 li ← Alter Berlin-Spandauer Schifffahrtskanal.

2,1 Straßen-Ⅱ Tegeler Brücke Bernauer Straße.

1,2 li ↓ Alter Berlin-Spandauer Schifffahrtskanal.
dort in 0,5 km ⌂ und ▲ Kanu-Club Zugvogel e.V., *DKV-Kanustation*, Bootshausweg 4, 13599 Berlin, ☎ 030/3340313, www.zugvogel-ev.de .

1,2 re ⌂ und ▲ Verein für Kanusport Berlin e.V., *DKV-Kanustation*, Halligweg 1, 13599 Berlin, www.verein-fuer-kanusport.de ,
⌂ und ▲ Kanu-Club Nord-West e.V., Halligweg 1, 13599 Berlin, ☎ 030/3349993, www.kcnw.de .

0,0 ↓ in die Havel-Oder-Wasserstraße bei km 3,5, gegenüber der Insel Großer Wall.

Wentow-Gewässer

Wanderfluss – Seen — Mündung in Obere Havel (re Nebenfluss)

Die landschaftlich reizvollen Wentower Gewässer werden nur wenig befahren.

Besonderheiten: Auf den Wentower Gewässern dürfen Charterboote verkehren. Es ist mit unerfahrenen Bootsführern zu rechnen. An Schleusenanlagen ist besondere Vorsicht geboten.

11,2 W-Ende Kleiner Wentow-See, ↓ Roofenbach, ≋ Verbindung vom Stechlin-See, jedoch ganzjährige Sperrung zwischen Gr. Stechlinsee und Roofensee (NSG Stechlinsee).

9,8 re **Seilershof**, ▲ Campingplatz Seilershof, 2 ⬇⬆.

9,6 Ausfahrt aus Kleiner Wentow-See;
Straßen-Ⅱ B 96 Fischwall und EB-Ⅱ, li **Dannenwalde**, ⬇⬆, 🚆.

8,1 Beginn Gr. Wentow-See.

5,0 re **Wentow**.

4,6 li **Ringsleben**.

3,2 re **Zabelsdorf**

2,1 Ausfahrt aus Gr. Wentow-See. Der Gr. Wentow-See geht noch weiter ostwärts. In diesem Teil re ⬇⬆, li ▲ Campingplatz.

1,1 Straßen-Ⅱ Marienthaler Dorfstraße, **Marienthal**.

0,4 Wege-Ⅱ.

0,1 Wege-Ⅱ, ▭ Marienthal, ☎ 033080/60239, Betriebzeit: 01.04.–30.09. 08:00–18:00 Uhr, 01.10–30.11. 08:00–16:00 Uhr, 01.12.–31.03. keine Betriebszeit.

0,0 ↓ in die Obere Havel, km 24,9.

Templiner Gewässer

Kleinfluss - Wanderfluss – Seen — Mündung in Obere Havel (li Nebenfluss)

Die Templiner Gewässer sind sehr abwechslungsreich; sie bieten geruhsame Fahrten über mehrere Seen und kurze Kanäle, mehrere sehr lohnende Nebenrouten und in ihren obersten Strecken mühsam zu befahrende Kleinflüsse.

22,0 Beginn Zaarsee.
21,5 ↓ Alter Kanal vom 8 km langen Lübbe-See, nur im Frühjahr ≈, im Sommer total zugewachsen.
Die Weiterfahrt vom Lübbe-See über das Hammerfließ ist ganzjährig gesperrt (Biosphärenreservat Schorfheide).
20,7 Ausfahrt aus Zaarsee, re **Seehof**.
20,7 re ↓ Labüske-Kanal (ganzjährig gesperrt).
17,6 Ausfahrt aus Fährsee, li davor in 500 m ▲ Naturcamping Fährsee; Straßen-Ⅱ B 109, EB-Ⅱ, li ⬇⬆.

Nebenroute vom Netzowsee

25,0 Ende Netzowsee.
24,9 re ⬇⬆, Transport vom Netzowsee zum Platkowsee (s. Lychener Gewässer auf Seite 498) durch Gestüt Lindenhof ☎ 0800-5035917, auch ▲-Möglichkeit.
24,0 li **Netzow**.
21,0 Beginn Netzowsee.
20,3 Straßen-Ⅱ Am Lindenberg, re **Knehden**.
20,1 Brückentrümmer! Evtl. Treideln.
19,8 Beginn Gleuensee.
19,4 re ▲ Campingplatz Gleuensee.
18,0 Ausfahrt aus Gleuensee.
17,1 ↓ in Templiner See

17,1 Beginn Templiner See, hier re ↓ Gleuenfließ.
14,0 Ausfahrt aus Templiner See, re ⌂.
13,8 Wege-Ⅱ Pionierbrücke.
13,3 Straßen-Ⅱ Mühlenstraße, □ Templin, Selbstbedienung, ☎ 03307/467850, Betriebszeiten: 01.04.–30.09. 07:00–20:00 Uhr, 01.10.–30.11. 08:00–16:00 Uhr, 01.12.–30.03. keine Betriebszeit. ansonsten re ⩯;
Templin, 🚌, ✕, ★.
11,7 Straßen-Ⅱ Ziegeleibrücke.
10,9 EB-Ⅱ mit Miet-Draisinenverkehr zwischen Fürstenberg und Templin.
10,0 ↓ in Röddelin-See.
8,5 li **Röddelin**.
7,4 li ▲ Campingplatz am Röddelinsee, *DKV-Kanustation*, Rotdornweg 10/11, 17268 Röddelin, ☎ 03987/73337.
5,5 Ausfahrt aus Röddelin-See.

4,7 –3,8 Kleiner und Großer Lanken-See
3,6 □ Kannenburg, ☎ 033080/40638, Betriebszeiten: 01.04.–30.09. 07:00–20:00 Uhr, 01.10.–30.11. 08:00–16:00 Uhr, 01.12.–30.03. keine Betriebszeit.
3,5 Beginn Gr. Kuhwallsee.
2,5 Ausfahrt Gr. Kuhwallsee
2,2 re ↓ Schulzenfließ (Befahrung ganzjährig verboten, Biosphärenreservat Schorfheide).
0,0 ↓ in die Obere Havel bei km 32,1; 0,5 km unterhalb der □ Schorfheide.

Lychener Gewässer

Wanderfluss – Seen | Mündung in Obere Havel (li Nebenfluss)

Interessantes Wandergebiet mit einem Seenkreuz um die Stadt Lychen.
Besonderheiten: Auf den Lychener Gewässern dürfen Charterboote verkehren. Es ist mit unerfahrenen Bootsführern zu rechnen. An Schleusenanlagen ist besondere Vorsicht geboten.

10,0 NO-Ende Oberpfuhlsee, dort ↓ Küstrinchenbach (s. Seite 499, Feldberger Seen).
8,3 Straßen-ꞮꞮ Templiner Straße, hier ⩯ vom Oberpfuhlsee zum Stadtsee, **Lychen**, ✕; davor

Abzweig nach re zum Zenssee und Platkowsee, 6,7 km. Ab Wege-ꞮꞮ zwischen beiden Seen Möglichkeit des Bootstransfers zum Netzowsee (s. Seite 497, Templiner Gewässer), ☎ 0800/5035917.

7,3 Ausfahrt aus dem Stadtsee, Wege-ꞮꞮ Hohestegbrücke.
7,2 EB-ꞮꞮ, davor

Abzweig nach links zum Nesselpfuhlsee mit Weiterfahrt zum Wurlsee; hier ▲ Wurlsee-Camping, Strelitzer Straße 5a, 17279 Lychen, *DKV-Kanustation*, ☎ 0172/9452199, www.wurlseecamping-lychen.de und ▲ Camping Rehberge.

Beginn Gr. Lychensee, im See Insel Langes Werder und Hohes Werder.
5,3 li Rastplatz.
4,1 Ausfahrt aus Gr. Lychensee.
1,9 Radweg-ꞮꞮ, li Rastplatz.
1,6 ↓ Woblitz-Kanal in den Haussee, re ▲ Biwakplatz Pian.
0,4 Ausfahrt aus Haussee, ⩯ zum Modderfitzsee möglich.

0,3 ▭ (Selbstbedienung), ☎ 03307/467850, Betriebszeiten: 01.04. – 30.09. 07:00-20:00 Uhr, 01.10. – 30.11. 08:00-16:00 Uhr, 01.12. – 30.03. keine Betriebszeit;
0,2 Straßen-Ⅱ Klosterstraße, **Himmelpfort**, ✕, ★: Kirche und Kloster aus dem 13. Jhdt.;
0,0 ↓ in den Stolpsee (Obere Havel, km 55,0).
-0,7 Einmündung in die Obere Havel-Wasserstraße.

Feldberger Seen
Küstrinchenbach

Seen – Kleinfluss — Mündung in die Lychener Gewässer

Die Feldberger Seen gehören zu den schönsten Seen Mecklenburgs, reizvoll zu allen Jahreszeiten. Auf relativ kleinem Raum treffen hier innere und äußere baltische Endmoränen aufeinander und bilden in einer vielgestaltigen Landschaft eine Reihe herrlicher Seen. Über den Küstrinchener Bach besteht Anschluss an die Lychener Gewässer. Die Kilometrierung setzt sich in den Lychener Gewässern fort.
Befahrungsregeln: *im Text kursiv hervorgehoben.*

39,0 Lütter See, Tornowhof, mögliche ⬇.
38,0 Beginn Breiter Luzin
35,6 Straßen-Ⅱ, re ▲ Camping am Bauernhof. Ende Breiter Luzin.

Westlich Durchfahrt über Luzin-Kanal zum Haussee; dort im Süden **Feldberg**, ✕, ⬇-Möglichkeit Strelitzer Straße. Man fährt dann meist in umgekehrter Richtung, also über den Luzin-Kanal zum Breiten Luzin.

Beginn Schmaler Luzin, Straßen-Ⅱ Erddamm.
35,2 re ↓ Seerosenkanal, Verbindung vom Haussee mit Bootsrutsche unter Straßen-Ⅱ.
33,0 Fähre nach Hullersbusch, re Luzin-Halle.
31,7 Das Schmal, Engstelle, am West-Ufer fahren, östliche Bucht ist Sackgasse, re Rastplatz.
29,4 Ausfluss der Bäk aus Schmalem Luzin, Hinweisschild.
29,0 **Carwitz**, Stufe nach Straßen-Ⅱ, ✕, vor der Brücke re ⬆, hinter der Brücke li wieder ⬇; ★: Fallada-Museum, im Norden Hauptmannsberg.
28,8 Ausfahrt in den Carwitzer See.

Nebenroute: Fahrt nach Ost und dann nach Norden, entweder unter niedriger Ⅱ oder östlich um Insel Bohnenwerder in den langgestreckten Zansen-See. Nach 6,5 km Durchfahrt „Die Floot" zum Wootzen-See. See-Ende nach insgesamt etwa 8 km bei

Fürstenhagen.

28,4 re ▲ Campingplatz am Carwitzer See. Die Weiterfahrt auf der Hauptroute geht nach Westen durch die Verbindung „Hals“ zum Dreetzsee.

26,3 Süd-Ende des Dreetzsees, ▲ Campingplatz am Dreetzsee.
Hier sickert das Wasser unterirdisch zum Krüselin-See durch, ⌓ über Campingplatz etwa 400 m.

25,9 ⬇ in Krüselin-See, Fahrt nach S.

24,2 Süd-Ende des Krüselin-Sees, ▬ Krüseliner Mühle, **X**, li 150 m ⌓, ✗.
Die Folgestrecke ist sehr flach, unbedingt Bootswagen mitnehmen. Vorsichtig und langsam paddeln, Wasser nicht aufwühlen, ruhig verhalten, NSG!
Es folgen der Kleine und nach kurzer Durchfahrt, der Große Mechow-See.

22,5 Süd-Ende des Gr. Mechow-Sees, östliche Bucht fahren. Auf der Folgestrecke eine Fischsperre, leichtes ⌓, evtl. Baumhindernisse werden ständig beseitigt.

20,6 ▬ Kolbatzer Mühle, **X**, re 150 m ⌓. ▲ Biwakplatz für eine Nacht, www.kolbatzer-muehle.de , Imbiss.
Der folgende Flusslauf ist eng und flach, evtl. treideln.

19,4 ▬ Schreibermühle, **X**, II, re über Hof der Mühle und kleine II ca. 100 m ⌓, ▲ Biwakplatz, Imbiss.

19,0 ↓ in Gr. Küstrin-See. Fahrt in Richtung Südwest.

17,7 Ausfluss Küstrinchener-Bach aus dem See, Straßen-II, ▬, **X**, re ⌓, li **Küstrinchen**, re ▲ Biwakplatz, Fischimbiss.
Bis zum Oberpfuhlsee NSG, Befahrung nur bei Pegelständen über 30 cm zulässig und nur Stromab! Pegel an der Straßenbrücke, Pegeltelefon: 039888/64542, Baumhindernisse, zügig durchfahren, nicht anlegen:
Bei Pegel Küstrinchen kleiner 30 cm:
Das Umtragen der Boote kann mit geländetüchtigen Mietsbootswagen oder Ponytransport zwischen Biwakplatz Küstrinchen und Biwakplatz Fegefeuer erfolgen.
Im Bachlauf existiert eine seltene Muschelart, die bei geringen Pegelständen durch das Treideln Schaden nimmt.

14,5 ▬ zerstörte Floßgasse, jetzt Steinschwall, meist ≋, sonst re ⌓.

12,0 li Wasserwanderrastplatz und ▲ Biwakplatz Fegefeuer.

11,7 ▬, neuer Bachlauf (Umleitungsrinne), der das Wehr umgeht, immer ≋.

10,0 ↓ in den Oberpfuhlsee der Lychener Gewässer.

Müritz-Havel-Wasserstraße

Wanderfluss – Seen	Verbindet Havel mit Rheinsberger Gewässern und Müritz.

Zahlreiche Seen, die meist ineinander übergehen bilden die Wasserstraße. Die Höhenunterschiede werden durch Schleusen ausgeglichen. Dadurch gibt es praktisch keine Strömung. Die Nebenstrecke Alte Fahrt ist zwar länger als der Mirower Kanal, aber landschaftlich interessanter.

Mirower Kanal

31,8 Ausfahrt aus der Kleine Müritz, Anschluss von der Müritz-Elde-Wasserstraße (s. Seite 439)

30,4 Straßen-Ⅱ B 198, re **Vietzen**.

30,2 ↓ in Sumpfsee.

29,3 Ausfahrt aus Sumpfsee.

27,6 EB-Ⅱ

27,4 Straßen-Ⅱ, re **Lärz**.

22,2 □ Mirow, ☎ 039833/20259, Betriebszeiten: 17.03.–31.03. 09:00–16:00 Uhr, 01.04–30.04. 09:00–18:00 Uhr, 01.05.–30.09. 08:00–20:00 Uhr, 01.10.–30.11. 09:00–16:00 Uhr, Bootsschleppe.
Straßen-Ⅱ Starsower Straße, li nach **Mirow**.

22,0 Ausfahrt aus Mirower Kanal, li ↓ der Alten Fahrt

Alte Fahrt

38,0 Abzweig von der Müritz (s. Seite 439, Müritz-Elde-Wasserstraße), bei Ausfahrt! Bei W-Winden stehen hohe Wellen vor der ↓, Rastplatz, ▲-Möglichkeit.

36,0 Bolter Schleuse, ≏ li 150 m mit Bootswagen, ≏ re auch möglich.

35,2 - 34,7 Carp-See, Durchfahrt nur entlang der gelben Bojen, Anlanden verboten.

34,0 ↓ des Bolter Kanal in Woterfitz-See, Durchfahrt nur entlang der gelben Bojen, Anlanden verboten.

32,5 Ausfahrt aus Woterfitzsee.

32,0 ↓ in Leppinsee.

31,0 li ▲ Campingplatz am Leppinsee der Haveltourist GmbH, www.haveltourist.de , li **Zietlitz**, von hier aus Busverbindung und Bootstransporte (Paddel-Paul, ☎ 0174/8275230 und Taxi-Moritz, ☎ 039833/20454) nach Babke an der Havel.

29,5 Ausfahrt aus Leppinsee, ↓ in Großer Kotzower See,

28,4 Schillersdorfer Teerofen.

27,6 Ausfahrt aus Großer Kotzower See.

26,7 ↓ in Granzower Möschen.

25,4 Ausfahrt aus Granzower Möschen, li **Granzow**, ▲ Kanustation Granzow.

24,8 ↓ in Mirower See.

24,5 li in Seitenbucht ▲ Kanustation Mirow.

23,5 li ⛺ Strandgaststätte Mirow.
23,2 li ⛺-Möglichkeit, Einfahrt in den Mirower Stadtkanal, Rundfahrt um Schlossinsel.
22,6 li ↓ Mirower Stadtkanal.
22,3 Straßen-Ⅱ B198 Mühlendamm, **Mirow**, Ruderverein Blau-Weiß Mirow, 🏠, ⛺ nach Anmeldung im 🏠, 🚌, ✕, ★: Schlossinsel.
22,0 ↓ in die Müritz-Havel-Wasserstraße.

22,0 Ausfahrt aus Mirower Kanal, li ↓ der Alten Fahrt
21,6 EB-Ⅱ.
20,7 Straßen-Ⅱ.
19,7 ↓ in Zotzen-See.
17,3 Ausfahrt aus Zotzen-See, ↓ in Mössen-See, re ⛺ Campingplatz Peetsch.
16,2 li ⛺ Naturcamp Mössen-See.
15,9 li ⛺ FKK. Beide Plätze mit Kfz. über Fleether Mühle erreichbar.
15,1 Diemitzer Ablage, S-Ende Mössen-See, weiter nach N.
15,0 Ausfahrt aus Mössen-See, ↓ in Vilzsee.

Nebenrouten:

li ← nach Nordost Fleeth, Weiterfahrt über Rätzsee (s. DKV-Gewässerführer OST, Schwaanhavel–Plätlinsee–Fleeth)

← nach Westen über Vilzsee und Zethner See (⛺ Jugendbegegnungsstätte Forsthof), weiter nach Norden zum Schwarzen See.

Die Hauptroute geht weiter nach Osten.

13,9 Ausfahrt aus Vilz-See.
13,7 Straßen-Ⅱ Diemitz.
13,2 ☐ Diemitz, ☎ 039827/30450, Betriebszeiten: 17.03.–31.03. 09:00–16:00 Uhr, 01.04.–30.04. 09:00–18:00 Uhr, 01.05.–30.09. 08:00–20:00 Uhr, 01.10.–30.11. 09:00–16:00 Uhr.
12,8 ⛺-Möglichkeit.
12,5 ↓ in Labus-See.
12,0 li ⛺ Biber-Tours, www.biber-tours.de .
11,0 re ⛺ Campingplatz.
10,5 → Richtung Norden über Dollbeck zum Gobenowsee (s. DKV-Gewässerführer OST, Schwaanhavel–Plätlinsee–Fleeth).
9,8 Ausfahrt aus Labus-See
9,6 Straßen-Ⅱ, **Canow**, ✕.
9,5 ☐ Canow, ☎ 039828/20255, Betriebszeiten: 17.03.–31.03. 09:00–16:00 Uhr, 01.04.–30.04. 09:00–18:00 Uhr, 01.05.–30.09. 08:00–20:00 Uhr, 01.10.–30.11. 09:00–16:00 Uhr.
9,2 ↓ in Canower See.
7,8 O-Ende Canower See, ↓ in Kleiner Pälitz-See.
7,4 re ↓ der Rheinsberger Gewässer (s. unten), re ⛺ Campingplatz Canow.

4,5 li Pälitzhof.
4,3 ↓ in Großer Pälitzsee, re 4 km bis zum Ende des Großen Pälitz-See, dort mehrere ⚠ Campingplätze;
die Fahrt geht nach li, Richtung NO.
3,0 Ausfahrt aus Großer Pälitz-See.
2,9 Straßen-Ⅱ Piezkuhler Straße, **Strasen**.
2,8 Wege-Ⅱ Schleusengasse,
2,7 □ Strasen, ☎ 039828/20484, Betriebszeiten: 17.03.–31.03. 09:00–16:00 Uhr, 01.04.–30.04. 09:00–18:00 Uhr, 01.05.–30.09. 08:00–20:00 Uhr, 01.10.–30.11. 09:00–16:00 Uhr.
2,0 ↓ in den Ellenbogen-See.
0,0 ↓ in die Obere Havel-Wasserstraße bei km 72,5 (s. Seite 446).

Rheinsberger Gewässer

Wanderfluss – Seen | Verbindet die Müritz-Havel-Wasserstraße mit dem Rhin

Die Rheinsberger Gewässer liegen südlich der Müritz-Havel-Wasserstraße und verbinden diese über den Rhin mit den märkischen Gewässern. Seen und Wälder mit vielen Erholungsorten und Campingplätzen kennzeichnen die reizvolle Landschaft.

0,0 ← aus der Müritz-Havel-Wasserstraße bei km 7,4.
1,2 Straßen-Ⅱ, li **Kleinzerlang**, ✕. Ausfahrt aus dem Kleinen Pälitzsee. Es folgt der Hüttenkanal.
2,4 Straßen-Ⅱ, □ Wolfsbruch im Hüttenkanal, ☎ 033921/70240, Betriebszeiten: 01.04.–30.09. 07:00–20:00 Uhr, 01.10.–30.11. 08:00–16:00 Uhr, 01.12.–30.03. keine Betriebszeit.
3,9 Straßen-Ⅱ, re Gr. Prebelowsee, DJH Jugendherberge Prebelow, www.jh-prebelow.de , ⚠.
4,1 ↓ in Tietzowsee, li ⚠ Campingplatz Eggernkoppel.
5,4 → Nebenroute nach Flecken Zechlin:

> 0,0 Fahrt nach Westen.
> 0,8 Straßen-Ⅱ Luhmer Straße, Beginn Zotzensee.
> 3,2 S-Ende Zootzensee, Beginn des Repenter Kanals.
> 5,0 Ausfluss Repenter Kanal in Gr. Zechliner See. Am Nordufer ⚠ 2 Campingplätze.
> 7,4 Wege-Ⅱ, Durchfahrt zum Schwarzen See.
> 8,2 **Flecken Zechlin**, ✕.

5,6 Weiterfahrt auf der Hauptroute nach li (Süd) in den Jagowkanal.
6,4 Straßen-Ⅱ Zechliner Straße, ↓ in Schlabornsee, li **Zechliner Hütte**.
6,8 → Nebenroute zum Kagarsee:

0,0 Fahrt nach Südwesten.
0,7 Straßen-⌶.
1,2 ↓ in Dollgowsee, li ▲ Campingplatz Dollgower Ablage.
3,4 ↓ Kagarscher Bach.
4,5 Wege-⌶.
5,5 **Kagar**, ✕, ▲ Campingplatz am Reiherholz (400 m zum Wasser).

6,8 Weiterfahrt auf der Hauptroute über den Schlabornsee nach Süden.
7,5 re ▲ Campingplatz Schlaborn-Halbinsel.

li ← durch Straßen-⌶ zum Bikowsee, ▲ Naturcamp Bikowsee und Campingplatz Berner Land.

7,6 Einfahrt in den Schlabornkanal.
8,0 Straßen-⌶.
8,2 → Mehlitzsee, NSG.
9,1 ↓ in den Großen Rheinsberger See, Remusinsel.
am West-Ufer ▲ Campingplatz Steinablage Rheinsberg.
am Südwest-Ufer ▲ Campingplatz Warenthien, Graben zum Gr. Linowsee, **Warenthien**, ✕.
10,9 Rheinsberger Kanal zum Grienericksee.
11,4 li Hafendorf Rheinsberg, Rastplatz.
11,7 ↓ in Grienericksee.
12,7 li ⌂ Ruderverein Rheinsberg, *DKV-Kanustation*, Schillerstraße 13, 16831Rheinsberg, ☎ 033931/39021, www.rv-rheinsberg.de .
13,0 **Rheinsberg**, ✕, ⛟, ★: Schloss.
13,3 ▬, re ⌓ zum Rheinsberger Rhin (s. Seite 463).

Saale (Elbe)

Wanderfluss | Mündung in Elbe (li Nebenfluss)

Die Quelle befindet sich im Fichtelgebirge ca. 710 m über NN am Westhang des Großen Waldstein (879 m). Auf bayerischem Gebiet heißt sie Sächsische Saale und fließt auf ihren über 400 km zunächst durch einsame und malerische Täler sowie mitten durch Hof. Sie war von Hirschberg bis zur Selbitzmündung bei Blankenstein innerdeutscher Grenzfluss, mit Betretungsrecht am rechten Ufer. Die Quelle befindet sich im Fichtelgebirge ca. 710 m über NN am Westhang des Großen Waldstein (879 m). Auf bayerischem Gebiet heißt sie Sächsische Saale und fließt auf ihren über 400 km zunächst durch einsame und malerische Täler sowie mitten durch Hof. Sie war von Hirschberg bis zur Selbitzmündung bei Blankenstein innerdeutscher Grenzfluss, mit Betretungsrecht am rechten Ufer in Notfällen, und verbindet als Teil des Grünen Bandes heute wieder Thüringen mit dem oberfränkischen Bayern.

Auf thüringischem Gebiet angelangt, wird die Saale seit Anfang der 1930-erJahre in der Bleiloch- und der Hohenwarte-Talsperre gestaut, welche teils an Fjorde erinnern und ein seenartiges Paddelrevier darstellen. Unterhalb dieser Saalekaskade setzt sich eine sehr schöne Wanderstrecke mit Wehren und Schnellen bis zur Unstrutmündung fort. Sie schlängelt sich hierbei über die nächsten 120 km vorbei an teils imposanten Muschelkalkhängen und Buntsandsteinwänden sowie an etlichen Burgen und Schlössern.

Ab Mündung der Unstrut ist der Fluss auf seinen letzten 160 km bis zur Mündung in die Elbe bei Barby reguliert und schiffbar. Hinter Weißenfels führt sie am Rande der Leipziger Tieflandsbucht und entlang der Brachwitzer Alpen hinter Halle, durchbricht bei Rothenburg Ausläufer des östl. Harzvorlandes und mündet in einer Höhe von ca. 50 m NN in die Elbe. 17 betriebsfähige Schleusen sowie die heutige Gewässerqualität haben die Saale hier auch wieder zu einem attraktiven Wandergewässer für alle Arten von Sportbooten werden lassen.

In Sachsen-Anhalt zuerst Landesgewässer wird sie in Höhe km 124,16 bei Kreypau / Bad Dürrenberg zur Bundeswasserstraße.

Kilometrierung: Von der Mündung stromauf ist die Saale über 410 km erfasst.

In Bayern (Sächsische Saale) besteht eine gesonderte Kilometrierung. Diese ist am Ufer beschildert und endet an der Selbitzmündung mit km 0,0 (Bayern). Hier beginnt beim km 357,5 in Thüringen eine zur Mündung in die Elbe abwärts durchgängig zählende Kilometrierung.

Für den Flusslauf in Thüringen ist diese nicht amtlich. Die Kilometerangaben in dieser Beschreibung basieren auf Messungen in Karten 1 : 50 000, Abgleichen mit GPS und amtlichen Einmessungen von Querbauwerken sowie im Web. Im Bereich der Saaletalsperren können sich Abweichungen von dieser Beschreibung ergeben, weil Buchten ausgefahren oder Bögen abgeschnitten werden können.

In Sachsen-Anhalt ist die Saale ab km 180,0 wieder amtlich am Ufer beschildert.

Befahrungsregeln: *Bayrische km 29,5–km 0; Hof – Selbitzmündung: Das ehem. Befahrungsverbot 15.02. – 30.06. ist seit 2002 abgelaufen. Empfohlener Mindest-Pegel Hof 1,80m, darunter teils sehr flach, ☎ 09281/84407.*

Die Saale ist grundsätzlich befahrbar mit Ausnahme der Ausgleichsbecken unterhalb beider Talsperren wegen plötzlicher Wasserzu- und abläufe. Auf den Talsperren ist ab 2012 eine Registrierungspflicht für sämtliche Boote vorgesehen, der LKV Thüringen versucht noch darauf Einfluss zu nehmen (zum Redaktionsschluss keine Änderung bekannt, akt. Infos: LRA Saale-Orla-Kreis, 03663/488-0, www.saale-orla-kreis.de).

Eichicht bis Saalfeld: am Einstieg Eichicht rot-grün-Pegel, entspricht Pegel Kaulsdorf ≥ 1,00 m.
Weitere Regelungen, wie Uferbetretungsverbote oder für Seitenarme geltend, s. laufende Kilometerbeschreibung. Sie beeinflussen jedoch kaum eine Kanuwanderurlaubsplanung.
Bei Hochwasser gibt es in Sachsen-Anhalt Verbote für jegliche Schifffahrt. Die Pegelhöhen liegen bis Halle bei 4 m (Pegel Grochlitz und Halle-Trotha UP), bis Calbe bei 4,40 m (Trotha UP) und unterhalb Calbe bei 6,90 m (Calbe UP). Faustregel: wenn die Saale randvoll ist, bei Anliegervereinen oder direkt bei der zust. Behörde erkundigen. Infos auch: www.blaues-band.de.

Befahrbarkeit: Der oberfränkische Abschnitt ist vor allem für Einer ohne Gepäck nutzbar. Pegelempfehlung beachten.
Die Saaletalsperren sind ganzjährig befahrbare Seen. Entsprechende Talsperren-VO beachten.
Unterhalb der Talsperrenausgleichsbecken ist die Saale ganzjährig ein lohnender Paddelfluss, die Befahrung ist allerdings zunächst direkt von der Wasserabgabe der Kraftwerke abhängig, im weiteren Verlauf durch Wisenta bzw. Loquitz, Schwarza und weitere Zuflüsse, Pegelregelung Eichicht-Kaulsdorf beachten.
Von den 60 Stauwerken ab Hof sind inzwischen viele mit Umsetzstellen versehen, im Bereich der Staumauer Hohenwarte über öffentliche Straße, ca. 5 km, Shuttle-Dienste vor Ort.
Bootsgassen in Blankenberg, 2 x Saalfeld, Döbritzschen und Weißenfels. Befahrbare Floßgassen (wenn geöffnet) in Kahla und Uhlstädt.
Ab Mündung der Unstrut (km 161,8) schiffbar. Die letzten 17 Wehre ab Naumburg können also durch Schleusung umgangen werden. Im Landesgewässer auch gute Umsetzrampen.

Betriebszeiten der Schleusen (in Reihenfolge der Fließrichtung):

Öblitz-Schleuse, 3 x in Weißenfels, Schleuse Bad Dürrenberg:
in der Saison (ca. April – Mitte Oktober):
Do–Mo: 09:00–12:00 und 13:00–18:00, Sommer ggf. länger,
Di und Mi in der Regel keine Betriebszeit.
außerhalb der Saison: im Allgemeinen geschlossen.

zwei Schleusen in Merseburg sowie Halle-Planena:
Anfang Mai bis Mitte Oktober:
Fr–So, Feiertage: 9:00–19:00 Uhr, Mo–Do: kein Betrieb.
außerhalb der Saison: geschlossen.

drei Schleusen Halle/Böllberg bis Halle/Gimritz:
Mai bis Mitte Oktober: 9:30–19:00;
Mitte Oktober bis April: geschlossen.

Schleuse Halle/Trotha:
Mai bis Mitte Oktober: 9:30–19:00.
Mitte Okt. bis April: Mo–Fr 8:00–16:00; Sa, So, Feiertage geschl.

5 Groß-Schleusen von Wettin bis Schleuse Calbe:
(Diese Schleusen werden von einer Zentrale in Bernburg ferngesteuert. Sportboote müssen vor den genannten Schleusen am Sportbootanleger festmachen und über eine Rufsäule sich bei der Revierzentrale in Bernburg melden. 2011 sollen auch die Schleusen oberhalb von Wettin bis Merseburg auf Fernsteuerung umgestellt werden.)
April–Okt.: Mo–Do: 7:00–19:00; Fr–So, Feiertage 7:00–21:00.
Nov. bis März: Mo–Sa 7:00–17:00 So, Feiertage 8:00–16:00.
Wartungsarbeiten etc. aktuell unter www.sachsen-anhalt.de (Landesgewässer) oder www.elwis.de (Bundeswasserstraße), Suchbegriffe: Schleusenzeiten Saale.
Sonderschleusungen sind nach Bestellung meist möglich.

Besonderheiten: Auf der Bundeswasserstraße Saale dürfen zwischen Merseburg-Rischmühlen-Schleuse (km 115,2) und der Schleuse Halle-Trotha (km 89,2) Charterscheinboote ohne Führerscheinpflicht verkehren.
Es gibt einige Personen-Seilfähren mit obenliegendem Seil im Bad Kösen-Naumburger Bereich, die ggf. bei höheren Wasserständen dem Kanuten bei nicht abgelassenem Fährseil Probleme bereiten können. In Brachwitz, Calbe-Gottesgnaden (im Wehrarm) und Groß Rosenburg sind Gier-Seilfähren zu beachten, Fährseil und gelbe Tonnenreihe keinesfalls überfahren. Passage nur in Ruhelage der Fähren.
In Sachsen-Anhalt besteht auch auf dem Landesgewässer Namenspflicht analog BinSchStrO § 2.02, d.h. Bootsname oder Devise außen (10 cm) und Adresse innen.
Auf den Talsperren gesonderte Verordnungen des Landkreises.
Übergreifende Saaleinformationen in Abstimmung mit der DKV-AG Wasserwanderweg Saale auch auf www.blaues-band.de und www.wasserwandern-thueringen.de .

78,4 Ursprung in einer gefassten Quelle (710 m über NN) am Großen Waldstein im Fichtelgebirge. Der Oberlauf der Saale ist im DKV-Gewässerführer Ostdeutschland und DKV-Wanderführer für Bayern beschrieben.

36,4 Fußgänger-II Jenasteg, **Hof**, bedeutende Industriestadt, Fachhochschulen, reizvolles Naherholungsgebiet (Untreusee), Bayerisches Vogtlandmuseum, re städtisches Freibad (beheizt), vorher gute ⬇⬆ mit Parkmöglichkeit.

36,3 re ⌂ der Naturfreunde Hof, Ascherstraße 10, 95028 Hof, www.naturfreunde-hof.de , Übernachtung auf Matratzenlager im Bootshaus möglich, kleine ▲-wiese, Zugang über Saaleradweg Hof-Schwarzenbach.

36,1 Hallenbad-■, ≋, sonst re ⌂.

Im Stadtgebiet Hof mehrere ▬ kleine Sohlschwellen, gut ≋ bei Pegel ≥ 190 cm.

36,0 Straßen-Ⅱ ST2192 Oberer Anger (Friedrich-Ebert-Brücke), li Hallenbad.

35,8 Fußgänger-Ⅱ auch Textilsteg genannt.

35,3 Straßen-Ⅱ Mittlerer Anger (Anger-Brücke), re Joch ≋.

35,0 Straßen-Gewölbe-Ⅱ (Michaelisbrücke), Staubeginn, li ★: Fernweh-Park.

34,8 re ⌂ des Schwimmvereins Hof 1911 e.V., Abt. Kanu, Theresienstein 4, 95028 Hof, ▲, www.schwimmverein-hof.de , bewirtschaftet, ✕.

34,6 Fußgänger-Ⅱ zum Bürgerpark „Theresienstein".

34,2 Straßen-Ⅱ (Untere Steinerne Brücke).

34,1 Hospital-▬, li ϟ, ≋ oder li ⌓, danach Fließstrecke, 1 km kanalisiert.

33,9 Straßen-Ⅱ B 2 (Lessing-Brücke), davor Pegel Hof, ☎ 09281/84407, empfohlen ≥ 1,8 m.

33,6 Fußgänger-Ⅱ Seligenweg, ⬇ li von der Uferstraße aus.

33,1 Straßen-Ⅱ Krebsbachweg, danach li Kläranlage von Hof.

32,1 ▬, li ϟ, Obere Mühle in Unterkotzau, evtl. ≋ oder li über Wehrkrone überheben oder li in den Kraftwerksgraben einfahren und am Ende re ⌓, unmittelbar danach EB-Ⅱ (Viadukt).

31,6 Straßen-Ⅱ Zedtwitzer Str, **Unterkotzau**, re Durchfahrt, Steine!
Beginn des landschaftlich schönsten Teils, raschere Strömung, hinter den kleinen Schwällen meist seicht.

28,3 Fußgänger-Ⅱ, li **Göstrabach**, Papierfabrik, li auf dem Berg (200 m) ✕ Burg Saalenstein.

28,0 Autobahn-Ⅱ A 72, Durchfahrt re ≋, nach der Brücke li fahren, Felsen, zum Teil unter Wasser! schmale Durchfahrt (3 m), li großer Felsen!, Staubeginn der Fattigsmühle.

26,1 ▬ und ϟ Fattigsmühle, **X** (Fallhöhe 180 cm), li ⌓ über Wiese oder re durch ✕ Biergarten, Einkaufsmöglichkeit im Mühlenladen.

26,0 Wege-Ⅱ und Furt, re Fattigsmühle, Land-✕ mit Biergarten, li über **Saalenstein** zur Straße ST2192.

24,1 ▬ und ϟ Joditzmühle, evtl. ≋ oder li ⌓, li Parkplatz, anschließend Straßen-Ⅱ Isaarer Straße, von Berg/Joditz–Isaar/Töpen, li **Joditz**

23,7 li ▲ Campingplatz am Auensee, Am Auensee 1, 95189 Joditz/Köditz, ☎ 09295/381, www.gemeinde-koeditz.de .

22,7 Wege-Ⅱ Am Auensee, li **Joditz**, gute ⬇ vom ▲ am Auensee kommend.

19,9 ▬ und li ϟ Lamitzmühle, evtl. ≋. Geübte können evtl. re am Felsen Petersgrat ⌓. Besser li vor dem Mühlengrundstück, unbedingt außerhalb, ⌓. Flurschäden vermeiden! Das Mühlengrundstück keinesfalls betreten!

18,6 Fußgänger-Ⅱ.

18,5 re ↓ Tannenbach, re Beginn Thüringen.

15,0 Steinmühlen-▬ Hirschberg, evtl. ≋, re am Steg ⬆ und ⌓, re **Hirschberg**.

14,3 Kühmühlen-▬ und ϟ, evtl. ≋ oder re ⌓.

14,2 Straßen-Ⅱ Untertiefemgrüner Straße/Gerberstr, li **Untertiefengrün** (Bayern), 1552 erstmals urkundlich erwähnt, re nach Hirschberg.

10,6 Autobahn-Ⅱ A 9 (Brücke der Deutschen Einheit), unmittelbar davor kleiner Absatz!

9,1 ▬ und ↯ Sparnberg, evtl. ≋ oder re ⏏, re **Sparnberg**, li am Berg **Rudolphstein**, Auffahrt zur A 9,
anschließend Wege-Ⅱ Sparnberger Straße.

6,3 Fußgänger-Ⅱ (Saalebachbrücke), li Kläranlage von Rudolphstein.

6,0 re Gut Saalbach.

4,5 ▬ und ↯ Blumenaumühle, Mitte evtl. ≋. Danach oft trocken durch Wasserableitung. Dann vorher re ⬆ und ca. 400 m ⏏ bis zur Fußgänger-Ⅱ und gleich in den Mühlgraben einsetzen.

4,3 Fußgänger-Ⅱ (Grüne Band-Brücke).

3,9 li ↓ Mühlkanal.

2,0 ▬ Papierfabrik Blankenberg, ganz li ≋ oder re Bootsgasse, Einlauf liegt direkt vor ↯-Einlauf (Gitter vorhanden)!
re **Blankenberg** (Schloss).

1,9 Fußgänger-Ⅱ.

1,5 ehemaliges Katzenhammer-▬, jetzt Stufe, kleiner Schwall, liegt in einer Linkskurve, ≋ oder re ⏏.

0,0 = 357,0 Neue Kilometrierung, durchgängig bis zur Mündung in die Elbe.

357,0 li ↓ Selbitz (s. DKV-Kanuwanderführer für Bayern und DKV-Gewässerführer OST).

356,9 Straßen-Ⅱ Lobensteiner Straße, **Blankenstein**.

356,8 ▬, ≋ oder re ⏏

356,6 Straßen-Ⅱ, Pegel, Rückstau der Bleilochtalsperre bis hierher möglich. Infos zur Bleilochtalsperre, dem größten Stausees Deutschlands (▲ Campingplätze, Wassersport etc.) s. www.saalburg-ebersdorf.de , www.saale-orla-kreis.de .

353,6 Straßen-Ⅱ, **Harra**, 🚌.

348,1 Straßen-Ⅱ B 90 Hirschberger Straße, **Saaldorf**, ⌂ WSV Rosenthal, Abt. Kanu-Rennsport.

339,0 Straßen-Ⅱ, **Saalburg**, Marmorwerk, ▲ Campingplatz, www.saalburg-ebersdorf.de .

336,8 re **Kloster**, im Wetteratal **Gräfenwahrt**; ▲ Campingplatz, www.saalburg-ebersdorf.de .

335,6 li **Remptendorf**, ▲ Campingplatz, ▬, X, Staumauer der Bleilochtalsperre.
Eine Befahrung der folgenden 2 Ausgleichsbecken ist verboten! Deshalb wird empfohlen, die Fahrt in Kloster zu beenden. Einsetzen ggf. unterhalb km 324,2.

332,5 Straßen-Ⅱ, danach re **Burgk**, ★: Schloss.

330,9 ▬, X, li ⩁, **Burghammer**, Ende des Ausgleichsbeckens.
329,3 Wege-Ⅱ
324,2 ▬, X, li ⩁, Wisenta-Kraftwerk, Ende des zweiten Ausgleichsbeckens. Die Strecke vom Wisenta-Kraftwerk (km 324,2) bis zum Ludwigshüttenwehr (km 309,7) ist nur bei entsprechender Wasserabgabe des Wisentakraftwerkes befahrbar und ist dann eine sportlich interessante Strecke.
318,6 ▬, re ≋ oder re ⩁, Steine, Schnellen!
318,4 re ↓ Wisenta (s. DKV-Gewässerführer OST), danach Straßen-Ⅱ, li **Walsburg**.
314,0 ▬ Pappenwerk Ziegenrück, X, re ⩁.
313,0 Straßen-Ⅱ.
312,7 ▬, Fernmühlenwehr Ziegenrück, bei MW und HW in der Mitte evtl. ≋ oder über Ⅱ des Mühlgrabens re ⩁.
Danach EB-Ⅱ. ★: Wasserkraftmuseum.
311,4 ▬, Nähermühlenwehr, bei MW evtl. ≋ oder re ⩁. **Ziegenrück**, ⛟.
311,3 Straßen-Ⅱ Schulstraße.
310,5 ▬, Ludwigshüttenwehr, bei Höchststau geflutet, ≋. Beginn des Rückstaus der Hohenwarte-Talsperre. Der Hohenwarte-Stausee ist landschaftlich sehr schön, zwischen 100 m hoch aus dem Wasser aufragenden Bergen, Straßenzufahrt nur an wenigen Stellen möglich. Der Stausee ist ein sehr beliebtes Wassersport- und Erholungsgebiet mit mehreren ▲ Campingplätzen (s. www.remptendorf.de/tourismus/camping.php) und 2 ⌂. Straßenzufahrt ist nur an wenigen Stellen möglich.
302,7 re ▲ Campingplatz.
301,7 re Linkenmühle, ✕, Personenfähre.
295,7 li ▲ Campingplatz, re Doppelbucht mit ▲ Campingplatz.
293,7 li auf Anhöhe Ort **Neidenberga**.
291,0 Totenfelsen, re Bucht „Am Alter“ mit ▲ Campingplatz.
289,2 li Bucht Lothramühle, ⌂ SVgg Hohenwarte e. V., Abt. Kanu mit ▲, Lothramühle 38, 07338 Reitzengeschwenda.
287,0 **Hohenwarte**, ▬, Staumauer 75 m hoch, ↰ bei Schiffsanleger oder Bootsverleih. Mit Bootswagen oder Auto ⩁ bis unterhalb der Staumauer Eichicht.
Ein Befahren der folgenden Talsperre Eichicht ist verboten.
287,8 Wege-Ⅱ.
285,0 Ⅱ, li Pumpspeicher-ϟ.
282,7 ▬ Staumauer der Talsperre Eichicht, ϟ, beim Einsetzen steile Böschung, ca. 300 m unterhalb bessere ⬇.
282,7 ⬇ mit Rot-Grün-Pegel, Bushaltestelle „Kaulsdorf Blaue Brücke“.
282,3 Wege-Ⅱ, Pegel Kaulsdorf, Empfehlung ≥ 1,00 m, bei weniger streckenweise sehr flach, in Abhängigkeit von den folgenden Zuflüssen.

281,8 li ↓ Loquitz (s. DKV-Gewässerführer OST), Rastplatz, ⬇⬆.
281,5 Straßen-Ⅱ B 85 Saalfelder Straße, li **Eichicht**, 🚉 Kaulsdorf , re **Kaulsdorf**, ⬇⬆.
277,3 ▬ Fischersdorf, evtl. li ≋, ansehen, re ⌓.
277,0 Straßen-Ⅱ, re **Fischersdorf**, li **Breternitz**.
275,7 Straßen-Ⅱ, EB-Ⅱ.
274,7 ▬ und ϟ **Reschwitz**, **X**, re ⌓.
274,1 li Rastplatz Reschwitz Kulturscheune.
273,2 ▬ Obernitz mit Wasserableitung li für Schokoladenfabrik Saalfeld, **X**, am Steg re ⌓. Wenn kein Überlauf ggf. auch ⌓ re über Wehrkrone, auf ca. 100 m flach durch Wasserentzug, re **Obernitz**.
272,8 Straßen-Ⅱ.
273,2 Straßen-Ⅱ Neumühlenweg.
272,6 Straßen-Ⅱ.
270,7 Teile-▬, 1. Stadtwehr Saalfeld mit Bootsgasse, ≋ oder li ⌓.
269,9 Straßen-Ⅱ Saalstraße, **Saalfeld**, re 🚉 in ca. 500 m, ★: Höhle Feengrotten.
269,8 Zeiss-▬, 2. Stadtwehr Saalfeld mit Bootsgasse, ≋ (Spritzdecke**!**) oder li ⌓.
269,6 Ⅱ.
269,2 li ▲ Bike & Boot-Camp, Am Weidig 3, 07318 Saalfeld, ☎ 03671/456290, www.bikeundbootcamp-saalfeld.de .
268,7 Straßen-Ⅱ B 85, EB-Ⅱ.
268,6 ▬ Göritzmühle, li ⌓ oder ggf. li Bootsgasse, für Geübte ≋ (Spritzdecke**!**).
267,4 Straßen-Ⅱ, **Remschütz**, nach 100 m re ⬇⬆ Anger, ✕ (Hotel), li Kunstufer, Pegel Saalfeld-Remschütz.
265,1 Straßen-Ⅱ B 85/88.
264,4 Straßen-Ⅱ, **Rudolstadt-Schwarza**.
264,3 li ↓ Schwarza (s. DKV-Gewässerführer OST).
263,8 Straßen-Ⅱ B 85/88, EB-Ⅱ.
263,6 Straßen-Ⅱ.
262,8 ▬ und ϟ Unterpreilipp mit langem Kraftwerksgraben, **X**, re ⌓ ca. 300 m bis zu einer Fußgänger-Ⅱ, dann ca. 100 m li zum Altarm, dort ⬇, Bootswagen erforderlich.
260,0 li ⌂ Rudolstädter Kanu-Verein e. V. mit, Am Mühlgraben 21, 07407 Rudolstadt ☎ 03672/352833, ▲.
260,1 ▬ Rudolstadt-Volkstedt (Steinschüttung), gekennzeichnete Fahrrinne in der Mitte ≋, jedoch nass (Spritzdecke**!**), oder re ⌓.
260,0 Straßen-Ⅱ Große Wiese.
258,4 Fußgänger-Ⅱ (Elisabethbrücke), re Pegel Rudolstadt.
257,6 Wege-Ⅱ Cumbacher Straße, **Rudolstadt**, 🚉, ★: Heydecksburg, Museum Thüringer Bauernhäuser.

256,9 Straßen-Ⅱ (Cumbacher Brücke).

253,5 Straßen-Ⅱ Unterhasel, re **Catharinenau**, li ⬇⬆, Rastplatz, Holzflößerei bis Uhlstädt.

248,8 Straßen-Ⅱ re **Weissen**, ⬇⬆, Rastplatz.

247,0 ▬ Uhlstädt, li ↯, re ⏏, li **Uhlstädt**, 🚉, 250 m nach Wehr ⬇⬆ mit ▲-Möglichkeit, ☎ 036742/63534, www.uhlstaedt-kirchhasel.de .

246,3 Straßen-Ⅱ, re **Oberkrossen**, li **Kleinkrossen**.

241,5 Straßen-Ⅱ, li **Zeutsch**, 🚉, re **Niederkrossen**.

237,8 aufgelassenes ▬ Orlamünde, Schwall, Pfähle!

237,0 Straßen-Ⅱ Zwischen den Brücken, **Orlamünde**, ✕, 🚉, ★: Burg (Kemenate).

236,3 EB-Ⅱ (Orlabahn).

236,0 re ↓ Orla (s. DKV-Gewässerführer OST).

233,8 Fußgänger-Hänge-Ⅱ (Paralellseilbrücke aus 1911), li **Großeutersdorf**, ⬇⬆, Rastplatz, re **Kleineutersdorf**.

231,1 ▬ Kahla, **X**, re ⏏, ⬇ in 50 m über Rampe, li Floßgasse, wenn geöffnet für Geübte ≋ (Spritzdecke!), nach erstem Schwall Boot gerade halten, am Ende folgt noch eine kleine Walze.

230,4 Straßen-Ⅱ Walkteich, davor li ⬇⬆. **Kahla**, 🚉, ★:, Leuchtenburg, Heimatmuseum.

229,4 Fußgänger-Ⅱ, günstiger Weg zum 🚉 Kahla.

227,3 Straßen-Ⅱ, davor re ⬇⬆ **Großpürschütz**.

225,6 ▬ und ↯ Schöps/Jägersdorf, **X**, li ⏏, ⬆ li am Steg, ⬇ in 100 m über Rampe.
Wenn kein Wasser über die Wehrkrone überläuft, einige Treidelstellen auf dem nächsten 800 m, bis Mühlgraben wieder zu fließt.

225,1 Straßen-Ⅱ, li **Schöps**, re **Jägersdorf**.

224,8 re ↓ Mühlgraben.

223,4 Straßen-Ⅱ, li **Rothenstein**, re **Ölknitz**, es folgen mehrere Schnellen.
400 m unterhalb li kleiner Durchlass unter der EB-Strecke. Von dort 150 m zum 🚉.

222,1 ! in li-Kurve Schwallstrecke am Helenenstein!

219,8 Straßen-Ⅱ, li **Maua**.

219,0 alte und neue Autobahn-Ⅱ A 4.

218,7 li ⬇⬆ Göschwitz.

218,4 EB-Ⅱ, **Jena-Göschwitz**, li 🚉.

218,0 Fußgänger-Ⅱ, danach re Rastplatz am Sportkomplex **Jena-Lobeda**.

217,5 Fußgänger- und Medien-Ⅱ.

216,4 Fußgänger-Ⅱ.

216,5 ▬ und ↯ **Jena-Burgau**, **X**, li ✕ am Oberwasser,
⏏ des Wehres erfolgt re an ⬇⬆.
Für Geübte bei NW ggf. li ⏏ über Wehrkrone möglich, Sog zum ↯!
Am Fuß des Wehres alte Steingewölbe-Wege-Ⅱ, darunter Stufe.

216,3 Straßenbahn- und Wege-Ⅱ.

216,1 Straßen-Ⅱ Lobedaer Straße.

214,5 Straßenbahn- und Wege-Ⅱ.

213,5 re ⬇⬆ mit Rastplatz Schleichersee, ✗.
Es folgen li mehrere ⌂ mit ▲, ✗.

213,4 SV Jenaer Kanu- und Ruder-Verein e. V., Burgauer Weg 13, 07745 Jena, *DKV-Kanustation*, www.kanu-rudern-jena.de .

213,2 Wege-Ⅱ (2010 im Bau).

213,1 SV Jenapharm e. V., Abt. Kanu, Burgauer Weg 9, 07745 Jena, *DKV-Kanustation*, www.kanuclub-jena.de .

213,0 SV Schott e. V., Abt. Kanu, Burgauer Weg 8, 07745 Jena, ☎ 03641/681514, www.kanu-jena.de .

213,1 USV Jena e. V., Sektion Kanu, Burgaer Weg 5, ☎ 03641/615453.

212,8 Rasenmühlen-▬, li ϟ, **X**, re ⏏.

212,6 Wege-Ⅱ Oberau.

212,2 li ⬇⬆ mit Rastplatz Paradies, ✗.

211,8 Paradies-▬, li ϟ, **X**, re ⏏, ⬇ über Treppe. Danach 2 Ⅱ (Fußweg/Straßenbahn und B 88 Stadtrodaer Straße).
Jena, Paradies-🚆 Jena, außerdem West- und Saal-🚆, Universitätsstadt, ★: Planetarium, Botanischer Garten, Museen, Lobdeburg, Kunitzburg, Fuchsturm, Jenzig.

211,1 Straßen-Ⅱ Karl-Liebknecht-Straße (Camsdorfer Brücke), danach re ⬇⬆, Rastplatz.

210,4 Fußgänger-Ⅱ Am Gries (Griesbrücke), re ⬇⬆, Parkplatz, günstiger Weg zum Saal-🚆.

210,0 Straßen-Ⅱ B 7 Jenzigweg, danach re ⬇⬆ Jena-Nord.

206,7 Wege-Ⅱ Kunitz (2010 im Bau).

206,5 Straßen-Ⅱ Brückenstraße, re **Kunitz**, ⬇⬆, li **Jena-Zwätzen** in 1000 m, 🚆.

205,0 re ▬, **X**, Weiterfahrt über den alten Saalearm (re ⏏) wegen Wasserentzugs selten möglich.
Wasserwanderweg Saale führt li durch Schütz über den Mühlgraben „Lache“.

> 2,4 Abzweig des Mühlgrabens durch geöffnetes Schütz, wenn geschlossen li ⏏.
>
> 1,0 ▬ und ϟ Porstendorf, re ⏏ (250 m), re ▲ Camping bei Jena mit ✗, Rabeninsel 3, 07778 Neuengönna OT Porstendorf, ☎ 036427/22556, www.camping-jena.de .
>
> 0,0 ↓ des Mühlgrabens in die Saale bei km 201,4.

202,3 Straßen-Ⅱ.

201,4 ↓ des Mühlgrabens (s. km 205,0).

197,2 ▬ und ↯ Dorndorf, **X**, bei HW Sog zum Wehr, re halten! re in Mühlgraben einfahren und am ↯ li ⏏.

196,5 Straßen-Ⅱ, **Dorndorf**, 🚆, li auf dem Berg ★: Dornburg mit den Dornburger Schlössern.

196,2 Straßen-Ⅱ B 88, danach re ⬇⬆, Parkplatz, ⇅-Möglichkeit.

193,1 Straßen-Ⅱ, re **Wichmar**.

191,4 ▬ und li ↯ Döbritzschen, **X**, re Bootsgasse ≋, bei HW unterhalb Querströmung! li gutes ⏏, Rastplatz mit Imbiss, ▲-Möglichkeit mit Sanitäranlagen.

188,8 li ⌂ Saaleblick, Camburger Kanuten e.V. mit ▲.

188,6 ▬ Camburg und re Mühle Camburg mit ↯, li ⏏, ⬆ li am Steg, nach 300 m ⬇ über Rampe. Vom Wehr kurzer Weg zum 🚆.

188,1 Straßen-Ⅱ Friedensbrücke, **Camburg**, ✕, ★: Burgen Camburg mit Turm und Cyriaksburg (Ruine).

188,0 Fußgänger-Ⅱ, re günstige ⬇⬆ und Parkplatz, ⇅-Möglichkeit.

185,2 Straßen-Ⅱ, davor li Pegel Camburg-Stöben und li ⬇⬆, li **Stöben**.

181,6 Straßen-Ⅱ Weinbergstraße, re **Kaatschen-Weichau**, ✕.

180,1 EB-Ⅱ Abzweig Saalebahn.

180,0 ab hier bis Mündung in die Elbe amtliche Kilometrierung des Landes Sachsen-Anhalt vorhanden und am Ufer beschildert.

179,9 li ↓ Ilm (s. DKV-Gewässerführer OST).

179,6 li ⬇⬆, Parkplatz, 🚆 Großheringen.

179,5 EB-Ⅱ (Gewölbebrücke) und Straßen-Ⅱ Sulzaer Straße, li **Großheringen**, re **Kleinheringen**.

177,8 EB-Ⅱ.

177,3 historische Straßen-Ⅱ Sulzaer Straße Saaleck–Kleinheringen (sg. Kuhlochbrücke).

176,6 EB-Ⅱ (Gewölbebrücke), ⬇⬆, Parkplatz, re **Saaleck**, Aufstieg zur ★: Burg Saaleck und Rudelsburg oder über Straßenbrücke li 1 km Aufstieg zum ✕ Himmelreich.

176,5 Straßen-Ⅱ Sulzaer Straße (Gewölbebrücke).

176,0 li auf der Höhe ✕ Himmelreich.

175,3 Straßen-Ⅱ (historische Gewölbebrücke) Sulzaer Straße Bad Kösen–Saaleck, li ⬇⬆ ✕.

175,2 EB-Ⅱ (Gewölbebrücke), beliebtes Fotomotiv mit den folgenden Burgen.

175,0 re Schiffsanleger, Pegel, Rastplatz mit ✕-Kiosk, ggf. ▲-Möglichkeit, Aufstiegsmöglichkeit zur Burg Saaleck und zur Rudelsburg über Hohle. Von hier bis Bad Kösen Personenschifffahrt.

173,0 re ▲ Campingplatz Bad Kösen, ☎ 034463/28705, www.camping-bad-koesen.de , li Ortsbeginn Bad Kösen, Kurbetrieb, ★: Gradierwerk mit Borlach-Gestänge und historischer Pumpstation, Käthe-Kruse-Museum, Romanisches Haus.

172,5 Fußgänger-Ⅱ, li Parkplatz.

171,8 Personen-Seilfähre, li Schiffsanleger und Wendeplatz, Parkplatz, kurzer Weg zum 🚌.
Ab Fähre bis zum Wehr muss am rechten Ufer gefahren werden.
171,5 ▬, **X**, li ↯, Befahren des Wehres verboten (Hindernisse im Unterwasser)! re am Wehr in Mühlgraben „Kleine Saale" einfahren, ⩡ dort li an Treppe vor dem Gitter, mehrere ✕, kurzer Weg zum Gradierweg/Borlachgestänge.
re → der „Kleinen Saale" Diese führt über 5,5 km, teils unterirdisch, durch **Schulpforte** (Landesschule Pforta) und entlang dem Naumburger Ortsteil Almrich bis ↓ in Saale bei km 165,1. Sie wurde von den einstigen Mönchen der Zisterzienserabtei Pforta in der 2. Hälfte des 12. Jh. angelegt, von 1170 stammt vermutlich auch die Wassermühle (eine sg. Panstermühle) in Schulpforta.
Wegen teils unterirdischer Wasserführung, häufigem Niedrigwasser und nicht fahrbaren Umtragestellen (Gitter, Wehre, Mühle) sowie Bewuchs ist eine Befahrung nicht möglich.
171,3 Straßen-Ⅱ (Gewölbe-Brücke) B 87, danach EB-Gewölbe-Ⅱ, **Bad Kösen**.
169,1 li ⬇⬆ am Landes-Weingut Kloster Pforta (ehemals Saalhäuser) mit ✕, Weinanbaugebiet „Saale-Unstrut".
167,8 Fußgänger- und Radweg-Ⅱ, re ✕ Fischhaus, ⬇⬆, 700 m Fußweg nach **Schulpforte** ★.
166,6 Straßen-Ⅱ Naumburg–Weinberge.
165,1 re ↓ Kleine Saale (s. km 171,5).
164,9 Staustufe Naumburg-Altenburg (Almrich), Steinwurf-▬, re ⩡ über Rampen, für Geübte im robusten Boot ggf. ≋, jedoch Sperrschild. An der ⬇ bei höheren Wasserständen Kehrwasser, einsetzen dann schwierig! Ggf. weiter unten am steilen Ufer einsetzen.
163,9 EB-Ⅱ (Strompfeiler entfällt ca. 2012 mit Ersatzneubau, z.Zt. in Planung). Zwischen dieser und der folgenden Brücke re ⬇⬆, entlang der B 180 zum 🚌 Naumburg, li über die Saale Roßbach, ✕ „Zur Hupe" in 500 m.
163,8 Straßen-Ⅱ (Gewölbe- und Neubau-Brücke) B180 Eislebener Straße.
162,2 Personen-Seil-Fähre zum li ✕ „Wasserschlösschen", Fährseil wird selten abgelassen und ist spät erkennbar.
161,8 li ↓ Unstrut (s. Seite 530), li Schiffsanleger, Schiffswendestelle.
161,7 Personen-Seil-Fähre Blütengrund, Fährseil! li ✕.
161,6 re 🏠 und ▲ Naumburger Kanu Club e. V., *DKV-Kanustation*, Im Blütengrund, 06618 Naumburg, www.naumburger-kanu-club.de .
161,5 re ⬇⬆ öffentlicher Anleger, zum ▲ Campingplatz „Blütengrund", Blütengrund 6, 06618 Naumburg, ☎ 03445/261144, www.campingnaumburg.de .
Kanustation Blütengrund, *DKV-Kanustation*, ☎ 03445/202051, www.saale-unstrut-tours.de .

re **Naumburg**, ✕, ⛟, ★: Dom mit Stifterfiguren Ekkehard und Uta, Wenzelskirche, historischer Marktplatz und Innenstadt, Marientor, historische Straßenbahn mit fahrplanmäßigem Betrieb.

160,0 li. Anleger, ✕ „Naumburger Wein-und Sektmanufaktur".
159,9 Ⅱ, li **Naumburg-Henne,** ✕ „Zur Henne".
159,5 EB-Ⅱ (Gewölbe-Brücke), bei NW mittleres Joch fahren.
158,7 Hallescher Anger, ✕, Schiffsanleger.
158,2 ⌂ RV Rot-Weiß 08 Naumburg e. V., www.ruderverein-naumburg.de .
158,0 OT **Naumburg-Grochlitz**, Pegel ☎ 03445/703421.
157,2 re ✕ „Alter Felsenkeller", Anleger.
157,0 Seil-Fähre, Fährseil!, li **Schellsitz**.
155,5 re ↓ Wethau.
155,2 re ⌂ mit ▲ KC Schönburg e. V., *DKV-Kanustation*, www.kanuclub-schoenburg.de .
154,9 re ⬇⬆, re **Schönburg**, ✕, ★: Burg, gemütlicher Ort.
153,4 EB-Ⅱ.
152,9 li ehem. Fährhaus, Imbiss.
151,5 ▬ Oeblitz, **X**, re → zur Oeblitz-☐ ☎ 03443/200228, außerhalb der Schleusenzeiten re über Rampen ⏏, ✕, ↯ mit Bootsgasse in Planung.
148,8 Personen-Seil-Fähre, re Rastplatz, re **Leißling**, ⛟, ✕.
146,0 li **Uichteritz**, ✕ „Saaleperle".
144,3 re ⌂ Weißenfelser Ruderverein 1884 e.V., www.weissenfelser-ruderverein.de .
144,0 ▬ Beuditzmühle.
143,9 re Einfahrt zur Beuditz-☐, ☎ 03443/802640.

alternativ:

144,0 am Wehr Beuditzmühle li Treidelgasse ≋ (Umfahrung der Beuditz-Schleuse), dann
143,3 vor dem nächsten ▬ Brückenmühle, **X**, re → in Stichkanal zum ☐-Kanal. Hier auch ⏏-Möglichkeit außerhalb der Betriebszeit.

Weitere Möglichkeit: Beide Schleusen re ⏏.

143,2 Brückenmühl- ☐, ☎ 03443/307155.
142,9 EB-Ⅱ (Gewölbebrücke).
142,5 Straßen-Ⅱ Merseburger Straße, **Weißenfels**, ★: Schloss Neu-Augustusburg, Marienkirche, Heinrich-Schütz-Haus, Novalishaus, Schuhmuseum
142,2 Fußgänger-Ⅱ, li ⛟, re ⬇⬆ mit Gepäckaufbewahrung, von hier günstiger Weg zum Stadtzentrum.
142,1 re Anleger am ✕ „Saaleblick".
141,7 re ✕ mit Anleger „Am Saalestrand".

geradeaus zum ▬, keine ⩮-Möglichkeit. Sofort nach dem ▬ Aufteilung in 3 Arme, wenig Wasser durch Ableitung des ϟ, Durchfahrt verboten. li ← des Kanals zur Schleuse, davor li ⬇⬆.

141,6 Herrenmühlen-□, ☎ 03443/341491, außerhalb der Schleusenzeiten li über Rampe ⩮.

141,2 Zusammenfluss der 3 Arme, Ende der Stadtdurchfahrt von Weißenfels.

140,4 re ↓ weiterer Kraftwerkkanal.

139,8 Straßen-Ⅱ B 91, Umgehung Weißenfels.

136,5 re ↓ Rippach, re **Dehlitz**, Steg, ▲ und ✕-Kiosk, ☎ 03443/232871, www.Wintermann-Dehlitz.de .

136,6 EB-Ⅱ (Stabbogenbrücke) des Kohlependel vom Tagebau Wählitz zum Kraftwerk Buna-Wählitz).

135,3 Autobahn-Ⅱ A 38.

132,9 Straßen-Ⅱ (Stabbogenbrücke) Lützener Straße, **Klein Korbetha**, re Steg.

126,6 li ⌂ mit ▲, *DKV-Kanustation*, Kanu-Club Bad Dürrenberg e.V., Kirchfährendorfer Straße 24, 06231 Bad Dürrenberg, ☎ 03462/87370, www.kcbadduerrenberg.de .

126,5 re ▬, **X**, li ← zur Schleuse.

126,3 □ Bad Dürrenberg, ☎ 03462/80530, oder ⩮ li über Treppe.

126,0 Straßen- und Straßenbahn-Ⅱ Leunaer Straße, Bad **Dürrenberg**, 🚋, Überlandstraßenbahn nach Merseburg und Halle, ★: Gradierwerk.

125,7 EB-Ⅱ (Gewölbe-Brücke), mittleres Joch empfohlen, ggf. unruhig, Kanuslalom-Trainigsstrecke des KC Bad Dürrenberg.

124,16 Ende Landesgewässer / Beginn Bundeswasserstraße Saale

121,8 **Dapsig**, li Einlauf Wasserwerk (Leuna-Werke), Abstand halten!

120,7 hier war in den 1940-er Jahren → Saale-Elster-Kanal nach Leipzig geplant. Bauarbeiten 1943/'44 eingestellt. Teile des Kanals sind für Kanu fahrbar, ca. 7 km Umsetzweg. Bundeswasserstraße SLK, durchgängig bis Leipzig, in Planung, www.saaleelster.de .

120,5 li **Leuna**, re **Kreypau**.

120,0 li und re ⬇⬆, ehem. Fährstelle Leuna-Kreypau.

119,2 EB-Ⅱ (Fachwerkbrücke).

118,8 geradeaus → des in den in den 1940er Jahren geplanten Umgehungskanals Merseburg, nicht fertiggestellt. Befahrung nicht zu empfehlen, 4 km lang, bei km 3,39 unvollendete □! Rechtzeitig anlegen und ⩮, beschwerlich. Ende des Kanals hinter Meerschaum, ↓ in Saale bei km 113,1.

118,4 Wege-Ⅱ (Bogenbrücke) zum Waldbad Leuna, re Steg und ehemalige Fähre.

116,0 li ⌂ mit ▲ Eisenbahn-Saalewanderer 1885 e.V. Merseburg, www.saalewanderer.de .

115,2 re □ Merseburg-Rischmühle, ☎ 03461/211216 und 0171/6866906, Umbau auf Fernsteuerung in 2010, sonst li ⏏.
geradeaus zum ▬, X.
li Steganlage Merseburger Wassersportfreunde, Rastplatz.

114,2 Straßen-II B181 Naumburger Straße.

113,8 Straßen-II (Gewölbebrücke) Neumarkt, li ↓ Geisel. **Merseburg**, 🚃, ★: Dom, Neumarktkirche, Schloss.

113,5 □ Meuschau (☎ 03461/331611 und 0171/6866906)., II.

113,5 re → □ Merseburg-Meuschau, ☎ 03461/331611 und 0171/6866906, danach II zur Mühleninsel,
geradeaus zum ↯ und ▬, Trainingsstrecke Kanuslalom, nur für Slalom ≋, mit Gepäck X.

113,1 re ↓ nicht fertiggestellter Umgehungskanal (s. km 118,8),
li ↓ Wehrarm.

112,0 li ↓ Klia (Geisel).

111,3 li ⌂ Merseburger RG mit ▲ und Übernachtungsmöglichkeit, Am Stadtpark 39, 06217 Merseburg, ☎ 03461/215151, www.merseburger-rudergesellschaft.de .

109,9 re ↓ Luppe.

109,1 EB-II, **Schkopau**, 🚃.

108,9 li ↓ Laucha.

107,5 3 II (B 91 und Straßenbahn-Überlandlinie Halle-Bad Dürrenberg).

106,0 li **Korbetha**.

105,7 re. Ufer bis Schleuse Betretungsverbot (NSG „Abtei und Saaleaue bei Planena").

104,5 li Wartestelle für Schleusung, li ← Wehrarm mit ↯.

104,4 □ Planena, ☎ 0345/7758739, Wege-II.

> 104,4 Bei Schleusenruhe kann man ca. 100m im linken Wehrarm und gleich! am Ende vom Zaun-WSA-Gelände rechts kleine Bagger-Rampe zum ⬆ nutzen (Abstand vom Wehr halten, Unterwassersog zum Kraftwerk, z.Zt. noch Sperrschild.).
> ⬇ hinter dem Kraftwerk am re Ufer (Kiesrampe) oder über Schleusenbrücke, dann ⬇ über Treppe in den Schleusenkanal.
>
> 104,1 re ↓ Schleusenkanal.

104,1 li ↓ Wehrarm.

104,1 bis km 102,5 beidseitig Betretungsverbot (NSG, s.o. km 105,7).

102,4 re ↓ Weiße Elster (s. Seite 524, *Unterlauf Befahrungsverbot*).

101,9 Straßen-II Eierweg (Röpziger Brücke), li **Röpzig**.

99,1 li ↓ Mühlgraben von/nach **Holleben** (*Befahrungsverbot*).

97,9 EB-II Angersdorf (Gewölbe-Brücke), Beginn von **Halle** (97,9–86,5), 🚃, mehrere ⌂ . ★: Marktkirche, Marktschlösschen, Roter Turm, Händelhaus,

Moritzburg, Burg Giebichenstein, Franckesche Stiftungen, Landesmuseum für Vorgeschichte (Himmelsscheibe), Bergzoo.

96,8 li ← Wilde Saale über ein Wehr (*Befahrung verboten, NSG*), re halten, li Rabeninsel bis km 95,6.

96,4 Fußgänger-Ⅱ (Schrägseil-Hänge-Brücke) zur Rabeninsel.

96,1 re ⌂ Hallesche Rudervereinigung Böllberg 1884 und Nelson 1874, ✕.

96,0 re Warteplatz für Schleuse, geradeaus zum Schleusenkanal, re → zum ■ Halle-Böllberg. Trainingsstrecke Kanuslalom BSV Halle e.V., für Slalom ≋.

95,9 ☐ Böllberg ☎ 0345/4441096.

95,6 ↓ Wilde Saale von km 96,8 (*Befahrung verboten, NSG*).

95,1 Rohr-Ⅱ.

95,0 re ⌂ und ▲, Böllberger SV Halle, *DKV-Kanustation*, Böllberger Weg 181 c, 06110 Halle, ☎ 0345/1200243 (nicht immer besetzt), www.bsv-halle.de .

94,9 re. ⌂, Kanuverein 96 Halle e.V., Böllberger Weg 181 b, 06110 Halle, ☎ 0345/4443038, www.kv96-halle.de .

94,8 li ← Elisabeth-Saale mit ■ Pulverweiden. Mit 1 x li umsetzen könnte man 2 Schleusen umgehen. Eine Kanuslalomstrecke ist geplant. Nach Ⅱ B 80 re neuer Stadthafen Halle mit Bootslager. *Z.Zt. besteht im Wehrbereich vom Abzweig bis zur Brücke B 80 ein Befahrungsverbot.* ↓ bei Saale-km 92,1.

94,7 ehem. Hafenbahn-, jetzt Radweg-Ⅱ.

94,0 Straßen-Ⅱ Wilhelm-Jost-Straße (Genzmerbrücke).

93,9 re → Mühlgraben (Gerbersaale).

93,6 ☐ Halle-Stadt, ☎ 0345/2833716, Umbau auf Fernsteuerung in 2010, 3 Ⅱ B 80, außerhalb der Schleusenzeiten 700 m oberhalb li zum ■ abbiegen und dort li ≏ (schwierig).

93,5 Schiefer-Ⅱ Mansfelder Straße.

92,9 li Sophienhafen.

92,7 li ← Wehrarm, re bei HW Verbindung zum Mühlgraben (Gerbersaale).

92,6 ☐ Halle-Gimritz ☎ 0345/2901651.

92,1 li ↓ Elisabeth-Saale, bis km 90,8 Peissnitzinsel (Parkeisenbahn).

91,9 Wege-Ⅱ Peißnitzbrücke.

91,5 re ↓ Mühlgraben Gerbersaale (aus km 92,7 und 93,9).

91,2 re Dauerliegeplatz Schiff-✕ „Marie-Hedwig", anlegen am Rive-Ufer möglich.

90,8 li ↓ Wilde Saale (*Befahrung verboten*).

90,5 Straßen-Ⅱ Kröllwitzer Straße, re Burg Giebichenstein, mehrere Schiffsanleger und Bootsverleih.

90,3 li ✕ „Krug zum Grünen Kranze" mit Anleger.

90,0 re Friedrich-Ludwig-Jahn-Höhle.

89,4 li ▬ Halle-Trotha, re vor Fußgänger-Ɪ Wartestelle für □ Trotha (entgegenkommende Fahrgastschifffahrt, eng!), weiterpaddeln nach Signalisierung / tel. Aufforderung.
89,3 re → Mühlgraben, **X** Mühle.
89,2 □ Trotha ☎ 0345/5201787.
89,1 Pegel Halle-Trotha Unterpegel, ☎ 0345/5229873.
88,7 li ↓ Wehrsaale.
88,6 re ↓ Mühlgraben von km 89,3.
88,5 re ▲ Bootscenter Halle, ☎ 0345/5201787, www.boot-center-halle.de .
87,5 Rohr-Ɪ.
86,5 re Hafen Halle-Trotha, für Sportboote gesperrt.
84,7 li **Lettin**.
82,8 Schiffsanleger.
82,1 Gierseil-Fähre (gelben Tonnenstrich nicht überfahren, Ruheseite re), re **Brachwitz**.
82,0 re ▲ Wassertouristik Saaletal, ☎ 034606/29160.
79,2 li ↓ Salzke, **Salzmünde**.
77,9 Rohr-Ɪ.
77,4 li **Pfützthal**.
75,0 re **Döblitz**.
73,2 re kurzer Weg zur Templerkapelle.
73,0 re **Mücheln,** ★: Templerkapelle.
71,7 Hochseil-Autofähre, re **Wettin**, Schiffsanleger, mehrere ✕, Burg.
71,5 li ← Kraftwerkskanal Wettin, **X**.
71,0 re ▲ Bootsservice Wettin.
70,9 Teilung: li Schleusen-Kanal Wettin, re → Wehrarm Wettin.
im Wehrarm: nach 500 m Insel-Fähre, nach 800 m ▬ **X**.
im Schleusenkanal:
70,4 □ Wettin ☎ 03471/344664081 (Erste von 5 Großschleusen, die von einer Zentrale in Bernburg ferngesteuert wird. Sportboote müssen vor den genannten Schleusen am Sportbootanleger festmachen und über eine Rufsäule sich bei der Revierzentrale in Bernburg melden.).
70,0 re ↓ Wehrarm, li ↓ Kraftwerkskanal.
68,6 li **Trebitz**, re ↓ alter Saalearm (vom ϟ im Wehrgraben Wettin).
67,3 li **Kloschwitz**, Schiffsanleger. ▲ Campingplatz, Hauptstraße 9, 06198 Kloschwitz, ☎ 0177/2943781, www.camping-saaletal.de .
62,9 li ↓ Schlenzke, li **Friedeburg**, re alter Saalearm.
60,5 Gierseil-Fähre, re **Rothenburg**, Schiffsanleger.
59,7 re → Wehrarm, ▬ **X**, ϟ, li ← Schleusenkanal.
58,7 □ Rothenburg, ☎ 03471/344664081, (Schleuse wird von einer Zentrale in Bernburg ferngesteuert. Sportboote müssen vor den genannten Schleusen am Sportbootanleger festmachen und über eine Rufsäule sich bei der Revierzentrale in Bernburg melden.).

58,4 re ↓ des Wehrarmes.

57,1 Straßen-Ⅱ, li **Nelben**, re **Könnern**, 🚌, ✕, Schiffsanleger.

56,6 EB-Ⅱ.

55,8 li **Gnölbzig**.

55,0 re **Trebnitz**.

54,4 li Bach-↓.

51,5 li Yachthafen Kirschke, ▲, ☎ 0171/1943456, in der Nähe ✕.

51,1 li WSC Alsleben.

51,0 Straßen-Ⅱ B 6 Sanderslebener Straße, li **Alsleben**, re **Mukrena**, Werft.

50,8 li ← Wehrarm mit ■ und ↯, Schiffsanleger; re → Schleusenkanal.

50,3 □ Alsleben, ☎ 03471/344664081 (Schleuse wird von einer Zentrale in Bernburg ferngesteuert. Sportboote müssen vor den genannten Schleusen am Sportbootanleger festmachen und über eine Rufsäule sich bei der Revierzentrale in Bernburg melden.), Straßen-Ⅱ.

50,0 li ↓ Wehrarm.

49,8 EB-Ⅱ.

47,3 Autobahn-Ⅱ A 14.

46,3 li **Großwirschleben**, re **Beesedau**.

45,2 li Rastplatz.

44,5 li ↓ alter Saalearm (Biber), nach 1200 m **Plötzkau**.

41,5 Fußgänger- und Rad-Hänge-Ⅱ.

41,4 re Rastplatz, **Gröna**.

39,2 li **Aderstedt**.

38,4 re **Neuborna**, Schiffsanleger.

38,0 re ⌂ mit ▲ Bernburger-Wassersport-Verein e.V., Dr.-John-Rittmeister-Straße 10–12, 06406 Bernburg, ✕ in der Nähe.

37,7 li ↓ Wipper (s. DKV-Gewässerführer OST).

37,0 re ⌂ und ▲ MBSV Wasserwandern Bernburg e.V., Pfaffenbusch 1, 06406 Bernburg, www.kanunieten.de, ✕ am Platz.

36,6 re ⌂ Bernburger RC, ▲, ☎ 03471/315081.

36,6 Fähre, Schiffsanleger, **Bernburg**, 🚌.

36,3 li ← über ■, bei Wasserüberlauf, Abstand halten, re fahren!

36,1 re □ Bernburg ☎ 03471/344664081, (Schleuse wird von einer Zentrale in Bernburg ferngesteuert. Sportboote müssen vor den genannten Schleusen am Sportbootanleger festmachen und über eine Rufsäule sich bei der Revierzentrale in Bernburg melden.), Straßen-Ⅱ, Pegel ☎ 03471/19429.

36,0 li ↓ Wehrarm.

35,9 Markt-Ⅱ, li und re Ausstiegsstelle, re ✕, ★: Schloss.

35,4 Straßen-Ⅱ B 71 Annenstraße.

35,1 2 EB-Ⅱ.

33,7 re ↓ Fuhne, re Kaimauer (z.Zt. ungenutzt) Werksgelände Solvay (u.a. Soda-Herstellung), li ehem. Ladekran Zementwerk (z.Zt. ungenutzt).

31,2 Rohr-Ⅱ.
29,6 re Rastplatz.
27,8 Straßen-Ⅱ, li **Nienburg**.
27,6 li ↓ Bode (s. Seite 522), 200 m stromauf ⌂ FSV Nienburg e.V.
25,1 –26,1 Wasserskistrecke (9-13, 15-20 Uhr).
25,2 li **Jesar**.
22,1 re ↓ alter Saalearm.
21,9 Straßen-Ⅱ Brückenstraße, li Beginn **Calbe/Saale**, re **Tippelskirchen**.
20,9 ← Wehrarm, dort in 500 m li ⌂ mit ▲ Turn- und Sportgemeinschaft Calbe/Saale e. V., Kleine Fischerei 29a, 39240 Calbe/Saale, ☎ 039291/53017, www.kanu-calbe.de , nach weiteren 500 m ▬ und ϟ, **X**, re ⩡.
20,0 ☐ Calbe ☎ 03471/344664081, (Schleuse wird von einer Zentrale in Bernburg ferngesteuert. Sportboote müssen vor den genannten Schleusen am Sportbootanleger festmachen und über eine Rufsäule sich bei der Revierzentrale in Bernburg melden.), Straßen-Ⅱ;
li auf Schleusen-Insel **Gottesgnaden**; von hier Fähre nach Calbe.
ab hier fließt die Saale bis zur ↓ frei zwischen hohen Dämmen;
19,4 li ↓ Wehrarm, danach ↓ Mühlgraben.
17,6 EB-Ⅱ, li 🚃 Calbe-Ost (800 m).
17,2 –14,5 Engstelle Trabitz, **!** bei entgegenkommender Schifffahrt.
15,0 re **Trabitz**.
9,6 Gierseil-Autofähre, (Fährseil nicht überfahren, Ruheseite re), re **Gr. Rosenburg**.
7,1 li **Werkleitz**.
4,6 **Kl. Rosenburg**, Rastplatz, ★: Ruine Rosenburg. Hier war in den 1930-er Jahren eine weitere Staustufe mit Schleuse geplant.
Derzeit ist ein abkürzender Saalekanal ab Calbe in der Diskussion.
3,5 NSG, ab hier re Ufer Anlande- und Betretungsverbot.
0,5 re ↓ Alte Elbe, *Einfahrt gesperrt*, Saalhorn. Dort re ↓ Taube (s. DKV-Gewässerführer OST).
0,0 ↓ in die Elbe bei km 290,8.

Bode

Wildfluss – Wanderfluss — Mündung in Saale (li Nebenfluss)

Die Bode entsteht im Harz aus mehreren Quellflüssen; sie sind zur Trinkwasserversorgung und zum Hochwasserschutz durch ein System von Talsperren abgefangen. Ab Neinstedt wird die Bode zum Wanderfluss des Harzvorlandes, unverbaute Ufer mit Auwaldstreifen mit reicher Tierwelt, viele Kiesbänke und kleine Kiesbankschwälle, mehrere Wehre.

Befahrungsregeln: *der Oberlauf bis Thale ist aus Naturschutzgründen ganzjährig gesperrt.*

Befahrbarkeit: ab Thale bei gutem Wasserstand für K 1,

	ab Wegeleben, (km 75,7) bei gutem Wasserstand auch für Zweier, ab Oscherleben, (km 54,6) ganzjährig.
Kilometrierung	ab km 97,0 bis zur Mündung in die Saale amtliche Kilometrierung mit Kilometerschildern am Fluss.
Pegel:	Thale (km 107,1), Ditfurt (km 86,9), Wegeleben (km 76,2), Hadmersleben (km 47,3), Staßfurt (km 16,9).

Der Oberlauf der Bode ist im DKV-Gewässerführer Ostdeutschland beschrieben.

75,7 Straßen-Ⅱ Steinweg, li davor gute ⬆ oder ⬇, li **Wegeleben**, re **Adersleben**.

75,1 Wege-Ⅱ.

71,4 Straßen-Ⅱ, ▬ raue Sohlgleite, ≋, ansehen, re **Deesdorf**.

68,0 Wege-Ⅱ.

67,9 li ▬ Gröningen, **X**, re oder li ⏏, geradeaus Mühlgraben Gröningen mit 2 Wehren.

67,5 Straßen-Ⅱ Halberstädter Straße, mit ▬ kleiner Sohlschwelle, bei gutem Wasserstand ist das 2. Joch von re ≋, sonst treideln, **Gröningen**, ✕

67,0 re ↓ Mühlgraben Gröningen.

66,5 Straßen-Ⅱ B 81.

63,2 li ↓ Holtemme.

62,1 ▬, **X**, li ⏏, li ← Wehrkanal Krottorf.

61,4 Straßen-Ⅱ **Krottorf**, 🚆, ✕.

60,2 li ↓ Wehrkanal Krottorf.

58,2 Wege-Ⅱ, li **Hordorf**.

55,7 Straßen-Ⅱ.

54,7 re ⌂ und ▲, *DKV-Kanustation*, SV Lokomotive Oschersleben, Halberstädter Straße 64, 39387 Oschersleben, ☎ 03949/96188. ▬, **X**; am ⌂ Ⅱ und ca. 150 m in Richtung Brücke ⏏ und je nach Wasserstand davor oder dahinter ⬇.

54,6 Straßen-Ⅱ Großalslebener Straße, Mittelpfeiler von alter Brücke! **Oschersleben**, 🚆, ✕

53,8 Wege-Ⅱ.

53,4 li ↓ Mühlgraben Oschersleben.

49,4 re → Mühlgraben Hadmersleben.

49,3 ▬ Hadmersleben, **X**, re ⏏,

48,2 li ↓ Großer Graben (s. DKV-Gewässerführer OST).

47,3 re ↓ Mühlgraben Hadmersleben, Straßen-Ⅱ, Pegel, li **Hadmersleben-Bahnhof**, ✕.

42,7 Wege-Ⅱ.

39,8 Straßen-Ⅱ, Steine unter der Brücke! li **Etgersleben**.

37,9	EB-Ⅱ.
37,6	▬ **Egeln-Nord**, **X**, li ⏏, re Privatgrundstück.
37,6	Wege-Ⅱ.
36,3	Straßen-Ⅱ Magdeburger Chaussee, li **Egeln-Nord**.
35,7	Straßen-Ⅱ B 80 neu.
32,9	Straßen-Ⅱ Altona, li **Wolmirsleben**.
31,8	Wege-Ⅱ.
29,4	Straßen-Ⅱ Breite Straße, **Unseburg**, re ✕.
28,2	Wege-Ⅱ.
26,4	▬, re ⏏, li **Rothenförde**.
25,0	Straßen-Ⅱ, **Athensleben**.
23,2	Wege-Ⅱ.
22,4	Straßen-Ⅱ, li **Löderburg**.
21,0	re **Gänsefurth**.
20,5	Wege-Ⅱ.
19,3	re → des Mühlgrabens, Weiterfahrt im Bodelauf.
19,2	▬ mit Wege-Ⅱ Am Schütz, **X**, re ⏏.
17,9	Wege-Ⅱ.
17,2	Straßen-Ⅱ Steinbrücke/Hohlweg.
16,9	EB-Ⅱ und Straßen-Ⅱ Förderstedter Straße**, Staßfurt**, ⛺, ✕. re Pegel Staßfurt.
16,2	Straßen-Ⅱ An der Salzrinne.
11,2	Straßen-Ⅱ, re **Hohenerxleben**.
9,9	EB-Ⅱ.
9,0	li **Löbnitz**.
8,4	Autobahn-Ⅱ A 14.
8,3	li Bodelauf durch Parkanlage versandet, re → über eine kanalisierte Strecke benutzen, Wege-Ⅱ.
7,7	Wege-Ⅱ.
7,4	Wege-Ⅱ.
7,0	Straßen-Ⅱ B 71 Friedensstraße, li **Neugattersleben**.
3,5	EB-Ⅱ.
2,1	▬, li ⏏.
1,4	Straßen-Ⅱ.
0,2	Straßen-Ⅱ, **Nienburg**, ⛺, ✕.
0,0	↓ in Saale bei km 27,6.

Weiße Elster

Wildfluss – Wanderfluss	Mündung in Saale (re Nebenfluss)

Die Weiße Elster ist in ihrem Oberlauf bis Elsterberg ein leichter Wildfluss, anschließend Wanderfluss mit sehr vielen Wehren.
Befahrungsregeln: *Plauen - Elsterberg, Befahrung verboten;*

km 12 – 0 ganzjährige Sperrung.

Befahrbarkeit: Oberlauf nur für Einer, ab Greiz auch für Zweier.

Eine umfangreiche Beschreibung der Weißen Elster befindet sich im DKV-Gewässerführer Ostdeutschland

141,8 Straßen-II B 175 Puschkinstraße, re **Berga**, Pegel, Parkplatz, 🍴, li gute ⬇⬆.

139,3 ■ Clodramühle, fast immer ≋, gerade (90°) anfahren, bei HW ansehen – starker Rücklauf!
Wege-II, li 🍴 Clodramühle.

138,3 markante Rohr-II.

133,6 EB-II.

133,1 ■ Wünschendorf, re ≏, Sog in den Mühlgraben! li ≏ über Pachtgelände, dazu Erlaubnis in Gaststätte einholen, bei NW bis Mündung der Weida (km 132,5) treideln.

132,9 Straßen-II Cronschwitzer Weg, **Wünschendorf**, 🚉, 🍴.

132,7 Historische Holz-II.

132,5 li ↓ Weida (s. DKV-Gewässerführer OST).

131,4 EB-II.

129,4 EB-II.

129,3 Straßen-II, re **Meilitz**.

127,8 ■ Liebschwitz, zerstört, li immer ≋, Wellen! , bei NW Steine.

127,2 Straßen-II, re **Gera-Liebschwitz**.

127,0 EB-II.

126,0 Slalomstrecke!

125,5 ⌂ TSV 1880 Gera-Zwötzen e.V., Abt. Kanu, *DKV-Kanustation*, Liebschwitzer Straße 116, 07551 Gera, ☎ 0365/814178, www.kanu-gera.de , gute ⬇⬆, Slalomstrecke.

125,2 EB-II, Straßen-II An der Zwötzener Brücke, 🍴.

124,6 Wege-II.

124,3 ■ mit li ϟ, **X**, starker Rücklauf! li ≏, bei NW wenig Wasser bis Ortsausgang.

123,7 Straßen-II B 92 Stadtring Südost.

122,6 Straßen-II B 2 Heinrichstraße mit Straßenbahn, **Gera**, 🚉, 🍴.

122,2 Wege-II.

121,9 Wege-II Textimasteg.

121,1 Straßen-II Küchengartenallee.

120,8 Straßen-II Schellingstraße.

120,3 Wege-II Stadtbahnbrücke.

119,1 EB-II.

118,6 Straßen-II Franzosenweg, Schallstrecke, bei NW Steine.

118,0 Autobahn-II A 4, Schwallstrecke, bei NW Steine.

117,2 Wege-Ⅱ, davor li Pegel.
114,5 Straßen-Ⅱ Werner-Sylten-Straße, **Bad Köstritz**, 🚂, ✕.
114,4 ■ Bad Köstritz, **X**, re ⌓, bei geöffneten ■ (meist freitags) schwierig.
114,3 Straßen-Ⅱ Bahnhofstraße.
113,6 Straßen-Ⅱ B 7, EB-Ⅱ.
112,8 Wege-Ⅱ.
110,7 Straßen-Ⅱ, An der Elster, li **Silbitz**, re nach **Hartmannsdorf**.
109,4 Straßen-Ⅱ, re **Tauchlitz**.
108,0 Straßen-Ⅱ Elsterstraße, li **Crossen an der Elster**, 🚂, ✕.
107,5 ■ Krossen, evtl. ≋ , starker Rücklauf! oder re ⌓.
105,9 Wege-Ⅱ.
102,8 ■ Wetterzeube, **X**, re ⌓.
102,6 Straßen-Ⅱ Hauptstraße, li **Wetterzeube**, 🚂.
97,6 ■ Haynsburg zerstört, meist mittig ≋, Pfähle! Slalomstrecke des KC Zeitz, Übernachtungsmöglichkeit nach Voranmeldung beim KC Zeitz, ✕.
97,2 Straßen-Ⅱ, **Haynsburg**:
94,0 ■ Großosida, **X**, li ⌓. re → des Mühlgraben Zeitz. Bei offenem Schieber Zufahrt bis zum ⌂ des KC Zeitz am Mühlgraben möglich, ⌂ Kanuverein Zeitz, Stephanstraße 31 b, 06712 Zeitz, ☎ 03441/250342. Weiterfahrt durch das Stadtgebiet nicht möglich.
93,4 Furt.
93,0 Straßen-Ⅱ B 92.
92,4 Rohrleitungs-Ⅱ.
91,8 Straßen-Ⅱ „August-Bebel-Brücke“ in Zeitz.
90,7 Straßen-Ⅱ B 2 Badstubenvorstadt „Friedrich-Engels-Brücke“ in Zeitz.
90,4 Fußgänger-Ⅱ „Dreierbrücke“ in Zeitz, li 🚂 Zeitz.
90,0 Straßen-Ⅱ B 180 Donalienstraße, **Zeitz**, ✕, Parkplatz, gute ⬇⬆, ★ Altstadt, Dom St. Peter und Paul, das „Unteridische Zeitz“, das Gelände der Landesgartenschau 2004, Schloss, Schlossberg Zeitz und Rossner-Park.
89,8 re ↓ des Mühlgraben Zeitz.
89,5 Pegel Zeitz.
89,3 Fußgänger-Ⅱ.
87,5 EB-Ⅱ.
87,2 Walzen-■ am Wasserwerk Tröglitz, **X**, li ⌓, S 2.
85,1 EB-Ⅱ.
84,9 Straßen-Ⅱ Umgehungsstraße.
84,6 ■ **Bornitz**, **X**, li ⌓.
84,5 Straßen-Ⅱ Bornitz–Maßnitz.
82,5 Straßen-Ⅱ Draschwitzer Hauptstraße, li **Draschwitz**.
81,4 Straßen-Ⅱ Ostrauer Straße, re **Ostrau**; ab hier sehr schöne Auenlandschaft bis Profen.

72,7 ▬ **Profen** (Steinwurf-Wehr) Flussteilung: re zum Wehr, li zum Profener Elstermühlgraben. Zwischen Mühlgrabenwehr und Steinwurfwehr ≏. Vorsicht, starke Strömung in den Profener Elstermühlgraben (s. DKV-Gewässerführer OST).

72,1 Gefällestufe Profen, **X**, Tosbecken, extremer Rücklauf, re umtragen; kein Hinweisschild vorhanden. Warnung! Vor allem bei höheren Wasserständen unbedingt rechtzeitig wenden und anlegen! Das Wehr hat keinerlei Rückstau, sondern schon bei normalem Wasserstand kräftigen Sog, es gab schon tödliche Unfälle!

71,5 Straßen-Ⅱ **Beersdorf**.

69,0 Straßen-Ⅱ, li nach **Elstertrebnitz**..

66,7 Straßen-Ⅱ B 2.

66,3 Straßen-Ⅱ, kleine Stufe unter Ⅱ, ≋, **Pegau**, 🍴, 🚌, ⬆⬇.

65,7 EB-Ⅱ.

65,2 Straßen-Ⅱ Unteraue.

61,3 Straßen-Ⅱ Löbschütz–Wiederau, gute ⬇.

60,0 Geschiebefalle Klein Dalzig (Erweiterung des Flussbettes, flach) ab hier 7,5 km Betonrinne zur Umleitung der Weißen Elster um den ehemaligen Tagebau Zwenkau.

58,9 li ↓ Profener Elstermühlgraben.

58,8 Straßen-Ⅱ, li **Kleindalzig**, li Pegel.

57,6 Straßen-Ⅱ Kitzner Straße, li **Zitzschen**.

53,3 Straßen-Ⅱ B 168, **Leipzig-Knautnaundorf**, am Pfeiler einzige und letzte Hinweistafel auf die 1 km unterhalb liegende **X** Gefällestufe.

52,1 ▬ Gefällestufe **Leipzig-Hartmannsdorf**, absolut **X**, Lebensgefahr! Vorher rechtzeitig anlegen (300 m), schräge Betonufer, bei Nässe Rutschgefahr; Hinweisschild an Brücke ca. 1 km oberhalb; ≏ rechts und links möglich.

51,8 Autobahn-Ⅱ A 38.

49,7 Wege-Ⅱ.

49,3 ▬ Verteilerbauwerk, nur bei Hochwasser geschlossen, sonst ohne Stufe frei ≋.

48,8 Straßen-Ⅱ Ritter-Pflugk-Straße, li **Leipzig-Knauthain**.

46,0 ▬ **Leipzig-Großzschocher**, Bootsgasse in Wehrmitte, gefährlich bei Hochwasser, vor Befahren unbedingt ansehen! Sonst re ≏ (Treppen).

45,7 ⌂, Leipziger Sportverein Südwest e.V., Lauerscher Weg, 04249 Leipzig.

44,9 Straßen-Ⅱ Brückenstraße.

43,1 EB-Ⅱ Großzschocher.

43,6 Teilungs-▬ Großzschocher, li freie Durchfahrt zur Weiterfahrt auf der Weißen Elster, re ≏ in das abzweigende Elsterflutbett.

Alternativstrecke Elsterflutbett:

0,0 am Teilungs-▬ Großzschocher re in das Elsterflutbett ⩠.
1,8 Straßen-Ⅱ Schleußiger Weg.
2,0 re ⌂, Sportgemeinschaft Leipziger Verkehrsbetriebe e.V., Abt. Kanu, Schleußiger Weg, 04275 Leipzig, ☎ 0341/3913089, www.kanu-lvb.de .
2,2 ↓ der Pleiße(s. DKV-Gewässerführer OST).
2,6 Wege-Ⅱ Rennbahnweg.
3,1 Straßen-Ⅱ Anton-Bruckner-Allee.
3,5 Straßen-Ⅱ Käthe-Kollwitz-Straße.
3,7 Palmgarten-▬, li ↓ Weiße Elster (Stadtelster), re → Elstermühlgraben, mehrere ⌂.

Weiterfahrt links:

43,4 re ⌂, Leipziger Kanu-Club e.V., Pistorisstraße 66, 04229 Leipzig, ☎ 0341/4014961, www.leipziger-kc.de , Slalomstrecke.
43,3 li ⌂, Sportgemeinschaft Germania-Kanusport e.V., Küchenholzallee, 04249 Leipzig, www.germania-kanusport.de .
43,0 Wege-Ⅱ Pistorissteg.
41,9 Straßen-Ⅱ Antonienstraße, li Kanushop und Bootsverleih Herold. Ab hier viel Bootsverkehr! Auf dem Abschnitt bis zum Palmgarten mehrere ✕ li und re mit Steg zum Wasser.
42,0 Fußgänger-Ⅱ.
40,8 Straßen-Ⅱ Industriestraße (Karl-Brücke).
40,7 li ← Karl-Heine-Kanal, dort ⌂ Kanu- und Freizeitzentrum Leipzig-Südwest.

Nebenstrecke Karl-Heine-Kanal

0,0 Abzweig von der Weißen Elster (km 40,7)
li ⌂ und ▲, *DKV-Kanustation*, Kanu- und Freizeitzentrum Leipzig-Südwest e.V., Nonnenstraße 23, 04229 Leipzig, ☎ 0341/472105.
0,1 Straßen-Ⅱ Nonnenstraße,
Ⅱ-Bauwerk mit Studio des MDR-Fernsehens.
0,2 Straßen-Ⅱ Erich-Zeigner-Allee.
0,4 Straßen-Ⅱ Zschochersche Straße, **Leipzig-Plagwitz**.
0,6 Wege-Ⅱ.
0,8 Straßen-Ⅱ Weißenfelser Straße.
0,9 Straßen-Ⅱ Karl-Heine-Straße.
1,1 Straßen-Ⅱ Aurelienstraße.
1,4 Straßen-Ⅱ Gießerstraße.
1,5 Wege-Ⅱ.
1,6 Straßen-Ⅱ Engertstraße

EB-Ⅱ.
1,8 Straßen-Ⅱ Saalfelder Straße.
2,0 Wege-Ⅱ.
2,5 Ende des Kanals. Durch Umtragen über 600 m erreicht man den Leipziger Hafen. Eine Verbindung ist vorgesehen.
Nach 1 km Hafenstrecke und nochmaligem Umtragen wird der nicht fertiggestellte Saale-Elster-Kanal erreicht.

40,6 Wege-Ⅱ.
40,3 Straßen-Ⅱ Ernst-Mey-Straße (Könneritz-Brücke).
40,1 re ⌂ und ▲, *DKV-Kanustation*, Sportclub DHfK Leipzig e.V., Abt. Kanu, , Klingerweg 2, 04229 Leipzig, ☎ 0341/4806545, www.kanu-leipzig.de .
39,9 Straßen-Ⅱ Karl-Heine-Straße.
39,6 li ← Kleine Luppe, nach ca. 500 m ■, ⌓ schwierig, danach ca. 5 km Kleinflusscharakter und noch ein Blockwurfwehr (meist ≋), ↓ in Nahle und diese mündet danach in die Große Luppe.
39,6 Wege-Ⅱ.
39,4 Palmgarten-■, li ⌓ in das Elsterflutbecken; Achtung, bei Mittelwasser flach, sehr verschlammt.
38,9 Straßen-Ⅱ B 89 Jahn-Allee (Zeppelin-Brücke).
37,6 Straßen-Ⅱ Am Sportforum (Landauer-Brücke).
37,0 Teilungs-■, Ablauf Elsterflutbecken: rechts Weiße Elster, geradeaus Luppe, links Nahle; Umtragen des Elsterwehres beschwerlich, da Zaun um Kläranlage; am besten an der vorhergehenden Brücke km 38,3 aussetzen (rechts) und ca. 500m zum Elstermühlgraben umtragen, ⬇ neben oder im Olympiastützpunkt (Steganlage, Eigentümer fragen); Weiterfahrt auch auf Luppe möglich (11,5 km), schneller, aber nicht so schön.
36,6 Straßen-Ⅱ Marienweg.
36,5 re ↓ Parthe (s. DKV-Gewässerführer OST).
36,4 Straßen-Ⅱ Heuweg, EB-Ⅱ.
35,5 Straßen-Ⅱ Slevogtstraße.
34,6 EB-Ⅱ Viadukt.
34,3 Wege-Ⅱ Am Hirtenhaus.
34,0 Straßen-Ⅱ Rittergutstraße.
33,4 **Leipzig-Wahren**, 🚌, links ehemaliges ■, meist fahrbar, rechts (geradeaus) ehem. Mühlgraben, Achtung, Eisenteile vom ehemaligen Stauwehr in der Fahrrinne,
zum ⌂ TSV 1893 Leipzig-Wahren e.V., Kanuabteilung, An der Elster 35, 04275 Leipzig, linken Abzweig über den Wehrarm wählen oder geradeaus fahren und am Ende der Mühleninsel stromauf in den linken Arm hinein fahren.
33,3 Wege-Ⅱ.

33,0 Straßen-Ⅱ.
32,4 ■ Mühle Stahmeln, links um zwei Gärten umtragen (2009 gesperrt).
30,4 Wege-Ⅱ, re Schloss Lützschena.
30,5 ■ Lützschena, links ca. 300m umtragen.
30,1 Straßen-Ⅱ, **Leipzig-Lützschena**.
29,6 Straßen-Ⅱ Am Pfingstanger.
28,6 ■ Quasnitzer Mühle, li ≏, re **Hänichen**.
28,1 Wege-Ⅱ Am Auenwald.
26,2 ■ **Altscherbitz**, li ≏.
25,8 Wege-Ⅱ, überdacht.
24,5 ■ Schkeuditz, li ≏.
24,4 Straßen-Ⅱ Dölziger Straße, **Schkeuditz**, ⛺, ✕.
23,5 Wege-Ⅱ.
22,0 ■ Wehlitz, li ≏.
20,9 Straßen-Ⅱ Zur Aue, re **Wehlitz**.
20,7 Autobahn-Ⅱ A 9.
19,9 li ↓ der kanalisierten Luppe in die Elster, Weiterführung kanalisiert bis Döllnitz.
18,3 Rohrleitungs-Ⅱ.
17,8 Straßen-Ⅱ, re **Oberthau**.
13,7 Straßen-Ⅱ, re **Raßnitz**.
12,0 Ab hier ganzjährige Sperrung bis zur ↓, Ausnahmeregelung beim LKV Sachsen-Anhalt erfragen.
0,0 ↓ in Saale bei km 102,4.

Unstrut

Kleinfluss – Wanderfluss — Mündung in Saale (li Nebenfluss)

Die Unstrut entspringt westlich von Dingelstädt im Eichsfeld, durchfließt das Thüringer Vorland, um bei Sachsenburg die Hainleite zu durchbrechen. Die Landschaft ist sehr abwechslungsreich. Breite Täler wechseln mit dicht an den Fluss herantretenden Kalk- und Buntsandsteinfelsen, auf denen zahlreiche Burgen und Schlösser stehen.

Kilometrierung: Km 0–44,0 nach Unterlagen des Landesbetriebes für Hochwasserschutz und Wasserwirtschaft Sachsen-Anhalt aktualisiert.
Übrige Strecke Messung in TOP 50-Karte Thüringen

Befahrbarkeit: der Oberlauf zwischen Mühlhausen und Herbsleben nur bei HW oder gutem MW, am besten im Einer. Ab Herbsleben ganzjährig, auch im Zweier.
Betriebszeiten für die Schleusen Wendelstein, Tröbsdorf, Laucha, Zeddenbach und Freyburg s. www.lhw-lsa.de . Zur Zeit von April bis September, Do bis Mo, 9–12 und 13–18 Uhr. In den Sommerferien Sachsen-Anhalt Mo–So 9–12 und 13–18 Uhr.

106,5 Straßen-Ⅱ, re **Henschleben**. Beginn des Rückhaltebeckens Straußfurt. Beschreibung des Oberlaufes s. DKV-Gewässerführer OST.
Die Befahrung des Rückhaltebeckens ist verboten.

105,0 ▬, Durchlassbauwerk des Staudamms Rückhaltebecken Straußfurt. *Befahrung des Rückhaltebeckens verboten.* Nach 50 m EB-Ⅱ und Straßen-Ⅱ B 4, hier gute ⬇; dazu in Straußfurt B4 Richtung Erfurt fahren und etwa 100 m vor der Ⅱ li in Feldweg einbiegen.
li 🚆 **Straußfurt** in 1 km, es folgen Hindernisse (Steine).

101,9 re ↓ Gramme.

100,8 Straßen-Ⅱ, li **Wundersleben**, li hinter der Brücke Holzsteg und Rastplatz.

97,3 Ⅱ, re **Schallenburg**, re hinter der Brücke Holzsteg und Rastplatz.

94,2 Sehr niedrige Straßen-Ⅱ Riedthorstraße, re **Sömmerda**,
▬, **X**, re ⌓ oder vorher re in Mühlgraben einfahren und vor dem ⌂ nach li ⌓.
⌂ des Kanuclub Sömmerda, *DKV-Kanustation*, Riedthorstraße, 99610 Sömmerda, ☎ 03634/622482, www.kanu-club-soemmerda.de ;
im Mühlgraben li ← künstliche WW-Strecke.

93,7 ↓ WW-Kanal, Schwall, danach Ⅱ.

93,4 Straßen-Ⅱ B176 Weißenseer Straße. Steine!

92,0 EB-Ⅱ, danach Schwall! gut ≋; ab hier kanalisiert, einsam.

87,9 Straßen-Ⅱ Heinrich-Heine-Straße, re **Leubingen**, zum 🚆 1 km.

85,0 li ↓ Lache (s. DKV-Gewässerführer OST), re → Lossa, re **Griefstädt**.

83,8 Ⅱ, li ↓ Schwarzburgische Helbe (s. DKV-Gewässerführer OST).

82,8 Ⅱ, Schwall **X** (Alte Spundwand unter der Wasseroberfläche), rechtzeitig am Holzsteg re anlanden, dort Rastplatz, und re ⌓; re **Riethgen**,

76,9 re ↓ Lossa, Straßen-Ⅱ Backsgasse, re **Gorsleben**.

75,6 li ↓ **Wipper** (s. DKV-Gewässerführer OST).

75,4 Straßen-Ⅱ, li **Sachsenburg**, re ⬇⬆, 🍴; Durchbruch durch die Hainleite, ★: Burgruinen Sachsenburg und Hakenburg.

74,4 ▬ Oldisleben, **X**, re ⌓, ⬇ über Treppe; danach sehr flach, li ← zum ϟ nicht befahren.

73,9 li im 1. Seitenarm nach dem ▬ ▲ für 5 Zelte beim Reit- und Fahrverein Oldisleben, Sanitäranlagen, Grillplatz, 🍴. Ausgangspunkt für Besichtigung der Sachsenburg, der Zuckerfabrik und Wasserburg Heldrungen.

73,5 re 🚆 Heldrungen.

73,0 Straßen-Ⅱ Heldrunger Straße, re ⬇⬆, Rastplatz, li **Oldisleben**, re **Heldrungen**, zum 🚆 700 m.

69,8 Straßen-Ⅱ Spitteldamm, re **Bretleben**, re ⬇⬆, im Ort Rastplatz, 🍴, 800 m zum 🚆.

67,3 EB-Ⅱ.

65,5 re → Flutgraben über ▬; geradeaus weiterfahren.

63,8 li ⬇⬆, in ca. 100 m Anglerheim mit Rastplatz und ✕, ☎ 03466/31078.
63,5 Radweg-Ⅱ, li **Schönfeld**.
62,0 ▬, X, □, re ⬇⬆, dort ⏏ oder Schleusung durch KWV Artern, ⌂, ▲, KWV Artern, An der Schleuse, 06556 Artern, dahinter ✕.
61,7 Straßen-Ⅱ B 86 Reinsdorfer Straße.
61,2 li **Artern**, zum 🚌 ca. 1,5 km.
li ⬇⬆ Salinepark Artern.
60,0 EB-Ⅱ, li zum 🚌 Artern 300 m.
58,2 li ↓ Kleine Helme.
58,0 □ **Ritteburg**, re ⏏ oder Schleusung, ☎ 03466/322332. ▬, X, ⏏, auf dem Schleusen-Gelände ✕, ▲-Möglichkeit, www.pension-schleuse.de .
57,5 Straßen-Ⅱ mit Schwall, re fahren, li Ritteburg.
56,9 li ↓ Helme (s. DKV-Gewässerführer OST).
53,6 Ⅱ Karl-Marx-Straße, Schwall, li fahren, Hindernisse am Brückenpfeiler, li **Schönewerda**.
50,0 Straßen-Ⅱ, li Brückendurchfahrt benutzen, hinter dem Pfeiler Schotterbank, li fahren, li Roßleben Ortsteil **Bottendorf**.
49,8 re ⬇⬆ Kupferhütte Bottendorf, ▲, Parkplatz, Museum, www.bottendorfer-muehle.kyff.de .
48,5 EB-Ⅱ, re fahren.
48,2 li ⌂ Ruderklub Roßleben.
47,7 Straßen-Ⅱ Wiehesche Straße, li **Roßleben**, li ⬇⬆, 🚌 in 1 km.
44,0 Straßen-Ⅱ, □ Wendelstein (☎ 034672/93147) und ▬. li **Wendelstein**, ⬇⬆, ★: Burgruine Wendelstein.
41,1 Ⅱ, re **Memleben**, ✕. ★: alte Kloster und Kaiserpfalz Memleben. Durchbruchstal vor Wangen.
36,7 Ⅱ, **Gr.**- und **Kl. Wangen**, li hinter der Brücke ⬇⬆, Rastplatz, Pegel, ✕, li in ca. 2 km Fundort der und Ausstellung zur Himmelsscheibe von Nebra.
34,2 li 🚌.
34,0 Straßen-Ⅱ B 250, **Nebra**, ✕, 🚌, DJH, ★: Burgruine.
33,8 ⌂ SV Nebra e.V. ▲-Möglichkeit.
33,7 re ⬇⬆, Rastplatz.
32,5 **Vitzenburg**, ★: Neorenaissanceschloss 18./19. JH., Weinberghaus.
32,3 li ehemalige Grabenmühlenschleuse.
30,5 li **Reinsdorf**, ★: Klosterkirche.
30,4 Fußgänger- und Radfahr-Ⅱ (Unstrut-Radwanderweg).
30,3 ⬇⬆, Rastplatz.
25,7 ⬇⬆ und Rastplatz am Dorfanger, Parkmöglichkeit, ▲ des Kanuverleih Nebra, www.kanuverleih-nebra.de
25,6 Straßen-Ⅱ, re **Wetzendorf**, li **Karsdorf**, ✕, 🚌, Zementwerk.
24,0 re **Wennungen**.

21,3 re □ Tröbsdorf (☎ 034462/20031), außerhalb der Schleusenzeiten re ⩡, ⬇⬆, Rastplatz, li ▬ und Mühlgraben.
20,6 Ⅱ; li Burgscheidungen, re **Tröbsdorf**, re ↓ Biberbach.
20,0 li ↓ Mühlgraben.
19,2 re **Kirchscheidungen**, 🚆, ⬇⬆, Rastplatz, ▲, www.saale-unstrut-erleben.de , *DKV-Kanustation.*
18,9 EB-Ⅱ.
15,1 li **Dorndorf**.
14,0 re ▲ Unstrutcamp, www.unstrutcamp.de .
13,4 re ⌂ und ▲ Kanuverein Laucha.
13,3 □ (☎ 034462/22902), ▬, **X**, außerhalb der Schleusenzeiten li über Straße 200 m weit ⩡.
Ⅱ, **Laucha**, 🚆, ✕, ★: Glockenmuseum.
12,8 re Pegel.
11,1 Wege-Ⅱ, li **Weischütz**, ⬇⬆, Rastplatz.
8,2 re **Balgstädt**, ⬇⬆, Rastplatz ▲, 🚆.
7,2 □ Zeddenbach (☎ 0173/8912289), re ⬇⬆, Rastplatz, außerhalb der Schleusenzeiten re ⩡, und li ▬.
6,9 Ⅱ, li Zeddenbachmühle.
5,2 □ Freyburg (☎ 034464/28095) und ▬, **X**, außerhalb der Schleusenzeiten re ⩡, re ⬇⬆.
Straßen-Ⅱ, re ⬇⬆, Sog zum Wehr!
Freyburg, Zentrum des Weinbaus Saale – Unstrut, 🚆, ✕, ★: Kirche St. Marien, Schloss Neuenburg, Wein- und Sektkellerei, Schauweinberg, Jahn-Gedenkstätte.
4,6 Straßen-Ⅱ.
4,2 Straßen-Ⅱ B 176/180.
3,8 re **Nißmitz**, re ⬇⬆, Rastplatz.
1,7 Ⅱ, **Groß**- und **Klein-Jena**, re 🚆.
1,2 li Reliefs in der Steilwand des Weinbergs, ★.
0,0 ↓ in Saale bei km 161,8. Sofort danach an der Saale re ⌂ und ▲ Naumburger Kanu Club.

Mulde

Wanderfluss – Flachlandfluss | Mündung in Elbe (li Nebenfluss)

Die Mulde fließt mit mäßiger Strömung durch Wiesen und Auwälder. Bei Bitterfeld durchquert sie den Muldestausee, der durch das Fluten eines ehemaligen Braunkohlen-Tageabbaus entstanden ist.

Befahrbarkeit: ganzjährig, auch mit Zweiern.

Befahrungsregeln: *Von Eilenburg bis Bad Düben ist das Befahren vom 31.10. bis 15.07. verboten (NSG). Übrige Zeit Uferbetretungsverbot außer an der Fähre Gruna.*
Ab Eisenbahnbrücke bei km 42,8 ist die Mulde bis zur Mündung in die Elbe Naturschutzgebiet, mit Ausnahme eines kurzen Stückes im Stadtgebiet von Dessau ist eine Befahrung der Folgestrecke verboten, auf eine Detailbeschreibung wird daher verzichtet.

146,8 Ursprung der Mulde durch Zusammenfluss ihrer beiden Quellflüsse Zwickauer Mulde (s. DKV-Gewässerführer OST) und Freiberger Mulde (s. Seite 536). Die Befahrung der Mulde wird an geeigneter Stelle einer der beiden Quellflüsse oder bei km 143,2 begonnen.
145,1 EB-Ⅱ, Stromschnellen!
143,2 re **Kössern**.
li **Großbothen**, 🚆, ✗.
138,6 Personen-Seilfähre, re Fährhaus, re **Höfgen**, ✗.
138,1 li Klosterruine Nimbschen, re Schiffmühle (Hotel).
135,8 Hänge-Ⅱ, re davor Seesportverein Albin Köbis mit ▲-Möglichkeit, www.seesportverein-grimma.de , li dahinter Steg des Grimmaer RV, An der Großmühle, 04668 Grimma, www.muldeschrei.de , gute ⬆ mit Parkplatz.
135,6 ■ Grimma-Obermühle, re ⌓.
135,3 li Wiedereinleitung Wehrgraben.
134,5 Straßen-Ⅱ, Pöppelmannbrücke, zerstört beim Hochwasser 2002, Rekonstruktion wurde 2009 begonnen.
134,4 Anlegestelle Kanu-Rastplatz ⬇⬆-Möglichkeit;
li **Grimma**, 🚆, ✗, ★: historische Altstadt, Rathaus, Schloss.
134,3 Straßen-Ⅱ.
130,4 re **Dorna**.
130,0 re **Döben**.
129,4 ■ Golzern, li ⌓, weit.
129,0 Straßen-Ⅱ Fabrikstraße, li **Golzern**, re **Bahren**, ✗.
128,4 Pegel Golzern 1 www.kanu.de .
127,8 Autobahn-Ⅱ A 14.
126,8 re **Nerchau**, ✗.
124,8 ■ Trebsen, **X**, re ⌓.
124,1 Wiedereinleitung Wehrgraben.
123,8 re **Neichen**, li **Pauschwitz**.
123,3 Straßen-Ⅱ Brückenstraße, li **Trebsen**, ✗.
121,2 Stromschnellen (Ehemaliges Wehr wurde zurückgebaut).
120,9 re **Nitzschka**.
116,5 Stromschnellen.
114,6 li **Schmölen**, re **Dehnitz**.

113,6 ■ Wurzen, re ⌂, re ⌂ SG Lokomotive Wurzen e.V., Damaschkestraße, 04808 Wurzen.
113,3 EB-Ⅱ.
112,9 Straßen-Ⅱ B 6 Leipziger Straße, re **Wurzen**, 🚂, ✕, li **Bennewitz**.
105,5 Rohr-Ⅱ, re **Canitz**, ✕.
101,0 re **Kollau**, Steinufer.
99,8 ■ Kollau-Bobritzer Damm, re ⌂ oder ← Mühlgraben durch **Eilenburg** fahren, li Groitzscher See (Befahren verboten).

Eilenburger Mühlgraben

0,0 Abzweig von der Mulde am Wehr Kollau-Bobritzer Damm.
7,1 Straßen-Ⅱ B 87, danach EB-Ⅱ (Schwall unter der Brücke), re 🚂.
7,5 Wege-Ⅱ.
7,7 ⌂ mit ▲-Möglichkeit Ruderclub Eilenburg e.V., Stadtpark 2, 04838 Eilenburg, ☎ 03423/753684, www.ruderclub-eilenburg.de .
8,5 Straßen-Ⅱ Leipziger Straße. Danach Teilung, re fahren.
8,6 Straßen-Ⅱ Mühlplatz.
10,9 ↓ in die Mulde km 95,5.

96,7 Straßen-Ⅱ B 87, danach EB-Ⅱ, Steine in beiden äußeren Durchfahrten, treideln, Mitte je nach Wasserstand ≋, Schwallstrecke!
95,7 Straßen-Ⅱ Torgauer Straße, bei NW unter der Brücke Sohlabsturz, Befahrbarkeit prüfen! **Eilenburg**.
Ab hier bis Bad Düben ist das Befahren vom 31.10. bis 15.07. verboten (NSG). Übrige Zeit Uferbetretungsverbot außer an der Fähre Gruna (km 81,6).
95,5 li ↓ des Mühlgrabens.
88,7 li **Hainichen**.
81,6 Personenfähre Gruna, ✕ Übernachtungs- und Biwakmöglichkeit.
79,7 re **Gruna**.
77,6 re **Laußig**.
68,1 Straßen-Ⅱ B 2 Leipziger Straße, Pfähle im Fluss! re **Bad Düben**, ✕, ★: Burg, Schiffsmühle.
52,4 Straßen-Ⅱ B 100 Äußere Dübener Straße, darunter ■ Einlassbauwerk des Bitterfelder Stausees! Im Zulaufbauwerk gibt es eine nicht sichtbare Grundschwelle aus Beton. Sie ist meist unkompliziert befahrbar, aber in Einzelfällen kommt es durch unterschiedliche Wasserstände zwischen Mulde und Stausee (Hochwasser, Absenken des Stauspiegels) zu einem stärkeren Gefälle mit starken Verwirbelungen bis Schwall. Vorher ansehen, es gab schon tödliche Unfälle! Beginn des Stausees.
li **Pouch**, hier werden die Poucher Faltboote gefertigt.

44,4 Ende des Stausees, li **Friedersdorf**, ⌂ Wassersportclub Friedersdorf, Am Seeufer, 06749 Friedersdorf, ▲, *DKV-Kanustation*, ☎ 03493/55000, www.wsc-friedersdorf.de . re 🚉 Muldenstein, Ɪ und ▬ Auslaufwerk Muldenstein, li ⌓. Besser ist es wegen der folgenden Sperrstrecke die Fahrt zu beenden.

42,8 EB-Ɪ.
Ab hier bis zur ↓ in die Elbe besteht ein ganzjähriges Befahrungsverbot einschließlich Nebengewässer.

34,0 re ⌂ Kanuclub Jeßnitz, Muldensteiner Straße 32, 06800 Jeßnitz, ▲, *DKV-Kanustation*, ☎ 03494/77576, www.kc-jessnitz.de .

0,0 ↓ in Elbe bei km 259,6.

Freiberger Mulde

Wildfluss – Wanderfluss | Mündung in Mulde (re Quellfluss)

Die Freiberger Mulde ist in ihrem Oberlauf ein leichter Wildfluss mit schneller Strömung und mäßiger Verblockung, nur für Einer. Der Unterlauf ab Hilbersdorf (km 80,1) ist leichter, bei NW jedoch etwas mühsam. Sehr zahlreiche Wehre, von denen einige bei Hochwasser fahrbar sind, die Mehrzahl erfordert das Umtragen.

Befahrbarkeit:	Oberlauf nur bei HW, nur für Einer, ab Hilbersdorf wahrscheinlich ganzjährig, je nach Wasserstand auch für Zweier.
Schwierigkeit:	km 119,6 – 50,8 WW I.
Pegel:	Erlln, Leisnig, Mahlitzsch, Nossen 1, Berthelsdorf und Mulda 1 (s. www.kanu.de).

119,6 Grenze zu Tschechien. Bis Hilbersdorf s. DKV-Gewässerführer OST.
80,1 ▬ Papierfabrik Hilbersdorf, zerstört, danach
Straßen-Ɪ Hilbersdorfer Straße, re **Hilbersdorf**, ⬇ für Zweier.
79,2 ▬ Sohlgleite.
79,0 Straßen-Ɪ B 173 Dresdner Straße, li nach **Freiberg**.
78,8 Straßen-Ɪ Alte Hammerbrücke.
78,1 ▬ Pappenfabrik Halsbach, ≋.
77,4 Wege-Ɪ.
76,8 ▬-Schwelle der Fuchsmühle Conradsdorf.
76,3 Wege-Ɪ re Fuchsmühle.
75,9 Ratsmühlen-▬, nicht mehr vorhanden.
75,3 2 Straßen-Ɪ Freiberger Straße, li **Conradsdorf**.
74,9 ▬-Schwelle.
74,5 Straßen-Ɪ Am Roten Graben.
73,1 Straßen-Ɪ Krummenhennersdorfer Straße, li **Halsbrücke**.
72,0 Straßen-Ɪ.
71,7 Wege-Ɪ.
70,1 Wege-Ɪ.
69,5 Straßen-Ɪ Altväterbrücke Alte Meißner Straße.

69,3 ■ Pappenwerk Großschirma.
67,6 Straßen-Ⅱ Hauptstraße, li **Großschirma**, re **Rothenfurth**.
67,3 Straßen-Ⅱ, li ↓ Wehrkanal.
67,0 Werk-Ⅱ.
64,1 ■ zur Hohen Tanne, zerstört.
63,6 Straßen-Ⅱ, re **Hohentanne**.
61,8 Straßen-Ⅱ, li **Kleinvoigtsberg**.
59,9 ■ Buschmühle Obergruna.
59,4 ■ Hammerwerk Obergruna.
58,7 ■ Mühle Obergruna.
58,4 Straßen-Ⅱ, li **Obergruna**.
57,3 ■ Illgen/Bieberstein am Zollhaus.
56,9 Straßen-Ⅱ Am Zollhaus.
56,8 ■, re ↓ Bobritzsch (s. DKV-Gewässerführer OST), EB-Ⅱ.
56,0 ■ Steyermühle.
54,7 li ↓ Wehrkanal.
54,2 ■ Beiermühle, zerstört.
54,0 Autobahn-Ⅱ A 4.
53,4 Straßen-Ⅱ.
52,0 ■ Nossen-Obermühle.
51,7 ■ (ehemaliges Sägewerk).
50,9 EB-Ⅱ.
51,3 Straßen-Ⅱ B 101 Dresdner Straße, **Nossen**, 🚉, ✕.
50,1 ■ Papierfabrik Nossen.
49,9 li ↓ Wehrkanal.
49,4 Straßen-Ⅱ B 175.
48,4 Straßen-Ⅱ Zellaer Straße.
48,1 EB-Ⅱ.
48,0 ■ Moritz.
47,3 re ↓ Wehrkanal.
46,4 EB-Ⅱ.
45,3 ■ Burgmühle Gleisberg (Teufelsmühle).
45,0 Straßen-Ⅱ Hauptstraße, re 🚉 Gleisberg-Marbach.
43,1 ■ Silberwäsche Gersdorf.
42,7 Straßen-Ⅱ.
42,3 li ↓ Wehrkanal.
42,1 EB-Ⅱ.
41,6 ■ Armaturenwerk Rosswein.
40,9 Wege-Ⅱ.
40,6 Straßen-Ⅱ, **Roßwein**, 🚉, ✕.
40,3 Straßen-Ⅱ Dresdner Straße.

39,8 ■ Roßwein.
39,7 Wege-Ⅱ.
38,7 ■ Roßwein Grüne Aue, zerstört.
38,6 Straßen-Ⅱ.
37,8 EB-Ⅱ.
37,7 Schwall.
37,4 Straßen-Ⅱ Hohenlauft.
37,3 Wehr nicht mehr vorhanden.
37,1 ■ **Niederstriegis**,
37,0 li ↓ Striegis (s. DKV-Gewässerführer OST).
36,9 EB-Ⅱ.
36,2 ■ Niederstriegis.
36,1 Straßen-Ⅱ.
35,9 re ↓ Wehrkanal.
35,4 EB-Ⅱ.
35,0 Straßen-Ⅱ Hermsdorfer Straße, li **Malitzsch**.
33,2 ■ Neugreußig, li **Neugreußig**.
32,7 li ↓ Wehrkanal.
31,8 EB-Ⅱ.
31,4 ■ Mischfutterwerk Sörmitz.
31,0 re ↓ Wehrkanal, danach Straßen-Ⅱ.
30,5 li ← des linken Muldearmes über ein Wehr. Die Beschreibung folgt dem rechten Muldearm.
30,3 Schlossberg-■ Döbeln im re Muldearm.
30,2 Straßen-Ⅱ Oberbrücke Ritterstraße, **Döbeln**, ⛺, 🍴.
30,9 Wege-Ⅱ Staupitzsteg, ■ Staupitz-Mühle Döbeln im re Muldearm.
29,5 Straßen-Ⅱ Rudolf-Breitscheid-Straße.
29,3 Straßen-Ⅱ Rosa-Luxemburg-Straße.
29,1 li ↓ li Muldearm.
28,9 Straßen-Ⅱ Friedrichstraße.
27,6 EB-Ⅱ, ■ Döbeln-Bauchlitz, vor EB-Ⅱ li ⌓.
27,2 Straßen-Ⅱ Grimmaische Straße.
26,8 Straßen-Ⅱ B 169.
26,5 re ↓ Wehrkanal und Gärtitzer Bach.
24,8 ■ Technitz, **X**, li ⌓.
24,5 Straßen-Ⅱ Kalkstraße, **Technitz**.
23,7 EB-Ⅱ, danach li ↓ Zschopau (s. DKV-Gewässerführer OST).
23,2 re ⌂ ESV Lokomotive Döbeln e.V., ▲, *DKV-Kanustation*, Bischofswiese, 04720 Döbeln OT Technitz, ☎ 03431/678585, www.spitzsteindrachen.de .
21,4 Straßen-Ⅱ, re **Westewitz**, ⛺, 🍴.
19,9 Hoch-■ Scheergrund, **X**, li ⌓.
18,8 re ↓ Wehrkanal.
18,4 re **Scheergrund**, ⛺ Klosterbuch.

16,5 ▬ Klosterbuch, re ⏏ durch ehemaliges Klostergut bis zur Ⅱ, re **Klosterbuch**.
16,2 re ↓ Wehrkanal, Straßen-Ⅱ.
13,3 EB-Ⅱ.
12,4 ▬ Leisnig, re ⏏. Davor li ⌂ und ▲ Sportverein Leisnig 90 e.V., An der Muldenwiese, 04703 Leisnig.
11,9 Straßen-Ⅱ Waldstraße, **Leisnig**, 🚂, ✕, ★ Burg Mildenstein.
11,6 Straßen-Ⅱ Schloßberg.
11,4 ▬ Leisnig-Tragnitz, re ⏏.
10,8 li ↓ Wehrkanal.
10,3 Straßen-Ⅱ Am Harling.
8,6 Wege-Ⅱ, li **Altleisnig**.
6,3 EB-Ⅱ, dahinter Stromschnellen.
6,0 li **Röda**.
3,7 re **Tanndorf**.
3,2 li Schloss Podelwitz (Museum, Übernachtung), Anlegestelle Kanu-Rastplatz, ✕.
2,7 Straßen-Ⅱ, li **Podelwitz**.
0,4 Straßen-Ⅱ An der Freiberger Muldenbrücke, li nach Sermuth, re ✕ am Sportplatz.
0,0 Vereinigung mit der Zwickauer Mulde. Fortsetzung als Mulde, auch als Vereinigte Mulde bezeichnet, bei km 146,8 (s. Seite 533).

Gewässer in Schleswig-Holstein und im Einzugsbereich der Ostsee

Eider

Wanderfluss — Mündung in Nordsee

Die Eider wird durch den Nord-Ostseekanal in zwei Abschnitte getrennt, die Ober- und Untereider.

1. Obereider

Sie durchfließt mit guter Strömung das östliche Hügelland Schleswig-Holsteins mit seinen reizvollen Seen.
Befahrungsregeln: *im Text kursiv hervorgehoben.*
Befahrbarkeit: ab Brügge meist ganzjährig.

36,8 Straßen-Ⅱ Bordesholm–Gr. Buchwald, Buchwalder Chaussee, gute ⬇, Parkplatz.
35,8 Straßen-Ⅱ Buchwalder Chaussee.
35,1 Straßen-Ⅱ Dorfstraße, **Brügge**, danach Mühlen-▬ meist ≋, sonst re ⌓, Wege-Ⅱ.
33,7 Straßen-Ⅱ Bordesholm–Reesdorf.
33,0 re **Reesdorf**.
32,6 Straßen-Ⅱ, danach li Pegel, re ⬇, Tunnel-Ⅱ unter EB, flach und steinig, 2. Straßen-Ⅱ.
31,9 li ↓ Ausfluss des Bordesholmer Sees, jetzt hügeliges Tal.
30,7 2 Wege-Ⅱ, li **Schmalstede**. Es folgen niedrige Feldwegstege.
24,8 Straßen-Ⅱ Eiderkamp, **Groß Flintbek**. Davor im Spätsommer evtl. Krautfang, hinter der Straßen-Ⅱ re Pegel, gute ⬇⬆, Parkmöglichkeit, ⛺.
23,4 Fußgänger-Ⅱ.
22,5 Straßen-Ⅱ Freeweid, li **Voorde**, leichter Schwall über Steine folgt, bei gutem Wasserstand ≋.
20,3 Fußgänger-Ⅱ, li Molfsee.
17,7 Straßen-Ⅱ Hamburger Chaussee. Hinter der Straßenbrücke im Spätsommer evtl. Krautfang, danach durch Buschwerk und Bäume verengtes Fahrwasser mit evtl. aufgestautem Kraut und Unrat, dadurch schwierige Weiterfahrt. ⌓ umständlich, da morastig.
li **Rammsee**, Schleswig-Holsteinisches Freilichtmuseum.
16,8 Beginn des NSG „Schulensee“. Durchfahrt frei zum Ausfluss aus dem See li vom weißen Gebäude; re Seeteil ist gesperrt.
16,2 Ausfluss aus Schulensee, Straßen-Ⅱ Hamburger Landstraße mit Aalfang.
15,0 Beton-Treppen-▬ Kiel-Hammer, re ⌓, evtl. ≋.
14,9 Wanderweg-Ⅱ, re Freibad.
13,8 Wege-Ⅱ.

12,9 Autobahn-𝕀 A 215.
12,3 Straßen-𝕀 li **Mielkendorf**, ⬇⬆ re **Blockshagen**.
10,6 Straßen-𝕀 Schönwohlder Straße, li ⬇⬆, Rastplatz.
10,3 ▬ Steinfurther Mühle, **X**, re Rampe zum ⬆, ⏢ ca. 100 m bis re hinter der Straßen-𝕀 am li Ufer unterhalb ⬇, Rastplatz.
Hier beginnt das NSG „Nordöstlicher Westensee/Ahrensee“.
8,6 niedrige Wege-𝕀, li **Hohenhude**.
8,0 ↓ der Eider in den Westensee. Privatbesitz. Der Westensee und die Uferbereiche sind NSG. Es ist nur die direkte Durchfahrt von Steinfurt bis Achterwehr erlaubt, wobei zu den Ufern bzw. zum Schilfrand 50 m Abstand einzuhalten sind. Das Befahren der Buchten oder anderer Seeteile ist lt. NSG-VO nicht gestattet. Die direkte Durchfahrt ist kostenfrei; ungesperrte Restfläche ⩰ gegen Gebühr an Privatbesitzer.
Bei Westwind starke Wellenbildung auf dem See.
4,8 Ausfluss aus dem Westensee bei den Fischfangnetzen im nördlichen Seeteil.
4,0 Fußgänger-𝕀.
3,9 EB-𝕀.
3,0 Straßen-𝕀, re Achterwehr.
2,8 re Getreidespeicher, davor re günstige ⬇⬆, Parkplatz.
Ab hier bis zur Schleuse Strohbrink heißt die Eider jetzt Achterwehr-Kanal. Er ist bis auf ca. 7 m über dem Wasserspiegel des Nord-Ostsee-Kanals aufgestaut.
2,3 Autobahn-𝕀 A 210.
2,0 re **Flemhude**, Rastplatz und ein weiterer Rastplatz re bei km 1,6.
0,1 ☐ Strohbrück, außer Betrieb, li ⏢ möglich, jedoch mühsam mit Bootswagen durch Wald zum Flemhuder See, 150 m, li Biwakplatz.
0,0 ↓ in Nord-Ostseekanal bei Kanal-km 85,7.

2. Untereider

Die Eider nördlich des Nord-Ostsee Kanals ist wesentlich weniger interessant als die obere Eider. Sie verläuft zwischen hohen Dämmen mit geringer Strömung durch Geest- und Marschenlandschaft. Falls nach dem Erreichen des NOK eine direkte Weiterfahrt zur Untereider geplant ist, muss zunächst der Kanal nach Westen (li) befahren werden; er ist gebührenpflichtig. Nach 19,5 km Kanalfahrt wird die Abzweigung der Untereider aus dem Kanal bei km 66,1 erreicht. Wegen der nach 3,8 km folgenden langen ⏢-Stelle und - oder - wenn man die Stadt Rendsburg umfahren will, ist es besser auf dem NOK weiterzufahren bis zur Weiche Schülp re bei km 56,7 und Dalben Nr. 24, nur 35 m über belebte Straße zur Untereider bei km 6 ⏢.
Befahrungsregeln: siehe Kilometrierung.

0,0 Ausfluss der Eider aus dem NOK bei km 66,1.

1,8 re ⌂ , ▲, Kanu-Verein Wassersportvereinigung an der Eider Büdelsdorf, www.wv-buedelsdorf.de .

2,3 Beginn „Obereider-See“.

2,4 re vor Seglerbrücke ⌂ des TV Naturfreunde Büdelsdorf.

3,0 li ⌂ Rensburger Kanu-Club e.V., Wickenhagenweg 13, Rendsburg, www.rendsburgerkc.de , ▲.

3,2 li gute ⬇⬆ vor Segelboot-Anleger. 10 Min. bis 🚆.

3,5 **Rendsburg** - Obereiderhafen.

3,8 re ⩳ ca. 400 m, Fußweg mit 2 Ampelanlagen. Flusslauf unterbrochen.

0,0 Ab hier ist die Eider bis ↓ durchgehend ≋, amtliche Kilometrierung. ⬇ an der Spundwand oder ca. 250 m weiter re an flacher Böschung, Parkplatz.

1,0 Wege-Ⅱ

1,1 Straßen-Ⅱ B 77.

4,7 Fußgänger-Ⅱ, re **Nübbel**, li frühere Lotsenstation, ✕.
Die Eider fließt hier nur 100 m entfernt parallel zum Kanal bis km 7,0.

6,2 li günstige ⩳-Stelle in den NOK (Dalben 24).

11,0 li **Hörsten**.

13,4 li **Lohklint**.

15,3 Straßen-Ⅱ, re nach **Hamdorf**, li nach **Breiholz**, Campingplatz Breiholz, danach li und re ⬇⬆, Rastplatz.

18,2 li **Bastenberg**, ⬇⬆.

22,7 li ↓ Gieselau-Kanal.

25,5 li **Lexfähre**, ▲ Campingplatz Lexfähre.

26,0 Lexfähre-□ mit Straßen-Ⅱ der B 203, re **Prinzenmoor**, Schleusung gebührenpflichtig, li ⩳, Biwak- und Rastplatz, re Arm endet beim Schöpfwerk, hier ⩳ nicht möglich.

36,5 re **Hohnerfähre**, ✕, ▲-Möglichkeit, li und re ⬇⬆, im Sommer Fährbetrieb.

36,8 re ↓ Sorge (s. Kanuwanderbuch NWD).

42,4 li ↓ Tiele-Au.

43,0 re **Tielen**.

46,0 Straßen-Ⅱ, li **Pahlhude** und **Pahlen**.

50,0 li und re ⬇⬆, re ✕.

50,4 re **Bargen**, re ▲ Campingplatz „Bargener Fähre“.

51,9 li **Delve**, ▲ Campingplatz „Eidertal“.

57,6 re Stein-□, ↓ Große Schlote, Verbindung zur „Alte Sorge“, **X**, NSG.

61,3 re **Süderstapel**, Wollenberg 29 m hoch; ▲ Eidercamping.

67,5 li **Horst** mit ▲ Camping Ferienpark Eider.

75,5 li ↓ Broklandsau (hinter dem Deich) (s. Kanuwanderbuch NWD).

78,2 Nordfeld-□ mit Wege-Ⅱ, Schleusung gebührenpflichtig. Ab hier Einfluss der Gezeiten. ⩳ li nur bei hohem Tidestand möglich wegen der Schlickufer. li **Nordfeld**.

83,0 Straßen-⌶.
83,1 re **Friedrichstadt**, ⌂, ★, Grachtenfahrt durch die Stadt empfehlenswert, re ▲ Campingplatz Friedrichstadt.
83,6 re Spül-☐, → Ostersielzug führt zur Treene (s. Seite 543).
83,8 re → Westersielzug führt ebenfalls zur Treene, (s. Seite 543).
85,2 EB-⌶.
90,0 re **Reimersbude**.
93,0 re **Rothenspieker**.
94,0 –99,3 re Oldensworter Vorland, ganzjähriges Betretungsverbot.
99,3 Klapp-⌶ B 5.
99,3 - 110,0 li Dithmarscher Vorland (außer Schülper Außensiel). Ganzjähriges Befahrungs- und Betretungsverbot.
100,0 re ⌂ der Kanugemeinschaft Eiderstedt, Eiderdeich/Roter Schuppen, 25832 Tönning, www.kanu-gemeinschaft-eiderstedt.de , ▲- u. Übernachtungsmöglichkeit mit sanitären Anlagen. Ausgangspunkt für Wattfahrten.

Tönning, ★, re der Eider gelegen, Bade- und Luftkurort. Beheiztes Meerwasser-Schwimmbad, DJH, Museum für Stadtgeschichte.

101,4 - 106,5 re Katinger Vorland und Grüne Insel. Ganzjähriges Betretungs- und Fahrverbot auf den Prielen (Ausnahme Norderlochgraben).
100,0 re ⌂ der Kanugemeinschaft Eiderstedt, ▲ und Übernachtungsmöglichkeit.
102,0 Die Eider erweitert sich zwischen Dithmarscher Watt und dem Katinger Watt.
110,4 Eider-Sperrwerk mit ☐ und Klapp-⌶ Wesselburen–St. Peter-Ording. re ☐, Schleusungen kostenlos. Durchfahren der Sielöffnungen ist verboten und lebensgefährlich! Das durch Tonnen bezeichnete Sperrgebiet vor und hinter dem Sperrwerk darf nicht befahren werden.

⬆ am re Ufer vor dem Schleusenvorhafen.

Treene

Wanderfluss	Mündung in Eider (re Nebenfluss)

Die oft befahrene Treene verläuft in Nord-Südrichtung zunächst im Bereich der Geest durch Äcker, Wiesen und kleine Wälder, in ihrem Unterlauf wird sie zum reinen Marschfluss; sie ist streckenweise eingedeicht. Im Jahr 2011 sollen verschiedene Anleger und ⬇ errichtet werden.

Befahrungsregeln: *oberhalb km 63,6, Vereinbarung der Treene-Anlieger u. –Nutzer: Freiwilliger ganzjähriger Befahrungsverzicht. Der LKV SH empfiehlt allen Kanuten sich der Vereinbarung anzuschließen.*

63,6 Straßen-Ⅱ Tornschauer Straße, re ⬇kurz hinter der Brücke, re **Tarp**, 🚆. Der Fluss verlässt hier das hügelige Moränengebiet und mäandriert in großen Schleifen durch ein weites Wiesental.

62,5 Wege-Ⅱ, Rastplatz, ⬇-Möglichkeit, jedoch 150 m Fußweg vom Parkplatz am Schwimmbad.

57,2 re ▲ Spejdergården Tydal (dän. Pfadfinder), 24582 Eggebek, Rastplatz, Erlaubnis nur bei vorheriger Anfrage ☎ 04609/91030, www.tydal.dk .

55,1 Straßen-Ⅱ, re **Eggebek**, li **Langstedt**. ⬇⬆ nur gegen Gebühr im ✕, dort auch ▲-Möglichkeit. Es folgen bis kurz hinter der Eisenbahnbrücke mehrere flache Stellen.

54,5 Wege-Ⅱ, Pegel (ab Tarp >510 cm), EB-Ⅱ.

50,0 Wege-Ⅱ, re **Jerrisbek**, Rastplatz.

45,0 re ↓ Jerrisbek (Wiesenfluss, ≋ auf 17 km ab Wanderup oder ab Kleinjörl 6 km mit einem Mühlen-▬ bei Sollerup), Straßen-Ⅱ, re **Sollerup**, li **Hünning**; Rastplatz, ▲-Möglichkeit, ✕, ⬇⬆, Heuhotel.

43,4 li ↓ Bollingstedter Au (≋ ab Stenderupau Ⅱ, 19 km).

42,5 Straßen-Ⅱ, re **Sollbrück**.

42,1 EB-Ⅱ.

41,5 **Esperstoft**, beim Feuerwehrgerätehaus gute ⬇⬆.

37,1 Straßen-Ⅱ, re **Ipland**, li **Grüft**, Rastplatz.

35,0 ▬ Stufe, für Geübte ≋, evtl. re ⏏, Umbau für 2011 geplant, danach **Treia**, ⬇⬆, ▲ möglich re hinter Feuerwehrhaus. Es folgt Straßen-Ⅱ B 201.

34,4 ▬ mit 40 m langen ≋ Borstenfischpass, Fußgänger-Ⅱ (2010 im Bau).

33,3 li **Holm**. Ab hier ist die Geest vorbei und es beginnt das Moor- und Marschland.

30,4 li ↓ Silberstedter Au.

27,8 Straßen-Ⅱ, **Hollingstedt**, ⬇⬆, Rastplatz, ▲-Möglichkeit. Bis hierher macht sich der Siel-Stau von Friedrichsstadt bemerkbar.

20,2 li Rastplatz, **Wohlde** 1,3 km.

17,3 re Rastplatz Fresendelf, einfache ▲-Möglichkeit, Kanuverleih.

17,0 **Fresendelfer Fähre** (Ortsbezeichnung einer früheren Fährstelle).

14,9 Straßen-Ⅱ, re nach **Süderhöft**, Rastplatz Nato-Ⅱ.

14,0 li **Norderstapel** in 1,3 km.

11,3 ehem. EB-Ⅱ.

8,4 **Schwabstedt**, Straßen-Ⅱ. Reizender Ort. Auf der Höhe Forst Lehmsiek, neben dem Schwimmbad ▲-Möglichkeit. Bis hier fährt ein Boot von Friedrichsstadt, Rastplatz, ✕.

1,5 **Friedrichstadt**, ★, Befahrung der Grachten lohnend, gute ⬇⬆ beim dänischen Kanu-Club vor der Schleuse zur Eider, li der Ostersielzug, dann der Westersielzug mit ☐ ☎ 04881/239. Straßen-Ⅱ B 5. ▲ Campingplatz, *DKV-Kanustation*, Tönninger Straße 1, 25840 Friedrichstadt, www.treenecamp.de , 🚆 der Strecke Hamburg- Westerland.

0,0 ↓ in die Untereider bei km 83,8 und 83,6.

Schlei

Fjordartige Ostseebucht

Die Schlei reicht als 44 km langer Nebenarm der Ostsee von Schleimünde bis Schleswig. Seeartige Breiten wechseln mit schmalen Durchfahrten. Die Schlei führt Brackwasser, gegen die Ostsee hin nimmt der Salzgehalt zu. Sie ist sehr gut geeignet für Ferienfahrten. Bei dem vorherrschenden Westwind wird die Fahrt im Allgemeinen von West nach Ost durchgeführt, bei Ostwind ist die Gegenrichtung sinnvoller. Recht unangenehme kurze und hohe Wellen entstehen insbesondere bei Ostwind.

Zeltmöglichkeit: Die gesamte Landschaft ist Landschaftsschutzgebiet; am Südufer der Schlei ist daher Zelten grundsätzlich verboten. Am Nordufer ist zumeist das Zelten in kleinen Gruppen (maximal fünf Zelte) mit Genehmigung des Grundstückeigners möglich. Zelt- und Campingplätze siehe tabellarische Beschreibung.

44,0 Beginn der Schlei, keine ⬇. (Durchfahrt Burggraben).

43,5 re Wikingturm. (achteckiger Turm mit 240 Wohnungen und Hafen).

43,1 li Louisenbad, Badeanstalt, ⌂ des Schleswiger Kanu-Clubs „Haithabu“, *DKV-Kanustation*, Am Luisenbad 1A, 24837 Schleswig, ☎ 04621/22980, www.skc-schleswig.de , günstige ⬇⬆, für Einzelfahrer. ▲-Möglichkeit für ca. drei Zelte. Weitere ⌂ der Segler und Ruderer. Auch günstig für Stadtbesichtigung. Falls beim SKC geschlossen, anlegen in der Bucht beim „Strandhotel“ möglich, vom Wasser aus gesehen li an der Brücke bei der Stadthalle.
★: Schloss Gottorf, Museum Stadtzentrum, 🚌 zu Fuß ca. 30 Min, DJH, Anschrift: Spielkoppel 1, ☎ 04621/23893.

43,0 re Marienbad.

42,6 li Fischersiedlung Holm und Stadt **Schleswig**, ★: Dom.
Am Hafen Slipanlage, gute ⬇⬆. Parkmöglichkeit in ca. 500 m in Richtung Stadt.

41,9 re ▲ Campingplatz, ☎ 04621/32450, Fax 04621/33122.

41,8 re → zum Haddebyer Noor mit Museum Haithabu, nach 1,8 km → zum Selker Noor unter einer Fußgängerbrücke, durchfahren bis Badestelle 2,8 km, bis zum Ende 3,5 km von der Einfahrt.

41,5 re Netzetrockenplatz der Fischer vom Holm, wird auch als Badestelle genutzt.

41,1 re auf kleiner Anhöhe Gedenkstätte für die Gefallenen des Zweiten Weltkrieges. Gute ⬇⬆ am Haddebyer Noor, Parkplatz.
li „Freiheit“, Erweiterung zur „Kleinen Breite“, li Bucht von Winning.

40,1 re **Fahrdorf**.

37,4 li ↓ Füsinger Au. Die Entfernung zur Stexwiger Enge beträgt von der Mündung der Füsinger Au 2,5 km.

38,0 re Stexwiger Enge, *li Halbinsel Reesholm, NSG, Betretungsverbot und 50 m Abstand vom Ufer halten*. Erweiterung zur „Großen Breite", nach Schleimünde in Richtung der Tonnen fahren, nach Borgwedel und Louisenlund am re Ufer fahren.

36,3 *li Insel Heestholm, NSG, Betretungsverbot und 50 m Abstand halten*.

35,0 re Borgwedel, DJH ☎ 04354/219, evtl. ▲ in der Jugendherberge (fragen).

33,6 re Louisenlund, Segler-Ⅱ, schöner Ort, Schloss als Internat

32,9 re Fleckeby, ↓ der Osterbek (s. Kanuwanderbuch für NWD").

33,1 re Halbinsel Kielfot, Einfahrt in Missunder Enge.

31,5 re und li **Missunde**, Fähre, Vorsicht bei gelben Blinklicht der Fähre, Seil im Wasser als Hindernis, li ✕ „Missunder Fährhaus" re ✕ „Missunder Cafe", Segler-Ⅱ.

31,3 li ▲ Schleswiger Kanuten, *DKV-Kanustation*, Missunder Fährstraße 33, 24864 Brodersby, Anfragen und anmelden unter 04621/27260, www.skc-schleswig.de .

30,6 li Brodersbyer Noor.

29,8 nach Schleimünde in Richtung der Tonnen fahren, re Erweiterung zur Missunder Bucht, ▲ Campingplatz ☎ 04354/98430, am re Ufer ins Missunder Noor und ins Ornumer Noor mit Einmündung der Koseler Au (s. Kanuwanderbuch für NWD). Ornumer Noor Befahrung verboten (Privatbesitz).

29,0 re Königsburg.

29,0 li ▲ Campingplatz Goltoft, ☎ 04622/533, Fax 04622/1024.

28,4 Insel Kieholm (Privatbesitz), re oder li fahren, nach Schleimünde in Richtung der EB-Brücke fahren.

27,7 re ▲ Campingplatz Bohnert/Hülsen, ☎ 04355/385.

25,9 li **Ulsnis**, Segler-Ⅱ.

24,5 li Gunnebyer Noor.

21,9 re **Stubbe**.

21,1 li Einfahrt zum Lindauer Noor, re ▲ Campingplatz Lindaunis, ☎ 04641/7317. Hier steht am Noor das Haus des Landarztes aus der Fernsehserie.

21,2 EB- und Straßen-Ⅱ (Hub-Ⅱ) **Lindaunis**, li hinter der Brücke Anleger, gute ⬇⬆.

19,5 Verengung, li Halbinsel Norderhaken und re Halbinsel Süderhaken, Erweiterung zur „Langen Breite", nach Schleimünde in Richtung der Tonnen fahren.

18,2 re **Sieseby** mit alter Wehrkirche, ★.

16,3 re Gut Bienebek.

15,1 li ▲ Campingplatz Karschau, ☎ 04642/920820, Fax 04642/920821, vom Wasser entfernt. Für Paddler nicht gut geeignet.

13,2 re Winnemark.

12,3 re Halbinsel Schwonsburg, Verengung zur „Arniser Enge".
11,6 li **Arnis**, kleinste deutsche Stadt, alte Fischerhäuser und Schifferkirche aus dem Jahre 1669, ★.
Segler-Ⅱ, Fähre, noch Werftbetrieb
10,6 li Arnisser „Marina", hier bekommt man auch Ersatzteile für den Wassersport.
10,2 re **Kopperby** mit Sport-Motorboothafen „Marina".
7,8 li **Kappeln**, Straßenklapp-Ⅱ, Bus nach Schleswig,
re DJH. Gute ⬇⬆ re hinter der Klappbrücke.
Zwischen Pfählen und Reisig sind Fischernetze gespannt. Einziger noch bestehender europäischer Heringszaun.
7,3 re **Ellenberg**.
5,3 li **Rabelsund**, Erweiterung zur Außenschlei, die stark versandet ist, in Nähe der Betonnung fahren, auch für Paddler zu flach.
3,5 li Wormshöfter Noor.
2,2 li **Maasholm**, idyllischer Fischerort, ★.
Überfahrt nach Schleimünde beträgt 2,9 km
2,2 re Halbinsel Olperör-Fischerhütte.
0,7 re Halbinsel Olpenitzdorf mit ▲ Campingplatz, ☎ 04642/81498, gute ⬇⬆.
Überfahrt nach Schleimünde beträgt 2,2 km
0,0 **Schleimünde**, li Lotseninsel mit Sportboothafen, Leuchtturm und ✕ im Sommer, ▲ bis zu 5 Zelte, Anmeldung in der ✕ „Giftbude",
☎ 04642/4972. Das Hinterland der Lotseninsel ist Vogelschutzgebiet und darf nicht betreten werden (Vogelwärter**!**); re flache Halbinsel, keine Verbindung zum Hinterland (teilweise Militärgebiet), es darf hier nicht gezeltet werden.
↓ in die Ostsee bei km 65, in der Molendurchfahrt starke Strömung und Dünung möglich**!**

Füssinger Au

Wanderfluss	Mündung in Schlei

Die Füsinger Au ist ein kleiner, eher unbekannter Fluss, der nördlich von Schleswig aus dem Langsee als Wellspangener Au entsteht und erst lange nach Nordosten fließt. Der Langsee ist Privatbesitz, aber nach dem schleswig-holsteinischen Wassergesetz von 1971 ist die Durchfahrt ohne Aufenthalt durch Privatseen, die von öffentlichen Gewässern durchflossen sind, mit Booten ohne Motorkraft erlaubt. Dann wechselt sie die Richtung um 180 Grad, wird zwischendurch Loiter Au genannt und mündet nach einem Gesamtweg von etwa 35 Kilometern östlich von Schleswig als Füsinger Au in die Schlei. Um eine gute Tagestour von etwa 17 Kilometern inklusive einer Kurzfahrt auf der Schlei (Schwimmwesten nicht vergessen**!**) zu erreichen, beginnen wir unsere Tour in Loit (B 201) an einer gut angelegten Einsetzstelle mit Parkplatz. Die Loiter Au (wie sie hier heißt) ist etwa 6 Meter breit, nur 30 cm tief und

fließt recht flott. Sie hat einen starken Wasserpflanzenbewuchs. Der Fluss ist begradigt, benötigt aber keine Wehre zu seiner Regulierung. Die Füsinger Au fließt in einem stark eingeschnittenen Flussbett, welches von Uferbäumen gesäumt wird. Hin und wieder erfreuen bewaldete Hügel das Auge des Paddlers. Die Tour startet an der Einsetzstelle 20 Meter oberhalb des Parkplatzes.
Eine weitere Tagespaddelstrecke wäre von km 33,5 bis Taarstedt bei km 7,1. Das wären 26,4 km. An der Brücke kann man die Autos sehr gut abstellen.

34,6 Durchlass östlich von **Idstedt**, anschließend Idstedter See.

33,5 Ⅱ (Röhre) bei Idstedt, Abfluss des Idstedter Sees zum Langsee. Wegen Netzen und Reusen erst etwa 100 m unterhalb an der Röhre rechts einsetzen. Links militärisches Übungsgelände. Betreten verboten. Bis zum Langsee flach, vielleicht stellenweise evtl. treideln, aber kurz.

32,8 Einfluss in den Langsee (sogen. Kleiner Langsee).

31,3 schilfbestandene Enge, links ca. 5 m breite Durchfahrt zum großen Langsee. Vorsicht auf Netze und Reusen! See im Privatbesitz, nur auf direkten Weg durchfahren, auf keinen Fall anlegen.

27,8 Abfluss der Wellspanger Au aus dem Langsee.

27,0 ▬ Wellspanger Mühle (heute kleines Kraftwerk), nur re ⌓. Hinter der Straßenbrücke nach ca. 50 m links einsetzen. Bei Wasserdurchlass flotte Strömung! Bei wenig Wasser wird aufgestaut; dann ca. 1000 m treideln. An der Mühle anfragen, ob man Wasser bekommt, wenn man die Fahrt in Idstedt beginnen will. Sonst bei km 20,7 einsetzen. Davor leider keine Straße, die an den Fluss geht.

20,7 Straßen-Ⅱ Buschau–Boholz, dahinter Eisenpfähle für Fischreusen!

18,6 Spundwand mit doppelten Schützen-▬ für Oxbek und Wellsbanger Au. Automatischer Abschöpfgreifer. re ⌓, wenn das Wehr geschlossen ist. Bitte vorher ansehen. Auch guter Rastplatz.

17,7 li **Brebelholz,** liegt aber etwas vom Wasser entfernt.

16,4 Krautfangbalken, evtl. li ⌓, wird nur im Spätsommer eingesetzt, wenn im Wasser das Kraut geschnitten wird.

16,3 Straßen-Ⅱ, **Loit**, ⬇ an der B 201. Wir starten auf einem etwa 4 Meter breiten, gut fließenden Fluss. Der Fluss ist stark begradigt und die Ufer sind mit Bäumen bewachsen.

14,1 Straßen-Ⅱ B 201 Schleswig–Kappeln, keine Einsetzmöglichkeit.

11,5 Fußgänger-Ⅱ Westerakeby–Twedt, Pegel: befahrbarer Stand 560 cm.

10,7 li eine gute Pausenstelle (Anlegestelle mit Feldstein).

8,7 alte EB-Ⅱ in Stein (Strecke stillgelegt) unter der und hinter der Brücke kleiner Schwall. Am besten in der Mitte fahren.

7,1 Straßen-Ⅱ Scholderup–Taarstedt. Direkt hinter der Betonbrücke li ist eine Anlegestelle mit Tisch und Bank zum Rasten.
Dann folgt die Ⅱ der alten Straßentrasse. Hier beginnt eine kurze Schwallstrecke. Hier flache Stellen, am besten in der Mitte fahren!

3,9 Straßen-Ⅱ "Kahleby", erbaut 2006, re Kirche. Von nun an werden die Ufer flacher und man kann ins Land sehen.

Etwa 200 m hinter der Brücke kann man rechts gut anlanden um eine Pause zu machen und die Kirche aus der Ferne zu bewundern.

1,9 Straßen-ɪɪ Schaalby–Füsing, gute ⬆.

1,4 Straßen-ɪɪ Schleswig–Füsing.

0,0 ↓ in die Schlei mit einer Fußgänger-ɪɪ und einem Hafen. Wenn man auf die Schlei hinausfährt, muss man sich li halten und dort die Badestelle ansteuern. Bis zum Anlanden an der Badestelle von Füsing "Winningmay" 500 m. Hier ist eine gute ⬆ und ein Parkplatz. Aber man kann hier auch gut eine Pause machen, wenn man weiter fahren möchte. Die Entfernung von der Mündung Füsinger Au bis Stexwiger Enge beträgt 2,5 km

Schwentine, Holsteinische Seen

Die landschaftlich sehr reizvollen Holsteinischen Seen stellen das westliche Ende der großen Seenkette späteiszeitlicher Herkunft dar, die sich von Holstein über Mecklenburg, Pommern, Polen bis zu den „1000 Seen“ Finnlands erstreckt.

Die Schwentine stellt in ihrem Oberlauf die Verbindung zwischen mehreren dieser Seen dar. In der Praxis bedeutet dies, dass man in diesem Bereich fast ausschließlich über langgestreckte Seen paddelt; auch auf den dazwischen liegenden kurzen Schwentine-Strecken ist die Strömung so gering, dass man den Fluss ohne weiteres auch aufwärts befahren kann. Bei einer Befahrung der Schwentine von Eutin bis Kiel sind insgesamt sechs Umtragestellen zu überwinden; in Malente und Raisdorf ist dies am besten mit Bootswagen zu bewerkstelligen.

Achtung auf Stellnetze der Fischer; sie befinden sich vor allem unter Brücken und bei den Einfahrten zu den Seen.

Befahrungsregeln: *km 42,4–43 NSG Altarm der Schwentine, ⬇⬆ nur am Steg bei km 42,7.*
westliche Buchten und Halbinsel im Lanker See, Sonneninsel anlegen verboten.

54,4 ⬇-Möglichkeit in den Eutiner See beim Ruder-Verein „Germania“ oder Segelverein. Parkplatz.
Eutin, mit Schloss und Schlosspark am See, ★.

48,6 Ausfluss der Schwentine aus dem Eutiner See, Fischsperre, vorsichtig ≋.

48,0 2 Straßen-ɪɪ in **Fissau**.

47,7 ▬, X, Fissauer Mühle, re ⌓, unterhalb auch zum ⬇ geeignet, Pkw-Zufahrt, Parkplatz in der Nähe.

47,2 Straßen-ɪɪ, re Fissauer Fährhaus

46,5 li ▲ Naturcamping Prinzenholz.

46,0 ↓ in Kellersee. Weiterfahrt zum Dieksee am li Ufer fahren. Bei Weiterfahrt zum abseits gelegenen Ukleisee re halten und in Sielbek ca. 800 m ⌓.

45,0 li Halbinsel Rothengrund.

43,8 Ausfluss der Schwentine aus dem Kellersee, Eisenstangen (evtl. dicht unter Wasser)!
43,0 li ▲ Campingplatz „An der Schwentine“.
42,5 Straßen-Ⅱ Bismarkstraße.
42,1 Straßen-Ⅱ Rosenstraße.
41,7 EB-Ⅱ.
41,4 ▬, X, durch Schwimmponton gesichert. ⬆ für Kajaks am Ponton li und dann über eine neue Rollenbahn ≏, anschließend ca. 50 m flach und steinig, treideln erforderlich. Die alte Aussetzstelle li von der Mühle ist nur noch von Kanadiern und Ruderbooten zu nutzen, weil für diese die Rollenbahn zu schmal ist. 🚌 ca. 400 m.
Straßen-Ⅱ Hindenburgallee, **Malente-Gremsmühlen**, Luftkurort, Mittelpunkt der „Holsteinischen Schweiz“.
41,0 Beginn Dieksee, NSG, ▲ verboten.
39,5 li Langenwarder.
37,6 Straßen-Ⅱ Dorfstraße, re Timmdorf. Durchfahrt unter Brücke zum Behler See. Engstelle, Fahrgastschifffahrt hat Vorfahrt!
36,6 Insel Großer Warder, Fahrtroute li von der Insel nach Plön, re nach Timmdorf und zum Grebiner Graben.
36,3 li Halbinsel mit Jugenderholungsplatz „Adlerhorst“.
35,0 Einfahrt in Höftsee. Bei Fahrt dem li Ufer entlang findet man nach ca. 300 m li ← zum Großen und Kleinen Madebröken See, nach ca. 600 m li ← in den Edebergsee. Station der „Fünf-Seen-Fahrt“.
34,3 ▬, X, li ⬆ und ≏ über neue Rollenbahn. ⌂ des WSV Plön-Fegetasche, Ölmühlenallee, 24306 Plön, www.wpf-ploen.de , ▲ auf Anfrage.
34,0 Straßen-Ⅱ B 76 Fegetasche, **Plön**.
15,6 ↓ der Schwentine in den Großen Plöner See.
Bei Fahrt nach li nach 500 m ▲ Campingplatz.

Großer Plöner See

Teile des Sees, wie Westteil bei Dersau und Ascheberger Seeabschnitt sind Privateigentum und auch Vogelschutzgebiet, daher befahren verboten, durch Bojen gekennzeichnet. Betreten der Inseln - Warder - (außer Langeswarder) ist nicht erlaubt. Die Uferschilfzonen dürfen zum Schutz der Wasservögel weder betreten noch befahren werden.
Plöner-See-Rundfahrt = 18 km
Die nachfolgenden Angaben gelten für die Weiterfahrt zur Schwentine.

32,8 Warder Olsborg, li vorbeifahren, re ca. 900 m zur Stadt **Plön**, 🚌 direkt am See. Anlegemöglichkeiten beim Segelbootshafen, Seecafé und Schloss Plön.
31,0 Warder Hankenburg, re vorbei in die Uferbucht fahren.
30,4 Am re Ende der Bucht befindet sich im Schilf, hinter einem Privatbootssteg, der Schwentine-Durchstich Prinzeninsel, Wege-Ⅱ. Die

Umfahrt um die Prinzeninsel, an der Spitze mit Schiffsanleger und „Niedersächsisches Bauernhaus“ beträgt ca. 2,5 km.

30,0 ⛺ Campingplatz Plön-Spitzenort.

29,5 Fußgänger-Ɪ zum Campingplatz, Straßen-Ɪ B 430, danach neues ▬ mit Borstenfischpass, ≋ und Treidelmöglichkeit zum Kleinen Plöner See. DJH. Nach ▬ re halten, kleiner Kanal zur

29,4 EB-Ɪ, danach li Kirche Koppelsberg.

29,2 Kleiner Plöner See, Weiterfahrt nahe li Ufer, dabei Inseln re liegen lassen. NO unter Straßen-Ɪ B 76 Zufahrt zum Trammersee über Trentsee.

27,0 re auf Halbinsel Gut zu Wittmoldt.

26,0 li **Dörnick**.

25,0 re **Wittmoldt**.

23,4 Große Breite, Verengung der Schwentine! Sandbänke, Findlinge.

22,5 Einfahrt in Kronsee.

22,0 Durchfahrt zum Fuhlensee.

21,4 Fuhlensee, li halten.

20,3 Straßen-Ɪ, bei NW Pfähle und Steine, re Hof Wahlsdorf, erbaut 1613.

20,0 Einfahrt in Lankersee, westlicher Uferbereich NSG, Befahren und Betreten der Ufer verboten.

19,3 Sonneninsel, nicht anlegen, Vogelschutzgebiet. Rastmöglichkeit 200 m nördlich, von hier auf westl. Schilfspitze halten, in diesem Gebiet ist eine gute Karte sehr hilfreich.

18,7 Verengung des Lankersees.

18,0 Lankersee wird breit, ostwärts ⛺ Campingplatz. Geradeaus Freudenholm. li „Möweninsel“, die Insel bleibt re liegen, Vogelschutzgebiet.

17,0 re Probstenwerder, li Freibad der Stadt Preetz, Café, gute ⬆.

17,4 ⌂ der Kanuvereine Gemeinschaft der Wasserwanderer e.V., Castöhlenweg 3, 24211 Preetz, www.gww-preetz.de , und Preetzer TSV, Kanuabteilung, Castöhlenweg 1, 24211 Preetz, http://www.preetzer-tsv.de/kanusport/ , ⛺ (nur Zelte), ✕, Kanuheim empfehlenswert.

16,0 2 Ɪ - Wehrberganlagen - Verengung der Durchfahrt durch Fischernetze! Danach Kirchsee, li Zentrum **Preetz**, 🚌. ★: Kloster Preetz.

15,0 2 Straßen-Ɪ nach Auslauf Kirchsee. Starke Strömung auf 500 m.

14,9 li ↓ Postau (s. Kanuwanderbuch für NWD).

14,3 Kloster Preetz.

13,8 Holz-Ɪ, ab hier einige Sandbänke in Flussmitte bis Gut Rastorf.

13,5 Straßen-Ɪ B 76.

13,1 re Rastplatz.

11,2 re ↓ Spolsau.

10,6 Wege-Ɪ li fahren, re Gut Rastorf. Ab hier auf 1 km bei NW einige Steine im Flussbett.

9,5 li Halbinsel, Rastplatz.
9,0 Beginn Rosensee. Aufgestautes ehem. Wiesen- und Waldgebiet, Baumstümpfe!
8,2 Straßen-Ⅱ B 202, li gute ⬇⬆.
7,9 Bogen-Ⅱ, re **Rosenfeld**.
6,9 li **Raisdorf**, Schul-Kultur- und Sport-Zentrum mit Freibadeanstalt am Schwentinepark.
6,7 li Bootsschuppen des Raisdorfer Kanu-Clubs und ⌂-Stelle. ⌂ auf gekennzeichneten Wegen durch den Raisdorfer Park zur ⬇ in Schwentine (ca. 1,5 km, Bootswagen erforderlich).
5,0 ⬇ bei Holzsteg, Oppendorfer Mühle.
4,8 Ab hier bis Kiel Linien-Bootsverkehr.
3,5 Gabelung der Schwentine. li Arm führt zum ⌂ in Klausdorf. re umgeht den Ort.
3,3 **Klausdorf/Schwentine**, ⌂ des TSV Klausdorf, www.kanuklausdorf.de , ▲-Möglichkeit.
1,4 Wege-Ⅱ.
1,2 EB-Ⅱ.
0,9 re ⌂ TuS Gaarden, Kanuabteilung, http://www.tusgaarden.de/Kanu/ .
0,2 Straßenhoch-Ⅱ der B 502, re unterhalb der Brücke ⬇⬆. Danach re ⌂ und ▲ *DKV-Kanustation* Ellebeker Turnverein, Kanuabteilung, Scharweg 10, 24149 Kiel, ☎ 0431/2406200, www.etvkanusport.de .
0,0 Straßen-Ⅱ mit Stau-▬, li ⌂ und Fischtreppe. ! geringe Kopfhöhe beim ⌂ beachten. Auf regen Schiffsverkehr achten, re fahren!
-0,9 li ehem. Fischereihafen.
-1,5 ↓ in den Kieler Hafen. li Militärgelände, re Schiffswerft HDW. Befahrung des Hafens vor Sonnenaufgang und nach Sonnenuntergang sowie bei unsichtigem Wetter für Kleinfahrzeuge verboten.
Kiel, Hauptstadt von Schleswig-Holstein.

Trave

Wanderfluss – Schifffahrtsstraße | Mündung in Ostsee

Die Trave ist ein recht abwechslungsreicher Fluss. Sie verläuft zunächst durch die reizvolle, hügelige Landschaft der Holsteinischen Seenplatte, ab Oldesloe weitet sich das Tal. Nach Durchquerung der sehenswerten alten Hansestadt Lübeck wird die Trave zum fjordartig erweiterten, strömungslosen Seeschifffahrtsweg.
Befahrungsregeln: *im Text kursiv hervorgehoben.*
Befahrbarkeit: ab Straßen-Ⅱ meist ganzjährig.

Der Oberlauf der Trave ist beschrieben im Kanuwanderbuch für NWD.
5,3 Straßen-Ⅱ Groß-Rönnau–Klein-Rönnau, gute ⬇.
10,8 Straßen-Ⅱ B 206, **Bad Segeberg**, ⬇.
11,1 EB-Ⅱ.

12,1 Straßen-Ⅱ B 432 Hamburger Straße..
18,1 re ↓ Mözener Au, ✕.
18,9 Herrenmühle, ▬ Sohlgleite evtl. ≋, li ⬆, über Straßen-Ⅱ ⌓, re ⬇.
22,6 Durchbruch durch Höhenzug, Auwaldgebiet bis Mühle Zettler.
24,5 100 m hinter Rechtskurve ▬ der ehemaligen Kupfermühle Zettler, ✕.
10 m vor dem stark verfallenen ▬ re anlegen und ca. 20 m weit ⌓. Keine langen Pausen am Wehr machen Bei HW rechtzeitig re halten, starke Strömung zum ▬. Danach starke Strömung, auf Stromverlauf und große Steine achten.
25,4 ▬ Sohlschwelle, re ⌓ oder treideln.
27,3 Wege-Ⅱ Sühlen–Tralau.
31,4 Straßen-Ⅱ **Nütschau**, gute ⬇⬆, Rastplatz, ★ germanischer Wallgraben mit altem Buchenwald.
34,4 re ⌂ des Bootsvereins Obertrave e.V., Heimstraße, 23843 Bad Oldesloe, www.bootsvereinobertrave.de , ▲, 2 Ⅱ bis
35,0 re DJH direkt an der Trave.
35,3 **Bad Oldesloe**, Flussgabelung li ▬ Sohlgleite mit Borstenpass, bei HW evtl. ≋, re Stadtarm zur Berste, dort offizielle ⌓-Stelle, ⬇.
35,4 Straßen-Ⅱ, keine Landemöglichkeit.
35,7 re ↓ Beste (die Beste mit ihren Nebenflüssen Norderbeste und Barnitz ist beschrieben im Kanuwanderbuch für NWD).
35,7 = 0,0 Ab hier Kilometer-Steine am Ufer.
0,3 Straßen-Ⅱ, ⬇⬆, 5 Minuten zum 🚉, li Pegel.
0,7 EB-Ⅱ.
1,2 ▬ Sohlgleite mit Borstenfischpass, ≋ ?? ansehen, li ⌓.
7,8 li ↓ der Heilsau, ganzjähriges Befahrungsverbot.
8,1 Autobahn-Ⅱ A 1, li Rastplatz an der Trave.
11,1 Straßen-Ⅱ Barnitz–Lokfeld.
14,7 Straßen-Ⅱ **Gr. Wesenberg**, re **Kl. Wesenberg**.
16,5 EB-Ⅱ.
17,2 li ⌂ SV Hamberge, ▲, www.svhamberge.de . Es folgt Straßen-Ⅱ, li **Hamberge**.
19,5 Autobahn-Ⅱ A 20.
22,0 Straßen-Ⅱ Genin–Moisling.
23,8 = 0,5 der Kanaltrave (Bundeswasserstraße), neue Kilometrierung.

Kanaltrave

0,5 re ↓ Elbe-Lübeck-Kanal (s. Seite 601).
0,7 EB-Ⅱ.
2,2 li ← des Nebenarmes An der Lachswehr, dort ⌂ Lachswehr Wasserfahrer Lübeck (unter eiserner Fußgänger-Ⅱ hindurch fahren).

2,6 li ← des Stadtgrabens.

2,8 Straßen-Ⅱ B 75 Possehlstraße, **Lübeck**.

3,1 li ← der Stadttrave, Stadtdurchfahrt re und li durch die Häfen möglich, Stadtbesichtigung sehr lohnend, DJH Nähe Burgtor.

3,5 Straßen-Ⅱ Mühlenbrücke.

4,1 Straßen-Ⅱ Krähenstraße, danach li ≏-Stelle zur Wakenitz (s. Seite 555). Dort mehrere ⌂.

4,2 Straßen-Ⅱ Hüxterdamm, anschließend Klughafen.

4,7 Fußgänger-Ⅱ Klughafenbrücke.

5,5 Straßen-Ⅱ Burgtor, danach Fußgänger-Ⅱ, Straßenhub-Ⅱ, EB-Ⅱ.

Untertrave

5,6 Beginn der Untertrave, untere Grenze des Geltungsbereiches der BinSchStrO, Burgtorhafen, li Hansahafen (zur Stadttrave).

5,8 li Wallhafen (zum Stadtgraben).

6,5 Straßen-Ⅱ Eric-Warburg-Brücke, danach Umschlaghafen.

8,5 li ← Vorwerkhafen.

9,6 li ← Toter Arm nach Schwartau.

9,8 re ↓ Medebeck. *Das Befahren der Lagune ist verboten. NSG.*

9,9 li ↓ Schwartau (s. Kanuwanderbuch für NWD).

12,2 re **Gothmund**, altes Fischerdorf.

13,7 Straßentunnel.

14,2 weite Bucht (Breitling), bei Westwinden (bes. SW) schwere Kreuzsee! Fahrwasser Mitte halten!

15,8 Schlutuper Enge, re **Schlutup**, ehemaliges Fischerdorf, heute Industriehafen, li Ufer Industriegebiet.

18,0 –22,6 besteht ein Betretungsverbot für das li Ufer außer Trittstein bei km 18,2.

19,0 –22,0 besteht ein Betretungsverbot für das re Ufer vom 15.03.–15.07.

21,6 Stülper Huk. Einfahrt in Pötenitzer Wiek. Pötenitzer Wiek vom 15.02.–15.06. gesperrt, ausgenommen die Zeit von 11 Uhr des Tages vor Sonn- und gesetzlichen Feiertagen bis 9 Uhr des nächsten Werktages. Zufahrt zum Dassower See mit Stepenitz (s. DKV-Gewässerführer OST); Einfahrt gesperrt, NSG.

23,5 –25,0 li Skandinavien-Kai, größter Fährhafen Europas.

23,8 Rastplatz an der Südspitze des Priwall.

23,8 –25,5 re südl. Priwallufer, Uferbetretungsverbot, NSG.

25,7 Priwall-Wagenfähre, li **Travemünde**, re **Priwall**.

26,5 re ▲ des VKL im Passathafen.

26,9 ↓ in die Ostsee.

Wakenitz, Ratzeburger See, Schaalsee

Wanderfluss – Seen | Mündung in Trave (re Nebenfluss)

Die Wakenitz entwässert über den Schaalseekanal zunächst den Schaalsee und die anschließenden Seen (Küchensee, Ratzeburger See). Die Wakenitz ist landschaftlich sehr reizvoll, Bruchlandschaft mit Wiesen, Hecken und Weiden, seeartigen Erweiterungen und Seitenkanälen. Die Befahrung der Wakenitz kann auch in Lübeck begonnen werden, also flussaufwärts, denn die Strömung ist so gering, dass sie kaum zu bemerken ist.
Befahrungsregeln: *im Text kursiv hervorgehoben.*

14,0 Farchauer Mühle, ✕, Beginn Küchensee. Die hier beschriebene Route verläuft am Ostufer der Seenkette. Auf dem Küchensee befindet sich eine bekannte Regattastrecke.
Man kann hier theoretisch etwa 1300 m weit zum Schaalseekanal ⏏ und auf dem Kanal, sowie dem Salemer See und dem Pipersee nach 8,6 km das Biospährenreservat Schaalsee erreichen. Dieser See ist jedoch NSG, weite Teile völlig gesperrt, die übrigen Abschnitte nur mit Sondergenehmigung und zusätzlich gebührenpflichtig zu befahren, d.h. praktisch kommt eine Befahrung des Sees kaum mehr in Frage. Informationen hierzu findet man im Internet auf der Seite www.schaalsee.de . Auf eine Beschreibung des Schaalseekanals sowie des Schaalsees wird daher verzichtet.

11,7 Am Westufer des Küchensees Ratzeburger Ruder-Club und Ratzeburger Kanu-Club, ⌂, ☎ 04541/5767, www.ratzeburgerkc.de .
Ausfahrt aus dem Küchensee, Wege-Ⅱ Kleinbahndamm.

Außerdem gibt es westlich eine zweite Ausfahrt aus dem Küchensee, Straßen-Ⅱ B 208 Lüneburger Damm, re Inselstadt **Ratzeburg**, direkt in den Ratzeburger See, dort re Ruder-Akademie.

11,1 Straßen-Ⅱ B 208 Königsdamm, li Inselstadt **Ratzeburg** auf einer Insel, ★, 🚉. Beginn des Domsees.

10,0 Nordspitze der Stadtinsel. Einfahrt in den Ratzeburger See. Er liegt, landschaftlich sehr schön, zwischen beträchtlichen Hügeln und Wäldern. Es muss mit böigen Winden gerechnet werden, bei ungünstiger Wetterlage in Ufernähe fahren.

9,0 re **Römnitz**, 2 ▲ Campingplatz Schwalkenberg, Dorfstraße 32, 23909 Römnitz, ☎ 04541/805867, www.campingplatz-schwalkenberg.de und Campingplatz „Zur schönen Aussicht“, Dorfstraße 3, 23909 Römnitz, ☎ 04541/3348, www.campingplatz-zur-schoenen-aussicht.de .

Für das Ostufer gilt ein ganzjähriges Uferbetretungsverbot. Es ist ein Mindestabstand von 50 m zum Röhricht einzuhalten. Anlegemöglichkeiten (Trittsteine) bei Utrecht, Campow, Hoheleuchte und Kalkhütte.

5,6 re ▲ Forsthaus Kalkhütte, ☎ 04541/5575 www.kalkhuette.de , ✕.

5,5 li am Westufer **Buchholz**, Anleger, gute ⬇⬆.

4,8 re Rastplatz Hoheleuchte, Steg im Schilf, li am Westufer ▲ Campingplatz Buchholz.

3,5 li am Westufer **Pogeez**, Anleger.

2,8 re **Campow**, Badestelle.

1,8 li am Westufer **Gr. Sarau**.

1,1 re **Utecht**, Badestelle, Rastplatz.

0,0 Ausfahrt aus dem Ratzeburger See. li **Schanzenberg**, Seglerhafen, li ✕ Fährhaus mit Anleger.

= *0,0* Beginn der Wakenitz, neue Kilometrierung mit Schildern am Ufer. *Auf der gesamten Wakenitz gilt ein ganzjähriges Uferbetretungsverbot außer an gekennzeichneten Stellen. Die Befahrung ist nur erlaubt von Sonnenaufgang bis 30 Minuten nach Sonnenuntergang.*

0,1 li **Rothenhusen**, ▲ beim Jugendheim des Lübecker Kanu- und Segelsport-Verein e.V., www.lkv-luebeck.de , Aufenthaltsraum und sanitäre Anlagen im Heim.

0,3 Straßen-Ⅱ.

1,5 li **Ziegelhorst**.

2,6 Autobahn-Ⅱ A 20.

5,5 li **Absalonshorst**, ✕.

7,0 li **Müggenbusch**, ✕.

8,4 li ↓ Landgraben.

8,7 Wege-Ⅱ, EB-Ⅱ.

11,9 Straßen-Ⅱ B 75 Sankt-Jürgen-Ring, **Lübeck**, ★.

13,0 Straßen-Ⅱ Moltkestraße, danach li ← mit ⌓-Möglichkeit zur Trave.

13,2 li ⌂ und ▲ (keine Wohnwagen) Lübecker Kanu- und Segelsport-Verein e.V., www.lkv-luebeck.de ,✕.

13,7 li ⌂ Lübecker Motor-Yacht-Club e.V., Kanuabteilung, Wakenitzufer 7, 23564 Lübeck.

14,4 li ⌂ und ▲ Verein für Kanusport Lübeck, *DKV-Kanustation*, Falkenstraße 58, 23564 Lübeck, ☎ 0451/34009, www.vkl-online.de .

14,6 ↓ der Wakenitz in die Trave durch einen Düker, ⬇⬆, ⌓-Möglichkeit zur Kanal-Trave km 4,1 über eine vierspurige Straße, gefährlich.

Warnow

Kleinfluss - Wanderfluss – Seeschifffahrtsstraße	Mündung in Ostsee

Die Warnow beginnt ihren Lauf als kleiner Wiesenfluss bei Grebbin und endet als die Seeschifffahrtsstraße Unterwarnow nördlich von Rostock in der Ostsee. Im Oberlauf

Kleinfluss-Schwierigkeiten mit Wehren, Baumhindernissen und Verkrautung. Im Unterlauf keine besonderen Schwierigkeiten.

Befahrbarkeit: Bei gutem Wasserstand für Einer ab Bülow, für Zweier ab Barniner See. Zwischen km 54 (Langenbrütz) und km 48 (Zaschendorf) ist mit extremen Schwierigkeiten durch Baumhindernisse in einem völlig naturbelassenen NSG zu rechnen. Ab Weitendorf ist eine Befahrung immer möglich, auch für Zweier.

Der Oberlauf der Warnow ist beschrieben im DKV-Gewässerführer OST.

33,3 **Weitendorf**, ▬, **X**, re ⩠, Straßen-⌶ B 104/192 (Parkplatz), Schwall, vor Befahrung besichtigen.

33,0 re Rastplatz mit ▲-Möglichkeit.

32,9 li ↓ Brüeler Bach (s. DKV-Gewässerführer OST).

28,0 Straßen-⌶, li **Sagsdorf**, ⬇⬆, Pegel.

24,5 Straßen-⌶. Danach Krautfangbalken, überfahrbar, wenn geräumt, sonst ⩠. Kurz danach re ↓ Mildenitz (s. DKV-Gewässerführer OST). 1 km Mildenitz-aufwärts Kanu-Kamp.

23,2 Warnow-Durchbruch, Baum- und Steinhindernisse bis km 22,2.

20,1 Niedrige ⌶, ⩠, S 1. li **Klein Raden**.

18,6 Kleine Insel, re umfahren immer möglich. EB-⌶, Steine!

18,0 **Eickhof**, ▬ Sohlabsturz, **X**, Befahrung verboten, li ⩠, re Wasserwander-Rastplatz, gute ⬇⬆, ▲-Möglichkeit, Heuhotel.

15,4 Straßen-⌶, ⬇⬆ nur geringe Parkmöglichkeit, re Warnow.

7,1 ⌶, li **Rühn**, dahinter im li Altarm Wasserwander-Rastplatz mit ⬇⬆ und ▲ Möglichkeit.

1,3 Es gibt kein Wehr mehr in Bützow. An Flussteilungen immer links halten. Diese Strecke führt zum Bützower See. Hier ⌂ KC Bützow, ▲, *DKV-Kanustation*, Am Bützower See, 18246 Bützow, sowie ▲ Wasserwanderrastplatz. Die Strecke ab hier zum Bootshaus beträgt ca. 3,7 km und bis zur Einmündung in die Warnow (siehe unten km 1,8) ca. 5 km.

> 0,0 Ab hier neue Kilometrierung, **Bützow**, 🚃; ✂, ★: frühgotische Pfarrkirche, Heimatmuseum.
>
> 0,8 re ↓ Nebel (s. DKV-Gewässerführer OST).

1,8 li ↓ des Armes vom Bützower See.

7,6 ⌶, li **Kambs**, re **Kassow**.

10,8 re **Werle**, Rastplatz.

14,4 re ▲ Sandgarten-Camp, ☎ 03844/813716, www.sandgarten.de .

17,1 re ⬇⬆, Rastplatz.

17,2 Straßen-⌶, **Schwaan**, 🚃, Pegel, Stadtkirche St. Paul, ★.

17,6 li ↓ Beke, ≋ im Frühjahr ab Neukirchen, im Sommer zugewachsen, ab Bröbberow etliche Baumhindernisse.
21,6 EB-Ⅱ.
23,5 re, später auch li NSG bis EB-Ⅱ bei km 38,5.
29,4 Autobahn-Ⅱ.
32,9 EB-Ⅱ.
35,2 EB-Ⅱ.
35,9 re **Kessin**, dann Ruder-⌂ ORC Rostock.
38,5 EB-Ⅱ.
39,0 □ Rostock-Mühlendamm, ⩯ S 2, Schleusungen zur vollen Stunde. ⌂ Rostocker KC, Mühlendamm 35b, 18055 Rostock, ▲, *DKV-Kanustation*, ☎ 0381/4907640, www.rostocker-kanu-club.de .
Straßen-Ⅱ, **Rostock**, ⛟, ✕, Petrikirche, Nikolaikirche, Marienkirche, Steintor, Blücherdenkmal, Universität, Kröpeliner Tor, Bürgerhäuser, Museen, ★. Hafen.
39,9 li Ruder-⌂ HSG Uni Rostock, ▲, ☎ 0381/4907600.
40,0 Straßen-Ⅱ Petridamm B 105.
40,7 li ⌂ Kanufr. Rostocker Greif, *DKV-Kanustation*, Gaffelschonerweg 6, 18055 Rostock, ▲, ☎ 0381/4905114, www.kanufreunde.de .
Beginn der Unterwarnow, starker Boots- und Schiffsverkehr, betonntes Fahrwasser meiden. Befahren der Hafengebiete verboten!
42,0 re ⌂ Rostocker RC.
43,1 Personenfähre Eschenufer–Gehlsdorf.
48,0 li ⌂ Sportverein Breitling .V., Schmarl-Dorf 15d, 18106 Rostock, ☎ 0381/1217440, www.sv-breitling.de .
48,5 li ★: Traditionsschiff.
50,2 - 52,0, li Wadan-Werft.
52,0 li **Warnemünde**, Seebad.
52,4 Fähre, li ⛟ Warnemünde.
53,0 ↓ in Ostsee.

Peene

Wanderfluss	Mündung in Peenestrom

Nachfolgend wird ein praktisch hindernisfreier, ganzjährig befahrbarer Flusslauf vom Malchiner See bis zur Mündung in die Ostsee beschrieben.
Die Peene hat sehr geringe, oft gar keine Strömung. Sie durchfließt zum Teil Niederungsgebiete mit vielen ehemaligen Torfstichen.

Kilometrierung: Ab Malchin ist die Peene Bundeswasserstrasse. Hier beginnt die amtliche Kilometrierung mit “0“. Wenn die Entfernung auf dem Fluss durch Begradigungen kleiner ist, als es die Beschilderung ausweist, wird im Text darauf hingewiesen.

Besonderheiten: Auf der Peene dürfen Charterboote verkehren. Es ist mit unerfahrenen Bootsführern zu rechnen.

17,0 **Dahmen** am O-Ufer des Malchiner Sees, ✕, ▲ Campingplatz Dahmen, 17166 Dahmen, ☎ 039933/70379.
14,5 W-Ufer **Bülow**, Rastplatz.
13,5 O-Ufer ▲ Campingplatz Seedorf, 17139 Gielow, OT Seedorf, ☎ 039957/20840✕, Rastplatz, Badestelle Seedorf.
12,0 O-Ufer **Seedorf**
8,4 Ausfluss aus dem Malchiner See; die Folgestrecke heißt Dahmer Kanal.
1,8 Straßen-Ⅱ.
1,6 EB-Ⅱ.
0,6 Straßen-Ⅱ Pisedeer Damm, **Malchin**, 🚃, ★: Stadttor, Rathaus;
0,2 Wege-Ⅱ, re ⌂ und ▲ Malchiner Kanu-Club, *DKV-Kanustation*, Am Kanal 2, 17139 Malchin, ☎ 03994/239468, Wasserwanderrastplatz Kösters Eck.
0,0 Beginn der amtlichen Kilometrierung; re ↓ Ostpeene (s. DKV-Gewässerführer OST), ab hier bis km 4,5 Peenekanal.
4,5 ↓ in Kummerower See. Auf diesem großen See Achtung auf Wind und Wellengang; Fahrt nach N.
6,0 O-Ufer **Kummerow**, Wasserwanderrastplatz ▲.
7,0 W-Ufer **Salem**, ✕, Wasserwanderrastplatz ▲.
10,0 O-Ufer ↓ Teterower oder Neukahlener-Peene (s. DKV-Gewässerführer OST).
W-Ufer **Sommersdorf**, ▲ Campingplatz, 17111 Sommersdorf, ☎ 039952/2973, www.camping-dreieck.de .
15,0 Ausfluss der Peene aus dem See. re 1 km entfernt **Verchen**, Klosterkirche, ★. Die Strecke km 15,0 bis 25,0 ist rund 1,7 km kürzer als die Kilometerangaben.
15,2 Personenfähre Verchen–Aalbude
15,3 li Aalbude, ✕, re Wasserwanderrastplatz ▲, li ✕, danach re Wasserwanderrastplatz, ▲.
17,2 li ← Altwasser zum Darguhner Kanal.
17,5 li ← Darguhner Kanal (4 km bis **Darguhn**, ✕, 🚃, Kloster, Schlossruine, ★. ■ zum Klostersee).
21,5 li **Upost**.
23,0 Düker.
24,8 re **Trittelwitz**, ⬇⬆, Wasserwanderrastplatz, einfacher ▲. Die Strecke km 25,0 bis 32,0 ist rund 1 km kürzer als die Kilometerangaben.
31,0 re Demmin-Vorwerk.
32,0 re ↓ Tollense (s. Seite 562).
32,6 ← Peene-Altarm mit Wasserwanderrastplatz Demmin, Bootshafen und ⌂ Demminer Segelclub Blau-Weiß, Fritz-Reuter-Straße 11b, 17109 Demmin,

Hafenmeister ☎ 03998/361122, ▲, gut geeignet als Stützpunkt für die Befahrung von Trebel und Tollense; Bootslager-Möglichkeit, ⬇⬆, guter Zugang zur Stadt.

33,0 li Hafen Personenschifffahrt.

33,1 Klapp-Ⅱ B 110 Heilgeiststraße, danach re Hafen, **Demmin**, ✕, ⚖, 🚉, DJH; ★: Stadtbefestigung, Marktplatz, Stadtkirche.

34,3 li ↓ Trebel (s. Seite 561).

34,9 Straßen-Ⅱ B 194 Loitzer Straße, li **Demmin-Meyenkrebs**.

35,0 li Rastplatz am Bootsverleih.

36,8 EB-Ⅱ, davor re ↓ Demminer Mühlgraben.

40,0 bis 44,0 Infolge einer Flussbegradigung beträgt die Entfernung zwischen Fluss-km 40 und 44 nicht 4 sondern nur 1,5 km.

40,3 **Pensin**, Rastplatz an ehemaliger Fähre.

45,1 li **Rustow**.

46,6 re Rastplatz, **Zeitlow**.

48,8 li **Loitz**, ⚖, re Flussbadeanstalt, Dreh-Ⅱ Peenestraße, li Joch fahren.

49,1 li Hafen Loitz, neue Marina, ⬇⬆, Wasserwanderrastplatz, re ↓ Kuckucksgraben (≋ ab Kruckow).

51,6 li ↓ Schwinge, ganzjährig gesperrt.

53,0 re **Sophienhof**, Rastplatz.

57,1 re **Alt-Plestlin**, Wasserwanderrastplatz, ⬇⬆, ▲, Parkplatz in 250 m, Bootswagen empfohlen.

64,1 li **Alt Jargenow**.

67,0 re Sportboothafen des WSV Peenemoor.

68,2 Straßen-Ⅱ Burgstraße, re **Jarmen**, ⚖, ✕.

68,3 re Schwimmsteg am Ende der Hafenmauer, Rastplatz im Bau, ⬇⬆.

68,5 Autobahn- Ⅱ A 20.

74,4 re Baggersee.

74,5 li ↓ Swinow-Bach, dort nach 1,1 km ⌂ Kanuverein Gützkow, Liebenthal, 17506 Gützkow, *DKV-Kanustation*, ▲, http://www.guetzkow.de/kanuverein/ .

74,7 li Rastplatz.

77,3 li **Pentin**.

78,3 re **Priemen**.

81,8 → Peene-Südkanal (Bewässerungskanal).

85,7 li Rastplatz, re Stolpe, Wasserwanderrastplatz Stolpe, ▲-Möglichkeit.

89,9 li ↓ verlandender Stichkanal nach **Menzlin**; ★: auf bewaldeter Höhe Bootsgräber einer Wikinger-Siedlung.

90,9 re ↓ Stegenbach.

94,0 re Angelverein Anklam, Wasserwanderrastplatz Anklam, Anmeldung bei Kanustation Anklam, ☎ 03971/242839 dahinter ▲ Caravanclub Anklam, ☎ 03971/210089.

94,6 Straßen-Ⅱ B 109 Ostseestraße, dahinter Ⅱ für Zugang zur Stadt **Anklam**: 🚉, ✕, ★: Kirchen, Pulverturm, Lilienthal-Museum.

94,9 Fußgänger Ⅱ, li ⌂ Anklamer RC, geringe ▲-Möglichkeit, ☎ 03971/291517.
re Beginn des Hafengebietes.

95,3 EB-Klapp-Ⅱ.

96,2 re ↓ Arado-Kanal. Danach re ↓ Stichkanal zur Zuckerfabrik.

103,2 ← Peene-Altarm, stark verkrautet, re auf 800 m Flussdurchstich Richtgraben.

104,6 ↓ in Peenestrom (s. DKV-Gewässerführer OST), ab hier Seeschifffahrtsstraße. Nach re zum Kleinen Haff, nach li in Richtung Achterwasser.

Trebel

Wanderfluss	Mündung in Peene (li Nebenfluss)

Die Trebel bietet bei geringer Strömung kaum Schwierigkeiten, Achtung, Schilfsperren.

Befahrbarkeit:	bei gutem Wasserstand ab Grimmen für Einer; ganzjährig ab Tribsees, auch für Zweier. Im Frühjahr ab Kirch-Baggendorf (später verkrautet).

63,0 **Grimmen**, Ⅱ, 🚉, ✕, ⇅, mögliche ⬇ (s. Befahrbarkeit). Bis Tribsees s. DKV-Gewässerführer OST.

33,7 ▲ Wasserwanderrastplatz Tribsees, ⬇⬆, li **Tribsees**, ✕, ⇅.

33,3 Straßen-Ⅱ Tribsees–Drechow.

32,3 alte Holz-Ⅱ.

30,4 Straßen-Ⅱ, re **Langsdorf** (Von hier Übersetzen zur Recknitz, s. DKV-Gewässerführer OST, möglich, ca. 5 km).

30,1 Autobahn-Ⅱ A 20.

29,9 Teilung: re → Alte Trebel Stark mäandrierend mit Schilfufer und stark verkrautet, dass sie in der üblichen Paddelsaison nicht befahren werden kann. Solange noch etwas Wasser über das Wehr am Beginn des Kanals fließt, hat die Alte Trebel keine Strömung und die Einfahrt ist nur schwer zu finden, ca. 5–15 m breit, auf 12 km keine Rast möglich. Die Alte Trebel ist ca. 5,3 km länger als der Trebel-Kanal.

29,8 zweistufiges ▬, **X**, li ca. 25 m ⌓. Beginn des Trebelkanals.

24,4 Wege-Ⅱ

22,8 re ↓ der Warbel (s. DKV-Gewässerführer OST) mit alter Trebel, li **Bassendorf**, ⬇⬆ und Rastplatz. Zeitweise mobile Krautsperre, dann li 60 m ⌓.

18,3 Historische, restaurierte Kettenzug-Ⅱ, ★, li **Nehringen**.

18,0 ⬇⬆ und Rastplatz mit ▲-Möglichkeit Nehringen.

In 150 m ⛺ Campingplatz des Jugendgästehaus Graureiher, Dorfstraße 25, Nehringen, ☎ 038334/80311.

17,4 li ↓ Roter Brücken-Graben.

13,8 li ↓ Neuer Burggraben. Ab hier gibt es bis zur ↓ viele Altarme.

10,1 li **Volksdorf**.

6,3 li Weg nach **Nossendorf**.

4,2 li **Wotenick**.

2,6 Straßen-Ⲡ li **Wotenick-Ausbau**, re nach **Drönnewitz**, re ⬇⬆.

0,0 ↓ in Peene bei km 34,3, (s. Seite 558), **Demmin**.

Tollense

Wanderfluss	Mündung in Peene in Demmin(re Nebenfluss)

Die Tollense kann ohne besondere Schwierigkeiten anscheinend ganzjährig befahren werden. Im Spätsommer ist mit Entkrautungsarbeiten und Krautfängern vor Wehren und an einigen Stellen im Fluss zu rechnen.

Die Tollense entspringt aus dem Tollense-See. Der Tollense-See mit seinen Wäldern in einer hügeligen Endmoränenlandschaft ist sehr reizvoll. Er kann bei einer durchschnittlichen Breite von 2 km etwa 10 km weit nach S befahren werden.

Im N am Ausfluss **Neubrandenburg**, 🚌, ✕, ⛾, mittelalterliche Stadtbefestigung mit 4 erhalten Stadttoren, ★.

Am W-Ufer ⛺ Campingplatz Gatsch-Eck, im NO ↓ Linde/Gätenbach (von Burg-Stargard kommend) und am O-Ufer ca. 1,5 km vor Ausfluss der Tollense aus dem See 🏠 SV Motor-Süd Neubrandenburg, Abt Wasserwandern, ⛺, *DKV-Kanustation*, Lindenstraße 6a, 17033 Neubrandenburg, ☎ 0395/3696184, www.msn-kanu.de , ⬇.

68,4 Ausfluss aus Tollense-See, geradeaus Oberbach, dort nach 500m re 🏠 Sportclub Neubrandenburg, Abt. Kanu, *DKV-Kanustation*, ⬇, *DKV-Kanustation*, Parkstraße 1, 17033 Neubrandenburg, ☎ 0395/5665660, www.sc-neubrandenburg.de .

Nach 1km ▬ Vierradenmühle, ⏜ kaum möglich. Meist auch kein Wasser.

68,3 li Einfahrt in Ölmühlenbach. Wer die Tollense fahren will, sollte hier einfahren und das ▬ an der Einfahrt re ⏜. Nach 1,8 km erreicht man wieder die Tollense.

65,8 li ↓ Ölmühlenbach, danach EB-Ⲡ, Schnelle bei NW evtl. treideln.

64,4 EB-Ⲡ.

64,3 re Kläranlage, danach flacher Sumpfsee, bei Kenterung**!**

63,0 EB-Ⲡ.

61,5 re ↓ Datze, danach Wege-Ⲡ.

61,4 li ↓ Aalbach.

52,1 EB-Ⲡ, danach Flussteilung, re ▬ zum alten Flusslauf, stark mäandrierender Wiesenfluss, li ⏜, li Randkanal (etwas eintönig). Die

Kilometrierung folgt hier dem alten Flusslauf, der Randkanal ist ca. 2 km kürzer als der alte Flusslauf.
Es gibt inzwischen eine Meldung, dass der alte Flusslauf gesperrt sein soll.

47,0 re ↓ Kleiner Landgraben.
44,4 ▬ in Tollense, re ⌓, ▬ im Randkanal, li ⌓.
44,1 Straßen-Ⅱ Hospitalstraße, **Altentreptow**, dahinter li ⬇⬆, 🚌, 🍴. Von Altentreptow bis Klempenow durchfließt die Tollense als stark mäandrierender Wiesenfluss mit 10–15m Breite ein schönes, relativ enges Tal mit vielen Aussichtsmöglichkeiten.
43,9 Zusammenfluss von Tollense und Randkanal.
43,7 Straßen-Ⅱ Umgehungsstraße Altentreptow.
43,3 Fußgänger-Ⅱ, re Rastplatz, Pension, ▲ Wiesenquelle.
42,3 Fußgänger-Ⅱ, li Rastplatz Klatzow.
41,5 li **Klatzow**.
37,8 Fußgänger-Ⅱ, li Steg, Rastplatz, Schutzhütte, li **Mühlenhagen**.
33,0 li **Weltzin**.
27,2 li Burg Klempenow, ★, li ⬆ an Kanustation Klempenow (Biwakplatz) zum ⌓ der folgenden Staustufe. ⬇ hinter der folgenden Straßenbrücke (280 m).
27,1 ▬ Staustufe Klempenow, **X**, danach re ↓ Großer Landgraben.
27,0 alte Straßen-Ⅱ, **Klempenow**. 100 m weiter Fußgänger-Ⅱ.
26,7 Straßen-Ⅱ B 199, ab hier regulierter Verlauf, ca. 20 m breit.
22,7 ▬, li ⌓, Rastplatz, li **Tückude**.
18,5 Straßen-Ⅱ, darunter ⬇⬆, li **Broock**, re **Alt Tellin**, ▲-Möglichkeit Broocker Hof, ☎ 039993/70976, www.broocker-hof.de .
14,8 Straßen-Ⅱ Roidin–Schmarsow.
14,0 ▬ Osten/Vanselow mit Fußgänger-Ⅱ und Pegel, li ⌓.
11,4 re **Vanselow**, Rastplatz.
8,3 re **Siedenbrünzow**.
6,9 Straßen-Ⅱ, li **Sanzkow**, davor li Rastplatz, ▲, ⬇⬆.
2,8 EB-Ⅱ, danach li ↓ Augraben.
2,4 Pfeiler einer ehemaligen Rohrbrücke.
0,8 Straßen-Ⅱ B 194 Stavenhagener Straße, re **Demmin**, 🍴, 🚌, DJH; ★: Stadtbefestigung, Marktplatz, Stadtkirche.
0,3 Wege-Ⅱ Husar-Schulze-Weg.
0,2 li Altarm, stark verkrautet.
0,0 ↓ in Peene bei km 32 dort nach re ca. 0,8 km zum Wasserwanderrastplatz Demmin (s. Seite 558).

Uecker

Seen – Wanderfluss – Schifffahrtsweg Mündung in Kleines Haff (Ostsee)

In der Uckermark (bis km 17,6) unterhalb Prenzlau bis zur Straßenbrücke Nieden-Nechlin heißt der Fluss Ucker, ab dort heißt der Fluss Uecker. Die Ucker (Uecker) ist ein langsam fließender Wiesenfluss. Sie ist ab Ober-Uckersee bis zum kleinen Haff auch im Zweier befahrbar. Hinter Torgelow beginnt der landschaftlich schönste Teil des Flusses.

Kilometrierung: Die Kilometrierung der Uckerseen ist ab Prenzlau mit 0 beginnend gewählt worden. Ab Ausfluss aus dem Unter-Uckersee wird die am Fluss teilweise erkennbare amtliche Kilometrierung benutzt (kleine blaue Tafeln mit weißer Schrift). Der Wasserwanderweg „Uckerseen – Stettiner Haff“ hat ein Leitsystem mit Kanustopps und Wasserwanderrastplätzen.

19,5 Oberuckersee, See-Ende Badestelle, Rastmöglichkeit, ⬇.
18,0 W-Ufer **Suckow**.
16,0 O-Ufer ▲ Camping am Oberuckersee, *DKV-Kanustation*, Lindenallee 2, 17291 Oberuckersee OT Warnitz, ☎ 039836/459, www.camping-oberuckersee.de , ⬇.
15,5 O-Ufer **Warnitz**, Steg, Badestelle, ⬇, ⛽, ✕, 🚌.
15,5 Seemitte Insel.
15,0 W-Ufer **Fergitz**, Badestelle, Rastmöglichkeit.
14,0 W-Ufer Einfahrt zum Großen Potzlowsee-See, gesperrt.
12,5 O-Ufer **Quast**, Badestelle, ✕.
12,1 W-Ufer Ende Ober-Uckersee, Einfahrt Uckerkanal.
11,9 Straßen-Ⅱ Seehausener Straße, li **Potzlow**, re **Seehausen**.
9,0 Möllensee, Ein- und Ausfahrt am Ostufer.
6,9 Beginn Unter-Uckersee, an beiden Ufern Schilf mit wenigen Anlegemöglichkeiten.
5,8 W-Ufer **Zollchow**.
3,0 W-Ufer **Röpersdorf**, Badestelle, Rastmöglichkeit, ✕.
2,2 O-Ufer Prenzlau "Kap", Badestelle, Rastmöglichkeit, ✕.
1,8 W-Ufer Rastmöglichkeit.
1,0 O-Ufer ✕ 300 m, ⌂ und ▲ Prenzlauer SV Uckermark, Kanuabteilung, Uckerpromenade 60, 17291 Prenzlau, ☎ 03984/4879, www.psv-uckermark.de .
Prenzlau, 🚌, ⛽, ✕, ★: Museum, gotische Marienkirche.
0,8 W-Ufer Prenzlauer Segelclub, ▲, ☎ 03984/4741, ⛽ 500 m
0,0 Ucker-Abfluss aus Unter-Uckersee, Pegel, ▬, li ⩊, ca. 40 m.
0,2 Straßen-Ⅱ B 109, re ⬇ am Gästehaus Uckerblick für Start in Prenzlau, Parkplatz an B 109. Zunächst sehr flach, bald tiefer werdend.
0,6 Straßen-Ⅱ, Steine, letzte Möglichkeit um im Ort auf öffentlichem Weg an den Fluss zu kommen.

1,0 Straßen-Ⅱ B 189 Neubrandenburger Straße, Steine.
1,3 Fußgänger-Ⅱ
1,9 EB-Ⅱ, Steine.
3,1 li ↓ Quillow.
3,2 Fußgänger-Ⅱ, davor li Wasserwanderrastplatz „Zu den Baumzwillingen“ mit Toilette, Sitzgaube, Schutzhütte, Zeltwiese (kein Trinkwasser).
3,9 2 Hochspannungsleitungen.
4,0 EB-Ⅱ, Steine.
7,6 Vieh-Ⅱ.
9,9 re ↓ Dauergraben.
13,0 li Krautziehplatz.
14,4 EB-Ⅱ, Einengung, Steine.
17,0 li ↓ Schiefe Möhne.
17,4 ▬ Nieden, **X**, re ⏏, davor Krautziehplatz.
17,6 Straßen-Ⅱ, Steine, re **Nieden**, li **Nechlin**, 🚌 1 km. Ab hier heißt der Fluss Uecker.
23,1 Autobahn-Tal-Ⅱ A 20
24,2 Sohlschwelle Rollwitz, meist re ≋, sonst re ⏏. li **Papendorf**, re **Rollwitz**.
26,2 Rohr-Ⅱ Ferngasleitung.
27,2 Straßen-Ⅱ, Umgehungsstraße B 109 Anklamer Straße.
27,3 Krautziehplatz.
27,4 re Wasserwanderrastplatz „KunstgARTen Pasewalk“ mit Steg, Sanitärgebäude, ▲, ☎ 03973/213995; Bereitschafts-☎ 0151/20565605.
27,9 Mühlen-▬ Pasewalk mit Straßen-Ⅱ, **X**, re ⏏, zeitweise mit Krautsperre. **Pasewalk**, ⬆ bei Fahrtende, 🚌 1 km, ✕, ⇅.
28,2 Straßen-Ⅱ Bahnhofstraße, Schwall und Steine.
28,3 EB-Ⅱ,
28,8 ▬ Sohlschwelle Pasewalk, li Bootsgasse, ≋, ⬇ für Start in Pasewalk, li Kanustop Lokschuppen.
33,2 ▬ Bauerort, **X**, li Bootsgasse ≋, zeitweise mit Krautsperre, li Belling.
35,5 Wege-Ⅱ, li **Liepe**.
37,3 ▬ Raue Rampe Liepe, **X**, re Bootsgasse (Rauhgerinne) ≋, zeitweise mit Krautsperre, re **Stallberg**.
39,4 Wege-Ⅱ **Klein Kuhlmorgen**.
42,1 Wege-Ⅱ, li **Hammer**.
44,4 li Kanusteg, Kanustop Museum Ukranendorf Torgelow, ★.
44,6 Wege-Ⅱ Ukranenland, Pegel.
45,9 Fußgänger-Ⅱ, re ⌂ Torgelower Paddlergilde, ▲, Pasewalker Straße, www.kanu-torgelow.de .
li Verleih „Paddel und Pedal“, ☎ 0175/4027812, www.ueckertours.de ,
46,1 Straßen- Ⅱ Breite Straße, **Torgelow**, ⇅, ✕, 🚌 ca.1,5 km. ★ Mittelalterzentrum Castrum Turglowe.

46,2 Fußgänger-Ⅱ Stadtzentrum.

46,5 Teilung, re nach ca. 100 m ehemalige ☐, X, Lebensgefahr! rechtzeitig aussetzen und ⌂.
li nach ca. 100 m re eingezäunter Wasserwanderastplatz Torgelow-Uckerinsel (Toilette, Sitzgauben, Schutzhütte, Zeltwiese) .Neben WW-Rastplatz Caravanstellplatz mit Sozialgebäude, dazu Schlüssel gegen Gebühr im Soldatenheim „Haus an der Schleuse" erhältlich.
☎ 03976/431778 oder Touristinfo 03976/255730, Bereitschafts-☎ 0151/5903854.

46,6 Straßen-Ⅱ Schleusenstraße und ▬, X, ⌂ oder li entlang Fischpass ca. 300 m bis Steg.

47,4 Straßen-Ⅱ, re **Spechtberg**.

47,5 Hochspannungsleitung.

48,3 EB-Ⅱ.

48,8 Fußgänger-Ⅱ

52,7 Straßen-Ⅱ und Rohr-Ⅱ, re Kanustopp Ueckerbrücke Holländerei.

54,4 re ↓ Randow, dort nach 1,5 km Wasserwanderrastplatz **Eggesin**, ▲, ⬇⬆, ☎ 039779/60082 oder 0170/1695025, www.hafen-eggesin.de . ⛟, ⛾, ✕ Hafenimbiss.

58,8 li Kanustopp Am Kolk Liepgarten (im Altarm).

60,3 Straßen-Ⅱ Pfarrwiesenallee, li ⬆.

60,7 Straßen-Ⅱ Ueckerstraße, **Ueckermünde**, davor li ⬆, Hafen, ⛟, 1,0 km ⛾, ✕, ★: Haffmuseum, Herzogschloss, Stadthafen.

61,4 li ⌂ Seesportverein, gute ⬆ an Slippschräge oder an Slippschräge am Yachtclub, dort auch ▲-Möglichkeit, Hafenmeister ☎ 039771/22067, www.haffsegler.de .

62,8 re Einfahrt Lagunenstadt mit Marina

62,9 li Einfahrt zum Zentrum für Erlebnispädagogik, ▲, ☎ 039771/22725, www.zerum-ueckermuende.de und zum Wasserwanderrastplatz Muschelkojen-Camp, ☎ 0175/4027812, www.ueckertours.de .

63,3 ↓ in Kleines Haff,
nach li 4 km ▲ Ostsee-Campingpark Oderhaff, Dorfstraße 66a, 17375 Grambin/Ueckermünde, ☎ 039774/20420,
nach re 3 km ▲ Ferien- und Freizeitanlage Kron, Dorfstraße 8b, 17375 Bellin/Ueckermünde, ☎ 039771/23126.

Oder

Wanderfluss – Schifffahrtsstraße	Mündung in Ostsee

Die Oder ist ein mäßig schnell fließender Strom (4 km/h) mit nur geringem Schiffsverkehr. Der Fluss wirkt sehr naturbelassen. Es gibt nur wenige Ortschaften direkt am Fluss und keine Straßen oder Bahnen parallel zum Ufer. Die Oder ist im überwiegenden Teil ein landschaftlich reizvoller Wanderfluss ohne jegliche

Hindernisse, als Flachlandfluss jedoch etwas windanfällig. Als Grenzfluss zwischen Polen und Deutschland sind hierbei besondere Festlegungen zu beachten, die auch nach dem Beitritt Polens zur EU noch gültig bleiben: Personalausweis mitführen und Nationalflagge am Boot führen. Nachtfahrten sind verboten. Zum Übernachten sollten auch nach wie vor die ausgewiesenen Rastplätze, Vereinsgelände oder Häfen benutzt werden. Die sog. Sportbootliegeplätze sind mit dem blau-weißen P mit Zusatz „Sport" gekennzeichnet. Sie haben bisher außer Schwimmanlegern (noch nicht überall vorhanden) keinerlei sonstige Ausstattung. Auf ihnen ist das einmalige Übernachten im Boot oder Zelt gestattet. Das deutsche Oderufer ist mit Ausnahme der Ortslagen durchgehend mit NSG und FFH-Gebieten belegt, nördlich Hohensaaten liegt der Nationalpark „Unteres Odertal". Die Befahrung der Gewässer im Zwischenstromland zwischen Oder und Hohensaaten-Friedrichsthaler-Wasserstraße (Poldergebiet) ist nicht gestattet (Nationalpark).

542,4 li ↓ Lausitzer Neiße (s. Seite 579), ab hier ist die Oder Grenzfluss zwischen Polen und Deutschland.

542,5 li **Ratzdorf**, Rastplatz, ⬇⬆, Pegel mehrere ✕.

542,7 li Anlegestelle Fahrgastschifffahrt.

542,8 li Sportbootliegeplatz mit Bootsanleger.

552,3 Brückenruine.

553,4 li ↓ Spree-Oder-Wasserstraße (s. Seite 489). Im Kanal re Ortsteil **Fürstenberg**, mit Sportbootanlegern und Liegeplätzen (für Kanu wegen Steghöhe nicht nutzbar.) ✕, 🚌, ⬇⬆, Museum, 5 km kanalaufwärts nach der ☐ li ⌂ und ▲ Aufbau Eisenhüttenstadt, ☎ 03364/411824, www.sg-aufbau.de .
Eisenhüttenstadt, 🚌, ✕.

565,8 re **Urad**, li **Aurith**, Rastplatz ⬇⬆, ✕ hinter dem Deich.

567,0 re ↓ Pliszka (Pleiske).

570,3 li Kunitzer Loose.

572,0 re Kiesverladestelle.

576,8 li ↓ Brieskower See, früher Brieskowkanal (s. DKV-Gewässerführer OST), Sportbootliegeplatz, li **Lossow**.

578,7 re ↓ Ilanka (Eilang).

580,0 Autobahn-Grenz-Ⅱ A 12.

580,6 EB-Ⅱ.

582,2 li (versteckte) Einfahrt zum Ruderverein SV Oderhort Frankfurt mit ▲, ☎ 0173-3435050, www.oderhort.de

582,6 li Sportbootliegeplatz Frankfurt-Ziegenwerder.

583,7 li ↓ Altarm, 500 m aufwärts ⌂ Frankfurter Ruderclub von 1882 e.V. mit ▲, Lehmgasse 11, 15230 Frankfurt/Oder, ☎ 0335/325032 u. 0174/7440344 (Stegdienst), www.frcvon1882.de .

583,6 Sportbootliegeplatz mit Schwimmsteg (für Kanu zu hoch), anlegen an folgender Treppe für kurzen Stadtbesuch. Zelten nicht möglich.

li **Frankfurt/Oder**, ✕, ⛟. ★: Rathaus 13. Jh., Marienkirche 13. Jh., Heinrich-v.-Kleist-Gedenkstätte, Konzerthalle = ehem. Franziskanerkirche 13./16. Jh., Europa-Universität u. Museum Viadrina,

584,1 li Pegel Frankfurt.

584,2 Grenz-Ⅱ B 5 Slubicer Straße, re **Slubice**.

586,0 li Winterhafen Frankfurt, (Marina geplant).

593,0 li **Lebus**, , ✕ „Oderblick".

593,8 li Schiffsanleger, Sportbootliegeplatz mit Bootsanleger, Biwakplatz der Oderlandkanuten mit Toiletten, ✕ „Anglerheim".

612,2 li ← Alter Oderarm (Kietzer Umfluter) gesperrt, mit ▬, nicht befahrbar!

615,0 Grenz-Ⅱ B 1, re **Kostrzyn**, (Küstrin) ✕, ⛟, ⇅, ★ Festung Küstrin.

615,1 EB-Ⅱ.

616,2 ↓ Alter Oderarm (Kietzer Umfluter), nicht befahrbar, li Kuhbrücke, Wasserwanderrastplatz, ⬇⬆, Fischereihof und Pension Schneider mit Imbiss und Zeltmöglichkeit, Tel.033479-54888, www.fischereihof-kuestrin.de .

616,8 li **Altbleyen**, Sportbootliegeplatz mit Bootsanleger, ✕ und Pension „Wagenrad" mit Campingplatz hinter dem Deich, ☎ 033479/53790.

617,6 re ↓ Warta (Warthe).

627,7 re Kiesverladung.

629,4 re ↓ der Mysla (Mietzel).

632,8 li Einfahrt **Kienitz**, Sportbootliegeplatz, ✕ und Pension „Zum Hafen" mit ▲ (Sanitäranlagen) im Garten, ☎ 033478/440, Marina Kienitz (Schwimmsteg) mit Landherberge, ▲, ☎ 033478/4616, www.landherberge-kienitz.de , www.marina-kienitz.de .

635,4 li ▲ Naturcampingplatz zur Birkenquelle, ☎ 033478/4513, 200 m von der Oder entfernt.

635,5 li **Groß-Neuendorf**, ✕ und Pension „Landfrauen-Cafe", ☎ 033478/4902, www.gross-neuendorf-landfrauen.de , Turm-Cafe im ehemaligen Verladeturm.

640,0 re **Czelin** (Zellin), re polnischer Sportbootliegeplatz.

645,2 Freifahrende Fähre, li ⬇⬆.
re **Gozdowice** (Güstebiese) Kiosk/Imbiss.

645,7 li Abzweigung der Güstebieser Alten Oder, (≋, mündet nach 17 km bei Wriezen in Wriezener Alt-Oder, 2 Wehre, im Sommer stark verkrautet).

650,7 li Zollbrücke, ✕, ★ Theater Am Rand,

651,0 li Sportbootliegeplatz Zollbrücke mit Sportbootanleger.

651,8 re **Siekierki** (Zäckerig).

651,6 re polnischer Sportbootliegeplatz.

652,5 re ↓ Slubia (Schlibbe).

653,9 ehem. EB-Ⅱ, gesperrt.

656,5 re **Stara Rudnica** (Alt Rüdnitz).

662,3 Grenz-Ⅱ B 158, li **Hohenwutzen**, ✕. re **Osinow Dolny**, großer Grenzmarkt mit Gaststätten, Tankstellen.

li Schiffsanleger, Hotel/Restaurant „Zur Fährbuhne“, ☎ 033368/5050.

664,9 li Pegel Hohensaaten-Finow und Sportbootliegeplatz **Hohensaaten**, ✕ „Vis a vis“, „Fischerklause“.

667,1 li ↓ Oder-Havel-Kanal, Einfahrt zur Ost-□ Hohensaaten (s. Seite 571), von dort aus kann die Havel und Berlin erreicht werden oder über die Westschleuse die Hohensaaten-Friedrichsthaler-Wasserstraße, die parallel zur Oder über Schwedt und nach Friedrichsthal weiter als Westoder ebenfalls nach Stettin führt (landschaftlich schöner und weniger windanfällig). ☎ der Schleusen 033368/223, Wechselsprechanlage nutzbar.

673,8 re polnischer Sportbootliegeplatz, **Bielinek**.

677,4 re Vorsicht, Ausfahrt aus der Kiesgrube!

680,5 li Pegel Stützkow.

681,4 am li Ufer Stützkower ▬ (Flut-▬ für Criewener Polder), re **Piasek** (Peetzig)

687,1 am li Ufer Saatener ▬ (Flutwehr für Schwedter Polder), re **Zaton Dolny** (Nieder Saathen) ★ Tal der Liebe, Imbiss Beata.

690,5 Grenz-Ⅱ Schwedt B 166, kein Parkplatz für Begleitfahrzeuge. Schwedt liegt 3 km westlich, Busverbindung, re **Krajnik Dolny**, ✕, ⛺.

695,2 re ↓ der Rurzyca (Röricke).

697,0 li ↓ Schwedter Querfahrt, schiffbare Verbindung zur Hohensaaten-Friedrichsthaler-Wasserstraße über □ Schwedt (☎ 03332-23837), 5 km bis **Schwedt,** ⌂ Wassersport PCK Schwedt mit ✕ Hafenbar, *DKV-Kanustation*, Caravan-Stellplatz, 🚐, s. auch Hohensaaten-Friedrichsthaler Wasserstraße, re **Ognica**.

701,8 re Pegel Widuchowa.

702,0 re **Widuchowa** (Fiddichow).

702,8 re polnischer Sportbootliegeplatz, Kiosk/Imbiss.

704,1 li Abzweig der West-Oder über das Marienhofer Wehr, meist offen und dann gut befahrbar, jedoch mit Schifffahrtszeichen gesperrt. Die Oder ist ab hier wieder beidseitig polnisch. Fortsetzung der Kilometrierung in der Ostoder.

Westoder

0,0 li ← (gesperrt) von der Oder km 704 über ▬ Widuchowa (Marienhofer Wehr), im Sommer meist offen und ≈ jedoch durch Schifffahrtszeichen gesperrt, sonst li ⏏.

2,8 li ↓ der Hohensaaten-Friedrichsthaler-Wasserstraße (km 135,0). Ab hier Grenze zwischen Polen und Deutschland. Personalausweis mitführen und Nationalflagge am Boot führen.

3,2 Hochspannungsleitung.

7,5 li **Gartz**, Hafen der Fahrgastschifffahrt, ✕, ★: Stephanskirche

(13. Jh.), Stadtmauer.
7,7 li Sportbootliegeplatz für Kanu.
8,0 li Bollwerk mit Liegeplätzen für größere Sportboote. ✕ Kiosk „Das süße Leben".
13,6 li ← in Mescheriner See, dort ▲ „Campingplatz am Oderstrom" Mescherin, ☎ 033332/870044 und 0170/3447718, www.campingplatz-mescherin.de , und ✕ „Parkcafe".
14,1 li Herberge und Wirtschaft "Altes Zollhaus" Tel. 03332-870535, www.mescherin.com .
14,5 re Stanica Wodna (Polnische Touristenstation) mit 28 Betten, ▲, Sportbootanleger, ☎ 0048-914612463.
14,7 Grenz-Ⅱ B 113, li **Mescherin**, ✕ u. Pension „Dorotheenhof", Grenzübergang.
17,1 li Ufer nun auch polnisch.
22,8 li **Moczyly** (Schillersdorf).
25,2 Hochspannungsleitung.
25,4 Autobahn-Ⅱ.
27,0 li **Siadlo Dolne** (Niederzahden), ⛾-Kiosk mit Anlegesteg.
27,6 li **Kurow**, Teilung der Westoder, beide Arme ≋.
29,8 im re Arm zweigt Klützer Querfahrt ab, nach 2 km ↓ in die Ost-Oder bei km 731.
30,8 re ⌂ des Kanuclubs „Plonia Szczecin", ▲-Möglichkeit.
30,9 re ↓ Kanal Odyniec (Lesny) mit niedriger Brücke, Verbindung zur Ost-Oder, im Kanal re Freibad.
31,1 Hochspannungsleitung, Straßen- und 2 EB-Ⅱ Beginn des Stadtgebietes Stettin. li Kraftwerk Pomorzany
31,3 Hochspannungsleitung.
32,1 –32,5 Insel Krainka (Piepenwerder).
33,5 re → der Parnica, Verbindung über Hafengewässer zur Ost-Oder.
35,4 li Haupt-🚉 Stettin, auf Insel Ruderclub.
35,6 EB-Ⅱ.
36,0 Straßen-Ⅱ (Lange Brücke), li Stadtzentrum von **Stettin** mit zahlreichen ★ (Hakesche Terassen, Burg der Pommern-herzöge, Jakobi-Kathedrale, Altstadt mit ehem. Rathaus u. a.).
36,5 Straßen-Ⅱ Trasa Zamkowa, Ende der amtlichen Kilometrierung der Westoder, Beginn der Seeschifffahrtsstraße
36,5 = 66,5 Ende einer von der Mündung in die Ostsee (Swinemünde) zählenden Kilometrierung, es folgt Werft- und Hafengelände.
63,5 re Sportbootdurchfahrt zum Dammschen See.
62,0 re → Swieta, Sportbootdurchfahrt zum Dammschen See.
59,2 re Kanal Lesniczowka, Sportbootdurchfahrt zum Dammschen See.
57,9 li Stahlwerk.

54,6 re ↓ der Babina u. Czapina (Schifffahrtskanal vom Dammschen See).
54,2 re ↓ Inski Nurt (nördlichste Durchfahrt zum Dammschen See).
53,3 re ↓ der Ina.
50,0 li ← Policki Nurt zur Stadt Police (Pöhlitz).
49,8 Abzweig Nebenfahrwasser Kanal Policki (49,6 Seehafen Police, 47,5 Stichkanal zum Werkshafen Chemiefabrik Police).
45,5 ↓ Nebenfahrwasser Kanal Policki.
44,4 li ↓ Gunica.
36,0 li **Trzebiez** (Ziegenort), ↓ der Oder in das Stettiner Haff, ✕, Sporthafen und ⌂ einer Seglerschule mit Übernachtungsmöglichkeit.

Ostoder (Odra Wschodnia)

704,1 Am li Ufer Marienhofer-■, Abzweigung der Westoder. Ab dem ■ ist auch das li Oderufer wieder polnisch.
704,5 Hochspannungsleitung.
713,1 re Abzweig des Kühlwasserkanals zum Kraftwerk Dolna Odra.
717,3 re ↓ des Kühlwasserkanals und der Tywa (Thue). Im Kanal aufwärts liegt im 2.Stichkanal li Bootsschuppen des Kanuvereins Energetik Gryfino mit Zeltmöglichkeit
718,2 Straßen-Ⅱ, re **Gryfino**, 🚌, ✕, ▲ Campingplatz (vom Wasser nicht zugängig).
727,9 Autobahn-Ⅱ E 28.
731,0 ↓ der Klützer Querfahrt, schiffbare Verbindung von der Westoder
733,7 EB-Klapp-Ⅱ.
734,5 Hochspannungsleitung
734,6 Straßen-Ⅱ und EB-Ⅱ.
737,1 Straßen-Ⅱ.
737,6 Straßen-Ⅱ.
737,9 re Abzweig zum Jachthafen Stettin (ca. 1 km) und zum Internationalen ▲ Campingplatz am Kleinen Damm'schen See (ca. 2 km).
739,6 li ↓ der Parnica (Hafengewässer, Verbindung zur Westoder und Stadtzentrum Stettin).
741,6 ↓ der Ostoder in den Dammschen See (Jezioro Dabie).

Oder-Havel-Kanal

Schifffahrtskanal	Verbindet Oder und Havel

Die HOW beginnt am Zusammenfluss von Spree und Havel in Berlin-Spandau und bildet die Fortsetzung des Mittellandkanals nach NO zur Oder und schafft damit eine

Verbindung des deutschen Binnenwasserstraßennetzes zur Ostsee und nach Osteuropa. Die Wasserstraße wird zurzeit ausgebaut, für den Verkehr mit großen Binnenschiffen (Europa-Schiffen). Landschaftlich schön ist er dort, wo Seen in seinen Verlauf einbezogen sind wie in Berlin, bei Oranienburg und ab dem Schiffshebewerk Niederfinow.

0,0 ▭ Spandau. Die Folgestrecke bis km 40,5 ist in der Beschreibung der Havel enthalten.
40,5 li ← Malzer Kanal nach Liebenwalde und Weiterfahrt über die Havel zur Mecklenburger Seenplatte möglich.
41,0 Hochspannungsleitung
41,2 Straßen-Ⅱ Berliner Chaussee, re **Kreuzbruch**.
41,4 EB-Ⅱ.
42,4 Hochspannungsleitung
49,0 Lottscher-Ⅱ B 109 Prenzlauer Chaussee, li **Zerpenschleuse**, ✕.
50,0 Fußgänger-Ⅱ.
50,4 → Finowkanal (s. Seite 575), li ↓ Langer Trödel (Wiederherstellung der Schiffbarkeit für Sportboote geplant), re ✕ Bootshaus Ruhlsdorf mit Zeltmöglichkeit, ☎ 033395-70489, www.bootshaus-ruhlsdorf.com .
50,5 EB-Ⅱ, re 🚂.
52,7 Hochspannungsleitung.
54,8 ← Werbellinkanal (s. Seite 578), re **Marienwerder**, ✕. Wiederherstellung des Werbellinkanals zwischen Marienwerder und Finowkanal im Bau.
54,9 re Marina Marienwerder, mit Zeltmöglichkeit, ☎ 03335/30945, 0171/6504444.
55,1 Pechteicher Sicherheitstor, Beginn der Dichtstrecke (Kanal liegt überwiegend über dem Gelände).
55,2 Pechteich-Ⅱ Eberswalder Straße.
57,7 Kaiserweg-Ⅱ B 167.
58,5 li Üdersee, ▲ Ferienpark Üdersee-Camp, ☎ 03335/218 und 0171/2457811, www.uedersee.de , Tor zum Kanal wird nach vorheriger Anmeldung an der Rezeption geöffnet.
59,2 Autobahn-Ⅱ A 11.
60,0 re Strommeisterei, Finowfurt.
60,1 Steinfurther-Ⅱ, Werbelliner Straße.
63,2 re Auslaufbauwerk, umtragen zum Mäcker-See und Finowkanal bedingt möglich.
63,6 Mäckersee-Ⅱ Lichterfelde–Finow.
65,5 Hochspannungsleitung.
65,6 Lichterfelder-Ⅱ, dahinter Sicherheitstor, Kieferneck, li **Lichterfelde**, re **Finow**.
66,9 re Beginn Hafen Eberswalde.
67,9 Dusterwinkelbrücke-Ⅱ.

68,5 Kanal-Ⅱ über die Eisenbahn.

70,1 Straßen-Ⅱ Angermünder Chaussee, re **Eberswalde**, 🚉.

70,3 Wassertor Eberswalde.

70,5 ⌂ Eberswalder SV Empor, ▲, Wassertorbrücke 3, 16225 Eberswalde, ☎ 03334/24862, www.kanu-empor-eberswalde.de .

71,5 Ragöser Tunnel (Ragöse fließt 28 m unter dem Kanal in 157 m langem Tunnel).

75,4 Kloster-Ⅱ

76,4 Abzweig zur alten Schleusentreppe (außer Betrieb). Schiffsanleger mit 🍴 Kiosk.

77,5 Sicherheitstor Niederfinow, li davor Sportbootwartestelle, Aufruf zum Schleusen erfolgt über Lautsprecheranlage.

77,9 □ Schiffshebewerk Niederfinow, überwindet 36 m Höhenunterschied zur Oderniederung. Technisches Denkmal, Besichtigung möglich ★. Informations-Pavillon des WSA . Zwischen alter Schleusentreppe und Schiffshebewerk befindet sich die Baustelle für ein neues, größeres Schiffshebewerk. Fertigstellung voraussichtlich 2014.
☎ 033362/215, 033362/6191222, Betriebszeit: durchgehend. Am Parkplatz 🍴.

78,4 re Schiffsanleger, daneben Ausstiegsmöglichkeit.

78,8 li Mündung der Schleusentreppe (außer Betrieb).

78,9 re ↓ Finowkanal (s. Seite 575).

79,7 Lieper See.

80,1 Wege-Ⅱ, li **Liepe**, 🍴.

82,4 li Teufelsberg, re Altarm zum Schöpfwerk.

82,7 Beginn Oderberger See.

84,2 Ausfahrt aus dem Oderberger See.

84,6 re ↓ Wriezener Alte Oder (s. DKV-Gewässerführer OST).

85,3 Straßen-Ⅱ Schwedter Straße, Oderberg, 🍴. ★: Heimat- und Schifffahrtsmuseum, Museumsdampfer „Riesa“.

85,8 li, Wasserwanderrastplatz mit ▲-Möglichkeit.

86,4 EB-Ⅱ (stillgelegt).

86,6 Hochspannungsleitung

87,0 re Marina Oderberg mit 🍴, ▲-Möglichkeit

91,5 Beginn Hafengelände Binnenhafen Hohensaaten.

92,0 Straßen-Ⅱ, li **Hohensaaten**, 🍴 „Fischerklause“ und „Vis a Vis“.

92,5 li ← zur Westschleuse. re → zur Ost-□.

92,9 li □ Westschleuse Hohensaaten ☎ 033368/223 und 033368/54612 (gilt für beide Schleusen), Betriebszeiten: 06:00–22:00, So und feiertags 07:00–22:00 Uhr. ↓ in die Hohensaaten-Friedrichstaler-Wasserstraße (Beschreibung anschließend). Die HOW-Kilometrierung wird dort fortgeführt.

92,5 re → zur Ost-□ Hohensaaten, Verbindung zur Oder bei km 667,1 li Sportbootwartestelle mit Wechselsprechanlage. Wege-Ɪ.

92,7 re □ Ostschleuse Hohensaaten, ☎ und Zeiten wie Westschleuse.

92,8 li Sportbootliegeplatz.

93,6 ↓ in die Oder bei km 667,1.

Hohensaaten-Friedrichsthaler-Wasserstraße

Wanderfluss – Schifffahrtsstraße	Mündung in Westoder

Die Wasserstraße verläuft ab Hohensaaten nahezu parallel zur Oder als ständig voll schiffbare Wasserstraße und mündet bei Friedrichstal in die Westoder. Dabei wird die Kilometrierung der Havel-Oder-Wasserstraße fortgeführt. Sie dient wasserwirtschaftlich der Entwässerung des Oderbruchs über die Wriezener Alte Oder. Das zwischen der Oder und der Hohensaaten-Friedrichsthaler-Wasserstraße liegende eingedeichte Poldergebiet ist Bestandteil des Nationalparks Unteres Odertal. Für das gesamte Zwischenstromland zwischen Oder und Hohensaaten-Friedrichstaler-Wasserstraße (132 Einzelgewässer, davon ca. 2/3 für Befahrung geeignet) besteht ganzjähriges Befahrungsverbot. Nur geführte Fahrten werden genehmigt.

92,9 li ▬ Hohensaaten, li ⏏ oder West-□ benutzen.

95,5 li Kiesgrube.

95,7 li Kieshafen Lunow.

98,9 Wege-Ɪ Fischerstraße, li **Lunow**, ✕.

102,2 li Caravan- und Zeltplatz, ☎ 033365/70329.

102,3 Wege-Ɪ, li **Stolzenhagen**, hinter Brücke li Sportboothafen u. Wasserwanderrastplatz mit ▲-Möglichkeit.

105,4 li Rastplatz mit ▲-Möglichkeit

105,5 Wege-Ɪ Dorfstraße, li **Stolpe**, ✕ u. Hotel „Stolper Turm", „Grützpott" Stolper Turm (dickster Bergfried in Mitteleuropa) ★.

107,8 re Schöpfwerk.

108,2 Wege-Ɪ Kanalstraße, li **Altgalow**.

110,0 Wege-Ɪ, li **Stützkow**, re Altarm.

114,0 li ✕ u. Pension „Zur Linde" ☎ 03332/521498, Cafe „Anitas Eisstube", Schloss Criewen, Besucherzentrum des Nationalparks, Lené-Park mit alter Kirche ★.

114,2 Wege-Ɪ, li **Criewen**.

116,3 Straßen-Ɪ Zützener Dorfstraße, li **Zützen**. ✕ Hotel „Zum Winkel", ☎ 03332/22033.

117,8 Landgraben-Ɪ.

119,4 Schöpfwerk-Ɪ.

119,5 re Schöpfwerk Schwedt I.
120,6 Straßen-Ⅱ B 166 Vierradener Straße, li **Schwedt**, ⛟, ✕, ⚖.
121,0 li Wassersporthafen und Bootshäuser des Vereins Wassersport PCK Schwedt, *DKV-Kanustation*, ☎ 03332/23962, Wasserplatz 4, 16303 Schwedt, www.wassersport-schwedt.de .
122,0 re Schöpfwerk Schwedt II.
123,4 re → Schwedter Querfahrt mit ☐ Schwedt, ☎ 03332/23837 (km 0,4), Verbindung (3,5 km) zur Oder bei km 697.
123,7 Straßen-Ⅱ
124,5 –125,5 li Papierfabriken Schwedt.
125,9 li ↓ Welse (s. DKV-Gewässerführer OST), Einfahrt Industriehafen Schwedt.
128,2 Straßen-Ⅱ, li **Gatow**, ✕.
130,8 re Schöpfwerk Schwedt III.
130,9 Straßen-Ⅱ Teerofendamm.
131,0 li Wildnisschule Teerofenbrücke, ▲, ☎ 03332/838840, www.wildnisschule-teerofenbruecke.de .
133,6 li **Friedrichsthal**, ✕.
135,0 ↓ in die Westoder bei km 2,8 (s. Seite 569). Die Westoder ist bis km 17,4 am Ostufer polnisch, danach gänzlich polnisch. Das Westufer ist mit Ausnahme der Ortslagen Nationalparkgebiet. Auch nach dem EU-Beitritt Polens gelten weiterhin die Regeln für das Befahren der Grenzgewässer (nur tags, kein Anlegen am polnischen Ufer, Staatsflaage am Boot, s. a. Hinweise zur Oder).

Finow-Kanal

Schifffahrtskanal	Verläuft parallel zum Oder-Havel-Kanal

Der Finow-Kanal ist einer der ältesten Kanäle Deutschlands (erstes Kanalstück 1620 in Betrieb) und verläuft parallel zum Oder-Havel-Kanal. Für den nicht so eiligen Wasserwanderer bietet er eine interessante und lohnenswerte Alternative zum Oder-Havel-Kanal, da er landschaftlich sehr schön ist und überwiegend naturbelassen erscheint, obwohl 12 Schleusen zu durchfahren sind (die im Oder-Havel-Kanal durch das Schiffshebewerk ersetzt werden). Die Schleusen sind in der Zeit von Mai bis September von 09:00–17:00 Uhr in Betrieb. Es ist eventuell mit Wartezeiten zu rechnen, da teilweise ein Beschäftigter zwei Schleusen bedient (☎ des WSA Eberswalde 03335/214).
Der rund 10 km lange Kanalteil zwischen Liebenwalde und Zerpenschleuse (Langer Trödel) ist noch an mehreren Stellen zugeschüttet und nicht in Betrieb. Es gibt Bemühungen, diesen Teil für die touristische Nutzung wieder in Betrieb zu nehmen, wozu größere Baumaßnahmen (Neubau von 2 Hub-Brücken und einer Schleuse) in Vorbereitung sind mit geplanter Inbetriebnahme 2013.

Die Kilometrierung beginnt in Spandau, ist jedoch von der des Oder-Havel-Kanals an der Kreuzungsstelle Zerpenschleuse unterschiedlich, da der frühere Umweg über Liebenwalde enthalten ist.

57,4 Abzweig vom Oder-Havel-Kanal bei Zerpenschleuse, km 50,4; re Rastplatz am ✕ „Bootshaus Ruhlsdorf“ mit Zeltmöglichkeit, ☎ 033395/70489, www.bootshaus-ruhlsdorf.com , re 🚌 Ruhlsdorf-Zerpenschleuse.

57,5 EB-Ⅱ, re 🚌.

59,0 li ↓ des Werbellinkanals (siehe Seite 578). Der Kanal ist zwischen Finowkanal und Oder-Havel-Kanal (OHW) seit Ende 2010 wieder für Sportboote befahrbar.

59,2 ▭ Ruhlsdorf, re ⏏, Wege-Ⅱ.

59,5 Straßen-Ⅱ.

61,1 ▭ Leesenbrück mit Wege-Ⅱ, li ⏏.

61,6 Straßen-Ⅱ Biesenthaler Straße, li **Marienwerder**, ✕ „Goldener Anker“ mit Gästesteg, ☎ 03335/74.00.

61,7 li Kanuverleih „Mac Paddel“ mit Zeltmöglichkeit, ☎ 03335/31397, www.macpaddel.de , danach Schiffsanleger.

63,3 ▭ Grafenbrück mit Wege-Ⅱ, re ⏏, re vor Schleuse Restaurant und Biergarten „Schleusengraf“, ☎ 03335/330293.

63,5 re ↓ Pregnitzfließ, *ganzjähriges Befahrungsverbot.*

65,0 re ↓ der Alten Finow (Finowfließ), ganzjähriges Befahrungsverbot.

65,2 re Marina Eisvogel, mit Zeltmöglichkeit, ☎ 0172/3832074, www.marina-eisvogel.de .

66,1 Autobahn-Ⅱ A 11

67,0 re Wasserwanderrastplatz mit ▲-Möglichkeit, ☎ 0174/9411462, www.triangeltour.de .

67,5 ▭ Schöpfurt, Selbstbedienungs-Automatik. re ▲ Camping und Kanuverleih „Triangeltour“, ☎ 0174/9411462, www.triangeltour.de .

67,6 Straßen-Ⅱ Hauptstraße, **Finowfurt**, re ✕ „Mühlen-Bistro“, ☎ 03335/330493, li ✕ „Cafehaus zur Teutoburg“, ☎ 03335/451374, ★ Luftfahrtmuseum.

68,0 Straßen-Ⅱ B 167 Marienwerder Straße.

68,4 Wege-Ⅱ.

69,7 li Fließ zum Mäckersee (1,7 km), dort ⏏ zum Oder-Havel-Kanal bedingt möglich.

70,4 li durch interessante Messingwerk-Brücke ⌂ und ▲ SV Stahl Finow, Altenhofer Straße 55, 16227 Eberswalde, ☎ 03334/33185, www.svstahlfinowkanu.de .

70,5 Straßen-Ⅱ Altenhofer Straße, **Finow**.

70,7 ehem. EB-Ⅱ (Anschlussbahn).

71,0 ▭ Heegermühle mit Wege-Ⅱ, re ⏏.

71,2 Straßen-Ⅱ Brückenstraße, ✕.

72,0 Hochspannungsleitung

72,1 Rohr-Ⅱ, li Ruine ☇.
72,3 EB-Ⅱ (Anschlussbahn).
72,9 ☐ Wolfswinkel mit Wege-Ⅱ, re ⏏.
73,5 Straßen-Ⅱ, Hubbrücke an der Eisenspalterei, Am Alten Walzwerk. Durchfahrthöhe 1,55 m, Hub erfolgt von 8.00–18.00 Uhr im 2-Stundentakt auf Anforderung.
re Beginn Familiengarten, ★
74,0 ☐ Drahthammer mit Wege-Ⅱ, li ⏏, re Eingang zum Familiengarten, WC, ✗ „Schleusenkrug", ☎ 03334/24591.
74,1 Hochspannungsleitung.
74,6 Hochspannungsleitung.
75,4 Straßen-Ⅱ Britzer Straße.
75,9 ☐ Kupferhammer, li ⏏, re 500 m zum 🚃 Eberswalde.
76,3 EB-Ⅱ.
76,6 re WSA Eberswalde.
76,7 re WSA-Hafen.
76,9 Hochspannungsleitung.
77,0 Straßen-Ⅱ Wilhelmstraße.
77,3 re Sportbootanleger (nicht für Kanu geeignet) mit Service-Station für Stromanschluss, Wasser u. Fäkal-Entsorgung mit Münzautomaten der Stadtwerke, danach ✗"Alte Zählerwerkstatt", Restaurant und Biergarten, ☎ 03334/387754, Sportbootanleger mit Trittbrett für Kanu.
77,4 Rohr- und Fußgänger-Ⅱ, li ✗ KRETA, danach re ↓ der Schwärze und „Anleger Stadtschleuse" (nicht für Kanu geeignet).
77,8 Straßen-Ⅱ Breite Straße, **Eberswalde**, ✗, li Einkaufszentrum Rathauspassagen, ★ Eberswalder Zoo.
77,9 ☐ Eberswalde mit Wege-Ⅱ, li ⏏.
79,4 EB-Ⅱ.
81,0 ☐ Ragöse mit Wege-Ⅱ, über Schleuseninsel ⏏, li Forellenhof mit Fischverkauf, Restaurant und Cafe „Fischerstube" ☎ 03334-23173, li nach Schleuse Wasserwanderrastplatz mit hohen Stegen, Sitzgaube und Bänken.
81,2 li ↓ Ragöse *(ganzjähriges Befahrungsverbot)*.
84,1 li ▲ Campingplatz Triangeltour, ☎ 03362/70437 oder 0174/9411462, www.triangeltour.de .
84,4 Stecher-☐ mit Wege-Ⅱ.
86,3 Zug-Ⅱ, **Niederfinow**, li ✗, re 🚃.
88,9 ☐ Liepe mit Wege-Ⅱ, li ⏏.
89,3 Ende Finow-Kanal, ↓ in Oder-Havel-Kanal, OHW-km 78,9.

Werbellin-Kanal, Werbellin-See

Schifffahrtskanal - Seen

Der Werbellin-Kanal führt vom Finowkanal (km 59,0) über den Oder-Havel-Kanal zum Werbellin-See, einem der schönsten Seen im Norden von Berlin. Die Kilometrierung beginnt am Finowkanal. Zwischen Finowkanal und Oder-Havel-Kanal ist der Werbellinkanal seit Ende 2010 wieder für Sportboote befahrbar.

Besonderheiten: Auf den Werbelliner Gewässern dürfen Charterboote verkehren. Es ist mit unerfahrenen Bootsführern zu rechnen. An Schleusenanlagen ist besondere Vorsicht geboten.

Der im N des Werbellin-Sees gelegene Grimnitzsee kann auf dem Wasserweg nicht erreicht werden, da der Neue Graben, die Verbindung zwischen den beiden Seen, nicht befahrbar ist. Evtl. Bootstransport zum Grimnitz-See. Rund um den Werbellinsee gibt es 7 öffentliche Badestellen, die bei entsprechender Rücksichtnahme auch als Ein- und Aussetzstellen genutzt werden können.

20,1 Nord-Ende Werbellin-See, Schiffsanleger, **Joachimsthal**, ✕, 🚌.
19,6 li ▲ Voigtswiese, nur Dauercamping.
19,3 re **Elsenau**
18,3 re Ferienparadies am Werbellinsee.
18,5 re ▲ Tauchclub Werbellow.
15,0 EJB (Europäische Jugenderholungs- und Bildungsstätte).
14,2 li **Altenhof**, ✕, Hotels, Schiffsanleger.
11,5 re ▲ „Am Spring", 16244 Eichhorst, ☎ 033363/4232. www.camping-spring.de
11,2 li ▲ „Süßer Winkel" mit Strandgaststätte, 16244 Eichhorst, ☎ 03335/237, www.camping-suesser-winkel.de .
11,0 li Cafe Maritim mit Anlegern, ☎ 033353/25109.
10,7 re ✕ „Hotel Cafe Wildau" mit Schiffsanleger/Bootsanleger, ☎ 033363/52630.
10,7 Süd-Ende Werbellin-See, re Kanu-Stützpunkt SV Stahl Finow, DKV-Kanustation, ☎ 03334/282329, Anmeldung www.svstahlfinowkanu.de .
10,3 Radweg-Ⅱ, Askanierturm.
8,7 ▭ Eichhorst, Selbstbedienungs-Automatik, ☎ 03335/219, Betriebszeiten: April–September 07:00–20:00 Uhr, Oktober und November 08:00–16:00 Uhr, ✕, Kiosk.
8,6 Schleusen-Ⅱ.
8,5 Straßen-Ⅱ Eberswalder Chaussee, **Eichhorst**.
6,1 ▭ Rosenbeck, Selbstbedienungs-Automatik, Betriebszeiten: April–September 07:00–20:00 Uhr, Oktober und November 08:00–16:00 Uhr.
6,0 Straßen-Ⅱ.
3,6 Straßen-Ⅱ B 167.

3,3 Kreuzung mit dem Oder-Havel-Kanal bei km 54,8, **Marienwerder**, Marina mit Zeltmöglichkeit und ✂, ☎ 03335/30945 oder 0171/65044. NO Försterei Pechteich. Eine Verlängerung zum Finow-Kanal ist Ende 2010 fertiggestellt.

0,0 Abzweig aus dem Finow-Kanal bei km 59,0.

Lausitzer Neiße

Wanderfluss — Mündung in die Oder (re Nebenfluss)

Die Lausitzer Neiße ist ein durchaus schöner Wanderfluss, der jedoch mit zahlreichen nichtbefahrbaren Wehren, aber auch vielen, meist befahrbaren Sohlschwellen bestückt ist. Ursprung der Neiße an der Südabdachung des Isergebirges in Tschechien bei Jablonec.
Aus seiner Eigenschaft als Grenzfluss zu Polen resultieren heute keine Behinderungen mehr, es darf an beiden Ufern angelegt und umtragen werden. Der oberste Abschnitt von der tschechischen Grenze bis Hirschfelde hat mehrere Hindernisse und ist landschaftlich wenig reizvoll (Industrie); Wanderfahrten lohnen erst ab Ortsende Hirschfelde/Rosenthal, auch weil die Lausitzer Neiße ab hier ganzjährig befahrbar ist. Den gesamten Flusslauf begleitet auf der linken deutschen Seite der Oder-Neiße-Radweg.
Befahrbarkeit: ab Hirschfelde/Rosenthal ganzjährig.

199,0 Die Lausitzer Neiße, aus Tschechien kommend, wird ab hier Grenzfluss zur Bundesrepublik Deutschland. Der Oberlauf ist beschrieben im DKV-Auslandsführer Band 7, Nordosteuropa und dem DKV-Gewässerführer Ostdeutschland.

185,5 li **Rosenthal**, li ⬇.

184,8 EB-Ⅱ, mehrere kleine Schwallstrecken, **!** große Steine.

184,2 EB-Ⅱ.

178,8 Kloster-▬ Marienthal mit ϟ, ⌓ ?, evtl. li treideln über Wehrkante, li Kloster Marienthal, ★, ✂, re **Posada** (PL)

178,3 ▬ Sohlschwelle Marienthal, ≋, ehem. Ⅱ

176,9 ▬ Sohlgleite (ehem. Jutewehr) Ostritz, gut ≋, alter Pfeiler im Wasser

176,1 Straßen-Ⅱ Bahnhofstraße, li **Ostritz**, ✂, ⇅, re 🚉 Krzewina (PL)

175,9 Sohlschwelle Ostritz, ≋.

174,0 ▬ Grunauer Mühle/Krzewina, **X**, li ⌓, re **Krzewina** (PL).

171,0 ▬ Apeltmühle Leuba, **X**, re ⌓, li **Leuba**.

169,6 EB-Ⅱ.

168,7 re ↓ Witka.

168,5 Hochspannungsleitung kreuzt.

167,2 Straßen-Ⅱ Radmeritzer Straße, re **Radomierzyce**.

167,1 Spundwand- ▬ Hagenwerder, meist ≋.

166,9 EB-Ⅱ (stillgelegt):

165,6 li **Hagenwerder**, ⛺, 🍴, ⇅; li ↓ Pließnitz.
160,9 ■ Deutsch Ossig, meist ≋.
159,9 ■ Köslitz, evtl. ≋, ! Walzenbildung, oder li bzw. re ⌓, schwieriges ⬇ re **Koźlice** (PL).
158,0 li **Görlitz-Weinhübel**.
157,5 ■ Görlitz-Weinhübel, li Mühlgraben meist ≋.
154,8 re ↓ Czerwona Woda.
153,9 EB-Ⅱ (Viadukt). 300 m oberhalb zum ⌂ NSV Gelb-Weiß, Kanuabteilung, Zittauer Straße, 02827 Görlitz.
153,7 ■ Obermühle Görlitz, re ⌓.
152,6 Straßen-Ⅱ Am Stadtpark.
151,6 Altstadt-Ⅱ, re **Zgorzelec** (PL), li **Görlitz**, ★, danach Altstadt-■ (Vierradenmühle), **X**, li oder re jeweils durch Gaststätte ⌓.
151,3 li Pegel Görlitz.
148,4 Autobahn-Ⅱ A 4, re **Jedrzychowice** (PL).
146,9 ■ Ludwigsdorf mit ↯, ehemalige Kunstmühle, **X**, re ⌓, li nach **Ludwigsdorf**.
140,0 li **Zodel**, re **Lasów** (PL).
137,6 ■ Piensk, **X**, li ⌓, ↯ in PL, re **Piensk** (PL), ⛺, ⇅, danach 2 Sohlschwellen, meist ≋
134,9 Fußgänger-Ⅱ, li **Dreschka**, 🍴.
134,4 re ↓ Kraftwerkskanal.
131,4 Brückenreste im Fluss, li **Zentendorf**.
130,5 EB-Ⅱ.
129,8 ■ Sohlschwelle Zentendorf, ≋.
129,1 ■ Sohlschwelle Zentendorf, ≋.
128,7 Zerstörte Ⅱ, re **Bielawa Dolna** (PL).
126,3 ■ Niederneuendorf, **X**, re ⌓, li **Niederneuendorf**.
124,3 ■ Sohlschwelle, ehemaliges Reisig-Wehr Rothenburg, meist ≋.
123,2 ■ Rothenburg, li ⌓, Rastplatz von Neiße-Tours, ⬇.
121,9 li **Rothenburg**.
li **Noes**.
116,9 ■ Bremenwerk, **X**, re ⌓.
114,5 ■ Celltechnik Lodenau mit ↯, **X**, re ⌓, li **Lodenau,** re **Sobolice** (PL).
111,6 Brischken-■ Lodenau mit ↯, **X**, li ⌓.
110,4 ■ Sohlschwelle Steinbach/Sanice.
110,0 li **Steinbach**, re **Sanice**.
109,1 ■ Sohlschwelle Steinbach/Sanice.
103,0 ■ Bukowka (Klein Priebus), mit ↯ in PL, **X**, li ⌓, li **Klein Priebus**.
101,5 ■ Sohlschwelle Podrosche/Przewóz.
100,9 Straßen-Ⅱ, li **Podroschke**, re **Przewóz** (PL).
100,8 Pegel Podrosche 2.
100,3 ■ Sohlschwelle Podrosche/Przewóz.

100,0 ■ Sohlschwelle Podrosche/Przewóz.
97,0 li **Werdeck**.
96,4 ■ Sohlschwelle Werdeck.
93,0 ■ Pechern/Prysieka mit ↯ in PL, **X**, li ⌓, li **Pechern**
83,5 li Rastplatz.
82,0 Ⅱ im Bau, li **Krauschwitz,** re **Łęknica** (PL).
80,5 EB-Ⅱ.
79,9 Straßen-Ⅱ Clara-Zetkin-Straße, li **Bad Muskau**, ★: Park (Fürst Pückler), re **Łeknica** (PL) mit Markt.
79,7 Teilung der Neiße, li halten, im re Arm ■ in 100 m.
79,5 ■ Bad Muskau mit ↯, **X**, li ⌓ (re ⌓ einfacher, aber nur wenn genügend Wasser hinter dem Wehr.).
79,2 Fußgänger-Ⅱ li und re Fürst Pückler Park, ★, Weltkulturerbe.
79,1 Sohlschwelle Bad Muskau, meist ≋.
78,0 li ↓ der Hermanns-Neiße.
77,6 Böses Ufer, ⬇, Parkmöglichkeit.
74,3 li Glockenhof Köbeln, Pension und Heuhotel.
73,3 ■ Pusack, dahinter ca. 1 km Wassermangel, re in PL weiterfahren.
72,3 ↯ Żarki Wielkie, re ⌓, danach Schwall.
72,1 re ↓ Wehrarm.
69,6 Flussteilung, li zum ■ Zelz (69,4), dahinter 600 m Wassermangel, re halten.
69,1 Straßen-Ⅱ , li **Zelz,** ✕
68,8 ↯ Siedlic, li ⌓
66,5 li **Bahren**.
63,1 Autobahn-Ⅱ A 15, Schwall re ≋.
62,3 alte Ⅱ, ■ Sohlschwelle, ≋, li **Klein Bademeusel**.
62,1 li Pegel Klein Bademeusel.
58,3 Brückenreste, li **Groß Bademeusel**, ✕ Zur blauen Maus.
56,0 ■ Brozek mit ↯, **X**, li ⌓.
54,5 ■ Sohlschwelle, ≋.
53,9 ■ Sohlschwelle, ≋.
53,8 Beginn Fluss-Inseln, li halten.
53,3 ■-Gruppe Forst, Haupt-■ li ⌓. Vorsicht! Starker Sog des Hauptwehrs bei höheren Wasserständen!
Ganz li zweigt der 6,3 km lange Mühlgraben mit meist offenem ■ ab. Darin sind 3 niedrige Brücken und 1 Mühle zu umtragen:

6,3 Beginn Mühlgraben.
5,8 re Abschlag-■ 2.
5,7 Straßen-Ⅱ Ringstraße.
5,2 re ⌂ SG Turbine Forst, *DKV-Kanustation*, Högelheimer Straße

1, 03149 Forst.

3,7 li ⌂ Wassersport Forst/Lausitz e.V., C.-A.-Groeschke-Straße 14 b, 03149 Forst (Lausitz), *DKV-Kanustation*, www.wassersportverein-forst.de .

3,4 EB-⫴.

3,3 niedrige Straßen-⫴ Sorauer Straße, ⏏, Stege vorhanden, **Forst**, ★, ✕.

3,1 niedrige Straßen⫴ Max-Fritz-Hammer-Straße, ⏏, Stege vorhanden.

2,7 niedrige Straßen-⫴ Am Haag, ⏏, Stege vorhanden.

2,5 Mühle und Straßen-⫴ Mühlenstraße, ⏏, Stege vorhanden. (Mit Bootswagen Umfahren der 4 niedrigen Brücken über Rüdiger-Straße ca. 1 km möglich.)
Es folgen 6 weitere unterfahrbare Brücken.

0,0 ↓ Mühlgraben in die Neiße bei km 48,3.

52,1 EB-⫴ **!** rechtes Joch **X**, Stahltrümmer im Wasser, durch li Joch evtl. ⏏ oder treideln.

51,6 Zerstörte Fußgänger-⫴ (Seufzersteg),**!** Trümmer im Wasser, meist ≋.

51,1 Zerstörte Lange ⫴, Trümmer im Wasser, meist ≋.

48,3 ↓ Forster Mühlgraben, li Kläranlage.

47,6 Straßen-⫴ Forst.

46,0 li **Sacro**.

45,6 Brückenreste, Schwall.

40,5 li ↓ Malxe-Neiße-Kanal, Schöpfwerk **Briesnick**, ✕ Zur Eisenbahn, re **Strzegów** (PL).

39,9 Brückenreste mit Schwall.

35,7 ▬-Gruppe Grießen, li ▬ meist offen und ≋, hinter li ▬ Kraftwerk-Kanal, nach 1 km ↯, re ⏏, bei ausreichend Wasser kann auch einfach in den rechten Wehrkanal ⏏ werden.
li **Grießen**, ✕ (Imbiss am Dorfteich).

31,8 li ↓ Kraftwerk-Kanal.

31,6 bis 30,6 ▬ vier Sohlschwellen, ≋.

29,3 zerstörte Brücke, re **Markosice**.

27,3 ▬ Groß Gastrose, in Mühlgraben einfahren und re ⏏, nach 50 m zurück in die Neiße.

26,8 li ↓ Mühlgraben, zum Ort **Groß Gastrose**, zum ✕ Neissetal den Mühlgraben aufwärts bis zur alten Brücke fahren.

23,9 li **Klein Gastrose**.

22,6 Straßen-⫴ B 97 bei Schlagsdorf.

21,8 Brückenreste Schlagsdorf.

21,5 re **Sekovice**, li Pegel Schlagsdorf.

17,6 EB-⫴.

16,2 ■ Guben mit ↯, **X**, li ⩍ oder über Grenzbrücke und in PL einsetzen (flaches Ufer), Straßen-Ⅱ Frankfurter Straße, li **Guben**, 🚌, ★: Plastinarium.
re **Gubin** (PL) mit Polenmarkt.
16,0 ⬇ Neißetreppen am Amtsgericht, dahinter Fußgänger-Holz-Ⅱ, öffentlicher Parkplatz neben Amtsgericht.
15,5 Holzpfähle im Wasser!
15,4 li ↓ der Egelneiße.
14,9 Brückenruine mit Schwall, ≋.
13,9 li Pegel Guben 2.
13,5 re Kläranlage.
13,4 EB-Ⅱ, Schwall.
12,9 li ↓ Schwarzes Fließ.
10,7 li **Groß Breesen**.
7,8 li ↓ Grano-Buderoser Mühlenfließ.
7,1 li ↓ Coschener Fließ, li **Coschen**, 🚌, re **Żytowan** (PL).
4,8 li ↓ Breslacker Fließ, **Breslack**.
1,0 re Kosarzyn (PL).
0,0 li **Ratzdorf**, 3 ✗,
↓ in die Oder bei km 542,4.

Die deutschen Kanäle

Nachstehend werden nur die überregionalen Kanäle aufgeführt; sie dienen vorwiegend der Binnenschifffahrt mit großen Lastschiffen. Für den Kanusportler sind sie zumeist nur interessant als Zu- oder Abfahrt zu Bootshäusern sowie zu Umtragestellen in kleinere Seitengewässer. Fern-Wanderfahrten werden auf ihnen nur ausnahmsweise durchgeführt. Man muss sich bei ihrer Befahrung darüber im Klaren sein, dass es sich um künstliche Wasserstraßen handelt, mit befestigten Ufern, z.T. mit Spundwänden.

Von der Umgebung ist vom Wasser aus wenig zu sehen. Es herrscht vielfach reger Schiffsverkehr mit entsprechender Wellenbildung, im Falle einer Kenterung kann das Anlanden schwierig werden. Die nachfolgenden Beschreibungen beschränken sich daher auf wenige markante Merkmale. Einzelheiten über Brücken, Ortschaften usw. können den Landkarten entnommen werden.

Auf den Kanälen gilt die Binnenschifffahrtsstraßenordnung.

Für die Schleusung von Kleinfahrzeugen ist festgelegt: Kleinfahrzeuge werden, soweit sie nicht Bootsschleusen, Bootsgassen oder Bootsumsetzanlagen benutzen können, nur in größeren Gruppen oder zusammen mit anderen Fahrzeugen geschleust. Ausnahmsweise können Kleinfahrzeuge auch einzeln nach bestimmten Wartezeiten geschleust werden. Bei gemeinsamer Schleusung von Kleinfahrzeugen mit anderen Fahrzeugen dürfen Kleinfahrzeuge erst nach den anderen Fahrzeugen in die Schleuse einfahren.

Grundsätzlich muss damit gerechnet werden, dass die Boote an den meisten Schleusen umgetragen werden müssen. Schleusungen werden aufgrund der Verkehrsdichte eher eine Ausnahme bleiben. Vor allem bei Fahrten mit größeren Gruppen sollte vorher eine Mitteilung an das zuständige Wasser- und Schifffahrtsamt (WSA) erfolgen. Aber auch für Einzelfahrer, die eine längere Kanalstrecke befahren möchten, ist es angebracht, sich vorher mit dem WSA in Verbindung zu setzen. Ein Mobiltelefon zur Verständigung mit dem Schleusenpersonal ist sehr nützlich.

Die für den Kanusport wesentlich interessanteren kleineren Kanäle, die vielfach nur für kleinere Schiffe und die Sportschifffahrt freigegeben sind, sind bei den Gewässern beschrieben, mit denen sie zusammenhängen. Derartig kleinere Kanäle gibt es sehr zahlreich vor allem in Ostdeutschland. Der **Oder-Havel-Kanal** und als seine Fortsetzung die **Hohensaaten-Friedrichsthaler-Wasserstraße** wurden dem Einzugsbereich der Oder zugeordnet (s. Seite 571 und 574). Die **Spree-Oder-Wasserstraße** ist als 2. Querverbindung von den Berliner Gewässern zur Oder beschrieben im Zusammenhang mit der Dahme (s. Seite 485), der Spree (s. Seite 466) und dem Oder-Spree-Kanal (s. Seite 489).

Eine extrem genaue Beschreibung sämtlicher Schiffahrts-Kanäle findet sich in dem Buch „Weska“ (s. Quellenverzeichnis). Eine genauere Beschreibung der westdeutschen Kanäle findet sich auch im DKV-Gewässerführer für NRW. Darin wird auch ausführlich auf die etwas schwierigen Verhältnisse bei der Schleusung von Sportbooten eingegangen. Meist muss umtragen werden.

Rhein-Herne-Kanal

0,0 Abzweig des Hafenkanals Duisburg-Ruhrort aus dem Rhein bei km 780,4.
0,5 Museumsschiff, ★ sehenswert.
2,2 Straßen-Ⅱ Oberbürgermeister-Karl-Lehr-Brücke, **Duisburg**.
2,8 ⌂ Grün-Weiß Oberhausen
3,6 Ende des Hafenkanals = km 0 des RHK.

0,0 Beginn des Rhein-Herne-Kanals.
0,7 Wege-Ⅱ, EB-Ⅱ, □ Duisburg-Meiderich.
1,0 Autobahn-Ⅱ A 59.
1,4 re → Verbindungskanal zur Ruhr.
2,4 Straßen-Ⅱ Emmericher Straße, li ⌂ und ▲ 1. Meidericher Kanu-Club 1921 e.V., Emmericher Straße 245, 47138 Duisburg, ☎ 0203/444909, www.mkc-duisburg.de .
2,7 EB-Ⅱ und Wege-Ⅱ.
2,8 EB-Ⅱ.
3,6 Straßen-Ⅱ Koopmannstraße.
3,7 EB-Ⅱ.
4,3 Straßen-Ⅱ Gartroper Straße, **Duisburg-Meiderich**.
4,5 EB-Ⅱ.
4,6 Straßen-Ⅱ Ruhrorter Straße.
5,0 Autobahn-Ⅱ A 3.
5,7 Doppel-□ Oberhausen, Südufer 500 m ≏.
6,2 Straßen-Ⅱ Westmarkstraße, **Oberhausen**.
7,1 Straßen-Ⅱ Buschhausener Straße.
8,0 Wege-Ⅱ und mehrere EB-Ⅱ.
8,2 ⌂ und ▲ Oberhausener Kanu-Verein v. 1928 e.V., Lindnerstraße 8, 46149 Oberhausen, ☎ 0208/845426, www.oberhausener-kanu-verein.de und Turnclub Sterkrade 1869 e.V. Oberhausen, Lindnerstraße 4, 46149 Oberhausen, ☎ 0208/25815, www.kanutc69.de .
8,9 Straßen-Ⅱ B 223 Konrad-Adenauer-Allee, **Sterkrade**.
9,0 ⌂ RV Oberhausen.
9,3 EB-Ⅱ.
9,6 Straßen-Ⅱ, Wege-Ⅱ, EB-Ⅱ.
10,0 Wege-Ⅱ.
10,2 re Marina Oberhausen.
10,8 Straßen-Ⅱ Osterfelder Straße.
11,4 Wege-Ⅱ.
12,3 Straßen-Ⅱ Einbleckstraße.
13,0 EB-Ⅱ.
13,8 ⌂ Bottroper Kanu-Club e.V. 1954.

14,0 Straßen-Ⅱ Prosperstraße.
14,2 ⌂ Rudergemeinschaft Bottrop.
14,3 EB-Ⅱ.
14,7 EB-Ⅱ und Straßen-Ⅱ Bottroper Straße, li **Bottrop**, re **Essen**.
17,0 Autobahn-Ⅱ A 42 und Straßen-Ⅱ Hafenstraße.
17,3 EB-Ⅱ.
18,3 Straßen-Ⅱ B 224 Gladbecker Straße.
19,3 Straßen-Ⅱ Zweigertbrücke.
20,5 Wege-Ⅱ und EB-Ⅱ.
21,6 Wege-Ⅱ.
22,0 Straßen-Ⅱ Nordsternbrücken.
22,6 EB-Ⅱ.
23,2 Doppel-□ Gelsenkirchen, Südufer 500 m ⏏.
24,2 Stadthafen **Gelsenkirchen**, dort ⌂ RV Gelsenkirchen.
24,5 Straßen-Ⅱ Kurt-Schumacher-Straße, dahinter EB-Ⅱ.
25,6 Straßen-Ⅱ Adenauerallee.
27,2 Straßen-Ⅱ B 227 Münsterstraße.
27,3 ⌂ und ▲ Gelsenkirchener Kanu-Club e.V., Münsterstraße 68, 45889 Gelsenkirchen.
27,7 Wege-Ⅱ am Hafen Grimberg.
29,3 ⌂ Wanner-Kanu-Verein e.V., Alleestraße 47 A, 44563 Herne.
29,4 ⌂ und kleiner ▲ Wassersportgemeinschaft Wanne-Eickel e.V., Alleestraße, 44563 Herne, ☎ 02325/793210.
29,5 Wege-Ⅱ.
30,0 Straßen-Ⅱ B 226 Dorstener Straße.
30,3 Straßen-Ⅱ Recklinghauser Straße, **Herne**.
31,0 Doppel-□ Wanne-Eickel, Nordufer 600 m ⏏.
32,2 EB-Ⅱ, re ⌂ und ▲ Canu-Touring-Wanne e.V., *DKV-Kanustation*, Hertener Straße 41 a, 44653 Herne, ☎ 02323/21082, http://ctw.wir-im-sport.de .
32,4 Straßen-Ⅱ Hertener Straße.
32,5 ⌂ und ▲ KC Recklinghausen.
33,6 EB-Ⅱ.
33,7 Autobahn-Ⅱ A 43.
34,7 Straßen-Ⅱ B 51 Bahnhofstraße.
36,4 Straßen-Ⅱ Ludwigstraße.
36,5 li ⌂ TuWSV e.V. Recklinghausen-Süd, Kanuabteilung, Pöppinghauser Straße 6, 44628 Herne.
37,3 Doppel-□ Herne-Ost.
37,7 re Liegehafen Herne, am Ende des Hafens ⌂ und ▲ Wassersportverein Herne, ⌂ und ▲ Kanu- u. Ski-Club Herne e.V., Gneisenaustraße 181, 44628 Herne, ☎ 02323/83656.
39,7 Straßen-Ⅱ Westring.

41,2 Straßen-Ⅱ, re ⌂ und ▲ Kanu-Club Erin Castrop-Rauxel e.V., Kanalstraße 108, 44579 Castrop-Rauxel.

43,2 Straßen-Ⅱ Wartburgstraße, li ⌂ RV Rauxel, ⌂ und ▲ Castroper Turnverein 1874 e.V., Kanuabteilung, Wartburgstraße 278, Castrop-Rauxel, www.castroper-tv.de .

43,8 Autobahn-Ⅱ A 2.

44,0 ⌂ Freie Kanufahrer Rauxel, http://fkrauxel.de .

44,1 Sicherheitstor, Straßen-Ⅱ Lambertstraße.

44,8 Straßen-Ⅱ B 235.

45,6 Einmündung in den Dortmund-Ems-Kanal bei km 15,5.

Wesel-Datteln Kanal

Der Wesel-Datteln Kanal verbindet das östliche und nördliche Ruhrgebiet mit dem Rhein. Als Durchgangswasserstraße übernimmt er den Verkehr von den nord- und ostdeutschen Kanalgebieten zu den Seehäfen im Mündungsgebiet des Rheins.
Der WDK ist fast durchgehend einseitig mit einem Spundwandufer ausgebaut.
Ein besonderer Reiz des WDK liegt in den 8 Rundtour-Möglichkeiten in Verbindung mit der Lippe (s. DKV-Gewässerführer für NRW).

0,2 Abzweig des Wesel-Datteln-Kanals aus dem Rhein bei km 813,2.

1,8 □-Gruppe Friedrichsfeld.

2,6 Straßen-Ⅱ Bühlstraße, re **Emmelsum**.

3,5 ⌂ und ▲ Kanu-Club Friedrichsfeld e.V., Gehrstraße 25, 46562 Voerde, ☎ 0281/42848, www.kanuclub-friedrichsfeld.de .

3,6 Straßen-Ⅱ Frankfurter Straße, re **Friedrichsfeld**, 🚃.

3,8 EB-Ⅱ.

4,4 Straßen-Ⅱ B 8 Hindenburgstraße.

6,7 Straßen-Ⅱ Hans-Richter-Straße.

7,3 Wege-Ⅱ.

9,3 Wege-Ⅱ.

10,9 Autobahn-Ⅱ A 3.

12,2 Straßen-Ⅱ Dinslakener Straße, re **Hünxe**, li **Krudenburg**.

12,6 re Wasserwanderrastplatz.

13,3 □-Gruppe Hünxe.

14,1 Straßen-Ⅱ.

15,4 Wege-Ⅱ.

16,0 Wege-Ⅱ.

18,5 Straßen-Ⅱ.

19,1 re ▲ mit Anlegestelle für Boote des Kanu- und Rudersports, 🍴.

20,1 Straßen-Ⅱ Massenstraße.

21,3 Wege-Ⅱ, re Gahlen.

23,9 Wege-Ⅱ, re Östrich, davor li ⌂ und ▲ Kanufreunde Wiking Gladbeck e.V., *DKV-Kanustation*, Brückenweg 265, 46282 Dorsten-Östrich, www.kanufreunde-wiking.de .
24,7 Autobahn-Ⅱ A 31.
25,0 ⌂ RV Dorsten.
26,0 Wege-Ⅱ, ⌂ und ▲ Kanu-Club Gladbeck 1957 e.V., *DKV-Kanustation*, Fährstraße 57, 46282 Dorsten, ☎ 02362/42429, www.kanuclub-gladbeck.de .
27,1 ⌂ und ▲ Kanu-Freunde Dorsten e.V., Im Werth 57, 46282 Dorsten, ☎ 02362/42333, www.kanu-freunde-dorsten.de .
27,6 Wege-Ⅱ.
27,7 Straßen-Ⅱ B 224 Borkener Straße, **Dorsten**.
28,1 EB-Ⅱ.
29,6 Wege-Ⅱ.
30,5 □-Gruppe Dorsten.
32,0 Straßen-Ⅱ Buerer Straße, davor li ⌂ und ▲ Marler Kanu-Club e.V., Buerer Straße 371, 45768 Marl.
32,2 Straßen-Ⅱ.
33,0 Wege-Ⅱ.
33,5 ⌂ und ▲ Freie Kanufahrer Marl e.V. 1932, Am Kanal 264, 45768 Marl, www.freie-kanufahrer-marl.de .
35,0 Wege-Ⅱ.
35,8 Straßen-Ⅱ Wulfener Straße.
37,5 Straßen-Ⅱ Ölder Brücke.
38,4 EB-Ⅱ.
39,5 ⌂ und ▲ TuS Marl-Hüls, Kanuabteilung.
39,6 Wege-Ⅱ.
39,7 ⌂ RC Marl im VfB Hüls.
39,8 ⌂ und ▲ VFL Hüls e.V., Kanuabteilung, Alberskamp, 45772 Marl.
39,9 ⌂ WuK Marl.
40,5 Straßen-Ⅱ.
41,9 Feldweg-Ⅱ, ⌂ und ▲ Faltboot-Club Hamm Marl e.V. 55, Im Mersch, 45572 Marl.
42,3 Autobahn-Ⅱ A 43.
43,0 EB-Ⅱ.
43,5 Wege-Ⅱ.
45,2 Straßen-Ⅱ Recklinghäuser Straße, li **Haltern am See**.
45,5 ⌂ und ▲ Kanufreunde Marl 1928 e.V., Recklinghäuser Straße 147 a, 45721 Haltern.
45,7 Wege-Ⅱ, ⌂ und ▲ KC Hamm Marl, Recklinghäuser Straße 147 b, 45721 Haltern, www.kch-marl.de , für mehrtägigen Aufenthalt geeignet.
45,8 ⌂ und ▲ Paddlergilde „Nasse Brüder“ Haltern e.V., Recklinghäuser Straße 147 c, 45721 Haltern, ☎ 02364/7049.

47,9 Wege-♊.
48,3 Straßen-♊ Flaesheimer Damm, re **Flaesheim**.
48,7 Wege-♊.
49,4 ▭-Gruppe Flaesheim.
50,0 Straßen-♊.
50,8 ⛺ und Baggersee (Strandbad) mit Kiosk.
51,2 Wege-♊, li **Westleven**.
53,1 Wege-♊, danach ⛺ mit Anlegesteg.
54,5 Straßen-♊ Recklinghäuser Straße, li **Ahsen**.
55,9 ▭-Gruppe Ahsen.
56,8 Wege-♊.
57,7 Wege-♊.
58,7 Straßen-♊ B 235 Olfener Straße, re **Datteln**.
59,3 ▭-Gruppe Datteln.
60,2 ↓ in den Dortmund-Ems-Kanal bei km 21,3.

Datteln-Hamm Kanal

Der Datteln-Hamm-Kanal erschließt das östliche Ruhrgebiet. Darüber hinaus ist er für die Wassereinspeisung aus der Lippe in das westdeutsche Kanalnetz von großer Bedeutung.
Von Datteln bis Hamm sind an beiden Ufern fast durchgehend hohe Spundwände und Uferdämme. In Verbindung mit der Lippe sind Rundtouren möglich (s. DKV-Gewässerführer für NRW).

0,0 Abzweig des Datteln-Hamm-Kanals aus dem Dortmund-Ems-Kanal bei km 19.5.
1,7 Straßen-♊ Münsterstraße, Waltrop–Datteln.
2,0 🏠 und ⛺ Kanu-Club 1932 e.V. Waltrop.
2,2 Sicherheitstor.
3,5 Straßen-♊
3,7 🏠 RV Waltrop.
4,7 Straßen-♊ Borker Straße, re **Waltrop**.
5,5 Straßen-♊ Kanalstraße.
7,3 Straßen-♊.
7,6 EB-♊.
8,9 Straßen-♊ Stellenbachstraße.
10,2 Straßen-♊ Brunnenstraße.
11,1 Straßen-♊ B 54 Dortmunder Straße, li **Lünen**.
12,2 🏠 und ⛺ Kanu- und Ski-Club Lünen e.V. 1949, Bergstraße 86, 44532 Lünen, ☎ 02306/42150, www.KSC-Luenen.de .
12,6 Straßen-♊ Bergstraße.
13,0 Straßen-♊ Gahmener Straße.

14,2 Straßen-Ⅱ Bebelstraße.
14,4 EB-Ⅱ.
15,1 Straßen-Ⅱ Schwansbellerweg.
16,1 EB-Ⅱ.
16,6 Straßen-Ⅱ B 61 Kamener Straße, re **Beckinghausen**.
17,3 Wege-Ⅱ, li ⏏-Möglichkeit zur Lippe.
17,9 Straßen-Ⅱ Heiler Kirschweg.
19,7 Straßen-Ⅱ Jahnstraße.
22,0 Sicherheitstor und Wege-Ⅱ.
23,6 ⌂ Kanu-Verein Rünthe e.V., Friedrich-Ebert-Platz, 59192 Bergkamen, www.kanuverein-ruenthe.de .
23,8 Straßen-Ⅱ B 233 Wernerstraße, **Rünthe**.
24,5 Straßen-Ⅱ Hellweg.
24,8 Straßen-Ⅱ Ostenhellweg.
25,3 Straßen-Ⅱ.
26,9 Autobahn-Ⅱ A 1.
27,1 Straßen-Ⅱ.
27,2 ⏏-Möglichkeit zur Lippe.
28,1 Straßen-Ⅱ Am Tibaum.
30,4 Straßen-Ⅱ Am Lausbach, re **Herringen**.
31,3 ⌂ Kanu-Verein 45 Herringen e.V., Lünener Straße 145, 59077 Hamm, www.kv45-herringen.de , Schwimmsteg in der Spundwand.
33,8 Straßen-Ⅱ Radbodstraße, ⌂ Kanu-Club Hamm 48 e.V., Am Boonekamp 4, 59067 Hamm, ☎ 02381/440546, www.kchamm48.de .
34,4 Stadthafen Hamm.
35,9 EB-Ⅱ.
36,4 Straßen-Ⅱ B 61/B 63 Münsterstraße, **Hamm**, danach ⌂ PK Hamm, ⌂ DJK Wassersport Hamm e.V., An der Schleuse, 59065 Hamm, www.djk-wassersport.de und ⌂ Kanu-Verein Hamm e.V., An der Schleuse 1, 59065 Hamm, ☎ 02381/24014, www.kvhamm.de , ⏏-Möglichkeit zur Lippe.
37,0 □ Hamm.
37,2 Steg des RC Hamm, ⏏-Möglichkeit von der Lippe.
⌂ TuS Hamm, Adenauerallee, 59063 Hamm und ⌂ WSV Hamm, Adenauerallee 15, 59065 Hamm, www.wsv-hamm.de .
38,3 Kanalüberführung (Düker) über die Ahse.
38,6 Straßen-Ⅱ, danach ⌂ KC Heessen.
40,3 Straßen-Ⅱ, □ Werries.
40,6 Wege-Ⅱ Schulwegsteg.
41,5 Straßen-Ⅱ Ostwennemarstraße.
43,0 Straßen-Ⅱ Alter Uentroper Weg.
43,6 EB-Ⅱ.
44,0 Straßen-Ⅱ.

45,3 Straßen-Ⲝ
46,0 Straßen-Ⲝ, **Uentrop**.
46,7 Autobahn-Ⲝ A 2.
46,8 Straßen-Ⲝ.
47,2 VEW-ϟ Schmehausen, Kanalende.

Mittellandkanal, Elbe-Havel-Kanal

Der Mittellandkanal ist die wichtigste Querverbindung zwischen den deutschen, zur Nordsee ziehenden Strömen Ems, Weser und Elbe. Er hat über den Dortmund-Ems-Kanal Anschluss an den Rhein. Der anschließende Elbe-Havel-Kanal stellt die Verbindung zum Kanalsystem Ostdeutschlands und damit auch zur Oder dar. Die direkte Verbindung der beiden Kanäle, eine große Brücke über die Elbe, ist seit Oktober 2003 fertiggestellt. Sie ist jedoch für den Sportbootverkehr ohne Motor gesperrt und wird umgangen durch den Abstieg zur Elbe über den Abstiegskanal Rothensee, eine kurze Fahrt auf der Elbe und den Wiederaufstieg durch den Niegripper Verbindungskanal und die Schleuse Niegripp. Die beiden Kanäle sind durchgehend kilometriert.

0,0 → des Mittellandkanals aus dem Dortmund-Ems-Kanal bei km 108,3.
1,1 Autobahn-Ⲝ A 30.
2,1 ⩯ zur Ibbenbürener Aa möglich (s. DKV-Gewässerführer für NRW).
2,6 EB-Ⲝ.
3,9 re → Stichkanal Ibbenbüren.
7,5 re Bootsclub Püsselbüren.
15,4 re ⩯ in die Recker Aa möglich (s. DKV-Gewässerführer für NRW).
30,1 Kanal-Ⲝ über die Hase, Spundwände ca. 1 m hoch, ⩯ zur Hase s. km 30,4.
30,4 re → Stichkanal Osnabrück, li ⩯ zur Hase möglich.
33,5 li ⌂ TuS Bramsche, Kanuabteilung, Hafenstraße 35, 49565 Bramsche, ☎ 05461/61545, li **Bramsche**.
35,9 Autobahn-Ⲝ A 1.
58,4 Straßen-Ⲝ, EB-Ⲝ, **Wehrendorf**, li auf Straße 2 km zur Hunte (s. Kanuwanderbuch für NWD).
62,1 Straßen-Ⲝ B 65, danach li ← Sportboothafen MYCM Bad Essen, ▲.
62,8 Kanal-Ⲝ über die Hunte, li ⩯ zur Hunte. Anfahrtsweg zum Dümmer 30 km.
70,6 re Sportboothafen WSV Pr. Oldendorf, keine Zeltmöglichkeit.
80,3 Straßen- Ⲝ B 239, re MYC Lübbecke, Yachthafen mit Anleger.
89,0 Straßen- und EB-Ⲝ, re **Hille**, danach re Hafen Hille.
99,0 Hafen **Minden**, beiderseits Spundwände, starker Schiffsverkehr, evtl. hohe Wellenbildung.
100,6 ⌂ Männerturnverein 1860 Minden e.V., Kanaluferstraße 8, 32425 Minden.

101,6 li ← zur □ Minden, Nord-Abstieg zur Weser, 14 m Höhenunterschied, günstige ⌓-Stelle außerhalb der Schleusenzeiten.

102,2 –102,5 alte und neue Kanal-Ⅱ über die Weser bei km 204,9.

129,7 Straßen-Ⅱ, li ✕.

134,0 Wege-Ⅱ **Niengraben**, 5 km Bootstransport nach Hageburg am Steinhuder Meer.

135,2 li Yachthafen Iddensee, ✕.

141,7 Straßen-Ⅱ, re **Kohlenfeld**.

146,0 Autobahn-Ⅱ A 2, re **Dedensen**, Spundwände bis → Hildesheim.

149,6 **Lohnde**, → des Lindener Stichkanals, 8,5 km bis ⌂ KC Limmer; 10,8 km bis Hafen Hannover-Linden.

149,8 EB-Ⅱ.

151,5 re **Seelze**, Kanal-Ⅱ über die Leine (Haupt-Ⅱ) und 500 m weiter Flut-Ⅱ. Von Haupt-Ⅱ re ⌓ zur Leine bei km 39,5.

154,3 ⌂ und ▲ Paddel-Club Stöcken, Am Hohen Holze 50, 30419 Hannover, ☎ 0511/797574 Di ab 19:00, www.paddelclub-stoecken.de .

160,3 EB-Ⅱ, **Vinnhorst**.

164,3 ⌂ und ▲ Kanu-Gemeinschaft List, *DKV-Kanustation*, Lister Damm 67, 30163 Hannover, ☎ 0511/631667, www.kglist.de .

171,1 li ← Stichkanal Misburg.

174,2 □ Anderten, ☎ 0511/95085-2230, 14,7 m Höhenunterschied, lange ⌓-Strecke.

175,5 2 Autobahn-Ⅱ A 7.

183,2 re → Kanal nach Hildesheim, 15,1 km.

183,4 Straßen-Ⅱ **Sehnde**.

195,2 li gute ▲ bei Schwichelt, aber Spundwand.

196,1 Straßen-Ⅱ, **Schwichelt**.

201,1 Straßen-Ⅱ B 65, danach li ⌂ und ▲ KG Peine, *DKV-Kanustation*, Hollandsmühle, 31226 Peine, www.kgpeine.de .

201,9 li Anlegesteg, li ⌓ in die Fuhse (s. Seite 366), Düker, von hier 400 m zum ⌂ FA MTV Vater Jahn Peine, Vater-Jahn-Platz/Hollandsmühle, 31226 Peine, www.vater-jahn-peine.de .

213,5 re → Stichkanal Salzgitter (18 km). Nach 12 km ⌂, ▲ KC Salzgitter an der Straßen-Ⅱ Üfingen.

218,2 Düker der Oker, ⌓ in die Oker (s. Seite 368), re ⌂ DLRG Braunschweig.

220,4 2 Autobahn-Ⅱ A 2.

222,5 li ⌂ CJD Braunschweig, Kanuabteilung, www.kcj.de , ⌂ KGNO, Am Kanal, 38110 Braunschweig, www.kgno.de , ▲ M.

233,7 li ← Elbe-Seiten Kanal.

237,0 □ Sülfeld, ☎ 05362/96112150, li ⌓, S 3.

247,6 ⌂ und ▲ Wolfsburger Kanu-Club, In den Allerwiesen 7, 38446 Wolfsburg, ☎ 05361/63356, www.wolfsburger-kanu-club.de .

262,6 Straßen-Ⅱ Wolmirshorster Straße.

264,1 Straßen-Ⅱ Oebisfelde–Buchhorst.
267,1 Wege-Ⅱ.
268,2 2 EB-Ⅱ.
268,5 Straßen-Ⅱ B 188 Am Kanal, li **Bergfriede**.
273,5 Straßen-Ⅱ Rätzlingen–Miesterhorst.
275,3 Wege-Ⅱ Kolonie Etingen.
276,8 Düker des Allerkanals, erkennbar durch abgesenkten Uferdeich, ⌓ durch Spundwand schwierig.
277,4 Wege-Ⅱ, **Piplockenburg**, hier ⌓ zum Allerkanal 100 m weit gut möglich.
279,7 Straßen-Ⅱ, re **Mannhausen**.
283,1 Straßen-Ⅱ.
284,4 Straßen-Ⅱ Velsdorfer Straße, Calvörde–Velsdorf.
285,2 Straßen-Ⅱ Oebisfelder Straße, li **Calvörde**, ✕.
286,2 Straßen-Ⅱ Am Kanal.
287,2 Wege-Ⅱ Schierholz.
289,8 Straßen-Ⅱ, li **Wieglitz**–re nach Uthmöden.
290,7 Wege-Ⅱ Wieglitz–Bülstringen.
292,2 Straßen-Ⅱ Uthmöden–Bülstringen.
294,6 Straßen-Ⅱ Siedlung, **Bülstringen**.
297,2 Straßen-Ⅱ Haldensleben–Bülstringen.
298,1 2 EB-Ⅱ.
298,7 Wege-Ⅱ.
299,7 Straßen-Ⅱ Süplinger Straße, **Haldensleben**, 🚆, ✕, ★: Stendaler und Bülstringer Tor, Roland.
300,1 Straßen-Ⅱ B 245 Klinggraben, Haldensleben–Bebertal.
300,4 re ⌂ WSV Haldensleben e.V. Abt. Kanu, Kronesruhe, 39340 Haldensleben, www.wassersportverein-haldensleben.de .
301,9 Straßen-Ⅱ Althaldensleber Straße.
302,3 neues Sperrtor.
302,7 Straßen-Ⅱ Dammühlenweg.
303,7 Straßen-Ⅱ Wedringer Straße.
305,1 Straßen-Ⅱ, li **Wedringen**.
307,7 Straßen-Ⅱ B 71, li **Vahldorf**, 🚆, re Hafen.
309,0 EB-Ⅱ.
310,2 Straßen-Ⅱ Meseberger Straße, Gr. **Ammensleben**, 🚆, ✕.
312,8 Ⅱ Jersleben–Meitzendorf.
313,6 li Jersleber See (keine Verbindung zum Kanal), dort ▲ Campingplatz Jersleber See, www.camping-ok.de .
315,3 ⌂ Wolmirstedter Kanu-Verein, Siedlung 35, 39326 Wolmirstedt, ☎ 039201/21666, www.kanuwolmirstedt.de .
315,5 Der Kanal überquert die B 189.

316,5 Der Kanal überquert die Magdeburger Straße, re **Wolmirstedt-Elbeu**.

317,7 Der Kanal überquert die Eisenbahnstrecke Magdeburg – Stendal.

319,3 re Barleber See (keine Verbindung zum Kanal), dort ▲ Campingverein Barleber See, www.cvbs.de .

319,5 re → Rothenseer Verbindungskanal (Neue Fahrt-Schleuse).

319,9 Geradeaus überquert der Mittellandkanal auf einer Brücke die Elbe Diese neue Strecke ist jedoch für Sportboote gesperrt. Diese haben, wie bisher, den Weg über den Rothenseer Verbindungskanal zur Elbe zu benutzen. re → Rothenseer Verbindungskanal (Alte Fahrt-Schiffshebewerk, außer Betrieb).

Rothenseer Verbindungskanal

0,0 Beginn des Rothenseer Verbindungskanal.

0,7 ▭ Rothensee.

1,5 = 321,1 R.

321,3 R Autobahn-𝕀 A 2.

321,5 R Straßen-𝕀 Glindenberger Weg, Glindenberg–Magdeburg.

324,3 R Baustelle der Niedrigwasser-▭ Magdeburg.

325,1 R ↓ in Elbe bei km 333,6.

Elbe-Havel-Kanal

325,7 Ausfahrt aus der ▭ Hohenwarthe. Hier beginnt der Elbe-Havel-Kanal. Jedoch ist dieser Abschnitt für Sportboote ohne Motor gesperrt. Deshalb erfolgt die Einfahrt in den Elbe-Havel-Kanal für diese Boote nur über den Niegripper Verbindungskanal.

Niegripper Verbindungskanal

1,6 → des Niegripper Verbindungskanals aus der Elbe bei km 343,7.

0,7 ▭ Niegripp, ☎ 039222/2663, Betriebszeit: Mo – Sa 06:00 – 22:00 Uhr, So und Feiertage 07:00 – 19:00 Uhr.

0,6 Straßen-𝕀 Neue Schleuse, li nach Niegripp re **Hohenwarthe-Siedlung**.

0,1 ↓ in den Elbe-Havel-Kanal.

325,9 ↓ des Niegripper Verbindungskanals in den Elbe-Havel-Kanal.

326,7 Wege-𝕀.

327,9 Wege-𝕀.

329,7 li ← in Niegripper See (Kiesgrube), ▲ Freizeit, Camping und Erholungspark Niegripper See GmbH. Über den See nach etwa 600 m re → und li ←. Am westlichen Ende des hier zugeschütteten Kanals **Niegripp**, ⌂ und ▲ SG Blau-Weiß Niegripp, Hauptstraße 1 d, 39291 Niegripp, *DKV-Kanustation*, www.sportgemeinschaft-niegripp.de .

330,1 Wege-Ⅱ.

331,2 li ↓ Niegripper Altkanal, nach 200 m durch Damm verschlossen.

331,7 ⌂ TUS Burg, Zugang zur Stadt Burg.

332,1 Straßen-Ⅱ Niegripper Chaussee, re **Burg**, 🚉, ✕.

333,8 Straßen-Ⅱ Blumenthaler Landstraße.

334,0 li ⌂ mit ▲-Möglichkeit der Wassersportfreunde Burg 1924, Am Kanal 20A, 39288 Burg, ☎ 03921/3740.

335,2 re ↓ Ihle.

337,2 Straßen-Ⅱ Parchauer Chaussee, Ihleburg–Burg.

343,0 Straßen-Ⅱ Berliner Damm, Ihleburg–Güsen.

345,4 ☐ Zerben, ☎ 03933/873318, Betriebszeit: Mo – Sa 06:00 – 22:00 Uhr, So und Feiertage 07:00 – 19:00 Uhr. Bau einer 2. Schleusenkammer vorgesehen. Fertigstellung voraussichtlich 2012.

345,6 Straßen-Ⅱ An der Schleuse, li **Zerben**, re zum 🚉 Güsen.

346,4 EB-Ⅱ.

347,4 Straßen-Ⅱ Pareyer Straße, re **Güsen**, 🚉.

350,5 Straßen-Ⅱ, li **Parey**.

351,2 li ← zum Pareyer Verbindungskanal mit ☐ Parey, 3 km bis zur Elbe bei km 371,5;

Pareyer Verbindungskanal

0,0 Abzweig von der Elbe, km 371,5.

0,8 ☐ Parey.

1,2 li ← Altarm Baggerelbe, auf 2 km befahrbar, dort **Derben**.

2,3 re → Altarm, dort ⌂ WSV Parey.

2,6 Straßen-Ⅱ, li **Neuderben**, re **Parey**.

3,0 EB-Ⅱ.

3,3 ↓ in Elbe-Havel-Kanal, km 351,2.

355,2 → Bergzower Altkanal ca. 1 km befahrbar, dort **Bergzow** (ehem. Ihle-Kanal).

356,0 li **Seedorf**

359,9 li ← Altenplathower Altkanal 2 km lang.

361,4 re ↓ Tuchheim-Parchener Bach (s. DKV-Gewässerführer OST), li ↓ Altenplathower Altkanal.

361,8 re ↓ Mühlgraben.

362,4 Straßen-Ⅱ B 107 Jerichower Straße, **Genthin**, 🚉, ✕.

363,1 Fußgänger-Ⅱ, davor re ⌂ und ▲, SV Chemie Genthin, *DKV-Kanustation*, Martha-Brautzsch-Straße 1, 39307 Genthin, ☎ 03933/805880.

363,7 ← Roßdorfer Altkanal, 6,7 km lang, im Altkanal Einlass-▬ zur Stremme (s. DKV-Gewässerführer OST).

Roßdorfer Altkanal

0,0 Abzweig vom Elbe-Havel-Kanal, km 363,7.
0,2 EB-♊.
2,0 li **Brettin**, Gasthaus.
3,0 li ← Stremme über ▬, Hier keine ⏏-Möglichkeit, ⏏ bei km 2,6 oder 3,6 des Roßdorfer Altkanals.
3,6 Straßen-♊, li **Roßdorf**.
5,3 Straßen-♊ B 1, re **Dunkelforth**.
6,7 ↓ in Elbe-Havel-Kanal, km 368,5.

364,0 EB-♊.
364,3 Straßen-♊ B 1 Berliner Chausse.
368,4 li ↓ Roßdorfer Altkanal.
371,6 Wege-♊, re **Kader Schleuse**.
375,5 Straßen- ♊ Wusterwitz–Bensdorf.
376,4 li ← Woltersdorfer Altkanal.
376,8 ☐ Wusterwitz, ☎ 03381/266458, Betriebszeit: Mo–Sa 06:00–22:00 Uhr, So und Feiertage 07:00–19:00 Uhr. Bau einer 2. Schleusenkammer vorgesehen. Fertigstellung voraussichtlich 2012.
377,7 Straßen-♊ Wusterwitzer Straße, re **Wusterwitz**, 🛒, ✕.
379,0 ↓ in Wendsee.
379,3 → zum Gr. Wusterwitzer See (4 km), **Wusterwitz**, ▲ Campingplatz Wusterwitz, Am See 24a, 14789 Wusterwitz, ☎ 0163/4520423, www.campingplatz-wusterwitz.de , ⌂ und ▲-Möglichkeit (Absprache erforderlich) Blau-Weiß Wusterwitz, Sportlerheim am See, 14789 Wusterwitz, www.kanu-wusterwitz.de .
380,9 Straßen-♊ Koenigsmarckstraße, Ausfahrt aus Wendsee, li **Plaue**, re **Kirchmöser**.
380,9 ↓ in die Untere Havel bei km 67,3.

Dortmund-Ems-Kanal

Der Dortmund-Ems Kanal stellt die einzige im Binnenland verlaufende Verbindung vom Ruhrgebiet und Niederrhein zu sämtlichen deutschen Überseehäfen dar (direkt nach Emden; über die erwähnten Querverbindungen auch nach Bremen, Hamburg, Kiel und Lübeck). Er wird daher sehr viel befahren. Der stärkste Schiffsverkehr, und auch die stärkste Verschmutzung des Wassers, finden sich zwischen Dortmund und Datteln. Hinter Datteln gewinnt der Kanal jedoch mehr und mehr, was nicht zuletzt auf die Bemühungen um naturgemäße Bepflanzung der Ufer zurückzuführen ist. Später führen zahlreiche Abzweigungen der alten Ems den Wasserwanderer in typisch münsterländische Landschaften mit Wasserburgen und Windmühlen.
Als störend sind die zahlreichen Schleusen zu betrachten, die entweder mühsam umtragen werden müssen oder beim Schleusen längere Zwangspausen bedingen.

Auf mehreren Abschnitten des Kanals sind die Ufer mit Spundwänden versehen, ausbooten in diesen Bereichen kaum möglich. Bei dem starken Schiffsverkehr kommt es zu gefährlichen Kreuzwellen, eine Kenterung kann lebensgefährlich sein! Nachfolgend werden nur die wichtigsten Merkmale des Kanals angegeben, eine ausführliche Beschreibung findet sich im „DKV-Gewässerführer für NRW". Dort sind auch 3 Rundtouren beschrieben, die sich mit dem DEK und seinen Nebengewässern durchführen lassen.

0,0 Stadthafen **Dortmund**, größter Binnenhafen Europas, ⬇ hier kaum möglich.

1,6 re ⌂ Ruderclub Germania Dortmund, danach ⌂ Freier Sportverein 1898 Dortmund e.V., Kanuabteilung, *DKV-Kanustation*, Westerholz 81–83, 44147 Dortmund, www.fs1898-kanu.de , zeitweise bewirtschaftet, empfohlene ⬇⬆.

1,8 re ⌂ Ruderclub Hansa Dortmund.

2,6 re ⌂ 1. Dortmunder KV, Alte Ellinghauser Straße 88, 44339 Dortmund, zeitweise bewirtschaftet.

2,8 re Hafen **Hardenberg**, ab hier Schiffsverkehr auch mit Schubverbänden.

7,5 Autobahn-Ⅱ A 2.

7,8 Straßen-Ⅱ, re Steg im Hafenbereich **Groppenbruch**.

14,8 Schiffshebewerk Henrichenburg und □, Hubhöhe 13,50 m, li ⩭ durch stillgelegte Schacht-□, Schlüssel für Bootswagen beim Personal.

15,5 li ← des Rhein-Herne-Kanals (s. Seite 585).

15,7 li ⌂ Kanu-Klub Meckinghoven e.V., Provinzialstraße, 04620 Castrop-Rauxel.

16,2 Beginn der sog. „Dattelner Wanne" (bis km 20,0), Spundung auf beiden Seiten, z. T. über 1 m hoch, gefährliche Wellenbildung, ⬆ nur über Leitern, alle 50 m wechselseitig.

19,5 re → des Datteln-Hamm-Kanals (s. Seite 589).

20,8 li **Datteln**, li ⌂ Kanu-Klub 1928 e.V. Datteln, Hafenstraße 135, 45711 Datteln und ⌂ RV Datteln.

21,0 re ⌂ und ▲ Kanuten Emscher Lippe e.V. Datteln, *DKV-Kanustation*, Zu den Sportstätten 5, 45711 Datteln, ☎ 02363/8420, www.kel-datteln.de .

21,3 li ← des Wesel-Datteln-Kanals (s. Seite 587).

21,6 re Beginn der Neuen Fahrt. Die Alte Fahrt nach Olfen ist durch mehrere Dämme unterbrochen. Eine Befahrung ist sehr mühsam und nicht lohnend.

23,2 Kanalüberführung über die Lippe (s. Seite 162), Fluss-km 77,8, mit ⩭-Möglichkeit.

26,8 Kanalüberführung Olfen/Selm, li Steg, ✕.

27,7 Kanalüberführung über die Stever.

33,1 Straßen-Ⅱ B 235.

34,8 Straßen-Ⅱ B 58.

36,2 li Beginn Alte Fahrt, mit li ▲ und ✕ sowie ⌂ RV Lüdinghausen, nach ca. 800 m Querdamm, danach weitere ca. 1000 m Alte Fahrt mit ⌂ der KA des TSC Eintracht Dortmund.

39,7 re Beginn Alte Fahrt, eine Befahrung ist nicht lohnend.

46,2 Kanalüberführung (Düker) über die Stever, Fluss-km 41,5.

48,0 re Historisches Schifffahrtsmuseum Senden, ★.

48,4 Straßen-Ⅱ B 235, **Senden**.

55,2 Autobahn-Ⅱ A 1.

57,1 EB-Ⅱ u. Straßen-Ⅱ, re **Amelsbüren**.

59,0 li Alte Fahrt Hiltrup. Befahrung der Alten Fahrt ist nicht mehr möglich.

59,8 Alte Fahrt, li ⌂ Akademischer Ruderclub Münster.

60,5 Neue Fahrt, Straßen-Ⅱ B 54, dahinter re Hotel mit Anleger.

61,6 EB-Ⅱ.

62,0 Ende der Alten Fahrt.

62,4 Straßen-Ⅱ, ab hier bis km 72,3 re und li meist 50 cm hohe Spundwände.

64,7 EB-Ⅱ, danach li DLRG-Heim. Ortsbeginn Münster.

66,4 Straßen-Ⅱ B 51.

68,0 re ⌂ Akademischer RV Westfalen, danach Ⅱ.

68,4 li ⌂ RV Münster (bewirtschaftet).

71,5 □ **Münster**. ⌓ re auf der Straße, Bootswagen hilfreich.

76,0 re Ölhafen Gelmer, davor li NSG Huronensee.

77,9 Straßen-Ⅱ, re → ehemalige Alte Fahrt.

78,7 Kanalüberführung über die Ems.

79,8 re → ehemalige Alte Fahrt (Sportboothafen).

85,6 Straßen-Ⅱ Ostbeverner Str., dahinter Hafen **Schmedehausen**, ⬇ und Parkmöglichkeit.

88,0 Autobahn-Ⅱ A 1.

89,8 Kanalüberführung über die Glane.

90,9 Straßen-Ⅱ B 475, danach li Wendeplatz.

99,4 Straßen-Ⅱ B 219, re **Dörenthe**, danach kleiner Hafen.

106,0 Straßen-Ⅱ, li **Riesenbeck**, keine ⬆-Möglichkeit.

107,4 Straßen-Ⅱ **Bergeshövede**, 100 m davor li Parkmöglichkeit.

107,9 re Schiffstankstelle Shell (Bunkerstation), davor ✕.

108,3 „Nasses Dreieck", re → des Mittelland-Kanals (s. Seite 591). Hafeneinfahrt der Wasserschutzpolizei. In diesem Bereich sind re und li 30 cm hohe Spundwände.

108,6 □ Bergeshövede im Nebenkanal re, li halten, dort freie Fahrt bis

109,7 □ Bevergern.

112,5 □ Rodde.

117,9 □ Altenrhein, ✕ 100 m li.

118,9 Autobahn-Ⅱ A 30.

120,7 EB-Ⅱ.

126,7 □ Venhaus, ✕ re.

134,5 □ Hesselte.
137,9 □ Gleesen.
138,3 li ↓ der oberen Ems.
139,8 li ← des Ems-Vechte-Kanals.
139,9 li ← Ems über ▬.
143,0 Straßen-Ⅱ B 213.
145,5 re **Lingen** mit ⌂ der Rudervereine, drei Straßen-Ⅱ.
158,2 □ Varloh.
163,9 □ Meppen.
166 re ↓ der kanalisierten Hase (s. Seite 312), ⌂ WSV Meppen (Ruderverein), ▲, ✕, 5 Minuten bis 🚉. Ⅱ, beiderseits **Meppen**.
166,6 li ↓ Ems.
Ab hier folgt der DEK weitgehend dem Flusslauf der Ems, weitere Beschreibung daher unter Ems (s. Seite 299).

Küstenkanal

Der Küstenkanal verläuft von Oldenburg nach Dörpen und stellt damit eine Querverbindung zwischen den Stromgebieten von Weser und Ems dar.

0,0 **Oldenburg**, Abzweig aus Untere Hunte.
1,6 Autobahn-Ⅱ A 28.
1,7 Straßen-Ⅱ Niedersachsendamm.
1,8 □ Oldenburg, keine Schleusung für Kanu und Rudern.
2,2 li ← zur (Oberen) Hunte.
2,8 li Anleger Oldenburger Ruderverein, daneben Oldenburger Yacht-Club, Kanu-Abteilung, *DKV-Kanustation*, Achterdiek 1, 26131 Oldenburg, ☎ 0441/507872, www.oyc.de/kanu .
3,7 Straßen-Ⅱ Hundsmühler Straße.
5,2 Sicherheitstor Hundsmühlen.
8,1 Straßen-Ⅱ, **Moslesfehn**.
11,0 Straßen-Ⅱ, **Klein-Scharrel**.
13,0 Düker der Vehne (s. Kanuwanderbuch für NWD).
13,6 Straßen-Ⅱ, **Jeddeloh**.
17,9 Straßen-Ⅱ.
20,5 Ⅱ.
21,4 Straßen-Ⅱ, **Edewechterdamm**.
24,2 Wege-Ⅱ **Ahrensdorf**.
28,8 Straßen-Ⅱ, li **Kampe**.
29,1 Soeste Düker, von li Obere Soeste, nach re Untere Soeste.
29,3 → Elisabethfehn-Kanal.
32,4 Straßen-Ⅱ, **Schwaneburg**.
32,9 li ← Friesoyther Kanal (s. Kanuwanderbuch für NWD).

36,3 Straßen-Ⅱ, **Sedelsberg**.
36,8 Straßen-Ⅱ B 72 Cloppenburg–Aurich.
37,9 Straßen-Ⅱ, **Neuscharrel**.
38,2 Düker, von li ↓ der Ohe und Marka (s. Kanuwanderbuch für NWD), nach re → Sagter Ems (s. Seite 311).
41,1 Sicherheitstor.
41,2 Straßen-Ⅱ, **Hilkenbrook**.
44,6 Straßen-Ⅱ, li **Esterwegen**, Mineralboden-Erhebung 40 m über Meeresspiegel (2 km).
48,9 Straßen-Ⅱ, re **Neu-Burlage** (3 km).
51,4 Straßen-Ⅱ.
52,9 Straßen-Ⅱ.
55,2 Straßen-Ⅱ, re **Börgermoor**, re → des Splitting-Kanals nach Papenburg.
58,6 Straßen-Ⅱ, **Neubörger**.
62,4 Straßen-Ⅱ B 401.
62,7 Straßen-Ⅱ, **Haar**.
64,2 li ← Hafen Dörpen, re → Goldfischdever.
64,8 □ Dörpen, ⛺, 🚆 Dörpen 2 km, EB-Ⅱ, Straßen-Ⅱ B 70.
68,0 Straßen-Ⅱ, **Dörpen**.
69,6 ↓ in Dortmund-Ems-Kanal bei km 202,6.

Elbe-Seitenkanal

Der Elbe-Seitenkanal (ESK) führt vom Mittellandkanal, km 233,7 mit einer Länge von 115,2 km zur Elbe bei km 572,9 unterhalb Lauenburg. Der ESK gestattet eine von den wechselnden Wasserständen der Elbe unabhängige Schifffahrt von Hamburg nach Berlin und Westdeutschland. Der Höhenunterschied zum Mittellandkanal wird durch das Schiffshebewerk Lüneburg/Scharnebeck (Hubhöhe 38 m) und die Schleuse Uelzen ausgeglichen. „Kleinfahrzeuge, die von Hand ins Wasser gesetzt und herausgehoben werden können, müssen an den Umsetzanlagen umtragen werden.“ Es ergeben sich durch diese Bestimmung 2 Umtragestellen von je etwa 1,5 km Länge, eine durchgehende Befahrung des ESK mit Kanus wird daher kaum je durchgeführt. Eine ausführliche Beschreibung des ESK findet sich im „Kanuwanderbuch für NW“.

Nord-Ostsee-Kanal

Der Nord- Ostsee-Kanal (früher „Kaiser-Wilhelm-Kanal“) führt von Brunsbüttel nach Kiel, hier jeweils eine große □. Der Kanal stellt die von Seeschiffen am häufigsten befahrene Binnenwasserstraße der Welt dar; Länge: 98,7 km. Die Durchfahrt ist, auch für Sportboote, gebührenpflichtig.
Eine ausführliche Beschreibung des Kanals sowie seiner Nebenflüsse (Schirnau, Wehrau, Jevenau, Gielau-Kanal und Burger Au) findet sich im „Kanuwanderbuch für NW“.

Elbe-Lübeck-Kanal

Der Elbe-Lübeck-Kanal stellt neben dem Nord-Ostsee-Kanal die zweite Wasserstraße von der Nordsee zur Ostsee dar. Er ist landschaftlich reizvoll, häufig ist mit stärkerem Wind zu rechnen. 7 Schleusen, einzelne Sportboote werden nicht geschleust. Unter www.elwis.de findet man ein Merkblatt für das Befahren des Elbe-Lübeck-Kanals mit Sport- und Kleinfahrzeugen.

Betriebszeiten: Werktags April bis September 06–21 Uhr, sonst 06–20 Uhr. Sonntags April bis Oktober 08–18 Uhr, sonst 08–15 Uhr. Umtragen ist, außer an der Lauenburger Schleuse, gut möglich.

61,6 ↓ in Elbe bei km 569,2.
61,0 Straßen-⫴ B 209 Hafenstraße, re Stadt **Lauenburg**, schöne alte Stadt, li 🚉 Lauenburg (Lübeck-Lüneburg).
60,2 □ Lauenburg, ☎ 04153/59730, Betriebszeit, ⏢ mühsam.
59,7 Straßen-⫴ B 5 Berliner Straße.
58,7 Straßen-⫴ Lanzer Weg.
55,6 Straßen-⫴ Am Lanzer See, li Basedow, re ▲ Camping Lanzer See, Am Lanzer See 1, 21483 Basedow, www.camping-lanzer-see.de .
54,1 EB-⫴ (Lübeck-Lüneburg).
52,6 Straßen-⫴ Bahnhofstraße, li **Dalldorf**.
51,4 re Baggersee (gesperrt).
50,8 li ↓ Linau (s. Kanuwanderbuch für NWD).
50,5 □ Witzeeze, ⏢ re, Straßen-⫴ Bahnhofstraße, li **Witzeeze**.
49,5 re ▲ Camping Forellensee, Forellensee 1, 21514 Witzeeze, www.campingplatz-forellensee.de .
48,7 li ↓ Steinau (s. Kanuwanderbuch für NWD).
48,3 EB-⫴.
47,4 Straßen-⫴ Gudower Straße, li **Dorf Büchen**, re **Büchen**, 🚉.
45,9 li ← Stichkanal Nüssau.
43,7 Querseil-Fähre, li **Siebeneichen**, re ▲ Campingplatz zur Fähre, Zur Fähre 10, 21514 Fitzen, ☎ 04155/8081865, www.zur-faehre.de .
37,4 li ← große Einfahrt in Binnensee (ehem. Kiesgruben) mit schönem ▲ Freizeitwelt Güster, Am Prüßsee 34, 21514 Güster, ☎ 04158/497, www.freizeitwelt-guester.de .
36,4 Straßen-⫴ Göttiner Straße, li **Güster**.
32,6 re **Grambek**.
35,3 Autobahn-⫴ A 24.
31,7 EB-⫴.
27,2 Straßen-⫴.
27,6 re Ziegelsee, dort ⌂ Möllner RC.
26,2 Straßen-⫴ B 207, re **Mölln**, am einer Seenkette gelegen, DJH. Stadt des Till Eulenspiegel ★.

25,0	re Rastplatz.
23,5	li ↓ Steinau.
22,1	re Rastplatz.
20,7	□ Donnerschleuse, ☎ 04543/1431, Straßen-Ⅱ Schleusenstraße, re **Neulankau**.
19,2	Straßen-Ⅱ, li **Küsen**, re **Anker**.
16,5	□ Behlendorf, ☎ 04544/1804.
15,6	re **Hollenbek**.
13,7	Wege-Ⅱ
13,3	□ Berkenthin, ☎ 04544/1804, Straßen-Ⅱ Oldesloer Straße, **Berkenthin**, Bus Bad Oldeslohe–Ratzeburg.
8,6	□ Krummesse, ☎ 04508/1886.
7,9	Straßen-Ⅱ Niedernstraße, **Krummesse**.
4,9	Straßen-Ⅱ Kronsforder Straße, li **Kronsforde**.
3,4	□ Büssau, ☎ 0451/51253, Straßen-Ⅱ Schleusenstraße, li **Oberbüssau**.
2,4	li ↓ Grinau (s. Kanuwanderbuch für NWD).
1,5	Autobahn-Ⅱ A 20.
0,7	EB-Ⅱ.
0,1	Straßen-Ⅱ Stecknitzstraße, li **Moisling**, re **Genin**.
0,0	Übergang in die Kanal-Trave in der Nähe Lübecks. **Lübeck** als alte Hansestadt ★.
-0,5	↓ in die Trave.

Main-Donau-Kanal

Dieser Kanal verbindet den Main mit der Donau. Er stellt über den Rhein eine Verbindung von den Ländern Mittel- und Westeuropas zu den Ländern des Donauraumes dar. Diesem großen politischen Anspruch wird der wirtschaftliche Nutzen kaum gerecht, der Schiffsverkehr ist nur mäßig stark. Der 171 km lange Kanal überwindet die Wasserscheide Main-Donau mit 12 Stufen vom Main bis zur Scheitelstrecke und mit weiteren 5 Stufen hinunter ins Donautal. Die Befahrung mit Kleinbooten ist sehr mühsam, da sie nicht geschleust werden, auch nicht als Mitschleuser der Berufsschifffahrt. Auf der Strecke Bamberg–Nürnberg sind an den Stufen Bootstreppen zum Umtragen angelegt, etwas schwierig ist das Umtragen an den beiden nördlichen Stufen Bamberg und Strullendorf; es empfiehlt sich, hier die Regnitz zu befahren. Auf der Kanalstrecke Nürnberg–Altmühltal sind zum Umtragen geeignete Rampen vorhanden, spezielle Bootswagen sollen hier demnächst zur Verfügung stehen; die Bootsumsetzanlagen an den Wehren von Bamberg, Neuses, Forchheim und Hausen dürfen bei einem Pegel Bamberg von mehr als 260 cm nicht benutzt werden, ? über den Pegelstand ☎ 0951/17718. Eine ausführliche Beschreibung findet sich im Kanuwanderbuch für Bayern.

Verzeichnis der Mitarbeiter

Ein großer Personenkreis hat durch Ergänzungen und Berichtigungen an der Gestaltung der 26. Auflage des Deutschen Flusswanderbuches mitgearbeitet, ihnen gilt unser aller Dank. Ein Teil dieser Mitarbeiter ist leider nicht bekannt geworden.

Bartels, Dieter
Bauer, Erich
Becker, Jürgen
Bendig, Elke
Billing, Thomas
Bloy, Carola
Bruder, Falk
Bruns, Martin
Büttgenbach, Angelika
Burghart, Gerd
Busbach, Hans
Cuhls-Ackenhausen, Christoph
Demian, Oliver
Dung, Siegfried
Dzwiza, Olaf
Ertelt, Detlef
Eytel-Gentner, Petra
Finsterbusch, Andreas
Frankenfeld, Horst
Funke, Jürgen
Geske, Horst
Gläsker, Dieter
Haag, Christian
Hänsch, Lothar
Heiter, Werner
Heyden, G.A.M.J. van der
Himmel, Georg
Hodum, Christian
Hohmuth, Günter
Holzhäuser, Klaus
Huck, Hannelore
Kaufhold, Otto
Keller, Dr. Fritz
Kettner, Gerald
Klahn, Volker
Knopp, Christina und Manfred
Koch, Gabriele
König, Wolfgang
Kraeplin, Peter
Lakeit, Jürgen
Lange, Gerhard
Liebehenschel, Bernd
Loose, Volker
Lotzen, Hedi
Meyer, Dr. Norbert
Mischke, Peter
Munkelt, Roland
Nolden, Peter
Oelschläger, Norbert
Ölscher, Martin
Päßler, Stephen
Phillipp, Johannes
Popken, Hans-Joachim
Prigge, Hans-Jürgen
Probst, Wolfgang
Pusch, Bernd
Quandt, Heiner
Raubach, Katrin
Regau, Thomas
Regionalmanagment Kyffhäuserkreis
Reschke, Thomas
Ries, Manfred
Rohde, Walter
Rudies-Römer, Martina
Sapino, Sylvio
Schagen, Carlo
Scharnböck, Max
Schilling, Jürgen
Schmalz, Karl
Schmidt, Hilmar
Schmittel, Michael
Schneider, Otto
Schönau, Axel
Schrader, Fritz-Henning
Schroedter, Felix
Schuchardt, Heinrich
Schütte, Manfred
Steidl, Helga
Stöß, Gernot
Struwe, Egon
Szelies, Elmar
Thebille, Jörn
Tuch, Wolfgang
Ulrich, Dirk
Wedekind, Frank
Wernicke, Horst
Wilharm,Torsten
Wollner, Friedhelm
Zimmermann, Thomas
Zschoch, Wolfgang

Quellennachweis

Als Vorlage und Leitfaden für die vorliegende 26. Aufl. des Deutschen Flusswanderbuches diente dessen 25. Aufl. Die zahllosen Änderungen der Neuauflage ergaben sich weitgehend aus Mitteilungen der vorstehend aufgeführten Mitarbeiter. Zur Kontrolle und zu Vergleichszwecken wurden auch die folgenden Unterlagen verwandt:

Die Regionalführer des DKV:

Ihre Beschreibungen sind durchweg etwas ausführlicher als im Deutschen Flusswanderbuch, mit Angaben über darin nicht beschriebenen Teilstrecken und Nebenflüsse.

DKV-Kanuführer für Bayern
DKV-Gewässerführer für Nordrhein-Westfalen
Kanuwanderbuch für Nordwestdeutschland
DKV-Gewässerführer für Ostdeutschland
DKV-Gewässerführer für Südwestdeutschland

Zeitschriften:

KANU-SPORT, Deutscher Kanu-Verband Wirtschafts- und Verlags GmbH

Wassersport-Karten:

Nr. 1 Deutschland-Nordwest
Nr. 2 Deutschland-West
Nr. 3 Deutschland-Südwest
Nr. 4 Deutschland-Südost
Nr. 6 Deutschland-Nordost
Nr. 7 Deutschland-Ost
TA 2 Weser - Ems
TA 4 Oberweser - Leine
TA 5 Tourenatlas Berlin - Brandenburg
TA 6 Tourenatlas Mecklenburg-Vorpommern
Jübermann-Outdoor-Navigator Jona-A Deutschland Nordwest
Alle erschienen im Jübermann-Verlag

Digitale Karten der Landesvermessungämter, Serie TOP 50, 1:50 000.
Weska 2010, Europäischer Schifffahrts- und Hafenkalender, erschienen bei der Binnenschifffahrts-Verlag GmbH.

Alphabetisches Gesamtverzeichnis der Gewässer Deutschlands

Kanu
SPORT
. . . die aktuelle Fachzeitschrift
Jeden Monat neu:
• Tourentipps
• Fahrtenbeschreibungen
• Aktuelle Fluss-Infos
• Termine und Änderungen
• Infos aus DKV und Vereinen
• Neues vom Ausrüstermarkt
Jahresabo 30,– € (incl. Versand)
Einzelheft 3,– € (zzgl. Versand)
Infos und kostenloses Probeheft bei der
DKV Wirtschafts- und Verlags- GmbH
Bertaallee 8 • 47055 Duisburg
Tel. (02 03) 9 97 59-53 • Fax (02 03) 9 97 59-61
verlag@kanu.de • http://www.kanu-sport.com
Die Fachzeitschrift des
DKV
Deutscher Kanu-Verband

Blattschnitt

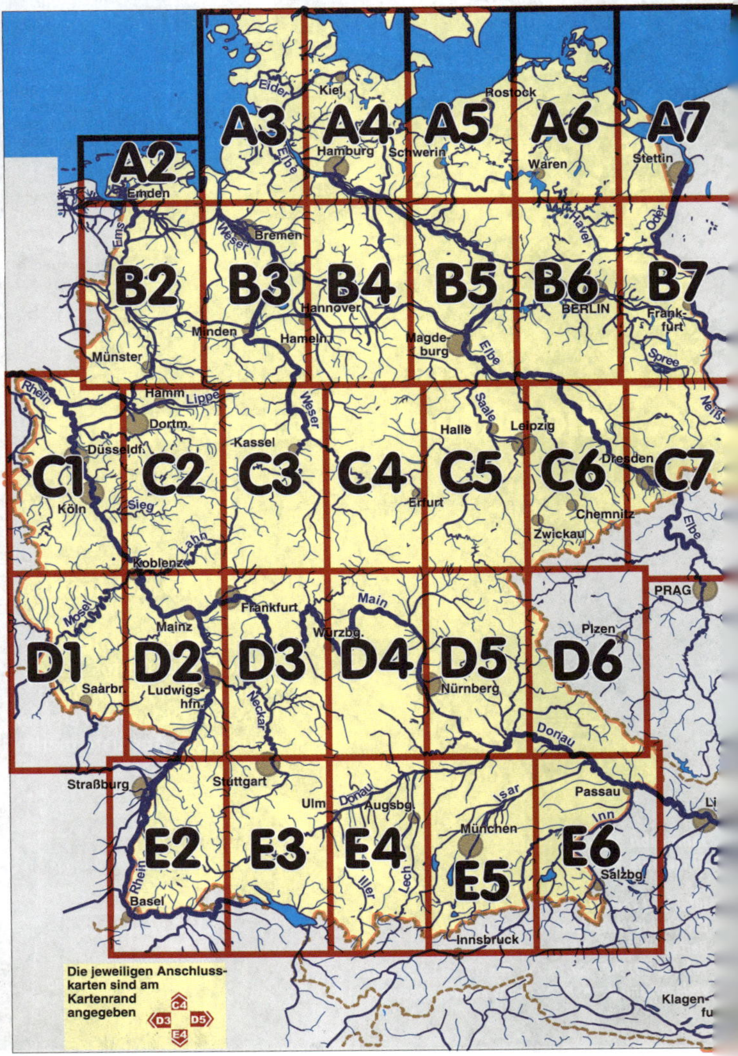

Zeichenerklärung:

Maßstab = 1: 1.100 000

- nur bei Hochwasser befahrbar (1-3 Mon./J)
- nur ab Mittelwasser befahrbar (4-8 Monate)
- häufig befahrbar (9-11 Monate/Jahr)
- ganzjährig befahrbar
- Rudergewässer
- Motorsportgewässer
- unbefahrbare Gräben
- Gewässer mit weitgehenden Sperrungen
- Gewässer mit zeitweisen Sperrungen
- Gewässer mit Reglementierungen (ohne komplette Sperrung)
- 33 - 610 Gewässername: Seitenverweis auf die Textbeschreibung hier im Flussführer.
- A1 BAY Gewässername: Gewässer, die nur in den entsprechenden Regionalführern beschrieben sind:

A1 DKV-Auslandsführer Bd.1
A6 DKV-Auslandsführer Bd.6
A7 DKV-Auslandsführer Bd.7

Kartographie:
Erhard Jübermann, Uelzen
Kartenbasis:
Übersichtskarte -Wasserwandern
(ISBN: 978-3-929540-00-0)
und -Befahrungsregelungen
(ISBN: 978-3-929540-30-7)

Der Jübermann-Verlag hat für uns die folgenden Karten erstellt auf der Basis seines Kartenmaterials. Erhard Jübermann arbeitet seit langem an Gewässerkarten insbesondere für den Kanusport. Seinem Grundsatz: "Keine Information kommt ungesehen in die Karte" verdanken wir viele von ihm kanufahrend zusammengetragene Kartenwerke.
Wollen Sie sich genauer informieren über seine Produkte, schauen Sie ins Internet:

www.juebermann.de

oder fordern Sie einen Verlagsprospekt an:
Jübermann-Verlag,
Krempelweg 2, 29525 Uelzen

Tel.: 0581-78232,
Fax : 0581-77516
E-Mail: info@juebermann.de

NW Wanderführer Nordwest
NRW Wanderführer Nordrhein-W.
SW Wanderführer Südwest
BAY Wanderführer Bayern
OST Wanderführer Ostdeutschland

A3
Sylt
NW
Föhr
Wyk
Amrum
Langeness
Schüttsiel
Hooge
Pell-
worm
Nord-
strand
NW
Nordfriesland
NIEBÜLL
Gottes-
koog
Gottesk.-
strom
Dreinh.-
Lecker Au
Leck
NW
Schafflunder
M.-strom
Rodau
Rodau
Wallsbüll
Bongsieler
Kanal
Linnau
Bredstedt
Ostenau
Löwenstedt
Arlau
HUSUM
Glücks-
burg
FLENSBURG
Flensburger F.
NW
Langb.Au
Sörup
Angeln
Tarp
543/
544
Jerrisbek
Treene
Sieverstedt
547
Wellsp.Au
Bollingst.Au
Füsinger Au
Loiter Au
Lang-
see
Schlei
Treija
Schleswig
545
Osterbek
Hollingstedt
Friedrich-
stadt
544
Treene
Eider
543
Owschlag
NW
Sorge
Witten-
see
Schirnau
St.Peter-
Ording
Tönning
Broklandsau
Delve
Alte S.
RENDS-
BURG
541
Eider
542
Eider
Jevenau
Brammer
Luhnau
Nord-Ostsee-Kan.
HEIDE
Gieselau-
Kanal
(600)
NW
A4
Büsum
Meldorf
Hohen-
westedt
NW
Haaler Au
Schenefeld
Stegau
Bünzener Au
Silzen
424
Trischen
Friedrichs-
koog
Marne
Burg
Burger
Aue
Kuden-
see
NW
NW
Wilster
Bekau
ITZE-
HOE
Rantzau
Stör
Bramau
Hörner Au
Scharhörn
Neuwerk
Wilsterau
Nordsee
421
CUXHAVEN
BRUNS-
BÜTTEL
Elbe
421
Stör
425
Breitenb.K.
Kremper Aue
NW
Barmstedt
Glückstadt
Otterndorf
NW
Medem
Emmelke
Neuhaus
Wischhafen
Aue
Neuhaus-
Bülk.K.
NW
Oste
Ihlien-
worth
Hadelner Kan.
Dorum
Hemmoor
Wischhafener
Süderelbe
420
Krückau
Elms-
horn
NW
Pinnau
Dahlemer
See
Flögelner
See
422
Balksee
Hechthsn.
STADE
Pinne-
bg.
419
Jade
Burharfe
Beder-
kesa
422
Bederkesa-
Geeste-K.
Mehe
NW
Schwinge
Butjardinger
Tief
341
Geeste
NW
NW
Horneburg
Norden-
ham
BREMER-
HAVEN
Hipstedt
Bremer-
vörde
Mulsum
Lühe
428
A2
Jade-
busen
341
Kirch-
wistedt
423
Bever
Farven
BUXTE-
HUDE
427
Este
arel
Lune
Drepte
Hamme-Oste-K.
Oste
NW
Harse-
feld
Moisb
Jade
340
NW
Sandbostel
Oersdf.
Sand-
stedt
Alte
Hamme
Twiste
422/
423
Staersb.
Este
Brake
Wuls-
büttel
345
Voller-
sode
Rummeldeis-
beck
Rhade
Ramme
319
Weser
Bade
Sittensen
Tostedt
Rast.
Elsfleth
Beek
B3
NW
Zeven
NW
Oste

A4
Flensburger Förde
Glücksburg
FLENSBURG
Angeln
Langb.Au
Gelting
Maasholm
Sörup
Aerö
Marstal
Langeland
Langelands-Bælt
Ostsee
Fehmarn Belt
Fehmarn
Fehmarnsund
Treene
Sieverst.
Kappeln
Schlei
547
Lang see
Wellsp.Au
Bollingst.Au
Füsinger Au
Loiter Au
546
Koseler Au
545
Schleswig
Osterbek
Eckernförder Bucht
Kieler Förde
Kronsbek
ECKERNFÖRDE
Wittensee
(600)
Owschlag
Sorge
NW
Schirnau
RENDSBURG
541
Eider
Nord-Ostsee-Kan.
Westensee
KIEL
Wehrau
Jevenau
Brammer
Brahmsee
541
Eider
Bothkamper See
Postsee
Schwentine
Hagener Au
Passader See
Hohenf.
Schönberg
Mühlenau
Lütjenburg
Hohwacht
Heiligenhafen
Oldenburg
Oldenburger Graben
Selenter See
552
Kossau
Preetz
Lanker See
Lensahn
Dahme
PLÖN
550
Malente
Kellersee
Dieksee
Eutiner See
Eutin
549
Grömitz
Neustadt
Kührener
Aue
Bornhöveder Seenplatte
Gr. Plöner See
551
540
Luhnau
Nortorf
Timmaspe
Bordesholm
Hohenwestedt
Haaler Au
A3
Schenefeld
Hollenau
Aalbeck
NEUMÜNSTER
Schwale
Stör
Bünzener Au
Silzen
Haffkrug
Lübecker Bucht
Gleschendorf
Schwartau
Timmendorfer Strand
A5
TRAVEMÜNDE
Stegau
Bekau
Rantzau
424
Brokst. Au
Rickling
Wardersee
Trave
ITZEHOE
Stör
425
Osterau
552
Heidmühlen
426
Bramau
Bad Bramstedt
Bad Segeberg
LÜBECK
Trave
Dassow
Stepenitz
425
Stör
Breitenb.K.
Hörner Au
Ohlau
Schmalf. Au
553
Trave
Bad Oldesloe
Heilsau
Wakenitz
554
Schönberg
Maurine
556
Kremper Au
Barmstedt
Kaltenkchn.
Strüvenhütten
Norderbeste
Grinau
OST
Rehna
Radegast
Henstedt
429
Barnitz
602
Ratzeburger See
Carlow
420
Krückau
Elmshorn
Pinnau
Pinnau
Quickborn
Bargteheide
Süderbeste
Ammersbek
Berkenthin
Elbe-Lübeck-Kanal
555
Gadebusch
Ratzeburg
Rellau
Alster
430
Pinneberg
STADE
419
Elbe
Schwinge
418
416-417
HAMBURG
Bille
Mölln
Hellb.
Schaalsee
Köthel
Grande
430
Bille
Zarrentin
Horneburg
Lühe
428
Köhlbr.
Süderelbe
414
Dove Elbe
Steinau
Büchen
601
Gallin
Schilde
BUXTEHUDE
427
Este
415
BERGEDF.
Geestacht
Bennin
Boize
Wittenburg
Motel
Schaale
HARBURG
Moisbg.
Maschen
Seeve-Kan.
Gose E.
413
Linau
Lauenbg.
Boizenburg
432
414
Ilau
435
Staersb.
Este
Buchholz
Seeve
Ashsn. Mühlgr.
Garlst. Aue
Ilmenau
DKV-Heim 16
Elbe
Krainke
Sude
Sittensen
Tostedt
Oste
Jesteburg
431
Döhle
Luhe
Winsen
435
B4
433
Neetze
436
Bleckede

A5
Nakskov
Maribo
DK
Lolland
Guldenborg-Sund
Nyköbing
Falster
Nysted
Rödby
Gedser
Fehmarn-Belt
Puttgarden
Fehmarn
BURG
NW
Fehmarn-Sund
Heiligen-
hafen
denburg
Oldenburger
Graben
Dahme
ensahn
römitz
NW
eustadt
Ostsee
Prerow
Wieck
Born
Wustrow
Saaler
Saal
Bodden
Recknitz
Graal-
Müritz
OST
Ribnitz-
Damgarten
Warne-
münde
NW
OST
Kühlungsborn
Marlow
558
ROSTOCK
A6
Bad
Doberan
Salz-
haff
Kröpelin
Tessin
A4
Lübecker Bucht
NW
OST
Poel
Neubuckow
Warnow
558
Wismar-
Bucht
Beke
Schwaan
Recknitz
Laage
RAVEMÜNDE
Klütz
Dassow
WISMAR
Neukloster
Stepenitz
Greves-
mühlen
Neukloster-
See
BÜTZOW
Bützow-Güstrow-
Kanal
GÜSTROW
Maurine
NW
OST
Gr. Wariner
See
OST
Warin
Wallenstein-
graben
Lößnitz
Rehna
Radegast
OST
Nebel
Warinsee
Mühlen
557
Inselsee
Carlow
Brüeler B.
Mildenitz
Woseriner S.
Schweriner
Gadebusch
444
Stern-
berg
556
OST
Bresenitz
Krakow
Krakower
See
SCHWERIN
Warnow
Dobbertin
Renzow
See
Nebel
Schaal-
See
Pinn.-
See
Bülow
Dobbertiner
See
Barniner
See
Crivitz
Gold-
berg
Gold-
berger
See
Alt-
Schwerin
Fleesen-
see
Schilde
Kraft
Warsow
Störkanal
Banzkow
Sude
443
442
Plau
Witten-
burg
Elde
441
Malchow
Motel
Hagenow
Parchim
Lübz
Plauer
See
OST
NW
Neuer Kan.
Strohkirchener
Bach
Müritz-Elde-
Wasserstraße
Sude
Ludwigs-
lust
Meyen-
burg
Redefin
Ludwigsluster Kan.
Stepenitz
Stepenitz
Elde
OST
NW
Rögnitz
Rögnitz
Balow
B5
Grabow
Dosse
443

Ostsee
Kap Arkona
Dranske
Tromper Wiek
OST
Hidden-see
Gr. Jasmunder Bodden
Saßnitz
Rügen
Kl. Jasmunder Bodden
Prorer Wiek
Gingst
Prerow
Zingst
Zingst
Wieck
Born
Grabow
Kubitzer Bodden
BERGEN
Binz
Sellin
Göhren
Putbus
Prohn
Satems
Wustrow
Saaler Bodden
Saal
Barth
STRALSUND
Garz
Strelasund
Rügischer Bodden
Greifswalder Bodden
Graal-Müritz
Velgast
Borgwall-See
Barthe
Recknitz
Ribnitz-Damgarten
Reinberg
Richtenbg.
Franzburg
Dänische Wiek
Lubmin
Peene-
Peene-münde
Marlow
Ryck
A5
Bad Sülze
Trebel
Grimmen
Ziese
Tribsees
GREIFSWALD
Wolgast
561
Tessin
Roter Br.-Graben
Loitz
Gnoien
Neuer Burggr.
Gützkow
Lassan
Warbel
Trebel
560
Recknitz
Kukucksgr.
Laage
Dargun
Demmin
Jarmen
Peene
561
Peene
563
Anklam
Kl. Peene
Klempenow
Peene-Süd-Kan.
GÜSTROW
Teterower See
Neu-kalen
Kummerower See
Tollense
Lößnitz
559
Gr. Landgr.
Nebel
Warinsee
Teterow
Dahmer Kan.
Malchin
Putzarer See
Ost-Peene
Altentreptow
Kl. Landgr.
Datze
Landgr.
Malchiner See
Stavenhgn.
Ferdinandshof
Friedland
Galen-becker See
558/559
563
Krakow
Krakower See
Nebel
Kittendf. Peene
NEU-BRANDENBURG
Aalbach
Torgelower See
Alt-Schwerin
Kölpin-see
Malliner See
562
Burg-Stargard
Strasburg
Fleesen-see
Waren
Penzlin
Tollense-see
Linde
Plau
Käbelick-see
445
Malchow
440
441
Plauer See
Müritz
Kratzeburg
Camminer See
Havel
Useriner See
Zierker See
Feldberger Seen
Fürstenwerder
Uecker
Röbel
Alte Fahrt
Neu-strelitz
499
565
Meyen-burg
Kl. Müritz
501
446
447
Feld-berg
Boitzen-burg
Strom
Prenzlau
440
Elde
Wesen-berg
Woblitzsee
Unteruckersee
Grabow
Dosse
Müritz-Havel-K.
Mirow
B6
498
Nebel
Küstrin-

A7
O s t s e e
OST
Sellin
Göhren
OST
Peenemünde
Lubmin
Oderbucht
Zinnowitz
Koserow
Achter-
wasser
Peene-
Ziese
Usedom
Peene-
-strom
Herings
dorf
SWINOUJSCIE
(SWINEMÜNDE)
Cammin
Dziwna
Gryfice
Lassan
Wollin
561
Usedom
OST
Anklam
O d e r h a f f
PL
Altwarp
Neuwarp
OST
Zarow
Putzarer
See
Uecker
münde
Eggesin
Trzebiez
(Ziegenort)
Goleniów
(Gollnow)
Ferdinands-
hof
566
Torgelow
Galen-
becker
See
Randow
Police
(Pölitz)
Ina
Jez.
Dabie
SZCZECIN
(Stettin)
571
(Dammscher
See)
Strasburg
Uecker
Parsewalk
Löcknitz
Stargard
Szcz.
Plonia
Brüssow
Fürstenwerder
Quillow
Westoder
571
Prenzlau
557
Penkun
Ost-oder
Unter-
uckersee
Gryfino
(Greifenhgn.)
570
Strom
Gartz
Ober-
B7

B2
EMDEN
309
Delfzijl
Dollart
A2
Neuenbg.
Jade
Wapel
Hahner Beke
Rast. Beke
319
Ems
Rorich.S.t.
Sauteler Sielt.
NW
Ehetief
LEER
Jümme
Nord-Georgsfehn-K.
Westerstede
Apen
Aper Tief
Rastede
Schildmeer
Winschoten
306
Leda
Süderbeke
Nordl.kan.
Zwischenahner Meer
OLDENBURG
344
Winschoter Diep
Weener
312
Sagter Ems
Nordl. God. Tief
Zwischenahner Meer
Bad Zwischenahn
Veendam
Pekel-Aa
Westerwoldse Aa
Wedde
PAPENBURG
Burlager-Langh. Tief
Elis.Fehn-K.
Soeste
Tief
Vehne
Hunte
Vlagtwedde
Hunze
Stadskanaal
Herbrum
NW
311
599
344
Lahe
Wardenburg
Dingstede
600
Küstenkanal
Friseuthe
Lehte
Hunte
Ohe
Marka
Soeste
Borger
Ter-Apel
305
Dörpen
Thülsfelder Stausee
Böger
Haren-Rütenbr.-Kanal
Lahten
Vrees
CLOPPENBURG
342
Engelmanns Bäke
Wildeshausen
EMMEN
Sögel
Werlte
Haren
NRW
Wieste
NRW
Lastrup
Nordradde
Mittelradde
Südradde
Löningen
Löninger Mühlb.
Calh.Mühlb.
Elsten
Hoogeveensche Vaart
Süd-Nord-Kan.
304
NRW
Vechta
MEPPEN
Haselünne
Hase
Lager Hase
B3
Grenzaa
Twist
Coevordern-P.-Kan.
Ems
Dortmund-Ems-Kan.
315
Quakenbrück
LOHNE
Dinklage
Hunte
314
(342)
Diepholz
NRW
Lee
303
Bersenbrück
Alte Hunte
Lohne
Grawiede
Fürstenau
Damme
LINGEN
NRW
Freren
Dümmer
NRW
Alfsee
Nonnenbach
NRW
Große Aa
Deper Aa
Schaler Aa
NORDHORN
Ems-Vechte-K.
Emsbühren
Giegel-Aa
312
Bramsche
Mittellandkanal
Vechte
NRW
Hopsten
Spel.Aa
Hopst.Aa
599
Wallenhorst
Hunte
Nette
Dinkel
Schüttorf
Ibbenb.Aa
591
Wiehengeb.
Eilerings-beke
302
Ibbenbüren
NRW
OSNABRÜCK
591
Rheine
Goldbach
Wierau
NRW
Bevergerner Aa
Goorbach
Fischbach
598
Hase
Düte
Melle
Else
Vechte
Steinfurter Aa
Ems
Emsdetten
Lengerich
NRW
Georgsmarienhütte
Natruphagen
Teutoburger Wald
NRW
Metelen
Burgsteinfurt
Emsd. Mühlb.
Dortmund-Ems-kan.
NRW
Glane
Violenb.
Warmenau
Dinkel
NRW
301
Greven
Korthorst
Glandorf
Eltingmühlb.
NRW
Bever
NRW
Versmold
Legden
NRW
Münstersche Aa
Sassenberg
Hessel
Berkel
Hohenholte
Werse
300
Harsewinkel
Gescher
Coesfeld
Ems-
Telgte
Gütersloh
Lutter
MÜNSTER
598
Mussenbach
Warendorf
Axtbach
Ems
Dalke
NRW
Dortmund
NRW
Angel
Kleuterb.
Emmerbach
NRW
299
Ölbach
Heubach
Kannebroksb.
Dülmen
Enniger
598
Stever
Rheda-Wiedenbr.
NRW
Halterner Stausee
Mühlenb.
Rietberg
Haltern
Lüdinghsn.
C2
Drensteinfurt
Ahlen
Werse
Beckum
NRW

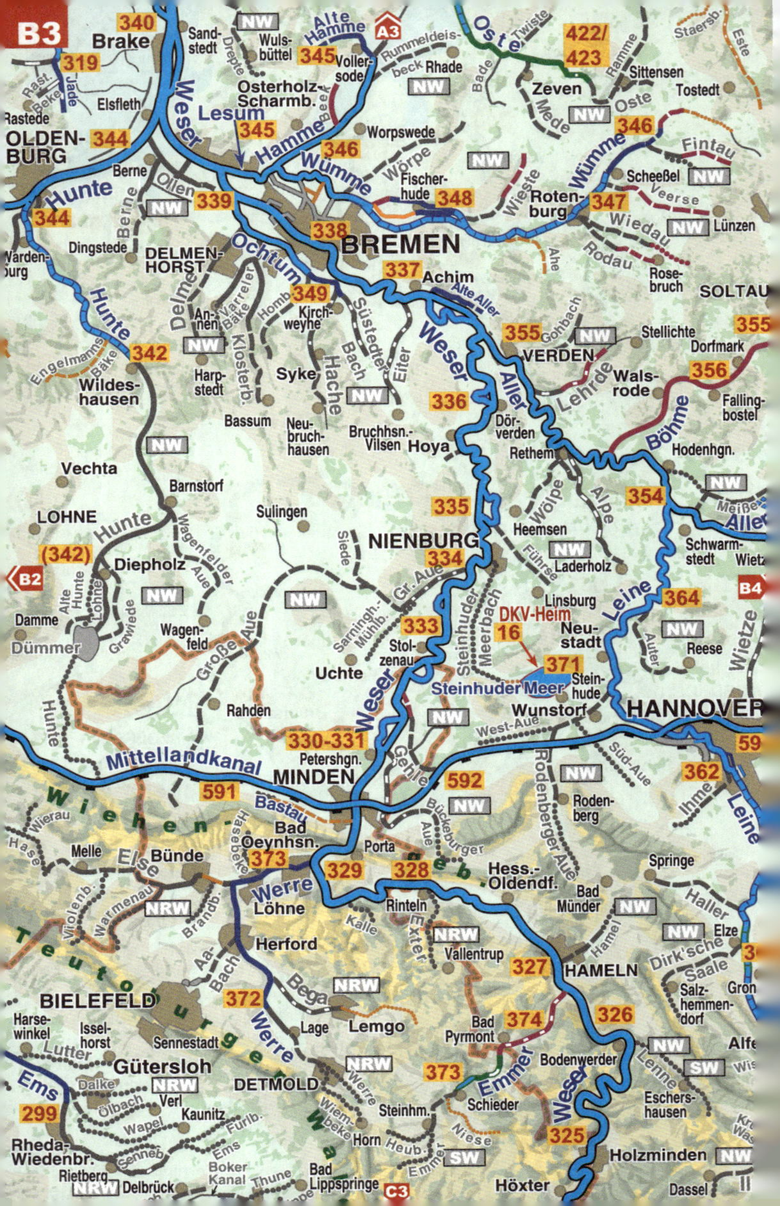

B3
340
Brake
Sand-
stedt
NW
Wuls-
büttel
Alte
Hamme
A3
Oste
Twiste
422/
423
Staersb.
Este
319
Jade
Rast.
Beke
Drepte
345
Voller-
sode
Rummeldeis-
beck
Rhade
Bade
Ramme
Sittensen
Tostedt
Elsfleth
Osterholz-
Scharmb.
Beek
NW
Zeven
Rastede
Lesum
Oste
Mede
NW
OLDEN-
BURG
344
Weser
345
Hamme
Worpswede
346
Wümme
Fintau
346
Berne
Wümme
Wörpe
NW
Scheeßel
NW
Hunte
Ollen
Fischer-
hude
348
Wieste
Veerse
344
Berne
NW
339
Roten-
burg
347
Lünzen
Wiedau
NW
338
Warden-
burg
Dingstede
DELMEN-
HORST
Ochtum
BREMEN
Ahe
Rodau
Rose-
bruch
337
Achim
Alte Aller
SOLTAU
Delme
Varreler
Bäke
Homb.
349
Kirch-
weyhe
Gohbach
Hunte
An-
nen
Süstedter
355
NW
Stellichte
355
Weser
VERDEN
Dorfmark
NW
Klosterb.
Bach
Eiter
Engelmanns
Bäke
342
Lehrde
Wals-
rode
356
Wildes-
hausen
Harp-
stedt
Syke
Hache
NW
Aller
Falling-
bostel
336
Bassum
Neu-
bruch-
hausen
Bruchhsn.-
Vilsen
Hoya
Dör-
verden
Böhme
NW
Rethem
Hodenhgn.
Vechta
NW
Barnstorf
Alpe
354
Wölpe
Meiße
Aller
335
LOHNE
Hunte
Sulingen
Heemsen
Wagenfelder
Aue
Siede
NIENBURG
Schwarm-
stedt
Wietze
(342)
334
Führse
NW
Laderholz
Diepholz
Gr. Aue
B2
NW
NW
Alte
Hunte
Lohne
Linsburg
Leine
364
B4
DKV-Heim
16
Damme
Grawiede
Wagen-
feld
Sarningh.-
Mühlb.
333
Steinhuder
Meerbach
Neu-
stadt
NW
Dümmer
Aue
Auter
Reese
Wietze
Stol-
zenau
371
Große Aue
Uchte
Weser
Steinhuder Meer
Stein-
hude
Hunte
Rahden
NW
Wunstorf
HANNOVER
West-Aue
330-331
59
Petershgn.
Gehle
Süd-Aue
Mittellandkanal
MINDEN
592
Rodenberger Aue
NW
362
591
NW
Ihme
Bastau
Bückeburger
Aue
Roden-
berg
Leine
Wiehen-
Wierau
Hase
Bad
Oeynhsn.
Haseberbe
Porta
Melle
Else
Bünde
373
329
328
Hess.-
Oldendf.
Springe
Werre
Bad
Münder
NW
Haller
NRW
Löhne
Rinteln
Violenb.
Warmenau
Brandb.
Kalle
Hamel
NW
Elze
NRW
Exter
Teuto
Herford
Vallentrup
Dirk'sche
Saale
Aa-
Bach
327
HAMELN
NRW
Bega
Salz-
hemmen-
dorf
Gron
BIELEFELD
372
Lage
Lemgo
Bad
Pyrmont
374
326
Harse-
winkel
Issel-
horst
Sennestadt
Werre
NW
Alfe
Lutter
Emmer
Bodenwerder
Lenne
SW
Gütersloh
NRW
NRW
DETMOLD
Werre
373
Weser
Ems
Dalke
Verl
Eschers-
hausen
299
Ölbach
Kaunitz
Steinhm.
Schieder
Wapel
Furlb.
Wiem-
beke
Niese
325
Rheda-
Wiedenbr.
Senneb
Ems
Horn
Heub.
Holzminden
NW
SW
Rietberg
NRW
Delbrück
Boker
Kanal
Thune
Bad
Lippspringe
C3
Emmer
Höxter
Dassel

B4
432
Staersb.
Este
Buch-
holz
Seeve
shsn.
Mühlgr.
Garlst. Aue
NW
Ramme
Sittensen
Tostedt
Jeste-
burg
431
Döhler Aue
Oste
Wümme
346
Inzmühlen
Buch-
holz
Toppen-
stedt
435
Ilmenau
Winsen
A4
413
Bleckede
Neetze
436
Neetze-
kanal
Neetze
DKV-Heim
16
Elbe
Sude
OST
NW
Krainke
Rögnitz
435
Luhe
433
LÜNE-
BURG
Fintau
Scheeßel
NW
Veerse
Wiedau
NW
Lünzen
Rodau
Rosebruch
Schnever-
dingen
Hützel
434
Luhe
Lopau
Ameling-
hausen
(600)
NW
Dahlenburg
412
Hitzacker
DANNENBERG
439
Jeetzel
Alte
433
Bad Bevensen
Ilmenau
NW
Schwienau
Ebstorf
Eimke
Gerdau
437
UELZEN
432
Wipperau
NW
Rosche
Wendland
Clenze
Lüchow
438
SOLTAU
Munster
355
Stellichte
Dorfmark
356
Wals-
rode
Böhme
Falling-
bostel
NW
Wietze
Örtze
Kl. Örtze
Wietzen-
dorf
Müden
365
Herrmannsburg
Weesener B.
Suderburg
Hardau
NW
Stederau
NW
Bergener
Dumme
Bergen
NW
Dumme
Hodenhgn.
Meißen-
dorf
Meiße
Bergen
Örtze
366
Eschede
Aschau
Lutter
Stein-
horst
Lachte
Bad
Bodenteich
Elbe-
Seiten-
Kanal
Altmark
Dähre
Beeke
Jeetze
Wittingen
354
NW
Aller
Winsen
Wolt-
hsn.
Wittbeck
NW
CELLE
353
Lachte
368
Jarnsen
Wahren-
holz
(600)
NW
Beetzendf.
Gladdenstedt
Ohre
B3
Schwarm-
stedt
Wietze
Fuhse-
kanal
Wulbeck
Neue
Aue
Lachendf.
Wiehe
Schwarzwasser
NW
Ise
Brome
B5
Bergfeld
OST
Leine
364
NW
Auter
Reese
Wietze
NW
352
Aller
Müden
Gifhorn
Fuhse
Burgdorfer Aue
Kleine
Aller
593
Buchhorst
Alte
Aller
NW
351
Burgdorf
HANNOVER
592
Uetze
367
Erse
Oker
350
Aller-
kanal
Helen-
riede
Katharinen-
bach
Oebis-
felde
Aller
Fallers-
leben
WOLFS-
BURG
362
NW
Oker
371
Ihme
Leine
Laatzen
Sehnde
366
PEINE
Schunter
Glentorf
Mittellandkanal
Aue
Pisser
BRAUN-
SCHWEIG
Wefer-
lingen
Springe
Bruchgraben
Vechelde
NW
Wabe
Luckum
Helmstedt
Haller
Fuhse
NW
370
Wolfenbüttel
NW
Elze
HILDESHEIM
Lebenst.
Oker
Schöppenstedt
Altenau
Dirk'sche
Saale
361
NW
Innerste
Salz-
gitter
SZ-Bad
Schöninger Aue
Härtens-
leben
Salz-
hemmen-
dorf
Gronau
Alme
Lamme
Börßum
Jerxheim
Gr. Graben
369
Hornburg
Dede-
leben
OST
Alfeld
Riehe
Bockenem
Schladen
NW
Ilse
Osterwieck
NW
SW
Wispe
NW
Oker
Vienenburg
NW
Halber-
stadt
Lenne
Eschers-
hausen
Bad
Ganders-
hm.
Nette
Schildau
Goslar
Radau
Wasserleben
Leine
Innerste
Oker
Bad
Harz-
bg.
Holtemme
Krummes
Wasser
Ein-
beck
Gande
NW
Seesen
Ilsen-
burg
Quedlin-
burg
360
Oker-
Stausee
Dassel
NW
Ilme
Wildemann
C4
Wernige-
rode
Blanken-
burg
(522)
Thale

B5
Ludwigslust
442
A5
Meyenburg
Elde
Redefin
Sude
OST
NW
Ludwigsluster Kan.
Rögnitz
Müritz
Wasserstraße
Balow
Stepenitz
Grabow
Dosse
Krainke
Rögnitz
Eldena
Putlitz
Elde-
Alte Elde
Stepenitz
Wittstock
Elbe
412
443
Dömitz
NW
OST
Dömitz
Pritzwalk
Hitzacker
Lenzen
Löcknitz
P
r
g
n
i
t
z
Perleberg
DANNENBERG
439
411
Dosse-speicher Kyritz
OST
NW
OST
Jeetzel
Laascher S.
WITTEN-BERGE
OST
NW
Cederb.
Alte Jeetzel
Gartow
Seege
Karthane
Bantikower See
W
e
n
d
l
a
n
d
Königsfl.
Lüchow
OST
NW
Zehre
Aland
Bad Wilsnack
Kyritz
Clenze
Bergener
Wusterhsn.
463
Dumme
Arendsee
Neue Jäglitz
Bergen
437/438
Arendsee
See-hausen
Elbe
Havel-berg
Alte Jäglitz
Neustadt
SALZWEDEL
NW
Dumme
OST
Biese
410
462
Dosse
Dähre
A
Beeke
Jeetze
Purnitz
Oster-burg
Sandau
Havel
OST
Gülper See
Rhinow
OST
l
t
m
a
r
k
Uchte
Apenburg
Milde
Bismark
Arne-burg
Beetzendf.
Gladdenstedt
Kalbe
Kläden
Hohenauer See
Ohre
RATHENOW
B4
Klötze
Secantsgraben
STENDAL
B6
Brome
OST
Tanger-münde
Königsgr.
460
Premnitz
Pritzerbe
Lüderitz
Jerichow
Gardelegen
OST
593
Buchhorst
Tanger
Stremme
Havel
Genthin
Plaue
Plauer See
Tangerhütte
409
Derben
Oebis-felde
Calförde
Katharinen-bach
Aller
Mittellandkanal
Mahlwinkel
596
Kanal
Wuster-witz
Elbe-Havel-
OST
Haldens-leben
OST
Rogätz
Weferlingen
Ohre
Wolmir-stedt
Nie-gripp
Gloine
Buckau
Verlorenw.
Grabow
Ziesar
OST
Aller
BURG
Ihle
594
594
Helmstedt
Wefens-leben
Dörnitz
Rottstock
408
Möckern
MAGDEBURG
Härtens-leben
407
OST
Jerx-heim
Schöninger Aue
Ehle
Gommern
Gr. Graben
Oschersleben
Dede-leben
OST
524
OST
Hundeluft
Schöne-beck
406
Zerbst
Nuthe
Bode
Barby
OST
Halber-stadt
Gröningen
Rossel
Calbe
Elbe
Roßlau
Coswig
523
405
Holtemme
Egeln
Staß-furt
Landgr.
Taube
Hedersleben
Nien-bg.
Derenburg
Aken
Wörlitz
Bode
Mulde
522
OST
DESSAU
Blankenburg
Selke
Sollnitzb.
Aschers-leben
Wipper
(522)
C5
Thale
Quedlin-burg
OST
Bernburg
Köthen

B6
Meyen-
burg
Röbel
Kl.
Müritz
501
Alte Fahrt
Havel
446
Neu-
strelitz
447
A6
Feldberg
499
Feldberger Seen
Boitzen-
burg
Unter-
ücker-
see
440
Elde
Grabow
Wesen-
berg
Woblitzsee
Müritz-
Havel-K.
Nebel
Mirow
Thymenfl.
498
Lychener
Küstrin-
chener Bach
Strom
Ober-
ücker-
see
449
Uckermark
OST
Schwarzer See
502
Gr.
Pälitz-
see
Fürsten-
berg
Gewässer
Wittstock
Zechlin
Gr.ZechlinerSee
503
Stolp-
see
Himmelpfort
Templiner
497
564
Pritzwalk
Dosse
Rheinsberger See
Havel
Templin
Prignitz
Rheinsb.
Rhin
Rheinsberg
496
Gewässer
463
Gr.
Wentowsee
Dosse-
speicher
Kyritz
Welsengr.
Schulzenfl.
450
Tornowsee
Zermützelsee
OST
464
Gransee
Grimnitz-
See
Bantikower
See
Gudelacksee
Joachims-
thal
Schorfheide
Königsfl.
Teetzensee
Zehdenick
Döllnfließ
Werbellin
See
465
Voß-K.
Kyritz
Neu-
-Ruppin
Alt-
fließ
Werbellin-
fließ
Gr. Schöneb.Fl.
578
Ruppiner
See
Schnelle Havel
Langer Trödel
Werbellin-
kan.
Wusterhsn.
Bütz-Rhin
Ebers-
walde
Neue Jäglitz
Wustrau
Bütz-
see
Kremmener
Rhin
451
Alte Jäglitz
Neustadt
OST
Oder-Havel-K.
Finowkan.
462
Rhinkanal
Ruppiner
571
Pregnitzfl.
576
Fehr-
bellin
Alter Rhin
Kanal
Wandlitz
OST
Dosse
Alte Finow
Havel
Rhinow
Friesack
466
Kremmen
ORANIEN-
BURG
Biese
Liepnitzsee
Gülper See
Hörstegraben
Havelländischer Gr. Hauptkanal
Oranienb.-
Kanal
452
Tegeler Fließ
Bernau
Paulinen-
aue
Hennigs-
dorf
Panke
B7
B5
Hohenauer
See
-kanal
Havel-
Nauen
BERLIN
Erpe
Altlands-
berg
RATHENOW
OST
453
495
484
Gr.Müggel-
see
460
Königsgr.
Riewend-
see
Wachow
Premnitz
Sacrow-
Paretzer
Kanal
Havel
Spree
Fredersd.M.-fl.
466
Pritzerbe
482
481
Stremme
Trebel-
see
Betz-
see
Ketzin
Landwehr-
kanal
Havel
BRAN-
DEN-
BURG
454
459
Plaue
457
Havel
Genthin
Teltowkanal
Dahme
OST
Werder
455
POTSDAM
596
458
Glindower
See
Temp-
liner
See
Königs
Wuster-
hsn.
Ludwigs-
felde
Krüpelsee
Wuster-
witz
Emster K.
Kloster-
see
456
Schwielow-
see
Rangsdf.
See
Buckau
OST
Ferch
Zülowgr.
487
Temnitz
Lehnin
Grössin-
see
Nuthe
OST
Plane
Nottekan.
Galluner Kan.
Prieros
Ziesar
OST
Verlorenw.
Beelitz
Blanken-
see
Zossen
Teupitzer Gew.
OST
Brück
Neuer Gr.
Nieplitz
Trebbin
Mellen-
see
OST
Märkisch-
Buchholz
Rottstock
Belzig
Pfefferfließ
Fläming
Hammerfließ
486
OST
Dahnsdf.
Treuen-
brietzen
Lucken-
walde
OST
Baruth
Nuthe
Dahme
Hundeluft
Jüterbog
Golßen
Berste
(485)
OST
WITTEN-
BERG
Zahna
Dahme
Rossel
Coswig
Seyda
Dahme
Zahna
Luckau
404
Elster
Schweinitzer Fl.
Wörlitz
Fließgraben
Elbe
Schwarze Elster
OST
Mulde
C6
Neugraben
Schlieben

B7
565
Prenzlau
Unter-
ückersee
Ober-
ückersee
564
Uckermark
Strom
Penkun
A7
West-
oder
570
Gartz
Gryfino
(Greifenhgn.)
Ostoder
571
Tywa
Welse
OST
Wasserstr.
Passow
SCHWEDT
575
Templiner
497
Templin
Gewässer
Greifenberg
Banie
Oder / Odra
Hohensaaten-Friedrichsthaler-
Wolletz-
see
Grimnitz-
See
Joachims-
thal
Schorfheide
Angermünde
Parsteiner
See
Myslibórz
Chojna
(Königsbg.)
Trzcinsko Zdrój
(Bad Schönfl.)
PL
578
Werbellin-
See
Werbellin-
kan.
Nettelgr.
574
Oderberg
Oder-Havel-Kan
573
Alte Oder
569
577
Finow-
kanal
Schwärze
Ebers-
walde
OST
Finow
Alte
Biesenthal
Land-
graben
Bad
Freien-
walde
Wriezen
Güsteb.
Alte Oder
Volzine
Letschiner Hauptgr.
Debno
Oder
Kostrzyn
(Küstrin)
Wartha (Warthe)
Liepnitzsee
Bernau
Werneuchen
Bötz-
see
Kienitz
Alte
Oder
B6
BERLIN
Erpe
Straus-
berg
Stobberow
Gusower Alte Oder
Buckow
Seelow
Gr.Müggel-
see
481
Spree
Hennicken-
dorf
Fredersd.M.-fl.
Stienitzsee
Möllensee
Müncheberg
Os-no Lubus
OST
Löcknitz
LKV-Zeltpl.Seddinwall
17
480
FÜRSTEN-
WALDE
Müggel-spree
FRANK-
FURT
Slubice
568
Rzepin
Dahme
Königs
Wuster-
hsn.
491
Oder-Spree-
Kanal
Krüpelsee
479/
490
Bries-
kow-Kan.
Pliszka
Nottekan.
487
Storkow
491
Bad
Saarow
Spree
Oder-
Spree-Kan
Cybinka
Galluner
Kan.
Prieros
Storkower K.
Wolziger
See
Schar-
mützel-
see
Müll-
rose
Schlaube
Teupitzer
Gewässer
OST
Dahme
486
Märkisch-
Buchholz
Beeskow
Spree
Ölse
489
Eisen-
hütten
stadt
566/
567
Oder
OST
Dahme
477
478
493
476
Schwieloch-
see
Baruth
Schlepzig
Unterspreewald
Granoer
Mühlenfl.
Neiße
583
Golßen
Lieberose
Guben
(485)
LÜBBEN
475
Berste
Oberspreewald
Schwarzes Fl.
Lubsza
OST
Gr.Gastrose
Dahme
OST
Malxe
495
Peitz
Lausitzer
Wudritz
474
Luckau
Lübbenau
Spree
494
Hammerstrom
473
Malxe
Lubsk
Vetschau
582
Calau
COTTBUS
C7
471
Forst

C1
158
EMMERICH
NRW
Bocholter Aa
Borken
Bocholt
Dülmen
B2
598
KLEVE
Kalflach
Rees
Issel
Heubach
Mühlenb.
Lüdinghsn.
Niers
Kalkar
NRW
LKV-Sportschule
17
Halterner Stausee
Haltern
Stever
Dortm.-Ems-K.
159
Goch
Leyb.
WESEL
Lippe
167
DORSTEN
588
MARL
NRW
Selm
166
XANTEN
157
Wesel-
587
Datteln-
Kanal
DATTELN
Kevelar
Issumer Fleuth
RECKLING-HSN.
Datteln-Hamm-
A6
Dinslaken
BOTTROP
Herne-
Kanal
597
596
Maas
Geldern
Issum
DUIS-BG.
585
Rhein-
586
HERNE
159
Kamp-Lintfort
Rhein
ESSEN
NL
A6
Landwehrb.
156
OBERHSN.
BOCHUM
VENLO
Geldern'sche Fl.
MOERS
Ruhr
MÜL-HM.
173
Witten
172
Hengstey-see
Nette
NRW
Kemnader See
Kempen
176
175
Lenne
NRW
Lobberich
Dickelsb.
Velbert
Deil-
Felderb.
HAGEN
Niers
155
KREFELD
Angerb.
Hardenb.B.
-bach
Gevelsbg.
17
Brüggen
158
NRW
Ennepe
Rhein.-
Viersen
Schwarzb.
WUPPER-
Wupper
Schalksmühle
Schwalm
Roermond
NEUSS
D.-DORF
TAL
NRW
Düssel
Morsb.
Wupper-Talsperre
Roer
MÖNCHEN-GLADBACH
182
154
SOLINGEN
Remscheid
NRW
Volme
162
Norf
Wupper
Bever-stausee
Vlootbeek
Erkelenz
GREVEN-BROICH
Erft
182
Eifgenbach
Wermelskchn.
C2
Wipper
Klüppelsberg
Hückelhv.
NRW
Gillbach
DOR-MAGEN
Dhünn
Dhünn-talsp.
Sülzbach
NRW
Geilenkchn.
161
NRW
Sülz
Leppe
Linnich
KÖLN
Lennefe
Agger
Wurm
Jülich
181
Bergheim
153
Wiehl
Frechen
Sülz
NRW
Wiehl
Heerlen
Rur
Erft
Rösrath
Agger
Much
Esch-wlr.
NRW
Hürth
Naafb.
Bröl
Würselen
NRW
Inde
Düren
Neffelbach
Wahnbach
NRW
Wehe
SIEG-BURG
Waldbröl
Inde
NRW
Brühl
Sieg
185
AACHEN
Rothbach
Weiler-swist
152
186
Eitorf
Vichtb.
NRW
180
Pleisb.
Hanfb.
Forst-mehren
161
Zülpich
Kall
BONN
Eupen
Roetgen
Rur-tal-sperre
Eus-kchn.
151
Ober-pleis
NRW
Mehrb.
Wied
Vesdre
Heimbach
Swistbach
Rhein
Neustadt
160
Erft
Mecken-hm.
Helle
Monschau
Gemünd
NRW
NRW
Einruhr
179
Linz
Holzb.
Urft
Bad Münstereifel
-Ahrwlr.
Olef
188
150
Rur
Perlb.
Altenahr
Wied
Bad Neuen-ahr
A6
Hellenthal
NRW
Bad Breisig
NRW
Warche
186/187
Ahr
SW
SW
Neu-wied
NRW
Bullange
Schuld
Andernach
Ahr
A6
Hallschlag
Laacher See
NRW
Amblève
Müsch
149
Andler
Tierbach
Nitzbach
SW
Stadtkyll
Virne-burg
Mayen
KOBLENZ
Our
Kyll
Ahrbach
Monreal
Nette
Mosel
Olzhm.
Kelberg
Elzbach
Prüm
SW
Prüm
D1
SW
196
Gerolstein

C2
B2
NRW
SW
C1
C3
D2
Kleuterb.
Dortmund-Ems-Kanal
Emmerb.
Mühlenb.
598
Lüdinghsn.
Drensteinfurt
Angel
Enniger
Ahlen
Werse
Beckum
299
Rheda-Wiedenbr.
Rietberg
Ems
Veri
Wapel
Kaunitz
Furlb.
Senneb
Boker Kanal
Thune
Delbrück
Haustenbach
Paderborn
162
163
Lippe
Heder
Alme
Borchen
Haltern
Stever
Funne
Selm
588
166
Werne
Lippe
165
Datteln
Rhein-Herne-Kanal
Datteln-Hamm-Kan.
589
HAMM
Ahse
LIPPSTADT
Glenne
164
Gieseler
Erwitte
Pöppelsche
Wester
Osterschledde
Altenau
Atteln
168
Büren
Wünnenbg.
Afte
Alme
167
Heidbg.
Alme
597
596
586
Herne
Kamen
Unna
Salzbach
Soestbach
Rosenau
Trotzb.
Manningh.-B.
Werl
SOEST
DORTMUND
Wickede
170
Möhnetalsperre
Möhne
Bochum
Witten
Schwerte
171
Ruhr
172
Hengsteysee
Kemnader See
Baarb.
Abbab.
Menden
169
Neh.-Hü.
Heve
Warstein
Arnsberg
Glenne
Brilon
Hoppecke
Iserlohn
Lenne
Hönne
Röhr
Ruhr (169)
Olsberg
Diemelstausee
Brilon-Wald
HAGEN
Nahmer
178
ALTENA
Sundern
Meschede
Hennestausee
Valme
Elpe
Neger
Nd.-schleidern
Schwelm
Ennepe
Wupper
Schalksmühle
Lüdenscheid
Werdohl
Balve
Sorpetalsperre
Salweyb.
Wenne
Esloh
Valme
Siedlinghsn.
Aar
Wupper-Talsperre
Volme
Verse
Plettenberg
Versetalsp.
Lenne
Fretterb.
Schmallenberg
Medelon
Züschen
Beverstausee
Kierspe
Attendorn
Finnentrop
Orke
Wipper
Klüppelsberg
Listertalsp.
Lister
Bigge
Veischede
Biggetalsperre
Rohrb.
Heinsb.
Lenne
Girkhsn.
Odeborn
Elsoff
Hallenberg
Nuhne
Frankenberg
Sülzbach
Sülz
Lennefe
Leppe
Aggerstausee
Agger
Heinsbg.
Hilchenb.
Eder
(383)
Erndtebrück
Ernsthsn.
Agger
Naafb.
Wiehl
Wiehl-Talsp.
Olpe
Bigge
Offingen
Gr-micke
Freudenberg
Ferndorf
Feudingen
Bad Laasphe
Eder
Lahn
Wetschaft
Much
Wahnbach
Bröl
Wisserbach
Asdorf
Sieg
Sieg
Deuz
SIEGEN
Biedenkopf
Lahn
Waldbröl
Sieg
185
184
183
Heller
Perf
Nd.-eisenhsn.
207/208
Allna
MARBURG
Pleisb.
Hanfb.
Eitorf
Forstmehren
Wissen
Elbbach
Daadenbach
Daaden
Haigerb.
Dillenburg
Bad Endb.
Gadenbach
Salzböde
208
Lahn
Oberpleis
Mehrb.
Altenkchn.
Kl.Nister
Haiger
Herborner Aa
Wied
Gr. Nister
Herborn
Lollar
Neustadt
Höhn
Westerwald
Rothaargebirge
Sauerland
210
Linz
Holzbach
Ulmbach
Dill
211
Dierdf.
Beilstn.
Wieseck
150
Wied
Guckhm.
212
GIESSEN
Wetzlar
Kleebach
Lich
Bad Breisig
Neuwied
Saynbach
Elbbach
Steinb.
Weilburg
Solms
Andernach
Brexbach
Montabaur
214
Kerkerb.
Weil
Oberkleen
Rockenberg
Laacher See
Vallendar
Brandoberndf.
KOBLENZ
149
215
213
Ziegenberg
Wetter
Nette
Gelbach
Lahn
LIMBURG
Diez
Usingen
Usa
Mosel
216
Emsbach
Bad Camberg
Friedberg
Rhein
Lahnstn.
Mühlb.
Dörsbach
Aar
Nidda
196
148
Esch

C3
B3
325
360
Einbeck
Holzminden
Höxter
Dassel
Ilme
Solling
Kaunitz
Steinhm.
Horn
Teutoburger Wald
Bad Lippspringe
Delbrück
Ems
Lippe
163
162
Alme
PADERBORN
Borchen
Heder
Bad Driburg
Brakel
374
324
Nethe
Beverungen
Siddesen
Lichtenau
Atteln
Uslar
Leine
Adelebsen
359
NW
SW
NRW
168
Büren
Wünnenberg
167
Heidbg.
Alme
Bad Karlshfn.
Trendelburg
Weser
Schwülme
323
GÖTTINGEN
358
Warburg
Diemel
Hofgeismar
Esse
Marsberg
Twiste
375/376
Volkmarsen
Grebenstn.
321-322
Friedland
396
Hedemünden
357
Brilon
Arolsen
Olsberg
Diemelstausee
(375)
Twistestausee
KASSEL
Fulda
Hann.-Münden
Werra
382
Witzenhsn.
Brilon-Wald
Wolfhgn.
Nd.-scheidern
Korbach
DKV-Zeltplatz 15
Siedlinghsn.
Nieste
Losse
381
Bad Sooden-Allendorf
Rothaargeb.
Merxhsn.
Bauna
Waldeck
Medelon
Züschen
Itter
Aar
386
Ems
387
Eschwege
380
Melsungen
Pfieffe
Waldkappel
Wehre
C2
385
Eder-Stausee
Fritzlar
Eder
Orke
Hallenberg
Nuhne
Bad Wildungen
Sontra
384
Frankenberg
Bischhsn.
Borken
Homberg
Efze
Rotenburg
(383)
Ernsthsn.
Gemünden
388
Hessische Schwalm
Bebra
379
Wohra
Knüll
Biedenkopf
Lahn
Wetschaft
387
Treysa
Ulfe
Bad Hersfeld
Nd.-eisenhsn.
207/208
Kirchhain
378
Heringen
Ohm
Bad Endb.
Allna
MARBURG
Gleenbach
Kirtorf
Fulda
Haune
Ulster
Gadenbach
208
Salzböde
Alsfeld
Homberg
Londorf
Nd.-Gemünden
Geisa
Lollar
Felda
Schlitz
Hünfeld
210
Lumda
Großfelda
Lauter
Nüste
Tann
Reiskchn.
Lauterbach
Obernüst
Wieseck
Rupertenrod
GIESSEN
Laubach
Blankenau
Wetzlar
Kleebach
Vogelsberg
Lüder
Lich
Schotten
(377)
FULDA
Wüstensachsen
Hungen
Oberkleen
Schmalnau
Brandoberndf.
Rockenberg
Neuhof
Wetter
Horloff
Nidda
Gedern
Flieden
Fliede
Ziegenberg
Usingen
Usa
Ortenberg
Rhön
Taunus
Friedberg
Florstadt
Nidder
Lindhm.
D3
Salz
Hanauer Kinzig
Steinau
Salmünster
BAY
Kl. Sinn
Bad Brückenau
Premich

C4
360
Ein-
beck
Gande
Nette
NW
Seesen
Innerste
Oker
B4
Bad Harzbg.
Holtemme
Heders-
leben
H
Oker-
Stausee
Ilsen-
burg
Derenburg
Wildemann
Wernige-
rode
Blankenburg
Selke
Ilme
W
NW
Braun-
lage
Kalte
Bode
Thale
(522)
Quedlin-
burg
OST
Northeim
Söse
Osterode
Sieber
a
Sorge
Warme Bode
Bode
Rappbode-
talsperre
Meisdf.
Leine
Espolde
Kalten-
burg
Sieber
NW
Herz-
berg
Günters-
berge
Harzgerode
Rhume
364
Bad
Lauterbg.
r
z
359
Nörten-
Harden-
berg
Oder
Ellrich
ebsen
Gieboldehsn.
Bad
Sachsa
Behre
Stolberg
GÖTTINGEN
OST
Zorge
NORD-
HSN.
Thyra
Sangers-
hausen
Garte
Duderstadt
Helme
Berga
Helme
358
NW
Rittmarshsn.
Fried-
land
Worbis
OST
Hede-
münden
357
Nieder-
gebra
Wipper
Artern
Leine
532
Werra
OST
Bad Heiligenstadt
Sondershsn.
OST
Oldisleben
395
Witzen-
hsn.
-Allendorf
Unstrut
Bad
Sooden-
Ebeleben
Helbe
Kindel-
brück
394
Frieda
Mühlhsn.
OST
Kölleda
Wehre
OST
Waldkappel
Wanfried
Unstrut
Thamsbrück
Unstrut
Esch-
wege
Treffurt
SÖMMERDA
3
SW
393
530
C5
Sontra
Sontra
Creuzburg
Mihla
Bad
Langensalza
Gera
otenburg
Wommen
ERFURT
379
EISENACH
Bebra
392
OST
GOTHA
WEIMAR
Hörsel
T
Ulfe
Bad Berka
d Hersfeld
Waltershsn.
Apfelstädt
h
378
Heringen
Wipfra
Kranich-
feld
OST
ü
Arnstadt
391
Tambach-
Dieth.
Ilm
Ohr-
druf
Ohra
Bad
Salzungen
Plaue
Stadtilm
Ulster
Felda
Ohra-
OST
OST
talsperre
Breitungen
i
Rudolstadt
Gera
Dermbach
Wilde Gera
W
Geisa
Schmalkalden
Ilmenau
Hünfeld
OST
Zella-
mehlis
Schwarz-
burg
n
Werra
Ilm
OST
Bad
Blanken-
burg
Nüste
Katz
Schönau
g
Tann
Gehren
Schwarza
Schwarza
Lichte
n
SUHL
390
e
Obernüst
Herpf
Hasel
r
LDA
MEININGEN
Talsperre
Schönbrunn
Katzhütte
389
Themar
Schleusingen
Wüsten-
sachsen
OST
W
Neuhaus
Streu
SW
Schleuse
a
Unterelsbach
Schmalnau
Steinach
l
h
Mellrichstadt
Werra
Eisfeld
Wegfurt
Els
d
Hildburg-
hausen
Schalkau
Sonnen-
berg
Rothen-
kchn.
Brend
Milz
R
Bad
Neustadt
Rodach
BAY
Bad
Königshfn.
Lauter-
tal
Steinach
Rodach
Lauterb.
Itz
Haßlach
Bad
Brückenau
Premich
Fränk. Saale
BAY
Premich
D4
Heldburg
Kreck
COBURG
Röden

Hedersleben
524
Staßfurt
Nienbg.
B4
Landgr.
Taube
405
Aken
Elbe
C5
Wörlitz
Bode
522
OST
DESSAU
(522)
Thale
Quedlinburg
Selke
Aschersleben
Bernburg
Köthen
Sollnitzb.
Mulde
Möhlau
Bode
OST
Wipper
Meisdf.
Ermsleben
Eine
Raguhn
Wolfen
536
Mulde-Staus
OST
Saale
521
Rothenburg
Fuhne
Zörbig
Harzgerode
Wipper
Hettstedt
Bitterfeld
Pouch
Stolberg
Harz
Wettin
Landsberg
Delitzsch
Thyra
520
Salzmünde
Eisleben
HALLE
Berga
Helme
Sangershausen
Salza
Halle-Neustadt
519
Schkeuditz
LEIPZIG
OST
Weiße
Elster
Schkopau
Luppe
Artern
Querfurt
518
529
Oldisleben
532
Roßleben
MERSEBURG
528
Wipper
Unstrut
Bad Dürrenberg
Kindelbrück
Nebra
Pleiße
Helbe
532
Freyburg
517
Zwenkau
OST
C4
Bad Bibra
Laucha
533
516
Pegau
Böhlen
Unstrut
Kölleda
WEISSENFELS
530
SÖMMERDA
Buttstädt
Bad Kösen
NAUMBURG
Wathau
527
Ilm
515
Camburg
ERFURT
OST
514
Apolda
ZEITZ
Altenburg
Krossen
Gera
WEIMAR
JENA
Saale
626
Bad Köstritz
Weiße Elster
Bad Berka
Hermsdf.
GERA
Schmölln
OST
513
Wipfra
Kranichfeld
Roda
Stadtroda
Crimmitschau
Ilm
Kahla
Stadtilm
Orlamünde
Weida
525
OST
Triptis
OST
Pleiße
Rudolstadt
512
Weida
Orla
Werdau
Saale
Neustadt
ZWICKAU
Schwarzburg
Pößneck
Talsp. Zeulenroda
Ilm
OST
Bad Blankenburg
Saalfeld
Zeulenroda
Greiz
Gehren
Hohenwarte-
Ziegenrück
Schwarza
511
OST
Reichenbach
Lichte
Loquitz
Sormitz
talsperre
Wisenta
Göltzsch
OST
510
Schleiz
Katzhütte
OST
Talsp. Pöhl
PLAUEN
Bleiloch-talsperre
Saalburg
Neuhaus
Probstzella
Falkenstn.
Lobenstn.
Thüringer Wald
Teuschnitz
Kremnitz
Steinach
BAY
Oelsnitz
Sächsische Saale
Hirschberg
Muldenberger Talsperre
Schalkau
Sonnenberg
Rothenkchn.
Doberbach
Blankenstn.
509
Klingenthal
Steinach
Nordhalben
Netschau
Weiße Elster
BAY
Selbitz
Zwotab.
Itz
Röden
BAY
Haßlach
Kronach
Grümpelb.
Rodach
Selbitz
504
Adorf
BAY
Erzgebirge
BAY
D5
HOF
COBURG

C6
Wittenberg
404
B6
Dahme
Luckau
Wörlitz
ESSAU
Fließgraben
Elbe
Elster
Jessen
Schweinitz
OST
Schweinitzer Fl.
Kremnitz
Schlieben
Solnitzb.
Pretzsch
Annaburg
Neugraben
Herzberg
Schwarze Elster
Doberlug-Kirchhain
Elster
Finsterwalde
536
Mulde-Stausee
Prettin
Dommitzsch
Bad Düben
Pouch
Weinske
403
OST
Kleine
Delitzsch
Laussig
TORGAU
Bad Liebenwerda
Elsterwerda
Lauchhammer
Schildau
Belgern
Eilenburg
535
Mühlberg
Kl. Röder
Gröditz
Pulsnitz
LEIPZIG
Taucha
Dahlen
Dahle
Gr. Röder
529
528
Brandis
Wurzen
Strehla
402
Großenhain
Parthe
Oschatz
Riesa
Naunhof
Grimma
Horstsee
Döllnitz
Gr. Röder
Pleiße
Jahna
Radeburg
Zwenkau
Mulde
Mügeln
Ostrau
Ketzerb.
MEISSEN
Coswig
Radebeul
OST
Böhlen
Freiberger Mulde
Eula
533/534
Döbeln
Borna
Bad Lausick
539
Leisnig
Colditz
538
Roßwein
Triebisch
401
C7
Elbe
Wyhra
OST
Waldhm.
Striegis
Talsperre Kriebstein
537
DRESDEN
400
Köhrensahlis
Mulde
Zschopau
Bobritzsch
Tharandt
Altenburg
Wechselburg
Mittweida
OST
Dippoldiswalde
Zwickauer
Chemnitz
Frankenberg
Freiberg
536
Rote Weißeritz
Wilde Weißeritz
Pleiße
Glashütte
OST
Schmölln
Burgstädt
OST
Freiberger
OST
Meerane
Flöha
Grimmlitz
CHEMNITZ
Schmiedeberg
Bärenstn.
Lößnitz
Mulda
OST
Glauchau
Lungwitz
Flöha
Mulde
Bienenmühle
Altenberg
Pleiße
Würschnitz
Zschopau
OST
OST
Talsperre Rauschenberg
Werdau
Lugau
Zwönitz
Pockau
Olbernhau
Flöha
ZWICKAU
Talhm.
OST
Litvinov
Greiz
Crinitzer Wasser
Wolkenstein
Pockau
Schweinitz
Rödelb.
Zschopau
Preßnitz
Schwarze Pockau
Natschung
Reichenbach
OST
Aue
Annabg.
Göltzsch
Schwarzwasser
Schlettau
Bilina
Most
Bilina
Talsperre Eibenstock
OST
Sehma
Pöhlbach
Jirkov
Falkenstn.
Zwickauer
Mulde
OST
Pöhla
Gr. Mittweida
Chomutov
Breitenbrunn
Oberwiesenthal
Schwarzw.
Chomutovka
Postoloprty
Talsperre
Klasterec
Kadan
Talsperre Nechranice
Zatec
Klingenthal
Zwotab.
Kraslice
Neydek
Ohre (Eger)
A7
Rotava
Bystrice
Liboc
Svatava
Rolava
Ostrov
D6
Podborany
Blsanka

C7
C6
Luckau
Lübbenau
473
Oberspreewald
B7
Spree
494
Hammerstrom
Tranitzer Fließ
582
Calau
Luckaitz
Greifenhainer Fl.
Koselmühlenfl.
COTTBUS
471
Forst
Malxe
Speichersee Spremberg
Niederlausitz
Doberlug-Kirchhain
Kleine Elster
Finsterwalde
Gr.-Räschen
Spremberg
470
Förrenfl.
Döbern
Lausitzer Neiße
Senftenberg
Bad Muskau
Lauchhammer
Elsterwerda
Schwarze Elster
Hoyerswerda
Weißwasser
Legnitza
581
Senftenberger See
Ruhland
Lauta
469
Lohsa
Schöps
OST
Weißer Schöps
Gröditz
Pulsnitz
Kleine Spree
Spree
Schwarzer Schöps
Gr. Röder
Uhyst
Niesky
Rothenburg
Großenhain
Königsbrück
Oberlausitz
Kamenz
Talsp. Quitzdorf
Talsperre Bautzen
Radeburg
Gr. Röder
467/468
Bautzen
Görlitz
MEISSEN
Coswig
Radebeul
Bischofswerda
Radeberg
Löbau
401
DRESDEN
Elbe
Wesenitz
Schirgiswalde
580
Herrnhut
Pließnitz
400
Dittersbach
Neustadt
Ebersbach
Tharandt
399
Pirna
Polenz
Sebnitz
Rumburk
Bobritzsch
Wilde Weißeritz
Rote Weißeritz
Dippoldiswalde
Müglitz
Kirnitzsch
Varnsdorf
Glashütte
Seidewitz
Bahra
Gottleuba
Biela
Königstein
Schmilka
Gr.-schönau
Mandau
Zittau
Hrade
Grimmlitz
Schmiedeberg
397-398
Kamenice
Chribska
Ces.-Kamenice
Hrenska
Nisa
Luzicka
Freib. Mulde
Bienenmühle
Erzgebirge
Bärenstn.
DECIN
Altenberg
A7
Benesov
Zandov
CES.-LIPA
Svitava
Straz
Talsperre Rauschenberg
Flöha
USTI
Labe (Elbe)
Ploucnice
Mimon
TEPLICE
Schweinitz
Litvinov
Robecsky p.
Ustec
Bilina
Litomerice
Lovosice
Terezin
Bela
CR
Most
Jirkov
Steti
Chomutov
Libochovice
Roudnice
Chomutovka
Postoloprty
Louny
Melnik
Jizera
Talsperre Nechranice
Zatec
Ohre (Eger)
Vranany
Liboc
Vltava (Moldau)
Labe (Elbe)
Benátky
Slany
Kralupy
Neratovice
Kostelec
Brandys
Lysa
Podborany
Blsanka
PL

D1
Andler
Our
Stadtkyll
Ahrbach
Trierbach
C1
Virneburg
Mayen
KOBLENZ
Olzhm.
Kelberg
Monreal
SW
Nette
Mosel
148
Prüm
Reuland
Gerolstein
DAUN
Elzbach
-Karden
Boppard
Endert
196
Rhein
Schönecken
Kyll
Prüm
NRW
Waxwlr.
Nims
Gillenfeld
Üssbach
COCHEM
Treis-
Irsen
Kleine Kyll
Lutzerath
Baybach
A6
Manderscheid
Alfbach
Bad Bertrich
195
Flaumbach
Dünnb.
Neuerburg
Kyllburg
Mörsdf.B.
Buch
Bierdorf
Lieser
Zell
Kappel
Rheinböllen
Vianden
Enz
Bitburg
Wittlich
Enkirch
194
Salm
Traben-Trarbach
193
Kehrbach
Simmerbach
Simmern
206
Kyll
Bernkastel-Kues
Gemünden
A6
Irrel
Wintrich
Kellenb.
elbruck
Dhron
Hahnenbach
Rhaunen
Kordel
TRIER
Sobernheim
Erznoire
Echternach
Sauer
192
Morbach
Idarbach
Kirn
217
Nahe
Glan
191
Konz
Kl. Dhron
Malborn
Grevenmacher
Wolferdange
Saarburg
201
Ruwer
Traunb.
IDAR-OBERSTN.
Luxemburg
Lauterecken
D2
Nonnenwlr.
Saar
Zerf
Wadrillbach
Prims
Nahe
Heimb.
221
Türkismühle
Palzem
Kusel
Pfälzer Lauter
Mosel
Nunkchn.B.
Perl
189/190
Merzig
Glan
Moorbach
220
A6
Schmelz
200
Prims
Ottoweiler
Ramstein
THIONVILLE
202
Saarlouis
Homburg
Pfälzer
204
Nied
Blies
Moosalbe
Rombas
Bouzonville
Völklingen
SAARBRÜCKEN
202
Zweibrücken
205
Rodalben
199
203
Schwarzbach
A6
198
Hornbach
201
Blies
Pirmasens
Metz
Nied-Fr.
Nied-Allem.
A6
Saint Avold
Saar
197
Wald
A6
Sarreguemines
A6
Kanal
Bitche
Rémilly
Fauquemont
F
Morhange
Zinsel du Nord
Kohle-
Ingwiller
Moder
Seille
Saar-
Saar
Etang de Lindre
A6
Saverne
Sarrebourg
Rhein-Marne-Kan

Mayen
KOBLENZ
149
LIMBURG
C2
Ziegenberg
D2
Usingen
Nette
Mosel
Lahn
216
Diez
215
Bad Camberg
Usa
Friedberg
Elzbach
SW
Lahnstn.
148
Dörsbach
Mühlbach
Aar
Emsbach
Esch
-Karden
Boppard
Katzen-ellenbgn.
SW
196
Rhein
Nastetten
Idstein
Treis-
SW
St.Goar
147
Bad Schwalbach
Eppstn.
Nidda
Baybach
Dünnb.
Oberwesel
Wisper
WIES-BADEN
FRANKFURT
Mörsdf.B.
Buch
Bacharach
Lorch
Schwarzbach
SW
Kappel
Rheinböllen
146
144
143
Main
242
Neu-Isenb
RÜSSELS-HEIM
Dreieic
Langen
Simmerbach
Simmern
Strom-berg
145
MAINZ
140-142
Heegbach
Kehrbach
Guldenb.
Bingen
Schwarzbach
Apfelb.
Erzhsn.
Gemünden
Selz
DARM-STAD
Gräfenbach
Wiesbach
Wörr-stadt
Erfelder Altrhein
Ober Rams
Rhaunen
Kellenb.
Hahnenbach
219
Bad Kreuznach
Oppen-heim
Sandb.
Sobern-heim
Nahe
139
Pfungstadt
Kirn
217
218
Alzey
Modau
Idarbach
Glan
Alsenz
Winkelbach
Reichels
IDAR-OBERSTN.
Benshm.
Lauter-ecken
138
Fürth
D1
221
Pfrimm
Lorsch
Alsenz
Marnhm.
WORMS
Lampert-heim
Weschnitz
Kusel
Imswlr.
Pfälzer Lauter
Frankenthal
MANN-HEIM
Wein-heim
220
Glan
Isenach
Moorbach
Bad Dürkheim
137
Neckar
Steinach
Ramstein
KAISERS-LAUTERN
LUDWIGSHFN.
283
Homburg
Rehbach
Ketsch
SPEYER
HEIDEL-BERG
Moosalbe
204
NEUSTADT
Woogb.
Kraichbach
Zwei-brücken
Speyerbach
205
136
Phillips-burg
Rodalben
Schwarzbach
Hinterweidenthal
Queich
Germershm.
Östring
Hornbach
Pirmasens
297
Landau
Saalbach
Pfinz
Ubstadt
Michelsbach
Bad Bergzabern
Wieslauter
Erlenbach
Bruch-sal
Kandel
135
Pfinz-Entlast.-kan.
Bitche
Otterbach
Rheinische Lauter
Kraichgau
Bretten
Wissembourg
Karls-ruhe
Alb
Pfinz
Soultz
Lauterbourg
Mühla
PFORZ-HEIM
Zinsel du Nord
Seltzbach
134
Federb.
Ingwiller
Sauer
Seltz
294
Moder
Halbmühlb.
Eberbach
132/133
Rastatt
Murg
Alb
Neuen-bürg
Schwarzwald
Oos
Nagold
Haguenau
Drusen-heim
Baden-Baden
Bad Herrenalb
Enz
Bad
Rhein-Marne-Kan.
Brumath
Moder
E2
Pfälzer Wald
Hunsrück
Taunus
Odenw.

D3
C3
Vogelsberg
Rhön
Wegfurt
Usa
Wetter
Horloff
Nidda
SW
Friedberg
Ortenberg
Salz
Steinau
Florstadt
Lindhm.
Nidderau
Nidder
Salmünster
BAY
Kl.-Sinn
Bad Brückenau
Premich
Premich
Jossa
Zeitlofs
Kinzig
Gelnhsn.
Bad Orb
Mernes
Jossa
249/250
Obersinn
Schondra
Oberthulba
247
Thulba
Nidda
FRANKFURT
Hanauer
243
Sinn
251
Burgsinn
Fränkische Saale
241
HANAU
Michelbach
Schöllkrippen
242
OFFENBACH
Neu-Isenburg
Seligenstadt
Main
Kahl
BAY SW
Spessart
236
249
Gemünden
Dreieich
Langen
ASCHAFFENBURG
Lohr
Lohr
Main
Arnstein
253
Wern
Mühlhsn.
Erzhsn.
DARMSTADT
Gersprenz
240
Haferlohr
235
Zellingen
Ober-Ramstadt
Diedburg
Mömling
239
237
Markt-Heidenfeld
WÜRZBURG
Pfungstadt
Reinhm.
Erlenbach
238
234
Reichelshm.
Mümling
BAY SW
Werthm.
Odenwald
Benshm.
Michelstadt
Mud
Tauber
Erfa
Ochsenfurt
Hüttenthal
Fürth
Amorbach
Miltenberg
Hardheim
246
Grünsfeld
D4
Weschnitz
Waldmichelbach
Gabelb.
Mud
Morre
Tauberbischofsheim
Marb.
Königshfn.
Gollach
Weinheim
Ulfenbach
Finkenb.
Finkenbach
Langenelz
Buchen
Aub
Creglingen
Neckar
Steinach
Itter
Elz
Seckach
Rosenberg
Bad Mergenthm.
283
Eberbach
Triezb.
Weikersheim
Tauber
244/245
282
Seckach
Merchingen
Krauthm.
HEIDELBERG
Neckar-Gemünd
Möckmühl
Kessach
288
Mulfingen
Kraichbach
Elsenz
Kraichgau
281
Mosbach
Schefflenz
289
Jagst
287
Sinsheim
Sindringen
Künzelsau
Kocher
292
Brettach
Beimbach
Kocher
Sall
Ulrichsberg
Kupfer
Östringen
Bad Wimpfen
293
Ohrn
Öhringen
286
Kirchberg
Ubstadt
280
Neckarsulm
Brettach
Bretzfeld
291
Geislingen
Bühler
284/285
290
Eppingen
Gochshm.
HEILBRONN
Schwäbisch-Hall
Lauffen
Michelfeld
Crailsheim
Wielandswlr.
Bibers
Vellberg
Bretten
Neckar
Fichtenberger Rot
Jagst
Gaildorf
Bietighm.
Metter
Mühlacker
278
Murr
Murrhardt
Blinde Rot
PFORZHEIM
296
Enz
Kocher
Backnang
294
Enz
Glems
Ludwigsburg
Marbach
Abtsgmünd
Würm
Nagold
STUTTGART
Waiblingen
Täferrot
Lein
Bad Liebenz.
Hausen
Rankbach
Rems
277
E3
Schorndf.
Schwäbisch Gmünd
AALEN

D4
C4
D3
D5
E4
Rhön
Wegfurt
Bad Neustadt
Bad Brückenau
Premich
Bad Königshfn.
Heldburg
Rodach
Schalkau
Lautertal
COBURG
Oberthulba
Bad Kissingen
Maßbach
Fränk. Saale
Fränkische Saale
247
249
Gemünden
SCHWEINFURT
Geldershm.
251/252
Arnstein
253
230
Main
229
Hassfurt
Burgpreppach
Ebern
Dietersdorf
225
224
Burgkunstadt
Lichtenfels
226
Zapfendf.
Baunach
227
Knetzgau
Eltmann
228
Wern
Mühlhsn.
235
Zellingen
WÜRZBURG
Volkach
231
Gerolzhofen
BAMBERG
257
Heiligenstadt
Aufseß
260
Ebermannstadt
Reuth
Wiesent
Fränk. Schweiz
234
Kitzingen
232
Steppach
Höchstadt
256
Rauhe Ebrach
Reiche Ebrach
Aurach
233
Ochsenfurt
Steigerwald
Aisch
Forchheim
255
ERLANGEN
Grünsfeld
Königshfn.
Tauber
Aub
Creglingen
Weikersheim
Neustadt
Oberniederndf.
Herzogenaurach
Schwabach
Langenzenn
Zenn
254
Lauf
Pegnitz
Fürth
Zirndorf
NÜRNBERG
Gr.-Habersdf.
Bibert
Rothenburg
Heilsbronn
268
Schwabach
Rednitz
Main-Donau-K.
Mulfingen
287
Jagst
Kocher
Leutershsn.
ANSBACH
Wollersdf.
Windsbach
96/97
Herrieden
Beimbach
286
Geislingen
291
Kirchberg
284/285
Crailsheim
Feuchtwangen
98
Ornbau
Brombachsee
Altmühlsee
Fränk. Rezat
Georgsgmünd
Roth
266
(602)
Röttenbach
Gunzenhsn.
Pleinfeld
Schwäb. Rezat
Schw.-Hall
Bühler
Vellberg
Dinkelsbühl
Wittelshfn.
Wassertrüdingen
Altmühl
Gaildorf
Ellwangen
Treuchtlingen
Möhren
Pappenhm.
Eichstätt
Oettingen
105
100
Möhrenbach
Fränkische Alb
Abtsgmünd
Blinde Rot
Schwäbische Alb
Ries
Wörnitz
Eger
AALEN
Lein
Bobfingen
Nördlingen
Schwäbisch Gmünd
Neresheim
Harburg
Meilenhfn.
Ussel
BAY
SW

D5
Sonnenberg
Rothenkchn.
Doberbach
Blankenstn.
509
Sächsische Saale
C5
Netschau
Klingenthal
Nordhalben
Selbitz
504
HOF
Adorf
Weiße Elster
Erzgebirge
Svatava
Lauterb.
Itz
Röden
BAY
Haßlach
Kronach
Grümpelb.
Rodach
Steinach
Wilde Rodach
Schauenstein
Regnitz
Rehau
COBURG
Helmbrechts
Selbitz
Schwesnitz
Asch
Lamitz
Saale
Selb
Fichtel
224
Burgkunstadt
Kulmbach
Steinach
225
Mainleus
Schorgast
Marktleuthen
Weißenstadt
Schwarzenhammer
CHEB (EGER)
Ohre (Eger)
Lichtenfels
Main
Weißmain
Marktschorg.
Ölschnitz
Gefrees
Eger
Schirnding
Arzberg
222/223
Roter Main
Wunsiedel
Seußen
Rösla
Weißer Main
Bischofsgrün
Waldsassen
Zapfendf.
Warmensteinach
gebirge
Marktredwitz
Brand
Wondreb
Mitterteich
Hollfeld
Steinach
Roter Main
Fichtelnaab
Waldnaab
Titschenreuth
Aufseß
Heiligenstadt
BAYREUTH
Wirbitz
Trevesen
Oberpfälzer Wald
257
Aufseß
Wiesent
258/259
Waischenfeld
Leinleiter
260
Creußen
Erbendf.
Ebermannstadt
Pottenstn.
Pressath
Windischeschenb.
Reuth
Wiesent
Püttlach
Creußen
Haide
Neustadt
Tremmersdf.
Floß
Brüns
Trubach
Fränkische Schweiz
Alb
256
Grafenwöhr
WEIDEN
Zottb.
Egloffstein
D4
Forchheim
261/262
Hütten
-naab
Neuhaus
Pleystein
255
91/92
Vilseck
87/88
ERLANGEN
Simmelsdf.
Pegnitz
Luhe
Pfreimd
Regnitz
Schnaittach
Schwabach
Hersbruck
264
Vils
Wernberg-Köblitz
D6
Lauf
Trausnit
254
Pegnitz
265
Högenb.
Röthenb.
Förrenb.
Pfreimd
Röthenb.
AMBERG
Naab
NÜRNBERG
Schwarzach
94
Schwarzenfeld
268
Schwarzenbruck
Gnadenberg
Lauterach
Schwabach
Rednitz
Schwarzach
Rieden
89
Neuenburg
Staus Eixen
Aurach
Main-Donau-Kanal
Neumarkt
Lauterach
SCHWANDORF
Schmidmühlen
90
Burglengenfeld
86
Lengenfeld
96
Georgsgmünd
Roth
Maxhütte
Nittenau
266
(602)
Mühlhausen
Vils
Regen
Röttenbach
Obermäßig
Parsberg
Kallmünz
Berching
91
Regenstauf
Schwäb. Rezat
Schwarzach
Sulz
Schwarze Laaber
Laaber
87
Dietfurt
(602)
44
Donau
Beilngries
Altdf.
104
Riedenburg
REGENSBURG
Anlauter
M-D-Kan.
Kehlhm.
43
Pappenhm.
(Altmühl)
Eichstätt
Kipfenbg.
Bad Abbach
Laab
100
Sünching
Altmühl
102
41
Weltenburg
Schierling
Abensberg
Hartlaaber
Kl.La
Meilenhfn.
INGOLSTADT
Donau
Geiselhöring
Ussel
Schutter
E5
Neustadt

D6
C6
Klingen-
thal
Adorf
Weiße Elster
Zwotab.
Kraslice
Rotava
Neydek
Bystrice
Ostrov
Rolava
Ohre (Eger)
Kadan
A7
Talsperre
Nechranice
Zatec
Liboc
Blsanka
Podborany
Erzgebirge
Olovi
Svatava
Asch
Sokolov
Karlovy-VARY
Kryry
CHEB
(EGER)
Ohre
(Eger)
Tepla
Zlutice
Pramenskyp.
Rösla
Kralovice
Javornice
Wald-
sassen
Wondreb
Tepla
Plasy
BAY
Mitterteich
Marianske
Lazne
Strela
Wondreb
Berounka
Waldnaab
Titschen-
reuth
Plana
Kosovy p.
Bela
Hamerskyp.
BAY
Windisch-
eschenb.
Oberpfälzer Wald
Mze
Rockycany
Tachov
Mze
Stribo
PLZEN
Neustadt
Floß
Klabava
Floß
CR
Uslava
BAY
Brünst
Uhlavka
WEIDEN
Zottb.
Waldhaus
Radbuza
Uhlava
Waldnaab
Luhe
Pley-
stein
Piestice
Blovice
D5
Pfreimd
BAY
Stankov
Wernberg-
Köblitz
Schönsee
Horsovsky Tyn
Zubrina
Pfreimd
Domalice
Nepomuk
Naab
Klatovy
Schwarzach
Kdyne
Drnovy p.
BAY
Uhlava
89
Schwarzach
Wald-
münchen
Neuenburg
Stausee
Eixendf.
Furth
i.Wald
Nyrsko
Velhartice
SCHWANDORF
BAY
Chamb
Talsperre
Nyrsko
Ostruzna
CHAM
BAY
Lam
Susice
86
Regen
84
Kötzting
Otava
Nittenau
82
Weißer Regen
Lohberg
Regen
Blaibachstausee
Schwarzer Regen
Bayr.-
Eisenstn.
Kremelna
Losenice
Höllensteinstausee
Boden-
mais
Regenhütte
Regenstauf
Bayerischer Wald
Viechtach
Vydra
Teisnach
Rothb.
Zwiesel
Rattiszell
Warme
Moldau
44
Donau
BAY
Unter-
mühlb.
BAY
Regen
Regen
REGENS-
BURG
Kinsach
Bogenb.
Teisnach
Rinchnacher Ohe
Laaber
Schlossauer Ohe
45
Gotteszell.
BAY
Bogen
Große Ohe
Reschbach
Sünching
Grafenau
Saußbach
Kl.Laaber
46
Hartlaaber
STRAUBING
Deggendorf
Mittermacher Ohe
Wolfsteiner Ohe
Geisel-
höring
Plattling
Isar
Eberhards-
reuth
Ilz
Freyung
Reißing
BAY
E6
Hengersberg
BAY

E2
Moder
Sauer
Seltz
Zinsel d. Nord
Halbmühlb.
Eberbach
132
D2
SW
PFORZHEIM
Rastatt
Enz
294
Würm
Neuen-bürg
Nagold
Hausen
Haguenau
Moder
Drusen-heim
Oos
Baden-Baden
Murg
Alb
Bad Herrenalb
Saverne
Brumath
A 6
Zorn
Sulzb.
Sandb.
Oos
Grobb.
Enz
Bad Lieben-zell
Weil der Stadt
Würm
Rhein-Marne-Kan.
Kreutzrh.
alte Acher
SW
Forbach
Wild-bad
Calw
F
SW
Bühl
Schwarzenb.
SW
STRASBOURG
132
Mühlb.
Plaueb.
Flutkan.
Rench
alte Acher
Achern
Raum-münzach
Enz-klösterle
Herren-berg
Bruche
Molsheim
Ill
Schön-münzach
Murg
SW
Nagold
Kehl
SW
Alten-steig
Nagold
Rench
Acher
Lierb.
Bayers-bronn
Waldach
Steinach
Ehn
Meistratzhm.
Rheinische
Schutter
Offen-burg
Oppenau
Freuden-stadt
Horb
272
A 6
Zellwiller
Scheer
131
Undlitz
Gengenb.
Bad Rippoldsau
Böfingen
Andlau
Andlau
Benfeld
Lahr
Kinzig
Biberach
Wolf
Kl. Kinzig
SW
Glatt
Eyach
Starzel
A 6
Rhone-Rhein-Kan.
SW
Wolfach
Kinzig
Alpirs-bach
Sulz
Haiger-loch
SW
Sélestad
Tauber-giessen
Schiltach
Neckar
Oberndf.
Hausach
Triberger Gutach
Ill
Ischertb.
Leopolds-kanal
Elz
SW
Schiltach
Schrambg.
Böhringen
Balinge
Horn-bg.
SW
Lackendf.
Schlichem
Schömber
Prechtal
(270/272)
E3
Marckols-hm.
Riegel
Tennen-bronn
Eschach
Colmar-kan.
130
Mühlenb.
Emmen-dgn.
Elz
Wilde Gutach
Triberg
St. Georgen
Horgen
Rottweil
SW
SW
Glotter
Villingen-Schwenningen
Neuf Brisach
Breisach
Furtwangen
Seitingen
Möhlin
Dreisam
Freiburg
SW
SW
Brigach
Ill
Eisenb.
Elta
Rhein-Seiten-K.
Wagen-steigb.
Donau-eschingen
Breg
Immen-dgn.
Tuttlinge
Kötb.
Titi-see
Neustadt
Neumagen
SW
Brugga
Rothbach
Gauchach
Donau Versickerunge
Staufen
Gutach
Haslach
Rotenb.
SW
SW
Aitrach
Volkerts-hsn.
Prägb.
Lenzkirch
Neuenburg
SW
M.-Alb
Schluch-see
Wutach
Blumberg
Müllhm.
Wiese
Bern.-Alb
SW
Steina
SW
Singe
Rhone-Rhein-Kan.
129
Todmos
St. Blasien
SW
Grimmels-hofen
Radolfzeller Ach
Zell
Wehra
Alb
SCHAFF-HAUSEN
Ibach
Schlücht
Wutach
SW
122
SW
Stein
Wiese
Murg
Walds-hut
123
Rhein
Lörrach
Schopf-heim
Bad Säck-ingn.
Laufen-burg
Rheinfall
127
126
124
Thur
BASEL
Rhein
Aare
A 1
Gütig-hsn.
Frauen-feld
Rhein-felden
125
Döttingen
Töss
Lies-tal
Ergolz
Glatt
A 1
Birs
A 1
Gelderkinden
A 1
Baden
Winterth
Frenke
Reuss
Limmat
Laufen
Brugg
ZÜRICH
Schwarzwald
Schwäbische Alb

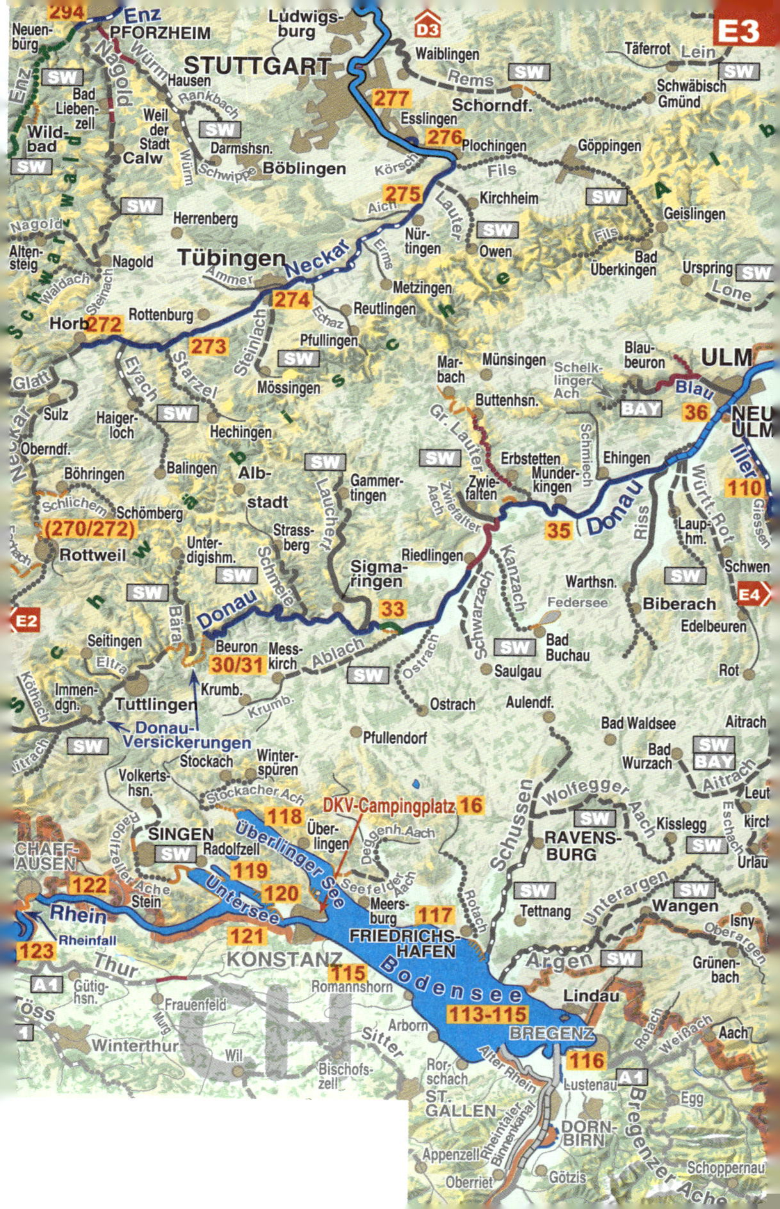

E3
D3
294
Enz
PFORZHEIM
Neuenbürg
Ludwigsburg
STUTTGART
Waiblingen
Rems
Täferrot
Lein
Schwäbisch Gmünd
Schorndf.
277
Esslingen
276
Plochingen
Göppingen
Würm
Hausen
Rankbach
Nagold
Bad Liebenzell
Wildbad
Weil der Stadt
Calw
Darmshsn.
Böblingen
Schwippe
Körsch
Fils
275
Aich
Lauter
Kirchheim
Geislingen
Herrenberg
Nürtingen
Owen
Erms
Nagold
Altensteig
Nagold
Tübingen
Neckar
Ammer
Bad Überkingen
Urspring
Lone
Waldach
Steinach
Metzingen
274
Reutlingen
Echaz
Horb
272
Rottenburg
273
Steinlach
Pfullingen
Starzel
Eyach
Mössingen
Marbach
Münsingen
Schelklinger Ach
Blaubeuron
ULM
Blau
BAY
36
NEU ULM
Glatt
Sulz
Haigerloch
Hechingen
Buttenhsn.
Gr. Lauter
Neckar
Oberndf.
Balingen
Albstadt
Gammertingen
Erbstetten
Munderkingen
Schmiech
Ehingen
Iller
110
Böhringen
Schlichem
Schömberg
(270/272)
Rottweil
Laucher
Zwiefalten
Zwiefalter Aach
35
Donau
Riss
Laupheim
Württ. Rot
Giessen
Unterdigishm.
Strassberg
Schmeie
Sigmaringen
Riedlingen
Kanzach
Schwarzach
Warthsn.
Federsee
Biberach
Schwen
E4
E2
Donau
Bära
33
Edelbeuren
Seitingen
Beuron
30/31
Messkirch
Ablach
Ostrach
Bad Buchau
Saulgau
Rot
Elta
Immendgn.
Tuttlingen
Krumb.
Krumb.
Ostrach
Aulendf.
Köthach
Donau-Versickerungen
Pfullendorf
Bad Waldsee
Aitrach
Stockach
Winterspüren
Bad Wurzach
Volkertshsn.
Stockacher Ach
Wolfegger Aach
Aitrach
Leut
118
DKV-Campingplatz 16
Schussen
Radolfzeller Ache
SINGEN
Radolfzell
Überlingen
Deggenh. Aach
RAVENSBURG
Kisslegg
Eschach
Urlau
SCHAFFHAUSEN
119
Überlinger See
Seefelder Aach
122
120
Untersee
Stein
Meersburg
117
Rotach
Tettnang
Unterargen
Wangen
Isny
Rhein
121
FRIEDRICHSHAFEN
Oberargen
Rheinfall
123
KONSTANZ
Argen
Grünenbach
Thur
115
Romannshorn
Bodensee
Lindau
A1
Gütighsn.
Frauenfeld
Töss
113-115
Murg
Arborn
BREGENZ
Rotach
Weißach
Aach
Winterthur
CH
Wil
Sitter
116
Bischofszell
Rorschach
Alter Rhein
Lustenau
A1
ST. GALLEN
Egg
Rheintaler Binnenkanal
DORNBIRN
Bregenzer Ache
Appenzell
Oberriet
Götzis
Schoppernau

E4
Kocher
Abtsgmünd
Täferrot
Lein
SW
Schwäbisch Gmünd
AALEN
Schwäbische Alb
Bobfingen
Ries
Nördlingen
106
D4
Wörnitz
Eger
Altmühl
Eichstätt
102
Meilenhfn.
BAY
Ussel
Neuburg
Neresheim
Königsbronn
Harburg
DONAUWÖRTH
Bissingen
107
Kessel
40
Weichering
Rain
Kl. Paar
Egau
HEIDENHEIM
Fils
Geislingen
Giengen
Herbrechtingen
Wittislingen
Höchstädt
Bayerdilling
Friedberger A.
Lech
Schmutter
Bad Überkingen
Urspring
Brenz
Lone
Hürbe
38
Wertingen
Schrobenhsn.
Gundelfgn.
Donau
Langenau
Nau
37
Zusam
Meiting
Langweid
Blaubeuren
ULM
Blau
NEU-ULM
36
Günzburg
Burgau
Kamel
Mindel
Zusmarshsn.
Gersthfn.
AUGSBURG
Aichach
Paar
Biber
Günz
Dinkelscherben
Weißenhorn
Roggenburg
Iller
110
Roth
Krumbach
Fischbach
Wertach
Bobgn.
Mering
Nannhfn.
Riss
Laupheim
Württ. Rot
Giessen
Singold
Schwabmünchen
FÜRSTENFELDBRUCK
E3
Warthsn.
Schwendi
Oberroth
Babenhsn.
Amper
Biberach
Edelbeuren
Östliche Günz
Mindelheim
Gennach
Landsberg
Windach
72
E5
Rot
MEMMINGEN
Buchloe
Finning
Ammersee
Westl. Günz
Dießen
Bad Waldsee
Aitrach
Ottobeuren
KAUFBEUREN
Bad Wurzach
Weilheim
Ammer
Wolfegger Aach
Leutkirch
Eschach
Obergünzburg
Schongau
Peißenberg
Kisslegg
Peiting
71
Urlau
Leubas
Markt-Oberndorf
Rottenbuch
Uffing
Uffinger A.
Staffelsee
KEMPTEN
Görisried
Lechbruck
Saulgrub
Wangen
Illach
68/70
Isny
Oberargen
Nesselwang
Lindenb.
Ramsach
Murn.
Grünenbach
Rottach
Grüntensee
Füssen
Forggensee
Halbammer
Alpsee
Immenstadt
109
Pfronten
Vils
Farchant
GARMISCH-PARTENKCHN.
78
Aach
Sonthofen
Hindelang
Reutte
(78)
Rotach
Weißach
Ostrach
A1
Bregenzer Ache
Egg
107/108
Oberstorf
Rotlech
Loisach
Partnach
Mittenwald
Hirschegg
Hornb.
Namloser B.
Ehrwald
Leutasch
Schoppernau
Breitach
Stillach
Häselgehr
Stanzach
Telfs
Mötz
Inn
Seefeld

E5
D5
E4
E6
Donau
Weltenburg
Altmühl
Eichstätt
Meilenhfn.
Schutter
INGOLSTADT
Ussel
Neuburg
Rain
Weichering
Kl. Paar
Sandrach
Paar
Manching
Reichertshofen
Vohburg
Neustadt
Abensberg
Schierling
Geiselhöring
Siegenburg
Abens
Ilm
Geisenfeld
Neufahrn
Rottenburg
Pfeffenhsn.
Mainburg
Friedberger A.
Bayerdilling
Schrobenhsn.
Hohenwart
Pfaffenhofen
Au
LANDSHUT
Isar
Gr. Mühlenb.
Moosburg
Amper
Allershsn.
Reichertshsn.
Aichach
AUGSBURG
Lech
Markt-Indersdf.
Erdweg
Petershausener Glonn
FREISING
Moosb.
Sempt
Wartenberg
Vilsbiburg
Taufkchn.
Velden
Goldach
Dorfen
Strogen
Erding
Isen
Lengdorf
Ottershsn.
Schwebelbach
DACHAU
Maisach
Mering
Nannhfn.
Kaltenbach
Würmk.
Lüß
Isarkanal
FÜRSTENFELDBRUCK
MÜNCHEN
Gars
Inn
Wasserburg
Windach
Gauting
Pullach
Würm
Grünwald
Moosach
Grafing
Attel
Amerang
Ammersee
STARNBERG
Starnberger See
Icking
Glonn
Aiblinger
Murn
Bad Endorf
Chiemsee
Dießen
Wolfratshsn.
Holzkchn.
ROSENHEIM
Simssee
Prien
Weilheim
Ammer
Weyarn
Mangfall
Kalten
Peißenbg.
Seeshaupt
Loisach
Peiting
Penzberg
Bad Tölz
Miesbach
Schliersee
Leitzach
Nußdorf
Sachrang
Uffinger A.
Uffing
Zeltpl. Gr. Birke
Staffelsee
Saulgrub
Murnau
Tegernsee
Lenggries
Bayrischzell
Tiroler A.
Weißenb.
Kochel
Kochelsee
Weissach
Valepp
Kiefersfelden
Lindenb.
Ramsach
Jachen
Walchensee
Sylvenst. Stausee
Walchen
Brandenberger Ache
Thierseer Ache
KUFSTEIN
Griesenau
GARMISCH-PARTENKCHN.
Farchant
Krün
Dürrach
Achenkirch
Steinb. Ache
Ellmau
Weißach
Brixentaler Ache
Kirchberg
Reither Ache
Mittenwald
Fermersb.
Krottenb.
Rißbach
Achensee
Wörgl
Partnach
Leutasch
Hinterriß
Hagelhütte
Kramsach
Jenbach
Kitzbühel
Scharnitz
Seefeld
Telfs
INNSBRUCK
Schwaz
Ziller
Wildschönauer Ache
Kelchsauer Ache
Lange Grundache
Windauer Ache
Aschau
A1
BAY
102
41
105
40
104
77
68
67
76
74
72
52
65/66
81
71
68/70
18
64
80
79
62/63
50/51
78

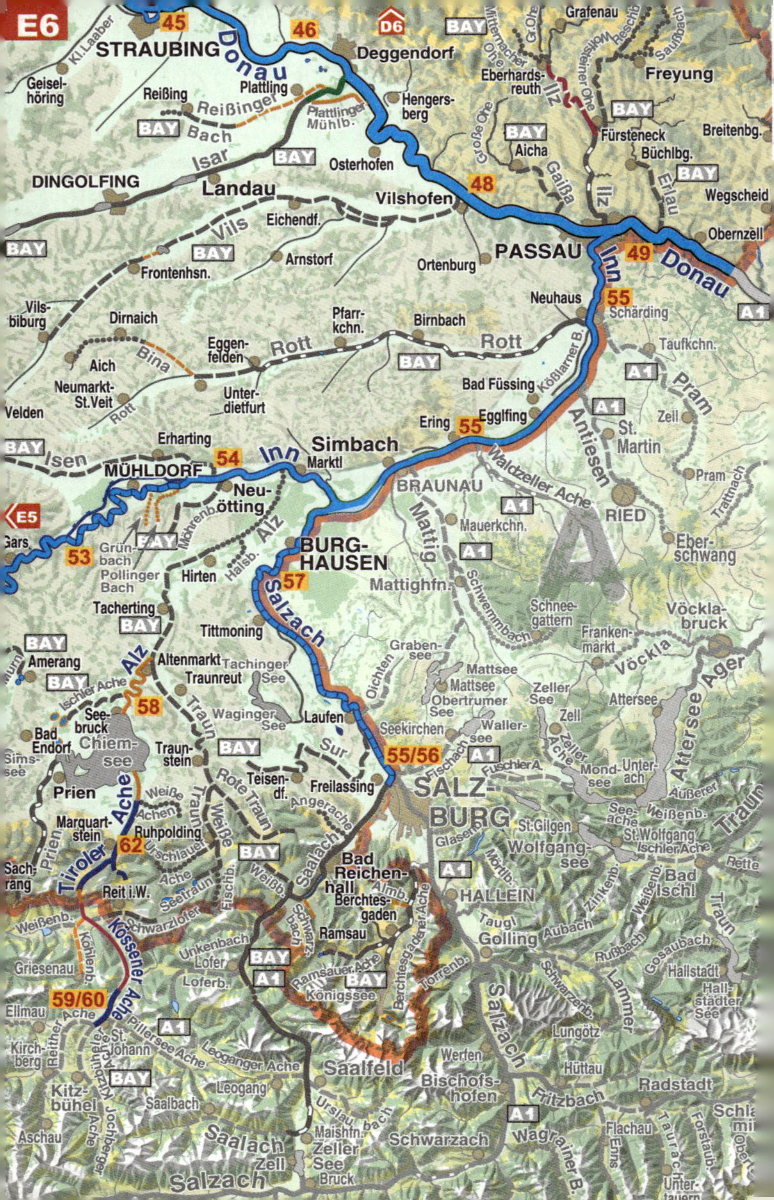
E6
D6
E5
A
STRAUBING
Kl. Laaber
Geisel-
höring
Reißing
Reißinger
Bach
Plattling
Plattlinger
Mühlb.
Donau
Deggendorf
Hengers-
berg
Osterhofen
Isar
DINGOLFING
Landau
Vilshofen
Vils
Eichendf.
Arnstorf
Frontenhsn.
Ortenburg
PASSAU
Grafenau
Mitternacher Ohe
Gr. Ohe
Reschb.
Saußbach
Wolfsteiner Ohe
Freyung
Eberhards-
reuth
Ilz
Große Ohe
Aicha
Gaißa
Fürsteneck
Breitenbg.
Büchlbg.
Erlau
Wegscheid
Obernzell
Inn
Neuhaus
Schärding
Taufkchn.
Pram
Zell
St.
Martin
Antiesen
RIED
Trattnach
Eber-
schwang
Vils-
biburg
Dirnaich
Bina
Aich
Neumarkt-
St. Veit
Rott
Velden
Eggen-
felden
Unter-
dietfurt
Pfarr-
kchn.
Birnbach
Bad Füssing
Kößlarner B.
Ering
Egglfing
Erharting
Isen
MÜHLDORF
Simbach
Marktl
Neu-
ötting
Mörenb.
Alz
Halsb.
Hirten
BRAUNAU
Waldzeller Ache
Mauerkchn.
Mattig
Gars
Grün-
bach
Pollinger
Bach
BURG-
HAUSEN
Salzach
Mattighfn.
Schwemmbach
Schnee-
gattern
Franken-
markt
Vöckla-
bruck
Vöckla
Ager
Tacherting
Tittmoning
Amerang
Altenmarkt
Tachinger
See
Traunreut
Ischler Ache
Graben-
see
Oichten
Mattsee
Obertrumer
See
Zeller
See
Attersee
See-
bruck
Bad
Endorf
Chiem-
see
Sims-
see
Waginger
See
Laufen
Traun-
stein
Traun
Sur
Seekirchen
Waller-
see
Zell
Zeller
Ache
Fischach
Fuschler A.
Mond-
see
Unter-
ach
Äußerer
Weißenb.
Prien
Tiroler
Achen
Teisen-
df.
Freilassing
Angerache
SALZ-
BURG
St. Gilgen
See-
ache
St. Wolfgang
Ischler Ache
Wolfgang-
see
Marquart-
stein
Ruhpolding
Urschlauer
Ache
Rote Traun
Weiße
Traun
Glasenb.
Mörtlb.
Bad
Ischl
Rette
Sach-
rang
Reit i. W.
Seetraun
Fischb.
Weißb.
Saalach
Bad
Reichen-
hall
Almb.
Berchtes-
gaden
Berchtesgadener Ache
HALLEIN
Zinkenb.
Weißenb.
Weißenb.
Schwarzloferb.
Kössener Ache
Unkenbach
Lofer
Loferb.
Schwarzbach
Ramsau
Ramsauer Ache
Königssee
Torrenb.
Taugl
Golling
Aubach
Rußbach
Gosaubach
Hallstadt
Hall-
städter
See
Griesenau
Kohlenb.
Ellmau
Reither Ache
Kitzbüheler Ache
St.
Johann
Pillersee Ache
Leoganger Ache
Saalfeld
Werfen
Schwarzenb.
Lungötz
Lammer
Hüttau
Kirch-
berg
Leogang
Bischofs-
hofen
Fritzbach
Radstadt
Kitz-
bühel
Saalbach
Urslaubach
Aschau
Jochberger
Ache
Saalach
Zell
Maishfn.
Zeller
See
Bruck
Schwarzach
Wagrainer B.
Flachau
Enns
Taurach
Forstaub.
Unter-
tauern
Salzach
Schla
Obertauern
BAY
A1
45
46
48
49
55
54
53
57
58
55/56
62
59/60